o Viajante

Guia EUROPA

10ª Edição

3 Volumes | 12 Regiões | 50 Países

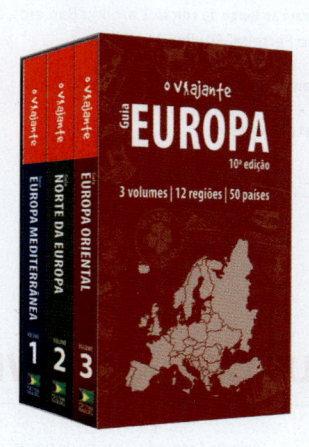

guiaeuropa@oviajante.com | www.oviajante.com

capa **contracapa**

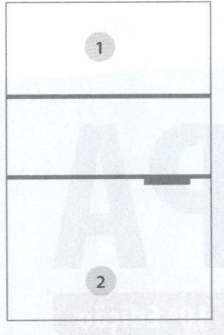

3	4	5
6	7	8

Fotos da capa e verso
1. Preikestolen, Noruega
2. Londres, Inglaterra
3. Cambridge, Inglaterra
4. Jökulsárlón, Islândia
5. Copenhague, Dinamarca
6. Belfast, Irlanda do Norte
7. Amsterdã, Holanda
8. Berlim, Alemanha

Créditos fotográficos:
Foto 1: Casper Tybjerg - visitnorway.com
Fotos 2 a 8: Zizo Asnis

Agradecimentos:

Àqueles que nos apoiaram para tornar viáveis às viagens: Ana Corinaldesi, Arturo Kelmer

Aos viajantes que nos deram boas dicas sobre a Europa: André Mags, Bernardo Etger, Camila Fridman, Daniel Wolff, Diego Oliveira, Letícia Bizzi, Paul Allen, Per Rygh, Raquel Steffler Machado, Renata Asnis, Rúbia Moresco, Thaís Marchis

Aos colaboradores que nos ajudaram ao longo da edição: Carolina Barcelos, Eduardo Nozari, Krishna Chiminazzo, Rodrigo Ferreira, Suellen Machado

Aos fotógrafos que nos concederam suas imagens: creditados na p.1368

Aos órgãos de turismo das cidades pesquisadas.

Apoio:

RAILEUROPE **SWISS**

Agência Brasileira do ISBN
ISBN 978-85-87896-18-6

Proibida a reprodução total ou parcial sem autorização.
Todos os direitos desta edição reservados a:
TRILHOS E MONTANHAS Com Mkt Int Ltda.
Rua Marcílio Dias, 1524. Porto Alegre/RS - Brasil - CEP 90.130-000.
E-mail: oviajante@oviajante.com
www.oviajante.com

Setembro de 2015
Impresso no Brasil (Não à impressão escrava na China!)

Projeto: Zizo Asnis
Editora: O Viajante / Trilhos e Montanhas

O Viajante
Guia EUROPA

10ª Edição

Editor-chefe: Zizo Asnis

Editor gráfico: Fialho Jr.

Editor: Dedé Ribeiro

Equipe de edição: Agatha Marques, Aline Bernardes, Constance Laux, Jade Knorre

Assistente administrativo: Adriane Mordomo Lima

Revisora: Mônica de Curtis Boeira

Colaboradores: Caetano Braun Cremonini, Gabriela Cantergi

Travel-writers: Angela Bispo, Fabiana Garbelotto, Guilherme Goss de Paula, Roberta Caldas, Zizo Asnis

guiaeuropa@oviajante.com | www.oviajante.com

UMA COLEÇÃO DE VIAGENS

Uma edição verdadeiramente completa sobre a Europa.

Não apenas os países mais turísticos, mas todos do continente – mesmo aqueles quase esquecidos ou diminutos territórios do mapa europeu. Esse era o desafio que nos propusemos num momento especial, que merecia um trabalho diferenciado.

Afinal, O Viajante comemora, em 2015, quinze anos do Guia Europa (e dezesseis de editora), que teve sua primeira edição, o Guia Criativo para O Viajante Independente na Europa, lançada em junho de 2000. Quando iríamos imaginar que, quinze anos depois, o Guia O Viajante Europa (chamado por muitos de "bíblia do viajante brasileiro") chegaria a sua 10ª edição!?

**Nada melhor do que celebrar quinze anos e a 10ª edição com um guia definitivo.
Comemorativo.
Figurando um feito inédito:**

A Europa em 50 países

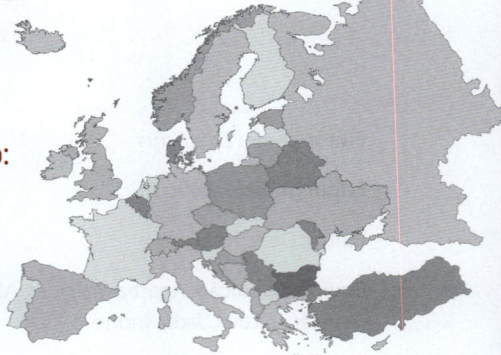

Portugal, Espanha, Andorra, França, Mônaco, Itália, Vaticano, San Marino, Malta, Grécia, Turquia, Chipre, Inglaterra, Escócia, País de Gales, Irlanda do Norte, Irlanda, Holanda, Bélgica, Luxemburgo, Alemanha, Áustria, Suíça, Liechtenstein, Dinamarca, Suécia, Noruega, Finlândia, Islândia, República Tcheca, Polônia, Eslováquia, Hungria, Romênia, Bulgária, Lituânia, Letônia, Estônia, Rússia, Bielorrússia, Ucrânia, Moldávia, Eslovênia, Croácia, Bósnia e Herzegovina, Sérvia, Macedônia, Montenegro, Kosovo, Albânia.

(E de bônus geográfico, tem até informação do Marrocos e da China, considerando viagens possíveis de serem feitas a partir do sul da Espanha para o norte da África e de Moscou a Pequim via a lendária Ferrovia Transiberiana).

Para apresentar todos eles, organizamos os países dentro de 12 regiões: Península Ibérica, Região Francesa, Península Itálica, Grécia e Turquia, Britânicos + Irlanda, Benelux, Germânicos, Países Nórdicos, Leste Europeu, Países Bálticos, Soviéticos, Bálcãs.

Claro que um projeto desse porte não ficaria pequeno. E para nenhum viajante levar um guia gigantesco na bagagem, a solução foi dividir em **3 volumes:**

Um dedicado à **Europa Mediterrânea**, destacando todas as peculiaridades da cultura latina, as belezas das praias, ilhas e mares europeus; as ancestrais ruínas arqueológicas ainda preservadas.

Outro ao **Norte da Europa**, apresentando as cidades mais organizadas e desenvolvidas do planeta; a delicadeza dos efeitos celestiais; as reminiscências das guerras mundiais e do nazismo.

E um terceiro à **Europa Oriental**, revelando a controversa herança comunista; os países e as cidades menos turísticos; os povos que ainda sofrem com conflitos étnicos e por independência.

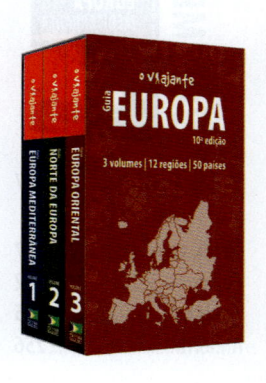

Os países e as regiões, dentro de cada volume, foram agrupados não apenas pela afinidade geopolítica, mas pela potencialidade que propicia ao viajante de organizar um roteiro turístico. Como, aliás, mostraremos tão logo você vire a página seguinte.

Enfim, 2022 páginas com todas as faces da Europa – inclusive aquelas que você raramente encontra em publicações de turismo. Uma coleção comemorativa para uma coleção de viagens. Viagens – e um guia (ou três!) – para toda uma vida.

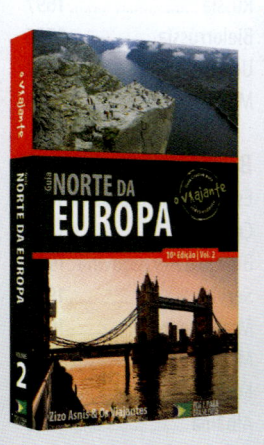

Volume 2
Norte da Europa

Inglaterra, Escócia, Irlanda, Holanda, Alemanha, Escandinávia... Mas poderia ser Europa Central, pela Suíça... E até Europa Oriental, pela Áustria. Não importa. Nessa viagem você encontrará muita História (principalmente ligada à Segunda Guerra Mundial), algumas das cidades mais vibrantes do planeta (Londres, Berlim, Amsterdã, Dublin) e paisagens lindíssimas, que podem ter como cenário montanhas (Alpes), fiordes (Noruega), floresta (Negra), vulcões (Islândia), um sol que nunca se põe (sol da meia-noite) ou um céu de cinema digital (aurora boreal). Descubra a surpreendente Europa Setentrional!

ÍNDICE

ÍNDICE GERAL

VOLUME 1 — EUROPA MEDITERRÂNEA
VOLUME 2 — NORTE DA EUROPA
VOLUME 3 — EUROPA ORIENTAL

Planejamento	27
Península Ibérica	77
Portugal	102
Espanha	145
Andorra	256
Região Francesa	277
França	292
Mônaco	379
Península Itálica	393
Itália	405
Vaticano	518
San Marino	523
Malta	526
Grécia e Turquia	549
Grécia	571
Turquia	612
Chipre	644

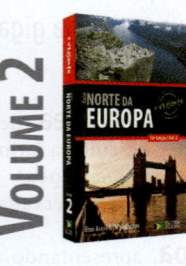

Britânicos + Irlanda	707
Inglaterra	726
Escócia	795
País de Gales	820
Irlanda do Norte	832
Irlanda	845
Benelux	895
Holanda	905
Bélgica	951
Luxemburgo	982
Germânicos	1001
Alemanha	1017
Áustria	1122
Suíça	1152
Liechtenstein	1187
Países Nórdicos	1217
Dinamarca	1237
Suécia	1260
Noruega	1281
Finlândia	1318
Islândia	1337

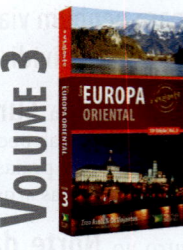

Leste Europeu	1401
República Tcheca	1420
Polônia	1457
Eslováquia	1496
Hungria	1510
Romênia	1537
Bulgária	1565
Países Bálticos	1597
Lituânia	1608
Letônia	1628
Estônia	1650
Soviéticos	1677
Rússia	1697
Bielorrússia	1756
Ucrânia	1772
Moldávia	1798
Bálcãs	1837
Eslovênia	1855
Croácia	1878
Bósnia e Herzegovina	1909
Sérvia	1925
Montenegro	1943
Macedônia	1958
Kosovo	1971
Albânia	1983

o Viajante

o Viajante
Guia EUROPA

10ª Edição | Volume 2

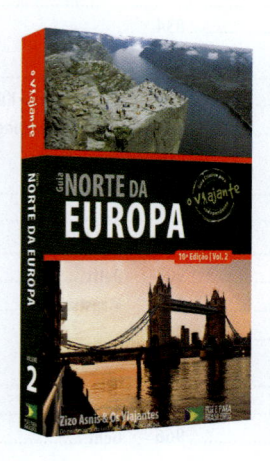

NORTE DA EUROPA

guiaeuropa@oviajante.com | www.oviajante.com

VOLUME 2 - NORTE DA EUROPA

VIAJANDO NO GUIA EUROPA 690
ROTEIROS 694

BRITÂNICOS + IRLANDA 707
Para o Viajante 708

INGLATERRA 726
Londres	728	Brighton	787
Oxford	766	Bath	788
Cambridge	773	Bristol	791
Liverpool	780	Cornwall	792

ESCÓCIA 795
Edimburgo	797	Fort William	816
Glasgow	809	Isle of Skye	818
Inverness	814		

PAÍS DE GALES 820
Cardiff 822

IRLANDA DO NORTE 832
Belfast 834

IRLANDA 845
Dublin	847	Ring of Kerry e Killarney	873
Galway	867	Península de Dingle	875

BENELUX 895
Para o Viajante 896

HOLANDA 905
Amsterdã	907	Delft	948
Roterdã	935	Maastricht	949
Haia	943		

BÉLGICA 951
Bruxelas	954	Antuérpia	974
Bruges	966	Gent	979

LUXEMBURGO 982
Luxemburgo	984	Esch-sur-Sûre	992
Echternach	991	Vianden	992

GERMÂNICOS 1001
Para o Viajante 1002

ALEMANHA 1017
Berlim	1019	Hannover	1062
Hamburgo	1052	Colônia	1064
Bremen	1059	Düsseldorf	1072

Dresden	1074	Nurembergue	1108
Leipzig	1081	Stuttgart	1114
Frankfurt	1085	Friburgo	1117
Heidelberg	1089	Lindau	1118
Munique	1091	Füssen	1120
Regensburg	1107		

ÁUSTRIA 1122
Viena	1124	Innsbruck	1147
Salzburgo	1140		

SUÍÇA 1152
Berna	1154	Gryon	1175
Zurique	1160	Genebra	1176
Lucerna	1166	Lausanne	1183
Basel	1169	Montreux	1184
Interlaken	1172	Lugano	1186
Gimmelwald	1173	Locarno	1186
Zermatt	1174		

LIECHTENSTEIN 1187
Vaduz 1190

PAÍSES NÓRDICOS 1217
Para o Viajante 1218

DINAMARCA 1237
Copenhague	1240	Odense	1257
Roskilde	1256	Aarhus	1258

SUÉCIA 1260
Estocolmo	1262	Malmö	1279
Uppsala	1275	Gällivare	1280
Gotemburgo	1276		

NORUEGA 1281
Oslo	1283	Dombås	1308
Bergen	1297	Trondheim	1308
Stavanger	1303	Bodø	1311
Flåm	1305	Narvik	1313
Sogndal	1305	Tromsø	1314
Geiranger e Hellesylt	1306	Ilhas Lofoten	1316
Åndalsnes	1307		

FINLÂNDIA 1318
Helsinque	1320	Oulu	1334
Turku	1332	Rovaniemi	1335

ISLÂNDIA 1337
Reykjavík	1339	Outras atrações da Islândia	1354

Glossário	1367	Índice dos Mapas	1371
Índice Geral das Cidades	1370	Uma História Viajante	1372

Viajando no Guia Europa

Introdução

A viagem (e um guia) para a vida.

Roteiros

Europa Mediterrânea, Norte, Leste: sugestões de rotas, entre inúmeras possibilidades, para explorar o continente inteiro;

Três extensos roteiros por cada grande região europeia, conectando as principais cidades do continente, com a indicação do principal meio de transporte (trem, ônibus, carro, bicicleta) para viajar entre elas;

Considere também os roteiros secundários, com os devidos transportes, para explorar melhor o país;

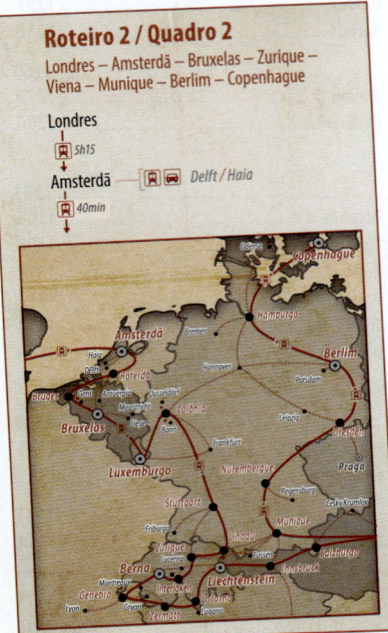

Roteiro 2 / Quadro 2
Londres – Amsterdã – Bruxelas – Zurique – Viena – Munique – Berlim – Copenhague

Londres
🚆 5h15
Amsterdã 🚆🚌 Delft/Haia
🚆 40min

Britânicos + Irlanda / Benelux Germânicos / Países Nórdicos

Para o Viajante
Um apanhado geral de cada país e o seu potencial turístico;

Mapa da Região: os países e suas principais cidades – conectadas por ferrovias;

Informações e serviços A-Z: aeroportos, clima, dinheiro, embaixadas brasileiras, festivais, segurança e o que mais for relevante você saber;

Idioma: característica das línguas locais, pequeno dicionário;

Viajando: os meios de transporte para você circular pela região;

Acomodação: as possibilidades de hospedagem, de albergues a hotéis;

Gastronomia: os pratos e bebidas típicas que vale você experimentar;

Países

Mapa do país: o país e suas principais cidades – conectadas por estradas;

Que país é esse: informações oficiais do país;

> **QUE PAÍS É ESSE**
>
> *Nome:* República da Irlanda | Poblacht na hÉireann | Republic of Ireland
>
> *Área:* 70.273km²
>
> *População:* 4,6 milhões
>
> *Capital:* Dublin
>
> *Língua:* Inglês e Irlandês

Barbadas e Roubadas: o que você não deve perder, e o que é bom tomar cuidado;

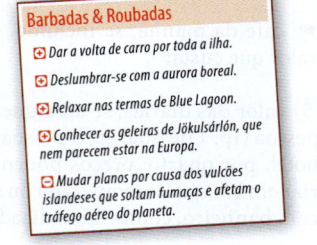

> **Barbadas & Roubadas**
>
> ⊕ Dar a volta de carro por toda a ilha.
>
> ⊕ Deslumbrar-se com a aurora boreal.
>
> ⊕ Relaxar nas termas de Blue Lagoon.
>
> ⊕ Conhecer as geleiras de Jökulsárlón, que nem parecem estar na Europa.
>
> ⊖ Mudar planos por causa dos vulcões islandeses que soltam fumaças e afetam o tráfego aéreo do planeta.

A Cidade: uma ideia da disposição urbana, ruas principais, rios e marcos importantes; centros de informação turística; cartão da cidade (que pode garantir descontos ou entrada liberada nas atrações); tours, para conhecer a cidade com um guia, a pé, de ônibus turístico e até de bicicleta;

Mapa da cidade: as ruas, avenidas, estações de trem, ônibus e metrô (quando houver), praças, parques, museus e as principais atrações;

Chegando e saindo: de avião, de trem, de ônibus, de barco – onde ficam o aeroporto, a estação de trem, a rodoviária, o porto e os meios para chegar até esses locais;

Circulando: as diferentes zonas que eventualmente caracterizam uma capital, como circular a pé, de metrô, ônibus, *tram* (bonde modernizado), táxi, bicicleta – para você percorrer a cidade como um nativo;

Atrações: bairros, museus, palácios, igrejas, parques, centros culturais, mercados e os lugares que você não pode perder; com informações de serviço indicadas por ícones:

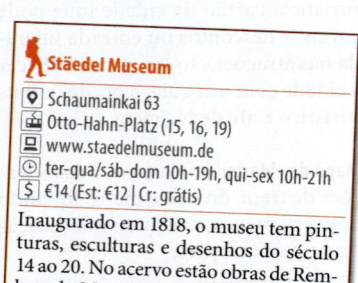

Stäedel Museum

- 📍 Schaumainkai 63
- 🚌 Otto-Hahn-Platz (15, 16, 19)
- 🖥 www.staedelmuseum.de
- 🕐 ter-qua/sáb-dom 10h-19h, qui-sex 10h-21h
- 💲 €14 (Est: €12 | Cr: grátis)

Inaugurado em 1818, o museu tem pinturas, esculturas e desenhos do século 14 ao 20. No acervo estão obras de Rembrandt, Monet, Renoir e Picasso.

📍 endereço	📞 telefone
🚌 ônibus	🖥 site
Ⓜ estação de metrô	@ e-mail
🚋 *tram*	🕐 horário
🚆 trem	💲 valor

Horário de abertura 🕐 – abreviados pelo mês e pelos dias da semana

Valor do ingresso 💲 – considerando descontos para estudantes (Est), idosos (Id), crianças (Cr) e jovens (Jov) (a idade de idosos, crianças e jovens para conseguir o benefício é variável e deve ser conferida no site da atração ou diretamente no próprio local).

O Guia O Viajante Europa 10ª edição traz uma novidade: o **Zizinho** (o boneco mochileiro ao lado), que indica que aquela atração é particularmente recomendada pelo **O Viajante**. Mas atenção – uma atração sem o Zizinho não significa que não seja interessante ou que não mereça uma visita! Eventualmente, foi apenas uma questão de prioridade, afinal, não poderíamos destacar todas.

Você acha que fomos injustos em não indicar uma atração com o Zizinho? Ou pelo contrário, você foi em algum lugar que não curtiu muito e não daria esse destaque? Compartilhe conosco a sua opinião! Escreva pra gente: **guiaeuropa@oviajante.com**

Passeios: para você ir um pouco além da cidade em que está, eventualmente em viagens de uma tarde ou um dia;

Comes & Bebes: a gastronomia na cidade, dicas de restaurantes para você aproveitar (com os mesmos ícones utilizados nas atrações; 💲 no entanto, se refere a média dos pratos mais baratos e dos mais caros, incluindo bebida não-alcóolica e serviço) – e o Zizinho comparece nos lugares mais recomendados;

Noite: as festas e baladas do momento – lembre-se, porém, que isso muda muito de uma hora para outra;

Hotéis & Albergues: como são as hospedagens na cidade e qual a média de custo; albergues, *bed & breakfast* e hotéis avaliados – e o Zizinho aparecendo nos nossos preferidos.

Além dos ícones já conhecidos, foram utilizados:

👤 capacidade do lugar: se albergue, refere-se ao número de camas; se hotel, ao número de quartos;

☕ café da manhã, se incluído, ou o valor que custa;

💲 valor das diárias; se albergue, por pessoa (1p: 1 pessoa; 2p: 2 pessoas); se hotel, por quarto; preços podem variar em baixa/alta temporada ou sem/com banheiro, conforme indicado.

Box de curiosidades: Para enriquecer ainda mais a sua viagem!

A BARBADA É: um programa bacana ou de bom custo-benefício

ALMANAQUE VIAJANTE: uma curiosidade interessante lá do fundo do baú

BAITA VIAGEM: uma jornada inesquecível!

CIDADE LADO B: uma atração menos conhecida daquela cidade

CULTURA POP: questões contemporâneas

DIETA NÃO!!! porque dieta não rima com viagem

ENTRE NESSA FESTA: festividades para você aproveitar

MOCHILA SEM GRANA: superdica de economia

NÃO DEIXE DE CONHECER: porque você não vai a Europa todo dia...

QUEM É ESSE CARA: talvez você não tenha ligado o nome à pessoa...

TE LIGA, VIAJANTE!: dicas de saúde ou de segurança

UM OLHAR MAIS ATENTO: detalhes urbanos, preste atenção!

VOCÊ QUE COLOU NA ESCOLA: o que você não aprendeu nos seus tempos de colégio, eis sua segunda e melhor chance

ALMANAQUE VIAJANTE
Futebol na terra do rock
Existem dois grandes times de futebol na cidade: o *Everton*, dono do estádio Goodison Park, e o *Liverpool*, que joga no Anfield. O jogo entre eles é um clássico chamado *Merseyside derby* ("*derby*" é a palavra inglesa usada para definir uma partida de times que são grandes rivais, como um Fla-Flu ou Gre-Nal). Ambos os times são bem antigos e detentores de muitos títulos: o Everton, fundado em 1878, já foi nove vezes campeão da Supercopa da Inglaterra e uma da Recopa Europeia; o Liverpool, que existe desde 1892, acumula 15 troféus da Supercopa, 5 da Liga dos Campeões da UEFA (União das Associações Europeias de Futebol), 3 da Liga Europa e 3 da Supercopa da UEFA. É considerado um dos maiores times do mundo. Infelizmente, participou de dois dos fatos mais tristes da história do futebol. Em maio de 85, em Bruxelas, quando o Liverpool enfrentava a Juventus, da Itália, 39 pessoas morreram durante um tumulto causado por *hooligans* (torcedores conhecidos pelo vandalismo) ingleses. Quase quatro anos depois, em Sheffield, na Inglaterra, num jogo entre Liverpool e Nottingham Forest, 96 torcedores do Liverpool morreram pisoteados e 766 ficaram feridos no que ficou conhecido como o Desastre de Hillsborough. Os episódios fizeram com que os times ingleses fossem banidos de importantes competições europeias.

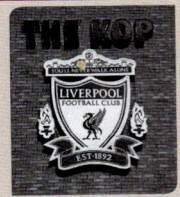

CULTURA GERAL

Textos sobre **Geografia**, **Economia**, **História**, para você entender bem os países antes e durante a sua jornada.

E ainda, **Cultura**: **Literatura**, **Artes**, **Música**, **Cinema** – ler, apreciar, escutar e assistir é um complemento da viagem.

LEGENDA DOS MAPAS

Países e regiões

┼┼┼┼┼	Ferrovias	◉	Capitais	▲	Fiorde
—	Estradas	●	Cidades em destaque	🏛	Sítio arqueológico
– –	Hidrovia	.	Cidades	⛷	Estação de esqui
—	Fronteiras	🌋	Vulcões		

Das cidades

✈	Aeroporto	𝑖	Informações turísticas	🏛	Prédio histórico
📖	Biblioteca	☪	Mesquita	🍴	Restaurante
🏰	Castelo	🏛	Museu	🚌	Rodoviária
🚆	Estação de trem	🌳	Parques e praças	✡	Sinagoga
Ⓜ	Estação de metrô	🌉	Ponte	🎭	Teatro
⛪	Igreja	⚓	Porto		

ROTEIROS

Por onde viajar? O que conhecer? Que lugares visitar?

Estas são perguntas que até o mais experiente dos viajantes se questiona. E saber a resposta não é fácil – mas é muito prazeroso tentar descobri-la.

Traçar um roteiro, afinal, não significa apenas definir que locais visitar – mas de quais abdicar. E isso pode ser uma tortura. Mas como muito provavelmente o seu tempo – e a sua grana – são limitados, selecionar destinos é mandatório.

Tudo depende do que você deseja. Explorar bem poucas cidades. Uma região. Um mochilão por vários países – aqui nesse guia informamos sobre 50 deles. São, portanto, infinitas as possibilidades. Mas vamos nos atrever a sugerir algumas delas.

Apresentamos nas páginas seguintes três roteiros, baseados nos países e regiões dos três volumes que compõem o (Box) *Guia O Viajante Europa 10ª edição: Europa Mediterrânea, Norte da Europa e Europa Oriental*.

As principais cidades, as capitais e outras de relevância turística, cultural ou geográfica, aparecem na primeira coluna, à esquerda em cada roteiro. O **"roteiro básico"** se constitui na viagem entre elas, numa sequência que leva você a conhecer um país, uma região, uma parte do continente, dependendo sempre de sua disposição (e do seu tempo e do seu dinheiro).

Por exemplo:
Roteiro 2 - Norte da Europa
Britânicos + Irlanda:

Londres / Edimburgo / Belfast / Dublin / volta pra Londres

No caso acima, roteiro para quem quer dar uma geral pelo Reino Unido (Inglaterra, Escócia, Irlanda do Norte) e Irlanda. O tempo de permanência em cada cidade depende sempre da sua disponibilidade e da vontade de conhecer mais lugares no decorrer da viagem. Note que o roteiro 2 completo, após as ilhas britânica e irlandesa, sai de Londres, atravessa o Canal da Mancha, passa por Benelux (com destaque à Holanda), pelos Germânicos (circulando toda Alemanha) e sobe até os Países Nórdicos, podendo se estender até a Islândia.

Roteiro 2 / Quadro 1
Londres – Edimburgo – Belfast – Dublin – (Londres)

Londres
Greenwich / Windsor
Brighton / Cambridge
2h30
Oxford / Cardiff / Bristol
Bath / Stonehenge /
Newquay / Saint Ives

Liverpool
4h15
Manchester / York

Claro que você não precisa percorrer tudo isso. O ideal é fazer uma parte do itinerário. E mais ainda: seguir as "**rotas secundárias**", aquelas listadas à direita, indicadas com os meios de transporte que você pode utilizar, a partir da cidade principal, para chegar até as localidades mencionadas.

Assim você não se limita apenas a capitais ou aos lugares mais turísticos e tem a chance de explorar mais do país.

Por exemplo: de Londres, antes de ir a Edimburgo, você pode conhecer Greenwich, Brighton, Oxford, Cambridge, Bath... Ou visitar lugares menos comuns nas rotas turísticas, como Newquay e Saint Ives, na região de Cornwall.

As "rotas secundárias" funcionam também como alternativas de itinerário e de conexão com outros roteiros. Assim, de Londres, além de partir para explorar mais do Reino Unido, você pode ir a Bruxelas, a Amsterdã (seguindo para o Quadro 2) ou a Paris (no Roteiro 1).

Enfim, como dissemos, são inúmeras as possibilidades de roteiros. Pegue o mapa do continente e vá atrás das pistas para encontrar o tesouro: a sua viagem pela Europa.

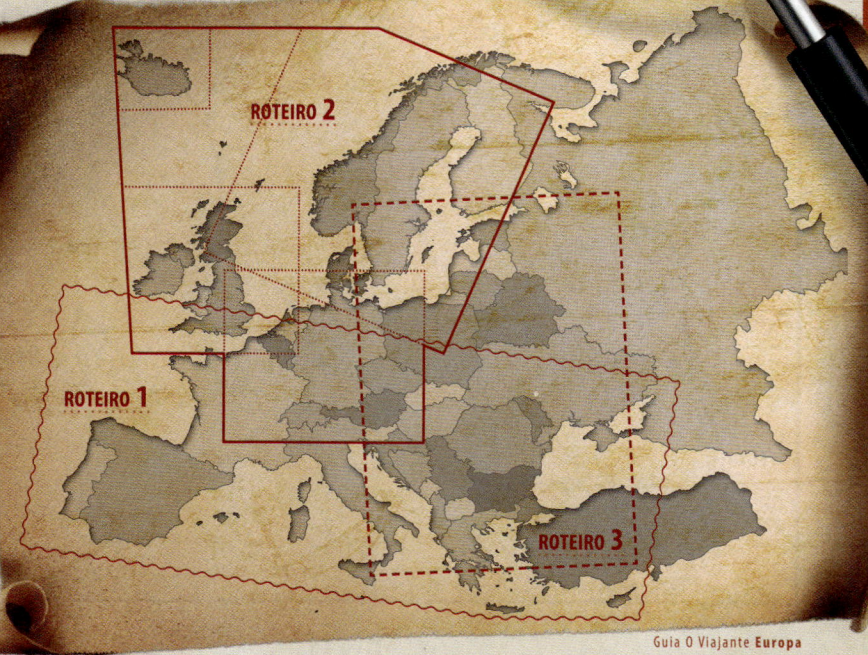

Roteiro 1 - Europa Mediterrânea

Bom para o viajante que:

- ✓ Só fala português e mal arranha no inglês
- ✓ Quer explorar as origens da História do Brasil
- ✓ Está ok de dinheiro mas também quer economizar
- ✓ Viaja entre dezembro e fevereiro e quer evitar um inverno rigoroso
- ✓ Curte museus de arte
- ✓ Delicia-se com boa gastronomia
- ✓ Aprecia ruínas arqueológicas e histórias do império Greco, Romano, Turco, Bizantino
- ✓ Deseja curtir praias e ilhas do Mediterrâneo

Roteiro 1

Lisboa – Porto – Madri – Barcelona – Paris – Veneza – Florença – Roma – Atenas – Istambul

Lisboa — Cascais / Sintra / Óbidos / Tomar / Évora / Algarve
2h 50

↓

Porto — Vila Nova de Gaia
1h20 — Braga / Guimarães

↓

Lisboa

Legenda do mapa

- ● **Capitais / rota principal**
- ◉ Capitais / rota secundária
- ● Cidades / rota principal
- · Cidades / rota secundária
- —— Rota principal
- ····· Rota secundária

o viajante

Roteiro 1 - Europa Mediterrânea | **697**

Madri

Coimbra — 🚆 Aveiro
↓ 9h10
Madri — 🚆 Toledo / Segóvia / Bilbao
         🚆✈ Santiago de Compostela
↓ 2h30
Sevilha — 🚌 Ronda / Algeciras
          🚌🚌 Gibraltar 🚢 Marrocos
↓ 3h
Granada — 🚌🚌 Málaga / Pueblo Blanco
↓ 2h45

Córdoba — 🚴🚆 Medina Al-Zahra
           🚆🚆 Mérida
↓ 3h
Valência — 🚆🚆 Alicante / Múrcia
            🚢✈ Ibiza / Palma de Maiorca
↓ 3h
Barcelona — 🚆🚆 Pamplona / San Sebastián
             🚆🚌 Andorra
↓

Valência

Liubliana

MAR NEGRO

Sófia

MAR ADRIÁTICO

Skopje

Istambul

Ancara

Tirana

no

Nápoles Bari Brindisi

Capadócia

Costa Amalfitana

Tessalônica

Igoumenitsa

MAR EGEU

Pamukkale

Pátras Corinto

Atenas

Palermo

Epidauros Hydra Mykonos

SICÍLIA

MAR JÔNICO

Peloponeso

Santorini

Nicósia

Malta

Creta

MAR MEDITERRÂNEO

Guia O Viajante **Europa**

Roteiro 1 - Europa Mediterrânea

Bordeaux

Carcassone — 🚆🚌 *Toulouse / Perpignon*
↓ 🚆 3h
Bordeaux — 🚴🚌 *St. Émilion*
　　　　　 🚆🚌 *Biarritz / Saint-Jean-de-Luz*
↓ 🚆 3h20
Paris — 🚆🚌 *Versalhes / Disneyland Paris / Mont Saint-Michel / Saint-Malo*
　　　　 🚆🚌 *Vale do Loire / Giverny*
　　　　 🚆🚌 *Londres / Bruxelas*
↓ 🚆 2h20

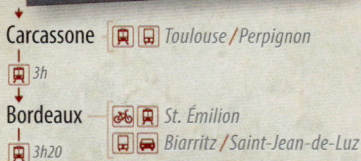

Paris

Estrasburgo — 🚴🚌 *Saverne / Colmar*
　　　　　　 🚆🚌 *Stuttgart / Luxemburgo*
↓ 🚆 3h30
Lyon — 🚆🚌 *Grenoble / Chamonix / Genebra*
↓ 🚆 4h30
Nice — 🚆🚌 *Cannes / Marselha / Aix-en-Provence*
↓ 🚆 20min
Mônaco — 🚶🚴 *Èze*
↓ 🚆 4h30
Milão — 🚆🚌 *Turim / Lugano / Gênova / Cinque Terre / Bolonha*
↓ 🚆 2h25

Veneza — 🚆🚌 *Pádua / Verona / Trieste / Liubliana*
↓ 🚆 2h
Florença — 🚆🚌 *Pisa / San Gimignano / Siena / Arezzo*
↓ 🚆 1h30
Roma — 🚶🚴 *Vaticano / Tivoli*
　　　　 ✈ *Sardenha / Sicília*
↓ 🚆 1h10

Roma

Nápoles — 🚆🚌 *Costa Amalfitana*
　　　　　 ⛴ *Capri / Palermo / Malta*
↓ 🚆 4h45
Brindisi — 🚆🚌 *Bari*
　　　　　 ⛴ *Tirana / Igoumenitsa*
↓ ⛴ 15h
Pátras — 🚆🚌 *Corinto / Epidauro*
↓ 🚆 4h40
Atenas — 🚆🚌 *Peloponeso*
　　　　　 ⛴ *Hydra / Mykonos / Santorini / Creta* ✈ *Chipre*
↓ 🚆 5h25
Tessalônica — 🚆🚌 *Tirana / Skopje / Sófia*
↓ ✈ 1h20
Istambul — 🚆✈ *Ancara*
　　　　　 🚆✈ *Capadócia / Pamukkale*

Atenas

o viajante

ROTEIRO 2 - NORTE DA EUROPA

Bom para o viajante que:

- ✓ Fala inglês
- ✓ Curte temas ligados à Segunda Guerra Mundial
- ✗ Não está tão apertado de dinheiro
- ✓ Viaja entre dezembro e fevereiro e não tem medo do inverno
- ✓ Curte museus de história
- ✓ Aprecia cerveja
- ✓ Se interessa pela cultura de normandos, vikings, celtas e bretões
- ✓ Quer conhecer fiordes e paisagens naturais espetaculares

Mapa Geral - Quadros 1, 2 e 3

O Mapa Geral abaixo apresenta o percurso completo do Roteiro 2, que nas páginas seguintes está melhor detalhado em três mapas distintos.

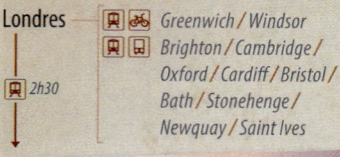

Roteiro 2 / Quadro 1
Londres – Edimburgo – Belfast – Dublin – (Londres)

Londres
- 🚆🚲 Greenwich / Windsor
- 🚆🚆 Brighton / Cambridge / Oxford / Cardiff / Bristol / Bath / Stonehenge / Newquay / Saint Ives

🚆 2h30

Liverpool
- 🚆🚆 Manchester / York
- ✈️🛏️ Dublin / Belfast

🚆 4h15

Edimburgo
- 🚆🚆 Glasgow / Inverness / Isle of Skye

✈️ 2h

Belfast
- 🚆🚌 Giant's Causeway / Carrick-a-rede

🚆 2h10

Dublin
- 🚆🚆 Galway
- 🚆🚌 Glendalough / Cork / Dingle

✈️ 1h15

Londres

Quadro 1

OCEANO ATLÂNTICO

Isle of Skye · Inverness · Giant's Causeway · Glasgow · **Edimburgo** · **Belfast** · Galway · **Dublin** · Dingle · Glendalough · Cork · **Liverpool** · York · Manchester · MAR DO NORTE · MAR CELTA · Cardiff · Oxford · Cambridge · Newquay · Bristol · Bath · **Londres** · Windsor · Greenwich · Saint Ives · Stonehenge · Brighton · **Amsterdã** · CANAL DA MANCHA · **Bruxelas**

o viajante

Roteiro 2 / Quadro 2

Londres – Amsterdã – Bruxelas – Zurique – Viena – Munique – Berlim – Copenhague

Londres
5h15
↓
Amsterdã — Delft / Haia
40min
↓
Roterdã — Antuérpia / Maastricht
2h
↓
Bruges — Gent
1h
↓
Bruxelas — Antuérpia / Liege
3h
↓
Luxemburgo — Frankfurt
3h40
↓
Colônia — Bonn / Dusseldörf / Hannover / Frankfurt
2h15
↓
Stuttgart — Friburgo / Zurique
3h
↓
Lindau — Füssen / Munique
1h50
↓
Zurique — Munique / Stuttgart
2h
↓
Interlaken — Spiez / Gimmelwald
55min
↓

Quadro 2

Mapa do Norte da Europa mostrando as cidades do roteiro.

Guia O Viajante **Europa**

702 | Roteiro 2 - Norte da Europa

Berna — Lucerna / Zurique
↓ 1h45

Genebra — Lausanne / Gryon / Lyon
↓ 3h30

Zermatt — Montreaux
↓ 4h

Locarno — Lugano / Milão
↓ 4h30

Vaduz (Liecht.) — Lindau
↓ 2h45

Innsbruck — Veneza / Munique
↓ 1h45

Salzburgo — Český Krumlov
↓ 2h25

Viena — Bratislava / Český Krumlov
↓ 4h

Munique — Füssen / Lindau / Zurique
↓ 1h15

Nurembergue — Regensburg
↓ 4h30

Dresden — Leipzig / Hannover / Praga
↓ 2h15

Berlim — Potsdam / Hannover
↓ 1h40

Hamburgo — Bremen / Hannover / Odense / Copenhague
↓ 4h45

Copenhague — Roskilde / Odense / Aaarhus
↓ 35min
↓

Berlim

Lysefjord

Roteiro 2 / Quadro 3

Copenhague – Estocolmo – Oslo – Helsinque – (Estocolmo)

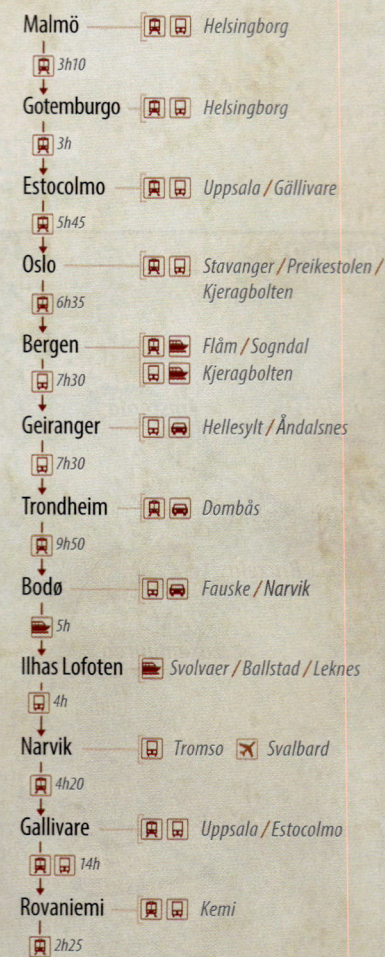

Malmö — Helsingborg
↓ 3h10

Gotemburgo — Helsingborg
↓ 3h

Estocolmo — Uppsala / Gällivare
↓ 5h45

Oslo — Stavanger / Preikestolen / Kjeragbolten
↓ 6h35

Bergen — Flåm / Sogndal / Kjeragbolten
↓ 7h30

Geiranger — Hellesylt / Åndalsnes
↓ 7h30

Trondheim — Dombås
↓ 9h50

Bodø — Fauske / Narvik
↓ 5h

Ilhas Lofoten — Svolvaer / Ballstad / Leknes
↓ 4h

Narvik — Tromso ✈ Svalbard
↓ 4h20

Gallivare — Uppsala / Estocolmo
↓ 14h

Rovaniemi — Kemi
↓ 2h25
↓

o v**s**ajante

Roteiro 2 - Norte da Europa | **703**

Oulu → 🚆🚌 Kemi
↓ 🚆 6h30
Helsinque → 🚆🚌 Turku
　　　　　　　🚢 Tallinn
↓ 🚢 16h
Estocolmo

Roteiro 2 / Quadro 4
Londres – Reykjavík – Ring Road – (Londres)

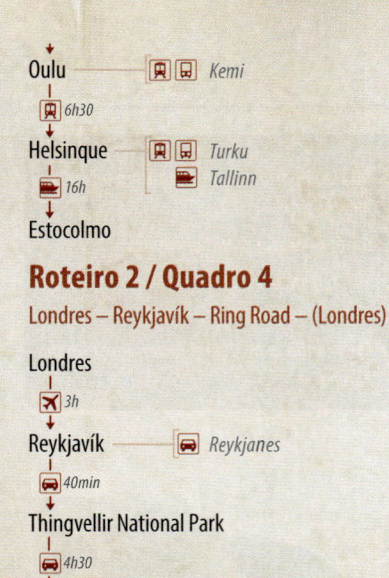

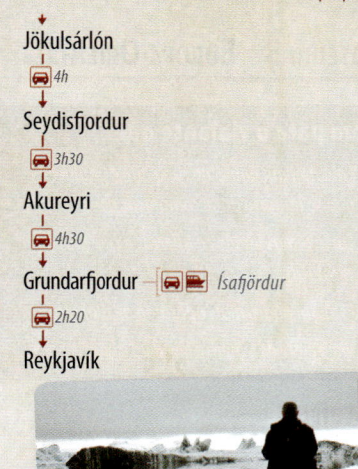

Londres
↓ ✈ 3h
Reykjavík → 🚌 Reykjanes
↓ 🚌 40min
Thingvellir National Park
↓ 🚌 4h30

Jökulsárlón
↓ 🚌 4h
Seydisfjordur
↓ 🚌 3h30
Akureyri
↓ 🚌 4h30
Grundarfjordur → 🚌🚌 Ísafjördur
↓ 🚌 2h20
Reykjavík

Jökulsárlón

Guia O Viajante **Europa**

Roteiro 3 - Europa Oriental

Bom para o viajante que:

- ✓ Fala mal um pouco de tudo que é língua e não se importa de se comunicar por mímica
- ✓ Curte temas ligados a guerras e conflitos do século 20
- ✓ Está um pouco mais apertado de dinheiro
- ✓ Viaja entre dezembro e fevereiro e quer ver neve
- ✓ Não se importa com infraestrutura turística mais básica
- ✓ Gosta de provar pratos diferentes
- ✓ Se interessa por temas ligados ao comunismo e à ex-União Soviética
- ✓ Quer conhecer os lugares menos turísticos da Europa

Roteiro 3

Praga – Varsóvia – Budapeste – Liubliana – Zagreb – Belgrado – Sararajevo – Tirana – Bucareste – Kiev – Vilnius – Tallinn – Moscou

Praga — Český Krumlov / Kutná Hora / Pilsen / Karlovy Vary / Telč / Špindlerův Mlýn / Dresden
↓ 8h25

Varsóvia — Łódź / Treblinka / Poznań / Gdańsk
↓ 2h25

Cracóvia — Auschwitz / Wadowice / Zakopane
↓ 7h45

Bratislava — Bojnice / Spišské Podhradie / Viena / Brno
↓ 2h45

Budapeste — Gyor / Pécs / Sopron / Eger / Esztergom / Viena
↓ 7h45

Liubliana — Bled / Ístria / Veneza
↓ 2h20

Zagreb — Parque Nacional Plitvice
↓ 6h05

Belgrado — Niš / Novi Sad / Subotica / Timişoara
↓ 7h

Sarajevo — Bihać / Banja Luka
↓ 2h20

Mostar — Pocitelj / Medugorje / Trebinje
↓ 4h10

Roteiro 3 - Europa Oriental | **705**

Dubrovnik

Split — Brač / Krk / Hvar / Brela
↓ 5h

Dubrovnik — Korčula / Mljet
　　　　　　　Mostar
↓ 2h25

Budva — Kotor
↓ 1h30

Podgorica — Duklja
↓ 3h-7h

Skopje

Tirana — Berat / Krujë / Shkodra
　　　　　Brindisi　Atenas
↓ 4h-7h

Skopje — Ohrid / Bitola
↓ 3h

Pristina — Prizren / Peja
↓ 7h

Sófia — Plovdiv / Varna / Tessalònica
↓ 9h20

Bucareste — Timişoara
↓ 2h35

Brasov — Rasnov / Sighişoara
↓ 10h30

Chisinau — Tiraspol / Balti / Old Orhei
↓ 4h50

Odessa
↓ 8h45

Kiev — Chernobyl
　　　　Pyrogiv / Lviv
↓ 10h40

Minsk

Minsk — Gomel / Brest
↓ 3h30

Vilnius — Trakai / Kryziu Kalnas / Kaunas / Klaipédia
↓ 4h

Riga — Jūrmala / Liepāja / Sigulda
↓ 4h15

Tallinn — Pärnu / Tartu / Otepää
　　　　　Helsinque
↓ 6h30

São Petersburgo — Peterhof　Helsinque
↓ 4h20

Moscou — Golden Ring
　　　　　Ferrovia Transiberiana

Moscou

Às margens do rio Tâmisa, London Eye à esquerda

Sumário

Inglaterra 726
Escócia 795
País de Gales 820
Irlanda do Norte 832
Irlanda 845

Britânicos + Irlanda

Uma confusão habitual se refere à diferença entre Reino Unido, Grã-Bretanha e Inglaterra. Reino Unido é a união de quatro países: Inglaterra, Escócia, País de Gales e Irlanda do Norte. Quando falamos de Grã-Bretanha, nos referimos apenas aos três primeiros, que formam uma ilha, a Ilha Britânica. Todos os países do Reino Unido (Grã-Bretanha mais a Irlanda do Norte) têm o mesmo idioma, o mesmo governo, a mesma rainha, a mesma moeda, a mesma direção invertida; possuem, no entanto, características tão próprias como qualquer outro país do continente europeu. Aliás, seus povos não admitem ser confundidos uns com os outros. E há, ainda, para aumentar mais a suposta confusão, a República da Irlanda, situada numa ilha vizinha, cujo território compartilha com a Irlanda do Norte – mas, diferentemente desta, não faz parte do Reino Unido. Enfim, é um completo outro país, que utiliza o euro como moeda, embora tenha muitas similaridades com a Inglaterra (mas, por favor, não lembre um irlandês disso). Entre todos eles, muitas semelhanças, muitas diferenças. Percebê-las é o gostoso desafio ao viajante que se propuser a conhecer lugares como Londres, Edimburgo, Belfast, Dublin, entre outras localidades da região – que, além das capitais de seus países, estão entre as cidades mais bacanas da Europa.

Para o Viajante

Inglaterra

A grande maioria dos viajantes se concentra em **Londres**. Com justiça. É o destaque absoluto da Inglaterra e uma das cidades mais vibrantes do planeta. Museus, prédios históricos, parques, shows, intensa vida cultural – são inúmeras as atrações, fora os mercados e restaurantes com gastronomia universal e os festejados pubs. Se o seu tempo for escasso, não tenha dúvidas, fique em Londres: o cosmopolitismo da capital inglesa a torna um centro verdadeiramente internacional, transcendendo os limites de uma cidade tipicamente britânica. Mais do Reino Unido você encontra em seu refinado interior, o *countryside*, muito bem representado em cidades universitárias, como **Oxford** e **Cambridge**; em cidades históricas, como **York, Canterbury** e **Bath**; em grandes polos industriais, como **Manchester**, **Birmingham**, a segunda maior cidade do país, e **Liverpool**, que fez sua contribuição ao mundo nos dando os Beatles. Há ainda **Stonehenge**, um círculo de pedras que se constitui num misterioso e instigante monumento pré-histórico, no sul do país. O litoral também merece atenção, onde **Brighton** é um balneário bastante agradável, perfeito para um *day trip* de Londres, e a região da **Cornualha** (*Cornwall*), mais distante, no extremo sudoeste, pode ser uma grata surpresa.

Escócia

No norte da ilha britânica, fica aquela que talvez seja a região mais bacana do Reino Unido – a Escócia. Trata-se de um país não 100% autônomo, ainda subjugado à coroa britânica (mas por muito pouco não conquistou a independência, como demonstraram os resultados do plebiscito de 2014). **Edimburgo** é sua fascinante capital, repleta de eventos no verão e encanto o ano inteiro. O mesmo potencial turístico é percebido em todo o território escocês, caracterizado por lagos, montanhas, ilhas – são quase 800, sendo menos da metade habitadas –, pedaços de terra polvilhados por vilarejos e castelos. A região mais emblemática da Escócia são as **Highlands**, as terras altas, no norte, paisagem singular no continente e cenário da forte raiz cultural do povo. Abriga o lago mais conhecido do país, o **Ness**, célebre pelo suposto monstro que habita suas profundezas. **Inverness** é uma das principais cidades situadas às suas margens. Entre os castelos, um dos mais famosos é o **Eilean Donan**, do século 13, cartão postal clássico. Na verdade, o que não falta na Escócia são imagens dignas de cartões postais; por isso, para quem puder, nada melhor do que alugar um carro e viajar parando em cada canto em que for hipnotizado.

O que você não pode perder

- *Londres. Porque é Londres (p.728)*

- *As atrações gratuitas de Londres: museus, parques, mercados (p.738)*

- *Edimburgo (p.797) e as Highlands da Escócia (p.814)*

- *O muro que ilustra a divisão da Irlanda do Norte, em Belfast (p.841)*

- *Os pubs com bandinhas irlandesas de Dublin (p.862)*

REINO UNIDO E IRLANDA

País de Gales

A oeste de três cidades industriais (Manchester, Birmingham e Liverpool), fica uma península que, embora faça parte do Reino Unido, é outro país, com um parlamento autônomo em relação ao britânico. Aliás, outro país até no nome, País de Gales, ao menos na tradução em português – ou *Wales*, no original. Em seu território, avistam-se cidades interessantes, como a capital **Cardiff**, que pode ser perfeitamente conhecida num passeio de um dia, parques nacionais – como **Brecon Beacons**, **Pembrokeshire Coast National Park** e **Snowdonia**, esses dois com porções costeiras –, e muitos castelos. Ao todo, são 641, um motivo de orgulho para o país, que tem mais fortalezas per capita do que qualquer outra nação no mundo. Mas talvez o maior atrativo local seja a cultura muito diferente da dos vizinhos, o rico passado ligado à história celta, as lendas que envolvem o rei Arthur e o mago Merlin e até o outro idioma falado por parte da população, o galês (*welsh*), que, junto ao inglês, é língua oficial no país.

Irlanda do Norte

Quer conhecer todos os países do Reino Unido? Atravesse o Canal do Norte (*North Channel*, porção mais estreita do Mar da Irlanda) e mergulhe na interessante Irlanda do Norte. O país é pequeno, e suas principais atrações são a simpática capital **Belfast**, a cidade murada de **Derry** (ou **Londonderry**), uma impressionante área cercada por muralhas, e a **Giant's Causeway**, a Calçada dos Gigantes, milhares de colunas de basalto, resultado de uma erupção vulcânica, reconhecida como Patrimônio Mundial da Unesco. Uma visita ao país, e em especial a Belfast, vale também para tentar entender a bizarra distinção cultural entre católicos e protestantes, nacionalistas e unionistas, divisão que deu origem a duas Irlandas e já provocou muitos conflitos internos.

Irlanda

A língua é a mesma (embora com um sotaque muito, muito diferente) e o café da manhã monstruoso com bacon e grão de feijão, também. Pronto. Acabaram-se as similaridades com a Inglaterra ou outro país da Grã-Bretanha. Porque a Irlanda é definitivamente outra nação, outra ilha, separada da britânica pelo Mar da Irlanda. Atrativas cidades como **Dublin**, **Cork**, belezas naturais como a **Península de Dingle**, o **Anel de Kerry**, o **Vale de Glendalough** e inusitadas paisagens como os **Cliffs of Moher** e as **Aran Islands**, nos arredores de **Galway**, estimulam o viajante a conhecer e circular pela República da Irlanda. Entender sua cultura só faz aumentar o fascínio. Política à parte, mitos e lendas lembram a ancestralidade dos celtas. Atravessando a Idade Média, viviam em barracos de palha e, dizia-se, queimavam crianças vivas. Sua aura enigmática chegou até hoje intacta. Caminhar pelo interior do país causa estranheza, pois todos se referem aos celtas como um povo misterioso e excitante e, por mais que você ande, nunca encontra nenhum, até se dar conta de que eles não são duendes vivendo nas florestas, mas sim os hippies que vendem bijuteria, os donos de pubs e os motoristas de ônibus com tatuagens no braço. Definitivamente, na Irlanda o povo é uma atração, um convite à descontração, preferencialmente, com uma cerveja Guinness em punho.

Informações e serviços A-Z

Aeroportos

Inglaterra

O país costuma ser a entrada dos turistas que vão conhecer o Reino Unido. Londres é servida por seis aeroportos: *Heathrow*, o principal, onde chega grande parte dos voos internacionais, inclusive do Brasil; *Gatwick*, também importante ponto de pouso de companhias europeias; *City*, o mais próximo da capital, que se conecta a outras cidades do continente; e *Stansted*, *Luton* e *Southend*, usados por companhias de baixo custo. Liverpool, Newcastle, Bristol, Manchester e Newquay também são servidas por aeroportos representativos.

Escócia

O principal aeroporto é o *Edinburgh Airport*, que recebe frequentes voos da Inglaterra. Glasgow, a oeste da capital, tem dois aeroportos, o *Glasgow International Airport*, segundo mais movimentado do país, e o *Glasgow Prestwick*, que, apesar do nome, está a 50km da cidade, sendo pouso principalmente de companhias *low-cost*. *Aberdeen Airport* e *Inverness Airport*, nas cidades de mesmo nome, servem o norte da Escócia.

País de Gales

O *Cardiff Airport*, na capital, é o único aeroporto internacional do País de Gales, onde chegam voos principalmente de Dublin, Belfast, Amsterdã, Edimburgo, Paris e Alicante. Apesar da proximidade com Londres, são raros os voos diretos – geralmente há uma escala na capital da Irlanda ou da Irlanda do Norte.

Luton, um dos seis aeroportos de Londres

Irlanda do Norte

O *Belfast International Airport*, o maior aeroporto do país, tem voos para muitos destinos europeus. A capital também é servida pelo *George Best Belfast City Airport*, mais central, de onde se voa principalmente para a Inglaterra e para a Irlanda.

Irlanda

O país tem três aeroportos internacionais: o mais utilizado é o *Dublin Airport*, na capital; o *Cork Airport*, em Cork, no sul da Irlanda, também é movimentado; já o *Shannon Airport*, em Shannon, no sudoeste da Irlanda, recebe conexão de poucas cidades europeias, entre elas Londres, Berlim, Cracóvia e Varsóvia.

Assistência médica

O Reino Unido e a Irlanda não fazem parte do Acordo de Schengen, por isso não existe a exigência de seguro-viagem com cobertura mínima de €30 mil. De qualquer maneira, por precaução, aconselha-se que os viajantes contratem uma assistência médica, já que nenhum dos cinco países oferece atendimento gratuito aos visitantes – qualquer consulta particular poderá sair muito acima do imaginado.

Clima

Na escola, você deve ter aprendido (ou não?) que o clima da Grã-Bretanha é temperado oceânico. Termo bonito para, na prática, dias nublados e chuvosos. A Irlanda e a Irlanda do Norte não deixam por menos, com chuvas distribuídas por todo o ano. Nem sempre é assim, porém vale se preparar psicologicamente caso você não veja o sol por um longo período. O inverno é frio – mas não um frio do cão, ainda que talvez o pessoal do Nordeste brasileiro discorde –, e o verão pode ser bastante quente. Primavera e outono, é possível que seja tudo isso. Com um pouco de sorte, há um solzinho, às vezes tímido, às vezes brasileiro.

Custos

Como é de se esperar, a Inglaterra é o país mais caro da região. Somando acomodação em albergue, uma refeição em restaurante, outra em supermercado, uma entrada em museu pago e transporte suficiente para um dia, espere gastar £60 (€78). A boa notícia é que, por aqui, muitos museus e igrejas não cobram entrada; além disso, essa é uma das cidades mais ricas em mercados, feiras e parques. Por isso, não é difícil restringir a visita somente a lugares gratuitos, com idas ocasionais a atrações pagas, o que poderia reduzir o custo diário para £45 (€58). Para economizar ainda mais, só descolando algum amigo que possa oferecer hospedagem, diminuindo as idas a restaurantes e caminhando bastante pela cidade.

Os demais países do Reino Unido são um pouco mais baratos, mas nada que permita conforto aos viajantes mochileiros: na Escócia, no País de Gales e na Irlanda do Norte, a média diária fica em torno de £45 (€58). Mas, nesses países, assim como na Inglaterra, se o viajante priorizar as atrações gratuitas, poderá chegar a uns £35 (€45). Mais econômica, a Irlanda representa certo alívio aos turistas, já que, por aqui, os custos de um dia ficam em €50, com atrações pagas, e uns €38, com visitas gratuitas. O grande responsável para a redução dos custos na Irlanda é o euro; os outros quatro países usam a libra esterlina, mais valorizada.

DDI
Reino Unido 44
Irlanda 353

Dinheiro
Moeda
Reino Unido: Libra Esterlina (£)
Irlanda: Euro (€)

A libra esterlina, ou *pound sterling*, ou *english pound*, ou, por fim, simplesmente *pound*, representada pelo símbolo "£", é dividida em 100 *pence* (ou apenas *p*, pronunciando-se *pi*). Existem moedas de 1p, 2p, 5p, 10p, 20p, 50p, £1, £2 e £5 e notas de £1 (na Escócia), £5, £10, £20, £50 e £100 (na Escócia e na Irlanda do Norte). As notas emitidas na Escócia são diferentes das inglesas e devem ser aceitas em qualquer lugar do Reino Unido, apesar de, na prática, haver certa relutância em alguns lugares dos demais países. Se possível, na Escócia, peça troco em notas inglesas.

Rua comercial em Dublin

Valor de troca:
£1 = R$ 5,25
€1 = R$ 3,80

Câmbio
Integrante da União Europeia que manteve sua moeda – a libra (*pound*) – numa comunidade que adotou o euro, o Reino Unido é recheado de casas de câmbio (onde pode haver pequena variação de valores entre elas). Em algumas, até o real brasileiro se consegue trocar, a uma baixa cotação, no entanto.

> **TE LIGA, VIAJANTE | 1 Pound**
> Brasileiros tradicionalmente desprezam moedas. Nunca perca, porém, a noção do valor da pequena e pesada moedinha de 1 libra.

Embaixadas e Consulados brasileiros
Reino Unido
Embaixada em Londres
- 14-16 Cockspur Street
- (20) 7747.4500
- seg-sex 10h-13h/14h-18h
- www.brazil.org.uk

Consulado em Londres
- 3 Vere Street
- (20) 7659.1550
- seg-sex 9h30-11h30
- www.consbraslondres.com

Irlanda
Embaixada em Dublin
- Block 8, Harcourt Centre, Charlotte Way
- (1) 475.6000
- seg-sex 10h-13h
- dublin.itamaraty.gov.br

Feriados
Em comum a todos
Ano-Novo (1/jan); Páscoa (abr); seg após a Páscoa; Natal (25-26/dez).

Inglaterra
May Day (dia do trabalho, primeira seg de mai); *Spring Bank* (última seg de mai); *Summer Bank* (última seg de ago).

Escócia
Ano-Novo (2/jan); *May Day* (dia do trabalho, primeira seg de mai); *Spring Bank* (última seg de mai); *Summer Bank* (última seg de ago).

País de Gales
May Day (dia do trabalho, primeira seg de mai); *Spring Bank* (última seg de mai); *Summer Bank* (última seg de ago).

Irlanda do Norte
St. Patrick's Day (17/mar); *May Day* (dia do trabalho, primeira seg de mai); *Spring Bank* (última seg de mai); Batalha de Boyne (12/jul); *Summer Bank* (última seg de ago).

Irlanda
St. Patrick's Day (17/mar); Dia da Vitória (mai); *June Holiday* (primeira seg de jun); *August Holiday* (primeira seg de ago); *October Holiday* (última seg de out); Dia de Santo André (30/nov).

Fuso horário
Reino Unido e Irlanda + 3 horas em relação a Brasília – fora o horário de verão brasileiro (+2h) e europeu (+4h). O Reino Unido também tem 1h de diferença da Europa Central. Vale lembrar que é aqui, na cidade de Greenwich, onde se encontra o meridiano referência (longitude 0º) para os demais fusos.

Gays
Em 2014, Inglaterra, Escócia e País de Gales legalizaram o casamento entre pessoas do mesmo sexo. Em 2015, a Irlanda fez um referendo e aprovou com 62% a união homossexual. Falta, ainda, a Irlanda do Norte adotar a mesma posição. Dos cinco países, a Inglaterra é o mais aberto, mas mesmo na Irlanda, onde o catolicismo é forte, dificilmente você presenciará alguma atitude intolerante. No Reino Unido, Londres, Brighton, Manchester, Edimburgo e Cardiff, e na Irlanda, Dublin e Cork, são cidades comuns para turismo gay, onde – em Londres principalmente – dois caras ou duas mulheres podem andar de mãos dadas ou se beijar publicamente.

FESTIVAIS
Inglaterra
St.Patrick's day (mar) – o santo padroeiro da Irlanda é homenageado no dia 17 de março, com apresentações musicais em Trafalgar Square e desfile pelas ruas de Londres;

Bath Fringe Festival (mai/jun) – apresentações de música, teatro e performances em Bath, cidadezinha a 20km de Bristol;

Glastonbury Festival (jun) – em Pilton, 42km ao sul de Bristol, shows de bandas reconhecidas de diferentes estilos musicais;

Isle of Wight Festival (jun) – festival de rock alternativo em Isle of Wight, ilha ao sul do Reino Unido;

Download Festival (jun) – shows de rock no autódromo de Donington Park, em Leicestershire, a 175km de Londres;

City of London Festival (jun/jul) – variadas performances artísticas em diferentes pontos de Londres;

Wireless Festival (jun/jul) – apresentações de rap e hip-hop em Londres;

Latitude Festival (jul) – festival de música e artes em uma área rural de Suffolk, leste do Reino Unido, a 80km de Cambrige;

Lovebox Festival (jul) – dois dias de música eletrônica em Londres;

Secret Garden Party (jul) – festival de arte e música independente em Abbots Ripton, a 36km de Cambridge;

Larmer Tree (jul) – festival de música na região de North Dorset;

Cambridge Folk Festival (jul-ago) – shows de música folk em Cambridge;

Reading Festival (ago) – em Reading, a 42km de Oxford, shows de indie rock, punk rock e metal;

Notting Hill Carnival (ago) – carnaval de rua em Londres, popular entre os imigrantes afro-caribenhos;

Creamfields (ago) – festival de música eletrônica em Daresbury, próximo a Liverpool;

Bestival (set) – quatro dias de música indie em Isle of Wight, ilha ao sul da Grã-Bretanha;

London Film Festival (out) – festival de cinema em Londres, reúne documentários, longas e curtas de mais de 50 países;

London Jazz Festival (nov) – apresentações de jazz em diferentes lugares de Londres;

Burning The Clocks (dez) – em Brighton, festa de rua para marcar o solstício de inverno.

Escócia
Glasgow Film Festival (fev/mar) – festival de cinema em Glasgow;

Glasgow International (abr) – a cada dois anos, mostra de arte contemporânea em Glasgow;

Imaginate Festival (mai) – em Edimburgo, festival de artes cênicas para crianças;

Edinburgh International Film Festival (jun) – festival de cinema nacional e internacional;

West End Festival (jun) – espetáculos de música, dança e teatro em diferentes partes de Glasgow;

Hebridean Celtic Festival (jul) – festival internacional de música celta em Stornoway, ilha no extremo norte do país;

Wickerman Festival (jul) – shows de música alternativa em Dundrennan;

Edinburgh Jazz & Blues Festival (jul) – na capital, concertos de jazz e blues com participação de músicos internacionais;

Edinburgh Festival Fringe (ago) – em Edimburgo, apresentações performáticas de comédia;

Edinburgh Art Festival (ago) – exposições em diferentes pontos de Edimburgo com arte histórica e contemporânea;

Edinburgh International Festival (ago) – festival de teatro, música e dança;

Edinburgh Mela (ago) – evento de música e dança com ritmos de todo o mundo;

Scottish Internacional Storytelling Festival (out/nov) – evento de contação de histórias, teatro e música em Edimburgo.

País de Gales

Cardiff Independent Film Festival (abr) – na capital, exibição e premiação de cinema independente;

Green Man Festival (ago) – grande festival de música e arte em Glanusk Park, no Parque Nacional Brecon Beacons;

National Eisteddfod (ago) – festival de cultura galesa, a cada ano é sediado em uma cidade diferente;

Brecon Jazz (ago) – apresentações de jazz na cidade de Brecon, próximo ao Parque Nacional Brecon Beacons;

Sŵn Festival (out) – em Cardiff, o festival destaca os novos talentos musicais do país.

Irlanda do Norte

Out To Lunch (jan) – evento em Belfast com participação de músicos, artistas, escritores e comediantes;

Orangemen's Day (12/jul) – em todo o país, desfiles em comemoração à vitória protestante na Batalha de Boyne;

Belfast Festival at Queen's (out/nov) – na capital, grande festival com apresentações de música, dança e teatro.

Irlanda

St. Patrick´s day (mar) – o santo padroeiro da Irlanda é homenageado no dia 17 de março em todo o país (e no mundo), e a festa já começa alguns dias antes. Os foliões vestem verde e saem às ruas e pubs para comemorar a data, sempre ao som de música irlandesa;

Dublin Writers Festival (mai) – em Dublin, debates, leituras e *workshops* com escritores de diversos países;

Sky Cat Laugh Comedy Festival (jun) – festival de comédia na cidade de Kilkenny, 130km ao sul de Dublin;

Bloomsday (16/jun) – em todo o país, atividades que homenageiam Leopold Bloom, protagonista de Ulisses, livro de James Joyce;

Galway International Arts Festival (jul) – mostras de teatro, dança, artes, música e literatura em Galway;

Galway Film Fleadh (jul) – festival internacional de cinema em Galway;

Kilkenny Arts Festival (ago) – apresentações de música, teatro, dança e literatura em Kilkenny, 130km ao sul de Dublin;

Cork Jazz Festival (out) – em Cork, um dos maiores festivais de jazz do país;

Cork Film Festival (nov) – apresentação e premiação de produções cinematográficas em Cork.

Desfile de St. Patrick's Day em Dublin

Gorjetas

Muitos restaurantes e hotéis já incluem o valor da gorjeta na conta. Quando não, você pode deixar entre 10% e 15%, ou arredondar o número de pounds ou de euros. Mas se o atendimento não for lá grande coisa e seu orçamento estiver controlado, despreocupe-se. Vai no máximo deixar um garçom de cara feia.

Horários

Bancos funcionam normalmente de seg-sex 9h30-16h30; excepcionalmente, alguns podem abrir no sábado pela manhã, mas não conte muito com isso. Expedientes de comércio e escritórios vão das 9h-17h30; porém, especialmente nas grandes cidades, podem fechar mais tarde e abrir sáb-dom. Em algumas cidades, existe ainda um dia da semana em que as lojas ficam abertas até as 19h ou 20h, geralmente quinta ou sexta. Aliás, para o comércio turístico e atrações em geral, os horários são bastante flexíveis, funcionando até em feriados – exceto no Natal, quando tudo para, até o metrô.

Informações turísticas

Raras cidades não dispõem de um centro de informações, conhecidos geralmente como *Tourist Information Centres* e sempre localizados em áreas centrais ou junto a estações de trem. Espere encontrar mapas, bastante material turístico e, eventualmente, reserva de hotéis.

Ligação a cobrar ao Brasil

Reino Unido 0800.890.055
Irlanda o serviço não está disponível

Segurança

O atentado a um ônibus e nos metrôs em 2005 trouxe susto e pânico na Inglaterra. Desde então, a segurança foi reforçada, não só na Grã-Bretanha, mas em toda a Europa. Depois, voltou-se a levar uma vida normal, mesmo que à sombra do terrorismo. Nada disso, porém, é novidade por aqui: antigamente havia o IRA, o Exército Republicano Irlandês, um inimigo dentro de casa que explodia pubs. Não há como deixar de viver – e viajar – por temor a atentados. Fora esta questão, a segurança no país, em geral, transcorre sem maiores problemas. Mulheres sozinhas, em Londres, embora não encontrem complicações, devem evitar pegar os táxis particulares, conhecidos como *cabs* ou *minicabs*, principalmente de madrugada. É bom ter um cartão de uma empresa de táxi confiável. Mais comum é ver bêbados trotando pelas cidades ou algum lunático perambulando inofensivamente. Deve-se também ter atenção a gangues de adolescentes, às vezes querendo arranjar confusão; há relatos de agressões contra estrangeiros, mas tais marginaizinhos evitam a área central, restringindo-se a bairros da periferia londrina. Se por algum motivo você não se sentir à vontade, peça ajuda, mesmo a transeuntes na rua. A polícia, prestativa e confiável (ok, foi exceção o caso Jean Charles), circula bastante pelas ruas das cidades e não costuma ser difícil localizá-la. Mas é provável que o seu contato com os policiais seja apenas para pedir uma informação, no que eles são bastante atenciosos.

Telefones de emergência

Reino Unido e Irlanda 999 para Polícia, Ambulância ou Bombeiros

Telefone público

O bom turista não volta da Inglaterra sem uma foto ao lado da tradicional cabine telefônica vermelha. Em eras de celular e internet, tais telefones se resumiram mais a adereços turísticos do que serviços públicos, propriamente. Mais frequentes são os telefones públicos afixados em paredes, geralmente dentro de estações de metrô. Em sua maioria, funcionam com cartão de crédito.

Visto e controle de imigração
Inglaterra

Entre todos os países europeus, talvez o Reino Unido seja o que mais gere insegurança e apreensão na hora de passar pela imigração. São notórias as histórias de brasileiros deportados, presos ou barrados. Acontece mesmo, então? Sim, pode acontecer. É frequente? Bem menos do que se pensa (leia o quadro abaixo). De modo geral, você chega no posto alfandegário (no aeroporto, estação de trem ou cidade fronteiriça), responde a algumas perguntas e ganha um visto de permanência para até seis meses.

A maioria das estampas no passaporte também informa a proibição de trabalhar no país (o que, como turista, é totalmente ilegal). Já estudar é ok, e, se você realmente for frequentar uma escola de inglês ou um curso de graduação por um período que não ultrapasse meio ano, pode entrar e permanecer com o visto de turista numa boa. Já, quem quer um visto de estudante ou pretende ficar por mais de seis meses terá mais etapas a cumprir para obter o documento. Se esse for o seu caso, entre em contato com o Consulado Britânico no Rio de Janeiro ou consulte o site ukinbrazil.fco.gov.uk.

TE LIGA, VIAJANTE | Quem tem medo da rainha Elizabeth?

Nada é mais temido entre os jovens viajantes que vão ao Reino Unido do que se confrontar com o controle de imigração do país. Alguns podem passar batidos, respondendo a apenas uma ou duas perguntas; outros, pobres miseráveis, podem ser detidos por horas, ter sua bagagem vasculhada e ainda ser mandados de volta ao Brasil ou ao país de saída. Antes que você entre em pânico, saiba que os deportados são uma minoria. Quanto mais seguro você estiver do que for falar, seja do tempo de permanência ou do que você fará no país, mais fácil e breve será sua passagem pela imigração.

Como turista, em vias de receber um visto de turista, você deve, afinal, se comportar como... um turista, o que inclui uma série de detalhes em que você precisa estar ligado. Dinheiro, você deve ter o suficiente para se manter pelo período que pretende (ou que informará) ficar. Hospedando-se em hotel ou albergue, considere pelo menos £30 (€40) ao dia, e portando um cartão de crédito internacional; sem este, planeje-se com, pelo menos, £45 (€60), em albergue, ou o dobro em hotel ou B&B. A casa de um conhecido onde ficar reduz suas despesas, mas você ainda deve ter um básico para o sustento, e é bom que o seu amigo, caso você venha a fornecer o seu nome e endereço, esteja numa situação totalmente legalizada.

Chegar de terno e gravata acreditando que está bem vestido é um tiro no pé – quem de férias viaja assim? Os oficiais da imigração vão logo notar que o cara está tentando impressionar. Bagagem, caso seja solicitado a abrir, e demonstrar levar muito mais roupa do que o período em que supostamente estaria ficando, também é gol contra. Dizer que não conhece ninguém na Inglaterra, mas ser descoberto com uma bonita cartinha da mamãe do amigo que mora por lá, não vai ajudar, não. Passagem de volta: viajar em agosto, por exemplo, e informar que ficará na Grã-Bretanha por duas semanas, mas ter seu retorno marcado para dezembro, caso seu bilhete seja checado, dançou.

O mais importante é não dar a entender que você irá trabalhar – o que é um crime grave para eles. Estando tranquilo de que você é apenas um turista (ou estudante) com condições básicas para sustento, sendo capaz de informar onde ficará e o que pretende visitar em Londres ou na Grã-Bretanha é o passe final para a terra da rainha. Comunicar-se um pouco em inglês (caso necessário, existem tradutores disponíveis, se não do português, ao menos do espanhol), assim como provar vínculos de emprego ou estudos no Brasil, ajudam bastante. Só quem provoca algum tipo de desconfiança ou se atrapalha nas respostas tem sua mala vasculhada ou sofre um desagradável excesso de perguntas. Fique calmo, acredite em você e na sua história, não caia em contradições e se lembre de que aproximadamente 95% dos brasileiros entram sem qualquer dificuldade. Por quê, afinal, estaria você entre os 5% dos infelizes?

Escócia, País de Gales, Irlanda do Norte

Os demais integrantes do Reino Unido têm as mesmas regras da Inglaterra – aliás, você pode circular livremente entre todos eles. Alguns brasileiros, no entanto, procuram chegar direto nesses países acreditando que será mais fácil a entrada no mundo britânico. E pode ser exatamente o contrário, justamente pela desconfiança que provoca. Ou tenha você um bom argumento para chegar direto em Edimburgo em vez de Londres (caso não tenha feito conexão e passado na alfândega desta última). Vai ter um show do U2 na Escócia e por isso você está indo para lá? Beleza. Mas espere responder, na imigração, algumas perguntas sobre as músicas de Bono Vox e cia ou até mesmo ter que cantar *Sunday Bloody Sunday* (sim, os policiais britânicos, no seu humor peculiar, podem pedir isso). No caso da Irlanda do Norte (que fica em outra ilha e ainda faz fronteira com a República da Irlanda) você eventualmente pode passar, numa viagem rodoviária, por trâmites de imigração nas divisas entre as duas Irlandas e/ou, vindo de barco, em cidades portuárias do norte da Grã-Bretanha que recebem *ferries* de Belfast.

Irlanda

O país faz parte da União Europeia, mas não pertence ao Espaço Schengen (que garante a livre circulação dentro do território europeu), tampouco ao Reino Unido. Quem chegar até a Irlanda de avião ou *ferry*, independentemente do país de origem, passa, portanto, por um novo controle de imigração, com obtenção do visto na hora.

Idioma

Você estudou inglês a vida inteira, chega na Inglaterra e percebe que entende muito pouco? Ok, normal. Vai para a Irlanda e compreende bulhufas? Tudo bem. Na Escócia, você acha que estão falando um idioma africano? Acontece com todos. Quanto mais ao norte e a oeste você for, mais precisará aguçar o seu ouvido. Você provavelmente aprendeu, quando muito, o inglês americano, e no começo vai apanhar um pouco. Como seria a escuta, ora pois, de um estrangeiro que foi ensinado com o português de Portugal e chegasse no Brasil ouvindo os sotaques, chiados e gírias do povo brasuca (sem falar em nossas distinções regionais)? Para sua sorte e competência, quanto mais você ficar na terra da rainha, mais vai educar o ouvido. Para tanto, não hesite em pedir "*could you repeat, please*", "*excuse me, please*" ou simplesmente "*sorry?*". Os britânicos já estão acostumados – sabem que muitos de seus próprios habitantes (milhares de imigrantes) não falam bem o inglês; então não esperam muito mais de turistas. Importante é: seja qual for o seu grau de (des)conhecimento do idioma, tente falar o inglês – não apenas pelo proveito de sua viagem, mas para sua própria experiência. Deixe a timidez de lado, para não se arrepender na volta por não ter praticado mais. E não se esqueça de quatro expressões básicas: *please, sorry, excuse me* e *thank you*.

England rocks! Do you understand?

PEQUENO DICIONÁRIO VIAJANTE PORTUGUÊS-INGLÊS

FALO MAL MAS SOU EDUCADO
Oi - *Hi*
Tchau - *Bye (Bye)*
Bom dia - *Good morning*
Boa tarde - *Good afternoon*
Boa noite - *Good evening/night*
Por Favor - *Please*
Obrigado - *Thank you*
Desculpe - *I'm sorry*
Com licença - *Excuse me*

SOBREVIVÊNCIA
Sim - *Yes*
Não - *No*
Socorro - *Help!*
Quanto custa? - *How much is it?*
Caro - *Expensive*
Barato - *Cheap*
Onde fica...? - *Where is...?*

COISAS E LUGARES
Aeroporto - *Airport*
Água - *Water*
Albergue - *Hostel*
Banheiro - *Bathroom/toilet*
Bebida - *Drink*
Camisinha - *Condom*
Comida - *Food*
Correio - *Post office*
Dinheiro - *Money*
Estação - *Station*
Farmácia - *Drugstore*
Hospital - *Hospital*
Museu - *Museum*
Ônibus - *Bus*
Praça - *Square*
Restaurante - *Restaurant*
Rua - *Street*
Supermercado - *Supermarket*
Trem - *Train*

CONTANDO
Um - *One*
Dois - *Two*
Três - *Three*
Quatro - *Four*
Cinco - *Five*
Seis - *Six*
Sete - *Seven*
Oito - *Eight*
Nove - *Nine*
Dez - *Ten*

A SEMANA
Segunda - *Monday*
Terça - *Tuesday*
Quarta - *Wednesday*
Quinta - *Thursday*
Sexta - *Friday*
Sábado - *Saturday*
Domingo - *Sunday*

Viajando

Avião

Aeroportos no país existem mais de uma dezena; só em Londres há seis. O mais popular, para voos internacionais e conexões com o Brasil, é o *Heathrow*, a 32km da área central, de onde há um metrô na porta que vai ao centro de Londres. O segundo mais importante é o *Gatwick*, a 45km do centro londrino. Para voos de baixo custo, outros três aeroportos são os mais comuns, *Luton*, distante 50km, *Stansted*, a 64km, e *Southend*, a 67km. O sexto aeroporto é o *City*, o único de fato localizado dentro do perímetro de Londres (mas é um dos menos utilizados).

A tradicional companhia britânica é a *British Airways*, que tem voos diretos do Brasil, fora as demais aeroviárias europeias, que chegam a Londres após conexão em alguma outra capital. Já barbadas em preços são bastante comuns nas companhias aéreas de baixo custo. *EasyJet* e *Ryanair* são as mais conhecidas, mas existem outras, como *Vueling*, *Jet2*, *AerLingus* e *WizzAir*. Entre essas empresas, você pode voar (sempre partindo de alguma cidade europeia) para, na Inglaterra: Birmingham, Bristol, Jersey, Leeds, Londres, Manchester, Liverpool; na Escócia: Aberdeen, Edimburgo, Glasgow, Inverness; no País de Gales: Cardiff; na Irlanda do Norte: Belfast, Derry; na Irlanda: Cork, Dublin, Kerry, Knock e Shannon. Não se esqueça de que há taxas de embarque, o que pode duplicar o valor das tarifas, além de cobrança por bagagens adicionais e custos dos traslados aos aeroportos.

Trem

Reino Unido Para circular de trem por essa região, o *Eurailpass* não é válido. Sua chance com um passe de trem é o *Britrail* – vendido apenas fora do país –, válido para a Grã-Bretanha (com possibilidade de incluir as Irlandas), em opções para dias corridos e flexíveis.

Sem passe, pode-se, é claro, comprar passagens por trechos pela *National Rail Enquiries* (www.nationalrail.co.uk), e, havendo oportunidade de escolha, considere os trens da *Virgin* (www.virgintrains.co.uk), que costumam ser os melhores do país. Alguns trechos da Grã-Bretanha são operados pela *Megatrain* (www.megatrain.com), um serviço *low-cost* com passagens que podem custar apenas £1 o trecho (disponível apenas à venda online). Os trens britânicos são, em geral, o meio mais confortável de viajar entre Inglaterra, Escócia e País de Gales. Já na Irlanda do Norte, há basicamente duas linhas ferroviárias: Belfast a Londonderry, no norte do território, e outra que vai a Dublin.

Para o continente Se você pretende sair da ilha britânica em direção ao continente europeu, a melhor e mais cômoda pedida (mas não a mais barata) é atravessar o Canal da Mancha via *Eurostar* (www.eurostar.com), o trem que faz Londres-Paris ou Londres-Bruxelas em torno de 2h. Os custos são variados, conforme diversos fatores (só ida, ida e volta, dia da semana, horário, faixa etária do passageiro etc.), mas você pode ter uma ideia de valores, numa grande margem, entre £45 (passageiros de até 25 anos) e £500 (primeira classe), com muitas possibilidades intermediárias. Portadores do *Eurailpass* têm desconto. Se puder incluir no seu orçamento, vale a pena. Você vai do centro de uma cidade ao centro da outra, viaja num confortável e elegante trem a 300km/h e em poucas horas está no seu destino. É chegar em Londres ou Paris em alto estilo. Melhor que isso, só se o vagão for de primeira classe – o que inclui refeição, vinho e outras mordomias.

Irlanda O sistema ferroviário irlandês não se compara ao dos demais países da Europa. As estações tampouco são bem-conservadas, o que se justifica pelo transporte não ser tão popular no país. A malha ferroviária é centrada em Dublin (a leste), espalhando-se em ramos para noroeste e sudoeste de tal maneira que, se você quiser viajar de uma cidade da costa oeste para outra ao norte, por exemplo, terá que ir para o leste para fazer uma conexão e depois voltar. Ir de Dublin para Galway é uma linha reta, mas essa é a exceção. Ir a Belfast, na Irlanda do Norte, implica entrar no Reino Unido e, portanto, nos trens da *British Rail*, domínio onde os passes tradicionais, caso você porte um desses, não valem. Quem deseja percorrer toda a Grã-Bretanha e Irlandas, entretanto, hoje já encontra um passe de trem que abrange Inglaterra, Escócia, País de Gales, Irlanda do Norte e República da Irlanda.

Ônibus viajando dentro do Eurotúnel

Barco

Reino Unido Apertado nas finanças, o *ferry* é uma opção mais barata (e trabalhosa) para atravessar o Canal da Mancha. Preços e tempo de viagem dependem de onde você vai partir e do tipo de barco que irá pegar. Os pontos mais comuns de travessia são Dover e Folkestone (indo ou vindo para/de Calais e Boulogne, na França), que permitem uma viagem mais rápida. Mais de uma companhia faz o trajeto – algumas em 1h30, outras em 4h –, e, novamente, alternativas devem ser verificadas, assim como a possibilidade de descontos caso você possua algum passe de trem ou a carteira de estudante. A viagem de Newhaven a Dieppe (GB-França) ou outras longas travessias são mais comuns no trecho inverso (França-GB), entre viajantes paranoicos com a entrada na Inglaterra, acreditando ser mais fácil passar pelos oficiais de imigração em portos menos populares (e não tem nada a ver). Para os amantes do mar, além de França e Bélgica, existem embarcações da ilha britânica para Holanda, Alemanha, Dinamarca, Noruega, Suécia e até mesmo Espanha. Na Irlanda do Norte, a rota mais comum é a que conecta Belfast a Cairnryan, na Escócia, mas também é possível ir direto a Liverpool, na Inglaterra.

Irlanda A *Stena* e a *Irish Ferries* operam o serviço de *ferries* entre Dublin (Dun Laoghaire, porto na periferia de Dublin) e Holyhead, no País de Gales. Dun Laoghaire (pronuncia-se Dân Liri) fica a uns 20km da rodoviária de Dublin, podendo ser acessado pelo trem expresso (vide Dublin). As balsas também ligam a cidade de Cork à Normandia (França), em viagens de aproximadamente 13h. Se você viaja com um passe de trem, confira se há algum desconto. A outra entrada importante é o porto de Rosslare, na costa sul, também com conexões à França.

Ônibus

Reino Unido O meio mais barato de viajar para e pela Grã-Bretanha é o ônibus. Trajetos dentro do Reino Unido são operados pela *National Express* (www.nationalexpress.com), a companhia local. Passes e ofertas de ônibus estão disponíveis em bom número, com possibilidade de descontos para estudantes ou pela idade. Merece atenção o *Tourist Trail Pass* e os passes *Jump on, jump off*, ideais para mochileiros que planejam circular pela Escócia, onde um minibus faz um giro pelas principais cidades e regiões turísticas do país, parando estrategicamente na porta de determinados albergues. Outra companhia de ônibus que vale ser conferida é a *Megabus* (uk.megabus.com), que serve várias cidades britânicas.

Para o continente A *Eurolines* é a companhia que cobre boa parte da Europa (grandes cidades em geral), ligando Londres ao resto do continente europeu (incluindo a travessia de *ferry*) por valores bem mais em conta que o trem. Espere, porém, levar por esse percurso entre 7h-8h (enquanto que de trem seriam apenas 2h15). Mas se a questão for o preço, costuma valer a pena. Outras companhias de ônibus que costumam ser ainda mais econômicas são a *Megabus* (uk.megabus.com) e a *IdBus* (www.idbus.com), que podem surpreender com tarifas extremamente baratas (especialmente se compradas com antecedência). Informações e venda de passagens, além dos seus sites, na *Victoria Coach Station*, próximo à estação de Victoria, em Londres.

Irlanda O ônibus é o meio de transporte oficial do país. As estradas são boas, os horários são frequentes e as passagens, baratas. São operados pela *Bus Éireann*, que disponibiliza passes por um determinado período de tempo –

veja em www.buseireann.ie. Para viagens internacionais (Londres, Paris e Amsterdã), a companhia é a *Eurolines*, partindo de Dublin – trechos de *ferry* já inclusos na passagem.

Carro
Reino Unido e Irlanda Alugar um veículo é uma boa pedida para conhecer o interior britânico, especialmente a Escócia, já que possibilita parar em pequenos vilarejos e explorar bem o país. O mesmo vale para a Irlanda. Locações custam, em média, £20/dia para um carro econômico, exigindo idade mínima entre 21 e 23 anos – às vezes, um adicional pode ser cobrado para menores de 25 anos, e igualmente para um segundo motorista. É bom evitar os grandes centros, como Londres, onde, para rodar dentro da zona 1, é obrigatório pagar uma taxa de £10 por dia devido ao pedágio urbano instituído. Acima de tudo, não se esqueça de que a direção dos britânicos e irlandeses está no lado direito e todo o trânsito é "invertido". Para a ilha irlandesa, *ferries* transportam carros.

Carona
Reino Unido e Irlanda Não é tão comum, mas rola. Na Escócia e na Irlanda é mais fácil de se conseguir do que na formal Inglaterra. De qualquer forma, *O Viajante* não aconselha viajar de carona.

Bicicleta
Reino Unido e Irlanda É comum pedalar por aqui, mas quem planeja viajar pelo interior sobre duas rodas pode ter a tarefa dificultada por terrenos razoavelmente montanhosos (na Escócia e Irlanda, principalmente), ventos e chuvas constantes. Vale pela aventura e pela economia. Se cansar, trens costumam transportar bicicletas.

Acomodação

Na Inglaterra, a rede HI é bem forte, contando com vários albergues em Londres e pelo menos um nos principais destinos do interior. Mas se você não for muito fã da rede, há hostels de outras cadeias e, claro, os independentes. Fique esperto em relação aos valores praticados em cidades como Londres e Liverpool, na Inglaterra, e Dublin, na Irlanda. A mesma cama, no mesmo dormitório, pode custar bem mais nas sextas e nos sábados. Se viajar por esses locais, com flexibilidade de datas, considere visitar tais cidades entre domingo e quinta.

Em praticamente todos os destinos do Reino Unido e da Irlanda você encontrará uma boa variedade de *bed & breakfasts* e *guesthouses*, uma alternativa intermediária em termos de custo entre hostel e hotel. Mas esteja ciente de que nem sempre esse tipo de acomodação é melhor do que um dormitório compartilhado de albergue. Mas se pagar um pouquinho a mais, às vezes até um preço condizente a um hotel, é possível se hospedar em excelentes B&B.

Espere se deparar com todos os tipos de hotéis, principalmente em Londres, tanto por ser a maior cidade da Europa quanto pelos preços – algo que dá margem para que estabelecimentos com limpeza duvidosa continuem recebendo muita gente. Não é raro, afinal, achar lugares um pouco mais baratos que são verdadeiras espeluncas ou são longe pra dedéu. Quem curte hotéis que investem em design encontrará várias opções, principalmente nas capitais, mas por preços nem sempre tão legais assim. Boa parte das grandes cadeias hoteleiras do mundo está presente no Reino Unido e na Irlanda e, se você reservar com antecedência pela internet, poderá conseguir bons descontos.

Independentemente do tipo de acomodação escolhida, certifique-se de reservar antes, principalmente em Londres, cidade habituada a receber turistas o ano inteiro. Pensando em termos de conversão para a nossa moeda, a Irlanda é quem tem as hospedagens mais em conta, e facilita ainda, em termos de câmbio, utilizarem o euro, e não o pound.

Quiosque de reserva de hotel em Victoria Station

Gastronomia

O Reino Unido e a Irlanda não são particularmente reputados por sua gastronomia – pelo menos, não de uma forma muito positiva. Essa fama de comida insossa e pouco elaborada, em parte, tem seu fundamento histórico: durante e após a Segunda Guerra Mundial, a austeridade impôs racionamento de alimentos frescos à população britânica, que se voltou para a comida industrializada. Durante um bom tempo, dietas pouco nutritivas, compostas por enlatados e alimentos em conserva, foram preponderantes. Aos poucos, a culinária britânica perdeu sua identidade, retomada gradualmente a partir do final dos anos 80, quando chefs cansados da influência internacional, particularmente a francesa, se voltaram para as tradições gastronômicas do país. Nomes como Jamie Oliver, Gordon Ramsey e Nigella Lawson estamparam capas de livros de receitas, estrelaram programas de culinária e *reality shows* e popularizaram mundialmente ingredientes e técnicas de preparo da cozinha britânica moderna. De qualquer forma, no conjunto, Londres é considerada, hoje, um dos melhores destinos gastronômicos do mundo.

Outro fator significativo nessa revolução culinária foi a forte presença de imigrantes no país, sobretudo asiáticos. Dos legumes e carnes fritos em *wok* (utensílio metálico ou cerâmico em formato côncavo, similar a uma frigideira) aos temperos e especiarias, os britânicos souberam incorporar às suas tradições a influência externa de turcos, árabes, chineses, tailandeses, indianos, vietnamitas e bengalis. Não à toa, Londres é considerada por muitos a capital mundial do *curry*.

Tanto na Grã-Bretanha quanto nas Irlandas, os pratos típicos são bastante similares. Onipresente é o *fish and chips*: peixe, na maioria das vezes bacalhau ou hadoque, empanado e frito, acompanhado de uma porção generosa de batatas fritas temperadas com sal e vinagre. Quando servido em restaurantes, podem ser complementados por ervilhas, feijões cozidos e molho *curry* ou tártaro.

Pubs (do inglês *public house*) são uma verdadeira instituição na Grã-Bretanha e na Irlanda, onde existem cerca de 50 mil estabelecimentos desse tipo. Livros e guias exclusivos os detalham por todos os países: há listas dos melhores, dos mais bonitos, dos mais antigos, dos mais isso e mais aquilo. Bebidas costumam ser servidas até as 23h, quando quase todos devem fechar – alguns pubs, beneficiados por uma nova lei, ganharam licença para se manterem abertos até as 2h da manhã. Repare no sininho que toca 15 minutos antes de fechar para lembrar de pedir a "saideira", seja uma taça de vinho, um drinque mais elaborado ou a cerveja, o líquido vital desses estabelecimentos. São geralmente servidas numa *pint* (um copão de 570ml) ou *half-pint* (metade, do tamanho dos chopes brasileiros). Uma *pint* sai entre £2 e £5. Há várias marcas, muitas regionais, e a variedade inclui *lagers* (leve e clara), *bitters* (amarga e mais choca) e *stouts* (preta e espumosa, cujo maior exemplo é a Guinness). Veja como os ingleses se soltam com um copo na mão e se divirta jogando dardos, esporte (pode-se chamar de esporte?) comum nos pubs tradicionais.

Além de lugar sociável para tomar uma cerveja, pubs são também bons restaurantes para um almoço econômico. Comidas são servidas por valores entre £7-15, e não raramente você encontra, em determinados horários, ótimas barbadas, como duas porções pelo valor de uma. Pratos clássicos da culinária inglesa, além do soberano *fish and chips*, costumam figurar nos cardápios de pubs: *bangers and mash*, salsichões com purê de batata; *roast beef*, rosbife servido com molho e acompanhado de *yorkshire pudding* (bolinho de massa folhada sem recheio) – prato também chamado de *sunday roast*, por ser o protagonista nas refeições de domingo –; *wellington beef*, filé de carne envolto por uma massa crocante; e *steak and kidney pie*, torta salgada de bife e rim.

Yorkshire pudding

Fish and chips

Buffet de café de manhã britânico... coma se puder, emagreça se for capaz

Inglês até no nome é o *English breakfast*, aquele café da manhã gorduroso até a medula, em que servem bacon, salsichas, ovo frito, *black pudding* (embutido de sangue, similar à morcela), cogumelos, tomates, torradas e feijão branco com um molho meio adocicado. Ocasionalmente, purê de batatas e *bubble and squeak* (sobra de vegetais como batata e repolho moldados em rodelas e então fritos) integram o combinado. Os estabelecimentos costumam servir essa especialidade até altas horas da tarde – até porque pode ser difícil digerir isso tudo nas primeiras horas da manhã.

Embora seja igualmente popular em outros países do Reino Unido e na Irlanda, esse prato apresenta variações de uma região para a outra, geralmente incluindo uma iguaria local. Na Irlanda, em vez dos cogumelos, estão presentes o *white pudding* (embutido de banha de porco e aveia) e *soda bread* (pão preparado com bicarbonato de sódio em vez de fermento biológico). Em pubs, uma *pint* de Guinness costuma acompanhar o prato – embora pareça estranho cerveja no café da manhã, para os irlandeses, nunca é cedo ou tarde demais para a sua *stout* (a cerveja, inclusive, é utilizada no preparo de muitos pratos, como carnes e ensopados). Já no País de Gales, o ingrediente adicional é o *laverbread*, que, apesar do nome, nada tem a ver com pão, mas sim com alga marinha: cozida por horas, a alga é picada e amassada até virar uma pasta meio gelatinosa, que é então enrolada em farinha de aveia e frita. Outro ingrediente oriundo do mar presente no café da manhã é o *cockle*, um molusco comestível.

Talvez seja a Escócia o país que mais demanda coragem para encarar o café da manhã. Além de todos os componentes tradicionais do prato e do *tattie scone* (bolinho de batata), come-se por aqui uma pequena porção de *haggis*, que nada mais é do que estômago de ovelha cozido recheado com coração, fígado e pulmões moídos, misturados com aveia, cebola e temperos. Essa especialidade é servida em restaurantes e pubs, acompanhada de purê de batatas e nabos assados, que, juntos, constituem o *haggies, neeps and tatties* – o prato escocês por excelência.

Na Escócia, você não pode deixar de experimentar pescados e frutos do mar, em particular o famoso *salmon*, salmão servido defumado como aperitivo ou assado com molhos como prato principal, o hadoque, os mexilhões e as vieiras. Carnes também estão presentes na cozinha escocesa, em particular a de *lamb* (ovelha), servida com molhos de ervas ou de menta. A sobremesa tradicional é o *cranachan*, preparado com um queijo cremoso (chamado *crowdie*), framboesas, mel e uísque. Ah, não precisa nem falar, né? Na Escócia, é imperativo experimentar o *scotch* nacional.

Old Royal Naval College, Greenwich, e ao fundo, a Londres moderna

🖳 www.visitbritain.com/pt/BR

INGLATERRA

Conservadores, repletos de protocolo. Revolucionários, cheios de rebeldia. Assim é a Inglaterra. Se a família real impera sob casamentos majestosos e nascimentos paparicados, os Beatles foram os reis incontestáveis. Se um típico inglês de bigode, chapéu e bengala é a imagem que vem à cabeça, é mais provável que você veja um neopunk de cabelos vermelhos. Se a sociedade é dita hipócrita e moralista, não estranhe ver homens de mãos dadas ou mulheres se beijando pelas ruas. Se nunca promoveu um movimento cinematográfico que fizesse história, aqui nasceram as genialidades de Chaplin e Hitchcock. Se o chá das 5 é lei, uma *pint* num pub é sagrado. Se ninguém se olha num metrô, músicos amadores nos alegram dentro das estações. Se de tempos em tempos você vê surgir bandinhas insossas de rapazes bonitinhos, nunca se esqueça de onde vieram Stones, Pink Floyd, Led Zepellin, Police e David Bowie. O certo é: não há como conceituar a Inglaterra sem ser tendencioso. País forrado de contradições, você define o seu ponto de vista. Você vai ter um, e isso já é motivo suficiente para sua viagem. Não há como escapar. Basta você vir.

Que país é esse

- *Nome:* Inglaterra | England
- *Área:* 130.395km²
- *População:* 57,5 milhões
- *Capital:* Londres
- *Língua:* Inglês
- *Moeda:* Libra Esterlina
- *PIB:* US$ 2,94 trilhões (UK)
- *Renda per capita:* US$ 45.603 (UK)
- *IDH:* 0,892 (UK - 14º lugar)
- *Forma de Governo:* Monarquia Parlamentarista

INGLATERRA

Barbadas e Roubadas

➕ *Visitar os museus londrinos. Faça sua lista, mas inclua algum de arte e história*

➕ *Fazer um piquenique num dos belos parques de Londres*

➕ *Aproveitar um dos ótimos restaurantes londrinos. E nem precisa ser comida inglesa, viu?*

➕ *Tomar uma pint num pub. Um clichê que vale seguir à risca*

➕ *Conhecer um pouco do interior britânico: pode ser Oxford, Cambridge, Bath, York, Liverpool...*

➕ *Se aventurar por Cornwall, o que poucos turistas fazem, mas vale a pena*

➖ *Não praticar o inglês porque só falou português com brasileiros*

➖ *Pensar no valor das coisas convertendo ao real*

London Eye e a antiga prefeitura de Londres

LONDRES

Você já deve ter ouvido falar que Londres é uma cidade versátil. Inquieta e romântica, clássica e moderna ao mesmo tempo. Tudo verdade. A capital britânica, com mais de 8 milhões de habitantes, tem atrações e espaços para todas as personalidades, bolsos e idades, e você sente como se estivesse no centro do mundo quando, ao andar pela rua, identifica línguas faladas por indianos, árabes, norte-americanos, latinos, australianos, europeus em geral. Londres, afinal é a síntese de Nova York, Paris, Tóquio, Bombaim, Sydney, São Paulo, muito do que há de melhor (como você verá ao longo do texto – ou da cidade) e um pouco do que há de pior (clima, tráfego arrastado, *homeless*) –, acrescido do inconfundível estilo inglês. Explorar Londres merece no mínimo seis ou sete dias – mas talvez um ano fosse o ideal. O poeta Samuel Johnson disse: "Quem está cansado de Londres está cansado da vida". Ele tinha razão. Existem centenas de opções para conhecer e aproveitar a cultura local: ótimos museus, parques, teatros, galerias, pubs, cafés, shows, feiras, mercados, livrarias, bibliotecas, atrações turísticas em geral. A cidade nunca para: é possível encontrar baladas, lojas de conveniência e cafés abertos a qualquer hora. Sim, gasta-se dinheiro (e é para gastar), mas também há muitas alternativas gratuitas. Estar em Londres é um investimento inesquecível que vale cada centavo, cada minuto e cada passo.

A Cidade

É fácil se orientar em Londres. A cidade é bem sinalizada e o sistema público de transporte – que inclui ônibus a noite inteira – é eficiente e costuma ser pontual. O metrô (*underground*, ou, como é conhecido entre os londrinos, *the tube*) pode deixar um viajante recém-chegado um pouco confuso no começo, mas bastam algumas idas e vindas para entender como esse transporte, aqui, funciona (sempre identificando a linha e o sentido). A cidade está dividida em seis zonas, mas a maioria dos hotéis, museus e atrações está na zona 1 e, em menor quantidade, na 2. A primeira compreende uma área de significativo tamanho, mas é possível encarar uma boa caminhada para explorá-la. O rio Tâmisa (*Thames*, em inglês) é um marco icônico de Londres, passando pelo coração da cidade e dividindo-a em duas partes, cada qual com atrações singulares às margens do rio. Se existe uma área realmente central, é a que se estende de *Picaddily Circus* a *Leicester Square*. Mais sobre as regiões de Londres, veja no tópico "Atrações: áreas e bairros", na p.738.

De maneira geral, os melhores pontos de referência em Londres são as estações de metrô. As 11 linhas do *underground* londrino cobrem bem toda a zona central, mas, se o destino for muito afastado, talvez seja necessária uma combinação com ônibus ou trens (*British Rail*, que percorre a Grande Londres e bairros onde não há metrô). Código telefônico 20.

UM OLHAR MAIS ATENTO
Endereços londrinos

Caso você tenha algum amigo morando em Londres, muito possivelmente ele esteja na zona 2 em diante, onde os aluguéis são mais baratos e/ou as residências, melhores. Se você mandasse uma carta (alguém ainda manda carta hoje?) para esse seu amigo, escreveria junto ao endereço alguma sigla tipo NW, SE, WC, acrescido de um número. Isso representa a área ou o distrito de determinada rua, localizando como North West (norte e oeste), South East (sul e leste), West Central (oeste e centro) etc. Frequentemente, esse é o grande diferencial para achar um endereço, já que existem muitas ruas com o mesmo nome, mas em regiões distintas.

Vai pra onde?

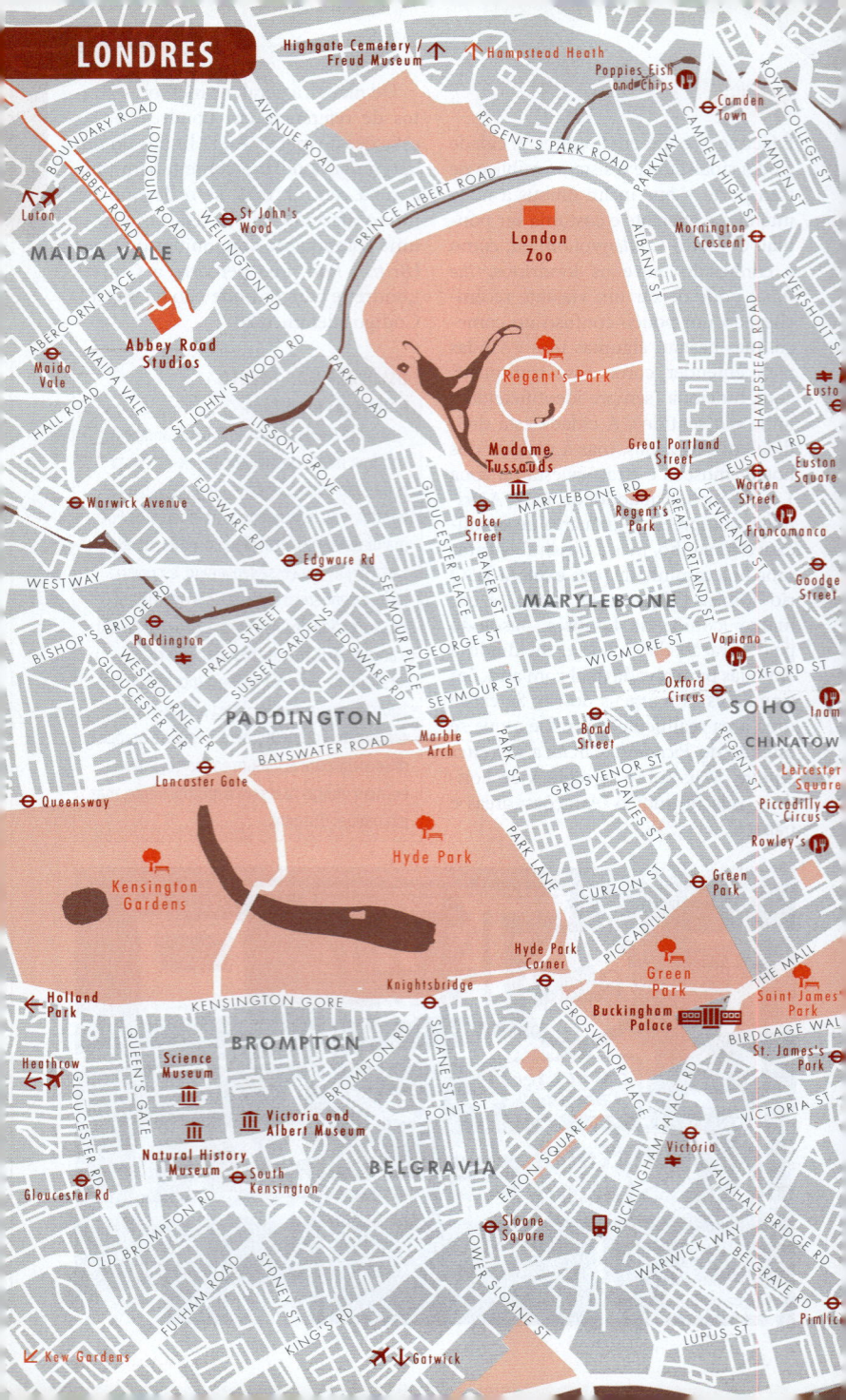

LONDRES

YORK WAY
CALEDONIAN RD
LIVERPOOL RD
ESSEX RD
Stansted
DOWNHAM RD
KINGSLAND RD
BARNSBURY RD
COPENHAGEN ST
PREBEND ST
NEW NORTH RD
UPPER ST
SHEPHERDESS WALK
PITFIELD ST
St. Pancras
King's Cross
Angel
PENTONVILLE RD
CITY ROAD
ST. PANCRAS
ST JOHN ST
CENTRAL ST
GOSWELL RD
EAST RD
JUDD ST
TAVISTOCK PLACE
Ziferblat
Old Street
OLD STREET
ROSEBERY AV
FARRINGDON RD
GRAY'S INN RD
Russell Square
GUILFORD ST
WOBURN PLACE
CLERKENWELL RD
BARBICAN
Shoreditch
THEOBALDS RD
Barbican
CHISWELL ST
BISHOPSGATE
Southend
British Museum
Kimchee
Moorgate
Liverpool Street
HIGH HOLBORN
Chancery Lane
Museum of London
LONDON WALL
MIDDLESEX ST
Holborn
KINGSWAY
NEWGATE ST
St Paul's
GRESHAM ST
MOORGATE
OLD BROAD ST
BEVIS MARKS
Food for Thought
HOLBORN
Aldgate
Masala Zone
FLEET ST
St Paul's Cathedral
CHEAPSIDE
Bank
Covent Garden
Somerset House
QUEEN VICTORIA ST
Mansion House
FENCHURCH ST
Temple
CITY
MINORIES
VICTORIA EMBANKMENT
UPPER THAMES ST
National Gallery
STRAND
Monument
Tower Hill
Thames
Shakespeare's Globe
WATERLOO BRIDGE
SOUTHWARK BRIDGE RD
LONDON BRIDGE
Tower of London
Trafalgar Square
Embankment
Tate Modern
STAMFORD ST
TOWER BRIDGE
Southbank Centre
SOUTHWARK ST
London Bridge
TOOLEY ST
London Eye
Southwark
City Hall
UNION ST
BERMONDSEY ST
Churchill Cabinet War Rooms
Waterloo
THE CUT
BLACKFRIARS RD
Design Museum
Westminster
Sea Life Aquarium
Borough
Big Ben
Houses of Parliament
NEWINGTON CAUSEWAY
LONG LANE
GREAT DOVER ST
Lambeth North
BOROUGH RD
LAMBETH PALACE RD
ABBEY ST
Westminster Abbey
ST GEORGE'S RD
LAMBETH RD
Imperial War Museum
GRANGE RD
NEW KENT ROAD
MILLBANK
Elephant & Castle
WALWORTH
LAMBETH
KENNINGTON RD
RODNEY RD
MANDELA WAY
OLD KENT RD
Tate Britain
ALBERT EMBANKMENT
KENNINGTON PARK RD
WALWORTH ROAD
Oval
50 m
100 m

Parada de ônibus em Londres: informativa

Informações turísticas

Existem vários postos de informações espalhados pela cidade, que disponibilizam mapas e oferecem serviços como reserva de hotéis e venda de ingressos de espetáculos, de atrações e passes de ônibus e metrô. Nos postos você também pode conseguir vários miniguias gratuitos, como o *London Planner*, que é um dos melhores, atualizado mensalmente, e o *London map & guide*. Bem informativos também são o *Welcome to London*, *The London Guide* e *The official gay & lesbian guide of London*, este último, obviamente, de público direcionado. Duas ótimas revistas são a *Time Out*, que disseca a vida cultural de Londres por uma semana, e a *TNT*, que ajuda quem está de olho em acomodação, ou mesmo em trabalho, ambas distribuídas gratuitamente em estações de metrô. Brazucas também têm várias revistas em português à disposição, como a *Leros*.

Heathrow Travel Information Centre
- Terminals 1, 2, 3
- seg-dom 7h30-19h30

City of London Information Centre
- St. Paul's Churchyard
- St. Paul's
- seg-sáb 9h30-17h30, dom 10h-16h

Nas estações de metrô
- King's Cross St. Pancras
- seg-dom 8h15-20h15

- Piccadilly Circus
- seg-sex 8h-19h, sáb 9h15-19h, dom 9h15-18h

- Liverpool Street
- seg-qui 7h15-19h, sex-sáb 7h15-20h, dom 8h15-19h

- Victoria
- lado oposto da plataforma 8
- seg-sáb 7h15-20h, dom 8h15-19h

- Euston
- lado oposto da plataforma 10
- seg-dom 8h15-15h

Holborn Information Kiosk
- Kingsway
- Holborn
- seg-sex 8h-18h

Greenwich Tourist Information Centre
- Pepys House, 2 Cutty Sark Gardens
- Maritime Greenwich
- 608.2000   seg-dom 10h-17h

Pela internet
- www.visitlondon.com

Cartão da cidade O *London Pass* permite acesso a mais de 60 atrações turísticas, como a Abadia de Westminster, o London Zoo e o Kew Gardens, mas é importante lembrar que a maioria dos museus tem entrada gratuita. O *London Pass* adulto para 1 dia (que dificilmente valerá a pena) custa £52, 2 dias £71, 3 dias £85, 6 dias £116, e é possível adicionar o *Travelcard*, um cartão de transporte com número ilimitado de jornadas. Mas, antes de se decidir sobre isso, leia mais sobre transporte público em "Circulando", p.735, pois há outras formas de reduzir os custos para se locomover pela capital britânica.

ALMANAQUE VIAJANTE
Renascendo das cinzas
Em 1666, o padeiro do rei Charles II, Thomar Farrinor, deixou um forno aceso após assar alguns bolos. Três horas depois, as chamas que tomavam a cozinha começaram a se alastrar pelas casas de madeira no estilo medieval, fazendo com que o fogo durasse 3 dias. A tragédia, que ficou conhecida como o Grande Incêndio, destruiu completamente a região de Southwark, onde fica a Catedral de St. Paul. Muitos dizem que a cidade é o que é hoje porque teve que passar por reformas após o desastre, o que a tornou um dos maiores centros econômicos do mundo. A reconstrução de Londres contou com a ajuda de arquitetos renomados, como Cristopher Wren, e deu origem à City of London, que é hoje o distrito financeiro da capital – e um dos maiores do planeta.

Tours

A pé *Walking tours* são bastante comuns em Londres. Uma das empresas mais conhecidas a organizar é a *London Walks* (www.walks.com), que oferece também tours temáticos, como o que percorre o bairro de Jack, o Estripador (*Jack, the Ripper*), e o que apresenta as locações dos filmes do Harry Potter (£10, Est, Id: £8). A *Sandeman's* (www.newlondon-tours.com) também promove visitas guiadas pela capital britânica, entre elas, uma gratuita, com contribuição espontânea.

De ônibus Há muitas empresas de *bus tours* em Londres (veja a lista no site www.visitlondon.com, em "Things to do – Sightseeing tours"); as mais conhecidas são a *Original Tours* (www.theoriginaltour.com) e a *Big Bus London* (www.bigbustours.com). Funcionam no sistema *hop-on/hop-off*, e o valor dos bilhetes vai de £15 (crianças) a £30 (adultos), na primeira, e de £12,50-26, na segunda. Ambas oferecem um pacote família (dois adultos e duas crianças) por valores promocionais. A compra online também garante descontos. O trajeto dura 3h e inclui um passeio de barco.

De bicicleta Duas principais empresas promovem tours sobre duas rodas em Londres: a *Cycle Tours of London* (www.biketoursoflondon.com), que oferece três roteiros diários, e a *Fat Tire Bike Tours* (london.fattirebiketours.com), com também três tipos de passeio, de quinta a segunda-feira. Os trajetos passam por parques, pela beira do rio Tâmisa e, claro, pelos principais pontos turísticos. O valor, que vai de £20 a £32, inclui o passeio guiado, aluguel da bicicleta e capacete (opcional). Não é necessário ter um grande preparo físico para concluir o percurso, de cerca de 4h, 4h30 – os guias andam devagar e há muitas paradas.

Voando sobre Londres

Chegando e saindo

De avião Londres possui seis aeroportos (veja p.711), apenas um dentro da cidade, propriamente. O maior é o *Heathrow*, que conta com três estações de metrô – trajeto da linha *Piccadilly*. Para utilizar esse meio, você pode adquirir um *single ticket* (£5,70) ou o ticket de 1 dia (confira no "Circulando", na página seguinte). Quem estiver indo da cidade em direção ao aeroporto deve saber o terminal da companhia aérea do seu voo, já que cada estação de metrô atende um ou dois terminais diferentes. Apesar da facilidade de viajar *underground*, o aeroporto é longe, a quase 1h do centro de Londres. O *Airbus*, ônibus da *National Express* que parte da Victoria Station, leva entre 35min-1h, e a passagem custa a partir de £6 (mais taxa de £1 para reserva online). A forma mais rápida de chegar é o *Heathrow Express*, trem expresso que parte da estação de Paddington 4 vezes por hora e chega ao aeroporto em 15 minutos, passagem £21,50 ida ou £35 ida e volta. Por um *minicab*, os táxis particulares, espere pagar entre £30-50 (mais comum da cidade para o aeroporto, já que você solicita pelo telefone), enquanto que os *black cabs*, os táxis tradicionais (os que de fato estão à disposição no aeroporto), devem custar entre £70-90, valendo mais a pena se forem compartilhados com outros passageiros. A opção mais barata é realmente o metrô, e se você chegar à noite, quando o *underground* não estiver funcionando, pode pegar o ônibus N9, que vai até Aldwych (próximo ao Covent Garden) por £5,10.

Para acessar *Gatwick*, o segundo mais importante aeroporto de Londres, o jeito mais rápido (cerca de 35min) é o trem expresso *Gatwick Express*, que parte de Victoria Station e custa £19,90 ida ou £34,90 ida e volta (verifique preços especiais para compra online em www.gatwickexpress.com). Se preferir utilizar ônibus, você pode pegar o *National Express*, que tem passagens compradas online (a partir de £10). Para os aeroportos *London City* (o mais central), *Stansted*, *Luton* e *Southend* não há metrô; deve-se chegar por trem ou ônibus. Para *Stansted*, o transporte mais prático é o *Stansted Express*, trem que parte da estação Liverpool Street entre 5h-23h30. Custa £19 e leva cerca de 50min. Para *Luton*, trens frequentes da *National Rail* partem de St. Pancras International, a partir de £15,50. De ônibus pode ser um pouco mais barato. As empresas *National Express* (www.nationalexpress.com) e a *EasyBus* (www.easybus.co.uk), da companhia aérea *Easyjet*, oferecem translados entre esses aeroportos e diferentes pontos de Londres. Consulte os sites para mais informações.

De trem Existem várias estações, todas servidas por metrô. As maiores são *Victoria* (em geral para os trens com destino à costa sul, como Brighton, Dover e Canterbury, além do aeroporto de Gatwick); *Waterloo* (regiões sul e sudoeste da ilha britânica); *Liverpool St.* (região de East Anglia, como Cambridge e Colchester, e o aeroporto Stansted); *King's Cross* (nordeste do país, incluindo Cambridge, York e Edimburgo); *St. Pancras* (Eurostar para Paris e Bruxelas e região noroeste, incluindo o aeroporto de Luton); *Paddington* (oeste, como Oxford; sudoeste, como Cornwall; e parte sul do País de Gales, como Cardiff); e *Euston* (noroeste, incluindo Liverpool, Manchester e Glasgow). De qualquer forma, seja qual for o seu destino, certifique-se sempre de qual é a estação correta.

De ônibus A rodoviária, *Victoria Coach Station* (observe que não se chama *bus station*), fica a alguns minutos a pé da estação de metrô/trem Victoria. Corte caminho indo por dentro dessa estação e subindo a escada rolante do shopping que há no local, andando a seguir mais uma quadra. Viajar de ônibus é uma ótima alternativa para economizar. Há duas companhias *low-cost* em Londres: a *National Express*, ligada à Eurolines, e a *Megabus*, que conectam a capital britânica a várias cidades do Reino Unido e da Europa. Uma viagem para Edimburgo, por exemplo, pode custar menos de £20 de ônibus, enquanto que, de trem, os preços vão de £85 a £140.

Circulando

O transporte em Londres é um dos mais caros da Europa e merece atenção na hora de prever o seu orçamento. Mas há boas notícias: existem diversas formas de baratear os trajetos locais: passes de trem ou ônibus com uso restrito a algumas zonas e por um determinado tempo; viajar após as 9h30 da manhã, fora do horário de pico; cartão pré-pago, o chamado *Oyster*; carnê de ônibus com meia dúzia de passagens; *travelcards*, para 1 ou 7 dias.

Uma passagem avulsa de metrô sai por £4,80 dentro das zonas 1 e 2. Compra-se o bilhete nos guichês, nas maquininhas das estações, indicando o destino e o tipo de passagem que você quer (*single* ou *one way*, que é só de ida, ou *return*, ida e volta), ou em máquinas automáticas existentes em paradas de ônibus. Lembre-se de sempre guardar o bilhete, pois você vai precisar novamente do ticket individual, ou do Oyster, na hora de saída da estação (caso não o tenha, terá de pagar uma multa).

A pé Londres é uma cidade muito bem sinalizada, excelente para ser conhecida em caminhadas. Boa parte da zona 1, que é a central e concentra a grande maioria dos pontos turísticos,

Faixas de pedestre: respeitadas

pode ser explorada sem o uso de transporte público – basta um pouco de disposição. Vale percorrer locais emblemáticos como o Big Ben, o Parlamento, a London Eye e a London Bridge. E quando quiser descansar, é só parar em um dos diversos pubs ou cafés da região (ou, no verão, deitar na grama de algum parque).

Metrô Diferentemente dos norte-americanos (que chamam o metrô de *subway*), os ingleses falam *underground* ou, informalmente, *the tube*. Londres tem o mais antigo (funciona desde 1863!) e o segundo maior sistema de transporte subterrâneo do mundo (Xangai, na China, tem o primeiro); cerca de 3 milhões de pessoas utilizam suas 11 linhas diariamente. As estações abrem entre 5h e 6h e param de funcionar entre 23h30 e 1h30 – depende da linha. Existem planos para, a partir de setembro de 2015, o metrô funcionar 24h nos finais de semana nas linhas mais movimentadas, como Piccadilly, Central e Northern Lines.

O ticket do metrô pode ter vários valores, e o tempo que você vai ficar na cidade é decisivo para saber qual é a melhor escolha. O bilhete de um dia, chamado *anytime day travelcard*, pode ser usado em metrô e ônibus até as 4h30 da manhã seguinte. Nas zonas 1 e 2, custa £12, e nas zonas 1 a 6, £17/12 (antes/depois das 9h30). Mas o melhor custo-benefício é o *Oyster*, cartão magnético que substitui o ticket e vale tanto para metrô quanto para ônibus. O *Oyster* pode ser carregado para uma semana ou para um mês e permite o gasto máximo de £6,40 (zona 1-2) ou até £11,70 (zona 1-6, trecho completo e mais caro) por dia. Resumindo: se você ficar mais de 3 dias em Londres, vale a pena adquirir um cartão (que pede um depósito de £5, dinheiro que você recebe de volta ao devolver o cartão em qualquer estação quando for embora) e carregá-lo na opção semanal, pois sairá mais barato do que comprar os tickets avulsos. Se carregar o cartão com validade para um mês, as tarifas reduzem ainda mais.

Estação de metrô Russell Square

Ônibus O bilhete para uma viagem sai por £1,50. Para economizar mais com o transporte, use um passe de um dia (£4,40) ou uma semana (£21) exclusivo desse meio. Suas viagens poderão demorar mais, mas você verá Londres pela janela (especialmente sentado bonitinho na parte de cima dos clássicos ônibus vermelhos de dois andares) e poupará bons pounds.

Como os metrôs fecham na madrugada (por enquanto), quem gosta de balada, mas não curte pagar táxi, pode pegar um dos ônibus noturnos (*night bus*), que cobrem quase toda a cidade, saindo ou cruzando paradas centrais em Trafalgar Square e/ou Tottenham Court Road. Viajar sem a passagem, sem um passe válido ou com ticket de zona inadequada pode gerar uma multa de £80, sem chorumelas do gênero "turista burrinho".

Bicicleta Londres possui um método público de aluguel de bicletas: o *Santander Cycle Hire* (o nome do patrocinador pode mudar de uma hora para outra). Nesse sistema, você pode retirar uma *bike* nas mais de 700 estações na região central e pagar com cartão de crédito ou de débito: £2 pela retirada do veículo e £2 a cada meia hora de pedalada (a primeira meia hora é de graça, assim, começa a valer mesmo quando fechar 1h). Mas atenção: você precisa devolver a bicicleta, em qualquer estação, em até 24h. Sem o retorno no prazo correto, ou se a bicicleta tiver algum dano, você será multado em £300. Saiba também que as suas 24h de uso do serviço começam a valer no momento da realização do pagamento e não ao pegar a magrela.

Além de ter um trânsito amigável ao ciclismo, Londres é cheia de parques com ciclovias (*greenways*). Importante lembrar: na mão inglesa, ciclistas devem trafegar à esquerda da via, sempre no mesmo sentido dos automóveis.

Barco O rio Tâmisa, que atravessa diversas cidades inglesas, é um dos charmes de Londres, sendo muito bacana dar uma volta por suas margens, a pé ou de bicicleta. Passeios de barco também são um ótimo programa, e existem vários no sistema *hop-on/hop-off*. A empresa *Thames Clippers* (www.thamesclippers.com) é uma das que oferece diferentes itinerários, a preços que vão de £6,60 a £13,40.

Táxi Uma das marcas londrinas são os elegantes *black cabs*, os táxis pretos (hoje também existem outras cores), que comporta até seis passageiros, uns sentados na frente dos outros (e o motorista isolado na frente). Muito inglês! Uma viagem relativamente rápida, de aproximadamente 15-20 minutos e uns 5km, por exemplo, pode custar uns £15 – tudo depende do taxímetro. Vale saber que existe outro tipo de táxi em Londres, o chamado *minicab*, carros convencionais cadastrados que fazem o transporte de passageiros (até 4 no máximo). O valor é previamente definido, mais barato do que os *black cabs*, mas, diferentemente desses, não podem ser apanhados na rua: apenas solicitando por agências de *minicabs*. Para um turista que ficará pouco tempo em Londres, o mais prático – e seguro – (além de mais bacana) é usar o tradicional veículo "negro".

A BARBADA É | Brazilian driver

Que tal rodar num charmoso *black cab* com um confiável motorista brasileiro e ainda pagar um pouco menos pela corrida?! O gaúcho Carlos Luiz ((0044) 797.355.0294, e-mail: cluizlondon23@hotmail.com) mora há mais de 25 anos em Londres e é um simpático *taxi driver*, uma boa dica para ser conduzido do/para o aeroporto (e, para brasileiros, ele dá um descontinho no preço da corrida). Você pode ainda combinar com ele para fazer um tour pela capital britânica.

Atrações

Organize o seu tempo; não importa quantos dias você fique, sempre terá alguma coisa a fazer. Para entender Londres, é legal saber das diferentes áreas de interesse, onde se concentram várias das atrações descritas mais adiante. São todas centrais, e pode-se ir caminhando de uma a outra (vale a pena mesmo se estiver chovendo). Regiões menos turísticas e igualmente atrativas podem ser conferidas nas imediações das feiras e mercados.

Áreas e bairros

Piccadilly Circus

Piccadilly Circus

Um grande painel de neon com propaganda, um chafariz e muita gente em volta. É um bom ponto de partida para começar a explorar Londres.

Leicester Square

Leicester Square

Se tem um lugar que os turistas adoram, é essa praça. Foi reformada em 2012, com obras de mais de 15 milhões de libras, e recebe cerca de 240 mil pessoas por dia. Entregue-se à efervescência turística e aproveite uma área repleta de bares, restaurantes, lojas, galerias, shows de rua e, principalmente, cinemas e teatros. É por aqui que grandes filmes e peças têm sua estreia mundial – e, por consequência, onde circulam artistas famosos. A Leicester Square também é um bom lugar para comprar ingressos para peças, shows e musicais: há dezenas de pontos de venda – incluindo o quiosque da TKTS, revendedora oficial de tickets para espetáculos –, com bilhetes que podem chegar à metade do preço.

Trafalgar Square

Charing Cross

Um dos endereços mais populares de Londres, é palco de eventos nacionais e mundiais, como passeatas, festivais e celebrações de Natal. A praça é endereço da *National Gallery* e sofreu uma grande reforma em 2003. Foi batizada em homenagem à vitória britânica na Batalha de Trafalgar, em 1805, comandada por Horatio Nelson, que dá nome ao monumento de 56m construído na praça – a Coluna de Nelson, rodeada por quatro leões de bronze.

Covent Garden

Covent Garden ou Leicester Square

Delicioso local onde funcionava um antigo mercado de verduras, Covent Garden foi imortalizado pelo filme *My Fair Lady,* estrelado por Audrey Hepburn. Rodeado de bares, lojinhas e muita gente, é palco para shows de rua, do rock à música clássica, apresentações circenses e de mímica. Bom programa para um domingo.

Chinatown

Chinatown

🚇 Piccadilly Circus ou Leicester Square

Como toda grande cidade, Londres tem o seu reduto chinês, um lugar onde se pode comer muito e pagar pouco. Chinatown fica entre o *Soho*, *Piccadilly* e *Leicester Square*, e seu astral oriental, com o pórtico chinês, os mercadinhos e armazéns de especiarias, o tornam um bairro muito bacana.

Soho

🚇 Piccadilly Circus, Oxford Circus, Leicester Square ou Tottenham Court Road

Mais londrino e um pouco menos turístico que os demais bairros, é onde a noite é mais longa. Por seus bares, cafés, baladas e livrarias circulam boêmios, gays, mauricinhos, prostitutas, *drag queens*, curiosos e todas as figuras que habitam a noite de uma grande cidade. É normalmente tranquilo (apenas não se meta em algum bar de *striptease* que diz cobrar "apenas £5", grande roubada). Descubra alguns restaurantes baratos e curta esse bairro tipicamente londrino do jeito que preferir.

City

🚇 Temple, St. Paul's, Barbican ou Bank

A região marca o local onde a cidade nasceu, há quase 2 mil anos, quando era chamada de *Londinium* pelos romanos. A *London Bridge*, primeira ponte sobre o rio Tâmisa, demarcava o centro da City, numa área que abrangia a *Tower of London*, a leste, e a *Catedral de St. Paul*, a oeste. Boa parte desta zona ardeu em chamas no grande incêndio de 1666 (leia sobre essa catástrofe na p.733). Hoje, é centro financeiro e região de executivos e engravatados. Os pubs da City lotam ao final da tarde em dias úteis, mas aos fins de semana a área fica deserta, com boa parte dos restaurantes e bares fechados.

Rio Tâmisa

🚇 Wesminster, Embankment ou London Bridge

O charme do *Thames* cruza a metrópole com estilo. A margem ao norte é conhecida como *North Bank* e ao sul, *South Bank*, sendo esta última a mais interessante para uma caminhada. Turistas geralmente se limitam ao trecho entre as pontes de Westminster e de Waterloo, mas há um trajeto para pedestres mais longo e tão interessante quanto: a *Queen's Walk*. Seguindo pela orla, em direção ao leste, você passará pelas *Houses of Parliament*, o prédio do Parlamento com a torre do *Big Ben*; pela icônica *London Eye*, a roda-realmente-gigante; pelo *Southbank Centre*, dinâmico complexo cultural; por *Gabriel's Wharf*, agitada região com lojas, bares e pubs; pelo *Tate Modern*, museu de arte moderna; pelas pontes *Millenium Bridge*, a moderna Ponte do Milênio, *Southwark Bridge*, que ganhou uma iluminação especial à noite, e *London Bridge*, de onde já se vê o final do percurso, a vitoriana e clássica *Tower Bridge*, em contraste com os prédios modernos de seu entorno, entre os quais se destaca a Prefeitura, projetada pelo renomado arquiteto Norman Foster.

Igreja e Estado

🚶 Houses of Parliament | Big Ben

📍 Bridge Street ⊖ Westminster
🖥 www.parliament.uk/visiting
🕐 jan-jul/nov-dez sáb 9h15-16h15 | ago seg-ter/qui-sex 9h15-16h30, qua 13h15-16h30 | set-out seg/sex 9h15-16h30, ter-qui 13h15-16h30
💲 £25 (Est, Id: £20 | Cr: £10)

As Casas do Parlamento são a própria pomposidade britânica, e o Big Ben, como é conhecida a torre do relógio, é provavelmente o símbolo mais famoso de Londres. O que nem todos sabem é que o Big Ben não é a torre do relógio, que se chama *Elizabeth Tower*, e sim o sino de 13 toneladas que está no topo dela. O prédio, do século 19, é uma orgia neogótico-renascentista-medieval e abriga duas câmaras, *House of Commons* e *House of Lords*. As sessões de debates a partir da *Visitors' Gallery* são abertas ao público (confira datas e horários em services.parliament.uk/calendar). Às quartas-feiras, ao meio-dia, acontece o *Question Time*, quando o primeiro-ministro é interpelado pelos parlamentares. Ao longo do ano, o Parlamento só pode ser visitado ao sábados. Nos meses de recesso dos parlamentares (agosto, setembro e outubro), ocorrem visitadas guiadas também durante a semana. O passeio dura em média 1h15 e é interessante para aprender um pouco sobre a história política do país. É necessário comprar o ingresso com antecedência no *Houses of Parliament Tickets Office*, que fica em frente ao prédio, ou pela internet, no site da *Ticket Master* (www.ticketmaster.co.uk)

🚶 Westminster Abbey

📍 20 Deans Yard ⊖ Westminster
🖥 www.westminster-abbey.org
🕐 seg-ter/qui-sex 9h30-16h30, qua 9h30-18h, sáb 9h30-13h30 (horário varia bastante)
💲 £20 (Est: £17 | Cr (de 6 a 16): £9 | abaixo de 5 anos: grátis)

Erguida no século 8 e alargada no século 11, é o local de coroação dos monarcas britânicos – repare na *Coronation Chair* (cadeira da coroação), atrás do altar. Também tem pequenas capelas, túmulos de vultos importantes, como o de Isaac Newton, e monumentos históricos. Entre os grandes

O Parlamento e o Big Ben, símbolos britânicos

eventos realizados na Abadia estão o funeral da princesa Diana, em 1997 (apesar de ela ter sido enterrada em Althorp, fora de Londres), e, mais recentemente, em abril de 2011, o casamento do príncipe William. Acima de tudo, o prédio impressiona por sua grandeza gótica e por suas esculturas.

Prime Minister's Office

- 10 Downing Street
- Westminster   www.gov.uk

É a residência do primeiro-ministro, onde já moraram Margaret Thatcher, Tony Blair e, desde maio de 2010 (renovado em maio de 2015), o conservador David Cameron. Prepare-se para ficar parado em frente aos portões, cercado de turistas tentando tirar uma foto do que é, basicamente, uma porta fechada.

Buckingham Palace

- Buckingham Palace
- St. James ou Green Park   7766.7300
- www.royalcollection.org.uk/visit/the-state-rooms-buckingham-palace
- visitas só no verão (jul-set 9h30-18h30)
- £20,50 (Est, Id: £18,80 | Cr: £11,80, até 5 anos grátis | venda de ingresso até 2h45 antes de fechar)

A residência oficial da Família Real tem mais de 77 mil m², erguidos ao longo de 75 anos. Para ganhar mais alguns trocados, a rainha Elizabeth resolveu abrir o Palácio (*The State Rooms*) aos súditos de todo o planeta durante dois ou três meses ao ano (em 2015: 25/jul a 27/set), período em que ela tira férias e se manda para outra de suas propriedades (ou você achou que iria visitar Buckingham e de repente encontrar a rainha com bobs no cabelo na sala de estar?). Ao longo de todo ano, na frente do Palácio, ocorre a célebre Troca da Guarda, um teatrinho abarrotado de curiosos, mas que não deixa de divertirw pela pomposidade da guarda real. A solenidade acontece diariamente no verão e em dias alternados no inverno, às 11h30, mas quem quiser ver deve chegar cedo ou disputar o espaço a tapas. Para saber se a rainha se encontra em casa, observe a bandeira real: se estiver hasteada no alto do telhado, a monarca está presente. Ao redor do Palácio estão dois anexos que podem ser visitados: **The Royal Mews** (seg-sáb 10h-16h; £9), exposição sobre a Cavalariça Real, incluindo as carruagens e limusines da rainha; **The Queen's Gallery** (seg-dom 10h-17h30; £10), galeria com exposições temporárias.

St. Paul's Cathedral

- St. Paul's Churchyard
- St. Paul's   www.stpauls.co.uk
- seg-sáb 8h30-16h30
- £18 (Est, Id: £16 | Cr: £8)

Essa é a quinta catedral existente no mesmo local desde o início do século 7. A antecessora foi destruída pelo fogo. A atual foi construída e finalizada em 1710, em estilo barroco, pelo arquiteto Christopher Wren – que lhe deu a segunda maior cúpula do mundo (perde apenas para a Basílica de São Pedro, no Vaticano). Tem sido cenário de fatos marcantes na história do país, como o funeral de Winston Churchill (1965) e o casamento do príncipe Charles com a princesa Diana (1981). Não deixe de visitar a *Whispering Gallery* (a 257 degraus do primeiro andar), uma galeria redonda que, com sua excelente acústica, permite que uma pessoa sussurre de um lado e seja perfeitamente ouvida do outro (por isso o nome: Galeria do Sussurro). Se você tiver fôlego, suba até a *Golden Gallery* (528 degraus), para apreciar uma bela vista de Londres. Serviços religiosos ocorrem geralmente às 7h30, 8h (sáb 8h30), 12h30 e 17h, e domingos em horários alternados – durante as missas, a entrada é gratuita.

Museus

Os museus britânicos estão entre os melhores do mundo e, agradável surpresa, a grande maioria tem entrada gratuita. Alguns cobram entrada, mas dão desconto para estudantes e na compra de ingressos online. Há museus para todos os gostos: artes, ciências, história, natureza, guerra, moda. Reserve um bom tempo para as visitas, mas escolha os seus preferidos – é impossível ver todos em apenas uma ida a Londres.

British Museum

- Great Russel St
- Holborn ou Russel Sq
- 7323.8299
- www.britishmuseum.org
- seg-qui/sáb-dom 10h-17h30, sex 10h-20h30
- grátis (£5 doação voluntária)

O maior museu britânico é também um dos maiores do mundo e um dos mais antigos da história. Grande parte de sua coleção é de objetos da Grécia, do Egito, de Roma ou do Oriente Médio (o que suscita a polêmica sobre se essas peças não deveriam retornar aos seus países de origem). Vasto, repleto de antiguidades, pode ser espetacular para alguns, mas há quem se entedie logo, logo. Frequentemente ocorrem visitas guiadas temáticas ou por salas (verifique no centro de informações, na entrada do museu). Você levaria semanas para ver tudo que o British Museum tem por isso selecione o que mais lhe interessa (tarefa facilitada pelo mapa disponível na entrada). Alguns dos destaques: África (sala 25), Chipre Antigo (s.72), Moedas (s.68), Egito – vida e morte (s.61), Mundo Islâmico (s.34), China e Ásia (s.33), Grécia (s.18), e Destaques do período anglo-saxão (s.2). Com mais de 260 anos de existência, o British Museum investiu em seu rejuvenescimento com a abertura de novas galerias e a construção de uma futurista cúpula de vidro e aço.

National Gallery

- Trafalgar Square
- Charing Cross
- 7747.2885
- www.nationalgallery.org.uk
- seg-qui/sáb-dom 10h-18h, sex 10h-21h
- grátis

Uma das grandes galerias de arte do mundo, em todos os sentidos, apresenta pinturas do século 13 ao 20. Para apreciar as obras em ordem cronológica, o ideal é começar pela galeria *Sainsbury Wing* (Ala Sainsbury), localizada no 2º andar. É realmente uma das atrações imperdíveis de Londres, tanto para viajantes que gostam de arte como para quem deseja entender um pouco mais do assunto. Alguns dos pintores cujas obras estão na National Gallery são Van Gogh, Michelangelo, Leonardo da Vinci, Botticelli, Rembrandt, Monet e Rafael. Há visitas guiadas em inglês, gratuitas, e audioguias em português, £4 (Est: £3,50).

National Portrait Gallery

- St. Martin's Place, ao lado da National Gallery
- Leicester Square ou Charing Cross
- 7306.0055
- www.npg.org.uk
- seg-qua/sáb-dom 10h-18h, qui-sex 10h-21h
- grátis

Apesar de ser uma galeria exclusivamente de retratos, é inovadora e foge do óbvio. Entre nobres ingleses e ilustres desconhecidos, você achará conhecidas e contemporâneas figuras do meio artístico, do meio esportivo ou da realeza. Este último conjunto pode ser encontrado no 1º andar, em grande parte dedicado à Família Real, incluindo um retrato da rainha feito por Andy Warhol. Frequentemente tem exposições especiais e temporárias, que podem ter o ingresso cobrado.

Natural History Museum

- Cromwell Road | South Kensington
- 7942.5000 | www.nhm.ac.uk
- seg-dom 10h-17h50
- grátis

É um dos melhores museus de história natural da Europa, ideal para as crianças viajantes dos 4 aos 104 anos. Apresenta reconstituição de esqueletos e modelos de dinossauros, exibições sobre o corpo humano e uma muito bacana *Earth Galleries*, que expõe a evolução do planeta Terra. Tudo repleto de interatividade. Esqueça que você não é um nativo de língua inglesa e que não tem mais espinhas na cara e aperte em todos os botões a que tem direito. Quase ao lado um do outro ficam o Science Museum e o Victoria & Albert Museum, mas resista à tentação: será cansativo ver os três em sequência.

Science Museum

- Exhibition Road | South Kensington
- 7942.4000
- www.sciencemuseum.org.uk
- seg-dom 10h-18h | grátis

Os ingleses definitivamente sabem fazer museus, e este de ciências é um ótimo exemplo. Apresenta desde invenções britânicas do século 18 até objetos relacionados à medicina, à astronomia e à tecnologia. Como o museu vizinho, tem muitas atrações interativas.

Anexo ao prédio, há um cinema IMAX 3D (seg-dom 10h-18h; £11 | Est: £9).

Victoria & Albert Museum

- Cromwell Road | South Kensington
- 7942.2000 | www.vam.ac.uk
- seg-qui/sáb-dom 10h-17h45, sex 10h-22h
- grátis

Apresenta a maior coleção de objetos de arte e decoração do mundo, passando por vários períodos, estilos e nacionalidades. Também tem um vasto espaço ao ar livre, ótimo para tomar um café e curtir o clima do museu em um dia bonito.

Museum of London

- 150 London Wall
- Barbican e St.Paul's | 7001.9844
- www.museumoflondon.org.uk
- seg-dom 10h-18h | grátis

Simpático museu que conta a história de Londres, desde a sua fundação até os anos 2000. Entre os destaques estão a primeira galeria, *London Before London*, sobre a história do desenvolvimento do vale do rio Tâmisa e como era a sociedade na época; o *Great Fire Experience*, maquete da Londres de 1666, que mostra como o Grande Incêndio destruiu boa parte da cidade (veja box na p.733); e a *Victorian Walk*, reprodução de uma rua da era vitoriana.

British Museum e a grandiosidade do hall central

Somerset House

- South Building | Temple
- 7845.4600
- www.somersethouse.org.uk
- seg-dom 10h-18h | grátis

Centro cultural situado em um palácio neoclássico com exposições de arte e fotos, concertos e cinema. Seu pátio abriga 55 fontes d'água (local que leva o nome do banqueiro Edmond Safra, naturalizado brasileiro) e durante o inverno se transforma numa pista de patinação no gelo. No verão, as crianças aproveitam as fontes, que ficam abertas até as 23h, diferentemente das galerias. No prédio ao norte fica a **Courtauld Gallery** (seg-dom 10h-18h; £7 | Est: grátis | Id: £6), com exposição de obras de Botticelli, Kandinsky, Monet e Renoir. Atravessando o pátio do centro cultural em direção ao Tâmisa, uma das saídas tem acesso às margens do rio.

LONDRES LADO B | South Bank Centre

À beira do Tâmisa, a uma curta caminhada das estações de metrô Waterloo ou (na margem oposta do rio) Embankment, esse complexo cultural é um dos espaços mais vibrantes de Londres. O Royal National Theatre, o National Film Theatre, o Royal Festival Hall e a Hayward Gallery formam um conjunto de palcos para teatro, música, cinema e artes visuais. Para mais informações sobre a programação, que varia diariamente, consulte o site www.southbankcentre.co.uk. Repleto de cafés, bares e lojinhas, o local, com wi-fi disponível, também convida a uma agradável parada para descansar.

National History Museum, para curtir como criança

Tate Modern

- Bankside | Southwark
- 7887.8888 | www.tate.org.uk
- dom-qui 10h-18h, sex-sáb 10h-22h
- grátis

O prédio, que já foi uma estação de energia, abriga uma ótima coleção de arte moderna e contemporânea, com obras de Miró, Dalí, Picasso... Um restaurante no 7º andar tem vista para o rio Tâmisa e para a Catedral de St. Paul. São várias salas em diferentes andares, com muitas exposições temporárias, incluindo mostras fotográficas – vale conferir o que está rolando por aqui.

Tate Britain

- Millbank | Pimlico
- 7887.8888 | www.tate.org.uk
- seg-dom 10h-18h | grátis

Aberta desde 1897, é a principal galeria de arte a reunir obras de artistas britânicos. Destaque para William Hogarth, considerado o pai da sátira inglesa por ter popularizado as caricaturas. Quem estiver na outra Tate, a Modern, pode chegar até aqui (ou ir até lá) de barco, que faz a conexão entre os dois museus a cada 40min.

Imperial War Museum

- Lambeth Road / Lambeth North
- 7416.5000 / www.iwm.org.uk
- seg-dom 10h-18h / grátis

O Museu Imperial da Guerra foi fundado em 1917, em memória às guerras que envolveram o Império Britânico. No acervo, veículos militares, armas, aviões de combate, livros, fotografias, documentos, vestuário e peças de arte de temática bélica. A mostra referente à Primeira Guerra é muito boa, mas o maior destaque talvez seja a primorosa reconstituição da ascensão nazista na Segunda Guerra, com imagens dos campos de concentração, da deportação de judeus e do Holocausto em geral. O museu também dedica espaços à Guerra Fria e à luta contra o Apartheid, na África do Sul. Imperdível, mesmo para quem não é chegado no tema.

Churchill Cabinet War Rooms

- King Charles Street / Westminster
- 7930.6961 / www.iwm.org.uk
- seg-dom 9h30-18h / £18 (Est, Id: £14,40 | Cr: £9 | abaixo de 5 anos: grátis)

O antigo QG secreto subterrâneo utilizado durante a Segunda Guerra Mundial por Churchill e sua equipe de governo oferece uma eficiente abordagem histórica com direito a audioguias e reproduções dos recintos, como quartos e escritórios. Uma parte do espaço é destinado ao Churchill Museum, museu que enfoca a Winston Churchill, uma das maiores figuras britânicas de todos os tempos. A história do lendário primeiro-ministro é contada via ferramentas multimídia: você pode ouvir gravações de seus discursos mais famosos e escolher os documentos, fotos e vídeos que quer ver.

Design Museum

- 28 Shad Thames / Bermondsey
- 7940.8783 / www.designmuseum.org
- seg-dom 10h-17h45
- £13 (Est: £9,75 | Cr: 6,50)

Este é um dos poucos museus do mundo dedicados ao estudo do design, com frequentes exposições temporárias. Na sua coleção permanente, mobílias, aparelhos eletroeletrônicos e objetos diversos, ilustrando a história do design no século 20 pelas artes, moda, arquitetura e tecnologia. A localização à beira do rio Tâmisa proporciona um belo visual.

Freud Museum

- 20 Maresfield Gardens / Finchley Road
- 7435.2002 / www.freud.org.uk
- qua-dom 12h-17h
- £7 (Est: £4 | id: £5 | Cr: grátis)

Casa onde Sigmund Freud, o pai da psicanálise moderna, morou após fugir da Áustria em 1938, por causa da ascensão nazista. A mobília e os objetos são todos originais, incluindo o seu famoso divã. Freud possuía uma bela coleção de antiguidades egípcias, gregas, romanas e orientais – todas expostas no local. Também estão aqui as memórias de Anna, filha de Freud, moradora da casa por mais de 4 décadas e responsável pelo local ter se transformado em um museu.

The White Tower, parte da Tower of London

Outros destaques

London Eye

- Riverside Building, Westminster Bridge Road
- Waterloo
- 871.781.3000
- www.londoneye.com
- jan-mar/set-dez seg-dom 10h-20h30 | abr-ago 10h-21h
- £23 (Id: £20 | Cr: £17)

Esta roda-gigante (literalmente) foi inaugurada em 2000 – por isso é chamada também de *Millenium Wheel* (Roda do Milênio) –, tem 135m de altura e capacidade para 800 pessoas. Do seu ponto mais alto, você tem uma visão de mais de 40km em todas as direções (se tiver a sorte de pegar um dia bom, é claro). Apesar do ingresso um pouco salgado, vale a pena entrar em uma de suas 32 gôndolas de vidro e apreciar a incrível paisagem londrina. Novidade recente é o painel interativo dentro da gôndola, que oferece informações sobre os pontos turísticos da vista. A compra pelo site dá desconto de 10% no ingresso, ou 20% no pacote família, para 4 pessoas. Acrofóbicos: a volta toda leva 30min, apesar de o passeio ser bem tranquilo. Atenção para os dias e horários, que podem ser alterados de acordo com a época do ano. A London Eye não funciona de 6 a 17 de janeiro, quando é fechada para manutenção.

Tower Bridge

- Tower Bridge Road
- Tower Hill
- 7403.3761
- www.towerbridge.org.uk
- 24h
- grátis

Famoso cartão-postal de Londres, a Tower Bridge impressiona pelo tamanho e pela imponência. Construída em 1894, a ponte, fazendo juz a seu nome, é sustentada por duas torres tipicamente vitorianas góticas, em cuja parte superior foram erguidas duas passarelas suspensas, exclusivas a pedestres. Para visitá-las, é preciso adquirir ingresso para a **Tower Bridge Exhibition** (abr-set seg-dom 10h-17h30 | out-mar 09h30-17h; £9 | Est, Id: £6,30 | Cr: £3,90), que inclui também um vídeo sobre a sua construção, uma exibição de fotos e uma passada pelo maquinário original, responsável por levantar a estrutura basculante.

Tower of London

- The Tower of London
- Tower Hill
- 844.482.7777
- www.hrp.org.uk/toweroflondon
- mar-out ter-sáb 9h-17h30, dom-seg 10h-17h30 | nov-fev ter-sáb 9h-16h30, dom-seg 10h-16h30
- £24,50 (Est, Id: £18,70 | Cr: £11)

Idealizado por William I, o Conquistador, em 1078, é o castelo mais antigo da Inglaterra; já foi fortaleza, palácio real, presídio e, atualmente, é apenas atração turística (e das mais disputadas, prepare-se). Esse castelo simboliza momentos sombrios de Londres, e é um mergulho na história da Inglaterra. Em exposição, armas, armaduras e joias. Pode ser interessante participar da visita gratuita, guiada pelos *Yeoman Warders*, apelidados de *beefeaters* – guardas que habitam o lugar e contam histórias tenebrosas sobre reis e rainhas, traições, intrigas, ambições, vinganças e execuções de prisioneiros. Atração à parte é a área de joias da monarquia britânica, como o Koh-i-noor, diamante mais famoso da coroa da rainha-mãe.

Shakespeare's Globe Exhibition

- 21 New Globe Walk, Bankside
- London Bridge ou Southwark
- 7902.1400   www.shakespearesglobe.com
- seg-dom 9h-17h30
- £13,50 (Est: £11 | Id: £12 | Cr: £8)

Não é apenas a réplica de um teatro da época de Shakespeare: muitas obras do dramaturgo foram de fato apresentadas aqui no passado (e ainda são). No verão, é até possível assistir a peças no estilo arena, a céu aberto, com algumas pessoas de pé logo em frente ao palco e outras sentadas em galerias em formato de círculo. Os ingressos são relativamente baratos – a opção em pé sai por £5, sentado £15-20. Como só acontece no verão e são peças de Shakespeare, o evento é bem disputado pelos próprios londrinos, motivo pelo qual é bom ficar atento ao site e comprar seu ingresso assim que a temporada abrir, o que acontece entre fevereiro e março. Se o seu inglês não está afiado o suficiente ou o tempo é curto, uma visita ao local já vale a pena.

Madame Tussauds

- Marylebone Road
- Baker Street   871.894.3000
- www.madametussauds.com/London
- set-jun seg-sex 9h30-17h30, sáb-dom 9h-18h | jul-ago seg-dom 8h30-19h
- £33 (Cr: £19)

Este é o museu de cera mais conhecido do mundo e uma das atrações turísticas mais populares de Londres, por isso demandará paciência, já que as filas podem levar a uma espera de 2h. O ingresso não é barato (há desconto comprando pelo site), mas vale se você estiver no espírito de ver réplicas de figurinhas conhecidas e a fim de bater uma foto abraçando a Beyoncé ou a Jennifer Lawrence. As estátuas são trocadas de tempos em tempos, mas você deve encontrar a família real, a Madonna, o Beckham, o Pelé, entre artistas, esportistas e outras celebridades (a)temporais. O ingresso também dá direito a assistir à *Marvel Super Heroes 4D*, uma animação 4D com áreas temáticas interativas e figuras de cera.

QUEM É ESSE CARA | William Shakespeare

O dramaturgo com maior número de peças encenadas no planeta nasceu em 1564, em Stratford-upon-Avon, uma cidade inglesa a cerca de 160km de Londres. Seus textos abordam a complexidade da natureza humana, entre comédias (*Sonhos de Uma Noite de Verão, A Megera Domada, O Mercador de Veneza*), tragédias (*Romeu e Julieta, Hamlet* – aquele do "Ser ou não ser, eis a questão" –, *Rei Lear, Otelo, Macbeth*) e dramas históricos (*Henrique V, Ricardo III*). Existem diversas polêmicas sobre Shakespeare, que vão desde dúvidas sobre sua orientação sexual até a hipótese de alguns de seus textos terem sido escritos por outras pessoas. Independentemente disso, Shakespeare é o maior nome da dramaturgia de todos os tempos e inspiração para muitos artistas. Sua relevância na língua inglesa extrapola o universo teatral: estudiosos creditam a ele a invenção de mais de 1.700 palavras que são usadas rotineiramente no inglês britânico hoje em dia.

The View from the Shard

- 32 London Bridge St
- London Bridge
- 344.499.7222
- www.theviewfromtheshard.com
- abr-out seg-dom 10h-22h | nov-mar dom-qua 10h-19h, qui-sáb 10h-22h
- £25,95 (Est: £20,95 | Cr: £19,95)

Arranha-céu de 306m de altura aberto em 2013, é o prédio mais alto da União Europeia. Seus 72 andares abrigam escritórios, restaurantes e um hotel. É possível chegar até o último andar, de onde se avista Londres num raio 60km. Se no dia em que você visitar o prédio o tempo estiver encoberto, o The Shard emite um ticket de retorno válido por 3 meses.

London Zoo

- ZSL London Zoo
- Regent's Park
- 7449.6200
- www.zsl.org
- set-mai seg-dom 10h-16h | jun-ago 10h-18h
- £22,50 (Cr: £16,65)

Localizado junto ao Regent's Park, é um dos mais antigos zoológicos do mundo, com quase 750 espécies, incluindo animais pitorescos, como um hipopótamo-pigmeu. Nos meses de junho, julho e agosto, é comum acontecerem festas noturnas em algumas sextas-feiras, quando bancas vendem comidas e bebidas e há performances de artistas, entre outras atrações.

As simpáticas girafas do London Zoo

Highgate Cemetery

- Swain's Lane
- Archway
- highgatecemetery.org
- seg-sex 10h-17h, sáb-dom 11h-17h
- East Cemetery £4 (Cr: grátis) | West Cemetery £12 (Cr: £6)

O cemitério preferido das famílias vitorianas tem túmulos que são verdadeiras obras de arte. A rua Swain's Lane o divide em duas partes: East Cemetery, onde está a tumba de Karl Marx, e West Cemetery, mais antigo e curioso, com uma ala de arquitetura egípcia, catacumbas e mausoléus. O lado West só pode ser visitado em tour guiado, e o bilhete inclui entrada no lado East, que pode ser conhecido por conta própria ou em visitadas guiadas (sáb 14h; £8 | Cr: £4). Atenção: os dois passeios precisam ser agendados com no mínimo um mês de antecedência, já que as entradas se esgotam rapidamente e não é possível comprá-las na hora.

Ripley's Believe It or Not

- 1 Piccadilly Circus
- Piccadilly Circus
- 3238.0022
- www.ripleyslondon.com
- seg-dom 10h-0h
- £26,95 (Cr: £19,95)

Seguindo a linha do lendário programa de TV chamado no Brasil de "Acredite se Quiser", esta atração apresenta, em 5 andares, um universo de bizarrices. Fundado por Robert Ripley, que saiu pelo mundo à procura de situações e pessoas fora do comum no início do século 18, o local tem mais de 700 artefatos – que incluem cabeças indígenas achatadas e um bezerro de duas cabeças – e banalidades dignas de constarem no Livro dos Recordes, como o homem mais alto do mundo, o mais gordo, a mulher mais feia, e por aí vai. Quem estiver no clima de ver essas curiosidades, deve curtir. Ao final, há um labirinto de espelhos. Comprando o ingresso online, é possível conseguir 15% de desconto.

CULTURA POP | The Beatles

Considerada a maior banda de rock de todos os tempos, os Beatles surgiram em 1957 e estouraram nos anos 60, já com sua formação definitiva. John Lennon, Paul McCartney, George Harrison e Ringo Starr começaram no estilo certinho, mas logo se tornaram ícones da contracultura mundial, com uma postura mais crítica e letras contestadoras. A beatlemania varreu o mundo e nunca a idolatria e a histeria estiveram tão presentes na música. Destacam-se entre suas canções *Help*, *Twist and Shout*, *Lucy in the Sky with Diamonds* (polêmica pelas inicias de suas palavras, LSD), *Yesterday*, *Let it Be* e inúmeras outras que até hoje tocam frequentemente. Em sete anos, antes de se desfazer em 1970, o grupo lançou 13 álbuns carregados de experimentações, transitando entre vários gêneros. As esperanças dos fãs quanto a um retorno da banda acabaram com o assassinato de John, em 1980.

Abbey Road

- Abbey Road
- St. John's Wood
- 24h
- grátis

Para os beatlemaníacos, é parada obrigatória. A rua onde fica o estúdio em que grandes bandas do mundo inteiro gravaram (e ainda gravam) seus discos é célebre por ser o cenário de umas das mais famosas capas de álbuns de todos os tempos – o *Abbey Road*, dos Beatles –, em que o quarteto atravessa a rua numa faixa de pedestres. A via é movimentada e é bom prestar atenção no trânsito, mas os motoristas londrinos parecem já estar bem acostumados à rotina de esperar que os fãs façam sua pose para a clássica foto caminhando sobre a faixa. Você também pode deixar um recado ou assinatura nos muros do Abbey Road Studios (3 Abbey Road). Ao se dirigir para o local, atenção: há outra Abbey Road em Londres, na extremidade leste da cidade, em direção completamente oposta à que você está procurando.

Sea Life Aquarium

- Westminster Bridge Road
- Waterloo ou Westminster
- 087.1663.1678
- www.visitsealife.com/london
- seg-dom 10h-19h
- £23,50 (Cr: £16,95)

Um dos maiores aquários da Europa, tem três andares e mais de 500 espécies, entre tubarões, polvos, peixes de todos os tipos, tartarugas, répteis e corais. A compra pelo site dá 15% de desconto.

Cinemas

Electric Cinema

- 191 Portobello Road
- Ladbroke Grove
- 7908.9696
- www.electriccinema.co.uk
- seg-sáb 9h-20h30, dom 10h-20h30
- ter-dom 1p £18, 2p £30/45; seg 1p £15,50, 2p £25/40 (sofá/cama) (Cr: descontos, a conferir)

Um cinema diferente: constituído por 65 poltronas de couro com repouso para os pés, três sofás (para duas pessoas cada) ao fundo e seis camas duplas (para duas pessoas) na primeira fileira. Sim, camas, e, para completar, o espectador recebe um cobertor. Os ingressos para o sofá e para a cama são vendidos em duplas – portanto, leve uma companhia se você deseja assistir ao filme deitado. O cinema tem geralmente cinco filmes em cartaz, que mudam de tempos em tempos, e exibe no máximo dois por dia. Ao lado, um restaurante que abre às 8h, com café da manhã, serve almoço ao meio-dia e segue aberto até de noite.

Prince Charles

- 7 Leicester Square
- Leicester Square
- 7494.3654
- www.princecharlescinema.com
- seg-dom 8h45-21h
- £5-16

Especializado em filmes cult e clássicos, este cinema promove temporadas temáticas, que podem ser os trabalhos de um diretor ou uma série de filmes do mesmo gênero. Também organiza maratonas noturnas, nas quais é possível assistir 6 ou 7 filmes seguidos, e sessões musicais (*sing-a-long*) em que a plateia é convidada a se levantar e cantar junto a clássicos como *A Noviça Rebelde* e *Grease*. O preço do ingresso depende do horário e do filme.

Hot Tub Cinema

- Former Shoreditch Underground Station
- Aldgate East
- www.hottubcinema.com
- ter-dom 18h-22h30
- £20-30

A proposta aqui é assistir a um filme... dentro de uma banheira de água quente bebendo e petiscando com até outras cinco pessoas! Inusitado. Os longas exibidos são bem conhecidos e de vários gêneros, como *Uma Linda Mulher*, *Rei Leão* e *Dirty Dancing*. Ingressos esgotam logo, bom comprar com antecedência.

Hyde Park, o majestoso parque londrino

Parques

Hyde Park

- Serpentine Road
- Marble Arch, Hyde Park Corner, Lancaster Gate, Queensway
- 300.0612.000
- www.royalparks.org.uk/parks/hyde-park
- seg-dom 5h-0h
- grátis

O parque mais famoso de Londres merece uma boa volta. A oeste, é conhecido como **Kensington Gardens**, onde encontra-se a mansão que era residência do então casal Charles e Diana. Nesta área fica a **Serpentine Gallery**, espaço de arte moderna e contemporânea, com entrada gratuita. No verão, ao lado da galeria, costuma ser erguido um pavilhão, de arquitetura arrojada, para exibições culturais. Ao sul, ergue-se o **Royal Albert Hall** (veja adiante no box Teatros e Musicais, p.759). Aos domingos, outras boas atrações: ao longo da Bayswater Road, exposição de artistas na rua e, próximo à estação de Marble Arch, a divertida **Speaker's Corner**. Essa esquina é o local onde qualquer um, até você, pode subir num caixote e discursar publicamente sobre qualquer assunto. O Hyde Park também é sede de grandes festivais e shows de música, do qual já participaram Rolling Stones, Paul McCartney e Neil Young.

Reserva também áreas exclusivas a nudistas, separadas por sexo. Não deixe de passear pelo *Parliament Hill*, ponto elevado de onde se tem uma vista panorâmica da cidade, incluindo London Eye e Big Ben. Como se não bastassem as atrações naturais, este parque abriga ainda a *Kenwood House*, um casarão do século 19, repleto de quadros famosos, que foi um dos cenários do filme *Um Lugar Chamado Notting Hill*.

Kew Gardens

- 243-253 Lower Mortlake Road
- Kew Gardens
- 8332.5655   www.kew.org
- mar-ago seg-sex 10h-18h30, sáb-dom 10h-19h30 | set-out seg-dom 10h-18h | nov-jan seg-dom 10h-16h15
- £15 (Est, Id: £14 | Cr: £3,50)

É o jardim botânico de Londres, com o nome de *Royal Botanic Gardens*, que não tem a entrada gratuita como os parques tradicionais. O local impressiona pela quantidade de espécies que abriga, formando um colorido complexo de jardins, estufas e arboretos – o parque abriga mais de 10% de todas as espécies vegetais conhecidas do planeta, separadas por continente e cuidadosamente identificadas.

St. James Park

- The Mall   300.0612.350
- St. James Park ou Green Park
- www.royalparks.org.uk/parks/st-jamess-park
- seg-dom 5h-0h   grátis

Localizado em frente ao Palácio de Buckingham, é o mais antigo parque real. É menor, mas tão bem cuidado quanto os demais. Em dias de sol, é o refúgio de engravatados que trabalham pela região. Por aqui você verá jovens mães com seus carrinhos de bebês, executivos sentados pela grama comendo um lanche comprado nos mercados próximos, muitos esquilos, gansos e flores. Anexo ao St. James, o **Green Park** é popular por ser bem central – está ao lado do Palácio de Buckingham –, e, apesar de não ter um diferencial em relação aos demais, vale dar uma passada.

Hampstead Heath

- South End Road
- Hampstead Heath   7332.3322
- www.cityoflondon.gov.uk/hampstead
- seg-dom 9h-18h   grátis

Um dos maiores parques de Londres em extensão, preserva características rurais e tem muitas opções de lazer, especialmente no verão, quando é possível até mergulhar em um dos seus três lagos.

Regent's Park

- Outer Circle
- Regent's Park   300.0612.300
- www.royalparks.org.uk/parks/the-regents-park
- jan/out seg-dom 5h-17h | fev 5h-18h | mar/set 5h-20h | abr/ago 5h-21h | mai-jul 5h-21h30 | nov-dez 5h-16h30   grátis

Está em North London e é conhecido por abrigar o zoológico; mas aqui estão também o *Queen Mary's Gardens*, com mais de 12 mil rosas de 400 espécies, e o *Open Air Theatre*, único teatro profissional ao ar livre da Grã-Bretanha. Costeando o Regent's Canal, no norte do parque, você chega a Camden Town.

LONDRES LADO B | Feiras

Os mercados londrinos oferecem um olhar inusitado sobre a cidade, quase um microcosmo britânico, onde, entre barracas de comida tailandesa e venda de selos antigos, você encontra velhos ingleses, imigrantes asiáticos, jovens descolados e viajantes curiosos. Vale também para achar um chapéu estiloso ou simplesmente conhecer bairros menos turísticos fora da área central.

Mercados

Camden Market

- Camden Town
- www.camdenmarket.com
- seg-dom 10h-18h
- grátis

Uma das feiras mais alternativas da cidade (ainda que também uma das mais turísticas), rola por toda a rua a partir da estação de metrô – na verdade são várias feirinhas, uma anexa à outra. Apesar de haver movimentação diariamente, domingo é o dia mais popular, especialmente pela manhã. Pessoas, lojas e barracas de comida (de diversas regiões do mundo) se misturam no clima da efervescência londrina. Para comer em Camden, faça como os locais: compre a sua comida em uma das banquinhas e sente-se no chão às margens do canal que cerca a feira. A cantora Amy Winehouse viveu por anos em Camden (tanto que, em 2014, ganhou uma estátua em frente ao Stables Market), assim como os escritores Charles Dickens e George Orwell. É um bairro de todas as tribos: rockeiros, hippies, emos, gays, fashionistas... animado e democrático.

Portobello Market

- Portobello Road
- Notting Hill Gate
- www.portobelloroad.co.uk
- sáb 9h-17h
- grátis

Feira de antiguidades no simpático bairro de Notting Hill (muito antes da Julia Roberts se apaixonar pelo Hugh Grant no divertido *Um Lugar Chamado Notting Hill*), acontece somente aos sábados. Durante a semana, a Portobello Road recebe um mercado de frutas e verduras (seg-qua 9h-18h, qui 9h-13h). As mercadorias da feira não são baratas, mas só o passeio já vale muito. Caetano Veloso e Gilberto Gil já moraram por aqui, e o bairro vizinho Bayswater já foi conhecido como *Brasilwater*, pela quantidade de brasileiros que abrigava. Como o custo de vida na região se elevou, os brazucas se dispersaram por bairros mais baratos.

Spitafields Market

- Commercial Street, entre Lamb Street e Brushfield Street
- Liverpool Street
- www.oldspitalfieldsmarket.com
- seg-sex/dom 10h-17h, sáb 11h-17h
- grátis

O mais antigo mercado de Londres oferece arte, antiguidade, roupas e um dos grandes destaques, comidas étnicas dos muitos imigrantes da cidade. Entre centenas de barracas, em dias movimentados, você se perderá também com os produtos artesanais e *vintages* oferecidos por artistas de rua. Como é caminho para Brick Lane, os dois podem ser visitados na mesma ocasião.

Brick Lane

- Brick Lane
- Aldgate East
- www.visitbricklane.org
- dom 9h-17h
- grátis

Famosa pelo grafite e pela arte de rua, a feira que acontece aos domingos reúne antiguidades, lojas de discos e roupas *vintage*. É o mercado dos imigrantes das ex-colônias britânicas. Interessante para quem quer conhecer uma outra face de Londres.

Borough Market

- 8 Southwark Street
- London Bridge
- 7407.1002
- www.boroughmarket.org.uk
- seg-qui 10h-17h, sex 10h-18h, sáb 8h-17h
- grátis

É a melhor feira gastronômica de Londres, especialmente aos sábados. Nos dias de sol, a área do pátio da igreja de Southwark fica repleta de londrinos e turistas comendo em pratinhos descartáveis, em pé ou sentados no chão. Faça o mesmo, aproveitando a diversidade das banquinhas, muitas com degustação.

Broadway Market

- Broadway market, Hackney
- Haggerston ou Bethnal Green
- www.broadwaymarket.co.uk
- sáb 9h-17h
- grátis

Mercado basicamente conhecido pelos locais, tem muitas barraquinhas de comida e produtos *vintage*. Fica entre o parque London Fields e o riozinho Regent's Canal, o que já garante um ótimo passeio.

Passeios

Greenwich

Aqui se localiza o meridiano que determina as horas do planeta. O grande barato é quando a noite chega: com a escuridão, pode-se ver e curtir um raio verde de laser cruzar o céu de Londres, delimitando a exata localização do meridiano. A linha parte do Observatório Real e segue até onde seus olhos alcançam. Outras atrações funcionam nessa área: o ótimo **National Maritime Museum** (www.nmm.ac.uk; seg-dom 10h-17h; grátis), um dos maiores museus de história naval existentes, caracterizando a região como uma verdadeira área náutica; e o **Cutty Sark** (www.rmg.co.uk/cuttysark; seg-dom 10h-17h; £13,50 | Cr: £7), um dos últimos navios a trazer seda e chá do Oriente, construído em 1869. Greenwich fica a 10km a sudeste de Londres; você chega mais facilmente com a linha cinza (Jubilee Line) do metrô descendo na estação de North Greenwich. Ainda mais interessante (e caro), pode-se ir de barco pelo Tâmisa, partindo de South Bank. Chegando pela beira do rio, atravesse o túnel para a outra margem e siga em direção ao morro onde está o **Royal Observatory** (seg-dom 10h-17h; grátis), fundado em 1675 por Charles II.

Greenwich: fila para por os pés nos dois lados do meridiano que separa o Leste do Oeste

Castelo de Windsor, nos arredores de Londres

Windsor Castle

Esse é um dos maiores castelos habitados do mundo, e tem sido residência real nos últimos 900 anos. No seu interior, destaques à *St. George's Chapel* (fechada aos domingos); ao *State Apartments*, os apartamentos da realeza; e à réplica no formato de casa de bonecas, que dá uma ideia da grandiosidade do lugar. Se estiver com tempo, a cidadezinha que fica ao redor também merece uma conferida. O castelo (💻 www.royalcollection.org.uk; 🕐 mar-out seg-dom 9h45-17h15 | nov-fev 9h45-16h15; 💲 £19,20 | Est, Id: £17,50 | Cr: £11,30) fica a uma curta distância da estação Windsor & Eton Central, onde chegam trens que partem das estações Waterloo e Paddington a cada 30min.

Hampton Court Palace

Distante 20km de Londres, o antigo Palácio Real, erguido no século 16 em estilo Tudor, servia Henrique VIII e suas esposas. Os jardins, que possuem um labirinto verde, e a cozinha são os destaques do castelo (💻 www.hrp.org.uk; 🕐 abr-out seg-dom 10h-18h | nov-mar 10h-16h30; 💲 £19,30 | Est, Id: £16 | Cr: £9,70). Trens saem a cada 30min da estação Waterloo e param na estação Hampton Court, próxima ao palácio.

Stonehenge

Não há uma explicação exata sobre a existência e a data de surgimento do círculo de pedras de Stonehenge, apesar das teorias que atiçam a curiosidade: alienígenas, seitas secretas, mestres de uma ciência desconhecida. Não vá com a esperança de encostar nas pedras – elas são cercadas e cuidadas bem de perto por seguranças, só é possível fotografar de longe. Para chegar, não existe transporte direto saindo de Londres, de onde dista 140km. O mais fácil é pegar um trem na estação Waterloo ou ônibus até Salisbury (cerca de 1h30), região próxima de Stonehenge, onde é necessário pegar outro ônibus até o local das pedras. Comprar o bilhete turístico pode valer mais a pena – é quase o mesmo preço da linha intermunicipal e ainda inclui guia e orientações sobre o passeio (mas não o ingresso para o monumento megalítico). Na **Stonehenge Tour** (www.thestonehengetour.info), os bilhetes custam entre £14-33 (Cr: £9-21), sendo que os mais caros incluem um *tour* por *Old Sarum*, ruínas das primeiras civilizações da região, que construíram, a partir do século 4 a.C., uma fortificação sobre uma colina, posteriormente aproveitada pelos romanos e pelos saxões.

Stratford-upon-Avon

A atmosfera de William Shakespeare é o que propicia uma visita à sua terra natal, Stratford-upon-Avon, 175km a noroeste de Londres. Mesmo passados quatro séculos e meio da existência do célebre dramaturgo, a cidade ainda vive à sua volta. Por aqui é possível conhecer a casa onde ele nasceu, em 1564, a **Shakespeare's Birthplace**; a **New Place & Nash's House**, casa em estilo Tudor onde ele morreu, em 1616 (mas que está fechada para reformas desde nov/2014); o chalé de sua esposa, **Anne Hathway's Cottage**; a casa onde viveu a filha mais velha, **Hall's Croft**; e a fazenda Tudor, onde cresceu a sua mãe, **Mary Arden's Farm** (fechada no inverno, entre nov-fev). Para visitar esses locais, há um ingresso único ($ mar-nov £24,90 | Cr: £14,90), que dá acesso aos cinco lugares. Entre novembro e fevereiro, quando a fazenda está fechada, o valor reduz um pouco ($ nov-fev £19,90 | Cr: £11,50). O teatro onde ele ensaiava, o **Royal Shakespeare Theatre**, oferece diferentes tours temáticos (como "atrás das cenas"); ingressos custam entre £2,50-7,50 (consulte o site para mais informações: www.rsc.org.uk). Quem não quiser entrar em casa nenhuma, já deve curtir perambular pela cidadezinha, de 25 mil habitantes, situada à beira do rio Avon, apreciando as construções de estilo Tudor, de telhadinhos vermelhos e vigas de madeira. De Londres, em transporte público, você chega em Stratford de trem (saídas da estação Marylebone, 2h15 de viagem), ou de ônibus, da Victoria Coach Station (2h30-3h30). Se quiser ficar mais por aqui, vai encontrar vários hotéis, B&B e albergues (inclusive um HI). Mais informações, no centro de informações turísticas (Bridgefoot; seg-sáb 9h-17h, dom 10h-16h). Site da cidade: www.stratford-upon.avon.co.uk.

Comes & Bebes

Londres é conhecida por acolher a cultura gastronômica de todos os lugares do mundo. *Chinatown* oferece as opções mais acessíveis e uma infinidade de estabelecimentos do tipo *"all you can eat"*, excelente para quem come bastante. Se bater saudade de casa, não será difícil encontrar um restaurante brasileiro. E, em caso de orçamentos mais apertados, pizzas, kebabs e hambúrgueres são uma boa pedida. Fãs de *fast-food* terão uma agradável surpresa com os preços no Reino Unido – em alguns casos, um lanche completo pode custar menos de £3,50. Tente aproveitar ao máximo a oportunidade que a capital londrina lhe dá de transitar pelas mais diversas gastronomias, experimentando sabores do mundo todo em apenas uma cidade.

Ziferblat

- 388 Old Street
- Old Street
- 7984.693.440
- london.ziferblat.net
- seg-sex 10h-23h, sáb-dom 12h-23h
- £0,05/por minuto

Mais do que um café, o Ziferblat (do alemão *zifferblatt*, palavra que remete ao ponteiro de um relógio analógico) é um espaço para relaxar, trabalhar, encontrar amigos, conhecer novas pessoas, se divertir com os jogos de tabuleiro, ler os livros e revistas disponíveis, assistir a performances artísticas... O estabelecimento se define como a extensão da casa de cada um, onde é possível fazer qualquer coisa, desde que o espaço do outro seja respeitado. Tudo no interior do café é gratuito, exceto o tempo que você passa ali: por cada minuto, deve-se pagar 5 cents. Em troca, você tem chá, café, biscoitos e internet ilimitados. Esse conceito teve origem na Rússia e hoje existem Ziferblats em outros três países (Reino Unido, Ucrânia e Eslovênia); em Londres, foi lançado em dezembro de 2013.

Food for Thought

- 31 Neal Street
- Covent Garden ☎ 7836.0239
- seg-sáb 12h-20h30, dom 12h-17h30
- £5-10

Localizado numa das principais ruas de Covent Garden, este restaurante vegetariano oferece uma comida caseira, bastante saborosa, por preços abaixo de £10, com opções veganas e sem glúten. Possui menu à la carte e combinados diários, que consistem em sopa e salada (£8,30), quiche e salada (£8,50), prato quente e salada (£8,70) ou prato quente e sobremesa (£8,70). O espaço é bastante limitado, então muitos clientes compram a comida para levar – e por isso pagam um preço mais camarada (cerca de £1 a menos, às vezes nem isso). Embora pequeno, o ambiente é bastante aconchegante, e comer por lá pode ser uma boa experiência, uma vez que todas as mesas são compartilhadas. Não aceita cartões.

Mr. Wu

- 28 Wardour Street/ 58 Shaftesbury Avenue
- Piccadilly Circus
- ☎ 7287.8883 ⌨ www.mrwugroup.com
- seg-dom 11h-23h30 £5-10

Restaurantes *all you can eat* em Chinatown não são nenhuma novidade, mas o Mr. Wu está entre os melhores e com um preço bem amigo: a partir de £5,95. O endereço da Shaftesbury Avenue é um pouco mais caro, £8,95, e um pouco melhor, com mais variedade; se não estiver tão apertado de grana vale os £3 de diferença. Na dúvida, entre e espie os buffets. Se quiser economizar mais, peça água da torneira. Eles até podem não gostar muito, mas e daí? (sabem que seus clientes prezam pela economia). Tem camarão, pato e os pratos chineses tradicionais, bastante saboroso pelo preço, com travessas novas e quentinhas sendo reabastecidas com frequência.

Franco Manca

- 98 Tottenham Court Road ⊖ Warren Street
- ☎ 7580.1913 ⌨ www.francomanca.co.uk
- seg-qui 11h30-23h, sex-sáb 11h30-23h30, dom 12h-22h
- £5-10

Essa pizzaria, com filiais distribuídas por vários pontos da cidade (para outros endereços, confira o site), oferece um ótimo custo-benefício. A típica pizza napolitana, de massa lêveda fininha, assada em forno à lenha, tem preços super-convidativos, que começam a partir de £4,50 por uma pizza individual, farta e saborosa. As convencionais – tomate, alho e orégano ou tomate, mussarela e manjericão – são as mais pedidas, embora sabores mais criativos, como a de presunto *gloucester old spot* (defumado), ricota de búfala e cogumelos selvagens, também estejam presentes. Porções extras custam entre £0,50 e £1,95.

Stockpot

- 18 Old Compton Street ⊖ Leicester Square
- ☎ 7287.1066 seg-dom 9h-23h30
- £6-10

Localizado no Soho, este restaurante tem como principal atributo o preço convidativo: a conta dificilmente sairá por mais de £10. Pratos custam cerca de £6 e há duas opções de menu diário (com entrada e prato principal), por £7,80 e £9. O cardápio, por sua vez, é bem diversificado: vai do autêntico café da manhã britânico a massas, omeletes, carnes, peixes grelhados e pratos vegetarianos.

Poppies Fish and Chips

- 30 Hawley Crescent ⊖ Camden Town
- ☎ 7267.0440 ⌨ poppiesfishandchips.co.uk
- seg-sáb 11h-0h, dom 11h-23h £7-15

Conhecido por oferecer um dos mais tradicionais *fish and chips* de Londres, serve pratos à base de peixe, frutos do mar e frango. Existe uma filial na 6-8 Hanbury Street, próximo ao Old Spitalfields Market, mas em Camden Town rola música ao vivo. A receita do molho tártaro que acompanha o prato é mantida em sigilo e, segundo o que dizem, já passou por diversas gerações.

Vapiano

- 19-21 Great Portland Street
- Oxford Circus
- 7268.0082
- www.vapianointernational.com
- seg-sex 11h-0h, sáb 12h-0h, dom 12h-23h
- £8-15

Com uma decoração descolada, sofás para grupos, mesas extensas e bancos altos, esse restaurante italiano faz parte de uma rede alemã presente nas principais capitais europeias. A comida saborosa e os preços justos atraem um público considerável, motivo pelo qual vale a pena chegar cedo. Ao entrar, você recebe um cartão magnético em que constarão seus pedidos, retirados depois em uma das ilhas de massas, saladas, pizzas e antepastos. A cozinha é aberta, junto ao balcão: você acompanha a preparação e leva o prato direto para a mesa.

Masala Zone

- 48 Floral Street
- Covent Garden
- 7379.0101
- www.masalazone.com
- seg-sáb 12h-23h, dom 12h30-22h30
- £12-17

Rede indiana presente em diversos pontos de Londres, cada um com uma decoração particular, remetendo às tradições da Índia. Várias marionetes coloridas, típicas do Rajastão, ornam o teto do Masala em Covent Garden. Aqui, os pratos são carregados no *curry*, mas você pode pedir para moderarem nos temperos. Para neutralizar a pimenta, vale tomar o *lassi*, drinque à base de iogurte. A dica é pedir várias especialidades, já que as porções não são muito grandes e vêm servidas em conjunto numa bandeja de aço. É possível ainda optar pelo *Thali*, uma sequência de pratos indianos, com entradas, prato principal e acompanhamentos, nos tamanhos *Thali Regular* (£11) e *Thali Grand* (£13,50).

Kimchee

- 71 High Holborn
- Holborn
- 7430.0956
- restaurant.kimchee.uk.com
- seg-sex 12h-15h/17h-22h30, sáb-dom 12h-22h
- £15-30

As várias fileiras de mesas de madeira, localizadas sob lustres modernos com um toque oriental, são bem concorridas. Por isso, é bom chegar cedo ou reservar. Os pratos podem ser divididos, o que é ótimo para grupos. Não deixe de experimentar o *pajeon* (£6,50), uma omelete de batatas com frutos do mar, e o *bibimbap* (£9), uma combinação de arroz, legumes, cebola, carne ou frutos do mar, apresentada em uma panela de pedra e com um ovo cru em cima. As carnes também têm destaque, como no *bulgogi*, com carne de boi, porco ou frango marinada em molho de soja, alho e sementes de gergelim, servida com verduras. Boa variedade de bebidas típicas, como o *soju*, bebida destilada de arroz, e o *bokbunja*, vinho produzido a partir de framboesas cultivadas na Coreia do Sul.

MOCHILA SEM GRANA | Valioso pound

É quase inacreditável, mas é possível comer em Londres por apenas £1. Inaugurado recentemente, em maio de 2015, o **Caffix** (45 Newman Street; Tottenham Court Road) oferece por esse valor todo e qualquer produto da casa – cafés, sucos, sanduíches, saladas, massas, sopas. As porções, saudáveis e preparadas na hora, são pequenas, mas como o valor é baixo, vale pedir várias. Assim, um bom rango pode sair por £4 ou £5, dependendo da sua fome. Entre as delícias, frutas secas e castanhas, salada de quinoa, sanduíche recheado de frango, massa ao pesto e rosbife.

Inamo

- 134-136 Wardour St
- Oxford Circus 7851.7051
- seg-qua 5h-23h30, qui 12h-23h30, sex-sáb 12h-0h, dom 12h-22h30
- inamo-restaurant.com
- £20-40

O mais bacana no Inamo, de culinária *fusion* asiática, é a sua interatividade: o restaurante é todo *high-tech*, com mesas *touch screen* nas quais é possível visualizar o menu e as imagens da comida, projetadas diretamente em seu prato. O garçom só está lá para entregar os pedidos, que são feitos pelo cardápio digital e acompanhados online. As porções são pequenas para que você possa experimentar vários pratos. Sempre lotado, é essencial fazer reserva – pode ser pelo site, é claro. O restaurante fez tanto sucesso que inaugurou uma filial na 4-12 Regent Street.

Rowley's

- 113 Jermyn Street
- Piccadilly Circus 7436.1408
- www.rowleys.co.uk
- seg-dom 12h-15h/17h30-23h
- £30-50

Fiel às suas origens, o Rowley's está instalado num local onde há mais de dois séculos existia um açougue. Passando de pai para filho há gerações, o estabelecimento evoluiu para um excelente restaurante, famoso por servir carne britânica de boa qualidade, com filés suculentos e molhos especiais. O *chargrilled entrecôte*, filé servido com molho de ervas e queijo roquefort, por exemplo, custa £25 por pessoa. A batata frita que acompanha esse prato pode ser reposta quantas vezes você quiser. Para os demais pratos, a casa cobra £4 por batata ilimitada. Há ainda uma excelente carta de vinhos, que podem encarecer bastante a conta.

Noite

A vida noturna londrina não para nunca. Qualquer pessoa, da mais baladeira à mais introspectiva, consegue encontrar algo pra fazer, em qualquer dia da semana. Rolam festas de todos os tipos, de shows de blues e jazz para um público não muito numeroso a baladas com vários andares e diferentes DJs de música eletrônica. O valor dos ingressos também varia bastante e há muitas (e excelentes) alternativas gratuitas. E não podemos nos esquecer da infinidade de pubs na cidade, que servem as *pints,* doses de um pouco mais de meio litro de cerveja. Londrinos adoram *happy hours,* que tanto podem ser apenas uma cervejinha após o trabalho quanto uma promessa de festa que segue até de manhã.

Festas & Pubs

Ice Bar

- 31-33 Heddon Street
- Oxford Circus ou Piccadilly Circus
- 7478.8910
- www.belowzerolondon.com
- seg-qui 14h45-23h, sex 12h30-1h15, sáb 11h-1h15, dom 11h45-23h
- £14-16

Primeiro bar do Reino Unido feito inteiramente de gelo, é um pub para ficar apenas por 40min – tempo permitido pelo ingresso. Ao entrar, você recebe vestimentas adequadas (capa térmica acolchoada com luvas) para a temperatura no interior, entre 2°C e -5°C. A atração é disputada, sendo melhor (e mais barato) comprar o ingresso pelo site, antecipadamente. Fora do bar de gelo, há um restaurante que serve a tradicional culinária de pub com um toque *gourmet* – os pratos, como o *mac n' cheese* trufado e a salsicha assada com purê de couve-flor e molho *worcestershire*, custam entre £13 e £18.

Ronnie Scott's Jazz Club e Ronnie Bar

- 47 Frith Street
- Tottenham Court Road ou Leicester Square
- 7439.0747   ronniesbar.co.uk
- seg-dom 18h-3h
- £5-100, de acordo com o show

Clássico do jazz londrino existente desde 1959, o local se divide em uma casa de dois pavimentos. No andar de baixo, o *jazz club*, onde os ingressos são mais caros; na parte superior, uma área mais despojada e barata, muitas vezes com atrações gratuitas. Os ingressos se esgotam rapidamente e é aconselhável comprar com antecedência.

The Underworld

- 174 Camden High Street
- Camden Town   7482.1932
- www.theunderworldcamden.co.uk
- a partir das 19h/20h   £10-30

As noites mais frequentadas são *Pop It!*, nas sextas, e *Silver*, nos sábados. Na primeira, o estilo musical são os sucessos pop das últimas décadas. Na segunda, a batida vai mais para o indie e alternativo.

O'Neill's Irish Pub

- 33-37 Wardour Street
- Piccadilly Circus
- 7494.9284
- www.oneills.co.uk/soho
- seg-ter 12h-2h, qua-sex 12h-3h, sáb 10h-3h e dom 12h-0h30
- £5-20

A rede é famosa e bem presente nas ruas de Londres. O O'Neill's do Soho tem música ao vivo e uma animada festa gratuita depois de uma determinada hora da noite. É bom chegar cedo, pois o local costuma encher.

G-A-Y Bar

- Old Compton Street
- Tottenham Court Road
- 7494.2756   www.g-a-y.co.uk
- seg-dom 12h-0h

O nome do clube já revela o público alvo. São três andares, sendo que o primeiro é especial para lésbicas. Em geral, as bebidas são baratas e, com nome na lista, a entrada é gratuita. Vale a pena dar uma olhada no site, que faz promoções de vez em quando.

A BARBADA É | Teatros e musicais

A capital inglesa é fantástica também nos quesitos teatro e música. Clássicos como *Phantom of the Opera* (O Fantasma da Ópera) e *The Lion King* (O Rei Leão) estão geralmente em cartaz na região conhecida por **West End**, uma espécie de Broadway londrina, localizada na Shaftesbury Avenue, entre Leicester Square e Covent Garden. No entorno da área é possível comprar os ingressos em pequenas casas chamadas *Ticket Booth* – uma boa ideia, já que elas oferecem preços mais baratos. Com um pouco de sorte, é possível conseguir lugares bem localizados no teatro a preços muito menores, cerca de 1h antes do começo do espetáculo. Bem menos conhecidos, mas não menos aclamados, são os *fringe* (à margem), um tipo de teatro menos comercial, com textos mais ousados ou alternativos, recomendados para quem tem um bom domínio do inglês. Informações sobre as temporadas em www.londonfringe.ca. A música clássica também invade a capital no Royal Albert Hall todos os verões no evento *Proms*, promovido pela BBC. Óperas clássicas e modernas, algumas muito conhecidas e outras nem tanto, são oferecidas a preços modestos. Os ingressos são mais do que disputados, e é imprescindível a compra antecipada. Mais detalhes em: www.bbc.co.uk/proms. Outro local que merece ter sua programação conferida é o Queen Elizabeth Hall, no Southbank Centre (veja box na p.744).

The Red Lion

- 48 Parliament Street
- Westminster 079.305.826
- www.redlionwestminster.co.uk
- seg-sex 12h-22h, sáb 12h-20h, dom 12h-19h30

Decorado em estilo vitoriano, esse pub em funcionamento desde o século 19 é frequentado por parlamentares, jornalistas, escritores – Dickens e Churchill costumavam vir aqui. No menu, o destaque fica por conta das tortas salgadas e da variedade de cervejas.

Ain't Nothin But...

- 20 Kingly Street
- Oxford Circus 072.870.514
- www.aintnothinbut.co.uk
- dom 15h-0h, seg-qui 17h-1h, sex 17h-2h30 e sáb 15h-2h30
- $ grátis, exceto sexta e sábado após 20h30

Tradicional bar de blues, o local se autointitula o mais autêntico de Londres. A programação não deixa por menos e conta com shows diários de excelentes bandas, formadas geralmente por blueseiros londrinos. A entrada é gratuita, e o lugar é bem pequeno: chegue por volta das 18h se quiser pegar uma das poucas mesas existentes. Após as 20h30, o pub já fica cheio.

Walkabout Temple

- Temple Station
- Blackfriars 073.953.690
- www.walkaboutbars.co.uk
- seg/qua-qui 11h-1h, ter 11h-0h, sáb 11h-3h, dom 12h-0h

Daqueles lugares que casam pelo menos três atividades: comer, beber e curtir alguma festinha. As noites temáticas envolvem desde promoções de pratos e bebidas até festas de diferentes estilos musicais e sessões de karaokê. Existem enormes telões espalhados pelo bar, ideal para quem curte assistir a partidas de futebol em barzinhos.

Hotéis & Albergues

A boa notícia: Londres é uma das capitais europeias que mais dispõem de hostels; a má: estão entre os mais caros do continente. Ainda assim, encontram-se algumas barbadas, albergues bem baratos, mas no estilo cortiço, que pecam (e muito) em limpeza e outras comodidades. Como alento ao viajante, há uma imensa variedade de albergues HI/YHA e de outras redes, porém, custam mais, é claro. Em outra categoria, um pouco mais cara, estão os *bed & breakfast*, uma acomodação britânica por natureza — mas atenção, nem sempre os B&Bs são superiores aos hostels. Fora esses, sempre se pode optar pelos hotéis, também de variado conforto. Se você chegar a Londres no meio da noite, procurando um lugar para pernoitar, vá à Belgrave Road, uma rua repleta de hotéis, próximo da Victoria Coach Station. Outras regiões com muitos hotéis e B&Bs são as ruas ao redor das estações Bayswater e Paddington.

Hostel 639

- 639 Harrow Road Kensal Green
- 8964.4411 www.hostel639.co.uk
- 80 quartos £1,50
- $ dorms 14p £9, 8p £11, 6p £13, 4p £15 | quartos 2p £45, 4p £60

Os preços desse albergue são o único motivo para você escolher se hospedar aqui. Não é exatamente central, mas fica em frente a uma estação de metrô. O hostel tem uma fama ruim em relação à limpeza, ao conforto e aos banheiros, e *overbooking* é uma prática comum por aqui. Conta com restaurante, sala de TV, sala de jogos e cozinha compartilhada (sem muitos utensílios). Wi-fi disponível, mas pago à parte. Faz o estilo albergue-cortiço, já que tem pessoas que até moram aqui.

London Backpackers

- 📍 8/10 Queens Parade ⊖ Hendon Central
- 📞 8203.1319 💻 www.ukhostels.com
- 📶 incluído 💲 dorms 18p-12p £13, 6p £21, 4p £24 | quartos 1p £33, 2p £64

Está em North London e, de metrô, é relativamente próximo de Camden Town. Camas com gavetas na parte inferior, luz de leitura, tomadas e cortinas individuais. Há *lockers* também do lado de fora dos quartos, caso a gaveta não seja suficiente. Tem cozinha compartilhada, sala de TV com vários DVDs, sala de jogos e dois computadores com acesso à internet. Só aceita hóspedes de 18 a 35 anos. Bom custo-benefício.

Carlos' Flat

- 📍 63 Drayton Road, Harlesden
- ⊖ Willesden Junction 📞 7973.550294
- 👤 3 quartos 📶 não oferece
- 💲 dorms 4p £20

Carlos é um simpático *taxi driver* brasileiro que mora há mais de 20 anos em Londres e fez de sua casa um pequeno albergue. São três quartos, que comportam de uma pessoa (ou casal) a quatro (em dois beliches). Tem cozinha completa, banheiro e sala compartilhados, wi-fi, máquina de lavar e TV. Fica a cerca de 45min da área central. É uma hospedagem pra quem quer se sentir "em família" ou pretende ficar mais tempo em Londres. É bom fazer contato por e-mail (cluizlondon23@hotmail.com) para garantir o local e receber um mapa de como chegar.

St Christopher's Village London Bridge

- 📍 161-165 Borough High Street
- ⊖ Borough 📞 207.939.9710
- 💻 www.st-christophers.co.uk
- 👤 30 quartos/166 camas 📶 incluído
- 💲 dorms 22p £20/25, 12p £22/28, 8p £24/30, 4p £27/33 (baixa/alta temporada)

Albergue para mochileiros que curtem ambientes festeiros. Localização excelente — a 500m do rio Tâmisa e da London Bridge. Dormitórios sem grandes atrativos, têm *lockers* debaixo das camas. O bar Belushi, anexo ao albergue, é o verdadeiro ponto de encontro dos hóspedes, pois é onde rolam noites temáticas – ali dá para comprar lanches e bebidas. Existem outros seis albergues da mesma rede na cidade.

The Walrus Hostel

- 📍 172 Westminster Bridge Road
- ⊖ Lambeth North 📞 7928.4368
- 💻 www.walrussocial.com
- 👤 56 camas 📶 incluído
- 💲 dorms 18p £20, 7p £26, 4p £29

Boa localização: na margem sul do Tâmisa, mas a poucos passos de alguns dos pontos mais emblemáticos de Londres – London Eye e Westminster Palace. Pertinho está a estação Waterloo, e o barulho dos trens à noite pode atrapalhar seu sono. Os quartos são bem pequenos e com camas de ferro. Dispõe de sala de uso comum e cozinha. O bar no primeiro andar é aberto ao público externo, mas hóspedes têm desconto. Contrariando a lógica de Londres, os preços por aqui não mudam muito conforme o dia da semana ou a temporada.

Clink78 Hostel

- 📍 78 King's Cross Road
- ⊖ King's Cross St. Pancras
- 📞 3475.3000 💻 www.clinkhostels.com
- 👤 500 camas 📶 incluído
- 💲 dorms 16p £20/29, 10p £23/32, 4p £25/34 | quartos 2p £76/100 (baixa/alta temporada)

O albergue ocupa o antigo tribunal onde ninguém menos que Charles Dickens trabalhou. É uma combinação de contrastes entre a arquitetura vitoriana do prédio e o moderno design do interior. Quartos bem pequenos, decorados em cores alegres e equipados com luz de leitura individual. Tem sala de TV, sala com computadores e cozinha compartilhada. No porão, funciona o Clashbar, onde rola música ao vivo ou com DJs todos os dias. O outro albergue da rede, Clink261, é um pouco menor e está a apenas 300m.

Palmers Lodge Swiss Cottage

- 40 College Crescent
- Swiss Cottage) 7483.8470
- www.palmerslodges.com
- 33 quartos   £4,50
- $ dorms 28p £24, 14p £26, 10p £28, 4p £33 | quartos 2p £100

Em North London, nos arredores do Regent's Park e de Camden Town. Toda a decoração do albergue remete à era vitoriana. Dormitórios espaçosos, com móveis de cores escuras, equipados com cortinas individuais e gavetas debaixo das camas. Tem bar e restaurante com refeições a partir de £5. Dispõe de pequena cozinha, sala com computadores, sala de leitura e *lounge*. O outro hostel da rede está perto do Wembley Arena.

Generator Hostel

- 37 Tavistock Place
- Russel Square
-) 7388.7666
- www.generatorhostels.com
- 854 camas   £4,50
- $ dorms 10p £31, 4p £36 | quarto 1p £59, 2p £64, 3p £120

Próximo da estação Saint Pancras, é um dos maiores albergues da Europa, bem decorado, colorido e moderno. É limpo, com boas instalações, internet wi-fi liberada em todos os quartos e restaurante com refeições não muito caras. Também tem um bar com festas frequentes e *happy hour*. Os valores variam consideravelmente conforme a antecedência da reserva e o período do ano. São aceitos apenas hóspedes maiores de 18 anos.

YHA London Central

- 104-108 Bolsover Street
- Great Portland
-) 845.371.9154
- www.yha.org.uk
- 302 camas   £5
- $ dorms 8p-6p £31 | quartos 4p-6p £120-180

A BARBADA É
Dormitórios universitários

Quem sempre desejou saber como é viver num *college* europeu pode ter um gostinho dessa experiência... se hospedando num deles! Pelo site www.universityrooms.com é possível reservar um quarto diretamente em alguma das universidades ou então nas residências estudantis, tanto para longas como curtas estadias - e não precisa ser universitário, não. A oferta abrange mais de 25 cidades do Reino Unido e, embora o maior número de quartos disponíveis seja durante o período de férias (jun-set) e recessos (Natal e Ano-Novo), é possível encontrar acomodações durante o ano todo. Quartos individuais, com algumas facilidades compartilhadas, como banheiro e cozinha, podem sair a partir de £38 – lembre-se que tem muito albergue cobrando £25-30 por dormitórios com umas dez pessoas. Claro que mordomias a mais, como banheiro privativo, café da manhã incluído e localização central, custam uns pounds a mais, que, conforme for, pode valer a pena.

Bem localizado, está próximo da estação Oxford Circus e não muito longe do YHA Oxford Street. Os dormitórios têm pia, *lockers*, luz de leitura e tomada individual. Tem café/bar 24h, cozinha, sala de jogos e espaço com computadores. Wi-fi é paga separadamente (£5/dia), mas só funciona nos ambientes comuns. As diárias variam muito, conforme o dia da semana – por exemplo, aos sábados, custa £31, e, aos domingos, sai por £22. Já foi considerado o melhor albergue de Londres em algumas premiações.

YHA London Oxford Street

📍 14 Noel Street	🚇 Oxford Circus
☎ 845.371.9133	💻 www.yha.org.uk
🛏 104 camas	🍴 £5
💲 dorms 4p £33 | quartos 2p £80, 3p £109, 4p £142	

No Soho, em uma área estratégica – perto de três importantes estações de metrô. É recomendado para quem curte festas e o agito do entorno. Os quartos são pequenos, mas as camas têm luz de leitura e tomadas individuais. Rede wi-fi gratuita nas áreas comuns e somente para sócios HI/YHA. Tem *lounge* e cozinha equipada. Organiza *walking tours* temáticos e *pub crawls*. Ao contrário da maioria dos albergues HI/YHA, esse em específico não é tão receptivo para receber famílias. Há outros cinco albergues HI/YHA em Londres: St Paul's, St. Pancras, Earls Court, Lee Valley e Thameside – todos com preços e serviços semelhantes.

Pride of Paddington

📍 1-3 Craven Road	🚇 Paddington
☎ 7402.2156	💻 theprideofpaddington.co.uk
🛏 10 quartos	🍴 incluído
💲 dorms 8p £35, 6p £37, 4p £40	

O hostel fica a cerca de 15 minutos a pé do Hyde Park. Está em cima de um pub com o mesmo nome, onde são servidas refeições por cerca de £10. Os quartos possuem dois *lockers* por hóspede, wi-fi e banheiro compartilhado. No *check-in*, são solicitados £20 de depósito pelas chaves e lençóis, valor devolvido no *check-out*. Dependendo da antecedência e do período do ano, é possível conseguir diárias a partir de £19.

College Hall - University of London

📍 Malet Street	
🚇 Goodge Street	☎ 7862.8881
💻 www.halls.london.ac.uk	
🛏 357 quartos	🍴 incluído
💲 quartos 1p £49/67 (sem/com banheiro)	

Para quem curte a ideia de se hospedar em um *college* britânico, este pertence à University of London e está em ótima localização – a 2min do British Museum e com estações de metrô de diferentes linhas ao redor. Os quartos são pequenos, mas dispõem de escrivaninha, criado-mudo e guarda-roupa; lençóis e toalhas incluídos. O lugar é quase um hotel, conta com salas de TV, de jogos, jardim e lavanderia. Como se trata de quartos ocupados por estudantes, a maior oferta é no período de férias, entre meados de junho e começo de setembro. O café da manhã, incluído, é excelente. Existem outros *colleges* similares em Londres, mas este, pela localização e facilidades, é um dos melhores.

Enrico Hotel

📍 77-79 Warwick Way	
🚇 Victoria	☎ 207.834.9538
💻 www.enricohotel.com	
🛏 26 quartos	🍴 incluído
💲 quartos 1p £53, 2p £63, 3p £107, 4p £129	

O hotel é realmente simples, valendo mais pela boa localização e pelos preços. Quartos equipados com TV e telefone. Alguns têm banheiro privado e, claro, são um pouco mais caros. A rede wi-fi funciona somente nas áreas comuns e no restaurante, onde também há computador disponível para uso, mas por um custo adicional.

EasyHotel Victoria

- 36-40 Belgrave Road
- Victoria
- 7834.1379
- www.easyhotel.com
- 105 quartos
- não oferece
- quartos 1p £52/69, 2p 58/75, 3p £99, 4p £119 (baixa/alta temporada)

Este hotel faz parte da rede *EasyJet* e, tal como a companhia aérea *low-cost*, qualquer extra é cobrado separadamente — TV a cabo, internet, toalhas e até mesmo para deixar a mala no bagageiro se você chegar antes da hora do *check-in*. Os quartos são pequenos, mas têm banheiro privativo. O hotel não conta com elevador, então prepare para se exercitar se você ficar no quinto andar. Os valores alteram bastante conforme a temporada e o dia do mês. De qualquer forma, é bom reservar com antecedência, pois a procura é alta. No fim das contas, apesar de básico, pelo custo-benefício pode valer a pena.

Balham Lodge Guest House

- 204 Bedford Hill
- Hillbury Road (315)
- 208.675.4888
- www.balhamlodge.co.uk
- 18 quartos
- incluído
- quarto 1p £65, 2p £80, 3p £105

Está ao sul do rio Tâmisa, em uma parte nada turística da cidade, em que até as estações de metrô são raridade (a mais próxima, Tooting Bec, fica a cerca de 15min de caminhada). Talvez seja mais fácil usar ônibus. Porém, a hospedagem por aqui pode valer a pena pelo preço e pelo clima aconchegante. Todos os quartos têm banheiro privado, TV e telefone. Um dos pontos positivos é o café da manhã: é possível escolher entre o continental, composto por pão, cereal, frutas e sucos, ou pelo tradicional café inglês, que inclui bacon, salsicha e ovos. Ainda há a opção de café da manhã para vegetarianos.

Belvedere Hotel

- 52-54 Norfolk Square
- Paddington
- 410.659.5287
- www.belvederehotel.co.uk
- 35 quartos
- incluído
- 1p £75, 2p £115, 3p £ 140, 4p £155, 5p £170.

Praticamente ao lado da estação Paddington e bem pertinho do Hyde Park. Mais um desses pequenos e simples hotéis de gerência familiar que oferecem uma acomodação de preço em conta. Os quartos têm vista para a praça que há logo em frente e são equipados com móveis um tanto antigos, TV e telefone. Não conta com sinal de internet, nem mesmo pago à parte. Hóspedes que permanecem por mais de 5 dias ganham 10% de desconto.

Qbic Hotel London City

- 42 Adler Street
- Aldgate East
- 203.021.3300
- www.london.qbichotels.com
- 171 quartos
- incluído
- quarto 1p £74/109, 2p £89/124 (baixa/alta temporada)

Hotel design boutique da rede Qbic, está em East London e tem uma proposta descolada de formar parcerias com artistas locais. A decoração dos quartos é bem diferente do habitual — o conceito de design está presente desde as luminárias até os detalhes do banheiro. Quartos para uma pessoa não têm janela, mas, de modo geral, todos são equipados com ar-condicionado, TV, espelho, luz de leitura e cofre. Nos corredores e no *lounge*, disponibiliza café de cortesia a qualquer hora do dia.

Camden Lock Hotel

- 89 Chalk Farm Road
- Chalk Farm
- 7267.3912
- www.camdenlockhotel.co.uk
- 33 quartos
- incluído
- quartos 1p £85, 2p £120

Localizado no coração de um dos bairros mais alternativos de Londres, o célebre Camden Town, este hotel é uma boa para quem quer ficar perto de pubs e lojinhas descoladas. Quartos de bom tamanho, dispõem de TV, mesa de trabalho e comodidades para preparo de café e chá. É possível escolher entre café da manhã continental ou de estilo inglês. Tem um *coffee lounge* que serve diversos tipos de bebidas, além de sanduíches, massas e saladas.

Luna & Simone Hotel

- 47-49 Belgrave Road
- Pimlico   3389.9579
- www.lunasimonehotel.com
- 36 quartos   incluído
- quartos 1p £85, 2p £134

Simpático hotel 3 estrelas nas proximidades do Tate Britain. Quartos com ventilador, TV, cofre e utensílios para preparo de café e chá. Alguns funcionários falam português, o que sempre pode ajudar nos momentos de aperto. Bom custo-benefício devido à localização e aos valores habitualmente praticados.

The Brook Green Hotel

- 170 Shepherd's Bush Road
- Hammersmith   603.2516
- www.brookgreenhotel.co.uk
- 17 quartos   incluído
- quarto 1p £111, 2p £121

Localizado numa área pouco turística da cidade e não muito distante de Notting Hill e do Hyde Park. Os quartos, bem decorados, dispõem de ar-condicionado, TV, base para iPod e amenidades para preparo de café e chá. Mas, sem dúvida, o diferencial por aqui é o pub. Na verdade, trata-se mais de um bar que também tem quartos do que o contrário. É no pub que se toma café da manhã e onde é possível almoçar e jantar por um preço justo. Nos fundos há ainda um jardim bem aconchegante.

CitizenM London Bankside

- 20 Lavington Street
- London Bridge   3519.1680
- www.citizenm.com
- 192 quartos   incluído
- quartos 1p £171/211, 2p £184/224 (baixa/alta temporada)

Hotel design 4 estrelas, está a uma curta distância de importantes atrações, como o Tate Modern e a London Bridge. Ambientes comuns decorados em cores vibrantes e com móveis bem diferentes. *Check-in* e *check-out* são feitos em terminais de autoatendimento, embora isso não signifique falta de funcionários. Quartos pequenos, têm isolamento acústico e janelas panorâmicas. São equipados com ar-condicionado, frigobar, cama *king size* e tablet que controla desde as luzes até o sistema de música. Tem bar e restaurante abertos 24h. Sem café da manhã, a diária pode sair £12,50 a menos por pessoa/dia.

Rubens At The Palace

- 39 Buckingham Palace Road
- Victoria   7834.6600
- www.rubenshotel.com
- 161 quartos   incluído
- quarto 1p £206/254, 2p £221/269 (baixa/alta temporada)

Hotel 4 estrelas, praticamente ao lado do Palácio de Buckingham e de várias atrações de Westminster. Os quartos, decorados com móveis de estilo clássico e em diferentes cores, são pequenos (pelo menos os mais baratos), mas todos equipados com ar-condicionado, banheira, cama *king size*, mesa de trabalho, TV e cofre. Nas dependências do hotel encontram-se dois bares e três restaurantes, onde servem o tradicional chá da tarde inglês. Se estiver pensando numa pequena economia, é possível reservar sem café da manhã — £19,50 a menos, por pessoa e por dia.

AO NORTE DE LONDRES

OXFORD

Segundo a história, tudo começou no século 12, quando o rei Henrique II resolveu trazer de volta à pátria os jovens britânicos que estudavam em Paris – o centro estudantil do mundo naqueles tempos, baseado na Sorbonne. O governo decidiu não alocar esses estudantes em Londres, já que o corpo universitário da capital inglesa sempre fora um centro de rebeldia e contestação. Assim, Oxford nasceu e floresceu com a chegada dos universitários, que, no início, tinham suas aulas em abadias e igrejas. Também se formou o conceito dos *colleges*, comunidades onde os jovens estudam e vivem. Hoje, Oxford, com mais de 150 mil habitantes, tornou-se, como sua irmã-rival Cambridge, sinônimo de universidade – e um passeio agradável a 1h de Londres.

A Cidade

É difícil se perder em Oxford, ainda que várias vias troquem de nome ao longo das quadras. O encontro das ruas *St. Aldate's*, *Cornmarket St.*, *Queen St.* e *High St.* é o ponto mais central da cidade, onde está a *Carfax Tower*, uma torre remanescente do século 12, e a prefeitura. Uma curiosidade: Oxford é cortada e cercada pelo rio Cherwell e pelo Tâmisa – o mesmo que passa em Londres –, mas aqui ele também é chamado de Isis. Código telefônico: 1865.

Informações turísticas

O *Oxford Information Centre* (15-16 Broad Street; seg-sáb 9h30-17h30, dom 10h-16h; no inverno fecha meia hora mais cedo e entre Natal e Ano-Novo) fica próximo ao Trinity College. No posto de informações, é possível comprar mapas (não espere nada gratuito além de panfletos turísticos) e livretos sobre Oxford e agendar tours. Pela internet: www.visitoxfordandoxfordshire.com.

As ruas da agradável cidade universitária

CULTURA POP | Hogwarts em Oxford

Se você é fã de *Harry Potter*, vai sentir como se estivesse participando do filme. Lembra da cena em que Harry e seus novos colegas entram em Hogwarts e são cumprimentados pela professora McGonagall? Foi filmada nas escadas do grande salão de jantar do *Christ Church College*. Já o *Great Hall* da faculdade foi recriado em estúdio para ser o *Hogwarts Hall*, o refeitório dos estudantes. Em *Harry Potter e o Cálice de Fogo*, a locação foi o *New College*. É dele o corredor por onde os alunos passam por Harry usando crachás que dizem "Potter Stinks" (Potter fede), e onde o professor Olho-Tonto Moody transforma Malfoy em um furão. A biblioteca de Hogwarts também existe no mundo real: é a *Bodleian Library* (infelizmente, os livros não são enfeitiçados). Ao lado dela, a *Divinity School*, uma sala construída em 1488 para aulas de Teologia, exibe as abóbadas e janelas da enfermaria da escola, para onde Harry e Rony foram algumas vezes.

Chegando e saindo

A estação de trem fica a uns 5min a pé do centro, na Park End Street, quase um prolongamento da Queen Street/High Street, atravessando a ponte. Viagens partindo de Londres são frequentes, levam 1h, custam em torno de £10-30 e costumam sair da estação de Paddington.

A estação de ônibus, Gloucester Green, um pouco depois da de trem, a uns 10min do centro, fica entre as ruas Gloucester, George St., Worcester St. e Beaumont St. A rota desde Londres é conhecida como *Oxford Tube* (www.oxfordtube.com), e parte de diferentes pontos da capital inglesa, como Victoria, Marble Arch, Notting Hill Gate e Shepherd's Bush; leva 1h40 e custa cerca de £10 em companhias *low-cost*, como *National Express* e *Megabus*.

Circulando

Você pode conhecer a cidade caminhando, mas, se preferir, os ônibus urbanos passam pela Carfax Tower, no quarteirão central, com passagem por volta de £1. A rede *City Sightseeing Oxford* faz um tour *hop-on/hop-off* pelos principais atrativos da cidade. O ônibus circula entre 9h30-17h, partindo da estação central de trem, mas é possível embarcar em qualquer uma das 20 paradas sinalizadas (com intervalo de 10min no verão e 20/30min no inverno). O bilhete para 24h custa £13 e para 48h, £15.

Atrações

O maior atrativo em Oxford são, sem dúvida, os seus 38 *colleges*, um tipo de ensino que não existe no Brasil, mas que se aproxima do conceito brasileiro de "faculdade": são os cursos que compõem a Universidade. A diferença para as faculdades brasileiras é que os alunos moram no *college*, têm tutores e praticam esportes – a corrida de canoas no rio Tâmisa é mundialmente conhecida. O sistema de administração dessas comunidades é federativo: apesar de independentes e responsáveis pelas próprias regras, se reportam a um Conselho maior, formado por membros da Universidade. Os *colleges* mais antigos são *University College*, *Balliol* e *Merton*, fundados no século 13. O mais novo é o *Kellogg*, de 1990. O maior (e mais famoso) é o *Christ Church*, e o único que atualmente não é misto é o *St. Hilda's*, somente para meninas. Saiba mais sobre os *colleges* no site oficial: www.ox.ac.uk. Antes de planejar sua visita, verifique se os alunos não estão em período de provas. Se estiverem, a entrada não é permitida.

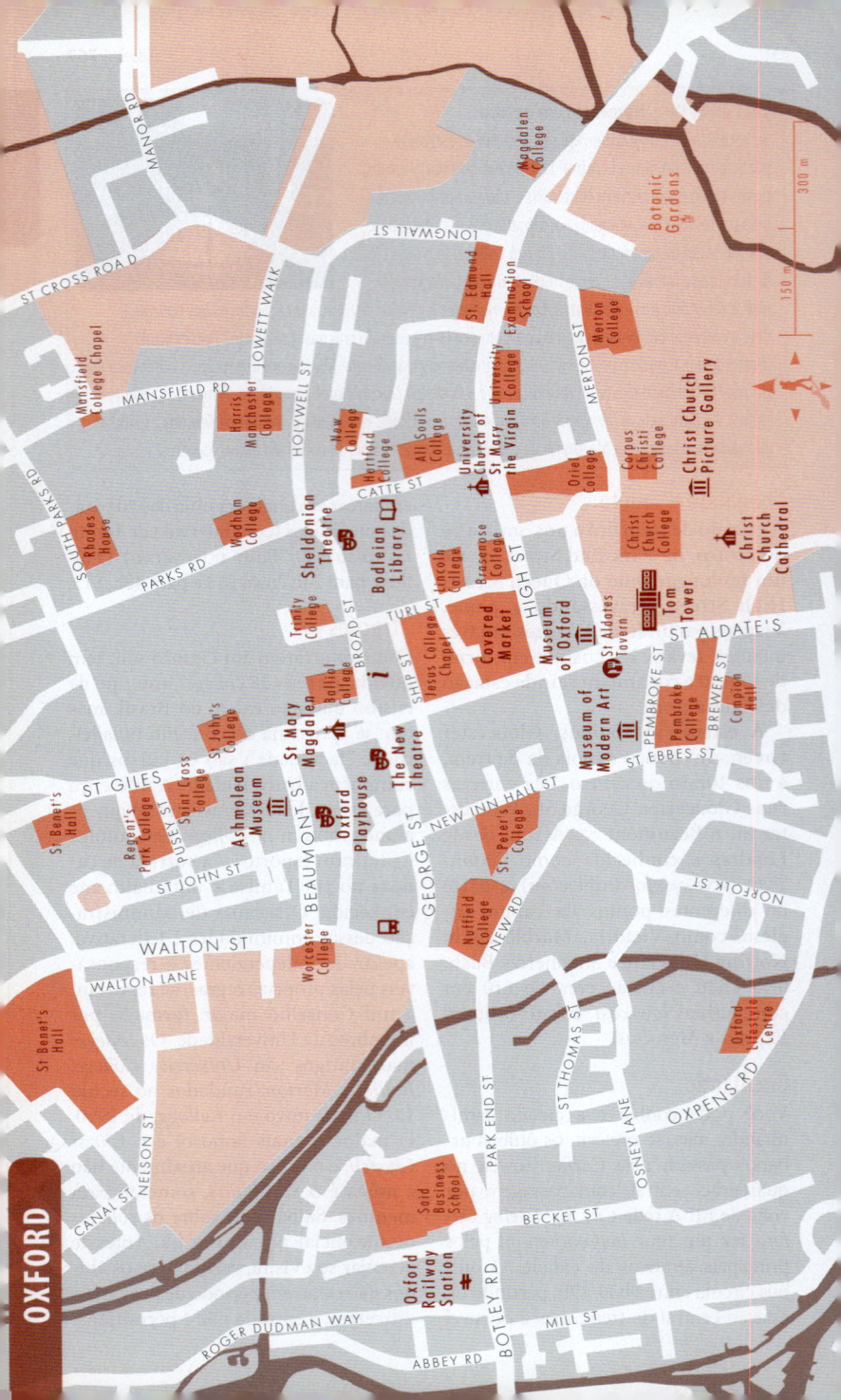

OXFORD

- Magdalen College
- Botanic Gardens
- 300 m
- 150 m
- ST CROSS ROAD
- MANOR RD
- LONGWALL ST
- JOWETT WALK
- MANSFIELD RD
- Mansfield College Chapel
- Harris Manchester College
- HOLYWELL ST
- New College
- St Edmund Hall
- Examination School
- Hertford College
- All Souls College
- Merton College
- MERTON ST
- University Church of St Mary the Virgin
- Oriel College
- Corpus Christi College
- Christ Church Picture Gallery
- SOUTH PARKS RD
- Rhodes House
- Wadham College
- Sheldonian Theatre
- CATTE ST
- PARKS RD
- Bodleian Library
- Christ Church College
- Christ Church Cathedral
- Trinity College
- Lincoln College
- Brasenose College
- HIGH ST
- Tom Tower
- BROAD ST
- TURL ST
- SHIP ST
- Jesus College Chapel
- Covered Market
- Museum of Oxford
- St Aldates Tavern
- ST ALDATE'S
- Balliol College
- St Mary Magdalen
- PEMBROKE ST
- BREWER ST
- St Bener's Hall
- ST GILES
- Regent's Park College
- PUSEY ST
- Saint Cross College
- St John's College
- Ashmolean Museum
- BEAUMONT ST
- Oxford Playhouse
- The New Theatre
- Museum of Modern Art
- Pembroke College
- Campion Hall
- ST EBBES ST
- ST JOHN ST
- GEORGE ST
- NEW INN HALL ST
- St Peter's College
- NORFOLK ST
- Worcester College
- WALTON ST
- Nuffield College
- NEW RD
- WALTON LANE
- St Bener's Hall
- Oxford Leisure Centre
- ST THOMAS ST
- OXPENS RD
- NELSON ST
- CANAL ST
- PARK END ST
- OSNEY LANE
- Said Business School
- BECKET ST
- Oxford Railway Station
- BOTLEY RD
- ROGER DUDMAN WAY
- ABBEY RD
- MILL ST

Christ Church College

- St Aldate's
- 286.573
- www.chch.ox.ac.uk
- seg-sáb 10h-16h, dom 14h-16h
- set-jun £8 (Est, Id, Cr: £6,50) | jul-ago £9 (Est, Id, Cr: £8)

O quarteirão onde está localizado, chamado de *The Great Quadrangle* ou *Tom Quad*, é o maior da cidade. Este nome (Tom Quad) se deve à torre Tom Tower, que fica na Aldates Street, bem na entrada da universidade. Fundada em 1682, é um dos cartões-postais de Oxford. E desde o ano de sua fundação, todo final de tarde, o sino da torre, Great Tom, toca 101 vezes, o número original de alunos que estudavam no local. Fundada pelo rei Henrique VIII em 1529, é a escola onde 13 primeiros-ministros britânicos foram educados, assim como o escritor Lewis Carroll, autor de *Alice no País das Maravilhas*. Carroll foi, posteriormente, professor de matemática do *college*, tornando-se uma de suas figuras-símbolos. O clássico salão de jantar foi a inspiração para *Hogwarts Hall* – quem viu Harry Potter vai reconhecer – e sua escadaria foi utilizada como cenário do filme. Dentro da Christ Church College fica a **Christ Church Cathedral**, uma das construções mais antigas de Oxford, erguida no século 12. Um dos destaques da catedral é o vitral, de 1320, representando o martírio do arcebispo de Canterbury, assassinado em 1170 por ordens do rei Henrique II. Do monumento mais antigo para o mais novo: o **Bell Altar** foi construído para marcar a passagem do milênio, no ano 2000, em memória ao teólogo George Bell, ex-aluno de Oxford e importante figura religiosa no país. A escola tem ainda uma galeria, **Picture Gallery**, que reúne pinturas de Leonardo da Vinci, Tintoretto, Van Dyck, entre outros, e um jardim, o **Christ Church Memorial Garden**, construído em 1926 em memória aos membros da instituição que morreram na Primeira Guerra Mundial.

Merton College

- Merton Street
- 276.310
- www.merton.ox.ac.uk
- seg-sex 14h-17h, sáb-dom 10h-17h
- £3

Foi nessa escola, fundada em 1264, que se formou o poeta T. S. Eliot. Sua medieval biblioteca é uma das mais antigas ainda em uso, contendo, além do acervo bibliográfico, diversos instrumentos astrológicos do século 15. Destaque para a capela da escola, datada de 1290.

Christ Church College

The University Church of St. Mary the Virgin

- High Street
- 279.111
- www.university-church.ox.ac.uk
- set-jun seg-dom 9h-17h | jul-ago 9h-18h
- grátis

Um dos pontos altos (literalmente) dessa igreja de influência gótica é a torre (set-jun seg-sáb 9h30-17h, dom 11h30-17h | jul-ago seg-sáb 9h-18h, dom 11h30-18h; £4), erguida em 1280. São 124 degraus que, com uma corda como corrimão, levam a uma bela vista de Oxford – mas não são aconselháveis para quem não curte lugares muito estreitos ou íngremes. Nessa igreja, foram condenados à morte três mártires da cidade, os bispos anglicanos Latimer, Ridley e Cranmer, todos por heresia, em meados do século 16, durante o período da rainha "Bloody" Mary.

Sheldonian Theatre

- Broad Street
- www.ox.ac.uk
- fev-nov seg-sáb 10h-13h/14h-16h30 | dez-jan seg-sáb 10h-13h/14h-15h30
- £3,50 (Est, Id, Cr: £2,50)

Projeto do arquiteto Christopher Wren, o teatro foi construído entre 1664 e 1668 e hoje é palco das cerimônias oficiais da Universidade de Oxford: admissões, formaturas e encontros da *Congregation*, uma espécie de parlamento da instituição.

Bodleian Library

- Broad Street
- www.bodleian.ox.ac.uk
- seg-sex 9h-17h, sáb 9h-16h30, dom 11h-17h
- £1 | tour £7-13

Criada em 1602, a principal biblioteca de Oxford é também uma das mais importantes do país. Reúne a bagatela de 11 milhões de itens impressos e 50 mil em outros formatos. Além de ser depósito de documentos legais há mais de 400 anos, recebe um exemplar de todos os livros que são publicados na Grã-Bretanha, o que aumenta sua coleção em cerca de 5 mil itens por semana. A biblioteca organiza dois tours pelos prédios – um deles custa £7 e dura 1h, o outro sai por £13 e dura 1h30. Ao lado, extensão da biblioteca e parte do complexo, fica a **Radcliffe Camera**, prédio circular que nem sempre está aberto ao público, mas é uma das edificações mais características da cidade.

Ashmolean Museum

- Beaumont Street
- www.ashmolean.org
- ter-dom 10h-17h
- grátis

Inaugurado em 1683, é um dos museus mais antigos da Inglaterra e exibe uma das coleções mais importantes fora de Londres, com obras de Da Vinci, Monet, Manet, Van Gogh, Michelangelo, Picasso, Rodin, Rafael, Rembrandt e Matisse, além de artefatos de antigas civilizações.

Museum of Oxford

- Aldate's Street
- 252.334
- www.oxford.gov.uk/museumofoxford
- seg-sáb 10h-17h
- grátis

Museu dedicado à história de Oxford e de sua formação como centro de universidades, expõe de artefatos arqueológicos a objetos da Idade Média, com algumas reconstituições de época. Exibe também mostras temporárias temáticas.

À direita, parte da abóbada da Radcliffe Camera

Comes & Bebes

É difícil achar restaurantes baratos nos arredores da universidade e dos *colleges*, mas, distanciando-se desse núcleo central, é possível encontrar ótimas ofertas – senão, onde é que todos esses estudantes se alimentariam? Na Cowley Road e em suas ruas transversais, é possível encontrar desde *snack bars* com salgados e sanduíches a partir de £1,50 até restaurantes econômicos, muitos asiáticos. Para economias mais radicais, abuse dos supermercados Sainsbury e Tesco, na Magdalena St., em frente à igreja.

Quarter Horse Coffee

- 76 Cowley Road
- 248.808
- quarterhorsecoffee.com
- seg-sex 8h-19h, sáb 9h-18h, dom 10h-18h
- £7-15

Na contramão das grandes cafeterias padronizadas, o café aqui segue a linha artesanal: o grão, de alta qualidade, é moído na hora e preparado por baristas qualificados. A casa oferece ainda diversos chás e leite de soja para veganos. Para acompanhar, são servidos sanduíches e bolos deliciosos, mas cuidado com a alta ingestão de açúcar – só de brownie de chocolate, são três opções (experimente o de caramelo). O local é bastante frequentado por estudantes. É possível ainda adquirir o café em grãos ou em pó na lojinha anexa.

The Perch

- Binsey Lane
- 728.891
- www.the-perch.co.uk
- seg-dom 10h30-23h
- £7-20

Localizado na margem oposta do Tâmisa, além do descampado de Port Meadow, esse pub remonta ao século 17 e já foi palco da cena artística local. Frequentado por Lewis Carroll, serviu de inspiração para *Alice no País das Maravilhas* e foi um dos primeiros locais a promover uma leitura pública do autor. Entre 1928 e 1948, era popular entre os universitários, que vinham escutar jazz. Hoje, o agradável jardim recebe aqueles que querem desfrutar o espaço descontraído de um pub em meio a um ambiente rural. São servidos *fish and chips*, carnes e frangos grelhados e hambúrgueres.

St Aldates Tavern

- 108 St. Aldates
- 241.185
- staldatestavernoxford.co.uk
- seg-qua 11h30-23h, qui-sex 11h30-0h, sáb 11h-0h, dom 11h-23h
- £10-20

Esse tradicional pub serve saladas, petiscos e lanches preparados na hora, e ainda oferece uma grande variedade de cervejas, chopes e vinhos locais. Os preços não são os mais em conta, já que a conveniência da localização, no coração da cidade, tem o seu valor. A cozinha é bastante inventiva, e as porções são generosas. Experimente o bolinho de salmão com alcaparras ou o burguer com cebolas roxas confitadas, *cheddar*, vinagrete de repolho e batatas fritas. Aos domingos, há um menu especial com maior diversidade por £17,50, para dois pratos, ou £20, para três.

Hotéis & Albergues

A maioria dos *bed & breakfast* não são centrais; muitos se encontram em locais como a Banbury Road (que é a continuação da St. Giles), Iffley Road, Cowley Road (estas duas passando a ponte Magdalen Bridge) e Abingdon Road (ao sul da Catedral). Mais bem localizados são os albergues. Hotéis estão dispersos por toda a cidade. Os valores das acomodações são condizentes com o que costuma ser cobrado na Inglaterra.

Oxford Backpackers Hostel

- 9a Hythe Bridge Street — Stop R8
- 721.761 — incluído
- www.hostels.co.uk
- dorms 18p £16/18, 10p £18,50/20, 4p £22/24 (baixa/alta temporada)

É o primeiro e o maior albergue independente da cidade. Bem localizado, entre a estação de ônibus e a de trem. Tem dormitórios mistos com 4, 8, 10, 12 e 18 camas, e as diárias variam conforme o dia da semana. A recepção fecha durante a madrugada. Disponibiliza mapas, café e chá gratuitamente. Tem bar, cozinha equipada, serviço de lavanderia e áreas de uso comum.

Central Backpackers Oxford

- 13 Park End Street — Stop E7
- 242.288 — incluído
- www.centralbackpackers.co.uk
- dorms 12p £19, 8p £20, 4p £23

Albergue independente, localizado no centro, próximo ao hostel anterior. A diária varia conforme o tipo de quarto e costuma ser £1 mais cara aos sábados. Os dormitórios contam com cartão de segurança para a entrada e *lockers*. Recepção funciona das 8h às 23h, e tem máquina automática de venda de lanches e bebidas. Conta com cozinha equipada, bar e um terraço, bom para um churrasco no verão.

YHA Oxford

- 2a Botley Road
- Stop R1 — 371.9131
- www.yha.org.uk
- 199 camas — £5
- dorms 6p £24 | quartos 2p £56, 4p £111

Albergue da rede HI, ao lado da estação de trem de Oxford, próximo das principais atrações da cidade. Dispõe de cozinha compartilhada, serviço de lavanderia, recepção 24h e aluguel de bicicletas. Tem áreas de uso comum, como salas de jogos e sala de TV, bar e jardim. Internet wi-fi nas áreas comuns a £3/h.

White House View Guest House

- 9 White house Road
- Whitehouse Road — 721.626
- www.whitehouseviewguesthouse.co.uk
- 9 quartos — incluído
- quartos 1p £64/69, 2p £86/91 (baixa/alta temporada)

Localizado em área residencial, a cerca de 10min a pé do centro da cidade, é indicado para quem busca um lugar mais sossegado. Oferece diárias mais baratas em quartos individuais com banheiro compartilhado e sem café da manhã (£5, cobrado à parte). Quartos têm TV e facilidades para preparo de chá e café.

The Falcon B&B

- 88-90 Abingdon Road
- Newton Road — 511.122
- www.falconoxford.co.uk
- 16 quartos — incluído
- quartos 1p £85, 2p £95, 4p £130

Bed & breakfast localizado em duas casas de estilo vitoriano. Está a 10min de caminhada do centro, próximo dos campos do Queen's College e com vista para o rio Tâmisa. Todos os quartos incluem banheiro privativo, televisão, telefone e secador de cabelo.

CAMBRIDGE

Cambridge e Oxford são os dois polos universitários do Reino Unido e, como tal, têm uma natural rivalidade. A "briga" começou exatamente por causa das faculdades: em 1209, um grupo de religiosos deixou Oxford por não concordar com os métodos de ensino, e se estabeleceu em Cambridge. Hoje, a cidade conta com cerca de 132 mil habitantes. Mais tranquila do que a "rival", apesar de não muito menor, também recebe um pouco menos de turistas – talvez por ser relativamente mais distante de Londres do que a outra. Com mais de 60 vencedores do prêmio Nobel formados nas suas faculdades, Cambridge oferece como principais atrativos justamente a possibilidade de conhecer os locais onde estudaram gênios como Isaac Newton e Vladimir Nabokov, autor de *Lolita*.

A Cidade

O rio Cam faz uma meia-lua em volta de Cambridge. O centro da cidade (e a maioria de seus *colleges*) é rodeado por grandes vias, que formam um enorme anel de onde partem estradas radiais para diferentes partes do país. No miolo central, a *Sidney St.*, calçadão comercial, corta a cidade de sudeste a noroeste, tendo outros nomes ao longo de 2,5km. Outra rua popular, que também muda de nome, é a *Kings Parade/Trinity St.*, onde estão várias escolas, incluindo o *King's College*. Código telefônico 1223.

Informações turísticas

Bem no centro de Cambridge, o *Tourist Information Centre* (9 Peas Hill; ⊙ abr-out seg-sáb 10h-17h, dom 11h-15h | nov-mar seg-sáb 10h-17h) ajuda com acomodação, passeios e mapas. Pela internet: 🖳 www.visitcambridge.org.

Chegando e saindo

A estação de trem fica na Station Road, 3km a sudeste do centro, perto do Jardim Botânico da Universidade (*Cambridge University Botanic Garden*) e da Hills Road. As linhas Citi 1, 3 e 7 partem da estação ao centro com frequência. Trens para Londres levam de 45min a pouco mais de 1h, dependendo da estação londrina de destino – geralmente King's Cross ou Liverpool Street.

A rodoviária é bem mais central, na Emmanuel Street com a Drummer Street. Os ônibus da *National Express*, no entanto, param mais ao sul deste ponto, no Parkside, ao lado do parque Parker's Piece. Muitos ônibus partem diariamente de Cambridge para diversas estações de Londres (incluindo aeroportos). A duração e preço da viagem variam bastante, de acordo com o horário de partida e a estação de destino.

Clare College Bridge, de 1640, ponte mais antiga de Cambridge

CAMBRIDGE

Atrações

A vida universitária é a grande atração de Cambridge. Os *colleges* – faculdades em que os alunos não apenas estudam, mas também moram – possuem, na parte de trás, geralmente junto ao rio, uma área conhecida como *The Backs*, local com jardins e algumas pontes, ótimo para um passeio ou piquenique. É possível fazer um tour de ônibus pela cidade, no esquema *hop-on/hop-off* (citysightseeing-cambridge.com; 14,50 | Est: £11,50 | Cr: £8,50): você escolhe em qual parada descer e pega o ônibus seguinte para continuar o passeio.

King's College

- King's Parade
- 331.212
- www.kings.cam.ac.uk
- abr-jul/out-nov seg-sáb 9h45-15h15 | ago-set/dez-mar seg-dom 9h45-16h30
- £8 (Est, Id, Cr: £5,50)

É o *college* mais importante de Cambridge, por diversos motivos: história, igreja (veja abaixo) e posicionamento liberal. Fundado pelo rei Henrique VI em 1441, aceitava, no início de sua história, somente 70 alunos por vez, todos de origem humilde. Atualmente, conta com centenas de estudantes e professores, e, de certa forma, a ideia de admitir alunos de poucos recursos permaneceu: o King's é o que mais recebe jovens oriundos das escolas públicas britânicas.

Queen's College

- Silver Street
- 335.511
- www.queens.cam.ac.uk
- out-mar seg-dom 10h-16h, abr-set 10h-16h30
- £3

Foi a primeira escola a cobrar ingresso em Cambridge – e as demais gostaram da ideia. Ainda ronda uma polêmica sobre quem teria fundado o Queen's College: a rainha Margaret (1448) ou a rainha Elizabeth Woodville (1465). Na dúvida, o nome do lugar acabou como o "*college* da rainha". A escola fica às margens do rio Cam, e sobre ele passa a **Mathematical Bridge**, ponte que teria sido montada em 1749 sem o uso de parafusos. A visitação ao *college* não é permitida durante o período de provas, nos meses de maio e junho.

UM OLHAR MAIS ATENTO | King's College Chapel

É uma das maiores atrações dentro da universidade (e da cidade de Cambridge). A igreja abre nos mesmos horários do *college*, mas pode estar fechada devido a eventos, como concertos e casamentos. O prédio começou a ser erguido em 1471 e teve sua construção interrompida diversas vezes enquanto durou a Guerra das Rosas (1455-1485), conflito civil entre duas dinastias pelo trono britânico. A capela, que parece muito mais uma catedral, reproduz cenas bíblicas em seus vitrais e é considerada um exemplo grandioso da arquitetura gótica britânica. Possui um órgão de madeira que foi dado de presente pelo rei Henrique VIII a sua esposa Anna Bolena, em 1530; o quadro *A adoração dos reis magos*, de Rubens, pintado em 1634 e adquirido de um convento da Bélgica em 1961; e uma exposição sobre a história da igreja. É possível assistir ao prestigiado coral dos estudantes – criado na época de Henrique VI para atuar diariamente nas missas – de segunda a sábado, às 17h30, e aos domingos às 10h30 e 15h30 (apenas no período de férias), com transmissão televisiva no Natal. A apresentação do coral é gratuita, ou seja, nessas horas se entra no King's College sem pagar entrada.

Cambridge University Botanic Garden

- 1 Brookeside
- 336.265
- www.botanic.cam.ac.uk
- abr-set seg-dom 10h-18h | fev-mar/out 10h-17h | jan/nov-dez 10h-16h
- £5 (Est, Id £4,50 | Cr: grátis)

O Jardim Botânico da Universidade de Cambridge foi construído em 1846 pelo mentor de Charles Darwin, o professor John Henslow. Tem 8 mil espécies de plantas, com uma coleção nativa do Leste da Inglaterra. O setor *Genetic Gardens* mostra a história dos experimentos genéticos em plantas feitos no início do século 20.

Trinity College

- Trinity St.
- 338.400
- www.trin.cam.ac.uk
- seg-dom 10h-16h30
- grátis

Fundado por Henrique VIII em 1546, pouco antes de sua morte, o maior *college* de Cambridge tem entre seus ex-alunos famosos o poeta Lord Byron; o autor de *Lolita*, Vladimir Nabokov; e o inventor das leis do eletromagnetismo, Ernest Rutherford. Maior do que a desses, porém, é a fama de Isaac Newton, o homem que fez brotar a Lei da Gravidade a partir da queda de uma singela maçã. Fruta esta que, dizem, pendeu da macieira plantada na entrada do *college*. Newton morou na escola durante 30 anos e sua presença está solidificada em forma de estátua na capela da faculdade. Duas partes estão abertas à visitação: a **Wren Library** (seg-sex 12h-14h, sáb 10h30-14h30), somente durante o período letivo, e a **Great Court**, pátio principal do *Trinity* (seg-dom 10h-16h30).

Great St. Mary's Church

- King's Parade
- 462.171
- www.gsm.cam.ac.uk
- abr-set seg-sáb 10h-16h30, dom 12h45-16h30 | out-mar seg-sáb 10h-16h, dom 12h45-16h
- grátis | torre: £3,80 (Est, Id: £3 | Cr: £2,20)

A visita à igreja é gratuita – o ingresso é cobrado apenas para a subida à torre, que tem vista para toda a cidade. A construção do templo, em estilo perpendicular gótico, aponta para o século 15, mas há relatos de que o local já havia sido ocupado por outra igreja desde 1205. A torre recebeu sinos ao longo do tempo, até chegar à quantidade atual: 12.

Fitzwilliam Museum

- Trumpington Street
- 332.900
- www.fitzmuseum.cam.ac.uk
- ter-sáb 10h-17h, dom 12h-17h
- grátis

Trinity College, onde estudaram Lord Byron e Vladimir Nabokov

> **ALMANAQUE VIAJANTE | Scott x Amundsen: a conquista do Polo** — Capitão Scott
>
> No início do século 20, um dos poucos territórios ainda inexplorados era o Polo Sul. Disputavam o título do primeiro homem a chegar lá o capitão inglês Robert Falcon Scott e o norueguês Roald Amundsen. Foi Scott quem primeiro realizou uma expedição à Antártica, em 1901, sem sucesso (da qual participou o irlandês Ernest Shackleton, que depois também tentaria chegar ao polo por conta própria, em 1907, numa aventura bastante interessante — seu navio ficou encalhado no gelo por meses). Em 1911, nova viagem, desta vez com investimentos pesados — Scott foi apoiado por recursos financeiros do então Império Britânico e Amundsen, agora também a caminho, amparado por seu conhecimento e preparo técnico (que faltavam ao inglês). Scott desembarcou primeiro e, acompanhado de quatro homens, partiu pelo continente gelado, enquanto o resto da equipe aguardava no barco. Ao, finalmente, alcançarem o Polo Sul, a decepção: descobriram que Amundsen chegara lá antes deles. Abatidos, despreparados, sem agasalhos suficientes, sem comida e com gangrena nos pés, a viagem de volta do grupo se tornou um cruel martírio, que terminou com a morte de todos. Vários livros discorrem sobre a incrível história, como *A Pior Viagem do Mundo*, escrito por Apsley Cherry-Garrard (um dos membros da equipe de marinheiros que aguardou na embarcação), *A Última Expedição*, diário do próprio Scott, e o ótimo *O Último Lugar da Terra*, de Roland Huntford.

O prédio de estilo neoclássico foi aberto ao público em 1848 e exibe antiguidades de diversas civilizações e obras de mestres como Rubens, Van Dyck, Monet, Renoir, Cézanne e Picasso, além de trabalhos de importantes pintores britânicos, como Gainsborough, Reynolds, Stubbs e Constable.

Scott Polar Research Institute

- Lensfield Road
- 336540
- www.spri.cam.ac.uk
- ter-sáb 10h-16h
- grátis

O instituto, fundado em 1920, pertence ao Departamento de Geografia da University of Cambridge. Apresenta uma pequena exibição sobre o pesquisador, aventureiro e capitão Robert Falcon Scott, um dos pioneiros na exploração da Antártica, no início do século 20, e que morreu tentando chegar ao Polo Sul. No local, são realizados estudos sobre o continente antártico e há uma boa biblioteca sobre o tema, além de exposições temporárias.

Cambridge American Cemetery and Memorial

- Madingley Road
- seg-dom 9h-17h
- grátis

Utilizado desde 1943, esse tradicional cemitério americano guarda os restos mortais de 3.812 soldados estadunidenses que morreram durante a Segunda Guerra Mundial. Há no local um memorial, uma capela, e, desde 2014, um espaço para exposições sobre a guerra.

The Backs

- Queen's Road

Margeada por charmosos canais, essa área verde é o quintal das universidades de Cambridge (Magdalene, St John's, Trinity, Clare, King's e Queen's) que para cá "dão as costas". Existe um projeto de revitalizar o espaço, mas, por enquanto, para visitar os jardins e caminhar sobre as pontes deve-se adentrar nas universidades. No verão, uma boa maneira de observar o visual é aderindo a passeios de *punt*, barco com remo.

Comes & Bebes

Considerando o potencial universitário e turístico de Cambridge, não é de surpreender a grande variedade de pubs e restaurantes com diferentes temáticas e linhas gastronômicas. Atente para as placas azuis na fachada – elas indicam que o estabelecimento era frequentado por nomes de peso das ciências exatas e humanas, o que pode significar uma boa história. Ao longo da St. Andrew's/Regent Street e nos arredores do Trinity College você encontra uma boa diversidade de bares e cafés. Especialmente charmosos são os restaurantes às margens do rio Cam, de onde é possível observar os turistas passando de gôndola.

The Eagle Pub

- Bene't Street
- Bene't Street (199)
- 505.020
- www.eagle-cambridge.co.uk
- seg-sáb 9h-23h, dom 9h-22h30
- £10-25

Original do século 16, esse é um dos mais antigos pubs de Cambridge, e está carregado de história. Uma placa na fachada indica que aqui foi o local do primeiro anúncio público da descoberta da estrutura do DNA, realizada pelos cientistas Francis Crick e James Watson – durante a pesquisa, era comum eles se encontrarem no local para discutir genes enquanto bebiam uma *ale*. Além do bar principal, há um agradável terraço e o RAF bar, assim chamado por reunir artefatos e assinaturas, nos tetos e paredes, de soldados britânicos e americanos da *Royal Air Force* (Força Aérea Real). No menu, uma boa variedade de pratos da típica cozinha de pub, como *fish and chips* e *bangers and mash* (salsichas e purê de batata), além de sanduíches e saladas.

Michaelhouse Café

- Saint Michael's Church, Trinity Street
- Bene't Street (199)
- 309.147
- www.michaelhousecafe.co.uk
- seg-sáb 8h-17h
- £6-15

Localizado no centro da cidade, próximo ao Trinity College, esse café é ornado por vitrais e arcos ogivais da igreja Saint Michel's, dentro da qual está instalado. O contraste entre a estrutura medieval e a decoração contemporânea confere ao local uma atmosfera bem bacana. O estabelecimento oferece um menu para o café da manhã e outro para o almoço, mais voltado para sanduíches e lanches reforçados; ao longo de todo o dia, serve café, bolos e biscoitos. A partir das 15h, tudo o que ainda estiver no balcão do almoço tem 50% de desconto do preço original.

The Crown and Punchbowl

- High Street
- 860.643
- thecrownandpunchbowl.com
- seg-qui 12h-15h/18h30-21h, sex-dom 18h30-21h30
- £25-45

Às margens do rio Cam, instalado em um prédio do século 17 que abriga também uma pensão, esse restaurante apresenta uma decoração rústica elegante, com lareiras, mesas de madeira e lustres. A cozinha é refinada, predominantemente moderna. Os pratos custam, em sua maioria, entre £21-25, mas alguns mais baratos – e igualmente saborosos – estão disponíveis, como o nhoque com trufas, cogumelos selvagens, espinafre, alho-poró e parmesão (£21). As sobremesas, que mais parecem obras de arte, são imperdíveis, em particular o *dark chocolate marquise* (£7). Vinhos encarecem bastante a conta.

Hotéis & Albergues

Tendo apenas um albergue, Cambridge carece de mais acomodações baratas. Há muitos *bed & breakfast* e *guesthouses*, mas que, além das péssimas avaliações, deixam a desejar no quesito custo-benefício. Encontram-se com facilidade pequenos e grandes hotéis, nem sempre localizados no centro ou perto da estação de trem. Se a ideia for dormir pelo menos uma noite por aqui, vale escolher a acomodação com antecedência para não ter desagradáveis surpresas.

YHA Cambridge

- 97 Tenison Road
- Hills Hoald
- 371.9728
- www.yha.org.uk
- 122 camas
- £5
- dorms 6p £23/24 | quartos 4p £90/99, 5p £117/125 (baixa/alta temporada)

Albergue HI, recém-reformado, a apenas 500m da estação de trem. A recepção 24h é decorada com o tema de *O Guia do Mochileiro das Galáxias*, de Douglas Adams, autor nascido na cidade. Tem quartos privados com ou sem banheiro compartilhado. Todas as camas têm luz de leitura individual. Possui cozinha moderna e equipada, sala de jogos, bar e café. Aluga bicicletas. Ótimas avaliações de antigos hóspedes. *Staff* atencioso e prestativo.

Carolina Guest House

- 138 Perne Road
- John Conder Court
- 247.015
- www.carolinaguesthouse.co.uk
- 7 quartos
- £5
- quartos 1p £80-90, 2p £100-110 (baixa/alta temporada)

Guesthouse gerenciada por um simpático casal italiano, a 2km do centro, mas próximo do ponto de ônibus. Tem quartos para até quatro pessoas, todos com TV e banheiro privativo. Oferece *full english breakfast* e café continental, ambos elogiados. Wi-fi grátis nas áreas comuns.

Ashley Hotel

- 74-76 Chesterton Road
- Hamilton Road
- 367.701
- www.arundelhousehotels.co.uk
- 16 quartos
- incluído
- quartos 1p £75-115, 2p £95-145, 3p £130-147 (baixa/alta temporada)

Bed & breakfast da rede do Arundel House Hotels está localizado em um prédio vitoriano do começo do século 20, às margens do rio Cam. A decoração é clássica, e o hotel inclui facilidades básicas, como máquinas de café e chá, TV nos quartos e secadores de cabelo.

Hamilton Lodge

- 156 Chesterton Road
- De Freville Avenue
- 365.664
- www.hamiltonhotelcambridge.co.uk
- 25 quartos
- incluído
- quartos 1p £34-60, 2p £60-74, 3p £85-90

Localizado a cerca de 1km do centro, é uma opção econômica e confortável. Todos os quartos têm TV, secador de cabelo e facilidades para preparo de café e chá. Alguns oferecem banheiro compartilhado e outros não incluem café da manhã. Valor da diária pode variar de acordo com o tamanho do quarto.

Lensfield Hotel

- 53 Lensfield Road
- Brookside
- 355.017
- hwww.lensfieldhotel.co.uk
- 30 quartos
- incluído
- quartos 1p £72-95, 2p £98-136, 4p £136-150

Hotel 3 estrelas da rede Recommended, está a 15min de caminhada da estação de trem. Diária varia conforme o conforto do quarto, mas todos têm TV, cofre, secador de cabelo e comodidades para preparo de chá e café. O hotel tem spa, bar e um pequeno *lounge*.

LIVERPOOL

Não dá para negar que Liverpool é conhecida basicamente como "a cidade dos Beatles". John Lennon, Paul McCartney, George Harrison e Ringo Starr marcaram profundamente a história da música, e Liverpool se orgulha muito de ser o berço do quarteto. É fácil notar a satisfação dos moradores ao contar histórias sobre a banda, assim como é difícil pegar um táxi e não ouvir o motorista comentar algo como "o John morou nessa casa" ou "os Beatles frequentavam essa rua quando se conheceram". Há referências ao grupo por todos os lugares e, para os fãs, a visita à cidade é realmente uma experiência única. Mas se engana quem pensa que Liverpool é lugar só para beatlemaníacos. Banhada pelo rio Merseyside e localizada em uma posição privilegiada para o acesso ao Mar da Irlanda, essa cidade de pouco mais de 450 mil habitantes oferece entretenimento, paisagens interessantes e festivais de música de todos os tipos.

A Cidade

Liverpool é bem servida por linhas de ônibus e de metrô, mas é possível acessar a maioria das atrações a pé. A área portuária (*Albert Dock*) concentra grande parte dos museus, enquanto no centro estão os pubs, restaurantes e lojas – incluindo várias com prateleiras cheias de artigos relacionados aos Beatles, de objetos raros para colecionadores a dezenas de suvenires. O porto e o centro estão a cerca de 15min de distância um do outro. Locais relacionados à infância e à adolescência dos Beatles, como as casas em que eles viveram quando pequenos ou a famosa rua Penny Lane, ficam em Woolton, subúrbio da cidade, onde é mais difícil chegar a pé. Código telefônico: 151.

Informações turísticas

Os principais postos de informações se localizam no Albert Dock (📍 Anchor Courtyard; 🕐 seg-dom 10h-17h) e no Aeroporto John Lennon (📍 Speke Hall Road Speke; 🕐 seg-dom 8h-18h). Pela internet: 💻 www.visitliverpool.com.

A atrativa área do Albert Dock

Chegando e saindo

A distância de Liverpool a Londres é de cerca de 350km, trajeto que pode ser feito de avião, trem ou ônibus. A passagem de ida e volta de avião é a que menos compensa: o preço varia muito, de acordo com a antecedência da compra (pode ir de £50 a £400), e, como os voos costumam ter uma ou duas escalas, a viagem não é das mais rápidas. De trem, há saídas frequentes da estação Euston, em Londres; a viagem dura cerca de 2h e a passagem varia entre £12 e £160, dependendo do dia. A mais barata é, certamente, a de ônibus: é possível encontrar, em companhias *low-cost* como *Megabus* e *National Express,* passagens a partir de £1 o trecho, embora geralmente custe mais, em torno de £15, ida e volta – ainda acessível. O tempo de viagem, no entanto, é o mais demorado: 5h30.

Atrações

Ninguém tem dúvidas que o ponto alto de Liverpool são as atrações relacionadas aos Beatles – mas o charme da cidade vai muito além disso. Bom exemplo é o *Albert Dock*, local que já foi bastante degradado, mas passou por um intenso processo de revitalização na década de 80, tornando-se o cartão-postal da cidade. A área junta a clássica paisagem portuária de Liverpool a um moderno complexo cultural e comercial.

Beatles Story

- Albert Dock, Britannia Vaults
- 709.1963   www.beatlesstory.com
- abr-out seg-dom 9h-19h | nov-mar 10h-17h
- £14,95 (Est, Id: £11,50 | Cr: £9)

Museu interativo que conta a história de John, Paul, George e Ringo – dos anos em Liverpool até o alcance da fama mundial. Faz uso de vídeos, fotos, músicas e bonecos em tamanho real para representar personagens importantes da carreira da banda. O ingresso dá direito a um audioguia (não disponível em português), a um curta em 4D, que fica em outro local (*Pier Head*), a cerca de 20min de caminhada do prédio do Beatles Story, e acesso à **Discovery Zone**, área exclusiva para crianças.

Cavern Club

- 10 Mathew St.
- 236.9091   www.cavernclub.org
- dom-qua 10h-0h, qui 10h-1h30, sex-sáb 10h-2h
- seg-qua grátis; qui-sex £4 após 20h, sáb-dom £2,50 após 20h

Este foi o primeiro pub em que os Beatles se apresentaram, em 1961. Nos dois anos seguintes, fizeram mais de 290 shows no palco do Cavern. Em pouco mais de uma década o pub recebeu bandas como The Rolling Stones, Queen e The Yardbirds. Em 1973, quando os Beatles já eram sucesso absoluto, o Cavern foi demolido. Nove anos depois, foi reconstruído a alguns metros do primeiro endereço, fiel à arquitetura do original. Apesar de não ser exatamente o mesmo Cavern frequentado pelos meninos de Liverpool, este é provavelmente o pub com o clima mais musical do mundo: tem apresentações de bandas de rock desde as 14h todos os dias, autógrafos de visitantes ilustres e fotos de grandes músicos. Do outro lado da rua há uma estátua de bronze de John Lennon.

Beatles Magical Mistery Tour

- Magical Mystery Tour Ticket Office, Albert Dock
- 703.910
- www.cavernclub.org/the-magical-mystery-tour
- seg-dom 10h30/11h30/13h/14h
- £16,95

Tour de ônibus que passa por vários lugares associados aos Beatles: casas da infância, escola, locais que frequentavam na adolescência. Dura cerca de 2h e é guiado por um especialista nos Fab4. O passeio acaba no Cavern Club.

Beatles Story, parada obrigatória de beatlemaníacos

The Liverpool Museum

- Pier Head, Liverpool Waterfront
- 478.4545
- www.liverpoolmuseums.org.uk/mol
- seg-dom 10h-17h
- grátis

Inaugurado em 2011, conta a história de Liverpool em seções como Comunidade, Arqueologia e Regimento. Substituiu o Museum of Liverpool Life (Museu da Vida de Liverpool), fechado em 2003.

Merseyside Maritime Museum

- Albert Dock, Liverpool Waterfront
- 478.4499
- www.liverpoolmuseums.org.uk/maritime
- seg-dom 10h-17h
- grátis

Aberto em 1986, mostra a importância do porto de Liverpool, um dos maiores e mais relevantes da Grã-Bretanha. Entre os destaques estão as exposições sobre o Titanic e sobre a participação de Liverpool na Segunda Guerra. No terceiro andar funciona o **International Slavery Museum**, espaço que traz tanto informações sobre o papel da cidade no comércio de escravos quanto detalhes sobre a cultura africana. Também é possível visitar a **Maritime Archives and Library**, Biblioteca e Arquivos Marítimos (ter-qui 10h30-16h30).

Tate Liverpool

- Albert Dock, Liverpool Waterfront
- 702.7400
- www.tate.org.uk
- seg-dom 10h-17h
- grátis

Museu de arte moderna que faz parte do Grupo Tate (além deste de Liverpool, existem o Tate Britain, Tate Modern, em Londres, e Tate St Ives, em Cornwall). Inaugurada em 1988 num antigo armazém de Albert Dock, a galeria recebe importantes exibições temporárias.

Para Beatlemaníacos

Penny Lane

- Penny Lane
- 74, 75, 76, 77, 80, 86

Esta seria uma rua normal se não fosse personagem da música de Lennon e McCartney (veja a letra na p.786). Penny Lane fica um pouco afastada do centro, e você vai precisar pegar um ônibus para chegar aqui. Divirta-se tirando uma foto na plaquinha com o nome da rua e procurando os locais que aparecem na letra, como a barbearia e o banco que fizeram parte dos cenários da infância de John e Paul.

Strawberry Field

📍 Beaconsfield Road

O lugar que inspirou John Lennon a compor *Strawberry Fields Forever* era um orfanato sustentado pelo Exército da Salvação. Hoje é apenas um quintal vazio, que fica na Beaconsfield Road, subúrbio de Liverpool. Do alto de uma árvore que ficava nos fundos da casa onde passou a infância, John conseguia enxergar o imenso jardim do Strawberry Field. Não vá esperando encontrar um campo com morangos: não é possível entrar no jardim; o grande barato aqui é tirar fotos na frente do portão vermelho repleto de assinaturas de fãs.

The Grapes

📍 60 Roscoe St.

Pertinho do Cavern Club (basta atravessar a rua em diagonal), encontra-se *The Grapes* (www.thegrapesliverpool.co.uk), o bar favorito dos quatro rapazes quando eles ainda eram adolescentes. Você pode beber uma *pint* sentado no mesmo sofá que os futuros Beatles costumavam ocupar – uma fotografia exposta com orgulho na parede do bar comprova que eles sentavam mesmo ali, caso seus amigos não acreditem quando você contar.

St. Peter's Church

📍 25 Church Road
🚌 173, 45, 75, 78, 81, 81A, 89, 181
💻 www.stpeters-woolton.org.uk

Foi no salão desta igreja que John e Paul se conheceram – com 16 e 14 anos respectivamente –, em julho de 1957. Dizem que foi no cemitério adjacente à Igreja que Paul viu o nome de Eleanor Rigby em uma lápide. Ele próprio já admitiu que é possível que o nome tenha ficado em seu subconsciente, aguardando para aparecer na música anos depois.

Estátua de Eleanor Rigby

📍 34 Stanley St

Falando em Eleanor, existe uma estátua da moça em Liverpool, com a inscrição *Dedicated to all the lonely people*. Segundo a revista Rolling Stone, Paul descobriu, muitos anos depois de ter feito a música, que Eleanor era uma menina de 14 anos que trabalhava no City Hospital, em Parkhill, Liverpool.

As casas de John e Paul

💻 www.nationaltrust.org.uk/beatles-childhood-homes
💲 £22 (Cr: £7)

A National Trust, organização que protege casas, jardins, ilhas e muitos outros locais históricos do Reino Unido, promove uma visita a Mendips, casa em que John viveu toda a sua infância e adolescência, e a 20 Forthlin Road, onde morava Paul. A única forma de entrar nesses locais é com esse passeio, que deve ser agendado com antecedência pelo site. A experiência, para os beatlemaníacos, é sensacional, especialmente em Mendips: o local mantém os objetos de cozinha da tia Mimi, irmã da mãe de John, e você pode subir até o antigo quarto do músico, onde ele e Paul compuseram *I Saw Her Standing There*.

Ah, look at all the lonely people!

ALMANAQUE VIAJANTE
Futebol na terra do rock

Existem dois grandes times de futebol na cidade: o *Everton*, dono do estádio Goodison Park, e o *Liverpool*, que joga no Anfield. O jogo entre eles é um clássico chamado *Merseyside derby* ("*derby*" é a palavra inglesa usada para definir uma partida de times que são grandes rivais, como um Fla-Flu ou Gre-Nal). Ambos os times são bem antigos e detentores de muitos títulos: o Everton, fundado em 1878, já foi nove vezes campeão da Supercopa da Inglaterra e uma da Recopa Europeia; o Liverpool, que existe desde 1892, acumula 15 troféus da Supercopa, 5 da Liga dos Campeões da UEFA (União das Associações Europeias de Futebol), 3 da Liga Europa e 3 da Supercopa da UEFA. É considerado um dos maiores times do mundo. Infelizmente, participou de dois dos fatos mais tristes da história do futebol. Em maio de 85, em Bruxelas, quando o Liverpool enfrentava a Juventus, da Itália, 39 pessoas morreram durante um tumulto causado por *hooligans* (torcedores conhecidos pelo vandalismo) ingleses. Quase quatro anos depois, em Sheffield, na Inglaterra, num jogo entre Liverpool e Nottingham Forest, 96 torcedores do Liverpool morreram pisoteados e 766 ficaram feridos no que ficou conhecido como o Desastre de Hillsborough. Os episódios fizeram com que os times ingleses fossem banidos de importantes competições europeias.

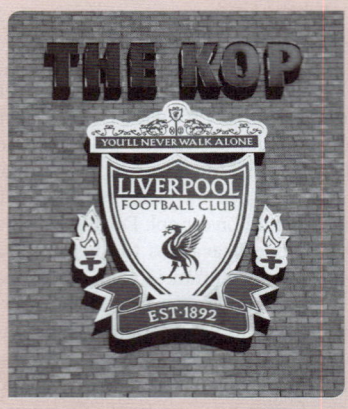

Comes & Bebes

Decidir onde comer em Liverpool não é uma tarefa fácil, já que são tantos os restaurantes e cafés bacanas que você fica em dúvida de qual escolher. Embora não seja tão cosmopolita como Londres, a cidade possui todos os tipos de cozinha – indiana, thai, chinesa, francesa, grega... e até brasileira (essa é, inclusive, bastante popular por aqui). Ao sul da estação central de trem encontram-se vários cafés, bares e pubs descolados, em particular na Bold Street. É fácil comer bem e encontrar boas barbadas nessa região. Ao longo da Victoria Street, próximo ao Cavern Club, e nas ruas adjacentes também é possível encontrar vários lugares legais. Há ainda o Albert Docks, mas saiba que os preços ali serão mais elevados.

Egg Cafe

- 16-18 Newington
- Upper Newington Street (X22)
- 707.2755
- www.eggcafe.co.uk
- seg-sex 9h-22h30, sáb-dom 10h-22h30
- £3-10

As tábuas de madeira e as mesas compridas com cadeiras descombinando não oferecem nenhum requinte, mas o café é bastante aconchegante. Recheado de pratos vegetarianos e veganos, o menu tem como destaque o quiche de alho-poró e *cream cheese* com salada e os cogumelos *tandoori*, com especiarias indianas. O prato do dia, cuja porção é bem farta, sai por £5,95 e o *set menu*, com entrada, prato principal e sobremesa, por £9,75. O café da manhã completo vem na modalidade vegetariana e vegana, por £4,20.

Leaf Tea Shop

- 📍 65-67 Bold Street   🚌 Bold Place (X22)
- 📞 707.7747   💻 thisisleaf.co.uk
- 🕐 seg-qui 9h-0h, sex 9h-2h, sáb 10h-2h, dom 10h-0h
- 💲 £5-15

As palavras "casa de chá" poderiam remeter a uma sala que parece com a de sua avó, com xícaras de porcelana e toalhas de renda – não espere nada disso no Leaf. Com parede de tijolinhos à vista, móveis descolados e até um palco para apresentações de bandas e DJs, o espaço é todo modernoso. No menu, mais de 24 tipos de chás e uma deliciosa seleção de sanduíches, sopas e petiscos, com um toque oriental (experimente o falafel com *aioli* e *tzatziki*, à base de iogurte, pepino e alho). A casa serve também pratos mais elaborados, como o cordeiro com molho de iogurte apimentado, lentilha, legumes assados e molho *tahini* (à base de gergelim) ou a massa com cogumelos, mexilhões, pimentas vermelhas e molho de açafrão.

🌶 Academy Restaurant

- 📍 Tradewind Square | Duke Street
- 🚌 Upper Duke Street (X22)   📞 252.4512
- 💻 www.liv-academy.co.uk/restaurant
- 🕐 ter-sex 12h-14h, qui-sex 18h-20h
- 💲 £10-25

Esse é um segredo bem guardado de Liverpool. O restaurante é tocado por alunos da Community College, que estão ali para se qualificar antes de ingressar de vez no mercado gastronômico. O ambiente, o preparo e a apresentação dos pratos e o atendimento são de primeira, e os preços bem acessíveis: entradas custam £5, pratos principais £9,50 e sobremesas £5. O menu de degustação, com seis pratos, sai por £27,50. No almoço, as opções são bastante reduzidas, mas os preços são ainda mais em conta. O cardápio é alterado a cada estação, mas uma refeição saborosa é garantida.

Hotéis & Albergues

Praticamente toda a rede hoteleira está localizada no centro da cidade, onde estão os principais pontos de interesse, logo, você não terá grandes dificuldades para se locomover por aqui. Atenção para o valor das diárias: mais do que baixa/alta temporada, os preços em Liverpool variam, e muito, conforme o dia da semana. No sábado, o valor pode ser mais do que o dobro em relação aos outros dias da semana. Se estiver precisando economizar, considere visitar a terra dos Beatles entre domingo e quinta-feira.

Embassie Liverpool Backpackers

- 📍 1 Falkner Square
- 🚌 Falkner Square   📞 707.1089
- 💻 www.embassie.com
- 🛏 68 camas   🍽 incluído
- 💲 dorms 12p-10p £17/22/25 (dom-qui/sex/sáb)

Situado em um prédio do começo do século 19, a 2km da estação central de trem. Oferece café, chá e limonada de graça 24h. Conta com cozinha para os hóspedes, sala de televisão e mesa de sinuca. Tem noites temáticas, como em dias de jogo do Liverpool ou do Everton, e, todas as quintas, *Beatles walking tour*, que terminam no Cavern Club, com direito a entrada gratuita. Ambiente acolhedor e *staff* atencioso.

🌶 HOAX Liverpool

- 📍 5 Stanley Street
- 🚌 Stanley Street (Stop VC)
- 📞 908.0098   💻 www.hoaxliverpool.com
- 🛏 266 camas   🍽 £3-4
- 💲 dorms 4p £16,50/40/45 | quartos 2p £45/109/149 (dom-qui/sex/sáb)

Inaugurado em 2013, está bem no centro de Liverpool. Todos os quartos têm banheiro privativo, e as camas contam com luz de leitura individual. Dispõe de cozinha, recepção 24h e *lockers*. Tem dois bares, um no térreo e outro no porão, ambos com música ao vivo.

Devido à região em que está, pode ser um pouco barulhento, mas uma boa pedida para quem está em busca de festas.

YHA Liverpool

- 📍 25 Tabley Street 📞 371.9527
- 🚇 Liverpool o/s Liverpool Echo Arena
- 💻 www.yha.org.uk/hostel/liverpool
- 🛏 138 camas   🍽 £5
- 💲 dorms 8p-6p £14/19/36 (dom-qui/sex/sáb)

Albergue HI, recentemente reformado, está a apenas 5min de caminhada do Albert Dock. A maioria dos quartos tem banheiro privativo. Roupa de cama incluída; aluguel e venda de toalhas na recepção. O café/bar serve refeições e bebidas. Tem recepção 24h, cozinha e lavanderia. Wi-fi grátis somente para sócios HI, os demais precisam pagar £5 por dia.

🚶 The Z Hotel Liverpool

- 📍 2 North John Street
- 🚇 Moorfield Station   📞 3551.3702
- 💻 www.thezhotels.com/z-liverpool
- 🛏 92 quartos   🍽 incluído
- 💲 quartos 2p sem janela £35/40/55/100 (dom/seg-qui/sex/sáb), 2p com janela £50/65/70/135 (dom/seg-qui/sex/sáb)

Hotel da rede Z, está no centro da cidade, próximo da estação de trem e do Cavern Club. Diárias variam de acordo com o conforto, o tamanho da habitação e o dia da semana. Os quartos em geral são bastante pequenos e alguns não dispõem sequer de janela; no entanto, são bem econômicos e costumam agradar pelo custo-benefício. Em todo final de tarde, o hotel oferece, gratuitamente, degustação de queijos e vinhos.

The Liner at Liverpool

- 📍 Lord Nelson Street   🚇 Fraser Street
- 📞 709.7050   💻 www.theliner.co.uk
- 🛏 152 quartos   🍽 incluído
- 💲 quartos 2p £75/96/136 (dom-qui/sex/sáb)

Hotel 3 estrelas, no centro, praticamente em frente à estação central de trem. Quartos têm decoração náutica, banheira, TV, frigobar, cofre, mesa de trabalho e comodidades para preparo de chá e café. Pode ser um pouco barulhento, principalmente os quartos voltados para a estação do trem. Nas dependências, existem dois restaurantes e dois bares – um dos bares oferece aquelas típicas promoções de *happy hour* de pagar uma bebida e ganhar outra de graça, bom para começar a noite.

Cultura Pop | Penny Lane ♪♫

Penny lane there is a barber showing photographs
Of every head he's had the pleasure to have known
And all the people that come and go
Stop and say hello

On the corner is a banker with a motor car
The little children laugh at him behind his back
And the banker never wears a mac
In the pouring rain
Very strange

Penny lane is in my ears and in my eyes
There beneath the blue suburban skies
I sit and meanwhile back

In penny lane there is a fireman with an hourglass
And in his pocket is a portrait of the queen
He likes to keep his fire engine clean
It´s a clean machine

Penny lane is in my ears and in my eyes
A four of fish and finger pies
In summer, meanwhile back

Behind the shelter in the middle of the roundabout
The pretty nurse is selling poppies from a tray
And though she feels as if she´s in a play
She is anyway

Penny lane the barber shaves another customer
We see the banker sitting waiting for a trim
And then the fireman rushes in
From the pouring rain
Very strange

Penny lane is in my ears and in my eyes
There beneath the blue suburban skies
Penny lane is in my ears and in my eyes
There beneath the blue suburban skies
Penny lane

AO SUL DE LONDRES

BRIGHTON

Localizada a menos de 100km de Londres, Brighton é uma cidade litorânea da costa sul com pouco mais de 100 mil habitantes, perfeita para uma visita de um dia. O melhor do balneário, porém, é a atmosfera animada, colorida, com pessoas de todos os estilos. A cidade é conhecida como uma das mais *gay friendly* do Reino Unido e tem festas, pubs e até hostels direcionados a esse público. Mais informações pelo site www.visitbrighton.com.

Chegando e saindo

Partindo de Londres, a viagem de trem dura cerca de 1h e, dependendo da antecedência da compra, pode custar de £7 a £50. Também é possível ir de ônibus: o percurso dura em média 2h30 e o valor da passagem vai de £5 a £16 (www.nationalexpress.com).

Atrações

Como praia inglesa que é, Brighton não oferece um verão muito quente. Também não tem areia: o solo é formado por pedras de formato redondinho. Aqui, o **Brighton Pier**, píer de madeira com 524m de extensão, construído no período vitoriano, reúne restaurantes, bares e até um parque de diversões para crianças, enquanto o calçadão leva a uma **Marina** repleta de lojas, muitas *outlet*. Mas as atrações da cidade não estão só à beira-mar. Você pode visitar o **Royal Pavilion**, um palácio de estética oriental erguido para o rei George IV, que, à época da construção (de 1787 a 1823) era o príncipe regente; o **Painting Pottery Café**, confeitaria onde você pode fabricar seu próprio objeto de cerâmica; o **Brighton Toy and Model Museum**, um museu de brinquedos; e a **Fabrica**, uma galeria de arte contemporânea instalada numa antiga igreja.

Brighton Pier, marco britânico

A SUDOESTE DE LONDRES

BATH

A 150km de Londres, Bath talvez seja a cidade turística mais antiga da Inglaterra. Foram os celtas que ergueram o primeiro povoado, em uma região possuidora de três nascentes de água quente. Por volta de 60 d.C, os romanos dominaram o local e, considerando as águas milagrosas, construíram, durante 300 anos, complexos sistemas termais para banhos – tidos como os primeiros spas do mundo, e eis a explicação para o nome da cidade. Foi durante a era georgiana, no início do século 18, que Bath passou a prosperar de verdade, tornando-se uma espécie de resort da elite britânica. Hoje não é mais possível tomar banho nas termas romanas, mas você pode admirá-las.

A Cidade

Bath, 80 mil habitantes, vive basicamente do turismo, sendo Patrimônio Mundial da Unesco desde 1997. É fácil se localizar por aqui: as principais atrações ficam próximas umas das outras, e você pode tranquilamente fazer tudo caminhando. O passeio cabe perfeitamente em um fim de semana, mas é possível conhecer grande parte dos atrativos da cidade em apenas um dia. Código telefônico: 1225.

Informações turísticas

O *Bath Visitor Information Centre* (Abbey Chambers; seg-sex 9h30-17h30, dom 10h-16h), perto da Bath Abbey, ajuda com dicas de atrações e reserva de hospedagem. Pela internet: visitbath.co.uk.

Chegando e saindo

Trens partem da estação de Paddington, na capital britânica, várias vezes por dia, e a viagem leva cerca de 1h30. A passagem pode custar entre £21-180 – agende com antedecência para conseguir um melhor preço (www.firstgreatwestern.co.uk). A estação de trem se chama Bath Spa. De ônibus, a viagem sai em torno de £5 pela *National Express*, com duração de 2h40.

Atrações

Bath reúne grande parte de seus atrativos na área central. O ponto alto da cidade são os *Roman Baths*, banhos romanos erguidos em volta da única fonte de águas termais do Reino Unido. Também se destacam o *Royal Crescent* e *The Circus*, construções em estilo georgiano.

Banhos romanos

Roman Baths

- Abbey Church Yard
- 477.785
- www.romanbaths.co.uk
- nov-fev 9h30-16h30 | mar-jun/set-out 9h-17h | jul-ago 9h-21h
- £14 (Est, Id: £12,25 | Cr: £9)

As termas começaram a ser construídas no século 1 e foram bastante frequentadas no tempo dos romanos, mas caíram em desuso quando estes deixaram a ilha britânica, quatro séculos depois. Chegaram a ser soterradas (até hoje se encontram abaixo do nível da rua). Redescobertas posteriormente, passaram por diversas reformas – a maioria dos prédios que se vê hoje foram construídos em estilo neoclássico nos séculos 18 e 19, sendo muito utilizados particularmente pela elite britânica da era georgiana. Apesar da beleza singular, não pense em entrar nas águas: os canos originais ainda são utilizados, motivo pelo qual a água tem alta concentração de chumbo e até mesmo de radioatividade, além de ser propícia à transmissão de doenças infecciosas (após a morte de uma menina por meninginte, as piscinas foram definitivamente fechadas, em 1978). Se bater a vontade de um banho termal, vá na *Thermae Bath Spa* (veja adiante). Audioguia disponível (em oito idiomas, mas não o português), gratuito e bem esclarecedor. No local, há ainda um museu, que expõe os artefatos encontrados durante as escavações, com destaque para as mais de 12 mil moedas de diferentes imperadores romanos.

The Circus

- The Circus

Clássico exemplar da arquitetura georgiana, o Circus é um conjunto circular de casas que têm exatamente o mesmo tamanho, concebidas pelo arquiteto John Wood entre 1754 e 1768. Possui três entradas – a visão da fachada é a mesma de qualquer uma delas.

Royal Crescent

- Royal Crescent
- www.royalcrescentbath.co.uk

Assim como o Circus, o Royal Crescent também representa a arquitetura georgiana. Planejado por John Wood The Younger, filho de John Wood, o complexo foi erguido entre 1767 e 1774. Formado por 30 casas dispostas em semicírculo, tornou-se o principal cartão postal de Bath e hoje é moradia das famílias mais ricas da cidade.

Bath Abbey

- Abbey Church Yard
- 422.462
- www.bathabbey.org
- seg-sex 9h30-17h30, sáb 9h-18h, dom 13h-14h30/16h30-17h30
- grátis

A Abadia de Bath existe há mais de mil anos. Foi aqui que ocorreu a coroação do primeiro rei da Inglaterra, Edgar, o Pacificador, em 973. A abadia é considerada a última grande catedral medieval construída no Reino Unido e impressiona pela arquitetura detalhista. É possível visitar a Torre (£6 | Cr: £3), que possui 212 degraus em espiral e proporciona uma bela vista da cidade. A Abbey Church fica ao lado dos Roman Baths.

Thermae Bath Spa

- Hot Bath Street
- 888.0844
- www.thermaebathspa.com
- seg-dom 9h-21h
- seg-sex £32, sáb-dom £35

Não são romanas nem foram utilizadas pelos súditos do rei George, mas nessas termas você pode relaxar. O local, bastante moderno, é composto basicamente por duas piscinas (uma delas ao ar livre) e uma sauna, além de um restaurante. A profundidade chega a 1,35m e a temperatura da água costuma ser em torno de 33,5ºC. O ingresso, válido por 2 horas (£10 hora adicional), inclui toalha, roupão e chinelo.

Jane Austen Centre

- 40 Gay Street
- Queen Square (716) 443.000
- www.janeausten.co.uk
- abr-out seg-dom 9h45-17h30 | nov-mar dom-sex 11h-16h30, sáb 9h45-17h30
- £9 (Est: £7 | Id: £8 | Cr: £5,50)

Museu dedicado a Jane Austen, a mais famosa residente de Bath. A proposta é recriar a ambientação do começo dos anos 1800 (época em que a escritora viveu na cidade) e o efeito dessa vivência em suas obras. Um atrativo bacaninha são os trajes típicos do século 19 aqui disponíveis, que você pode vestir, tirar uma onda e bater uma foto. Tem uma casa de chás e uma lojinha de suveniers nas dependências. Curiosidade: Jane Austen morou nessa mesma rua, mas no nº 25.

Comes & Bebes

Bath tem muitos cafés, casas de chá e pubs que oferecem refeições saborosas, mas isso não significa que inexistam charmosos bistrôs e restaurantes refinados. Esses geralmente estão mais afastados da região central, onde predominam estabelecimentos mais acessíveis. É nos arredores das termas romanas e do Parade Gardens que se concentra a maior oferta gastronômica.

The Green Rocket

- 1 Pierrepont Street
- North Parade (18, 64)
- 420.084
- www.thegreenrocket.co.uk
- seg-qua 9h-16h30, qui-sáb 9h-21h30, dom 10h-16h30
- £6-12

Simpático café vegeteriano, serve café da manhã, doces, sanduíches, massas, saladas e sopas, tudo bem preparado e em porções generosas. No menu está indicado se o prato é vegano e/ou sem glúten e se existe a possibilidade de ser preparado desse modo.

Same Same But Different

- 7a Princes Buildings | Bartlett Street
- Lansdown Road (2, 7, 31, 79)
- 466.856
- www.same-same.co.uk
- seg 8h-18h, ter-sex 8h-23h, sáb 9h-23h, dom 10h-17h £10-20

Café descontraído, oferece o tradicional *english breakfast* (£7,50). À noite, o lugar faz mais a linha restaurante/*brasserie*, servindo tapas (£5 cada) bastante inventivas e pratos de carne e peixes deliciosos. Para acompanhar, a casa oferece uma pequena carta de vinhos.

The Hop Pole

- 7 Albion Buildings
- Park Lane (1, 14, 21, 37-39)
- 446.327   www.bathales.com
- seg-dom 12h-23h   £6-15

Pub pertencente à rede da Bath Ales, cervejaria famosa pela produção de *ales*, um tipo de cerveja altamente fermentada muito popular no Reino Unido. No cardápio, pratos típicos de pubs – *fish and chips*, burgers e anéis de cebola. Especialmente agradável se o dia estiver bonito e for possível aproveitar o jardim.

Hotéis & Albergues

Apesar de ser uma cidade pequena, Bath é muito bem preparada para receber turistas. Não é difícil encontrar hostels, *bed & breakfasts* e hotéis excelentes. Os preços variam de acordo com a temporada, mas há acomodações para todos os orçamentos e tipos de viajantes.

Bath YMCA

- International House
- Hilton Hotel (7, 13, 37)
- 481.444   www.bathymca.co.uk
- 200 camas   incluído
- dorms 18p-10p £21-23 | quartos 1p £32-36, 2p £56-60

No centro de Bath, próximo de boa parte das atrações da cidade. Nos dormitórios, camas com cortina, luz de leitura, tomada e entrada USB individual. Tem academia (custo adicional) e restaurante. Não há cozinha, mas quando o restaurante está fechado, permite que os hóspedes usem o micro-ondas. Wi-Fi disponível somente na recepção. Valores variam bastante conforme o dia da semana e a temporada.

St. Christopher's Inn Bath

- 9 Green Street
- Broad Street (2, 6, 7, 20A, 79)
- 481.444 www.expressbath.co.uk
- 8 quartos incluído
- dorms 12p £21, 6p £25 | quartos 2p £98

Situado também no centro de Bath, a apenas 160m do albergue anterior. Dormitórios simples, dispõem apenas de *lockers* individuais. Hóspedes têm 25% de desconto nas refeições do Belushi's Bar, restaurante/bar do primeiro piso. Tem recepção 24h e sala com TV, jogos e espaços para relaxar. Organiza *walking tours*.

Oldfields House

- 102 Wells Road
- Oldfield Road (4, 9, 13, 14, 41)
- 317.984 www.oldfields.co.uk
- 16 quartos incluído
- quartos 1p £68, 2p loft £80, 2p superior £128

Esse B&B fica na subida de uma ladeira e está a 15min de caminhada do centro de Bath. Quartos equipados com banheiro, TV e comodidades para preparar café e chá. A maioria tem ar-condicionado.

Holiday Inn Express Bath

- Lower Bristol Road
- Hayesfield Lower School (9, 10)
- 902.1601 www.expressbath.co.uk
- 126 quartos incluído
- quartos 1p-2p £74-126

Hotel 3 estrelas a 1km do centro. Quartos com ar-condicionado, televisão, mesa de trabalho e comodidades para preparo de chá e café. Tem um pequeno bar nas dependências. Diárias variam muito conforme o dia da semana e a temporada.

BRISTOL

Cidade tipicamente britânica, menos turística do que tantas outras, Bristol pode ganhar uma visita de quem se locomove entre Bath, Cardiff e a região de Cornwall. Situada a 190km de Londres, de onde leva 1h45 de trem (ou 2h30 de ônibus), é uma localidade bastante movimentada, em parte graças aos estudantes da Universidade de Bristol. À noite, pode-se esperar muitas festas e agitos nos pubs. Ao longo do ano, Bristol abriga vários festivais de arte e de música.

A Cidade

As principais atrações culturais e gastronômicas de Bristol se concentram na zona portuária. As estações de trem (*Bristol Temple Meads*) e de ônibus (*Bus Station*) ficam um pouco afastadas do porto (e entre si) – a cerca de 20min de caminhada. A cidade tem um porte médio, 430 mil habitantes, e ainda assim muito pode ser percorrido a pé por aqui. Os hotéis e B&B situam-se na área central e em bairros como Clifton, Temple e Broadmead. Uma das acomodações mais em conta é o *YHA Bristol* (14 Narrow Quay; dorm 5p £21-24). Mais informações sobre a cidade, no *Tourist Office* (E Shed, 1 Canons Road; seg-sáb 10h-16h, dom 11h-16h) ou pela internet: www.visitbristol.co.uk.

Atrações

A área portuária é o ponto alto da cidade, onde você encontra restaurantes, pubs, museus, galerias. Principais atrações são o **Arnolfini**, centro de arte contemporânea; o **M-Shed**, museu que conta a história de Bristol; a **Lime Tree Gallery**, galeria de arte; o **Watershed**, cinema; e o **At-Bristol**, centro interativo de ciências para crianças. Pode-se ainda visitar o **SS Great Britain**, o primeiro transatlântico do mundo (de 1843), e uma réplica de **The Mathew**, navio usado na exploração da América do Norte.

A 15min de caminhada do porto está o parque **Brandon Hill Nature**. Suba as escadas da Torre Cabot para ter uma bonita vista da cidade. Se estiver disposto a se afastar da vibração do porto, uma volta à beira do **Rio Avon** pode proporcionar belas paisagens, repletas de casinhas coloridas e barcos ancorados. A **Clifton Suspension Bridge**, ponte suspensa do período vitoriano, é outra visita interessante: com mais de 200m de comprimento, atravessa o penhasco do rio Avon e liga Bristol à **Reserva Natural de Leigh Woods**.

CORNWALL

Bem ao sul da Inglaterra, no extremo oeste da costa, Cornwall (Cornualha, em português) é uma região que oferece cenários litorâneos, rurais e inusitados – motivo pelo qual é adorada por ingleses e turistas. Repleta de atrações culturais, esportivas, históricas e gastronômicas, privilegiada pelas paisagens naturais e detentora de um animado clima praiano, a localidade conquista à primeira vista.

A Região

Na ponta extrema do sudoeste da ilha britânica, a região de Cornwall, entre praias, campos e penhascos, é entrecortada por mais de 50 cidades, muitas delas pequenas vilas de pescadores. Outras já usufruem de boa estrutura turística, como Newquay, St. Ives e Penzance. Para circular entre todas elas, a malha ferroviária é limitada, e o ônibus é o meio mais utilizado. Mais sobre a região, assim como a lista completa de cidades que por aqui se encontram, confira em 🖥 www.cornwalls.co.uk.

St. Ives, para ver os ingleses na praia

Chegando e saindo

Trens de alta velocidade partem com bastante frequência da estação de Paddington, em Londres, com destino a St. Ives, Newquay, Penzance e Truro. A viagem dura em média 5h e custa de £40 a £60; verifique em www.nationalrail.co.uk. Também há trens diretos a partir de Bath e Bristol. De ônibus, a partir de Londres, leva de 7h a 9h; a *Megabus* faz o percurso até Newquay por cerca de £10; pela *National Express*, a passagem pode custar o dobro. A cerca de 7km de Newquay há um aeroporto, onde chegam voos de algumas cidades britânicas.

Comes & Bebes

No âmbito gastronômico, a região é famosa pelo *cornish pasty*, uma espécie de pastel de forno recheado com carne, batata e cebola, e pelo *cream tea*, um pãozinho com geleia e creme, geralmente consumido no final da tarde. Em **Newquay**, a estrutura de serviços é excelente: para encontrar restaurantes, lanchonetes e quiosques de *fish and chips*, basta caminhar pelas ruas centrais – Bank Street, principalmente. Na região entre os dois cais de **St. Ives**, principalmente na Wharf Road, via que contorna a orla, está concentrada a maior oferta gastronômica da cidade, composta principalmente por cafés, lanchonetes e alguns bistrôs mais charmosinhos. O *Porthminster Beach Cafe*, na praia de mesmo nome, serve pratos elaborados de peixes e frutos do mar por preços acessíveis. Em **Penzance**, os restaurantes e cafés estão bem distribuídos por toda a cidade, mas em alguns pontos são mais incidentes: na Market Jew Street, entre a Chapel, Princes e Queen Street e nas proximidades da marina. Experimente os salgados e uma *cornish ale* do Drecklys, no centrinho comercial *Wharfside*.

Hotéis & Albergues

A cidade com o maior número de acomodações é Newquay – por aqui você vai encontrar as mais diferentes ofertas, incluindo um albergue da rede St Christopher's Inn. Há um ou outro hostel em cidades como Penzance e Lizard, a maioria pertencente à rede HI/YHA. As acomodações mais comuns da região são os *bed & breakfast* e as pequenas pousadas, embora existam, é claro, muitos hotéis, incluindo spas. Tratando-se de destino típico de temporada, as diárias no verão são mais altas. O albergue **YHA Penzance** (Castle Horneck Road; $ dorms 8p £18/29 | quartos 2p £36/56), em Penzance, ocupa um antigo casarão totalmente reformado e está a 20min a pé da praia e do centro. De março a outubro é permitido acampar por aqui. Tem cozinha, bar e jardim. Recepção funciona somente das 8h às 10h e das 16h às 22h30. Em Newquay, a **Cliff House** (61 Fore Street; $ quartos 1p £60/92, 2p £68/100), simpática *guesthouse* próxima da praia e do centro, tem quartos aconchegantes, com TV e chaleira elétrica. É possível escolher entre café da manhã inglês ou continental.

NEWQUAY

Capital do surf na Inglaterra, Newquay, 20 mil habitantes, é animada e quase sem trânsito, por onde circulam pessoas sorridentes, vestindo roupas leves. Quase nem parece Inglaterra. Brasileiros acostumados à atmosfera de praia se sentiriam em casa – não fosse por um detalhe: o clima. Não vá esperando um verão tórrido. Aqui, o vento não colabora muito, e uma temperatura de 18ºC ou 19ºC ao sol já é motivo de comemoração. Isso quando não chove (e chuvas por aqui caem sem aviso prévio). Apesar disso, você verá muita gente tomando banho no gelado Mar Celta.

Atrações

Embora o tempo possa não ajudar, o grande barato de Newquay é curtir o dia – e, claro, a praia. O mar é azul, e não faltam escolas de surf, mergulho e *windsurf*, tanto para crianças quanto adultos. A paisagem é convidativa para uma caminhada no entorno dos gigantescos penhascos da costa. Mas atenção: isso só é possível com a maré baixa – informe-se sobre o melhor horário para passear sem o risco de ficar ilhado pela maré alta. A cidade também tem atrações que não são ao ar livre: um cinema, o *Lighthouse Cinema*, aquário (pequeno e caro) e zoológico. À noite, especialmente no verão, quando Newquay é invadida por jovens de várias localidades inglesas, pubs e baladas são bons programas. E a propósito: se você vier pegar uma praia aqui, não venha com o "*mankini* do Borat": existe uma lei em Newquay que proíbe usar tão formosa vestimenta.

SAINT IVES

A cidadezinha de St. Ives, população de 11.200 habitantes (fora os turistas, claro), exibe uma mistura incomum de praias, arte, gastronomia e compras. A principal área de comércio fica ao redor das ruas Chapel Street, Fore Street e High Street, onde também se encontram excelentes restaurantes. St. Ives possui quatro praias: Porthmeor, a favorita dos surfistas; Harbour, que abriga uma vila de pescadores; Porthgwidden, a preferida para banhos de sol; e Porthminster, a mais calma, indicada para famílias. Mais informações: 🖥 www.stives-cornwall.co.uk.

Atrações

St. Ives sempre atraiu artistas, principalmente pintores e escultores. A cidade é repleta de galerias, estúdios e eventos de arte. O **Tate St. Ives** (filial do Grupo Tate, de Londres), que fica na praia de Porthmeor, é uma das maiores atrações. Apesar de não ter coleções permanentes, a galeria exibe três exposições por ano. Perto, você encontra o **Museu Barbara Hepworth**, que fica no local do antigo estúdio da famosa escultora britânica. Aqui, as ferramentas e blocos de pedra são mantidos intactos desde a morte da artista, em 1975, bem como o Jardim de Esculturas que ela montou, com obras em pedra, madeira e bronze. O histórico estúdio de cerâmica **Leach Pottery**, fundado em 1920, é outra atração bastante visitada.

ALMANAQUE VIAJANTE
A ousadia do Eden Project

O Projeto Éden (www.edenproject.com) é um gigantesco complexo de estufas que mimetizam vários biomas do planeta. A união da arquitetura com a biologia permite que você simule uma caminhada pela floresta amazônica, sob um calor tropical de mais de 30ºC, e em seguida passe para o clima mediterrâneo, em um ambiente de temperaturas mais baixas e plantas típicas, como oliveiras. Há vegetação de muitos lugares do mundo por aqui – todas em ambientes cuidadosamente controlados para simular sua origem de fato: umidade, temperatura, características de solo. Totalmente sustentável, o Éden ocupa o terreno de uma antiga pedreira e contribui bastante com estudos sobre o clima, prevenção de desmatamento e preservação da flora e da fauna do mundo todo. De Newquay até o Éden são 35km e o trajeto, de ônibus, leva entre 1h-2h, já que pode ser necessário trocar de veículo. O ingresso inteiro custa £25, mas você paga £19,95 se comprar com antecedência ou chegar de transporte público – guarde sua passagem para mostrar na portaria.

Castelo Eilean Donan, nas Highlands, cartão-postal da Escócia

www.visitscotland.com

ESCÓCIA

Uma terra de surpresas. A primeira delas, bastante agradável, é perceber que a Escócia soube manter inalterados seus valores e tradições, guardando distância da Inglaterra, apesar de politicamente subjugada a ela – o que quase foi revertido no referendo realizado em 2014. Mais do que isso, seus ícones culturais se tornaram, provavelmente, os mais conhecidos do Reino Unido, como o *kilt* (a tradicional saia masculina, geralmente quadriculada), a gaita de foles e o uísque, entre outros itens folclóricos. Sua paisagem, urbana e rural, está entre as mais belas da Europa. Entre Edimburgo e Glasgow, concentra-se a maior parte de sua população, na região das *Lowlands* (terras baixas). A maioria dos turistas também se destina a essas cidades, particularmente a Edimburgo, que é absolutamente encantadora. A Escócia dos sonhos, porém, você encontra no interior, repleto de lagos, castelos, ilhas e colinas – o cinematográfico cenário das *Highlands* (as terras altas). Além de tudo isso, talvez o escocês seja um dos povos mais simpáticos da Europa – que você vai perceber ainda que não entenda o seu inglês falado (e não vai entender!).

Que país é esse

- *Nome:* Escócia | Scotland
- *Área:* 78.387km²
- *População:* 5,3 milhões
- *Capital:* Edimburgo
- *Língua:* Inglês
- *Moeda:* Libra esterlina
- *PIB:* US$ 2,94 trilhões (UK)
- *Renda per capita:* US$ 45.603 (UK)
- *IDH:* 0,892 (UK - 14º lugar)
- *Forma de Governo:* Monarquia Parlamentarista

ESCÓCIA

Barbadas e Roubadas

➕ Conhecer a bonita região do Castelo de Edimburgo

➕ Ouvir o som da gaita de foles vindo de algum lugar e se sentir na Escócia

➕ Descobrir as Highlands e a estupenda paisagem das terras altas

➕ Bater ponto no ônibus hop-on/hop-off. Ou viajar com um carro alugado

➖ Não ter a mínima ideia do que aquele simpático escocês disse a você...

OCEANO ATLÂNTICO

Castelo de Edimburgo, a maior atração da capital escocesa

EDIMBURGO

A capital da Escócia, que abriga cerca de 500 mil habitantes, é considerada uma das cidades mais bonitas do Reino Unido. Conhecê-la traz a sensação constante de uma viagem no tempo: suas ruas misturam prédios modernos a edificações dos séculos 17 e 18 e fachadas de lojas de grandes marcas à arquitetura da Idade Média (como o castelo e as ruelas da *Old Town*). O som da gaita de foles, sempre presente nas ruas, ajuda a criar a atmosfera perfeita do astral escocês. De imediato, se percebe que a Inglaterra está a uma distância razoável – no entanto, a capital escocesa fica a apenas uma noite de viagem de Londres.

A Cidade

O castelo (*Edinburgh Castle*), situado estrategicamente num morro, é o cartão-postal e a referência natural da cidade. A principal rua é a *Princes Street*, que divide Edimburgo em *Old Town* (a parte alta) e *New Town* (à direita de quem sai da estação). Entre elas, o Princes Street Gardens, o vale abaixo do castelo, ideal para uma caminhada sem compromisso. A principal rua da Old Town é a popular *Royal Mile*, que cruza toda a cidade velha desde o castelo, no topo do morro, até o Palácio de Holyroodhouse. A rua muda de nome ao longo do caminho, começando lá embaixo como *Canongate*, depois passando a *High Street* – na sua parte mais central –, *Lawnmarket* e, por fim, *Castle Hill*. Código telefônico: 131.

ALMANAQUE VIAJANTE | O *kilt* escocês

A origem do famoso saiote masculino remonta a tradições de tribos gaélicas do primeiro milênio. Já nos séculos 16 e 17, escoceses utilizavam um manto de lã enrolado na cintura e preso ao ombro, para se proteger do frio e da umidade local. A partir do século 18, a peça adquiriu suas características atuais: formato de saia pregueada, trespassada na frente, comprimento até o joelho e tecido de lã escovada com padronagem tartan (as estampas, com suas distintas cores e formas, simbolizam diferentes clãs escoceses).

Guia O Viajante **Europa**

EDIMBURGO

- Scottish National Portrait Gallery
- Palace of Holyroodhouse
- Regent Gardens
- Holyrood Park
- Rosslyn Chapel
- People's Story
- Museum of Edinburgh
- David Bann
- John Knox House
- Museum of Childhood
- Mother India's Cafe
- The Doric Tavern
- St Giles' Cathedral
- Parliament House
- National Museum of Scotland
- Princes Street Gardens
- National Gallery of Scotland
- The Writers' Museum
- Gladstone's Land
- Scottish National Gallery of Modern Art
- Camera Obscura & World of Illusions
- Scotch Whisky Experience
- Edinburgh Castle

Streets: ABBEYHILL, QUEEN'S DRIVE, DUMBIEDYKES RD, VIEWCRAIG GARDENS, PLEASANCE, DRUMMOND ST, HOLYROOD RD, ROYAL MILE, NEW STREET, CALTON RD, REGENT RD, GREENSIDE ROW, LEITH ST, YORK PLACE, N ST ANDREW ST, N ST DAVID ST, PRINCES STREET, ROSE ST, GEORGE ST, THISTLE ST, QUEEN STREET, NORTH BRIDGE, SOUTH BRIDGE, COCKBURN ST, COWGATE, CHAMBERS ST, JOHNSTON TERRACE, GRASSMARKET

0 — 150 m — 300 m

Informações turísticas

A cidade tem dois centros de informações, e ambos dispõem de muitos panfletos e materiais informativos (parte deles, pago) de Edimburgo e arredores. Também reservam hotéis.

Edinburgh Airport Information Centre
- Terminal leste
- 473.3690
- abr-out seg-dom 7h30-21h | nov-mar 7h30-19h

Edinburgh Information Centre
- 3 Princes Street
- Princes Street (Stop PQ)
- 473.3868
- abr-jun seg-dom 9h-17h | jul 9h-21h | ago 10h-19h | set-mar 10h-17h

Pela internet
- www.thisisedinburgh.com

Tours

A cidade é rica em histórias de guerras, conquistas e personalidades artísticas, como poetas e escritores, tornando os passeios guiados uma ótima escolha.

A pé Os *walking tours* mais conhecidos são o gratuito da *Sandeman's* (www.newedinburghtours.com), com contribuição espontânea ao final, e os pagos da empresa *The City of the Dead* (www.cityofthedeadtours.com), especializada em tours de temas sombrios, que exploram lugares, lendas e histórias reais de Edimburgo.

De ônibus Se o objetivo for conhecer toda a cidade sem precisar caminhar muito, faça um tour de ônibus, no estilo *hop-on/hop-off*, disponível a partir de £14 (www.edinburghtour.com).

De bicicleta Entre julho e dezembro, saem passeios guiados sobre duas rodas na capital escocesa. A *Edinburgh Bike Tours* promove, com duração mínima de 2h; custam a partir de £30.

Chegando e saindo

De avião O *Edinburgh Airport* fica a 12km a oeste do centro. O voo a partir de Londres (1h25), em companhias *low-cost*, se comprado com antecedência, pode ser uma razoável barbada – cerca de £60 ida e volta. O ônibus Airlink 100 liga o aeroporto ao centro da cidade em 25min, tendo como começo/fim da linha a Waverley Bridge, a principal ponte de união entre a Old e a New Town. A passagem custa £4,50 (trajeto único) ou £7,50 (ida e volta) e funciona 24h. Também o *tram* faz a rota entre o aeroporto e o centro (veja na página seguinte em "Circulando"), com frequência de 8-15min; a viagem única sai por £5 e o bilhete que inclui ida e volta, £8.

Waverley Station

De trem A principal estação de trem, *Waverley Station*, fica na Princes Street. De Londres, trens partem da estação King's Cross e o trajeto leva cerca de 5h, conforme o trem e o horário. As tarifas mais acessíveis custam aproximadamente £30.

De ônibus A estação de ônibus (*coach station*) fica na St. Andrew Square, já na New Town, atravessando a mesma rua principal na altura da estação de trem. A partir de Londres, ônibus da *National Express* e da *Megabus* partem da Victoria Coach Station e levam de 9h a 12h de viagem, com valor de passagem que fica entre £15 e £40.

Circulando

A pé Apesar das várias subidas e da distância de alguns albergues, Edimburgo pode ser conhecida a pé. É bom se precaver levando casaco e usando um sapato impermeável – o tempo muda rapidamente por aqui e existem grandes chances de que, em algum momento do dia, chova.

Ônibus É o meio mais popular. O bilhete único custa £1,50 e o passe diário, £4, mas lembre-se de que é muito bacana caminhar pela capital escocesa e o passe pode não ser necessário.

Tram Em maio de 2014, Edimburgo ganhou um agradável bonde moderno. Por enquanto, existe apenas uma rota, de York Place, no centro, ao aeroporto. O plano, porém, é que em breve sejam criadas mais duas linhas. O trajeto único tem 15 paradas, que são percorridas em 40min. Para comprar os bilhetes, use as máquinas dispostas nas estações. O *single ticket* dá direito a apenas uma viagem, que deve acontecer em até 30min após a compra; sai por £1,50 para a zona central e £5 para o aeroporto. O *return ticket* inclui a volta, mas somente para o trajeto até o aeroporto; custa £8.

Bicicleta Há várias empresas de aluguel de bicicletas em Edimburgo, mas o preço é um pouco salgado. Uma delas é a *Leith Cycle* (www.leithcycleco.com), que oferece bicicletas a partir de £12 para meio dia.

O moderno *tram* de Edimburgo

Atrações

Perca-se na Old Town, a área antiga; com disposição, siga pela rua Royal Mile, área que fica entre o Castelo de Edimburgo e o Palácio de Holyroodhouse, onde estão as ruas Castle Hill, Lawnmarket, High Street e Canongate. Na região, casas históricas convertidas em lojinhas, pubs e museus mantêm a ambientação da atmosfera medieval.

Igreja e Estado

Edinburgh Castle

- Castlehill
- www.edinburghcastle.gov.uk
- out-mar seg-dom 9h30-17h | abr-set 9h30-18h
- £16,50 (Id: £13,20 | Cr: £9,90)

A maior atração de Edimburgo oferece uma bela vista da cidade. O castelo foi residência, fortaleza real e centro da vida escocesa por 9 séculos. Sua construção mais antiga é a *St. Margaret's Chapel*, datada do século 12. Visitáveis também são os *State Apartments*, incluindo o quarto onde nasceu o rei James VI da Escócia, o *Great Hall* e as joias da coroa escocesa (*Crown Jewels*). No verão, é possível que as filas estejam gigantescas e a visita ao interior do castelo se torne um suplício aos claustrofóbicos.

St. Giles Cathedral

- High Street
- 225.9442
- www.stgilescathedral.org.uk
- mai-set seg-sex 9h-19h, sáb 9h-17h, dom 13h-17h | out-abr seg-sáb 9h-17h, dom 13h-17h
- grátis

A principal igreja da cidade foi construída no século 12, mas tomou a forma que tem hoje no século 14, depois de ser destruída em um incêndio. Imponente, o templo se destaca pela fachada medieval e pelo interior simples, mas impressionante, com belos vitrais.

Parliament House

- Parliament Square
- 348.5200
- www.scottish.parliament.uk
- seg/sex/sáb 10h-17h, ter-qui 9h-18h30
- grátis

O prédio do século 17, que antigamente abrigava o Parlamento, hoje é a sede dos Supremos Tribunais da Escócia. Pelo site, é possível reservar um tour gratuito pelas dependências do edifício, com duração de 1h; os horários variam.

Palace of Holyroodhouse

- Canongate, The Royal Mile
- www.royalcollection.org.uk
- abr-out 9h30-18h | nov-mar 9h30-16h30
- £11,60 (Est, Id: £10,60 | Cr: £7)

Construído basicamente no século 17, ainda hoje é a residência oficial da rainha Elizabeth na Escócia – portanto, estará fechado quando a monarca estiver aqui, o que não tem data certa, embora costume ser no verão. O maior atrativo do palácio, além de seu interior, é o fato de ter hospedado a rainha Mary, a Sanguinária (Bloody Mary), conhecida por promover grande perseguição aos protestantes. Foi nesse palácio que o secretário da rainha Mary foi assassinado (britânicos adoram fazer marketing com crimes).

Rosslyn Chapel

- Rosslyn Chapel
- 440.2159
- www.rosslynchapel.org.uk
- seg-sáb 9h30-18h, dom 12h-16h45
- £9 (Est: £7 | Cr: grátis)

Construída no século 15, essa capela medieval ficou famosa após servir de locação para as cenas finais do filme *O Código Da Vinci*. O interior, pequeno, impressiona pelos ornamentos esculpidos na parede e no teto. Fica um pouco distante da área central; para chegar, pegue a linha 15 da Lothian Bus na St. Andrew Square até a capela.

Museus

Scottish National Gallery of Modern Art

- 75 Belford Road
- www.nationalgalleries.org
- 624.6200
- seg-dom 10h-17h
- grátis

Aberto desde 1960, exibe arte do século 20, obras surrealistas e de artistas como Picasso, Matisse e Roy Lichtenstein. Algumas exposições especiais temporárias, geralmente surrealistas e dadaístas, são pagas. Atenção especial para o agradável Jardim de Esculturas, na frente da galeria, que também recebe intervenções.

National Museum of Scotland

- Chamber St.
- 123.6789
- www.nms.ac.uk
- seg-dom 10h-17h
- grátis

O grande museu do país apresenta temas variados: história da Escócia, culturas do mundo, história natural, arte e design, ciências e tecnologia. Melhor escolher uma ou duas áreas para se concentrar. Para quem quiser aprender mais sobre a história escocesa, há conteúdo sobre a passagem dos vikings e celtas, antigos monarcas, chegando até os dias de hoje.

The Writer's Museum

- Lawnmarket
- 529.4901
- seg-sáb 10h-17h, dom 12h-17h
- grátis

Esse museu exibe obras, fotografias, objetos pessoais e as histórias de Robert Burns, Sir Walter Scott e Robert Louis Stevenson, os três maiores escritores da Escócia. O museu tem uma lojinha interessante para os amantes de livros.

Scottish National Gallery

- The Mound, esquina com Princes Street
- 624.6200
- www.nationalgalleries.org
- seg-qua/dom 10h-17h, qui-sáb 10h-19h
- grátis

Situada em bonito edifício neoclássico no centro de Edimburgo e aberta ao público desde 1859, a galeria abriga obras de grandes mestres como Van Gogh, Rembrandt, Monet, Goya, El Greco, Botticelli, Cézanne e Gauguin, além de artistas escoceses menos conhecidos. Algumas exibições especiais são pagas.

Museum of Childhood

- 42 High Street
- 529.4142
- seg-sáb 10h-17h, dom 12h-17h
- grátis

Na frente da Casa de John Knox, líder da Reforma Protestante da Escócia, o museu evoca memórias da infância de diferentes gerações. No acervo, bonecas, brinquedos, jogos, bichos de pelúcia e roupas de diferentes períodos e lugares. O destaque é uma sala de aula de 1930, reconstruída. Na entrada, uma lojinha vende alguns brinquedos antigos (ou que pelo menos parecem antigos).

Residência oficial da rainha Elizabeth na Escócia

Museum of Edinburgh

- 142 Canongate
- 529.4143
- seg-sáb 10h-17h | ago também dom 12h-17h
- grátis

O museu municipal retrata a história e a vida cultural de Edimburgo ao longo do tempo, e é interessante principalmente para quem quer entender um pouco mais do passado local. Apresenta moedas romanas, pontas de flechas, fotos, quadros, roupas e maquetes.

The People's Story Museum

- 163 Canongate
- 529.4057
- seg-sáb 10h-17h, ago também dom 12h-17h
- grátis

Boa atração, esse museu relata a história do povo local. O acervo está dividido em três partes: a primeira mostra como era a vida no campo no século 18; a segunda guarda uma coleção de flâmulas e, usando bonecos de cera e pequenos cenários, contextualiza os habitantes de Edimburgo do início do século 20; e a terceira descreve a cidade na segunda metade do século passado. O complexo conta, ainda, com salas de cinema.

Scottish National Portrait Gallery

- 1 Queen Street
- www.nationalgalleries.org
- 624.6200
- seg-dom 10h-17h
- grátis

Fundado em 1882 e situado em um belo edifício avermelhado de estilo neogótico, o museu reúne coleção de pinturas, esculturas, gravuras, desenhos e fotografias, totalizando mais de 65 mil itens. Atenção especial para as pinturas e retratos de escoceses famosos, como a rainha Mary da Escócia e o eterno 007 Sean Connery. Algumas exibições especiais são pagas.

Outros

John Knox's House

- 43-45 High Street
- 556.9579
- seg-sáb 10h-18h, jul-ago também dom 12h-18h
- £5 (Est: £4, Cr: £1)

Um pouco mais adiante do Parlamento, passando a North/South Bridge, está uma das casas mais antigas de Edimburgo, onde supostamente morou John Knox, líder da Reforma Protestante da Escócia, em meados do século 16. Hoje, o lugar exibe a história de Knox.

Gladstone's Land

- 477B Lawnmarket
- mar-jun/set-out 10h-17h | jul-ago 10h-18h30
- £6,50

Originalmente construído em 1550, o edifício de Thomas Gladstone, próspero comerciante da região, foi reformado no começo do século 17, constituindo hoje um dos maiores exemplos de habitações típicas do período. O prédio de 6 andares, localizado numa região nobre, foi habitado não apenas por seu dono, mas também por outros membros da elite da época, como ministros, comerciantes e cavaleiros.

The Scotch Whisky Experience

- 354 Castlehill St.
- www.scotchwhiskyexperience.co.uk
- set-mai seg-dom 10h-18h | jun-ago 9h30-18h30
- £14-60 (Est: £12 | Cr: £7)

O principal produto exportado pela Escócia é o centro das atenções neste museu. Os tours interativos, que incluem degustação, são direcionados para apreciadores de uísque de todos os níveis. Os ingressos vão de £14, para iniciantes, a £30, para os verdadeiros entusiastas da bebida. Alguns tours exigem reserva prévia, que pode ser feita pelo site. Crianças também podem participar, em tours específicos, e há uma opção que inclui refeição. A última entrada ocorre uma hora antes do fechamento do local.

Camera Obscura and World of Illusions

- Castlehill 226.3709
- www.camera-obscura.co.uk
- jul-ago seg-dom 9h-21h | set-out 9h30-19h | nov-mar 10h-18h | abr-jun 9h30-19h30
- £13,95 (Est, Id: £11,95 | Cr: £9,95)

Divertido para crianças e adultos, esse museu fica junto ao Edinburgh Castle. O acervo é composto por atividades interativas e de ilusão de ótica. A atração principal é uma câmera obscura que gira 360°, mostrando cenas de Edimburgo ao vivo, ao mesmo tempo em que o guia conta causos sobre a cidade.

Comes & Bebes

Edimburgo não é uma cidade de grandes barbadas. Com a exceção de barraquinhas de *street food*, lanchonetes e cafés, não é fácil encontrar preços amigáveis em se tratando de comida. Paralelas à Princes Street, a Rose e a George Street, ao norte do castelo, reúnem muitos restaurantes e pubs, que oferecem aquela comida clássica de bar. Os preços nem sempre são em conta, então vale dar uma olhada no menu antes de se acomodar definitivamente. Para estabelecimentos mais acessíveis, dirija-se aos arredores da universidade, na Nicolson Street – vindo da rua North Bridge, alguns quarteirões ao sul da estação de trem.

The Doric Tavern

- 15-16 Market Street City Art Centre (6)
- 225.1084 www.the-doric.com
- seg-dom 12h-0h £8-20

Idealmente localizado próximo à estação de trem, esse restaurante está instalado em um charmoso prédio do século 17. No primeiro andar há um pub que serve pratos característicos desse tipo de estabelecimento, enquanto no segundo andar o ambiente é de bistrô, com pratos mais elaborados. Experimente o tradicional *haggis, neeps and tatties*, que nada mais é do que

---

UM OLHAR MAIS ATENTO | Uísque na terra do uísque

Mesmo que você não seja muito adepto do uísque, em algum momento durante a sua viagem pela Escócia você vai se deparar com a bebida, já que estará pisando no berço do mais puro malte escocês. Visitando Edimburgo, é possível descobrir um pouco mais sobre o processo de fabricação e fermentação do destilado, cujos primeiros registros datam do século 15. A popularidade da bebida é justificada pela posição geográfica da Escócia, no norte, que passa por grandes períodos de temperaturas gélidas. Assim como acontece com outros destilados, o uísque era também utilizado para tratar enfermidades – na verdade, dopar o doente e aliviar a dor. Por aqui, é possível encontrar pubs especializados em uísque, lojas (*whisky shops*) e um tour histórico com o nome de *"The Scotch Whisky Experience"* (veja a atração acima).

estômago de carneiro recheado com uma mistura de gordura e órgãos do animal (coração, fígado e pulmões), cebola, aveia e especiarias, bastante similar à buchada nordestina. A descrição não empolga, mas o prato, que acompanha nabo e batata, geralmente em purê, é saboroso. Para os menos aventureiros, a casa também tem como destaque os frutos do mar e peixes frescos.

David Bann

- 56-58 St. Mary's Street
- Gullan's Close (6, 60)   556.5888
- www.davidbann.com
- seg-dom 12h-22h   £10-20

Tendo como proposta um restaurante vegetariano com uma pegada gourmet, o chef prepara pratos como o risoto de cogumelos e aipo com abóbora assada ou os bolinhos de tofu e brócolis fritos acompanhado de uma salada, com ervilhas, gengibre, pimentão verde, folhas verdes e gergelim, coberta por *chutney* de banana e molho de ameixa. Alguns pratos são veganos, e os demais podem ser preparados sem nenhum produto de origem animal, se assim for pedido. Os pratos são bem apresentados e as porções, generosas. Servido aos sábados e domingos, o *brunch* (que vai até as cinco horas da tarde) custa £6,75 e inclui ovos, *muffins*, cogumelos, panquecas de batata e feijões em um molho de tomate com ervas aromáticas. Ótimo custo-benefício.

Mother India's Cafe

- 3-5 Infirmary Street
- South Bridge (7, 31, 37, 62)
- 524.9801   www.motherindia.co.uk
- seg-qui 12h-14h e 17h-22h30, sex-sáb 12h-23h e dom 12h-22h   £10-20

Assim como em outras cidades do Reino Unido, restaurantes indianos são muito populares em Edimburgo. Esse, em particular, traz como diferencial um certo costume espanhol: o *tapear*. Os pratos são servidos em pequenas porções, as *tapas*, o que possibilita experimentar diferentes especialidades da casa, sem se restringir a um único prato. Quem preferir, pode pedir as mesmas refeições em porções maiores.

Old Chain Pier

- 32 Trinity Crescent
- York Road (16, 50)
- 552.4960   oldchainpier.com
- seg-qui/dom 12h-23h, sex-sáb 12h-1h
- £10-25

Como o próprio nome sugere, esse pub está localizado na região portuária, numa avenida ao longo da orla com belíssima vista para o mar (ainda que sob céu cinzento na maior parte do ano). A pedida aqui são peixes e frutos do mar, como o *smoked haddock mornay*, hadoque defumado com espinafre, molho de cheddar e mostarda, ovo cozido com a gema molinha e purê de batata. Os variados *fishcakes* também valem a pena.

Stac Polly

- 29-33 Dublin Street
- Gullan's Close (6, 60)
- 556.2231   stacpolly.com/dublinst
- seg-sex 12h-14h/18h-22h, sáb-dom 18h-22h
- £25-40

Num ambiente rústico refinado, com parede de pedra, relógio de corda e guardanapos de tecido dobrados como ornamento, esse restaurante acrescenta um toque moderno à tradicional culinária escocesa. Vale experimentar o filé de peixe com mexilhões e molho *curry* ou o peito de faisão enrolado em bacon e recheado de damasco com purê de mostarda e molho à base de uvas. Prove algum uísque escocês, a casa oferece uma ótima seleção. Há outro restaurante da mesma rede culinária, mais informal e econômico, na 38 St. Mary's Street.

Hotéis & Albergues

Você encontrará a maior parte da rede hoteleira na área central de Edimburgo – ao redor da estação central de ônibus e de trem, tanto na New Town quanto na Old Town. Em termos de valor de diária, os albergues não variam tanto, e a pequena diferença está entre os dias da semana (mais caro sexta e sábado). Contudo, os hotéis, principalmente os de maior preço, podem custar quase três vezes mais na alta temporada.

High Street Hostel

- 8 Blackfriars Street
- Museum of Childhood (35)
- 557.3984
- www.highstreethostel.com
- 120 camas
- £1,90
- dorms 18p £11/16, 10p £16/19, 6p £13/19, 4p £14/20 | quartos 2p £54/58 (dia de semana/final de semana)

Ocupa um casarão de quase 500 anos, transformado em hostel em 1985 – onde, no passado, um morador foi decapitado por envolvimento no assassinato do marido da rainha Maria da Escócia, morto em 1567. Dormitórios têm *lockers* individuais e cada cama conta com a sua própria tomada. Lençóis incluídos, toalhas para alugar por £0,20 e serviço de lavanderia por £3,50. Não pergunte como, mas eles se orgulham de ser o único hostel capaz de... lavar os colchões. Tem *lounge* e cozinha, além de tablets para alugar. Às quintas-feiras, promove um *pub crawl*.

Castle Rock Hostel

- 15 Johnston Terrace
- Victoria Street (23, 27, 29, 41, 42, 67)
- 225.9666
- www.castlerockedinburgh.com
- 200 camas
- £1,80
- dorms 14p £12/15, 10p £14/17, 6p £16/19, 4p £18/21 | quartos 2p £50/60, 4p £72/84 (dia de semana/final de semana)

Aqui o diferencial fica por conta da localização – aos pés do Edinburgh Castle, principal atração da cidade. Quartos coloridos e repletos de pequenos quadros, dispõem de camas com luz de leitura e tomada individual. O ambiente é descontraído, graças ao espaço comum, que conta com mesa de sinuca, lareira, piano e *jukebox*. Tem pátio, sala de vídeo e cozinha compartilhada.

A irreverente área comum do Budget Backpackers

Caledonian Backpackers

- 📍 3 Queensferry Street   📞 226.2939
- 🚌 Queensferry Street (19, 36, 37, 47)
- 💻 www.caledonianbackpackers.com
- 👤 116 camas   🍳 incluído
- 💲 dorms 20p £12/16, 12p £14/18, 8p £16/20, 6p £18/23, 4p £20/25 | quartos 2p £48/60 (dia de semana/final de semana)

Não está longe do Edinburgh Castle, mas até a Old Town são uns 20min a pé. Tem sala de TV, cozinha, máquinas de venda automática e computadores com acesso gratuito à internet. O bar não perde em nada para outros pubs – vende inúmeros tipos de bebida, tem mesas de sinuca e vários jogos de tabuleiro. O café da manhã é bem simples, mas, em compensação, além de estar incluído na diária, é servido até o meio-dia.

Budget Backpackers

- 📍 7-39 Cowgate   📞 226.6351
- 🚌 Chambers Street (23, 27, 29, 41, 42, 67)
- 💻 www.budgetbackpackers.com
- 👤 300 camas   🍳 £2
- 💲 dorms 12p-10p £12/17,50, 8p-6p £13/18,50, 4p £14,50/19,50 | quartos 2p £42/52 (dia de semana/final de semana)

A um pulo da Grassmarket, área comercial e de relevância histórica, e pertinho do Edinburgh Castle. Quartos espaçosos e com *lockers* individuais. Tem cozinha e sala de uso comum com TV, vários sofás, mesa de sinuca e uma boa vista dos pontos turísticos da cidade. O bar, que também vende alguns petiscos e lanches bem baratos, garante o clima de descontração. O outro albergue da rede, Kick Ass Hostel, está a 400m.

Edinburgh Central Youth Hostel

- 📍 9 Haddington Place   💻 www.syha.org.uk
- 🚌 Elm Row (25, 26, 33, 34, 44, 49)   📞 524.2090
- 👤 271 camas   🍳 £4,50/5,95
- 💲 dorms 6p £22-32 | quartos 1p £42-45, 2p £89-115, 3p £81-105, 4p £123-165

Pertence à rede HI, e para chegar até aqui é preciso caminhar um pouquinho mais, se comparado com a localização dos outros albergues – deste local até a Old Town são uns 15, 20min a pé. Todos os quartos e dormitórios dispõem de banheiro privado. Tem sala de uso comum, cozinha e um café que vende lanches e refeições. Deixar as malas no *left luggage* custa £2 por hora e acessar a rede wi-fi, £1 por hora.

Code Hostel

- 📍 50 Rose Street North Lane
- 🚌 Frederick Street (13, 24, 29, 30)
- 📞 659.9883   💻 codehostel.com
- 👤 6 quartos   🍳 incluído
- 💲 dorms 6p £30 | quartos 2-4p £132

Hostel boutique com fachada de tijolinhos vermelhos, localizado nas imediações do Princes Street Gardens. Todos os quartos têm banheiro privado, e cada uma das camas embutidas possui cortina, luz de leitura e prateleira. Tem vários espaços comuns, incluindo sala com janela panorâmica e terraço. Dispõe ainda de uma equipada e moderníssima cozinha. Recepção das 9h às 20h.

The Abbey Hotel

- 📍 9 Royal Terrace
- 🚌 Brunswick Street (4, 19, 26, 34, 44, 106)
- 📞 557.0022
- 💻 www.abbeyhoteledinburgh.wix.com/abbeyhoteledinburgh
- 👤 15 quartos   🍳 incluído
- 💲 quartos 1p £50, 2p £70

Está em meio a uma área verde – de frente para o Royal Terrace Gardens e pertinho do Regent Gardens. Não espere grandes diferenciais, os quartos são simples, têm banheiro individual, TV e utensílios para preparo de café e chá. Se fizer questão de ficar em hotel, mas não quiser investir muito, pode ser uma boa pedida.

Ramsay's Bed & Breakfast

- 25 East London Street
- 557.5917
- Mansfield Place (7, 8, 13, 23)
- ramsaysbedandbreakfastedinburgh.com
- 4 quartos
- incluído
- quartos 1p £85, 2p £95, 3p £130

Localizado na New Town, a 10min a pé da Princes Street e das estações centrais de trem e ônibus. Os quatro quartos, cada um com uma decoração particular, são bem iluminados e dispõem de banheiro privado, TV, base para iPod e amenidades para preparo de café e chá. O café da manhã é caprichado, com direto até a salmão. Os donos, Sharon e Norrie, são bastante cordiais. Ideal para quem busca um atendimento mais personalizado.

Stay Central Hotel

- 139 Cowgate
- Victoria Street (27, 29, 41, 42, 67)
- 622.6801
- www.staycentral.co.uk
- 37 quartos
- incluído
- quartos 1p-2p £70-190, 6p £153-261

Hotel 3 estrelas em localização estratégica, a curta distância de muitos pontos turísticos. Os quartos são decorados de modo contemporâneo e em cores claras, equipados com ar-condicionado, chuveiro com efeito de chuva (com sistema de hidromassagem), TV, frigobar, base para iPod e utensílios para preparo de café e chá. Há um dormitório privativo com três beliches que é ideal para grupos de jovens por ter área de estar com TV e videogame. No primeiro piso do hotel funciona o badalado bar *The Three Sisters*. Como o valor das diárias muda muito, é melhor dar uma olhada no site antes de pensar em reservar.

Adria House

- 11 Royal Terrace
- Brunswick Street (4, 19, 26, 34, 44, 106)
- 556.7875
- www.adriahouse.co.uk
- 7 quartos
- incluído
- quartos 1p £65-80, 2p £80-130

Está na mesma rua de The Abbey Hotel, apenas duas portas ao lado. Embora seja *guesthouse* no nome, a estrutura e a aparência são mais condizentes com as de um pequeno hotel. Todos os quartos são charmosíssimos, decorados com móveis antigos, com TV e utensílios para fazer café e chá. O banheiro pode ser dentro ou fora do quarto, mas é sempre privado. No *lounge* tem TV e um computador que você pode usar livremente para acessar a internet.

Hotel Indigo Edinburgh

- 51 - 59 York Place
- York Place (10, 11, 12, 16, 26, 44)
- 556.5577
- www.ihg.com
- 60 quartos
- incluído
- quarto 1p-2p £130-225

Está na New Town, a poucos passos da estação central de ônibus/trem e praticamente nos fundos existe um shopping, o que pode ser útil em horas de aperto. O *tram* que vem do aeroporto para exatamente em frente ao hotel. Quartos decorados de modo contemporâneo e em cores vibrantes. São equipados com ar-condicionado, TV, base para iPod, frigobar, mesa de trabalho e cofre. Tem academia e restaurante especializado nas cozinhas escocesa e internacional. Se preferir, é possível fazer a reserva sem o café da manhã – £15 a menos por pessoa/dia. Preste atenção nas exorbitantes diferenças de valores dependendo da temporada.

GLASGOW

Glasgow e Edimburgo alimentam, há muitos anos, uma saudável rivalidade pelo título de cidade mais bacana da Escócia. Ao conversar com um habitante da capital, é provável que você receba a garantia de que Edimburgo tem a melhor vida cultural e universitária do país. Em Glasgow, ouvirá o mesmo de um *glaswegian* (ou glasgowniano, em português, como são chamados os nativos). Ambas são cidades lindas e justificam a visita. Glasgow ganha no tamanho: é o maior centro urbano da Escócia e o terceiro mais populoso do Reino Unido, com quase 600 mil habitantes (perde apenas para Londres e Birmingham). Situada às margens do rio Clyde, teve seu auge no século 18, com o comércio de tabaco, atividade que a consolidou como um dos principais centros financeiros da Europa.

A Cidade

O rio Clyde, que corta a cidade, é um bom ponto de referência. A maioria das atrações fica por perto: do rio até a universidade são 20min de caminhada; até a Buchanan Street, menos de 10; e, para ir das margens do Clyde até o Museu e Galeria Kelvingrove, basta caminhar cerca de 25min. Código telefônico: 141.

Informações turísticas

Há um posto de informações no setor de voos domésticos do aeroporto *International* (GLA) (jul seg-sáb 7h30-21h, dom 8h-18h | ago-jun seg-sáb 7h30-17h, dom 8h-15h30) e outro na movimentada 170 Buchanan Street (seg-sáb 9h-17h, dom 10h-17h). Pela internet: www.peoplemakeglasgow.com.

Chegando e saindo

Glasgow possui dois aeroportos: o *International* (GLA) e o *Glasgow Prestwick*, que opera voos *low-cost*. Para chegar à área central da cidade, a partir do International, é possível pegar os ônibus First 474 ou o Glasgow Shuttle; a partir de Prestwick, a 50km de distância, o melhor é tomar um trem até o centro.

São duas grandes estações de trem: a *Central Station*, com linhas para Londres e cidades ao sul da Escócia, e a *Queen Street Station*, que liga Glasgow a Edimburgo, distantes 75km, trajeto de cerca de 1h. Há diversos tipos de trens com preços bem variados – uma viagem para Londres, por exemplo, pode custar entre £30 e £250, dependendo do trem escolhido. As principais companhias que operam o transporte ferroviário são *First Scotland*, *Virgin* e *East Coast*.

Pátio interno da Universidade de Glasgow

Circulando

Em formato circular, com apenas duas linhas – uma em sentido horário, outra em anti-horário –, o metrô cobre Glasgow e alguns subúrbios próximos. A viagem única sai por £1,60, duas por £3 e múltiplos deslocamentos durante um dia por £4. Quem pretende ficar mais tempo por aqui pode comprar um cartão (£3) que reduz as tarifas: £1,40 a viagem única e £2,70 as ilimitadas durante um dia; também existem passes semanais, £13, e mensais, £50. Na cidade, a operadora de ônibus é a *First Glasgow*, com veículos modernos, geralmente brancos com detalhes em rosa e roxo. A viagem única custa £1,20/£2 (até cinco paradas/qualquer área da cidade); já o bilhete para um dia sai por £4,30/5,75 e para a semana, £17/21 (cidade/subúrbios).

Atrações

Rodeada de cafés, restaurantes e lojas, a Buchanan Street é um bom lugar para iniciar uma caminhada pela região central. Os principais atrativos da cidade ficam por conta do arquiteto escocês Charles Mackintosh, conhecido como "o pai do estilo de Glasgow", responsável pela construção de diversos edifícios com alto valor arquitetônico (veja o box abaixo).

Riverside Museum

- 100 Pointhouse Road
- Riverside Transport Museum (100)
- 287.2720
- seg-qui/sáb 10h-17h, sex/dom 11h-17h
- grátis

Situado às margens do rio, o museu tem enorme coleção dedicada ao transporte, reunindo os mais variados tipos de condução, de sapatos a aviões. Organizado e preservado, o acervo agrada a adultos e crianças.

Kelvingrove Art Gallery and Museum

- Argyle Street
- Kelvinhall
- 276.9599
- seg-dom 11h-17h
- grátis

Projetado para a Exposição Internacional de 1888, sediada no Kelvingrove Park, esse palacete, inspirado na arquitetura barroca espanhola, foi inaugurado em 1901. Hoje, como uma das atrações populares de Glasgow, possui 22 galerias temáticas e mais de 8 mil obras expostas. A coleção é bastante eclética: desde quadros e esculturas de artistas escoceses e estrangeiros, incluindo obras famosas (como São João da Cruz, de Salvador Dalí), até esqueletos de dinossauros, armas e objetos históricos de várias partes do mundo.

UM OLHAR MAIS ATENTO | Projetos de Mackintosh

Famoso por ser o maior nome do *art nouveau* do Reino Unido, o arquiteto escocês Charles Rennie Mackintosh (1868-1928) projetou diversos edifícios em Glasgow, cidade onde nasceu e passou grande parte de sua vida. Os prédios têm os traços curvilíneos característicos do movimento, mesclados com elementos do design japonês (o japonismo), conhecido pela economia de matérias primas e reaproveitamento de materiais, o que vinha de encontro com o estilo de Mackintosh. Você pode conferir vários projetos do arquiteto nas ruas de Glasgow, em especial o *Martyrs' School*, na Parson Street, e o *The Lighthouse*, na 11, Mitchell Lane, dois dos mais conhecidos. Outros pontos são o *Daily Record Building* (20–26, Renfield Lane); *The Willow Tea Rooms* (217, Sauchiehall Street); *The Glasgow School of Art* (11, Dalhousie Street); *The Mackintosh Church* (Queen's Cross); *Ruchill Church Hall* (15/17, Shakespeare Street); *The Hunterian* (82, Hillhead Street); *Kelvingrove Art Gallery & Museum* (Argyle Street); *House for an Art Lover* (Bellahouston Park, 10, Dumbreck Road); *Scotland Street School* (225, Scotland Street).

Museu Kelvingrove, visto a partir da universidade

University of Glasgow

- Gilmorehill; University Avenue
- Hillhead
- 330.2000
- www.gla.ac.uk

Fundada em 1451, a Universidade de Glasgow é uma das mais antigas e respeitadas do mundo. Possui três *campi*. O principal, Gilmorehill, está localizado a pouco mais de 2km do centro, e certamente é o mais bacana para uma visita: possui galeria de arte, eventos abertos ao público (palestras e concertos) e museus. A região ao redor desse campus é cheia de ruas estreitas repletas de cafés, restaurantes e lojas. Os outros dois são o Garscube, a 6,5km do Gilmorehill, e o Dumfries, na cidade universitária homônima, no sudoeste da Escócia.

The Hunterian

- University of Glasgow
- www.gla.ac.uk/hunterian
- ter-sáb 10h-17h, dom 11h-16h
- grátis

Vinculado à Universidade de Glasgow, esse museu é um bom lugar para conhecer um pouco mais do trabalho de Mackintosh: aqui está remontada a casa do arquiteto, com os ambientes tais quais eram no espaço original. Entre os demais atrativos do local está uma exposição de zoologia, coleção sobre o Egito Antigo e moedas e medalhas.

The Lighthouse

- 11 Mitchell Lane
- St Enoch
- www.thelighthouse.co.uk
- seg-sáb 10h30-17h, dom 12h-17h
- grátis

Em formato de farol, o museu abriga exposição com histórias e maquetes dos projetos de Mackintosh, além de mostras temporárias sobre design e arquitetura. Do topo do edifício, há uma bela vista dos arredores. Diariamente às 11h acontece um tour pelas dependências do prédio; dura 40min e sai por £7. As reservas devem ser feitas com um dia de antecedência pelo e-mail information. thelighthouse@glasgow.gov.uk.

The Glasgow School of Art

- 167 Renfrew Street
- Cowcaddens
- 353.4500
- www.gsa.ac.uk
- seg-dom 11h/11h30/14h/15h15
- £9,75 (Est, Id: £8 | Cr: £4,75)

Uma das mais respeitadas instituições de ensino do Reino Unido nas áreas de arte, design e arquitetura, a Escola de Artes de Glasgow foi fundada em 1845, quando se chamava Escola Governamental de Design. O prédio, de estilo neogótico, foi desenhado por Mackintosh. Para não perturbar as aulas, as visitas são guiadas e têm duração de 1h. São aceitas apenas 20 pessoas por tour, por isso, agende com antecedência pelo site.

Comes & Bebes

Glasgow possui uma boa oferta de estabelecimentos gastronômicos, com maior concentração na região central. Na movimentada Sauchiehall Street e nas ruas perpendiculares você encontra cafés, bares e pubs. No centro, as ruas paralelas à Buchanan Street também guardam muitas alternativas. A Argyle Street, que cruza toda a região central em direção à West End, tem muitos restaurantes, particularmente nas proximidades do parque Kelvingrove e no cruzamento com a Byres Road, já na zona oeste.

Riverhill Coffee Bar

- 24 Gordon Street
- Central Station (9, 10, 23, 38, X23)
- 204.4762
- www.riverhillcafe.com
- seg-sáb 7h-17h
- £2-7

Praticamente colado à estação central, esse pequeníssimo café está frequentemente lotado, em parte pela localização ideal, mas principalmente por causa de seus deliciosos bolos e doces – muitos preparados sem glúten ou produtos de origem animal. A casa serve sanduíches (o de carne de porco defumada é estupendo!), sopas e saladas, sempre com ingredientes locais frescos.

Saramago

- 350 Sauchiehall Street
- Dental Hospital (3, 7, 13, 19)
- 352.4920
- www.cca-glasgow.com/saramago-caf
- seg-qui 10h-0h, sex-sáb 10h-1h, dom 12h-0h
- £5-15

Instalado no interior do Glasgow Centre for Contemporary Art, esse café, nomeado em homenagem ao grande escritor português, oferece uma cozinha inspirada em sabores mediterrâneos e do norte africano. Serve saladas (£7), sopas (£4), sanduíches (£5,50) e pratos mais elaborados (£8-9), entre os quais se destacam o *meze* grego (seleção de acepipes, como vegetais recheados e pastas diversas com pão pita) e a *paella* espanhola. Caso queira só petiscar, as *tapas* (£2,50-4) também são recomendadíssimas, em particular o coração de alcachofra com limão e aioli e o tempurá de legumes com molho picante adocicado e shoyu. O menu *pre-theatre* (entre 17h-19h) custa £10,95 para dois pratos ou £12,95 para três. Domingo é dia de *tapas*: quatro porções saem por £10.

Two Fat Ladies at the Buttery

- 652 Argyle Street
- Hydepark Street (1, 100, 147, 334, 335)
- 221.8188
- twofatladiesrestaurant.com
- seg-dom 12h-15h/17h30-22h
- £15-30

Mais do que um nome esdrúxulo, esse restaurante apresenta uma cozinha moderna, criativa e bem executada, mantendo-se fiel à tradição culinária escocesa. O padrão xadrez dos estofamentos, os móveis em madeira escura e as peças de louça na parede caracterizam o ambiente de forma elegante. Experimente o assado de pato com *skirlie* (aveia frita com banha, cebola e temperos), groselhas e geleia de damasco e sálvia ou o salmão com uma crosta de queijo *emmental*, ervas aromáticas e molho de tomate. O restaurante não é barato – espere pagar cerca de £22 num prato à la carte –, mas se torna mais acessível no almoço e entre 17h30-19h (*pre-theatre*), quando entrada e prato principal ou prato principal e sobremesa saem por £16 e os três pratos por £19.

Hotéis & Albergues

Embora boa parte da rede hoteleira esteja na região central (próximo da Central Station), pode ser uma experiência bacana se hospedar em uma área mais residencial, como a zona oeste de Glasgow. Por aqui, existe uma boa oferta de hotéis, dois parques nas imediações – Kelvingrove e Victoria – e não se está tão longe das atrações do centro.

Euro Hostel Glasgow

- 318 Clyde Street
- St Enoch SPT
- 399.956
- www.euro-hostels.co.uk
- £4
- dorms 14p £10-18, 8p £12-20, 4p £14-22 | quartos 1p £20-50, 2p £24-50

Excelente localização – às margens do rio Clyde, próximo à Central Station. Todos os quartos, inclusive dormitórios, têm banheiro próprio. Conta com sala de TV, sala de descanso, cozinha e lavanderia. O bar do hostel, Mint & Lime Bar, é aberto ao público e serve algumas comidinhas, como nachos. Há algumas promoções bem interessantes, como duas refeições e duas bebidas por £10.

Glasgow Youth Hostel

- 8 Park Terrace
- Woodlands Gate (4, 4A)
- 332.3004
- www.syha.org.uk
- 110 camas
- £6
- dorms 8p £17-28 | quartos 1p £35, 2p £50, 3p £72

Albergue HI, nos arredores do Kelvingrove Park, a 15min de caminhada do museu desse parque. Todos os quartos dispõem de banheiro privativo e os dormitórios não são mistos. Tem sala de TV, sala de jogos, cozinha, lavanderia e serviço de aluguel de bicicleta.

Manor Park Guest House

- 28 Balshagray Drive
- Broomhill Place (141)
- 339.2143
- www.themanorpark.com
- 8 quartos
- incluído
- quartos 1p £45, 2p £75

A *guesthouse* de Scott e Fiona, de clima caseiro, está em uma área residencial, na zona oeste de Glasgow, praticamente em frente ao Victoria Park e a 5km do centro. Os quartos têm banheiro privado e são equipados com TV, mesa de trabalho e utensílios para preparo de café e chá. O café da manhã é bastante elogiado devido à variedade.

The Z Hotel Glasgow

- 36 North Frederick Street
- Buchanan Street SPT
- 212.4550
- www.thezhotels.com
- 104 quartos
- £9
- quartos 1p £45-65, 2p £60-75

Colado ao Queen Street Station, ideal para quem chega de Edimburgo sem ter onde pernoitar e está em busca de algo em conta. As diárias mais baratas são para quartos sem janela, mas todos têm banheiro privativo, ar-condicionado, isolamento acústico e TV. O café do hotel serve sanduíches e algumas bebidas. Como um bom mimo, oferecem para todos os hóspedes nos finais de tarde uma pequena degustação de queijos e vinhos.

citizenM Glasgow

- 60 Renfrew Street
- At Art & Music School (3, 6B, 7, 68, 72)
- 3519.1111
- www.citizenm.com
- 69 quartos
- incluído
- quartos 1p £83-118, 2p £92-127

Esse elogiadíssimo hotel design está no centro de Glasgow, a curta distância de diversas atrações e da Central Station. Os quartos não são muito grandes, mas se destacam pela funcionalidade. Todos dispõem de ar-condicionado, janela panorâmica e cortina *black-out*. O bar do hotel é 24h e serve de tudo um pouco, de sanduíches a sushi. É possível fazer a reserva sem o café da manhã (£9,45 a menos por pessoa na diária).

HIGHLANDS

As Highlands (Terras Altas) são a zona montanhosa do norte da Escócia, mas isso seria um resumo muito relapso desse lugar: trata-se de uma área do tamanho do estado de Santa Catarina, formada por bosques, montanhas, colinas, lagos de águas límpidas, gramados que parecem não ter fim, jardins coloridos e castelos antigos (e fotogênicos: você já deve ter visto alguns em filmes). O cenário natural é interrompido por pequenos vilarejos habitados por escoceses simpáticos e bem-humorados, que fazem questão de manter algumas tradições nacionais – como o uso do *kilt*, uma autêntica saia vestida por homens.

INVERNESS

Cortada pelo rio Ness, Inverness, com 62 mil habitantes, é a capital e a maior cidade das Highlands. O monstro mais famoso do Reino Unido vive (dizem) no lago Ness, a 22km de distância. Lenda ou não, Nessie, como é carinhosamente chamado, atrai milhares de pessoas à cidade todos os anos. Além do mistério, Inverness é um bom ponto de partida para explorar a região, e você certamente vai encontrar vários viajantes dispostos a explorar as trilhas das redondezas. Considerada a capital da gaita de foles, sedia vários festivais e encontros de fãs do instrumento, principalmente no verão.

A Cidade

Os principais pontos de referência de Inverness são os calçadões *High Street*, que vai do shopping Eastgate Centre até o rio Ness (não confunda-o com o lago de mesmo nome), e *Market Arcade*, em frente à estação de trem. A melhor forma de conhecer a cidade é caminhando, mas também é possível alugar uma bicicleta, que você encontra na *Happy Tours* (www.happy-tours.biz).

Informações turísticas

Em frente à prefeitura, ao final da High Street em direção ao rio, está o centro de informações turísticas (Castle Wynd; mai-set seg-sáb 9h-20h, dom 9h30-17h | out-abr seg-sex 9h-17h, sáb-dom 10h-16h), que disponibiliza panfletos e informações sobre as Highlands, de sugestões de *trekkings* à reserva de hotéis e B&Bs. Pela internet: www.inverness-scotland.com.

> **A BARBADA É | Carro nas Highlands**
>
> Dando a real: é bem complicado explorar as Highlands sem um veículo "próprio". O território é pouco populoso e bastante extenso. Não há malha ferroviária, e as estradas, estreitas e pouco usadas, não estão acostumadas ao trânsito de ônibus intermunicipais (com exceção de algumas cidades um pouco maiores, como Inverness e Fort William). Por isso, se você estiver a fim de passear pela área, considere alugar um carro – mas é bom ter uma ideia de como você se sairá dirigindo do lado direito do veículo antes de pegar a estrada pra valer.

Chegando e saindo

Há ônibus diários para vários locais, especialmente Edimburgo, a 250km, e Glasgow, a 270km. Uma das companhias mais utilizadas é a *Megabus*, que tem tarifas de £1 a £20. Trens são mais escassos e, dependendo do destino, é necessário fazer baldeação. As estações ferroviária e rodoviária ficam quase ao lado uma da outra, ambas próximas da Academy Street. A cidade conta com um aeroporto, a 11km do centro, que recebe voos das principais cidades do Reino Unido e da Irlanda.

Atrações

O ponto alto de Inverness, assim como de outras cidades das Highlands, são as belezas naturais. É aqui que fica o famoso **Lago Ness**, em cujas margens você pode caminhar até chegar às **Ness Islands**, um grupo de pequenas ilhas percorríveis a pé. Outras atrações da cidade são o **Inverness Museum and Art Gallery**, museu com entrada gratuita para a exibição de armas e artefatos usados pelos habitantes da Escócia desde a Antiguidade; o **Castelo Garrison**, que não é aberto a visitações internas, e o **Castelo Urquhart**, fortaleza construída no século 13 (£8,50 | Cr: £6,80). Atravessando o rio, você encontra o **Kiltmaker Visitor Centre**, uma fábrica de *kilts* que está em pleno funcionamento (inclusive durante a visita) e mostra uma interessante exposição sobre a história do *tartan*, o famoso padrão xadrez dos tecidos escoceses.

Comes & Bebes

A maioria dos restaurantes está concentrada nos arredores da estação de trem e às margens do rio Ness. A movimentada Church Street encadeia vários cafés que oferecem lanches reforçados e menus especiais no almoço. O **Velocity Cafe and Bicycle Workshop** (1 Crown Avenue; seg-qua/sex-sáb 9h-17h, qui 9h-21h, dom 11h-17h; £5-10) é um espaço descontraído, com café e loja de reparos de bicicletas anexos. A casa serve sanduíches, sopas, saladas e bolos. **The Joy of Taste** (25 Church Street; seg-dom 12h-15h/18h-23h; £10-25) tem um ambiente bacana e serve uma grande variedade de pratos. Há um menu para o almoço e outro para o jantar; o primeiro é um tanto reduzido e voltado para sanduíches, burguers e pratos simples, o que implica preços mais convidativos. A entrada de barriga de porco, lentamente assada, com vieiras, hadoque defumado, torresmos e molho de açafrão (£5,75), é imperdível. Outra especialidade é a carne de cervo com polenta e cogumelos ao molho de vinho (£17,95). Na baixa temporada, o restaurante oferece descontos em todo o cardápio, exceto nas sextas e sábados.

Hotéis & Albergues

Mesmo sendo pequena, Inverness oferece um bom número de acomodações. A rede hoteleira está concentrada nas imediações da estação de trem e nas margens do rio Ness. Não existem muitos albergues, mas o **Inverness Student Hotel** (8 Culduthel Road; dorms 10p £16, 6p £18) é uma boa alternativa. Possui quartos espaçosos; café da manhã por £2. Se puder gastar um pouco mais, invista no elogiadíssimo **Avalon Guest House** (79 Glenurquhart Road; quartos 1p £55, 2p £80). Os quartos contam com TV, base para iPod e chaleira elétrica e podem ser com ou sem banheiro, equipados. O farto café da manhã já está incluído.

> **TE LIGA, VIAJANTE | Malditos *midges***
>
> Dica valiosa: antes de caminhar pelas montanhas e vales das Highlands, compre um repelente de *midges*, insetos típicos de regiões montanhosas. As picadas dos *midges* são mais incômodas do que de mosquitos comuns; provocam dor e coceira mais intensa. Os insetos atacam em grandes grupos — dão a impressão de ser uma nuvem preta vindo em sua direção.

> **ALMANAQUE VIAJANTE | O Monstro do Lago Ness**
>
> O charme e a beleza de Inverness bem que poderiam, mas não são as principais razões pela fama do lugar. O responsável por incluir essa simpática cidade no cenário turístico mundial é o famoso morador do *Loch Ness* (Lago Ness): o monstro, ou Nessie, se você preferir chamá-lo pelo nome (ou seria apelido?). O lago é um dos maiores do Reino Unido em comprimento e profundidade, com 37km de extensão e 226m da superfície ao fundo. O vilarejo de **Drumnadrochit** é indicado como o ponto preferido de Nessie no lago. O mistério em torno do monstro é bem antigo: data do ano 565, quando um missionário irlandês relatou ter salvo uma pessoa das garras de um réptil que se assemelharia a um plesiossauro, contemporâneo dos dinossauros. Em 1880, um mergulhador profissional que buscava um barco afundado no lago saiu apavorado das águas, contando ter visto um animal de cerca de 3m perto de onde estava trabalhando. Depois disso, relatos sobre a existência do monstro pipocaram várias outras vezes. Na mais famosa delas, em 1934, a imprensa mundial publicou uma foto da terrível criatura, com o pescoço e a cabeça para fora da água (foto acima), apresentada como evidência definitiva de sua existência – prova que caiu por terra 60 anos depois, com a confissão de um jornalista sobre o embuste. O relato mais recente é de 2007, quando um homem gravou um vídeo de algo nadando rapidamente pelo lago. Os fãs de Nessie consideram esta sua melhor aparição. Todas as teorias sobre Nessie estão expostas no **Loch Ness Centre & Exhibition** (www.lochness.com), situado no Hotel Drumnadrochit, no vilarejo de mesmo nome. O local reúne fotos, filmes, histórias e recriações de cenários sobre o fantástico habitante do lago.

FORT WILLIAM

Segunda maior cidade das Highlands, com 10 mil habitantes, Fort William é conhecida como a capital dos esportes de aventura, embora as principais atrações não estejam propriamente aqui, mas nos arredores. A 215km de Edimburgo, 170km de Glasgow e 105km de Inverness, a cidade tem boa estrutura, o que ajuda a atrair viajantes.

A Cidade

Localizado na High Street, a avenida principal, o Centro de Informações Turísticas ([9] 15 High Street; [◯] seg-sáb 9h-17h, dom 10h-16h) pode ser útil para quem viaja pelas Highlands e precisa comprar passagens de ônibus, tirar dúvidas sobre as atividades nos arredores ou acessar a internet.

Chegando e saindo

Várias vezes por dia saem ônibus e trens de Edimburgo (5h) e de Glasgow (4h) para Fort William. Apesar da proximidade entre Inverness e Fort William, fazer o percurso de trem não é uma boa ideia, já que não existe uma rota direta entre as cidades. A viagem, cheia de baldeações, pode se prolongar por mais de 8h. Nesse caso, o melhor é fazer o trajeto de ônibus, com tempo reduzido para 1h50. De qualquer maneira, antes de comprar a passagem, verifique o itinerário – algumas rotas passam por Glasgow, aumentando (e muito) o tempo de viagem. Para informações sobre os horários e preços de trem, consulte tickets.scotrail.co.uk, e, de ônibus, use o sales.citylink.co.uk.

Atrações

Os principais atrativos de Fort William não estão exatamente na cidade, que serve como base para os turistas, geralmente em viagens de carro. O ponto alto para quem está percorrendo o norte da Escócia é **Glencoe**, a 25km de Fort William, o estreito vale do rio Coe, em formato de "U", cercado por montanhas e originado da explosão de um vulcão há 420 milhões de anos. Considerado uma das paisagens mais lindas da Escócia, Glencoe tem lagos, cachoeiras e montanhas de muitas cores. Também bonito é **Ben Nevis**, a 12km de Fort William, o ponto mais elevado do Reino Unido, com 1.344m de altitude, bom lugar para trilhas – mas que exigem ótimo preparo físico. Ben Nevis recebe cerca de 100 mil visitantes por ano – muitos deles alpinistas em busca de escaladas com diversos níveis de dificuldade.

Comes & Bebes

Como cidade pequena, toda a oferta gastronômica (não que seja muita) está concentrada na região central – basta uma breve caminhada pela High Street e suas transversais para encontrar vários cafés e restaurantes. O **Crannog Seafood Restaurant** (seg-dom 12h-14h30/18h-21h; £15-25), localizado no píer da cidade, serve frutos do mar e peixes – destaque para os mexilhões ao molho de vinho branco e para os peixes tamboril e salmão escalfados com alho-poró, espinafre e creme de açafrão, servidos com *clapshot*, um purê amanteigado de nabo e batatas com cebolinha. No especial do almoço, a entrada ou a sobremesa e o prato principal saem por £15 e os três, por £19. Aos pés do Ben Navis, uma estrada corre ao longo do leito do rio homônimo. Ali você pode encontrar acampamentos e acomodações mais rústicas e charmosos chalés servindo a autêntica cozinha da região. Um deles é o **Cafe Beag** (seg-qui 8h-18h, sex-dom 8h-20h; £4-10), cujo nome, em galês, significa pequeno – bem apropriado para as dimensões do local, que não comporta mais do que oito pessoas. A casa serve café da manhã e almoço por preços bem amigáveis. Além de sopas, sanduíches e salgados, você pode encontrar aqui deliciosas batatas assadas e com recheios variados. De sobremesa, não deixe de experimentar o *cheesecake*.

Hotéis & Albergues

Algumas poucas acomodações estão nas imediações da estação de trem, mas a maioria fica mesmo na Achintore Road, avenida às margens do lago Eli e que assume diferentes

Glencoe, o vale em formato de U

nomes ao longo do trajeto. Dentre os albergues, o **Fort William Backpackers** (📍 Alma Road; 💲 dorms 8p £17) se destaca por estar próximo da estação de trem. Tem sala de uso comum com lareira e jardim com churrasqueira. Café da manhã sai por £2. O **Clan Macduff Hotel** (📍 Achintore Road; 💲 quartos 1p £55-90, 2p £75-110) está a 5min de carro da estação central de Fort William, de frente para o lago. Quartos com ventilador, TV e utensílios para preparar café e chá. Tem restaurante e *lounge bar*.

> **BAITA VIAGEM | Aventura em Ben Nevis**
> Todo ano, desde 1937, no primeiro sábado de setembro, acontece a *Ben Nevis Race*, corrida na qual 500 competidores sobem e descem a montanha em até 1h25. Quer encarar?

ISLE OF SKYE

Parte das ilhas Hebrides, a Isle of Skye oferece fácil e rápido acesso do "continente britânico" – você mal percebe que está numa ilha. As principais cidades (ou vilarejos) são Kyleakin, Broadford, Uig e, a maior, Portree – todas praticamente com *bed & breakfast* e acomodação mochileira, especialmente albergues independentes. Com o relevo recortado, recheado de castelos e ruínas, penhascos e montanhas, a ilha de Skye, com 10 mil habitantes, é o local perfeito para abusar de sua boa saúde e respirar profundamente o puro ar rural do norte escocês.

A Ilha

A maneira mais comum de chegar na ilha é pela pequena cidade de **Kyle of Lochalsh**, geralmente vindo de Inverness, a 125km, ou Fort William, a 115km. O trajeto entre as duas cidades proporciona uma das mais bonitas paisagens do país. Em Kyle, você pode pegar o ônibus que atravessa a ponte para as cidades da ilha, geralmente parando em frente aos albergues – confirme com o motorista. Ônibus percorrem a ilha, mas com horários limitados. Utilize-os no máximo para chegar a sua vila e faça o resto a pé ou de bicicleta, que você consegue alugar nos vilarejos de **Broadford** (📍 Fairwinds Cycle Hire; 📞 822.270) e de **Portree** (📍 Island Cycles; 📞 613.121; 💻 www.islandcycles-skye.co.uk). Também é possível agendar passeios de um dia em minivans. Uma das empresas que presta o serviço é a *Skyetours* (www.skye-tours.co.uk). A ilha pela internet 💻 www.skye.co.uk.

Portree, o maior vilarejo de Isle of Skye

Atrações

Descubra onde você quer ir e o que deseja fazer, pegue um mapa e todas as coordenadas no próprio albergue ou nos centros de informação. Opções de *trekking* são várias, assim como não faltam ruínas de castelos pelas redondezas. Um dos cartões-postais da Escócia é o castelo **Eilean Donan** (⊙ fev-mar 10h-17h | abr-out 10h-18h | nov-dez 10h-16h; [$] £7 | Est: £6), seguramente uma das construções mais fotogênicas da Grã-Bretanha. Fica no vilarejo de Donie, ainda na porção continental, a 15km da ponte que se conecta à ilha. A oeste da ilha ficam as montanhas de **Cuillins Hills**, que beiram 1.000m de altura e são muito populares entre alpinistas e *trekkers*, oferecendo paisagens espetaculares. Uma atração imperdível em Isle of Skye são as **Fairy Pools** (Piscinas das Fadas), uma série de pequenas cachoeiras que formam lagos de águas frias e profundas, azuis e brilhantes devido ao acúmulo de minerais nas rochas. Para chegar ao local é necessário se aventurar por algumas trilhas – quanto mais longe você for, mais belas paisagens encontrará.

Comes & Bebes

Por estar inteiramente cercada de água, a região oferece, naturalmente, uma boa variedade de frutos do mar e pescados, incluindo o salmão escocês selvagem. Os preços por aqui costumam ser bem elevados, então prepare o bolso se quiser comer em restaurantes e experimentar iguarias locais. Para economizar, recorra aos mercadinhos, uma vez que até mesmo as redes maiores de supermercados são pouco presentes na ilha – o que, no final, é positivo por incentivar a economia regional. O maior mercado é o *Co-Operative*, com duas lojas: uma em Portree e outra em Broadford. Cada cidade possui de dois a cinco restaurantes, com a exceção de Broadford, com cerca de 15, e Portree, com mais de 30. Um deles é o **Sea Breezes** (◉ 2 Marine Buildings, Portree; [$] £20-40), com todo e qualquer tipo de fruto do mar – o prato contendo salmão orgânico, mexilhões e lagostins, com salada, sai por £25. Outros pratos à la carte são mais baratos, como o filé de salmão com pesto e risoto de cogumelos e manjericão. Mais econômico, o **Red Skye Restaurant** (◉ The Old Schoolhouse, Breakish, Broadford; [$] £14-25) também merece destaque, e aqui os frutos do mar dividem o protagonismo com as carnes, como a de veado servida com vegetais e molho de vinho do Porto e groselha. As vieiras com *black pudding* (embutido de sangue similar à morcela), purê de batatas e molho cremoso de *cheddar* também são populares.

Hotéis & Albergues

As acomodações estão espalhadas pelas pequenas cidades e vilarejos da ilha. O **Skyewalker Hostel** (◉ The Old School; [$] dorms 10p £17, 4p £19 | quartos 2p £40) fica no vilarejo de Portnalong e está entre os melhores albergues da Escócia. Tem um enorme jardim (com direito a um jogo de xadrez gigante) e uma espécie de estufa solar de vidro. O **Skye Backpackers** (◉ Isle of Skye, IV41 8PH; [$] dorms £15-18 | quartos 2p £40-52) está no vilarejo de Kyleakin, próximo de Kyle of Lochalsh. Tem cozinha, sala de uso comum com lareira e café da manhã (£2). Em Staffin fica a **Hallaig Guest House** (◉ 7 Marishadder; [$] quartos 1p £50, 2p £80). Quartos aconchegantes, equipados com banheiro e TV. Incluído no valor da diária está o tradicional café da manhã escocês.

Cardiff Castle, atrativo histórico da capital

www.wales-tourist-information.co.uk

PAÍS DE GALES

Parte do Reino Unido (junto a Inglaterra, Escócia e Irlanda do Norte), o País de Gales se esforça para preservar as suas origens celtas. O termo *welsh*, que em inglês quer dizer "galês", deriva do inglês arcaico e significa "estrangeiro". Os galeses, porém, se denominam *cymry*, que no idioma local refere-se aos nativos daqui. No século 13, o país foi conquistado por Eduardo I, rei da Inglaterra, que deu ao seu primogênito o título de Príncipe de Gales. A tradição ainda é seguida nos dias de hoje, e o príncipe Charles, herdeiro do trono, usufrui atualmente da nomeação. O País de Gales foi oficialmente unido à Inglaterra em 1536 (e, em 1801, passou a compor o Reino Unido). Durante os séculos 19 e 20, aconteceram sucessivas reivindicações ao direito do país de governar a si mesmo, mas somente em 1997 foi aprovada a criação da Assembleia Nacional, formada dois anos depois, quando passou a ter autonomia sobre alguns assuntos pátrios. Lugar de grandes belezas naturais e de castelos bem preservados, o País de Gales é visitado principalmente em viagens de um dia, partindo do sul da Inglaterra.

País de Gales | **821**

Que país é esse

- *Nome:* País de Gales | Cymru | Wales
- *Área:* 20.779km²
- *População:* 3,1 milhões
- *Capital:* Cardiff
- *Língua:* Inglês e galês
- *Moeda:* Libra esterlina
- *PIB:* US$ 2,94 trilhões (UK)
- *Renda per capita:* US$ 45.603 (UK)
- *IDH:* 0,892 (UK - 14º lugar)
- *Forma de Governo:* Monarquia Parlamentarista

Barbadas e Roubadas

- ⊕ Tomar um café em uma mesa ao ar livre em Cardiff Bay
- ⊕ Caminhar pelas ruas do City Centre
- ⊕ Passear de barco nas águas do rio Taff
- ⊕ Visitar o futurista Millennium Centre
- ⊖ Ser atropelado no trânsito confuso...

Millennium, o centro cultural da cidade

PAÍS DE GALES

Mapa do País de Gales mostrando Holyhead, Colwyn Bay, Mold, Snowdonia, Welshpool, Newtown, Aberystwyth, Fishguard, Prembokeshire Coast National Park, Carmarthen, Brecon, Brecon Beacons, Neath, Merthyr Tydfil, Abergavenny, Newport, Cardiff; cidades da Inglaterra: Macclesfield, Chesterfield, Derby, Stafford, Shrewsbury, Birmingham, Ludlow, Leominster, Hereford, Bristol, Bath, Swindon. MAR CELTA.

Cardiff Bay, moderna região portuária

CARDIFF

Destino pouco comum entre os viajantes do Reino Unido, Cardiff está à sombra das demais capitais da região, principalmente de Londres, de onde dista apenas 240km. Não significa, porém, que por aqui não existam atrações interessantes. Pelo contrário: com identidade própria e idioma preservado – o galês –, Cardiff, com 345 mil habitantes, guarda atrativos principalmente de cunho histórico e cultural, bom para quem quer se aprofundar mais na memória local. Declarada capital em 1955, Cardiff foi, no passado, um importante porto de exportação de carvão, produto determinante para fazer da cidade um ponto crucial na era industrial. A antiga região das docas, hoje revitalizada, guarda muito do passado, ao mesmo tempo em que se moderniza: desde a década de 1990, o governo tem investido na construção de edifícios vanguardistas, que dividem espaço com prédios antigos, alguns do século 12.

A Cidade

Cardiff tem duas áreas especialmente agradáveis aos turistas: o *City Centre*, o centro, onde está grande parte dos atrativos, e o *Cardiff Bay*, a baía, banhada pelos rios Taff e Ely, onde antigamente ficavam as docas e que hoje abriga restaurantes, cafés e bares. As principais ruas comerciais da cidade são *Queen Street*, *St. Mary Street* e *The Hayes*, todas centrais. Código telefônico: 29.

Informações turísticas

A capital galesa conta com dois centros de atendimento ao turista. Ambos oferecem informações sobre atrações, transportes e acomodações, além de mapas e folhetos. Como os nomes indicam, estão na baía e no centro, as duas áreas mais turísticas da cidade. A sede do centro dispõe de depósito de bagagem, bastante útil aos viajantes; valor a partir de £4, que aumenta de acordo com o tamanho da mala e o tempo de uso do *locker*.

Cardiff Bay Tourist Info Centre
- Wales Millennium Centre, Bute Place
- seg-dom 10h-18h

City Centre Tourist Info Centre
- The Old Library, The Hayes
- seg-sáb 9h30-17h30

Pela internet
- www.visitcardiff.com

Tours

A companhia *City Sightseeing Cardiff* (www.city-sightseeing.com) organiza passeio de ônibus no estilo *hop-on/hop-off* pelos principais pontos turísticos. O tour sai do Cardiff Castle entre 10h e 16h30 (15h30 no inverno) e, se feito de forma contínua, dura 50min; o bilhete, válido por 24h, custa £12 (Cr: £7). A rede *Cardiff Cycle Tours* (www.cardiffcycletours.com) opera duas modalidades de passeios de bicicleta: um por Cardiff Bay, com saídas às 9h30, outro por parques e canais, com início às 13h30. Ambos custam £20, devem ser reservados com antecedência pelo site e têm 3h de duração. O ponto de encontro é no NosDa Studio Hostel, na 53-59 Despenser Street, não muito distante da estação central de trem.

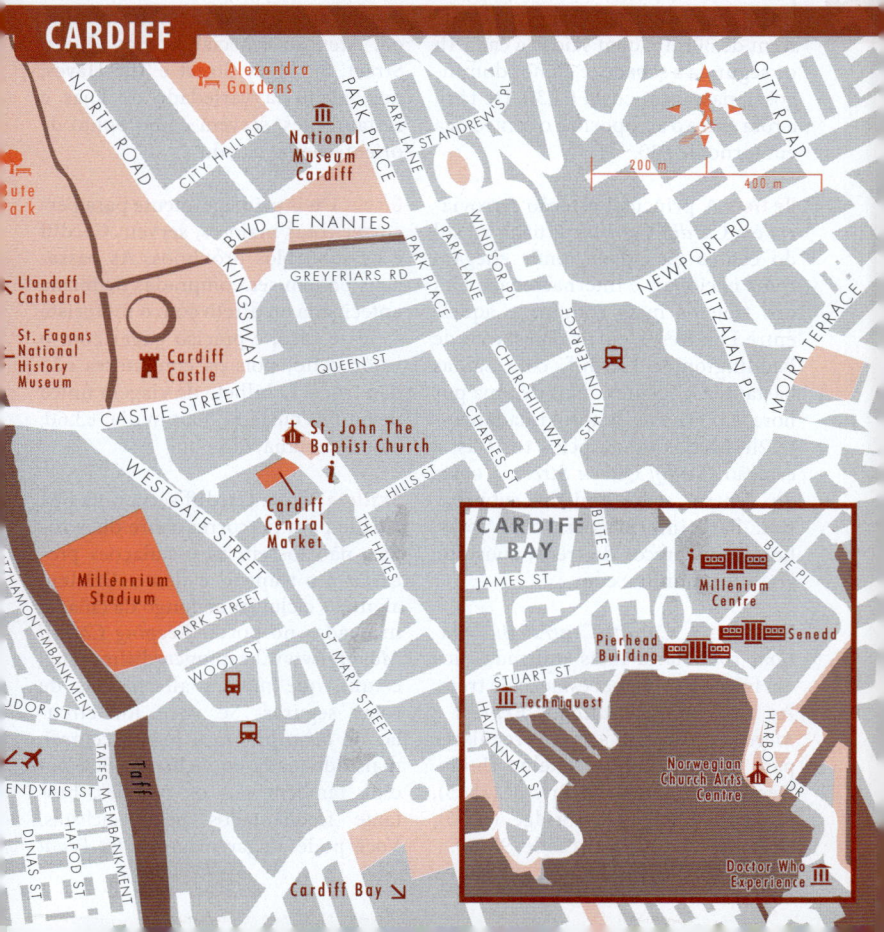

Chegando e saindo

De avião O *Cardiff Airport*, a 19km do centro, é ponto de chegada/saída de aviões de/para Dublin (1h10), Belfast (1h15), Amsterdã (1h20), Edimburgo (1h40), Paris (1h55) e Alicante (2h30). A cada 30min entre 5h (6h aos domingos) e meia-noite, a linha T9 do *Cardiff Airport Express*, ônibus expresso, faz a rota entre o aeroporto e Cardiff Bay, bairro central, passando pela rodoviária; a passagem custa £5. Entre 6h e 23h, o aeroporto oferece transporte por £1 até a estação ferroviária mais próxima, Rhoose. Esta, por sua vez, se conecta à estação central, *Cardiff Central*, num percurso de trem de 30min, com saídas a cada 1h de segunda a sábado, e 2h nos domingos; a passagem custa £4,30. De táxi, a rota entre o aeroporto e o centro fica em torno de £30.

De trem A principal estação ferroviária é a *Cardiff Central*, situada ao sul do centro da cidade, onde chegam trens nacionais e internacionais. Um dos trajetos mais comuns é aquele entre Londres, a partir da estação de Paddington, e Cardiff, com saídas bastante frequentes, mais de uma por hora, em viagens de aproximadamente 2h. Menos usada pelos turistas, a estação *Cardiff Queen Street*, a oeste do centro, serve trajetos suburbanos. Para informações sobre rotas, horários e preços de trens, consulte: www.thetrainline.com.

De ônibus A *Cardiff Central Bus Station*, rodoviária mais utilizada, fica em frente à principal estação de trem. As companhias *National Express* e *Megabus* oferecem serviços regulares para várias cidades do Reino Unido. Destinos comuns são Bristol (1h15), Londres (3h45), Cambridge (5h35), Glasgow (7h40) e Newcastle (9h30).

Circulando

Se você estiver hospedado na área central de Cardiff, em volta dos principais atrativos, possivelmente não precisará usar nenhum transporte público, somente os seus próprios pés, ou, no máximo, uma bicicleta. Agora, se você pensa em ir mais longe, ônibus são uma boa alternativa. A cidade também é servida por barcos, que ligam a área central ao bairro Cardiff Bay.

A pé As principais atrações de Cardiff estão concentradas no City Centre e no Cardiff Bay, e podem ser conhecidas durante uma agradável caminhada. Atenção especial às vias Queen Street, St. Mary Street e The Hayes, que, além da variedade de lojas e restaurantes, servem como ponto de orientação na cidade.

Ônibus Úteis principalmente para percorrer rotas maiores, servem Cardiff e os subúrbios próximos. As passagens podem ser compradas de forma antecipada ou direto com o motorista – nesse caso, é preciso pagar com o valor certo, pois os condutores não dão troco. O bilhete de viagem única de ônibus custa £1,80; um dia, £3,60; e uma semana, £15.

Bicicleta Plana, Cardiff seria uma boa cidade para percorrer sobre duas rodas, não fossem as instalações precárias e o trânsito violento. Existem algumas ciclovias ao longo da cidade, mapeadas no portal *Keeping Cardiff Moving* (www.keepingcardiffmoving.co.uk), que mostra alternativas de rotas seguras. Se você for circular de *bike*, prefira a região central, mais adequada ao ciclismo. Boa pedida também são os parques, bastante frequentados pelos ciclistas. Você pode alugar magrelas na *Pedal*

Power (💻 www.cardiffpedalpower.org; 💲 1h/£7,50, 2h/£11, 3h/£15, 24h/£22,50) e na *Cardiff Cycle Tours* (💻 www.cardiffcycletours.com; 💲 4h/£10, 8h/£15), que organiza dois tipos de passeios guiados.

Barco A cidade conta com o *Cardiff Waterbus* (www.aquabus.co.uk), serviço de barco no rio Taff, que faz a rota entre City Centre, o centro, e a Mermaid Quay, badalada área comercial às margens do bairro Cardiff Bay. O passeio custa £6 (Cr: £3) e sai a cada hora entre 11h e 17h, em direção ao Mermaid Quay, e entre 10h30 e 16h30, no sentido de City Centre; os horários podem variar conforme a época do ano e as condições climáticas.

Atrações

Muitos turistas visitam Cardiff em apenas um dia, em viagens principalmente a partir do sul da Inglaterra. É verdade que grande parte de Cardiff pode ser contemplada em pouco tempo, mas não significa que se você ficar mais não terá o que ver ou fazer. Pelo contrário. Os principais atrativos estão divididos em duas áreas: *City Centre*, marcado pelo Cardiff Castle e pela St. John The Baptist Church, e *Cardiff Bay*, região recém-revitalizada, onde estão o Senedd e o Pierhead Building, edifícios que pertencem à Assembleia Nacional do País de Gales. Para os amantes da série de TV *Doctor Who*, a cidade pode ser especialmente interessante: aqui está o *Doctor Who Experience*, exposição que reúne figurino, cenário e vídeos do programa.

Igreja e Estado

Cardiff Castle

- 📍 Castle Street
- 🚌 Castle KA (23, 30, 122, 132, 136)
- 📞 2087.8100 💻 www.cardiffcastle.com
- 🕐 mar-out seg-dom 10h-17h | nov-fev 9h-16h
- 💲 £12 (Est, Id: £10,50 | Cr: £9)

O castelo, situado no centro da cidade, ocupa o lugar onde antigamente ficavam dois fortes romanos, dos séculos 1 e 3. A fortificação atual foi construída por invasores normandos no século 11 e aperfeiçoada ao longo dos anos. É possível visitar de forma autônoma, mas, para conhecer melhor as instalações, são oferecidas diferentes visitas guiadas – as mais tradicionais são *House Tour* (🕐 seg-dom 10h-16h; 💲 £3), pelas dependências do castelo, e *Clock Tower Tours* (🕐 jun-ago sáb-dom mediante reserva; 💲 £4), pela torre do relógio.

Techniquest, museu de ciências

St. John The Baptist Church

- St. John Street
- Castle KA (23, 30, 122, 132, 136)
- 2039.5231
- seg-dom 10h-0h
- grátis

Do século 12, a igreja é, junto com o castelo, uma das construções mais antigas do centro de Cardiff. O destaque da fachada é a torre de 40m, que pode ser avistada de longe, servindo inclusive como ponto de referência; nos meses de verão, é possível visitá-la. No interior, os enormes vitrais merecem ser observados. A igreja tem um agradável café ao ar livre (seg-sáb 10h-17h) administrado por voluntários, com lanchinhos baratos e saborosos.

Llandaff Cathedral

- Cathedral Close
- Black Lion (25, 62, 66)
- www.llandaffcathedral.org.uk
- ter-sáb 9h-17h30, dom 7h-17h30
- grátis

Situada em um vale a 3,5km do Cardiff Castle, a catedral foi erguida no século 12 sobre as ruínas de uma igreja do século 6. Em 1941, durante a Segunda Guerra Mundial, foi atingida por uma bomba, que danificou grande parte do edifício, restaurado posteriormente.

Norwegian Church Arts Centre

- Harbour Drive
- Harbour Drive (6)
- www.norwegianchurchcardiff.co.uk
- seg-dom 10h-17h
- grátis

Construída na segunda metade do século 19 por marinheiros noruegueses que atracavam no porto de Cardiff, um dos mais importantes do Reino Unido no período, essa igreja foi transformada em um centro de artes que hoje abriga exposições temporárias de artistas locais e eventos de teatro e música. O modesto prédio de madeira pintado de branco está dentro do Waterfront Park, agradável parque em Cardiff Bay.

Senedd - National Assembly for Wales

- Cardiff Bay
- Millennium Centre (7, 8, 100, 400)
- 0300.200.6565
- www.assembly.wales
- seg-sex 9h30-16h30, sáb-dom 10h30-16h30
- grátis

Pierhead, a sede da Assembleia Nacional do País de Gales

O Senado, também reconhecido como Assembleia Nacional do País de Gales, ocupa um moderno edifício na orla de Cardiff Bay. Sua moderna fachada de vidro, aliada ao teto de madeira e ao telhado de aço, dá um tom elegante e contemporâneo à antiga região portuária. O interior do prédio é quase inteiramente de carvalho e ardósia – pedra que, no século 19, foi um dos mais valiosos produtos comerciais do País de Gales.

Pierhead Building

- Bute Place
- Millennium Centre (7, 8, 100, 400)
- www.assembly.wales
- seg-dom 10h30-16h30
- grátis

Erguido no final do século 19 em terracota, material que dá o tom avermelhado à fachada, o edifício pertence à Assembleia Nacional do País de Gales. Sedia uma exposição sobre a história da cidade e do edifício e permite visitação a algumas salas. A Torre do Relógio, parte mais famosa do prédio, é conhecida como *Baby Big Ben*, mais por ironia (britânica) do que por semelhança.

Museus

National Museum Cardiff

- Gorsedd Gardens Road
- National Museum (27, 36, 53, 86, 95)
- 2057.3000   www.museumwales.ac.uk
- ter-dom 10h-17h
- grátis

Junto ao Alexandra Gardens, jardim no centro de Cardiff, o museu apresenta acervo de arqueologia, botânica, geologia, zoologia e artes, ao mesmo tempo em que comporta exposições temporárias. Entre os destaques está a parte de pinturas, com ampla coleção de obras impressionistas europeias, com exemplares de Renoir, Monet e Van Gogh, e uma seção para artistas britânicos de diferentes períodos. Também merece atenção uma mostra de ciências, atrativa a adultos e crianças, que conta sobre o início do mundo e a evolução das espécies.

Techniquest

- Stuart Street
- Stuart Street (7)
- www.techniquest.org
- ter-sex 9h30-16h30 | sáb-dom 10h-17h
- £7,50 (Est, Id, Cr: £6)

Museu de ciências interessante principalmente às crianças, tem exposições lúdicas e interativas – nada muito diferente dos demais museus de ciências do mundo. O lugar também abriga um planetário, cujo ingresso custa £1,50.

Doctor Who Experience

- Discovery Quay
- Doctor Who Experience (6)
- www.doctorwho.tv
- fev-dez seg/qua-dom 10h-17h | jan qua-dom 10h-17h
- £16 (Cr: £11,75)

Museu baseado na série televisiva de ficção científica *Doctor Who*, produzida e transmitida pela BBC desde a década de 1960 – no Brasil, é exibida pela BBC em seu canal a cabo e também pela TV Cultura. A exposição teve início em Londres, em 2011, e foi transferida para Cardiff no ano seguinte, onde deve ficar até 2017. A visita inicia com um passeio que lembra os trens fantasmas dos parques de diversões. Depois, os visitantes são levados a uma exposição onde estão figurinos e cenários originais, junto a vídeos sobre o processo criativo e os efeitos especiais. O ingresso, às vezes concorrido (já que o programa é bastante popular entre os britânicos), pode ser comprado no site.

St. Fagans National History Museum

- Museum (32, 32A, 320)
- 2057.3500
- www.museumwales.ac.uk
- seg-dom 10h-17h
- grátis

Em funcionamento desde 1948, o museu, que fica ao ar livre, reúne mais de 40 casas originais de diferentes partes do País de Gales, aqui reconstruídas para exibir as características históricas e arquitetônicas da vida galesa. Entre os destaques estão uma capela, uma escola e dois moinhos. Afastado 4km a oeste do centro, o museu, que não tem exatamente um endereço, fica sobre a margem do rio Ely, próximo à rua Castle Hill.

Outras atrações

Bute Park

- North Road
- College Road (21, 23, 25, 26, 27, 132, 136, 400, 600)
- www.bute-park.com
- 7h30-entardecer
- grátis

O maior parque da cidade está situado nas proximidades do Cardiff Castle, às margens do rio Taff. Muito frequentado pelos locais, tem uma área florestal preservada, junto a quadras esportivas e belos jardins. Ao longo da enorme área verde estão expostas algumas esculturas feitas em troncos e galhos caídos de árvores, que fazem parte de um projeto de revitalização do local.

Cardiff Central Market

- St. Mary Street
- Westage Street (8, 9, 11, 21, 23, 136, 600)
- 2087.1214
- seg-sáb 8h-17h
- grátis

Em funcionamento desde 1891, esse tradicional mercado tem banquinhas com frutas, legumes, carnes frescas, flores e alguns lanchinhos (nem sempre típicos) para degustar lá mesmo. Algumas bancas mais inusitadas vendem aviamentos, velas, guarda-chuvas e alguns badulaques *made in China*.

Millennium Stadium

- Westgate Street
- Westgate Street (8, 9, 24, 27, 28, 30, 51, 54)
- 2082.2228
- www.millenniumstadium.com

Principal estádio do país, com capacidade para 75 mil pessoas, sedia jogos de rúgbi e de futebol, shows e feiras eventuais. Para conhecer as instalações é preciso integrar visitas guiadas (seg-sáb 10h-17h, dom 10h-16h; £10,50 | Est, Id: £8 | Cr: £7), que partem da lojinha, entre os portões 3 e 4. As saídas são a cada hora, mas os horários podem variar de acordo com a programação de eventos.

Millenium Centre

- Bute Place
- Millennium Centre (7, 8, 100, 400)
- 2063.6464
- www.wmc.org.uk
- seg-dom 10h-18h

Inaugurado em 2004, o edifício futurista em Cardiff Bay abriga um teatro, duas salas de apresentações, um restaurante, um bar, algumas lojas e um dos centros de informações turísticas da cidade. O projeto arquitetônico do edifício contempla boa acústica e fez uso somente de materiais originais do país, como metal, vidro, madeira e ardósia – rocha que reveste a fachada. As visitas guiadas (seg-dom 11h e 14h30; £6) ocorrem pelo interior do prédio, e duram 1h – a reserva pode ser feita online.

Mermaid Quay, na região de Cardiff Bay

Passeios

Castell Coch
Localizada no vilarejo de Tongwynlais, a 8km do centro de Cardiff, a fortificação de estilo neogótico foi erguida no século 19 sobre antigas ruínas do século 13. Reproduzindo uma construção medieval, o forte, que em galês se chama Castelo Vermelho por causa do arenito usado para a fachada, surpreende pelo belíssimo interior, decorado com minúcia. Na estação rodoviária de Cardiff, pegue o ônibus 26 (saídas a cada 30min) ou 132 (saídas a cada 15min), que chegam em Tongwynlais em cerca de 25min; depois, é preciso encarar uma caminhada de 1km até o castelo (fev seg-sáb 10h-16h, dom 11h-16h | mar-jun/set-out seg-dom 9h30-17h | jul-ago seg-dom 9h30-18h; £5,50 | Est, Id, Cr: £4,10).

Comes & Bebes

A oferta gastronômica de Cardiff é boa e variada. Na região central, principalmente nas ruas para pedestres ao norte da estação de trem, você encontra muitas lanchonetes, cafés e pubs. A maioria oferece algum tipo de menu especial no horário do almoço. Ao norte dessa região, há vários estabelecimentos na City Road e, a oeste, na Cowbridge Road – aqui voltados principalmente para a culinária asiática. A região de Mermaid Quay, na baía, oferece diversas alternativas, com preços acima da média da cidade – a vista, afinal, tem o seu valor.

Trade Street Cafe
- Trade Street
- Central Station (1, 6, 89 e 501)
- 2022.8666
- tradestreetcafe.com
- seg-sex 7h30-16h
- £4-10

Localizado a uma curta caminhada da estação central de trem (saída ao sul), esse café serve salgados, saladas, sanduíches bem recheados e *wraps* ao longo de todo o dia. No almoço, você encontra pratos mais elaborados, como o elogiadíssimo *chili con carne* (espécie de ensopado preparado com carne, pimenta e tomate), o filé de salmão com purê de batata, os legumes assados com cuscuz e *tzatziki* (pasta à base de pepino, alho e iogurte) ou o filé de frango com quinoa e molho de cogumelos, todos custando entre £5-7. Bastante frequentado por quem trabalha na região, o lugar fica cheio ao meio-dia, quando é difícil conseguir uma mesa e os atendentes beiram a antipatia. Melhor chegar cedinho ou aproveitar um almoço tardio.

The North Star

- 131 North Road
- Maindy Stadium (21, 23, 24, 25, 27, 36, 132, 400)
- 2062.1736
- thenorthstarcardiff.com
- seg-qui/dom 12h-23h30, sex-sáb 12h-0h30
- £6-15

Ao norte da cidade, localização pouco conveniente, o North Star faz merecer o deslocamento. Os preços acessíveis e a atmosfera elegante-descontraída, com sofás de couro sob lustres na sala de estar e mobiliário antigo em meio a quadros modernos pendurados nas paredes de tijolos expostos, atraem muitos universitários. A cozinha vai de cozidos britânicos a massas italianas, incluindo burguers e o tradicional *fish and chips*. As pizzas são enormes e muito saborosas. No almoço, há um especial de 2 por 1: você paga apenas por um prato, que custa em média £8, mas duas porções chegam à mesa. Cada dia da semana apresenta ofertas especiais, vale sempre perguntar. À noite, promovem música ao vivo e eventos culturais.

Fish at 85

- 85 Pontcanna Street
- Berthwin Street (24, 63, 122, 124)
- 2023.5666
- www.fishat85.co.uk
- ter-sáb 12h-14h30/18h-21h
- £25-40

Como o nome bem indica, esse é o lugar para apreciar pescados e frutos do mar em Cardiff. Anexo a uma peixaria, o restaurante tem seu menu formulado diariamente de acordo com a oferta de produtos frescos. No *catch menu*, você pode escolher um entre os peixes disponíveis, que será pesado (o que indicará o preço) e preparado pelo chef da maneira que você preferir; os molhos e acompanhamentos também são selecionados de acordo com a vontade do cliente.

Noite

Assim como as atrações, a vida noturna de Cardiff também está dividida em duas áreas: em volta da rua St. Mary, no City Centre, e ao redor do Mermaid Quay, polo comercial em Cardiff Bay. Recentemente surgiram alguns bares alternativos na rua Greyfriars Road, perto do castelo. Bons lugares para curtir a noite são **Retro Cardiff** (7 Mill Lane), **Lady Bird** (41 St. Mary Street), **The Four Elms** (1 Elm Street), **The Cottage** (25 St. Mary Street) e **Terra Nova** (Tacoma Square). Para apresentações teatrais e musicais, confira o **St. Davi's Hall** (The Hayes), o **Glee Club** (Bute Street) e o **Millenium Centre** (Bute Place).

Hotéis & Albergues

Se chegar a Cardiff ainda sem reserva de acomodação, saiba que a Cathedral Road, nas imediações do Bute Park, tem vários *bed & breakfast*, *guesthouses* e pequenos hotéis. Boa parte das hospedagens está concentrada nos arredores da região central – mas no centro histórico em si e na área bem próxima das docas você encontrará poucas opções. Há vários hotéis de grandes redes por aqui, mas com a vantagem de serem mais baratos – ou o que poderíamos chamar de "menos caros", já que estamos falando de pounds.

The Riverhouse Backpackers

- 59 Fitzhamon Embankment
- Fitzhamon Embankment (13, 15, 96, 96A)
- 2039.9810
- www.riverhousebackpackers.com
- 12 quartos — incluído
- dorms 6p £16/21, 4p £17/21 | quartos 1p £32/48, 2p £37/48 (baixa/alta temporada)

Está às margens do rio Taff e atrás do Millennium Stadium. Explorar o centro histórico a partir daqui é bem fácil. Trata-se de um albergue pequeno, mas tem cozinha, jardim com terraço e *lounge*, além de um café da manhã digno de hotel. À noite, o *staff* costuma preparar jantares para promover a interação entre os hóspedes. Já recebeu premiações e é constantemente considerado um dos melhores albergues do Reino Unido.

NosDa Studio Hostel

- 53-59 Despenser Street
- Fitzhamon Embankment (13, 15, 96, 96A)
- 2037.8866
- www.nosda.co.uk
- 130 camas — incluído
- dorms 10p £15, 8p-6p £24 | quartos 2p £70

Próximo ao hostel anterior; se não tiver vaga em um, é possível tentar o outro, embora ambos exijam duas noites de estadia mínima. Os quartos são bem iluminados e espaçosos, dispõem de pia, espelho, *lockers* e tomadas individuais. Tem cozinha e sala de uso comum com TV e jogos de tabuleiro. O bar do hostel tem mesa de sinuca, área externa e, além de bebidas, vende alguns petiscos, como pizza, panini e *nachos*. Em datas regulares, promove noites de música ao vivo, *open mic* (microfone aberto) e festival de cerveja. Organiza tours a pé, de *bike* e de ônibus.

Church Guesthouse

- 109 Cathedral Road
- Beverley Hotel (25, 62, 63, 122, 124, 138, 320)
- 2034.0881
- www.churchguesthouse.co.uk
- 5 quartos — incluído
- quarto 1p £35/55 (básico/completo), 2p £85

Está perto de boa parte das atrações da cidade, incluindo Bute Park, Cardiff Castle e Millennium Stadium. Na mesma rua você encontra outros B&Bs e *guesthouses*. Todos os quartos possuem banheiro privativo, TV e utensílios para preparar café e chá. O quarto básico (1p) tem as mesmas comodidades, mas é bem menor. Andrew, o proprietário, pode ajudar com dicas sobre como se deslocar e o que visitar na capital galesa.

Novotel Cardiff Centre

- Schooner Way
- Herbert Street (2, 89A, 89B, 612)
- 2113.2800
- www.novotel.com
- 138 quartos — incluído
- quartos 1p £71-88, 2p £79-96

Está perto das atrações do centro, mas daqui o deslocamento até a área das docas pode ser mais curto. Quartos decorados de modo contemporâneo e equipados com ar-condicionado, banheira, TV, frigobar e comodidades para preparo de café e chá. Os quartos mais caros têm algumas amenidades a mais, como cafeteira Nespresso e base para iPod. Nas dependências do hotel existe piscina coberta, sauna, jacuzzi, academia, restaurante e bar.

Lincoln House Private Hotel

- 118-120 Cathedral Road
- Berthwin Street (25, 62, 63, 122, 124, 138, 320)
- 203.9558
- www.lincolnhotel.co.uk
- 23 quartos — incluído
- quartos 1p-2p £100

Outra acomodação na mesma Cathedral Road, a poucos metros da Church Guesthouse. Tem cara de hotel butique – ocupa uma casa de estilo vitoriano construída em 1900 e é decorada de modo clássico. Quartos elegantes e equipados com banheiro, TV e utensílios para preparar café e chá. Tem uma área comum com um computador para livre uso dos hóspedes e um pequeno bar. Não oferece tantos serviços diferenciais quanto hotéis de grandes redes, valendo mais pela qualidade do atendimento personalizado.

Pedaço pintado do Muro que separava católicos e protestantes, em Belfast

www.discovernorthernireland.com

IRLANDA DO NORTE

A ilha da Irlanda, que esteve sob domínio britânico desde o século 16, foi integrada oficialmente ao Reino Unido no começo do século 19. Cem anos depois, se intensificaram as lutas entre nacionalistas, que desejavam a autonomia do país, e unionistas, que não queriam se separar do Reino Unido. As divergências deram origem, em 1921, ao Estado Livre da Irlanda (hoje chamado de República da Irlanda) e à Irlanda do Norte, esta última, junto com Inglaterra, Escócia e País de Gales, integra o Reino Unido. No entanto, a separação só reforçou os dois polos: protestantes a favor dos laços com o Reino Unido, católicos defendendo a união independente das Irlandas. Conhecida como *The Troubles*, a luta entre as duas partes durou do fim da década de 1960 até 1998, quando foi assinado o Acordo de Belfast, que estabeleceu as bases para um governo compartilhado entre católicos e protestantes. A Irlanda do Norte, com um ritmo bem mais tranquilo do que a Inglaterra ou a Irlanda, conta com um punhado de atrações bacanas, mas revelar o panorama que originou um território dividido em dois – existe até um Muro de Belfast aqui – é um dos pontos altos de uma viagem ao nordeste da ilha irlandesa.

Irlanda do Norte | 833

Que país é esse

- **Nome:** Irlanda do Norte | Tuaisceart Éireann | Northern Ireland
- **Área:** 13.843km²
- **População:** 1,8 milhão
- **Capital:** Belfast
- **Língua:** Inglês e irlandês
- **Moeda:** Libra esterlina
- **PIB:** US$ 2,94 trilhões (UK)
- **Renda per capita:** US$ 45.603 (UK)
- **IDH:** 0,892 (UK - 14º lugar)
- **Forma de Governo:** Monarquia Parlamentarista

Barbadas e Roubadas

- ⊕ *Visitar o Ulster Museum e entender um pouco da história recente*
- ⊕ *Chegar até o Muro de Belfast e refletir sobre a insanidade da divisão do país*
- ⊕ *Conhecer, por que não, o novo Museu Titanic*
- ⊕ *Ser surpreendido pela inusitada paisagem da Giant's Causeway*
- ⊖ *Se entediar com a vida noturna*

VOCÊ QUE COLOU NA ESCOLA | Ulster

Durante a sua viagem, você provavelmente vai ouvir falar em Ulster e erroneamente poderá pensar que esse é um sinônimo de Irlanda do Norte. No início da colonização da ilha da Irlanda, a área era ocupada por diferentes tribos, que habitavam cinco regiões: Connacht, Leinster, Meath, Munster e... Ulster. A confusão entre Ulster e Irlanda do Norte existe porque das nove partes em que o Ulster divide-se, seis ficam em território norte-irlandês – as outras três estão em solo irlandês.

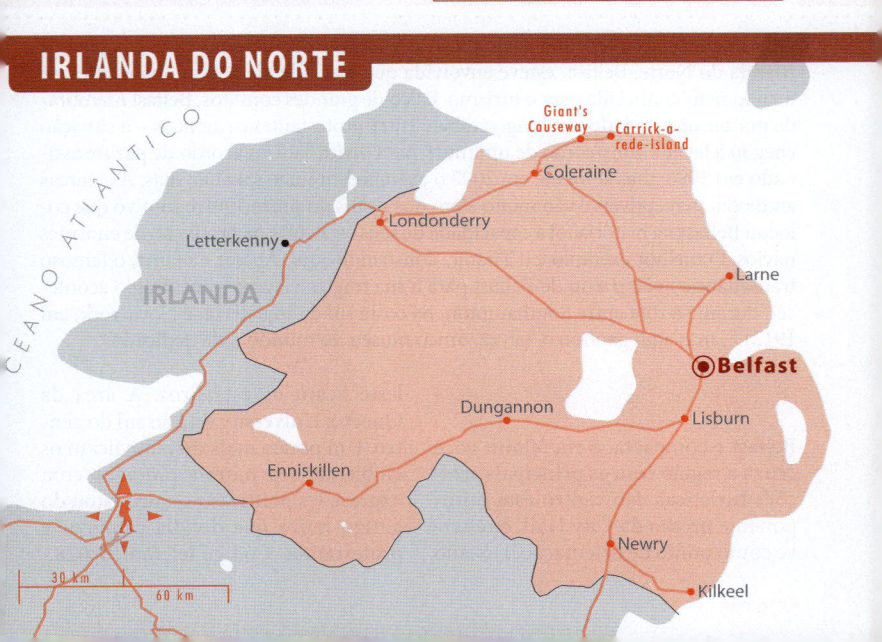

IRLANDA DO NORTE

[Mapa da Irlanda do Norte mostrando: Giant's Causeway, Carrick-a-rede-Island, Coleraine, Londonderry, Letterkenny, Larne, Belfast, Dungannon, Lisburn, Enniskillen, Newry, Kilkeel. Oceano Atlântico a oeste, Irlanda ao sul. Escala: 30 km / 60 km.]

City Hall, prédio renascentista no coração de Belfast

BELFAST

Foi somente após o término das sucessivas guerras e disputas nas quais a capital da Irlanda do Norte, Belfast, esteve envolvida que a cidade, de 280 mil habitantes, se tornou mais conhecida para o turismo. Palco de grandes conflitos, Belfast é lembrada por ter presenciado um longo embate entre protestantes e católicos – a situação chegou a levar à construção de um muro para dividi-la. Um acordo de paz foi assinado em 1998, mas somente em 2007 o exército britânico saiu das ruas. As marcas ainda são perceptíveis e vão muito além dos restos do muro. Outro motivo que colocou Belfast na história foi a capacidade de seus estaleiros na produção de enormes navios. O melhor exemplo é o Titanic, construído aqui. Apesar da fama, o famoso transatlântico não partiu de Belfast para a sua trágica viagem (o naufrágio aconteceu durante a rota entre Southampton, na costa sul da Inglaterra, e Nova York, em 1912) –, mas aqui ganhou o, talvez, único museu do mundo a ele dedicado.

A Cidade

Belfast é compacta, e em 30min você cruza a região com as principais atrações turísticas. No centro está o imponente prédio da City Hall, que serve como ponto de orientação. Do lado leste ficam os estaleiros. A área da Queen's University está ao sul do centro. Um pouco mais distante ficam os emblemáticos murais pintados com expressões políticas no que restou do antigo muro que dividia católicos e protestantes. Código telefônico: 028.

VOCÊ QUE COLOU NA ESCOLA | The Troubles

A Irlanda do Norte tem um passado sangrento e triste devido à guerra entre católicos, a favor da República, e protestantes, fiéis à rainha. O ponto mais crítico do conflito aconteceu na manhã de 30 de janeiro de 1972, na cidade de Derry, a alguns quilômetros da capital da Irlanda do Norte, Belfast, quando a polícia britânica repreendeu com tiros uma manifestação pacífica de católicos, resultando na morte de 13 pessoas. O episódio ficou conhecido como Bloody Sunday, lembrado na música do grupo irlandês U2 *Sunday Bloody Sunday*. Os ataques não pararam por aí. Como resposta, o IRA (Exército Republicano Irlandês – grupo que desejava a unificação da Irlanda e ficou conhecido como organização terrorista) explodiu 22 bombas no centro de Belfast, matando 11 pessoas. A situação com o passar dos anos foi controlada, mas apenas em 2007 a paz foi restabelecida, quando o exército britânico deixou de ocupar as ruas da capital da Irlanda do Norte.

Informações turísticas

O moderno centro de informações, situado na área central, além dos serviços de praxe, vende suvenires a preços menores do que nas lojas. Existem outros dois postos nos aeroportos de Belfast.

Visit Belfast Welcome Centre
- 9 Donegall Square North
- jun-set seg-sáb 9h-19h, dom 11h-16h | out-mai seg-sáb 9h-17h30, dom 11h-16h

Pela internet
- visit-belfast.com

Cartão da cidade *Belfast Visitor Pass*, à venda nos postos de turismo, concede entrada em algumas atrações e descontos em tours, restaurantes, museus e uso do transporte público. O cartão válido por um dia sai por £6,30 (Cr: £3,75), dois dias, £11 (£6), e três dias, £14,50 (£7,75).

Tours

De ônibus O *Belfast City Sightseeing Tour* (belfastcitysightseeing.com; seg-dom 10h-16h; £12,50 | Est, Id: £10,50 | Cr: £6), ônibus de dois andares no estilo *hop-on/hop-off*, organiza passeios pelos principais pontos turísticos; a saída é do Castle Place, no centro, e o bilhete é válido por 48h. A rede *Belfast Mural Tours* (www.belfastmuraltours.com; 1p £30, 2p £35, 3p £36) organiza passeios privados pelos murais da cidade; a reserva deve ser feita com no mínimo 24h de antecedência.

De bicicleta A companhia *Belfast Bike Tours* (www.belfastbiketours.com; abr-ago seg/qua/sex/sáb 10h30/14h | set-mar sáb 10h30/14h; £15) faz pedaladas de 2h por Belfast partindo da Queen's University; o valor inclui aluguel da *bike*, capacete e garrafa d'água.

De táxi Os tours nos famosos *Black Taxis* podem ser reservados pelo *Paddy Campbell's Belfast Famous Black Cab Tours* (www.belfastblackcabtours.co.uk) ou pelo *Giants Causeway Tours* (www.giantscausewaytours.com). Os táxis correm diariamente, basta ligar para agendar. O passeio pelos principais pontos históricos dura 90min; é cobrado em torno de £30 para grupos de até três pessoas ou £8-10 por pessoa para grupos com quatro ou mais integrantes.

BELFAST

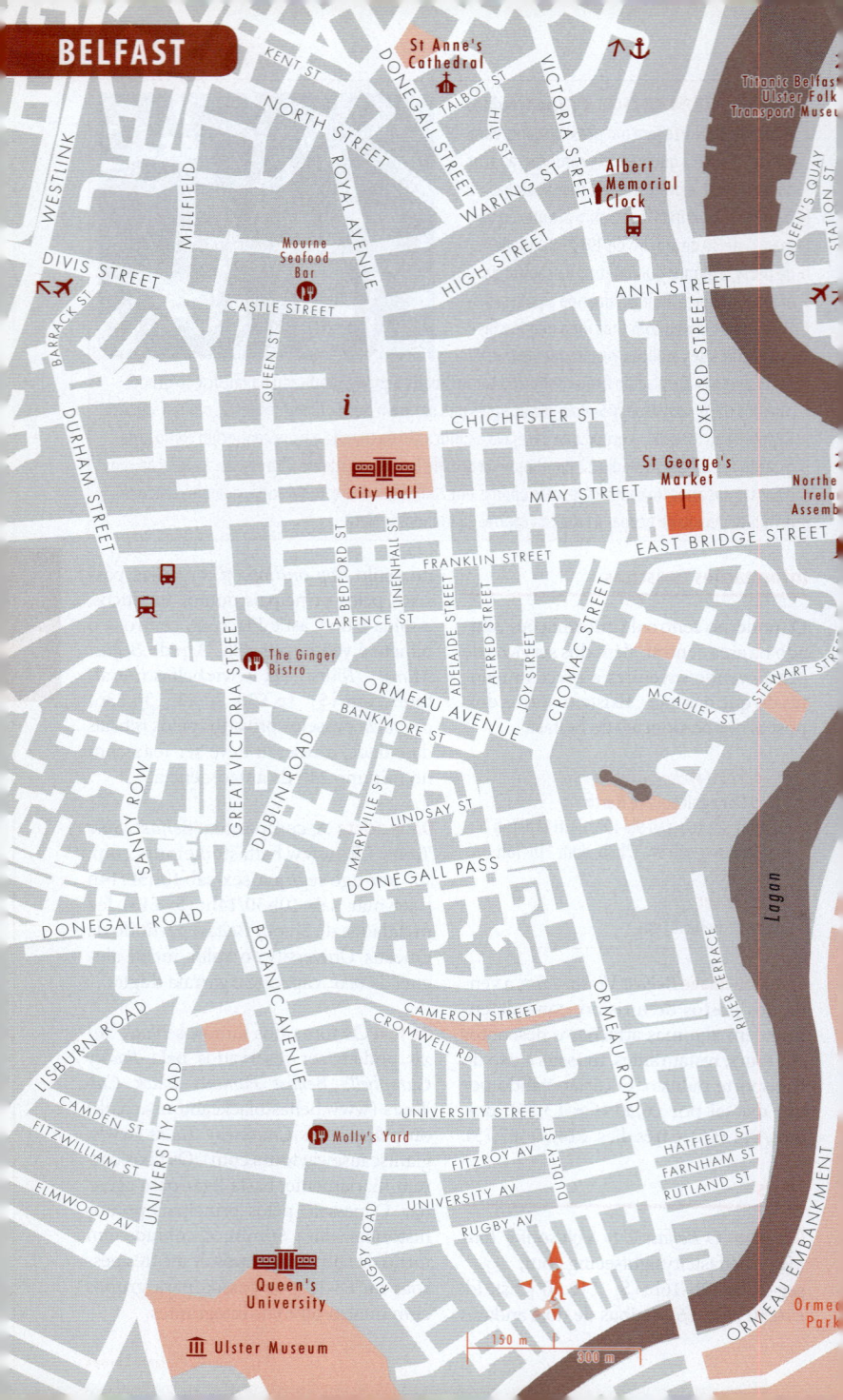

- St Anne's Cathedral
- Albert Memorial Clock
- Mourne Seafood Bar
- City Hall
- St George's Market
- Northern Ireland Assembly
- The Ginger Bistro
- Molly's Yard
- Queen's University
- Ulster Museum

Streets:
KENT ST, NORTH STREET, DONEGALL STREET, TALBOT ST, 11TH ST, VICTORIA STREET, WESTLINK, MILLFIELD, ROYAL AVENUE, WARING ST, HIGH STREET, DIVIS STREET, BARRACK ST, CASTLE STREET, QUEEN ST, ANN STREET, QUEEN'S QUAY, OXFORD STREET, DURHAM STREET, CHICHESTER ST, MAY STREET, EAST BRIDGE STREET, BEDFORD ST, LINENHALL ST, FRANKLIN STREET, CLARENCE ST, ADELAIDE STREET, ALFRED STREET, JOY STREET, CROMAC STREET, GREAT VICTORIA STREET, ORMEAU AVENUE, BANKMORE ST, MCAULEY ST, STEWART STREET, SANDY ROW, DUBLIN ROAD, MARYVILLE ST, LINDSAY ST, DONEGALL PASS, DONEGALL ROAD, BOTANIC AVENUE, ORMEAU ROAD, RIVER TERRACE, LISBURN ROAD, CAMERON STREET, CROMWELL RD, CAMDEN ST, UNIVERSITY ROAD, UNIVERSITY STREET, HATFIELD ST, FITZWILLIAM ST, FITZROY AV, DUDLEY ST, FARNHAM ST, ELMWOOD AV, UNIVERSITY AV, RUTLAND ST, RUGBY ROAD, RUGBY AV, ORMEAU EMBANKMENT, Lagan, Ormeau Park

Titanic Belfast / Ulster Folk & Transport Museum

150 m / 300 m

Chegando e saindo

De avião Belfast tem dois aeroportos. O mais movimentado é o *Belfast International Airport*, a 30km do centro, que recebe voos da maioria dos países europeus e dos Estados Unidos. O ônibus *300 Airport Express* ([$] ida £7,50, ida e volta £10,50) faz a conexão com o centro de Belfast; funciona 24h, com saídas a cada 15min durante a semana e 20-30min no final de semana (de madrugada, os intervalos são maiores). Mais próximo, a 3km do centro, o *George Best Belfast City Airport* opera voos que chegam da Inglaterra e da Irlanda. Durante o dia, o ônibus *600 Airport Express* faz a rota até o centro; as saídas são a cada 20min durante a semana e a cada 40min no final de semana. Para quem chega de madrugada, táxi é o transporte recomendado – para o centro, espere gastar uns £12-15.

De trem Existem duas estações centrais: a *Central Station*, no leste de Belfast, com trens para Dublin (2h de viagem, cerca de oito trens por dia, cinco aos domingos) e toda a Irlanda do Norte; e a *Great Victoria Street Station*, junto à rodoviária, com transporte para Portadown, Lisburn, Derry, Larne e Bangor. Belfast tem, ainda, duas estações ferroviárias menores, *Botanic* e *City Hospital*, de onde se vai para os arredores da cidade. Embora os trens possam ser usados como forma de se locomover dentro da capital, esse não é o meio mais rápido nem o mais eficiente (veja ao lado o tópico "Circulando").

De ônibus A principal rodoviária é a *Europa Bus Centre*, localizada a 10min de caminhada do centro. É nessa estação que se concentra grande parte do tráfego de ônibus nacional e internacional. Uma rota comum é entre Dublin e Belfast, com saídas a cada hora, inclusive de madrugada, em viagens que duram em torno de 2h30. Durante o dia, a rota é operada pela companhia *Ulsterbus*, e, à noite, pela *Bus Éireann*. A outra estação é a *Laganside Bus Centre*, que leva ao interior da Irlanda.

De barco Via *ferry boat*, é possível chegar em três portos diferentes. Quem vem de Stranraer, na Escócia, ou de Liverpool, na Inglaterra, chega em *Victoria Terminal*, 5km do centro. Quem vem de Isle of Man, ilha que pertence ao Reino Unido, chega em *Albert Quay*, 2km do centro. Quem parte de outros destinos da Escócia chega em *Larne*, 30km de Belfast. As operadoras são *Stena Line* (www.stenaline.co.uk), *P&O Ferries* (www.poferries.com) e *Steam Packet Company* (www.steam-packet.com).

Circulando

Belfast é uma cidade fácil de se percorrer a pé. Além de ser a forma mais econômica, é sempre possível desviar a rota e conhecer cantinhos interessantes. Para quem prefere transporte público, Belfast tem os chamados *Metro Bus*, conhecidos apenas como *Metro*, que, diferentemente do que pode parecer, são ônibus urbanos (na verdade, Metro é apenas o nome da empresa que opera o serviço). O passageiro pode comprar o bilhete direto com o motorista, em quiosques ou no centro de informações turísticas: a passagem sai entre £1,40 e £2, variando de acordo com a distância. Útil, o ticket de um dia inteiro custa £3,50 para utilizar em qualquer horário de seg-sáb, ou £3, para usar depois das 9h30 de seg-sáb e domingo o dia todo. Outra alternativa são os *Black Taxis*, que realizam tours privados com os turistas.

Atrações

Belfast é aquele tipo de cidade que você pensa que pode conhecer em um dia. Um feriadão ou fim de semana até pode ser ok, mas se você prolongar sua estadia por aqui, não faltarão atividades. A principal atração fica por conta do Titanic Quarter, pavilhão estabelecido onde o famoso navio foi construído. Junto está um novo museu, o Titanic Belfast, que faz uma releitura cronológica da história da embarcação. O Ulster Museum, dentro do Jardim Botânico, também merece a devida atenção. No centro, os destaques são a St Anne's Cathedral, o Albert Memorial Clock e o City Hall. Para completar, uma boa maneira de conhecer a cidade pelo viés histórico é embarcar em um dos Black Taxis, tour que passa pelos muros que dividiam parte da cidade e seus murais.

Titanic Belfast

6 Queen's Road   www.titanicbelfast.com
jan-mar/out-dez seg-dom 10h-17h, abr-mai/set 9h-18h, jun-ago 9h-19h
£15,50 (Est, Id: £11 | Cr: £7,25)

O moderno museu, inaugurado em 2012, 100 anos após o naufrágio do Titanic, tem nove galerias divididas por ordem cronológica, que explicam desde o contexto de Belfast na época em que o navio foi construído até as notícias posteriores à tragédia, passando pelo planejamento e pela concepção do projeto, a inauguração, as acomodações da embarcação, o naufrágio e as mensagens de socorro. A atração se encontra no **Titanic Quarter** (www.titanic-quarter.com), o quarteirão do Titanic, complexo no lado leste da cidade que ocupa a área dos estaleiros Harland & Wolff, onde o navio foi construído.

SS Nomadic

Titanic Quarter   www.nomadicbelfast.com
out-mar ter-dom 10h-17h | abr-set seg-dom 10h-17h   £8,50 (Est, Id: £6,50 | Cr: £5)

Barco-cargueiro/translado de 1911, planejado para transportar os passageiros dos navios da rede *White Star Line*, entre eles o Titanic. A embarcação, que esteve em atividade até 1968, foi restaurada há poucos anos e convertida em navio-museu.

ALMANAQUE VIAJANTE | Titanic

Construído em Belfast para ser o maior, mais luxuoso e mais seguro transatlântico do mundo, o Titanic e seu consequente naufrágio deixaram marcas na história do século 20. No dia 11 de abril de 1912, milhares de pessoas acompanharam a sua última parada, em Queenstown, na costa da Irlanda, com destino a Nova York. Empresários, investidores, escritores, jornalistas e esportistas faziam parte das personalidades que embarcaram nessa viagem de grandiosidade e glamour. Mas o Titanic não era só luxo: na terceira classe viajavam imigrantes, que partiam aos Estados Unidos em busca de melhores condições de vida (bem, você se lembra do Leonardo di Caprio no início do filme, né?). Poucos dias após a partida, a tragédia: o transatlântico colidiu com um *iceberg* na noite de 14 de abril e naufragou horas depois, na madrugada do dia 15. Durante a travessia, o capitão foi avisado sobre a proximidade do *iceberg*, mas a mensagem não teria chegado aos oficiais superiores. A baixa temperatura da água e a falta de barcos salva-vidas para todos (havia apenas 20) foram os principais motivos para a morte de 1.517 pessoas, num total de (estimadas) 2.240 a bordo. Com a tecnologia pouco desenvolvida da época, o primeiro barco de ajuda chegou quase 2h depois do naufrágio. Foi somente em 1985 que os destroços foram encontrados, a mais de 3km de profundidade.

Ulster Museum

- Botanic Gardens, Stranmillis Road
- www.nmni.com/um
- ter-dom 10h-17h $ grátis

Localizado dentro do Jardim Botânico, em um moderno edifício, o museu faz uma viagem do passado até os dias de hoje por meio de exposições de arte, objetos históricos e ciências naturais. No acervo, múmias egípcias, reconstruções de dinossauros e obras modernas, como a *Troubles Art*, desenvolvida com inspiração nos conflitos da Irlanda do Norte. Aliás, a exposição que trata desse tema, com muitas fotos e material explicativo, é o ponto alto do museu.

St. Anne's Cathedral

- Donegall Street   9032.8332
- www.belfastcathedral.org
- seg-sáb 9h-17h15, dom 13h-15h
- £5

Inaugurada em 1904, a catedral é um dos principais símbolos de Belfast. No interior, destacam-se belos mosaicos e vitrais. Em 2007, o topo do templo recebeu uma torre de aço inoxidável com 40m de altura, conhecida como *Spire of Hope* (Torre da Esperança), que à noite fica iluminada. A instalação, que pode ser observada de dentro da catedral através de um teto de vidro, representa a esperança de paz e faz parte de um processo de revitalização da região central da cidade.

Albert Memorial Clock

- Queen's Square

Construída entre 1865 e 1869 em estilo gótico, a Torre do Relógio é uma homenagem de Belfast ao príncipe Albert, marido e primo da Rainha Vitória, morto em 1861. A torre é decorada com uma estátua do príncipe em tamanho real, leões coroados e temáticas florais. A título de curiosidade, vale saber que, embora pouco perceptível, a construção tem uma inclinação vertical não planejada de 1,25m, que lembra, guardadas as devidas proporções, a Torre de Pisa.

City Hall

- Donegall Square North
- 9027.0456   www.belfastcity.gov.uk
- seg-qui 8h30-17h, sex 8h30h-16h30
- grátis

No coração de Belfast, o prédio da Prefeitura, em estilo renascentista, foi concluído em 1906. O salão de entrada tem figuras de bronze que simbolizam as indústrias têxtil e de construção naval. A Prefeitura organiza visitas guiadas gratuitas (seg-sex 11h/14h/15h, sáb 14h/15h) pelas salas do edifício, com duração média de 1h. Uma curiosidade é a galeria de imagens dos prefeitos, que, quando eleitos, têm direito a escolher um pintor e o estilo da obra para retratá-los. Do lado nordeste do prédio fica a estátua de Sir Edward Harland, engenheiro naval fundador dos estaleiros Harland & Wolff e prefeito de Belfast nos anos de 1885 e 1886. Do lado de fora, na parte lateral, está um memorial, inaugurado em 2012, em homenagem às vítimas do Titanic.

Northern Ireland Assembly

- Upper Newtownards Road
- www.niassembly.gov.uk
- 9052.1802   seg-sex 9h-16h
- grátis

Inaugurada em 1932, a antiga sede do Parlamento, hoje ocupada pela Assembleia da Irlanda do Norte, pode ser conhecida em visitas guiadas (set-jun seg-sex 11h/14h | jul-ago 10h/15h; grátis), que percorrem as diversas salas e contextualizam a história do país. O edifício é rodeado por um enorme jardim.

St. George's Market

- 12-20 East Bridge Street
- 9032.0202
- sex 6h-14h, sáb 9h-15h, dom 10h-16h
- grátis

Erguido no final do século 19, esse mercado é uma das atrações mais antigas e tradicionais de Belfast. Nas sextas, o local é ocupado por uma feira de variedades, com barraquinhas de comidas, antiguidades e livros. Nos sábados é a vez dos alimentos: frutas e legumes orgânicos, carnes, cafés, queijos e alguns petiscos para degustar na hora. Nos domingos, muitas banquinhas de artesanato e algumas de comidas ao som de bandas locais.

Ulster Folk & Transport Museum

- 153 Bangor Road
- www.nmni.com/uftm
- out-fev ter-sex 10h-16h, sáb-dom 11h-16h | mar-set ter-dom 10h-17h
- £11 (Est, Id: £8,50 | Cr: £6)

Localizado a 15min do centro, o museu é um grande espaço a céu aberto que leva o visitante em uma viagem no tempo até o início do século passado. O local é uma espécie de cenário que reconstrói como era a vida antigamente na Irlanda do Norte, com casas, fazendas, escolas, lojas e transportes. Além de observar, o viajante pode interagir com atores vestidos com roupas da época. Também é possível entrar nas locomotivas a vapor, carruagens e bondes elétricos aqui expostos.

Crumlin Road Gaol

- 53-55 Crumlin Road
- 9074.1500
- www.crumlinroadgaol.com
- seg-dom 10h-16h30
- £8,50 (Cr: £6,50)

Erguida entre 1843 e 1845 e conhecida como Crum, essa é a única prisão da Era Vitoriana ainda de pé no país. Em 1846 chegaram os primeiros presos – homens, mulheres e crianças, essas responsáveis por pequenos delitos, como furto de alimentos. Desativado em 1996, o antigo presídio pode ser visitado somente em tours guiados, que duram 1h15 (a reserva pode ser feita online). A maior atração do passeio é o túnel subterrâneo que servia para a passagem de presos, ligando as dependências do edifício à sede da *Crumlin Road Courthouse*, o Palácio da Justiça, do outro lado da rua.

Compras

Belfast tem um centro para compras bem compacto. As ruas principais contam com lojas de roupas e móveis, entre outras. Próximo ao City Hall está o shopping Victoria Square, com lojas de diferentes estilos. Outro local interessante no centro é o **Smithfield Market** (Smithfield Market; seg-sáb 9h-17h30), mercado que antigamente era repleto de novidades e que hoje, um pouco decaído, é um bom local para comprar suvenires, roupas, objetos artísticos e produtos de segunda mão.

Passeios

Giant's Causeway

Essa é uma das regiões que melhor traduzem o imaginário que temos da Irlanda. Patrimônio Mundial da Unesco e conhecida como Plataforma dos Gigantes, trata-se de uma magnífica formação geológica na costa nordeste do país, a 95km de Belfast. A região é formada por colunas de pedras que, juntas, têm estrutura semelhante à de uma enorme calçada – as pedras parecem ter sido

BELFAST LADO B
Wall Murals/Peace Line

A região de Falls Road (frequentada por católicos) e Shankill Road (protestantes) foi palco de grandes confrontos entre os seguidores de cada religião. No local estão importantes marcas do conflito que se iniciou na década de 70. Num dos momentos de tensão, foram construídos portões, abertos durante o dia e fechados à noite, e uma espécie de muro, que tinha a função de separar, ainda que parcialmente, os bairros católicos e protestantes. No início, a intenção era de que as barreiras existissem somente por seis meses, mas, devido à eficiência da medida, foram ampliadas e se tornaram parte da cidade. Hoje, o que resta dessa história são os murais, mais conhecidos como **Peace Lines** (Linhas da Paz), que se tornaram um espaço de arte surpreendente, com ilustrações que expressam o posicionamento político dos moradores da área. Diversos artistas e personalidades, como o Dalai Lama, já registraram no muro, que chega a 34km de extensão, suas mensagens de paz e esperança. Afastados do centro histórico, os murais são acessíveis por meio do ônibus de turismo ou dos *Black Taxis*, que fazem um tour pela região.

---

trabalhadas por gigantes, tamanha a perfeição dos cortes. Não existe uma explicação sobre como essa obra da natureza foi formada, porém a teoria mais plausível defende que as colunas são, na verdade, rachaduras causadas por fluxos de lava há 60 milhões de anos. Recentemente, o número de visitantes aumentou, devido à famosa série *Game of Thrones* – muitas cenas foram filmadas em cavernas e em estradas vicinais dos arredores, mas os tours temáticos do seriado também param aqui. O acesso às colunas ($ £9 | Cr: £4,50) é permitido apenas durante o dia; para chegar, pegue os trens regulares que fazem o trajeto entre Belfast e Coleraine, cidade próxima a Giant's Causeway. Para completar a rota, use o ônibus 172. Durante os meses de verão, saem ônibus diretos de Belfast para cá. Se você preferir, grande parte dos *Black Taxis* organiza tours pela região. Para mais informações, acesse www.nationaltrust.org.uk/giants-causeway.

Carrick-a-rede Island

Localizada a cerca de 12km (15min de carro) da Giant's Causeway, essa pequena ilha, onde existe um ponto de pesca de salmão, é ligada ao continente por uma modesta ponte de corda e tábuas, que tem 20m de extensão e está suspensa a 30m de altura – de cima, a vista das ondas quebrando nas rochas pode ser um pouco assustadora. Anos atrás, a estrutura era formada apenas por uma corda, utilizada pelos pescadores para cruzar da ilha para o continente. Hoje é atravessada principalmente por turistas, que devem adquirir um ingresso (www.nationaltrust.org.uk/carrick-a-rede; mar-mai/set-out 9h30-18h | jun-ago 9h30-19h | nov-fev 9h30-15h30, horários variáveis em função das condições climáticas; $ £5,90 | Cr: £3) para poder se aventurar na ponte suspensa. Para chegar a partir de Belfast, use o ônibus 252 ou 256; a partir de Coleraine, o 172.

Comes & Bebes

A gastronomia da Irlanda do Norte não se diferencia muito da culinária britânica, de modo que nas ruas de Belfast você encontra os mesmos pratos tradicionais, incluindo o onipresente *fish and chips*, e tipos de estabelecimento similares, como os gastro pubs, nos quais, além da clássica *ale*, são servidas refeições reforçadas a preços módicos. A região com a maior concentração de bares, cafés e restaurantes são as ruelas da área comercial ao norte do City Hall. Nos arredores da Queen's University, principalmente na Botanic Avenue e na University Road, você encontra bistrôs e cafés mais acessíveis.

Mourne Seafood Bar

- 34-36 Bank Street
- 9024.8544
- mourneseafood.com
- seg-qui 12h-21h30, sex-sáb 12h-16h/17h-22h30, dom 13h-18h
- £10-20

A uma curta caminhada ao norte do City Hall, esse bar, como o próprio nome sugere, é o lugar ideal para experimentar frutos do mar e pescados. O espaço é bem casual, mas a comida é de primeira. Não apenas os produtos são frescos, como os preços são bastante convidativos – meia dúzia de ostras custa a partir de £4,50. O *Rockefeller*, nos quais as ostras são preparadas com espinafre, creme de *pernod* (licor à base de anis), bacon e ervas aromáticas, é o prato mais recomendado. Os mexilhões, com molho à base de vinho branco, podem vir numa porção média (£6,75) ou grande (£10,75), ideal para duas pessoas. Até mesmo a lagosta com molho *velouté* de ervas é acessível: meia-porção sai por £11,75. O tradicional *fish and chips* também não deixa nada a desejar.

Ginger Bistro

- 7-8 Hope Street
- Great Victoria Street
- 9024.4421
- www.gingerbistro.com
- seg 17h-21h, ter-qui 12h-15h/17h-21h, sex-sáb 12h-15h/17h-22h
- £10-25

Com paredes coloridas, almofadas nos bancos e uma iluminação suave, o bistrô é bastante aconchegante, tem um atendimento atencioso e a comida é bem preparada, ideal para um almoço caprichado ou jantar mais despretensioso. Delicadamente apresentados, alguns destaques do cardápio são a entrada de pato oriental com cenouras assadas e molho de ameixa (£6,25) ou o prato principal de salmão curado com salada de alface, vagens e pepino com molho de iogurte, castanhas de caju e batatas apimentadas (£11,50). Esses valores correspondem ao menu do almoço, quando o prato mais caro sai por £14; no jantar, os preços variam entre £18-22.

Molly's Yard

- 1 College Green Mews
- 322.600
- www.mollysyard.co.uk
- seg-sáb 12h-21h
- £10-25

No interior de antigos estábulos vitorianos, apropriadamente reformados, é claro, essa tradicional cervejaria tem em seus fundos um pequeno bistrô, voltado para a cozinha irlandesa moderna. O ambiente é rústico e a atmosfera, descontraída, principalmente nos dias de verão, quando as mesas são colocadas no pátio interno. O menu é reduzido, preservando ingredientes frescos e sazonais. Experimente o frango grelhado com bacon, torradas com pesto, molho de *cranberry* e maçã, *blue cheese* e batatas fritas. O almoço tem preços mais convidativos que o jantar, mas a maior barbada é o *menu pre-theatre*, no qual dois pratos saem por £15,50 e três por £18,50.

Noite

A animação de Belfast sem dúvida é bem mais limitada do que em Dublin, porém os costumes são os mesmos: beber, divertir-se, reunir os amigos em pubs, ouvir um som. As regiões ao redor da Catedral e da Queen's University têm uma grande quantidade de bares, que, assim como os pubs, costumam abrir cedo, no horário de almoço, e fechar por volta das 23h30. Alguns, próximos da área central, permanecem abertos até a 1h, com licença para funcionar até mais tarde nos finais de semana.

O pub **The Crown Liquor Saloon** (46 Great Victoria Street), no centro, é o mais tradicional da cidade (e por isso mesmo o mais lotado de turistas). Viajantes também recomendam os temáticos bares irlandeses **Duke of York** (7-11 Commercial Court), frequentado principalmente nos finais de semana, e **Kelly's Cellars** (30-32 Bank Street), com música tradicional irlandesa aos domingos. Inusitados são **The Empire** (42 Botanic Avenue), uma igreja convertida em casa de espetáculos, com apresentações de comédias nas terças, e o **Cuckoo Bar** (149 Lisburn Road), com mesa de *air hockey* e de pingue-pongue.

Hotéis & Albergues

Embora seja capital, Belfast ainda parece estar despertando para o turismo, pelo menos no que diz respeito à rede hoteleira. Boa parte dos hotéis está concentrada na área central, já os albergues e os B&B estão em regiões vizinhas, como nos arredores da Queen's University, mas nada tão distante que impeça o deslocamento a pé.

Belfast International Youth Hostel

- 22-32 Donegall Road
- 9032.4733
- www.hini.org.uk
- 202 camas
- não oferece
- dorms 22p-16p £11,50, 6p-4p £13,50 | quartos £38

Albergue HI em boa localização – próximo à rodoviária e às principais atrações da cidade. As camas nos dormitórios possuem luz de leitura individual, mas os quartos não têm tomadas e *lockers* suficientes. O hostel tem sala de TV, *lounge* e cozinha equipada. A rede wi-fi funciona somente nas áreas comuns. No final de semana, as diárias custam entre £1 e £4 a mais. Não oferece café da manhã, mas no primeiro andar do albergue funciona uma cafeteria, a Alan's Causeway Café. A estadia máxima permitida é de sete dias, e hóspedes menores de 18 anos não são aceitos em dormitórios.

O bar Duke of York, nas proximidades da St. Anne's Cathedral

Vagabonds

- 9 University Road
- 9023.3017
- www.vagabondsbelfast.com
- 8 quartos — incluído
- dorms 12p £14, 8p £15, 6p £16 | quartos 2p £40

Albergue moderninho, está na área da Queen's University e a 15min de caminhada do centro de Belfast. Dormitórios com decoração descolada, contam com luz de leitura individual e gavetas na parte debaixo das camas. Tem cozinha compartilhada, lavanderia e espaços comuns com TV, DVDs, computadores, mesa de pingue-pongue e mesa de sinuca. No verão, rolam alguns churrascos no jardim do hostel. Já esteve várias vezes na lista dos melhores albergues do Reino Unido.

All Seasons Bed & Breakfast

- 356 Lisburn Road
- Europa Hotel (9A, 9B)
- 9068.2814
- www.allseasonsbelfast.com
- 9 quartos — incluído
- quarto 1p £35/42, 2p £50/60 (baixa/alta temporada)

Está mais distante do centro, cerca de 10min de carro. Quartos simples, decorados individualmente e de bom tamanho, dispõem de banheiro privado, TV e mesa de trabalho. Como bom mimo, oferece café, chá e leite de graça nos quartos.

Dukes at Queens

- 65-67 University Street
- 9059.0900
- www.dukesatqueens.com
- 32 quartos — incluído
- quartos 1p-2p £86

Está próximo do Jardim Botânico, da Queens's University e a apenas 300m da estação Botanic. Quartos decorados em tons pastéis, equipados com ar-condicionado, TV, base para iPod e comodidades para preparo de café e chá. No bar do hotel se pode beber diferentes drinques acompanhados de *tapas*, os famosos petiscos da cozinha espanhola.

Tara Lodge

- 36 Cromwell Road
- 9059.0900
- www.taralodge.com
- 34 quartos — incluído
- quartos 1p-2p £119

Em frente à estação de trem Botanic, fica bem próximo da Queen's University e do Ulster Museum. Até o centro são uns 10, 15min de caminhada. Hotel 4 estrelas, possui quartos bem iluminados e com decoração contemporânea. São equipados com banheira, TV, cofre e mesa de trabalho. Não tem restaurante, mas dá algumas dicas de lugares na cidade onde os hóspedes têm desconto. O atendimento e o café da manhã são bem elogiados.

The Fitzwilliam Hotel Belfast

- 1-3 Great Victoria Street
- 9044.2090
- www.fitzwilliamhotelbelfast.com
- 131 quartos — incluído
- quartos 1p-2p £139

Moderno hotel 4 estrelas, tem decoração arrojada e investe em design diferenciado. Está quase em frente à prefeitura e próximo de vários pontos da área central de Belfast. Os quartos são em cores escuras e contam com ar-condicionado, TV, frigobar, cofre, mesa de trabalho e base para iPod. Nas dependências do hotel encontram-se ainda restaurante e bar. Como medida para baratear a diária, existe a possibilidade de reservar sem café da manhã – £16,50 a menos por dia e por pessoa.

Cliffs of Moher, os famosos paredões de pedra no oeste do país

www.discovernorthernireland.com

IRLANDA

A imagem de país de conflitos e atentados causados pela divisão de uma nação em duas – a República da Irlanda, católica, ao sul, e a Irlanda do Norte, protestante, pertencente ao Reino Unido – tem sido substituída pela de um país moderno e atrativo, que vem recebendo cada vez mais visitantes. Com a entrada na União Europeia, em 1973, a Irlanda passou a ganhar financiamentos do bloco para desenvolver sua economia; graças a esses investimentos, o país foi o campeão europeu de crescimento econômico durante vários anos da década de 2000. Assim, de exportador de mão de obra, tornou-se polo atrativo para trabalhadores. Da mesma forma, cada vez mais recepciona turistas e estudantes, que não dão a menor bola por esta ser uma terra chuvosa – e apreciam o povo alegre, bem-humorado, cervejeiro e festivo. Cada vez mais viajantes buscam conhecer essa ilha vulcânica de paisagens fantásticas, que evoca mistérios de uma cultura que foi o último reduto celta na Europa. Fácil perceber de onde veio inspiração para alguns dos maiores expoentes da música pop das últimas décadas, como U2, Van Morrison, Sinéad O'Connor, The Cranberries e The Corrs.

Que país é esse

- *Nome:* República da Irlanda | Poblacht na hÉireann | Republic of Ireland
- *Área:* 70.273km²
- *População:* 4,6 milhões
- *Capital:* Dublin
- *Língua:* Inglês e Irlandês
- *Moeda:* Euro
- *PIB:* US$ 245,9 bilhões
- *Renda per capita:* US$ 53.313
- *IDH:* 0,899 (11º lugar)
- *Forma de Governo:* República Parlamentarista

Barbadas e Roubadas

➕ *Curtir um rock irlandês num dos inúmeros pubs de Dublin*

➕ *Visitar o Museu Guinness e apreciar a sua cerveja no final*

➕ *Ser instigado pelos grandes escritores irlandeses para ler as suas obras*

➕ *Apreciar as belezas naturais da Península de Dingle, Ring of Kerry, Cliffs of Moher*

➕ *Interagir com os irlandeses, mesmo que você não entenda uma palavra*

➖ *Não ter grandes programas para fazer nas cidades durante o dia*

➖ *Se entupir com o meu-nutricionista-não-recomenda café-da-manhã irlandês*

IRLANDA

A região do Temple Bar

DUBLIN

O nome da capital irlandesa se origina da palavra *Dub Linn*, que significa lagoa negra, em gaélico. Por aqui, quase na foz do rio Liffey, os celtas tinham um santuário religioso. Em uma posição estratégica, voltada para o canal entre as ilhas britânicas, a localidade foi tomada pelos vikings no século 8, mas, depois de muita briga, os celtas retomaram a região. A calmaria não durou muito, já que, poucos séculos depois, aportaram os normandos. Dessa mistura de povos (sobretudo dos vikings) é que vem o cabelo vermelho dos dublinenses e a cultura dos pubs e da cerveja (onde tomar uma *pint* de Guinness é tão comum quanto tomar um cafezinho). Além disso, por aqui impera a simpatia, facilmente comprovada quando você conhecer algum dos pouco mais de 1 milhão de habitantes da cidade.

IRLANDA

A Cidade

O centro geográfico e da alma dublinense é o rio Liffey. A cidade se irradia a partir do rio e de suas pontes charmosas e cheias de histórias, como a central *O'Connell Bridge*. Ao norte do rio, está a área menos turística e desenvolvida da cidade; já ao sul, estão as regiões mais atraentes e charmosas – entre eles, destaca-se o *Temple Bar*, bairro dos artistas. A *O'Connell Street* forma com suas continuações *Westmoreland* e *Grafton* o principal eixo norte-sul, indo da *Parnell Square* até o parque *Stephen's Green*. Código telefônico: 1.

Informações turísticas

Dublin tem quatro centros de informações, o *Discover Ireland Tourist Offices*. Dois deles, no aeroporto (terminal 1 e 2), reservam hotel aos recém-chegados, mas cobram por alguns mapas que você pode conseguir sem custo em certos albergues e hotéis. Os outros dois são centrais: na O'Connell Street, a 150m da ponte homônima, e na Suffolk Street, dentro do que era a Igreja de St. Andrews. Esse último, enorme, tem até mesmo senha e sofás de espera. Vendem mapa, cartão da cidade e tickets para espetáculos e disponibilizam wi-fi gratuitamente.

Suffolk Street
- 📍 25 Suffolk Street ☎ 1605.7700
- 🕐 seg-sáb 9h-17h30, dom 10h30-15h

Dublin Airport
- 📍 Dublin Airport (terminais 1 e 2)
- 🕐 seg-dom 8h-19h

O'Connell Street
- 📍 14 O'Connell Street
- 🕐 seg-sáb 9h-17h

Pela internet
- 💻 www.visitdublin.com

Cartão da cidade O *Dublin Pass* (www.dublinpass.ie) inclui entrada em 32 atrações, em muitas delas sem precisar esperar na fila, e descontos em outras 23 atividades, entre museus, teatros, restaurantes e lojas. O bilhete de 1 dia sai por €39 (Cr: €21), 2 dias €61 (Cr: €35), 3 dias €71 (Cr: €42) e 6 dias €105 (Cr: €54). Pode ser comprado pela internet ou nos centros de informações turísticas. Antes de adquiri-lo, porém, veja se os lugares incluídos são de seu interesse.

Tours

A pé Diariamente às 11h e às 14h, a rede *Sandeman's* (www.newdublintours.com) oferece caminhada guiada gratuita pela cidade. O tour dura 3h e parte da pequena praça ao lado do City Hall (📍 Dame Street). A *Dublin Free Walking Tours* (www.dublinfreewalkingtours.yolasite.com) faz passeios gratuitos semelhantes, com saídas diárias às 11h e às 15h do *The Spire*, enorme monumento em formato de agulha situado no cruzamento da O'Connell Street com a Earl Street North. A companhia também organiza tours temáticos sobre música (🕐 qua 15h; 💲 €12), literatura (🕐 seg 11h; 💲 €12) e cervejas e destilados (🕐 seg-dom 18h; 💲 €12).

De ônibus O *City Sightseeing* (citysightseeingdublin.ie), tradicional ônibus vermelho de dois andares, tem duas linhas: a vermelha, que circula pela área central, e a azul, que, além do centro, vai também ao Glasnevin Cemetery e ao Croke Park. Ambas estão incluídas no mesmo passe, válido por 24h (💲 €19 | Est: €17) ou 48h (💲 €22 | Est: €20). O *Dublin Bus Tour* (www.dublinsightseeing.ie), ônibus verde de dois andares, também oferece duas rotas: a roxa, que passa pelos principais pontos turísticos, e a rosa, que circula pelas *Docklands*, região do porto em processo de modernização. Os dois passeios estão incluídos no mesmo bilhete, com validade de 48h (💲 €22 | Est, Id: €20 | Cr: €10); reservas pela internet garantem 15% de desconto.

ALMANAQUE VIAJANTE | Origens celtas

A festa de *Halloween*, massivamente associada à cultura estadunidense, na verdade encontra suas raízes na Irlanda. Há milhares de anos, o Ano-Novo celta (*Samhain*, em gaélico antigo) era celebrado ao final do verão, precisamente no dia 31 de outubro. Os celtas acreditavam que nessa época as portas para o "mundo das almas" se abriam, permitindo a passagem de espíritos. Para se proteger, desenvolveram alguns costumes, como se fantasiar para assustar e afastar os fantasmas. O cristianismo, posteriormente, associou o Dia de Todos os Santos (All Hallows' Eve) ao festival pagão, o que causa certa confusão na hora de precisar a origem de algumas tradições. Quanto aos Estados Unidos, o Halloween só passou a ser efetivamente comemorado após o século 19, com a migração de irlandeses.

Pearse Station, ao sul do rio Liffey

Chegando e saindo

De avião O *Dublin Airport*, único aeroporto da capital, fica a 11km da área central. A irlandesa *Ryanair*, maior empresa aérea *low-cost* da Europa, tem uma de suas bases aqui. Uma dica para quem tiver voo muito cedo são os sofás em frente ao *Starbucks*, no segundo andar do terminal 1, que permitem uma tranquila noite de sono; no entanto, por isso mesmo são concorridos. Os ônibus expressos *Airlink* e *Aircoach* (ambos €6 ida, €11 ida e volta) fazem o trajeto entre o aeroporto e o centro, passando pelos principais hotéis. Mais baratos são os ônibus urbanos 16 e 41, por €3,30, que passam pela O'Connell Street; peça para o motorista indicar o melhor lugar para você descer. Entre 23h30 e 5h, quando os ônibus não circulam, o melhor – e talvez a única opção – é pegar um táxi. Espere pagar entre €20-30.

De trem Numa mesma rota ferroviária estão a *Pearse Station* e a *Tara Station*, ao sul do rio Liffey, e a *Connoly Station*, ao norte, perto da rodoviária. As linhas que passam por estas estações fazem a costa leste, de Belfast, na Irlanda do Norte, até o porto de Rosslare, ao sul. Para quem planeja chegar à costa oeste, como Galway, ou a outras localidades no interior, como Cork, Kilkenny e Killarney, a pedida é a *Heuston Station*, a oeste do centro. Mapas e horários em www.irishrail.ie.

De DART O *Dublin Area Rapid Transport*, abreviado como DART, é um trem que serve toda a região metropolitana, ligando a capital às cidades costeiras de Malahide, no norte, e Greystones, no sul, parando em algumas estações pelo caminho, como Howth e Bray. A saber, o transporte também circula por alguns pontos dentro de Dublin, mas nenhum de interesse turístico. O preço do bilhete depende da rota percorrida, mas deve variar entre €3 e €6, só ida, ou €6 e €10, ida e volta. Se você escolher a segunda modalidade, preste atenção, já que o trecho de retorno deve ser exatamente igual ao de ida, com embarque e desembarque nas mesmas estações. Se você descer em alguma parada diferente, a catraca não libera a saída. As passagens podem ser compradas em máquinas dispostas nos terminais de embarque ou no site da Irish Rail (www.irishrail.ie).

De ônibus A *Busáras*, estação rodoviária de Dublin, fica a uns 8min a pé da O'Connell Bridge. Devido à organização do sistema ferroviário irlandês, na maioria das vezes é mais barato e rápido viajar de ônibus do que de trem. Para rotas internacionais, o valor do *ferry* (lembrando que a Irlanda é uma ilha) está sempre incluído no preço da passagem do ônibus.

De barco O porto de *Dun Laghoire*, a 20km da cidade, é a entrada marítima de Dublin. De lá, a melhor aposta é pegar o DART até a *Tara Station* ou os ônibus 7 ou 46A. Diariamente, balsas levam cerca de 2h para chegar a Holyhead, no País de Gales. Duas empresas operam essa rota, *Irish Ferries* (www.irishferries.com) e *Stena Line* (www.stenaline.ie).

DUBLIC

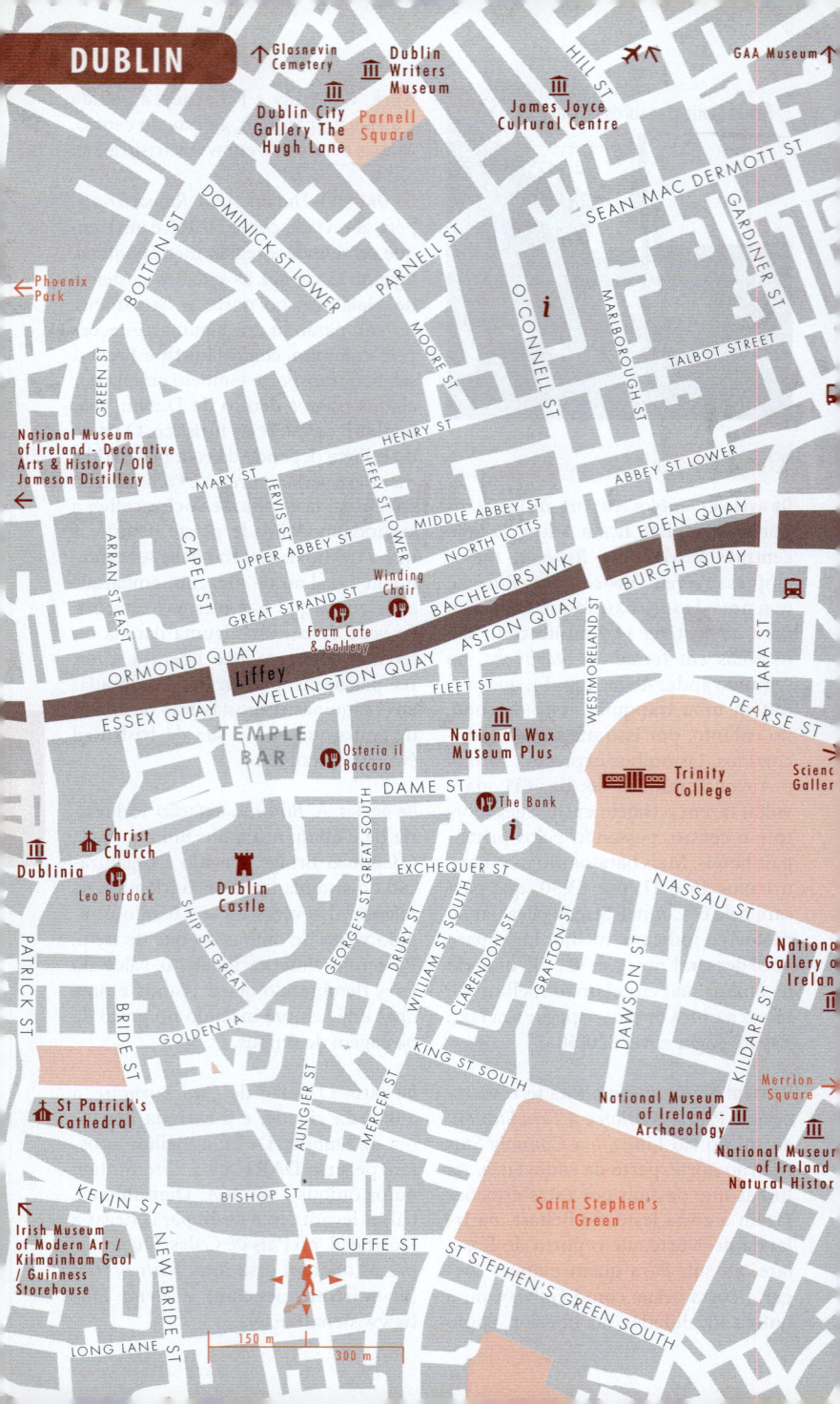

↑ Glasnevin Cemetery
🏛 Dublin Writers Museum
✈ HILL ST
↑ GAA Museum
🏛 Dublin City Gallery The Hugh Lane
Parnell Square
🏛 James Joyce Cultural Centre

BOLTON ST
DOMINICK ST LOWER
PARNELL ST
SEAN MAC DERMOTT ST
GARDINER ST

← Phoenix Park
GREEN ST
MOORE ST
O'CONNELL ST
ℹ
MARLBOROUGH ST
TALBOT STREET

🏛 National Museum of Ireland - Decorative Arts & History / Old Jameson Distillery
MARY ST
JERVIS ST
HENRY ST
ABBEY ST LOWER

CAPEL ST
UPPER ABBEY ST
LIFFEY ST LOWER
MIDDLE ABBEY ST
NORTH LOTTS
EDEN QUAY

ARRAN ST EAST
GREAT STRAND ST
🍴 Winding Chair
BACHELORS WK
BURGH QUAY

🍴 Foam Cafe & Gallery
ORMOND QUAY
Liffey
WELLINGTON QUAY
ASTON QUAY
WESTMORELAND ST
TARA ST
🚆

ESSEX QUAY
FLEET ST
PEARSE ST

TEMPLE BAR
🍴 Osteria il Baccaro
🏛 National Wax Museum Plus
🏛 Trinity College
Science Galler

⛪ Christ Church
DAME ST
🍴 The Bank
ℹ
NASSAU ST

🏛 Dublinia
🍴 Leo Burdock
🏰 Dublin Castle
EXCHEQUER ST
🏛 National Gallery of Ireland

PATRICK ST
SHIP ST GREAT
GEORGE'S ST GREAT SOUTH
DRURY ST
WILLIAM ST SOUTH
CLARENDON ST
GRAFTON ST
DAWSON ST
KILDARE ST

BRIDE ST
GOLDEN LA
→ Merrion Square

⛪ St Patrick's Cathedral
AUNGIER ST
MERCER ST
KING ST SOUTH
🏛 National Museum of Ireland - Archaeology
🏛 National Museum of Ireland Natural History

KEVIN ST
BISHOP ST
Saint Stephen's Green

← Irish Museum of Modern Art / Kilmainham Gaol / Guinness Storehouse
NEW BRIDE ST
CUFFE ST
ST STEPHEN'S GREEN SOUTH

LONG LANE
150 m   300 m

Circulando

Dublin, em grande parte plana, é uma cidade agradável para se percorrer a pé, embora não seja pequena – por isso, bicicletas podem ser uma boa. Lembre-se, porém, que as *bikes*, além de muito populares, são também muito visadas por aqui – nada de relaxar na segurança. Se for andar de ônibus, o melhor é pedir um mapa nos quiosques da *Dublin Bus*, empresa que regula o transporte: o emaranhado de linhas pode confundi-lo, já que existem variantes difíceis para os turistas decifrarem. Por exemplo, uma mesma linha, simbolizada por um número, pode ser sucedida por diferentes letras, que indicam rotas diversas. Mais fácil de usar, o *tram* tem apenas dois percursos, e por isso não é útil em grandes trajetos. A boa vontade dos motoristas e dos locais, porém, sempre ajuda.

A pé James Joyce, em *Ulisses*, propõe um desafio: atravessar Dublin sem passar por um pub. A rica tradição cervejeira, a arquitetura georgiana e os mais variados artistas de rua (especialmente na Grafton e na zona do Temple Bar, o bairro dos artistas) são atrativos suficientes para justificar uma caminhada.

Ônibus O sistema viário é complexo, com cerca de 200 linhas que cobrem Dublin e as cidades próximas. As passagens devem ser compradas nos quiosques da *Dublin Bus* ou direto com o motorista; nesse caso, é preciso dizer o destino e pagar somente com moedas – se você precisar de troco, o condutor do veículo emitirá um papel que deve ser trocado por dinheiro no escritório principal da *Dublin Bus* (📍 59 O'Connell Street). Se comprada de forma avulsa, a passagem varia de €1,50/1,95 (até três zonas; antecipada/com o motorista) a €2,60/3,30 (arredores de Dublin). Se for circular bastante, pode ser interessante adquirir um passe do transporte público: 1 dia, €6,90 (incluindo Luas, que é o *tram* da cidade, e DART, €10), 10 viagens de 90min, €29,50, 5 dias, €29,50 ou 30 dias, €147,50. Também existe uma modalidade turística, o *Freedom Ticket*, que inclui 3 dias de viagens ilimitadas em diferentes tipos de ônibus, por €30. Mais informações em: www.dublinbus.ie.

Tram Existem duas linhas (verde e vermelha) aqui conhecidas como *Luas*, que funcionam entre 6h e 0h. A cobrança é por zona e varia de €1,80 a €3 (ida e volta, €3,40 a €5,50), com tempo de viagem de no máximo 90min. Também há tickets para 7 dias, €14,70 a €24, e 30 dias, €58,50 a €95. A venda de bilhetes é feita em terminais junto às estações. Mais detalhes em: www.luas.ie.

Bicicleta Dublin tem distâncias ideais para percorrer de *bike* (curtas para ônibus, longas para andar). O *Dublin Bikes* (www.dublinbikes.ie), sistema de aluguel de bicicletas com cerca de 50 estações espalhadas pela cidade, tem duas modalidades de locação: o bilhete válido por 3 dias (€5), que deve ser comprado nos terminais que aceitam cartão de crédito; e o cartão anual (€20), a ser adquirido online. Os primeiros 30min de pedalada são gratuitos, e o tempo excedente é descontado direto do cartão de crédito: 30min-1h €0,50, 1h-2h €1,50, 2h-3h €3,50, 3h-4h €6,50, cada 30min depois de 4h, €2. Pode ser mais vantajoso pegar uma bicicleta nas casas de aluguel, que às vezes organizam passeios guiados. Alguns lugares são *Phoenix Park Bike Hire* (www.phoenixparkbikehire.com), junto ao Phoenix Park, 1h/€5, 3h/€10; *Belfield Bike Shop* (www.belfieldbikeshop.com), na University College Dublin, a partir de €50/3 dias, e *Neill's Wheels* (www.rentabikedublin.com), em três pontos da cidade: (📍 Cows Lane, Aungier Street e Frenchman's Lane), com diária de €15.

Atrações

Verdade seja dita: nem só de pubs vive Dublin. Por aqui, os atrativos são muitos, e o melhor, contemplam vários gostos e idades. Entre as principais atrações estão a *Christ Church Cathedral* e a *St. Patrick's Cathedral*, que dividem o título de catedral da cidade, o *Kilmainham Gaol*, antiga prisão irlandesa, o *Phoenix Park*, enorme e agradável parque, e o *Glasnevin Cemetery*, belíssimo cemitério com arquitetura celta. Para experiências etílicas, destacam-se o *Guinness Storehouse*, museu sobre a cerveja Guinness, e o *Old Jameson Distillery*, com exposição sobre o uísque Jameson, produzido no país. Para famílias com crianças, são interessantes o *National Wax Museum Plus*, museu de cera; *National Leprechaun Museum*, com lendas irlandesas; e o *National Museum of Ireland – Natural History*, de história natural. Importante considerar, ainda, a questão literária: Dublin, famosa pela tradição da escrita, é berço de James Joyce, Oscar Wilde, Jonathan Swift, George Bernard Shaw, Samuel Beckett, William Butler Yeats e Bram Stoker, todos devidamente lembrados no *Dublin Writers Museum*.

Igreja e Estado

Dublin Castle

- Dame Street
- Dublin City South (27, 56A, 77A, 77N, 150, 151)
- www.dublincastle.ie
- seg-sáb 9h45-16h45, dom 12h-16h45
- €6,50 (Est, Id: €5,50 | Cr: €3)

Construído no século 13 e reconstruído nos séculos seguintes, o Castelo de Dublin foi, até 1922, a sede do governo britânico na Irlanda. Hoje abriga inúmeros órgãos governamentais, situados na parte conhecida como *State Apartments*, que só pode ser acessada em visitas guiadas, com saídas a cada 45min. Entre os demais edifícios do complexo, o destaque é a *Chapel Royal* (seg-sáb 10h-16h45, dom 12h-16h45; grátis), belo exemplo de arquitetura neogótica, onde, junto à cripta, está *The Revenue Museum* (seg-sex 10h-16h; grátis), com exposição sobre a cobrança de impostos na Irlanda. Também vale conhecer a *Chester Beatty Library* (mai-set seg-sex 10h-17h | out-abr ter-sex 10h-17h; grátis), cujo acervo reúne manuscritos, gravuras e pequenas pinturas provenientes da Ásia, África e Europa. No verão, à noite, o castelo se torna palco de performances musicais, circenses e teatrais.

Christ Church Cathedral, uma das duas catedrais da cidade

Christ Church Cathedral

- Christchurch Place
- Lord Edward Street (13, 27, 40, 49, 77A, 77X, 123, 747) ☎ 677.8099
- www.christchurchcathedral.ie
- mar/out seg-sáb 9h-18h, dom 12h30-14h30/16h30-18h | abr-set seg-sáb 9h-19h, dom 12h30-14h30/16h30-19h | nov-fev seg-sáb 9h-17h, dom 12h30-14h30
- €6 (Est, Id: €4,50 | Cr: €2)

Erguida no século 11, essa é uma das duas igrejas mais antigas de Dublin, dividindo o título com a St. Patrick's Cathedral. Bela, porém não majestosa, a igreja tem iluminação interna e externa bem planejada, realçando as linhas do prédio. No local, há um monumento a Strongbow, conquistador normando do século 12 que dominou a cidade por certo tempo. A catedral organiza tours guiados (seg-sex 11h/14h, sáb 11h30/13h15, dom 13h30; €4) que incluem uma subida ao campanário, onde o visitante pode tocar o sino. Na bilheteria é vendido um ingresso que inclui entrada na igreja e no Dublinia, museu anexo sobre a história da cidade, por €8,50 (Est, Id: €7,50 | Cr: €5,50).

St. Patrick's Cathedral

- Patrick Street
- St Patrick's Cathedral (27, 49, 54A, 56A, 77A)
- www.stpatrickscathedral.ie
- seg-sex 9h30-17h, sáb 9h-17h, dom 9h-10h30/12h30-14h30
- €6 (Est: €5)

A maior igreja da Irlanda foi originalmente erguida no século 5 e reconstruída no final do século 11 ao lado do poço onde, segundo a lenda, St. Patrick, o padroeiro do país, batizou os primeiros irlandeses cristãos. A catedral é um belíssimo exemplo de arquitetura normanda, com destaque para o interior, decorado com vitrais e estátuas. Perto está o St. Patrick's Park, parque bonito e convidativo.

Museus

Dublin Writers Museum

- 18 Parnell Square North
- Parnell Square North (11, 13, 40, 86, 116)
- www.writersmuseum.com
- seg-sáb 10h-16h45, dom 11h-16h45
- €7,50 (Cr: €4,70)

Instalado em uma mansão do século 18, esse museu reconstrói a trajetória literária de Dublin pelos últimos 300 anos por meio de fotografias, cartas, manuscritos e objetos pessoais de autores irlandeses, como um telefone pertencente a Samuel Beckett e um exemplar da primeira edição de *Dracula*, de Bram Stoker. Há salas dedicadas a James Joyce, George Bernard Shaw e William Butler Yeats. No edifício ao lado está o Irish Writers Centre, dedicado à promoção da literatura irlandesa contemporânea.

Dublin City Gallery The Hugh Lane

- Parnell Square North
- Parnell Square North (11, 13, 40, 86, 116)
- ☎ 222.5550 www.hughlane.ie
- ter-qui 10h-18h, sex-sáb 10h-17h, dom 11h-17h
- grátis

Ao lado do Dublin Writers Museum, a galeria reúne, em grande maioria, obras que pertenceram a Hugh Lane, colecionador particular que dá nome ao museu. No acervo estão algumas instalações contemporâneas e esculturas, junto a quadros de pintores irlandeses e franceses, com destaque para Renoir, Manet, Monet e Pissarro. Talvez o principal atrativo do museu seja o desalinhado estúdio do pintor irlandês Francis Bacon, cujos objetos foram transferidos de Londres para Dublin em 2001, e aqui fielmente remontados com o auxílio de uma equipe de arqueólogos e restauradores.

National Gallery of Ireland

- Merrion Square West
- Clare Street (4, 7, 8, 26, 66, 67, 120)
- 663.3510
- www.nationalgallery.ie
- seg-qua/sex-sáb 9h30-17h30, qui 9h30-20h30, dom 11h-17h30
- grátis

Inaugurada em 1864, a galeria tem vasta coleção de arte irlandesa e europeia, entre pinturas, esculturas, desenhos e mobiliários. No acervo, peças dos espanhóis Velázquez, Goya e Picasso, do francês Monet, do italiano Caravaggio e dos holandeses Rembrandt e Vermeer. No final de semana, o museu organiza visitas guiadas (sáb 12h30, dom 11h30/12h30/13h30; grátis).

National Museum of Ireland - Archaeology

- Kildare Street
- Dublin City South (700)
- 677.7444   www.museum.ie
- ter-sáb 10h-17h, dom 14h-17h
- grátis

Museu arqueológico com acervo que reúne artefatos neolíticos, celtas, vikings e normandos, conta a história dos povos que ocuparam a Irlanda. A visita é rápida, mas interessante.

James Joyce Cultural Centre

- 35 Great North George Street
- Marlborough Street (40B, 40D, 120)
- www.jamesjoyce.ie
- ter-sáb 10h-17h, dom 12h-17h
- €5 (Est, Id: €4)

O museu reúne material biográfico sobre a vida e a obra do ilustre James Joyce, o escritor irlandês, ao lado de Oscar Wilde, mais conhecido no globo, famoso especialmente por *Ulisses*, *Dublinenses* e o intraduzível (e já traduzido) *Finnegan's Wake*, publicado no Brasil sob o título *Finnicius Revém*. Aqui são organizados tours sobre Joyce (€10), percorrendo lugares em Dublin referenciados nas obras ou que fizeram parte da vida do escritor; os horários variam (geralmente três vezes por semana na alta temporada e uma na baixa) e o ingresso pode ser comprado pelo site.

QUEM É ESSE CARA | James Joyce

O maior escritor irlandês é um divisor de águas na língua inglesa. Nascido em 1882, em Dublin, James Joyce foi um marco do modernismo literário ao libertar a escrita dos padrões que até então a amarravam. Criador de neologismos, adepto dos fluxos de consciência e inventor de trocadilhos que misturam diferentes idiomas, Joyce teve uma criação que contrasta com esse perfil revolucionário. De rígida formação católica, foi, aos 20 anos, a Paris estudar Medicina. Pelo bem da literatura, largou o curso para se dedicar apenas à escrita, indo morar na Irlanda e depois na Suíça e na Itália. Em 1907, lançou o seu primeiro livro, *Chamber Music*. Em 1922, publicou, inicialmente apenas em Paris, sua obra-prima: *Ulisses*. Considerado o livro de ficção de língua inglesa mais importante do século 20, *Ulisses* deu início ao romance moderno e elevou seu autor ao status de gênio da literatura. A história se passa em um único dia com três personagens, Stephen, Leopold e Molly, num cotidiano repleto de paródias e meditações sobre sexo, psicanálise e religião, contada em uma linguagem rica e detalhada. Acusado de pornográfico, o livro foi proibido nos EUA e na Inglaterra, sendo liberado apenas, respectivamente, em 1934 e 1936, alguns anos antes da morte do escritor, em 1941.

Grafton Street, uma das principais ruas da cidade

National Museum of Ireland – Natural History

- Merrion Street Upper
- Upr Merrion Street (44, 61)
- 677.7444
- www.museum.ie
- ter-sáb 10h-17h, dom 14h-17h
- grátis

No primeiro andar, o museu reúne animais da Irlanda, entre mamíferos, aves, peixes e insetos. Aqui, um dos destaques é o esqueleto de um enorme cervo, cujos chifres medem 3,5m. No piso superior está uma coleção sobre os mamíferos do mundo, com elefantes, leões, macacos, ursos – todos empalhados, claro. Observe, suspensa no teto, a ossada de uma baleia com 20m de comprimento. O acervo é interessante especialmente às crianças, mas a visita tende a ser rápida.

The National Wax Museum Plus

- 4 Foster Place
- College Green (9, 13, 16, 83, 122, 123, 747)
- 671.8373
- www.waxmuseumplus.ie
- seg-dom 10h-19h
- €12 (Est, Id: €10 | Cr: €8)

Museu de cera interativo, dividido por temas. Os destaques são as salas sobre os escritores irlandeses, com estátuas de James Joyce, Oscar Wilde e Samuel Beckett, e sobre a história do país, com reprodução de batalhas, mitologias e cenas vikings. Também merece atenção a câmara do terror, onde está o Drácula, personagem do irlandês Bram Stoker. O segundo andar é todo dedicado ao universo infanto-juvenil, com réplica de desenhos animados e um pequeno museu de ciências. A exposição é divertida, principalmente para famílias com crianças, mas não chega ao nível dos museus de cera de outras capitais.

Science Gallery

- The Naughton Institute, Pearse Street
- Pearse Street (1, 15A, 15B, 27, 47, 56A, 77A)
- 896.4091
- dublin.sciencegallery.com
- ter-sex 12h-20h, sáb-dom 12h-18h
- grátis

Situada junto ao Trinity College, essa galeria de ciências não tem uma exposição permanente, ou seja, sempre há algo novo para ver. Por aqui, já passaram mostras sobre a memória do ser humano, o comportamento dentro de grandes metrópoles e a felicidade. Como os horários variam de acordo com a exposição, vale dar uma conferida no site.

National Leprechaun Museum

- Jervis Street
- Jervis (vermelha)
- www.leprechaunmuseum.ie
- seg-dom 10h-18h30
- €12 (Est, Id: €10 | Cr: €8)

Voltado à mitologia da Irlanda, o interativo museu narra as tradicionais lendas do país, passadas entre as gerações. Leprechaun, o nome, remete a um pequenino duende irlandês, que, segundo o folclore, conhece o caminho para vários tesouros. A tradição diz, ainda, que Leprechaun, sempre com roupa verde e um cachimbo na boca, é o sapateiro das fadas.

Dublinia

- St Michaels Hill
- High Street (13, 40, 123)
- 679.4611
- www.dublinia.ie
- mar-set seg-dom 10h-18h30 | out-fev 10h-17h30
- €8,50 (Est, Id: €7,50 | Cr: €5,50)

Junto à Christ Church Cathedral, o museu recria Dublin desde o século 12, sob o domínio do conquistador normando Strongbow. Mostra cenários com objetos da época, numa sequência em que o percurso inicial é feito com audioguias (gratuitos, também em português), enquanto se observa as cenas. Se estiver no clima, vale brincar com os recursos interativos do lugar, como os troncos de madeira que prendiam seus prisioneiros pelas mãos e cabeça e vestir as roupas medievais irlandesas.

National Museum of Ireland – Decorative Arts & History

- Collins Barracks
- Museum (vermelha)
- 677.7444
- www.museum.ie
- ter-sáb 10h-17h, dom 14h-17h
- grátis

Dentro de um antigo quartel, o museu traz um pouco da história da Irlanda, com detalhes sobre a atuação do país em diversos conflitos pelo mundo, especialmente nas duas guerras mundiais. O acervo, interessante para entender a trajetória do país, faz uso de áudios e mapas ilustrativos.

Irish Museum of Modern Art

- Military Road
- St John's Road West (51D, 79, 79A, 717, 720)
- www.imma.ie
- ter-sex 11h30-17h30, sáb 10h-17h30, dom 12h-17h30
- grátis

Em 1990, esse antigo hospital foi transformado em museu, com coleção de pintores contemporâneos irlandeses e estrangeiros. Nos fundos está um

Trinity College, fundada no século XVI

galpão que funciona como ateliê para artistas residentes, na intenção de aproximar o espectador do processo de criação. O ponto alto é o *Formal Garden*, jardim no lado esquerdo do prédio, onde antigamente eram cultivadas ervas medicinais; aqui, esculturas e plantas interagem de forma harmoniosa. O museu organiza visitas guiadas (qua 13h15, sáb-dom 14h30) pelas exposições, com duração de 30min.

GAA Museum

- St. Joseph's Avenue
- Lower Drumcondra Rd (1, 11, 13, 16, 33, 41, 44)
- 819.2300
- www.crokepark.ie
- seg-sáb 9h30-17h, dom 10h30-17h
- €6 (Est, Id: €5 | Cr: €4)

Dentro do estádio Croke Park, o museu explica a história dos esportes do país, com ênfase ao *hurling*, jogo que lembra o hóquei, e ao futebol gaélico (ou futebol irlandês), com times formados por 15 jogadores – nessa modalidade, além dos chutes na bola, socos também são permitidos. No local, são organizadas visitas guiadas (seg-sex 11h/13h/15h, sáb 10h-15h, dom 11h-15h; €12,50 | Est, Id: €9,50 | Cr: €8,50) que incluem acesso ao estádio e ao museu. A duração do passeio é de 1h30.

Outros

Trinity College

- College Street
- Trinity College (15, 26, 37, 38, 39, 49, 66, 70)
- www.tcd.ie
- seg-sáb 9h30-17h, dom 12h-16h30
- €10 (Est, Id: €9 | Cr: grátis)

Esta universidade foi fundada em 1592, e sua maior atração são os *Books of Kells*, manuscritos de cunho religioso ricamente ilustrados por monges na tradição gráfica celta, expostos em The Old Library, a biblioteca universitária. Diariamente, entre 10h15 e 15h15, a instituição organiza visitas guiadas pelos edifícios da universidade, com duração de 35min; o passeio sai por €6, sem incluir a entrada na biblioteca, e €13, com o acesso incluído. O bilhete deve ser comprado nos quiosques *Trinity Tours Desk*, e o tour inicia no *Front Gate*, o portão principal.

Kilmainham Gaol

- Inchicore Road
- 453.5984
- Kilmainham Jail (69, 79)
- abr-set seg-dom 9h30-18h | out-mar seg-sáb 9h30-17h30, dom 10h-18h
- €7 (Est, Cr: €3 | Id: €5)

Foi uma prisão construída segundo os modelos de repressão social dos séculos 18 e 19: como se fosse a bastilha irlandesa, sede de execuções e torturas. Durante um período crítico no século 19, duplicou sua ocupação com "ladrões de galinha" que cometiam pequenos delitos e abrigou também os eméritos revolucionários de 1916, que lutavam pela independência do país. A visita às instalações penitenciárias é guiada a cada 35min, com duração de 1h. Nos intervalos, vale conhecer o documentado museu da história recente da Irlanda que aqui se encontra.

Old Jameson Distillery

- Bow Street
- 807.2355
- Smithfield Luas (vermelha)
- www.jamesonwhiskey.com
- seg-sáb 9h-18h, dom 10h-18h
- €15 (Est, Id: €12 | Cr: €8)

Primeira destilaria dos uísques Jameson, tradicional bebida irlandesa, o lugar hoje abriga um museu com exposição sobre a sua história e o seu processo de produção. A visita guiada dura cerca de 1h e inclui uma degustação – alguns visitantes são convidados a fazer uma espécie de teste cego, comparando tipos de uísque. No local há, ainda, uma loja de suveniores, bar e restaurante.

Guinness Storehouse

- St. Jame's Gate
- 480.4800
- James Street (13, 40, 123)
- www.guinness-storehouse.com
- seg-dom 9h30-17h
- €18 (Est, Id: €14,50 | Cr: €6,50)

A mais célebre das cervejarias irlandesas abriu um museu dentro da velha fábrica. Aqui você vê o processo de produção da cerveja, incluindo as peças publicitárias da Guinness ao longo dos anos. Para os apreciadores, como não poderia deixar de ser, ganha-se um copo grátis com a cerveja, claro, espumando lá dentro, num bar panorâmico ao final do tour.

> **ALMANAQUE VIAJANTE**
> **O sabor da Irlanda**
>
> Diariamente, em todo o mundo, são servidas 10 milhões de *pints* (copos) da cerveja Guinness – imagine o que já se tomou em toda sua história! A bebida foi criada em dezembro de 1759, quando Arthur Guinness alugou um galpão por insignificantes £45 ao ano, em um contrato de arrendamento de inacreditáveis 9 mil anos – tamanha era sua confiança. Apesar da dedicação da família, a cerveja só começou a ser comercializada 34 anos depois. Após se tornar popular entre os irlandeses, não demorou para se espalhar por outros continentes. Em 1876, a harpa irlandesa virou a marca da empresa, e em 1908, a Guinness se tornou a cerveja mais consumida no mundo. O sucesso foi tão grande que o *Guinness Book of Records* foi batizado assim em homenagem à cervejaria. Passados mais de 250 anos da invenção, a composição da bebida segue a mesma que agradou os boêmios do século 18: malte irlandês, água trazida das montanhas de Wicklow, lúpulo e levedura. Outro diferencial é o uso de nitrogênio combinado ao gás carbônico: a mistura mantém o sabor e diminui as "bolhinhas" da cerveja, levando o gás totalmente para o colarinho.

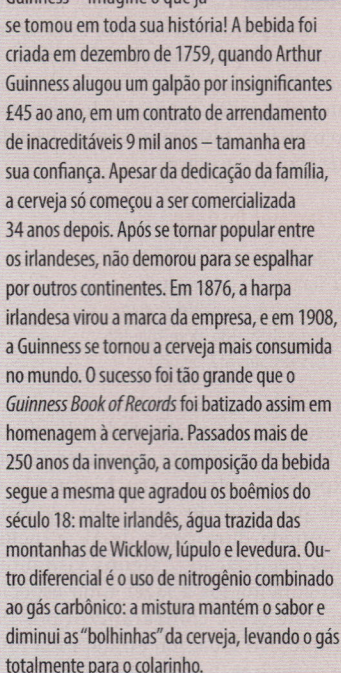

Parques

Phoenix Park

- Castleknock
- Castleknock (37)
- 820.5800
- www.phoenixpark.ie
- 24h
- grátis

É o parque mais conhecido e um dos maiores espaços de lazer dentro de uma capital europeia. São 707 hectares, grande parte coberta por árvores. Criado em 1662, abriga as casas do presidente da Irlanda e do embaixador dos EUA. O local é tão grande que, para conhecer, o melhor é alugar uma bicicleta, disponível no portão principal. Para ter uma ideia da enormidade do lugar, aqui estão jardins ornamentais, trilhas, avenidas, árvores, campo de polo e até um zoológico. Facilmente, pode-se perder – ou ganhar – uma tarde inteira aqui.

St. Stephen's Green

- St. Stephen's Green
- St Stephen's Green (linha verde)
- seg-sáb 7h30-anoitecer, dom 9h30-anoitecer

Central, esse é um dos parques mais antigos e populares da cidade. Bem arborizado, com belíssimos jardins e pontes de pedra, é ponto de encontro dos jovens após a aula e de trabalhadores das redondezas ao final do expediente.

Merrion Square

- Merrion Square S
- Merrion Square (4, 7, 8, 25, 25A, 25B, 120)
- 24h
- grátis

Agradável parque, talvez menos conhecido que os anteriores, é um bom lugar para relaxar. Até 1960, era fechado ao público, acessado somente pelos moradores da região, que tinham a chave dos portões. Entre os ilustres vizinhos estavam os escritores W. B. Yeats e Oscar Wilde – esse último, homenageado com uma estátua no parque.

Cemitério

Glasnevin Cemetery

- 📍 Finglas Road
- 🚍 Claremont Court (40, 40B, 40D, 103, 107, 140)
- ☎ 882.6500
- 💻 www.glasnevintrust.ie
- 🕐 9h-21h   💲 grátis

Construído em 1828, sob direção de Daniel O'Connell, admirado líder nacionalista, com o propósito de permitir o enterro de fiéis de diferentes religiões, o cemitério tem belíssima arquitetura celta. A melhor forma de conhecê-lo é em visitas guiadas (🕐 seg-dom 11h30/14h30; 💲 €5) que explicam sobre aspectos políticos e sociais do país. Ao lado está o **Glasnevin Museum** (🕐 seg-dom 10h-17h; 💲 €4 ou, junto à visita guiada, €8), com exposição interativa e ilustrativa sobre o cemitério e, claro, sobre as pessoas que aqui estão enterradas.

Compras

Dublin tem duas ruas tradicionais de compras: *Grafton Street*, que é um calçadão continuando ao sul da O'Connell quando esta acaba em frente ao Parlamento, e a *Henry Street*, também um calçadão, desta vez uma travessa da O'Connell em sua parte norte, próxima ao centro de informações. Nessa rua se localiza um shopping center com alguns grandes magazines e muitas lojas de CD (música é um dos principais produtos de consumo irlandês, e com justiça). Para os amantes da literatura irlandesa, o que não faltam por aqui são livrarias. Entre as mais baratas está a *Chapters Bookstore*, na Parnell Street, dividida em dois andares, com títulos para todos os gostos e interesses no andar de baixo e sebo no de cima.

Passeios

Howth

A apenas 15km a nordeste do centro de Dublin, Howth é uma interessante cidade litorânea. Antigamente, era uma aldeia de pescadores; hoje, além de vila portuária, é uma área residencial de luxo. Caminhar pelo porto, entre os barcos atracados, e parar para comer um *fish and chips* pode ser um programa bem diferente. Para os que tiverem pique, vale fazer a trilha que leva até

Lough Tay, no Wicklow Mountains National Park

o *Howth Summit*, o ponto mais alto da cidade, e apreciar os penhascos de Howth. A trilha é bastante íngreme e cheia de rochas, mas basta ter cuidado. Vindo de Dublin, pegue o ônibus 31 ou o DART na Conolly Station.

Wicklow

Conhecido como o jardim da Irlanda, a 50km de Dublin, o condado de Wicklow tem uma das mais belas paisagens do país. Esse cenário é reconhecido especialmente no **Wicklow Mountains National Park**, cheio de flores, lagos e penhascos pitorescos. O ponto mais visitado é **Glendalough**, vale deslumbrante com construções do começo da Idade Média. Nessa região foram filmados os clássicos filmes *Rei Arthur* e *Coração Valente*, e o romântico *P.S. Eu Te Amo*. Além da visita ao parque é possível ir à pequena e interessante cidade de Wicklow. Aqui, uma antiga cadeia, **Wicklow Gaol** (seg-dom 10h30-16h30; €7,90 | Est €6,70 | Cr: €5), tem visita guiada bem divertida: o guia encarna um antigo funcionário da prisão. Para chegar ao condado, use os vários trens e ônibus que saem de Dublin.

Malahide

Localizada 15km ao norte de Dublin, Malahide é uma daquelas cidades charmosas em que todos parecem se conhecer. A maioria dos turistas vem à procura de um lugar tranquilo, com belas paisagens. Aqui está o **Malahide Castle** (seg-dom 9h30-17h30; €12 | Est: €8 | Id: €7,50). Bonita, a fortificação tem traços bem medievais – não espere por um castelo de contos de fadas. As visitas guiadas são evidentemente em inglês, mas é possível acompanhar em português por meio de painéis. Para chegar, basta pegar o DART na Conolly Station.

Comes & Bebes

Dublin tem uma certa variedade de restaurantes internacionais, mas numericamente menor do que outras capitais europeias. Nos arredores da South William Street, paralela à Grafton, você pode encontrar vários estabelecimentos dedicados à cozinha asiática, com preços acessíveis. Restaurantes mais bacaninhas estão nas proximidades do rio Liffey, em particular na margem norte. A Guinness não é onipresente apenas nos bares: a cerveja é frequentemente utilizada no preparo de variados pratos, e vale experimentar algum deles.

MOCHILA SEM GRANA | Rango

Dublin é uma ótima cidade para mochileiros de orçamento apertado. Espalhadas por toda a cidade, *Spar*, *Centra* e *Londis* são lojas de conveniências que, entre outras coisas, vendem *meal deals*, combinados de sanduíche e refrigerante (às vezes incluindo um chocolate) por preços entre €3-6. O *Centra* da 56 Dame Street, na saída da Temple Lane, abre 24h e é ótimo para um rango pós-noite. Do outro lado do rio, o *Epicurean Food Hall*, na Liffey Street, é uma espécie de praça de alimentação com comida turca, mexicana, italiana, asiática e até brasileira – come-se muito bem por menos de €10. Aos sábados, entre 10h-16h30, a pedida é o *Food Market*, na Meeting House Square (em Temple Bar): são várias banquinhas de alimentos orgânicos, de ostras e vinhos a bolos e crepes.

Guinness Storehouse, o museu na velha fábrica

Leo Burdock

- 2 Werburgh Street
- Lord Edward Street (13, 27, 40, 49, 77)
- 4540306
- www.leoburdock.com
- seg-dom 12h-0h
- €5-10

Original de 1913, esse é o mais tradicional estabelecimento para experimentar o *fish and chips* em Dublin. No menu, seis variedades desse prato (€4,50-8,50) e algumas opções de hambúrgueres, salsichas e *nuggets* – tudo para sair daqui com o colesterol nas alturas. As porções são bem grandes, então, dependendo, dividir pode ser uma boa. O estabelecimento, que tem até mesmo um hall da fama com figuras como Sandra Bullock, John Malkovich, Daniel Day Lewis, Mick Jagger e Naomi Campbell, é *take away*, o que não chega a ser um problema, uma vez que os jardins da Christ Church estão logo ao lado.

Foam Cafe & Gallery

- 24 Strand Street Great
- Jervis (vermelha)
- 086.052.1245
- seg-dom 11h-21h
- €5-15

Pássaros coloridos de borracha pendurados na parede junto a pôsteres de filmes, toalhas estampadas nas mesas sob lustres cheios de badulaques, peças de xadrez gigantes e cardápios com fotografias divertidas... esse café é uma adorável explosão *kitsch*. Serve saladas, pizzas, massas, omeletes e bolos. A pizza de frango e pesto e o bolo de cenoura são particularmente recomendados. A conta não será uma pechincha, mas o preço é adequado para o ambiente, a comida e o atendimento.

The Bank

- 20-22 College Green
- College Green (9, 68, 122, 123)
- 677.0677
- www.bankoncollegegreen.com
- seg-qui 11h-0h30, sex-sáb 11h-1h30, dom 11h-0h
- €12-25

O saguão de um banco construído no final do século 19 foi transformado em um restaurante que, apesar do esplendor da arquitetura vitoriana, é bem acessível. Entre colunas de mármore, mosaicos de cerâmica no piso e um belíssimo vitral no teto abobadado, é possível apreciar versões gourmet dos tradicionais *irish breakfast* e *fish and chips*, bem como alguns pratos da cozinha europeia. No horário do almoço, tanto o prato do dia quanto o combinado de sopa e sanduíche sai por €10. À noite, pratos à la carte custam entre €13-17, e as porções para duas pessoas €28-54. No subsolo se encontram alguns dos antigos cofres do banco.

Osteria il Baccaro

- Meeting House Square
- Temple Bar (27, 40, 54, 77, 150)
- 671.4597
- www.ilbaccarodublin.com
- seg-dom 11h30-22h30
- €15-30

Instalado numa taverna na sempre animada House Square, esse restaurante italiano tem um clima aconchegante e um atendimento atencioso. Vale abrir as refeições com os *antipasti* da casa, sobretudo o presunto cru e o salmão defumado. Os *primi*, primeiro prato na mesa italiana, geralmente massa, são bem servidos. Particularmente recomendado é o *spaghetti gamberetti*, com camarões e brócolis num bem preparado molho à base de vinho branco. O *early bird menu* é bastante convidativo para jantar cedinho (ou almoçar bem tarde), uma vez que entrada, prato principal e café ou chá custam apenas €18 até as 19h.

Winding Stair

- 40 Ormond Quay Lower
- Jervis (vermelha)
- 872.7320
- www.winding-stair.com
- seg-dom 12h-22h30
- €20-40

Nomeado em homenagem ao poema de William Yeats, esse café-livraria teve grande projeção na comunidade artística entre os anos 70 e 80. Em dificuldades financeiras, a casa foi fechada em 2005 e reabriu como um charmoso restaurante, dedicado a uma culinária refinada, mas com um toque caseiro. A casa oferece três menus ao longo do dia (com o do *brunch*, são quatro nos fins de semana), sendo o mais econômico o do almoço, quando o prato principal e uma taça do vinho da casa saem por €22; entrada ou sobremesa e o prato principal por €20/24 (sem/com vinho); e os três pratos por €25/30. Entre as especialidades da casa estão o hadoque com um molho cremoso de cebolas e *cheddar* branco e as costelinhas de porco com molho à base de Guinness.

Noite

A maioria dos viajantes tem uma expectativa alta quando o assunto é diversão, uma vez que Dublin, ou *Publin*, é lembrada justamente por seus pubs. A cada esquina se encontra um lugar com música ao vivo e, invariavelmente, cheio de gente. O *Temple Bar*, região de ruas estreitas entre o Liffey e a Dame Street, tem grande concentração de bares e, inevitavelmente, de turistas. Apesar da grande tradição etílica do país, lembre-se: não é permitido consumir álcool nas ruas das cidades irlandesas.

ENTRE NESSA FESTA
Duas datas irlandesas

Fazendo jus à tradição festeira, no dia 17 de março é comemorado o *Saint Patrick's Day*. Em homenagem ao padroeiro do país, durante quatro dias acontece um festival com intensa programação de danças, apresentações de teatro e musicais. No último dia, uma multidão de pessoas vestidas de verde invade as ruas para assistir a um desfile de fantasias, algo que lembra o Carnaval brasileiro. O desfile segue da Catedral até a O'Connell. Depois, as ruas do Temple Bar ficam lotadas e a festa vai até a madrugada – parece que a Europa inteira está por aqui. Outra festividade importante no país é o *Bloomsday*, comemorado no dia 16 de junho em homenagem a Leopold Bloom, protagonista do livro *Ulisses*, de James Joyce. Na data, os admiradores do romance se reúnem em diferentes cidades irlandesas – e, recentemente, do mundo todo – para relembrar os acontecimentos da história que se passa durante 16h do dia 16 de junho de 1904.

Festas & Pubs

The Brazen Head

- 20 Bridge Street Lower
- Jame's Gate (25, 26, 37, 39, 66)
- 677.9549
- www.brazenhead.com
- seg-qui 10h-0h, sex-sáb 10h-0h30, dom 11h-0h

Um dos pubs mais antigos da Irlanda, ainda assim não é excessivamente turístico. A ambientação é ótima e os artistas que se apresentam aqui costumam ser muito bons. O domingo, especialmente de tarde, é o dia mais popular, quando o bar chega a lotar.

The Temple Bar

- 48 Temple Bar
- Halfpenny Bridge (115, 120, 121, 123, 124, 126, 130)
- 672.5286
- www.thetemplebarpub.com
- seg-qua 10h30-1h30, qui-sáb 10h30-2h30, dom 11h30-1h

Homônimo à zona boêmia e artística de Dublin, o *craic* (palavra irlandesa para diversão) é garantido aqui. Bandas tocam música irlandesa, praticamente ao longo de todo o dia. Na real, é mais popular entre turistas do que entre os nativos.

Sin È Dublin

- 14-15 Ormond Quay Upper
- Upper Ormond Quay (25, 26, 37, 39, 66, 67, 70, 83, 145, 151)
- 878.7078
- dom-qua 17h-1h, qui 17h-2h30, sex-sáb 17h-3h30

Rock bacana, ambiente legal e cerveja barata até altas horas. Pouco mais precisa ser dito sobre esse bar. O nome, em gaélico, se pronuncia *xin ei*, e traduzido para o inglês significa *that's it*. Só isso.

Diceys Garden Bar

- 21-25 Harcourt Street
- Camden Street (9, 16, 65, 68, 83, 122)
- 478.4066
- seg-dom 16h-2h30

Aqui se serve, nas terças, provavelmente a *pint* de Guinness mais barata de Dublin – apenas €2. Na verdade, todos os drinques e cervejas saem por esse preço. Outra dica para economizar uns euros é chegar antes das 19h, quando a entrada ainda é de graça – depois, são €5. O bar, extremamente popular entre brasileiros, costuma lotar. A música é uma salada de frutas pop no volume máximo.

Sweeney's

- 32 Dame Street
- Central Bank (27, 40, 49, 65, 68, 69, 79)
- 635.0056
- www.sweeneysdublin.ie
- seg-ter 12h-23h, qua-sex 12h-2h30, sáb 12h30-2h30, dom 12h30-23h

Pub central com três andares embalados por muito rock. Bandinhas desconhecidas, às vezes muito boas, outras nem tanto, se apresentam com frequência. Prove a cerveja produzida pela casa.

O'Neill's, tradicional pub de Dublin

O'Neills

- 2 Suffolk Street
- Suffolk Street (109, 111, 133)
- 679.3656
- www.oneillsbar.com
- seg-qui 8h-23h30, sex 8h-0h30, sáb 9h30-0h30, dom 8h-23h

Clássico pub logo em frente à Igreja de St. Andrews e ao centro de informações turísticas, tem grande variedade de cervejas e boa comida típica.

Quay's

- 10-12 Temple Bar
- Halfpenny Bridge (115, 120, 121, 123, 124, 126, 130)
- 679.1923
- www.quaysrestaurant.com
- seg-qua 10h30-12h30, qui 10h30-1h30, sex-sáb 10h30-2h30, dom 12h-0h

No coração do Temple Bar, o Quay's é dos mais populares graças à seleção de música ao vivo. Além dos clássicos da *irish music*, também tocam hits do momento (com um toque irlandês) – nessas horas, o bar se junta no coro.

The Porterhouse Temple Bar

- 16-18 Parliament Street
- Wellington Quay (25, 26, 66, 67)
- 679.8847
- www.porterhousebrewco.com
- seg-qua 11h30-23h30, qui 11h30-1h30, sex-sáb 11h30-2h30, dom 12h30-23h

A cervejaria *Porterhouse* tem três pubs em Dublin. Este, no Temple Bar, é o maior, com três andares. Os outros ficam na Nassau Street e na Cross Guns Bridge. Oferecem somente cervejas próprias, em grande variedade (a *Porterhouse Red* é bem interessante), acompanhadas de comida típica e de música ao vivo. Quando cansar de Guinness, renove os ares aqui.

Hotéis & Albergues

Pode ser difícil escolher uma acomodação em Dublin, já que há muitos e excelentes albergues, a maioria bem estruturada e em ótima localização. Embora boa parte da rede hoteleira esteja concentrada na área central, há bons *bed & breakfast* e *guesthouses* em locais um pouco mais afastados, mas que, pela qualidade do serviço, merecem o deslocamento. Em relação aos preços, não tenha dúvida de que em época de Saint Patrick's Day os valores das acomodações em qualquer lugar estarão bem acima da média.

Abigails Hostel

- 7-9 Aston Quay
- Abbey Street
- 677.9007
- abigailshostel.com
- incluído
- dorms 12p €12/22, 7p €15/30, 3p €24/38 (baixa/alta temporada)

Às margens do rio Liffey, a localização é estratégica, a meio passo de muitos lugares importantes – O'Connel Bridge, Temple Bar e Trinity College. Todos os quartos são bem grandes, têm seu próprio banheiro e cada cama possui luz de leitura, tomada e carregador USB individuais. Mas os *lockers* não estão nos quartos e são cobrados à parte. Tem cozinha e uma grande sala de refeições. Organiza *walking tours* e *pub crawls*. Há outros dois albergues da mesma rede em Dublin – Abrahams e Ashfield.

Jacobs Inn

- 21-28 Talbot Place
- Busáras
- 855.5660
- www.jacobsinn.com
- 404 camas
- incluído
- dorms 10p €14/18, 4p €21/29 | quartos 2p €76/89, 3p €78/99 (dia de semana/final de semana)

Está bem no centro, localizado entre a Connolly Station e a rodoviária. Todos os quartos, incluindo dormitórios, têm banheiro privado. Conta com uma moderna cozinha, sala de TV, sala com mesa de sinuca e jogos de tabuleiro, além de um terraço no quarto andar. Alguns serviços são pagos: *lockers* por €2 e lavanderia por €3. Atenção para algumas ofertas interessantes: hospedagem de graça por uma noite caso seja seu aniversário ou se você for músico e fizer um pequeno show para os outros hóspedes. O **Isaacs Hostel**, vizinho ao Jacobs, é da mesma rede e tem comodidades e preços semelhantes, mas a sauna – gratuita – é o grande diferencial.

Sky Backpackers

- 2-4 Litton Lane
- Abbey Street
- 872.8389
- www.skybackpackers.com
- não oferece
- dorms 10p €16/20, 6p €18/22, 4p €20/24 | quartos 2p €65 (baixa/alta temporada)

Localizado no centro de Dublin, a curta distância de diversos pontos de interesse da cidade. Quem for músico certamente vai gostar desse albergue. Originalmente era um estúdio de gravação, e importantes artistas passaram por aqui, incluindo David Bowie e U2. Se rolar de fazer alguma apresentação, pode-se até conseguir desconto ou estadia gratuita. Os quartos têm banheiro privado e são bem espaçosos, mas não há nada além das camas, nem mesmo *lockers*. O hostel conta com sala de TV e cozinha. Sem dúvida, o grande diferencial são as noites temáticas – em cada dia da semana há alguma coisa de graça: *walking tours*, sangria, jantar, vinhos e queijos. Sábado e domingo, as diárias são o dobro ou até o triplo do valor, fique de olho.

Generator Hostel Dublin

- 28 Smithfield Street
- Smithfield Luas Stop
- 901.0222
- www.generatorhostels.com
- €4
- dorms 8p-6p €16/26 | quarto 1p €50/95, 2p €53/98 (baixa/alta temporada)

Hostel design da rede Generator, todo descolado e decorado em cores vibrantes. Está ao norte do rio Liffey e a uns 15min do Temple Bar e do Dublin Castle. Quartos bem iluminados, têm espelho, gavetões debaixo das camas e luz de leitura individual. Conta com sala de cinema e sala de jogos, mas não tem cozinha. O ponto alto é o bar – frequentado também por locais e onde acontecem várias noites temáticas. Há dormitórios com ou sem banheiro e, claro, com preços diferentes. Aos finais de semana a diária pode ser o dobro ou até o triplo dos valores tratados aqui, consulte o site antes de reservar para ter certeza. Não aceita hóspedes menores de idade nos dormitórios.

Barnacles Hostel Temple Bar

- 19 Temple Lane
- Halfpenny Bridge (115, 120, 121, 123, 124, 126, 130)
- 671.6277
- www.barnacles.ie
- 171 camas
- incluído
- dorms 11p €18/22, 6p €22/27,50, 4p €23/30 (baixa/alta temporada)

Para os boêmios de plantão, nada melhor do que um albergue em plena Temple Bar. Todos os quartos são limpos diariamente, têm banheiro privado, camas com uma espécie de gaveta embaixo, luz de leitura e tomada individual. Dispõe de cozinha compartilhada e sala de uso comum com lareira. É permitido usar de graça os computadores do albergue por até 15min. Organiza *walking tours* e *pub crawls*. O valor das diárias pode oscilar bastante conforme o dia da semana.

Donnybrook Hall

- 6 Belmont Avenue
- Morehampton Road (7B, 7D, 25X, 39A, 41X, 46A, 51X, 66X, 67X, 84X, 116, 145)
- 269.1633
- www.donnybrookhall.com
- 10 quartos • incluído
- $ quartos 1p €90, 2p €110

Pequeno *bed & breakfast* de gerência familiar. Está afastado do centro, em um bairro chamado justamente Donnybrook. Daqui chega-se facilmente aos principais pontos turísticos utilizando ônibus. Os quartos têm aquela típica decoração de B&B mais antiga, com papéis de parede de gosto duvidoso. Todos têm seu próprio banheiro, além de TV, chaleira e cafeteira elétrica; alguns ainda incluem jardim. O café da manhã, de estilo irlandês, é servido em um restaurante logo ao lado, mas, se preferir, é possível efetuar a reserva sem a refeição – o que garante €7,50 de economia, por dia e por pessoa.

Amberley House

- 34 Lower Gardiner Street
- Gardiner Street (33, 41-43, 53)   874.6979
- www.amberleyhousedublin.com
- 23 quartos • incluído
- $ quartos 1p €94/144, 2p €109/149, 3p €109/174 (baixa/alta temporada)

Aconchegante B&B situado em uma casa georgiana ao norte do rio Liffey e nas imediações da rodoviária. O ônibus que vem do aeroporto para exatamente em frente. Quartos decorados de modo tradicional, têm banheiro privado e são equipados com TV, telefone e utensílios para preparo de café e chá. Os valores mudam – e muito – conforme o dia da semana e a temporada, por isso é difícil estabelecer uma média de preços. Consulte o site antes para ter uma ideia mais precisa.

Clontarf Castle Hotel

- Castle Avenue
- Saint John The Baptist Cemetery (13)
- 833.2321
- www.clontarfcastle.ie
- 111 quartos • €23
- $ quartos 1p-2p €99/149 (baixa/alta temporada)

Bem ao norte da cidade e, para os padrões de Dublin, está um pouco distante da área central, cerca de 6km do Temple Bar, embora haja um ponto de ônibus exatamente em frente. O grande diferencial do hotel é estar dentro de um castelo construído no século 11. Os quartos são espaçosos, decorados em tons quentes e equipados com ar-condicionado, TV e frigobar. Tem dois bares e um restaurante nas dependências. O hotel/castelo é tão bonito que constantemente há casamentos acontecendo por aqui. Excelente custo-benefício em relação à singularidade da acomodação.

Trinity City Hotel

- Pearse Street
- Shaw Street (1, 4, 7, 8, 26, 27, 44, 47, 61, 67)
- 648.1000
- www.trinitycityhotel.com
- 198 quartos • €15
- $ quarto 1p-2p €135/199 (baixa/alta temporada)

Elegantíssimo e tradicional hotel 4 estrelas, em frente à Trinity College e perto de outros pontos turísticos de Dublin. O hotel contém móveis de estilo clássico, decoração elegante e boa parte dos detalhes é em tons de roxo, o que à primeira vista pode parecer de mau gosto. Quartos de bom tamanho, dispõem de TV, chaleira, cafeteira, cofre e mesa de trabalho. O bar e o restaurante têm janelas panorâmicas e vista para o jardim interno.

Eyre Square, no centro de Galway

GALWAY

Galway é uma cidade que cresceu devido a sua estratégica localização turística: está ligada à costa leste e a Dublin por linha direta de trem, na "cintura" da Irlanda. Além disso, a cidade, de 75 mil habitantes, tem uma infraestrutura adequada para basear as expedições para algumas das atrações da costa oeste, como o Burren, os Cliffs of Moher e as Ilhas Aran.

A Cidade

É fácil entender Galway: a estação rodoviária funciona em um estacionamento de ônibus ao lado da estação de trem, e ambas estão em frente à *Eyre Square*, esta é a praça central, próxima à encosta de uma colina, com um comércio intenso, incluindo bancos, câmbio, cafés e restaurantes. No topo do morro estão os calçadões do centro, que, à esquerda, levam às docas da cidade e à área restaurada. Código telefônico: 91.

Informações turísticas O centro de apoio aos turistas (Forster Street; seg-dom 9h-17h30), situado próximo à Eyre Square, é praticamente uma loja de turismo: vende livros, mapas e guias, reserva albergues e os passeios da região; ah sim, também tira dúvidas. Costuma estar cheio, principalmente pela manhã e no final da tarde. Pela internet: www.discoverireland.ie.

Chegando e saindo

Você chega de trem ou ônibus, e as estações podem ser alcançadas a pé de qualquer ponto da cidade. Galway fica a 210km de Dublin, que, de ônibus, são percorridos em 2h30; de trem, a viagem é 15min mais rápida.

Circulando

A melhor maneira de circular pela cidade é caminhando ou de bicicleta. Para os ciclistas, um bom lugar para alugar uma magrela no centro é a *On Yer Bike Cycle Centre* (42 Prospect Hill; seg-sáb 9h-18h, dom 12h-18h; a partir de €10/dia).

Atrações

Cidade universitária às margens do rio Corrib e do lago Atalia, ambos com saída para o Oceano Atlântico, Galway é ponto de partida para inúmeros passeios pela costa oeste da Irlanda, mas há o que fazer por aqui também. Animada, a cidade tem charmosas ruas coloridas, repletas de turistas e, claro, de jovens universitários. Agradável é a área do Latin Quarter, onde estão a St. Nicholas' Collegiate Church, o Galway City Museum e o Spanish Arch. A região, ótima para ser percorrida a pé, é cheia de bares, restaurantes, lojas bacanas e artistas de rua.

Eyre Square

- Eyre Square

No centro de Galway, a praça principal é, junto ao Spanish Arch, ponto de encontro dos jovens da cidade. Durante o dia, muitos artistas de rua tocam música celta, enquanto os frequentadores relaxam na grama. No parque está um busto de John F. Kennedy e, nas ruas ao redor, encontram-se restaurantes, bares e lojas.

Galway Cathedral

- Gaol Road com Univesity Road
- 563.577
- www.galwaycathedral.ie
- seg-dom 8h30-18h30
- grátis

Próxima ao rio Corrib, a Catedral, construída em estilo eclético com calcário e mármore da região, é um dos maiores edifícios de Galway. Recente, foi erguida entre 1958 e 1965, no lugar onde antigamente existia a prisão da cidade. No interior, em formato de cruz, chamam atenção os bonitos vitrais. O templo é reconhecido pelo coral, que se apresenta nos domingos, às 11h.

St. Nicholas' Collegiate Church

- Market Street
- 564.648
- www.stnicholas.ie
- mar-dez seg-dom 9h-19h | jan-fev 9h-17h
- grátis

Central, a igreja, construída no século 14, tem rica arquitetura medieval, com belos vitrais no interior. Segundo uma lenda local, Cristóvão Colombo rezou aqui em 1477, durante uma visita à cidade. No final de semana (sáb 8h30-18h, dom 14h-18h), ao lado da igreja acontece uma feira com alimentos frescos e artesanato da região.

Spanish Arch

- Spanish Arch

Marco histórico da cidade, situado no local onde o rio se une ao mar, o arco foi construído no século 16 para evitar saques aos navios mercantes espanhóis (por isso o nome) ali atracados. Hoje, é ponto de encontro dos jovens de Galway, que aqui se reúnem para beber, ainda que não seja permitido consumir bebidas alcoólicas nas ruas do país.

Galway City Museum

- Spanish Arch
- 532.460
- www.galwaycitymuseum.ie
- out-abr ter-sáb 10h-17h | mai-set ter-sáb 10h-17h, dom 12h-17h
- grátis

Com vista para o Spanish Arch, o museu tem exposição sobre a história de Galway, com detalhes sobre a fundação da cidade e a sua trajetória ligada ao mar. Às vezes acontecem mostras temporárias, geralmente sobre arte. O acervo fixo do museu é pequeno, e a visita não deve ser muito demorada.

Lynch's Castle

📍 Shop Street
🕐 seg-sáb 10h-16h

Antiga residência da abastada família Lynch, o castelo é, na verdade, um grande edifício do século 14 em estilo gótico irlandês, renovado ao longo dos séculos. Símbolo medieval da cidade, o prédio de quatro andares é, hoje, sede de um banco. Visitas são permitidas somente no andar térreo, onde estão alguns painéis contando sobre a história e a arquitetura do lugar.

Passeios

Aran Islands

O bonito arquipélago composto por três ilhas – Inis Mór, Inis Meáin e Inis Oírr – é habitado por pescadores, que vivem em meio ao vento e à paisagem fantástica da costa oeste, com mar infinito. Castelos, fortes, penhascos e vida selvagem complementam o passeio, que custa em torno de €30, incluindo balsa de ida e volta para uma das três ilhas, saindo de Galway. O passeio pode ser feito com guia, por €45 (Est: €40). Apesar de a cidade de Doolin, a 75km de Galway, ficar mais perto das ilhas, a passagem de lá sai ligeiramente mais cara, já que os barcos são menores. No verão há mais saídas diárias, com possibilidade de se hospedar nas ilhas, em *bed & breakfast*, nos quais dificilmente a diária custará menos que €35. Para mais informações, consulte o site oficial: www.aranislands.ie.

Cliffs of Moher

Penhascos que ficam quase em frente às Aran Islands, os Cliffs of Moher são paredões de pedra com quase 100m de altura (214m no ponto mais alto), pouco aconselhados para quem sofre de vertigens. O mais interessante: não há qualquer tipo de proteção, exceto um corrimão "só pra constar", marcando um limite após o qual você está se arriscando a despencar para o Atlântico. Outra curiosidade: apesar de não haver um parque tombado ou propriedade envolvendo a atração, há um vasto estacionamento com banheiros e um pequeno restaurante. Também há uma horda de sujeitos fantasiados de celtas vendendo bijuterias. Os tours para Burren (veja a seguir) costumam passar por Cliffs of Moher, mas vale checar. Mais informações em www.cliffsofmoher.ie.

Paisagens bucólicas de Inis Mór

The Burren

A região espremida entre Galway e Doolin é conhecida como Burren, famosa pela paisagem lunar. Apresenta colinas de pedra vulcânica, cobertas por gramados verdes e salpicadas por rochas, um cenário realmente único. O tour leva em geral de 3h a 4h. Reserve no próprio centro de informações (que também é o ponto de partida do passeio) no dia anterior ou se arrisque cedo pela manhã. Custa a partir de €25 (Est: €20). Alguns tours incluem uma parada na **Aillwee Cave**, uma caverna dentro de uma dessas montanhas vulcânicas, interessante. Visitar por conta, só para quem está de carro ou acostumado a pedalar bastante. Para entrar na caverna paga-se €12 (Cr: €5,50). Mais informações no site www.burrennationalpark.ie.

Connemara

Ao norte de Galway há uma região repleta de ruínas de monumentos cristãos e pagãos, incluindo a abadia de Kylemore, onde funciona um convento de freiras. As operadoras destas excursões, as mesmas que vão ao Burren e aos penhascos de Moher, costumam oferecer pacotes de tours para Connemara junto a uma dessas duas localidades turísticas. Em visita somente a Connemara, espere pagar €25 (Est: €20). Para saber mais, consulte www.connemara.ie.

Comes & Bebes

Galway, como uma cidade relativamente pequena, tem alguns pontos dos quais é difícil escapar. Um é a Eyre Square, onde se encontra meia dúzia de botecos com sanduíches – a oferta é limitada, mas come-se rápido e barato. Outro é a Shop Street, simpático calçadão no qual se apresentam músicos e artistas circenses e onde há alternativas gastronômicas mais turísticas, como cafés, bistrôs e casas de massas. Nessa via e em seus arredores, você certamente encontra um menu do dia econômico, embora a qualidade nem sempre seja garantida. Restaurantes mais bacaninhas, em sua maioria, estão fora dessa região central, embora sejam facilmente acessíveis.

Kai

📍 20 Sea Road	🚌 Henry Street (411)
📞 526.003	💻 kaicaferestaurant.com
🕐 ter-dom 11h-22h	💲 €8-15

Ao leste do rio Corrib, a uma curta caminhada da Father Griffin Road, uma antiga casa de pedra foi reformada para abrigar esse charmoso café de móveis coloridos e modernos, mas com uma pegada rústica. O ambiente reflete também a proposta da cozinha: receitas tradicionais, ingredientes

Quay Street, na área central da cidade

locais frescos e um toque de modernidade. Experimente o peixe com chouriço apimentado, feijões e abacate ou o *steak* com couve e manteiga de ervas. O atendimento é sempre cordial, mesmo quando a casa está lotada – o que acontece principalmente nos *brunches* de domingo.

Brasserie on the Corner

- Eglington Street
- Eyre Square (411, 412, 413, 414)
- 530.333   brasseriegalway.com
- seg-dom 10h-23h
- €10-25

Instalado na esquina das vias Eglington e Mary Street, esse restaurante é uma mistura harmoniosa de descontração e requinte. Os pratos são cuidadosamente apresentados e, embora as porções não sejam grandes, são bastante satisfatórias. Uma opção interessante são as tábuas de frios e frutos do mar para dividir entre mais pessoas (se você não gostar de nenhum conjunto oferecido, dá para montar o seu próprio com os ingredientes disponíveis). Experimente o salmão com risoto de abóbora e condimento de pimentões vermelhos (€13) ou o cordeiro lentamente assado ao longo de 6h, com purê de vegetais e molho mentolado (€13). Preços mais em conta no almoço e durante o *menu pre-theatre*, entre 17h-19h.

White Gables Restaurant

- Moycullen Village
- 555.744
- www.whitegables.com
- qua-sáb 12h30-15h/19h-22h, dom 19h-22h
- €15-40

Localizado no vilarejo de Moycullen, na área rural da Galway, a 8km do centro (acessível pela estrada N59), esse restaurante pode ser um tanto inviável para quem não estiver motorizado. Porém, o local vale o deslocamento: a comida, saborosíssima, o ambiente, esplendoroso (uma *cottage* dos anos 1920 decorada com muita pompa), e o atendimento cordial fazem da experiência de jantar aqui algo memorável. O cardápio muda frequentemente, de acordo com a oferta de produtos da estação. O almoço de domingo e o menu do jantar incluem três pratos e custam, respectivamente, €29 e €39. Grupos de quatro pessoas podem conseguir a volta de táxi de graça, basta mencionar essa oferta ao realizar a reserva.

Hotéis & Albergues

Como boa cidade pequena, Galway está repleta de pequenos e charmosos *bed & breakfast*, mas que, embora sejam acomodações menores, nem sempre são mais baratas. A rede hoteleira está bem espalhada – há muitos hotéis pelo centro, mais alguns tantos em outros bairros, como Salthill e Ballyblane. Se for a Galway no verão, pode ser uma boa pedida se hospedar em algum hotel com vista para o lago Atalia ou para o Oceano Atlântico.

Snoozles Hostel

- Forster Street
- Morgans Hotel (403, 409)
- 530.064
- www.snoozleshostelgalway.ie
- 27 quartos   incluído
- dorms 10p €16,50/25, 6p €18,50/28,50, 4p €20/30 | quartos 2p €60/70 (baixa/alta temporada)

No centro de Galway, da estação de trem/ônibus até aqui são menos de 5min a pé. Todos os quartos têm banheiro privado. Há diferentes espaços de uso comum – sala com TV, video game e mesa de sinuca, biblioteca e espaço para preparo de churrasco. Os passeios tradicionais pela região podem ser facilmente comprados e agendados com o pessoal da recepção.

🏃 Kinlay House Hostel Galway

- 📍 Merchant's Road
- 🚌 Kinlay House (401, 424)
- 📞 565.244
- 💻 www.kinlaygalway.ie
- 👤 50 quartos
- 🍽 incluído
- 💲 dorms 8p-6p €17/25, 4p €19/29 | quartos 2p €58/70 (baixa/alta temporada)

Em frente à estação central de trem/ônibus e da Eyre Square. Camas com luz de leitura individual e gavetas na parte debaixo. Tem duas cozinhas espaçosas e salas de uso comum com direito a típicos instrumentos musicais irlandeses. Você pode usar gratuitamente também os computadores Mac do albergue, assim como a impressora. Aluga bicicletas e organiza diversos tours com saídas diárias, incluindo passeios para os Cliffs of Moher e as Ilhas Aran. Já foi considerado por muitos viajantes o melhor albergue da Irlanda.

Almara House

- 📍 2, Merlin Gate
- 🚌 Opp Woodhaven (402, 409, 410)
- 📞 755.345
- 💻 www.almarahouse.com
- 👤 5 quartos
- 🍽 incluído
- 💲 quartos 1p €40/65, 2p €60/110, 3p €90/165 (baixa/alta temporada)

Charmoso e pequeno B&B, está distante do centro de Galway, quase 4km, mas o ponto do ônibus é praticamente em frente. Quartos com TV, frigobar e amenidades para preparo de café e chá. Matt e Marie, os proprietários do B&B, são frequentemente elogiados pelos hóspedes pelo atendimento e cordialidade, assim como pelo variado e saboroso café da manhã servido por eles. Embora esteja longe dos pontos turísticos, é daqueles lugares que valem a estadia.

The Huntsman Inn

- 📍 164 College Road
- 🚌 Opp Loyola Pk (403, 409, 410)
- 📞 562.849
- 💻 www.huntsmaninn.com
- 👤 12 quartos   🍽 incluído
- 💲 quartos 1p-2p €80/110 (baixa/alta temporada)\

Um pouco mais afastado do centro, 15min de caminhada ou 5min de carro. Na verdade, o lugar funciona muito mais como espaço para comer e beber e que, como adicional, também tem acomodações para locar. Os quartos são modernos, de bom tamanho e bem aconchegantes, dispondo de TV, DVD e utensílios para preparo de café e chá. Se sua intenção não for se hospedar, vale a dica de visitar o lugar e experimentar as cervejas artesanais servidas aqui – com direito a vista para o lago Atalia.

🏃 Park House Hotel

- 📍 Forster Street
- 🚌 Morgans Hotel (403, 409)
- 📞 569.219
- 💻 www.parkhousehotel.ie
- 👤 84 quartos
- 🍽 incluído
- 💲 quartos 1p-2p €125/189 (baixa/alta temporada)

Tradicional hotel 4 estrelas, pertíssimo da estação central de trem/ônibus e quase ao lado do Snoozles Hostel. Quartos espaçosos, equipados com ar-condicionado, TV, cofre, mesa de trabalho e cafeteira elétrica, alguns também com banheira. O restaurante do hotel, especializado em pratos das cozinhas francesa e irlandesa, é bem famoso na região e já recebeu vários prêmios de gastronomia. Conta ainda com um bar nas dependências, onde se pode relaxar enquanto se toma uma taça de vinho ou um copo de cerveja – Guinness, de preferência.

Península de Kerry vista a partir da ilha Valentia

RING OF KERRY E KILLARNEY

O Ring of Kerry, a sudoeste de Dublin, é um dos maiores atrativos da Irlanda, sendo um dos seus pontos mais visitados. E é, de fato, uma das regiões mais belas do país. O nome se deve ao trajeto circular, no formato de anel, com início e fim no mesmo lugar. Kerry é uma península que se projeta Atlântico adentro e é ladeada por costões impressionantes, com formações rochosas atapetadas de grama verdíssima, por onde transitam pastores com seus rebanhos e ônibus lotados de turistas. Talvez por isso o condado de Kerry deva quase 1/3 de sua receita e força de trabalho ao turismo.

A Região

A localidade mais importante do conjunto se chama Killarney, e é a base perfeita para excursões, sendo composta de uma dúzia de ruelas bem cuidadas à beira de um enorme lago. Trata-se de um mosteiro do século 6 que se tornou núcleo de um povoado mil anos mais tarde, hoje com 15 mil habitantes. Código telefônico: 64.

Informações turísticas Em Killarney, o posto de informações (Beech Road; seg-sáb 9h-17h), situado numa rua central, possibilita ao viajante comprar um ticket de excursão pela região ou conseguir um mapa (geralmente bem impreciso) para fazer *trekking*. Para quem deseja se aventurar pela área, há um *folder* de edição anual também com mapas toscos de todo o Anel (*Ring*), de Killarney, de algumas outras vilas da região e da península de Dingle, bem como guias (alguns de graça) sobre o lugar.

Chegando e saindo

Killarney não dispõe de transporte urbano. Alguns ônibus independentes servem subúrbios, mas você provavelmente sequer os verá. Os ônibus interurbanos passam pelas cidades de Cork, a 85km, ou Galway (via Limmerick), a 210km. A rodoviária fica em frente a um *outlet*, loja de ponta de estoque, o que pode ser uma boa ocupação em caso de tempo extra. Uma *bike* em Killarney é o transporte ideal para explorar os atrativos próximos ou mesmo todo o Anel. Um dos locais mais em conta para alugar uma bicicleta é o *O'Sullivan Cycles* (9h-18h; €15/dia), em frente ao centro de informações.

Ring of Kerry

O famoso Anel de Kerry em si nada mais é que uma estrada com vistas cinematográficas, passando por rochedos e precipícios, pastos verdejantes cheios de ovelhas, cabanas e cercas de pedra, tudo circundado pelo mar. A volta completa de carro ou de ônibus dura de 3h-10h, dependendo das paradas. Há pequenos vilarejos a cada 40-50km, com restaurantes e *bed & breakfast*. É possível fazer o Anel todo de bicicleta em 4 dias, pedalando em média 50km diários (cerca de 4h em ritmo leve); alguns trechos são cheios de altos e baixos, mas nunca muito íngremes. Além disso, a estrada é boa e os motoristas costumam ser prudentes. Mapas detalhados podem até não ser tão necessários, pois o Anel acaba voltando a Killarney, o ponto de partida. Ainda assim, é sempre bom ter noção de onde se está. Ou, despreocupadamente, integre algum tour guiado. Empresas que operam: *Deros* (663.1251; www.derostours.com) e *O'Connor* (663.1052; www.oconnorautotours.ie), com roteiros que variam em duração e preços, a partir de €19 p/p. Para viajar de forma independente, pegue a companhia irlandesa de ônibus *Bus Éireann*, que circula pelo Anel com linhas regulares, mas sem guia para explicar. A vantagem é que para em quase todas as vilas, permitindo que você os conheça por conta própria.

Gap of Dunloe

A Falha de Dunloe é uma cadeia de montanhas a sudoeste de Killarney, com uns 6km de extensão. Os paredões de pedra nua encerram algumas piscinas naturais, cujas margens são naturalmente gramadas e floridas, banhadas por diversas nascentes que descem pelos lados do vale. Atravessar o Gap a pé leva em torno de 1h. Infelizmente, o lugar fica apinhado de turistas no verão e pode ser um pouco frustrante ter de procurar um canto onde alguém não esteja batendo uma foto. Para chegar aqui, o caminho mais curto é pelo norte do lago (*lough*) Leane, que banha a cidade de Killarney, pela R562 em direção a Fossa, um pequeno vilarejo, depois tomando a estradinha para a esquerda por mais 3-4km. É um excelente passeio para ir de bicicleta, tanto pela curta distância quanto pela vantagem que um ciclista leva no Gap, pois fica fácil cruzar a falha e retornar pelo sul do lago, num passeio de dia inteiro. A empresa que realiza tours por essa região é a *Gap of Dunloe Tours* (663.0200; www.gapofdunloetours.com; €12,50 a pé | €15 de *bike* | €30 de ônibus). Aproveite para checar o **Ross Castle** na borda sudeste do Lough Leane: um antigo castelo normando construído sobre uma ilha.

Hotéis & Albergues

Já que uma boa parte da renda da cidade é proveniente do turismo, não é de espantar a grande oferta de hotéis existentes. Quase todos estão concentrados no centro, nos arredores da estação de trem – destaque para a Muckross Road, que chega a ter hotéis lado a lado. O **Killarney International Hostel** (Ring of Kerry Road; dorms 6p €16 | quartos 2p €40), albergue HI, está instalado em um prédio charmoso no meio do nada e a uns 5km do centro. Café da manhã €5. Funciona de março a novembro. O **Neptunes Hostel** (New Street; dorms 8p €18, 3p €20, quartos 2p €22-27) está no centro da cidade, próximo da estação de trem, e abre o ano todo. Tem quartos com e sem banheiro, e os valores variam com a temporada e o dia da semana; café da manhã incluído. O **Robeen House** (Muckross Road; quarto 2p €75-90, 3p €120) está a 5min de caminhada do centro. Quartos espaçosos, dispõem de TV, telefone e chaleira elétrica. A hospitalidade de Bernice, proprietária do B&B, é bastante elogiada.

PENÍNSULA DE DINGLE

Dingle é a península (e a cidade com mesmo nome) próxima ao Anel de Kerry, logo ao norte. Não tão bela naturalmente, possui praias com alguma estrutura turística, como albergue, hotel, mercado e serviços diversos. Nada comparável com nossas praias, mas sempre uma pausa interessante na viagem. A pequena cidade de Dingle também oferece um pouco daquele turismo romântico de restaurantes à beira-mar seguido de uma enorme oferta de pubs à noite.

A Cidade

O centro de informações turísticas (Stand Street; seg-sáb 10h-13h/14h-15-18h; mai-set, também abre dom) fornece mapas e pode ajudar a escolher uma acomodação pela região. A parada do ônibus fica em frente a um enorme supermercado, que imprime um tom de civilização à cidadezinha. Em frente a ele param os ônibus de excursão e as vans dos B&Bs e do albergue, em perfeita sincronia com a *Bus Éireann*: você chega, desce do bus e sobe na van. Este ponto da cidade fica no meio do caminho de uma via que vai até o fim da península, algumas dezenas de quilômetros mais à frente, e os prédios por aqui se organizam ao longo desta linha. Em geral, circule a pé pelas proximidades, mas, para visitar as imediações, informe-se sobre horário de ônibus ou recorra à carona (mas atenção a isso). Pela internet: www.discoverireland.ie.

Atrações

Em Dingle se faz o programa típico da costa ocidental irlandesa: caminhadas pelos morros, praias e campinas. Peça detalhes de trilhas no centro de informações. Se encontrar um fazendeiro local, puxe papo e pergunte se não há problema em atravessar sua propriedade; eles geralmente não encanam com isso, mas sempre é bom ser cortês. Na cidade, propriamente, há um aquário, **Dingle Oceanworld Aquarium** (The Wood; jul-ago 10h-19h, set-jun 10h-17h; €13 | Est: €9 | Cr: €7,50) para mostrar aquele tradicional túnel de acrílico com tubarõezinhos à sua volta, uma variedade de peixes interessantes e alguns artefatos e curiosidades marinhas. À noite, a cidade ferve pelos pubs. Meta-se no agito caminhando da área central na direção oposta à água e aproveite para conhecer quantos lugares quiser, já que a maioria não cobra entrada.

Hotéis & Albergues

É na cidade de Dingle que você encontrará a maior oferta de acomodações – praticamente só *bed & breakfast*. Se a sua intenção for se isolar, entrar em contato com a natureza, vários B&B oferecem essa proposta. Difícil talvez seja achá-los, já que os lugares por aqui mal têm endereço. **The Hideout Hostel** (Dykegate Street; dorms 4p €17, quartos 2p €50) tem todos os quartos com banheiros privados, possui cozinha e o café da manhã está incluso no valor da diária. O **Rainbow Hostel** (Dingle, Co. Kerry; dorms 8p-6p €16, quartos 2p €40), albergue de gerência familiar, está um pouco mais afastado, mas em uma bonita área verde. Se avisar com antecedência, alguém do *staff* pode buscá-lo no ponto de ônibus. A **Camp Junction House B&B** (Camp, Co. Kerry; quartos 1p €40/50, 2p €30/40) está a 30km de Dingle, mas próximo de praias e montanhas da península. Quartos de bom tamanho, têm TV e o café da manhã está incluso.

Cultura Geral

Geografia

Maior ilha da Europa (descontando a Groenlândia), com 229.850km², a Grã-Bretanha é formada por Inglaterra, País de Gales e Escócia. Os dois primeiros têm seu relevo constituído por morros irregulares e montanhas baixas, na região centro-sul, e planícies no litoral (costa leste). Já a Escócia apresenta um relevo mais dinâmico, com escarpas, fiordes, vales, lagos, sendo a região norte, conhecida como as *highlands*, com as elevações mais acentuadas – como o monte Ben Nevis, o ponto mais alto do Reino Unido, com 1.343m de altitude. As fronteiras da ilha britânica são, obviamente, apenas marítimas: Oceano Atlântico (N e SO), Mar do Norte (L), Canal da Mancha (S), Mar da Irlanda e Canal do Norte (O).

O Reino Unido – *United Kingdom of Great Britain and Northern Ireland*, abreviado apenas como *UK* – possui em torno de 60 milhões de habitantes, a grande maioria ingleses, escoceses, irlandeses, galeses, seguidos por originários etnicamente de ex-colônias, como indianos e paquistaneses, além de muitos outros estrangeiros.

A vizinha ilha irlandesa ocupa um território bem menor do que a britânica, menos de 85 mil km², dos quais mais de 80% pertencem à República da Irlanda (e o restante, à Irlanda do Norte). O interior do país é bastante plano; boa parte das elevações está próxima à costa, no lado ocidental – onde fica o pico mais alto do país, Carrauntoohil, com 1.041m de altitude, no extremo sudoeste.

Economia

A tradição vem de longa data, e, pelo menos desde o século 18, pode-se dizer que o Reino Unido é uma grande potência mundial. Já foi maior no pré-guerras, mas segue forte, apresentando oscilações. Em 2012, os britânicos caíram para a 7ª posição no ranking da economia mundial, avaliada pelo valor do PIB, chegando a estar atrás do Brasil (que ficou em 6º lugar). Entretanto, os britânicos fizeram o dever de casa, para usar o jargão economês-básico – o país acelerou o ritmo de crescimento, elevou o PIB em 3%, apresentou queda na inflação e fortaleceu a sua moeda, a libra esterlina; como resultado, não apenas superou o Brasil, como também a França, chegando, em 2014, à 5ª posição.

A agricultura britânica é altamente mecanizada e o país, bastante industrializado (lembre-se que foi o berço da Revolução Industrial), destacando as exportações de manufaturados, produtos químicos, combustível, bebida e alimentos. Os principais parceiros comerciais são Alemanha, Estados Unidos, França, Holanda, Suíça e Irlanda. O setor de serviços é bastante forte em todo o país, especialmente o segmento bancário.

Já a Irlanda experimentou um elevado crescimento na década de 90, o que a fez ser chamada de Tigre Celta. No entanto, a economia se arrefeceu no século 21, e o país entrou para a lista dos grandes endividados com a Comunidade Europeia – foi o primeiro país da União Europeia a se declarar em recessão. Mas o chamado Plano de Recuperação Nacional foi colocado em prática, com cortes de gastos públicos e aumento de impostos, o que dá um alento otimista na terra celta.

História

Grã-Bretanha
Romanos, saxões, vikings e normandos

Há aproximadamente 2.700 anos, a ilha britânica era habitada por diversos povos primitivos, entre eles os celtas (*celts*), que vinham do continente. Estes, ao se misturarem ao povo nativo, deram origem aos bretões (*britons*). Em torno de 55 a.C., a ilha foi invadida por Roma, nas ações expansionistas do então Império Romano. Durante os séculos em que permaneceram, os novos conquistadores garantiram algum desenvolvimento à região, construindo fortalezas, estradas, cidades – entre elas, *Londinium* (posteriormente, chamada *London* – Londres em português). Também trouxeram a religião – o cristianismo.

Se os romanos se espalharam pelas regiões da Inglaterra e do País de Gales, não tiveram o mesmo sucesso na Escócia e na Irlanda – antes pelo contrário, guerreiros habitantes dessas localidades constantemente atacavam o Império Romano na ilha britânica. Piratas saxões (*saxons*), vikings, bárbaros (*barbarians*) também não deixavam em paz os romanos, que, por volta do ano 400 d.C., foram gradualmente indo embora, deixando a ilha – e os constantes ataques – aos bretões.

Ao tomarem o poder, os bretões pediram ajuda aos anglo-saxões que viviam no que é hoje a Alemanha. Por ajudá-los a defender o território contra os escoceses (*scots*) e os pictos (*picts*), que viviam no norte, assim como outros invasores, os saxões seriam agraciados com terras na ilha. E assim muitos vieram, acabaram ficando e ainda trouxeram outros anglo-saxões – a essa altura, contra a vontade dos bretões. Por volta do ano 600, os saxões haviam instituído um império monárquico, com diferentes reinos pelo território. Mas tinham problemas, e talvez a sua maior pedra no sapato fossem os vikings. Invasores marítimos, esse grupo vinha das regiões que hoje são a Noruega, a Suécia e a Dinamarca, e, bastante fortes nos séculos 8 e 9, invadiam e saqueavam castelos na ilha britânica. Se na época era tudo sangrento, hoje se pode fazer um pouco de humor, como provam as divertidas tirinhas de *Hagar, o Horrível* (de Dik Brown), o viking nórdico cuja principal atividade profissional é pilhar a Inglaterra.

Mas não apenas os vikings motivavam as batalhas. Ao longo de sua história, a disputa pelo trono britânico era recorrente, tanto entre cavaleiros e nobres locais como reinos externos.

Castelo de Bamburgo, próximo à fronteira com a Escócia

Em torno do ano 1.000, o rei era Edward, ou Eduardo, o Confessor – o apelido revelava a sua forte crença no cristianismo. Não à toa, foi no seu reinado que se construiu o que seria a primeira versão da Abadia de Westminster, em Londres. Morreu sem filhos, o que provocou uma tensa disputa, que acabou, em 1066, com a coroação de um forasteiro, William, o Conquistador, vindo da Normandia. Era a vez do domínio normando na ilha britânica, período caracterizado pelo empréstimo de terras e pagamento de impostos ao rei. Iniciava-se o feudalismo. E a figura do monarca inglês logo tomaria o papel de um dos soberanos mais poderosos da Europa.

Ilustração da peste em bíblia medieval

Idade Média

Não se pode dizer que o feudalismo não levou à construção e ao desenvolvimento de muitas vilas, frequentemente situadas nas terras de um único senhor (*lord* – que por sua vez ganhou a respeitosa denominação *lordship*, de um homem com terras ou títulos – alguém aí assiste a *Downton Abbey* e repara como os empregados chamam os nobres patrões?). Castelos eram construídos como proteção de território. O então rei Edward I, coroado em 1272, conquistou o País de Gales e ergueu muitas fortalezas por lá. Já na Escócia sempre foi mais difícil de entrar. O rei tentou colocar um soberano seu nessas bandas, mas sofreu grande resistência dos escoceses, liderados por William Wallace (quem lembra do filme *Coração Valente*?). Em 1296, a Inglaterra invadiu a Escócia, tomando-a como sua possessão. Três décadas depois, em 1328, a Coroa Inglesa reconheceu a independência da Escócia por meio do Tratado de Northampton.

Na Idade Média, a partir de meados do século 13, já existiam várias cidades; a maior delas era Londres, com aproximadamente 70 mil habitantes (e pensar que hoje tem 8 milhões...). Mas era uma Londres sombria, de ruas estreitas e casas de madeira, por onde ratos circulavam entre lixo jogado no chão. Esse foi o cenário de um dos maiores males que passou pela Europa: a Peste Negra, que, na metade do século 14, dizimou milhares de pessoas no continente – só na ilha britânica, historiadores dizem que até 1/3 da população morreu. Posteriormente, descobriu-se que a origem da doença eram pulgas que viviam em ratos.

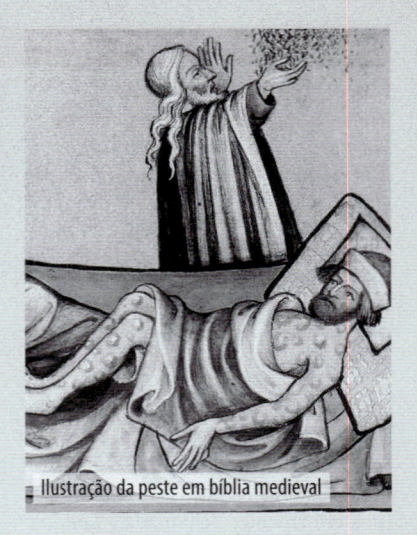

A Inglaterra mal conseguia um pouco de paz com a Escócia e já se envolveu em outro embate, desta vez ultramar, num conflito que perduraria por pouco mais de um século – e que não leva outro nome senão Guerra dos Cem Anos. De 1337 a 1453, a Coroa Britânica disputou terras com a França – terras no lado francês, diga-se. Embora os ingleses tenham vencido algumas batalhas ao longo do tenso período, saíram vitoriosos os franceses. Certamente daí vem boa parte da antipatia que ingleses e franceses ainda hoje nutrem um pelo outro (rivalidade similar, ou talvez ainda um pouco mais forte, do que a de brasileiros x argentinos).

As Dinastias

O que não faltavam aos ingleses eram guerras nas quais se metiam, fosse fora do seu território, pela disputa de terras, ou dentro, pela posse do trono. Esse último foi o caso da Guerra das Duas Rosas, travada entre duas famílias nobres, os Lancaster e os York, que, após 30 anos, terminou em 1485, com a vitória dos primeiros. O rei Ricardo III (*Richard III*) foi derrotado por Henry Tudor, que não apenas assumiria a Coroa (como Henrique VII), mas escreveria uma nova página na história britânica com os Tudor, talvez a mais célebre dinastia da realeza britânica (que outra, afinal, ganhou uma série de TV de grande audiência?).

Ao longo de um século, os Tudor tiveram seis monarcas consecutivos, que implementaram profundas mudanças no país. Foi ao longo desse período que a Inglaterra se consolidou como uma potência europeia, colonizou territórios na América, assumiu o controle da Irlanda, criou uma nova religião (o anglicanismo) e começou a se destacar culturalmente (surgia Shakespeare). Muitos desses episódios aconteceram só no reinado de Henrique VIII (que governou de 1509 até sua morte, em 1547), o rechonchudo rei que casou seis vezes (veja o box abaixo). Posteriormente, foram coroados os seus filhos, entre eles Mary I, conhecida como Mary, a Sanguinária (*Bloody Mary*, hoje nome de um popular drinque britânico, à base de vodca e tomate), e Elizabeth I, a última do clã, que não deixou herdeiros. Em 1603, ano de sua morte, assumiu o trono a dinastia Stuart.

Tal como os Tudor, os Stuart ficaram no poder por pouco mais de um século. Ao longo de seus diferentes reinados, sob absoluta tirania, aconteceram vários conflitos civis, principalmente entre Inglaterra e Escócia – os dois países seriam por fim unificados em 1707, formando a Grã-Bretanha. Também se flertou, em diferentes momentos da época, com o catolicismo, o anglicanismo e o protestantismo. Ponto positivo dos governos Stuart foram os avanços nas ciências (Isaac Newton formulou a Lei da Gravidade) e na medicina (passou-se a permitir que corpos fossem dissecados).

VOCÊ QUE COLOU NA ESCOLA | Henrique e as esposas

Um homem e seis mulheres. Não exatamente um harém – até porque cada uma teve sua vez (ao menos como esposa oficial) –, os casamentos de Henrique VIII renderam histórias. Em razão de um matrimônio, Henrique VIII criou uma religião. A princesa espanhola Catarina de Aragão foi sua primeira esposa, mas não lhe deu um filho homem. O rei pediu que o papa lhe permitisse o divórcio, o que não foi concedido. Como todo-poderoso, o que ele fez? Rompeu com Roma e a Igreja, fechou conventos e fundou uma religião inglesa, o Anglicanismo, na qual os padres poderiam se casar. E, claro, casou de novo. O que faria várias vezes, aliás – mas nunca com muita sorte. Ana Bolena foi a segunda escolhida, porém, após cerca de 1.000 dias como rainha consorte da Inglaterra, sem igualmente ter dado um herdeiro homem ao rei, e ainda acusada de traição e conspiração, foi presa na Torre de Londres (sua história é uma das que você fica sabendo ao visitar a Tower of London) e finalmente executada. A terceira esposa, Joana Seymour, deu a ele o filho que tanto desejava (o futuro rei Eduardo VI), mas a coitada morreu 12 dias após dar à luz. Quarta esposa, Ana de Cleves, nada de filhos, outro divórcio. A seguinte, Catarina Howard, pior sina ainda: em pouco mais de um ano, sem engravidar, foi acusada de adultério, confinada em prisão domiciliar no Hampton Court (que você pode visitar, nas cercanias de Londres) e morta na Torre de Londres, a essa altura convertida num sanguinolento presídio. Por fim, a sexta e última, Catarina Parr, embora também não tenha parido nenhum herdeiro, teve mais sorte: viu Henrique VIII morrer primeiro.

A arquitetura também atingiu um novo patamar, mas em função de uma tragédia: o Grande Incêndio de Londres, em 1666, que, por cinco dias, devastou quase toda a área central da maior cidade bretã. Estima-se que 13 mil casas tenham sido destruídas – e, como consequência, tudo foi reerguido, desta vez substituindo as construções de madeira por pedras e tijolos, estilo que até hoje prevalece na maiorias das edificações. O nome que se sobressaía era o do arquiteto Christopher Wren, responsável por, entre inúmeras obras, a majestosa Catedral de St. Paul.

Em 1714, assumiu a dinastia Hannover/Windsor que até hoje reina no país. O primeiro século de poder dos Windsor é considerado a Era Georgiana – que teve como monarcas quatro Georges. O país se recuperou das constantes guerras civis por que passara e começou a se desenvolver comercialmente. O motor a vapor foi inventado (por um escocês, James Watt), trens, ferrovias e pontes de ferro foram implementados, o conceito de ônibus (carroças puxadas por cavalos) passou a ser utilizado, lampiões a gás foram incorporados à vida cotidiana – eram os tempos da Revolução Industrial, que definiram uma nova página da história da Grã-Bretanha e do mundo. A Inglaterra seguiu expansionista – conquistou novas colônias, Canadá (roubado dos franceses) e Índia, mas perdeu (em 1775) os Estados Unidos. A figura do rei, por outro lado, passou a ter menos poder, pendendo a favor do Parlamento. E as mulheres começaram a se sobressair nas artes, em especial na literatura, graças às romancistas Mary Shelley (autora de *Frankenstein*) e Jane Austen (*Orgulho e Preconceito*). Mas nenhuma se destacaria tanto quanto a rainha seguinte.

A Era Vitoriana

Inicialmente princesa, a rainha Victoria foi coroada como tal aos 18 anos, em 1837. Viveria – e reinaria – até 1901, o mais longo reinado até hoje (mas com chances de ser superado pela atual rainha Elizabeth), no que se conceituou como a Era Vitoriana. Em seu reinado, a Grã-Bretanha se consolidou como a grande potência industrial, que exportava seus produtos para suas muitas colônias e várias partes do mundo (e, por isso, sempre que possível, interferia nos rumos de outras nações). Símbolo da época foi a Grande Exposição de 1851, montada no Hyde Park, primeira grande feira do gênero, que exaltava a indústria, a tecnologia e as conquistas do Império Britânico. E havia o que celebrar. Na gestão da rainha Victoria, Londres inaugurou o primeiro metrô do mundo (1863) e importantes museus, como o de História Natural e o Victoria & Albert Museum. Este, aliás, leva o seu nome e do seu marido – estiveram casados por 21 anos, até a morte dele. Eram extremamente próximos, e dizem que ela nunca superou a morte do cônjuge, o que justificava suas constantes vestimentas pretas e a depressão dos últimos anos. Tiveram nove filhos, o homem mais velho, Edward, seu sucessor.

Como a rainha morreu velhinha, Edward VII tornou-se rei aos 59 anos. Passara a maior parte de sua vida como o festivo *Prince of Wales*, Príncipe de Gales, aproveitando as benesses da vida real em banquetes, teatros e corridas de cavalo. Não à toa, trouxe pela primeira vez as Olimpíadas a Londres, em 1908. Foi sucedido pelo sisudo George V, que viria a ser o pai de George VI. E aqui, se você assistiu a *O Discurso do Rei*, começa a acompanhar a história – este último é o monarca interpretado por Colin Firth no oscarizado filme, pai da atual rainha Elizabeth.

O rio Tâmisa, em Londres, após ataques aéreos na Segunda Guerra Mundial

O século 20 e as Guerras Mundiais

Nada marcou tanto a primeira metade do século passado como as duas Guerras Mundiais, e a Grã-Bretanha viveu isso intensamente. Se antes havia certa simpatia à Alemanha e hostilidade à França, os papéis começaram a se inverter. O primeiro conflito iniciou bem distante, com o assassinato do príncipe austríaco Franz Ferdinand em Sarajevo, Bósnia, em 1914, mas colocou os britânicos nas trincheiras, ao lado dos franceses, quando a Alemanha invadiu a Bélgica, pouco depois, no mesmo ano. A guerra, que duraria até 1918, contabilizou 10 milhões de mortos, aproximadamente 750 mil deles soldados britânicos. O pós-guerra legou tempos difíceis à Grã-Bretanha, com greves e desemprego – na verdade, por a toda Europa (não à toa, foi o momento em que os Estados Unidos, que entraram na guerra no último ano, começavam a despontar como a grande potência mundial). Mal o país se reerguia, entraria em outro conflito.

A Alemanha, liderada desde 1933 por um nefasto chanceler chamado Adolf Hitler, também juntava os cacos da guerra, sem abdicar dos ideais expansionistas (e segregacionistas e antissemitas – o nazismo). A Segunda Guerra começou propriamente em setembro de 1939, quando a Alemanha invadiu a Polônia. Logo o conflito pôs frente a frente o Eixo (Alemanha, Itália, Japão) e os Aliados (Inglaterra, França, União Soviética e Estados Unidos), com invasões e bombardeios por toda a Europa. Cidades inglesas e escocesas, como Londres e Glasgow, sofreram com chuvas de bombas – a chamada *blitz* – despejadas de aviões germânicos, enquanto a população se refugiava em abrigos subterrâneos e estações de metrô. Mas os britânicos – liderados pelo carismático primeiro-ministro Winston Churchill – não se entregaram. Após uma série de ataques junto aos Aliados (incluindo uma espetacular invasão na Normandia, o Dia D), saíram vitoriosos, se é que se pode dizer isso ao fim de uma guerra. A Alemanha assumiu a derrota em maio de 1945. Estima-se que 70 milhões de pessoas, de diversas nacionalidades, tenham morrido na Segunda Guerra – 2% da população mundial da época, a maioria, civis (incluindo 6 milhões de judeus em campos de concentração). O Imperial War Museum, em Londres, faz hoje uma primorosa reconstituição desses conflitos.

Ao final da guerra, com o Reino Unido enfraquecido, várias colônias britânicas se tornaram independentes, como a Índia e o Paquistão. Em 1952, subiu ao trono Elizabeth II – se mantendo até hoje.

Tempos Modernos

Os anos 60 trouxeram uma nova onda cultural à Grã-Bretanha, os *Swinging Sixties*. Marcos dessa época são o surgimento da minissaia (crédito à estilista britânica Mary Quant), e do que isso representou às mulheres, e a aparição de bandas como os Beatles e os Rolling Stones – e do que isso representou à humanidade! Os 70's testemunharam a contracultura explodir com o movimento punk – e seus jovens de cabelos moicanos ou coloridos – e a ascensão de novos ícones musicais, com Pink Floyd, Led Zeppelin e David Bowie.

Ao fim dessa década, em 1979, uma mulher ocupou o cargo de primeiro-ministro, talvez a mais polêmica dentre todos que assumiram essa função: Margaret Thatcher. Chamada de Dama de Ferro, devido ao seu rigor no controle da política monetária e pelo duro trato com os sindicatos, ganhou três eleições consecutivas. O período em que esteve no poder foi caracterizado por cortes nos programas de benefícios sociais, privatizações de estatais e uma inusitada guerra contra a Argentina. Pois quem diria que, em plenos anos 1980 (1982), o Reino Unido se meteria num novo conflito, e ainda por cima na América do Sul, nas ilhas Malvinas (conhecida pelos britânicos como *Falklands*).

Claro que venceram. A amenidade da época ficou por conta do casamento do Príncipe Charles, em 1981, com a plebeia Diana, com quem teve dois filhos, William (segundo sucessor a rei, atrás de Charles) e Harry.

Em 1990, Margaret Thatcher renunciou, sendo substituída pelo igualmente conservador John Major. Mas em 1997 chegou a vez do Partido Trabalhista no poder, que elegeu Tony Blair como primeiro-ministro. Nesse mesmo ano, morreu a princesa Diana num acidente de carro, na França, episódio que causou grande comoção entre os britânicos. Lady Di, como era chamada, bastante popular na mídia, era conhecida como a "princesa do povo" (o que é muito bem retratado no filme *A Rainha*).

O Novo Milênio

O século 21 começou sob a sombra dos atentados às Torres Gêmeas, em Nova York (2001), e o Reino Unido, principal parceiro dos Estados Unidos, sofreu reflexos desse ataque. Em 2002, invadiu o Iraque ao lado das tropas do presidente estadunidense George W. Bush. As consequências vieram no próprio território inglês.

Em 7 de julho de 2005, atentados num ônibus e em três estações de metrô resultaram em 55 mortos e centenas de feridos. Na busca pelos culpados, e

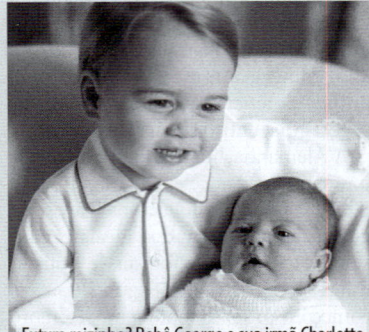

Futuro rei? Príncipe William e sua esposa Kate

Futuro reizinho? Bebê George e sua irmã Charlotte

numa das mais estúpidas e desastrosas operações da Scotland Yard, a polícia inglesa, um suspeito foi morto na estação de metrô de Stockwell. O tal suspeito era um jovem brasileiro que nada tinha a ver com o caso – Jean Charles de Menezes. Posteriormente, os terroristas foram identificados: quatro muçulmanos com cidadania britânica, homens-bomba que morreram nas explosões. E os policiais envolvidos na morte do brasileiro, infelizmente, não sofreram qualquer punição. Tais fatos, aliados ao sucessivo e impopular envio de tropas ao Iraque, enfraqueceram Tony Blair, que renunciou em 2007. Seu sucessor foi Gordon Brown, que permaneceu no poder até 2010, substituído por David Cameron, o primeiro conservador em 13 anos.

Enquanto isso, a realeza, se não passa pela disputa de trono do passado, entretém o mundo com suas histórias. A rainha Elizabeth, firme e forte, assistiu ao casamento de seu neto William, em 2011, com a bela Kate Middleton, e, em 2013, ao nascimento do bisneto George (terceiro sucessor da Coroa), filho do casal, e a celebração dos seus 60 anos à frente da monarquia inglesa. No ano seguinte, a rainha quase perdeu parte do seu reino: a Escócia promoveu um plebiscito para definir sobre a possível independência em relação ao Reino Unido, o que foi vencido pelo "não", com 55,3% dos votos. Em maio de 2015, Kate deu à luz a seu segundo filho, uma menina: Charlotte Elizabeth Diana. E, nesse mesmo mês, David Cameron surpreendeu ao ganhar a reeleição para um segundo mandato como primeiro-ministro.

Irlanda

No mundo antigo, nenhum povo marcou tanto a Irlanda como os celtas, uma desenvolvida civilização que ocupou boa parte da Europa Ocidental, introduzindo a metalurgia e dando origem à Idade do Ferro no continente, a partir de 1.200 a.C. Os celtas não eram uma sociedade coesa, mas sim diferentes povos que partilhavam a língua céltica e se organizavam em tribos. Os bretões ocupavam grande parte da ilha britânica e os pictos viviam em quase todo o território correspondente à atual Escócia, com a exceção do sudoeste, onde reinavam os gaels, que também controlavam a ilha irlandesa. Esta é a região onde mais se encontram vestígios celtas (veja o box abaixo).

ALMANAQUE VIAJANTE | Simbologia celta

A cultura e a sociedade celtas permanecem misteriosas. Essa civilização não usava a escrita para registrar sua história e a pouca literatura que aborda as tradições desse povo vem de autores gregos e romanos, seus inimigos – e, portanto, uma fonte pouco confiável. Ainda assim, sabe-se que a sua religião era politeísta e voltada para a natureza, com a realização frequente de rituais ao ar livre. A interpretação de vestígios e peças arqueológicas indica que o número três era considerado sagrado pelos celtas, reforçando o conceito de triplicidade: céu, mar e terra; nascimento, vida e morte; corpo, mente e espírito; passado, presente e futuro. As manifestações artísticas celtas evocam essa ideia por meio da representação de tríades em espirais, volutas e desenhos geométricos. O ícone mais emblemático é o trísceles (do grego triskelion, com três pernas), formado por três espirais entrelaçadas que dão a ideia de uma simetria rotacional.

Os celtas foram soberanos até o século 8, quando, atacados pelos vikings, viram seu território ser dividido em vários principados. Enfraquecida por disputas, a região logo se viu sob o domínio dos bretões, que, em diferentes momentos, levou para a ilha o catolicismo e o protestantismo.

No início do século 19, a Irlanda foi anexada ao Reino Unido e, no século seguinte, aumentou o desejo de independência, o que culminou com a fundação do Exército Republicano Irlandês (conhecido como IRA, *Irish Republican Army*). O Estado Livre da Irlanda foi criado em 6 de dezembro de 1921, mas sem a maior parte do Ulster, a região norte protestante. A república foi proclama em 18 de abril de 1949.

A tensão na Irlanda do Norte aumentou no fim da década de 60, com o confronto entre católicos e protestantes, levando à morte civis das duas religiões. O Exército britânico interveio e a guerrilha teve início, com vários atentados terroristas do IRA ao longo das décadas seguintes. Um dos momentos emblemáticos do conflito foi o chamado *Domingo Sangrento*. Tudo começou com a vontade dos católicos de Derry, na Irlanda do Norte, de fazer uma passeata de protesto por ruas da cidade em 1972. Juntou-se um grupo de 10 mil pessoas. No caminho, porém, eles toparam com soldados ingleses armados, que começaram a disparar sem misericórdia. Morreram 14 ativistas católicos e 26 ficaram feridos. O massacre inspirou a música *Sunday Bloody Sunday*, da banda irlandesa U2, lançada em 1983.

Em 1973, a Irlanda entrou na Comunidade Econômica Europeia (CEE). Nos anos 90, acordos sistemáticos sinalizaram um progressivo processo de paz, até que, em dezembro de 1999, criou-se um governo autônomo na Irlanda do Norte, formado por católicos e protestantes.

A Irlanda começou o século 21 com o maior crescimento econômico entre os países da União Europeia, ganhando o apelido de Tigre Celta, em alusão aos prósperos países do Sudeste Asiático. Contrariando todas as expectativas, em apenas três anos, a Irlanda foi do boom ao desastre financeiro, ingressando no rol de países, ao lado de Grécia e de Portugal, que necessitaram de ajuda financeira da União Europeia e do FMI. A Irlanda entrou em 2015 com crescimento, ainda que tímido, e com queda no índice de desemprego, ansiosa para retomar a força do Tigre Celta.

Icônica inscrição em muro de Derry, data de 1969

Cultura
Música

Da gaita de foles ao heavy metal, o universo musical que o Reino Unido construiu ao longo de sua história foi sempre embalado pela criatividade e pelo inconformismo. O país tem grande tradição na composição e na invenção de novos estilos, e isso inclui ritmos populares locais e música clássica. Mas é inegável: o grande salto musical britânico foi o rock – que transformou o mundo a partir da década de 1960.

Pleased to meet you... Stones

Inglaterra

A reestruturação e o crescimento econômico da Inglaterra levaram a capital, Londres, ao auge da modernidade e efervescência cultural nos anos 60. Seja no cinema, nas artes, na música ou no modo de se vestir, os londrinos demonstravam toda a atitude e ímpeto juvenil que mudariam o mundo. O período, conhecido como *Swinging London*, marcou o início de grandes fenômenos musicais, como os Beatles – John, Paul, George e Ringo formaram apenas a banda mais popular de todos os tempos –, seguidos de Rolling Stones, liderada pelo imortal e incansável Mick Jagger, e The Who, que, com Roger Daltrey nos vocais e Pete Townshend na guitarra, criaram o conceito de "ópera-rock" (destacando *Tommy*). A partir daí, a cena musical de rock, pop e *beat* britânica ganhou o mundo e ficou conhecida, principalmente nos Estados Unidos, como a *British Invasion* (Invasão Britânica).

No final dos anos 60, o Pink Floyd entrou em cena e levou o rock progressivo ao cenário underground londrino; Led Zeppelin, com a virtuosa guitarra de Jimmy Page e vocais de Robert Plant, surgiu enraizado no blues e na música psicodélica; Black Sabbath, liderada por Ozzy Osbourne, deixou seu legado como precursora do heavy metal e do hard rock, seguida por Deep Purple, Iron Maiden, Motörhead e Judas Priest; Jethro Tull fez sua música com blues, rock e elementos da música clássica, folk e jazz incorporados, usando muito de sons instrumentais.

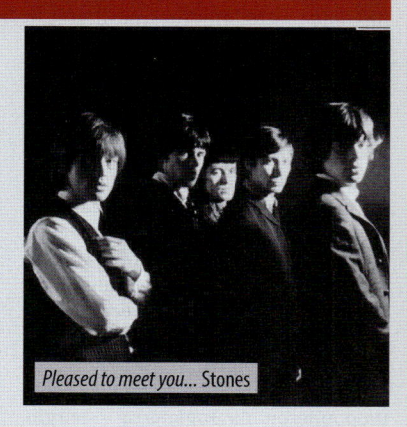

Nos anos 70, manifestou-se o movimento da contracultura, encabeçado pelo ícone do punk, em estilo e atitude, Sid Vicious, baixista da banda Sex Pistols. Seguindo o movimento, surgiram Siouxsie and the Banshees e The Clash. Ainda nessa década, não se pode deixar de mencionar as bandas Genesis, que deu fama e carreira solo a Phil Collins e Peter Gabriel; Queen, com o vocalista Freddie Mercury, que eternizou a cansavelmente tocada *We Are the Champions*; Dire Straits, liderada pelos irmãos escoceses David e Mark Knopfler, que fez grande sucesso com *Sultans of Swing* e mais tarde alcançou o topo das paradas britânicas e mundiais com o disco *Brothers in Arms*; The Police, banda dos sucessos *Every Breath you Take* e *Roxanne*, liderada pelo vocalista Sting – que posteriormente seguiu em carreira solo; e ainda os Bee Gees, trio que, embora tenha surgido na Austrália, estourou por aqui nos anos 70, embalando as discotecas (*stayin' alive, ah ah ah, stayin' alive, stayin' alive*) e os filmes de John Travolta.

Não apenas bandas estouraram nos anos 1970. Importante destacar Eric Clapton, cantor, compositor e guitarrista, ligado fortemente ao blues, considerado o segundo melhor guitarrista da história pela revista norte-americana Rolling Stone (Jimi Hendrix, claro, foi o primeiro); Elton John, cantor, compositor e pianista, queridinho da realeza e das estrelas; e David Bowie, conhecido como camaleão do rock pela constante renovação da sua imagem, aparecendo ora como figura pop, rockeiro andrógino ou astro do cinema.

Na década de 80, o estilo new wave preponderou na Inglaterra – surgiu a banda New Order, que joga com o pós-punk e a dance music, criando o dance rock; The Cure, reconhecida como uma das bandas mais influentes do rock gótico (*dark*) na época; e The Smiths, talvez uma das mais poéticas bandas do mundo. Outra nova onda surgida entre o final dos anos 70 e início dos 80 para recuperar o rock pesado eclipsado pelo punk, a *New Wave of British Heavy Metal*, fez com que entrassem para a história da música bandas como Iron Maiden, Venom, Def Leppard, Saxon e Diamond Head.

O final dos 80 e início dos 90 foi o tempo da Madchester, a criativa cena do rock de Manchester que inundou as rádios internacionais com bandas como Happy Mondays, Stone Roses, Inspiral Carpets, 808 State, James e Charlatans, fortemente influenciadas pelos conterrâneos que haviam feito sucesso antes, como Smiths, The Fall e New Order.

Nos anos 90, o heavy metal, a dance music, o gótico, o progressivo e outros estilos que haviam estourado anteriormente se exauriram. O som chamado de alternativo ou independente, por estar ligado a pequenas gravadoras, floresceu, juntando ritmos dançantes herdados da década anterior com o pop e o rock. Isso foi muito bem representado nessa década pelas bandas Radiohead e Blur. Ainda nessa época, houve uma profusão de artistas de diferentes estilos na Inglaterra, desde as descartáveis Spice Girls, pioneiras do pop adolescente, aos mais notáveis Coldplay, Oasis e Gorillaz. Também teve inovação: em Brighton, surgiu o grupo Stomp, que faz percussão com objetos variados em apresentações que são uma mescla de teatro com show musical.

Nos anos 2000, outra vez o cenário musical britânico se reinventou e se renovou. As divas Amy Winehouse e Adelle ganharam o mundo do jazz, soul e R&B. Entre 2004 e 2006, os britânicos do Arctic Monkeys e

Would you know my name? Clapton

They tried to make me go to rehab... Amy

The Kooks, tendo como estilo musical o indie (de independent, aquele mesmo que nasceu nos anos 90) rock, alcançaram o sucesso por meio do compartilhamento de músicas online – assim como a cantora pop Lily Allen, que ganhou notoriedade com a sua música *Smile,* divulgada unicamente na internet. O *bad boy* da vez foi Pete Doherty, vocalista inicialmente da banda The Libertines e depois da Babyshambles, que ganhou a atenção da mídia por seu relacionamento explosivo com a supermodelo Kate Moss. Como nos anos 70 e 90, voltaram à cena as famosas *boybands,* derretendo corações adolescentes: McFly, One Direction e The Wanted são os Menudos (ou Backstreet Boys) da vez. Destaque também para Florence and the Machine, banda de indie pop, e Ed Sheeran, o mais novo queridinho da música britânica. O ano de 2011 foi marcado pela morte de Amy Winehouse, aos 27 anos (a mesma trágica idade em que se foram Jimi Hendrix, Janis Japlin, Jim Morrison e Kurt Cobain).

Escócia

A cena musical da Escócia é uma mistura de estilos e constitui uma parte importante da identidade nacional. Glasgow, para se ter uma ideia, alcançou o raro estatuto de Cidade da Música pela Unesco: a cada semana são organizados mais de 100 eventos de diferentes estilos musicais – entre eles, concertos de música clássica, shows nacionais e internacionais ou performances mais intimistas, como balé ou ópera. A gaita de foles, instrumento nacional, é motivo de orgulho para o país; não é difícil encontrar algum músico fazendo apresentações pelas ruas, bares e até em festivais e teatros. Foi unindo tradição e rock que os escoceses da banda Red Hot Chilli Pipers (parodiando a banda estadunidense) criaram seu trabalho, fazendo covers de músicas famosas, utilizando basicamente as gaitas, teclado, guitarra, baixo e bateria – uma mistura no mínimo divertida.

Como não podia ser diferente, a efervescência dos anos 60 também achou seu lugar na Escócia. Inspirados nos vizinhos ingleses, Nazareth foi e é um dos grandes sucessos do rock escocês, consagrado pelos *singles Broken Down Angel* e *Bad Bad Boy.* Nos anos 80, surgiu a banda Simple Minds, que conquistou o público com o sucesso *Don't You (Forget About Me),* trilha sonora do filme *O Clube dos Cinco.* Ganhou notoriedade também o Eurythmics, um dueto escocês formado por Dave Stewart e Annie Lennox, que ficou famoso pela música *Sweet Dreams (Are Made of This),* regravada em 2005. Em 1996, foi a vez de Belle & Sebastian, grupo indie pop que chamou atenção já no seu primeiro disco, *Tigermilk,* e é considerada uma das melhores bandas desse estilo até hoje – seu último disco foi lançado em janeiro de 2015. Da mesma época, Snow Patrol subiu aos palcos tocando rock e se consagrou com as músicas *Open Your Eyes* e *Chasing Cars.*

Os anos 2000 chegaram muito bem, obrigado, com Franz Ferdinand, quarteto reconhecido mundialmente em 2004 com a premiada música *Take me Out.* Entre as pencas de bandas que apareceram no meio alternativo, uma das mais inspiradas foram os rapazes da Glasvegas, de Glasgow – mas com ares de Las Vegas. Por fim, seria injustiça não mencionar Susan Boyle. Difícil esquecer a cantora escocesa que, aos 47 anos, saiu do anonimato para ser aclamada por sua emocionante participação no programa de calouros britânico *Britain's Got Talent.*

Irlanda do Norte e País de Gales

A Irlanda do Norte é terra natal de Van Morrison, expoente do celtic soul, estilo musical que combina elementos do jazz, R&B e música celta – destaque para a canção *Brown Eyed Girl*. Atualmente, quem tem ficado em primeiro lugar nas paradas mundiais é a banda indie rock/pop Two Door Cinema Club, com a música *What you Know*.

O País de Gales também tem bons representantes no cenário musical mundial. Bullet for my Valentine, importante banda de metalcore galesa, já vendeu mais de 4 milhões de discos no mundo; Stereophonics apostou no britpop, abreviação de "British Pop", músicas de rock com arranjos tipicamente radiofônicos, e fez sucesso com *Maybe Tomorrow* e *Mr. Writer*; super atual, Duffy é a cantora que merece maior destaque: com um estilo parecido com a inglesa Amy Winehouse, a galesa tomou a frente nas paradas com as canções *Mercy* e *Warwick Avenue*.

Irlanda

A música tradicional também é forte na Irlanda, e, por onde quer que você ande, vai encontrar algum pub com música ao vivo. O instrumento nacional é a harpa, apesar de a gaita de foles irlandesa ser comumente usada nos arranjos – na verdade, a liberdade impera na música irlandesa, e o improviso rege a tradição: costumam dizer que não há canção que seja tocada do mesmo jeito duas vezes. Formas moderninhas de rock e folk chegaram aqui e fizeram uma mistura muito interessante com esses instrumentos (a gaita de foles e a harpa), como é possível conferir no trabalho de The Dubliners, banda de música tradicional cujo maior sucesso, *Whiskey In the Jar*, foi gravado em 2004 pelos norte-americanos do Metallica, e Celtic Woman,

You say one love, one life... U2

banda mais recente, que integra em seu repertório canções tradicionais celtas com música moderna.

Em meados dos anos 80, surgiu aquela que seria a banda irlandesa mais conhecida no mundo, com 22 Grammy no currículo: o U2 de Bono Vox e cia., e suas canções que tratam sobre religião, sentimentos e preocupações sociais e políticas. Depois do U2, a artista que mais vende discos no país é a cantora, compositora e instrumentista Enya, dona de um estilo único que mistura melodias folk e camadas de voz, criando uma atmosfera diferenciada em cada composição. Ainda na década de 80, Sinéad O'Connor fez sucesso com *Nothing Compares 2U*, que botou uma geração inteira a repetir o seu refrão.

The Cranberries marcou a década de 90, com seu rock alternativo e a bela voz de Dolores O'Riordan cantando hits como *Linger* e *Zombie*. Também fez sucesso The Corrs, banda de folk rock e pop rock, formada por quatro irmãos, cujas vendas de álbuns já ultrapassaram a marca de 60 milhões pelo mundo; e Damien Rice, mundialmente conhecido por *The Blower's Daughter*, música que integrou a trilha sonora do filme *Closer*, e traduzida para o português como *É isso aí*, cantada por Ana Carolina e Seu Jorge.

Literatura

Os países da região britânica foram berço de incontáveis personagens que, imortalizados pela literatura, narraram histórias fantásticas para diversas gerações ao redor do mundo. É muito fácil se perder na sessão de literatura britânica em alguma biblioteca ou livraria e encontrar as incríveis lendas de Robin Hood e Rei Arthur, os contos de Peter Pan e Alice, o romance de Romeu e Julieta ou as aventuras de Sherlock Holmes e Harry Potter.

Inglaterra

A tarefa de escolher entre tão célebres autores é árdua, mas, sem dúvida, William Shakespeare (veja p.747) é o grande representante inglês no fazer literário, se não o primeiro. Apesar de ser mais dramaturgo do que propriamente escritor, suas peças ganharam o mundo por meio dos livros *Hamlet*, *O Mercador de Veneza*, *A Megera Domada*, *Romeu e Julieta*, *Comédia dos Erros* e tantos outros. Também são importantes Daniel Defoe, escritor da biografia (fictícia) do náufrago Robinson Crusoé; Jane Austen, autora dos livros *Razão e Sensibilidade* e *Orgulho e Preconceito*, que deixou transparecer em sua obra a ironia em relação à aristocracia burguesa do século 19; Mary Shelley que, ao escrever *Frankenstein*, aos 19 anos, contribuiu para a criação do gênero ficção científica; as irmãs Brontë, que recusaram o papel secundário e passivo que a sociedade da época conferia à mulher e se destacaram por seus livros e poemas, em especial Emily Brontë, autora do clássico romance *O Morro dos Ventos Uivantes*; Charles Dickens, que contribuiu para a literatura ficcional inglesa com os livros *David Copperfield* e *Oliver Twist*; Lewis Carrol, criador do inventivo mundo de *Alice no País das Maravilhas;* e Virgínia Woolf, escritora modernista e feminista, autora de *Orlando* e *Mrs. Dalloway* e de muitas obras adaptadas para o cinema – a vida da própria escritora, inclusive, foi inspiração para o filme *As Horas*, baseado na obra homônima de Michael Cunningham.

Talvez ainda mais popular do que Woolf seja Agatha Christie, ou a Dama do Crime, como era chamada. A escritora ficou conhecida por seus mais de 80 romances e contos policiais cheios de suspense e assassinatos – os mais populares são *O Assassinato no Expresso do Oriente* e *O Caso dos Dez Negrinhos*. Entre os autores de romances policiais está também Ian Lancaster Fleming, jornalista e escritor britânico, célebre por criar "Bond, James Bond" e os romances de espionagem da série 007. Com textos impregnados de crítica social e ideologia, George Orwell escreveu os clássicos *1984* e *A Revolução dos Bichos*, livros sobre a corrupção dos sistemas políticos.

Virginia Woolf, de *Mrs. Dalloway*

George Orwell, de *1984*

Entrando no mundo fantástico, dois autores merecem destaque: J.R.R. Tolkien, que não era exatamente inglês – nasceu na África do Sul e viveu desde os 3 anos na Inglaterra –, captou exatamente a atmosfera medieval da região britânica e criou o incrível continente da Terra Média, plano de fundo para histórias como *O Hobbit*, *O Senhor dos Anéis* e *O Silmarillion*; e J.K. Rowling, criadora da série Harry Potter e do extraordinário mundo dos bruxos no qual o personagem habita. Ela já vendeu mais de 450 milhões de cópias pelo mundo – não à toa, foi considerada em 2006 a segunda mulher mais rica do planeta, perdendo apenas para a apresentadora americana Oprah Winfrey (ou seja, tinha mais dinheiro do que a própria rainha Elizabeth). Da fantasia para o cenário contemporâneo: um dos principais nomes das última décadas é Nick Hornby, dono de um estilo despojado, frequentemente utilizando esportes, música e cultura pop como referências em suas obras, como em *Um Grande Garoto* e *Alta Fidelidade*, ambas adaptadas com sucesso para o cinema.

Escócia e País de Gales

A Escócia também conta com dois representantes ilustres na lista dos escritores: Sir Arthur Conan Doyle, criador do perspicaz detetive Sherlock Holmes e seu amigo e assistente Dr. Watson, personagens que figuraram em 60 romances policiais do autor; e Robert Louis Stevenson, influente novelista e poeta do século 19, autor dos clássicos *O Médico e o Monstro* e *A Ilha do Tesouro*.

Natural do País de Gales, Ken Follett é o autor dos *best-sellers Triângulo*, *A Chave de Rebeca* e da *Trilogia do Século*, romances históricos e suspenses que renderam mais de 100 milhões de cópias ao redor do mundo. Mais importante para a literatura mundial foi o poeta e escritor Dylan Thomas, autor do célebre *Retrato do Artista Quando Jovem Cão* e influência importante para a Geração Beat norte-americana, em meados das décadas de 1950-60 do século 20.

Irlanda

A Irlanda é lar de nada menos do que Oscar Wilde e James Joyce, entre outros importantes escritores que deram fama ao país como uma "terra literária". Oscar Wilde foi um dos mais famosos

Próxima parada: Escola de Magia e Bruxaria de Hogwarts, na estação de King's Cross

Estátua de Oscar Wilde, em Dublin

dramaturgos britânicos, autor de obras que tipificam e criticam a aristocracia britânica do século 19 de forma mordaz – seu único romance, e talvez a sua obra-prima, é *O Retrato de Dorian Gray*, narrativa densa e que mostra a superficialidade e crueldade das relações humanas. Já James Joyce (veja p.854) foi um escritor modernista que, embora tenha passado grande parte de sua vida fora de Dublin, traz em suas narrativas a ambientação e temáticas de sua cidade natal – suas obras mais conhecidas são *Ulisses* e *Finnegan's Wake*. O Nobel de Literatura em 1969 foi fortemente influenciado por Joyce: Samuel Beckett, conhecido por sua escrita metafórica, filosófica, cômica e, por vezes, pessimista acerca do ser humano, é considerado um dos principais autores do Teatro do Absurdo. Outros irlandeses ganhadores do Nobel de Literatura foram o poeta William Butler Yeats (1923), o dramaturgo George Bernard Shaw (1925) e Seamus Heaney (1995). Mais recentemente, pode integrar o time Douglas Adams, autor de *O Guia do Mochileiro das Galáxias* e outros livros encharcados de humor e ironia, além de esquetes feitas para a série televisiva *Monthy Python Flying Circus*. Contemporâneas também são obras publicadas há muito mais tempo, que seguem populares e continuam sendo referência, caso de *As Viagens de Gulliver*, de Jonathan Swift, de 1726, e *Drácula*, de Bran Stoker, de 1897.

Artes

Considerada capital da contracultura, Londres sempre esteve à frente do tempo no que diz respeito à arte e à difusão cultural. Desde o século 18, o pintor e ilustrador inglês William Hogarth já provocava a reflexão da sociedade sobre questões sociais e políticas por meio de retratos realistas e satíricas histórias em quadrinhos – ilustrações nesse estilo comumente são chamadas de hogartianas. Em um período notável da história, marcado pelo Iluminismo e pela Revolução Industrial, William Blake foi um poeta, tipógrafo e pintor inglês, conhecido pelo estilo de pintura expressionista e surrealista. E mais um William para a lista: William Turner, pintor romântico estudioso das cores e da luz, considerado por alguns como o precursor do impressionismo.

Em um panorama artístico mais recente, Lucien Freud, neto do fundador da psicanálise, foi um exímio retratista, registrando por meio de suas obras a angústia da existência humana. Patrick Caulfield é considerado um representante – mesmo que não assumido – da pop art na Inglaterra. Registrando o espírito do *Swinging London* dos anos 60, David Bailey ficou conhecido por seus retratos de celebridades e do mundo fashion – baseado nele, o cineasta italiano Michelangelo Antonioni criou o personagem do filme *Blow-Up*. O artista plástico Damien Hirst iniciou sua carreira nos anos 90 com outros jovens britânicos, fundando o Young British Artists. Proeminente no grupo, Hirst ficou conhecido internacionalmente e em 2004 expôs a sua obra mais icônica (e polêmica), *The Physical Impossibility Of Death In the Mind Of Someone Living* ("Impossibilidade física da morte na mente de alguém vivo"),

Arte em estêncil, Banksy

um enorme tubarão-tigre imerso em formol exposto em uma vitrine. Representando a *street art*, ninguém mais conhecido do que Banksy, pseudônimo do misterioso grafiteiro, ativista político, pintor e diretor de cinema que deixa sua arte satírica e subversiva por onde passa. Combinando grafite e humor sarcástico, Banksy utiliza a técnica de estêncil para registrar suas críticas.

Passando para a Escócia, o escultor John Duncan Fergusson foi um dos poucos artistas a participarem da revolução impressionista em Paris, antes da Primeira Guerra Mundial. Fergusson era um dos líderes do movimento conhecido como Colourists e considerado um dos expoentes dessa escola. Atualmente, Peter Doig é um dos mais significativos pintores do mundo e entre os que chegam aos preços mais caros no mercado da arte mundial. Sua obra consiste em combinação de cores e ângulos inesperados, geralmente retratando canoas em lagos, cabanas em bosques e inspirações da fotografia.

Na Irlanda, Francis Bacon – não confundir com o filósofo Bacon do século 16 – tinha adoração por figuras escatológicas, e suas obras chamam a atenção pelo tom grotesco. As mais conhecidas são *Mulher Sentada*, avaliada entre 7,5 e 10 milhões de euros em Paris, em 2007, e *Tríptico*, comprado em leilão por cerca de 53 milhões de euros, em Nova York, em 2008.

Augustus John foi um pintor e gravurista galês, que junto de sua irmã, a talentosa Gwen John, ficou famoso por seus retratos com grande vitalidade e análise psicológica – James Joyce teve a oportunidade de ser retratado pelo artista que, em 1954, entrou para a Real Academia Inglesa. Apostando na arte com materiais não convencionais, Nathan Wyburn, jovem formado em Belas Artes pela Universidade de Cardiff, ganhou o mundo com seus vídeos na internet criando retratos com alimentos. Divertido e, por vezes, crítico em suas abordagens, Nathan ficou conhecido depois de ter feito o retrato de Simon Cowell, personalidade da TV britânica, usando uma torrada e geleia.

Danny Boyle, diretor do espetacular *Trainspotting* (baseado no livro do escocês Irvine Welsh), do premiado *Quem Quer Ser um Milionário*, vencedor do Oscar, BAFTA e do Globo de Ouro, e *127 Horas*; Richard Curtis, diretor de apenas três filmes, *Simplesmente Amor* entre eles, e roteirista de outros tantos, como *Quatro Casamentos e Um Funeral*, *Mr. Bean - O Filme* e *O Diário de Bridget Jones*; Steve McQueen, diretor, produtor e roteirista, dirigiu o aclamado *12 Anos de Escravidão* e o excelente *Shame*; Christopher Nolan, nascido em Londres, um dos diretores mais badalados atualmente graças à trilogia *Batman*, que tornou o homem-morcego mais realista, e às ficções científicas *A Origem* e *Interestelar*; e David Yates, famoso por dirigir os quatro últimos filmes da série *Harry Potter*.

O escocês Armando Iannucci teve sua estreia na direção cinematográfica com o filme *In the Loop*, indicado ao Oscar de melhor roteiro adaptado, em 2010. John Moore é um representativo diretor e produtor irlandês: especialista em ação, dirigiu filmes famosos como *O Vôo Da Fênix*, *A Profecia* e *Max Payne*. O cineasta galês Peter Greenaway é conhecido por utilizar luz natural em cena e compor seus filmes como se fossem pinturas – destaque para *O Cozinheiro, o Ladrão, Sua Mulher e o Amante* e *O Livro de Cabeceira*. Já Richard Marquand foi o cineasta escolhido por George Lucas para co-dirigir o filme *Guerra nas Estrelas*; depois de sua viagem pela galáxia de *Star Wars*, o diretor galês fez os filmes *Until September* e *O Fio da Suspeita*, com Glenn Close e Jeff Bridges.

Exemplos de excelentes atores britânicos é o que não faltam: os ingleses Michael Caine, Maggie Smith, Julie Andrews, Terence Stamp, Vanessa Redgrave, Ben Kingsley, Jeremy Irons, Judi Dench, Helen Mirren, Daniel Day-Lewis, Emma Thompson, Helena Bonham Carter, Chiwetel Ejiofor, Jude Law, Kate Winslet, Carey Mulligan, Eddie Redmayne; os galeses Christian Bale, Anthony Hopkins, Catherine Zeta-Jones; os escoceses Sean Connery, Gerard Butler, Robert Carlyle, Ewan McGregor; os irlandeses Colin Farrell, Pierce Brosnan; os norte-irlandeses Liam Neeson, Kenneth Branagh. Isso só para ficarmos no mundo dos vivos...

Daniel Day-Lewis, vencedor de 3 Oscars

Maggie Smith, dama do cinema britânico

Canal de Bruges, Bélgica

Sumário

Holanda 905
Bélgica 951
Luxemburgo 982

Benelux

Aqui está o embrião da União Europeia. Tudo começou em 1958, com o acordo de livre comércio entre Bélgica, Holanda e Luxemburgo – organização econômica que levou o nome de "Benelux", com as iniciais de cada país (lembrando que o "ne" da Holanda vem do seu nome original, Nederland). Mais tarde, ao abraçar mais nações, se tornou Comunidade Econômica Europeia (CEE) e, posteriormente, a União Europeia de hoje. Blocos econômicos à parte, o termo Benelux continua a ser utilizado pelos viajantes que desbravam os três países na sequência (o que não são muitos, diga-se). A Holanda é até bastante visitada – Amsterdã, basicamente; Bélgica, nem tanto, e Luxemburgo... Pobre Luxemburgo, quem o conhece? (e isso que o país é praticamente uma cidade). Aliás, os três juntos são menores do que muitas das nações europeias. Você pode facilmente tomar o café da manhã em Roterdã, almoçar em Bruges e jantar em Luxemburgo. E muito provavelmente alguma das refeições terá batata frita – para muitos, o maior elo comum do Benelux. Precisa mais? Cidades charmosas, prédios históricos, palácios imponentes, canais encantadores, batatas frit.. ops, essa já dissemos...

PARA O VIAJANTE

Holanda

Raros viajantes falam: vou viajar pela região de Benelux. Ok, eles até podem, e deveriam, viajar por Benelux, mas de fato ninguém iria a Europa apenas para percorrer Holanda, Bélgica e Luxemburgo. Porém, não sejamos injustos: a Holanda é um país fascinante, e **Amsterdã** é certamente uma das cidades mais bonitas e instigantes do mundo, dona de alguns dos museus mais interessantes da Europa – protagonizados por nomes como Van Gogh, Rembrandt e Anne Frank. A partir dessa impactante cidade, você pode explorar as típicas paisagens que povoam o imaginário sobre o país, como os vastos e coloridos campos de tulipa em **Keukenhof** ou as dezenas de moinhos à beira de canais em **Zaanse Schans**. Para além da capital, vale conhecer metrópoles modernas como **Haia**, a verdadeira sede administrativa do país, e **Roterdã**, o centro da arquitetura holandesa contemporânea, repleta de prédios inovadores e criativos. Cidades provincianas como **Delft**, **Maastricht** e **Eindhoven** revelam o cotidiano e o estilo de vida dos holandeses, longe do cosmopolitismo das localidades mais turísticas.

Bélgica

Seguindo para a Bélgica, você certamente irá se deparar com um pequeno contraste cultural entre vizinhos. Nesse país, situado na fronteira cultural entre a Europa germânica e a latina, tanto as influências da França quanto as da Alemanha e da Holanda são bastante evidentes. Para muitos, uma das mais simpáticas cidadezinhas da Europa é a preciosa **Bruges**, cujo centro, rodeado e entrecortado por charmosos canais, com frondosas árvores, abriga um conjunto arquitetônico medieval, original do século 13. Muitos turistas vão ao país apenas para conhecê-la, em viagens curtas de um ou dois dias. Seria imperdoável, no entanto, não ser apresentado à capital **Bruxelas** e sua fascinante praça central. Já **Antuérpia** reluz como referência no comércio mundial de diamantes; mais do que isso, é um centro dinâmico, com prédios históricos singulares e ótimos museus de arte flamenga. **Gent** e **Liège,** com atrativos arquitetônicos e culturais, podem concluir um roteiro belga.

Luxemburgo

Completando Benelux, Luxemburgo, esquecido pela maioria dos viajantes, é um país-cidade para um ou dois dias. A capital, **Luxemburgo**, guarda interessantes casamatas, um complexo de túneis e cavernas construído em 1745 e que ainda pode ser explorado. O minúsculo país é todo arborizado, situado num verdejante vale entrecortado por rios, e para contemplar mais sua paisagem rural, vale viajar pelas suas cidadezinhas, que mais parecem bairros. É o caso de **Echternach**, o povoado mais antigo de Luxemburgo, que, embora registre assentamentos do ano 698, não passa dos 5 mil habitantes. Menor ainda é **Esch-sur-Sûre**, que sequer chega a 500 moradores, uma microjoia medieval erguida na curva de um rio, tendo em seu centro uma colina com as ruínas de um castelo no topo. Pensando bem, com um instinto viajante-descobridor, Luxemburgo pode render mais do que um ou dois dias. E Benelux pode ser uma grata surpresa em sua viagem.

BENELUX

Map labels:
- MAR DO NORTE
- HOLANDA, BÉLGICA, LUXEMBURGO, ALEMANHA, FRANÇA
- Groningen, Leeuwarden, Den Helder, Zwolle, Hengelo, **Amsterdã**, Lisse, **Utrecht**, Arnhem, **Haia**, Delft, **Roterdã**, **Eindhoven**, Roosendaal, Vlissingen, **Antuérpia**, Valkenburg aan de Geul, Mechelen, Maastricht, Oostende, Damme, **Gent**, Leuven, Liège, **Bruges**, **Bruxelas**, Gouvy, Namur, Vianden, Esch-sur-Sûre, Echternach, Arlon, **Luxemburgo**

O que você não pode perder

- *Os museus de história (Anne Frank) e arte (Rijksmuseum, Van Gogh) de Amsterdã (p.916)*
- *A arquitetura modernista de Roterdã (p.935)*
- *As pequenas cidades holandesas repletas de canais e atmosfera rural, como Delft (p.948)*
- *O clichê de comer batatas fritas e waffles com chocolate em Bruxelas (p.963)*
- *As ruas medievais de Bruges (p.966)*
- *O elegante centro histórico de Luxemburgo (p.984)*

Informações e serviços A-Z

Aeroportos
Amsterdã tem um dos mais movimentos aeroportos europeus, o *Schiphol*, distante 18km da região central da cidade. Também na Holanda, o *Rotterdam The Hague Airport* fica a 20min do centro de Roterdã e a 40min da cidade de Haia.

A Bélgica é servida por dois aeroportos internacionais: o *Zaventem*, que está a 12km de Bruxelas, e o *Charleroi Sud*, mais distante, a 60km da cidade.

Já o *Luxembourg Findel Airport*, em Luxemburgo, localiza-se a cerca de 7km da região central da capital, mas é muito pouco usado.

Assistência médica
Nessa região, o sistema de saúde é considerado um dos melhores da Europa. O atendimento é feito primeiro por um médico generalista que, após triagem, encaminha o paciente para um especialista. Nos casos de emergência, o paciente é atendido pelos primeiros-socorros e, depois, pelo especialista. Para nós, estrangeiros, é obrigatório ter seguro de saúde com cobertura mínima de €30 mil.

Clima
Em toda a região, o clima é bastante parecido: temperado, com influência do Canal da Mancha. Na prática, o verão e o inverno não são tão rigorosos como em outros países europeus, mas ventosos e sempre propensos a chuva.

Custos
Benelux tem custos na média da Europa Ocidental, embora a Holanda possa ser um pouco mais cara do que a Bélgica e do que Luxemburgo. Nos três, fazendo uma boa economia, você pode se virar com uns €40-50 por dia, ou, se quiser mais conforto, com €75-100.

DDI
Holanda....31 *Bélgica*....32 *Luxemburgo*....352

Dinheiro
Moeda Euro *Valor de troca*: €1= R$3,80
Câmbio Na Holanda, casas de câmbio não cobram comissão e geralmente são o melhor local para troca. Na Bélgica, é comum o câmbio em bancos, e em Luxemburgo também: esta é a terra dos bancos!

Embaixadas e Consulados brasileiros
Embaixada na Holanda
- Mauritskade 19, Haia
- (+31) 70-302.3959
- haia.itamaraty.gov.br

Consulado na Holanda
- Stationsplein 45, Roterdã
- (+31) 85-902.2600
- roterda.itamaraty.gov.br

Embaixada na Bélgica
- Avenue Louise 350, 6º andar, Bruxelas
- (+32) 2-640.2015
- bruxelas.itamaraty.gov.br

Consulado na Bélgica
- Rue du Trône 108, Bruxelas
- (+32) 2-626.2891
- cgbruxelas.itamaraty.gov.br

Luxemburgo
Não tem embaixada brasileira; a representação do Brasil na Bélgica também responde por Luxemburgo.

Feriados
Holanda
1º de janeiro, Páscoa, Aniversário do Rei (27/abr), Dia da Libertação (5/mai), Ascensão, Pentecostes e Natal.

Bélgica
1º de janeiro, Páscoa, 1º de maio, Ascensão, Pentecostes, Independência (21/nov), Assunção (15/ago), Dia de Todos os Santos (1º/nov), Fim da 1ª Guerra (11/nov) e Natal.

Luxemburgo
1º de janeiro, Páscoa, 1º de maio, Ascensão, Dia Nacional - celebra o aniversário do soberano (23/jun), Assunção (15/ago), Dia de Todos os Santos (1º/nov), Natal e Dia de Santo Estêvão (26/dez).

Festivais
Holanda
Rotterdam International Film Festival (jan-fev) – as principais salas de cinemas de Roterdã sediam um festival de filmes independentes;

King's Day (27/abr) – feriado nacional, o Dia do Rei é comemorado em toda a Holanda com uma festa que se estende durante todo o dia seguinte. Nesta data, milhares de holandeses se vestem na cor laranja e comemoram o aniversário do rei;

The Holland Festival (jun) – Amsterdã sedia um evento que reúne atrações de teatro, música, dança, arquitetura, cinema e artes visuais.

Bélgica
Zinneke Parade (mai) – em anos pares, Bruxelas recebe esse desfile que inclui diferentes expressões artísticas, sempre com um tema em comum;

Bruxelas Ommegang Pageant (jun-jul) – festival medieval, acontece na Grand Place de Bruxelas;

Zomer van Antwerpen (jul-set) – o Festival de Verão é comemorado na Antuérpia e tem atrações de teatro, dança de rua e música;

Boeknbeurs Antwerpen (nov) – Antuérpia sedia uma grande feira de livros nacionais e internacionais.

Luxemburgo
Printemps (mar-mai) – a capital de Luxemburgo recebe musicais de jazz, clássicos e pop;

Luxembourg Fête (22-23/jun) – o Dia Nacional de Luxemburgo é celebrado com uma enorme festa pelo centro histórico da capital;

Rock um Knuedler (jul) – o importante festival de rock e pop acontece na área central de Luxemburgo e recebe shows de artistas nacionais e internacionais;

Summer in the City (jul) – evento que comemora a chegada do verão, na capital, com atividades ao ar livre, como teatro, exposições e concertos.

Fuso horário
+ 4 horas. Essa diferença aumenta 1h no horário de verão europeu e diminui 1h no brasileiro.

Gays
A região é bastante tranquila para o público LGBT. Em Amsterdã, dois homens ou duas mulheres podem trocar afeto publicamente sem serem censurados. A cidade conta com o *GAYtic* (Spuistraat 44; seg-sáb 11h-20h, dom 12h-20h), centro de informações voltados a esse público, além de dezenas de bares e festas. Em Bruxelas estabelecimentos *gay friendly* estão ao redor da Grand Place, especialmente ao longo da Rue du Marché au Charbon. Luxemburgo guarda uma cena LGBT mais discreta – mas em compensação, o primeiro-ministro do país foi o primeiro líder da União Europeia a se casar numa cerimônia gay. Um dos poucos endereços *gay friendly* no país é o bar Monkeys Bar, na Rue de la Loge, 5-8.

Gorjetas
Não são muito habituais. Na Holanda, se o serviço for bom, pode-se deixar 10% do valor da conta com o garçom.

Horários
Holanda
O comércio abre seg 11h/13h-18h, ter-sex geralmente entre 8h30/9h-18h, sáb 9h-17h. Bancos seg a partir das 13h, ter-sex 9h-16h/17h.

Bélgica
Bancos abrem seg-sex 9h-16h e o comércio, em geral, 10h-18h.

Luxemburgo
Os bancos funcionam seg-sex 8h30-16h30 e o comércio 9h-18h. Ambos abrem sábados pela manhã.

Ligação a cobrar ao Brasil
Holanda........... 0800.022.0655
Bélgica............. 0800.100.55
Luxemburgo..... 0800.0055

Segurança

Em geral, sem problemas, devendo-se ter os cuidados habituais, especialmente nas grandes cidades. Em Amsterdã, a questão da prostituição e do consumo de drogas pode dar a ideia da existência de zonas marginalizadas, mas, na verdade, são áreas bastante turísticas. Leia mais no box sobre o assunto na p.934.

Telefones de emergência

Holanda
Polícia, ambulância e bombeiros 112

Bélgica
Polícia 101, ambulância e bombeiros 100

Luxemburgo
Polícia 113, ambulância 112, bombeiros 422

Visto

Brasileiros não necessitam de visto para viagens de até 3 meses em nenhum dos países de Benelux.

Idioma

Holanda

A língua oficial é o holandês, que lembra um pouco o inglês e o dinamarquês na estrutura gramatical e o alemão na sonoridade. Certa confusão envolve a denominação do idioma em inglês: oficialmente, é designado *Netherlandic*, mas popularmente, e não de forma incorreta, é chamado *Dutch*. Você ainda pode ouvi-lo como *Flemish* (flamengo), que é a língua falada no norte da Bélgica e que, de fato, é o holandês, com uma diferença tal qual a do nosso português com o de Portugal. Designações à parte, é um idioma difícil e muito pouco falado no mundo, o que fez com que 99,9% dos holandeses aprendessem o inglês (o que fizeram muito bem, diga-se de passagem), facilitando bastante o turismo no país. E, diferentemente de alguns povos das nações europeias, eles não têm um orgulho exacerbado de seu idioma a ponto de se recusarem a falar outros.

PEQUENO DICIONÁRIO VIAJANTE PORTUGUÊS-HOLANDÊS

FALO MAL, MAS SOU EDUCADO
Oi - *Hallo*
Tchau - *Vaarwel*
Bom dia - *Goedemorgen*
Boa noite - *Goedenavond/Goedenacht*
Por favor - *Alstublieft*
Obrigado - *Dank U*
Desculpe - *Sorry*
Com licença - *Pardon*

SOBREVIVÊNCIA
Sim - *Ja*
Não - *Nee*
Socorro - *Help!*
Quanto custa? - *Hoeveel kost het?*
Onde fica...? - *Waar is de...?*
Caro - *Duur*
Barato - *Goedkoop*

COISAS E LUGARES
Aeroporto - *Luchthavn*
Albergue - *Jeugdherberg*
Banco - *Bank*
Banheiro - *Badhuis, privaat*
Bebida - *Drank*
Comida - *Eten*
Correio - *Postkantoor*
Dinheiro - *Geld, poen*
Estação - *Station*
Farmácia - *Apotheek*
Hospital - *Hospitaal*
Hotel - *Hotel*
Mapa - *Landkaart*
Mercado - *Markt*
Ônibus - *Bus*
Rodoviária - *Busstation*
Rua - *Straat*
Supermercado - *Supermarkt*
Trem - *Trein*

CONTANDO
Um - *Één*
Dois - *Twee*
Três - *Drie*
Quatro - *Vier*
Cinco - *Viif*
Seis - *Zes*
Sete - *Zeven*
Oito - *Acht*
Nove - *Negen*
Dez - *Tien*

A SEMANA
Segunda - *Maandag*
Terça - *Dinsdag*
Quarta - *Woensdag*
Quinta - *Donderdag*
Sexta - *Vrijdag*
Sábado - *Zaterdag*
Domingo - *Zondag*

Bélgica

O país é bastante influenciado culturalmente pelos seus vizinhos. Etnicamente, a comunidade holandesa-belga é maior que a francesa-belga, e sua língua é o flamengo (ou *Flemish*) – uma variação do holandês (ou *Dutch*). Quem o fala, também costuma entender um pouco do alemão. Em Bruxelas, porém, você vai ouvir mais o francês, e caso saiba se comunicar nesse idioma, não terá problemas. Mais para o sul, na região da Valônia, é falado o dialeto valão e um pouco de alemão. Se você fala (ou arranha) apenas o inglês, bem... Talvez tenha dificuldades, especialmente no interior do país. Tente expressar-se em francês, ainda que você pense que não sabe nada. Veja o "Pequeno dicionário português-francês" na p.953.

Luxemburgo

O Lëtzebuergesh (luxemburguês) é o idioma oficial e pode-se dizer que é uma mistura de alemão com francês, línguas que também são faladas pela maioria da população (que certamente não espera que estrangeiros falem o seu Lëtzebuergesh). Consulte o dicionário nos capítulos da Bélgica (p.953) e da Alemanha (p.1011) para expressões básicas. O inglês é bastante popular, e não se surpreenda se também ouvir a familiar língua portuguesa pelas ruas (há uma expressiva colônia de lusitanos em Luxemburgo).

Holandês ou francês? Aqui também se fala inglês

Viajando

Avião

Benelux é uma região pequena, o que faz do avião um meio de transporte pouco utilizado em deslocamentos internos. Os aeroportos de Amsterdã e Bruxelas, porém, estão entre os mais movimentados da Europa e são boas portas de entrada para viajantes no continente. A maior companhia aérea da região é a holandesa *KLM* (pertencente ao grupo da *Air France*), que realiza voos diretos para São Paulo e Rio de Janeiro.

Trem

Em poucas horas, você cruza Benelux em qualquer direção. O trajeto de Amsterdã a Bruxelas, por exemplo, dura 2h; de Roterdã a Luxemburgo, já no extremo sul da região, são cerca de 5h. A malha ferroviária cobre todo o território e as saídas de trens são frequentes, o que facilita fazer *day trips* para o interior a partir das capitais (comprar uma passagem já com o retorno marcado para o mesmo dia costuma ser mais barato do que adquirir os bilhetes de ida e volta separadamente). Na Bélgica, além de trens para os países continentais vizinhos, há também o famoso *Eurostar*, que vai a Londres pelo túnel no Canal da Mancha em pouco mais de 2h. Caso você pretenda viajar pela região utilizando um passe de trem, vale saber que a *Eurail* considera todo o Benelux como apenas um país; ou seja, se você comprar um passe para três países, pode escolher Benelux, França e Alemanha, por exemplo.

Ônibus

Na Holanda e Bélgica os ônibus são pouco utilizados, em função da eficiente malha ferroviária que cobre o país; em compensação, é um transporte mais barato. Já em Luxemburgo, país que não dispõe de trens em seu território, o ônibus é o meio ideal para percorrer distâncias maiores e até mesmo se aventurar pelos pequenos vilarejos.

Barco
Comuns são as viagens de *ferry* de/para a Inglaterra. Três companhias cruzam o Canal da Mancha a partir da Holanda: *Stena Line* (www.stenaline.com), *DFDS Seaways* (www.dfdsseaways.co.uk) e *P&O Ferries* (www.poferries.com). A *P&O Ferries* também realiza viagens de *ferry* a partir da Bélgica, embora desse país o mais comum – e mais prático – seja utilizar o Eurotunel. Essas empresas fazem, ainda, outras rotas marítimas menos usuais, como viagens aos Países Nórdicos.

Carro
A região oferece rodovias modernas e bem-sinalizadas, bom para aqueles que preferem viajar motorizados. Por outro lado, convém evitar o carro em centros urbanos, principalmente naqueles repletos de canais e bicicletas. Se for o caso de você estar dirigindo em uma grande cidade, dê sempre prioridade aos ciclistas – isso é quase sagrado por aqui. Os limites de velocidade são semelhantes nos três países: 50km/h em zonas urbanas e 120km/h em autoestradas; a diferença fica por conta da velocidade máxima em rodovias secundárias, que, no geral, é de 80km/h na Holanda e 90km/h na Bélgica e em Luxemburgo. Não existem pedágios nas autoestradas, apenas na entrada ou saída de alguns túneis. Para alugar um veículo, o condutor deve ter no mínimo 21 anos e deve estar habilitado há pelo menos 1 ano; a CNH é o suficiente para locação. Motoristas com idade inferior a 25 anos estão sujeitos ao pagamento de uma taxa adicional.

Carona
Viajar de carona é bastante comum na região, especialmente na Holanda, onde algumas agências promovem o contato entre motoristas e caroneiros; para saber mais, procure o centro de informações. Carona você consegue facilmente nas estradas holandesas, nas quais há até pontos especiais para pedir: os *liftplaats*, sinalizados com uma curiosa placa de trânsito estampando o internacional símbolo da carona – a mãozinha com o polegar esticado. Essas paradas especiais, no entanto, são cada vez menos comuns: a maior chance de encontrá-las é em cidades universitárias, como Utrecht ou Groningen. Pedir carona nas autoestradas é proibido, mas nas rodovias de acesso e em postos de gasolina é liberado. Se for encarar, tenha bastante cautela.

Bicicleta
Toda a região de Benelux é bem preparada para receber ciclistas, que usufruem de pistas especiais para *bikes* em muitas estradas. Em toda a Europa, o país com o qual mais associamos a ideia de andar sobre duas rodas é, provavelmente, a Holanda. O relevo totalmente plano e a tradição local do ciclismo fazem da bicicleta, no território holandês, um divertido e econômico meio de locomoção. Caso queira visitar algum local um pouco mais distante de onde está hospedado, você pode pedalar na ida e pegar um trem com a magrela na volta (mas fora do horário de pico), pagando um valor adicional, em torno de €6. Não há cidade holandesa em que você não ache onde alugar uma *bike*. Uma padrão, por 1 dia, custa a partir de €9, ou, mais vantajoso, por uma semana, a partir de €30, sendo necessário deixar o passaporte e/ou um depósito como caução. Comprar uma bicicleta de segunda mão também pode ser interessante, mas, se há suspeita de que tenha sido roubada, não encare.

Acomodação

Por toda a região de Benelux, existem muitos albergues – só em Luxemburgo são 10 hostels da rede *Hostelling International*. Na Bélgica, os albergues HI são mais escassos, mas não faltam os independentes, famosos pelos bares e pelo clima festivo. Já na Holanda a rede HI é conhecida como *Stayokay*, e possui cerca de 30 estabelecimentos pelo país (embora não esteja presente em algumas cidades turísticas, como Delft). Albergues independentes existem vários, principalmente em Amsterdã, alguns deles formando sua própria cadeia – como os *Flying Pig*. Em muitos, o consumo de bebidas alcoólicas e de drogas leves é tolerado, o que eventualmente cria um ambiente desconfortável para muita gente. Outros, por sua vez, decretam um sem-número de regras. Na Holanda, espere pagar entre €16-35 por uma cama em dormitório coletivo; nos demais países, entre €15-22.

Na sequência de preço, vêm os *bed & breakfasts* e hotéis, a partir de €50. Nessa faixa já se consegue quarto individual; por €60 é possível achar acomodação para duas pessoas. Claro que, quanto mais barato, mais simples será. Já algo realmente confortável dificilmente sai por menos de €90.

Gastronomia
Holanda

A influência da gastronomia externa é grande. Da Bélgica e da França, batatas fritas foram incorporadas ao cardápio cotidiano – é muito comum encontrá-las servidas em cones de papel, repletas de maionese ou outro molho colorido de condimentos. Como na Inglaterra, peixe também é um prato tradicional, com destaque para o arenque cru, muitas vezes oferecido com cebola e picles. De lugares como a Turquia ou o sudeste asiático vêm comidas bastante temperadas, algumas vezes agridoces. A carne oriunda da Argentina, popular especialmente em Amsterdã, está no cardápio de diversos restaurantes turísticos. Já a holandesa *erwtensoep*, muito consumida no inverno, é uma tradicional sopa de ervilhas, geralmente acompanhada de carne de porco. Também no inverno é comum encontrar nas barracas e feiras de rua as famosas *poffertjes*, minipanquecas cobertas de açúcar, deliciosas quando quentinhas. A *appeltaart*, torta de maçã, é uma das mais pedidas, assim como o *stoopwafel*, biscoito recheado formado por duas finas massas, geralmente de caramelo, que vem se

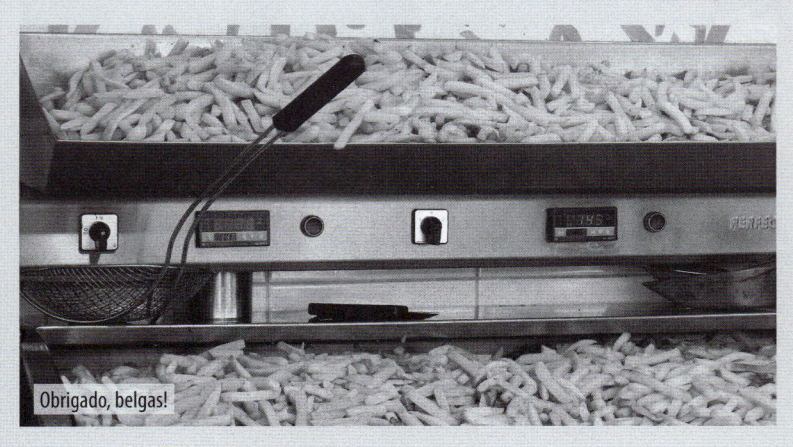

Obrigado, belgas!

tornando conhecido no Brasil nos últimos anos. Contudo, holandeses têm, no geral, uma alimentação muito saudável. É comum comerem pepinos e pimentões como petisco. Na questão etílica, vale salientar que uma das cervejas mais famosas do mundo vem daqui, a *Heineken*. Além disso, graças à proximidade geográfica, o país é contemplado com uma invasão de cervejas alemãs e belgas. Típico mesmo na Holanda é o cosmopolitismo que abre as portas a todas as culturas (além, é claro, de outras *cositas* que se põe na boca, mas que não alimentam e que sua mãe não iria (a)provar).

Bélgica

Para sorte dos gourmets, o país ganha grande influência da cozinha francesa, tanto pela excelência quanto pelo prazer de uma boa refeição. Come-se muito frutos do mar. Prato tradicional é o *moules frites* (mexilhões), servido com bastante batata frita – que, no fim das contas, talvez seja a verdadeira comida típica. Amantes das batatas, de fato, vão adorar. Os belgas juram serem os seus inventores, servindo-as em abundância como lanches em pratos ou em cones de papel cobertos de maionese ou algum outro molho.

Waffles ou *Gaufres*, você vai ver – e sentir o cheiro – em cada esquina. Chocolates belgas não são menos populares, e você pode até arriscar um incidente diplomático se tentar compará-lo com o chocolate suíço (sim, eles são rivais nessa terrível questão). Já inquestionavelmente belga é o *praline*, uma espécie de bombom de chocolate com recheio de nozes. Quanto à cerveja, se você pensou que a Alemanha era quem dava a última palavra no assunto, enganou-se. Certamente, é a bebida do país, e a rivalidade entre belgas e alemães nesse quesito é forte por aqui. A variedade é tanta que, dizem os nativos, pode-se provar um tipo diferente a cada dia, sem repetir por um ano inteiro.

Luxemburgo

A comida é influenciada pelos vizinhos Bélgica e Alemanha. Bebida típica é o vinho branco, produzido na região do rio Mosel, e os vinhos do Castelo de Beaufort. Experimente a *Diekirch*, cerveja típica do país. Alguns pratos tradicionais são *jambon d´ardennes*, presunto da região de Ardennes, e a morcela, um tipo de linguiça de origem luxemburguesa recheada com sangue de porco e arroz.

Waffle belga: de deixar qualquer um salivando!

Curtindo em Amsterdã

www.government.nl

HOLANDA

Moinhos dispersos por planícies verdejantes, tulipas a colorir os campos, tamancos enormes nos pés de ordenhadoras de vacas, canais cortando zonas urbanas, cigarros de haxixe entre os dedos de jovens turistas, prostitutas à mostra em vitrines de luz vermelha. Graças a clichés como esses, não é de se admirar que a Holanda seja um dos países que mais aguçam a curiosidade dos viajantes. Os estereótipos, porém, podem enganar: Amsterdã não é uma cidade de tarados ou chapados, nem o interior do país é uma grande fazenda com cata-ventos e flores a perder de vista. A Holanda é, isto sim, berço de gênios como Van Gogh e Rembrandt; esconderijo das esperanças de Anne Frank; país onde a liberdade de expressão e os direitos humanos são cultivados com orgulho (aborto, eutanásia e casamento gay são assuntos superados aqui). Moralistas diriam que este é um país baixo, e topógrafos provavelmente não discordariam: metade do território holandês está abaixo do nível do mar, o que não o impede de ser o país mais densamente povoado da Europa. A maior parte dos quase 17 milhões de habitantes se concentra, principalmente, na região entre Amsterdã e Roterdã. Visite-as e você saberá o porquê de serem as cidades mais procuradas.

Que país é esse

- **Nome:** Reino dos Países Baixos | Koninkrijk der Nederlanden | Kingdom of the Netherlands
- **Área:** 41.526km²
- **População:** 16,6 milhões
- **Capital:** Amsterdã (constitucional); Haia (político-administrativa)
- **Língua:** Holandês
- **Moeda:** Euro
- **PIB:** US$ 869,5 bilhões
- **Renda per capita:** US$ 51.590
- **IDH:** 0,915 (4º lugar)
- **Forma de Governo:** Monarquia Parlamentarista

Barbadas e Roubadas

- ➕ Interagir com os holandeses – êta povo simpático!
- ➕ Andar de bicicleta, pegar tram... transporte público eficiente em Amsterdã
- ➕ Comprar os tickets para as atrações com antecedência, evitando filas
- ➕ Visitar cidades que são entrecortadas por canais... e depois ir a Roterdã para contrastar
- ➖ Ser atropelado por ciclistas ensandecidos
- ➖ Fumar um beck sem culpa de estar financiando o tráfico pode ser uma barbada... mas ter uma overdose de spacecake aí já é roubada

HOLANDA

Canais e bicicletas: mais Amsterdã, impossível

AMSTERDÃ

Capital e centro nervoso da Holanda, com cerca de 770 mil habitantes, Amsterdã é a terra dos canais (são 165!) e das pontes (1.281!), que, respectivamente, separam e conectam seus belos quarteirões. A cidade abriga alguns dos melhores museus da Europa, voltados, em especial, às artes e à história do século 20 – e olha que tem história por aqui, das guerras religiosas entre católicos e protestantes até a invasão nazista e a perseguição aos judeus. Cosmopolita, é famosa por sua natureza liberal e eventualmente transgressora, capaz de chocar os viajantes desavisados. Prostitutas em vitrines, *sex-shops* explodindo em neons e uma ideia muitas vezes equivocada sobre o uso livre de narcóticos criam a imagem *junkie* de Amsterdã. Mas existem ainda outras dezenas de Amsterdãs: das bicicletas, dos parques, das ruas de comércio, do mercado de flores, dos aconchegantes cafés... Seja como for, a capital holandesa – contida no inverno, radiante no verão – é um dos locais mais encantadores do continente. Esqueça (ou procure...) as polêmicas que a envolvem e não deixe de incluir esta excepcional cidade no seu circuito europeu.

A Cidade

A área central de Amsterdã, repleta de canais que se entrecruzam, parece, se vista de cima, uma grande teia de aranha. Essa região tem como vértice a estação central, por onde passam quase todas as linhas de *tram* da capital. A uns 400m ao sul da estação, está o coração histórico da cidade, a *Dam*, praça que abriga a catedral e a antiga prefeitura. Outras praças importantes, que servem como referência, são a *Leidseplein* e a *Rembrandtplein*. Dois substantivos básicos para entender a formação urbanística da cidade: *straat*, que significa "rua" ou "estrada", e *gracht*, "canal". Esse apêndice nas palavras indica que tipo de endereço você está procurando. Adicione *plein* para "praça" ou "largo" e pronto: você já está apto a decifrar os mapas. Código telefônico: 020.

AMSTERDÃ

Map Labels

Transport / Info:
- Centraal Station (M)
- EYE Filmmuseum
- i (information)

Points of interest:
- Science Center NEMO
- National Maritime Museum
- Museum Het (Jodenbreestraat)
- Nam Kee
- Historical Brothel Room
- Oude Kerk
- Red Light Secrets
- Erotic Museum
- The Hash Marihuana & Hemp Museum
- Sex Museum
- Burger Bar
- Belushi's
- Febo
- Nieuwe Kerk
- Madame Tussauds
- Royal Palace Amsterdam
- Amsterdam Museum
- Reypenaer Cheese Tasting Rooms
- Anne Frank House
- Amsterdam Tulip Museum
- Pizzaria Perla
- La Tertulia
- Museum of (Huidenstraat)
- Nieuwmarkt (M)

Districts:
- RED LIGHT DISTRICT
- CENTRUM
- ROKIN
- JORDAAN

Streets / Canals:
- PRINS HENDRIKKADE
- BINNENKANT
- OUDE WAAL
- KROMME WAAL
- GELDERSEKADE
- RECHT BOOMS SLOOT
- KROMBOOMSSLOOT
- OUDE SCHANS
- JODENBREESTRAAT
- KONINGSSTR
- KEIZERSSTR
- DIJKSTR
- ST ANTONIESBREESTRAAT
- ZEEDIJK
- WARMOESSTRAAT
- BEURSSTRAAT
- DAMRAK
- NIEUWEZIJDS VOORBURGWAL
- OUDEZIJDS VOORBURGWAL
- OUDEZIJDS ACHTERBURGWAL
- KLOVENIERSBURGWAL
- RUSLAND
- RAAMGRACHT
- DAMSTRAAT
- GRIMBURGWAL
- NES
- DAM
- SPUI STRAAT
- SPUI
- RAADHUISSTRAAT
- SINGEL
- HERENGRACHT
- KEIZERSGRACHT
- PRINSENGRACHT
- LIJNBAANSGRACHT
- MARNIXSTRAAT
- WESTER STRAAT
- LIJNBAANSSTRAAT
- ROZENGRACHT
- BLOEMGRACHT
- NIEUWE LELIE STRAAT
- LELIEGRACHT
- WESTERMARKT
- LELIE STRAAT
- LANGE STRAAT
- KOGGESTR
- SPUI STRAAT
- HARTENSTRAAT
- REESTRAAT
- BERENSTRAAT
- WOLVENSTRAAT
- RUNSTRAAT
- HUIDENSTRAAT
- HAZENSTRAAT
- LAURIERSTRAAT
- LAURIER GRACHT
- ELANDSSTRAAT
- ELANDSGRACHT
- BLOEMSTRAAT
- ROZENSTRAAT

Scale: 150 m / 300 km

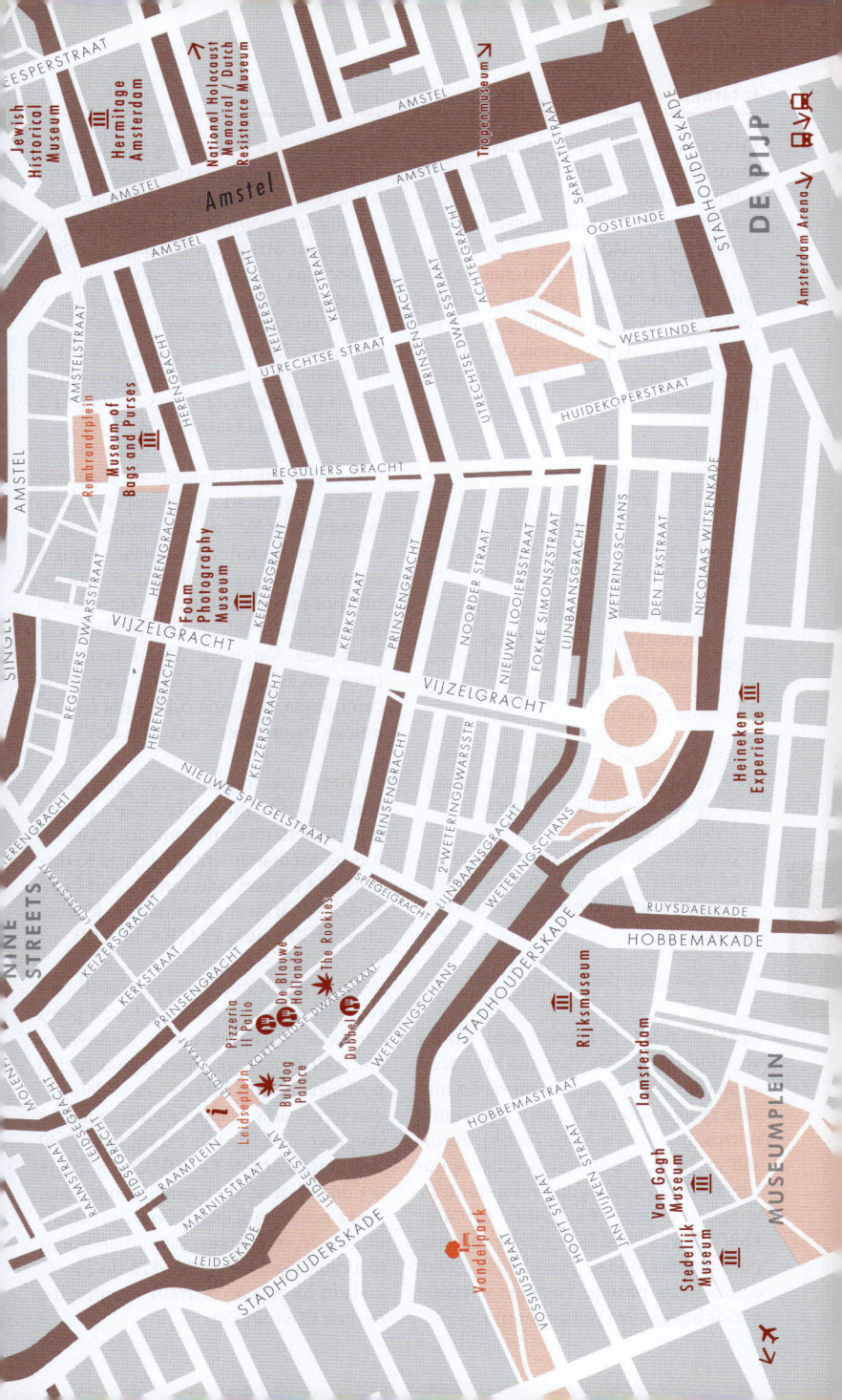

Amsterdam Map

Streets and Canals
- EESPERSTRAAT
- AMSTEL
- AMSTELSTRAAT
- KEIZERSGRACHT
- HERENGRACHT
- PRINSENGRACHT
- KERKSTRAAT
- UTRECHTSE STRAAT
- UTRECHTSE DWARSGRACHT
- SARPHATISTRAAT
- STADHOUDERSKADE
- OOSTEINDE
- WESTEINDE
- HUIDEKOPERSTRAAT
- REGULIERS GRACHT
- VIJZELGRACHT
- NIEUWE LOOIERSTRAAT
- NOORDER STRAAT
- FOKKE SIMONSZSTRAAT
- LIJNBAANSGRACHT
- WETERINGSCHANS
- DEN TEXSTRAAT
- NICOLAAS WITSENKADE
- SINGEL
- REGULIERS DWARSSTRAAT
- NIEUWE SPIEGELSTRAAT
- 2e WETERINGDWARSSTR
- SPIEGELGRACHT
- RUYSDAELKADE
- HOBBEMAKADE
- MOLEN...
- RAAMSTRAAT
- LEIDSEGRACHT
- LEIDSEPLEIN
- KORTE LEIDSE DWARSSTRAAT
- RAAMPLEIN
- MARNIXSTRAAT
- LEIDSESTRAAT
- LEIDSEKADE
- STADHOUDERSKADE
- HOBBEMASTRAAT
- HOOFT STRAAT
- JAN LUIJKEN STRAAT
- VOSSIUSSTRAAT

Districts / Areas
- DE PIJP
- NINE STREETS
- MUSEUMPLEIN

Points of Interest
- Jewish Historical Museum
- Hermitage Amsterdam
- National Holocaust Memorial / Dutch Resistance Museum
- Tropenmuseum →
- Amsterdam Arena →
- Rembrandtplein
- Museum of Bags and Purses
- Foam Photography Museum
- Heineken Experience
- Pizzeria Il Palio
- De Blauwe Hollander
- The Rookies
- Dubbel
- Leidseplein i
- Bulldog Palace
- Rijksmuseum
- Iamsterdam
- Van Gogh Museum
- Stedelijk Museum
- Vondelpark

Informações turísticas

Os centros de informação aqui se chamam VVV, reservam hotéis e passeios e têm bastante material disponível – mas não espere muita coisa liberada (o mapa da cidade custa €2,50). Mapa de graça? Fique de olho nas recepções de albergues e hotéis – muitos oferecem revistas gratuitas, com listas de serviços, programação cultural e mapas (além de muitos anúncios publicitários).

Stationsplein
- Stationspleins 10
- CS Tram Westzijde   702.6000
- seg-sáb 9h-17h, dom 10h-16h
Fica do lado de fora da estação central, atravessando os trilhos do *tram*.

Amsterdam Airport Schiphol
- Aankomsthal 2   702.6000
- Schiphol (Airport)   seg-dom 7h-22h
Se encontra na seção de desembarque 2, no *lobby* do aeroporto.

Free-standing tourist information touch-screens
- Leidseplein 26, Teatro Stadsschouwburg
- Provincialeweg 102, Inntel Hotels Amsterdam Zaandam
Conta com telas interativas que oferecem informações sobre acomodações e excursões; dispõe também de atendimento por *call center*.

Pela internet
- www.iamsterdam.com

Cartão da cidade O *I Amsterdam Card* é vendido nos VVVs. Garante livre acesso ao transporte, entrada em vários museus (Rijksmuseum e Van Gogh, entre outros, mas não o Anne Frank), excursão de barco pelos canais e descontos (de até 25%) em alguns restaurantes e atrações. O preço é salgado – €59/48h, €69/72h, €79/96h. Vale a pena somente para aqueles que se planejaram e com certeza vão passear bastante e visitar vários lugares em pouco tempo.

Tours

Ônibus O *City Sightseeing Amsterdam* (www.citysightseeingamsterdam.nl) é o serviço de ônibus panorâmico *hop-on/hop-off* que passa pelas principais atrações de Amsterdã. São 9 paradas disponíveis ao longo do trajeto, nas quais você pode subir e descer durante o período de validade do ticket. O ingresso custa €19/24h e €27/48h, e pode ser comprado online ou no escritório da *Tours and Tickets BV*, que fica na Damrak 34.

A pé Um dos mais conceituados *walking tours* é organizado pela empresa *Sandeman's New Europe*, que também atua em outras cidades europeias. Aqui é um passeio a pé de 3h que se embrenha por pontos históricos e famosos de Amsterdã. As saídas são na Dam, em frente do *Nationaal Monument*, diariamente às 11h15 e 13h15. Depois da caminhada, costuma rolar uma contribuição espontânea, em torno de €3.

Bicicleta São organizados por várias empresas. O *Mike Bike Tours* (www.mikesbiketours.com), um dos mais famosos, sai diariamente às 12h da Kerkstraat 134 e passa pelo centro, Red Light District e várias atrações da cidade; dura 2h30-3h30 e custa €22 (Est, Id: €19).

Barco A rede *Canal* (www.canal.nl) oferece diferentes passeios de barco pelos canais de Amsterdã: o tour *Amsterdam Harbour Cruise*, que percorre a região portuária, sai do Pier 14, atrás da estação ferroviária; acontece entre quinta e domingo às 11h, 13h e 15h, tem 1h30 de duração e custa €17,50 (Cr: €8,75). Já o *Canal Cruise*, da mesma companhia, passa pelos principais pontos turísticos da cidade; os passeios saem diariamente a cada 15min entre 9h-17h do Pier 5, ao lado da estação de trem; duram 1h e custam €16 (Cr: €8).

Chegando e saindo

De avião O *Amsterdam Airport Schiphol* fica a cerca de 18km do centro de Amsterdã, e a maneira mais barata de percorrer esse trajeto é de trem (passagem €4,10 até a estação central, sendo válido nos passes de trem) De táxi, a conta obviamente sai mais cara: entre €45-50. Outra alternativa são os táxis coletivos (vans), custo a partir de €20 por pessoa. O aeroporto, uma grande construção de estilo contemporâneo, é um dos terminais mais movimentados da Europa, recebendo cerca de 50 milhões de passageiros por ano.

De trem A *Centraal Station* é a estação por onde passam todos os trens de Amsterdã, e que recebe quase todas as linhas de *tram*, ônibus e metrô – também pode ser alcançada a pé (por mais longo que seja o trajeto, será sempre uma caminhada atrativa). Trens partem com bastante frequência para muitas cidades holandesas, alguns saindo a cada 15-30min. Destinos populares no país: Utrecht (30min), Haia (50min), Delft (1h), Roterdã (1h), Maastricht (2h40); na Europa: Bruxelas (3h), Paris (4h10), Londres (5h15), Berlim (6h), Copenhague (11h).

De ônibus Não existe uma rodoviária central em Amsterdã. Ônibus internacionais da *Eurolines* chegam e partem do terminal dessa companhia, na *Amstel Station*, uma estação de trem secundária, conectada à Centraal Station por metrô. Ônibus de outras companhias devem partir de diferentes locais, às vezes um estacionamento no meio do nada (mas sempre alcançável por transporte público), a verificar com cada empresa. Os principais destinos internacionais são Bruxelas (3h), Hamburgo (6h), Hannover (6h), Paris (7h30), Berlim (10h) e Londres (10h).

Circulando

Amsterdã tem uma eficiente rede de transporte público, com *tram*, ônibus e metrô. No caso dos dois primeiros – os meios mais populares –, o bilhete unitário pode ser comprado diretamente com o motorista. Já no metrô, a compra é feita nas estações. Para qualquer um dos três, a passagem unitária custa €2,90 e vale por 1h. Trata-se de um cartão, o *OV-chipkaart*, que vem em duas opções: recarregável e descartável – essa última mais recomendada para turistas, já que dá acesso liberado a todos os transportes pelo período de validade do cartão. Além do ticket de 1h, existem cartões de 1 dia/€7,50, 2 dias/€12, 3 dias/€16,50, 4 dias/€21, 5 dias/€26, 6 dias/€29,50 e 7 dias/€32, também vendidos nos postos de informações turísticas. Importante: você precisa passar o cartão no leitor tanto na entrada quanto na saída do veículo/estação. Caso contrário, o cartão será bloqueado e você ainda se arrisca a tomar uma multa.

O melhor meio de transporte

Tram: ótimo meio de transporte (por que não temos no Brasil, mesmo?)

A pé Caminhar pelo centro da cidade e deixar-se perder por seus canais – o que, aliás, não é nada difícil – revela toda a exuberância histórica e cosmopolita dessa capital de pouco tamanho e muitos atrativos. As dimensões e atrações da cidade fazem de qualquer caminhada um grande programa.

Tram Os simpáticos e modernos bondes elétricos são bastante utilizados em Amsterdã, e consistem num agradável transporte que cobre toda a área central; funcionam entre 6h-0h30. Os *trams* daqui estão entre os melhores da Europa.

Metrô Amsterdã possui uma linha, que liga a estação de trens ao subúrbio sudeste – mas, ao contrário do que ocorre na maioria das metrópoles europeias, aqui o transporte subterrâneo é pouco necessário aos turistas. As opções de superfície são mais do que suficientes para suprir os deslocamentos, além de serem bem mais interessantes.

Barco Mais do que transportar passageiros, propiciam um verdadeiro passeio pelos canais de Amsterdã. Veja mais em "Atrações/Canais".

Ônibus As 30 linhas disponíveis chegam aos bairros mais afastados do centro e à região norte de Amsterdã. São bastante úteis também para se deslocar à noite, já que os ônibus noturnos funcionam durante toda a madrugada, até as 7h30. São equipados com monitores que informam as próximas paradas e tripulados por cobradores e motoristas bilíngues (o que ajuda na hora de pedir informações).

Táxi Existem dois tipos. Os oficiais, sempre identificados, possuem placas azuis e são conduzidos por motoristas credenciados; como esses veículos têm permissão para trafegar pelas pistas de ônibus e *tram*, costumam ser mais rápidos que os táxis comuns. Uma ideia de custos: a partir da estação central, são cerca de €13-15 até a Rembrandtplein e €20-25 até a Museumplein. Táxis não oficiais costumam sair mais em conta, e o valor da corrida deve ser negociado antecipadamente. Há ainda os *bicycle-taxis*, mistura com a bicicleta, inspirado nos similares asiáticos; o valor da corrida é sempre negociável, em geral a partir de €5 para distâncias médias, mas varia de acordo com o horário e com o número de passageiros.

Bicicletas São o meio de transporte predominante na Holanda. Só em Amsterdã diz-se circular em torno de 600 mil *bikes*, quase uma para cada habitante da cidade. Existem vários locais onde você pode alugá-las, o que torna essa uma alternativa de fácil acesso para a locomoção. Sempre que estacionar uma bicicleta, use cadeado, mesmo que seja por poucos minutos para bater uma foto. Ciclovias são marcadas no chão com tinta branca, mas fique atento às regras básicas de trânsito, como as preferenciais e as ultrapassagens. Atenção, ciclistas: pedestres surgem do nada. E atenção, pedestres: ciclistas surgem do nada!

Macbike

- Stationsplein 5   Centraal Station
- 624.8391   www.macbike.nl
- seg-dom 9h-17h45
- €7-15

Tem pontos na Centraal Station, na Leidseplein e na Waterlooplein (se for peladar no Voldenpark, convém pegar nesse último). A empresa conta com diferentes modelos de bicicletas, que vão do tipo mais comum até as elétricas e as *bakfiets*, uma espécie de triciclo de carga, bastante tradicional na Holanda (mas pouco interessante se você não pretende virar entregador de mudas de flores). Em geral, 3h custam €7-11, 1 dia €9-15 e 1 semana €31-46.

King Bikes

- Kerkstraat 143   Prisengracht
- 422.1026   www.kingbikes.nl
- seg-dom 9h-22h
- €5-13

Tem bicicletas básicas e discretas, no intuito de não destoar das magrelas locais. A tabela de preços divide-se em 1h (€5), 3h (€7) e 24h (€10).

Recycled Rentals

- Spuistraat 84a   Nieuwezijds Kolk
- 625.5029   www.recycledbicycles.org
- ter-sex 9h30-18h, seg/sáb 14h-18h
- €5

Se autointitula como o aluguel de bicicletas mais barato de Amsterdã. Verdade ou não, o preço é em conta: €5 para 24h.

AMSTERDÃ LADO B | Xis xis xis

Se você já assistiu a um filme pornô ou navegou num site do gênero, talvez seja isso que lhe venha à cabeça ao enxergar os muitos símbolos XXX espalhados por Amsterdã (os três X em sequência, afinal, estão historicamente ligados ao "entretenimento adulto"). Por aqui, você os verá por toda parte: de anúncios à bandeira da cidade. Mas talvez onde desperte mais curiosidade seja nos postezinhos que impedem a circulação de carros nas calçadas. O *Amsterdammertje* (algo como "o pequenino de Amsterdã") tem um formato um tanto quanto, digamos, fálico, o que só aumenta as ideias pervertidas acerca do XXX holandês. No entanto, para alívio de alguns e decepção de outros, não se trata de mais uma faceta libertária da Holanda. Entre dúvidas e polêmicas, a justificativa mais aceita é a de que os três símbolos seriam três cruzes de Santo André, apóstolo que, ao ser crucificado, pediu para que o fosse numa cruz em forma de X, pois se achava indigno de sofrer o mesmo martírio de Cristo. Os XXX cobrem a cidade, mas, no final das contas, não têm nada de pornográficos – pelo contrário, seus motivos são mais religiosos do que profanos. Amsterdã sempre surpreende.

Atrações

Passear a pé pelas margens dos canais, ou de bicicleta, como fazem os amsterdameses, é um dos programas mais agradáveis e acessíveis de Amsterdã. Não tão baratos, mas interessantíssimos, são os museus. Mesmo que você costumeiramente torça a cara para esse tipo de atração, alguns definitivamente merecem ser visitados; e se você for um fã inveterado de museus, considere o *I amsterdam Card*, cartão que inclui a entrada em vários deles (veja no tópico de "Informações turísticas", p.910).

Praças e regiões

Dam
Também conhecida como Dam Square, essa é a praça central da cidade, o ponto mais movimentado de Amsterdã. É onde está a catedral **Nieuwe Kerk** (seg-dom 10h-17h; €15) erguida no século 15, mas reformada várias vezes ao longo dos anos. Essa igreja funciona hoje como sede de exposições e de esporádicos eventos importantes, como a coroação dos reis da Holanda. O valor de ingresso pode variar conforme a exposição. Também na praça localizam-se o **Koninklijk Paleis** (*Royal Palace Amsterdam* ou Palácio Real), antiga prefeitura da cidade, construído em meados do século 17, eventualmente aberto para exposições; o museu de cera Madame Tussauds (veja na p.921) e o **National Monument**, obelisco de 22m erguido em homenagem aos mortos da Segunda Guerra. A caminhada pela Damrak, a agitada rua entre a Dam e a **Centraal Station** – a impressionante estação de trem, construída no século 19, dona de uma belíssima fachada – é um percurso clássico.

Leidseplein/Rembrandtplein

Essas tradicionais praças, pontos de referência de Amsterdã, cercadas de bares e restaurantes, constituem uma área de vibrante vida noturna. Deverão estar em algum trajeto seu a pé pela cidade. Da Rembrandtplein, veja a **Bridge of 15 Bridges**, onde você pode supostamente admirar 15 pontes ao mesmo tempo.

Rembrandtplein, bom ponto de referência em Amsterdã

Museumplein

Logo atrás do Museu Van Gogh e do Rijksmuseum. É uma grande praça onde está localizado o famoso letreiro I AMSTERDAM. Possui alguns cafés e um pequeno lago, que congela no inverno e vira uma improvisada pista de patinação; no verão, atrai corajosos que se arriscam a nadar por aqui. O lugar é muito utilizado em grandes eventos e manifestações – e também é o ponto em que viajantes e moradores da cidade compartilham a grama para um cochilo ou um piquenique.

Jordaan

Bairro típico de Amsterdã, situa-se entre os canais de Lljnbaansgraacht e Prinsengracht (onde fica a Casa de Anne Frank), repleto de casinhas características, ruas estreitas, lojinhas, brechós, galerias, mercados de rua, bares e pequenos restaurantes com agradáveis mesinhas na calçada durante o verão.

Red Light District

Quem já não ouviu uma história sobre uma rua em Amsterdã onde prostitutas ficam expostas numa vitrine? Saiba que na Holanda a mais antiga das profissões é regulamentada e quem a exerce paga imposto. Nesse bairro, as moças alugam janelas em casas de família para expor seus dotes, na esperança de fazer negócio com os turistas ou com transeuntes holandeses. Há policiais à paisana por toda parte, e o máximo de desconforto é ter de aturar eventuais e inofensivos vendedores de haxixe. Ok, não dê bobeira e caminhe tranquilamente, pois a área, a duas ou três quadras ao leste da Damrak, é segura, mesmo durante a madrugada. E, se você está curioso para saber quanto custa a diversão, as moças costumam informar "*fifty euros: fuck and suck*" (se você sabe inglês, que bom, pois nós não vamos traduzir...).

UM OLHAR MAIS ATENTO
Uma igreja no Distrito Vermelho

Encare como um sinal do caráter pluralista de Amsterdã: a igreja mais antiga da cidade, De Oude Kerk, em inglês *Old Church* (Oudekerksplein; www.oudekerk.nl; seg-sáb 11h-18h, dom 13h-17h30; €7,50), fica quase ao lado de um *coffee-shop* e em frente às janelas do Red Light District. Construído por volta de 1300, o templo homenageia São Nicolau, santo inspirador do Papai Noel, e abriga o assombroso número de 10 mil pessoas enterradas – incluindo a esposa de Rembrandt. Existe até um projeto de mapear os túmulos do local (você pode conferir o que já foi feito no site www.gravenopinternet.nl). Além de guardar mortos e realizar missas, a De Oude Kerk também é local de casamentos, concertos e exposições de arte, aproveitando a iluminação que entra pelos amplos vitrais. Na praça ao redor da igreja, confira o pequeno monumento de bronze que você dificilmente veria em outro lugar do planeta: *Belle*, estátua que homenageia as prostitutas da região. Junto a ela, a inscrição que começa e encerra o assunto: "Respeite as profissionais do sexo em todo o mundo".

Museus de história e cultura

Anne Frank Huis (Anne Frank House)

- Prinsengracht 267
- 556.7100
- Westermarkt (13, 14, 17)
- www.annefrank.org
- nov-mar seg-sex/dom 9h-19h, sáb 9h-21h | abr-out seg-sex/dom 9h-21h, sáb 9h-22h
- €9 (Cr: €4,50)

A Casa de Anne Frank é uma das atrações top de Amsterdã. Foi aqui que a adolescente judia ficou escondida por dois anos junto a sua família durante a Segunda Guerra. Na visita ao local, você percorre todo o esconderijo até uma galeria final que exibe a cronologia do conflito, destacando a trajetória da família Frank nesse triste cenário. Vale a pena enfrentar as longas filas (de manhã cedo e ao fim da tarde é mais tranquilo, e na compra do ingresso online não precisa esperar na fila): é um dos museus mais interessantes da Europa e um importante tributo à liberdade e aos direitos humanos.

Amsterdam Museum

- Kalverstraat 92
- Spui (1, 2, 5)
- 523.1822
- www.amsterdammuseum.nl
- seg-dom 10h-17h
- €12 (Est: €9 | Cr: €6)

A coleção formada por quadros, esculturas, reproduções, maquetes, slides e vários outros tipos de mídias conta a história do povo holandês, que expandiu seu território fazendo aterros sobre o mar. Museu com grande variedade de objetos; visita leve e agradável.

Joods Historisch Museum
(Jewish Historical Museum)

- Nieuwe Amstelstraat 1
- 531.0310
- Waterlooplein (51, 53)
- www.jhm.nl
- seg-dom 11h-17h; fecha nos feriados judaicos
- €15 (Est: €7,50 | Cr: grátis)

Esta região era um bairro judaico até a invasão nazista, quando a maioria de seus habitantes foi enviada para diferentes campos de concentração da Europa, posteriormente dizimada pelo regime de Hitler. O Museu Histórico Judaico está situado no local em que se encontravam quatro sinagogas e apresenta a história, a cultura e as tradições do judaísmo por meio de fotos, filmes e objetos simbólicos. Ideal para quem quer saber um pouco mais sobre o judaísmo. O museu recebe interessantes exposições temporárias. Anexo, encontra-se o **JHM Children's Museum,** para crianças, e a **Portugese Synagoge,** que, finalizada em 1675 por judeus portugueses fugitivos, já foi a maior sinagoga da Europa.

VOCÊ QUE COLOU NA ESCOLA | Anne Frank

Aos 13 anos, durante a ocupação nazista, Anne Frank se viu obrigada a viver confinada – junto a seu pai, sua mãe, sua irmã e mais quatro pessoas – no sótão de um escritório em Amsterdã. Nesse período, a menina escreveu um diário narrando o degradante cotidiano que levavam naquele esconderijo. Após dois anos de isolamento, foram descobertos pelos alemães e deportados. Anne e os demais morreram em diferentes campos de concentração, com exceção de seu pai, que, terminada a guerra, publicou o diário da filha em 1947. Desde então, o livro, traduzido para 50 idiomas, tornou-se um *best-seller*, com mais de 13 milhões de exemplares vendidos e inúmeras adaptações teatrais e cinematográficas.

Verzetsmuseum *(Dutch Resistance Museum)*

- Plantagekerlaan 61
- 620.2535
- Plantage Kerklaan (9, 14)
- www.verzetsmuseum.org
- ter-sex 10h-17h, sáb-seg 11h-17h
- €10 (Cr: €5)

Museu da Resistência Holandesa, dedicado ao período da ocupação nazista, apresenta um enfoque incomum: os "pequenos feitos" de civis – homens e mulheres comuns que lutaram contra a opressão alemã. A organização impecável do espaço, os recursos multimídia, os depoimentos das testemunhas oculares e as explicações em inglês transformaram esse prédio – que já foi clube de canto, garagem de táxi e posto policial – num dos mais surpreendentes músuos de Amsterdã.

Hollandsche Schouwburg *(National Holocaust Memorial)*

- Plantage Middenlaan 24
- Plantage Kerklaan (9, 14)
- 531.0310
- www.hollandscheschouwburg.nl
- seg-dom 11h-17h; fecha nos feriados judaicos
- €15 (Est: €7,50 | Cr: grátis)

Em 1942, os nazistas ocuparam este teatro e aqui passaram a reunir os judeus antes de deportá-los para vários campos de concentração da Europa. Entre 60 e 80 mil pessoas foram enviadas à morte a partir desse local. Hoje o lugar abriga um museu que retrata, de forma geral, a perseguição nazista.

Tropenmuseum

- Linnaeusstraat 2
- Alexanderplein (10, 14)
- 568.8200
- www.tropenmuseum.nl
- ter-dom 10h-17h
- €12,50 (Est, Cr: €8)

Embora fora das rotas turísticas, esse museu, sediado num bonito e amplo prédio histórico, merece a visita daqueles que se interessam pelos povos do mundo. Possui exposições permanentes sobre culturas de diversos países, em especial da Ásia, África e América Latina. As exposições temporárias também costumam ser bem interessantes.

Museus de arte

Rijksmuseum

- Museumstraat 1
- Hobmemastraat (2, 5)
- 674.7000
- www.rijksmuseum.nl
- seg-dom 9h-17h
- €17,50 (Cr: grátis)

O Rijksmuseum existe há mais de 200 anos. É o maior e mais importante museu dedicado à história e à arte em Amsterdã. Possui uma extensa coleção de fotografias clássicas, gravuras, armas, pinturas e desenhos. Algumas das obras mais importantes: *A Cozinheira*, de Vermeer; *Autorretrato*, de Van Gogh; *Autorretrato*, de Rembrandt; e, também de Rembrandt, *A Ronda Noturna* e *A Noiva Judia*. O prédio já é um espetáculo à parte. Próximos, localizam-se o Van Gogh e o Stedelijk Museum. Leia mais sobre Rembrandt na p.998.

Van Gogh Museum

- Paulus Potterstraat 7
- Van Baerlestraat (2, 5)
- 570.5200
- www.vangoghmuseum.nl
- seg-qui/sáb-dom 9h-18h, sex 9h-22h
- €17 (Cr: grátis)

Um dos principais atrativos de Amsterdã, este museu apresenta a maior coleção de pinturas do mestre holandês (exibe também sua coleção privada, que inclui obras de outros artistas). Particularmente interessante é o fato de a exposição ser em ordem cronológica, o que possibilita acompanhar a evolução do estilo do pintor. Tudo é bastante informativo, então vá com tempo para ler e apreciar. Novas instalações incluem a ala desenhada pelo arquiteto Kisho Kurokawa, ligada ao prédio original, destinada a exibições temporárias. Leia mais sobre Van Gogh no box da página seguinte.

QUEM É ESSE CARA | Van Gogh

O homem que cortou a própria orelha – sim, é verdade. O episódio se deu em 1888, durante uma briga entre Van Gogh e o artista francês Paul Gauguin, quando o pintor holandês teve um ataque psicótico. No entanto, há mais em Vincent Willem Van Gogh do que a insânia e a automutilação. Criador atormentado, o artista deixou um dos legados artísticos mais influentes da pintura universal, precursor do Expressionismo, movimento caracterizado pelos traços em verde-esmeralda e amarelo-solar. Sua existência foi marcada pelas dificuldades financeiras, pelo pouco sucesso profissional e pelos constantes desequilíbrios psicológicos. Nascido em 1853, passou a se dedicar à arte somente aos 27 anos, influenciado pelo Movimento Impressionista e por mestres como Cézanne e o próprio Gauguin. No final da vida, já mentalmente instável, foi internado em um asilo, onde se manteve pintando freneticamente, chegando a produzir um quadro por dia. Nesse período, fez *A Noite Estrelada*, uma de suas obras mais conhecidas. Destacam-se também *Os Comedores de Batata*, *Café das Estrelas*, *Os Girassóis* e o *Autorretrato com a Orelha Cortada*. Em 27 de julho de 1890, após uma discussão com seu irmão, Theo, Van Gogh adentrou em um campo de trigo e atirou contra o peito. Morreu dois dias depois, aos 37 anos, pobre e sem ver suas obras valorizadas – obras essas que hoje valem milhões.

Stedelijk Museum

- Museumplein 10
- Van Bearlestraat (5)
- 573.2911
- www.stedelijk.nl
- seg-qua/sex-dom 10h-18h, qui 10h-22h
- €15 (Est: €7,50 | Cr: grátis)

A exposição inclui obras de Picasso, Manet, Monet, Miró, Chagall, Matisse e Cézanne, entre outros, e também fotos, gravuras e outras formas de arte contemporânea. Dentre as fotografias, destacam-se algumas de Man Ray, Cartier-Bresson e Robert Capa.

Museum Het Rembrandthuis

- Jodenbree-straat 4
- Waterlooplein (51, 53, 54)
- 520.0400
- www.rembrandthuis.nl
- seg-dom 10h-18h
- €12,50 (Cr: €4)

Dedicado a Rembrandt, este museu, instalado na casa onde o próprio pintor morou, expõe uma boa coleção das obras do impressionista. Além de pinturas e desenhos, faz parte do acervo um grande número de águas-fortes produzidas pelo artista. O passeio também vale pela oportunidade de espiar a casa do mestre holandês. No último andar, há um *workshop* em que é possível pintar sua própria gravura no estilo de Rembrandt, uma experiência bem legal. O ingresso inclui audioguia.

Hermitage Amsterdam

- Amstel 51
- Waterlooplein (51, 53, 54)
- 530.7488
- www.hermitage.nl
- seg-dom 10h-17h
- €15 (Cr: €5)

Espécie de filial do Museu Hermitage de São Petersburgo, na Rússia. Bem menor que o original, o Hermitage Amsterdam, inaugurado em 2004, realiza exposições temporárias de coleções trazidas da "matriz". Vale se informar sobre o que está sendo apresentado durante sua estadia: pode ser de arte russa do século 18 à história dos últimos dias do Czar Nicolau antes da Revolução Bolchevique.

EYE Filmmuseum, na margem oposta do Grande Canal

Outros museus

Foam Photography Museum

- Keizersgracht 609 Keizersgracht (16)
- 551.6500   www.foam.org
- seg-qua/sáb-dom 10h-18h, qui-sex 10h-21h
- €10 (Est: €7,50 | Cr: grátis)

Pequena galeria, abriga exposições temporárias de fotografia, alternando trabalhos de fotógrafos famosos com os de profissionais novos e menos conhecidos. No piso superior, existe uma biblioteca com livros relacionados ao tema. O local também tem publicações próprias sobre fotografia.

Tassen Museum *(Museum of Bags and Purses)*

- Herengracht 573
- Rembrandtplein (9)   524.6452
- www.tassenmuseum.nl
- seg-dom 10h-17h   €12,50 (Est, Id: €9,50)

O Museu de Malas, Bolsas e Carteiras, instalado em um edifício de 1664, conta a história desses acessórios desde o final da Idade Média até os dias de hoje, apresentando uma coleção de mais de quatro mil itens.

Science Center NEMO

- Oosterdok 2   Kadijksplein (22, 48)
- 531.3223   www.e-nemo.nl
- ter-dom 10h-17h30   €15 (Est: €7,50)

O maior museu interativo de ciência e tecnologia da Holanda fica em um prédio de 5 andares na forma de um grande navio. Conta com experimentos científicos, bolhas de sabão gigantes, produção de músicas, vídeos e outras atividades. É mais frequentado por famílias com crianças, mas a visita também vale para os curiosos e apaixonados por ciência.

EYE Filmmuseum

- IJpromenade 1   Overtoom (3, 12)
- 589.1400   www.eyefilm.nl
- seg-qui/sáb-dom 11h-19h, sex 11h-21h
- exposição €9 | filme €10 | combinados €15

Um arrojado edifício na margem norte do Grande Canal abriga quatro cinemas, uma lojinha (de cinema), restaurante e um amplo espaço para exposições temporárias, sempre tendo filmes como temática. Vale conhecer. Você chega de *ferry* (passagem gratuita), que pega ao atravessar a estação de trem.

Amsterdam Tulip Museum

- Prinsengracht 116
- Westerkerk (13, 17)
- 421.0095
- www.amsterdamtulipmuseum.com
- seg-dom 10h-18h
- €5 (Est: €3)

Um pequeno museu que conta um pouco da história das tulipas, flores trazidas do Himalaia e que se tornaram símbolo da Holanda.

Het Scheepvaartmuseum
(National Maritime Museum)

- Kattenburgerplein 1
- Kadijksplein (22, 48)
- 523.2222
- www.hetscheepvaartmuseum.nl
- seg-dom 9h-17h
- €15 (Est, Cr: €7,50)

Situado em um prédio de 1656 construído sobre uma ilha artificial, o Museu Marítimo Nacional relata a história da navegação holandesa por meio de fotos, displays interativos e miniaturas. A réplica de um grande navio da Companhia das Índias Orientais é considerada a principal atração da casa. As exibições se destacam também por mostrar o lado opressor da Holanda durante o período colonialista, não se limitando a enaltecer apenas momentos de bravura e heroísmo.

Het Grachtenhuis *(Museum of the Canals)*

- Herengracht 386
- Koningsplein
- 320.1131
- www.hetgrachtenhuis.nl
- ter-dom 10h-17h
- €12 (Cr: €6)

Museu de exposição interativa, apresenta a história dos canais de Amsterdã, desde antes de sua construção, no século 17, até os dias atuais. Atração legal para quem quer saber mais sobre uma das principais particularidades da cidade.

Historical Brothel Room

- Enge Kerksteeg 3
- Dam (4, 9, 16, 24, 25)
- 420.7328
- www.pic-amsterdam.com
- qua-sex 10h-17h, sáb 10h-19h
- €1

Pequeno museu que faz parte do Centro de Informação de Prostituição, organização que se dedica a desmistificar a profissão mais antiga do mundo. O museu organiza tours pelo Red Light nas quartas às 18h30 e nos sábados às 17h, custa €15 por pessoa.

Sex Museum

- Damrak 18
- 622.8376
- Martelaarsgracht (1, 2, 5, 13, 17)
- www.sexmuseumamsterdam.nl
- seg-dom 9h30-23h30
- €4

Red Light District: a mais famosa noite amsterdamesa

Sexo também é cultura – pelo menos, esse é um argumento que se pode usar para justificar uma visita a este curioso museu. Objetos fetichistas, filmes pornôs do começo do século passado, uma infinidade de fotos, gibis, esculturas, instalações, aberrações sexuais, enfim, qualquer coisa que explore aquilo que todo mundo faz, mas não em público.

Red Light Secrets

- Oudezijds Achterburgwal 60H
- 846.7020 M Nieuwmarkt (51, 53, 54)
- www.redlightsecrets.com
- seg-dom 11h-0h
- €10

Inaugurado em 2014, o Segredos do Red Light revela os bastidores da região mais célebre de Amsterdã, contando um pouco da história da profissão e da vida das prostitutas da cidade. Curiosidades estão espalhadas por todo o museu, como o valor do aluguel do quartinho utilizado pelas prostitutas no distrito, por exemplo. Também dá a oportunidade de ver a Red Light de dentro da janela das moças. Ao final, numa parede, os visitantes podem escrever suas confissões. Ao lado está o **Erotic Museum** (seg-qui 11h-1h, sex-dom 11h-2h; €7), quase uma réplica do Sex Museum, embora se diferencie por algumas litografias nada convencionais.

Heineken Experience

- Stadhouderskade 78 523.9222
- Stadhouderskade (16, 24, 25)
- www.heinekenexperience.com
- seg-qui 10h30-19h30, sex-dom 10h30-21h | jul-ago seg-dom 10h30-21h €18

Este prédio, antiga fábrica da Heineken, hoje é uma espécie de museu interativo que conta a trajetória da mais famosa cerveja holandesa. O tour começa meio chato, mas vai melhorando: primeiro vem a história de como a Heineken começou, depois é mostrado como se produz a cerveja atualmente e é exibida uma mostra das melhores campanhas publicitárias ao longo das décadas até que, finalmente, chega a esperada degustação (a tal Heineken Experience). Você é levado a uma sala, de onde pode observar, sob o ponto de vista de uma garrafa, como a cerveja da casa é engarrafada e distribuída para o resto do mundo. Ingressos podem ser comprados pela internet com desconto de €2. O tour dura 1h30, mas atenção, só é permitida a entrada até 2h antes do fechamento do local.

Madame Tussauds

- Dam 20 Dam (4, 9, 16, 24, 25)
- 522.1010 www.madametussauds.com
- seg-dom 10h-19h €22,50 (Cr: €18,50)

É uma filial do Madame Tussauds de Londres: exibe as tradicionais figuras – famosos, vultos históricos, desconhecidos – em escala natural, paramentadas e inseridas em seus respectivos contextos. Se você é fã de bonecos de cera e estiver indo à capital inglesa, veja-os lá, onde as peças são mais realistas. Ingressos podem ser comprados online com 40% de desconto.

Amsterdam Arena

- Arena Boulevard 1 311.1333
- M Amsterdam Bijlmer Arena
- www.amsterdamarena.nl
- tours seg-dom 10h30-16h30
- €16 (Cr: €10) com visita guiada

Não é um museu, mas sim o estádio de futebol do Ajax, time do coração da maioria dos holandeses. A visita guiada (chamada de *ArenA Stadium Tour*) dura cerca de 1h e passa pelo estádio e pelo museu do time. O tour não acontece em dias de jogos ou em horários de treino (que são variáveis). Ingressos para os jogos e maiores informações futebolísticas podem ser obtidos no próprio site do estádio.

Um dos programas mais bacanas: passear pelos canais

The Hash Marihuana & Hemp Museum

- Oudezijs Achertburgwal 148
- 624.8926 — Dam (4, 9, 16, 24, 25)
- www.hashmuseum.com
- seg-dom 10h-22h — €9 (Cr: grátis)

Não poderia faltar em Amsterdã um museu dedicado à plantação de maconha, abordando o assunto sob o enfoque histórico, medicinal, religioso e cultural.

> **BAITA VIAGEM | Canais**
>
> Mais do que diversificar o meio de transporte, circular de barco pelos canais é uma forma diferente de enxergar Amsterdã. Os itinerários podem mudar, mas, em geral, partem do canal em frente à estação de trem e passam pelos principais pontos turísticos, com a possibilidade de descer em qualquer parada e pegar o barco seguinte (geralmente a cada 30 ou 45min). O *Canalbus* (www.canal.nl/bus) faz quatro percursos diferentes e cobra €20,50 pelo passe de um dia. O *Hop On - Hop Off Citysightseeing* (www.lovers.nl) faz seu tour parando em sete pontos por €19 (Cr: €9,50). Em geral, todos passam pela Casa de Anne Frank e pelo Rijksmuseum (alguns barcos também partem da parada em frente ao museu). Existem ainda roteiros mais alternativos, como voltas noturnas ao som de uma banda de jazz ou passeios por canais fora de Amsterdã.

Parques

Vondelpark

- Leidseplein

Parque mais popular de Amsterdã, bom para um passeio a pé ou de bicicleta. O lugar abriga um bar e um restaurante, exibe algumas estátuas e um coreto – além do *EYE Vondelpark* (antigo *Filmmuseum*), que eventualmente realiza pequenas exposições e projeções de filmes. O parque é frequentado por todos: famílias, turistas, mochileiros, crianças. Fica próximo ao Van Gogh Museum, Rijksmuseum e Stedelijk Museum.

Compras

Com centenas de lojas, a *Nieuwendijk* e a *Kalverstraat*, calçadões paralelos à Damrak, são um ponto de compras famoso. Para antiguidades, o *Spiegelkwartier*, ou Bairro Antigo, do lado oposto do Rijksmuseum, reúne lojas de arte, sebos e antiquários, enquanto o *Nieuwmarkt*, no Red Light District (de mai-set aos domingos 9h-17h) é um mercado voltado para artefatos antigos. A Leidestraat, próximo à Leidseplein, é uma rua de pedestres (e *trams*) cercada de lojas de suvenires, cafés e roupas – nada muito barato, porém mais acessível do que as lojas da PC Hoofstraat, a rua mais cara da cidade, caracterizada por grifes, carros importados, turistas endinheirados e curiosos. Queijos são típicos na Holanda, e existem muitas *cheese stores* por aqui, em especial na Singel, junto ao Mercado de Flores. Nessas lojinhas você pode degustar diferentes tipos de queijos. Já no irreverente estilo amsterdamês, a *Condomerie* (na Warmoesstraat, perto da Dam) é uma loja especializada em camisinhas de todos os tipos, formas e tamanhos.

Mercados

Amsterdã tem forte tradição em feiras abertas. Algumas das mais populares são: **Flower Market** (📍 Singel Canal; 🕐 seg-sáb 9h30-17h), mercado de flores; na rua, junto ao canal, várias queijarias; **Waterlooplein Flea Market** (📍 Warterlooplein; 🕐 seg-sáb 9h-18h), mercado de pulgas com roupas usadas e quinquilharias; **Postzegelmarkt** (📍 Nieuwezijds Voorburgwal 280; 🕐 qua/sáb 10h-16h), com selos, moedas, cartões postais, medalhas comemorativas; **Boekenmarkt Op Het Spui** (📍 Oudemanhuispoort; 🕐 sex 10h-16h), livros, mapas; **Farmer's Market** (🕐 Noordermarkt; 🕐 sáb 9h-15h), com frutas, queijos e produtos orgânicos.

Coffee-shops

Famosos em Amsterdã, os *coffee-shops* vendem o que você não encontra numa cafeteria brasileira. Na Europa, tão comum quanto a maconha é o haxixe, e ambos podem ser consumidos nesses locais (restrito a maiores de 18 anos). Se houver terraço ou varanda, você pode fumar lá fora – já em público, na rua, não. Normalmente há um cardápio das ervas no bar, e o baseado é vendido enrolado (podendo estar misturado com tabaco) ou não (nesse caso, normalmente há papel e filtro disponíveis). Custa uns €7 por grama. Já com o *space cake* (bolo de maconha) é bom tomar cuidado – por ser digerido, seu efeito é mais lento e forte. Se nada disso for sua praia, você não precisa experimentar só porque está em Amsterdã. Se for encarar, importante: o baseado não deve conter mais do que 5 gramas – mais do que isso pode dar cana. E não invente de sair "carregado" da Holanda para não se incomodar com nenhuma polícia.

Bulldog Palace

📍 Leidseplein 17
🚋 Keizersgracht (Leidsestraat) (1, 2, 5)
📞 627.1908   💻 www.bulldog.nl
🕐 seg-qui 9h-1h, sex-sáb 9h-3h, dom 9h-2h

O mais conhecido *coffee-shop* de Amsterdã hoje faz parte de uma rede bastante turística. Esta é sua maior loja, com muito movimento e música alta. Outro popular é o que fica no Red Light District.

The Rookies

📍 Korte Leidsedwarsstraat 145-147
🚋 Leidseplein (7, 10)   📞 639.0978
💻 www.rookies.nl   🕐 seg-dom 10h-1h

Próximo à Leidseplein, é um *coffee-shop* grande e bastante popular. Costuma encher nos fins de semana.

La Tertulia

📍 Prinsengracht 312   🚋 Elandsgracht (7, 10)
📞 623.8503   🕐 ter-sáb 11h-19h

Com um clima mais *clean,* parece uma loja de chás com um jeitão esotérico, decorada com cristais e plantas. Dá até para levar a avó. Ideal para quem não curte os *coffee-shops* mais turísticos, mas está interessado nessa história de haxixe e marijuana.

Passeios

Moinhos, campos de flores, mercados de queijo e outros ícones da Holanda você encontra nos arredores de Amsterdã. O meio mais fácil de conhecê-los é integrar-se a algum tour. Na Damrak, próximo à estação de trem, há empresas que operam passeios para esses lugares, a partir de €50.

Keukenhof

Uma das mais coloridas e conhecidas atrações da Holanda, Keukenhof é um grande parque com diversos tipos de flores – principalmente as famosas tulipas holandesas. Fica em uma pequena e agradável cidade chamada Lisse, a pouco menos de 1h de viagem a partir de Amsterdã. Vale a visita, mas atenção ao calendário, pois o parque geralmente abre apenas dois meses por ano, entre março e maio (8h-19h30). Se possível, compre os tickets online (€16 | Cr: €8) para evitar as filas ou reserve o passeio completo, com translado e ingressos inclusos, em uma agência, como a *Amsterdam City Tours* (www.amsterdamcitytours.com). Pela internet: www.keukenhof.nl.

Zaanse Schans

A 18km de Amsterdã, Zaanse Schans, bairro da cidadezinha de Zandam, reúne em um único lugar todos os elementos da típica paisagem holandesa: moinhos coloridos à beira do rio, vaquinhas pastando e campos de tulipa. Somente nos arredores do rio Zaan, existiam mais de 600 moinhos de vento, utilizados principalmente para drenar a água das terras baixas – as pás captavam a energia do vento e com ela acionavam bombas de sucção – e também para moer grãos e especiarias. Muitos funcionam até hoje e estão abertos à visitação, ingresso €4 cada. Existem ainda pequenos museus dedicados à produção de tamancos e queijos holandeses (com direito à degustação, é claro). Entre abril e novembro, as atrações abrem ter-dom 10h-17h; nos demais meses, os horários são bem irregulares. Para chegar lá, a partir da estação central, pegue o trem para Koog-Zaandijk, o trajeto leva 20min e custa €6,20 ida e volta; dessa estação, ainda é necessário caminhar 15min. O ônibus 391 da Conexxion também parte da estação central e tem Zaanse Schans como destino final; a viagem dura 40min e é possível comprar a passagem diretamente com o motorista, por €5.

BAITA VIAGEM | Bicicletando

O rio Amstel, que corta Amsterdã – e que, aliás, serviu de inspiração para o nome da capital holandesa –, pode proporcionar um dos mais belos passeios de *bike* a quem visita a cidade. Beirando o Amstel, há uma longa via que leva às pequenas vilas ao sul de Amsterdã. São 25km até a cidadezinha de **Uithoorn**, mas você não precisa pedalar o trajeto inteiro para encontrar coisas interessantes: o caminho, praticamente inexplorado por turistas, é arborizado, cheio de mansões, barcos e repleto de nativos que praticam seus exercícios físicos por ali. A cerca de 9km do centro de Amsterdã, há um moinho, e a 3km dali você vai encontrar a parada que faz a sua viagem valer a pena: **Ouderkerk aan de Amstel**. Uma pequena vila tranquila com construções típicas, um museu, um cemitério judeu, restaurantes e bares à beira do rio. Uma imagem que você não imaginaria encontrar se tivesse como referência holandesa somente a capital Amsterdã.

Refeitório do hostel Stayokay Amsterdam Zeeburg

Comes & Bebes

Não espere muita culinária holandesa em Amsterdã. Exceção é a deliciosa *appeltaart*, torta de maçã com nata servida nos cafés à beira dos canais. Nas áreas turísticas, encontram-se muitos restaurantes italianos, gregos, turcos e orientais. Bares e restaurantes estão ao redor da *Leidseplein*, próximo ao Vondelpark, alguns com *tourist menus* acessíveis – casas argentinas matam a saudade da carne, geralmente servida com fritas e salada. Outros pontos gastronômicos ficam ao redor da *Dam* e da *Rembrandtplein*. Em ruas adjacentes, acham-se boas pizzarias, algumas com preços honestos. Para comida rápida, procure os quiosques de kebabs, que podem ser acompanhados de fritas.

Febo

- Nieuwendijk 220　Dam
- 625.9906　www.febodelekkerste.nl
- seg-qua/sex-sáb 11h-19h, qui 11h-21h, dom 12h-19h　$ €1,50-5

Cadeia local de *fast-food*, tem outras unidades em vários pontos da cidade, principalmente em estações de trem. Serve lanches de uma maneira prática e divertida. Os bolinhos são expostos em pequenas gavetinhas de vidro, que se abrem quando você coloca uma moeda. Qualquer semelhança com as mulheres das vitrines no Red Light District pode não ser mera coincidência. Alguns dos salgados favoritos dos holandeses são o *frikandel* (linguiça sem pele – que, se incrementada com curry e cebola, leva o faustoso nome de *frikandel especial*), o *kroket* e o *bitterballen*, parecidos com os croquetes brasileiros.

Bakker Bart

- Kalverstraat 197　Muntplein
- 625.2463　www.bakkerbart.nl
- seg-sáb 9h30-18h, dom 12h-18h　$ €2,50-8

O local, quase um *fast food*, oferece uma boa diversidade de lanches, como o *panini* de salmão e de almôndegas. Ainda que seja uma lanchonete muito aclamada em todo o país, não espere muita cordialidade nem muito conforto, pelo menos nos endereços mais turísticos (além deste, existem outros seis endereços na cidade).

MOCHILA SEM GRANA | Querido Albert

Com diversos pontos na cidade, como na Leidsestraat e na Prinsengracht, o Albert Hejin é o supermercado mais famoso da Holanda. Tem preços atrativos e comidas práticas. Sanduíches e massas, por exemplo, custam a partir de €3. As lojas com o logo *To Go* ("para levar") na fachada disponibilizam micro-ondas para aquecer as comidinhas.

Pizzeria Il Palio

- Leidsekruisstraat 23
- Leidseplein
- 320.7177 $ €5-10

A qualidade do serviço aqui é variável, mas, ainda assim, o restaurante pode ser considerado um dos mais populares da cidade. O motivo: pizzas e massas por €5. As pizzas, no geral, são muito boas, mas a qualidade das massas varia de acordo com o pedido.

Nam Kee

- Geldersekade 117
- Nieuwmarkt
- 639.2848   www.namkee.nl
- $ €5-15

Os chineses também marcam presença na culinária de Amsterdã. Aqui, uma porção de macarrão frito com legumes custa cerca de €4, enquanto pratos à base de carnes ou de peixes ficam em torno de €15. A decoração é simples, e patos assados pendurados na vitrine compõem o ambiente oriental.

Burger Bar

- Kolksteeg 2
- Nieuwezijds Kolk
- 624.9049   www.burger-bar.nl
- seg-sex 11h-3h, sáb-dom 11h-4h
- $ €7-15

Um dos melhores locais de hambúrgueres caseiros da cidade. O de carne de 270 gramas custa entre €5,95-12,95, dependendo do tipo de hambúrguer que você escolher (todos são bovinos, o que muda é a procedência da carne). Para incrementar, porções de queijos, bacon, cebola, cogumelo, ovo frito e (sim!) abacate a partir de €0,50. Opções vegetarianas também estão disponíveis. O local é bem disputado entre viajantes e nativos.

Belushi's

- Warmoesstraat 129
- Dam   623.1380
- www.belushis.com/bars/amsterdam
- seg-qui/dom 10h-1h, sex-sáb 10h-3h
- $ €10-15

Este bar tem entrada em comum com o hostel St. Cristopher's; apresenta um ambiente agitado e bastante descontraído, com mesas, sofás e uma área ao ar livre. No cardápio, lanches e pratos mais elaborados, em geral com preços convidativos. O filé grelhado com fritas, tomates assados e molho de pimenta custa cerca de €13. Hóspedes do hostel têm desconto.

De Blauwe Hollander

- Leidsekruisstraat 28   Leidseplein
- 627.0521   www.deblauwehollander.nl
- seg-dom 12h-23h $ €10-15

Restaurante de culinária holandesa à la carte. Sopas a partir de €4,75 e pratos principais a partir de €14,50. Prove a *erwtensoep* – famosa sopa de ervilhas, normalmente com carne de porco, acompanhada de pão de centeio e uma fatia de bacon cru. Ou o *hutspot*, purê de batata com pedacinhos de cenoura e cebola, acompanhado de *worst* – um tipo de linguiça – ou de uma carne. Difícil encontrar algo tão típico a preços tão acessíveis.

Pizzaria Perla

- Tweede Tuindwarsstraat 14 e 53
- Marnixplein   624.8828
- www.pizzaperla.nl
- seg-dom 10h-22h
- $ €10-20

A Holanda não é nenhuma referência em pizzas, mas esta pizzaria é considerada uma das melhores de Amsterdã. Os preços variam: a marguerita, por exemplo, custa €8,90, e a quatro queijos, €13.

Os croquetes de gaveta do Febo

DIETA NÃO!!!
Reypenaer Cheese Tasting Rooms
Localizada na Singel 182, a 300 metros da Dam, essa queijaria oferece aulas sobre a fabricação de queijos e vinhos, com degustação a partir de €15. Bom lugar para provar/comprar os tipicamente holandeses *gouda*, *old amsterdam* e *leerdammer*. As degustações ocorrem seg-ter 13h/15h e qua-dom 12h/13h30/15h/16h30. Na internet: www.reypenaercheese.nl.

Dubbel
- Lijnbaansgracht 256   Leidseplein
- 620.0909   www.restaurantdubbel.nl
- 17h-0h   €10-20

Este restaurante está numa das regiões mais agitadas de Amsterdã e oferece pratos ditos tipicamente holandeses, como o filé com molho de cebolinhas e pimenta, a €14,50; entradas custam em torno de €7.

Moeders
- Rozengracht 251   Rozengracht
- 626.7957   www.moeders.com
- 17h-1h; cozinha aberta até as 22h
- €15-25

Comida holandesa caseira: esta é a proposta deste restaurante, cujo nome, *moeders*, não à toa, significa "mães" no idioma local. O cardápio tem várias opções, mas os preços não variam muito: um prato de vegetais grelhados com queijo de cabra, por exemplo, sai por €15, e o *Hollandse Rijsttafel*, combinação de vários pratos típicos, em torno de €38 para duas pessoas.

Samba Kitchen
- Ceintuurbaan 63   Ruysdaelstraat
- 676.0513   www.samba-kitchen.nl
- seg-dom 18h-23h
- rodízio €27,50

Ótimo restaurante brasileiro, principalmente se você estiver sentindo falta de churrasco e de feijoada. Possui decoração verde-amarela, música e garçons que falam português. Tem guaraná, caipirinha, pudim e tudo o que é necessário para fazer a gente se sentir em casa. É bem disputado, então vale fazer reserva.

DIETA NÃO!!! | Batatas à moda holandesa
O Vleminckx, na Voetboogstraat 33, é simplesmente uma janela onde se formam filas de pessoas em busca daquela que dizem ser a melhor batata frita da cidade. A porção grande sai por €5. Além da maionese, típica nas batatas holandesas, o local oferece outros molhos, com o de amendoim e o de curry, por cerca de €0,50 cada.

Noite

A vida noturna de Amsterdã tem os mesmos ares cosmopolitas que compõem a identidade da cidade. A área central tem muitas opções de entretenimento. Procure pela Rembrandtplein e pela Leidsenplein e seus arredores; você achará inúmeros locais para os mais diversos gostos.

Festas & Pubs

Jimmy Woo

- Korte Leidsedwarsstraat 18
- 626.3150
- Leidseplein (1, 2, 5)
- www.jimmywoo.com
- qui 23h-3h, sex-dom 23h-4h
- €10-20

Próxima à Leidsenplein, esta é uma balada para ver e ser visto. Então, escolha sua melhor roupa, arrume (ou desarrume) seu cabelo e se prepare para entrar em contato com as últimas tendências da moda de Amsterdã.

Escape

- Rembrandtplein 11
- Rembrandtplein (4, 9, 14)
- 622.1111
- www.escape.nl
- sex-sáb 23h-5h, qui/dom 23h-4h
- €10-20

Vários ambientes diferentes nesta casa noturna, que também promove festas temáticas.

Sugar Factory

- Linjbaansgracht 238
- Leidseplein
- 627.0008
- www.sugarfactory.nl
- €5-15

Bastante popular, essa antiga fábrica abriga festas, shows, peças de teatro, apresentações literárias e outros eventos culturais. A programação musical abrange uma grande gama de estilos, passando por soul, jazz, hip-hop e eletrônico. Os eventos são acompanhados por festas que seguem madrugada adentro.

Studio 80

- Rembrandtplein 17
- Rembrandtplein (4, 9, 14)
- www.studio-80.nl
- €5-15

Este local tem festas mais acessíveis do que a média de Amsterdã. Vale ficar de olho na programação do site: alguns eventos têm entrada gratuita para os que chegarem antes da meia-noite. Em frente, está o Club Smokey, outra baladinha.

Club Roque

- Amstel 178
- Waterlooplein (51, 53, 54)
- www.clubroque.nl
- qua-qui 23h-4h, sex-sáb 23h-5h
- qua-qui entrada grátis, sex-sáb entrada grátis até meia-noite

Esse local oferece festas diversas com entrada gratuita, destinadas, principalmente, a um público gay (meninos) na faixa dos 20 anos.

— Bimhuis, casa de espetáculos na beira do canal

Espetáculos

Melkweg

- Lijnbaansgracht 234a
- Leidsepleine (1, 2, 5)
- 531.8181
- www.melkweg.nl
- a partir de €7

A casa funciona em uma antiga indústria de leite e tem uma diversificada programação musical. O prédio conta com cinco ambientes diferentes, que apresentam eventos independentes – desde shows até performances de dança, teatro e exposições de arte.

Bimhuis

- Piet Heinkade 3
- Muziekgebouw/Bimhuis (26)
- 788.2188   www.bimhuis.com
- dom-qui 18h30-1h, sáb 18h30-3h
- €15-25

Casa de shows grande e moderna, especializada em jazz e música contemporânea. Já foi palco de grandes nomes, como o pianista Cecil Taylor, o saxofonista Pharoah Sanders e a lenda Charles Mingus. A programação musical é bastante interessante, indo do jazz contemporâneo à música caribenha, e está disponível no site. O local também tem um restaurante, cujo cardápio inclui pratos diversos entre €15-20.

Hotéis & Albergues

Em Amsterdã, pipocam albergues como em nenhuma outra capital europeia. Encontram-se hostels de todos os estilos, portanto, se você faz questão de um lugar limpo e organizado, é bom se ligar, pois nem todos cumprem essa cartilha. Certamente o pessoal mais sério não vai curtir aqueles que permitem fumar um baseado ou onde rola festa toda noite. No outro extremo, há albergues que trocam de cabeludo: sai Bob Marley e a apologia ao amor, e entra Jesus Cristo e... a apologia ao amor! A turma dos hotéis não deve ter dificuldades para se hospedar, e convém, pela proximidade dos pontos turísticos, ficar junto à grande área entre a Centraal Station e o Vondelpark.

Flying Pig Uptown Hostel

- Vossiusstraat 46
- Van Baerlestraat (3, 12)   400.4187
- www.flyingpig.nl   incluído
- dorms 14p-4p €16-28 | quartos 2p €65-90

O Flying Pig é o albergue mais famoso entre a turma que vai para Amsterdã somente para curtir um baseado – o que é liberado em algumas áreas do hostel. Possui limite de idade (18-40 anos) e uma oferta interessante: alguns dormitórios coletivos oferecem camas *queen size*, para duas pessoas, que saem mais em conta do que duas camas de solteiro. Para economizar grana, dá até pra pensar em dividir os lençóis com um amigo.

Bob's Hostel

- Nieuwezijds Voorburgwal 92
- Nieuwezijds Kolk (1, 2, 5, 13, 17)
- 623.0063
- www.bobsyouthhostel.nl
- 144 camas | incluído
- dorms 16p-4p €16-27

Recepcionistas simpáticos, alguns falam também espanhol, além de holandês e inglês. A turma que se hospeda nesse hostel é, sim, chegada em puxar fumo, mas a recepção impõe regras e pede respeito, o que torna o ambiente aqui menos *junkie* do que o de outros albergues independentes.

Shelter Jordan Christian Hostel

- Bloemstraat 179
- Marnixstraat/Rozengracht (13, 17)
- 624.4717
- www.shelter.nl
- 98 camas | incluído
- dorms 18p €13-25, 8p €15-27, 5p €17-29

Esse prediozinho simples abriga um albergue cristão destinado a viajantes mais puros. Oferece jantar por €6, mas somente para grupos. *Lockers* gratuitos (mas leve o cadeado), geladeira e micro-ondas disponíveis. Limpo, *staff* amável. Não há limite de idade, mas preferem hóspedes entre 15 e 40 anos (tipo, passou desta idade, até pode ficar se não achar outro lugar...). Sexta e sábado a diária chega a custar €10 a mais. À noite, desfrute uma emocionante partida de damas na sala de jogos, reze e vá para a cama.

Shelter City Hostel

- Barndesteeg 21
- Nieuwmarkt (51, 53, 54)
- 625.3230 | www.shelter.nl
- 176 camas | incluído
- dorms 16p €14-26, 8p-10p €16-28, 2p-4p €22-34

Albergue central, próximo à Dam, cristão como o Jordan, do tipo que lembra o amor de Deus e de Jesus. Ambos os albergues oferecem as mesmas facilidades e condições gerais, inclusive quartos separados para homens e para mulheres. Tem internet, geladeira e micro-ondas.

Stayokay Amsterdam Zeeburg

- Timorplein 21
- Zeeburgerdijk (14)
- 551.3190
- www.stayokay.com/zeeburg
- 96 quartos | incluído
- dorms 6p €31-46 | quartos 2p €95-115

Albergue da rede HI, possui dormitórios com banheiro privado e camas com gavetas e luzes de leitura. Dispõe de bar, restaurante e aluguel de bicicletas. Tem características e serviços semelhantes aos do Vondelpark (veja a seguir), mas sai perdendo pela localização, já que está a uns 15min de *tram* da área central.

Stayokay Amsterdam Vondelpark

- Zanpad 5
- Van Baerlestraat (3, 12)
- 589.8996
- www.stayokay.com/vondelpark
- 536 camas | incluído
- dorms 20p-4p €22-63 | quartos 2p €71-160

Albergue da rede HI, limpo e organizado, apesar do tamanho enorme, para mais de 500 pessoas. As tarifas mudam diariamente, conforme o quarto e, principalmente, a lotação. Café da manhã inclui frios e nutella à vontade. Nos quartos, banheiros, duchas e *lockers* (mas é preciso ter seu próprio cadeado). Tem um restaurante a preços razoáveis, sala de TV a cabo, internet e lavanderia. Wi-fi gratuito. Apesar de grande, este albergue costuma lotar, portanto, não conte como certo conseguir uma cama para o dia (ou noite) sem reserva; melhor chegar por volta das 8h e esperar por eventuais vagas, provavelmente entrando numa lista de "sem-albergues". E atenção: se você não pagar antecipadamente sua estadia, pode ter problemas para garantir novas noites, mesmo já estando lá. O albergue é popular entre viajantes brasileiros.

Flying Pig Downtown Hostel

- Nieuwendijk 100
- Nieuwezijds Kolk (1, 2, 5, 13, 17)
- 420.6822
- www.flyingpig.nl   incluído
- dorms 32p-4p €22-38 | quartos 2p €85-105

Diárias variam conforme temporada e número de camas nos dormitórios. *Lockers* gratuitos, bem como o acesso à internet. É outro Flying Pig na cidade, no mesmo estilo do Uptown. Neste não há limite de idade, mas rolam festas todo o tempo – não é, portanto, para quem quer sossego.

Hans Brinker Budget Hotel

- Kerkstraat 136-138
- Keizersgracht Vijzelstraat (16, 24)
- 622.0687
- www.hans-brinker.com
- 538 camas   incluído
- dorms 8p €25 | quartos 2p €81

Albergue folclórico que divulga, em seu bem-humorado site, estar "orgulhosamente ignorando padrões desde 1970". É relativamente barato para Amsterdã (mas não tão barato assim), com café da manhã básico. Tem um bar que serve refeições e conta com uma boate subterrânea. Ainda de seu site: "honestamente, não o melhor, mas, definitivamente, é o mais memorável hotel de Amsterdã. Você recebe pelo que paga, mas como não paga muito, não terá piscina, serviço de quarto ou suíte de lua de mel". Piada ou não, a hospedagem fica por sua conta...

Hotel Van Gogh

- Van de Veldestraat 5
- Van Baerlestraat (3, 12)
- 262.9201
- www.hotelvangogh.nl
- 52 camas   €5
- dorms 6p €32 | quartos 2p €119-179

A um pulo do Van Gogh Museum e do Rijksmuseum, trata-se de um hotel que dispõe de uma "seção para jovens" com alguns dormitórios. São simples em termos de decoração, mas, além de serem limpos, têm ar-condicionado e banheiro privativo. Não conta com cozinha completa, apenas geladeira, micro-ondas e máquina de café. Para os dormitórios, a recepção fecha à meia-noite. Os quartos privados dispõem de TV e são decorados com réplicas de pinturas de Van Gogh. Aluga bicicletas (€15/dia), empresta guarda-chuvas e organiza passeios. Bem pertinho tem um supermercado.

Cocomama Hostel

- Westeinde 18
- Stadhouderskade (4)
- 627.2454
- www.cocomama.nl
- 12 quartos   não oferece
- dorms 6p €36-46 | quartos 2p €104-124

Bem decorado, aconchegante e com boa localização – fica relativamente próximo da Frederiksplein. Dormitórios um pouco apertados, decorados individualmente com temas que remetem à Holanda, têm banheiro privado, pequenos *lockers* e tomadas individuais. O albergue não serve café da manhã, mas possui uma cozinha abastecida de massas, arroz, temperos, café e chá, tudo gratuito. Joop, o gato, circula pela área comum do albergue, o que não é necessariamente um problema, mas pode ser um incômodo para os que não são fãs de felinos.

Amistad

- Kerkstraat 4
- Keizersgracht (1, 2, 5)
- 624.8074
- www.amistad.nl
- 10 quartos — incluído
- quartos 1p €50-145, 2p €60-179, 3p €75-205

Hotel voltado ao público gay, como boa parte dos estabelecimentos que estão nesta mesma rua. Decoração moderninha, quartos com TV a cabo e frigobar. Também disponibiliza apartamentos, diárias custam entre €100-300.

Inner Hotel

- Wanningstraat 1
- Museumplein (16, 24) — 662.5792
- www.innerhotel.nl
- 81 quartos — incluído
- quartos 2p €55-110

Quartos pequenos com TV e banheiro. O hotel está um pouco decadente, precisando de uma reforma e de mais cuidado, mas possui boas tarifas e está localizado em um bairro residencial. Fica próximo à Leidseplein, um dos pontos mais turísticos da cidade, e ao Van Gogh Museum.

Clemens Hotel

- Raadhuisstraat 39
- Westermarkt (13, 14, 17) — 624.6089
- www.clemenshotel.nl
- 14 quartos — incluído
- quartos 1p €60, 2p €75-150, 3p €150

Vizinho da Casa de Anne Frank, esse pequeno hotel 2 estrelas oferece bom custo-benefício. Os quartos, equipados com ar-condicionado, TV e frigobar, têm vista para o jardim interno, para a Westerkerk ou para o Palácio Real. Como boa parte dos hotéis da cidade, fica em um prédio antigo, por isso, só existem escadas íngremes e nenhum elevador.

Euphemia Hotel

- Fokke Simonszstraat 1-9
- Weteringcircuit (16, 24) — 622.9045
- www.euphemiahotel.com
- 30 quartos — €5
- quartos 2p €70-120, 3p €75-150

Preços variam muito, dependendo sempre do movimento; tendem a ser mais altos durante os fins de semana. Quartos com banheiro; roupa de cama e toalhas incluídas. Secador de cabelo e ferro de passar roupas disponíveis na recepção. Ambiente claro, silencioso e agradável.

Hotel Keizershof

- Keizersgracht 618
- Keizersgracht (1, 2)
- 622.2855 — www.hotelkeizershof.nl
- 4 quartos — incluído
- quartos 2p €75-125

Quartos espaçosos com TV, alguns com vista para o canal e com banheiro. O hotel é quase um *bed & breakfast*, bem familiar, instalado numa casa tipicamente holandesa. A localização, o atendimento e o café da manhã são excelentes.

CULTURA POP | Malditos holandeses!

Parabenize ou amaldiçoe os holandeses: foram eles que inventaram o programa de televisão *Big Brother*. A ideia surgiu baseada na sua experiência como povo de um país com alta densidade demográfica – todos parecem viver juntos num espaço pequeno e se espionando. Coincidência ou não, muitas casas na Holanda não têm venezianas ou cortinas nas janelas – um verdadeiro convite ao *voyeurismo*.

Amstel Riverview

- Amsteldijk 22
- Amsteldijk (3)
- 653.201.074
- www.amstelriverview.com
- 4 quartos | incluído
- quartos 2p €75-140

B&B bem localizado, ótimo atendimento. Alguns quartos têm vista para o rio Amstel. Os preços variam de acordo com os dias da semana e o número de noites. Para os fins de semana, exige-se o mínimo de 2 diárias, e, em alguns feriados prolongados, de 4 a 5 noites.

Conscious Hotel Vondelpark

- Overtoom 519-521
- Overtoomsesluis (1)
- 820.3333
- www.conscioushotels.com
- 81 quartos | €14
- quartos 2p €95-166

Hotel ecológico com decoração moderna e confortável. Quartos espaçosos com TV, telefone e banheiro. Wi-fi gratuito. O café da manhã tem produtos orgânicos, como a manteiga e a pasta de chocolate, sendo que alguns também podem ser adquiridos à parte para levar para casa ou, pelo menos, para o quarto. O atendimento é muito bom, assim como a localização.

Hotel Seven Bridges

- Reguliersgracht 31
- Keizergracht (1, 2, 5)
- 623.1329
- www.sevenbridgeshotel.nl
- 11 quartos | €12,50
- quartos 1p €105-195, 2p €120-235

Pequeno e aconchegante hotel de 300 anos, situado em frente aos canais das 15 pontes. Quartos decorados individualmente, têm banheiro e TV, a maioria também com ar-condicionado.

AMESTERDÃ LADO B | Casa-barco

Alternativa genuinamente amsterdamesa, casas-barcos (ou seriam barcos-casas?) ancoradas nos canais da cidade costumam oferecer quartos ou "apartamentos" como hospedagem. Algumas opções:

PhillDutch Houseboat B&B
- Nicolaas Witsenkade 17
- Stadhouderskade | 5436.8910
- www.phildutch.net
- quartos 1p €40/50, 2p €80/100 (baixa/alta temporada)

Amsterdam House Boat
- Kromme Waal 142
- Prins Hendrikkade | 5383.0105
- www.amsterdamhouseboat.nl
- apto 2p €145 (mínimo 3 noites), ou €905/semana

Misc eatdrinksleep

- Kloveniersburgwal 20
- Nieuwmarkt (51, 53, 54) | 330.6242
- www.misceatdrinksleep.com
- 6 quartos | incluído
- quartos 2p €145-235

Confortáveis quartos temáticos (os motes vão de Rembrandt a África), equipados com TV; alguns possuem vista para o canal; têm banheiro privativo. Café da manhã preparado pelo amigável casal dono do B&B, com produtos frescos e variedade de queijos holandeses.

Nova Hotel

- 📍 Nieuwezijds Voorburgwal 276 🚇 Dam
- ☎ 623.0066 💻 www.novahotel.nl
- 🛏 61 quartos 🍽 incluído
- 💲 quartos 1p €128, 2p €180, 3p €226

Hotel 3 estrelas, quartos com banheiro, TV e frigobar. Prédio antigo, mas com o interior renovado, num estilo limpo e moderno. Localização tranquila, perto do centro, mas não no meio do agito. Bom hotel; eventualmente oferece descontos na baixa temporada.

Sofitel The Grand Amsterdam

- 📍 Oudezijds Voorburgwal 197 🚇 Spui, Dam
- ☎ 555.3111 💻 www.thegrand.nl
- 🛏 177 quartos 🍽 €37,50
- 💲 quartos 2p a partir de €300

Excelente hotel: central, situado num prédio histórico, padrão luxo internacional, com quartos bastante confortáveis. Tem piscina, sauna, internet, jardim interno e um conceituado restaurante. Vale o investimento se você está à procura de um hotel requintado.

UM OLHAR MAIS ATENTO
Quem tem medo dos mitos holandeses?

Os mitos que cercam o assunto "drogas" na Holanda sugerem: 1) que há perigo em cada esquina ou 2) que tudo é liberado e você pode fazer o que quiser. Quanto à primeira questão, existe, sim, uma turma de inúteis que podem tentar roubar sua bolsa quando você se distrai. Como em qualquer lugar. Em Amsterdã, pelo imaginário que envolve a cidade, isso pode parecer mais expressivo, mas a real é que, em sua maioria, os tais inúteis não constituem ameaça: são apenas chatos tentando vender alguma coisa. Em todo caso, vale estar sempre atento, especialmente nas estações de trem e na área central à noite.

Sobre a liberação de drogas, nem tudo é como se pensa. A polícia tolera apenas 5g de maconha ou haxixe para consumo pessoal. Ponto final. Mais do que isso, assim como uso/porte de drogas mais pesadas, pode dar cana. Há alguns anos, o país vem debatendo a proibição do comércio da erva para turistas e, a partir de abril de 2012, entrou em vigor uma lei que limita a venda da droga somente a pessoas residentes na Holanda e maiores de 18 anos cadastradas. A lei foi motivada por uma rede de tráfico que comprava a droga no país para comercializá-la na Alemanha e na Bélgica. A exceção à regra é Amsterdã: na capital, os turistas ainda podem consumir maconha e haxixe dentro dos *coffee-shops*. Ainda assim, a questão está longe de ser resolvida: em 2013, o governo holandês foi condenado pela Justiça do país a indenizar proprietários de *coffee-shops* do sul pelas perdas financeiras ocorridas devido à nova legislação – esse é um sinal importante de que o assunto ainda deve ser rediscutido algumas vezes. De qualquer forma, se você resolver experimentar algo novo em Amsterdã, lembre-se que bem mais importante do que a questão legal ou moral é a questão saúde. *Space cake*, ou um suposto "bolo" de maconha, por exemplo, pode ser bem mais forte do que se pressupõe, e muita gente termina a viagem no hospital.

Outro dos liberalismos de Amsterdã, a prostituição, é também limitado a determinados distritos, que são mais tranquilos do que turistas assustados costumam pensar. A regra apenas é não fotografar as mulheres nas vitrines de luz vermelha, e realmente é bom resistir à tentação (fotográfica) para evitar transtornos.

Casas cubistas, uma das peculiaridades de Roterdã

ROTERDÃ

Conhecida por abrigar o maior porto da Europa (que até 2004 também era o maior porto do mundo), Roterdã, com aproximadamente 600 mil habitantes, é uma das mais gratas surpresas de uma viagem pelo Velho Continente. Justamente por seu estratégico porto, foi uma das cidades mais bombardeadas na Segunda Guerra Mundial. Como resultado desses ataques, foi significativamente reconstruída nas décadas seguintes, o que a transformou em um grande laboratório urbano. Este é o barato: uma cidade completamente fora do padrão holandês das casinhas históricas e dos simpáticos canais. Por aqui, prevalecem os prédios arrojados e criativos, inovadores não apenas arquitetonicamente. As construções de Roterdã, afinal, são funcionais, integradas ao cotidiano das pessoas – são estações de trem, bibliotecas, pontes, museus, praças e até casas comuns. Ou melhor, tão comum quanto viver, literalmente, numa casa cubista.

A Cidade

De porte razoavelmente grande para os padrões europeus, Roterdã possui muitas atrações dispersas pela cidade. É dividida por bairros que valem um passeio: *Centrum*, a agitada área central, entre a estação de trem e a avenida Blaak, reúne boa parte do comércio, *Museumpark*, zona que abriga vários museus; *Waterfront*, junto ao rio Maas, onde foram erguidas duas de suas modernas pontes. Bem-disposto a caminhar, você pode ir a pé de uma região a outra. Código telefônico: 010.

Informações turísticas

Há dois postos de informações, que fornecem mapas gratuitos, panfletos e cartões de desconto, fazem reservas de acomodações e vendem o cartão da cidade. O maior e mais completo deles fica na Stationsplein 45, praticamente dentro da estação de trem (⊙ seg-dom 9h-17h30); o outro, na Coolsingel 195-197 (⊙ 9h30-18h), vende suvenires e tickets de concertos, e disponibiliza sinal wi-fi gratuito. Pela internet: 🖳 www.rotterdam.info.

Cartão da cidade Nos postos de informações turísticas e em alguns hotéis é vendido o *Rotterdam Welcome Card*, que permite o uso do transporte público e descontos para museus, atrações e restaurantes. Disponível para: 1 dia/€10 (Id, Cr: €7,50), 2 dias/€13,50 (Id, Cr: €8,75) e 3 dias/€17,50 (Id, Cr: €10,50).

Chegando e saindo

O aeroporto fica a 20min do centro da cidade, ao qual se conecta pelos ônibus 33 e 50. A maioria dos voos que pousam aqui é operada pela companhia *Transvia*. De trem, Roterdã está a 1h de Amsterdã, para onde há saídas frequentes. A estação principal, *Centraal Station*, encontra-se a uns 10min a pé do centro, atravessando uma muralha de prédios modernosos. Verifique se o seu trem não para também na curiosa *Blaak Station*, estação que fica mais próxima do centro de Roterdã.

Circulando

A fim de admirar a arquitetura e o contorno urbano, pode ser uma boa, além de econômico, percorrer a cidade a pé. Se deseja utilizar o transporte público (*trams*, ônibus e metrô), saiba que vale o mesmo sistema de Amsterdã com o *OV-chipkaart*, embora os valores sejam menores: €7 por 1 dia, €10 por 2 dias, €14 por 3 dias; ou ainda, se comprado a bordo, €5 por 2h. Roterdã também é bem preparada para ciclistas (afinal, estamos na Holanda), contando com ciclovias e rotas de passeios pelos arredores da cidade. Você pode alugar magrelas a partir de €7,50/dia na loja *Rijwielshop*, que fica na Centraal Station. Para grupos de 6 ou mais pessoas, outra opção é a *Rotterdam ByCycle*, na Schiekade 205, próximo à praça Hofplein (é preciso agendar por telefone ou pelo e-mail info@rotterdambycycle.nl e o aluguel custa €10 por dia, por *bike*).

Atrações

Museus interessantes, prédios arrojados, pontes progressistas, igrejas históricas, porto corpulento: eis uma cidade holandesa com uma atmosfera diferente. Defina algumas atrações de seu interesse, pegue um mapa e circule por Roterdã.

Laurenskerk *(St. Laurence Church)*

- Grotekerkplein 27
- 411.6494
- Blaak
- www.laurenskerkrotterdam.nl
- ter-sáb 11h-16h
- €5 (Est: €3,50)

A igreja tem o nome inspirado em São Lourenço, padroeiro da cidade. Original de 1525, foi severamente danificada na Segunda Guerra e reaberta para visitação em 1968, após longa reforma. Sua torre, no entanto, foi mantida num estado de semi-ruína. Na mesma praça está a estátua do filósofo Erasmus, nativo de Roterdã.

Kijk-Kubus *(Cube Houses)*

- Overblaak 70
- Blaak
- 414.2285
- www.kubuswoning.nl
- seg-dom 11h-17h
- €2,50 (Est: €2 | Cr: €1,50)

Uma viagem arquitetônica: projetados pelo arquiteto holandês Piet Blom, que imaginou casas-árvores como parte de um bosque, as Casas Cubistas são construções dignas de Picasso em sua fase cubista. Uma das casas está aberta à visitação. Confira e entre na polêmica: se, de fato, vale a pena morar num lar-cubo e sobrepor a forma e a estética à praticidade e à funcionalidade.

Centrale Bibliotheek *(Rotterdam Library)*

- Hoogstraat 110
- 281.6212
- Blaak
- www.bibliotheek.rotterdam.nl
- seg 13h-20h, ter-sex 10h-20h, sáb 10h-17h, dom 13h-17h
- grátis

A Biblioteca Central de Roterdã é uma das maiores da Holanda, dona de uma fachada um tanto curiosa, principalmente por seu estilo piramidal e pelos tubos amarelos verticais que atuam na ventilação do edifício. Faça um tour por dentro do prédio, repare nos seus bojos iluminados e chegue ao sexto e último andar, de onde se tem uma boa vista da cidade.

Splashtours

- Leuvehaven
- 436.9491
- www.splashtours.nl
- tours às 11h/12h30/14h/15h30; no verão, também às 17h e 18h30
- €24,50 (Cr: €16,50)

Um ônibus de turismo que, depois de passar pelos principais atrativos de Roterdã, mergulha (literalmente) nas águas do rio Maas. Esses veículos-anfíbio saem da parada próxima ao Maritiem Museum.

ALMANAQUE VIAJANTE | Porto de Roterdã

Maior da Europa e um dos maiores do mundo, o porto de Roterdã tem extensão de quase 40 quilômetros e lida com cerca de 300 milhões de toneladas de carga por ano. Não é exatamente próximo da área central da cidade, então o melhor meio de conhecê-lo – não poderia ser diferente – é de barco, o que costuma acontecer por meio de tours, organizados por empresas privadas, em 75min, €11,75. A partir do porto, pode-se integrar outros passeios guiados, visitando algumas partes interessantes, como pequenos galpões e simpáticos cafés à beira do rio. Para mais informações, consulte www.spido.nl ou diretamente o centro de informações turísticas.

Nederlands Fotomuseum

- 📍 Wilhelminakade 332
- 🚊 Wilhelminaplein (20, 23, 25)
- ☎ 203.0405
- 💻 www.nederlandsfotomuseum.nl
- 🕐 ter-sex 10h-17h, sáb-dom 11h-17h
- 💲 €9 (Est: €4,50)

Abriga exposições temporárias de fotografias e organiza diferentes atividades, como *workshops*, palestras e visitas guiadas.

Museum Boijmans Van Beuningen

- 📍 Museumpark 18-20
- 🚊 Eendrachtsplein (7, 20)
- ☎ 441.9400   💻 www.boijmans.nl
- 🕐 ter-dom 11h-17h
- 💲 €15 (Est: €7,50)

O museu inclui obras de Dalí, Rembrandt, Picasso e Van Gogh. Tem também uma famosa coleção de arte contemporânea. O valor do ingresso pode variar de acordo com as exposições temporárias.

A estátua *The Destroyed City*

Het Nieuwe Instituut

- 📍 Museumpark 25
- 🚊 Eendrachtsplein (7, 20)
- ☎ 440.1200
- 💻 www.hetnieuweinstituut.nl
- 🕐 ter-sáb 10h-17h, dom 11h-17h
- 💲 €10 (Est, Id: €6,50 | Cr: grátis)

Próximo ao Museum Boijmans Van Beuningen, o Instituto Het Nieuwe, fusão de outras instituições ligadas à arquitetura e ao design, possui uma das maiores coleções sobre arquitetura mundial, com desenhos, esboços, maquetes, livros e todo tipo de material sobre o assunto.

Maritiem Museum *(Maritime Museum)*

- 📍 Leuvehaven 1
- Ⓜ Beurs / Chuchillplein
- ☎ 414.2680
- 💻 www.maritiemmuseum.nl
- 🕐 ter-sáb 10h-17h, dom 11h-17h
- 💲 €8,50 (Cr: €4)

Fundado em 1874, este é o mais antigo museu da Holanda a tratar sobre a cultura marítima. Contém mais de 1 milhão de objetos, em várias exposições diferentes, incluindo miniaturas da antiga Roterdã portuária e uma seção que funciona dentro de um navio do século 19.

Havenmuseum *(Harbor Museum)*

- 📍 Leuvehaven 50
- Ⓜ Beurs / Chuchillplein
- ☎ 404.8072
- 💻 www.havenmuseum.nl
- 🕐 ter-dom 11h-17h
- 💲 grátis

Museu de mesmo assunto do anterior, mas com um enfoque diferente: a evolução histórica do porto de Roterdã, de meados do século 19 até a atualidade. Na visita, pode-se conferir máquinas, motores e embarcações originais.

UM OLHAR MAIS ATENTO | Museumpark e a Calçada da Fama

O local é, como o nome já indica, um parque com vários museus. Vale dar uma circulada por aqui. Se não vier a pé do centro, pegue o *tram* 4 ou 5 ou o ônibus 32 até Eendrachtsplein. Fazem parte desta área os quase impronunciáveis *Museum Boijmans Van Beuningen* e *Het Nieuwe Instituut*. Nas proximidades, você encontra ainda o *Walk of Fame*, bem ao estilo da calçada da fama de Hollywood, embora menor. É verdade que você vai encontrar muitos nomes dos quais nunca ouviu falar, mas também estão estampados por lá Tina Turner, Bon Jovi, Jackie Chan e Ray Charles.

Wereldmuseum *(The World Museum)*

- Willemskade 25
- Westplein (7)
- 270.7172
- www.wereldmuseum.nl
- ter-dom 10h30-17h30
- €15 (Cr: grátis)

O museu abriga uma coleção permanente de mais de 1800 itens de todo o mundo, focando-se especialmente em peças etnográficas de países em desenvolvimento. Espere ver artigos têxteis, vestimentas, tapetes, joias e artesanato. Os objetos são oriundos de expedições da primeira metade do século 20. Aos domingos o museu oferece visitas guiadas gratuitas. Nos demais dias os tours são apenas para grupos de 15 ou mais pessoas, são cobrados e precisam ser agendados com antecedência.

UM OLHAR MAIS ATENTO
+ Arquitetura

Próxima à biblioteca e às casas cubistas, na sequência do passeio arquitetônico, você encontra a Blaak Station, uma estação de trem e metrô cuja cobertura faz o estilo disco voador. Repare também no prédio-lápis que fica ao lado. Siga adiante para encontrar o rio e a estilosa ponte Willemsbrug.

Erasmusbrug *(Erasmus Bridge)*

Ponte sobre o rio Maas, que liga as regiões norte e sul da cidade. Seus 800m de comprimento são suspensos por cabos presos a um pilar de 139m de altura que, em razão de seu curioso formato, rendeu à ponte o apelido de "Cisne".

Euromast

- Parkhaven 20
- Euromast (8)
- 436.4811
- www.euromast.nl
- abr-set seg-dom 9h30-23h, out-mar 10h-23h
- €9,50 (Id: €8,50 | Cr: €6,10)

Com 185m de altura, é a torre panorâmica mais alta da Holanda, junto ao agradável Het Park e ao rio.

De Verwoeste Stad *(The Destroyed City)*

- Plein 1940
- Blaak

Obra do escultor Ossip Zadkine, A Cidade em Ruínas é uma estátua de bronze de 6,5m de altura. Construída em 1953, lembra um homem com um buraco no corpo, simbolizando o sofrimento de Roterdã devido ao bombardeio alemão na Segunda Guerra. Segundo Zadkine, a obra representa a antiga Roterdã, que teve seu coração destruído durante o ataque. É um dos mais importantes monumentos da cidade.

A estilosa Biblioteca Central de Roterdã

Compras

Algumas ruas são verdadeiros shoppings a céu aberto. A *Kruiskade*, no centro, é repleta de lojas e restaurantes. Um pouco adiante, a *Nieuwemarkt Area*, que desemboca na Biblioteca Central, tem lojas de móveis, tecidos, iluminação e vários bares e cafés. Na *Binnenrotte* acontece o maior mercado a céu aberto da Holanda. É possível encontrar queijos, roupas, perfumes, peixes e tudo o que você espera (ou não) de uma feira, geralmente a preços camaradas e negociáveis (ter/sáb 9h-17h, abr-dez aberto também aos domingos). Na *Wijde Kerkstraat* acontece uma pequena feira de livros (ter/sex 9h-17h). *Witte de Whitstraat*, próxima ao Museumpark, é uma via que tem comércio, museus, galerias e cafés.

Comes & Bebes

Restaurantes espalham-se principalmente pela área central da cidade. Já pequenos e charmosos cafés povoam a região de Oude Westen, entre a estação de trem e o Museumpark. Se a meta é economizar, supermercado! Na Nieuwe Binnenweg 30, você encontra o *Volume Markt*, e, na estação central, o famoso *Albert Heijn*, onde é possível comprar comidas prontas a preços acessíveis, na faixa dos €5.

Panini

- Binnenwegplein 9-C M Beurs
- 404.6865   www.panini.nl/rotterdam
- dom-qui 9h30-19h, sex 9h-21h
- €1,60-4,90

Quiosque pequeno que quase passa despercebido, ideal para um lanche rápido e barato. É considerado por alguns holandeses um dos melhores pontos de *panini* (sanduíches italianos) da cidade.

Dudok Restaurant

- Meent 88   Stadhuis (21, 23)
- 433.3102   www.dudok.nl
- seg-sex 8h-21h30, sáb 9h-21h, dom 10h-21h30   €4,25-17

Situado num edifício projetado pelo famoso arquiteto Willem Dudok, o café/restaurante homônimo oferece um ambiente que agrega arquitetura, arte e cultura – além de boas comidinhas, é claro. Aqui você encontra massas a partir de €9,50 e diversas opções de lanches a partir de €4,25. Não deixe de provar a clássica e deliciosa torta de maçã (€5,50).

O'Pazzo Pizzeria

- Mariniersweg 90   M Blaak
- 282.7107   www.opazzo.nl
- seg-sex 11h-22h, sáb-dom 18h-22h
- €7-25

Carnes a partir de €21,50, peixes €22,50. Pizzas, as mais procuradas, a partir de €7,95. Não é o melhor atendimento da região, mas possui boas pizzas e preços razoáveis.

Engels Grand Café Restaurant

- Stationsplein 45
- 411.9551　www.engels.nl
- seg-sex 8h-23h, sáb 9h-23h, dom 10h-23h
- €12-30

Logo em frente à estação central, o restaurante serve menus combinados com entrada, prato principal e sobremesa a partir de €17,60 (ou apenas o prato do dia por €12,50). Ambiente agradável, bonito e espaçoso, frequentado tanto por turistas quanto por moradores.

Fjord Eat & Drink

- Blaak 776
- Keizerstraat (21, 24)　213.6609
- www.fjord-rotterdam.nl
- seg-sex 12h-22h, sáb-dom 17h-22h
- €10-25

O fiorde do nome do restaurante é apenas inspiração, já que os pratos servidos aqui não têm exatamente relação com a Noruega. Cardápio bem variado: tábua de queijo ou carne (€10), sopas (€6-15), pães (€5-8) e saladas (€9-15). No jantar, serve também sashimi (€5-12), ostras (€12-18) e diferentes tipos de carne (€15-22). Localização central, praticamente ao lado do Museu Marítimo.

Noite

Roterdã é conhecida pelas festas agitadas, concentradas lado a lado na área central da cidade. Um pouco mais distante, perto da região de Oudehaven (Porto Velho), também há boas alternativas para quem não quer dormir cedo. Os badalados *Baja Beach Club* (www.bajarotterdam.nl) e o *Toffler* (www.toffler.nl) são frequentados pelos turistas e pelos locais.

Hotéis & Albergues

Roterdã é bastante próxima de Amsterdã, o que permite um bom passeio de um dia a partir da capital holandesa. A cidade, porém, tem atrações que podem sustentar uma visita mais prolongada, então vale saber onde encontrar um travesseiro amigo. Para mais dicas de hospedagem, visite o centro de informações da cidade (VVV), ou pela internet: www.rotterdam.info.

Hostel ROOM

- Van Vollenhovenstraat 62
- Westerstraat (7)　282.7277
- www.roomrotterdam.nl
- 16 quartos　incluído
- dorms 12p €18, 4p €23 | quartos 2p €27

Preços das diárias variam de acordo com a época do ano. Banheiros compartilhados. Wi-fi gratuita. O hostel possui serviço de aluguel de bicicletas, lavanderia, cozinha e *walking tours* – estes pagos à parte. Tem também um bar com *happy hour* todos os dias das 19h às 20h, com cervejas, vinhos e drinques promocionais que variam semanalmente; custam €1,50. Ótimo atendimento e localização, próximo a grande parte das atrações da cidade.

Stayokay Rotterdam

- Overblaak 85-87　Blaak (21)
- 436.5763　www.stayokay.com/rotterdam
- 38 camas　incluído
- dorms 8p-6p €26/33, 4p 29/35 | quartos 2p €65/75 (baixa/alta temporada)

Concede desconto de €2,50 para quem tem carteira HI (Stayokay é a versão holandesa da rede). Wi-fi grátis e vários serviços extras disponíveis, como bar e aluguel de bicicletas. O hostel é bom, mas o grande diferencial aqui é a própria construção: um prédio cubista – particularmente recomendado para quem quer se hospedar curtindo uma arquitetura irreverente.

Hotel Baan

- Rochussenstraat 345
- Coolhaven
- 477.0555
- www.hotelbaan.nl
- 14 quartos
- incluído
- quartos 1p €55-€75, 2p €80-€90

Preços das diárias variam de acordo com o tipo de quarto. Hotel simples e atendimento mais ou menos. Boa localização, com vista para o canal. Tem quatro andares – mas não elevador.

Hotel Emma

- Nieuwe Binnenweg 6
- Eendrachtsplein
- 436.5533
- www.hotelemma.nl
- 24 quartos
- incluído
- quartos 1p €65-115, 2p €125-140

Preços das diárias dependem do quarto ter ou não banheiro privado e também da época do ano. Hotel 3 estrelas, caro pelo que oferece. Bastante inferior ao Hotel Bilderberg, que é bem próximo, dobrando a esquina.

H2otel

- Wijnhaven 20a
- Blaak (21)
- 444.5690
- www.h2otel.nl
- 49 quartos
- €9,50
- quartos 1p €65-140, 2p €95-140

Preços das diárias variam de acordo com o tipo de quarto e a época do ano. Tem banheiro, ar-condicionado e TV. Wi-fi gratuito. O hotel, na verdade, é um barco ancorado. É possível fazer um piquenique em um outro pequeno barco redondo oferecido para tais eventos. Localizado em uma área tranquila, mas central. Vale a experiência.

Bilderberg Parkhotel Rotterdam

- Westersingel 70
- Eendrachtsplein
- 436.3611
- www.bilderberg.nl
- 189 quartos
- €24,50
- quartos 2p €99

Hotel 4 estrelas, central. Quando não está cheio (e normalmente não está), pode-se tentar negociar os valores ou um quarto superior pelo preço do standard.

Hotel New York

- Koninginnenhoofd 1
- Wilhelminaplein
- 439.0500
- www.hotelnewyork.nl
- 72 quartos
- €17,50
- quartos 2p €99-270

O valor das diárias oscila de acordo com a época do ano e o tipo de quarto, que pode variar de tamanho e de decoração. Quartos com TV, banheiro, telefone, máquina de café, ar-condicionado e wi-fi gratuito. Não possui minibar, mas tem serviço de quarto 24h. A maioria das habitações tem vista para o rio.

The Manhattan Hotel

- Weena 686
- Centraal Station
- 430.2000
- www.manhattanhotelrotterdam.com
- 230 quartos
- €28,50
- quartos 2p €129-369

Fica em frente à estação central. Preço das diárias varia de acordo com o tamanho das acomodações. Do bar e do restaurante é possível ter uma visão privilegiada da cidade (assim como da maioria dos quartos). Todas as suítes são equipadas com banheira, TV a cabo, minibar e cofre. O hotel possui academia 24h e hóspedes dos aposentos mais caros têm direito a frequentar um pequeno *lounge* com petiscos, bebida e internet gratuita. Decoração impecável e excelente atendimento. Ótimo hotel.

HAIA

Apesar de ser menor do que Amsterdã e Roterdã, Haia, com 500 mil habitantes, é provavelmente a cidade holandesa cuja aparência mais se aproxima à de uma metrópole: prédios modernos, avenidas largas e atrações afastadas uma das outras. O nome costuma ser uma pequena confusão: em holandês, chama-se *'s-Gravenhage*; em inglês é *The Hague*; em português é traduzida como Haia; entre os nativos é chamada de *Den Haag*. Independentemente da nomenclatura, é a capital administrativa da Holanda. Aqui se encontram o governo do país, o Senado, a Casa dos Representantes (Parlamento), a maioria das embaixadas, o Palácio Real e o Tribunal de Haia. Para um turista, no entanto, o que vale é a vida cultural e os bons museus, com destaque para o Mauritshuis, que ganhou popularidade nos últimos anos com a "redescoberta" de Vermeer e sua célebre pintura *Moça com Brinco de Pérola*.

A Cidade

O centro de Haia não é lá muito grande. Cá entre nós, não é sequer um verdadeiro centro, uma vez que muitos dos atrativos e órgãos governamentais estão dispersos pela cidade. A área retangular entre a rua Spui e a estação de trem foi modernizada nos últimos anos, criando um polo comercial com alguns remanescentes prédios residenciais. Próximo a essa região, um pouco mais ao norte, encontram-se a sede do Parlamento e o ótimo museu Mauritshuis. A uns 5km fica Scheveningen, a região litorânea de Haia. Código telefônico: 070.

Informações turísticas

O *VVV The Hague* (Spui 68; seg 12h-20h, ter-sex 10h-20h, sáb 10h-17h, dom 12h-17h) concede mapas básicos, faz reservas de hotéis e vende a revista *The Hague Magazine*, que disseca a cidade (e, de lambuja, Delft). Pela internet: www.denhaag.com.

Praça central de Haia; em destaque, a estátua de William I, príncipe de Orange

Chegando e saindo

O *Rotterdam The Hague Airport* fica a cerca de 40min do centro de Haia e oferece voos de/para boa parte do continente europeu. Para chegar à cidade a partir de lá, pegue o ônibus 50 até a parada Meijersplein e então o metrô até o centro.

Estação ferroviária, são duas: a *Centraal Station*, a não mais que 10min a pé do centro, e a *Hollands Spoor*, um pouco mais distante. Trens saem com frequência para Amsterdã, em torno de 1h de viagem. Ainda mais próximo, quase uma extensão urbana, é Delft, a apenas 15min de trem. Há quem chegue em Haia, dê uma volta básica pela cidade, vá ao Mauritshuis curtir Rembrandt e Vermeer e siga para Delft.

Atrações

Capital administrativa do país, Haia é sede do parlamento holandês, de alguns bons museus e do Palácio da Paz, conhecido como Tribunal de Haia. O centro da cidade, por si só, porém, não é lá grande coisa. Já o litoral, onde fica o balneário mais popular da Holanda, o Scheveningen, pode ser uma boa para quem estiver com saudades de uma praia, especialmente no verão.

Mauritshuis Museum

Korte Vijverberg 8
Statenkwartier (17)
302.3456   www.mauritshuis.nl
seg 13h-18h, ter-qua/sex-dom 10h-18h, qui 10h-20h   €14 (Est: €11 | Cr: grátis)

É, definitivamente, o mais interessante museu da cidade; apresenta exposições de pintores holandeses, com destaque para Rembrandt e Vermeer. Do primeiro, estão presentes as famosas telas de autorretrato, mas o que tem aumentado a fama deste museu é uma das obras do segundo: *Moça com Brinco de Pérola*, que chegou ao conhecimento do grande público pelo filme homônimo, de 2003 (com Colin Firth no papel do pintor e Scarlett Johansson no da "moça do brinco"). Vermeer (1632-1675), nasceu na vizinha cidade de Delft, e várias de suas telas, que primam por uma sutil luminosidade (detalhe presente no brinco do famoso quadro), retratam a cidade como cenário. Aqui está também *O Pintassilgo*, de Carel Fabritius, quadro que ganhou notoriedade após a publicação, em 2013, de um romance homônimo escrito pela norte-americana Donna Tartt e vencedor do Pulitzer, em 2014.

Scheveningen, uma das praias mais populares da Holanda

Gemeentemuseum

- 📍 Stadhouderslaan 41
- 🚊 Gemeentemuseu/Museon (17)
- 📞 338.1111   💻 www.gemeentemuseum.nl
- 🕐 ter-dom 11h-17h
- 💲 €13,50 (Est: €10)

Museu de arte moderna, com uma boa coleção de Piet Mondrian – considerado o grande pintor holandês do século 20; conta também com algumas obras de Picasso. O ingresso conjunto para o Gemeentemuseum e para o GEM Museum for Contemporary Art & Museum of Photography custa €17.

GEM Museum for Contemporary Art & Museum of Photography

- 📍 Stadhouderslaan 13
- 🚊 Gemeentemuseu/Museon (17)
- 📞 338.1133
- 💻 www.gem-online.nl
- 🕐 ter-dom 12h-18h   💲 €8 (Est: €6)

Ao lado do Gemeentemusem, divide com este museu o mesmo prédio e ingresso, basicamente em exposições temporárias nos dois enfoques que os intitulam: arte contemporânea e fotografia.

Huis ten Bosch Paleis

- 📍 Haagse Bos
- 🚊 Carel Reinierszkade Noord (43, 91)

A Casa do Bosque é um palácio – uma das residências oficiais da monarquia holandesa em Haia. O nome é justificado, uma vez que o local é cercado pelas árvores e lagos do parque Haagse Bos. Nem sempre foi residência da família real, mas desde 1981 hospeda Beatrix de Orange, rainha que abdicou do trono em 2013. O passeio até lá pode ser um pouco frustrante, pois não é permitida a entrada na casa, embora uma caminhada pelo parque possa compensar.

Het Parlement

- 📍 Binnenhof 8
- 🚊 Buitenhof/Hofweg (22, 24)
- 📞 750.4646   💻 www.parlement.nl
- 🕐 seg-sáb 10h-16h
- 💲 grátis | tours €5-10

O complexo de prédios do parlamento, chamado de *Binnenhof* (algo como "pátio interior"), é o centro do governo da Holanda. É lá que trabalham o primeiro-ministro, os senadores e os deputados. A visita é gratuita e não é necessário agendamento, mas é preciso apresentar documento de identidade com foto para assistir às sessões parlamentares. Acontecem também tours guiados, que são organizados pelo centro de informações ProDemos (📍 Hofweg 1, a cerca de 400 metros do Binnenhof; 💻 www.prodemos.nl), sempre em holandês; disponibilizam audioguias em inglês e espanhol.

Vredespaleis *(Peace Palace)*

- 📍 Carnegieplein 2
- 🚊 Vredespaleis (1, 10)
- 📞 302.4242   💻 www.vredespaleis.nl
- 🕐 10h-16h (15h no inverno)
- 💲 €9,50

O Palácio da Paz tem este nome porque sua construção foi resultado da colaboração de várias nações, como Suécia, Itália, França e China. O Brasil também participou, doando madeira especial para as obras. Ironicamente, pouco mais de um ano após o término da construção do Palácio da Paz, teve início a Primeira Guerra Mundial. Aqui ficam a Corte Internacional de Justiça, conhecido como Tribunal de Haia, e outros órgãos ligados ao Direito Internacional, onde são julgados os acusados de crimes de guerra ou contra a humanidade, entre outros. Conta ainda com uma das mais prestigiadas bibliotecas jurídicas do mundo. Visitas guiadas com duração de 50min.

Museum van de Gevangenpoort
(Museum De Gevangenpoort)

- Buitenhof 33
- Buitenhof (6, 10, 16, 17)
- 346.0861
- www.gevangenpoort.nl
- ter-sex 10h-17h, sáb-dom 12h-17h
- €7,50 (Cr: €5,50)

O Museu da Prisão tem acesso apenas com visitas guiadas, normalmente em holandês (nos domingos acontece uma visita em inglês às 14h15). É um prédio do século 15, ex-prisão da corte de justiça holandesa. Após assistir a um vídeo que conta a história do local e de seus prisioneiros mais célebres, visite as celas, as salas de interrogatório e os cômodos com objetos de tortura.

Panorama Mesdag

- Zeestraat 65
- Mauritskade (1, 10)
- 310.6665
- www.panorama-mesdag.com
- seg-sáb 10h-17h, dom 11h-17h
- €10 (Est: €8,50)

Diversos quadros do pintor Hendrik Willen Mesdag, incluindo o enorme panorama de Scheveningen (o mais famoso balneário holandês), datado de 1881. É possível sentir-se praticamente dentro da praia através da pintura, cujas dimensões são impressionantes 120 metros de comprimento por 14 metros de altura. Vale a visita.

Madurodam

- George Maduroplein 1
- Madurodam (9)
- 416.2400
- www.madurodam.nl
- mar-ago seg-dom 9h-20h | set-out 9h-19h | nov-mar 11h-17h
- €15,50

Aqui é possível caminhar por uma réplica da Holanda em miniatura, com aviões, pessoas e moinhos – tudo em movimento. O passeio é bem popular entre famílias com crianças, mas você também irá curtir caso goste de miniaturas e queira ver um pouco mais de importantes construções ao redor do país. O local fica a céu aberto, portanto procure visitar quando o tempo estiver bom.

Scheveningen

- Scheveningen Bad (1, 9)

É conhecida como a praia mais badalada da Holanda. Aqui não existe tempo ruim para os surfistas, que praticam o esporte até mesmo no inverno. Para os holandeses, basta um raio de sol para que todos visitem o local, que é cercado de bares e restaurantes e tem um clima bem litorâneo (incluindo o muitas vezes incômodo vento). No verão são feitas esculturas de areia na praia e é possível pular de *bungee jump* a partir de uma plataforma que fica no píer. Bem interessante.

Comes & Bebes

Capital e importante centro europeu, Haia é bem servida de restaurantes chiques e internacionais, incluindo locais de comida mexicana, húngara, tailandesa e argentina. Na área central da cidade existem alguns cafés, mas nada exatamente barato – alternativa são os supermercados que você também encontra nas proximidades. A região de Scheveningen, no litoral, oferece diversos *fast-foods* internacionais, bem como lanchonetes, que podem sair mais em conta.

Yeah!

- Pluvierstraat 402, Scheveningen
- Markenseplein (12)
- 322.3715
- www.vegyeah.nl
- ter-qui 15h-22h, sex-dom 12h-22h
- €4,50-10

Restaurante vegetariano, à la carte. Porções bem servidas e preços acessíveis. Pratos a partir de €4,50 e lanches a partir de €1. Culinária holandesa, chinesa e indonésia em versões com tofu, massas e carne de soja.

Plato

- Frederikstraat 32
- Mauritskade (1, 10)   363.6744
- www.restaurant-plato.nl
- ter-dom 15h-22h
- €17,50-22

Restaurante familiar, à la carte, frequentado por muitos moradores. Serve pratos como o cordeiro com molho de alecrim e cebola roxa por €19,75.

Rodizio

- Gevers Deynootplein 125, Scheveningen
- Kurhaus (1, 9)   322.5373
- www.rodizio.nu
- seg-sáb 16h-0h, dom 13h-23h
- €22,50-30

Restaurante localizado no litoral, na mais conhecida praia da Holanda. Típico rodízio brasileiro com diversidade de carnes e alguns frutos do mar. Costuma tocar samba às quintas, sextas e sábados e bossa nova aos domingos. Faça reserva, o local está sempre cheio. Pode ser um pouco barulhento, mas possui boa comida e ambiente bem brasileiro.

Hotéis & Albergues

Como é a capital administrativa do país e sede de vários órgãos da ONU, Haia conta com muitos hotéis: só de luxo existem quatro, e 4 estrelas, mais de 20. Albergues, porém, são poucos. Se deseja ficar na cidade, invista na ajuda do centro de informações, ou numa de suas revistas que concedem boas dicas de hotéis, inclusive com foto. Ou fique mesmo em Amsterdã e venha para Haia apenas em um *day trip*.

Stayokay Den Haag

- Scheepmakersstraat 27
- Hollands Spoor (1, 9, 12 e 16)   315.7888
- www.stayokay.com/denhaag
- 221 camas   incluído
- dorms 8p-6p €21/29 (baixa/alta temporada)

Padrão Stayokay: hostel limpo, com diversas facilidades como bar, *lockers*, aluguel de bicicleta, mesa de bilhar e wi-fi grátis.

The Staten Hotel

- Frederik Hendriklaan 299
- Bareelstraat   354.3943
- www.statenhotel.nl
- 10 quartos   incluído
- quartos 1p €46-73, 2p €80-88

O preço da diária varia de acordo com a época do ano e o tipo de habitação. Quartos com TV e telefone, mas nem todos com banheiro. Hotel pequeno, confortável e com ótimo atendimento.

Hotel Sebel

- Prins Hendrikplein 20
- Van Speijkstraat Oost (17)
- 345.9200   www.hotelsebel.nl
- 33 quartos   €9
- quartos 1p €59-69, 2p €79-109

A diária varia com o tamanho de quarto, a época do ano e se há ou não sacada. Wi-fi grátis. Todos os quartos são equipados com banheiro, telefone, TV e cofre, embora os *single* sejam bem pequenos. Hotel familiar.

Stay The Hague Bed & Breakfast

- Roggeveenstraat 134
- van Speijkstraat West (3)   2009.3826
- www.stay-the-hague.nl   €10
- quartos 1p €70, 2p €85

Apenas 1 quarto, que é quase um mini-apartamento, com terraço, cozinha, refrigerador, micro-ondas, cafeteira e wi-fi grátis. Dá pra se sentir em casa.

DELFT

Terra natal do pintor Vermeer, Delft é uma das cidades mais charmosas do país. Possui canais e casas históricas que a tornam uma mini-Amsterdã, sem o cosmopolitismo da capital. A cidade de 100 mil habitantes também tem igrejas e museus, nada assim tão diferente; o grande programa é uma caminhada (ou pedalada) para curtir a atmosfera *relax* do lugar. A 1h de Amsterdã – e ainda mais próxima da outra capital, Haia –, Delft é perfeita para um dia de passeio, com direito a moinhos, vacas malhadas e plantações de tulipas pelo caminho.

A Cidade

O centro de Delft é bastante compacto, o que torna as caminhadas fáceis e agradáveis. O coração da cidade é a praça principal, Markt, de formato retangular, ladeada por um par de canais. Delft fica a apenas 15min de trem de Haia. A estação está há uns 10-15min a pé da área central.

Informações turísticas O *Tourism Information Point* (Kerkstraat 3; ter-sáb 10h-16h, dom 11h-15h) oferece informações sobre atrações e acomodações e fornece mapas de Delft e da região. Pela internet: www.delft.nl.

Atrações

Caminhar e admirar a cidade é o melhor dos programas; dependendo do interesse, você pode entrar nos templos e museus. A **Markt**, coração da cidade histórica, foi local de julgamentos no século 13; hoje abriga a prefeitura, a igreja nova e um tradicional mercado às quintas. Igrejas são duas: a **Nieuwe Kerk**, "nova" (existe desde 1381), e a **Oude Kerk**, antiga (desde 1246), que abriga o túmulo do pintor Johannes Vermeer. Há ainda uma **Sinagoga**, de 1862, o **Municipal Museum Het Prisenhof**, que expõe uma coleção de arte do século 17 e objetos históricos; e a **Koninklijke Porceleyne Fles**, lar das típicas porcelanas azuis de Delft. O melhor, no entanto, é curtir a natureza tranquila da cidade.

Canais, ponte e a igreja Oude Kerk

Comes & Bebes

Ao redor da Markt, compõem o ambiente pequenos e simpáticos restaurantes com suas mesas a céu aberto, ao lado de barraquinhas que vendem o típico arenque cru, sanduíches de camarão e panquecas. O agradável **Stads-Koffyhuis**, na Oude Delft 133, tem deliciosas opções de sanduíches, quiches, panquecas e tortas a preços acessíveis (a partir de €5,25). O aconchegante **Spijshuis de Dis Restaurant**, na Beestenmarkt 36, serve deliciosas sopas, peixes, carnes e opções vegetarianas. Saboroso, mas com preços turísticos (sopas a partir de €5,25 e pratos por volta de €20). Um pouco mais acessível é o **LEF Restaurant & Bar**, na Doelenplein 2, cujo prato do dia sai por €10.

Hotéis & Albergues

Delft tem um albergue, o **Jorplace Delft** (📍 Voldergracht 16-18; 💲 dorms 24p €19-21, 12p €23-25, 6p €25-27). Tem cozinha, internet e bar; café da manhã incluído. Os hotéis e *bed & breakfast* não são exatamente baratos. Um dos melhores B&B é o **Soul Inn** (📍 Willemstraat 55; 💲 quartos 1p €45-55, 2p €60-70), com quartos temáticos dos anos 1970. Café da manhã incluído e wi-fi somente nas áreas públicas. O **Emauspoort Hotel** (📍 Vrouwnregt 9-11; 💲 quartos 1p €92-140, 2p €99-150) está bem localizado, tem bom atendimento e quartos com TV, telefone e wi-fi grátis. Preços já incluem café da manhã. Outra possibilidade é ficar em Amsterdã ou Haia e passar apenas o dia na cidade.

MAASTRICHT

Uma das cidades mais antigas da Holanda, Maastricht é capital da província de Limburg, uma das únicas regiões holandesas com montanhas. Tem importância histórica por ter sido assinado aqui o tratado que criou a União Europeia. Dividida pelo rio Maas, a cidade tem cerca de 130 mil habitantes e carrega influências dos países vizinhos, Bélgica e Alemanha, desde a gastronomia até o sotaque. Nas estreitas ruas de paralelepípedos, repletas de bicicletas, você vai sentir o cheirinho de *waffles* e ver muitas construções históricas, arte de rua e movimento de pessoas. Maastricht também é aclamada pelo Carnaval, o maior da Holanda, com direito a trios elétricos, marchinhas e fantasias. Não à toa, os *limburgers* são conhecidos como um dos povos mais calorosos do país.

A Cidade

As atrações de Maastricht estão no centro, que fica do outro lado do rio Maas para quem chega pela estação central, e que pode ser explorado a pé. Nessa região, estão a Markt – onde fica a prefeitura – e a Vrijthof, as duas praças principais da cidade. Há um posto de informações turísticas na Kleine Staat. O aeroporto *Maastricht Aachen* fica a uns 10km do centro e pode ser acessado pelo ônibus da companhia *Veolia* (linha 59) por €5. Mais próxima encontra-se a estação central, a cerca de 3km da Markt, de onde saem trens para Amsterdã e Haia, com frequência, geralmente, a cada meia hora. Em frente à estação, fica o terminal da Veolia, parada dos ônibus regionais; na mesma rua, a uns 100m de distância, está o terminal da *Eurolines*.

Fim de tarde no rio Maas

Atrações

Maastricht é a referência do país em Carnaval, comemorado com desfiles de rua, marchinhas e fantasias – atração imperdível se você estiver por aqui durante o período entre fevereiro e março. A **Sint Jan** (*Church of St. John*) é uma importante igreja gótica do século 13 que conta com uma torre de 70m, de onde se tem uma bela vista da cidade. O **Bonnefantenmuseum** é o museu mais interessante de Maastricht e possui um rico acervo de arte das épocas medieval, moderna e contemporânea. Outros museus são o **Natuurhistorisch Museum**, com esqueletos de dinossauros, tartarugas gigantes e outras curiosidades; e o **Drukkunstmuseum** (*Historical Printing Museum*), que apresenta um panorama geral sobre tipografia e impressão. Na Markt, às quartas, a partir das 9h, também ocorre o **Vismarkt** (*Fish Market*), que oferece muita variedade gastronômica, quinquilharias e curiosidades.

Passeios

Valkenburg aan de Geul

A 10min de trem da estação central de Maastricht, essa pequena cidade vizinha, com 17 mil habitantes, é uma visita obrigatória para os viajantes que buscam um pouco de tipicidade holandesa. O lugar é um tesouro turístico bastante visitado, não só por holandeses, mas também por alemães e belgas. O centro, cercado de bares e restaurantes, é bem movimentado e eventualmente abriga feiras e eventos ao ar livre, como a famosa feira de Natal e o Carnaval, muito comemorado no sul do país. Não deixe de provar os peixes, vendidos em barracas de rua. A cidade também possui catacumbas que datam do período dos romanos e são muito visitadas. Informações sobre as cavernas em www.vvvzuidlimburg.nl e sobre a feira de Natal em www.kerststadvalkenburg.nl.

Comes & Bebes

A gastronomia de Maastricht é similar à do resto da Holanda, mas também sofre uma (deliciosa) influência belga e alemã. É possível achar pratos típicos por preços acessíveis. Também abundam restaurantes asiáticos, que costumam ser os mais baratos – o **Pêt Thai**, na Boschstraat 93, serve comida tailandesa à la carte, com petiscos a partir de €2 e pratos por €12. Outra boa dica é o **Eetcafé De Preuverij**, na Kakeberg 6, o restaurante dos estudantes locais. Serve sanduíches e petiscos a partir de €3; pratos por volta dos €7. Na cidade, vale provar o *Advokaat*, um licor de abacate cremoso da região de Maastricht, feito com conhaque, ovos e açúcar.

Hotéis & Albergues

Para explorar o centro a qualquer hora, o melhor é ficar próximo ao rio, ao redor do Stadspark. Ancorado por ali está o **Botel Maastricht** (Vrijthof 6; quartos 1p €30-63, 2p €50-70), um barco-hotel (os quartos são as cabines), com café da manhã por €7. Também encontram-se opções próximas à estação central, a 20min a pé do centro. O **Stayokay Maastricht** (Maasboulevard 101; dorms 9p €20,50-36) é um hostel com bar, lavanderia e sala de TV; café da manhã incluído. O **Britannique Hotel** (Vrijthof 6; quartos 2p €109-159) tem quartos grandes e bem decorados e ótimo atendimento; café da manhã custa €14.

> **VOCÊ QUE COLOU NA ESCOLA**
> **O Tratado de Maastricht**
> A cidade é famosa pelo Tratado de Maastricht, que aqui foi assinado em 7 de fevereiro de 1992, pelos membros da antiga Comunidade Europeia. Entre as principais metas debatidas estavam medidas para a livre circulação de capital, pessoas e matérias-primas entre os países-membros. Era a União Europeia começando a engatinhar.

Grote Markt, no coração de Bruges

www.visitbelgium.com

BÉLGICA

Fortemente influenciada pelas nações vizinhas, a Bélgica abriga duas comunidades de diferentes origens: a flamenga, ao norte, e a valã, ao sul. Neste pequeno país se pode ouvir, falar e ler o idioma holandês (flamengo, ou *flemish*, para eles), o francês e ainda o alemão. A proximidade com o Canal da Mancha influencia o clima, o que resulta em dias nebulosos e úmidos com certa frequência. A Bélgica foi pioneira na defesa da unificação econômica dos países europeus e, não à toa, sua capital, Bruxelas, é uma das principais sedes da União Europeia. Outro vanguardismo dos belgas, segundo os próprios, são as batatas fritas, das quais afirmam ser os inventores – mas não sem a contestação dos franceses. A cerveja também é motivo de orgulho; dizem produzir 365 tipos diferentes, um para cada dia do ano. Como se não bastasse, outra especialidade: o chocolate belga – cada vez mais apreciado entre chocólatras – é até motivo de ciúmes por parte de certos países europeus que também produzem essa delícia. Além da comilança, que tal um pouco de cultura? Pois a Bélgica é referência mundial em... histórias em quadrinhos! Tintim e os Smurfs, quem diria, nasceram aqui. E vale lembrar que foi na Bélgica que surgiu, no século 19, o movimento *art nouveau* – você notará a intensa presença desse estilo arquitetônico ao caminhar por Bruxelas.

952 | Bélgica

Que país é esse

- **Nome:** Reino da Bélgica | Royaume de Belgique | Kingdom of Belgiums
- **Área:** 30.528km^2
- **População:** 10,4 milhões
- **Capital:** Bruxelas
- **Língua:** Francês, alemão, flamengo
- **Moeda:** Euro
- **PIB:** US$ 533 bilhões
- **Renda per capita:** US$ 47.516
- **IDH:** 0,881 (21º lugar)
- **Forma de Governo:** Monarquia Parlamentarista

Barbadas e Roubadas

+ Caminhar pela Grand Place, em Bruxelas, à noite, com seu jogo de luzes, cores e sons

+ Comer waffles com chocolate em Bruxelas (não foi pra isso que você veio aqui??)

+ Visitar Bruges, uma das cidadezinhas mais simpáticas da Europa

+ Contemplar a impressionante estação de trem de Antuérpia

− Falta de grandes atrações, principalmente na capital

BÉLGICA

CULTURA POP | Tintim

Disputando com Hercule Poirot, o detetive criado por Agatha Christe, Tintim (*Tintin*, no original) talvez seja o belga mais famoso do mundo – e pouco importa que se trate apenas de um personagem em quadrinhos. Seu criador, Georges Hemi (1907-1983), vulgo Hergé, é considerado um dos maiores cartunistas europeus – mesmo acusado de ser simpatizante do nazismo. Nascido num subúrbio de Bruxelas, Hergé pesquisava cuidadosamente os países e suas culturas para criar suas histórias. Assim surgiu Tintim, repórter-viajante metido em aventuras por todos os cantos do planeta, ao lado do desajeitado capitão-do-mar Haddock, do genial e maluco professor Tournesol, dos detetives gêmeos Dupont e Dupond e, principalmente, do fiel cachorro Milu. Em 2007, foi celebrado o centenário de nascimento de seu criador e, em 2011, o personagem ganhou um filme de animação, dirigido por Steven Spielberg.

PEQUENO DICIONÁRIO VIAJANTE PORTUGUÊS-FRANCÊS

FALO MAL, MAS SOU EDUCADO
Oi - *Salut!*
Tchau - *Au revoir*
Bom dia - *Bonjour*
Boa noite - *Bonsoir*
Por favor - *S'il vous plaît*
Obrigado - *Merci*
Desculpe - *Pardon*
Com licença - *Excusez-moi*

SOBREVIVÊNCIA
Sim - *Oui*
Não - *Non*
Socorro - *Au secours!*
Quanto custa? - *C'est combien?*
Onde fica...? - *Où est...?*
Eu não falo francês - *Je ne parle pas français*
Caro - *Cher*
Barato - *Bon marché, pas cher*

COISAS E LUGARES
Aeroporto - *Aéroport*
Água - *L'eau*
Albergue - *Auberge de jeunesse*
Banco - *Banque*
Banheiro - *Toilette*
Bebida - *Boisson*
Camisinha - *Préservatif, capote*
Correio - *Poste*
Estação - *Gare*
Farmácia - *Pharmacie*
Hospital - *Hôpital*
Hotel - *Hôtel*
Mapa - *Carte*
Museu - *Musée*
Ônibus - *Bus*
Praça - *Place*
Rodoviária - *Gare Routière*
Supermercado - *Supermarché*
Trem - *Train*

CONTANDO
Um - *Un*
Dois - *Deux*
Três - *Trois*
Quatro - *Quatre*
Cinco - *Cinq*
Seis - *Six*
Sete - *Sept*
Oito - *Huit*
Nove - *Neuf*
Dez - *Dix*

A SEMANA
Segunda - *Lundi*
Terça - *Mardi*
Quarta - *Mercredi*
Quinta - *Jeudi*
Sexta - *Vendredi*
Sábado - *Samedi*
Domingo - *Dimanche*

Grand Place, o ponto alto de uma viagem a Bruxelas

BRUXELAS

Cidade de negócios, cosmopolita, vibrante, capital da União Europeia: a Grande Bruxelas, com 1,2 milhão de habitantes, é berço do euro e do Tintim – pinturas do personagem podem ser vistas nas paredes de alguns prédios. Tudo na cidade é bilíngue, escrito em francês e flamengo, ainda que a população fale predominantemente o idioma do vizinho do sul. A arquitetura mescla as construções antigas do centro histórico, edifícios *art nouveau* e prédios ultramodernos onde funciona a administração da UE. Os símbolos da cidade são o *Atomium* e o *Manneken-Pis*, mas o destaque de Bruxelas é sua encantadora praça central, a *Grand Place* (também chamada de *Grote Markt*), considerada uma das mais belas da Europa. A cidade fica particularmente agradável nas noites de verão, quando parece aumentar o número de bares, de floriculturas, de turistas e mesmo de belgas.

A Cidade

Referência e ponto de partida ideal para conhecer Bruxelas é a movimentada *Grand Place* – boa parte das atrações situa-se nos arredores dessa praça. *Mont des Arts* é a região, não longe do centro, onde fica o Palácio Real. Para não se perder: os nomes das ruas estão expressos em dois idiomas; assim, por exemplo, *Boulevard du Regent*, em francês, é o mesmo que *Regentlaan*, em flamengo. Código telefônico: 2.

Informações turísticas

São quatro centros de informações em Bruxelas, onde você pode reservar hotéis e comprar o cartão da cidade.

Town Hall of Brussels
- Grand Place
- seg-dom 9h-17h45

Brussels Info Place
- Rue Royale 2
- seg-sex 9h-17h45, sáb-dom 10h-17h45

Gare du Midi
- Gare de Bruxelles-Midi
- seg-dom 9h-17h45

European Parliament
- Rue Wiertz 43, prédio A. Spinelli
- seg 14h-18h, ter-qui 9h-14h

Pela internet
- www.visitbrussels.be

Cartão da cidade O *Brussels Card* ($ €22/24h, €29/48h, €35/72h) dá direito a desconto ou entrada liberada em várias atrações e acesso ao transporte público.

Tours

O *CitySightseeing Brussels* (www.citysightseeingbrussel.be) opera ônibus no estilo *hop-on/hop-off* em duas rotas: a linha azul parte em direção ao norte da cidade, enquanto a linha vermelha se dirige às atrações da parte sul. Os tickets são válidos para 24h (€23) ou 48h (€30).

Chegando e saindo

De avião Dois aeroportos internacionais servem Bruxelas: *Zaventem,* a 12km da cidade , trajeto de cerca de 30min com o trem *Airport City Express* (€5); e o *Charleroi Sud*, a 60km, que se conecta à *Gare du Midi* por ônibus (€17).

De trem Existem três importantes estações: *Gare du Midi* (parada de trens que chegam do sul), *Gare Central* (próxima ao centro) e *Gare du Nord* (do norte). Quase todos os trens internacionais param nas três, exceto o *Eurostar*, de/para Londres, que tem como única estação a Midi. Destinos populares são Gent (30min), Antuérpia (50min), Bruges (1h), Paris (1h20), Londres (2h), Amsterdã (2h45) e Luxemburgo (3h). A Gare Central está a poucos minutos do centro, placas sinalizam como chegar até lá.

De ônibus Cada companhia utiliza os arredores das diferentes estações de trem como terminal rodoviário. Os veículos da *Eurolines* param na Gare du Nord; os da *iDBus* na Gare du Midi e os da *Megabus* na Gare Central. Os principais destinos são Amsterdã (3h), Colônia (3h30), Paris (4h-5h) e Londres (6h30-8h). Outras empresas podem parar em pontos diferentes.

Circulando

A zona central pode ser toda conhecida a pé. Para atrações mais distantes, pegue metrô, *tram* ou ônibus, que funcionam até a meia-noite, aproximadamente. A passagem, válida para qualquer um dos meios, pode ser comprada direto com os motoristas, nos guichês das estações de metrô, nas máquinas de passagens automáticas e nos centros de informações. Custa €2,10/2,50 (antecipada/com motorista) para uma viagem simples ou €7 para 1 dia (*carte d'un jour*). Também pode-se comprar antecipadamente: 5 bilhetes, €8, e 10 bilhetes, €14.

Bicicletas têm se popularizado em Bruxelas, graças ao sistema *Villo*. São 4 mil *bikes* distribuídas pela cidade em cerca de 360 estações. Deve-se pagar uma taxa inicial por um cartão (€1,60/ 1 dia; €7,65/7 dias) e mais €1 por hora de uso da bicicleta (os primeiros 30min são gratuitos).

Trams, úteis para grandes distâncias

BRUXELAS

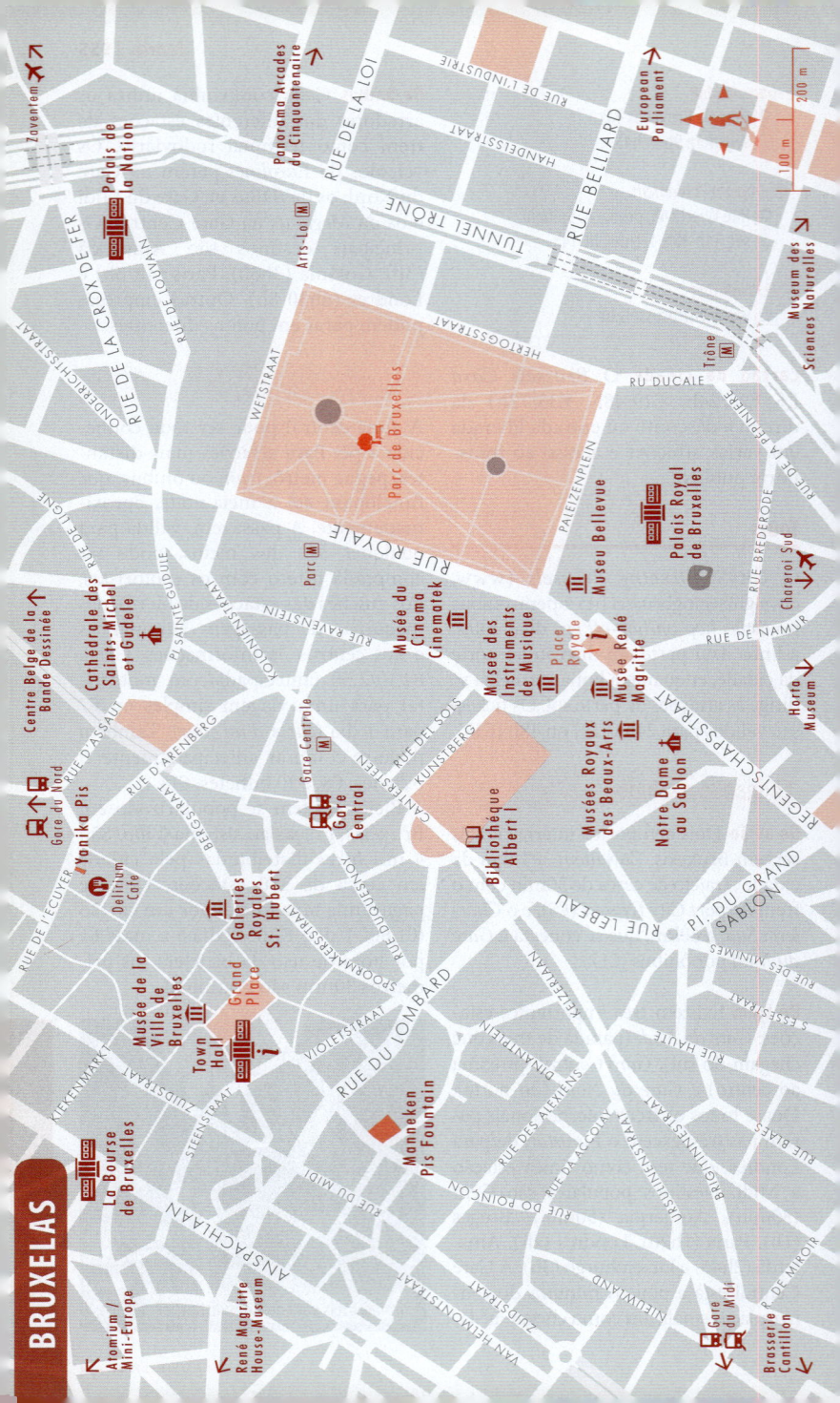

Map labels

- Zaventem ✈
- Palais de la Nation
- Panorama Arcades du Cinquantenaire
- RUE DE LA LOI
- RUE DE L'INDUSTRIE
- European Parliament
- 200 m / 100 m
- RUE BELLIARD
- HANDELSSTRAAT
- Arts-Loi M
- ONDERRECHTSTRAAT
- RUE DE LA CROIX DE FER
- RUE DE LOUVAIN
- WETSTRAAT
- TUNNEL TRÔNE
- HERTOGSSTRAAT
- Museum des Sciences Naturelles
- Parc de Bruxelles
- RU DUCALE
- PALEIZENPLEIN
- Trône M
- Centre Belge de la Bande Dessinée
- Cathédrale des Saints-Michel et Gudule
- RUE D'ASSAUT
- PL. SAINTE GUDULE
- KOLONIENSTRAAT
- Parc M
- RUE RAVENSTEIN
- Musée du Cinema Cinematek
- Musée des Instruments de Musique
- Museu Bellevue
- Palais Royal de Bruxelles
- RUE BREDERODE
- RUE DE LA PÉPINIÈRE
- Place Royale
- Musée René Magritte
- RUE DE NAMUR
- Charleroi Sud ✈
- Horta Museum
- RUE ROYALE
- Gare du Nord
- Yanika Pis
- RUE DU NORD
- Delirium Café
- RUE DE L'ECUYER
- BERGSTRAAT
- Gare Centrale M
- Gare Central
- RUE D'ARENBERG
- RUE DEL SOLS
- CANTESTEEN
- KUNSTBERG
- Bibliothèque Albert I
- Musées Royaux des Beaux-Arts
- Notre Dame au Sablon
- REGENTSCHAPSSTRAAT
- PL. DU GRAND SABLON
- RUE LEBEAU
- RUE DES MINIMES
- Galeries Royales St. Hubert
- SPOORMAKERSSTRAAT
- RUE DUQUESNOY
- RUE HAUTE
- E. SESSTRAAT
- Musée de la Ville de Bruxelles
- Grand Place
- Town Hall
- ZUIDSTRAAT
- STEENSTRAAT
- VIOLETSTRAAT
- KEIZERSTRAAT
- RUE DU LOMBARD
- DINANTPLEIN
- NIEKENMARKT
- La Bourse de Bruxelles
- Atomium / Mini-Europe
- René Magritte House-Museum
- ANSPACHLAAN
- RUE DU MIDI
- Manneken Pis Fountain
- RUE DES ALEXIENS
- RUE DO POINÇON
- URSULINENSTRAAT
- BRIGITTINENSTRAAT
- RUE BLAES
- VAN HEIMONSTRAAT
- ZUIDSTRAAT
- NIEUWLAND
- R. DE MIROIR
- Gare du Midi
- Brasserie Cantillon

Atrações

Você vai caminhar bastante, especialmente pelo centro da cidade. A partir da Grand Place, ao redor da qual se concentra boa parte dos atrativos, em cerca de 15min se chega ao Parc de Bruxelles e à Place Royale. Nas proximidades desta praça, além de ornamentados prédios em *art nouveau*, se encontra o imponente Palais de Bruxelles e bons museus, como o de Belas Artes, o do artista belga René Magritte e o de Instrumentos Musicais. O Jardim Botânico, contraste verde em meio ao cinza dos prédios modernos da cidade, também fica a 15min de caminhada da Grand Place, porém em outro sentido – em direção à Gare du Nord. O Atomium, símbolo moderno de Bruxelas, localiza-se nos subúrbios da cidade, facilmente alcançado de metrô.

Grand Place

Também conhecida como *Grote Markt*, é o centro histórico de Bruxelas. Ao redor dessa praça, que recebeu o título de Patrimônio Mundial da Unesco, em 1998, encontram-se quase 40 prédios históricos com fachadas predominantemente barrocas e góticas. Victor Hugo, autor de *Os Miseráveis*, teria dito que essa praça era a mais bonita do mundo. O espaço original, que abrigava um grande mercado de alimentos, foi destruído em 1695 e reconstruído entre 1696 e 1700, combinando os estilos barroco italiano e flamengo. Sente-se na calçada e aprecie o local. Entre maio e setembro acontece um show de sons e luzes à noite. Ao lado do **Hôtel de Ville** (a *Town Hall* ou Prefeitura, do século 15), se encontra a **Gilded Plaque**, um monumento *art nouveau* com uma enigmática escultura em bronze.

UM OLHAR MAIS ATENTO
Manneken Pis Fountain

Rue de l'Etuve 31 Anneessens; Bourse

O menino fazendo xixi mais famoso do mundo, símbolo de Bruxelas, é uma pequena estátua de bronze, original de 1619, que já foi (muitas vezes) roubada, achada, destruída e reconstruída. Existem várias lendas a respeito de sua origem. Uma diz que um certo pai carregava seu filho numa cesta de frutas e o colocou sobre uma árvore quando foi chamado a participar de uma batalha próximo de onde ele estava. O garoto começou a mijar nos inimigos, assustando-os e fazendo papai e os aliados vitoriosos. Outra versão conta a história de uma criança que apagou uma bomba fazendo ingenuamente o seu pipi. Se você tiver sorte, poderá ver o menino arrumado com uma de suas diferentes roupas, seja samurai ou Papai Noel, já que seu guarda-roupa conta com mais de 800 itens. O mijãozinho faz parte do calendário de festividades da cidade e costuma ser vestido de acordo com o que está sendo comemorado. Recentemente, foi inclusive presenteado pelo governo chinês com roupas tradicionais do país. A primeira vestimenta de que se tem registro data de 1698, dada por um eleitor desconhecido da Bavaria, ou seja, o costume de vestir o menino com o pipi de fora já vem de longa data. Para encontrá-lo, saindo da Grand Place pela Rue de L'Étuve siga até a esquina com a Rue du Chêne.

Cathédrale des Saints-Michel et Gudele

- Place et Parvis Ste. Gudule
- M Gare Centrale
- www.cathedralisbruxellensis.be
- seg-sex 7h-18h, sáb 7h30-15h, dom 14h-18h
- $ grátis

Construção gótica, iniciada em 1220, síntese de todos os períodos da arte, do século 6 ao 13. O púlpito, construído em 1699, representa a expulsão de Adão e Eva do Paraíso. Desde a Idade Média, a catedral testemunhou os mais importantes eventos históricos da Bélgica. Atenção para os belíssimos vitrais datados do século 16.

Notre Dame au Sablon

- Rue de la Régence 3B
- M Porte de Namur
- 511.5741
- seg-sáb 9h-18h, sáb-dom 10h-18h
- $ grátis

A igreja teve sua construção iniciada em 1304, mas só foi concluída em 1550. No começo do século 20 passou por uma importante revitalização. Hoje é referência do estilo gótico na cidade, com suntuosos vitrais que chegam a ter mais de 12 metros de altura.

Centre Belge de la Bande Dessinée

- Rue des Sables 20
- Congres (92, 93) 219.1980
- www.comicscenter.net
- seg-dom 10h-18h
- $ €10 (Est: €6,50 | Id: €8)

O Museu Belga de Histórias em Quadrinhos é imperdível para fãs do Tintim, mas não apenas. Conta a história da criação dos quadrinhos na Bélgica e na Europa em geral. O prédio, projetado em *art nouveau* pelo arquiteto Victor Horta, abriga uma biblioteca com uma das maiores coleções de gibis existentes. Fica bem no centro de Bruxelas, a uns 10min de caminhada da Grand Place.

Palais Royal de Bruxelles

- Rue Brederode 16
- Ducale (54, 71) 551.2020
- monarchie.be
- ter-sex 10h-17h, sáb-dom 10h-18h
- $ €5 (Est, Id: €3)

A família real abre o seu palácio para visitação pública somente no verão. Durante o resto do ano, é possível conhecer apenas uma das alas. Apresenta a vida dos soberanos da Bélgica,

Maison des Ducs de Brabant, no lado leste da Grand Place

desde os primeiros reinados até hoje. Fotos, vídeos, objetos pessoais, árvores genealógicas, documentos. Um acervo curioso que explora a vida pública e privada da realeza belga. O primeiro palácio de Bruxelas foi construído em meados do século 11 sobre a colina que, na época, chamava-se Coudenberg. Durante 6 séculos, foi sede do poder, até ser destruído num incêndio, em 1731, para, poucos anos depois, desaparecer por completo quando houve a restauração dessa área. As ruínas do palácio, porém, permanecem no subsolo do novo Palácio Real. Vale a visita.

Galeries Royales St. Hubert

- Rue du Marché-aux-Herbes
- Gare Centrale
- 545.0990
- www.galeries-saint-hubert.com
- lojas 10h-18h, galerias 24h

Área formada por três galerias: *Galerie du Roi*, *Galerie de la Reine* e *Galerie des Princes*, construídas em 1847 pelo arquiteto J. P. Cluysenaer. Bem servidas por lojas de suvenires, chocolaterias, cinema e cafeterias, vale a pena atravessá-las e conferir sua arquitetura. As galerias também têm acesso pelas ruas d'Arenberg, des Bouchres e de J'Ecuyer.

Musée de la Ville de Bruxelles

- Grand Place
- 279.4350
- www.museedelavilledebruxelles.be
- ter-qua/sex-dom 10h-17h, qui 10h-20h
- €4 (Id: €3 | Est, Cr: €3)

O acervo do Museu da Cidade de Bruxelas conta a história da cidade, ilustrada com artefatos e objetos de arte, como pinturas, esculturas e tapeçarias. O que chama mais atenção, porém, é a exposição de mais de 870 roupas do Manneken Pis.

Museum des Sciences Naturelles

- Vautier 29   Maelbeek (1, 5)
- 627.4234   www.sciencesnaturelles.be
- ter-sex 9h30-17h, sáb-dom 10h-18h
- €9,50 (Est, Id: €8,50 | Cr: grátis)

O museu tem vasta coleção de rochas e minerais, esqueletos, fósseis de dinossauros e baleias. A entrada é gratuita na primeira quarta-feira do mês.

Musée René Magritte

- Rue de la Régence 3   Gare Centrale
- 428.2626   www.fine-arts-museum.be
- ter-sex 10h-17h, sáb-dom 11h-18h
- €8 (Id: €6)

Dedicado ao belga René Magritte, o museu retrata a sua vida pessoal e profissional, por meio de uma excelente curadoria de suas obras, repletas de simbologias surrealistas. Organizada cronologicamente, a coleção reúne pinturas, pôsteres, desenhos, fotos e esculturas. Embora seja o maior acervo de Magritte no mundo, muitos de seus trabalhos mais famosos não estão aqui. Ingresso combinado com os **Musées Royaux des Beaux-Arts** por €13 (Est: €3 | Id: €9). Existe um segundo museu na cidade dedicado ao artista: o **René Magritte House-Museum** (Rue Esseghem 135; qua-dom 10h-18h; €7,50), instalado na casa onde ele viveu durante 24 anos.

Musée du Cinema Cinematek

- Rue Baron Horta 9   Palais (92, 93)
- 551.1900   www.cinematek.be
- seg-dom 9h30-17h   €3

Mesmo a Bélgica não tendo grande expressividade no circuito da Sétima Arte, Bruxelas possui um importante acervo sobre cinema. O Museu da Cinemateca conta a história da cinematografia mundial e um pouco de como os filmes eram feitos no passado. Também exibe filmes, confira a programação no site.

Atomium, o átomo de ferro, símbolo da cidade

Atomium

- Square de l'Atomium | M Heysel (6)
- 475.4775 | www.atomium.be
- seg-dom 10h-18h
- €11 (Est: €8 | Cr: €6, menores de 6, grátis)

Outro símbolo da capital belga, além do Manneken Pis. O Atomium foi construído para a Feira Mundial de Bruxelas em 1958, para que fosse posteriormente desmontado (mais ou menos como aconteceu com a Torre Eiffel, mas sem a grandiosidade do monumento de Paris). A construção representa um átomo de ferro aumentado 200 bilhões de vezes, na qual suas esferas de metal, simbolizando os elétrons, são interligadas por escadas rolantes. Ao entrar, você se depara com exposições artísticas e científicas e um restaurante panorâmico.

Mini-Europe ✗

- Bruparck | M Heysel (6)
- 474.1313 | www.minieurope.be
- mar-jun seg-dom 9h30-18h | jul-ago 9h30-20h
- €14,50 (Cr: €10,80)

Localizado aos pés do Atomium, o parque, ao ar livre, expõe réplicas em miniaturas de importantes monumentos europeus. Vale comprar o ticket de atrações combinadas, por exemplo, Atomium e Mini Europa, que sai um pouco mais em conta (uns €2 a menos no total). O local funciona durante o ano todo, mas entre setembro e fevereiro é bom consultar no site os horários, muito variáveis.

★ Musées Royaux des Beaux-Arts

- Rue de la Régence 3 | Royale (92, 93)
- 508.3211 | www.fine-arts-museum.be
- ter-sex 10h-17h, sáb-dom 11h-18h
- €8 cada (Est, Cr: €2 | Id: €6)

São dois museus, o **Musée d'Art Ancien** (Arte Antiga) e o **Musée d'Art Moderne** (Arte Moderna). O primeiro abriga pinturas do século 15 ao 19, incluindo obras de Pieter Brueghel, Lucas Cranach, Rubens, Van Dyck e Rembrandt. Já o Museu de Arte Moderna expõe pinturas, desenhos e esculturas dos séculos 19 e 20, com expoentes dos movimentos de vanguarda, como Paul Delvaux, Magritte, Miró, Picasso e Dalí. Embora estejam no mesmo endereço, o ticket de entrada é separado – mas há um ingresso combinado para ambos os museus, por €13, que também dá acesso ao Magritte Museum. Para eventualmente se programar: a entrada é gratuita na primeira quarta do mês (a partir das 13h).

Musée des Instruments de Musique ✗

- Rue Montagne de la Cour 2
- Royale (38, 71)   545.0130
- www.mim.be
- ter-sex 9h30-17h, sáb-dom 10h-17h
- €8 (Est, Cr: €2 | Id: €6)

O prédio já é um show em *art nouveau*. Dentro, aproximadamente 7 mil instrumentos, dos mais diversos tamanhos, formas e nacionalidades, com possibilidade de emitir os mais bizarros sons, compõem o acervo. A entrada é gratuita na primeira quarta do mês (a partir das 13h). O restaurante no terraço do edifício oferece uma das melhores vistas da cidade.

Horta Museum

- Rue Américaine 25
- Trinite (81, 83)   543.0490
- www.hortamuseum.be
- ter-dom 14h-17h30
- €8 (Est, Id: €4 | Cr: grátis)

O Museu Horta foi a casa e atelier de um dos pais da *art nouveau*, o arquiteto belga Victor Horta. O interior da construção é elegantemente decorado com vitrais e mosaicos organizados de forma harmônica.

Panorama Arcades du Cinquantenaire

- Merode (1, 5)

O parque Cinquentenário e seu grande arco foram construídos em comemoração aos cinquenta anos da Independência belga. O formato como foi estruturado pode lembrar o Pentágono americano, mas o destaque fica por conta do arco e da fonte. Em seu entorno, o parque abriga diferentes museus, como o **Musée Royal de L'Armée et d'Histoire Militaire** (Militar), gratuito; **Musées Royaux d'Art et d'Histoire** (Artes e História), também gratuito; e o **Autoworld** (Museu do Automóvel), entrada €9 (Est, Id: €7).

La Bourse de Bruxelles

- Boulevard Anspach perto do número 72
- Bourse (3, 4, 31, 32)

Construído em 1871 em estilo neoclássico e renascentista italiano, o prédio onde está a Bolsa de Valores de Bruxelas tem uma belíssima fachada, que teve a participação do escultor francês Auguste Rodin. Fechado para o público, o edifício merece ser admirado, mesmo que só pelo lado de fora.

Parc de Bruxelles

- Parc (1,5)
- abr-set 6h-22h | out- mar 7h-21h

Único parque no centro da cidade, localizado entre o Palácio Real e o Parlamento. É um dos mais populares de Bruxelas, ideal para um um piquenique ou um passeio no fim do dia. Em alguns feriados nacionais e finais de semana durante o verão, sedia shows e eventos; bom ficar atento à agenda da cidade.

Yanika Pis ✗

- Impasse de la fidélité 10
- Arenberg (29, 38, 63, 66, 71)
- www.jeannekepisofficial.com

Num beco feio e escuro chamado Rue da la Fidelité, na esquina com a Rue de Bouchers, o dono de um bar teve a ideia de colocar a estátua de uma menina fazendo xixi. A brincadeira, que se refere ao símbolo de Bruxelas, o Manneken Pis, não fica somente na graça: todas as moedas jogadas na fonte são doadas para uma organização europeia que desenvolve pesquisas sobre a cura do câncer. Depois de tirar a clássica fotinho com a menina e jogar a moeda, você finalmente pode sentar no bar que deu origem à história e apreciar uma cerveja belga.

Brasserie Cantillon

- Rue Gheude Straat 56
- Gare du Midi (56, 81, 82)
- 521.4928   www.cantillon.be
- seg-sex 9h-17h, sáb 10h-17h
- €7

A surpresa dessa cervejaria familiar do século 19 é a produção da chamada cerveja *Lambic* – de fermentação natural –, uma especialidade da Bélgica. O local é também um museu, onde é possível conhecer todas as etapas de produção da cerveja e conferir o rico acervo histórico, como um alambique usado para a produção na época de 1900. A entrada inclui um copo de cerveja.

Red Light District

- Rue d´Aerschot e proximidades

O pequeno bairro da luz vermelha em Bruxelas não é tão famoso e frequentado como o de Amsterdã, mas não deixa de ser curioso. Ocupa poucas ruas da região norte da cidade, começando pela Rue d´Aerschot, saindo da Gare du Nord. À noite, as vitrines se iluminam de azul neon e vermelho, onde uma dúzia de garotas ficam expostas, dançando até altas horas. Próximo da Rue de Brabant estão os *sex-shops* e lojas de conveniência. O local não é tão turístico e, por isso, não inspira lá muita segurança, então redobre a atenção e evite ir sozinho, especialmente as meninas. Assim como menor, menos famoso e menos frequentado que o holandês, é também mais barato: o programinha belga sai por €40.

Compras

Nas manhãs de domingo, a rua Gare du Midi abriga um movimentado e conhecido mercado ao ar livre. Por aqui são ofertados muitos produtos, desde queijos até roupas, passando por artigos de couro e comida marroquina. Já o mercado de pulgas (*marché aux puces*) pode ser uma grande barbada, ou pelo menos um interessante passeio. Fica na *Place du Jeu de Balle* e funciona até as 14h durante a semana e até as 15h aos finais de semana. Dizem que os melhores dias são quintas e sextas-feiras, mas algumas banquinhas só abrem aos sábados e domingos. Menos alternativa é a *Galerie du Commerce*, que fica na Rue Neuve. Nas noites de quarta-feira, o mercado de rua na *Place du Chatelain* possui enorme variedade de produtos frescos, como queijos, azeitonas, ostras e vinhos, não raramente sendo oferecidas algumas degustações, o que atrai muita gente ao local.

Rue du Marché aux Fromages, nas imediações da Grand Place

Comes & Bebes

Para pratos típicos a preços razoáveis, procure nas proximidades da Galerie St. Hubert. As ruas laterais e estreitas contam com uma boa diversidade de restaurantes com mesinhas na calçada, onde é possível encontrar *moules frites* (mexilhão com fritas), frutos do mar e massas – dificilmente se paga menos de €14 por pessoa. Para gastar pouco, opção são os lanches rápidos, avistados em qualquer esquina, onde *gauffre* (waffle), *frites* (batatas fritas num cone, com maionese), kebab, hambúrguer e cachorro-quente saem a partir de €2,50. E aos cervejeiros: Bruxelas é um paraíso à parte, com inúmeros bares especializados e infinitas variedades da bebida.

Les Brassins

- Rue Keyenveld 36
- M Louise (2, 6)
- 512.6999
- www.lesbrassins.com
- seg-dom 12h-0h
- $ a partir de €9

Além do tradicional à la carte, oferece menu especial: a cada dia da semana é sugerido um prato diferente do cardápio. A comida é boa, e o ambiente, agradável e descontraído.

Moeder Lambic Pub

- Rue de Savoie 68
- Lombardie (81, 83, 97)
- 544.1699
- www.moederlambic.com
- seg-qui/dom 11h-1h, sex-sáb 11h-2h
- $ €10-30

"*Beer is the answer*": esse é um dos slogans do pub, especializado em cerveja belga. Pratos e petiscos também são servidor no local, mas, com um balcão repleto de torneiras de cerveja, talvez você não se interesse muito pelo cardápio dos "comes" e fique nos "bebes".

Delirium Cafe

- Impasse de la Fidelite 4A
- M De Brouckere (1, 5)
- 514.4434
- www.deliriumcafe.be
- seg-sáb 10h-4h e dom 10h-2h
- $ €7-20

Apesar do "café" no nome, o Delirium é conhecido pela ampla oferta de cervejas – são mais de 2000 tipos, vindos de todas as partes do mundo. Decorado ao estilo de uma antiga cervejaria, o bar tem mesas feitas de barris e paredes adornadas com selos de diferentes marcas da bebida. Ótimo lugar para beber algumas (ou muitas) cervejas e sentir um pouco da animação belga, ainda que a maioria dos clientes seja turista.

★ Pierre Marcolini e Boutique

- Rue de France 2
- Gare Eurostar
- 523.5887
- www.marcolini.com
- seg-sáb 6h30-20h30, dom 9h-21h
- $ a partir de €20

Chocolates com grãos de cacau selecionados, provenientes de todo o mundo. A loja, agradável e sofisticada, é o melhor lugar para comprar chocolates na cidade: aqui os doces são verdadeiras joias expostas nas vitrines. O problema é que os preços também são requintados; um tablete não sai por menos de €7. A rede conta com cerca de 10 lojas em Bruxelas.

Noite

Na Rue Montagne-aux-Herbes-Potagères 7 fica o *A La Mort Subite*, um dos bares mais tradicionais da cidade, com um charme do começo do século, ideal para um café ou uma cerveja também durante o dia. No outro lado da Grand Place, ao redor da Rue Marché du Charbon, há vários bares. Boa parte da noite acontece ao redor da Place Saint Géry. Outras opções são os bares dos próprios albergues, que até os nativos costumam frequentar.

Hotéis & Albergues

Bruxelas tem albergues HI e independentes, a maioria com bares funcionando como pontos de encontro. Reservas no verão são sempre aconselháveis. Hotéis se encontram aos montes perto da Grand Place. A surpresa aqui é que, reservando no posto de informações turísticas, você tem a chance de conseguir promoções e acabar se hospedando em um bom hotel – às vezes até na Grand Place – por uma tarifa mais em conta.

Centre Vincent Van Gogh "CHAB" Hostel

- Rue de Traversière 8
- Botanique Kruidtuin (2)
- www.chab.be 217.0158
- 210 camas incluído
- dorms 10p-8p €21, 6p €23, 4p €25 | quartos 1p €37, 2p €57

Albergue independente. Quando o local está lotado, é possível que deixem você dormir em um salão com colchão no chão. Todos os quartos têm pia. Banheiro e chuveiro separados no corredor. *Lockers* gratuitos, apenas com depósito para o cadeado. Tem bar, mesa de sinuca, TV, cozinha, máquina de lavar e internet. É grande, são 2 prédios, um deles com restaurante. Recebe frequentemente grupos de estudantes e o astral é muito bom, além de ter um ambiente bem decorado.

Hello Hostel

- Rue de l'Armistice 1 471.935.927
- Simonis Leopold II (6, 2)
- www.hello-hostel.eu incluído
- dorms 8p €18-23, 6p €26-30, 4p €28-30 | quartos 2p €35-45

Preços variam de acordo com a temporada. Tem cozinha e wi-fi grátis. Quartos simples e banheiros compartilhados. O hostel merece uma reforma, e, apesar de não ser central, está localizado próximo a uma estação de metrô.

Sleep Well

- Rue du Damier 23
- Rogier (2,6) 218.5050
- www.sleepwell.be
- 240 camas incluído
- dorms 6p €23, 4p €24, 3p €28 | quartos 1p €50, 2p €69

Bem localizado, talvez seja o albergue mais popular de Bruxelas. Os quartos do último andar podem ser bastante quentes, mas alguns possuem ventilador para amenizar. Todos os dormitórios têm chuveiros e *lockers*, e o hostel também conta com *luggage room*. Dispõe de bar com cerveja barata, sala de TV, sinuca e acesso gratuito à internet, assim como serviço de locação de *bikes*. Tarifa menor a partir da segunda noite.

Jacques Brel Hostel

- Rue de la Sablonnière 30
- Botanique Kruidtuin (2,6)
- 218.0187 www.laj.be
- 166 camas incluído
- dorms 8p-6p €32/40 (menor/maior de 26 anos) | quartos 2p €71-80

Albergue HI, dá desconto de €3 por noite para membros. Oferece bar, lavanderia, mesa de pingue-pongue, internet e, de vez em quando, à noite, música ao vivo no pátio interno. O café da manhã inclui produtos orgânicos. Chegue cedo ou reserve.

Bruegel Youth Hostel

- Heilige Geeststraat 2
- Petit Sablon (92, 93)
- 511.0436
- www.jeugdherbergen.be
- 253 camas incluído
- dorms 4p-3p €27/30 (menor/maior de 26 anos) | quartos 2p €49/54

É o mais central entre os albergues HI. Banheiro e chuveiro no corredor para dormitórios; alguns quartos privativos com banheiro. Sem carteira

HI paga-se €3 a mais por noite. Possui *lockers* eletrônicos e wi-fi grátis. Tem TV a cabo, elevadores e sala de convivência com jogos. Bom astral, som ambiente. O bar, um espaço decorado com placas de todos os cantos do mundo, é a principal atração à noite.

Le Habitats Nomades B&B

- Rue de l'Instruction 108
- Gare du Midi (2, 6)
- 477.524.941
- www.leshabitatsnomades.be
- 4 quartos — incluído
- quartos 1p €80, 2p €99

Apesar das muitas escadas, o B&B é muito simpático, da decoração moderna ao atendimento. Quartos espaçosos e aconchegantes, todos com banheiro, TV a cabo e wi-fi grátis. Oferece descontos de, em média, €10 a partir da segunda noite.

Hotel Residence Le Quinze

- Grand Place 15
- Gare Centrale — 511.0956
- www.hotel-le-quinze-grand-place.be
- 14 quartos — incluído
- quartos 1p €98-150, 2p €119-178

Recém-reformado, o Le Quinze está no lugar do antigo Hotel Saint Michel, em um belo prédio histórico de localização mais do que privilegiada.

Dispõe de quartos com banheira, TV e frigobar; aqueles com vista para a Grand Place são mais caros. Wi-fi é gratuito. No térreo funciona um restaurante.

Hotel Saint Nicolas

- Rue du Marché aux Poulets 32
- De Brouckere (1, 5)
- 219.0440
- www.st-nicolas.be
- 65 quartos — incluído
- quartos 1p €85-100, 2p €60-110, 3p €124-140

Bem localizado, está a dois quarteirões da Grand Place. Preços variam conforme a data de estadia. Quartos confortáveis, com decoração moderna, telefone, TV a cabo, internet wi-fi e estacionamento privativo.

Hotel la Légende

- Rue du Lombard 35
- Gare Centrale — 512.8290
- www.hotellalegende.com
- 27 quartos — incluído
- quartos 2p €100-125, 3p €120-180

A localização é privilegiada, próxima das principais atrações da cidade. Quartos equipados com TV, frigobar, cofre, mesa de trabalho e amenidades para preparo de café e chá. Preços variam de acordo com a temporada, o tamanho do quarto e se há banheira.

Pelas ruas de Bruxelas

Canal de Bruges

BRUGES

Bruges (*Bruges,* em francês e inglês; *Brugge,* em holandês), a 97km da capital Bruxelas, é, sem dúvida, a principal atração da Bélgica. Seu pequeno centro, remanescente do século 13, não mudou muito com o passar dos anos. As ruazinhas estreitas de arquitetura medieval estão entre as mais bem preservadas da Europa, e um viajante que entrar no clima pode sentir como era a vida nos séculos passados – apesar do turismo eventualmente excessivo (principalmente nos finais de semana). Outro dos atrativos aqui são os chocolates, que, atrevidos, nos tentam expostos em vitrines de *chocolatiers*. Os canais que rodeiam Bruges a levaram a ganhar o apelido de "Veneza do Norte". Bobagem: a cidade tem sua identidade própria. É, definitivamente, uma das paradas mais românticas e irresistíveis da Europa.

A Cidade

Atravessada e circundada por vários canais, Bruges, com 117 mil habitantes, tem o formato circular, com a praça central, *Grote Markt*, no meio de tudo. Este é, aliás, o ponto de partida ideal para começar uma caminhada pela cidade. Outra praça que serve como referência é a *Burg*. Para circular, o melhor meio, além de suas pernas, é a bicicleta. Entre os locais disponíveis para aluguel, o *Eric Popelier*, na Mariastraat 26, é um dos mais populares; tem *bikes* por €4/1h, €8/4h, €12/24h. Como nem todos os lugares são facilmente acessíveis a pé, barcos podem ser mais eficientes para conhecer bem a cidade. Mais informações em tours, na p.968. Código telefônico: 50.

Informações turísticas

Bastante turística, Bruges conta com três centros de informações:

- Markt 1, o mais central de todos
- seg-dom 10h-17h

- Stationsplein, ao lado da estação
- seg-sex 10h-17h, sáb-dom 10h-14h

- T Zand Square
- seg-sex 10h-17h, sáb-dom 10h-14h

Pela internet
- bezoekers.brugge.be

Cartão da cidade O *Brugge City Card* concede entrada em várias atrações e desconto no transporte público; não é barato: €46/48h ou €49/72h.

BRUGES

- Frietmuseum
- Choco-Story
- Bierbrasserie Cambrinus
- Museum of Folklore
- Stadspark Prof Dr J. Sebrechts
- Grote Markt
- Burg
- Basilica of the Holy Blood
- Salvador Dalí Exhibition
- Belfry
- Town Hall
- The Chocolate Line
- Archeologie Museum
- Groeninge Museum
- Church of Our Lady
- Tzand Square
- De Proeverie Cafe
- De Halve Maan
- Koning Albert I Park
- Begijnhof
- Minnewater Park

Tours O clássico tour pelos canais é operado por várias companhias, que oferecem o mesmo serviço pelo mesmo preço. Entre mar-nov, barcos saem diariamente, das 10h às 17h30, de um dos cinco pontos de embarque e desembarque – o principal está ao lado da praça Burg. Nos demais meses, os tours ocorrem apenas nos fins de semana. O passeio, 30min, custa €8 (Cr: €4) e deve começar e terminar na mesma estação (o serviço não é *hop-on/hop-off*). Quem desejar, pode fazer um *city tour* em vans, com saídas da Markt a cada hora, entre 10h e 18h, por €16 (Cr: €9,50). Passa-se pelos principais pontos da cidade, com audioguia em sete línguas (mas não o português). Já os andarilhos que querem companhia podem aderir a caminhadas guiadas (entre jun-set, sáb-dom, jul-ago diariamente às 14h30, €9, com duração aproximada de 2h).

Chegando e saindo

A estação de trem fica a 15-20min a pé da praça central. É aconselhável ter um mapa em mãos porque, apesar da curta distância, o caminho não é fácil – de qualquer forma a caminhada é um verdadeiro passeio. Para quem desejar, os ônibus 1, 3, 4, 6, 11, 13, 14 e 16 ("via centrum") param na *Markt*; passagem €3, ou €1,80, caso compre adiantado via SMS pelo celular. A rodoviária fica junto à estação de trens. A *Eurolines* tem um ônibus diário vindo de Londres (sai da Victoria Coach Station), pelo *ferry* Dover-Calais ou pelo Eurotúnel, que para primeiro em Bruges antes de seguir para Bruxelas.

Atrações

O conjunto arquitetônico em estilo medieval, um dos mais preservados de toda a Europa, é um dos maiores atrativos da cidade. O melhor programa em Bruges é percorrer as ruas às margens dos canais e absorver o charme singular do centro histórico, tombado como Patrimônio da Humanidade pela Unesco.

Belfry *(Bell Tower)*

- Markt
- Brugge Markt (1, 2, 3, 4, 12, 13, 14, 43, 90)
- bezoekers.brugge.be/en/belfort-belfry
- 448.743
- seg-dom 9h30-17h
- €8 (Est, Id, Cr: €6)

A Markt, praça central e coração de Bruges, se destaca por abrigar um campanário, também conhecido como Belfort. Marco da cidade desde o século 12, é uma torre com um carrilhão de 47 sinos, formando 27 tons diferentes. Pode-se subir os 366 degraus e contemplar a cidade a 83m de altura.

Ruas medievais de Bruges

Heilig Bloed Basiliek
(Basilica of the Holy Blood)

- Burg 10
- Brugge Wollestraat (1, 6, 11, 12, 16, 92, 93)
- www.holyblood.com
- seg-dom 9h30-12h/14h-17h
- €2 (Cr: grátis)

Ao lado da Prefeitura, a Basílica do Sangue Sagrado é famosa por ter uma urna com gotas coaguladas, supostamente do sangue de Cristo, trazidas da Alsácia em 1150. Permite-se visitar a relíquia diariamente das 11h30 às 12h e das 14h às 15h (sexta a domingo até as 16h).

Stadhuis *(Town Hall)*

- Burg 12
- Brugge Wollestraat (1, 6, 11, 12, 16, 92, 93)
- 448.778
- seg-dom 9h30-17h
- €4 (Id: €3 | Cr: grátis)

A prefeitura está situada em um dos prédios mais antigos da Bélgica, construído entre 1376 e 1420. Apresenta pinturas e mobília relacionadas à história da cidade. No primeiro andar se pode visitar a sala gótica, com esculturas da Baixa Idade Média.

Frietmuseum *(Fries Museum)*

- Vlamingstraat 33
- Brugge Jan Van Eyckplein (4, 14, 43)
- 340.150
- www.frietmuseum.be
- seg-dom 10h-17h
- €7 (Est, Id: €6 | Cr: €5)

Curioso, o Museu da Batata Frita foi inaugurado em 2008. Apresenta a história do mais popular dos tubérculos, passando pela origem da batata na América do Sul até sua popularização em versão "frita" na Europa. Ao final, numa espécie de lanchonete, pode-se provar, por mais €2, para quem não conhece, uma porção de batatas fritas.

Groeninge Museum

- Dijver 12
- Brugge Eekhoutpoort (1, 11)
- 448.711
- seg-dom 9h30-17h
- €8 (Est, Id: €5 | Cr: grátis)

Exibe pinturas holandesas e belgas do século 15 ao 20 e arte flamenga do primitivo ao contemporâneo. Confira a feira de artesanato que acontece em frente.

Minnewaterpark *(The Minnewater Park)*

- Minnewater 1
- Brugge Katelijnepoort (1)

O charmoso parque fica ao sul de Bruges, a cerca de 10min do centro da cidade. Com laguinho, pombas, patinhos e todos os adereços indispensáveis aos casais apaixonados, o local é cercado de muito verde e paisagens exuberantes. Outro habitante-símbolo que pode ser encontrado por aqui é o cisne.

Onze-Lieve-Vrouw *(Church of Our Lady)*

- Mariastraat
- Brugge O.L.V. Kerk (1)
- 345.314
- www.onthaalkerk-brugge.be
- seg-sáb 9h30-16h50, dom 13h30-16h50
- €6 (Id: €5 | Cr: grátis)

A Igreja de Nossa Senhora foi construída entre os séculos 13 e 15; em seu interior, destaca-se uma importante obra em mármore: *A Madona e o Menino*, de ninguém menos que Michelangelo.

Archeologie Museum

- Mariastraat 36
- Brugge O.L.V. Kerk (1)
- 448.743
- ter-dom 9h30-12h30/13h30-17h
- €4 (Id: €3 | Cr: grátis)

O Museu de Arqueologia apresenta achados arqueológicos, réplicas e reconstruções que contam a história de Bruges desde a pré-história até a Idade Média.

Belfry, o campanário marco da cidade

Choco-Story – The Chocolate Museum

- Wijnzakstraat 2
- Brugge Sint-Jansplein (6, 16)
- 612.237 www.choco-story.be
- seg-dom 10h-17h
- €8 (Est, Id: €7 | Cr: €5, menores de 6 grátis)

Assim como o Museu da Batata Frita, este foi criado pra nos provocar e trocar nossos euros por calorias. Aqui, se ganha uma degustação básica grátis na bilheteria. Ao longo de quatro andares de um prédio do século 15, revela-se a história desta delícia que só um lunático completo não gosta. Numa das salas, um chef belga ensina os truques para preparar um bom chocolate.

Begijnhof of Bruges

- Begijnhof 30
- Brugge Begijnhof (1)
- seg-dom 6h30-18h30
- grátis

Pequeno conjunto de casas do século 13, originalmente construído para abrigar viúvas e anciãos. Conhecido como Casas das Beatas, hoje é habitado por freiras da Ordem de São Bento. Normalmente, as casinhas são construídas em volta de um jardim onde se encontra um poço e uma igreja. É permitida a visita ao pátio, mas em silêncio. Do lado de fora do pequeno vilarejo, muitos restaurantes com terraços agradáveis e pequenas lojinhas fazem a alegria dos turistas mais consumistas.

Volkskunde *(Museum of Folklore)*

- Balstraat 43
- ter-dom 9h30-17h
- Brugge Snaggaardbrug (4, 15, 43, 91)
- €4 (Id: €3)

O museu retrata a vida no século 17 por meio de cenários e objetos. Diferentes ambientes reconstroem uma sala de aula, uma oficina de sapateiro, uma padaria e até mesmo uma farmácia. O grande destaque vai para *The Black Cat*, uma taverna dentro do próprio museu onde você pode degustar uma cerveja saída diretamente da torneira – ligada ao encanamento.

Salvador Dalí Exhibition

- Markt 7
- 338.344 | www.dali-interart.be
- seg-dom 10h-18h
- €10 (Est, Id: €8 | Cr: grátis)

O pequeno museu e galeria tem uma modesta exposição permanente de pinturas e esculturas de Salvador Dalí. As salas têm uma decoração exótica, bem ao gosto do artista. Se estiver com alguns euros sobrando, pode comprar uma das muitas peças à venda, principalmente desenhos.

Cervejarias

Bruges é a casa de algumas das mais conhecidas cervejas da Bélgica, e uma visita às fábricas pode ser interessante. Mas para tomar mesmo a "loirinha", acompanhando algum petisco, prefira os pubs, já que os bares e restaurantes das cervejarias são caros e menos autênticos. Entre as cervejarias, **De Halve Maan**, na Walplein 26, abre para visitas entre abril e outubro das 11h às 16h (17h aos sábados e domingos) e de novembro a março das 11h às 15h (até 17h sábado, e 16h domingo), por €7, e, após um tour de aproximadamente 45min, pode-se degustar uma cerveja.

Passeios

Tour Flanders Fields
(Campos de Batalha da Primeira Guerra Mundial)
A bordo de um micro-ônibus, visitam-se os campos flamengos devastados pela Primeira Guerra Mundial, incluindo trincheiras, *bunkers*, cemitérios e um memorial. *Quasimodo tour* (www.quasimodo.be; 370.470) é a empresa que promove o passeio, e a reserva se faz pelo telefone ou via hotel ou albergue onde você estiver hospedado. O tour dura cerca de 8h e busca você no endereço de sua hospedagem; saídas diárias de fev-dez, ticket €60/65 (menor/maior de 26 anos), inclui almoço.

Damme

Muitos turistas alugam bicicletas e arriscam pedaladas até Damme, uma cidade medieval a 6,5km de Bruges. Para se aventurar neste passeio, saia de Bruges pela porta de acesso Dampnort e siga pelo lado direito do canal. Dali é só continuar pedalando por 1h-1h30. Curta a paisagem rural, o canal, os moinhos. Chegando em Damme, tome um dos melhores chocolates quentes da Bélgica na *Tante Marie*. Observe a arquitetura e a tranquilidade do local, visite o cemitério e volte para Bruges. Se estiver cansado, pegue um barco (*bikes* são permitidas a bordo). Para aluguel de bicicletas, veja em "A Cidade" (p.966) ou informe-se no seu hotel ou albergue.

A BARBADA É | Passeio de balão

Famosos na região, os passeios de balão acontecem entre fevereiro e outubro, com voos de manhã ou ao entardecer. A agência *Bruges Ballooning* (475.972.887; www.bruges-ballooning.com) organiza a aventura, que custa a partir de €170 e inclui café da manhã e espumante, no primeiro horário, ou *happy hour* com cerveja e aperitivos, no segundo horário. A companhia busca e leva ao hotel e explica os procedimentos antes do voo. É necessário agendar com antecedência; reserve, no mínimo, 3h para a atração.

Comes & Bebes

Bruges é bastante turística. Não espere, portanto, precinhos camaradas. Lanches econômicos podem ser encontrados nas pequenas lojas de conveniência ou em padarias, onde é possível fazer uma boquinha por uns €3. Outra alternativa são os supermercados. O mercado de peixes também é uma boa, e acontece nas manhãs de terça a sábado no Steenhouwersdijik, perto da Burg. Costelinha e mariscos são típicos daqui. Tanto na Markt quanto nas ruelas ao redor, há vários restaurantes com menus a partir de €12. Para acompanhar, cerveja – Bruges diz produzir mais de 300 tipos. O *Brugs Beertje* é um bar na Kemelstraat 5, esquina Steenstraat, que, de fato, serve três centenas de marcas diferentes. Bem em frente, há um popular restaurante de costelas. Jovens nativos recomendam o restaurante do albergue *Bauhaus*, que serve massas, carnes e saladas, além de ter um cardápio vegetariano, boas cervejas e pratos a partir de €6.

Mais uma vez, obrigado, belgas!

De Proeverie Cafe

- Katelijnestraat 6
- Brugge O.L.V. Kerk (1)
- 330.887 www.deproeverie.be
- ter-dom 9h30-18h
- €3-10

Diversos tipos de doces, bolos e cafés a partir de €3. Não deixe de provar o delicioso chocolate quente, talvez o melhor da cidade. Todo o chocolate usado nos doces e nas bebidas é de fabricação própria, em uma chocolateria localizada em frente ao café.

Cafe Vlissinghe

- Blekersstraat 2
- Brugge Gouden Handstraat (4, 14, 43)
- 343.737 www.cafevlissinghe.be
- qua-qui 11h-22h, sex-sáb 11h-0h, dom 11h-19h
- €5-20

É o café mais antigo de Bruges, em funcionamento desde 1515. Cervejas a partir de €2 e petiscos a partir de €5. Frequentado por muitos nativos, o lugar tem decoração tradicional, com lareira e um agradável jardim externo. Não aceita cartões.

Bierbrasserie Cambrinus

- Philipstockstraat 19
- Brugge Markt (1, 2, 3, 4, 12, 13, 14, 43, 90-93)
- 332.328
- www.cambrinus.eu
- seg-dom 11h-23h
- €10-30

Este bar e restaurante à la carte tem temática de cerveja e serve, inclusive, alguns pratos do cardápio incluindo a bebida como um dos ingredientes. Bem variado, o menu tem opções vegetarianas. A comida é boa, mas o verdadeiro destaque vai para a variedade de cervejas: mais de 400 tipos. Nos finais de semana, o bar não tem hora para fechar.

The Chocolate Line

- Simon Stevinplein 19
- Brugge Simon Stevinplein (1)
- 341.090
- www.thechocolateline.be
- ter-sáb 9h30-18h30, dom-seg 10h30-18h30

Comandada desde 1992 pelo *chocolatier* Dominique Persoone, esta é uma das principais lojas de chocolate de cidade, o que também reflete no preço. Além dos sabores tradicionais, fabrica chocolates com tequila, vodca, manjericão e cebola.

Hotéis & Albergues

Alguns hotéis em Bruges oferecem promoções – às vezes do tipo "fique duas noites e ganhe uma terceira", informe-se – e o preço torna-se quase o mesmo que se paga em albergues. Entre estes, existe apenas um da associação HI, que, apesar de ser bom, é um pouco mais distante que os demais. Melhor localizados, os albergues independentes estão a poucos minutos da praça central Markt.

Charlie Rockets

- Hoogstraat 19
- Brugge Sint-Jansplein (6, 16, 88)
- 330.660
- www.charlierockets.com
- 19 quartos | €4
- dorms 6p €20 | quartos 1p €43, 2p €55

Este albergue é muito bem localizado, próximo ao centro de informações, mas suas instalações pedem melhorias. Alguns quartos dispõem de banheiro. Conta com bar, mesas de sinuca, jogo de dardos, pebolim, lavanderia e internet. O clima, porém, não é tão belga: há refeições mexicanas, italianas e a decoração é em estilo americano, com direito até a uma bomba de gasolina de enfeite. Reservar em alta estação e finais de semana é aconselhável.

St Christopher's Bauhaus Hostel

- Langestraat 137
- Brugge Gerechtshof (6, 16)
- 341.093
- www.bauhaus.be
- 160 camas | incluído
- dorms 8p €17, 6p €23 | quartos 2p €60

São dois prédios, um serve de albergue e outro, de hotel. Os dormitórios são medianos, e o destaque do local vai para o restaurante, que também funciona como bar – popular até mesmo entre os belgas. Para quem pretende economizar, o uso da cozinha do hostel é permitido entre 12h-14h e 18h-22h. A recepção fica aberta 24h.

Snuffel Backpacker Hostel

- Ezelstraat 47-49
- Brugge Ezelpoort (3, 13)
- 333.133
- www.snuffel.be
- 32 quartos | incluído
- dorms 12p-8p €16, 6p €17, 4p €18

O diferencial deste albergue está no badalado bar. Oferece cozinha, *lockers* e lençóis. As instalações não agradam a todos os hóspedes, e os quartos costumam ser cheios. Vale reservar na alta temporada.

B&B Het Wit Beertje Witte

- Whitte Beerstraat 4
- Sint-Andries Phare (5, 15, 55)
- 450.888
- www.hetwitbeertje.be
- 3 quartos | incluído
- quartos 1p €60, 2p €70

Quartos com banheiro, TV, telefone, secador de cabelo e alarme. Ambiente agradável, bem decorado e com ótimo atendimento. O café da manhã com uma deliciosa geleia caseira, é servido em um espaço com vista para o jardim, atrativo especial das manhãs de verão.

Anselmus Hotel

- Riddersstraat 15
- Brugge Sint-Jansplein (6, 16)
- 341.374
- www.anselmus.be
- 16 quartos   incluído
- quartos 1p €90-140, 2p €100-150

Diárias oscilam de acordo com a época do ano. Café da manhã com muita variedade. Wi-fi grátis. Quartos com TV, rádio, telefone, secador e cofre. Hotel agradável, boa localização e decoração encantadora.

Hotel Prinsenhof Bruges

- Ontvangersstraat 9
- Brugge Zilverpand (91)
- 342.690   www.prinsenhof.com
- 19 quartos   €19,50
- quartos 2p €176-367

Bem localizado, o hotel tem quartos espaçosos, limpos, bem decorados e com TV, telefone e minibar. Ótimo atendimento com boas recomendações de viajantes que já passaram pelo local. Os preços variam de acordo com o tipo de quarto. Wi-fi grátis.

ANTUÉRPIA

Com cerca de 500 mil habitantes, esta é, conforme o ponto de vista, a segunda ou primeira maior cidade do país (menor que a Grande Bruxelas, porém maior que Bruxelas), sendo conhecida internacionalmente pelo comércio de diamantes – este é um dos principais centros do mundo na lapidação e negociação de pedras. Mas Antuérpia (*Antwerp*, em inglês; *Anvers*, em francês; *Antwerpen*, em holandês) oferece mais. Localizada a 45km da capital, ao norte do país, na região de Flanders, abriga um dos maiores portos da Europa, banhado pelo rio Escalda. Embora não seja pequena, a cidade transborda uma atmosfera simpática e acolhedora. Além dos diamantes, guarda outros tesouros, como a elegante estação central, construída entre 1895 e 1905, um dos monumentos mais importantes do país.

Prédios históricos na Grote Markt

A Cidade

Antuérpia é compacta e as zonas de interesse turístico são facilmente alcançadas a pé. A partir da Grote Markt, praça central, é possível traçar um caminho entre as ruazinhas estreitas e os edifícios históricos. Se você não estiver a fim de longas caminhadas, a cidade conta com 12 linhas de *tram*. O ticket é válido por 1h e custa €1,80, quando comprado antecipadamente via SMS, e €3 dentro do *tram*. É possível também adquirir o *day pass*: 1 dia €5/€7, 3 dias €10/€12 e 5 dias €15/€18 (antecipado/na hora). Pela internet: 🖳 www.visitantwerpen.be. Código telefônico: 3.

Informações turísticas

O principal centro de informações fica no centro (📍 Grote Markt 13; 🕐 seg-sáb 9h-17h45, dom 9h-16h45); há um outro posto dentro da estação central, bom para quem chega de trem, funcionando no mesmo horário. Se você tem menos de 26 anos (independentemente de ser estudante), algumas atrações são oferecidas por preço reduzido, fique ligado.

Cartão da cidade O *Antwerp City Card* permite uso do transporte público e concede entrada em igrejas e museus, além de 25% de desconto para passeios e aluguel de bicicleta. O cartão é válido para 24h (€25), 48h (€32) ou 72h (€37).

Chegando e saindo

A estação central de Antuérpia (*Antwerpen Centraal Station*) está localizada a 1,7km da Grote Markt. Trens saem para Gent (45min), Bruges (1h30), Düsseldorf (2h), Colônia (2h20). Do aeroporto de Bruxelas até aqui são 45min.

Detalhes da fachada da estação

Atrações

As extensas avenidas, repletas de lojas e modernidades, destoam da aparência histórica de Antuérpia. Por isso, caminhar pode ser uma surpresa. Dê uma volta pela famosa rua Meir, que abriga grande parte do comércio mais importante da cidade, com grifes exclusivas e grandes lojas de departamento, tudo isso em meio a um cenário de arquitetura histórica. A área é repleta de restaurantes, bares e vida noturna e pode servir de ponto inicial para o seu passeio.

🕵 Antwerpen Centraal Station

🚇 Antwerpen Premetrostation Diamant (2, 6, 9, 15)

A estação, que mais parece um palácio, foi construída entre 1895 e 1905. Considerada um dos monumentos mais importantes de Antuérpia, já foi palco para gravações do filme *A Noviça Rebelde*. Continua servindo de cenário para os diversos *flash mobs* que acontecem na cidade.

Grote Markt

- Grote Markt
- Antwerpen Melkmarkt (10, 11)

Localizada bem no meio da cidade, a praça central abriga a prefeitura, diversos prédios históricos, bares e restaurantes. É o ponto de partida ideal para conhecer o centro histórico. No meio da praça encontra-se uma estátua de Silvius Brabo, figura mítica relacionada a Antuérpia, que, de acordo com a lenda, cortou a mão de um gigante que cobrava pedágio dos navios que tentavam atracar no porto da cidade.

Onze Lieve Vrouwekathedraal
(Cathedral of Our Lady)

- Groenplaats 21
- Antwerpen Melkmarkt (10, 11)
- www.dekathedraal.be
- seg-sex 10h-17h, sáb 10h-15h, dom 13h-16h
- €6 (Est, Id: €4 | Cr: grátis)

Localizada perto da Groenplaats (Praça Verde), a Catedral de Nossa Senhora foi erguida entre os anos 1352 e 1521. Com estilo gótico na parte externa e barroco na interna, a construção abriga belas esculturas e algumas pinturas do consagrado artista flamengo Peter Paul Rubens. A torre possui 123m de altura e era utilizada para vigilância.

ModeMuseum *(MoMu)*

- Nationalestraat 28
- Antwerpen Sint-Andries (4, 12)
- 470.2770
- www.momu.be
- ter-dom 10h-18h
- €6

O museu possui acervo com mais de 25 mil itens de moda, entre vestimentas e acessórios, dos mais exóticos aos mais simples. Há peças bastante antigas, desde o século 16. Na primeira quinta-feira do mês, o local fica aberto até as 21h.

Rubenshuis *(Rubens House)*

- Wapper 9-11
- Antwerpen Premetrostation Meir (3, 5, 9, 11)
- 201.1555
- www.rubenshuis.be
- ter-dom 10h-17h
- €8 (Id: €6 | Cr: grátis)

Casa onde o célebre artista barroco Peter Paul Rubens viveu e trabalhou, no século 16, por mais de 25 anos. A casa, projetada pelo próprio Rubens, exibe muitas pinturas do artista e abriga um belo jardim, restaurado em 1615. O ingresso é gratuito toda última quarta do mês.

Museum Plantin-Moretus

- Vrijdagmarkt 22-23
- Antwerpen Sint-Jansvliet (34, 291, 295)
- 221.1450
- www.museumplantinmoretus.be
- ter-dom 10h-17h
- €8

Nomeado em homenagem a importantes impressores do século 16, esse museu, inaugurado em 1876, abriga objetos de arte, coleções gráficas e materiais tipográficos, oferecendo uma visão geral da impressão de livros do século 15 até o 18. Entre os itens antigos, expõe uma antiquíssima impressão de 1600. Esse museu foi reconhecido em 2005 como Patrimônio Mundial pela Unesco.

Antuérpia vista do café do MAS

Museum aan de Stroom *(MAS)*

- Hanzestedenplaats 1
- Sint Pietersvliet (7)
- 338.4400 www.mas.be
- abr-out ter-sex 10h-17h, sáb-dom 10h-18h | nov-mar ter-dom 10h-17h
- €10 (Est, Id: €8 | Cr: grátis)

Localizado em um prédio imponente com pedras indianas e painéis de vidro, o moderno Museu do Rio aborda de forma dinâmica e interativa o desenvolvimento da cidade e a sua importância como porto internacional. Composto pelo acervo de outros três antigos museus, expõe peças históricas e trabalhos de artistas belgas, resultando num total de 470 mil objetos. Não deixe de subir até o terraço, de onde se tem uma vista excepcional de toda a cidade. Na última quinta-feira do mês, o museu permanece aberto até as 21h.

Comes & Bebes

O que não falta em Antuérpia é a tradicional culinária belga: batatas fritas, frutos do mar, *pralines*, chocolates, *waffles* e cerveja. Tudo delicioso. Parada obrigatória da cidade são as feiras de rua, que oferecem alguns petiscos, e as *chocolatiers*, para tomar um chocolate quente com raspas de chocolate. E os pubs, é claro!

Restaurant 't Hofke

- Oude Koornmarkt 16
- Antwerpen Melkmarkt (10, 11)
- 233.8606 www.thofke.com
- seg-dom 12h-16h/18h-23h, sáb-dom 12h-0h
- €10-25

Localizado na rua mais antiga da Antuérpia, o pequeno restaurante à la carte tem especialidades belgas e francesas. Aconchegante, serve deliciosas sobremesas que podem ser degustadas no terraço.

El Bife

- Hoogstraat 5
- Antwerpen Melkmarkt (10, 11)
- 2268.403 www.elbife.be
- seg-ter/qui-sex 17h-22h, sáb-dom 12h-23h
- €20-45

Distante 2min da Grote Market, este restaurante especializado em carnes apresenta pratos das culinárias argentina e belga, com cortes e preparação do jeitinho que os hermanos gostam. O serviço é à la carte e a carta de vinhos é sul-americana. As entradas são cerca de €6 e os pratos principais, a partir de €17, podendo chegar até aos nada modestos €54.

Restaurant Tropicos

- Van Cuyckstraat 2
- Antwerpen Teniers (12, 24) 231.9964
- www.tropicos.be
- seg-sex 12h-14h/18h-23h, sáb 17h30-23h30, dom 17h30-23h
- €22-50

O restaurante é uma mistura de decoração brasileira e mexicana, assim como o cardápio e a música de fundo. A comida é servida à la carte e o menu com entrada, prato principal e sobremesa custa a partir de €22. Destaque para a caipirinha. Atendimento amigável e é aconselhável fazer reserva.

Hotéis & Albergues

Antuérpia possui muitos hotéis, B&B e albergues, sendo um deles HI. As hospedagens ao redor da Grote Markt e da estação central podem ter um preço mais elevado, mas é possível encontrar algumas barbadas nas travessas da rua Meir e ao redor do Stadspark, regiões de fácil acesso e boa localização.

Antwerp Central Youth Hostel

- Bogaardeplein 1
- Groenplaats (2, 3, 5, 15)
- 234.0314
- www.jeugdherbergen.be
- 324 camas
- incluído
- dorms 6p €27 | quartos 2p €63

O hostel é relativamente novo, então algumas áreas e serviços podem estar em constante mudança. Wi-fi grátis. Quartos com banheiro. Muitos estudantes das universidades de Antuérpia se hospedam por aqui. Logo em frente, tem uma pequena lanchonete que fica aberta até tarde e que pode ser uma boa para antes ou depois da balada.

Antwerp Mabuhay B&B

- Draakstraat 32
- Dageraadplaats (11)
- 290.8815
- www.mabuhay.be
- 2 quartos
- €4
- quartos 1p €51-59, 2p €59-69

Quarto com TV e pia, mas banheiro fora do quarto e compartilhado. Preços variam de acordo com o tipo de quarto e período. B&B limpo e bem decorado, mas os donos possuem dois gatos – o que pode ser um problema para quem não gosta dos bichanos.

Century Hotel

- Pelikaanstraat 20
- Premetrostation Diamant (2, 6, 9, 15)
- 232.5870
- www.demahotels.be
- 135 quartos
- €11,50
- quartos 1p €63-74, 2p €67-79

O hotel, recentemente reformado, possui alguns pacotes que podem valer a pena, como o quarto para 4 pessoas com diária a partir de €124. Alguns quartos têm TV de tela plana. Wi-fi grátis. A localização central é um ponto a favor.

Alegria Bed & Breakfast

- Spoorstraat 19
- Premetrostation Elisabeth (2, 3, 5, 6)
- 232.6845
- www.bbalegria.be
- 2 quartos
- incluído
- quartos 1p €75-80, 2p €85-90

Quartos espaçosos, com sala de estar e banheiro privativo. Um dos melhores B&B da cidade, bem aconchegante, distante apenas 10min da estação central. A partir de 4 diárias, 10% de desconto. Não aceita cartões.

Antwerp City Center Hotel

- Appelmansstraat 31
- Premetrostation Diamant (2, 6, 9, 15)
- 203.5400
- www.differenthotels.com
- 70 quartos
- incluído
- quartos 2p €80-140

Hotel com restaurante e bar, quartos e camas espaçosos, com TV e banheiro. Ótima localização, próximo à avenida principal e à estação central. Atendimento simpático.

Leonardo Hotel Antwerpen

- Keyserlei 59
- Premetrostation Diamant (2, 6, 9, 15)
- 232.1443
- www.leonardo-hotels.com
- 105 quartos
- €10
- quartos 2p €71-119

Em frente à estação central. Os valores podem variar de acordo com a época do ano e tipos de quarto. Wi-fi pago separadamente. Quartos confortáveis e bem decorados com banheiro, TV, minibar e cofre. Ótima localização e excelente atendimento.

GENT

Cidade universitária com 250 mil habitantes, dos quais 45 mil são estudantes, Gent (*Gand,* em francês; *Gent,* em holandês; *Ghent,* em inglês) é atravessada por canais e preserva suas características medievais. A praça central, a Catedral St. Bavo e o castelo são as suas principais atrações. Ou, talvez, seu maior atrativo seja simplesmente ser uma cidade menos turística. A 57km de Bruxelas, Gent, repleta de begônias e azaleias, ostenta o título de "cidade das flores".

A Cidade

Algumas referências são a Catedral de St. Bavo, a Igreja de St. Nicholas e a Torre de Belfry. Ao redor da catedral estão as ruas de pedestres e do comércio em geral. Ônibus e *tram* cobrem a cidade inteira e podem ser utilizados para chegar ao centro (ticket €2/1h), Código telefônico: 9.

Informações turísticas Fica na Oude Vismijn, *Old Fish Market* (📍 Sint Veerleplein 5; 🕐 seg-dom 9h30-18h30, 16h30 no inverno). Reserva hotéis e fornece mapas (vale a pena pegar o do *Use-it*) e a revista da cidade, com eventos e atrações. A estação de trem conta com terminais 3D para autoatendimento. Pela internet: 💻 www.visitgent.be.

Atrações

Caminhar é a grande atração por aqui, graças à bela arquitetura de Gent e aos seus canais e pontes, como a **Sint-Michielsbrug** (*St. Michael's Bridge*). Ao redor dessa ponte estão as ruas **Graslei** e **Korenlei**, assim nomeadas por concentrarem a venda de ervas e trigo, respectivamente, no auge do comércio flamengo; nelas estão diversos prédios dos séculos 13 e 14, bares e restaurantes. Fora do centro, vale conferir o **Rabot**, estrutura do século 15 que protegia a entrada da cidade, no canal Lieve. Em muitas atrações, menores de 19 anos têm entrada gratuita e, entre 19 e 26, pagam um valor reduzido. Confira a lista no centro de informações turísticas.

Área central de Gent

Belfry

- Sint-Baafsplein
- Gent Duivelsteen (1, 4, 22, 24)
- www.belfortgent.be
- seg-dom 10h-18h
- €6 (Id: €4,50 | Jov: €2)

Torre construída no século 14, também chamada de Belfort. De seu alto você pode perceber por que Gent é uma das cidades medievais mais bem preservadas da Europa.

Stadhuis (Town Hall)

- Botermarkt 1
- Gent Korenmarkt Perron 4 (1, 4, 24)
- seg-sex 8h-17h, sáb 8h-12h
- €5

A Prefeitura de Gent é um belo prédio do século 15 em estilo gótico com alguns elementos renascentistas. A arquitetura interna também preserva diferentes estilos.

Sint-Niklaaskerk (St. Nicholas Church)

- Korenmarkt com Cataloniestraat
- Gent Korenmarkt Perron 4 (1, 4, 24)
- 234.2869
- seg 14h-17h, ter-dom 10h-17h
- grátis

A Igreja de São Nicolau é um dos símbolos mais antigos e imponentes de Gent, datada do século 13.

Sint-Baafskathedraal (St. Bavo's Cathedral)

- Hoofdkerkstraat 1
- Gent Reep (65, 69)
- www.sintbaafskathedraal.be
- abr-nov seg-sáb 8h30-18h, dom 9h30-16h | nov-abr seg-sáb 8h30-17h, dom 9h30-17h
- €4

A catedral é uma combinação de diferentes estilos, do romanesco ao gótico. O púlpito é de 1741 e o órgão, de 1653. A cripta contém tumbas dos séculos 15 e 16. As principais atrações são as pinturas de Jan van Eyck *The Mystic Lamb*, de 1432, e a de P. P. Rubens chamada *The Entry of St. Bavos into the Monastery*.

Het Gravensteen (The Castle of the Counts)

- Sint-Veerleplein 11
- Gent Gravensteen (1, 4, 24)
- seg-dom 9h-17h (18h no verão)
- €10 (Id: €7,50 | Jov: €6)

O Castelo medieval foi construído em 1180 para fins militares, mas já foi utilizado como prisão, tribunal e até fábrica de algodão. Tem um museu com alguns aparelhos de tortura. É um dos pontos turísticos mais visitados da cidade e oferece uma boa vista da região.

Museum Schone Kunsten (Museum of Fine Arts)

- Fernand Scribedreef 1
- Gent Ledeganckstraat (34, 35, 36, 58, 70, 73)
- 240.0700
- ter-dom 10h-18h
- www.mskgent.be
- €8 (Id: €6 | Jov: €2)

Localizado ao lado do Citadelpark, este é um dos museus mais antigos da Bélgica. Oferece uma visão geral de pinturas e esculturas desde a Idade Média até a metade do século 20. Além das exposições temáticas, conta com acervo fixo de pintores belgas como Emile Claus, Constant Permeke e Constantin Meunier.

STAM Ghent City Museum

- Godshuizenlaan 2
- Bijlokehof (4, 24)
- www.stamgent.be
- ter-dom 10h-18h
- €8 (Id: €6 | Jov €5)

Exibe, em formato multimídia, mais de 4 séculos sobre a história da cidade. Algumas exposições temporárias exploram o conceito urbano de Gent a partir de diferentes ângulos.

Design Museum Gent

- Jan Breydelstraat 5
- Gent Gravensteen (1, 4, 24)
- 267.9999
- ter-dom 10h-18h
- www.designmuseumgent.be
- €8 (Id: €6 | Jov: €2)

Próximo à Groentenmarkt, é o único museu de design na Bélgica. Com fachada do século 18, abriga desde decorações e peças antigas até exposições de designers contemporâneos. E se você não gosta do tema, a visita vale pelo banheiro, que é bem curioso.

Groot Begijnhof Sint-Elisabeth
(Great Beguinage St-Elisabeth)

- 📍 Groot Begijnhof 67
- 🚌 Gent Nieuwhof (3, 34, 35, 36)
- ☎ 228.2308   🕐 seg-dom 6h30-21h30
- 💲 grátis

O convento construído entre 1873 e 1874 tem cerca de 80 habitações e está um pouco afastado do centro da cidade.

Museum Dr. Guislain

- 📍 Jozef Guislainstraat 43
- 🚋 Guislainstraat (1)   ☎ 216.3595
- 🕐 ter-sex 9h-17h, sáb-dom 13h-17h
- 💻 www.museumdrguislain.be
- 💲 €8 (Cr: grátis, Jov: €1-3)

Este curioso museu fica em um antigo hospital psiquiátrico de 1857 (Guislain Hospice) e homenageia Joseph Guislain, médico, chefe do hospital e pioneiro na área. A exibição permanente conta um pouco sobre a história da psiquiatria e das doenças mentais – bem relevante para quem se interessa pela temática.

O convento Groot Begijnhof Sint-Elisabeth

Comes & Bebes

Para comer bem e pagar menos, a vizinhança da Overpoortstraat é uma zona estudantil conhecida por seus bares e boates. Tem boas refeições por preços razoáveis – alguns restaurantes dão desconto para estudantes. Não deixe de provar as tradicionais fritas com *stoverijsaus met mayonaise*, molho marrom de cerveja, carne e maionese. Para algo mais saudável, o **Exki**, na Sint Michielshelling 2, é uma lanchonete com saladas, pães, quiches, massas e muitas opções vegetarianas a partir de €3,20. O **Chez Leontine**, na Groentenmarkt 10-11, é um restaurante tradicional e turístico. Serve lasanhas a partir de €16 e carnes e pratos locais por €19, além de uma grande diversidade de cervejas. Vale a visita. Um lugar frequentado por muitos estudantes locais é o **Soup Lounge**, na Zuivelbrugstraat 6, que serve sopas com pão e frutas a partir de €5.

Hotéis & Albergues

No verão, período de férias numa cidade universitária, uma alternativa são os dormitórios de estudantes. Se você estiver em Gent nesta época, informe-se no centro de informações ou no *Use-it*. O albergue HI **De Draecke** (📍 St. Widostraat 11; 💲 dorms €25 | quartos 2p €60) tem dormitórios com banheiro e chuveiro; café da manhã já incluído. Abre o ano todo. O **Flandria Hotel** (📍 Barrestraat 3; 💲 quartos 1p €45/60, 2p €58/70 – sem/com banheiro) é simples e sem luxos, mas tem bons preços e inclui café da manhã. O **Su'ro** (📍 Vlierstraat 57; 💲 quartos 1p €55/65, 2p €70/80 – sem/com banheiro) é um dos melhores B&B da cidade. Aconchegante, moderno, limpo e com ótimo atendimento. Já o **Erasmus Hotel** (📍 Poel 25; 💲 quartos 1p €79-90, 2p €99-120) fica em um bem localizado prédio do século 16. Quartos com banheiro, TV e frigobar; café da manhã incluído.

As Casamatas Bock e, no fundo, a Igreja de Saint Michel, Luxemburgo

www.visitluxembourg.com

LUXEMBURGO

Com uma população aproximada de 500 mil habitantes e cerca de um terço de sua área coberta por florestas, Luxemburgo é o menor país-membro da União Europeia. Espremido entre Bélgica, Alemanha e França, é um lugar bucólico e convidativo (principalmente para os apreciadores de vinho), que poucos viajantes de fato conhecem. A nação, que está entre as mais ricas da Europa, possui baixos índices de desemprego e muito de sua força de trabalho provém de estrangeiros, cujo grupo mais representativo é composto por portugueses (em torno de 9% da população). Considere falar nosso idioma com, eventualmente, algum garçom de um restaurante local. Luxemburgo possui deslumbrantes áreas verdes, destacando a região de *Ardennes* (Ardenas, em português); todas as paisagens desse pequeno país se confundem com um cartão-postal, fazendo valer uma parada, principalmente por quem viaja de trem entre seus países vizinhos.

Luxemburgo | **983**

Que país é esse

- *Nome:* Grão-Ducado de Luxemburgo | Groussherzogtum Lëtzebuerg | Grand Duchy of Luxembourg
- *Área:* 2.590km²
- *População:* 523 mil
- *Capital:* Luxemburgo
- *Língua:* Luxemburguês
- *Moeda:* Euro
- *PIB:* US$ 60,13 bilhões
- *Renda per capita:* US$ 110.664
- *IDH:* 0,881 (21º lugar)
- *Forma de Governo:* Monarquia Constitucional

Barbadas e Roubadas

- ⊕ Apreciar a vista das Casamatas
- ⊕ Explorar o "interior": a região vinícola do rio Moselle, o planalto de Ardennes
- ⊕ Visitar a pitoresca Esch-Sur-Sure
- ⊖ Esquecer-se da existência do país

ALMANAQUE VIAJANTE
Esqueça Vanderlei

Não, não é nenhuma homenagem ao homem que já foi técnico do Flamengo, Fluminense, Grêmio, Santos, Atlético Mineiro, Palmeiras, Corinthians... ufa (ah, e da Seleção Brasileira também). O nome do país é originário da fusão do celta "lucilem" (pequeno) com o alemão "burrugh" (castelo). Lucilemburrugh, "pequeno castelo", o velho forte romano ao redor do qual a cidade (e país) foi se desenvolvendo a partir do ano de 963. Hoje o pequeno país conta com mais de 20 castelos.

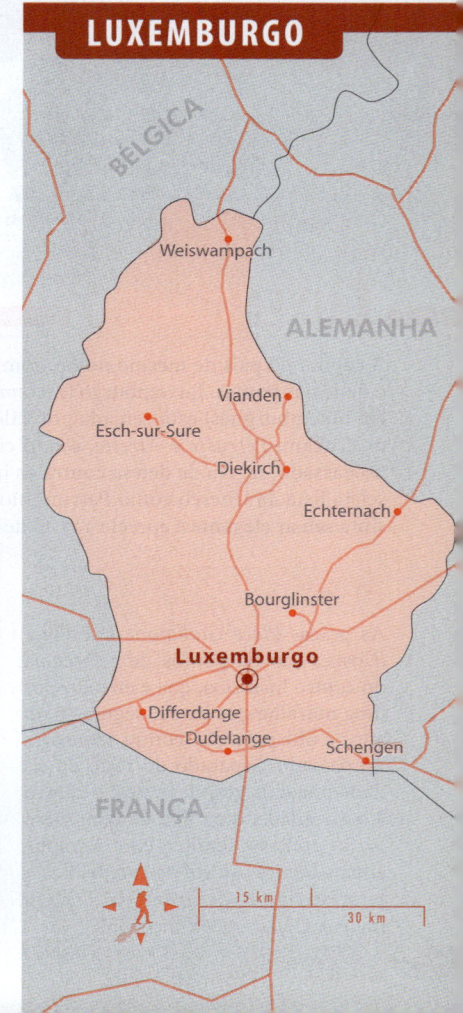

LUXEMBURGO

(Mapa: BÉLGICA ao norte/oeste, ALEMANHA a leste, FRANÇA ao sul)

- Weiswampach
- Vianden
- Esch-sur-Sure
- Diekirch
- Echternach
- Bourglinster
- **Luxemburgo**
- Differdange
- Dudelange
- Schengen

15 km / 30 km

As ruínas da Fortaleza e o entorno da Ponte Adolphe

LUXEMBURGO

A capital do país de mesmo nome, com pouco mais de 100 mil habitantes, é a cidade das pontes. Luxemburgo (*Luxembourg*, em francês e inglês; *Lëtzebuerg*, em luxemburguês) está cercada por vales que possuem os nomes dos rios que os cruzam, *Pétrusse* e *Alzette*, sendo circundada por um grande muro, que, no passado, serviu de defesa contra os invasores. Em 1994, a cidade entrou na seleta lista da Unesco como Patrimônio Mundial. Caminhe por Luxemburgo, sinta seu ar elegante e aprecie a vista de cima dos penhascos.

A Cidade

As praças *Place Guillaume II* e *Place d'Armes* são os pontos de referência do centro histórico, que é envolto por uma muralha que parece segurá-lo no alto – útil proteção contra invasores no passado. Separado do resto da cidade por dois grandes vales, o centro é, na verdade, uma ilha da qual saem várias pontes – sendo a Pont Adolphe a mais bonita. Ao sul da cidade, fica o pitoresco bairro de Gronn (*Grund*, em inglês). Código telefônico: 352.

Informações turísticas

O posto de informações turísticas oferece visitas guiadas entre abril e outubro.

- Place Guillaume II 30
- seg-sáb 9h-18h, dom 10h-18h

Pela internet
- www.lcto.lu

Cartão da cidade O *Luxembourg Card*, €11/1 dia, €19/2 dias ou €27/3 dias, vale para transporte público e atrações.

Tours

Ônibus turísticos partem da Place de la Constitution a cada 20min, entre 9h40-17h20 (18h20 na alta temporada), no inverno 10h30-16h; o bilhete, válido por 24h, custa €14.

Chegando e saindo

De avião O aeroporto internacional de Luxemburgo se encontra a cerca de 7km da cidade, conectado ao centro pelos ônibus 9, 16, 114, 117 ou por táxi, que cobra entre €15-25 pelo trecho.

De trem A estação central (*Gare Centrale*) fica ao sul, 1km do centro pelas Avenue da la Liberté ou Avenue de la Gare. Dali saem trens para Estrasburgo (2h15), Liége (2h30), Bruxelas (3h), Basel (3h45), Paris (3h45), Milão (9h30).

Circulando

Embora a cidade possa ser percorrida a pé, ônibus são úteis para trajetos como da estação de trem ao centro histórico ou ao principal albergue. Passagem €1,50/2h ou €4/dia, à venda nas máquinas em frente às paradas. Luxemburgo conta com mais de 600km de ciclovias e trilhas, boa parte asfaltada. Alguns caminhos passam por ferrovias antigas, garantindo paisagens bacanas. Para o aluguel de *bikes*, veja www.en.veloh.lu.

Atrações

Explorar as atrações de Luxemburgo significa essencialmente caminhar pelo centro e deparar-se com prédios históricos e paisagens pitorescas a partir de pontes e mirantes, sobretudo no charmoso bairro de Gronn. Repare nos vestígios da fortaleza que aqui existia, dispersos em diferentes cantos da cidade. Sinalizada nas calçadas com o símbolo de coroas metálicas, a *Wenzel Walk* é um caminho de 3km que percorre os principais pontos históricos. E o *Chemin de la Corniche,* rua de nível superior, leva às ruínas através de um bonito caminho.

Casamatas, Criptas Arqueológicas e Ruínas da Fortaleza

Para entender o significado dessas três importantes atrações, é preciso conhecer um pouco da história de Luxemburgo, voltando à Era Romana. Perto de onde hoje é o Palácio Grand Ducale, passavam duas importantes estradas romanas e, por isso, no século 4, uma torre de observação fora ali construída. No século 10, dada a importância do local – conhecido como o promontório de Bock –, uma fortaleza foi erguida sob o nome de *Lucilinburhuc*. Ao longo dos séculos, a construção foi estendida, ganhou mais torres, galerias e

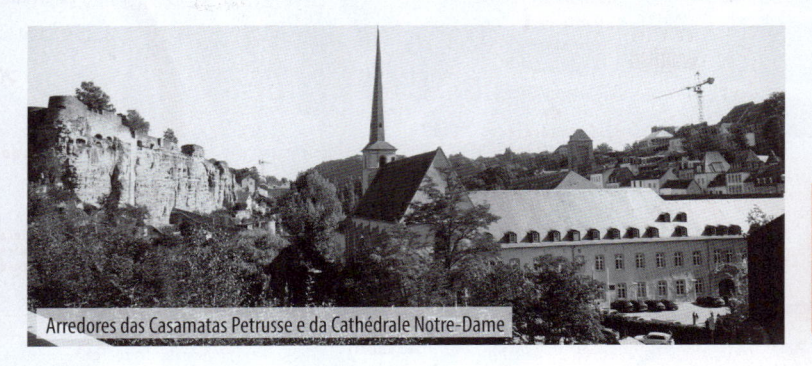

Arredores das Casamatas Petrusse e da Cathédrale Notre-Dame

bastiões, para finalmente, no século 17, tornar-se uma das fortalezas mais poderosas da Europa. Assim, levou o apelido de "Gibraltar do Norte". As ruínas disso tudo, incluindo os 23km de casamatas (galerias subterrâneas), são o que se encontram hoje. As **Casamatas Bock** (mar-out 10h-17h; €4 | Est: €3 | Cr: €2) e as **Casamatas Petrusse** (férias escolares, seg-dom 11h-16h; €4 | Est, Cr: €3), ambas construídas no século 17, estão abertas, desde 1933, para visitação pública.

Palais Grand Ducal

- Rue du Marche-Aux-Herbes 17
- 962.709
- www.monarchie.lu

Residência oficial do chefe de Estado de Luxemburgo, o palácio, de estilo renascentista, tem partes datadas de 1572. É uma atração tipo "estive-na-frente", uma vez que não é permitida a entrada.

Place de la Constitution

A Praça da Constituição, por ficar exatamente em uma ponta da muralha que cerca a cidade, oferece uma belíssima vista do vale do rio Pétrusse. No meio, um monumento de 1923 homenageia os soldados que morreram na Primeira Guerra Mundial.

Citadelle du St. Esprit

Na ponta sul da cidade murada, a Cidadela do Espírito Santo é um bom local para relaxar sentado em um banquinho e apreciar a paisagem dos vales à sua frente, onde os rios Alzette e Pétrusse se encontram.

Hôtel de Ville

- Place Guillaume II
- www.vdl.lu

O prédio da prefeitura, de 1838, em estilo neoclássico, se localiza onde antigamente existia um convento franciscano. Em frente, na praça, uma estátua de Guillaume II montado em seu cavalo.

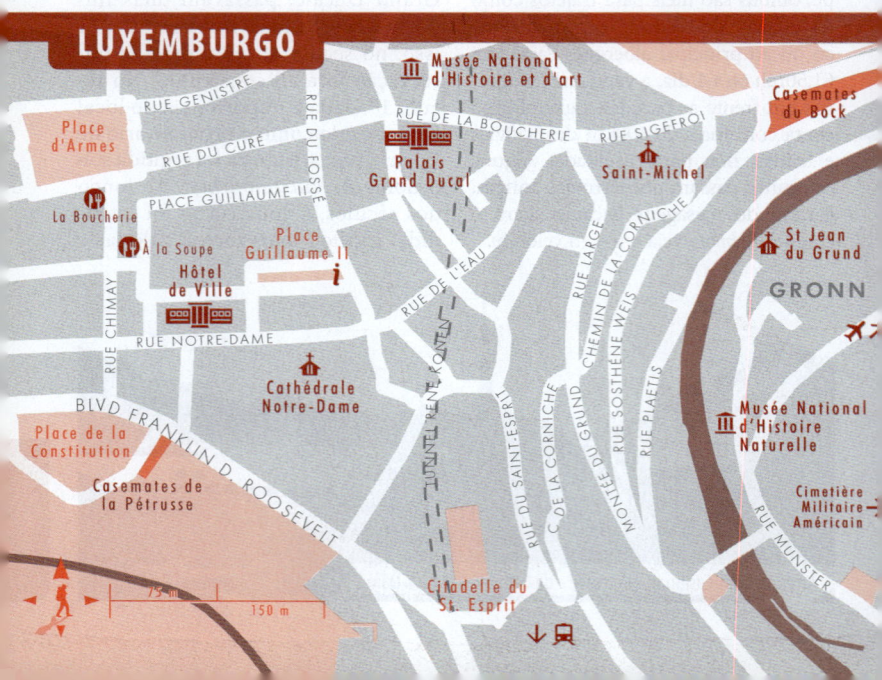

Casamatas Bock

Musée National d'Histoire et d'Art

📍 Marché-aux-Poissons
💻 www.mnha.public.lu
🕐 ter-dom 10h-18h   💲 €5

O museu retrata o desenvolvimento do país por meio de ruínas e artefatos arqueológicos, como sarcófagos, lápides, ferramentas, moedas, joias, entre outros. Os principais destaques vêm das escavações em Dalheim Ricciacum, um antigo povoado galo-romano, e em Titelberg, um assentamento celta. Há ainda uma seção dedicada a pintores luxemburgueses dos séculos 18 a 20 e outra voltada para arte contemporânea internacional.

Musée National d'Histoire Naturelle

📍 Rue Münster 25
💻 www.mnhn.lu   🕐 ter-dom 10h-18h
💲 €4,50 (Est: €3)

O Museu de História Natural possui 10 salas de exibições sobre ciência natural e aborda o desenvolvimento da vida na Terra e a relação do homem com a natureza, plantas e animais.

Cathédrale Notre-Dame

📍 Rue Notre-Dame
🕐 seg-sáb 10h-12h/14h-17h30, dom somente à tarde

A Catedral da Abençoada Virgem é a maior e mais imponente igreja da cidade. Construída por jesuítas em 1613, tem arquitetura gótica e renascentista. Em seu interior está o túmulo de Jang de Blannen (João, o cego), que foi rei da Boêmia e conde de Luxemburgo no século 14.

Cimetière Militaire Américain

📍 Val du Scheid 50
🚌 15 (direção a Hamm)   🕐 seg-dom 9h-17h

O Cemitério Militar Americano de Luxemburgo chama a atenção pela sua capela memorial e, principalmente, pelas suas 5.076 cruzes brancas que guardam os restos dos soldados mortos, em sua maioria, na batalha da Ardenas, durante a Segunda Guerra Mundial. O general estadunidense George Patton também está sepultado aqui.

Comes & Bebes

Os restaurantes são caros, mas muitos oferecem a alternativa do *plat du jour* (prato do dia), com preços mais acessíveis. Na Place d'Armes muitos lugares servem especiarias da cozinha internacional, principalmente francesa, com várias opções. Se estiver a fim de economizar, considere um lanche rápido nas confeitarias e padarias do centro histórico. Alternativa são os supermercados: você encontra em frente à estação de trem, na Avenue de la Liberté e na Avenue de la Gare.

Bella Napoli

- Rue Strasbourg 4
- 493.367
- www.bellanapoli.lu
- seg-dom 12h-14h/18h-22h30
- €10-15

Restaurante italiano com ambiente agradável e muitos garçons portugueses. As pizzas (€8,30) e massas (€9,80) costumam ganhar elogios de viajantes. Fica próximo à estação central.

La Boucherie

- Place d'armes 9
- 2610.3833
- www.laboucherie.lu
- seg-dom 11h30-22h
- prato do dia por €11,50

Este é um dos melhores restaurantes de carne na cidade. A decoração é descontraída e dispõe de agradáveis mesas no terraço.

À la Soupe

- Rua 9 Chimay
- 2620.2047
- www.alasoupe.net
- seg-sáb 7h-20h45
- €5-12

Especializado em sopas, o restaurante também serve café da manhã das 7h às 11h. Fica entre a Place d'Armes e Place Guillaume II.

Coffee Lounge

- Rue de la Poste 28
- 2620.2101
- www.coffeelounge.lu
- seg-sáb 7h-18h
- €3-12

Próximo à Place D´Armes, este é um dos cafés/restaurante preferidos pelos locais e visitantes da cidade. Famoso pelos *bagels* (€10) e pelo delicioso café *nutella macciato* (€5). Servido entre 12h e 15h, o prato do dia tem massas, carnes e legumes a preços razoáveis.

Exki

- Grand-Rue 72
- 2620.3939
- www.exki.lu
- seg-sáb 7h-19h

Fast-food saudável, com muitos alimentos naturais e frescos. Grande variedade de pães, saladas, sopas e frutas por um bom preço. Além desse, existem outros cinco restaurantes espalhados pela cidade.

Pausa para o café

Noite

A vida noturna de Luxemburgo acontece em três diferentes áreas: na Cidade Antiga, ao redor da praça d'Armes, onde há muitos bares e restaurantes; no Distrito da Estação de Trem, região com bares, restaurantes multiculturais e até mesmo algumas casas com shows de dança; e no bairro de Hollerich, com bares mais descolados. A dica, principalmente para as noites de verão, é o **Scott's Pub,** autêntico bar irlandês: um de seus terraços tem vista para o rio Alzette.

Hotéis & Albergues

Existem inúmeros hotéis ao redor da estação de trem. Os mais baratos estão na Rue de Strasbourg. No centro histórico, os albergues e hotéis tendem a ser mais caros e bem mais aconchegantes, sem falar na facilidade da localização. Chegou tarde? Dê uma olhada na lista de hotéis e telefones na estação de trem.

Youth Hostel Luxembourg City

- Rue du Fort Olisy 2
- Plateau Altmuns-ter (9)
- 2268.8920
- www.youthhostels.lu
- 240 camas
- incluído
- dorms €20/23 | quartos 2p €30/43 (sócio HI/não sócio)

Albergue HI, ao lado da ponte dos trens, descendo a ladeira. Pode-se caminhar da estação (1,9km) com mapa em mãos. Roupa de cama incluída no preço. Grande e com diversas áreas comuns, o hostel dispõe de bar, lavanderia, sala de TV, internet e pingue-pongue. Os chuveiros estão no subsolo e são coletivos.

Hostel Bourglinster

- Rue de Gonderange 2
- Bourglinster "Am Duerf" (100)
- 2678.0707
- www.youthhostels.lu
- 53 camas
- incluído
- dorms 8p €17,50/20,50 (sócio HI/não sócio)

Este albergue HI é a segunda opção para a maioria dos viajantes, quando o Youth Hostel Luxembourg City está lotado. Fica num bairro residencial de Bourglinster, cidade a 20km do centro de Luxemburgo. Os preços variam de acordo com a estação e podem ser negociados, já que o local não é tão procurado. Banheiros fora do quarto. Wi-fi grátis. Atenção para o horário bem limitado do *check-in,* das 17h às 22h.

Bella Napoli Hotel

- Rue de Strasbourg 4
- 493.367
- www.bellanapoli.lu
- incluído
- quartos 1p €45, 2p €59

Quarto simples, sem TV, com banheiro. O hotel possui um restaurante com o mesmo nome, que serve deliciosos pratos a preços acessíveis.

Hotel Bristol

- Rue de Strasbourg 11
- 485.829
- www.hotel-bristol.lu
- 30 quartos — incluído
- quartos 1p €55-€75, 2p €65-85, 3p €75-105

Localiza-se a cerca de 300m da estação de trem. Quartos com TV e pia, mas alguns com banheiro compartilhado. Bom café da manhã. Recepção 24h, elevador apertado e ambiente simples.

Hotel Vauban

- Place de Guillaume 10
- 220.493
- www.hotelvauban.lu
- 17 quartos — incluído
- quartos 1p €60-95, 2p €100-160

Muito bem localizado, na praça Guillaume, em frente à prefeitura e ao Palácio Grão-Ducal. Os quartos são bem simples e têm banheiro, TV, mesa de trabalho e wi-fi grátis.

Hotel Yasha

- Rue Joseph Junck 27
- 493.070
- www.hotelyasha.com
- 28 quartos — incluído
- quartos 1p €85, 2p €100, 3p €120

Hotel 3 estrelas, a apenas 20m da estação de trem. Ao chegar, atravesse a rua e siga pela Joseph Junck. Quartos com ventilador, banheira, TV, frigobar e varanda. Wi-fi grátis. O hotel dispõe ainda de bar e restaurante.

Hotel Golden Tulip

- Avenue de la Liberté 28
- 489.911
- www.goldentulip.lu
- 36 quartos
- incluído
- quartos 1p € 90-145, 2p €110-160

Hotel 4 estrelas, a 10min do centro. Quartos com isolamento acústico, ar-condicionado, banheira, TV a cabo, frigobar, cofre, telefone e wi-fi. Alugam bicicletas. Os preços variam de acordo com o dia da semana.

Hôtel Français

- Place d'Armes 14
- 474.534
- www.hotelfrancais.lu
- 21 quartos — incluído
- quartos 1p €99-120, 2p €125-140

Hotel bem localizado, exatamente no centro histórico. Quartos com TV, cofre e mesa de trabalho. Preços variam com a temporada e o conforto da habitação. O restaurante do hotel é especializado na cozinha francesa e, de cortesia, durante as refeições no local, o hóspede ganha uma taça de espumante.

Hotel Piemont

- Route d'Esch 56
- 254.201
- www.hotelpiemont.com
- 30 quartos — incluído
- quartos 1p €170, 2p €180

Hotel 4 estrelas com localização central. Quartos com decoração contemporânea e equipados com ar-condicionado, TV, frigobar e cofre.

Hotel Le Place d'Armes

- Place d'Armes 18
- 274.737
- www.hotel-leplacedarmes.com
- 28 quartos — €24
- quartos 2p €200-270

Hotel 5 estrelas muito bem localizado. Os quartos têm isolamento acústico, ar-condicionado, banheira, TV, frigobar e amenidades de banho. O hotel conta com facilidades como spa, salão de beleza, academia e três restaurantes.

O pequeno centro histórico de Echternach

ECHTERNACH

Situada junto à fronteira com a Alemanha, Echternach se encontra em Mullerthal, região apelidada de *Little Switzerland* (*Petite Suisse*, em francês, e *Kleine Schweiz*, em alemão), devido as suas semelhanças geográficas com a Suíça: terreno escarpado, florestas densas, cavernas entre as pedras e pequenos riachos, atravessados por charmosas pontes recobertas de musgo. Apesar da semelhança não ser tão evidente assim, essa ainda é uma das mais visitadas regiões do Grão-ducado. Para explorá-la, viajantes partem da charmosa Echternach, a cidade mais antiga de Luxemburgo, que se desenvolveu ao redor de uma abadia fundada em 698. Localizada a 33km da capital, tem aproximadamente 5 mil habitantes e conserva torres de sua antiga muralha e construções góticas.

A Cidade

Echternach pode facilmente ser conhecida a pé em 1h ou 2h. A cidade não possui estação de trem e a única forma de acesso de transporte público são os ônibus. A partir de Luxemburgo, as linhas 110 (expressa) e 111 têm saídas a cada 30min. De bicicleta, deve levar cerca de 3h. Das cidades alemãs de Trier (onde nasceu o idealizador do comunismo, Karl Marx) e Bitburg também saem ônibus. O modesto centro de informações turísticas (📍 Parvis de la Basilique 9-10; 💻 www.echternach-tourist.lu; 🕒 seg-sáb 10h-18h, dom 10h-12h) informa sobre passeios nos arredores, entre os quais o mais popular é a Trilha Mullertal, com diversos caminhos entre vales, lagos e cachoeiras.

Atrações

O ponto de partida para conhecer Echternach é a **Denzelt**, praça central cercada de construções góticas do século 15. A principal atração local é a **Abadia** que deu origem e nome à cidade, um mosteiro beneditino onde está enterrado Willibrord, padroeiro de Luxemburgo. A arquitetura atual data do século 13, quando o prédio foi inteiramente refeito em estilo romanesco. Os jardins da abadia constituem o **Parque Municipal**, às margens do rio Sûre, que serve de fronteira natural entre Luxemburgo e Alemanha. A 15km do centro da cidade se encontram as ruínas do **Castelo de Beaufort**, que um dia foi um charmoso palacete renascentista adjacente a uma imponente fortaleza medieval.

O rio, as casinhas brancas e as ruínas do castelo

ESCH-SUR-SÛRE

Abrigada entre as curvas do rio Sûre, Esch-sur-Sûre é um vilarejo pacato, com pouco mais de 300 habitantes. Chama a atenção pelo verde intenso da vegetação ao seu redor que constrasta com as dezenas de casinhas com telhados de ardósia; essas construções circundam uma colina na qual, em seu topo, se encontram as ruínas de um castelo de 927. A cidadezinha, com pontes antigas e ruas estreitas ornadas com flores e lampiões, preserva um inegável ar medieval.

A Cidade

Além do charme urbano, Esch-sur-Sûre não tem muitos atrativos em si, mas um passeio pelas ruas tranquilas e um piquenique às margens do rio podem tomar algumas horas. A cidade está no coração do *Upper Sûre Natural Park* (*Parc Naturel de la Haute-Sûre*, em francês, e *Naturpark Obersauer*, em alemão), parque que oferece diversas trilhas, a serem percorridas a pé, de bicicleta ou a cavalo, e um lago (uma represa, na verdade), onde é possível pescar e praticar esportes aquáticos. Na saída de Esch-sur-Sûre (Route de Lultzhausen 15), há um centro informativo do parque.

VIANDEN

O vale do rio Our abriga uma das mais imponentes edificações de Luxemburgo: o Castelo de Vianden, construído entre os séculos 11 e 14 sobre um elevado rochoso. Aos seus pés, a encantadora cidadezinha homônima, cercada pela natureza e com menos de 2 mil habitantes. No verão de 1871, Vianden foi escolhida por Victor Hugo como o seu lar durante o seu exílio da França e da Bélgica.

A Cidade

As poucas ruas de Vianden estão nos arredores do rio. Não há estação de trem ou rodoviária; para chegar de transporte público, a partir de Luxemburgo, é necessário pegar um trem para Ettelbruck e de lá tomar o ônibus 570 para Vianden (que sai da parada em frente à estação de trem). Embora seja possível chegar a pé ou de carro ao **Castelo** (⊙ out-mar 10h-16h, abr-set 10h-18h; $ €6 | Est: €4,5 | Id: €5 | Cr: €2), o mais bacana é subir com o teleférico para aproveitar a vista excepcional. A **Casa de Victor Hugo** (⊙ ter-dom 10h-17h; $ €4), hoje museu, não tem lá grandes coisas, mas pode ser interessante para os fãs do autor de *Os Miseráveis*.

Cultura Geral

Geografia

Benelux é uma pequena região no noroeste da Europa que ocupa aproximadamente 74.640km² de área (mais ou menos metade do tamanho do estado do Ceará). Formada por Bélgica, Holanda e Luxemburgo, Benelux é predominantemente plana, caracterizada por uma sucessão de planícies e ausência de montanhas, apenas alguns morros – seu ponto mais alto é o *Signal de Botrange*, na Bélgica, que atinge 694m de altitude (o ponto mais alto de Luxemburgo é o Wilwerdange, com 560m, e o da Holanda é Baalserberg, 321m). Seus três países integrantes alternam-se entre pequenos, como a Holanda, cuja área de 41.526km² é menor do que a do estado do Rio de Janeiro; bastante pequenos, como a Bélgica, que, com seus 30.528km² é um pouco maior que o estado de Alagoas; e minúsculos, como Luxemburgo, cuja área de 2.586km² ocuparia somente metade do Distrito Federal. Também bastante característico de Benelux são os territórios que estão abaixo da linha do mar, como a faixa costeira da Bélgica e boa parte do terreno holandês. Enquanto a Bélgica faz fronteira com Holanda e Mar do Norte (N), Alemanha (L), Luxemburgo (SE) e França (S), a Holanda limita-se com a Bélgica (S), Alemanha (L) e Mar do Norte (N e O) e Luxemburgo encontra-se com Bélgica (N e O), França (S) e Alemanha (L).

Economia

Benelux é um bloco econômico que pode ser considerado o precursor da União Europeia, tendo como objetivos a integração regional e a livre circulação de pessoas, bens, capitais e serviços. Criado como *Union Économique Benelux* por um tratado de 1958, é regido pelo Parlamento de Benelux, localizado no Palais de la Nation, em Bruxelas, que conta com 49 parlamentares (21 da Holanda, 21 da Bélgica e 7 de Luxemburgo). Sua economia parte da premissa da cooperação intergovernamental; dessa maneira, as decisões econômicas devem ser tomadas em unanimidade pelos três países.

Ciclista também tem vez, Amsterdã

Nem todos são favorecidos, Bruxelas

Só em Amsterdã, existem mais de 600 mil bicicletas

Holanda

Merecem destaque as indústrias alimentícia, metal-mecânica, química e pesqueira da Holanda. Três das empresas mais conhecidas, porém, são ligadas a outras áreas: Heineken (cerveja), do setor de bebidas; Philips (de barbeadores a TVs), do ramo eletroeletrônico; e Endemol (Big Brother – sim, o *reality show*), da esfera do entretenimento. A agricultura utiliza tecnologia de ponta, empregando apenas 2% da mão de obra. O governo incentiva a indústria informal de artigos caseiros e a exportação, principalmente de produtos como flores, leite e cacau (oriunda das Antilhas holandesas).

Bélgica

A desenvolvida economia belga toma proveito da posição geograficamente bem localizada do país na Europa. Pontos positivos aqui são uma eficiente rede de transportes e um diversificado parque industrial – concentrado na região flamenga (holandesa), ao norte. Com poucos recursos naturais, a Bélgica importa grande quantidade de matéria-prima e exporta um alto volume de produtos manufaturados (em torno de 70% do PIB), o que torna sua economia dependente do mercado externo. Seu principal parceiro comercial é a Alemanha, seguido de França, Holanda, Reino Unido e Estados Unidos. Hoje a Bélgica é líder no comércio de diamantes (sendo que 70% da lapidação mundial é realizada em Antuérpia), que, junto aos tapetes, ao chocolate e à cerveja formam uma espécie de cartão de visita do comércio local.

Luxemburgo

A economia foi apoiada, por muito tempo, na extração de minério de ferro – agora esgotado – e na siderurgia. Luxemburgo tem o setor terciário bastante desenvolvido, especialmente serviços de bancos e de companhias de seguros. A agricultura ocupa somente 5% da população ativa, em áreas familiares, produzindo grãos, batata, vinho e frutas.

História

Ainda que formada por três países distintos, Benelux partilha uma trajetória histórica em comum. Na antiguidade, a região foi habitada por tribos germânicas e celtas e, posteriormente, ocupada pelo Império Romano. Por volta do século 8, o domínio de Carlos Magno e seu Império Carolíngio sobre a região resultou na cristianização da população. Mais tarde, os espanhóis se apoderaram do Benelux, sendo expulsos da região no final do século 16. Já no século 19, os ocupantes foram outros: as tropas do poderoso imperador francês Napoleão Bonaparte. Ainda em comum entre os três países foi a ocupação nazista na Segunda Guerra Mundial.

Mas, ao contrário do que se possa sugerir, a história do Benelux é mais do que uma sucessão de invasões de potências estrangeiras. Além das muitas e importantes particularidades de cada país, a região foi precursora nas organizações de blocos econômicos – não por acaso, Bruxelas, a capital belga, sedia as principais instituições da União Europeia. E tudo isso começou em 1943, quando os governantes de Bélgica, Holanda e Luxemburgo – então exilados em Londres (em função da ocupação nazista) – assinaram a Convenção Monetária Benelux, que visava regrar as transações internacionais e reforçar as relações econômicas entre os três países. Foi o pontapé inicial para uma série de tratados comerciais que culminaria no Tratado Benelux, assinado em 1958 e que começou a vigorar em 1960, acordo que deu início à *Union Économique Benelux*. Cinquenta anos depois, o acordo foi renovado, e o bloco deixou de ser somente econômico e tornou-se Union Benelux.

Holanda

A região onde hoje fica a Holanda era, originalmente, ocupada por celtas e tribos germânicas. Foi dominada pelos romanos entre os séculos 1 e 5 e, posteriormente, conquistada por francos e espanhóis. Apenas no século 16 o território foi proclamado República Unida da Holanda, em Utrecht, mas a alegria não durou muito tempo: em 1810, o país foi invadido, conquistado por Napoleão Bonaparte e anexado à França.

O Reino dos Países Baixos surgiu no Congresso de Viena, em 1814, reunindo Holanda, Bélgica e Luxemburgo sob um mesmo governo. Em 1830, a Bélgica separou-se; sessenta anos mais tarde foi a vez de Luxemburgo cair fora. O nome – Reino dos Países Baixos – permanece no plural, pois inclui ainda três ex-colônias holandesas no caribe, hoje territórios autônomos, Aruba, Curaçao e Sint Maarten, além da própria Holanda.

Durante a Primeira Guerra Mundial, o país se manteve neutro, mas, na Segunda Guerra, não conseguiu escapar das garras e da invasão de Hitler (em Amsterdã, vários museus e monumentos relembram esse período, destacando a Casa de Anne Frank).

Em 1943, foi criado o Benelux, grupo econômico que rompeu as barreiras alfandegárias entre as três nações que formavam o antigo Reino dos Países Baixos. No ano seguinte, a Holanda reconheceu a independência da Indonésia, até então sua colônia, e, em 1958, aderiu à Comunidade Europeia. Mais tarde, perdeu também as colônias que tinha na África, na Oceania e na América. Em 1980, Beatrix subiu ao trono depois da renúncia de sua mãe.

Em maio de 2002, o paradoxal político holandês Pim Fortuyn, líder ultradireitista, ganhou as manchetes dos jornais pela última vez ao ser assassinado durante a campanha para as eleições

Passagem secreta na Casa da Anne Frank

parlamentares. Seu partido xenófobo, o LPF, crescia vertiginosamente utilizando slogans racistas. Apesar do conservadorismo em alta, a Holanda, mantendo a tradição de sua política liberal para assuntos comportamentais, nos anos 2000 legalizou o casamento entre pessoas do mesmo sexo e tornou-se o primeiro país do mundo a autorizar a eutanásia.

Em 2005, os holandeses (assim como os franceses) decidiram em plebiscito votar contra a criação da Constituição Europeia. Esta foi a primeira vez que houve consulta popular sobre alguma decisão relativa ao bloco. Em julho de 2008, entrou em vigor na Holanda, a exemplo de outros países europeus, a lei antitabaco, que proíbe o fumo em ambientes fechados. Entretanto, cigarros considerados ilícitos em outros países seguem liberados por aqui (nos *coffee-shops* específicos, apenas). Assim, ironicamente, a Holanda tornou-se o único país do mundo a possuir cafés onde se pode fumar maconha ou haxixe, mas não um cigarro comum.

Em 2010, Mark Rutte, do partido de centro-direita VVD, assumiu o cargo de primeiro-ministro, função que não era exercida por um liberal desde 1918. No entanto, após uma crise de governabilidade, Rutte apresentou sua renúncia em abril de 2012, tendo se tornado um dos primeiros-ministros que se manteve por menos tempo à frente do país desde a Segunda Guerra. Ainda assim, não foi esse o final da história de Rutte no governo holandês: ele foi reeleito para o cargo nas eleições de setembro de 2012, com a expectativa de que, dessa vez, passe mais tempo na função – preferencialmente, até o final do mandato, em 2017. Em janeiro de 2013, a rainha Beatrix abdicou do trono em favor do seu filho, Willem-Alexander – que se tornou o primeiro rei da Holanda em 128 anos (e sua esposa, a rainha Máxima, é argentina).

À parte as questões monárquicas e eleitorais, algumas atuais discussões políticas dizem respeito a aspectos bastante relevantes para uma considerável população de viajantes que visita a Holanda. Em 1º de maio de 2012, entrou em vigor em três províncias do sul (Brabante, Limburgo e Zeelândia) uma lei que limita a venda de maconha nos *coffee-shops* locais apenas aos residentes do país. Em 2013, a lei se estendeu por quase todo o território holandês: agora, para comprar a droga, o cidadão deve possuir um cartão de cadastro (o *wietpas*) que confirme que ele tem mais de 18 anos e é residente na Holanda. A exceção vem de Amsterdã: devido à mobilização dos *coffee-shops* e à ação do prefeito Eberhard van der Laan, a regra não pegou, e o cartão foi abolido. Hoje, a capital holandesa ainda permite a venda de maconha para turistas (assim como o consumo). Na região sul do país, a justiça holandesa determinou ao governo indenizar os donos de *coffee-shops*, devido ao prejuízo causado pelos mesmos após a nova legislação. É certo que a polêmica ainda está viva, resta aguardar os próximos capítulos.

Bélgica

Assim como a Holanda, todo o território atual da Bélgica fora habitada pelos celtas e pelos germânicos até a conquista romana, em 50 a.C. Mais tarde, entre os séculos 16 e 18, a área passou a ser domínio espanhol até ser anexada ao Reino dos Países Baixos, em 1814. Em 1830, conseguiu a independência por meio de uma revolução e se estabeleceu como Reino da Bélgica, uma monarquia constitucional.

O país desde então se tornou neutro em relação aos conflitos militares da Europa, status ignorado pela Alemanha durante as duas Guerras Mundiais. Na primeira, a invasão germânica sobre o território belga provocou a indignação e o alerta dos britânicos e a entrada do Reino Unido no conflito. Na segunda, a ocupação nazista durou quatro anos a partir de 1940, forçando a rendição do rei Leopoldo III (que, aliás, deixou de ser reconhecido pela própria resistência belga, furiosa com a "covardia" do monarca).

O período pós-guerra foi tempo de estabelecer alianças políticas e econômicas. Em 1945, a Bélgica aderiu à então recém-criada ONU; em 1958, formou o grupo econômico Benelux (com Holanda e Luxemburgo); e em 1949 passou a integrar a Organização do Tratado do Atlântico Norte (OTAN). Nos anos 1960, concedeu a independência ao Congo, a Ruanda e ao Burundi, suas antigas colônias na África. Na década seguinte, em 1977, o governo realizou reformas constitucionais e fez divisões territoriais de acordo com as diferenças culturais e idiomáticas da Bélgica, estabelecendo três regiões autônomas dentro do país: Bruxelas (que fala francês), no centro; Flandres (que fala flamengo), ao norte; e Valônia (que fala valão, derivado do francês), ao sul.

Em 2002, a Bélgica passou a ser o segundo país do mundo, após a Holanda, a legalizar a eutanásia. Em 2008, a população saiu às ruas em protesto contra o aumento do custo de vida em meio a uma crise governamental que resultou na renúncia do primeiro-ministro. Um novo premier assumiu em 2009, mas renunciou logo no início de 2010. Em 2011, o país bateu o recorde mundial de dias sem governo (executivo, já que existe ainda o rei, Albert II). Desde dezembro de 2011, porém, a chancelaria é ocupada por Elio di Rupo, líder do Partido Socialista que tenta um acordo de coalizão com o partido conservador flamengo. Em 2015, sucessivos protestos tomaram conta da Bélgica em função das medidas de austeridade adotadas pelo governo.

Luxemburgo

A região onde Luxemburgo se encontra fez parte do império de Carlos Magno, no século 9, e, em 963, tornou-se um Estado soberano. Em 1312, o conde de Luxemburgo, Henry IV, foi eleito imperador do Sacro Império Romano-Germânico. Por volta de 1510, o território foi dominado pela dinastia dos Habsburgo e, no final do século, foi integrado ao Reino dos Países Baixos. Luxemburgo foi elevado à categoria de ducado (unido à Holanda) em 1815. Já independente (e apesar da posição neutra), foi invadido pela Alemanha nas duas Guerras Mundiais. Passados os conflitos, em 1948 formou com Bélgica e Holanda o grupo econômico Benelux. Mais tarde, aderiu também à OTAN e à Comunidade Econômica Europeia, atual UE. Em 1991, uma crise abalou a economia do grão-ducado, levando à liquidação do Banco de Crédito e Comércio Internacional (BCCI), e, oito anos depois, o país aderiu ao euro. Em 2007, com 0,87% do seu PIB destinado a doações para o desenvolvimento de outros países, Luxemburgo se tornou o terceiro país mais generoso do mundo nesse quesito. Apesar da crise de 2011, o país registrou as menores taxas de desemprego da Europa. Em maio de 2015, Luxemburgo fez história ao ter o primeiro líder da União Europeia, o primeiro-ministro Xavier Bettel, a se casar numa cerimônia gay.

Cultura

Inegavelmente, o grande polo de cultura de Benelux são Holanda e Bélgica, dois países de importante contribuição para a história das artes. Nesse cenário, Luxemburgo acaba sendo bastante discreto. Entre todas as expressões artísticas e culturais, a pintura holandesa nos brindou com alguns dos maiores talentos de todos os tempos.

Artes

A Holanda marcou definitivamente seu papel na história durante a chamada Era de Ouro, período no qual, ao longo do século 16, o país viveu uma grande fase de desenvolvimento econômico, científico e, é claro, cultural. Foi nessa época que uma sucessão de grandes artistas holandeses surpreendeu o mundo. O maior deles talvez tenha sido Rembrandt van Rijn (box ao lado). Outros pintores importantes foram Johannes Vermeer (famoso por sua obra *Moça com Brinco de Pérola*), Hieronymus Bosch, Pieter Bruegel e Piet Mondrian. No mesmo período, na Bélgica, outro grande produzia intensamente: Peter Paul Rubens, nome definitivo do barroco na região. Mais tarde, a região do Benelux ainda veria dois de seus filhos terem enorme relevância no cenário artístico mundial. O primeiro foi Vincent Van Gogh (box p.918), o atormentado gênio holandês que, inegavelmente, figura entre os maiores da história. O segundo, oriundo da Bélgica, foi René Magritte, pintor surrealista brilhante e irreverente do século 20. A Bélgica, aliás, além dos artistas das artes visuais "sérias" também é conhecida por seus excelentes cartunistas – o mais famoso deles é Hergé, que deu vida ao jovem e intrépido repórter Tintim (box p.953).

Surrealismo realista de René Magritte

Ceci n'est pas une pipe.

QUEM É ESSE CARA | Rembrandt

Um dos grandes pintores do século 17, Rembrandt rivaliza com Van Gogh pelo título de maior pintor holandês. Rembrandt Harmenszoon van Rijn (1606-1669) nasceu em Leiden e desenvolveu seu trabalho em Amsterdã. Grande retratista, de características barrocas, possuía uma extraordinária habilidade de trabalhar com efeitos de luz e sombra, criando assim cenas extremamente vivas e dramáticas. Apesar do sucesso como pintor, sua vida foi marcada pela tragédia pessoal (perdeu sua esposa, Saskia, para a tuberculose, e três filhos, que morreram todos com poucos meses de vida) e pelas dificuldades financeiras (Rembrandt costumava gastar além de suas possibilidades, comprando arte e raridades). Em 1656, teve que vender quase todo o seu acervo por estar quase falido. De seu trabalho, destacam-se, entre tantas obras, *A Ronda Noturna*, *O Homem com o Elmo de Ouro* e alguns autorretratos.

Campo de Trigo com Corvos, de Van Gogh

Música

Na região de Benelux, a música não teve a mesma importância e qualidade das artes visuais. Ainda assim, alguns nomes definitivamente merecem ser lembrados. O guitarrista belga Django Reinhardt é conhecido como o pai do jazz europeu e um dos grandes mestres de seu instrumento. Reinhardt, nascido numa comunidade cigana do país, foi criado em Paris e desenvolveu um estilo completamente próprio de tocar, misturando o jazz estadunidense da década de 1920 com valsas europeias e música cigana. Outro vindo da Bélgica é Jaques Brel, cantor e compositor de canções românticas e melancólicas em língua francesa – no Brasil, é sempre lembrado por *Ne me quitte pas*, interpretada pela cantora Maysa. Bandas holandesas famosas são Focus, genial grupo de rock progressivo dos anos 70 que trazia elementos do folclore local para suas composições, e The Gathering, uma referência no rock alternativo. Por fim, o Benelux deu outra importante contribuição para o mundo da música: o belga Adolphe Joseph Sax, construtor de instrumentos, foi o responsável pela invenção do – adivinhe só – saxofone. Portanto, se você gosta de escutar os longos solos de John Coltrane, não se esqueça de agradecer ao inventor belga.

CD de Jacques Brel

Adolphe Joseph Sax, criador do saxofone

Cinema

É bem verdade que a região do Benelux não é um grande polo de produção e exportação de filmes. Ainda assim, revela uma cena contemporânea de cineastas – o mais polêmico é, com certeza, o holandês Tom Six, diretor do terror bizarro e escatológico *A Centopeia Humana*. Também vindo da Holanda, Paul Verhoeven dirigiu filmes como *Soldado de Laranja* e *Sem Controle* durante a década de 1970; posteriormente, foi para Hollywood, onde fez o primeiro *Robocop*, *O Vingador do Futuro* e *Instinto Selvagem*, entre outros. E a Holanda já ganhou três Oscars: em 1987, com o filme *O Assalto*, de Fons Rademakers; em 1996, com *A Excêntrica Família de Antonia*, de Marleen Gorris, e 1998, com *Caráter* (curiosamente, os dois últimos ganharam de filmes brasileiros, já que nesses anos, respectivamente, concorriam *O Quatrilho* e *O Que é Isso, Companheiro*). Importante ainda mencionar o Festival de Cinema de Roterdã, que acontece anualmente no final de janeiro nesta cidade holandesa, considerado o quarto festival mais importante da Europa (após Cannes, Berlim e Veneza).

O cinema belga, se ainda não ganhou nenhum Oscar, está chegando perto, já que vários de seus filmes foram premiados ou aclamados em diferentes festivais, além de terem ganho reconhecimentos de crítica. São os casos de *Um Homem com Duas Vidas*, de 1990, cujo cineasta, Jaco van Dormael, recebeu o prêmio de melhor filme de estreia do Festival de Cannes daquele ano; *O Tango de Rashevski*, de 2003, que levou boas resenhas ao debater a identidade judaica contemporânea; *A Criança*, de 2004, outro vencedor do Festival de Cannes, com a Palma de Ouro; *Ex Drummer*, de 2007, filme punk e underground de temática pesada e que já ganhou o status de obra *cult*; *Moscou, Bélgica*, de 2008, comédia que foi um dos maiores sucessos do país; *Bullhead*, de 2011, suspense que chegou a ser indicado ao Oscar; *Alabama Monroe*, de 2012, filme de temática musical que também foi indicado ao Oscar e ao César. A Bélgica ainda merece crédito por ser o país de origem de dois famosos atores: a eterna musa Audrey Hepburn, de *Bonequinha de Luxo*, e o carateca Jean Claude Van Damme, um dos valentões do cinema da década de 1980.

Audrey Hepburn, atriz belga

Cartaz do Tiger Awards 2015

Vilarejo nos Alpes suíços

Sumário

Alemanha 1017
Áustria 1122
Suíça 1152
Liechtenstein 1187

Germânicos

Prepare o seu alemão: embora (quase) todos falem inglês, pronunciar algumas palavras e expressões do robusto idioma de Goethe ajuda na ambientação de uma viagem pelos países germânicos. Alemanha, Áustria, Suíça e Liechtenstein têm em comum, além da língua, uma das porções mais exuberantes da Europa: a região dos Alpes. A paisagem idílica de montanhas com picos nevados, emoldurada por lagos e bosques, é apenas uma das (belas) facetas das nações germânicas. Para explorar mais, deve-se mergulhar nas particularidades de cada país, em especial da Alemanha, tão extensa territorialmente como diversificada culturalmente, dona de uma história profundamente marcada pela Segunda Guerra, que rendeu aos alemães o papel de vilões e um muro de concreto dividindo uma cidade – Berlim, agora uma das mais vibrantes do planeta. A Áustria foi a coadjuvante nessa guerra, mas hoje o país é mais lembrado por uma trinca de instigantes cidades – Viena, Salzburgo e Innsbruck – e algumas figuras que são tão culturalmente sedutoras como clichês turísticos (Mozart, Freud, Noviça Rebelde). A Suíça, no coração da Europa, extrapola o território germânico para transitar entre o francês e o italiano, sempre recheada de irresistíveis vilarejos alpinos. E, como um brinde, há Liechtenstein, um minúsculo principado que mais parece um cenário saído de contos de fadas. Assim é a região germânica: uma Europa que oscila entre conto e história.

Para o Viajante

Alemanha

Repleta de contrastes, a Alemanha mescla o medieval com o moderno, a música clássica com o techno, vilarejos típicos com grandes metrópoles. Fascina por seus belos lagos, florestas, montanhas e, ainda, por seus palácios e monumentos impressionantes. Um roteiro turístico particularmente interessante é a **Rota Romântica**, que começa na cidade de **Würzburg**, passa por castelos, vinhedos e paisagens cinematográficas e vai até **Füssen**, quase na fronteira com a Áustria, cobrindo 350km. Além dessas, são muitas as cidades que merecem uma visita: **Colônia**, com sua catedral que abrigou a população enquanto era bombardeada durante a Segunda Guerra; **Wittenberg**, terra de Martinho Lutero, berço do protestantismo; **Rothenburg**, que mantém seu aspecto medieval contrastando com a modernidade de outras, como **Frankfurt**. A história permanece quase intacta em **Nurembergue**, que conserva seu centro antigo – e a lembrança de ter sido o lugar onde criminosos nazistas foram julgados. O sul é a terra da animada **Munique**, sede da *Oktoberfest*, e ainda ostenta a **Floresta Negra** (*Schwarzwald*), castelos e paisagens inesquecíveis que inspiraram os mais famosos contos de fadas. Já o norte tem **Hamburgo**, onde fica um dos portos mais importantes da Europa. Finalmente, **Berlim**, a capital, centro de duas guerras mundiais, que guarda em cada esquina um pouco da história do país. Tudo com farta gastronomia: prepare-se para o melhor em termos de *äpfelstrudel*, chucrutes, carne assada e cervejas, sempre em grandes porções e proporções. A Alemanha recebe bem os que a visitam, e pode-se dizer que o país deu uma boa guinada nos últimos anos, investindo ainda mais no turismo, principalmente após sediar a Copa do Mundo de 2006 – e fazer a festa por ganhar a Copa de 2014, no Brasil.

Áustria

Se a capital **Viena** é moderna e cosmopolita, o resto do país é de uma tranquilidade singular. As paisagens das propagandas de leite e chocolate estão no **Tirol**, região que impressiona pela bela combinação de florestas, campos e montanhas, compartilhada com a Alemanha e a Itália. **Innsbruck** é a cidade tirolesa mais famosa – e, consequentemente, a mais turística. Aproveite o que ela oferece, desde os museus e o jeito de cidade grande até as estações de esqui a poucos minutos de alcance. **Salzburgo**, ainda que tenha seu marketing de turismo demasiadamente explorado, é uma fascinante cidade à beira dos Alpes e porta de entrada para localidades bacanas, como as estações de inverno **Grünau** e **Zell am See**. Muito bonitas também são as regiões dos lagos cristalinos – orgulho do país, verdadeiros espelhos d'água – cercados por cadeias montanhosas, onde, no verão, você pode se aventurar de *paraglider*.

O que você não pode perder

- A efervescência de Berlim (p.1019)
- O bucolismo do sul da Alemanha (p.1091)
- Os majestosos palácios de Viena e Salzburgo (p.1128, 1141)
- Os pequenos vilarejos da Suíça (p.1174)
- Em qualquer um dos países, os Alpes

GERMÂNICOS

MAR DO NORTE

100 km
200 km

Copenhague
DINAMARCA
SUÉCIA

Hamburgo
Bremen

HOLANDA
Amsterdã

Hannover

Berlim
Magdeburg

Dortmund
Düsseldorf

POLÔNIA

Kassel
Leipzig

Colônia

Dresden

ALEMANHA

Frankfurt

Praga

Luxemburgo

REP. TCHECA

Heidelberg
Nurembergue
Karlsruhe
Regensburg

FRANÇA

Stuttgart

Ulm
Munique

Friburgo
Salzburgo
Viena
Lindau Füssen
Linz

Basel
Zurique
Innsbruck
ÁUSTRIA
Bruck

Lucerna LIECHTENSTEIN
Schwarzach
Graz

Berna
Vaduz

SUÍÇA
Klagenfurt

Lausanne
Montreux **Interlaken**
Gryon

ESLOVÊNIA

Genebra
Zermatt
Lugano

Liubliana
Zagreb

ITÁLIA
CROÁCIA

Os lagos mais famosos são o **Wolfgangsee** e o **Achensee** (cada um aproximadamente a 35km, respectivamente, de Salzburgo e Innsbruck). Longe dos esportes radicais, viajar pelo país é se deparar com cenários bucólicos, com casinhas nas montanhas, vacas pastando e muito verde. Ou branco – quando a neve do inverno deixa tudo mais charmoso.

Suíça

As grandes cidades suíças – que ainda assim são pequenas para o padrão do continente europeu – valem por certo uma visita: **Zurique**, com seu centro antigo e seu jeito de cidade de negócios, tem uma cena noturna de respeito; **Genebra**, toda moderna, de alma diplomata, é casa de grandes organizações internacionais; **Berna**, capital, com seu quarteirão medieval e seu agito universitário, adora uma boemia. Ainda tem **Montreux**, que sedia um dos festivais de jazz mais importantes do mundo. Nada se compara, porém, à imponência das montanhas: os **Alpes**, sem dúvida, são a maior atração no roteiro de um viajante, à beira de campos e vilarejos, com picos de neve eterna enquadrando belíssimos cenários de casinhas, lagos e igrejas. Toda a cordilheira impressiona, e o pico de **Matterhorn**, em **Zermatt**, é um de seus maiores e melhores destaques. Iniciantes em esqui na neve podem testar as pistas mais fáceis e menos concorridas, como a de **Gryon** e a da gigante geleira de **Diablerets**. Viajando de carro ou de trem, pequenas e charmosas cidades, de arquitetura medieval preservada, merecem uma parada, muitas situadas em meio a vinhedos e alheias ao turismo. O que vale é relaxar em paisagens bucólicas e agradáveis, sem pressa, sem estresse, sem "obrigação" de visitar museus ou atrações turísticas. As distâncias são curtas e, diferentemente dos demais países europeus, nenhuma cidade "necessita" que você fique mais do que poucos dias. Não estranhe, porém, de se encontrar em algum canto desejando passar o resto de sua vida ali mesmo.

Liechtenstein

Ao contrário do que muitos pensam, Liechtenstein não é uma cidade-estado: tem um punhadinho de cidades, como **Vaduz**, a capital, famosa pelo castelo homônimo; **Schaan**, a segunda mais importante (que na verdade é a maior do país), com igrejas antigas; **Balzers**, a terceira, conhecida por sua fortaleza que serviu de prisão, e ainda vilarejos como **Triesen** e **Planken** – e estamos falando de um território menor do que muita cidadezinha do interior brasileiro. Acima de tudo – aliás, literalmente acima de tudo – o que mais chama a atenção é a exuberante paisagem, constituída pela **Cordilheira dos Alpes**.

Bucólica paisagem em Salzburgo, Áustria

Informações e serviços A-Z

Aeroportos

Alemanha
O país tem quatro grandes aeroportos: *Frankfurt/Main* (www.frankfurt-airport.com), *Tegel*, de Berlim (www.berlin-airport.de), *Munique* (www.munich-airport.de) e *Düsseldorf* (www.dus.com). E, em breve, um quinto aeroporto, ainda em construção, o *Flughafen Berlin Brandenburg*, com inauguração prevista para 2017 (o prazo inicial era 2011). Há ainda o Schönefeld, aeroporto que serve a companhias menores e mais baratas. A empresa aérea alemã é a *Lufthansa* (www.lufthansa.com).

Áustria
O principal aeroporto fica em Viena (www.viennaairport.com) e, pela proximidade, também atende viajantes da Eslováquia — da mesma forma, pode ser mais barato voar a Bratislava e de lá seguir à capital austríaca. Também há aeroportos em Linz (www.linz-airport.com) e Salzburgo (www.salzburg-airport.com), geralmente utilizados pelas companhias mais barateiras. A empresa aérea austríaca é a *Austrian Airlines* (www.austrian.com).

Suíça
Zurique (www.zurich-airport.com) e Genebra (www.gva.ch) são as principais entradas para voos internacionais (inclusive vindos do Brasil). Aeroviárias de baixo custo operam, além dessas cidades, em Basel (www.euroairport.com) e Berna (www.flughafenbern.ch). A companhia aérea suíça é a *Swiss Air* (www.swiss.com).

Liechtenstein
A micronação não conta com aeroporto. O mais próximo do país fica a 50km, o de St. Gallen-Alterhein (www.airport-stgallen.com), na Suíça.

Assistência médica

Alemanha
O sistema público de saúde (*Gesetzliche Krankenversicherung*) é considerado bastante eficiente e funciona por meio de seguradoras públicas. Caso você tenha passaporte da União Europeia, é possível ter atendimento gratuito ou com preço reduzido. Para os demais, de qualquer forma, deve-se portar um seguro de saúde.

Áustria
O sistema de saúde é, em grande parte, financiado pelas contribuições da previdência social e dos impostos e, em menor parte, também por fontes privadas. A saúde pública é coberta pelo seguro-saúde social e pelo seguro contra acidentes, e seus serviços incluem ambulatório e internações, reabilitação médica, medicamentos, bolsas para médicos auxiliares, exames de saúde e preventivos ou subsídio semanal no nascimento. Médicos locais qualificados e as ambulâncias de hospitais são colocados à disposição para o atendimento ambulante, e o atendimento fixo é realizado nos próprios hospitais. O passaporte europeu facilita bastante, e com ele você pode ter atendimento gratuito ou com preço reduzido, mas, como sempre, o ideal é ter um seguro de saúde.

Suíça
Conforme o sistema de saúde suíço, todos os cidadãos são obrigados por lei a adquirir um seguro de saúde, portanto, todos os atendimentos são pagos, sobretudo dos cidadãos não residentes no país. Caso você tenha o Cartão Europeu de Seguro de Saúde (quem tiver passaporte europeu pode fazê-lo gratuitamente), é possível ter um atendimento com preço reduzido. Para os demais, é recomendado ter um seguro de saúde.

Liechtenstein
O serviço básico de saúde em Liechtenstein é de alta qualidade, mas muito caro. O Hospital Nacional em Vaduz tem médicos particulares, por isso, mesmo os pequenos atendimentos médicos e os serviços de emergência são pagos. Da mesma forma que na Alemanha e na Áustria, o passaporte da União Europeia possibilita atendimento gratuito ou com valores reduzidos, mas o seguro de saúde é essencial para os viajantes de outras nacionalidades.

Um dia de inverno no campo

Clima

Boa parte da Região Germânica compartilha o clima temperado continental, caracterizado por invernos frios e verões aprazíveis. As regiões norte e noroeste da Alemanha, por sua proximidade com o Mar do Norte e o Mar Báltico, têm clima oceânico, com temperaturas amenas e chuvas frequentes. O mesmo não se dá nas porções central e leste do país, onde os invernos são longos e rigorosos, algo similar ao comportamento climático de Áustria e Suíça. Nesses dois países, as partes mais altas e montanhosas são ainda mais frias, e a neve é frequente – bom para quem pretende esquiar.

Custos

Alemanha
Espere gastar numa viagem econômica a partir de €35-40 por dia. Mas esta é uma conta que pode variar, principalmente para quem não está a fim de radicalizar nas economias. Albergues custam, em média, €18. Comida pode sair a partir de €7, sanduíches por €3. Comer em restaurantes, como sempre, eleva as despesas. O sul da Alemanha é mais caro em comparação com o norte do país. Esteja preparado. Além do que, visitações a museus, atrações pagas e passeios fazem o seu orçamento oscilar.

Áustria
Fazendo economia, espere gastar entre €35-40 por dia. Albergues custam em média €15 e os gastos com alimentação não são absurdos, contanto que você equilibre lanches (em média €4) e refeições em restaurantes (a partir de €15). Há atrações gratuitas, mas isso não é tão comum quanto na Suíça, por exemplo – na Áustria, o ingresso de museus custa cerca de €10.

Suíça
É famosa por assustar viajantes devido ao seu alto custo. Espere gastar a partir de CHF55, aproximadamente €45 por dia, fazendo economia. Só de acomodação, dormindo em albergues paga-se de CHF35 a CHF45. Seus gastos aumentam ao utilizar meios de transporte privados ou teleféricos (*cable-car* ou *lifts*) que não estejam incluídos num passe de trem, caso você o tenha. Esquiar, praticar *snowboard* ou outro esporte de inverno pede mais francos suíços na carteira. Por outro lado, é um país em que você curte mais a natureza e gasta menos com ingressos em museus, igrejas, teatros e monumentos históricos.

Liechtenstein
Apesar de belo, o principado definitivamente não tem preços convidativos. Se quiser economizar, talvez seja mais fácil um *day trip* – caso contrário, espere gastar CHF68 por dia, cerca de €57. Acomodação e alimentação é o que tem de mais caro por aqui. Embora Vaduz seja facilmente conhecida a pé, o bilhete diário de ônibus custa CHF5,60, permitindo que o viajante conheça as cidadezinhas perto da capital pagando um valor justo pelo transporte. Se você planeja praticar algum esporte de inverno, prepare-se para desembolsar mais alguns (vários) francos suíços.

DDI

Alemanha 49
Áustria 43
Suíça 41
Liechtenstein 423

Dinheiro

Moeda
Alemanha e Áustria: Euro (€)
Suíça e Liechtenstein: Franco Suíço (CHF)

Valor de troca
€1 = R$3,80 | 1CHF = R$ 3,50

Câmbio
Troca-se dinheiro nas estações de trem, aeroportos, grandes lojas e, evidentemente, em casas de câmbio. Se você ler a expressão *Ohne Gebühr* (sem taxa) escrita em algum lugar, essa pode ser a melhor pedida para o câmbio – mas atente para a cotação. No caso de Suíça e Liechtenstein, espremidos entre países da zona do euro, é bastante comum que os estabelecimentos aceitem a moeda da União Europeia.

Embaixadas e Consulados brasileiros

Alemanha
Embaixada em Berlim
📍 Wallstrasse 57   ☎ (030) 726.280

Consulado-geral em Frankfurt
📍 Hansaallee 32a+b   ☎ (069) 920.7420

Consulado-geral em Munique
📍 Sonnenstrasse 31, 4º andar
☎ (089) 210.3760

Áustria
Embaixada em Viena
📍 Pestalozzigasse 4   ☎ (01) 512.0631

Suíça
Embaixada em Berna
📍 Monbijoustrasse 68   ☎ (031) 371.8515

Consulado-geral em Zurique
📍 Stampfembachstrasse 138
☎ (044) 206.9020

Consulado-geral em Genebra
📍 Rue de Lausanne 54   ☎ (022) 906.9420

Feriados

Ano-Novo; 6/jan, Dia de Reis; Páscoa; 1º/mai, Dia do Trabalho; Ascensão; Corpus Christi; 1º/ago, Dia Nacional na Suíça; 15/ago, Assunção; 3/out, Dia da Reunificação na Alemanha; 26/out, Dia Nacional na Áustria; 1º/nov, Dia de Todos os Santos; 8/dez, Imaculada Conceição; 25/dez, Natal.

Festivais

Alemanha
Berlinale (fev) – um dos mais importantes festivais de cinema do mundo, oficialmente chamado *Internationale Filmfestspiele Berlin*, que entrega o prestigiado Urso de Ouro;

Kölner Karneval (fev/mar) – o mais tradicional carnaval alemão, em Colônia, com desfiles alegóricos e muitos foliões na rua aproveitando a cerveja típica da cidade, a *Kölsch*;

Rock am Ring (jun) – renomado festival de rock, com mais de 100 mil espectadores, na cidade de Nürburgring, a 85km de Colônia;

Bochum Total (jul) – festival gratuito de música, que, ao longo de quatro dias, recebe cerca de 1 milhão de pessoas em Bochum, cidade próxima a Düsseldorf;

Das Fest (jul) – festival de rock ao ar livre, com mais de 2.500 espectadores, em Karlsruhe, a 75km de Stuttgart;

Melt! (jul) – festival de música eletrônica e rock, realizado no impressionante cenário de *Ferropolis, die Stadt aus Eisen* (Ferrópolis, a Cidade de Ferro), antigo local de extração de minério próximo a Dessau, a 70km de Leipzig;

Splash! Festival (jul) – festival para fãs de hip-hop e reggae, no mesmo local onde é apresentado o "Melt!", em Dessau;

Wacken (jul/ago) – o maior espetáculo de heavy metal do mundo, que atrai cerca de 85 mil visitantes à pequena aldeia de Wacken, a 75km de Hamburgo;

Cannstatter Volksfest (set-out) – a segunda maior festa da cerveja do país (bem menos comercial que a Oktoberfest), comemorada durante 15 dias, em Stuttgart;

Oktoberfest (set-out) – a mais tradicional festa popular alemã, comemorada por 7 milhões de visitantes ao longo de 15 dias, com muita cerveja e comidas típicas, em Munique.

Áustria
Wiener Festwochen (mai-jun) – festival nacional de teatro, concertos e recitais, com apresentações ao ar livre, em Viena;

Schubertiade Festival (mai-jun/set-out) – festival em homenagem a Franz Peter Schubert, compositor austríaco do final da era clássica; o evento recebe cerca de 70 apresentações ao longo de quatro meses;

Salzburger Festspiele (jul-ago) – renomado festival de música clássica, com óperas, concertos, peças de teatro e ciclos de solistas, na cidade de Salzburgo;

Bregenzer Festspiele (jul-ago) – festival de música, teatro e artes performáticas à beira do rio Bodensee, em Bregenz, na fronteira com a Alemanha;

ImPulsTanz Festival (jul-ago) – famoso festival internacional de dança, principalmente contemporânea, com mais de 50 apresentações e 200 *workshops*, em Viena;

Carinthian Summer (jul-ago) – festival de música clássica na cidade de Ossiach, próxima à fronteira da Itália e da Eslovênia;

Musikfestival Grafenegg (ago-set) – *workshops* de música, tours pelo parque e pelo Castelo Grafenegg e, claro, muitos concertos clássicos, na cidade de Grafenegg, no leste do país;

Steirischer Herbst (set-out) – festival com programação diversa de performances, peças teatrais, filmes, música, literatura e artes visuais, na cidade de Graz, a 200km de Viena.

Suíça
Lucerne Carnival (fev/mar) – popular carnaval no qual o destaque são as *guggemuusige*, bandas improvisadas com músicos mascarados que animam os foliões;

Albanifest Winterthur (jun) – festa dedicada a Santo Albano, um dos padroeiros de Winterthur, a 25km de Zurique. Parque de diversões, shows de dança e música, jogos e muitas barraquinhas de comida típica;

Montreux Jazz Festival (jul) – prestigiado festival de música ao ar livre, voltado inicialmente para o jazz, hoje com pop, rock, blues e soul;

Älplerfest (jul/ago) – festival alpino, com desfiles folclóricos e a tradicional descida das vacas às pastagens, na vila de Törbel, a 120km de Berna;

Chästeilet (set) – evento anual no qual fábricas de laticínios distribuem queijo entre agricultores alpinos (e turistas, é claro). Música folclórica, desfile de vaquinhas decoradas e comida típica, na cidade de Hasliberg, a 45km de Lucerna;

Oktoberfest de Munique deseja boas vindas!

Aelplerchilbi (out-nov) - festival para celebrar a safra em várias cidades alpinas, com cultos religiosos, refeições comunitárias e música típica;

Achetringele (31/dez) – tradição de Ano-Novo, tem como destaque uma inusitada procissão de homens mascarados do castelo ao centro de Laupen, pequena cidade distante 20km de Berna. Originalmente, no século 19, o festival acontecia no dia de Natal, mas, por causa do agito, a prefeitura e a igreja local modificaram a data;

Liechtenstein
European Olympic Youth Games (jan) – o país recebe os jogos de inverno, como esqui, *snowboard*, hóquei, patinação no gelo, entre outros, em diferentes cidades, de acordo com cada edição.

LGT Alpine Marathon (jun) – evento esportivo no qual maratonistas de toda a Europa correm 42km em uma altitude de 1.798m.

Liechtenstein Guitar Days (jul) – festival de violão, com shows, noites de dança, *workshops* e cursos.

Filmfest Vaduz (jul) – festival de cinema ao ar livre de Vaduz, com filmes nacionais e internacionais;

Nationalfeiertag (15/ago) – A Festa Nacional é comemorada em todo o país, com desfiles, apresentações de música e dança, jogos e, às 22h, um show de fogos perto do Castelo de Vaduz;

Vaduz on Ice (nov-jan) – pista de gelo aberta para a prática de patinação, com comemorações natalinas e apresentações musicais.

Fuso horário
+4 horas em relação a Brasília.
Os quatro países adotam o horário de verão, a partir do último domingo de março até o último domingo de outubro. Nesse período, a diferença aumenta para +5h. Entre meados de outubro e fevereiro, quando o Brasil adere à mesma medida, a diferença cai para +3h.

Gorjetas
Ainda que não seja obrigatório, em toda a região é costume deixar em torno de 10% do valor da conta em restaurantes.

Horários
Alemanha
Bancos funcionam de segunda a sexta das 8h30 às 17h30, e lojas abrem das 9h às 20h (sábados das 8h às 16h), podendo haver variações em algumas cidades – aos domingos, com exceção de museus e restaurantes, nada abre.

Áustria
O comércio abre durante a semana entre 8h/9h e 18h; sábados somente às 11h e, eventualmente, até 17h, horários variando um pouco de cidade para cidade. Bancos, em geral, das 9h às 15h, podendo, conforme o local, abrir mais cedo, fechar mais tarde e parar de 30min a 2h para o almoço.

Suíça
As lojas abrem, em geral, das 9h às 18h30, podendo fechar, conforme a cidade, 1h ou 2h para o almoço. Os bancos funcionam das 8h30 às 16h30.

Liechtenstein
O horário tradicional de funcionamento das lojas é entre 9h e 18h30, sendo que em alguns dias da semana ficam abertas até as 21h.

Gays

A Alemanha é considerada um dos países mais tolerantes da Europa na causa LGBT, e sua capital, Berlim, é conhecida como uma das cidades mais amigáveis do mundo para esse público – inclusive, o último prefeito, Klaus Wowereit (que deixou seu cargo em dezembro de 2014), é assumidamente gay. Além da capital, outros grandes centros urbanos, como Colônia, Hamburgo, Frankfurt e Munique, têm uma cena LGBT bastante ativa e contam com diversos estabelecimentos voltados a essa clientela. Há alguns relatos, no entanto, de intolerância em cidades menores, especialmente na porção leste do país, onde se recomenda ter um pouco mais de cautela. A Áustria tem em sua capital, Viena, uma grande comunidade LGBT, atendida por muitos bares e restaurantes direcionados a esse público. O mesmo não ocorre nas cidades menores, conhecidas por uma atitude de preconceito ainda presente. O cenário é parecido na Suíça: Basel, Zurique e Genebra são consideradas bastante amigáveis e democráticas. No entanto, nas regiões rurais, historicamente mais conservadoras, recomenda-se precaução.

Ligação a cobrar ao Brasil

Alemanha 0800.080.00.55
Áustria 0800.20.02.55
Suíça 0800.55.52.51
Liechtenstein ... não tem

Segurança

De uma forma geral, trata-se de uma região bastante segura: segundo o Índice Global da Paz 2014, elaborado pela ONG Vision of Humanity, a Áustria é considerada o terceiro país mais seguro do mundo e a Suíça, o quinto. Mesmo assim, cuidados habituais são necessários nos quatro países, especialmente nas cidades maiores, com suas áreas turísticas e zonas muito movimentadas, como estações de trem e metrô – então, atenção em Berlim, Hamburgo, Munique, Colônia, Viena... Há uma tendência de crescimento de movimentos racistas e neonazistas nos últimos anos, de modo que, em alguns locais, pessoas de origem africana, asiática e semita devem ficar mais atentas (ainda assim, o alvo dos racistas idiotas costumam ser imigrantes, e não turistas). Sobretudo, Magdeburgo, na Alemanha, capital do estado da Saxônia-Anhalt, é popular entre neonazistas (portanto, cautela).

Policiamento nos canais de Hamburgo

Telefones de emergência

Alemanha
Polícia 110, bombeiros e ambulância 112.

Áustria
Polícia 133, bombeiros 122, ambulância 144.

Suíça
Polícia 117, bombeiros 118, ambulância 144, resgate 1414.

Liechtenstein
Polícia 117, bombeiros 118, ambulância 144.

Telefones públicos

Em toda a região, funcionam com cartões telefônicos, à venda em bancas de jornal, estações de trem, correios, livrarias; na Suíça, onde as cabines têm um teclado especial, alguns funcionam até com cartão de crédito.

Visto e controle de imigração

Não é necessário solicitar visto previamente para permanência de até 90 dias em qualquer país da região.

Idioma

Todos os quatro países têm como idioma oficial o alemão, a língua com o maior número de falantes na União Europeia. Na Suíça, além do alemão (70%), falam ainda francês (18%), italiano (11%) e o romanche, uma derivação do latim (falada por apenas 1% da população). Entender alemão não é fácil, e mesmo ouvidos treinados em salas de aulas devem estranhar os diferentes sotaques: o alemão dos austríacos soa bem diferente daquele falado na Alemanha e na Suíça (que, por sua vez, soam diferentes entre si). Dentro da própria Alemanha, há distintos sotaques, e quem conhece bem consegue identificar quem é do sul ou do norte já na primeira frase. Mas, se o seu alemão não vai além de "chopp" ou "prost", fique tranquilo – nos quatro países você vai se virar bem com o inglês.

PEQUENO DICIONÁRIO VIAJANTE PORTUGUÊS-ALEMÃO

FALO MAL MAS SOU EDUCADO
Oi / Tchau – *Tschüss/ Auf Wiedersehen*
Por favor/De nada – *Bitte*
Obrigado – *Danke*
Desculpe/Com licença – *Entschuldigung*

SOBREVIVÊNCIA
Sim – *Ja*
Não – *Nein*
Socorro – *Hilfe!*
Quanto custa? – *Wie viel kostet das?*
Onde fica o... – *Wo ist...?*
Você fala inglês? – *Sprechen Sie Englisch?*
Caro – *Teuer*
Barato – *Billig*

COISAS E LUGARES
Aeroporto – *Flughafen*
Água – *Wasser*
Albergue – *Jugendherberge*
Banheiro – *Badezimmer*
Comida – *Essen*
Correio – *Post*
Dinheiro – *Geld*
Embaixada – *Botschaft*
Estação – *Bahnhof*
Farmácia – *Apotheke*
Hospital – *Krankenhaus*
Mapa – *Landkarte, Karte*
Ônibus – *Bus*
Praça – *Platz*
Restaurante – *Restaurant*
Rodoviária – *Busbahnhof*
Rua – *Strasse*
Supermercado – *Supermarkt*
Trem – *Zug*

CONTANDO
Um – *Eins*
Dois – *Zwei*
Três – *Drei*
Quatro – *Vier*
Cinco – *Fünf*
Seis – *Sechs*
Sete – *Sieben*
Oito – *Acht*
Nove – *Neun*
Dez – *Zehn*

A SEMANA
Segunda – *Montag*
Terça – *Dienstag*
Quarta – *Mittwoch*
Quinta – *Donnerstag*
Sexta – *Freitag*
Sábado – *Samstag*
Domingo – *Sonntag*

Viajando

Avião
As companhias mais conhecidas são a alemã *Lufthansa*, a *Swiss Airlines* e a *Austrian Airlines*, que fazem parte do mesmo grupo, que também inclui a *low-cost Germanwings*. Os voos da *Lufthansa*, partindo do Brasil, são de São Paulo para Frankfurt e Munique e do Rio de Janeiro para Frankfurt. A *Swiss* faz o trajeto de São Paulo a Zurique, com conexões em outras cidades da Europa. Frequentemente rolam boas promoções desde o Brasil, vale ficar atento no site dessas empresas.

Trem
O sistema ferroviário da região é eficiente e pontual. Os horários são afixados em murais: partidas em amarelo, chegadas em branco. É muito fácil checar os destinos, frequência e horários dos trens nacionais com os pequenos informativos (*timetable*) disponíveis em prateleiras no saguão central das estações. Os trens são rápidos, bons e confortáveis – além de propiciar um panorâmico cenário. Com o passe *Eurail* é possível comprar bilhetes promocionais entre os países da região e otimizar tempo e dinheiro na viagem.

Ônibus
De modo geral, os serviços são bons, os horários são pontuais e a rede rodoviária serve como complemento aos quase onipresentes trens. Da Alemanha, além das outras capitais da região, há saídas diárias para várias capitais europeias, incluindo Londres, Paris, Viena, Moscou e Roma. Em termos de preço, destaque para a alemã *MeinFernbus*, que serve as principais cidades da Alemanha e também algumas localidades dos países vizinhos (em ônibus confortáveis, de dois andares, com tomada, wi-fi gratuito e mesa reclinável para cada assento), e para a britânica *Megabus*, rede que opera em várias cidades da Europa, com boa qualidade e baixo custo. Viagens internacionais também partem das maiores cidades da Áustria e da Suíça. Em relação a esses dois países, os destinos mais populares são justamente aqueles aos quais raros trens vão: no caso austríaco, a região montanhosa do Tirol, com suas cidadezinhas e estações de esqui, e, no suíço, as localidades em meio aos Alpes. Já Liechtenstein conta com uma rede de ônibus satisfatória para quem deseja visitar os arredores.

Carro
A Região Germânica é servida por boas rodovias e abundantes empresas de aluguel de veículos, o que torna esse modelo de viagem atraente. No caso da Alemanha, um dos orgulhos nacionais é a *autobahn*, estrada de alta velocidade com, pelo menos, quatro pistas. Em algumas, a velocidade máxima é o quanto seu carro puder alcançar, mas cuidado: além da (óbvia) questão de segurança, a ausência de limite de velocidade é restrita a apenas alguns segmentos da estrada.

Estação de trem em Berlim

Na Áustria, as rodovias também são boas, mas pode ir colocando o pé no freio: o limite de velocidade no país é de 100km/h para vias rápidas e 130km/h em rodovias. No caso da Suíça, viajar motorizado pode até parecer interessante quando se pensa na possibilidade de parar em qualquer vilarejo deslumbrante. Há inconvenientes, porém. Se for utilizar as autoestradas, você precisa adquirir, nos postos da fronteira ou nos escritórios de turismo, um adesivo obrigatório (chamado *vignette*), por CHF40, válido por um ano. Esse adesivo também pode ser adquirido com antecedência pela internet, no site www.swissrailways.com. Além disso, muitas vilas alpinas não são trafegáveis por carros, apenas por trens especiais. O inverno pode oferecer o agravante – para dirigir – da neve, situação a que nós, brasileiros, certamente não estamos acostumados. Em Liechtenstein, as rodovias são muito bem conservadas e sinalizadas, deve-se ter cuidado apenas com as estradas nas montanhas, estreitas e sinuosas.

Carona

Em toda a região, costuma-se praticar a carona. A Alemanha tem uma das melhores organizações deste serviço, para utilizar dentro e fora do país: há centrais de caronas chamadas de *Mitfahren*, que podem ser acessadas em www.mitfahrzentrale.de. Trata-se de um sistema de caronas que cruza motoristas e passageiros, e costuma ser eficiente e seguro. Na Áustria, é bastante comum ver jovens estudantes caroneando com destino aos lagos ou montanhas. Um serviço para todo o país pode ser utilizado em www.mitfahrgelegenheit.at. Na Suíça, a situação é parecida, e caronas são comuns nas áreas montanhosas. Em Liechtenstein a prática não é muito compartilhada, mas, se tiver sorte, você encontra alguma carona que venha dos outros países da Região Germânica e passe por aqui.

Bicicleta

O ciclismo é sempre uma boa opção para os mais aventureiros. A Alemanha, apesar do tamanho de seu território, tem diversas estradas para bicicletas, particularmente atrativas na região dos Alpes – mas, por favor, não invente de pedalar numa *autobahn*. Já o pequeno tamanho dos territórios de Áustria e Suíça, somado às belas paisagens montanhosas e à natureza exuberante dos dois países, torna os passeios de bicicleta aprazíveis. Mas, vale lembrar, o montanhoso relevo não é exatamente para ciclistas amadores – a respeito disso, em toda a região você pode levar sua bicicleta no trem (por um preço a mais). Além disso, a companhia ferroviária austríaca (ÖBB) aluga bicicletas, que podem ser devolvidas em qualquer estação de trem. No caso de Liechtenstein, você consegue cruzar o principado em poucas horas. As estradas e ruas são boas e seguras, e há uma ciclofaixa de Balzers a Schaan que facilita o trajeto. É possível alugar uma bicicleta e fazer *bike tours* pelo país.

Café em Salzburgo, Áustria

Acomodação

Os albergues (*jugendherberge*) estão por toda parte e são bem-organizados, limpos e modernos, em especial os HI, apesar das regras impostas. Estes nem sempre são os mais baratos ou estão na localização mais conveniente da cidade – mas, na dúvida, pelo menos você sabe que encontrará atendimento e serviço padrões. Há também outras grandes cadeias, como *A&O*, *Meiniger* e *Wombat's*, que ocupam sempre prédios enormes e estão presentes nas maiores cidades. Como alternativa, vale conferir os albergues independentes, que não param de surgir, principalmente na Alemanha, país repleto de hostels descolados e com propostas diferenciadas.

Hotéis você encontra para todos os bolsos, desde charmosos B&B – na casa de simpáticos anfitriões – até elegantes hotéis 5 estrelas, embora esses custem uma fortuna. Na Alemanha e na Suíça, há vários hotéis projetados por designers, seguindo aquela lógica de quartos com decorações exclusivas. Para quem curte, o local da acomodação se torna quase uma atração à parte. Em termos de preços, Alemanha e Áustria têm valores semelhantes e condizentes com o que costuma ser cobrado na Europa. Mas na Suíça e em Liechtenstein é tudo bem mais caro – se estiver planejando conhecer várias cidades desses países, prepare o bolso.

Gastronomia

Você provavelmente perceberá uma considerável unidade gastronômica na Região Germânica, especialmente entre Alemanha e Áustria. Nesses dois países, carne de porco é uma tradição que costuma ser preparada das mais diversas formas: servem desde joelho de porco cozido (*eisbein*), costeletas de porco defumada (*kassler*) e, até mesmo, carne de porco fresca crua (*mett*), temperada com sal, pimenta, cebola e uma gema de ovo, para ser servida no pão (tudo bem passar essa, nem todos apreciam porco cru). Presentes em toda a região, as salsichas (*wurst*) aparecem em múltiplas variedades, tamanhos e cores, e o melhor lugar para apreciá-las são as singelas barraquinhas de rua. Há salsicha branca (*weisswurst*), feita de carne de vitela e porco, para ser comida com mostarda doce e picante; há salsicha fina e avermelhada, seja de carne suína (*frankfurter wurst*), seja de carne bovina (*wiener wurst*); há ainda a tradicional salsicha bock (*bockwurst*), também popular em terras brasileiras. Em suma, não faltam embutidos saborosos que merecem ser provados – com moderação, diria seu nutricionista.

Também comum em toda a região, mas especialmente característico da Áustria, o *schnitzel* é um empanado feito com diversos tipos de recheios, dentre os quais o mais tradicional é o *wie-*

ner schnitzel, um clássico da culinária vienense preparado com filé de vitela (cá entre nós, não é muito diferente de um bife à milanesa). Já que estamos em terras austríacas, vale saber do *heuriger*, uma espécie de quiosque cuja finalidade é a degustação do vinho da última safra (com direito a petiscos) e que costuma ser bastante popular, principalmente durante o verão. Além do vinho, o país tem uma respeitável cena cervejeira – a marca mais popular é a *Stiegl*. Caso você precise de açúcar para lidar com todo esse vinho e cerveja, é bom saber que a Áustria tem uma saborosa tradição de doces e sobremesas. O *apfelstrudel* você não poderá deixar de provar: uma deliciosa massa folhada recheada com maçãs frescas, que pode ser saboreada pura, regada com molho de baunilha, um pouco de nata ou sorvete de creme. Encontram-se ainda outros tipos de *strudel* feitos com frutas da estação – bastante saborosos, mas não tão tradicionais quanto o de maçã. Outro doce austríaco típico é o *kaiserschmarrn*, uma massa doce frita feita à base de ovos, farinha, açúcar e uvas passas, servida com caldas de frutas. Por fim, não nos esqueçamos do *marillenknödel*, um saboroso bolinho recheado com damascos.

A cozinha germânica costuma ser muito associada a *schwein* (porco), *kartoffel* (batata) e *sauerkraut* (chucrute), o que acaba reduzindo a rica culinária alemã a alguns de seus ingredientes mais comuns. Na verdade, é difícil definir a comida típica nacional, tamanha a regionalidade. Uma simplificação genérica diria que comidas à base de carne são mais comuns no sul da região, enquanto o norte é mais tocado pela influência polonesa. Essa influência do vizinho pode ser vista no *königsberger klopse*, prato típico do nordeste do país, composto por almôndegas com molho de raiz forte, limão e alcaparras. Além disso, a cozinha do norte caracteriza-se pela proximidade com o mar, vista nos pratos elaborados à base de peixes e mariscos, como o *matjes*, filé de arenque no vinagre, sal e cebola. No sul, carnes e embutidos realmente imperam, e um dos pratos mais famosos da região é o *pichelsteiner*, um cozido à base de carne bovina e suína repleto de vegetais – era o prato preferido do chanceler Bismarck. Comuns em toda a Alemanha são os bons pães e bolos, como a broa preta, quase obrigatória na mesa alemã, que nada mais é do que um pão mais escuro que o de centeio; e o *bretzel*, que nós

Barraquinha de salsicha em estação de Munique

costumamos chamar de *pretzel*, pão trançado que casa perfeitamente com uma cerveja local. A tradicional cuca, conhecida principalmente no sul do Brasil, é uma versão do *streuselkuchen*, um bolo com uma cobertura crocante de torrõezinhos doces. Além disso, há o *berliner*, uma versão alemã do nosso conhecido sonho, que nasceu na capital e se espalhou pelo país.

Vegetarianos, ao contrário do que se poderia pensar, têm vida fácil na Alemanha. Praticamente qualquer cidade possui um restaurante estritamente vegetariano ou vegano, e nos demais são comuns pratos para esse público no cardápio. E, caso seu dinheiro esteja desaparecendo, a palavra mágica é *imbiss*: quiosques que oferecem lanches rápidos e baratos. Outra ótima opção para esse caso são os kebabs, presentes em profusão nas grandes cidades alemãs graças à imigração turca. E ainda tem as cervejas... Veja abaixo.

Por fim, Suíça e Liechtenstein – prepare-se para gastar. A comida não costuma ser barata, mesmo em restaurantes mais simples, algo que pode ser compensado pelos supermercados (na Suíça, um piquenique com os tradicionais queijos e chocolates com vista para os Alpes costuma ser uma ideia econômica e agradável). Outra saída é a salsicha com pão, acompanhada de cerveja. Pratos famosos, típicos das montanhas e do inverno suíço, têm o excelente queijo local como base: *fondue*, perfeita para ser saboreada com pedacinhos de pão; e *raclette*, uma deliciosa mistura de batatas e picles cobertos por queijo derretido em fatias. Porém, caso você esteja viajando sozinho, convém saber que a *fondue* costuma ser servida para duas pessoas. Suíços também gostam de carne – seja de boi, javali, veado ou até cavalo.

A gastronomia em Liechtenstein tem muita influência dos países vizinhos, e, da mesma forma que na Suíça, o *rösti* é outro dos pratos oficiais: uma porção de batata ralada, tostada na frigideira em forma de omelete, podendo vir recheada ou sem nada (*nature*). Nesses países destacam-se também os vinhos – na Suíça, a principal região produtora é a parte francesa do país (Valais e Genebra), e em Liechtenstein, pequenas vinícolas próximas a Vaduz.

DIETA NÃO!!! | Cerveja alemã

Beber é com eles. Os alemães consomem em média 150 litros de cerveja por ano, por pessoa. São mais de mil tipos, sendo que quase toda cidade possui a sua própria cerveja. Você não vai conseguir provar todas (acreditamos...), mas ficam algumas dicas: em Düsseldorf experimente a *Altbier*, cerveja mais escura de alta fermentação, similar às inglesas; em Munique, a tradicionalíssima *Münchener*; em Colônia, a *Kolsch*, clarinha, leve e agradável; e em Berlim, a *Berliner Weiss*, turva, feita de trigo e – talvez o preparo mais exótico de todos – costumeiramente servida com xarope de frutas (em particular de framboesa). Grandes marcas de cerveja também não faltam. Para ficarmos só em algumas, a *Becks*, bastante querida pelos nativos, é de Bremen; a *Paulaner, a Hofbräuhaus, a Löwenbräu e a Franziskaner*, de Munique; a *Kaiserdom* vem de Bamberg; a *DAB* é a mais famosa de Dortmund. E tudo fica melhor se você experimentá-las em um *biergarten* (bar ao ar livre) – não duvidamos que você saia de lá falando alemão...

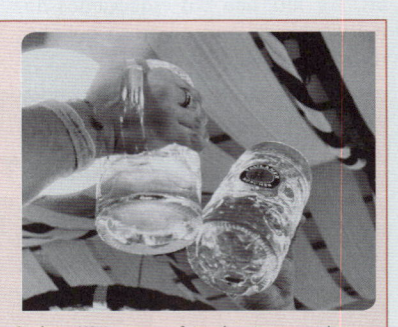

Marienplatz, coração de Munique

www.germany.travel

ALEMANHA

Não é um país qualquer: a Alemanha foi o centro de acontecimentos do século 20 que mudaram o rumo da História. Foi o berço de fatos como as duas Grandes Guerras, a queda do Muro de Berlim e o fim da Guerra Fria. Esses marcantes episódios podem ser lembrados aqui, em modernos museus ou até mesmo ao ar livre: trechos do Muro continuam de pé em vários pontos – hoje turísticos – de Berlim. Mas nem só de história vive a Alemanha. Um dos orgulhos do país, no campo da tecnologia, é a indústria automotiva; não sem razão, alguns dos carros mais cobiçados, como o Mercedes-Benz, o Audi e o BMW, são alemães. A gastronomia reserva surpresas além da tradicional salsicha *bock* e dos famosos *kartoffeln* (batatas) e *sauerkraut* (chucrute). Bebida também é com eles: as cervejas e suas mais de mil variações são tão ricas quanto seu expressivo idioma. *Prost*! Entre as regiões, a alegre e folclórica Baviera, alheia da circunspecta Alemanha, merece atenção do viajante. E há de se mencionar o futebol, outra paixão nacional. Como não lembrar que sediaram a Copa de 2006, que ganharam a Copa no Brasil, que nos venceram por 7x1... Pensando bem, há coisas bem melhores a se pensar na Alemanha!

ALEMANHA

Que país é esse

- **Nome:** República Federal da Alemanha | Bundesrepublik Deutschland Federal Republic of Germany
- **Área:** 357.168km²
- **População:** 80,7 milhões
- **Capital:** Berlim
- **Língua:** Alemão
- **Moeda:** Euro
- **PIB:** US$ 3,852 trilhões
- **Renda per capita:** US$ 47.627
- **IDH:** 0,911 (6º lugar)
- **Forma de Governo:** República Parlamentarista

Barbadas e Roubadas

⊕ Conhecer o Muro de Berlim e as cidades que ajudam a contar a triste história da Segunda Guerra Mundial

⊕ Visitar a Oktoberfest, beber tantos canecões quantos aguentar e dançar com estranhos e estranhas

⊕ Apaixonar-se na Rota Romântica e ao final do caminho encontrar o belíssimo Castelo da Cinderela

⊕ Passear pela região da Floresta Negra e se imaginar nos contos dos Irmãos Grimm

⊕ Provar pão com linguiça e mostarda ou kebab nos imbiss espalhados pelas cidades

⊕ Descobrir que esse povo é mais hospitaleiro e caloroso do que se imagina

⊖ Bancar o esperto nos metrôs alemães e se dar mal com os fiscais à paisana

⊖ Ser assombrado por algum alemão sobre os 7x1

Irreverência grafitada no Muro de Berlim: o histórico beijo entre o russo Leonid Brezhnev e o alemão Eric Honecker

BERLIM

Você vai descobrir uma capital pitoresca, apaixonante e curiosa ao desvendar a Berlim que nasceu após a reunificação alemã. É muito provável que, independentemente de sua idade, você tenha visto ou guardado imagens transmitidas pelas TVs do mundo todo de jovens alemães quebrando o famoso Muro de Berlim, uma versão de concreto da Cortina de Ferro. A derrubada, em 1989, desse infindável e vergonhoso muro, decretando a integração entre os lados ocidental e oriental – que estiveram separados por 28 anos –, expôs duas diferentes realidades sociais e econômicas. Hoje, mais de duas décadas após o divisor de concreto ter virado pó, a diversidade cultural ainda existe – e é a convivência desses costumes diversos que dá o tempero a essa cidade e que incita o viajante a explorá-la. Berlim, com 3,4 milhões de habitantes, é a mais importante cidade-estado alemã. Tem seu dialeto próprio, o que não é problema para quem fala alemão – e muito menos para quem não fala. É palco de um dos mais importantes festivais de cinema do mundo. E oferece uma vida noturna movimentada e inesgotável: a noite berlinense, repleta de bares na calçada, boates com música eletrônica e festas *underground*, é considerada uma das mais estimulantes da Europa. Pedaços do Muro ainda permanecem no local, mantendo viva a lembrança dos episódios que aqui se passaram. Mas, ao visitar Berlim, mais do que uma grande cidade que um dia foi violentada por um muro feio, você vai se deparar com uma capital vibrante, cosmopolita e multiétnica, que alia bem a modernidade com a história.

A Cidade

Berlim tem pelo menos três pontos de referência: a *Alexanderplatz*, o *Brandenburger Tor* (Portão de Brandemburgo) e a *Wittenbergplatz*. A histórica rua *Unter den Linden* cruza boa parte da cidade (inclusive os dois primeiros pontos citados), trocando de nome entre seu leste e oeste. Também o rio Spree atravessa o município, mas não tão integrado à cidade como os rios de outras grandes capitais europeias. Berlim é dividida em três zonas, A, B e C, mas, a menos que queira passear pelos arredores (zona C), você não precisa se preocupar muito com isso. Código telefônico: 030.

Informações turísticas

Há vários *Berlin Infostores*. Todos dispõem de mapas à venda e de revistas informativas gratuitas. Pagando uma pequena taxa, também fazem reservas de hotel e de passeios pela capital.

Hauptbahnhof
- Europaplatz
- seg-dom 8h-22h

Brandenburger Tor
- Pariser Platz
- abr-out seg-dom 9h30-19h | nov-mar 9h30-18h

Neues Kranzler Eck
- Kurfürstendamm 23
- seg-sáb 9h30-20h

Tegel Flughafen
- Aeroporto Tegel, Portão 1 (terminal A)
- seg-dom 8h-21h

Fernsehturm (Torre de TV)
- Panoramastrasse 1a
- abr-out seg-dom 10h-18h | nov-mar 10h-16h

Pela internet
- www.visitberlin.de

Cartão da cidade O *Berlin Welcome Card* dá livre acesso ao transporte urbano, desconto em mais de 200 atrações culturais (as reduções ficam entre 25%-50% do preço), mapa da cidade e das linhas de ônibus, trem *S-Bahn* e metrô, além de um guia de bolso. Há dois modelos: um permite o transporte nas zonas A e B da cidade e o outro nas zonas A, B e C (que engloba o aeroporto de *Schönefeld*). Valores: válido por 48h, €19,50/21,50 (AB/ABC); 72h, €26,70/28,70; 5 dias, €34,50/39,50. Outro cartão disponível inclui entrada nos museus da *Museumsinsel* (a Ilha dos Museus, veja p.1034) – além de todos os serviços do cartão anterior, mas é válido só por 72h. Valores €40,50/42,50 (AB/ABC).

Tours

A pé São organizadas várias caminhadas em grupo pelas ruas de Berlim; uma das mais populares é a *Sandemans New Europe Tours* (www.newberlintours.com), que sai diariamente às 10h, 11h, 14h, 16h da frente do Starbucks do Portão de Brandemburgo, num tour pelos pontos de maior interesse da cidade. No final de tudo, se quiser, você paga ao guia o quanto acha justo. Outro passeio bacana, no mesmo esquema de gratificação voluntária, é organizado pela *Alternative Berlin Tours* (alternativeberlin.com), que mergulha no universo *underground* da capital alemã, passando por locais de arte urbana e grafite e por marcos escondidos da cultura pop. Sai diariamente às 11h, 13h e 15h da frente do Starbucks da Alexanderplatz. Também interessante, mas pago, são as caminhadas do *Original Berlin Walks* (www.berlinwalks.de), que seguem diferentes temas: Terceiro Reich, Judeus em Berlim, Campo de Concentração de Sachsenhausen, Berlim da Guerra Fria, entre outros. Os passeios partem das proximidades do ponto de táxi em frente à estação de metrô Zoologischer Garten, custam entre €12-15; os ingressos podem ser comprados pelo site.

De ônibus Os veículos da *Berlin City Tour* (www.berlin-city-tour.de) passam pelos principais pontos turísticos da cidade ao longo de 2h, se fizer o trajeto direto, mas você pode subir e descer dos ônibus quantas vezes quiser para visitar as atrações; válido por 24h, o ticket sai por €17 (Est, Id: €15 | Cr: €7,50), ou €12,50 para quem tem o cartão da cidade.

De bike A *Berlin Fat Tire Bike Tours* (berlin.fattirebiketours.com) oferece passeios que partem da frente da entrada principal da Torre da Televisão, diariamente às 11h, e passam pelas atrações turísticas e históricas da capital alemã; ingressos a €26 (Est, Id: €24 | Cr: €14). A mesma empresa oferece passeios temáticos sobre o Terceiro Reich, Berlim Alternativa, Berlim da Guerra Fria, entre outros; o preço é o mesmo. Para todos os casos, é recomendável reservar pelo site, já que os tours costumam ser bastante procurados. Outra alternativa de passeio é o organizado pela *Berlin Bike Tour* (www.berlinbiketour.eu), que sai diariamente às 10h e às 15h (entre novembro e março, somente às 10h) da sede da empresa (Borholmer Strasse 75), por €24 (Est: €22).

> **Mochila sem grana | Bus 100**
>
> Tá a fim de um tour de ônibus mais barato? Pegue o ônibus 100 do transporte público, na estação Zoologischer Garten: essa linha passa por vários pontos turísticos, incluindo Alexanderplatz, Unter den Linden, Platz der Republic e Bundestag, Haus der Kulturen der Welt, Schloss Bellevue, Grosser Stern e Breitscheid-platz. Sai a cada meia hora, e a partir do recebimento do carimbo, pode-se entrar e sair do bus com o mesmo ticket, seguindo a mesma direção, por 2h – e sem que você precise pagar por uma excursão.

City tour na capital alemã: maneira rápida de ver os principais pontos da cidade

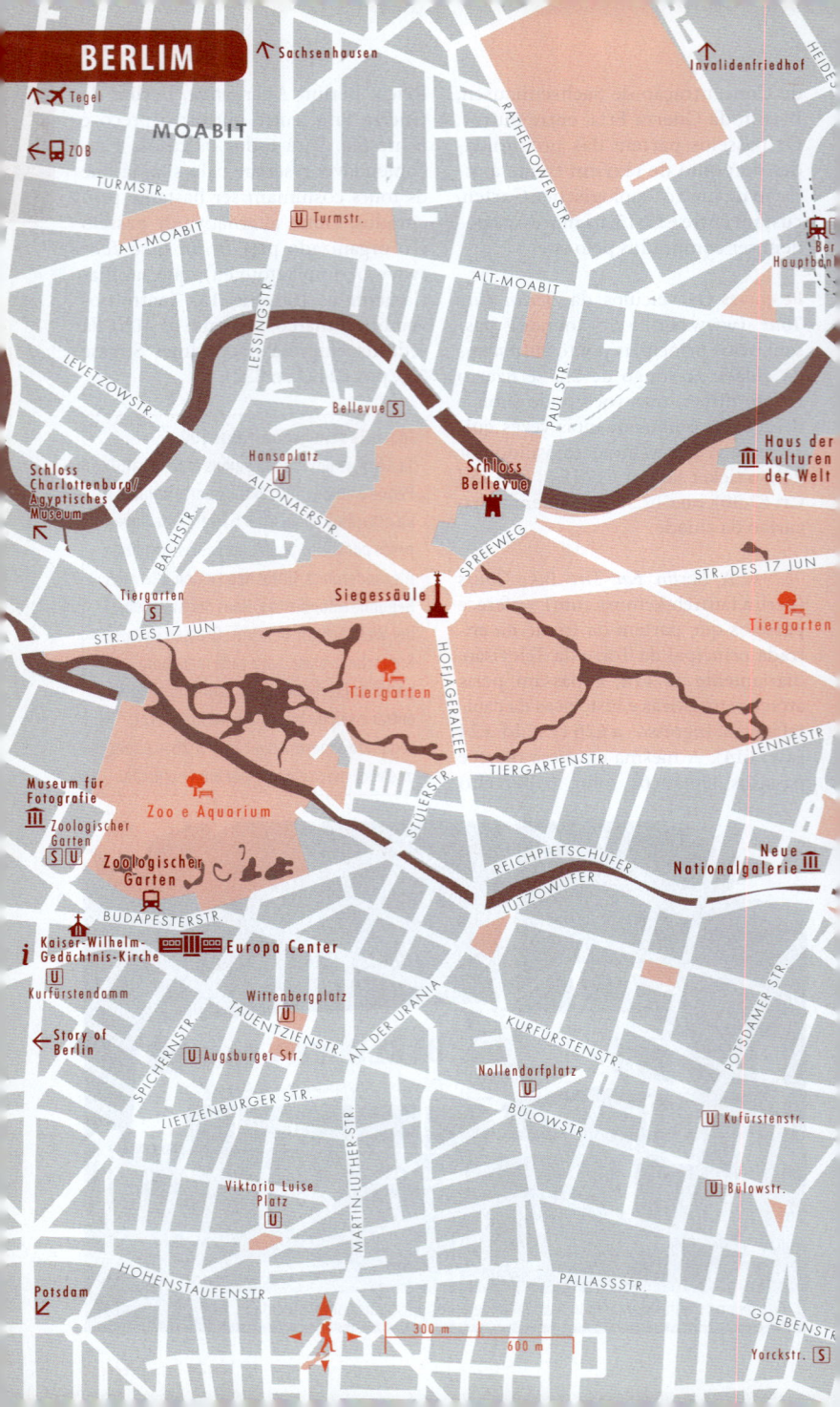

BERLIM

↑ Sachsenhausen
↑ Invalidenfriedhof
✈ Tegel
🚍 ZOB

MOABIT

TURMSTR.
ALT-MOABIT
U Turmstr.
RATHENOWER STR.
ALT-MOABIT
PAUL STR.
🚆 Ber Hauptbhf

LEVETZOWSTR.
LESSINGSTR.
Bellevue S
Hansaplatz U
Schloss Bellevue
Haus der Kulturen der Welt

Schloss Charlottenburg/ Ägyptisches Museum
BACHSTR.
ALTONAERSTR.
SPREEWEG
STR. DES 17 JUN

Tiergarten S
Siegessäule
Tiergarten
STR. DES 17 JUN
Tiergarten
HOFJÄGERALLEE
STUERSTR.
TIERGARTENSTR.
LENNÉSTR.

Museum für Fotografie
Zoologischer Garten
Zoo e Aquarium
REICHPIETSCHUFER
LÜTZOWUFER
Neue Nationalgalerie

Zoologischer Garten S U
BUDAPESTERSTR.
Kaiser-Wilhelm-Gedächtnis-Kirche
Europa Center
U Kurfürstendamm

← Story of Berlin
SPICHERNSTR.
Wittenbergplatz U
TAUENTZIENSTR.
AN DER URANIA
KURFÜRSTENSTR.
POTSDAMER STR.
U Augsburger Str.
Nollendorfplatz
LIETZENBURGER STR.
BÜLOWSTR.
U Kufürstenstr.
MARTIN-LUTHER-STR.
U Bülowstr.

Viktoria Luise Platz U

← Potsdam
HOHENSTAUFENSTR.
PALLASSSTR.
GOEBENSTR.
300 m
600 m
Yorckstr. S

Berlin Map

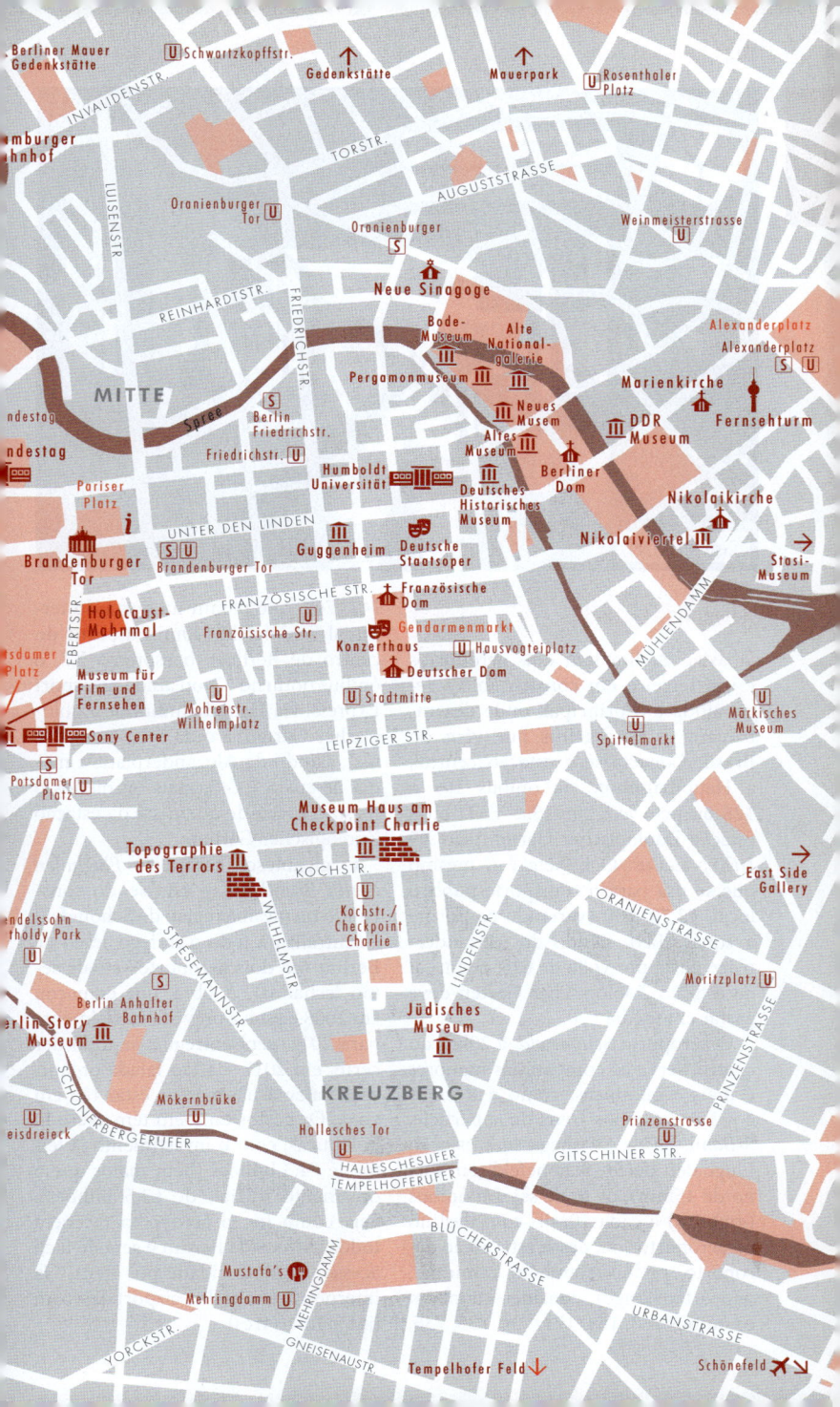

- Berliner Mauer Gedenkstätte
- ⓤ Schwartzkopffstr.
- ↑ Gedenkstätte
- ↑ Mauerpark
- ⓤ Rosenthaler Platz
- INVALIDENSTR.
- ...mburger ...hnhof
- LUISENSTR.
- TORSTR.
- AUGUSTSTRASSE
- Oranienburger Tor ⓤ
- ⓈOranienburger
- Weinmeisterstrasse ⓤ
- REINHARDTSTR.
- Neue Synagoge
- FRIEDRICHSTR.
- Bode-Museum
- Alte Nationalgalerie
- Alexanderplatz ⓈⓊ Alexanderplatz
- MITTE
- Spree
- Pergamonmuseum
- Neues Museum
- Marienkirche
- Fernsehturm
- ...ndestag
- ...ndestag
- ⓈBerlin Friedrichstr.
- Friedrichstr. ⓤ
- Humboldt Universität
- Altes Museum
- DDR Museum
- Pariser Platz
- Deutsches Historisches Museum
- Berliner Dom
- Nikolaikirche
- Brandenburger Tor
- ⓈⓊ Brandenburger Tor
- UNTER DEN LINDEN
- Guggenheim
- Deutsche Staatsoper
- Nikolaiviertel
- → Stasi-Museum
- Holocaust-Mahnmal
- FRANZÖSISCHE STR.
- Französische Dom
- EBERTSTR.
- ...sdamer Platz
- Französische Str. ⓤ
- Gendarmenmarkt
- Konzerthaus
- ⓤ Hausvogteiplatz
- Museum für Film und Fernsehen
- Deutscher Dom
- MÜHLENDAMM
- Sony Center
- ⓤ Mohrenstr.
- Wilhelmplatz
- ⓤ Stadtmitte
- ⓤ Märkisches Museum
- ⓈPotsdamer Platz ⓤ
- LEIPZIGER STR.
- ⓤ Spittelmarkt
- Museum Haus am Checkpoint Charlie
- Topographie des Terrors
- KOCHSTR.
- → East Side Gallery
- WILHELMSTR.
- Kochstr./ Checkpoint Charlie
- ORANIENSTRASSE
- STRESEMANNSTR.
- ...ndelssohn ...tholdy Park ⓤ
- LINDENSTR.
- Moritzplatz ⓤ
- ⓈBerlin Anhalter Bahnhof
- Jüdisches Museum
- PRINZENSTRASSE
- Berlin Story Museum
- Prinzenstrasse ⓤ
- KREUZBERG
- ⓤ Mökernbrücke ⓤ
- Hallesches Tor ⓤ
- ...eisdreieck ⓤ
- SCHÖNEBERGERUFER
- HALLESCHESUFER
- TEMPELHOFERUFER
- GITSCHINER STR.
- BLÜCHERSTRASSE
- Mustafa's 🍴
- Mehringdamm ⓤ
- MEHRINGDAMM
- URBANSTRASSE
- YORCKSTR.
- GNEISENAUSTR.
- ↓ Tempelhofer Feld
- ✈ Schönefeld

Trem em Berlim

Chegando e saindo

De avião Berlim tem dois aeroportos e um terceiro em construção. O *Tegel* ainda é o principal, onde desembarcam os passageiros que vêm do Brasil. Conecta-se à estação central, a Hauptbahnhof, via ônibus 109 e 128 ou pelo *JetExpressBus TXL*; ou à estação Zoologischer Garten pelo X9 *JetExpressBus*. O bilhete é o mesmo que se usa para o transporte público local, €2,70-3,30 (variando conforme a zona). Táxi, saindo da Alexanderplatz, custa por volta de €25; quem sai da estação Zoologischer Garten deve gastar em média €20.

O aeroporto *Schönefeld*, a 20km do centro, serve as companhias menores e mais econômicas, como a *Ryanair* e a *EasyJet*. Pelos trens de superfície, *S-Bahn*, S45 e S9 chega-se à estação Flughafen Berlin-Schönefeld (em torno de 45min), de onde sai um ônibus (gratuito) a cada 10min com destino ao aeroporto (ou, dessa estação ao aeroporto, pode-se também caminhar, não é tão longe); considere também os ônibus 163, 164, 171, 734, 735, 736, 741, 742, que param na porta do terminal Schönefeld (40min a partir do centro de Berlim), o espresso X7, o ônibus noturno N7 ou ainda o Airport Express, via Hauptbahnhof ou Zoologischer Garten, a cada meia hora. De táxi, saindo da Alexanderplatz, a média de custo é €40, mais ou menos o mesmo preço de quem sai da estação Zoologischer Garten.

O gigantesco aeroporto *Flughafen Berlin Brandenburg* está sendo construído na mesma região de Schönefeld e centralizará todo o tráfego aéreo de Berlim (os dois aeroportos atuais serão fechados). A obra, que começou em 2008 e estava prevista inicialmente para 2011, será entregue, se tudo der certo, em 2017 – a tão falada organização alemã não parece estar tão em voga. Os gastos também têm causado polêmicas, com o investimento já feito, de €4,3 bilhões (bem maior que o orçamento inicial, de €2,5 bilhões). Seja como for, o aeroporto receberá todos os voos de Berlim e será de fácil acesso, ligado à cidade por trens. Na internet: www.berlin-airport.de (com link para os três).

De trem São cinco as estações mais importantes: a principal e central, a *Hauptbahnhof*, uma das maiores e mais modernas da Europa, atende a maioria dos trens internacionais; a *Gesundbrunnen* recebe trens regionais, que se destinam ao norte da Alemanha; a *Ostbahnhof* é a principal estação da região oriental de Berlim; a *Spandau*, onde transitam trens regionais e se viaja principalmente para Hamburgo e Hannover, e a *Südkreuz*, de onde se vai para o norte e o sul da Alemanha. Até 2006, quando foi finalizada a Hauptbahnhof, a *Zoologischer Garten* era a principal estação, mas hoje comporta apenas trens regionais. Todas as estações são acessíveis por metrô. Trajetos populares de trem a partir de Berlim/Hauptbahnhof: Hamburgo (1h40), Frankfurt (4h10), Düsseldorf (4h15), Colônia (4h20), Praga (4h40), Varsóvia (5h30), Amsterdã (6h20), Munique (6h50), Zurique (8h15), Paris (8h15), Bruxelas (7h), Viena (10h), Veneza (14h).

De ônibus A principal rodoviária é a *Zentraler Omnibusbahnhof* (ZOB), em Masurenalle 4-6, próximo à estação de metrô U2 Kaiserdamm. Ônibus para o interior do país podem sair de outros locais; já os internacionais partem em sua maioria dessa estação. Alguns dos principais destinos dentro da Alemanha são: Hamburgo (3h), Düsseldorf (6h30), Frankfurt (7h), Munique (9h); e, para outros países, geralmente com saídas noturnas: Praga (5h), Varsóvia (7h), Copenhague (8h), Bruxelas (9h), Viena (10h), Paris (11h), Amsterdã (12h), Zurique (14h). As principais companhias são a *Berlin Linienbus* (www.berlinlinienbus.de), e a *Mein-Fernbus* (meinfernbus.de).

Circulando

A cidade é dividida nas zonas A, B e C. Você deve se locomover mesmo é nas duas primeiras, que concentram as atrações (especialmente na A); a última cobre os arredores de Berlim (como o aeroporto de *Schönefeld*), portanto, só eventualmente você transitará por lá. O preço da passagem válida para as zonas A e B é igual para qualquer um dos transportes, mas varia com a opção de uso, e há explicação em inglês nas maquininhas para acabar com a desculpa de quem alega não entender alemão. *Short Trip Ticket* (Kurzstrecke), para viagens curtas de até três paradas, €1,60. *Single ticket* (Einzelfahrausweis), uma única viagem por até 2h após a validação, €2,70 zona AB, €3,00 BC e €3,30 ABC. *Day Ticket* (Tageskarte), por todo o dia até as 3h, €6,90 AB, €7,20 BC e €7,40 ABC. Uma boa é adquirir o *7-day-ticket*, a partir do horário da validação até a meia-noite do sétimo dia, €29,50 AB, €30,50 BC e €36,50 ABC. Informe-se também sobre passes mensais e outras vantagens no site: www.bvg.de. O sistema funciona bem e é fácil de usar. Como regra, durante o dia, metrô, ônibus e *trams* saem num intervalo entre 5-15min.

E atenção: a fiscalização do transporte público em Berlim é tão curiosa (para os corretos) como apavorante (para os metidos a espertinhos). Os fiscais podem andar à paisana, disfarçados, procurando parecer uma pessoa comum, mas assim que as portas do veículo se fecham, eles imediatamente se identificam e pedem as passagens de todos os que estão pelo caminho. O *schwarzfahren*, viajar sem bilhete válido, é considerado, obviamente, uma infração e a falcatrua vale humilhação na frente de todos mais uma multa de €60. O valor pode ser pago diretamente para o controlador, ou se você estiver sem dinheiro, o fiscal registra a multa no seu nome e determina um tempo para você efetuar o pagamento no banco.

A pé A cidade é grande, então você definitivamente vai utilizar, em algum momento, o transporte público. Ainda assim, caminhar por Berlim é sempre um belo programa. Considerando o tamanho da capital alemã, o melhor a fazer é utilizar ônibus, metrôs e *trams* para chegar a regiões mais afastadas – como as localidades do Muro, o centro ou a metade leste – e ali conhecer tudo a pé. Nessas áreas básicas, você passa por dezenas de lugares interessantes, basta ter vontade de caminhar.

Metrô Em Berlim, divide-se em dois tipos: o *S-Bahn* (S), trem de superfície, e o *U-Bahn* (U), metrô subterrâneo. As estações são identificadas por S e/ou U, conforme atendidas por um e/ou outro. Ao pegar uma das linhas, ache o seu destino pelo itinerário localizando a parada final. Você compra a passagem nas máquinas automáticas dentro das estações e deve validá-la nas plataformas antes de entrar no vagão. O *S-Bahn* funciona até 1h durante a semana e por 24h, de sexta a domingo; o *U-Bahn* até 0h30 e algumas linhas (U1, U3, U5 e U9) também durante a madrugada de sexta e sábado – saídas com intervalo médio de 15min.

Tram O tradicional bonde elétrico é sempre um agradável meio de transporte, e aqui é chamado de *Strassenbahn*. São mais de 20 linhas, localizadas em sua maioria no lado oriental e conectadas ao metrô; dentro do veículo e nas estações encontram-se as máquinas automáticas para adquirir e validar o ticket.

Ônibus São identificados por números e costumam cobrir áreas não contempladas pelos outros meios. As paradas (*haltstelle*) têm uma tabela que mostra os horários das linhas de forma bastante clara. Você pode comprar a passagem direto com o motorista ou nas máquinas automáticas nas estações. Caso você compre dentro do veículo, o bilhete já estará validado; nas máquinas, você deve validar antes de entrar. De dia, as linhas vão de 100 até 399; de noite, são identificadas pela letra N e vão de N10 a N97. Nas madrugadas de segunda a quinta, quando o metrô fecha (1h-4h), as linhas N1 a N9 fazem o mesmo trajeto das respectivas linhas de metrô e têm paradas em frente às estações.

Táxi Custa caro, e você pode ficar horas tentando conseguir um no meio da rua. O melhor é procurar o ponto mais próximo – perto das estações de metrô, normalmente há um ponto de táxi. Para chamar um radiotáxi (*würfelfunk*), ligue para 0800.222.2255. Companhias de táxi que você também pode ligar para agendar seu transporte: *Taxi Funk* (☏ 443.222), *Funk Taxi* (☏ 261.026), *Quality Taxi* (☏ 263.000), *Würfelfunk* (☏ 210.101) e *City Funk* (☏ 210.202). Funcional hoje em dia é baixar os aplicativos de táxi para smartphones, a cada ano surgem vários – atualmente o mais

Portão de Brandenburgo e a rua Unter den Linden

usado nas grandes cidades alemãs é o *My Taxi*. A bandeirada custa €3,20, e o preço por quilômetro é €1,65. Atenção: nem todos aceitam cartões de crédito, confirme antes de entrar no veículo caso você esteja sem euros.

Bicicleta Também são populares na cidade, especialmente no verão; Berlim é predominantemente plana e conta com várias ciclovias na sua área urbana, o que, aliás, exige uma boa atenção dos pedestres (e dos ciclistas também). Por aqui, a *Fahrradstation* (www.fahrradstation.com) é a maior empresa de aluguel de *bikes*; possui sete lojas, duas delas localizadas na Leipziger Strasse 56 e na Auguststrasse 29 – locações a partir de €10/3h, €15/dia, €35/3 dias e €50/semana (preços para o modelo de bici mais comum). Se você levar sua bicicleta num passeio de transporte público (seja ônibus, metrô ou *tram*), saiba que é preciso comprar um passe com tarifa reduzida (*reduced-fare ticket*) para a magrela (sai por €1,70) e que você só vai embarcar se houver espaço suficiente. Uma boa dica para os ciclistas é o site www.bbbike.de, um planejador de caminhos – você coloca os pontos inicial e final de seu percurso e ele sugere as melhores rotas para uma pedalada, com mais ciclovias e menos tráfego.

Atrações

Restos do Muro, o Portão de Brandemburgo, a Ilha dos Museus, o Memorial do Holocausto, a Catedral... Em Berlim, sobra o que fazer, o que visitar.

Regiões

Pariser Platz

M Brandenburger Tor

Coração da cidade, foi divisa entre os lados Oriental e Ocidental. Até a Segunda Guerra, era uma das áreas mais caras de Berlim. Saindo da estação, você vê o Portão de Brandemburgo, o Memorial de Guerra Soviético, o Parlamento e a rua Unter den Linden.

Alexanderplatz

M Alexanderplatz

Centro do lado oriental, foi alvo de bombardeios durante a guerra. Depois de 1945, tornou-se a maior área de tráfego de Berlim. O espaço é aberto e você pode ver o *Weltzeituhr*, relógio que mostra a hora nas mais importantes cidades do mundo, e o chafariz *Brunnen der Völkerfreundschaft*, que celebra a amizade entre os povos. É onde fica também a *Fernsehturm*, a famosa torre de televisão, que era um dos símbolos da RDA. Perto está a *Rotes Rathaus*, a prefeitura de Berlim.

Nikolaiviertel

M Klosterstrasse

Atrás da Prefeitura, nas margens do rio Spree, este quarteirão é a parte mais velha da cidade – foi onde Berlim começou, no início do século 13. Durante a Segunda Guerra, quase todo o bairro foi destruído, para se recuperar somente ao longo da década de 80. A *Nikolaikirche*, uma antiga igreja (veja p.1038), é o mais antigo edifício do bairro, de 1230.

Gendarmenmarkt

M Hausvogteiplatz

Esta praça é famosa por seus três prédios em estilo clássico: um teatro e duas catedrais idênticas, construídas em homenagem à amizade entre Alemanha e França. A *Konzerthaus* (Casa de Concertos), conhecida como *Schauspielerhaus*, foi reconstruída após a Segunda Guerra e tem este nome desde 1984. É o prédio mais importante da praça, por sua imponência e beleza. A *Französische Dom* (Catedral Francesa), erguida entre 1701 e 1705, foi a principal igreja da comunidade protestante francesa (huguenotes). A *Deutscher Dom* (Catedral Alemã) é uma segunda versão da mesma igreja (veja mais sobre essas atrações na p.1037).

Europa Center

M Zoologischer Garten

Não exatamente uma região, e sim um shopping center cuja maior atração é um relógio d'água de 13m de altura. Na área externa, turistas e berlinenses reúnem-se no chafariz *Weltkugelbrunnen* para o *happy hour*. Em frente, um dos marcos da cidade, a igreja *Kaiser-Wilhelm-Gedächtniskirche* (veja p.1031).

UM OLHAR MAIS ATENTO
Unter den Linden: uma caminhada pela rua mais famosa de Berlim

Construída em 1647 para ligar o Palácio dos Hohenzollern (destruído na Segunda Guerra) e o Parque Tiergarten, a Unter den Linden é uma avenida que passa por diversos lugares bem interessantes. Uma caminhada bacana pode começar na **Alexanderplatz** (p.1027) (que fica na Karl-Liebknecht-Strasse, rua que desemboca na Unter den Linden). Essa praça é conhecida pela histórica **Igreja Marienkirche** (p.1038) e, principalmente, pela **Torre de TV** (p.1030), que do seu alto proporciona uma fantástica vista de Berlim. Seguindo em direção a Unter den Linden, o **Museu DDR** (p.1037) fica à sua direita – mesmo lado no qual está a **Catedral de Berlim** (p.1037), belíssima construção em estilo renascentista, e o **Museu Antigo** (p.1035), um dos cinco prédios que compõe a **Ilha dos Museus** (p.1034). Atravessando a **Ponte do Palácio** (*Schlossbrücke*), vestígio do antigo palácio, é possível ver, à sua esquerda, a **Ópera Estatal de Berlim**, teatro em estilo rococó que lembra um templo coríntio; e em frente, o **Museu Histórico Alemão** (p.1032), um dos museus mais importantes da cidade; ao lado fica o **Neue Wache**, monumento de 1931 em homenagem aos mortos da Primeira Guerra, hoje transformado em um memorial às vítimas das guerras e das tiranias. Em seguida, a **Universidade Humboldt** (*Humboldt Universität*), construída entre 1748 e 1766, que teve alunos ilustres, como o filósofo Karl Marx e o físico Albert Einstein. Em frente à universidade, você encontra a **Bebelplatz**, o famoso local da queima dos livros pelos nazistas em 1933. Um pouco mais adiante está o emblemático **Portão de Brandenburgo** (p.1029); cruzando-o, você pode seguir pela continuação da Unter den Linden, agora com o nome de 17 Juni Strasser, atravessando o parque Tiergarten, até chegar na **Coluna da Vitória** (p.1030); ou veja esse monumento de longe e, no Portão de Brandenburgo, siga rumo ao sul pela Eberstrasse; irá passar pelo instigante **Memorial aos Judeus Mortos na Europa** (p.1040), conhecido como Memorial do Holocausto. Seguindo, você vai terminar seu passeio na estilosa **Potsdamer Platz** (p.1029).

Potsdamer Platz

M Potsdamer Platz

Região conhecida antes da queda do Muro como terreno morto, ou terra de ninguém, por não pertencer a nenhum dos lados. É onde se localiza o **Sony Center**, um complexo de arquitetura contemporânea com shopping center, cafés e cinemas. Para uma vista da área, o Panoramapunkt, no Edifício Kollhoff, é uma plataforma de onde se pode apreciar o lado leste de Berlim (seg-dom 10h-18h; €6,50 | Est, Cr: €5). Da Potsdamer Platz, seguindo a Stresemannstrasse e virando à esquerda na Niederkirchestrasse, é possível ter uma boa ideia de onde passava o muro que dividia Berlim. Nessa mesma rua há dois dos principais e mais interessantes museus relacionados à história alemã: a *Topographie des Terrors* (Topografia do Terror) e o *Checkpoint Charlie*.

Cartões-postais

Brandenburger Tor *(Brandenburg Gate)*

Pariser Platz 7
Brandenburger Tor (S1, S2, S25)

É o símbolo-mor de Berlim (já que o Muro não guarda a mesma simpatia e pomposidade). Construído entre 1788 e 1791 por Carl Gotthard Langhans, é o único portão que restou de outros 14 que eram utilizados como entrada e saída da cidade. A escultura do topo é a Quadriga, ou *Siegegöttin*, com a estátua que representa Irene, a deusa grega da paz.

Berliner Mauer *(Berlin Wall)*

O Muro de Berlim, maior "atração" da cidade, não existe mais, para alegria (da maioria) dos berlinenses e do resto do mundo. Erguido em 13 de agosto de 1961, o muro separou um mesmo povo em duas distintas cidades: de um lado, socialista, de outro, capitalista. Berlim Ocidental era praticamente uma ilha dentro da República Democrática Alemã, a Alemanha Oriental. Um dos momentos mais emblemáticos do final do século 20 foi a sua queda, 28 anos depois da sua construção, em 9 de novembro de 1989 – o que simbolizou o final de uma era. Alguns pedaços do muro foram preservados, e podem ser avistados pela cidade em diferentes locais. Talvez o mais interessante de todos seja aquele conhecido como **East Side Gallery**, ao longo da avenida Mühlenstrasse (U/S Warschauer Strasse ou S Ostbahnhof), 1.300m de muro às margens do rio Spree, onde sua face leste foi toda pintada por diversos artistas, traduzindo a sensação de esperança e opressão daquela surreal separação. Uma genuína galeria de arte a céu aberto, tornada monumento histórico em 1992, imperdível, apesar de nem sempre bem-conservada. Ao norte da Alexanderplatz, no bairro de Wedding, há uma área com três pedaços do muro não muito distantes entre si. O **Mauerpark** (U Bernauer Strasse ou Eberswalder Strasse) é uma grande seção trabalhada por artistas de rua que, devido ao espaço, favorece a parada de ônibus de excursão. A oeste está o **Gedenkstätte**, na Bernauer Strasse (S Nord-bahnhof, U Bernauer Strasse), entre a Bergstrasse e a Ackerstrasse, convertido em memorial a partir de um pedaço original; perto fica a **Invalidenfriedhof**, com aproximadamente 150m de muro. Outros dois trechos você avista junto a algumas das melhores exibições históricas de Berlim: **Topographie des Terrors**, onde um pedaço do muro se encontra numa sombria aparência original e, próximo dali, o **Checkpoint Charlie**, pintado numa perturbadora cor branca, onde ficava o posto de controle dos poucos privilegiados que podiam atravessar de um lado a outro (veja mais em "Museus"). Em algumas ruas, uma linha de paralelepípedos vermelhos indica onde a cidade era dividida.

Bundestag *(German Parliament)*

- Platz der Republik
- Bundestag (U55)
- 2273.2152
- www.bundestag.de

Eis o Parlamento Alemão, uma das construções que marcaram a história do século 20. Antigamente chamado *Reichstag*, esse edifício, construído entre 1884-94, viu o Império Alemão, a República de Weimar, a ascensão do nazismo e, depois de reconstruído, a nova república da Alemanha unificada. Sofreu avarias durante a guerra (veja o box abaixo) e, na década de 1960, passou pelo primeiro processo de reconstrução, só completado em 1999, quando ganhou sua cúpula de vidro, que pode ser visitada e proporciona uma das mais belas vistas de Berlim. Para a visita gratuita, é necessário agendar com antecedência pelo site.

Fernsehturm *(TV Tower)*

- Panoramastrasse 1A
- Alexanderplatz (S5, S7, S75, U2, U5, U8)
- 2475.758.75
- www.tv-turm.de
- mar-out seg-dom 9h-0h | nov-fev seg-dom 10h-0h
- €13 (Cr: €8,50)

A Torre da Televisão fica na Alexanderplatz e é a construção e o ponto mais alto da cidade, com 365m de altura (maior que a Torre Eiffel). Concluída em 1969, no auge da Cortina de Ferro, foi um dos ícones de maior orgulho da RDA. De cima, por 360°, Berlim pode ser vista num raio de até 40km em dias claros. Talvez à noite seja mais fascinante ainda. Quem quiser aproveitar, há um (caro) restaurante giratório no topo.

Siegessäule *(Victory Column)*

- Grosser Stern
- Grosser Stern (100, 106, 187, N26)
- abr-out seg-sex 9h30-18h30, sáb-dom 9h30-19h | nov-mar seg-sex 10h-17h, sáb-dom 10h-17h30
- €3 (Est: €2,50)

A Coluna da Vitória fica no meio da Grosser Sterne, a rótula por onde circulam milhares de carros diariamente. Existem quatro passagens subterrâneas para chegar até lá, nem cogite atravessar pela rua. A coluna tem quase 67m de altura e seu ponto mais alto ostenta a representação dourada de uma mulher. O monumento lembra a vitória prussiana sobre os franceses, entre 1870-71 (que resultou na unificação alemã); por isso ela mira na direção da França. São 285 degraus até o topo, onde há uma surpreendente vista do parque Tiergarten.

VOCÊ QUE COLOU NA ESCOLA | Um episódio nazista

Das chamas do Parlamento Alemão saiu um dos mais duros golpes contra a frágil democracia de Weimar: na noite de 27 de fevereiro 1933, o holandês Marinus van der Lubbe ateou fogo no Parlamento em protesto à subida de Hitler ao cargo de chanceler. Aproveitando-se desse episódio, e argumentando que havia uma conspiração comunista para tomar o poder (fato desmentido pelos historiadores, que entendem o incêndio como um ato individual), o Partido Nazista fez pressão para aprovar o Decreto do Incêndio do Reichstag, que eliminou as liberdades de expressão, opinião, reunião e de imprensa, e possibilitou ao governo deter opositores sem provas. Em pouco mais de um mês, mais de 25 mil pessoas foram presas. Hitler, que ainda buscava se consolidar no poder, se apresentou como o grande líder da Alemanha – e a história seguiu pelo triste rumo que conhecemos...

Topografia do Terror, ótimo museu sobre o regime nazista

Rotes Rathaus *(Red Town Hall)*

- Rathausstrasse 15
- Berliner Rathaus (248, M48, N40, N42, N65, N8)
- 9026.2032   seg-sex 9h-18h
- grátis

Foi construída entre os anos de 1861-69 no estilo renascentista. O nome *Rotes Rathaus* vem de sua cor avermelhada – significa "Prefeitura Vermelha", remetendo à era comunista. Bastante danificada durante a Segunda Guerra, foi reconstruída entre 1951-58, quando se tornou sede das autoridades de Berlim Oriental, enquanto a prefeitura de Berlim Ocidental passou para o distrito de Schöneberg. Com a reunificação, a prefeitura voltou a ser apenas uma, que abre áreas de exposições e eventos para visitas.

Kaiser-Wilhelm-Gedächtniskirche *(Kaiser Wilhelm Memorial Church)*

- Breitscheidplatz
- Zoologischer Garten (S5, S7, S75, U1, U2, U9)
- www.gedaechtniskirche-berlin.de
- seg-dom 9h-19h   grátis

Construída em 1895 em homenagem ao primeiro imperador alemão, Wilhelm, é a igreja mais conhecida de Berlim Ocidental. Foi severamente bombardeada em 22 de novembro de 1943, e sua ruína – a torre parcialmente destruída – manteve-se, ainda hoje, preservada como tal. Um campanário de 53m de altura e com seis sinos foi erguido ao seu lado, e hoje sedia uma exposição com a dramática história da igreja.

Museus

Topographie des Terrors *(Topography of Terror)*

- Niederkirchnerstrasse 8
- Kochstrasse
- 2545.0950   www.topographie.de
- seg-dom 10h-20h   grátis

A Topografia do Terror é uma excepcional exibição sobre o regime nazista no local onde ficava o escritório central da Gestapo e eram arquitetados os planos de genocídio aos judeus e a outras minorias. O centro de documentação, por meio de fotos e registros diversos, mostra como as macabras ideias de Hitler e de seus seguidores foram postas em prática, incluindo a criação dos campos de concentração, a deportação de prisioneiros e a invasão a outras nações. Também relembra o bombardeio de Berlim e o fim da guerra. Algumas fotografias revelam o horror em situações corriqueiras – como os toques de chamada (*roll call*), em que os prisioneiros eram obrigados a ficar enfileirados em pé por horas e horas num frio congelante; muitos morriam na fila, de "causas naturais" ou a tiros dos nazistas, caso se sentassem. Do lado de fora do prédio, que foi inaugurado em maio de 2010, é possível conferir uma exposição sobre a capital e sua população durante o III Reich. E também na rua, um fragmento do Muro de Berlim. Um programa chocante e imperdível.

Museum Haus am Checkpoint Charlie
(Checkpoint Charlie Museum)

- Friedrichstrasse 43-45
- M Kochstrasse/Checkpoint Charlie (U60)
- 253.7250 www.mauermuseum.de
- seg-dom 9h-22h
- €12,50 (Est: €9,50 | Cr: grátis)

O museu conta a história do Muro de Berlim no Checkpoint Charlie, o ponto de passagem mais famoso entre os lados oriental e ocidental. Entre fotos, pôsteres, documentos, filmes e documentário, destaque para as fugas e suas tentativas – foram 5.075 escapadas bem-sucedidas e 239 com mortes. Apesar de o lugar parecer apertado e pouco organizado pela sua quantidade de material (e de visitantes), é uma das atrações mais interessantes de Berlim, contando com uma boa livraria. Próximo, se encontra um pedaço original do muro.

Deutsches Historisches Museum
(German Historical Museum)

- Unter den Linden 2
- Staatsoper (100, 200, N2, TXL)
- 203.040 www.dh-museum.com
- seg-dom 10h-18h
- €8 (Est: €4 | Cr: grátis)

A exposição permanente que dá nome ao museu – Museu Histórico Alemão – retrata o desenvolvimento da Alemanha, da Idade Média ao presente. A instituição abriga também mostras temporárias de arte e de fotografia. O mais interessante talvez seja o prédio principal, conhecido como *Zeughaus*, e o seu moderno e novo anexo, com amplos espaços internos e arrojada utilização de placas de vidro, em especial na escadaria helicoidal ou na cúpula do pátio interno. A obra é do festejado arquiteto sino-estadunidense Ieoh Ming Pei, autor da pirâmide de vidro do Museu do Louvre, em Paris, e da torre do Banco da China, em Hong Kong.

Jüdisches Museum *(Jewish Museum)*

- Lindenstrasse 9-14
- M Hallesches Tor (U1, U6)
- 2599.3300 www.jmberlin.de
- seg 10h-22h, ter-dom 10h-20h
- €8 (Est: €3 | Cr: grátis)

Checkpoint Charlie, lembrança de uma cidade dividida

Inaugurado em 2001, o prédio do Museu Judaico – obra do arquiteto polaco-estadunidense Daniel Libeskind (que em 2003 ganhou a competição para construir os novos prédios no terreno das torres gêmeas em Nova York) – é repleto de simbolismos: uma estrela de Davi aberta (representação do judaísmo), linhas indefinidas (a relação entre judeus e alemães), vidros estilhaçados (os *pogroms*) – tudo isso pode ser visto já em sua fachada de zinco. O museu retrata a trajetória histórica, social e cultural do judaísmo, em particular na Alemanha, com bastante criatividade e interatividade. Não deixe de entrar no angustiante e provocativo quarto escuro, com seu inatingível facho de luz – evocando a esperança, vista mas nunca alcançada.

Berliner Mauer Gedenkstätte
(Berlin Wall Memorial)

- Bernauer Strasse 119
- Nordbahnhof (S1, S2, S25)
- 467.986.666
- www.berliner-mauer-gedenkstaette.de
- exposição ao ar livre: seg-dom 8h-22h | centro de documentação: ter-dom 10h-18h
- grátis

O Memorial do Muro de Berlim é uma iniciativa da *Berlin Wall Association* e conjuga um grande pedaço original do muro, exposto ao ar livre, com o Centro de Documentação do Muro de Berlim. Esse apresenta material em alemão e inglês (mais alemão do que inglês) sobre a história do muro e o seu impacto na vida política e social dos berlinenses. Fotos e vídeos históricos retratam a separação de famílias e amigos, a censura e a repressão aos jornalistas que reportavam a construção do muro, fugas de guardas e de gente comum. Vale conferir o material que representa o ponto de vista a partir da RDA e a propaganda política forçada.

Hamburger Bahnhof *(Hamburger Station)*

- Invalidenstrasse 50-51
- Hauptbahnhof (U6, S3, S5, S7, S75)
- 266.424.242
- www.smb.museum
- ter-qua/sex 10h-18h, qui 10h-20h, sáb-dom 11h-18h
- €14 (Est: €7)

O nome – Estação Hamburgo – refere-se à função original do prédio: um dos primeiros terminais ferroviários da Alemanha, era ponto de partida da estrada de ferro que ligava Berlim a Hamburgo. Hoje, tornou-se um museu de arte contemporânea: trata-se de uma vasta galeria que apresenta exposições temporárias, de arte experimental a instalações com vídeo, foto, luz e outros exercícios de criatividade, muitos dotados de uma certa "estética do lixo". Costuma expor obras de Andy Warhol e Roy Lichtenstein, entre outros artistas da segunda metade do século 20. Conta também com uma boa livraria.

Neue Nationalgalerie
(New National Gallery)

- Potsdamer Strasse 50
- Potsdamer Platz (U2, S1, S2, S25)

Localizado em um prédio projetado por Mies van der Rohe – grande arquiteto alemão da *bauhaus* –, esse museu é dedicado à arte do século 20. A construção, por si só, já é bastante interessante: terminada em 1968, mais parece uma caixa feita de vidro, fazendo jus à famosa frase do minimalista Rohe – "menos é mais". O museu fechou para reformas em janeiro de 2015, ainda sem previsão de reabertura. O acervo, que conta com mais de 1.600 obras de arte, incluindo peças de Picasso, Dalí e Paul Klee, deve ser parcialmente exposto em outros museus.

Museumsinsel

A Ilha dos Museus é, como o próprio nome já sugere, uma ilha do rio Spree, bem no centro da cidade, onde estão concentrados alguns museus, inaugurados entre meados do século 19 e o início do século 20. Os prédios, de estilo neoclássico, foram inspirados nos templos gregos e romanos. As coleções expostas são bem interessantes, focando principalmente na Antiguidade Clássica e Oriental e na arte do século 19. A ilha, considerada Patrimônio da Humanidade pela Unesco desde 1999, abrigava antigamente o *Berliner Stadtshloss*, palácio real dos reis da Prússia e dos imperadores alemães, demolido em 1950 pela RDA, que o via como uma lembrança inaceitável do passado imperialista. Os antigos jardins privativos da residência real hoje constituem o *Lustgarten*, parque cujo gramado bem aparado é popular entre turistas e locais nos dias quentes de verão. As estações mais próximas da ilha são a S Friedichstrasse ou S Hackescher Markt. O horário de abertura é, em geral, ter-qua/sex-dom 10h-18h, qui 10h-20h – costumam fechar nas segunda-feiras, exceto o Neues Museum e o Pergamonmuseum. Quanto ao valor do ingresso, varia entre €8 e €12 – há um cartão de Berlim que inclui entrada em todos (veja em Cartões da Cidade, p.1020). Mais informações sobre os museus de Berlim pelo F.2664.2424 ou pelo site www.smb.museum.

Altes Museum, o mais antigo da Ilha dos Museus

Pergamonmuseum

📍 Bodestrasse 1-3
💲 €12 (Est: €6)

Um dos museus mais visitados da Alemanha, apresenta relíquias antigas das culturas suméria, babilônica e assíria de modo muito atrativo: diferentemente de outras instituições do tipo, não se limita a objetos isolados; expõe impressionantes reconstruções de estruturas arqueológicas de forma integrada ao prédio, construído entre os anos de 1910 e 1930. Dividido em três grandes alas, abriga hoje as seguintes coleções: Antiguidade Clássica, Oriente Médio e Arte Islâmica. Infelizmente, o grande destaque, o Altar de Pérgamo – estrutura grega do século 2 em homenagem a Zeus – estará fechada para restauração entre setembro de 2014 e meados de 2019. No entanto, permanecem abertas outras interessantes atrações do museu: o Portão do Mercado de Mileto, que, apesar de oriundo dessa cidade grega, foi erguido sob administração romana; a impressionante Porta de Ishtar, construção babilônica de cinco séculos antes de Cristo que é integrada à Via Processional; e a fachada do Palácio Mshatta, edificação de 45m de pedra calcária lindamente esculpida entre os séculos 7 e 8 no deserto da Jordânia. Ainda que seja questionável o direito da Alemanha de guardar e expor todas essas riquezas de outras civilizações, uma visita ao Pergamonmuseum é sempre um grande programa.

Altes Museum *(Old Museum)*

- Am Lustgarten
- €10 (Est: €5)

O museu mais antigo da ilha chama-se, não por acaso, Museu Antigo, construído entre 1823 e 1830. Seu prédio é um dos mais importantes do período neoclássico em Berlim e foi projetado para guardar a coleção artística da família real da Prússia; desde a restauração de 1966, expõe arte e esculturas gregas, etruscas e romanas. Objetos da antiga Grécia – predominantemente esculturas de barro, bronze e mármore – dominam o andar térreo, enquanto as artes romana e etrusca estão no andar superior.

Alte Nationalgalerie *(Old National Gallery)*

- Bodestrasse 1-3
- €12 (Est: €6)

Aberta em 1876, a Antiga Galeria Nacional foi o terceiro museu a ser inaugurado na ilha. Apresenta pinturas e esculturas do século 19; o segundo andar contém uma interessante coleção de obras impressionistas, com quadros de Renoir, Manet, Monet, Degas e Cézanne e esculturas de Rodin. O terceiro andar abriga a parte do acervo dedicada a artistas alemães, principalmente do Romantismo. A galeria foi bombardeada na Segunda Guerra, mas teve sua coleção preservada.

Bode-Museum

- Am Kupfergraben
- €12 (Est: €6)

Pensado inicialmente como um museu dedicado à pintura e escultura renascentistas, foi aberto em 1904 com o nome de *Kaiser-Friedrich-Museum*, em homenagem a um então recém-falecido imperador da Prússia. Após ser bastante danificado por bombardeios da Segunda Guerra, foi reaberto com o nome do primeiro curador do museu, Wilhelm von Bode. Hoje, expõe obras de arte bizantina (especialmente esculturas).

Neues Musem *(New Museum)*

- Bodestrasse 1-3
- €12 (Est: €6)

Apesar de chamar-se Museu Novo, já existe desde 1855. Após os bombardeios da Segunda Guerra, foi quase abandonado, só sendo restaurando na década de 80 e finalmente reaberto ao público em 2009. Hoje, exibe três coleções: objetos pré-históricos, que retratam as culturas pré-históricas que ocuparam desde o norte da África e o Oriente Médio até a Escandinávia; Antiguidade Clássica, com estátuas e esculturas; e Arte Egípcia, onde está o grande destaque do museu: o Busto de Nefertiti, belíssima escultura de mais de 3.500 anos.

Bode-Museum, literalmente o divisor das águas do rio Spree

Berlin Story Museum

- Schöneberger Strasse 23a
- Anhalter Bahnhof (S1, S2, S25)
- 2045.4673
- www.berlinstory-museum.de
- ter-sex 10h-19h, sáb-dom 12h-20h   €5

Inicialmente uma mescla de museu e livraria de história, o Berlin Story expôs por muitos anos uma inventiva recriação da trajetória da capital do país. Em 2015, o museu mudou de nome e endereço, mas seu enfoque continua o mesmo: a vida da cidade, contada através de notícias, fotos, filmes, documentários e maquetes, num estilo bem informal. Apesar da repaginação geral do museu, a livraria Berlin Story, bastante popular, ainda funciona no local anterior, na rua Unter den Linden 40.

Deutsche Guggenheim

- Unter den Linden 13/15
- Französische Strasse (U6)   202.0930
- www.deutsche-guggenheim.de
- seg-dom 10h-20h
- €4 (Est: €3 | Cr: grátis) | grátis nas segundas

Parceria do *Deutsche Bank* (o maior banco alemão) com a Fundação Guggenheim. São apenas duas salas, além de uma boa livraria de arte, com exposições temporárias de artistas modernos e contemporâneos.

Story of Berlin

- Kurfürstendamm 207-208
- Uhlandstrasse (U1)   8872.0100
- www.story-of-berlin.de
- seg-dom 10h-20h (última entrada 18h)
- €12 (Est, Id: €9 | Cr: €5)

O museu História de Berlim conta, utilizando uma abordagem multimídia, os 800 anos de vida da cidade, com fotos, vídeos, slides, reportagens, cenários, música e computadores interativos. A visita termina num abrigo nuclear original, no clima dos tempos de Guerra Fria.

Haus der Kulturen der Welt
(House of the World's Cultures)

- John-Foster-Dulles-Allee 10
- Bundestag (U55)   3978.7175
- www.hkw.de   seg-dom 10h-19h
- grátis

A Casa das Culturas do Mundo, instalada num prédio que mais parece uma ostra gigante, realiza exposições sobre diferentes culturas. Aqui acontecem diversos eventos, inclusive mostras artísticas temporárias e musicais (ambos cobrados à parte), e é comum se apresentarem artistas brasileiros. A programação pode ser conferida no site, que também vende ingressos para os espetáculos.

Museum für Film und Fernsehen
(Museum of Movies and Television)

- Potsdamer Strasse 2
- Potsdamer Platz (U2)   300.9030
- www.deutsche-kinemathek.de
- ter-qua/sex-dom 10h-18h, qui 10h-20h
- €7 (Est: €4,50) | grátis qui 16h-20h

O Museu de Filmes e Televisão fica na Deutsche Kinamethek, no Sony Center. Conta a história do cinema do país, abordando diversos tópicos interessantes, como o expressionismo alemão, os filmes da República de Weimar, as películas produzidas sob domínio nazista e aquelas feitas pelos exilados do nazismo. Ícones como Marlene Dietrich são lembrados. Cinéfilos irão curtir. Há também uma sessão, menos interessante para nós, brasileiros, dedicada à história da televisão alemã. Leia mais sobre o cinema alemão na p.1216.

Museum für Fotografie
(Museum of Photography)

- Jebensstrasse 2
- Zoologischer Garten (U2, U9, S3, S5, S7, S75)
- ter-qua/sex 10h-18h, qui 10h-20h, sáb-dom 11h-18h   €10 (Est: €5)

Os dois primeiros andares do Museu de Fotografia são dedicados à vida e à obra do fotógrafo de moda Helmut Newton. O andar superior apresenta exibições temporárias de outros fotógrafos.

DDR Museum

- Karl-Liebknecht-Strasse 1
- Spandauer Strasse/Marienkirche (M4, M5, M6)
- 8471.237.31
- www.ddr-museum.de
- seg-dom 10h-20h, sáb 10h-22h
- €7 (Est: €4)

Museu interativo sobre a Alemanha Oriental (abreviada em alemão por DDR). Recriações de um apartamento (sala, cozinha) da Berlim Oriental ajudam você a se transportar à Berlim de antes da queda do Muro. Você ainda pode entrar num carro dos anos 70 (*Trabi*) e mexer numa escuta da Stasi. Se ainda quiser mais sensações, encare o restaurante alemão-oriental do lugar.

Stasi-Museum

- Ruschestrasse 103
- Magdalenestrasse (U5)
- 553.6854
- www.stasimuseum.de
- seg-sex 10h-18h, sáb-dom 11h-18h
- €6 (Est: €4,50)

Stasi era a polícia secreta da Alemanha Oriental, e este museu fica em sua antiga sede. Em exposição, apetrechos usados para espionagem, informações sobre seus métodos e relatos de resistência ao regime.

Igrejas e templos religiosos

Berliner Dom *(Cathedral of Berlin)*

- Am Lustgarten
- Alexanderplatz (U2, U5, U8)
- 2026.9136
- www.berlinerdom.de
- seg-sáb 9h-20h, dom 12h-20h
- €7 (Est, Cr: €5) | audioguia €3

Construída entre 1894 e 1905 no estilo renascentista italiano, a Catedral de Berlim foi a maior igreja protestante do século 19. Abriga uma cripta com cem tumbas da família real Hohenzollern, consideradas de grande valor histórico e cultural. Você pode subir até a cúpula – 270 degraus – para apreciar a vista. Visitas guiadas gratuitas ocorrem em horários frequentes, a conferir no local.

Deutscher Dom *(German Cathedral)*

- Gerndarmenmarkt
- Hausvogteiplatz (U2)
- 2273.0431
- mai-set ter-dom 10h-19h | out-abr 10h-18h
- grátis

Erguida em 1708, a Catedral Alemã foi duramente atingida e quase completamente destruída pelos bombardeios aliados em 1943, sendo restaurada entre 1982 e 1996. Hoje, apesar do nome, é na verdade um museu com a exposição permanente "Questões da História Alemã", que trata sobre o desenvolvimento do parlamentarismo no país.

Ponte dos Castelos e, ao fundo, a Berliner Dom e a Torre de TV

Französische Dom *(French Cathedral)*

- 📍 Gerndarmenmarkt Ⓜ Hausvogteiplatz (U2)
- ☏ 2041.507   🖥 franzoesischer-dom.de
- 🕐 abr-out seg-dom 10h-19h | nov-mar 10h30-18h30
- 💲 €3 (Cr: €1)

Ainda que conhecida como Catedral Francesa, não é, propriamente, uma catedral, já que não é sede de um bispado ou arcebispado. A confusão se dá pela palavra *dom*, que em alemão significa catedral, mas em francês (*dome*) refere-se a cúpula ou domo. Erguida em 1672 pelos huguenotes, os calvinistas franceses, foi a principal igreja da comunidade protestante francesa na Alemanha. Sua torre, restaurada há não muito tempo, oferece uma bela vista da cidade. A catedral ainda abriga, desde 1929, o **Hugenottenmuseum** (*Huguenots Museum*), Museu dos Huguenotes, que conta a história dessa comunidade de protestantes.

Marienkirche *(St. Mary's Church)*

- 📍 Karl-Liebknecht-Strasse 8
- 🚉 Spandauer Str./Marienkierche (M4, M5, M6)
- 🕐 seg-dom 10h-18h
- 🖥 www.marienkirche-berlin.de
- 💲 grátis

A Igreja de Santa Maria é uma das construções sacras mais antigas da cidade, perdendo só para a Nikolaikirche, que fica próxima. Iniciada em 1270, apresenta em seu interior o afresco Totentanz – Dança da Morte –, de 2m de altura e 22,6m de comprimento, referente à peste negra do século 15.

Nikolaikirche *(St. Nicholas Church)*

- 📍 Nikolaikirchplatz
- 🚉 Nikolaiviertel (248, M48, N42)
- 🖥 www.stadtmuseum.de
- 🕐 seg-dom 10h-18h
- 💲 €5 (Est: €3 | Cr: grátis)

A Igreja de São Nicolau é um dos marcos de Berlim. Construída em 1230, foi mais do que um centro religioso: era aqui que o conselho da cidade se reunia logo após a unificação alemã, no século 19. Hoje, abriga um museu que conta a história da igreja e expõe objetos de arte medieval. Também sedia concertos.

Neue Synagoge *(New Synagogue)*

- 📍 Oranienburger Strasse 28-30
- Ⓜ Oranienburger Strasse (S1, S2, S25)
- ☏ 8802.8300
- 🖥 www.centrumjudaicum.de
- 🕐 out-mar dom-qui 10h-18h, sex 10h-15h | abr-set seg-sex 10h-18h, dom 10h-19h
- 💲 €5 (Est: €4 | Cr: grátis)

A Sinagoga Nova foi construída em 1866, incendiada pelos nazistas na famosa Noite dos Cristais (9 de novembro de 1938) e totalmente destruída durante a Segunda Guerra. No local foram reunidos, ao longo do conflito, em torno de 500 mil judeus antes de serem deportados aos campos de concentração. Reconstruída, funciona hoje como um centro cultural judaico, com exposições afins. É uma das raras sinagogas de cúpula, particularmente resplandecente quando bate o sol na sua cor dourada.

Palácio de Charlottenburg, bom passeio

Palácios

Schloss Charlottenburg
(Charlottenburg Palace)

- Spandauer Damm 20-24
- Schloss Charlottenburg
- 0331.9694.200 www.spsg.de
- nov-mar ter-dom 10h-17h | abr-out 10h-18h
- €17 (Est:€13)

O Palácio de Charlottenburg era a residência de verão da rainha Sophie Charlotte. Hoje, além da beleza do interior, uma rica coleção de porcelanas pode ser visitada em uma das salas. O vasto palácio dá uma ideia do que foi a cultura brandemburgo-prussiana. Outro destaque é o *Schlosspark*, um dos maiores parques de Berlim, nos fundos do castelo. Veja os 24 bustos de mármore de imperadores romanos e suas esposas, datados de 1663.

Schloss Bellevue *(Bellevue Palace)*

- Spreeweg 1 Schloss Bellevue

O Palácio de Bellevue é a casa do presidente alemão. Fica na margem do rio Spree, dentro do parque Tiergarten. A bandeira hasteada no centro do prédio significa que o(a) presidente está aqui.

Parques e monumentos

Tiergarten

- Strasse des 17. Juni 100
- Tiergarten (S5, S7, S75)

Antigo parque de caça dos reis da Prússia, é a maior área verde no centro da cidade. Na Segunda Guerra Mundial, o Tiergarten sofreu muitos danos em função dos bombardeios, e, após a guerra, a escassez de carvão levou os moradores a cortarem as árvores do parque para usá-las como fonte de calor no inverno. Atualmente, os berlinenses usam esta grande área verde para relaxar e descansar, e não estranhe se no verão algumas pessoas estiverem curtindo o sol de uma forma mais natural...

Tempelhofer Feld

- Tempelhofer Damm 1-7, GAT Terminal
- Paradestrasse (U6)
- www.thf-berlin.de
- dez-mar seg-dom 7h-18h | abr-mai 6h-21h | jun-ago 6h-22h | set-nov 6h-20h

O aeroporto de Tempelhof, construído em 1923 e expandido pelos nazistas em 1936, tem um grande significado histórico para Berlim. Com o bloqueio soviético ao acesso terrestre a Berlim Ocidental, o aeroporto, localizado no setor americano, era utilizado como base para os aviões que traziam mantimentos para a cidade isolada. Desativado em 2008, Tempelhof permaneceu dois anos abandonado antes de ser ocupado pela população, que ali construiu hortas comunitárias e passou a frequentar o descampado. A prefeitura seguiu a dica, transformando o local em parque público. Hoje, as antigas pistas de pouso de aeronaves são utilizadas como ciclovias e espaço para a prática de esportes.

BERLIN LADO B | Praia Artificial

Para matar a saudade do verão, os alemães inventaram o Tropical Island Resort, uma luxuosa praia artificial localizada na cidade de Krausnick, a 60km de Berlim, acessível por trem (estação Brand - Niederlausitz). A estrutura de 66 mil m² foi erguida a partir de um antigo hangar de fabricação de zepelins e é tão alta que se pode voar de balão lá dentro. Esse oásis sistematizado, aberto todo o ano, tem um "mar" de 3 mil metros quadrados, 50 mil árvores tropicais e temperatura constante de 26°C. A imensa cúpula só se fecha quando faz frio ou chove e, mesmo assim, o clima de verão não desaparece: um painel com céu azul e nuvens brancas dá a ilusão de que o dia está maravilhoso para pegar um bronze. Além de visitação, o lugar oferece spa, acomodação, bares e restaurantes. É um mundo à parte, criado para acomodar mais de 6 mil pessoas que curtem toda essa artificialidade. Abre diariamente 6h-0h, ingressos a partir de €36 (Est: €28,50 | Cr até 5 anos: grátis). Para mais informações, consulte o site do local: www.tropical-islands.de.

Denkmal für Ermordeten Juden Europas
(Memorial to the Murdered Jews of Europe)

Cora-Berliner-Strasse 1   Ebertstr (M85)
www.stiftung-denkmal.de

O Memorial aos Judeus Mortos na Europa, também conhecido como Memorial do Holocausto (*Holocaust-Mahnmal*), é um impressionante monumento composto por 2.711 blocos de concreto, com alturas que variam de 40cm até 4,70m. Homenagem aos seis milhões de judeus mortos pelo nazismo, o local, com 19 mil m², fazia parte da "faixa da morte", quando o muro de Berlim existia. Confira no subsolo o *Ort der Information* (Local da Informação, abr-set ter-dom 10h-20h | out-mar 10h-19h; grátis), uma exposição interativa que documenta a perseguição e o extermínio dos judeus na Europa.

Zoo und Aquarium

Hardenbergplatz 8
Zoologischer Garten
254.010   www.zoo-berlin.de
aquário seg-dom 9h-18h | zoo jan-mar seg-dom 9h-17h | abr-out 9h-18h30 | nov-dez 9h-17h
zoo €13 (Est: €10 | Cr: €6,50) | zoo+aquário €20 (Est: €15 | Cr: €10)

A entrada principal é o famoso portão dos elefantes, mas você também pode entrar pela lateral, na frente da saída da estação de metrô. O Jardim Zoológico apresenta mais de 14 mil espécies, dispersas numa área de 35 hectares. O aquário exibe peixes, répteis e insetos de todas as partes do mundo, com mais de 700 espécies diferentes.

Mercados

Vale conhecer os *flohmarkts*, os mercados de pulgas de Berlim; um dos mais populares ocorre na Strasse 17. Juni, próximo à estação Tiergarten, das 11h às 17h nos finais de semana. Outro interessante rola na praça Arkonaplatz, domingos das 10h às 16h, com variedade de objetos dos anos 60 e 70. O mercado de Mauerpark, em Prenzlauer Berg, onde antes passava o muro, também merece uma visita aos domingos, especialmente no verão, quando acontece aqui um karaokê a céu aberto.

Passeios

Potsdam

Capital do estado de Brandemburgo, foi refúgio de verão da família real Hohenzollern. Saindo de Berlim, pegue a linha de *S-Bahn* S7 até Potsdamer Stadt. Vale ficar um dia nesta cidade: faça um piquenique no **Parque de Sanssouci** e visite o **Palácio de Sanssouci**, a maior atração de Potsdam e um dos mais belos do país. Conheça também o quarteirão com arquitetura tipicamente holandesa.

Arredores

Gedenkstätte und Museum Sachsenhausen
(Memorial and Museum Sachsenhausen)
O Campo de Concentração, Memorial e Museu de Sachsenhausen fica nos arredores de Berlim, em Sachsenhausen, 3km ao norte de Oranienburg. A construção se iniciou em 1936 e começou a funcionar como prisão política para os oponentes do nazismo, a maioria deles, comunistas. A partir de 1938 – após a Noite dos Cristais –, chegaram os judeus, e somente a primeira leva contava com 6 mil berlinenses. Estima-se que 200 mil pessoas morreram aqui, incluindo soldados soviéticos, homossexuais e milhares de cidadãos de diversas nacionalidades. Hoje o local funciona como um museu (⊙ mar-out seg-dom 8h30-18h | nov-abr 8h30-16h30, $ grátis), exibindo a história do campo com fotos e textos dentro das infames cabanas. A fim de conhecer melhor a história do campo, vale investir num tour guiado ($ €14 | Est: €12; espanhol ⊙ ter/dom 11h45/14h30; inglês ⊙ ter/qui/dom 11h45/14h30; duração 2h30). Para chegar desde Berlim, tome o S-Bahn 1 até Oranienburg (não confundir com a estação de metrô Oranienburg); leva cerca de 45min. De lá, pegue o ônibus 804 até a parada Gedenkstätte ou siga a pé. Mais informações: 🖥 www.stiftung-bg.de/gums.

Comes & Bebes

Não tenha vergonha de lambuzar os dedos comendo o lanche típico de Berlim, o *currywurst*: uma salsicha com muita mostarda. Lágrimas escorrerão, e não será apenas de felicidade. Você encontra nos quiosques *imbiss*, pelas ruas e dentro ou próximo de estações de metrô e trem, entre €1,50 e €3,50, dependendo do tamanho e do tipo da *wurst*. Muitos berlinenses pedem sem a pele, e para isso você precisa dizer: *darmlos*. A influência turca está bastante presente em Berlim. O *döner kebab*, sanduíche de pão sírio com carne de carneiro ou frango, assim como o *falafel*, já é tão popular quanto as salsichas germânicas. Berlim é benevolente com os vegetarianos. Praticamente todos os restaurantes possuem opções sem carne, quando não, todo o cardápio. Uma área mais berlinense do que turística é ao redor da estação Eberswalderstrasse, ao norte, onde não faltam kebabs, bares e restaurantes; acha-se comida tailandesa boa e barata por aqui. Seguindo na gastronomia estrangeira, há uma feira turca, nas terças e sextas, das 11h-18h, na estação Maybachufer, onde é possível encontrar de frutas a pratos quentes típicos, com preços em conta. Toda a área de Kreuzberg

---

CULTURA POP | A Berlim de Lou Reed

Há uma inegável aura underground em Berlim. Seja em seu fortíssimo movimento punk, nas ocupações anarquistas de imóveis abandonados ou nas obras que retratam os sombrios momentos vividos pela cidade, a capital alemã tem um lado distante das avenidas luminosas e dos monumentos grandiosos. Poucas vezes essa face foi tão sombria quanto no álbum conceitual *Berlin* (1973), de Lou Reed. O músico compôs uma obra taciturna e pessimista, que mergulhava nas ruas de Berlim para contar a história de Caroline e Jim, um casal que viveu na cidade nos anos 1940 em meio a problemas com drogas e violência. A dureza do tema é contraposta por uma sofisticação musical única na carreira do artista, eternizando o belíssimo *Berlin* como um dos grandes discos do rock. Surpreendentemente, Lou Reed, estadunidense, só conheceu a cidade em 1975: a sombria Berlim do compositor veio de sua própria imaginação e reflexões.

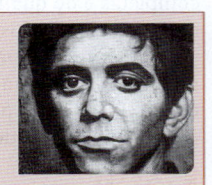

e Neukölln é bem barata também. Quanto à bebidas, o destaque só poderia ser para a cerveja. Mas não estranhe: os berlinenses têm orgulho da *Berliner Weisse*, cerveja misturada com xarope de framboesa.

Mustafa's

- Mehringdamm 32
- Mehringda mm (U6, U7)
- www.mustafas.de   seg-dom 10h-2h
- €5-10

O mais famoso kebab de Berlim é vegetariano. O *gemüse kebab* (€2,50) é a razão das filas imensas desse pequeno quiosque em Kreuzberg, que fica em frente à saída para a Yorkstrasse da estação de metrô de Mehringdamm. Caso queira um lanche com carne, o Mustafa´s oferece também kebabs mais tradicionais.

Spätzleexpress

- Wiener Strasse 11
- Görlitzer Bahnhof (U1)
- 6953.4463   www.spaetzlexpress.de
- seg-dom 12h-22h
- €5-12

Especializado em *spätzle*, uma deliciosa e tradicional massa alemã – aqui no Brasil chamamos de "massa feita em casa" –, esse restaurante tem estilo de *fast-food*, mas com refeições completas e de qualidade. Um prato de massa com vários molhos e acompanhamentos à sua escolha, mais uma bebida, custa aproximadamente €10. É indicado pelo bom atendimento e pelas grandes porções.

Imbiss 204

- Prenzlauer Allee 204
- Prenzlau er Allee/Danziger Str. (M2, M10)
- 2403.8543   www.imbiss204.de
- seg-sex 12h-22h
- €9-17

Restaurante com pratos típicos alemães, mas com um toque de chef. Apesar de serem um pouco mais refinados, os pratos não são caros. Destaque para o *käsespätzle* (massa típica com queijo) e para o *schnitzel* (bife de porco). O lugar é conhecido pelo bom atendimento e pelos pratos saborosos.

Viasko

- Erkelenzdamm 49
- Kottbusser Tor (U1, U8)
- 8849.9785   www.viasko.de
- qua-sex 17h-23h, sáb-dom 11h-15h/17h-23h
- €12-20

Esse restaurante descolado fica em um dos bairros mais boêmios de Berlim, o Kreuzberg. Especializado em culinária vegetariana, tem sopa do dia por €4,50 e pratos principais, como folhas de repolho com recheio de lentilha, *chutney* de manga e abóbora com batata orgânica, por €9,90. Como muitos restaurantes da cidade, oferece *brunch* aos sábados e domingos – o buffet liberado sai por €13. O ideal é ligar para reservar lugar.

Weinerei

- Veteranenstrasse 14
- Brunnenstrasse/Invalidenstrasse (M8)
- 440.6983   weinerei.com
- seg-sex 13h, sáb 11h-20h
- €2-15

Weinerei ("vinheria" em alemão) é um bar um tanto fora do comum. Todos os dias, a partir das 20h, você paga €2 na entrada e ganha uma pequena taça para se servir dos vinhos que desejar, disponíveis numa mesa junto a antepastos e aperitivos (também liberados). Ao sair, você paga aquilo que considera justo pelo que consumiu. Durante o dia, serve bolos caseiros, pratos vegetarianos e sopas veganas.

Gerichtslaube

- Poststrasse 28
- Berliner Rathaus (248, M48, N8, N40)
- 241.5697   www.gerichtslaube.de
- seg-dom a partir das 11h30
- €15-30

O restaurante fica em Nikolaiviertel, perto da Rotes Rathaus (Prefeitura de Berlim) e da Alexanderplatz. Típica taverna com um ambiente agradável. O prato de almôndegas com purê de batatas, cenoura e cebola refogada custa €9,90. Uma cerveja 0,5 litro, entre €4,50 e €6.

Alt Berliner Biersalon

- Kurfürstendamm 225-226
- Kurfürstendamm (U1, U9)
- 884.3990
- www.alt-berliner-biersalon.de
- aberto todos os dias, 24h
- €15-40

Por estar aberto 24h, o restaurante tem um cardápio para todos os tipos de "esfomeados" – de café da manhã a petiscos, passando por sopas, saladas, pratos com frango, porco e peixe, além das sobremesas. O *spätzle* (tradicional massa alemã) custa €9,50 e o *schnitzel*, com batatas fritas e salada, €12,50. O espaço é muito agradável e conta com a transmissão de partidas de futebol e outros eventos importantes do esporte em televisões que ficam espalhadas por todo o ambiente.

Hofbräuhaus

- Karl-Liebknecht-Strasse 30
- Klosterstrasse (U2)
- 679.665.520
- www.hofbraeuhaus-berlin.de
- dom-qui 10h-1h, sex-sáb 10h-2h
- €12-40

Garçons vestidos com *lederhose* e garçonetes de *dirndl*, os típicos trajes da Baviera, fazem parecer que é Oktoberfest o ano inteiro: não à toa, a cervejaria Hofbräuhaus é original de Munique, na Baviera. Tem bandas animando o ambiente em alguns dias da semana. As mesas são grandes e muitas vezes compartilhadas. Você pode pedir o prato do dia ou à la carte, e geralmente as porções servem mais de uma pessoa. A cerveja Hofbräu Original (1 litro) custa €7,90.

Mesas na calçada, bastante comum no verão

Mutter Hoppe

- Rathausstrasse 21
- Berliner Rathaus (248, M48, N8, N40)
- 2472.0603
- mutterhoppe.de
- seg-dom a partir das 11h30
- €12-40

Com pratos típicos alemães, aqui se pode provar o tão falado joelho de porco e a costela suína assada por menos de €15 o prato. Oferece também menu turístico à escolha, com entrada, prato principal e sobremesa.

Klo

- Leibnizstrasse 57
- Olivaer Platz (101, 109, 110)
- 4372.7219
- www.klo.de
- seg-dom a partir das 19h
- €15-50

É um bar/cervejaria inusitado, com temática bem divertida. *Klo*, em alemão, significa "privada", e adivinhe onde você se senta para tomar uma cerveja num copo pra lá de original? Apesar de as pessoas virem aqui pelo clima descontraído e para beber cerveja, o *Klo* tem cardápio bem variado, só não garantimos que as apresentações dos pratos sejam as melhores...

Nocti Vagus

- Saarbrücker str. 36-38
- Mollstrasse/Prenzlauer Allee (142, 200, M5)
- 7474.9123
- www.noctivagus.com
- seg-dom a partir das 18h
- € 50-70

Se quiser experimentar algo bem diferente, não deixe de visitar o primeiro restaurante no escuro em Berlim. Aqui você escolhe a sua refeição completa em um *lounge* e depois é guiado para a sala de jantar, onde irá comer na completa escuridão. Uma experiência gastronômica inesquecível. Valores variam entre €39 e €59 por pessoa. Importante reservar pelo telefone acima.

Noite

Berlim é uma das cidades com vida noturna mais agitada da Europa. Envolta num eterno véu underground, a capital alemã tem uma noite *sui generis* que, para muitos, é uma de suas grandes atrações. Uma região boa para bares e casas noturnas badaladas é ao redor da Friedrichstrasse. As melhores ruas para encontrar bares interessantes e diferentes são a Orienstrasse, a Warschauer Strasse e a Schlesische Strasse.

Clärchens Ballhaus

- Augustrasse 24
- Oranienburger Strasse (S1, S2, S25)
- 282.9295
- www.ballhaus.de
- seg-dom a partir das 11h
- €3 -5 (entrada)

Existente desde 1913, é um grande salão que recebia os elegantes bailes da burguesia berlinense; hoje, suas festas vão da salsa ao eletrônico. Durante o dia, organiza aulas de danças. Para quem quer um pouco da Berlim do passado.

Kaffee Burger

- Torstrasse 60
- Rosa-Luxemburg-Platz
- 3028.0464
- kaffeeburger.de
- a partir das 21h
- €5-10 (entrada)

Tradicional reduto da cena alternativa berlinense, tem eventos como saraus poéticos e apresentações musicais no início da noite que, mais tarde, são substituídos por festas embaladas por um repertório musical eclético – você deve escutar do eletrônico aos ritmos brasileiros por aqui.

Matrix Club Berlin

- Warschauer Platz 18
- Waschauer Strasse (U1, U2)
- www.matrix-berlin.de
- seg-dom a partir das 19h
- €5-8

S036: famosa noite berlinense, desde 1970

Casa noturna bastante conhecida, localizada próximo à estação Warschauer. Conta com cinco ambientes, cada qual com um som diferente, incluindo pop, hip hop e música eletrônica – é interessante conferir a programação da noite no site, já que nem sempre todas as pistas estão abertas. O lugar é bem animado e costuma lotar; alguns *pub crawls* terminam aqui.

Soda Club

- Schönhauser Allee 36
- Eberswalder Strasse 4431.5155
- www.soda-berlin.de
- qui 20h-4h, sex-sáb 23h-7h, dom 19h-4h
- €5-20 (entrada)

Uma das maiores casas noturnas da cidade, tem cinco pistas de dança. Costuma organizar festas de salsa e música latina bastante populares; também toca eletrônico, soul, funk e hip hop.

S036

- Oranienstrasse 190 Görlitzer Bahnhof
- 6140.1306 so36.de

Na ativa desde a década de 1970, é um dos clássicos da noite alternativa de Berlim. Começou como um *squat* (ocupação de imóvel abandonado) e, no início, tornou-se famoso pelos shows punks que agitavam o local (Dead Kennedys tocava por aqui). Hoje, recebe bandas de diversos estilos e organiza festas sempre movimentadas. Bastante aberto à cena cultural gay berlinense.

Wild at Heart

- Wiener Strasse 20
- Görlitzer Bahnhof 6107.4701
- www.wildatheartberlin.de
- qui-dom a partir das 20h

Bar da cena roqueira de Berlim, costuma receber shows de bandas punk e hardcore, normalmente seguidos por festas embaladas por DJs.

Barbie Deinhoff's

- Schlesische Strasse 16
- Schlesisches Tor 6107.3616
- www.barbiedeinhoff.de
- seg-dom a partir das 19h

Tradicional casa noturna gay. Tem festas famosas, com shows de drags e um público bastante diversificado.

Betty F***

- Mulackstrasse 13 Rosenthalerplatz
- www.bettyf.de seg-dom a partir das 20h

Localizado numa região que concentrava a vida noturna alternativa berlinense, é um movimentado bar gay que costuma encher no início da noite.

Hotéis & Albergues

Há inúmeros albergues em Berlim, desde aqueles independentes que oferecem uma aproximação maior entre os hóspedes até os de grandes cadeias que ocupam enormes prédios. É difícil encontrar hostels que incluam o café da manhã na diária, mas quase todos oferecem um *"all you can eat"* por um bom preço. Hotéis, você encontra de todos os estilos e para todos os bolsos, incluindo alguns com interessantes propostas de design. Os de 4 e 5 estrelas costumam oferecer estadia com e sem café da manhã. Consulte quanto custa o café da manhã separadamente (geralmente algo em torno de €20), o que pode representar uma bela diferença nos gastos finais da hospedagem. A diária tanto em albergues quanto em hotéis varia muito de acordo com a temporada e o dia da semana. Certifique-se de consultar os valores antes. Leve a localização em consideração, mas não se preocupe tanto com esse detalhe – sempre há uma estação de metrô por perto, garantindo o fácil deslocamento.

PLUS Berlin

- Warschauerplatz 6-8
- Warschauer Str (U1)
- 2123.8501
- www.plushostels.com
- €6
- dorms 6p €10/23, 4p €12/25 | quartos 1p €58/70, 2p €70/100, 3p €84/99 (baixa/alta temporada)

Somente 5min de caminhada separam o albergue da East Side Gallery. O prédio histórico, uma antiga escola de design, sobreviveu às duas guerras mundiais. Dormitórios com grandes *lockers*, tomada, luz de leitura individual e banheiro privativo. Trata-se, na verdade, de uma mistura entre hotel e hostel, já que a estrutura em nada lembra os albergues mais modestos – além de bar, restaurante e jardim, conta com piscina coberta e sauna, que você pode usar na boa. Às quintas-feiras, das 9h às 10h, rola aula gratuita de ioga. A rede PLUS tem hotéis também na República Tcheca e na Itália.

Heart of Gold Hostel

- Johannisstr. 11
- Oranienburger Tor (U6)
- 2900.3300
- www.heartofgold-hostel.de
- €4
- dorms 8p €10/18, 6p €12/20, 4p €10/30 | quartos 1p €45/58, 2p €67/86 (baixa/alta temporada)

Albergue temático inspirado no *Guia do Mochileiro das Galáxias*, de Douglas Adams. Localização muito boa, daqui até o Portão de Brandemburgo são só 15min de caminhada. Dormitórios espaçosos, com decorações coloridas nas paredes e janelas enormes que vão do teto ao chão (tem cortina, não se preocupe). O bar e a sala de uso comum funcionam juntos. Há TV, mesa de sinuca, computadores e muitos sofás, um bom espaço para relaxar e conhecer outros viajantes. Rede wi-fi gratuita disponível somente na recepção.

Odyssee Globetrotter Hostel

- Grunberger Strasse 23
- Frankfurter Tor (U5)
- 2900.0081
- www.globetrotterhostel.de
- 84 camas
- €3
- dorms 22p €10/20, 8p €14/27, 4p €14/34 | quartos 1p €29/57, 2p €39/75 (baixa/alta temporada)

Localizado na parte oriental de Berlim. Os dormitórios são espaçosos, as camas têm armários embaixo e dispõem de luz de leitura, tomada e uma pequena prateleira. Conta com cozinha compartilhada e jardim. A área da recepção funciona como sala de uso comum, é bem grande e tem um bar 24h (cerveja por €1 das 16h às 18h), TV, computadores, biblioteca, mesa de sinuca e pebolim.

Wombat's City Hostel Berlin

- Alte Schönhauser Strasse 2
- Rosa-Luxemburg-Platz (U2)
- 8471.0820
- www.wombats-hostels.com €3,90
- dorms 6p €12/26, 4p €15/26 | quartos 2p €29/39 (baixa/alta temporada)

Está em Mitte, a área central de Berlim. Integra a rede Wombat's, que tem albergues em outras cidades. Todos os dormitórios têm banheiro privado, *lockers* individuais e cada cama conta com luz de leitura, tomada e uma pequena prateleira. Dispõe de cozinha e serviço de lavanderia. Wi-fi somente nas áreas comuns. O bar, no sétimo andar, tem terraço e oferece uma vista bem bacana da cidade. Não aceita hóspedes menores de idade.

St Christopher's Inn Berlin

- Rosa-Luxemburg-Strasse, 39-41
- Rosa-Luxemburg Platz (U2)
- 8145.3960 www.st-christophers.co.uk
- 160 camas incluído
- dorms 16p €13/20, 6p €17/25, 4p €19/28 | quartos 1p €38/52, 2p €60/72 (baixa/alta temporada)

Pertinho da Alexanderplatz, faz parte de uma rede de hostels inglesa. Dormitórios com *lockers* individuais, luz de leitura e cortina em cada cama. O Belushi's Bar, no térreo, é o verdadeiro ponto de encontro do hostel – tem TV, mesa de sinuca, serve refeições (hóspedes têm desconto) e é onde rola festa todas as noites. Aluga bicicletas e organiza *walking tours*. Rede wi-fi funciona somente no bar.

Pangea People Hostel

- Karl-Liebknecht-Strasse 34
- Rosenthaler Platz (U8)
- 886.6958 www.pangeapeople.de
- 85 quartos €6
- dorms 8p €13/20, 4p €17/24 | quartos 1p €53/59, 2p €56/70 (baixa/alta temporada)

Fica no Mitte, próximo de muitos outros albergues. O diferencial aqui fica por conta do preço, já que o serviço não é dos melhores. É bem grande e por isso o atendimento pode ser um pouco impessoal. É um hostel moderno, tem quartos e dormitórios bem iluminados e com móveis novos. Embora tenha bar, não é um daqueles lugares para fazer amizades. Wi-fi é paga separadamente – €1/dia.

Grand Hostel Berlin

- Tempelhofer Ufer 14
- Möckernbrücke (U1, U7) 2009.5450
- www.grandhostel-berlin.de €6,20
- dorms 7p €18/25, 6p €15/24, 4p €21/26 | quartos 1p €48/60, 2p €54/68 (baixa/alta temporada)

Ocupa um casarão do século 19 no bairro Kreuzberg. Está a uns 20-30min de caminhada do Checkpoint Charlie e do Portão de Brandemburgo. A estrutura lembra mais um hotel, já que não há beliches (mesmo nos dormitórios) e a decoração é mais tradicional. No *check-in*, ganha-se um drinque de boas-vindas. Uma mistura de biblioteca e bar garante o espaço onde rola a confraternização entre os viajantes e alguns eventos. Organiza *walking* e *biking tours*, *pub crawls* e aluga bicicletas.

Die Fabrik

- Schlesische Strasse 18
- Schlesische Tor (U1) 611.7116
- www.diefabrik.com €4,50-9
- dorms 7p €18 | quartos 1p €38, 2p €52/58 3p €69/78 (baixa/alta temporada)

É uma antiga fábrica, está no bairro Kreuzberg, perto dos bares e clubes alternativos da cidade e da East Side Gallery. Quartos básicos, vários deles decorados com pôsteres de propaganda da Alemanha Oriental. Tem um café bem simpático nas dependências. Não aceita cartão de crédito.

The Circus Hostel

- 📍 Weinbergsweg 1a
- Ⓜ Rosenthaler Platz (U8)
- ☎ 2000.3939
- 🖥 www.circus-berlin.de
- 👤 180 camas
- 💬 €2,50-5
- 💲 dorms 10p €19/23, 5p €23/27 | quartos 1p €56/60, 2p €75/85 | apartamentos 2p €90/100, 4p €150/160 (baixa/alta temporada)

Praticamente em frente à estação de metrô, é um dos albergues mais procurados de Berlim. Conta com apartamentos que estão em outro endereço, a cerca de 850m do hostel. Dormitórios espaçosos, com decoração contemporânea, têm luz de leitura e pequenas prateleiras individuais. Dispõe de café, bar e restaurante. No porão há uma área de uso comum, ideal para curtir um som ou assistir a um filme. No terraço se tem uma boa vista da cidade e, no verão, é possível aproveitar as sessões de ioga. Notebooks e iPads podem ser alugados na recepção, que também empresta bicicletas. Organiza tours temáticos.

JetPak Alternative

- 📍 Görlitzerstrasse 38
- Ⓜ Schlesisches Tor (U1)
- ☎ 6290.8641
- 🖥 www.jetpakberlin.com
- 💬 incluído
- 💲 dorms 8p €21, 4p €25 | quartos 1p €27, 2p €60, 3p €81

Está em frente ao Parque Goerlitzer, no bairro de Kreuzberg, perto dos principais clubes noturnos alternativos, por isso, ideal para quem quer conhecer a famosa noite berlinense. Dormitórios com luz de leitura individual, adaptadores e carregadores de iPod e iPhone. Nas áreas comuns, há computadores Mac para livre uso. Embora o bairro possa, às vezes, ser meio sujo, o albergue é reconhecido pela limpeza. Só aceita hóspedes de 21 a 40 anos. Há outros dois hostels da rede na cidade, o *eco-friendly* JetPak Ecolodge e o JetPak Flashpacker.

Café da manhã no hostel Plus Berlin

EastSeven Hostel

- 📍 Schwedter Strasse 7
- Ⓜ Senefelder Platz (U2)
- ☎ 9362.2240
- 🖥 www.eastseven.de
- 👤 60 camas
- 💬 €3
- 💲 dorms 8p €19/25 | quartos 2p €54/64, 3p €69/87 (baixa/alta temporada)

Está em ótima localização, a apenas duas estações de metrô da Alexanderplatz. Dormitórios com *lockers* individuais, lençóis incluídos e toalhas por €1. Sala de uso comum, cozinha e *lounge* disponíveis 24h. No bar, das 20h às 22h a cerveja sai por €1. Tem jardim com espaço para preparo de churrasco e serviço de aluguel de bicicletas. É ponto de partida de *walking tours* duas vezes por dia. A recepção funciona das 7h à meia-noite. Já esteve várias vezes na lista de melhores hostels da Alemanha e do mundo.

Arte Luise Kunsthotel

- 📍 Luisenstrasse 19
- Ⓜ Friedrichstrasse (U6)
- ☎ 284.480
- 🖥 www.luise-berlin.com
- 👤 50 quartos
- 💬 €11
- 💲 quartos 1p €43/87, 2p €65/109 (sem/com banheiro)

Situado no centro, ao lado dos trilhos do trem e a uma curtíssima distância do Portão de Brandemburgo. Nada de padronização por aqui – cada um dos quartos desse prédio construído no século 19 foi decorado por um artista diferente, que incluíram desde papel de parede até móveis e acessórios. Atente-se para a diferença de preços entre quartos com banheiro compartilhado e privativo. Não há elevador, e o barulho dos trens pode incomodar um pouco. Há esculturas e outras peças de arte em todas as áreas comuns do hotel. O restaurante serve pratos das cozinhas alemã e mediterrânea.

Hotel Pension Columbus

- Meinekestrasse 5
- Kurfürstendamm (U1, U9)
- 881.5061
- www.columbus-berlin.com
- 19 quartos   incluído
- quartos 1p €50/70, 2p €70/90 (sem/com banheiro)

Pequeno hotel, quase uma pensão familiar, bem localizado, próximo da igreja Kaiser-Wilhelm-Gedächtniskirche e a menos de um quarteirão da Kurfürstendamm (e de sua estação de metrô), uma das avenidas mais importantes de Berlim. Quartos aconchegantes, dispõem de TV e telefone. O atendimento personalizado e o bom custo-benefício costumam ser bastante elogiados pelos hóspedes.

Hotel Pension Fasanenhaus

- Fasanenstrasse 73
- Kurfürstendamm (U1, U9)
- 881.6713
- www.fasanenhaus.de
- 13 quartos   incluído
- quartos 1p €55/95, 2p €82/105 (baixa/alta temporada)

Está na área ocidental de Berlim, localizado em uma rua paralela à do Hotel Pension Columbus. Há alguns quartos com banheiros compartilhados e todos são bem iluminados, decorados de forma simples, contando com TV e telefone. Aluga apartamentos para até 6 pessoas. O prédio é antigo e não há elevador, o que pode ser um problema se você estiver com muitas malas.

Hotel Hansablick

- Flotowstrasse 6
- Hansaplatz (U9)
- 390.4800   www.hansablick.de
- 38 quartos   incluído
- quartos 1p €60/95, 2p €75/110 (baixa/alta temporada)

Está numa área mais calma de Berlim, ao lado do rio Spree e bem próximo do parque Tiergarten. Se estiver disposto a caminhar, atravessando todo o parque você chegará até o Portão de Brandemburgo em uns 30min. Todos os quartos dispõem de TV, cofre e frigobar. Os quartos Deluxe custam cerca de €20 a mais, porém são bem mais espaçosos. O hotel tem academia, *lounge* e computador com acesso gratuito à internet na recepção.

Art Hotel Connection

- Fuggerstrasse 33
- Wittenbergplatz (U1, U2, U3)
- 210.2188
- www.arthotel-connection.de
- 16 quartos — €10
- quarto 1p €65/99, 2p €85/109 (baixa/alta temporada)

É declaradamente um hotel destinado ao público gay, mas também é "hetero-friendly". Está em uma área gay da cidade, próximo do Hotel Pension Columbus e do Hotel Pension Fasanenhaus. Quartos modernos, decorados em cores escuras, dispõem de TV, telefone e base para iPod. O café da manhã é servido até as 16h.

Hotel OTTO

- Knesebeckstrasse 10
- Ernst-Reuter-Platz (U1, U2)
- 5471.0080 www.hotelotto.com
- 46 quartos — incluído
- quartos 1p €84/115, 2p €117/148 (baixa/alta temporada)

Pequeno hotel design 4 estrelas, próximo da avenida Kurfürstendamm. Todos os quartos dispõem de ventilador, TV e telefone. Há também estúdios e apartamentos para locação. Para compensar o fato de não haver ar-condicionado, oferecem água, gelo e sorvete de graça. O *lounge* Etage07, no terraço do hotel, serve as três refeições diárias e segue o conceito do *slow food*. O café da manhã é servido até 12h e durante a tarde você pode experimentar alguns lanchinhos, cafés e sucos sem pagar nada.

Schoenhouse Apartments

- Schönhauser Allee 185
- Rosa-Luxemburg-Platz (U2)   473.7397
- www.schoenhouse-apartments.de
- 50 apartamentos — €4,50
- apartamentos 2p €85/109, 4p €118/164 (baixa/alta temporada)

Perto da Alexanderplatz, esses apartamentos estão em excelente localização. São de 9 tipos e acomodam de 2 até 10 pessoas. São espaçosos e bem iluminados, dispondo de decoração e móveis modernos; alguns contam com varanda e acesso por elevador. De boas-vindas, ganha-se uma garrafa de vinho. No térreo funciona uma cafeteria, local onde é servido o café da manhã. A mesma empresa tem um prédio com 34 estúdios nas imediações. Preços variam muito de acordo com o apartamento, consulte o site antes. Legal para quem viaja em grupo.

Angleterre Hotel

- Friedrichstrasse11 31
- Kochstr./Checkpoint Charlie (U6)
- 347.3300   www.hotel-angleterre.de
- 155 quartos — incluído
- quartos 1p €95/129, 2p €105/149 (baixa/alta temporada)

Hotel de estilo inglês, ocupa um bonito prédio do final do século 19 e está a apenas 300m do Checkpoint Charlie. Quartos amplos, dispõem de isolamento acústico, ar-condicionado, TV, cofre e mesa de trabalho. Os itens do frigobar, repostos diariamente, já estão inclusos no valor. O bar do hotel funciona durante a noite e o restaurante, somente durante o

25hours Hotel Bikini

almoço, servindo massas e saladas por €8,50. Os hóspedes podem usufruir ainda de academia e sauna, incluídos na diária.

Nhow Berlin

- 📍 Stralauer Allee 3
- Ⓜ️ Warschauer Str. (U1)
- ☎ 290.2999
- 🖥 www.nhow-hotels.com
- 👤 304 quartos   🍽 incluído
- 💲 quartos 1p €143/164, 2p €168/189 (baixa/alta temporada)

Está na parte oriental de Berlim, de frente para o rio Spree e a uma curta distância da East Side Gallery. O hotel conta com três tipos de quartos e em três combinações de cores. Todos dispõem de isolamento acústico, ar-condicionado, TV, frigobar, base para iPod, e a maioria oferece vista para o rio. Os espaços comuns têm um design bem diferente, com direito a móveis coloridos e em formatos atípicos. É dos primeiros hotéis musicais da Europa, conceito presente na decoração e no serviço do estabelecimento, que inclui, por exemplo, empréstimo de instrumentos portáteis, como guitarras e teclados. O hotel conta ainda com dois estúdios de música, bar, restaurante, terraço, academia e sauna.

25hours Hotel Bikini Berlin

- 📍 Budapester Strasse 40
- Ⓜ️ Zoologischer Garten (U1, U2, U9)
- ☎ 120.2210
- 🖥 www.25hours-hotels.com
- 👤 149 quartos   🍽 €19
- 💲 quartos 1p €125-204, 2p €130-210

Segue a linha de hotel design e está praticamente em frente à igreja Kaiser-Wilhelm-Gedächtniskirche. Os quartos, todos com janela panorâmica, têm vista para a igreja ou para o Zoológico. As acomodações são equipadas com ar-condicionado, TV, frigobar e base para iPod. O restaurante, no terraço, tem influência de vários lugares do mundo e o bar frequentemente tem DJs ou música ao vivo. Disponibiliza sauna (€10) e empresta bicicletas e Mini Cooper (sim, o carro). Inaugurado em Berlim em 2014, essa rede tem hotéis na Alemanha, na Áustria e na Suíça.

Regent Berlin

- 📍 Charlottenstrasse 49
- Ⓜ️ Französische Str. (U6)
- ☎ 20338
- 🖥 www.regenthotels.com
- 👤 195 quartos   🍽 incluído
- 💲 quartos 1p €245/285, 2p €290/305 (baixa/alta temporada)

De estilo clássico, é um dos hotéis 5 estrelas mais famosos e elogiados de Berlim. A localização não poderia ser melhor – no centro da cidade, ao lado do Gendarmenmarkt e próximo do Portão de Brandemburgo. Quartos espaçosos, têm isolamento acústico, ar-condicionado, banheiro em mármore, banheira, TV, frigobar, cofre e mesa de trabalho. Nas dependências do hotel encontram-se dois restaurantes de alta gastronomia, um bar com uísques raros e um *lounge* especializado em chás. Há ainda academia, sauna, serviço de massagem e salão de beleza.

Norte da Alemanha

HAMBURGO

Hamburgo, a quase 300km de Berlim, é a segunda maior cidade da Alemanha, com 1,7 milhão de habitantes, e parada habitual entre o continente europeu e os países escandinavos. Possui um dos portos mais importantes da Europa desde 1321, época em que se juntou à famosa Liga Hanseática – aliança entre cidades comerciais do Báltico e do Mar do Norte. Os prédios históricos, sobreviventes dos séculos de existência de Hamburgo, contrastam com a arquitetura moderna e arrojada do centro. O porto aberto para o mar, a partir do rio Elba com seus inúmeros canais, rendeu à cidade um notável desenvolvimento, histórias de piratas e exagerados apelidos como "Veneza do Norte" e "Portal para o Mundo" (*Gate to the World*).

A Cidade

Hamburgo é cortada pelo rio Elba e famosa por seus canais, espalhados pela *Kontorhäuser*, área das docas e lugar dos grandes e antigos armazéns portuários. Outra referência é o *St. Pauli Landungsbrücken*, bairro às margens do rio Elba, onde ficam o cais do porto e seu popular calçadão, além de um tradicional mercado de peixes. No centro da cidade, a uns 30min de caminhada do porto, estão a *Hauptbahnhof* (estação central de trens) e a *Rathaus* (prefeitura), separadas pela movimentada rua comercial *Möckenbergstrasse*. A região de *St. Pauli* (não confunda com o St. Pauli Landungsbrücken, citado anteriormente), com suas casas de shows de *striptease*, *sex-shops* e afins, é um dos bairros vermelhos mais famosos da Europa. Reeperbahn é sua principal avenida, local de vários clubes e bares. *Herberstrasse*, paralela à Reeperbahn, é rua oficial de prostituição, aberta somente para passagem de homens acima dos 18 anos (mulheres que se atrevem a passar por aqui correm um sério risco de serem expulsas a tapas pelas prostitutas). Ao norte do St. Pauli, o bairro multicultural *Sternchanze* é a surpresa de Hamburgo, repleto de artistas alternativos, lojas de artesanato, muros grafitados, pequenos cafés e deliciosas confeitarias. Código telefônico: 040.

Vista para o cais do porto, no St. Pauli Landungsbrücken

Informações turísticas

São quatro os postos de informação: um na saída principal da *Hauptbahnhof*, a estação central (◉ seg-sáb 9h-19h, dom 10h-18h); o outro no porto, entre os píeres 4 e 5 (◉ qui-sáb 9h-19h, dom-qua 9h-18h); o terceiro no aeroporto, entre os terminais 1 e 2 (◉ seg-dom 6h-23h); e no *Hamburg Welcome Centre* (◉ Alter Wall 11; ◉ seg 8h-17h, ter-qua 8h-12h, qui 8h-18h, sex 7h-12h). Oferecem mapas, reservam hotéis e vendem o *Hamburg Card*, que dá direito a descontos em atrações e passe livre no transporte público (⑤ €9,50/1 dia, €24,50/3 dias e €40,50/5 dias). Pela internet: www.hamburg-tourism.de.

Chegando e saindo

De avião O aeroporto de Hamburgo fica a cerca de 10km do centro da cidade, com ligação pelo metrô – estação *Hamburg Airport (Flughafen)* – e ônibus (linhas 26, 39, 274, 292, 606); de táxi, a corrida fica entre €20-25. O aeroporto recebe voos das maiores companhias aéreas e se liga a outras capitais do continente.

De trem A principal estação é a *Hamburg Hauptbahnhof* (Hbf), servida pelas estações de metrô Hauptbahnhof Nord e Süd. Aqui chegam e partem trens de/para Hannover (1h30), Berlim (2h30), Munique (5h20), Paris (7h20) e as capitais da Escandinávia. Atenção, pois, além desta, existem outras quatro estações ferroviárias na cidade: *Altona*, que atende trens vindos do oeste; *Bergedorf*, do sudeste; *Harburg*, que fica ao sul do rio Elba; e *Dammtor*, localizada perto da universidade.

De ônibus A rodoviária ZOB fica na Steintorplatz, perto da Hbf (metrô U Hauptbahnhof-Süd). Os principais destinos são Berlim (3h30), Copenhague (4h30) e Paris (12h).

Circulando

Embora os bairros não fiquem exatamente longe uns dos outros, circular a pé pode ser cansativo, já que as atrações são bastante dispersas pela cidade. O transporte público conta com uma extensa rede de metrô, ônibus e *tram* (bonde), dividida em quatro zonas – quanto mais afastado do centro for o seu destino, mais caro será. Um bilhete simples, para uma viagem, sai no mínimo €3; há também ticket para um dia inteiro, que, dependendo da zona, custa entre €7,50 e 18,70, e outro válido por 9h, após as 9h, de €6 a 15,90. Os três tipos podem ser utilizados em todos os meios de transporte, inclusive nos *ferry-boats* que cruzam o Elba. Entre 0h e 5h da madrugada, funcionam as *Nachtlinies* (ônibus noturnos), que circulam com menor frequência. Para mais informações sobre transporte público, acesse o site www.hvv.com.

Atrações

O centro antigo de Hamburgo pode facilmente ser conhecido a pé ou de bicicleta. Destaque para o imenso e imponente prédio neorrenascentista da *Rathaus*, a prefeitura da cidade. Boa parada também é o mercado local, o *Fischmarkt*: além de vender peixes, como sugere o nome, também dispõe de frutas, flores, comidas típicas e artesanato.

Rathaus *(City Hall)*

◉ Rathausmarkt 1 Ⓜ Rathaus
☏ 4283.120.64
◉ seg-sex 7h-19h, sáb 10h-18h, dom 10h-17h
⑤ €4 (Cr: grátis)

Construída entre 1886 e 1897, a Prefeitura tem 647 salas, seis a mais que o Palácio de Buckingham, em Londres. O acesso é somente por visitas guiadas, que ocorrem a cada meia hora, durante o horário de funcionamento.

Fischmarkt *(Fish Market)*

- 📍 Grosse Elbstrasse 9
- Ⓜ Reeperbahn (U3)
- 🕐 abr-out dom 5h-9h30 | nov-mar dom 7h-9h30

Tradicional mercado de peixes e também de especiarias, artesanato e música ao vivo. Funciona nas manhãs de domingo, motivo pelo qual se tornou um popular ponto de encontro para quem chega da noitada de sábado. É o mercado mais antigo da cidade, de 1703.

Alter Elbtunnel *(Elbe Tunnel)*

- 📍 Ponte 7 do Landungsbrücken (porto)
- Ⓜ Landungsbrücken (U3)
- 🕐 aberto o ano todo, 24h   💲 grátis

O Túnel do Elba passa por baixo do leito do rio, numa profundidade de 23,5m, com direito a elevador para carros. Erguido entre 1907 e 1911, tem 426m de comprimento. Para quem atravessa a pé ou de bicicleta, o túnel é aberto e gratuito – já para quem vai de carro, o trânsito é permitido apenas de segunda a sexta das 8h às 18h e o motorista deve pagar €2.

Reeperbahn *(St. Pauli Red Light District)*

- Ⓜ Reeperbahn

A Zona Vermelha de St. Pauli, localizada entre a Spielbudenplatz e a Hans-Albers-Platz, é uma das mais famosas e a maior zona de prostituição da Europa (apesar de ser menos conhecida que a de Amsterdã). A área, que recebe alemães e turistas, tem shows, cabarés, salas de cinema e vídeo, e começa a encher entre 20h e 21h. Espere encontrar por aqui todos os tipos de fetiches e perversões. Reeperbahn, a rua principal, é uma das mais badaladas, com pubs e discos. E a Herberstrasse, que corre paralela, é a rua "oficial" de prostituição, com passagem proibida para homens menores de 18 anos e mulheres de qualquer idade.

Igrejas

St. Michaelis Kirche *(St. Michael's Church)*

- 📍 Englische Planke 1
- Ⓜ Rödingsmarkt (U3)   ☏ 376.780
- 🖥 www.st-michaelis.de
- 🕐 nov-abr seg-dom 10h-18h | mai-out 9h-20h
- 💲 grátis | torre €5 (Est, Id: €4 | Cr: €3,50) | cripta €4 (Est, Id: €3 | Cr: €2,50)

A Igreja de São Miguel é o principal símbolo da cidade e a mais importante em estilo barroco no norte da Alemanha. Construída entre 1751-62, tem 162m de altura e ostenta o maior sino do país. Devido à ótima acústica do local, muitos concertos acontecem aqui.

Hauptkirche St. Petri *(St. Peter's Church)*

- 📍 Bei der Petrikirche 2
- Ⓜ Rathaus (U3)   ☏ 325.740
- 🖥 www.sankt-petri.de
- 🕐 seg-ter/qui-sex 10h-18h30, qua 10h-19h, sáb 10h-17h, dom 9h-20h
- 💲 grátis

Templo luterano, a Igreja de São Pedro é o centro geográfico de Hamburgo. O teto com arcos e abóbadas é sua maior atração.

Igreja de St. Michaelis

Museus

Hamburg Kunsthalle

- Glockengiesserwall 1
- Hauptbahnhof (U1, U2, U3)
- 4281.312.00
- www.hamburger-kunsthalle.de
- dom-qua/sex-sáb 10h-18h, qui 10h-21h
- €12 (Est, Id: €6 | Cr: grátis)

A Galeria de Arte de Hamburgo apresenta obras da Renascença, passando pela pintura alemã do século 19 até chegar na arte pós-moderna. O prédio anexo, **Galerie der Gegenwart** (Galeria do Presente), tem arte contemporânea, entrada incluída no mesmo ingresso.

Museum für Kunst und Gewerbe
(Museum of Arts and Crafts)

- Steintorplatz 1
- Hauptbahnhof (U1, U3)
- 4281.348.80   www.mkg-hamburg.de
- dom-qua/sex-sáb 10h-18h, qui 10h-21h
- €10 (Est: €7 | Cr: grátis)

O Museu de Artes e Ofícios tem obras europeias de várias épocas, exposições asiáticas e islâmicas. Mas talvez a maior atração seja a coleção que conta a história da fotografia alemã desde 1900. Apresenta também uma seção de estátuas sem nariz e outra dedicada a Josef Beuys, artista conceitual alemão (1921-1986). Exibe ainda algumas peças interessantes, como a mesa feita pelo artista e carpinteiro Carl Friedrich Heinrich Plambeck (1814-1879) com ouro, marfim, madrepérola e madeira.

Museum für Hamburgische Geschichte
(Hamburg Museum)

- Holstenwall 24
- St. Pauli (U3)   4281.321.00
- www.hamburgmuseum.de
- ter-sáb 10h-17h, dom 10h-18h
- €9 (Est: €5,50 | Cr: grátis)

O Museu de História de Hamburgo tem diversas seções que contam a história da cidade, abordando desde questões políticas até artísticas e culturais. A seção que conta detalhadamente a trajetória da comunidade judaica em Hamburgo vale o ingresso: quem gosta do assunto vai precisar de no mínimo 2h para ver tudo.

Hamburgisches Museum für Völkerkunde
(Museum of Ethnology)

- Rothenbaumchaussee 64
- Hallerstrasse (U1)
- 428.8790
- www.voelkerkundemuseum.com
- dom-qua/sex-sáb 10h-18h, qui 10h-21h
- €7 (Est: €3 | Cr: grátis)

Fundado em 1879, o Museu Etnográfico apresenta culturas da África, América, Ásia, Oceania e Europa; enfim, de todo o globo. No acervo estão fotografias, máscaras, instrumentos musicais e utensílios de diferentes origens.

Internationales Maritimes Museum
(International Maritime Museum)

- Koreastrasse 1
- Osakaallee (111)
- 300.9230
- www.immhh.de
- ter-dom 10h-18h
- €12,50 (Est, Id, Cr: €9)

Com sede no *Kaispeicher B*, um armazém do final do século 19 situado no porto de Hamburgo, o Museu Marítimo Internacional é formado pelo acervo particular de Peter Tamm, um jornalista e colecionador alemão. Ao longo de dez andares estão expostos documentos históricos, mapas marítimos, bússolas, uniformes da marinha, quadros com temática naval e miniaturas de navios e caravelas, que juntos retratam a história da navegação.

Outras atrações

Medienbunker *(Media Bunker)*

- 📍 Feldstrasse 66 Ⓜ St. Pauli
- 🖥 weisserrausch.de

Esse enorme abrigo contra bombardeios, construído durante a Segunda Guerra Mundial, sedia hoje um centro multimídia, onde se encontram empresas de publicidade, estúdios de fotografia e uma livraria especializada nesses assuntos – outros espaços são ocupados por cinema e salas para atividades culturais. Confira a programação no site. De qualquer forma, é interessante dar uma olhada por fora nesse imenso cubo de concreto.

Miniatur Wunderland

- 📍 Kehrwieder 2, bloco D
- Ⓜ Baumwall (U3)
- 🖥 www.miniatur-wunderland.com
- 🕓 seg/qua-qui 9h30-18h, ter 9h30-21h, sex 9h30-19h, sáb 8h-22h, dom 8h30-20h
- 💲 €13 (Est: €9 | Id: €11 | Cr: €6,50)

Maquetes reproduzindo vários países da Europa. A riqueza de detalhes impressiona. Destaque aos portos e aeroportos em movimento. O local é bastante turístico e costuma lotar.

Speicherstadtmuseum

- 📍 Am Sandtorkai 36/St. Annenufer 2
- 🚉 Bei St. Annen (6, 602)
- ☎ 321.191
- 🖥 www.speicherstadtmuseum.de
- 🕓 mar-out seg-sex 10h-17h, sáb-dom 10h-18h | nov-fev ter-dom 10h-17h
- 💲 €3,90 (Est: €2)

Instalado no interior de armazéns de 1888, o museu exibe produtos importados de todo o mundo desde o século 19, como chá, café, cacau, tabaco e borracha, evidenciando a importância do porto de Hamburgo para o comércio no norte da Europa.

Arredores

KZ-Gedenkstätte Neuengamme

Campo de concentração onde 55 mil pessoas morreram no período da Alemanha nazista. Com o fim da guerra, o local serviu temporariamente de prisão para os membros da SS capturados. O que se encontra hoje é o modelo de um campo de concentração e suas barracas – as originais não existem mais –, além de pertences dos prisioneiros, fotos e textos em inglês e alemão contando a história de Neuengamme. A exposição termina em um memorial com o nome das vítimas que morreram aqui. Para chegar, vindo de Hamburgo, tome o trem de superfície (*S-Bahn*) S21 até Bf. Bergedorf e de lá o bus 227 ou 327 para Neuengamme. A viagem leva em torno de 50min. O centro de informações da estação fornece lista com os horários dos ônibus que vão ao campo (🕓 out-mar seg-sex 9h30-16h, sáb-dom 12h-17h | abr-set seg-sex 9h30-16h, sáb-dom 12h-19h; 💲 grátis). Pela internet: 🖥 www.kz-gedenkstaett-neuengamme.de

Passeios

De barco pelo rio Elba

A Barkassen-Meyer é uma das empresas mais conhecidas a oferecer tours de barco, com duração de 1h, partindo do porto a cada 30min, Cais 1 e 9. Os passeios acontecem 🕓 abr-out, seg-dom 10h-17h | nov-mar 11h-15h; 💲 €18 (Cr: €9). Existem outras opções mais em conta (veja a seguir), mas a vantagem de entrar num dos cruzeiros turísticos é que alguns deles passam pelos canais e pelas docas do Kontorhäus (que também podem ser vistos a pé), entre os enormes e antigos armazéns de arquitetura única, tão típicos daqui. Mais informações: ☎ 317.7370 🖥 www.barkassen-meyer.de

> **MOCHILA SEM GRANA | Passeio criativo**
> Alternativa mais barata do que o barco turístico é tomar o *ferry* 62 em Landungsbrücken e seguir até Finkenwerder, do outro lado do rio. De lá, o *ferry* 64 segue até Teufelsbrück, outro bairro às margens do Elba. O ônibus 36 volta dali para o centro de Hamburgo, passando pelo bairro chique da cidade, repleto de mansões de veraneio. Quem tem o bilhete de transporte público para um dia ou mais pode utilizá-lo nesses *ferries*.

Comes & Bebes

Como cidade portuária que se preze, Hamburgo tem vários restaurantes de frutos do mar perto do cais do porto e ao longo das muitas margens do rio Elba, além do *Fischmarkt* – o tradicional mercado de peixes. Supermercados, quiosques de frutas e verduras, padarias ou *imbiss* (lancherias) estão espalhados pela cidade e são a melhor opção para quem não quer gastar muito. No bairro de Sternchanze encontram-se lojas, charmosos cafés e confeitarias de quitutes portugueses nada caros (há muitos imigrantes de Portugal em Hamburgo).

Hummer Pedersen

- Grosse Elbstrasse 152
- Hamburg Königstrasse
- 5229.9390
- www.hummer-pedersen.de
- seg-sáb 12h-18h
- €15-30

Restaurante que, bem ao estilo de Hamburgo, é especializado em peixes e frutos do mar. Oferece uma grande variedade de pratos, como a lagosta da casa, acompanhada de salada e de panquecas de batata (€16,50). Já o prato *hummer pedersen* vem com vieiras, camarões e um filé de peixe, com o acompanhamento que você escolher (€14,50). Para a entrada, a sopa de peixe sai por €7,50. Além disso, também tem petiscos, como os sanduíches de arenque em conserva (€2,50), a porção de bolinhos de caranguejo (€6,50) ou os rolinhos de salmão defumado (€2,50). Bastante elogiado por viajantes.

Opitz

- Mundsburger Damm 17
- Uhlandstrasse
- 2290.222
- www.restaurant-opitz.de
- seg-dom 12h-23h30
- € 15-30

Restaurante com ambiente acolhedor e bom atendimento. Serve tradicionais pratos alemães – como medalhões de porco com champignons e batata gratinada (€15,50) – e frutos do mar, a especialidade da região de Hamburgo – diferentes tipos de filés de peixe fritos com mostarda dijon e batatas (€15,50).

Freudenhaus St. Pauli

- Hein-Hoyer-Strasse 7-9
- Reeperbahn
- 314.642
- www.stpauli-freudenhaus.de/cms
- seg/qui 18h-23h, ter-qua/dom 17h-23h, sex-sáb 18h-0h
- €20-40

Este movimentado e tradicional restaurante de comida alemã oferece leitão assado em cerveja de trigo, com couve frita e batata gratinada, por €17,50, e almôndegas de vitela acompanhadas de arroz e salada por €16,90. Há algumas alternativas vegetarianas, como o *goulash* de cogumelos com couve de bruxelas e brotos de ervas finas (€17,50). Entre os peixes, faz sucesso a pescada frita com pele em molho de vinho branco, acompanhada de risoto de cogumelos e cenouras caramelizadas (€17,90). Talvez o único inconveniente do restaurante seja sua localização: fica em plena Reeperbahn, a zona vermelha de Hamburgo, onde nem todos se sentem confortáveis.

Hotéis & Albergues

Ao redor da estação de trem encontram-se hotéis de várias categorias. O bairro Sternschanze é popular entre mochileiros, já que sedia albergues independentes. A cidade também conta, nos arredores de St. Pauli, com hotéis econômicos, estilo executivo (ou não...).

Instant Sleep-Backpacker Hostel

- Max-Brauer-Allee 277
- Sternschanze
- 4318.2310
- www.instantsleep.de
- 50 camas | não oferece
- dorms 12p €15/17, 6p €15/20 | quartos €54/58 (baixa/alta temporada)

Hostel independente. *Lockers* nos quartos e no corredor. Banheiro e chuveiro no corredor. Tem cozinha, lavanderia, internet grátis, mesa de pebolim e sala de TV. Oferece chá e café à vontade. O albergue tem clima bastante mochileiro, tudo é bem limpo e os funcionários são prestativos.

Schanzenstern Gasthaus

- Kleine Rainstrasse 24-26 | Sternschanze
- 439.8441 | www.schanzenstern.de
- 19 quartos | €7,50
- dorms 6p €19 | quartos 1p €40, 2p €55, 3p €65

É uma típica *guesthouse*, com ambiente jovem e quartos modernos. Wi-fi gratuita. Os quartos não têm chuveiro, com exceção dos que abrigam mais de 3 pessoas. Há outra Schanzenstern Gasthaus no bairro de Altona, com preços mais altos.

Jugendherberge Auf dem Stintfang

- Alfred-Wegener-Weg 5
- Landungsbrücken | 579.1590
- www.jugendherberge.de
- 357 camas | incluído
- dorms €22,90/25,90 (sem/com chuveiro)

Hostel HI. Quartos com banheiro (mas nem todos com chuveiro). Recepção até meia-noite, mesmo horário do curfew. Lençóis incluídos, *lockers* no quarto. Oferece wi-fi nas áreas comuns, lavanderia, sala de TV, xadrez gigante (aquele que é jogado no chão) e sinuca. Tem uma equipe atenciosa, é limpo e organizado, mas sem grande astral mochileiro.

Prizeotel Hamburg-City

- Högerdamm 28
- Steinstrasse
- 222.2100
- www.prizeotel.com
- 216 quartos | €10
- quartos 1p €74/94, 2p €83/103 (baixa/alta temporada)

Ao lado da estação central de trem. Segue a lógica de *budget* design hotel, é decorado em cores vivas e em formatos bem diferentes, com cadeiras redondas, armários ondulados, figuras geométricas e tons vibrantes por todos lados – parece um pouco futurista. Os quartos também são coloridos, iluminados, têm camas largas, ar-condicionado, TV, mesa de trabalho e base para iPod.

Hotel Volksschule

- Huebbesweg 7-11
- Rauhes Haus
- 8000.4710
- www.hotel-volksschule.de
- 100 quartos | incluído
- quartos 1p €100/110, 2p €110/120 (baixa/alta temporada)

Com ambientes amplos e decoração moderna, esse hotel 4 estrelas ocupa o prédio de uma antiga escola. Está a 5km do centro histórico de Hamburgo, onde fica o famoso edifício da prefeitura. Há diferentes modalidades de quartos, mas a variação é somente no tamanho, as amenidades são as mesmas – TV e frigobar.

A encantadora Marktplatz de Bremen

BREMEN

Às margens do rio Weser, Bremen, a 125km de Hamburgo, se desenvolveu a partir do século 8 e, ao se unir à Liga Hanséatica em 1260, teve fundamental importância mercantil durante a Idade Média. Símbolo da prosperidade desse período, o conjunto arquitetônico gótico e renascentista da praça central é reconhecido como Patrimônio Mundial pela Unesco. Até hoje o prestígio de Bremen perdura: capital de sua própria província, a cidade, com 550 mil habitantes, é considerada – assim como Berlim e Hamburgo – um dos 16 estados federados da Alemanha. O distrito de Bremerhaven, a 60km do centro da cidade, na foz do rio Weser, também integra este que é o menor estado alemão. Os que tiveram infância devem estar familiarizados com o nome da cidade pelo conto dos irmãos Grimm *Os Músicos de Bremen*, popularizado no Brasil pela história-musical *Os Saltimbancos,* com músicas de Chico Buarque.

A Cidade

A parte mais visitada de Bremen, a *Altstadt* (Cidade Velha), situa-se a cerca de 1km da estação central, entre o rio Weser e o *Stadtgraben*, um antigo fosso medieval que circundava a cidade e servia para protegê-la de invasões. É na Altstadt que está o *Schnoorviertel*, ou apenas *Schnoor*, o bairro mais antigo de Bremen, que tem um conjunto de casinhas típicas, em estilo enxaimel, datadas dos séculos 15 e 16. O tamanho da região e a concentração das atrações fazem com que quase tudo possa ser conhecido a pé. Quem procura mais agito, deve se dirigir ao bairro boêmio *Ostertor Viertel*, que, próximo ao centro, reúne cafés, bares, lojas alternativas e atividades culturais. Código telefônico: 421.

Informações turísticas

O principal centro de informações turísticas fica na estação de trem (*Hbf*), onde também está a estação de ônibus (*Zob*), a uns 10min de caminhada de Altstadt ou 5min de ônibus ou *tram*.

Chegando e saindo

O aeroporto internacional, *Flughafen Bremen*, tem voos de/para as principais capitais europeias, incluindo os de companhias *low-cost*, como a *RyanAir*. Está localizado a 3,5km do centro da cidade e é facilmente acessado por *tram* (linha 6), em um percurso que dura menos de 15min e custa €2,60 – de táxi, a corrida sai por volta de €14. A principal estação de trem, Bremen Hbf, está situada junto à Bahnofsplatz, a 15min de caminhada do centro histórico. Há trens com saídas regulares para toda a Alemanha, incluindo duas a cada hora para Hamburgo (50min), Hannover (1h) e Leipzig (4h), e a cada meia hora para Berlim (3h). A rodoviária fica ao lado da estação de trem e tem ônibus nacionais e internacionais para os principais destinos na Europa Ocidental.

Atrações

A **Marktplatz**, dentro da Altstadt, é a praça central de Bremen, onde estão a **Rathaus** (Prefeitura), um dos edifícios mais bonitos do norte do país, construído entre 1405-1410, e a **St. Petri Dom**, catedral gótica do século 13 que abriga um órgão impressionante. **Bleikeller** é o porão da Catedral, que guarda um conjunto de corpos mumificados, encontrados embaixo da igreja e que surpreendentemente resistiram intactos ao tempo. Em frente à Prefeitura, mas olhando para a catedral, está o **Roland**, uma estátua do início do século 15 que simboliza a independência da cidade. Ainda na Marktplatz, seus filhos mais ilustres, os **Bremenstadtmusikanten**, estátua de um burro, um cachorro, um gato e um galo. Os quatro são os personagens principais da história *Os Músicos de Bremen*, dos irmãos Grimm. Merece destaque também o **Glockenspiel**, na Böttcherstrasse 4. Pendurado na fachada de um prédio no centro, trata-se de um carrilhão de sinos de porcelana que toca diariamente entre janeiro e abril às 12h, 15h e 18h e nos demais meses a cada hora das 12h às 18h. Um painel gira e conta a história das descobertas d'além-mar por meio de dez pinturas acompanhadas de melodias diferentes. Chegando pela estação de trem, passando pela ponte Herdentor em direção à cidade antiga, é possível ver o moinho desativado, **Mühle Am Wall**, hoje um bom lugar para tomar um café apreciando uma bela vista.

Passeios

U Boot Bunker Valentin
(Valentin submarine factory)

Às margens do rio Weser, no subúrbio de Rekum, está o segundo maior abrigo de submarinos (na superfície) da Europa. Edificado pelos nazistas entre 1943-45, o estaleiro foi inicialmente concebido para também construir esse tipo de embarcação, mas como o local foi bombardeado durante a Segunda Guerra (algo pouco perceptível, talvez devido às suas paredes de 5m de espessura), nunca chegou a ser efetivamente utilizado. A entrada só é permitida em excursões organizadas, de modo que, se você estiver por conta própria, só poderá vê-lo do exterior e passear pelas margens do rio. Para chegar ao local, pegue o onibus 70 e pare em Rukemer Siel (o trajeto dura cerca de 40min). Para mais informações, consulte o site www.denkort-bunker-valentin.de.

Deutsches Schiffahrtsmuseum
(German Shipping Museum)

Museu com exibição de barcos – e um submarino –, alguns em miniatura, outros em tamanho natural. Fica em Bremerhaven, na Hans-Scharoun-Platz 1. Pegue o ônibus 502 ou 506 para Hochschule Bremerhaven e caminhe 5min até o museu. Aberto diariamente das 10h às 18h (de novembro a março fecha nas segundas). Entrada €6 (Est: €4).

Comes & Bebes

Para restaurantes, a dica é caminhar pela beira do rio Weser na Weserpromenade, entre as pontes Bürgermeister Schmidt e Teerhof, esta apenas para pedestres. É onde as pessoas curtem o final do dia, especialmente no verão. Além de restaurantes, há vários *biergärten* para você provar uma Beck's, a famosa cerveja local. Ao cair a noite, **Katzen Kaffé** (|♀| Schnoor 38; |⊙| seg-dom 12h-0h; |$| €10-16) e **Aioli** (|♀| Schnoor 3-4; |⊙| seg 18h-1h, ter-dom 12h-1h; |$| €15-25) são boas opções. Para lanches baratos e rápidos, sempre existem barraquinhas (de salsicha, claro) na Cidade Velha. Na Bahnhofstrasse e em sua continuação como calçadão, dentro da Cidade Velha, encontram-se alguns supermercados e padarias.

Hotéis & Albergues

A cidade conta com várias acomodações bem localizadas, muitas ao redor da estação (Hbf). Uma delas é o **Gasthaus Bremen Backpacker's** (|♀| Emil-Waldmann Strasse 5-6; |$| dorms €18, quartos 2p €46), albergue limpo, com bom astral e *staff* muito atencioso. Tem wi-fi grátis e cozinha disponível; os chuveiros, todavia, são ruins. Conectado a esse local está o **Gasthaus Hotel Bremen** (|♀| Löningstrasse 30; |$| quartos 1p €45-56, 2p €79-92), hotel que mantém o bom padrão de ambiente e limpeza e com *staff* agradável. Já o **City Hotel Bremen** (|♀| Ander Wiede 18-19; |$| quartos 1p €44/59, 2p €59/79) fica a 5min a pé da estação de trem. Sem luxo, tem wi-fi grátis no *lobby* e restaurante.

BAITA VIAGEM | Rota dos contos de fadas

Uma jornada bacana é o roteiro de cidades que ilustram as histórias que fizeram parte da nossa infância, da Chapeuzinho Vermelho à Bela Adormecida. Os grandes responsáveis por alguns dos mais conhecidos contos de fadas foram os irmãos Grimm (Wilhelm e Jakob), que, ao visitarem a região de Bremen, no século 19, registravam os relatos que ouviam dos moradores. São mais de 70 pontos de visitação ao longo de 600km. Comece

Os músicos de Bremen

por **Hanau**, cidade natal dos Grimm. Perto, fica a cidadela de **Lohr am Rhein**, onde há quem afirme que a Branca de Neve (*Schneewittchen*, em alemão) viveu feliz com o príncipe encantado (ou seriam os Sete Anões?). A próxima parada é em **Schwalmstadt**, onde antigamente moças solteiras usavam um tipo de capuz vermelho, servindo de inspiração para Chapeuzinho Vermelho (*Rotkäppchen*). A cidade de **Kassel** fica no meio da rota e nela está o **Museu Grimm**, inaugurado em 1959, que expõe documentos sobre a vida e a obra dos irmãos escritores. Seguindo viagem, ao norte, na floresta de Rheinhardswald está o castelo de **Sababurg**, onde a Bela Adormecida (*Dornröschen*) teria dormido por 100 anos. Não muito distante, o castelo medieval de **Trendelburg**, no vilarejo homônimo, tem uma alta torre que, segundo a lenda, inspirou os Irmãos Grimm a criarem a princesa Rapunzel e suas longas tranças cor de mel. A cidade medieval de **Hameln** foi o cenário onde o Flautista de Hamelin (*Der Rattenfänger von Hameln*) livrou a população dos ratos... e por não receber o devido pagamento por isso, o flautista sumiu com as crianças também. A viagem termina em **Bremen**, com os quatro músicos animais (*Die Bremer Stadtmusikanten*).

A Prefeitura Nova, cartão postal da cidade

HANNOVER

Capital de *Niedersachsen*, a Baixa Saxônia, Hannover era (e continua sendo) um dos mais importantes centros urbanos do noroeste da Alemanha. Durante a Segunda Guerra Mundial, foi intensamente bombardeada pelos Aliados, que, ao longo de 88 ataques aéreos, destruíram grande parte da cidade – mais de 90% dos prédios do centro histórico foram atingidos. Dois anos depois do fim do conflito, Hannover sediou a primeira feira de exportação alemã, que tinha como objetivo impulsionar a economia. De lá para cá, a cidade, hoje com aproximadamente 520 mil habitantes, se consolidou como destino de convenções internacionais e é dona do maior complexo de exposições do mundo.

A Cidade

Apesar de grande, Hannover, a 127km de Bremen, pode ser facilmente conhecida a pé, em poucas horas. A estação de trem, *Hauptbahnhof*, no centro, é uma boa referência para orientação. Ao seu redor estão diversas acomodações econômicas e, a sua frente, a *Ernst-August Platz*, ampla praça comercial onde se encontra o centro de informações turísticas (⊙ seg-sex 9h-18h, sáb 10h-15h), que vende (€3) uma brochura com explicações de cada prédio e monumento da *Roter Faden*. Trata-se de uma linha vermelha que percorre o centro histórico, passando pelos principais pontos turísticos da cidade. Código telefônico: 511.

Atrações

A trilha da linha vermelha tem 4,2km de extensão, totalizando, aproximadamente, 2h de caminhada. A partir do seu início, no centro de informações turísticas, você vai se deparar com: a **Opernhaus** (📍 Opernplatz 1), a Ópera de Hannover, construída em estilo neoclássico em meados do século 19; a **Niedersächsische Börse** (📍 An der Börse 2), prédio da Bolsa, construído em 1846; a **Schauspielhaus Hannover** (📍 Prinzenstrasse 9), teatro moderno da cidade; **Aegidienkirche** (📍 Osterstrasse), carcaça de uma igreja do século 14, bombardeada em 1943 e nunca reconstruída, para servir de memória às vítimas da guerra; a **Waterloosäule** (📍 Waterloostrasse), Coluna de Waterloo, com 46m de altura, construída em 1832 para celebrar a vitória sobre as tropas de Napoleão; o **Leineschloss** (📍 Hinrich-Wilhelm-Kopf-Platz 1), antigo castelo real do século 17, quase inteiramente destruído durante a Segunda Guerra – foi reedificado em 1962 para abrigar o Parlamento da Baixa Saxônia; a **Kreuzkirche** (📍 Kreuzkirchhof 1), igreja do século 14; o **Altes Rathaus** (📍 Karmarschstrasse 42), a prefeitura antiga, construída no século 15 em estilo gótico e ainda hoje muito bem conservada; e a **Marktkirche** (📍 Hanns-Lilje-Platz 2), igreja de tijolos construída em estilo gótico no século 15, na Am Markt, praça central onde termina a rota. Além dos edifícios listados, o caminho passa pela prefeitura atual, icônico cartão postal da cidade, e por interessantes museus, que merecem uma visita mais prolongada.

Neues Rathaus *(New Town Hall)*

- 📍 Trammplatz 2
- 🚊 Markthalle/Landtag (3, 7, 9, 10N)
- 📞 1684.5333
- 🕐 mar-out seg-sex 9h30-18h30 | nov-fev seg-sex 9h30-18h30, sáb-dom 10h-18h30
- 💲 grátis

A Nova Prefeitura, apesar do nome, é centenária: foi construída entre 1901 e 1913 para abrigar o governo municipal. No interior, encontram-se quatro maquetes de diferentes períodos históricos – 1689, 1939, 1945, e 2000 –, o que é bastante interessante para compreender o desenvolvimento da cidade. Mas o destaque fica por conta do domo, que, do topo de seus 97m, oferece uma vista fantástica de Hannover e do lago Maschsee. Para subir, há um moderno elevador, com um leve grau de curvatura, por €3 (Est, Cr: €2).

Sprengel Museum

- 📍 Kurt-Schwitters-Platz
- 🚊 Schlägerstrasse (1, 2, 8, 18)
- 📞 1684.3875 💻 sprengel-museum.com
- 🕐 ter 10h-20h, qua-dom 10h-18h
- 💲 €7 (Est, Id: €4 | Cr: grátis)

Museu de arte moderna que, entre fotografias, pinturas e esculturas, apresenta Paul Klee, Marc Chagall, Max Ernst, Kandinsky e Picasso. Nas sextas-feiras, a entrada é gratuita para todos. Destaque para as obras de Kurt Schwitters, poeta, pintor e escultor hanoveriano.

Historisches Museum *(History Museum)*

- 📍 Pferdestrasse 6   📞 1684.2352
- 🚊 Markthalle/Landtag (3, 7, 9, 10N)
- 💻 www.historisches-museum-hannover.de
- 🕐 ter 10h-19h, qua-sex 10h-17h, sáb-dom 10h-18h
- 💲 €5 (Est, Cr: €4)

Museu cujo acervo é voltado para a história de Hannover e da região da Baixa Saxônia. Audioguia gratuito, em inglês, ajuda na contextualização histórica.

LADO B | Mais da cidade

Fora da linha vermelha fica o **Herren-häuser Garten**, um dos mais interessantes parques de estilo barroco da Europa, que tem como grande atração o **Grosser Garten**, jardim retangular com um imenso chafariz (seu jato de água atinge 72m de altura); durante o verão, concertos e espetáculos acontecem aqui. Popular na cidade também é o **Flohmarkt**, Mercado de Pulgas, na Klostergang esquina Rademachertreppe.

Vendedora no Mercado de Pulgas

OESTE DA ALEMANHA

COLÔNIA

Passear por Colônia (*Köln*, em alemão, *Cologne*, em inglês) é percorrer mais de 2 mil anos de história. A cidade, estabelecida às margens do rio Reno, já foi domínio romano e, durante a Idade Média, um importante ponto comercial da Região Germânica. Como outros grandes centros urbanos alemães, sofreu importantes avarias com bombardeios aliados durante a Segunda Guerra. Hoje, com 1 milhão de habitantes, é conhecida por sua incrível catedral gótica, a mais prestigiada da Alemanha e uma das mais famosas da Europa – não à toa, muitos viajantes saem da estação de trem apenas para admirar a catedral ao lado e depois seguem viagem. Mas não se engane, além do grandioso templo, Colônia, a 290km de Hannover, tem outras atrações: bairros antigos e modernos, museus importantes, um revitalizado porto e, não se pode esquecer, o característico carnaval da cidade. E já que estamos tratando de festa, por aqui é obrigatório experimentar a *kölsch*, cerveja que, como sugere o nome, é típica de Colônia.

A Cidade

A imponente Catedral, conhecida como Dom, é o ponto de referência, e ao seu redor estão as principais atrações de Colônia, além da estação de trem. O rio Reno divide a cidade, mas os maiores atrativos se encontram do lado oeste, com exceção do famoso *Kölnarena*, espaço para megashows, e do *Rheinpark*, enorme área verde. A rua de pedestres *Hohe Strasse*, que sai da frente da Catedral, concentra o movimento, com inúmeras lojas. Tudo pode ser visitado a pé. Partindo da Hohe Strasse e seguindo pelo rio Reno (aproximadamente 15min de caminhada), você chega no *Rheinauhafen*, bairro do antigo porto da cidade, que foi revitalizado e hoje é repleto de restaurantes, cafés e galerias. O transporte público envolve metrô (*U-Bahn*), trem de superfície (*S-Bahn*), *tram* e ônibus, com bilhetes a partir de €1,90, aumentando o valor conforme a distância ou o tempo de viagem. Código telefônico: 0221.

Informações turísticas

O principal centro de informações fica em frente à Catedral (⏰ seg-sáb 9h-20h; dom 10h-17h). Organiza tours, reserva hotéis e vende mapas e o cartão da cidade (💲 24h/€9). Pela internet: 🖥 www.cologne.de.

Colônia às margens do rio Reno

Chegando e saindo

O aeroporto internacional, *Flughafen Köln/Bonn*, fica a aproximadamente 16km do centro, basta tomar os *S-Bahn* 12 ou 13. Daqui se voa para a maioria das grandes cidades alemãs.

Colônia tem uma posição estratégica no mapa alemão e europeu. Até a estação é muito bem localizada, no centro, praticamente em frente à Catedral. Trens partem para Bonn (30min), Düsseldorf (30min), Koblenz (1h15), Stuttgart (2h30), Hannover (2h40), Bremen (3h), Hamburgo (4h), Berlim (4h30), Munique (5h) e Dresden (7h); destinos internacionais, Bruxelas (2h30), Amsterdã (3h) e Paris (4h).

Ônibus saem/chegam da rodoviária, entre o Reno e a estação de trem, e cobrem a região e as principais cidades da Alemanha.

E, por fim, *ferries*: a empresa *Köln-Düsseldorfer* liga Colônia a Koblenz e a Bonn pelo rio Reno, e oferece diversos roteiros turísticos pela região.

Atrações

Sem dúvida a Catedral é a grande atração de Colônia. Além dela, a cidade tem vários museus e opções de passeios ao ar livre – em especial um teleférico, de onde se observa uma bela vista, e o Zoológico, comum em cidades alemãs. Se você estiver em Colônia no mês de dezembro, aproveite para conhecer as diversas feiras de Natal com muitas barracas de artesanato, comidas e bebidas, que se encontram espalhadas em diversos cantos: no centro histórico, na Stadtgarten, Rudolfplatz, Neumarkt (em frente à igreja St. Aposteln), ao lado do rio Reno e, claro, na Catedral.

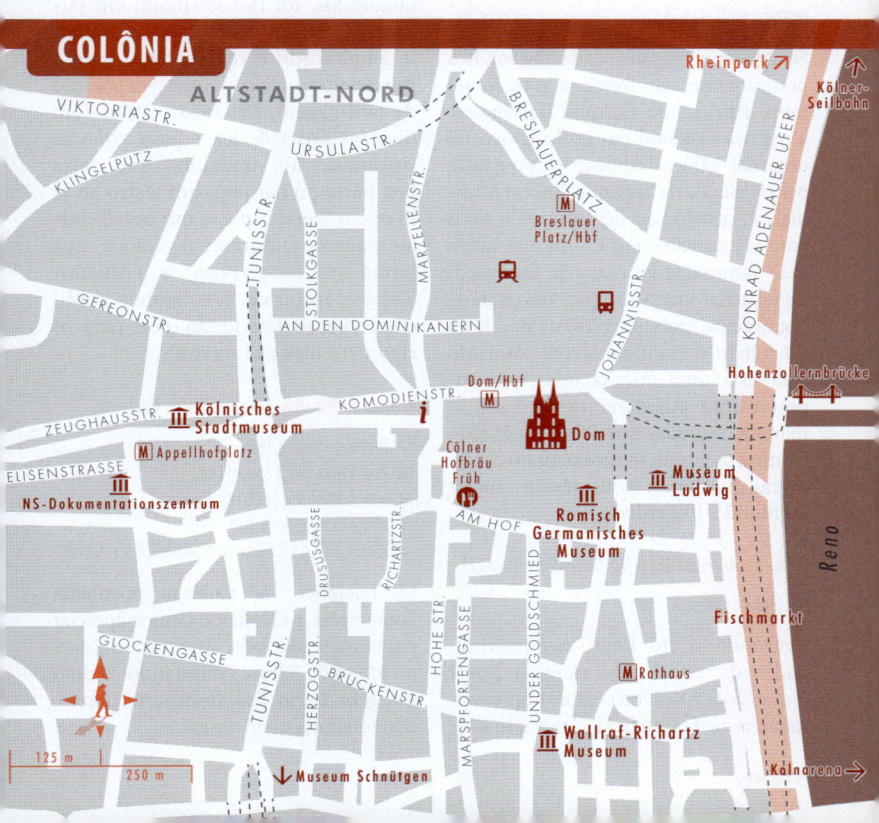

A gigantesca e absoluta Dom

Dom *(Cathedral)*

- Domkloster 4 | Dom/Hbf
- 1794.0100 | www.koelner-dom.de
- nov-abr seg-dom 6h-19h30 | mai-out 6h-21h
- grátis | torre €4 (Est: €2) | torre e câmara do tesouro €6 (Est: €3)

Se alguém conseguiu ainda não ver, fica praticamente em frente à estação de trem. Patrimônio Cultural da Unesco, a imensa Catedral em estilo gótico foi uma das poucas edificações poupadas pelos Aliados na Segunda Guerra Mundial. A construção demorou 630 anos para ser concluída, e é uma das obras mais famosas e visitadas da Europa. É difícil achar um ponto para fotografá-la por inteiro, pois seus 157m de altura dificultam o enquadramento. Atrás do altar está uma imensa urna que, supostamente, guardaria, desde 1146, as relíquias sagradas dos Três Reis Magos. Confira os vitrais, os mosaicos no chão e o sino, que, juram os alemães, é o maior do mundo. Imperdível.

Hohenzollernbrücke *(Hohenzollern Bridge)*

- Hohenzollernbrücke

Cruzando o rio Reno nas proximidades da estação de trem, a ponte Hohenzollern oferece uma impressionante vista da Catedral. Originalmente construída em 1911, recebeu o nome da dinastia Hohenzollern. Durante a Segunda Guerra, foi bombardeada e destruída, mas não pelos inimigos, e sim pelos próprios militares alemães, numa tentativa de dificultar a aproximação das tropas dos Aliados à cidade. Com o fim do conflito, a única travessia sobre o rio foi reconstruída e, em 1948, voltou a ser utilizada. Hoje, além do atrativo histórico, a ponte converteu-se numa parada turística de casais apaixonados, que a adornam com "cadeados do amor".

Rheinpark *(Rhein Park)*

- Auenweg | 24h

Seu nome significa Parque do Reno por estar às margens desse rio, ao leste. O terreno, hoje com 400 mil metros quadrados, foi transformado em jardim em 1913, sendo posteriormente amplificado e redesenhado para a *Bundesgartenschau*, uma exposição de jardinagem, em 1957. Conta com diversas áreas de lazer para crianças (incluindo um trenzinho que cruza boa parte do parque); um teatro ao ar livre – o *Tanzbrunnen*; um *beach club*, animadíssimo durante o verão; e uma terma-spa modernosa, a *Claudius-Therme*, inspirada nos banhos públicos romanos (atividade ideal para os rigorosos dias de inverno).

Kölner Seilbahn *(Cologne Cable Car)*

- Riehler Strasse 180
- Zoo/Flora | 547.4184
- www.koelner-seilbahn.de
- abr-out seg-dom 10h-18h
- ida €4,50 (Cr: €2,50) | ida e volta €6,50 (Cr: €3,70)

O Teleférico de Colônia possibilita contemplar a cidade de cima e apreciar panoramas incríveis. Atravessa o Reno, ao longo de 935m, conectando as duas margens do rio. Esse transporte, porém, não funciona no inverno.

Zoologischer Garten Köln *(Cologne Zoo)*

- 📍 Riehler Strasse 173   Ⓜ Zoo/Flora
- ☎ 5679.9100   💻 www.koelnerzoo.de
- 🕐 mar-out seg-dom 9h-18h | nov-fev 9h-17h
- 💲 €17,50 (Est: €12 | Cr: €8,50)

Com cerca de 20 hectares, o Zoológico reúne mais de 7 mil animais de 700 espécies diferentes. O destaque são os primatas, como os chimpanzés e os lêmures. Anexo ao zoo, há um aquário, com animais marítimos e invertebrados.

Museus

Museum Schnütgen

- 📍 Cäcilienstrasse 29-33   Ⓜ Neumarkt
- ☎ 2213.1355
- 💻 www.museum-schnuetgen.de
- 🕐 ter-qua/sex-dom 10h-18h, qui 10h-20h
- 💲 €6 (Est: €3,50)

O museu possui uma das mais importantes coleções da arte medieval da Europa, com esculturas, pinturas, manuscritos, pedras e outros objetos.

Wallraf das Museum *(Wallraf Museum)*

- 📍 Obenmarspforten 40   Ⓜ Heumarkt
- ☎ 2212.1119   💻 www.wallraf.museum
- 🕐 ter-qua/sex-dom 10h-18h, qui 10h-21h
- 💲 €9 (Est: €5,50)

Museu de arte europeia do século 13 ao 20. Com obras de Rembrandt e Stefan Lochner, além de um terceiro andar todo dedicado ao impressionismo alemão.

Museum Ludwig

- 📍 Heinrich-Böll-Platz   Ⓜ Dom/Hbf
- ☎ 2212.6165   💻 www.museum-ludwig.de
- 🕐 ter-dom 10h-18h
- 💲 €11 (Est, Cr: €7,50)

Mostra de arte dos séculos 20 e 21, com Dalí, Picasso e Warhol presentes entre obras do expressionismo alemão e do surrealismo. Há uma seção com mostras de fotografia, filmes, álbuns e publicações do século 19 até hoje. Na primeira quinta-feira do mês, o museu fica aberto até as 22h.

ALMANAQUE VIAJANTE | Aromas de Colônia

Uma cidade perfumada – assim muita gente imagina Colônia. O motivo é a famosa Água de Colônia, um suave perfume criado no início do século 17 pelo italiano Johann Maria Farina em homenagem à localidade. Foi muito utilizada pela corte europeia na época em que os banhos eram esporádicos e a alternativa eram as pequenas e cheirosas fragrâncias. Os nobres aromatizavam-se com esta essência de limão, laranja, tangerina, lima, cedro, pomelo e mais uma mistura secreta de ervas – um composto muito mais agradável ao olfato do que os fortes perfumes da época, à base de almíscar. Tentando se aproveitar do sucesso, o

Fábrica de perfumes Casa Farina

mercador Wilhelm Mülhens abriu uma fábrica de mesmo nome. A tentativa de plágio não deu certo, e as cortes germânicas obrigaram Mülhens a escolher outro nome para o seu produto – que foi *4711 - Echt Kölnisch Wasser* (traduzindo, "4711 - Verdadeira Água de Colônia", embora essa tenha vindo depois da original). Apesar das desavenças, os produtos acabaram encontrando cada um o seu nicho de mercado: em função do preço, a *4711*, de embalagem verde turquesa com detalhes em dourado, se tornou mais popular, e a *Farina 1709 - Original Eau de Cologne*, da Casa Farina, facilmente identificada por seu rótulo simples em tons claros, estampado com uma tulipa vermelha, apesar de ser mais cara, sempre foi apreciada pela qualidade e tradição.

Praetorium - Archäologische Zone
(Praetorium - Archaeological Zone)

- Kleine Budengasse 2
- Rathaus
- 2213.3422
- www.museenkoeln.de/archaeologische-zone
- ter-dom 10h-17h
- €3,50 (Est: €3 | Cr: grátis)

Localizado no porão da atual prefeitura da cidade, o Praetorium são ruínas de uma ancestral sede de governo romano da Baixa Germânia. Você pode passear por essa imensa zona arqueológica situada embaixo de Colônia e conhecer a antiga rede de esgotos romana, considerada uma das maiores ainda existentes no mundo. Os textos explicativos, no entanto, são todos em alemão, o que pode dificultar o entendimento daqueles que não dominam o idioma (mas visitas guiadas em inglês costumam estar disponíveis, a consultar). É possível comprar um combinado de ingressos para o *Praetorium* e o Museu Romano-Germânico (€10 | Est, Cr: €5,50).

NS-Dokumentationszentrum
(National Socialism Documentation Centre)

- Appellhofplatz 23-25
- Appellhofplatz Breite Strasse
- 2212.6332   www.museenkoeln.de
- ter-sex 10h-18h, sáb-dom 11h-18h
- €4,50 (Est: €2)

Dentro deste prédio, que foi a sede da Gestapo em Colônia em 1935, está hoje o Centro de Documentação Nazista. Documentos recuperados desvendam a história de grupos de jovens que recusaram a se subordinar à doutrina de Hitler. Fotos, depoimentos em vídeo, nomes, textos, música: tudo aqui conta a história da ascensão do nazismo na Alemanha, da resistência e suas particularidades em Colônia. A exposição, no entanto, é quase toda em alemão, e são poucos os trechos traduzidos para o inglês. Audioguia disponível ajuda. O porão e as celas, para onde a Gestapo trazia os opositores do regime, continuam aqui, com as marcas que os prisioneiros deixaram nas paredes.

UM OLHAR MAIS ATENTO | Carnaval de Colônia

O que fazer para aquecer a fria Colônia durante os meses de inverno? Um carnaval de rua, claro! Os foliões abrem a temporada às 11h e 11min da manhã do dia 11 de novembro, e a comemoração se estende até a Quarta-Feira de Cinzas do calendário católico, ou seja, fevereiro ou março do ano seguinte. O evento dá uma pausa para o Natal e Ano-Novo e é retomado no dia 6 de janeiro, para seguir direto até seu último dia. Durante esse longo período, as pessoas chegam a ir fantasiadas para o trabalho e o espírito de festa se apodera de Colônia. Os principais dias da folia são os últimos sete – semana conhecida como *Die Tollen Tage*, os dias incríveis ou malucos –, que são celebrados nas ruas, parques, pubs, bailes de máscara e festas privadas. Tudo começa na Quinta-feira das Mulheres, em alemão *Weiberfastnacht*, que se originou de um protesto feminista no século 19, quando os maridos iam às festas e as esposas ficavam em casa trabalhando (hoje esse dia é lembrado com as mulheres se vestindo de bruxas e cortando as gravatas dos homens). A abertura oficial fica por conta dos três principais personagens: o Príncipe, herói e personificação do *Karneval* alemão; a Virgem, proteção de mãe e uma fortaleza inconquistável; e o Fazendeiro, guardião da cidade. Na Segunda-feira Rosa, ou *Rosenmontag*, há um grande desfile de fantasias, carros alegóricos, bandas de música. Na terça-feira, a festa continua até o dia seguinte, a Quarta-Feira de Cinzas, ou *Aschermittwoch*, quando os restaurantes servem um tradicional jantar com peixe para encerrar de forma mais leve essa maratona de comemorações. *Kölle Alaaf!* (Viva Colônia!).

Museu da cidade

Ruínas romano-germânica e medieval

Colônia foi um importante acampamento militar romano no século 1 a.C. Muito tempo depois, durante a Idade Média, voltaria a exercer um papel relevante como ponto comercial. Lembranças dessas duas épocas estão espalhadas pela cidade – mesmo que algumas sejam apenas ruínas. Entre as mais importantes, a **Römerturm**, a Torre Romana, na Zeughausstrasse, é parte do muro romano que protegia Colônia. Não se sabe ao certo em que ano foi construída, mas seu estado de conservação é perfeito. **Gereonsmühlentower**, entre as ruas Gereonswall e Hansaring, é uma torre que incorporava a muralha medieval do século 12. Dessa mesma época é o portal **Eigelsteingate**, na Eigelstrasse, que marca a divisa entre o norte e o sul da cidade. **Severinsgate**, na Severinstrasse, também dava acesso à cidade medieval e, a partir dele, passava a estrada que, acredita-se, chegava em Roma. Na Ulrichgasse está uma das maiores e mais preservadas fatias da muralha medieval, com a torre **Ulrepforte**.

Römisch-Germanisches Museum
(Romano-Germanic Museum)

- Roncalliplatz 4
- Dom/Hbf 2112.4438
- roemisch-germanisches-museum.de
- ter-dom 10h-17h   €9 (Est: €5)

O Museu Romano-Germânico é, na verdade, composto por dois museus distintos. O arqueológico exibe a cultura romana – destaque para o mosaico de Dionísio. O museu germânico mostra trabalhos medievais em pintura, além de obras mais recentes com temas religiosos. Ambos ao lado da Catedral, oposto à estação. Na primeira quinta-feira do mês, o museu fica aberto até as 22h. Ingresso combinado para o *Praetorium* por (€10 | Est, Cr: €5,50).

Kölnisches Stadtmuseum
(Museum of the City of Cologne)

- Zeughausstrasse 1-3
- Appellhofplatz Breite Strasse
- 2212.5789   www.museenkoeln.de
- ter 10h-20h, qua-dom 10h-17h
- €5 (Est: €3)

O Museu Municipal de Colônia apresenta a história e cultura da cidade desde a Idade Média até hoje, com maquetes, antigas fotografias, cartazes de propaganda, objetos de uso diário etc.

Comes & Bebes

Uma das iguarias de Colônia é sua cerveja, a *kölsch* – leve e refrescante, perfeita para acompanhar os pratos locais. A bebida é armazenada por pouco tempo, para evitar a oxidação, e costuma ser servida no *stange*, um copo alto e cilíndrico. As cervejarias que a servem também costumam ser especializadas em comida alemã e são uma ótima opção gastronômica. Para refeições mais baratas, há muitos restaurantes de comida árabe e kebabs ao redor da Dom e da estação, seguindo em direção à Ebertplatz. À noite, a dica são bares e restaurantes ao redor da Zülpicker Platz e da Barbarossplatz, áreas bastante frequentadas por jovens. Nessa região, as lanchonete (*imbiss*) cobram a partir de €3 por um sanduíche.

Bei Oma Kleinmann

- Zülpicher Strasse 9   Zülpicher Platz (9, 12, 15)
- 232.346   www.beiomakleinmann.de
- ter-qui/dom 17h-0h, sex-sáb 17h-1h
- €15-30

Típico restaurante de comida alemã, é famoso por servir *schnitzels* enormes. O tradicional, de vitela com salada de batatas, custa €18,90. Outro bastante pedido é o com molho de cogumelos, servido com batatas fritas e salada, por €14,90 se for de porco, €20,90 se for de vaca. A *kölsch* (200ml) custa €1,50. Boa pedida, costuma ser muito elogiado por viajantes. Apesar de aberto até mais tarde, comidas só são servidas até 23h. Leve dinheiro, o restaurante não aceita cartões.

Indian Restaurant Kamasutra

- Weyerstrasse 114
- Barbarossaplatz   3489.2828
- www.kamasutra-koeln.de
- seg-sex 12h-15h/18h-23h, sáb-dom 17h30-23h
- €9-50

Restaurante indiano à la carte, um dos mais consagrados da cidade. Apesar do sugestivo nome, os prazeres aqui ficam somente no âmbito gustativo, com grande oferta de pratos de preço e sabor variados. Um exemplo é o cordeiro cozido, servido com vegetais no molho *curry*, por €19,50. A sopa de frango com amêndoas sai por €8,50. Serve também opções vegetarianas, como lentilhas indianas com alho e espinafre, €15. Entre os pratos mais caros, os camarões grelhados servidos com três tipos de *curry* custam €42.

Cölner Hofbräu Früh

- Am Hof 12
- Dom/Hbf   261.3215
- www.frueh-am-dom.de/brauhaus
- seg-dom 8h-0h
- €15-50

Próximo à Catedral e muito conhecido pela tradicional cerveja e pelos bons pratos, o Früh é um ótimo lugar para quem quer conhecer um café da manhã, almoço ou jantar tipicamente alemão. Famoso também pelo seu bom atendimento, é bastante aconchegante. Um prato de porco assado com molho da cerveja *kölsch* da casa, repolho roxo e bolinhos de batata sai por €11,90. Se a ideia é só pedir alguns petiscos e provar a famosa *kölsch* (200ml, €1,70), uma boa pedida é o prato com salsicha bock e batatas fritas, que custa €7,90.

Hotéis & Albergues

Colônia esbanja albergues, hotéis e B&B com os mais variados preços, e a maioria das acomodações fica bem próxima à Catedral. É importante ficar atento na época do Carnaval, quando a cidade recebe muitos turistas e os preços aumentam consideravelmente.

Station Backpacker's Hostel

- Marzellen-strasse 44-56
- Dom/Hbf
- 912.5301   www.hostel-cologne.de
- 180 camas   €2-6
- dorms 6p €17/23, 4p €20/26 | quartos 1p €39/45, 2p €56/68 3p €67/85 (dia de semana/final de semana)

Ótima localização, a apenas 150m da Catedral. Não há beliches por aqui, somente camas comuns, com direito a luz de leitura individual. Os *lockers* estão no corredor. A rede wi-fi está disponível somente nas áreas comuns, mas há computadores para livre uso. Dispõe de cozinha compartilhada e lavanderia. No café da manhã, servido no bar 24h, paga-se pelos itens que consumir, não há preço fechado. Alguns hóspedes se queixam da falta de limpeza. Diárias mais caras nas sextas e sábados.

Pathpoint Cologne Hostel

- Allerheiligenstrasse 15   Dom/Hbf
- 1305.6860   www.pathpoint-cologne.de
- 161 camas   €4
- dorms 8p €17/21, 6p €18/24, 4p €19/25 | quartos 2p €48/65, 4p €75/100 (baixa/alta temporada)

Albergue HI localizado no prédio de uma antiga igreja protestante, está nas imediações da estação central de Colônia. O hostel fica em uma esquina, e a entrada de fato é pela Turiner Strasse. Todas as acomodações têm banheiro privativo, e as camas dispõem de luz de leitura e tomada individual. A enorme sala de uso comum tem computadores, TV, mesa de sinuca e pebolim. Conta com uma moderna cozinha, terraço, jardim e espaço para preparo de churrasco. Membros HI têm €2,50 de desconto.

Die Wohngemeinschaft Hostel

- Richard-Wagner-Strasse 39
- Rudolfplatz   3976.0904
- www.hostel-wohngemeinschaft.de
- 37 camas   €5,50
- dorms 8p-6p €20 | quartos 1p €45, 2p €59, 3p€75, 4p €90

Charmosíssimo albergue, um pouco distante do centro de Colônia, mas em uma área animada de intensa vida noturna. Os quartos são temáticos (teatro, espaço, fotografia e por aí vai) e decorados de modos completamente diferentes uns dos outros. Cada cama inclui cortina, luz de leitura, tomada e prateleira de uso individual. Sala de uso comum com livros, DVDs, além de café e chá de graça. No primeiro andar funciona um café/bar e um pequeno teatro. Não aceita hóspedes menores de 21 anos.

QUEM É ESSE CARA | Ludwig van Beethoven

Uma criatura completamente indomável – foi assim que Goethe definiu seu amigo Beethoven. Um dos maiores compositores de sua época, Ludwig van Beethoven nasceu em 16 de dezembro de 1770 em Bonn, distante 34km de Colônia, e começou a estudar música por imposição do pai. Com 10 anos já era capaz de executar todo o repertório de Bach. Aos 22, foi estudar em Viena, tendo aulas com mestres como Haydn e Salieri, momento em que começou a fazer sucesso como virtuoso pianista. De gênio irascível, Beethoven tinha seus professores em menor conta, ciente de seu próprio brilhantismo. No entanto, aos 26 anos, começou a apresentar sinais de surdez, fato que marcaria sua biografia e o levaria a pensar em suicídio. Mesmo com a deficiência, seguiu em frente. Compôs sua Primeira Sinfonia (1801), influenciado pelo estilo clássico de Mozart, porém, diz não ter ficado satisfeito com o resultado. Encontrou seu próprio caminho três anos depois, em sua Terceira Sinfonia, a *Eroica*, de estilo trágico, épico e fortemente dramático. As sinfonias seguintes mantiveram o mesmo tom de dramaticidade, em especial a Quinta. Sua Sexta, a *Pastoral*, expressava os sentimentos do autor nos ambientes rurais, e a Sétima, de 1812, é famosa pelo seu belíssimo segundo movimento. A partir desse mesmo ano, o compositor entrou numa terrível crise criativa, agravada pela morte do irmão. Só voltou a compor em 1818, período que marca sua última fase, interiorizada e altamente complexa, cujo maior exemplo é a Nona Sinfonia, de 1824. Após, já completamente surdo, Beethoven passou seus últimos anos dedicando-se a compor para quartetos de cordas, considerados a base para quase toda a música erudita moderna que veio no século seguinte. No entanto, não deve ter ouvido suas composições: já completamente surdo, o gênio morreu em 26 de março de 1827.

Hotel Callas am Dom

- 📍 Hohe Strasse 137
- Ⓜ Dom/Hbf ☎ 258.3838
- 💻 www.callashotel.de
- 🛏 26 quartos   🍽 incluído
- 💲 quartos 1p €65-166, 2p €90-203

Hotel com ótima localização, a apenas 3min de caminhada da estação central e próximo da famosa Catedral. Preço das diárias varia conforme a época do ano e o tipo de quarto, mas todos possuem banheiro, TV, wi-fi, minibar, secador e telefone. Serviço de quarto 24h. Alguns podem ser muito pequenos, e o barulho do lado de fora deve ser um incômodo para aqueles que gostam de dormir com tranquilidade.

Bed & Breakfast Cologne

- 📍 Filzengraben 1-3
- Ⓜ Heumarkt ☎ 801.1812
- 💻 www.bedandbreakfastcologne.com
- 🛏 2 quartos   🍽 incluído
- 💲 quartos 1p €120, 2p €150

Elogiadíssimo B&B, próximo à margem do rio Reno. São apenas dois quartos em um apartamento, não muito grandes, mas têm TV, banheiro privativo e são bem aconchegantes. Mike, o proprietário, oferece atendimento praticamente personalizado, sendo bastante reconhecido pela hospitalidade e pelo farto e variado café da manhã – com direito a *cupcakes* caseiros. Para completar o clima, há Mieze, o simpático gato da casa.

DÜSSELDORF

Capital do estado de *Nordrhein-Westfalen*, Düsseldorf, localizada no centro-oeste da Alemanha, tem mais de 700 anos de história. No entanto, por ter sido muito danificada durante a Segunda Guerra Mundial, pouco de seu patrimônio antigo permaneceu intacto; atualmente, é uma cidade industrial com 573 mil habitantes e uma grande colônia japonesa. A destruição causada pelo conflito talvez explique por que, hoje, Düsseldorf, a 40km de Colônia, seja uma referência mundial em arte contemporânea, arquitetura e design, com um prestigiado complexo de museus e uma renomada academia de artes.

A Cidade

Düsseldorf tem dois rios – o Düssel, que lhe dá nome, e o Reno, que lhe dá importância – e pode ser dividida em três áreas distintas: a parte moderna, a antiga (*Altstadt*) e a industrial, esta mais distante. Ao norte da Altstadt estão os principais museus e galerias, assim como a escola de artes. Ao sul está o chamado *Media Harbour*, famoso por sua arquitetura contemporânea e razão pela qual muita gente visita Düsseldorf. Ao ar livre, os melhores programas são passear pela rua *Königsalle* – apelidada de "*Kö*" –, ficar à toa no Hofgarten, parque central com 270 mil metros quadrados, admirar o pôr do sol à beira do Reno ou tomar uma legítima *altbier* – a cerveja típica da cidade – num dos mais de 260 pubs e restaurantes da Altstadt. Código telefônico: 0211.

Informações turísticas Facilitando a vida de quem chega de trem, há um posto (🕐 seg-sex 9h30-19h, sáb 9h30-17h) em frente à *Hauptbahnhof*, a estação ferroviária, junto à praça Konrad-Adenauer (a cerca de 15min de caminhada da Kö). Na Marktplatz, principal praça da Cidade Velha, tem outro centro de informações (🕐 seg-dom 10h-18h). Pela internet:
💻 www.duesseldorf.de.

Atrações

A principal atração de Düsseldorf é o **Media Harbour**, um velho porto que foi transformado parcialmente em um moderno bairro comercial e residencial. Esse projeto posicionou a cidade como um centro na Europa para indústrias criativas, como publicidade, design, arte e mídia. Destaque também para a **Schlossturm**, a torre do antigo palácio municipal. Ao lado da praça fica a **Basilika Sankt Lambertus** (Basílica de São Lamberto), construída no século 13 em estilo gótico. Entre os museus, dois merecem atenção: **K20 Kunstsammlung**, Museu de Arte Moderna, apresenta uma importante coleção, incluindo o que há de melhor no cubismo, como Picasso, Braque, Juan Gris, e ainda trabalhos de Dalí, Joan Miró e Paul Klee. E o **K21 Kunstsammlung**, Museu de Arte Moderna do Século 21, inaugurado em 2002, com uma exposição que começa no ano de 1980 e segue até os dias de hoje. Importante mencionar ainda a **Kunstakademie**, que não é um museu, mas a conceituada Academia de Artes de Düsseldorf, eventualmente aberta à visitação. Como a maioria das cidades alemãs, Düsseldorf tem a tradicional Feira de Natal. Se você estiver por aqui entre novembro e dezembro, vale a pena conferir na Marktplatz, a praça central.

Comes & Bebes

A região da Altstadt concentra muitos bares e restaurantes interessantes, com preços variados e muito movimento. Não deixe de experimentar a famosa cerveja *altbier*, típica de Düsseldorf. Para uma tradicional refeição alemã, o restaurante **Fuechschen** (Ratinger Strasse 28) é um dos lugares mais concorridos: tem ambiente amigável, boa comida e bons preços. Dizem que a melhor *altbier* está aqui. Os lanches custam a partir de €3,20, e os pratos desde €7,85. Se a ideia é curtir um pub, o **Uerige** (Berger Strasse 1) é uma boa pedida. Funciona todos os dias entre 10h-0h e tem petiscos a partir de €2,55.

Hotéis & Albergues

Pode-se dizer que Düsseldorf normalmente oferece opções acessíveis de hospedagem; no entanto, os valores variam muito devido às feiras e exposições que acontecem na cidade. O **Backpackers-Düsseldorf** (Fürstenwall 180; dorms 10p €17/18) até precisa de uma reforma, mas é uma boa opção de hostel caso você queira apenas um local para dormir. Bem localizado, está a cerca de 10min a pé do centro.

Horizonte em Düsseldorf

LESTE DA ALEMANHA

DRESDEN

Capital do estado de *Sachsen* (Saxônia), com 530 mil habitantes, Dresden foi totalmente arrasada num gigantesco bombardeio na Segunda Guerra Mundial. Quase completamente reconstruída, hoje é uma das mais belas cidades alemãs, exibindo obras-primas da arquitetura barroca. Situada no que era a antiga Alemanha Oriental, a 200km de Berlim, tem uma intensa relação com as artes e a cultura, e, além de suas preciosidades arquitetônicas, foi local de infância e juventude de Richard Wagner, compositor do Romantismo. Em 2006, a cidade completou 800 anos, e a reinauguração da *Frauenkirche* – igreja destruída pelo bombardeio e um dos símbolos mais importantes da cidade – passou a marcar a nova era na qual Dresden vive hoje.

A Cidade

O rio Elba – que vai até a República Tcheca – divide Dresden em *Altstadt* (Cidade Velha), onde se encontra a maioria das atrações, e em *Neustadt* (Cidade Nova), ponto dos apreciadores da noite e da gastronomia local. Essa última ainda é dividida em *Innere Neustadt*, a área em torno da Hauptstrasse – um calçadão, cercado por árvores, que rende uma bela caminhada até a *Altstadt* –, e *Äussere Neustadt*, onde estão os bares, lojas descoladas, albergues e baladas. Código telefônico: 351.

Informações turísticas

Na estação *Hauptbahnhof* (seg-dom 8h-20h) e na rua Neumarkt 7, próximo à Igreja Frauenkirche (seg-sex 10h-19h, sáb 10h-18h, dom 10h-15h); reservam hotéis e disponibilizam mapas e a revista *Fritz* (em alemão), gratuita, que traz a programação da cidade. Pela internet: www.dresden.de.

Cartão da cidade O *Dresden Card* (€10/24h; €15/48h; €20/72h) dá direito ao transporte público e a descontos e gratuidades em vários museus.

Neumarkt, altiva praça no centro histórico de Dresden

UM OLHAR MAIS ATENTO
Caminhando por Dresden

Fürstenzug, o mural que conta a história da Saxônia

Uma caminhada pela **Altstadt** é uma bela experiência: a região conjuga construções e praças belíssimas com ruínas do bombardeio que, ainda hoje, marcam a cidade. A praça principal, **Altmarkt**, é um dos cartões-postais locais: em seu amplo espaço estão desde uma representante da arquitetura barroca, a **Kreuzkirch**, até um legítimo prédio soviético, o **Kulturpalast**. Outra bela praça é a **Neumarkt**, em estilo barroco. Construída em 1548 e arrasada no bombardeio de 1945, ainda tem alguns prédios sendo restaurados. Nela está a **Frauenkirche** e, em seus arredores, o mural **Fürstenzug**. Ainda na Altstadt, a **Prager Strasse** é a principal rua de comércio de Dresden e, após o bombardeio, foi reconstruída entre as décadas de 60 e 70. Apesar da existência de dezenas de lojas de departamentos, restaurantes, bares, cinemas e hotéis e outras facilidades do mundo capitalista, a via ainda é um exemplar do planejamento urbano que imperou na antiga Alemanha comunista – não por acaso, até 1989, quando houve a reunificação do país, uma enorme estátua de Lênin dominava o final da rua. Mudando de lado, a **Neustadt** tem menos atrações, mas também concentra alguns pontos de interesse: é aqui que ficam o Cemitério Judaico e, ao seu lado, o Centro de Cultura Judaica. Também na região fica a **Kunfsthof Passage**, que conecta a Görlitzerstrasse com a Alaunstrasse. Dividida em quatro jardins decorados com diferentes temas, a passagem tem casas de chá, lojas de artesanato e restaurantes, e, com sua divertida arquitetura, é um exemplo da atmosfera da Cidade Nova.

Chegando e saindo

O aeroporto internacional, *Dresden Flughafen,* fica em Klotzsche, distrito a 9km do centro de cidade, acessado pelo trem de superfície *S-Bahn* 2, que passa pelas duas estações de trem, em torno de 30min para chegar até lá. De táxi, considere cerca de €22 a partir do centro.

São duas estações ferroviárias e muitos trens passam por ambas. A principal é a *Hauptbahnhof*, na Altstadt, que tem como destinos nacionais mais importantes Leipzig (1h), Berlim (2h45), Hamburgo (4h30), Nurembergue (4h30) e Frankfurt (5h30); e internacionais Praga (3h), Viena (8h) e Varsóvia (10h). Já a *Bahnhof Neustadt*, estação recentemente reformada, de fácil acesso na Cidade Nova, recebe trens *intercity* e regionais, tendo como principal destino Leipzig (1h).

Circulando

É fácil circular a pé pela Cidade Velha. Se você estiver hospedado na parte nova, prepare-se para uma boa caminhada até o centro histórico, e vice-versa. Porém, o transporte público é eficiente, com *tram* (bonde), trem de superfície (*S-Bahn*) e ônibus cobrindo toda a cidade. O ticket vale para qualquer meio e pode ser comprado em máquinas, nas paradas, por €2,20/1h ou €6/1 dia. Uma alternativa é fazer o passeio de ônibus *Stadtrundfahrt*, no estilo *hop-on/hop-off*, que cobre toda a cidade ao longo de 1h30. Os veículos passam a cada meia hora, entre 9h30-17h, parando próximo às atrações, onde se pode descer, visitar e pegar o ônibus seguinte; custa €20 (Est, Id: €18), e as saídas são do Theaterplatz, junto à Augustosbrücke.

Atrações

Setenta anos após o bombardeio que a destruiu, Dresden ainda se encontra em reformas, com um número significativo de atrações eventualmente fechadas ao público. Isso não impede, no entanto, que a cidade seja repleta de magistrais prédios históricos, igrejas antigas, museus interessantes e uma bela casa de ópera. A maioria dessas atrações estão na Altstadt, região perfeita para uma boa caminhada. E se você estiver aqui durante os meses de novembro e dezembro, aproveite para conhecer o mercado natalino medieval próximo à Frauenkirche, o mais antigo da Alemanha.

Frauenkirche *(Church of Our Lady)*

- Neumarkt
- Altmarkt (1, 4) 6560.6100
- www.frauenkirche-dresden.de
- igreja seg-sex 10h-12h/13h-18h | torre mar-out seg-sáb 10h-18h, dom 12h30-18h | nov-fev seg-sáb 10h-16h, dom 12h30-16h
- grátis | torre: €8 (Est, Id: €5)

Construída no século 18 e destruída no bombardeio que arrasou a cidade em 1945, a Igreja de Nossa Senhora, templo luterano, tornou-se um símbolo das atrocidades da guerra contra alvos civis. Foi reinaugurada em outubro de 2005 – como um monumento à reconciliação –, e sua fachada e abóbada conferem hoje um novo aspecto à paisagem da Cidade Velha de Dresden. Os horários de visita nos finais de semana são reduzidos e dependem das cerimônias e concertos agendados.

Zwinger

- Theaterplatz 1
- Theaterplatz (4,8,9)
- 4914.2000
- www.der-dresdner-zwinger.de
- ter-dom 10h-18h
- pátio grátis | todos os museus €19

O Complexo de Museus Zwinger fica em frente ao *Residenzschloss* (veja p.1078). A entrada no complexo é gratuita, mas para visitar os museus você deve pagar separadamente o ingresso de cada um ou adquirir o passe que concede acesso a todos, no período de 24h. Enorme edifício em estilo barroco – o mais importante exemplo dessa escola na Alemanha –, o Zwinger foi construído entre 1710 e 1738, servindo inicialmente como local para festivais. Hoje, pelo número de obras e importância do conjunto de museus que hospeda, tornou-se uma das mais prestigiadas instituições da Alemanha. O pátio e a área ao ar livre são interessantes e abrigam esculturas modernas. A **Gemäldegalerie Alte Meister**, Pinacoteca dos Mestres Antigos (€10 | Est, Id: €7,50), exibe obras dos séculos 16 ao 18, criadas por pintores como Rembrandt, Rubens e Dürer; destaque para a Madonna Sistina, de Rafael. O **Mathematisch Physikalischer Salon**, Salão de Matemática e Física (€6 | Est, Id: €4,50), expõe objetos científicos relacionados às duas áreas. O **Rüstkamer,** Arsenal (o ticket da Gemäldegalerie dá direito à entrada), apresenta armaduras, armas e mantos utilizados nas cerimônias de coroação. O **Porzellansammlung**, Coleção de Porcelana (€6 | Est, Id: €4,50), dispõe de um acervo de objetos de porcelana, considerada uma das mais interessantes do mundo.

Semperoper *(Semper Opera)*

- Theaterplatz 2
- Theaterplatz (4,8,9) 491.1705
- www.semperoper.de
- variam conforme espetáculo

O prédio da Ópera de Dresden é um dos melhores exemplos de arquitetura neorrenascentista na Alemanha, hoje conhecido cartão-postal da cidade. Foi reconstruído em 1977 e é famoso por ter sediado estreias de obras de Wagner e Strauss. A melhor forma de conhecê-lo é assistindo a uma ópera, e bilhetes para estudantes, com desconto, são vendidos 1h antes dos espetáculos. Também são organizados tours guiados, cujos horários e valores variam, sendo necessário conferir no site.

Albertinum

- Georg-Treu-Platz 2 Synagoge (7)
- 4914.2000 www.skd.museum
- ter-dom 10h-18h
- €10 (Est, Id: € 7,50 | Cr: grátis)

É outro complexo de museus, esse às margens do rio Elba. Apresenta o **Gemäldegalerie Neue Meister**, com pinturas e esculturas dos séculos 19 e 20, destaque para Monet e Renoir; e o **Skulpturensammlung**, exibição de esculturas.

Fürstenzug

- Augustusstrasse

Mural de porcelana na rua com 102m de extensão, construído com 24 mil azulejos. A obra é chamada de Procissão dos Reis e conta a história da região de Sachsen (Saxônia, em português) de 1123 a 1904.

Brühlsche Terrasse *(Brühl's Terrace)*

- Georg-Treu-Platz 24h

Conhecido como *Europe's Balcony*, é um enorme terraço entre Brühlschen Garten e Schlossplatz, às margens do rio, popular entre turistas e locais para descansar e observar os transeuntes. Sua estrutura faz parte de uma antiga fortificação, construída no século 16 para proteger a cidade.

Kreuzkirche *(Cross Church)*

- Altmarkt
- igreja dom-sex 10h-18h, sáb 10h-15h | torre dom-sex 10h-17h30, sáb 10h-14h30
- www.kreuzkirche-dresden.de
- grátis | torre €3 (Est: €2 | Cr: €1)

A Igreja da Cruz, construída no século 13, sofreu com cinco incêndios e muitas guerras. O que se vê hoje é a igreja de estilo barroco e neoclássico, erguida no século 18 e reformada em 1955, após os bombardeios da Segunda Guerra. Da torre tem-se uma boa vista da cidade.

Kulturpalast *(Palace of Culture)*

- Schlossstrasse 2

Inaugurado em 1969, o Palácio de Cultura é um exemplo da arquitetura dos tempos da Alemanha Oriental. Ocasionalmente recebe eventos, mas, no geral, é para ser visto por fora mesmo.

Formosos jardins do Complexo de Museus Zwinger

Kreuzkirche, ícone da cidade

Alter Jüdischer Friedhof *(Jewish Cemetery)*

- Pulsnitzerstrasse 12 esq. Louisenstrasse e Priessnitzstrasse
- 802.0489

De 1751, é o cemitério judeu mais antigo da Saxônia. Quando construído, estava do lado de fora das muralhas da cidade. Ao seu lado fica o Centro de Cultura Judaica.

Residenzschloss *(Royal Palace)*

- Taschenberg 2
- Altmarkt (1, 2, 4)
- 4914.2000
- www.skd.museum
- seg/qua-dom 10h-18h
- €12 (Est, Id: €9)

Antiga residência dos reis da Saxônia, o castelo foi construído entre os séculos 16 e 18 em diversos estilos arquitetônicos. Hoje, abriga vários museus (a maioria incluída no ingresso): o **Neues Grünes Gewölbe**, museu do tesouro e de pedras preciosas; a **Fürstengalerie**, parte dedicada aos reis da Saxônia; a **Türckische Cammer**, que exibe de armas a bandeiras dos otomanos; o **Kupferstich-Kabinett**, com desenhos e fotografias; e o **Münzkabinett**, com coleção de moedas, medalhas e cédulas. Para o **Historisches Grünes Gewölbe**, coleção dos tesouros de Augusto, o Forte, paga-se à parte (€12 | Est, Id: €9).

Passeios

Sächsische Schweiz

A 30km de Dresden, a Suíça-Saxônica (*Sächsische Schweiz*) é famosa por suas formações rochosas e por seus paredões com mais de 100m de altura, hoje, um Parque Nacional. Apesar do nome, a região fica na Alemanha, junto à fronteira da República Tcheca. No arco do rio Elba, fica a imponente **Fortificação Königstein**, cujo primeiro registro data de 1241. Na margem oposta do rio, se encontram as ruínas do **Castelo Neurathen**, pelo qual se passa para chegar à **Ponte Bastei**, talvez o maior atrativo do parque: uma ponte de pedra de 1826, já construída para fins turísticos; do local, se tem uma ótima vista das singulares formações rochosas e da área florestal da região. É possível chegar à Kurort Rathen, vilarejo base para explorar a região, com o trem S1 a partir da Neustadt Bahnhof; saídas a cada 30min, passagem €6. O *ferry* para Kurort Rathen custa €20 (ida e volta). Mais informações: www.saechsische-schweiz.de.

Meissen

Típica cidade medieval, destaca-se por sua catedral em estilo gótico e por seu castelo. Sedia também uma famosa fábrica de porcelana. Trem S1 para Meissen a cada 30min (a viagem dura 30min); passagem €6.

🚶 Schloss Moritzburg *(Moritzburg Castle)*

Localizado no meio de um lago, o castelo barroco, do século 16, ficou famoso pela filmagem de *Three Hazelnuts for Cinderella* – a versão tcheca/alemã oriental, de 1973, de *Cinderela*. Ônibus 326, partindo da estação Neustadt a cada 30min (a viagem dura 30min), por €4. Mais informações: 🖥 www.schloss-moritzburg.de.

Comes & Bebes

Na Altstadt há diversos restaurantes, alguns de comida típica, principalmente perto da Frauenkirche. Muitas lanchonetes e barraquinhas (*imbiss*) de lanches rápidos espalham-se, principalmente, pela Praguer Strasse. Já na Neustadt há também inúmeros restaurantes internacionais, muitos com clima alternativo e frequentados por estudantes. Lanchonetes de kebab também são abundantes nesse lado da cidade.

Curry & Co

- 📍 Louisenstrasse 62
- 🚇 Görlitzer Strasse (13) ☎ 2093.154
- 🖥 www.curryundco.com
- 🕙 dom-qua 11h-22h, qui 11h-0h, sex-sáb 11h-2h
- 💲 €3-7

Dica para uma refeição rápida e saborosa, *fast-food* indiano. Ambiente agradável e música autêntica. O

VOCÊ QUE COLOU NA ESCOLA
Dresden bombardeada

Na Quarta-Feira de Cinzas de 1945, aviões de guerra reduziram Dresden a pó. Em ataques que começaram na noite de terça, 13 de fevereiro, e só terminaram na manhã de quinta, 805 aeronaves da *Royal Air Force* (RAF), a força aérea britânica, devastaram a cidade. Foi um dos mais trágicos bombardeios da Segunda Guerra Mundial. Segundo estimativas de uma comissão de historiadores de Dresden, morreram 35 mil civis no ataque; historiadores britânicos, todavia, em 2010 consideraram que o número não passou de 25 mil.

Ainda que não haja uma concordância quanto à quantidade de vítimas, sabe-se que, no fim da guerra, a cidade era um centro de refugiados numa Alemanha asfixiada: espremida pelos Aliados que vinham do oeste e pelos soviéticos que avançavam do leste. Quando a RAF jogou suas bombas, o fez sobre uma Dresden repleta de civis que haviam fugido de outros pontos do país. Para completar, a maior parte das defesas antiaéreas locais havia sido deslocada para a frente leste, com o intuito de conter o avanço das forças soviéticas. Sem defesas, Dresden viu chover bombas de fragmentação e explosivos de napalm e fósforo. As primeiras destruíram construções e telhados; os segundos, horror dos horrores, transformaram o ambiente urbano em um imenso forno crematório para a população.

Há duas interpretações comuns para explicar o bombardeio. Uma delas entende o fato como um aviso do Ocidente à Rússia comunista, mostrando uma Europa Ocidental novamente forte e poderosa, capaz de disputar a supremacia do continente no cenário pós-guerra. Outra interpretação, historicamente mais bem fundamentada, compreende o ato como uma medida amoral, mas taticamente importante para a derrota alemã: Dresden então tinha uma grande malha ferroviária e era ponto de passagem das forças germânicas para a frente leste de combate – onde o Exército Vermelho avançava rumo a Berlim. Seja como for, caminhar por Dresden revela bem mais do que as belezas arquitetônicas da história alemã. Na cidade que ainda hoje, 70 anos depois, continua sendo reconstruída, vê-se um documento vivo e trágico da barbárie humana que é uma guerra.

lanche é baseado na *currywurst* (linguiça com *curry*) e os acompanhamentos são diversos molhos e batata frita. Oferece opção vegana.

Paulaner

Taschenberg 3	Postplatz (1, 4, 8, 9, 11, 12)
4960.174	www.paulaners-dresden.de
seg-dom 11h-1h	€4-15

Biergarten no estilo de Munique, com pratos da Baviera e, é claro, muita cerveja. Entre as opções de comida estão as salsichas brancas com mostarda doce e pretzels (€6,50) ou a vitela cozida com molho de raiz forte, cenouras e batatas (€14,90). O caneco de meio litro de cerveja sai por €3,90.

Gänsedieb

Weisse Gasse 1	Altmarkt (1, 4)
485.0905	www.gaensedieb.de
seg-dom 11h-0h	€10-20

Restaurante de comida alemã tradicional. Entre segunda e quinta, verifique se ainda existe a promoção de *schnitzel* de porco no estilo vienense, com batatas fritas e um copo de cerveja.

Hotéis & Albergues

Neustadt, além de concentrar vários lugares baratos para comer e beber, é o bairro com a maior oferta de albergues em Dresden. As praças e construções mais conhecidas ficam na Altstadt, onde é mais difícil encontrar opções de acomodação baratas, a maioria são hotéis mais caros (3 e 4 estrelas).

Louise 20

Louisenstrasse 20	
Louisenstrasse (7, 8)	
889.4894	www.louise20.de
90 camas	€6
dorms 5p €14/18	quartos 2p €19/22, 1p €29/36 (baixa/alta temporada)	

Albergue independente localizado em Neustadt, é muito simpático e limpo. Tem um estilo de hotel, sem o costumeiro agito das áreas compartilhadas nos hostels. Conta com cozinha, bar, sala de TV e jogos de mesa. Banheiro compartilhado. Sextas, sábados e feriados, as diárias custam cerca de €2-4 a mais do que no resto da semana. Lençol €2,50 (taxa obrigatória).

Mondpalast

Louisenstrasse 77	
Görlitzer Strasse (13)	563.4050
www.mondpalast.de	€6,50
dorms 10p €14, 6p €16/17,50, 4p €17/19,50	quarto 2p €22/26, 1p €34/44 (sem/com banheiro)	

Hostel novo, confortável e limpo, com ótimos quartos privados. Fica em cima de um badalado bar da Neudstadt. Tem cozinha e *lockers* gratuitos. Lençóis €2 (taxa obrigatória). O café da manhã é buffet. Preços baixam um pouco nos meses de janeiro, fevereiro e novembro.

Lollis Homestay

Görlitzer Strasse 34	
Alaunplatz (13)	
810.8458	www.lollishome.de
17 quartos	€4
dorms 8p €16/17, 4p €20/22	quartos 2p €23/26, 1p €32/34 (baixa/alta temporada)	

Fica a 3km do centro antigo e a mais ou menos 20min de caminhada da Neustadt Bahnhof. Albergue animado, limpo e bem localizado, com *staff* prestativo. Dois jovens são donos do local. Os banheiros (que têm secador de cabelo) ficam no corredor. Alguns quartos contam com pia. Lençóis são cobrados à parte (€3, por toda a estadia); cozinha disponível, sala comum com CDs e violão. Também disponibiliza wi-fi gratuito.

A&O Dresden Hauptbahnhof

- Strehlenerstrasse 10
- Gret-Palucca-Strasse (9, 10, 11)
- 469.271.59
- www.aohostels.com €7
- dorm 6p €13/16, 4p €17/20 | quarto 2p €25/30 (baixa/alta temporada)

Faz parte de uma rede de albergues/hotéis independentes. Fica próximo da estação central, mas a uns 15min de caminhada do centro. Quartos confortáveis e modernos. Wi-fi grátis no *lobby* e cobrado (€5/dia) no quarto. Não tem cozinha.

Aparthotel Am Schloss

- Schössergasse 16
- Altmarkt (linhas 1 e 4)   438.111.55
- www.aparthotels-frauenkirche.de
- 29 quartos €13
- apto 3p €89, apto 2p €56-98

Localizado na Altstadt. Rede de aparthotel, tem quatro hotéis localizados nas proximidades da Frauenkirche, cerca de 15min de caminhada. Esse, especificamente, é mais bem avaliado e elogiado pelo atendimento e pela localização. Tem terraço com vista para a igreja histórica.

LEIPZIG

Com 500 mil habitantes, Leipzig, a 115km de Dresden, é uma cidade relevante na história da Alemanha, seja no âmbito das artes ou da política – importância que se revela ao visitar as atrações locais. Muito da cultura do país veio daqui, onde viveram o escritor romântico Goethe e grandes compositores, como o barroco Bach e os românticos Mendelssohn, Schumann e Wagner. Além disso, foi em Leipzig que ocorreram, em 1989, alguns dos grandes protestos que deram início ao fim do antigo regime comunista. Hoje, é uma cidade universitária cheia de vida, dia e noite.

Construções históricas adornam a Marktplatz de Leipzig

Homenagem à Batalha das Nações, grandioso monumento alemão

A Cidade

O centro antigo, área correspondente ao que um dia foi a cidade fortificada, concentra a maioria das atrações, e pode ser conhecido a pé. Também por aqui está a estação de trem, *Hauptbahnhof*, que, a poucos metros do centro, liga Leipzig às principais cidades alemãs; próximo está o posto de informações turísticas (Katharinenstrasse 8; seg-sex 9h30-18h, sáb 9h30-16h, dom 9h30-15h) e a *Marktplatz*, praça principal. Pela internet: www.leipzig.travel. Código telefônico: 341.

Atrações

A charmosa Leipzig muito bem poderia ser apelidada de "a cidade dos compositores", por ter abrigado quatro grandiosos nomes da música, hoje relembrados em museus. Entre as principais atrações está a Igreja de São Nicolau, lugar onde iniciou a histórica Revolução Pacífica, manifestação que resultou na queda do Muro de Berlim. Também importante é o Museu do Canto Redondo, que ocupa o lugar da antiga sede da Stasi, a polícia secreta da extinta RDA, e reúne acervo justamente sobre isso.

Bach-Museum

- Thomaskirchhof 15/16
- Thomaskirche (9)   9137.202
- www.bachmuseumleipzig.de
- ter-dom 10h-18h   €8 (Est: €6 | Cr: grátis)

Apresenta a vida de Johann Sebastian Bach na cidade por meio de retratos, rascunhos, manuscritos e outros objetos. O maior compositor da música barroca viveu em Leipzig de 1723 até 1750, ano de sua morte, e aqui escreveu parte importante de sua obra, incluindo as peças *Paixão Segundo São João* (1724) e *Paixão Segundo São Mateus* (1729). Não esqueça de pegar o audioguia (incluído no ingresso) na entrada para ouvir um pouco de Bach.

Schumann-Haus *(Schumann House)*

- Inselstrasse 18
- Gerichtsweg (4, 7)   3939.620
- www.schumann-verein.de
- ter-sex 14h-18h, sáb-dom 10h-18h
- €3 (Est: €2 | Cr: grátis)

É a antiga casa do compositor Robert Schumann, que viveu aqui em Leipzig entre 1828 e 1844.

Nikolaikirche *(St. Nicholas Church)*

- Nikolaikirchhof 3
- Augustusplatz 1245.380
- www.nikolaikirche-leipzig.de
- seg-sáb 10h-18h, dom 9h30, 11h15, 17h

Erguida no século 12 e remodelada nos séculos seguintes, a bonita Igreja de São Nicolau tem localização privilegiada, no centro de Leipzig. Em 1989, os rebeldes que lideraram as grandes manifestações contra a República Democrática da Alemanha aqui se encontravam. Parte dessa revolta era por Leipzig sediar a central da Stasi.

Mendelssohn-Haus *(Mendelssohn House)*

- Goldschmidtstrasse 12
- Johannisplatz (4, 7, 12, 15) 1270.294
- www.mendelssohn-stiftung.de
- seg-dom 10h-18h
- €7,50 (Est, €6 | Cr: grátis)

O museu fica na casa em que o compositor Felix Mendelssohn Bartholdy viveu. O autor da famosa *Marcha Nupcial* era de origem judaica, razão pela qual sua obra foi difamada pelos movimentos racistas que explodiram na Alemanha entre os séculos 19 e 20 – hoje, seu legado já foi devidamente reconhecido. Todos os domingos, às 11h, acontecem concertos na sala de música (€15 | Est: €10).

Thomaskirche *(St. Thomas Church)*

- Thomaskirchhof 18
- Thomaskirche (9) 222.240
- www.thomaskirche.org
- seg-dom 9h-18h grátis

No ano de 1539, a Igreja de São Tomás foi palco do importante movimento reformista cristão, a Reforma Protestante. Foi neste templo que o gênio Johann Sebastian Bach trabalhou como regente do coral – e onde está enterrado, num simples túmulo coberto por uma lápide de bronze no piso da igreja. Entre abril e novembro, é possível visitar a torre anexa (sáb 13h/14h/16h30, dom 14h/15h; €2), de onde se tem uma boa vista da cidade.

Museum in der Runden Ecke
(Museum in the Round Corner)

- Dittrichring 24
- Gottschedstrasse (1, 14) 961.2443
- www.runde-ecke-leipzig.de
- seg-dom 10h-18h grátis

Antiga sede da Stasi, esse prédio foi transformado no Museu do Canto Redondo, com interessante acervo sobre o trabalho dos espiões da polícia secreta da Alemanha Oriental. Os textos explicativos e o tour diário (15h; €4 | Est: €3) são em alemão, o que pode dificultar a compreensão das explicações. Se você não domina o idioma, considere alugar um audioguia (€4) ou agendar previamente por telefone um tour em inglês.

Volkerschlachtdenkmal
(Monument to the Battle of the Nations)

- Strasse des 18. Oktober 100
- Völkerschlachtdenkmal (2, 15)
- www.stadtgeschichtliches-museum-leipzig.de
- abr-out seg-dom 10h-18h | nov-mar 10h-16h
- €8 (Est: €6 | Cr: grátis)

Um dos maiores monumentos da Alemanha, com 91m de altura, homenageia a Batalha das Nações em Leipzig, que culminou com a derrota de Napoleão, em 1813. Sua construção foi concluída em 1913, no centésimo aniversário do combate. Pode-se chegar até o topo subindo 500 degraus.

Südfriedhof *(South Cemetery)*

- Friedhofsweg 3
- Völkerschlachtdenkmal (2, 15)
- abr-set seg-dom 7h-21h | out-mar 8h-18h
- grátis

Junto ao Monumento Batalha das Nações, o chamado Cemitério do Sul, considerado um dos maiores e mais bonitos cemitérios do país, fica ao redor de uma floresta. No local, uma bonita capela e muitas lápides com esculturas interessantes tornam o ambiente bastante agradável.

Zoo Leipzig

- Pfaffendorfer Strasse 29
- Zoo (12) 5933.500
- www.zoo-leipzig.de
- abr-set seg-dom 9h-19h | out-mar 9h-17h
- €18,50 (Est: €15 | Cr: €11)

Afastado do centro, o jardim zoológico é motivo de orgulho para os moradores de Leipzig, sendo uma das atrações mais visitadas. Com 850 espécies, divididas em seções organizadas por continente, abriga animais raros e de grande porte, como leões, tigres siberianos e ursos.

Comes & Bebes

A gastronomia típica da cidade tem entre suas preferências a *leipziger lerche*, uma tortinha de massa podre com recheio de puro marzipã, e a tradicional cerveja *Gose*. Os habitantes de Leipzig também apreciam um dos cafés mais antigos da Europa: o **Zum Arabischen Coffe Baum** (Kleine Fleischergasse 4), que, desde 1711, é ponto de encontro favorito de grandes personalidades (Bach, Schumann, Goethe e Napoleão frequentaram a casa). Por ser tão tradicional, os valores dos cafés e lanches são bem caros, mas vale a pena a visita. Se a intenção é curtir a noite em um bar com lanches, petiscos e, claro, uma boa cerveja, você pode ir no **Substanz-Leipzig** (Täubchenweg 67), onde se destacam os hambúrgueres e as cervejas dos mais variados tipos. Tem uma atmosfera alternativa, com um quintal verde muito agradável.

Hotéis & Albergues

Apesar de perfeita para um *day-trip*, Leipzig tem um astral bem bacana que pode motivar os viajantes a passarem uma ou duas noites na cidade. Há uma boa oferta de acomodação na região central, próxima à Hauptbahnhof, a preços acessíveis. O **Sleepy Lion Hostel** (Jacobstrasse 1; €3,50; dorms 10p €12,50 | quartos 2p €44), tem boa localização, quartos limpos e área comunal. Na mesma região está o **Central Globetrotter Hostel** (Kurt-Schumacher-Strasse 41; €3,90; dorms 8p €12,50 | quartos 2p €42), hostel acolhedor, a 350m da Estação Central; dispõe de cozinha e wi-fi gratuito.

Antiga Prefeitura, na Marktplatz

Centro da Alemanha

FRANKFURT

Chamada pelos moradores de *Mainhattan*, num trocadilho com o horizonte de arranha-céus somado ao rio Main, Frankfurt, a 450km de Leipzig e 550km de Berlim, não costuma figurar no roteiro de muitos turistas, ainda que façam seus voos de conexão por aqui (hospeda, afinal, o segundo maior aeroporto europeu e um dos maiores do mundo). Charmosa, com 660 mil habitantes, reserva paisagens bem interessantes, além de uma boa variedade de museus e diversas atividades culturais. Muitas pessoas pisam na cidade apenas para trocar de aeronave, sem saber que, apesar de toda a aura comercial – é considerada a capital financeira do país e referência no ramo para a Europa – e de sua importância estratégica na União Europeia, Frankfurt é um dos mais importantes centros culturais do continente, sediando, inclusive, a Feira Internacional do Livro, a maior do mundo desse gênero.

Rio Main e o centro comercial de Frankfurt: "Mainhattan"

A Cidade

Pontos de referência são o *Römerberg*, centro histórico, a estação central *Hauptbahnhof* e o rio Main, que corta Frankfurt ao meio. A rede de transporte público é bastante abrangente, com trens de superfície (*S-Bahn*), metrôs (*U-Bahn*) e ônibus – todos convergindo para a Hauptbahnhof e para a estação de *Hauptwache* (*Hauptw*). O bilhete simples, para qualquer um desses meios, custa €2,75. Mais vantajoso pode ser o passe válido por 24h, a €6,80. Código telefônico: 69.

Informações turísticas

Frankfurt conta com dois postos de informações: um fica na estação central (2123.8800; seg-sex 8h-21h, sáb-dom 9h-18h) e outro no centro histórico (Römerberg 27; 2123.8800; seg-sex 9h30-17h30, sáb-dom 9h30-16h). Entre os serviços disponíveis, fornecem mapas e brochuras de atrações e passeios, vendem passes para museus e auxiliam (pago à parte) com reserva de hotéis. Pela internet: www.frankfurt-tourismus.de.

QUEM É ESSE CARA | Goethe

Uma das maiores personalidades da literatura alemã, Johann Wolfgang von Goethe fez parte de dois movimentos literários importantes: o expressionismo e o romantismo. Nascido em Frankfurt, em 1749, Goethe cursou Direito na Universidade de Leipzig – o estilo de vida universitário aproximou-o do mundo artístico e literário. Em 1774, influenciado por uma paixão, publicou o livro *Os Sofrimentos do Jovem Werther*. A repercussão do trágico fim de Werther provocou comoção entre os jovens e logo se multiplicaram os suicídios idênticos ao do personagem. Sua obra mais importante foi *Fausto, uma tragédia*, célebre peça dramática baseada em uma lenda, a do homem que vendeu a alma ao diabo em troca de prazeres terrenos, riqueza e poderes ilimitados – metáfora da vida humana. Publicada em 1808, rendeu uma continuação, em 1832, mesmo ano da morte de Goethe.

Chegando e saindo

O aeroporto de Frankfurt (*Frankfurt am Main Flughafen*, conhecido também como *Rhein-Main Flughafen*) conta com um rigoroso sistema de segurança, acima da média. É conectado à *Hauptbahnhof* (20min), estação central de trem, pelas linhas S8 e S9 do *S-Bahn*. Da Hauptbahnhof, chegam/partem trens de várias cidades alemãs e europeias. Entre as principais estão Colônia (1h), Düsseldorf (1h30), Hannover (2h30), Munique (3h30) e Berlim (3h40).

Atrações

Boa pedida no verão é alugar uma bicicleta para pedalar ao redor do rio Main. Vale passar pelas pontes *Holbeinsteg* (suspensa por cabos de aço, que liga o Bankenviertel ao quarteirão dos museus) e *Eiserner Steg* (que conecta o Römerberg ao Museumsufer). Várias empresas fazem passeios de barco pelo rio ($ €8,95/50min, €11,45/1h40). Rua de pedestres, a *Zeil* fica no coração comercial de Frankfurt, com muitas lojas interessantes. Além dos museus, muitas galerias de arte estão espalhadas pela cidade e ocupam um espaço diferente das correntes artísticas tradicionais. Por exemplo, na estação de metrô Dom/Römer, você encontra obras do projeto "Grenzland", que combinam arte, arquitetura e design.

Museus

Goethe Haus *(Goethe House)*

- Grosser Hirschgraben 23-25
- Willy-Brandt-Platz (U1, U2, U3, U4, U5, U8)
- www.goethehaus-frankfurt.de
- seg-sáb 10h-18h, dom 10h-17h30
- €7 (Est: €3 | Cr: grátis)

A Casa-Museu de Goethe conserva quase intacta a residência onde o famoso escritor e poeta alemão viveu grande parte de sua vida.

Stäedel Museum

- Schaumainkai 63
- Otto-Hahn-Platz (15, 16, 19)
- www.staedelmuseum.de
- ter-qua/sáb-dom 10h-19h, qui-sex 10h-21h
- €14 (Est: €12 | Cr: grátis)

Inaugurado em 1818, o museu tem pinturas, esculturas e desenhos do século 14 ao 20. No acervo estão obras de Rembrandt, Monet, Renoir e Picasso.

Naturkundemuseum Senckenberg *(Senckenberg Museum)*

- Senckenberganlage 25
- Bockenheimer Warte (U4, U6, U7)
- www.senckenberg.de
- seg-ter/qui-sex 9h-17h, qua 9h-20h, sáb-dom 9h-18h
- €8 (Est, Cr: €4 | Id: €6,50)

O Museu de História Natural é um dos maiores neste tema na Alemanha. O destaque é a coleção de fósseis de dinossauros, que agrada adultos e crianças.

Historisches Museum *(Historical Museum)*

- Fahrtor 2　M Dom/Römer (U4, U5)
- www.historisches-museum.frankfurt.de
- ter/qui-dom 10h-17h, qua 10h-21h
- €7 (Est, Cr: €3,50)

O Museu de História de Frankfurt relata o desenvolvimento da cidade desde sua fundação até a atualidade. O ingresso inclui visita guiada, de 1h a 1h30.

Museum für Moderne Kunst *(Museum of Modern Art)*

- Domstrasse 10　M Dom/Römer (U4, U5)
- mmk-frankfurt.de
- ter/qui-dom 10h-18h, qua 10h-20h
- €12 (Est, Cr: €6) | combo MMK 1,2,3: €16 (Est, Cr: €8)

Museu de Arte Moderna, conhecido como MMK, reúne importantes peças das principais escolas de arte pós-1960, incluindo obras famosas de Andy Warhol, Roy Lichtenstein e Joseph Beuys. Existem outras duas filiais: MMK 2 (Taunustor 1; €8 | Est, Cr: €4) e MMK 3 (Domstrasse 3; €8 | Est, Cr: €4), esta última, voltada a exibições temporárias, situada praticamente em frente ao museu principal.

Jüdisches Museum *(Jewish Museum)*

- Untermainkai 14-15
- M Willy-Brandt-Platz (U1, U2, U3, U4, U5, U8)
- www.juedischesmuseum.de
- ter/qui-dom 10h-17h, qua 10h-20h
- €9 (Est, Cr: €4,50)

O Museu Judaico apresenta a trajetória e os costumes desse povo na Alemanha, mostrando seus aspectos culturais entre os séculos 12 e 20. Destaque para a seção sobre festas e feriados judaicos.

Igrejas

Kaiserdom Sankt Bartholomäus *(Cathedral of St. Bartholomew)*

- Domplatz 14　M Dom/Römer (U4, U5)
- www.dom-frankfurt.de
- seg-ter 9h-12h/16h-18h, qua-qui 9h-12h/16h-17h, sex 9h-12h

A Catedral de São Bartolomeu, erguida entre os séculos 13 e 15 e palco de diversas coroações, impressiona pela arquitetura e pelo magnífico altar Maria-Schlaf-Altar, uma das mais expressivas obras de artes visuais da catedral.

St. Leonhardskirche *(St. Leonhard's)*

- Am Leonhardstor 25　M Dom/Römer (U4, U5)
- www.stleonhards.org
- seg-ter 9h-12h/16h-18h, qua-qui 9h-12h/16h-17h, sex 9h-12h

A medieval Igreja de São Leonardo e suas imponentes torres de estilo gótico-romântico chamam a atenção pelo contraste com os prédios modernos ao seu redor. Atualmente, a igreja está fechada para reformas; deve reabrir em 2017.

Alte Nikolaikirche *(Old Nicholas Church)*

- Römerberg 11　M Dom/Römer (U4, U5)
- mai-set seg-dom 10h-20h | out-abr 10h-18h

A Antiga Igreja de Nicolau, nas proximidades do Römerberg, é dedicada ao santo venerado pelos alemães. Possui nave dupla e faz seus 40 sinos tocarem duas vezes todos os dias – dá pra ouvir de longe.

Outras construções

Main Tower

- Neue Mainzer Strasse 52-58
- M Alte Oper (U6, U7)　www.maintower.de
- mai-set dom-qui 10h-21h, sex-sáb 10h-23h | out-abr dom-qui 10h-19h, sex-sáb 10h-21h
- €6,50 (Est, Id, Cr: €4,50)

Inaugurado em 1999, esse edifício é um imponente arranha-céu de 240m, cuja fachada inteiramente de vidro foi inovadora na época. Construído para abrigar os escritórios do banco Landesbank Hessen-Thüringen, o prédio sediava também o mais alto estúdio de rádio e TV europeu, no 53º e 54º andar. Suba para ter uma bela panorâmica da cidade.

Alte Oper *(Old Opera)*

[9] Opernplatz 1   [M] Alte Oper (U6, U7)
[🖥] www.alteoper.de   [☎] 134.00
[🕐] bilheteria seg-sex 10h30-18h, sáb 10h-14h

A Antiga Ópera é uma magnífica construção que merece ser visitada, ou ao menos vista do lado de fora. Para conhecê-la por dentro, o melhor negócio é assistir a uma apresentação de teatro ou balé; ofertas de ingressos (sobretudo para estudantes), a partir de €10, podem surgir 1h antes de começar.

Parques e praças

Römerberg O "morro dos romanos" é uma grande praça que abriga diversas casas dos séculos 15 a 18, inclusive a **Altes Rathaus**, antiga prefeitura de Frankfurt, reerguida após a Segunda Guerra Mundial. As típicas casinhas em estilo enxaimel em frente à prefeitura são chamadas de *Ostzeile,* foram construídas entre os séculos 15 e 16 e, em função dos bombardeios da Segunda Guerra Mundial, foram reconstruídas a partir de relatos históricos nos anos 60. Aqui também se encontra a Fonte da Justiça, que – juram os alemães – já jorrou vinho durante a coroação do rei (*kaiser*) Matthias, em 1612.

Palmengarten Na Siesmayerstrasse 63 fica o mais querido parque da cidade, que ostenta um "Tropicarium", conjunto de estufas com diversas espécies de árvores e aves. Também tem cafés, lojinhas e restaurantes.

Comes & Bebes

Em Frankfurt, é possível comer a um custo acessível: a cada esquina há uma barraquinha vendendo salsichas típicas – a *frankfurter* é a especialidade local e a *bratwurst* é muito apreciada, somada a muita mostarda picante e servida num pão estilo francês. Um combo com batata pequena e bebida custa, em média, €6. Em cafés e restaurantes mais simples, espere gastar a partir de €10. O vinho da cidade é o *apfelwein* (vinho de maçã), de sabor duvidoso, mas muito popular. A **Bockenheimer Strasse** é uma rua conhecida pelos locais como *Fressgass* ou, em bom português, "canto da comilança". A sequência de restaurantes e bistrôs por lá justifica o apelido. O **Atschel** ([9] Wallstrasse 7; [🖥] www.atschel-frankfurt.de; [🕐] 12h-23h30; [$] €10-15) é um restaurante bastante autêntico, com pratos fartos – o ombro de porco com chucrute é sua especialidade.

Hotéis & Albergues

Hotéis lotados são comuns durante os frequentes congressos e feiras de negócios promovidos em Frankfurt. As diárias em geral são mais caras que em Berlim ou em outras cidades alemãs, embora seja possível encontrar acomodação a preços acessíveis. Quanto mais próximo dos pontos turísticos, como de Römerberg e da Main Tower, mais caro; nos arredores da Hauptbahnhof, mais baratos. O hostel **Five Elements Frankfurt** ([9] Moselstrasse 40; [$] dorms 8p €20-25, 4p €22-38, 3p €26-42) fica a apenas 200m da estação central; tem wi-fi gratuito e café da manhã incluído em estadias superiores a três noites. O **United Hostel Frankfurt City Center** ([9] Kaiser Strasse 52; [$] dorms 12p €17-20, 8p €18-22, 4p €27-30), também próximo da estação, tem wi-fi grátis, mas cobra €4,50 pelo café da manhã.

Heidelberg, contemplada a partir do mirante do castelo

HEIDELBERG

Inspiração de poetas e pintores do movimento romântico, Heidelberg, a 90km de Frankfurt, é hoje uma cidade de 143 mil habitantes. Sua beleza e seu "ambiente natural ideal", assim elogiada por Goethe, atraem cerca de 3,5 milhões de visitantes todos os anos – o toque especial fica a cargo do Neckar, belíssimo rio que atravessa a cidade. Abriga a universidade mais antiga do país, tradicionalmente conhecida por seu alto nível de ensino. Esse clima estudantil é uma das coisas mais legais de Heidelberg, onde é muito comum ver os jovens universitários caminhando ou pedalando pelas ruas, cheios de livros e materiais de aula, até o fim de tarde, quando se reúnem em tavernas e pubs.

A Cidade

Para quem vem de trem, Heidelberg está a uma curta distância de Frankfurt (1h), Colônia (2h) e mesmo de Zurique (4h) ou Paris (5h). A estação central fica a 2,5km da *Altstadt* – que concentra a maior parte das atrações –, onde se chega facilmente de *tram* ou ônibus. Há dois postos de informação, um fica bem em frente à estação central e o outro na *Marktplatz*, no prédio da prefeitura (*Rathaus*). Pela internet: www.heidelberg.de. Código telefônico: 6221.

Atrações

Os atrativos são muito próximos uns dos outros e podem ser visitados tranquilamente a pé ou de bicicleta. As ruínas do **Schloss Heidelberg** (Schlosshof 1; seg-dom 8h-18h; €6 | Est: €4) tornaram-se símbolo do período romântico alemão e oferecem uma das mais belas vistas do vale. Em seu interior fica o interessante **Deutsche Apotheken Museum,** Museu da Farmácia, com entrada gratuita. Entre as curiosidades, uma antiga garrafa de aspirina, medicamento vendido em pó naquela época. Próximo ao castelo fica a praça Kornmarkt, de onde parte um funicular para o topo do **Königstuhl**, colina que, com 567m de altura, oferece uma vista espectacular sobre a cidade de Heidelberg e o rio Neckar, bem como o Vale do Reno.

A **Marktplatz**, repleta de bons restaurantes, é parada obrigatória na hora do lanche (a não ser que você prefira fazer um piquenique às margens do rio Neckar, o que também é uma ótima ideia). A praça abriga a **Heiliggeistkirche** (Igreja do Espírito Santo), onde acontecem concertos de órgão diariamente em horários variados (para maiores informações, consulte www.ekihd.de). Seguindo pela **Hauptstrasse** – um movimentado calçadão de comércio em geral –, chega-se à **Universitätsplatz**, que compreende, além da universidade mais antiga da Alemanha (construída entre 1712-1728), o **Universitätsmuseum**, o belo prédio da biblioteca onde frequentemente rolam exposições bacanas, e a **Studentenkarzer**, um interessante prédio que serviu como prisão de estudantes rebeldes entre os anos 1823-1914. Enquanto reclusos, os alunos se expressavam por meio de pinturas e textos por todas as paredes e tetos do prédio – vale lembrar que eles eram soltos para assistirem às aulas.

Ao cruzar o rio Neckar pela bela **Alte Brücke** (Ponte Velha), encare uma longa sequência de degraus – ou faça o caminho pela ponte Theodor-Heuss – para chegar ao **Philosophenweg** (Caminho dos Filósofos), um esplêndido local para caminhar e fotografar, de seus mirantes, o cenário composto por rio, ponte, castelo e cidade. Mais afastada fica a montanha **Heiligenberg**, onde ocorre a mística festa das bruxas *Walpurgisnacht* (na noite de 30abr/1mai). A montanha também abriga as ruínas de **Michaelskloster** e **Stephanskloster**, monastérios construídos no século 11 e abandonados no século 16.

Comes & Bebes

As ofertas vão desde tabernas estudantis até restaurantes de alta gastronomia. Uma boa dica é o **Schnitzelbank** (Bauamtsgasse 7; seg-sex 17h-1h, sáb-dom 11h30-1h; €10-20), que serve tradicionais pratos da culinária alemã, com boas porções e preço justo. O ambiente é pequeno e as mesas, compartilhadas. Uma alternativa à comida alemã é a cantina **Da Vinci** (Bahnhofstrasse 29; ter-sáb 11h-0h; €10-25). Durante a semana, no almoço, o restaurante tem três tipos de pratos do dia por aproximadamente €8, sem bebida incluída. À noite, o cardápio apresenta pizzas, massas, risotos, saladas e carnes.

Hotéis & Albergues

A cidade conta com vários albergues próximos à Altstadt, com destaque para o **Lotte Backpackers** (Burgweg 3; dorms 6p €23 | quartos 2p €64), próximo ao Schloss Heidelberg. Tem café da manhã incluído, banheiros no corredor, *lockers* nos quartos, wi-fi grátis, cozinha disponível, ótima localização e atendimento impecável. Já o **Steffis Hostel** (Alte Eppelheimer Strasse 50; dorms 8p €20 | quarto 1p €45, 2p €56) tem cozinha completa para os hóspedes e empréstimo de bicicletas. Banheiros no corredor, *lockers* nos quartos e wi-fi grátis. O café da manhã custa €3. Ótima localização, a 300m da Hauptbahnhof e próximo a vários pontos de ônibus. O **Hotel Heidelberg** (Heuauerweg 35-37; quartos 1p €55-70, 2p €75-90) fica um tanto distante do centro histórico, mas tem uma estação de *tram* logo ao lado. Quartos espaçosos, com cofre, TV de tela plana, wi-fi e banheiro – os melhores incluem uma sala e uma pequena cozinha. Hotel 3 estrelas charmoso, com restaurante, terraço e sauna.

SUL DA ALEMANHA

MUNIQUE

Cidade mais popular do país depois de Berlim e, sem dúvida, uma das mais representativas, Munique (*München*, em alemão, *Munich*, em inglês) é a capital do estado da Baviera desde 1503, com 1,3 milhão de habitantes, e conjuga em si vários símbolos que remetem à tradicional Alemanha. Terra da maior Oktoberfest do mundo (ainda que de *oktober* tenha pouco, uma vez que a festa começa em setembro), a cidade é a terra da cerveja por excelência: não faltam por aqui cervejarias, que costumam levar o nome das ordens de monges que fundaram Munique e que produziam a bebida (surpresa: München significa, em alemão, "lugar dos monges"). Repleta de jardins e teatros, também é sede da BMW e da Siemens, legítimas representantes da tecnologia e engenharia alemãs – outro símbolo. Quer mais um? O futebol alemão aqui está presente com o Bayern, maior time do país e um dos principais da Europa. Por fim, uma marca trágica: foi nesta cidade que Adolf Hitler e o nazismo começaram a ganhar relevância política nacional. Felizmente, esses tempos foram superados e se transformaram em história – abundante, nessa Munique repleta de referências alemãs do passado e do presente.

A Cidade

Munique tem dois pontos de referência importantes: a estação de trem *Hauptbahnhof* e a praça *Marienplatz*. Pode-se ir de um a outro seguindo uma linha reta, passando pelas ruas *Schützenstrasse* e *Neuhauser*, com continuação pela *Kaufingerstrasse*. A Marienplatz é o ponto de partida para explorar as atrações, que estão, em sua maioria, pelas redondezas. Código telefônico: 89.

Frauenkirche Dom, símbolo de Munique

MUNIQUE

MAXVORSTAT

ALTSTADT LEHEL

- Olympiapark / BMW Museum
- KZ-Gedenkstätte Dachau
- Nymphenburg Schloss
- Allianz Arena
- Englischer Garten
- Neue Pinakothek
- Alte Pinakothek
- Lenbachhaus
- Pinakothek der Moderne
- Glyptothek
- NS-Dokumentationszentrum
- Antikensammlungen
- Hofgarten
- Residenz Museum
- Hofbräuhaus
- Hoxbrauer im Scholastikahaus
- Deutsches Museum
- Rathaus
- St. Peterskirche
- Frauenkirche Münchner Dom
- Michaelskirche
- Stadtmuseum
- Schloss Neuschwanstein
- Ristorante e Pizzeria Ca'd'Oro
- Theresienwiese

Streets / Places
KONIGSTR., KAULBACHSTR., LUDWIGSTR., FRANZ J. STR. RING, THOMAS WIMMER RING, AFONS GOPPEL STR., MAXIMILIANSTR., HILDEGARDSTR., MARIENSTR., RESIDENZSTRASSE, SPARKASSENSTR., THEATINERSTRASSE, TAL, AMALIENSTR., ODEONSPLATZ, Odeonsplatz, BRIENNER STR., PRANNERSTR., TÜRKENSTR., GABELSBERGERSTR., MAXIMILIANSPLATZ, MAX JOSEPH STR., PACELLISTR., MAYBURGST, KAUFINGERSTRASSE, Marienplatz, München Marienplatz, ROSETAL, BARER STR., OTTOSTR., KARLSTR., Karlsplatz, München Karlsplatz, NEUHAUSER STRASSE, HERZOGSPITALSTR., JOSEPHSPITALSTR., SONNENSTR., LUISENSTR., Königsplatz, AUGUSTENSTR., ELISENSTR., SCHÜTZENSTRASSE, PRIELMAYERSTR., SCHWANTHALERSTR., LANDWEHRSTR., SCHILLERSTR., GOETHESTR., BAEYRSTR., ALMUFSTR., SEIDLSTR., PAUL HEYSE STR., Hauptbahnhof

150 m 300 m

Informações turísticas

São três os centros de informações oficiais em Munique; em todos é possível fazer reservas de hotéis e comprar mapas e a revista *Munich City Guide*. Um quarto posto, na estação central de trem, ao lado da plataforma 11, é o *Euraide* (seg-sex 8h-12h/13h-16h), escritório de turismo privado bastante útil, que oferece mapas, faz reservas de trem, ônibus e tours e valida passes Eurail.

Hauptbahnhof
- Bahnhofsplatz 2
- seg-sáb 9h-20h, dom 10h-18h

Rathaus
- Marienplatz 8
- seg-sex 9h-19h, sáb 9h-16h, dom 10h-14h

Infopoint Museen & Schlösser in Bayern
- Alter Hof 1   seg-sáb 10h-18h

Pela internet
- www.muenchen.de

Tours

A pé O *Munich Walk Tours* (www.munichwalktours.de; jan-nov seg-dom 10h45/14h45, dez 14h45; €12 | Cr: grátis) oferece passeios a pé, saindo da frente da Neues Rathaus. Essa mesma empresa organiza o *Hitler's Munich*, que explora a trajetória do ditador em Munique (seg-dom 10h15; €15 | Est: €13). E há ainda o *Sandemans free walking tour* (www.newmunichtours.com; seg-dom 10h45/14h), bastante popular entre os viajantes, com saída a partir da Marienplatz e duração de 3h; contribuição espontânea.

De bicicleta Outra alternativa são os tours de bicicleta, como o da *Mike's Bike Tours* (www.mikesbiketours.com; seg-dom 11h30; €25), que dura 4h e tem como ponto de encontro a Marienplatz, em frente a Altes Rathaus.

Chegando e saindo

De avião O aeroporto *Franz-Josef Strauss Flughafen*, a 28km da cidade, pode ser acessado por meio dos *S-Bahn* 1 e 8, que saem a cada 20min da Hauptbahnhof e levam cerca de 40min; passagem €12 (passes Eurail são válidos). Também existe um ônibus da *Lufthansa* que parte da Hauptbahnhof para os terminais A e D a cada 20min, entre 6h20 e 21h50; o percurso leva 40min e custa €10,50. Táxis cobram cerca de €60.

De trem A *Hauptbahnhof* é a estação central. Geograficamente bem localizada no continente, Munique é um importante ponto de parada de trens

A movimentada Marienplatz

que vão para toda a Europa, como Nurembergue (2h), Innsbruck (2h), Stuttgart (2h30), Salzburgo (2h30), Colônia (5h), Düsseldorf (5h), Hannover (5h), Zurique (5h), Hamburgo (5h20), Viena (5h-6h), Dresden (6h), Berlim (6h50), Roma (10h) e Belgrado (15h).

De ônibus A rodoviária internacional *Zentraler Omnibusbahnhof* (ZOB), localizada em Hackerbrücke, está conectada à rede de trens do *S-Bahn* e fica a uma curta caminhada da Hauptbahnhof. Moderna, conta com praça de alimentação e diversas lojas; daqui saem ônibus para toda a Europa. O site da rodoviária é bem informativo, com o horário de todos os ônibus e informações das companhias que operam no local: www.muenchen-zob.de.

Carona Bastante funcional é a *Mitfahrzentrale*, a central de caronas – mais informações no site www.mitfahrzentrale.de.

Circulando

Munique tem uma boa malha de metrô (*U-Bahn*), trens de superfície (*S-Bahn*), *trams* (*strassenbahn*) e ônibus. Ticket para uma viagem sai por €2,70, para um dia €6,20 e para uma semana €14,10, com o *IsarCard*, que serve todos os transportes. Fique ligado, para uma viagem curta (passando por, no máximo, quatro paradas e utilizando até duas linhas de metrô), você pode adquirir o bilhete *Kurzstrecke*, por €1,40. Nos ônibus e *trams*, os tickets simples podem ser comprados do condutor. Atenção: há multa de €40 para quem não tiver o bilhete. Táxis na cidade são os Mercedes e BMW cor creme, que começam cobrando €3,50. Circular de bicicleta pode ser uma boa. Pode-se alugar na *Mike's Bike Tours and Rentals*, que também organiza passeios pela cidade e região, com o aluguel da bicicleta já incluído (📍 Bräuhaus Str. 10, próxima da Marienplatz; 💲 €17/dia, passeios €25-59).

Atrações

Munique é encantadora. Ostenta diversos museus e construções históricas, a maioria no centro antigo. Destaque para a praça Marienplatz, que fica no coração da cidade e tem os prédios mais representativos. Afastados do centro, o visitadíssimo *Allianz Arena* é o estádio do Bayern de Munique, e o *BMW Welt*, o museu da famosa marca de carros. Destaque também para o *Olympiapark*, sede dos Jogos Olímpicos de 1972. É muito interessante visitar a cidade no período de alguma festividade popular – aliás, isso é o que não falta. Três vezes ao ano (maio, agosto e outubro) acontece a *Auer Dult*, uma festa folclórica mais tranquila, com parque de diversões, feira de artesanatos e comidas típicas, e, como de praxe, cerveja. Entre abril e maio, há a *Frühlingsfest*, a Festa da Primavera, e em setembro, a famosa *Oktoberfest*.

Parques e praças

Marienplatz

Ⓜ Marienplatz (U3, U6)

Célebre praça considerada o centro da cidade desde sua fundação, em 1158. Aqui está a **Neues Rathaus**, o imponente prédio da prefeitura, em estilo neogótico. Às 11h e 12h, e no verão (de março a outubro) também às 17h, hordas de turistas esperam pela dança do **Glockenspiel**, na torre de 85m onde 32 bonequinhos encenam batalhas e danças contando a história de Munique. Muito próxima está a Karlsplatz, conhecida por sua bela fonte e pelo portal **Karlstor**, que fazia parte da fortaleza de Munique.

Englischer Garten

Ⓜ Universität (U3, U6)
🕐 seg-dom 24h

Aqui se encontra surfe (sim, surfe), nudismo (sim, nudismo), caminhada, cavalgada, golfe e cerveja. O Englischer Garten é o maior parque urbano do mundo, superando até o Central Park, em Nova York, e é claro que é a área verde mais popular de Munique. Tem um *biergarten* ao lado do lago, onde, no verão, as pessoas costumam tomar banho de sol. O topless é comum aqui (em uma área reservada), e tem até quem vá além. Já o surfe acontece no canal que corta o parque, e alguns mais entusiasmados praticam o esporte mesmo no inverno. Anexo a ele, o **Hofgarten** oferece um agradável gramado onde casais e amigos relaxam ao tranquilo som das quatro fontes que ficam ao redor, e, no centro, é comum encontrar artistas de rua complementando o ambiente com boa música.

Nymphenburg Schloss
(Nyphemburg Palace)

- Schloss Nymphenburg 1
- Schloss Nymphenburg
- www.schloss-nymphenburg.de
- parque: seg-dom jan-mar/nov-dez 6h-18h | abr/out 6h-20h | mai-set 6h-21h30; palácio: seg-dom abr-out 9h-18h | nov-mar 10h-16h
- $ complexo €11,50 (Est, Id: €9,50 | Cr: grátis) | palácio €6 (Est, Id: €5 | Cr: grátis)

Complexo de prédios dentre os quais o grande destaque é o *Palácio de Nymphenburg*, construído em 1679 e depois reformado e ampliado diversas vezes. Com um belo parque, abriga ainda os palácios *Amalienburg*, *Badenburg*, *Pagodenburg* e *Magdalenenklause*. Há ainda o *Marstall Museum*, que expõe artigos de porcelanas e diversas carruagens reais. O acesso ao parque é gratuito e o ingresso do complexo concede entrada em todos os prédios.

Olympiapark

- Spiridon-Louis-Ring 21
- Olympiapark Eissportstadium (173, N46)
- www.olympiapark.de
- mar/nov seg-dom 9h-16h | abr-mai/set-out 9h-18h | nov-fev 11h-16h
- $ €3-7

Parque construído para as Olimpíadas de 1972, o Olympiapark é um belo espaço aberto à visitação. O valor do ingresso é €3 (Cr: grátis), e, se preferir, você pode conhecer o parque com audioguia por €7 – e deve deixar um valor de depósito como garantia. Subir na torre do parque, com vista para toda a cidade, custa €5,50 (Cr: grátis). Cada atração tem seu próprio horário de abertura e fechamento.

ALMANAQUE VIAJANTE
A mais lamentável das Olimpíadas

Construído para as Olimpíadas de 1972, o Olympiapark entrou para a história não apenas por ter sido a sede dos jogos mundiais daquele ano. Dias após a abertura das Olimpíadas, membros da organização terrorista palestina Setembro Negro invadiram o prédio da delegação israelense e fizeram 11 atletas reféns, exigindo em troca a libertação de presos palestinos. O episódio foi marcado por uma série de incidentes e desentendimentos diplomáticos, que acabou com a morte dos atletas e, posteriormente, em manobra audaciosa do serviço secreto israelense, dos terroristas. Em 2005, Steven Spielberg relembrou essa triste história no filme *Munique*.

Abertura das Olimpíadas de Munique, 1972

Estádios

Olympiastadion München

- Spiridon-Louis-Ring 27
- Olympiapark Eissportstadium (173, N46)
- www.olympiapark.de

Com capacidade para mais de 69 mil espectadores, o estádio foi palco dos Jogos Olímpicos de 1972, da Copa do Mundo de 1974, da Eurocopa de 1988 e de outras competições esportivas. Já foi casa dos principais clubes da cidade – Bayern e 1860 München – até a construção, em 2005, do Allianz Arena. A novidade é uma exposição ao ar livre, no bloco M do estádio, com fotos das várias competições que aqui aconteceram e de astros do esporte. Próximo à entrada norte há o Filmkiosk72, um quiosque que exibe um filme de 20min sobre o estádio.

Allianz Arena

- Werner-Heisenberg Allee 25
- Frötmanning
- www.allianz-arena.de
- seg-dom 10h-18h (exceto em dias de jogos)
- tour: €10 (Est, Id: €9 | Cr: €6,50)

Estádio com capacidade para mais de 70 mil pessoas e que sediou a semifinal da Copa do Mundo da Alemanha (2006) entre Portugal e França, vencida pelos franceses com gol do craque Zidane. É casa do gigantesco Bayern de Munique, maior time do país, e do menos famoso 1860 München; caso esteja interessado em assistir a um jogo, as equipes vendem ingressos em seus respectivos sites: www.fcb.de e www.tsv1860.de. Já os tours (em inglês seg-dom 13h e em alemão seg-dom 11h/13h/15h/16h30) duram 1h15, e só não acontecem em dias de jogos. Se liga nessa: após o pôr do sol, o estádio fica iluminado e, constantemente, vai mudando suas cores, num bonito espetáculo de cerca de 2h-3h.

Igrejas

Frauenkirche Münchner Dom
(Munich Cathedral)

- Frauenplatz 12
- Marienplatz
- 290.0820
- www.muenchner-dom.de
- igreja sáb-qua 7h-19h, qui 7h-20h30, sex 7h-18h | tours mai-set ter/qui/dom 14h
- igreja grátis| tours €6

A Catedral de Nossa Senhora e suas torres gêmeas de 99m são o símbolo de Munique. A primeira construção da catedral, sucessivamente remodelada, data de 1271; durante a Segunda Guerra, boa parte dela foi destruída. As famosas cúpulas verdes, porém, permaneceram intactas; originais, datam de 1525. Infelizmente, as duas torres estão fechadas para reforma e o tour se limita ao interior da igreja e às criptas.

Michaelskirche

- Neuhauserstrasse 6
- München Karlsplatz
- 2317.060
- www.st-michael-muenchen.de
- seg/sex 10h-19h, ter 8h-20h15, qua-qui/sáb 8h-19h, dom 7h-22h15

Igreja barroca construída por jesuítas em 1597. Pode-se visitar a cripta, com os túmulos da realeza da Baviera, onde está enterrado o rei Ludwig II.

Peterskirche

- Petersplatz 1
- München Marienplatz
- 210.237.760
- www.erzbistum-muenchen.de/StPeterMuenchen
- mai-out seg-sex 9h-19h, sáb-dom 10h-19h | nov-abr seg-sex 9h-18h, sáb-dom 10h-18h
- grátis

Construída em 1158, esta igreja foi incendiada no século 14 e bombardeada durante a Segunda Guerra Mundial. A reconstrução durou 10 anos, de 1946 a 1956. Suba os 306 degraus da torre (€2 | Cr: €1) para ver Munique com os Alpes nevados ao fundo.

Museus e Galerias

Deutsches Museum

- 📍 Museumsinsel 1
- 🚇 Deutsches Museum (16, N16)
- ☎ 217.91   💻 www.deutsches-museum.de
- 🕐 seg-dom 9h-17h   💲 €11 (Est, Cr: €4 | Id: €7)

Um dos maiores museus da Alemanha e o maior de ciências e tecnologia do mundo – quem quiser visitar tudo com calma vai precisar de bem mais do que um dia. São, afinal, mais de 10km de corredores em 45 mil metros quadrados de área e 46 divisões. Aborda navegação, aviação, astronomia e outros assuntos afins, com apresentação de modelos reais de carros e aviões. Aqui também estão invenções de todo tipo, algumas fabricadas pela Siemens, outras pela Mercedes-Benz, e toda uma parafernália interessante. O Deutsches Museum tem ainda duas outras sedes menores, com ingresso à parte (💲 €6 | Est, Cr: €3 | Id: €4): o **Verkehrszentrum** (📍 Am Bavariapark 5; 🚉 Theresienhöle) mostra carros, motos, bondes e locomotivas antigas; o **Flugwerft Schleissheim** (📍 Effnerstrasse 18; Ⓜ Arabellapark) apresenta várias aeronaves.

Pinakothek der Moderne

- 📍 Barer Strasse 40
- 🚇 Pinakotheken (27, 28, N27)
- ☎ 2380.5360
- 💻 www.pinakothek.de
- 🕐 ter-qua/sex-dom 10h-18h, qui 10h-20h
- 💲 €10 (Est, Id, Cr: €7) | domingos €1

Inaugurado em 2002, o museu abriga uma das coleções de arte moderna mais importantes na Alemanha. Dividido em quatro setores, apresenta: *Staatsgalerie Moderner Kunst* (Galeria de Arte Moderna); *Die Neue Sammlung* (Museu de Design e Artesanato); *Architekturmuseum der Technischen Universität* (Museu da Universidade de Arquitetura); e o *Staatliche Graphische Sammlung* (Museu de Artes Gráficas). Não é pouca coisa o que você encontra aqui. Entre alguns dos destaques, Picasso, Francis Bacon, Andy Warhol e trabalhos da *bauhaus*, além de desenhos e gráficos desde Leonardo da Vinci até artistas contemporâneos. O design do prédio por si só merece destaque, especialmente pela cúpula de vidro situada na área central do museu, a 25m de altura.

Ponto de encontro ao redor da fonte da Karlsplatz

Alte Pinakothek *(Old Pinacotheca)*

- Barer Strasse 27
- Pinakotheken (27, 28, N27)
- 2380.5216   www.pinakothek.de
- ter-qua/sex-dom 10h-18h, qui 10h-20h
- €4 (Est, Id, Cr: €2) | domingos: €1

Uma das mais importantes da Europa, a Pinacoteca Antiga possui uma das maiores coleções de pintura do mundo: são pelo menos 900 obras. Expõe trabalhos de mestres europeus dos séculos 14 ao 18, como Rembrandt, Rubens, Van Dyck, Rafael (com sua *Sagrada Família*), Da Vinci e Dürer (com seu *Autorretrato*, de 1500). No entanto, devido a um amplo trabalho de restauração previsto até 2018, alguns setores do prédio estão fechados, o que explica os ingressos mais baratos durante esse período.

Neue Pinakothek *(New Pinacotheca)*

- Barer Strasse 29
- Pinakotheken (27, 28, N27)
- 2380.5195
- www.pinakothek.de
- seg/qua/sex-dom 10h-18h, qui 10h-20h
- €7 (Est, Id, Cr: €5) | domingos €1

A Pinacoteca Nova exibe obras de pintores pós-impressionistas do século 19 e algumas esculturas. Entre os destaques, Monet, Manet, Van Gogh e Gustav Klimt.

Stadtmuseum *(City Museum)*

- St. Jakobs-Platz 1
- St. Jakobs-Platz (62)   2332.7979
- www.muenchner-stadtmuseum.de
- ter-dom 10h-18h
- completo €7 (Est, Id: €3,50 | Cr: grátis) | exposição permanente €4 (Est, Id: €2 | Cr: grátis)

O acervo permanente do Museu Municipal apresenta a história e a cultura de Munique, com armas, esculturas, instrumentos musicais e moedas. Eventuais exposições sobre arte popular são apresentadas aqui, e uma maquete de madeira mostra Munique em 1572. No térreo, os Dançarinos Moris (*Moriskentanzer*): dez figuras em madeira, de 60cm cada, estão entre os melhores exemplos de arte gótica na Alemanha.

Glyptothek

- Königsplatz 3   Königsplatz
- www.antike-am-koenigsplatz.mwn.de
- ter-qua/sex-dom 10h-17h, qui 10h-20h
- €6 (Est, Id: €4 | Cr: grátis)

Arte grega e romana, incluindo várias esculturas. Foi construído por Ludwig I para guardar tudo que ele pilhou de outros lugares. Hoje, é a maior coleção artística desse tipo na Alemanha. O ingresso vale também para o Antikensammlungen (veja a seguir).

Antikensammlungen
(State Collections of Antiquities)

- Königsplatz   Königsplatz
- www.antike-am-koenigsplatz.mwn.de
- ter/qui-dom 10h-17h, qua 10h-20h
- €6 (Est, Id: €4 | Cr: grátis)

É um prédio de 1838, mas seu conteúdo é bem mais antigo: obras gregas e romanas, vasos, potes, amuletos em cerâmica, bronze e prata. A coleção deste museu pertencia a Ludwig I, que sonhava em transformar Munique em uma segunda Atenas. O ingresso vale também para o Glyptothek.

Lenbachhaus

- Luisenstrasse 33
- Königsplatz   www.lenbachhaus.de
- ter 10h-21h, qua-dom 10h-18h
- €10 (Est, Id: €5)

Galeria com exposições de pinturas dos séculos 19 e 20 de artistas locais da escola *Blaue Reiter*, vanguarda no início do século 20, e outros como Kandinsky e Klee.

Residenz Museum

📍 Residenzstrasse 1   Ⓜ Odeonsplatz
☎ 290.671   💻 www.residenz-muenchen.de
🕐 abr-out seg-dom 9h-18h | nov-mar seg-dom 10h-17h
💲 museu €7 (Est: €6) | tesouro €7 (Est: €6) | combinado €11 (Est: €9)

Castelo construído entre os séculos 16 e 19 em estilo renascentista, foi residência dos Wittelsbach, os duques da Baviera, até 1918. O que se vê hoje é o local restaurado depois de sua quase completa destruição durante a Segunda Guerra Mundial. No interior, 100 salas abrigam uma coleção de arte egípcia, moedas e a câmara de tesouros da dinastia Wittelsbach. O ingresso combinado dá acesso ao museu e ao tesouro.

BMW Museum

📍 Am Olympiapark 1   Ⓜ Olympiazentrum
☎ 125.016.001   💻 www.bmw-welt.com
🕐 ter-dom 10h-18h
💲 €10 (Est, Id, Cr,: €7)

Museu da BMW sob medida para os apaixonados pelos carros da marca. Apresenta exposição, filmes e slides da história da montadora, com os veículos produzidos no passado e as projeções para o futuro. Para os mais aficionados, vale visitar também o **BMW Werk** (🕐 seg-sex 9h-16h30; 💲 €8), a fábrica, ou fazer o tour *premium* de 3h por todo o complexo (💲 €22 | Est, Id, Cr: €15; reservas pelo ☎ 125.016.001 🕐 tour em inglês ter/sex 14h30; em alemão ter-sex 9h30 e 14h30).

MUNIQUE LADO B | MÜNCHEN NAZI

A partir da década de 20 até o fim da Segunda Guerra Mundial, Munique foi um dos principais centros do nazismo. Nem todo mundo sabe, mas a famosa cervejaria **Hofbrauhäus** foi o local onde aconteceu a primeira grande convenção do partido nazista. O aspecto dessa cervejaria hoje, no entanto, é totalmente distinto do original. A **Königplatz**, praça que guarda museus, jardins e uma escola de música, não só recebeu desfiles nazistas como foi, praticamente, o "quartel" do Führer. Quase

Königplatz, sede dos comícios nazistas

todos os prédios ao redor pertenceram à SS, sendo que a sede do partido ficava na **Brienner Strasse**. Entre os edifícios existiam (e continuam existindo) túneis subterrâneos – que não são abertos à visitação –, permitindo, assim, que Hitler passasse de um lugar a outro em segurança. Aliás, o conhecido episódio da queima dos livros "imorais" (a maioria de autores judeus), promovida pelos nazistas em 10 de maio de 1933, aconteceu aqui, na Königplatz. No centro de Munique, a **Odeonsplatz** também guarda uma recordação: era aqui que a águia e a bandeira do partido erguiam-se, lembrando aos alemães que, ao passar pelo local, era "aconselhável" fazer a saudação nazista. A simples recusa ou esquecimento era suficiente para ser considerado um opositor do regime. A maioria cumpria a ordem, mesmo aqueles que se opunham a Hitler. Os rebeldes mais fervorosos, no entanto, recusavam-se a cruzar a Odeonsplatz, utilizando uma pequena ruela de paralelepípedos – a **Viscardigasse** –, que contorna a praça por trás. Passe por ali também, olhe para o chão e repare na linha de paralelepípedos dourados: é a homenagem aos pedestres oponentes. E pouca gente sabe disso. Ali perto, na Brienner Strasse com Turken Strasse, ficava a sede da **Gestapo** – a polícia secreta nazista.

ENTRE NESSA FESTA | Oktoberfest

A maior Oktoberfest do mundo é aqui! Tudo começou como uma festa para celebrar o casamento do príncipe Ludwig I (avô de Ludwig II, que construiu o Castelo Neuschwanstein) e Theresie. Hoje, é a maior festa folclórica da Alemanha: recebe cerca de 7 milhões de visitantes por evento – e, apesar do nome, começa no fim de setembro, tomando o início do mês de outubro, tudo em função da festa do casamento do príncipe ter sido nessa época, de clima mais ameno. O público é bem diversificado, você encontra famílias, amigos, colegas de trabalho curtindo a festa. As pessoas dividem mesas, conversam bastante e a maioria vai vestida com os trajes típicos da Baviera, principalmente durante os fins de semana, quando os primeiros canecos começam a ser servidos cedo, às 9h. O traje feminino é o *dirdnl*, um vestido colorido com espartilho, e o masculino é a *lederhosen* (calça de couro). Entre no clima: esprema-se entre os alemães, fale alto, cante, dance, diga *prost!* E não se levante até terminar seu caneco, ou você corre o risco de perder o seu lugar. A cerveja, fabricada em Munique, é servida seg-sex 10h-22h30, e os alemães parecem beber durante todas essas horas seguidas sem parar. Como a festa termina relativamente cedo da noite, muitos foliões continuam o agito em hostels, bares ou festas. A Oktoberfest também é o paraíso dos glutões: todos os tipos de salsicha que você não sabia que existiam dão o tempero da festa. Acontece no parque Theresienwiese, e para chegar lá é preciso tomar o metrô U3 ou U6 até Goetheplatz (mais tranquilos) ou U4 ou U5 até Theresienwiese (frequentemente lotados).

NS-Dokumentationszentrum München
(Munich Documentation Centre for the History of National Socialism)

- Brienner Strasse 34
- Karolinenplatz (27, 28, N27)
- 2336.7000
- www.ns-dokumentationszentrum-muenchen.de
- ter-dom 10h-19h
- €5 (Est, Id, Cr,: €2,50)

O Centro de Documentação Nacional-Socialista é um dos mais novos museus da Alemanha: foi inaugurado em 1º de maio de 2015 – data simbólica, que coincide com o 70º aniversário da chegada das tropas americanas na cidade, dia posterior à morte de Hitler e o fim da guerra mundial. A exposição permanente apresenta objetos simbólicos, fotografias e vídeos que retratam as grandiosas manifestações militares e a destruição de Munique durante a guerra.

Arredores

KZ-Gedenkstätte Dachau
(Dachau Concentration Camp)

O Campo de Concentração de Dachau, distante 20km de Munique, foi o primeiro em uma cidade alemã (Dachau). Já na entrada, a falsa promessa: *Arbeit Macht Frei* (O Trabalho Liberta). Entre judeus, militantes políticos e outras minorias, mais de 200 mil foram encarcerados, dos quais 31.951, oficialmente, morreram aqui. Outros milhares foram transferidos, tendo o mesmo fim em diversos campos de concentração que viriam a ser construídos pela Europa. Desde 1965, é um símbolo em memória às vítimas do nazismo, funcionando como um importante museu, repleto de fotos, filmes e documentos, incluindo aqueles sobre as experiências médicas que os nazistas realizavam com os prisioneiros. Caminhe pelos sombrios espaços abertos onde ficavam os dormitórios, veja o expressivo memorial e os horripilantes crematório e câmara de gás. Amargo e imperdível – deve ser visitado (⊙ seg-dom 9h-17h; $ grátis). Para chegar ao local, pegue o S2 até a estação Dachau, depois o ônibus 726 até a porta do Memorial. Mais informações: 🖳 www.kz-gedenkstaette-dachau.de.

Passeios

Schloss Neuschwanstein
(Neuschwanstein Castle)

O Castelo de Neuschwanstein, próximo à cidadezinha de Füssen (veja p.1120), em Schwangau, na fronteira com a Áustria, é conhecido por ser a inspiração do Castelo da Cinderela da Disney. Planeje um bom tempo para conhecer toda a área, incluindo a ponte **Marienbrücke,** local preferido do rei Ludwig II para admirar seu castelo (e bom lugar para fotos), e o **Schloss Hohenschwangau,** fortaleza mais antiga da família Wittelsbach. Várias agências organizam o passeio, como a *Sandemans* (www.newmunichtours.com) e a *Mike's Bike Tours* (www.mikesbiketours.com), a partir de €40 por pessoa. Se vier por conta, há trens de Munique que chegam em Füssen em 2h; tem *lockers* (€3) na estação de trem.

Comes & Bebes

Você não pode sair de Munique sem visitar um *biergarten* (na tradução literal, jardim de cerveja; na prática, cervejaria ao ar livre), verdadeira instituição da Baviera, onde a *bier* (cerveja) é geralmente produzida no próprio local. Nas tardes de verão, parece que a cidade vai se esvaziando na proporção em que os bares enchem. Nesses estabelecimentos, você também encontra pratos típicos, acompanhados sempre por um generoso copo de cerveja.

Para lanches rápidos, aproveite as barraquinhas de salsicha (*wurst*) espalhadas pelo centro, principalmente nos arredores da Marienplatz, e os mercados, mercearias e kebabs dessa região. O *Viktualienmarkt* acontece na rua de mesmo nome, ao sul da Marienplatz, desde 1807; é um mercado ao ar livre com produtos locais, frutas, verduras, barraquinhas de comida típica e um disputado *biergarten* a céu aberto. Nas ruas Neuhauserstrasse e Kaufingerstrasse, entre a estação de trem e a Marienplatz, há tendas que vendem caixinhas de frutas da região, como cereja, amora e framboesa. No Natal, beba o *glühwein*, o vinho quente alemão, conhecido em partes do Brasil como quentão.

Ambiente descontraído dos *biergärten* em Munique

Augustiner Bräustuben

- 📍 Landsberger Strasse 19
- 🚇 München Hackerbrücke (S1, S8)
- 📞 507.047   💻 www.braeustuben.de
- 🕐 seg-dom 10h-0h
- 💲 €10-25

O restaurante tem dois ambientes, um mais descontraído, no estilo taverna, e o outro mais tranquilo, ambos com mesas grandes, eventualmente compartilhadas com mais gente. As porções são bem servidas e têm bom custo-benefício. Um prato com pato, joelho e linguiça de porco com bolinhos de batata e repolho roxo serve bem duas pessoas e custa €13,95. Há também o prato do dia por €6-9. A cerveja Augustiner Helles vom Holzfass (0,5l) custa €2,65.

ALMANAQUE VIAJANTE | Putsch da cervejaria

Burgerbräukeller após a explosão

Na noite de 8 de novembro de 1923, dentro de uma cervejaria de Munique, um homem pequeno e atarracado subiu em uma mesa, fez um discurso incendiário e, ao fim dele, arremessou ao chão o copo de cerveja que tinha às mãos. Dali partiu em marcha para tomar o Estado alemão. O homem era Adolf Hitler. A cervejaria era a *Burgerbräukeller*, cujo prédio não existe mais. O episódio ficou conhecido como *Putsch* (golpe) da Cervejaria.

Inspirado na Marcha sobre Roma de Mussolini (ocorrida pouco mais de um ano antes), Hitler, então figura inexpressiva no cenário político nacional, tentou tomar o governo da Baviera para, depois, aproveitar-se do descontentamento do exército alemão e marchar com tropas até Berlim, onde daria seu golpe . No entanto, independentemente dos planos e da cena teatral protagonizada pelo futuro ditador, a insurreição foi frustrada com uma rápida ação do exército, que matou 16 nazistas e prendeu Hitler. Em um primeiro momento, a tentativa nazista de golpe foi um fiasco. Esse acontecimento, no entanto, marcou o início da popularidade de Hitler no país. Julgado por um juiz simpático à sua doutrina, o então jovem político se defendeu livremente, proferindo fortes discursos nacionalistas e armando espetáculos retóricos. Condenado a cinco anos de prisão, Hitler cumpriu apenas nove meses – nos quais escreveu seu estúpido *Mein Kampf*. Daquele momento em diante, o Partido Nacional-Socialista decidiu que chegaria ao poder por vias legais – nas palavras do próprio Adolf Hitler, a democracia deveria ser destruída pelas suas próprias forças. Em 1933, assumiria como chanceler.

E quanto à cervejaria *Burgerbräukeller*? Inicialmente, ela foi local de culto nazista: todo ano, o ditador alemão comemorava o aniversário do *putsch* com discursos e homenagens aos companheiros mortos, golpistas fracassados transformados em heróis nacionais pela propaganda do partido. As coisas mudaram quando, em 1939, o operário Georg Elser plantou uma bomba relógio no local para assassinar Hitler. O plano não deu certo porque o discurso do ditador foi mais curto do que o habitual, fazendo com que ele deixasse o prédio antes da explosão – que matou sete pessoas e deixou 63 feridos. Elser foi preso e, em 1945, executado. A cervejaria teve sua estrutura abalada, sendo finalmente demolida em 1979. Hoje, o local abriga um hotel da rede Hilton e guarda uma placa em homenagem a Elser. Se você quiser dar uma olhada, fica na Rosenheimer Strasse 15. No entanto, não espere grandes referências ao acontecido. Diferentemente dos grandes monumentos de Berlim, a história desse período sombrio em Munique se revela de maneira muito mais discreta e acanhada.

Ristorante e Pizzeria Ca'd'Oro

- Bayerstrasse 31
- Hauptbahnhof (U4, U5)
- 594.600   www.cadoro.de
- seg-dom 10h-1h   €7-25

Restaurante italiano e pizzaria, é uma boa pedida para massas e pizzas. A *margherita* sai por €6,90; as mais caras, como de presunto de Parma com rúcula ou a de calabresa, €10,50. As massas ficam na mesma faixa de preço; o espaguete com molho de tomate, €7,90. Menos em conta são as carnes: um entrecot de 250g grelhado sai por €24,90.

Hue House

- Oberläenderstr. 31
- Implerstrasse (U3, U6)
- 7677.6208   www.huehouse.de
- seg-qui 11h30-14h30/17h30-22h, sex 11h30-14h30/17h30-23h, sáb 17h30-23h, dom 17h30-22h
- €8-15

Os restaurantes vietnamitas são boas dicas para quem quer variar o sabor da comida alemã. Esse, em especial, serve frango frito com legumes ao leite de coco (€9,90) e receitas com camarão e legumes refogados (€14,90). O prato do dia é mais econômico, custa entre €5,90 e €7,90. Ambiente agradável.

🏃 Hofbräuhaus

- Platzl 9   Müchen Marienplatz (U3, U6)
- 290.136.100   www.hofbraeuhaus.de
- seg-dom 9h-23h30h
- €12-25

Restaurante tradicional de Munique e da culinária alemã, com direito a bandinha. Aqui você pode pedir como aperitivo a famosa *weisswurst*, linguiça branca (€4,90), e os pratos principais, como leitão assado da Baviera com molho da casa e batatas (€12,90). Um litro de cerveja Hofbräu custa €8. Fica bem próximo à Marienplatz.

Haxnbauer im Scholastikahaus

- Sparkassenstrasse 6
- Müchen Marienplatz (U3, U6)
- 216.6540   www.kuffler.de
- seg-dom 11h-0h
- €20-40

Tradicional, a especialidade do restaurante é o *eisbein*, joelho de porco, considerado um dos melhores da cidade. Não é muito barato, mas é bem servido e o atendimento é rápido. Meio joelho de porco custa €17,20 e vem acompanhado de chucrute com bacon. Se quiser um inteiro, é cobrado por quilo (€34/kg).

Noite

Kultfabrik

É a maior área de festas e eventos da Europa. Conta com 22 clubes, bares, lanchonetes e vários palcos de concertos, todos em um só lugar. Fica na antiga fábrica Pfanni, localizada ao lado da estação de trem Ostbahnhof (Grafinger Str. 6), e é possível chegar com *S-Bahn* 1, 2, 3, 4, 5, 6, 7, 8. Funciona também durante o dia, mas com outras funções, como esportes, atividades infantis, exposições e feiras de artesanato.

Centro de eventos Kultfabrik

Hotéis & Albergues

A maior parte das acomodações fica no entorno da estação de trem Hauptbahnhof, havendo alguns poucos hotéis no centro histórico. O custo das diárias muda muito conforme o dia da semana e a temporada, principalmente nos albergues. Há casos em que o valor cobrado no final de semana pode ser o dobro do que costuma ser entre segunda e quarta-feira – fique atento às diferenças de preço. Reserve com antecedência se a sua intenção for visitar Munique durante a Oktoberfest, mas esteja ciente de que os preços estarão acima da média de qualquer forma.

Euro Youth Hotel

- Senefelderstrasse 5
- Hauptbahnhof (U4, U5)
- 5990.8811
- www.euro-youth-hotel.de
- 200 camas
- incluído para quartos | €4,90 para dorms
- dorms 12p €11-22, 5p €12-27, 4p €13-32 | quartos 1p €33-113, 2p €58-171

Nos arredores da estação central, ocupa um dos poucos prédios construídos ainda no século 19 que sobreviveram à Segunda Guerra Mundial. Nos dormitórios, cada cama tem luz de leitura e tomada individual, além de *lockers* embaixo. Os quartos privados são espaçosos, dispõem de sofá, mesa e TV. Nos dormitórios, somente hóspedes de 18 a 35 anos são permitidos. Tem um bar bastante popular – durante o *happy hour*, das 18h às 21h, vende cervejas por €2 e drinques por €3,50. Organiza *walking tours* e *pub crawls*. Aluga bicicletas e não tem cozinha. Atenção para as mudanças exorbitantes de preços.

Wombat's City Hostel

- Senefelderstrasse 1
- Hauptbahnhof (U4, U5)
- 5998.9180
- www.wombats-hostels.com
- 65 quartos
- €3,90
- dorms 8p-10p €15/24, 6p-4p €20/29 | quartos 2p €76 (baixa/alta temporada)

O segundo hostel que você encontrará na rua Senefelderstrasse. Dormitórios simples, contam com *lockers*, mesa e luz de leitura individual. O jardim de inverno – com direito a pufes, sofás, redes e árvores de verdade – é o diferencial do albergue. O bar (que oferece um drinque de boas-vindas) serve bebidas e petiscos e dispõe de mesa de sinuca. Rede wi-fi só funciona nas áreas comuns, mas há PCs disponíveis. Não tem cozinha, mas na recepção vendem lanches e bebidas.

A belíssima construção neogótica da prefeitura de Munique

Jaeger's

- Senefelderstrasse 3
- Hauptbahnhof (U4, U5)
- 555.281 | www.jaegershotel.de
- 300 camas | €5
- dorms 40p €13/20, 10p €13/23, 8p €15/25, 4p €17/30 | quartos 1p €62/65, 2p €78/84 (baixa/alta temporada)

Quase ao lado do Euro Youth Hostel. Todas as acomodações possuem banheiro privado e ar-condicionado. Nos dormitórios há *lockers* e tomadas individuais, e só são permitidos hóspedes de 18 a 35 anos. Na hora do *check-in* ganha-se um drinque de boas-vindas. Conta com sala de uso comum, bar (aberto das 17h à 1h), mas não tem cozinha. A rede wi-fi deveria funcionar também nos quartos, mas o sinal é fraco. Dispõe de computadores com acesso à internet ao custo de €1/20min. E, sim, eles realmente têm um dormitório de 40 camas.

Meininger Hotel Munich City Center

- Landsberger Strasse 20
- Hauptbahnhof (U4, U5) | 5499.8023
- www.meininger-hotels.com
- 94 quartos | €5,90
- dorms 12p €14-26, 6p €16-32 | quartos 2p €70-140

Está também nos arredores da estação central de trem, mas um pouco mais afastado em relação aos albergues da rua Senefelderstrasse. Todas as acomodações dispõem de banheiro privativo e TV. Nos dormitórios, os *lockers* estão debaixo das camas, que contam com luz de leitura individual. Tem cozinha compartilhada, sala de jogos (mesa de sinuca, pebolim e ping-pong), um bar no *lobby* e computadores com acesso à internet, mas é cobrada uma taxa adicional. Pertence à rede Meininger, que tem hotéis/hostels em outras cidades da Alemanha e em países vizinhos, como Bélgica e Áustria. As diárias no final de semana podem chegar ao dobro do valor cobrado em outros dias, fique atento.

Jugendherberge Muenchen-Park

- Miesingstrasse 4
- Thalkirchen (U3) | 785.7677
- 366 camas | incluído
- www.muenchen-thalkirchen.jugendherberge.de
- dorms 6p €23/29 | quartos 2p €66/82, 4p €127/130, 6p €144/170 (baixa/alta temporada)

Albergue HI, está na parte sul da cidade, a cerca de 6km do centro, facilmente alcançável via metrô. Está cercado de áreas verdes e próximo do Zoológico de Munique. Todas as acomodações possuem banheiro privativo. É muito receptivo a grupos e famílias. Dispõe de três salas de uso comum e até de espaço para recreação. Sinal wi-fi disponível somente nas áreas comuns. Não tem cozinha, mas compensa servindo almoço e jantar (pagos à parte). Na recepção, máquinas de venda automática de guloseimas.

Bed & Breakfast Zeevat

- Feldbergstrasse 2
- Feldbergstrasse (192, 194)
- 8930.5892
- www.bedandbreakfast-zeevat.com
- 4 quartos | incluído
- quartos 1p €50, 2p €80

Está na parte sudeste da cidade, um pouco distante da área central. De ônibus, você chega ao centro em uns 25min. Os tipos de quarto variam conforme as amenidades, como ar-condicionado, TV, frigobar, micro-ondas, mesa de trabalho e sofá, embora o banheiro seja sempre compartilhado. O B&B é gerenciado por Jan e Fatima, um casal holandês-brasileiro. A decoração, a aparência dos quartos e a hospitalidade dos donos são diferenciais – assim como alguém que fala português e conhece bem a cidade.

Hotel Jedermann

- 📍 Bayerstrasse 95
- Ⓜ Hauptbahnhof (U4, U5)
- ☎ 543.240
- 🖥 www.hotel-jedermann.de
- 👤 55 quartos
- 🍴 incluído
- 💲 quartos 1p €55/89, 2p €69/119 (sem/com banheiro)

Hotel 2 estrelas gerenciado pela mesma família desde os anos 1960. Está nas redondezas da estação de trem e em frente a uma estação de *tram*, bom para quem não quer caminhar até o centro. As modalidades de quartos são diferentes – alguns com banheiro compartilhado (localizado no corredor) e sem TV, outros com porta de ligação, ideal para famílias, e há ainda os mais completos, com direito a banheiro privativo, TV, ar-condicionado e acesso à rede wi-fi. No *lobby* do hotel pode-se assistir TV, usar os computadores com acesso gratuito à internet ou tomar uma cerveja no bar.

🚶 Pension am Jakobsplatz

- 📍 Dultstrasse 1
- Ⓜ Marienplatz (U3)
- ☎ 2323.1556
- 🖥 www.pension-jakobsplatz.de
- 👤 4 quartos
- 🍴 incluído
- 💲 quartos 1p sem banheiro €70/80, 1p com banheiro €80/100, 2p sem banheiro €80/90, €90/110 (baixa/alta temporada)

Localização excelente, em pleno centro histórico e a poucos metros da Marienplatz. Quartos simples, pequenos e decorados em cores claras, alguns dispõem de TV e de ventilador. Cristoph, o dono da pensão, é muito gentil e bastante prestativo para dar informações sobre Munique. Ambiente aconchegante e boa relação custo-benefício, ideal para quem viaja sozinho ou em casal.

Hotel Metropol

- 📍 Mittererstrasse 7
- ☎ 2444.999
- Ⓜ Hauptbahnhof (U4, U5)
- 🖥 www.hotelmetropol.de
- 👤 74 quartos
- 🍴 incluído
- 💲 quartos 1p €109, 2p €123

Hotel 4 estrelas de gerência familiar a alguns metros da estação central. A decoração das áreas comuns e dos detalhes nos quartos é em cores vivas. Quartos modernos, espaçosos, com TV, frigobar, mesa de trabalho e facilidades para preparo de café e chá. Alguns ainda dispõem de banheira.

Hotel Excelsior

- 📍 Schützenstrasse 11
- Ⓜ Hauptbahnhof
- ☎ 895.5137
- 🖥 www.excelsior-hotel.de
- 👤 118 quartos
- 🍴 €20
- 💲 quartos 1p €130-215, 2p €175-250

Hotel 4 estrelas, quase ao lado da estação de trem. Quartos elegantes, têm móveis e detalhes em madeira, banheira, TV e mesa de trabalho, mas apenas alguns contêm ar-condicionado. Nas dependências do hotel, encontra-se um bar e um restaurante alemão-italiano. Os hóspedes podem usar as dependências de spa do Hotel Königshof, a apenas 250m, pertencente à mesma rede.

🚶 Louis Hotel

- 📍 Viktualienmarkt 6
- ☎ 4111.9080
- Ⓜ München Marienplatz
- 🖥 www.louis-hotel.com
- 👤 72 quartos
- 🍴 €24,50
- 💲 quartos 2p €229-299

Hotel 4 estrelas, bastante central, a poucos passos da Marienplatz. Os quartos são bem iluminados, têm decoração contemporânea, janelas panorâmicas, ar-condicionado, TV, frigobar e base para iPod. O café da manhã é caro, mas vale a pena – repleto de especiarias, tem até sushi. No terraço, dispõe de sauna, academia e um restaurante especializado em cozinha japonesa. Se o orçamento permitir, vale a estadia.

REGENSBURG

Situada no sudeste alemão, a 115km de Nurembergue e 130km de Munique, Regensburg (cuja tradução oficial para o português é Ratisbona, comumente conhecida como Regensburgo) foi a primeira capital da Baviera e um importante polo comercial, religioso, político e econômico na época medieval. Essa pitoresca cidadela de 182 mil habitantes traz à lembrança aqueles antigos jogos infantis de montar cidades, com casinhas de telhados vermelhos, uma torre alta com relógio e pórticos coloridos. Não é à toa que, em 2006, Regensburg foi declarada Patrimônio Mundial da Unesco. Aproveite o clima da cidade para passear entre suas ruas de paralelepípedo e, quando a noite cair, juntar-se aos estudantes espalhados pelos bares e cafés das ruas Obere Bachgasse e Ober Münsterstrasse.

Atrações

É possível conhecer tudo a pé. O centro de informações fica na *Altes Rathaus,* e você pode começar o roteiro do passeio nesse mesmo prédio, no museu **Reichstagsmuseum im Alten Rathaus**. A 4min do museu fica a **Dom St. Peter**, imponente catedral em estilo gótico, famosa por seus vitrais. Atravessando a **Steinerne Brücke** (Ponte de Pedra), você pode descansar ou até mesmo fazer um piquenique por ali, nos jardins às margens do rio Danúbio. Na torre da ponte, por meio de maquetes, ilustrações e textos, o **Brückturm-Museum** resgata a história da própria ponte e também do rio. Um pouco mais distante do centro está o **Schloss St. Emmeram.** Não deixe de visitr o castelo, há quase 200 anos é residência da dinastia de Thurn e Taxis, cujos príncipes vieram de Frankfurt.

Tranquilo entardecer à beira do rio Danúbio, em Regensburg

Estação Central de Nurembergue

NUREMBERGUE

Caso você procure por Nurembergue em um bom livro de história do último século, a verá inevitavelmente associada ao nazismo. Aqui foram julgados grandes criminosos da Segunda Guerra, como Martin Bormann e Rudolf Hess, vice-líderes do Partido Nacional-Socialista, e Herman Göring, comandante da força aérea alemã. Antes, a cidade havia sido palco das gigantescas manifestações organizadas por Hitler, imagens que seus cerca de 500 mil habitantes hoje preferem esquecer. Portanto, conhecer Nurembergue é conhecer um triste momento da história alemã. Um olhar mais de perto, no entanto, vai lhe mostrar que a cidade tem mais a oferecer. Certo, aqui está o revelador Centro de Documentação sobre a guerra e o Holocausto, mas também está o maior museu de arte e cultura da Alemanha, que condiz com o impressionante e bem conservado conjunto medieval de muralhas quase intactas, que – com seus castelos, igrejas e torres – dá um ar todo especial à cidade. Nurembergue, a 170km de Munique, também é terra da salsicha de Nurembergue – minúscula iguaria tão popular que é até mesmo regulamentada por lei. Em resumo, um documento vivo de tempos sombrios? Com certeza, mas, mais do que isso, uma cidade repleta de arte, arquitetura e gastronomia.

A Cidade

Os principais atrativos em Nurembergue (exceto o Centro de Documentação) estão concentrados na *Altstadt*, a Cidade Velha. Rodeada hoje por grandes avenidas, a região era protegida por uma muralha na época medieval. Em seu centro está a praça principal. De um lado, encontra-se a estação central de trens, que fica em frente a um dos portais de entrada do grande muro; do outro, o *Kaiserburg*, um castelo medieval. Cortando o centro está a *Königstrasse*, a rua de pedestres mais movimentada da cidade, com comércio variado, cinemas e lojas de departamentos. Ao longo da muralha, uns 300m saindo da estação, está a zona vermelha – região de prostituição, boates e *sex-shops* de Nurembergue. Código telefônico: 911.

Informações turísticas

O principal centro de informações fica em frente à estação central de trem (📍 Königstrasse 93; 🕐 seg-sáb 9h-19h, dom 10h-16h). Outro posto encontra-se na praça central (📍 Hauptmarkt 18; 🕐 nov-abr seg-sáb 9h-18h | mai-out seg-sáb 9h-18h, dom 10h-16h). Reservam hotéis e fornecem mapa da cidade e um livrinho com a programação local. Pela internet: 🖥 www.tourismus.nuernberg.de.

Cartão da cidade O *Nürnberg Card* (€25) dá direito, por 2 dias, a utilizar o transporte e a entrar em todos os museus.

Chegando e saindo

O aeroporto internacional, *Flughafen Nürnberg*, está a 7km da cidade e pode ser acessado por metrô (viagem de 12min, €2,60) ou táxi (cerca de €20 até o centro). A *Hauptbahnhof* (estação central de trens) fica na Bahnhofplatz, quase em frente ao portal que dá entrada para a *Altstadt* (Cidade Velha) e sua muralha. O subsolo é uma estação de metrô. Trens conectam Nurembergue com as principais cidades da Baviera e da Alemanha, como Würzburg (1h10), Munique (2h), Frankfurt (2h20), Stuttgart (2h40), Dresden (4h30) e Berlim (6h) e, na Áustria, Viena (5h). *Zob*, a estação de ônibus, fica ao lado, na Willy Brandt Platz.

Circulando

Basicamente só se precisa de transporte para ir ao Tribunal de Nurembergue e ao Centro de Documentação Nazista. A cidade tem um eficiente sistema de metrô, ônibus e bondes. Ticket simples para os transportes custa a partir de €1,80 e pode ser comprado nas máquinas ao lado das paradas. O bilhete para um dia sai por €5,40. Bicicleta pode ser uma boa opção. O centro de informações costuma vender um mapa de ciclovias.

Atrações

A muralha medieval que rodeia a cidade abarca os principais interesses turísticos, com exceção do Centro de Documentação Nazista. O melhor a fazer, enfim, é passear pelas ruas da cidade antiga, observar os portões da muralha ainda intactos, o "fosso" que a rodeava e a vista do castelo.

Dentro da Muralha

Germanisches National Museum
(Germanic National Museum)

- 📍 Kartäusergasse 1
- Ⓜ Hauptbahnhof
- ☎ 133.10
- 🖥 www.gnm.de
- 🕐 ter/qui-dom 10h-18h, qua 10h-21h
- 💲 €8 (Est, Id: €5) | grátis qua 18h-21h

O Museu Nacional Germânico, fundado em 1852, é o maior museu de arte e cultura da civilização alemã. Expõe obras de arte, objetos etnográficos (remontando desde a pré-história da região), brinquedos, instrumentos científicos, armas, instrumentos musicais... Em suma, quase tudo. Além disso, abriga importantes mostras temporárias. E se você estiver em Nurembergue numa quarta-feira, se liga que nesse dia, após as 18h, a entrada é gratuita.

Kaiserburg *(Imperial Castle)*

- 📍 Auf der Burg 13
- Ⓜ Lorenzkirche
- ☎ 244.6590
- 🖥 www.kaiserburg-nuernberg.de
- 🕐 abr-set seg-dom 9h-18h | out-mar 10h-16h
- 💲 completo €7 (Est, Id: €6 | Cr: grátis) | jardins grátis

O Castelo Imperial foi residência de imperadores por mais de 500 anos, os registros datam do ano de 1050. Dentro está o **Kaiserburg Museum**, que é parte do Museu Nacional Germânico. Mostra a história do castelo, armas, etc.

Ao lado está o **Kaiserstallung**, com sua torre, local que já foi celeiro e depósito de grãos e hoje é um albergue da juventude – e que oferece uma bela vista da cidade, diga-se de passagem.

Schöner Brunnen

- Hauptmarkt

Fonte gótica de 19m de altura. Data da segunda metade do século 14 e é toda decorada com figuras alegóricas.

Historischer Kunstbunker
(Historic Art Bunker)

- Obere Schmiedgasse 52
- Lorenzkirche 227.066
- www.museums.nuremberg.de
- tours seg-qui 14h30, sex-sáb 14h30/17h30
- €6 (Est, Id: €5 | Cr: grátis)

Fica numa ruela abaixo do Kaiserburg. Os bombardeios sobre Nurembergue, durante a Segunda Guerra Mundial, destruíram praticamente toda a

---

Nos tempos do Nazismo

A mais sinistra das atrações de Nurembergue talvez seja o motivo pelo qual muita gente visita a cidade – apesar de não ser o que os nativos mais gostem de mostrar. Em 1927 e 1929, e mais tarde, entre 1933 e 1938, Nurembergue foi a cidade escolhida por Hitler para receber as manifestações do partido nazista que impressionaram o mundo. Em grandes eventos de massa, os longos discursos do *Führer* eram saudados por milhares de simpatizantes vindos de todos os cantos da Alemanha. O **Norisring** era o grande palco da absurda propaganda, um complexo monstruoso de 11 mil metros quadrados, cujos prédios monumentais foram construídos especialmente para abrigar as festas, conferências, pronunciamentos, treinamentos militares e desfiles sem fim. Mesmo óperas e grandes exibições de fogos de artifício – tudo acontecia nesse espaço, entre o *Volkspark* e o lago *Grosser Dutzendteich*, na rua *Zeppelinstrasse*. Apesar do estado deteriorado, há muito o que ver, principalmente no Centro de Documentação, instalado em uma das asas do Hall de Congressos no Norisring. Inspirado no Coliseu de Roma, o Hall nunca chegou a ficar pronto, e, ainda assim, é o maior monumento ainda em pé do regime nazista. Foi projetado para abrigar 400 mil pessoas no estádio e 50 mil no congresso.

Faszination und Gewalt: Dokumentationszentrum Reichsparteitagsgelände
(Documentation Centre Nazi Party)

- Bayernstrasse 110
- Dokumentationszentrum (55, 65)
- 231.5666
- www.museums.nuremberg.de
- seg-sex 9h-18h, sáb-dom 10h-18h
- €5 (Est, Id: €3), audioguia incluído

Fascinação e Terror: Centro de Documentação do Partido Nazista. Exposição repleta de textos, fotos, vídeos, documentos e registros de áudio. Traça um painel completo desde o surgimento e a ascensão do nazismo, passando pela guerra, a deportação de judeus, o Holocausto até, finalmente, o julgamento de alguns oficiais nazistas, aqui mesmo, em Nurembergue. Impressionante não é somente o depoimento de sobreviventes, mas a opinião de quem esteve e foi criado do outro lado – sob a ótica nazista. Imperdível.

cidade, deixando raros prédios em pé. Um pouco antes do início da guerra, oficiais espertos resolveram transformar abrigos subterrâneos – onde na Idade Média se guardava cerveja – em esconderijo para relíquias e obras de arte. Visitas guiadas diárias, em alemão, inglês ou espanhol, percorrem o abrigo, que conta com exposição de fotografias, áudios e vídeos sobre os ataques aéreos, além dos cômodos originais criados para os guardas.

Feiras

Tradicionais feirinhas marcam presença o ano todo nas pricipais praças da cidade. Entre elas: *Ostermarkt*, durante a Páscoa, entre março e abril; *Trempelmarkt*, o mercado de pulgas, em maio e setembro; *Herbstmarkt*, a feira de outono, em setembro e outubro; e a *Christkindlesmarkt*, entre novembro e dezembro, feira de artigos de Natal.

Memorium Nürnberger Prozesse
(Memorium Nuremberg Trials)

- Bärenschanzstrasse 72
- Bärenschanze
- 3217.9372
- www.memorium-nuremberg.de
- seg/qua-dom 10h-18h
- tours €5 (Est, Id, Cr: €3)

Memorial dos Julgamentos de Nurembergue. Com o fim da guerra e a capitulação da Alemanha, os países vitoriosos instituíram a sede do Tribunal Internacional Militar em Berlim, posteriormente transferida para Nurembergue. De novembro de 1945 a outubro de 1946, representantes nazistas, sentados no tribunal, tiveram que responder sobre crimes contra a humanidade, plano e execução de guerra. A maioria acabou sentenciada à morte, outros à prisão perpétua ou a condenações menores. Os sentenciados à morte foram executados na própria cidade. A sala em que o julgamento ocorreu fica no Palácio da Justiça, e pode ser visitada em tours guiados.

Vestígios das construções

- Dispersas, atrás do Hall de Congressos

A **Luitpold Arena** serviu de local para desfiles, assembleias e rituais de homenagem aos mortos na guerra. Em 1958, tornou-se um parque de recreação e local de shows, e assim continua até hoje. O **Zeppelintribüne**, Campo e Tribuna Zepellin, acomodava 100 mil pessoas, que faziam parte da imensa catarse coletiva embalada pelos discursos de Adolf Hitler, posicionado no alto da tribuna coroada com uma gigantesca suástica. Tour gratuito aos domingos pelo Campo e Tribuna a cada 15min, com 1h de duração. Em 1945, o Exército dos EUA destruiu a suástica e, em 1967, a administração municipal implodiu a tribuna. Na **Great Road**, sobre 2km de comprimento, 40m de largura e 60 mil pedras de granito, marchavam as paradas militares nazistas. Hoje, funciona como estacionamento quando há eventos no local. A Great Road termina no **March Field**, um campo utilizado para treinamento militar. Uma tribuna e mais colunas começaram a ser construídas em 1938, mas a guerra não permitiu o término do projeto e somente 11 colunas foram erguidas. Na década de 60, foram implodidas para dar lugar a outras construções. O Campo, zona que hoje já não existe mais, ficava além do lago Dutzendteich. Era quase uma cidade, com água e geração de energia própria, que abrigava os participantes das manifestações. A partir de 1939, serviu como campo de concentração de prisioneiros de guerra e em 1945 foi usado pelos EUA como campo internacional de refugiados.

Comes & Bebes

Para lanches rápidos, Königstrasse, Altmarkt e toda a cidade antiga concentram barraquinhas de salsicha, kebabs, padarias (que vendem o tradicional pão de gengibre) e supermercados. O *Aldi Süd* é um supermercado barato, na Königstrasse, quase ao lado do centro de informações. Há muitos restaurantes ao redor da Altmarkt. Imperdoável é ignorar as barraquinhas de rua e não provar a *nürnberger würst* – a genuína salsicha de Nuremberque. De acordo com a lenda, a salsicha foi inventada há séculos, com a intenção de que fosse pequena o suficiente para passar pelo buraco de uma fechadura e alimentar prisioneiros. Verdade ou não, ela é um pouco mais fina e comprida que um dedo mindinho. A melhor forma de prová-la é acomodando três delas dentro de um pão com mostarda. Picante, costuma vir frita ou grelhada e, às vezes, acompanhada de repolho azedo ou cebolas.

A badalada Königstrasse

Hutt'N

Bergstrasse 20	Lorenzkirche
201.9881	www.huettn-nuernberg.de
seg-sáb 11h-0h30, dom 11h-22h30	
€6-15	

Restaurante típico recomendado por locais. É relativamente barato e fica próximo ao castelo. Entre os pratos, uma porção de linguiça caseira com salada de batata e chucrute sai por €5,90. A carne de porco com bolinhos de batata custa €7,90. Pela cerveja da casa (0,5l) se paga €3,10.

Barfüsser Kleines Brauhaus

Hallplatz 2	Hauptbahnhof
204.242	www.barfuesser-nuernberg.de
seg-dom 11h-2h	
€8-20	

Tradicional restaurante da cidade, com comida típica e produção própria de cerveja. Serve sopas a €3,40; entre os pratos, há o escalope de porco com cogumelos, vegetais e spätzle (€8,90). O joelho de porco com molho de cerveja e bolinhos de batata sai por €13,20. Há alguns pratos vegetarianos, como os cogumelos assados com creme azedo e salada, por €7,90.

L'Osteria

Pickheimerstrasse 116	
Lorenzkirche	
558.283	www.losteria.de
seg-sáb 11h-0h, dom 17h-0h	
€6,50-12	

Para quem quer uma folga dos pratos alemães, esse é um restaurante de massas e pizzas. Faz parte de uma rede com diversas lojas no país. As massas ficam entre €6,50, como o espaguete com tomate e manjericão, e €9,50, como o *tagliolini* com molho caseiro de tomate com rúcula e camarão. Na parte das pizzas, a margherita vale €6,50 e a quatro queijos, €10,50.

Hotéis & Albergues

Nurembergue dispõe de uma boa oferta de acomodações, desde albergues e pensões até hotéis 4 estrelas. A maioria fica na Cidade Velha e próximo da estação, o que facilita o deslocamento até as atrações da cidade. Tudo pode ser feito a pé, então, quanto mais próximo da Altstadt a acomodação estiver, melhor.

Five Reasons Hostel & Hotel

- Frauentormauer 42
- M Hauptbahnhof) 9928.6625
- www.five-reasons.de
- 15 quartos €5,80
- dorms 8p €17/21, 6p €19/23, 4p €21/25 | quartos 2p €47/69 (baixa/alta temporada)

A menos de 10min de caminhada da estação central de trem. Quartos espaçosos, bem iluminados, dispõem de luz de leitura e tomada individual. Tem cozinha compartilhada e bar, onde é possível comprar alguns lanches e bebidas. Atenção que se hospedar no fim de semana sai mais caro: sextas e sábados, as diárias aumentam €2.

Youth Hostel Nuremberg

- Burg 2   Maxfeldstrasse (9)
-) 230.9360
- www.nuernberg.jugendherberge.de
- 355 camas incluído
- dorms 6p €36,90 | quartos 2p €82

Albergue HI, fica no Kaiserstallung, antigo depósito de grãos do castelo Kaiserburg, do século 15, no alto da cidade, de onde se tem uma das mais belas vistas de Nurembergue. Todos os quartos contam com banheiro privativo e luz de leitura nas camas. Tem sala de uso comum, cozinha compartilhada e aluguel de bicicletas. Serve almoço e jantar, ambos pagos à parte. Possui ainda bar e salas de conferências.

Hotel Deutscher Kaiser

- Königstrasse 55 M Hauptbahnhof
-) 242.660 www.deutscher-kaiser-hotel.de
- 52 quartos incluído
- quartos 1p €64/92, 2p €88/109

Bem localizado, muito próximo da estação de trem principal, está situado num prédio histórico do século 19. Quartos simples, alguns são decorados com móveis de época. Todos dispõem de TV, frigobar, cofre e utensílios para preparo de café e chá. O hotel tem academia e sala de leitura.

Hotel Victoria

- Königstrasse 80 M Hauptbahnhof
-) 240.50 www.hotelvictoria.de
- 62 quartos incluído
- quartos 1p €92/148, 2p €108/178 (baixa/alta temporada)

A poucos passos do Hotel Deutscher Kaiser. Dispõe de diversas modalidades de quartos, todos com TV, frigobar e mesa de trabalho. Tem terraço, jardim de inverno e um café nas dependências. O café da manhã é bastante elogiado pelos hóspedes.

Hotel Drei Raben

- Königstrasse 63 M Hauptbahnhof
-) 274.380 www.hoteldreiraben.de
- 22 quartos incluído
- quartos 1p €100-130, 2p €150-225

Hotel 4 estrelas, moderno e temático, tem quartos decorados com diferentes motivos referentes à cidade, como futebol e contos de fadas, por exemplo. Quartos confortáveis, com ar-condicionado, TV, DVD, base para iPod e frigobar. De boas-vindas, recebe-se um drinque e simpáticas mensagens personalizadas. O hotel conta com um bar moderno, com uma boa seleção de vinhos e de drinques moleculares (mixologia com as propriedades químicas e físicas das bebidas). Vale o custo-benefício.

■ STUTTGART

Com 590 mil habitantes, Stuttgart é a capital de *Baden-Würtenberg* e, mais do que qualquer atração histórica ou natural, é a sede da *Bosch* e das cobiçadas montadoras *Porsche* e *Mercedes-Benz*. Situada próximo à Floresta Negra, a 230km de Munique, a cidade conta com alguns prédios históricos e museus interessantes. Apesar de ser conhecida pela vinicultura, Stutti, como os alemães a apelidaram carinhosamente, é casa da segunda maior festa da cerveja da Alemanha: a *Cannstatter Wasen*.

A Cidade

A *Königstrasse*, ou Kö, que sai da estação de trens, é a principal rua de pedestres. Ao redor dela estão quase todos os prédios históricos e as lojas de departamentos. A Bahnhof, aliás, marca um dos limites deste centrinho. Há trens direto para Friburgo (2h), Munique (2h15), Colônia (2h30), Düsseldorf (2h30) e Nurembergue (2h40). O rio Neckar corta a cidade, que é rodeada de áreas verdes e parques até seus limites, quando começa a área industrial. Também mais afastados do centro estão a torre de TV e seu mirante e os museus Mercedes-Benz e Porsche. O centro de informações turísticas fica na Königstrasse 1A (seg-sex 9h-20h, sáb 9h-18h, dom 10h-18h). Pela internet: www.stuttgart-tourist.de.

Atrações

A maioria dos atrativos de Stuttgart está no centro; para alcançar outros mais distantes, é necessário utilizar transporte. A **Schlossplatz** é uma praça central de Stuttgart, onde ficam os novos palácios, construídos entre 1746-1807. O Palácio Antigo, **Altes Schloss** (Schillerplatz 6), é um castelo que data do século 10 e se tornou museu de história da cidade. Nos primeiros níveis há objetos celtas, germânicos e romanos, passando pelos medievais, e assim por diante, podendo também apresentar exposições temporárias atuais. Mas os museus que mais despertam o interesse são: o **Mercedes-Benz Museum** (Mercedes-strasse 100), um prédio moderno dentro da fábrica, onde se conta a história dos veículos automotores e

Schlossplatz, a praça principal da cidade

Jardim Botânico Wilhelma

a influência dos sócios-fundadores, Daimler e Benz, nesta indústria; e o **Porsche Museum** (Porscheplatz 1), um salão dentro da fábrica com uns vinte e tantos Porsches e uma butique de suvenires com a marca. Aficionados por carros podem reservar tours pela empresa (9112.0911).

Um lugar muito bonito em Stuttgart e de fácil acesso pelo *S-Bahn* (parada Feuersee) é a praça **Feuerseeplatz**. A beleza desse cenário é a igreja *Johanneskirche*, às margens do Feuersee, o Lago de Fogo. À noite, é possível ver a igreja iluminada e espelhada nas águas. Muitos bares estão por perto e você pode aproveitar a vista para tomar um café ou um bom vinho *riesling* da região. O **Wilhelma Zoologisch-Botanischer Garten** (Neckartalstrasse 13), famoso em Stuttgart, combina zoológico e jardim botânico, sendo um bom passeio em dias de sol, principalmente na primavera, quando as borboletas aparecem. Tem animais pouco comuns no Brasil, como ursos polares e pinguins. Algumas plantas estão separadas por espécies em estufas, as demais estão espalhadas pelo parque, enfeitando os belos jardins.

Passeios

Schloss Solitude *(Solitude Castle)*

Mais afastado da cidade, esse castelo se constitui num bom programa. A construção em estilo rococó foi feita entre 1763 e 1767 pelo duque Carl Eugen de Württemberg, e era usada como palácio de verão. Hoje abriga museu, restaurante e academia de artes. Para chegar, é preciso pegar o trem (*S-Bahn*) na Hauptbahnhof de Stuttgart e descer na estação Feuersee. De lá, a linha de ônibus 92 (SSB-Buslinie 92) vai até a parada do castelo, a Haltestelle Solitude (abr-out ter-sáb 10h-12h/13h30-17h, dom 10h-17h | nov-mar 13h30-16h, dom 10h-16h; €4 | Est: €2). Mais informações em www.schloss-solitude.de.

Residenzschloss Ludwigsburg
(Ludwigsburg Castle)

A morada oficial dos duques e reis de Württemberg, inspirada no palácio francês de Versalhes, tem 18 prédios e 452 cômodos. Para chegar, pegue o trem S5 (*S-Bahn*) na Hauptbahnhof até a parada Ludwigsburg (a 30min ao norte de Stuttgart), e de lá mais uma caminhada de aproximadamente 10min até o castelo. Para mais informações sobre o castelo: www.schloss-ludwigsburg.de.

Tübingen

A cidade de Tübingen, 30km ao sul de Stuttgart, abriga uma das mais importantes universidades da Alemanha. Cerca de um terço de sua população, de 85 mil habitantes, é de estudantes, que contribuem para um clima jovial e dinâmico. Tübingen é atravessada pelo rio Neckar, onde, em suas margens, avistam-se várias casas medievais e em estilo enxaimel. Outros de seus atrativos são um castelo renascentista e um dos festivais mais deliciosos da região, o *ChocolArt*, que ocorre no começo de dezembro. A cidade conta com uma estação de trem, conectando-se a Stuttgart em 57min.

Comes & Bebes

A região de Stuttgart é o maior centro de vinicultura da Alemanha. Para os apaixonados pela bebida, uma dica legal é conhecer as *besenwirtschaften*, tabernas especializadas em vinhos, ou aventurar-se em uma programação mais longa, fazendo um passeio no *Weinwanderweg*, uma rota de vinícolas nas montanhas. A culinária *schwäbich*, tradicional da região de Baden-Württemberg, é uma atração à parte. Entre as especialidades está o *kässpätzle*, uma massa típica com queijo, e a *maultaschen*, tipo de ravióli com recheio de carne, legumes e cebola. Você pode encontrar esses e outros pratos tradicionais no restaurante **Ochs-n Willi** (Kleiner Schlossplatz 4; seg-dom 11h-23h30) que prepara um elogiado *riesenhaxe* (joelho de porco) e, para facilitar, tem a opção de menu do dia; fica bem próximo da Schlossplatz e do Altes Schloss Museum. Outra alternativa é o centenário restaurante **Weinstube Stetter** (Rosenstrasse 32, seg-sex 15h-23h, sáb 12h-15h/17h30-23h), que serve comida típica alemã e vinhos da região.

Hotéis & Albergues

Existem poucos albergues, mas há uma grande variedade de hotéis na área central. Um dos únicos hostels, o **Alex 30** (Alexanderstrasse 30; dorms 5p-3p €25-29, quartos 2p €32-39), cujo nome é uma referência a sua localização, dispõe de cozinha, bar, terraço e e wi-fi gratuito. Os dormitórios tem banheiro compartilhado e os quartos mais caros, privativo. Buffet de café da manhã por €8. Na linha B&B, o **Gästehaus Ziegler** (Blumenstrasse 29; quartos 1p €60-75, 2p €90-105) tem um ambiente bem acolhedor. Os quartos são simples, com mesa de trabalho, armário e TV, mas confortáveis. Ótima localização, próxima ao centro. Se a ideia é ficar em hotel, uma alternativa é o **Hotel am Friedensplatz** (Friedensplatz 2-4; quartos 1p €69-89, 2p €89-109, 3p €99-136), 3 estrelas, padrão executivo, com café da manhã incluído. O **Attimo Hotel** (Wildunger Strasse 5; quartos 2p €105-140), próximo à estação de trem, tem quartos modernos, bem decorados, com TV a cabo, cofre e banheiro.

ENTRE NESSA FESTA | Cannstatter Volksfest

Não precisa procurar muito: festas populares regadas a boa cerveja é o que mais tem na Alemanha. E Stuttgart é a casa da segunda maior festa da tradicional bebida do país: a **Cannstatter Volkfest**. Tudo começou em 1818, quando o rei Wilhelm patrocinou um festival para o povo, comemorando o fim dos anos de fome. Com muita fartura, a celebração ocorre até hoje durante 15 dias, entre os meses de setembro e outubro, em *Cannstatter Wasen* (estação de metrô Neckar Park), um grande parque de diversões às margens do rio Neckar, a cerca de 20min de caminhada do centro. No pacote das diversões, oferece uma roda-gigante de 60m, montanhas-russas, carrosséis e muitas barracas de jogos. O início da Cannstatter é oficialmente declarado quando é aberto o primeiro barril de cerveja. O Desfile da Volksfest enche as ruas da cidade com pessoas cantando e dançando músicas tradicionais alemãs. A celebração continua nas tendas, com bandas tocando ao vivo e muita comida e cerveja para acompanhar. Muitos preferem Cannstatter Wasen à Oktoberfest, por seu clima mais autêntico. De fato, a festa é bem popular e não tão turística e comercial como a de Munique, primeiríssima no ranking.

Münster, cartão-postal de Friburgo

FRIBURGO

Típica cidade medieval alemã situada entre o rio Reno e a *Schwarzwald* (Floresta Negra), numa região de matas densas e pinheiros escuros, Friburgo (*Freiburg*, em alemão), de 200 mil habitantes, distante 160km de Stuttgart, foi destruída por bombardeios durante a Segunda Guerra Mundial. Reconstruída, hoje tem arquitetura contemporânea, tanto nos edifícios quanto nos espaços abertos. No entanto, resquícios de sua história antiga permanecem: no centro, além dos edifícios medievais, chamam atenção as vias de paralelepípedo e suas pequenas canaletas (*bächle*), por onde corre água em toda a cidade. Na Idade Média, serviam principalmente para escoar a água da chuva, irrigar pastagens e dar de beber aos animais; hoje, tornaram-se cartão postal. Reza a lenda que quem pisar ou cair nessas canaletas está destinado a se casar com um(a) local – cuidado! Ou não.

Atrações

Das construções de Friburgo, destaca-se a **Münster**, imensa catedral de pedra, erguida entre os séculos 13 e 16, que sobreviveu ao bombardeio de 1944. O **Museum für Ur-und Frühgeschichte**, Museu de História Primitiva e Antiga, mostra artefatos dos colonizadores da região, dos romanos aos povos germânicos. Além disso, a cidade é estratégica para conhecer a Floresta Negra, com vários pontos de acesso. O centro de informações turísticas fica ao lado da prefeitura (Rathausplatz 2-4; seg-sáb 8h-18h, sáb 9h30-14h30, dom 10h30-12h). A principal estação de trem, que dispõe de *lockers*, está a 1km a oeste do centro. Hotéis e albergues encontram-se no centro histórico. Pela internet: www.freiburg.de.

Passeios

Schwarzwald (Black Forest)

Maior atração natural da região, a Floresta Negra fica num maciço de montanhas na parte oriental da planície do rio Reno. Estendendo-se por 160km desde a fronteira com a Suíça, tem várias cidades a sua volta e é repleta de videiras nas encostas do Reno. Foi a região que inspirou muitos dos contos dos famosos irmãos Grimm. Para ter uma visão geral, visite o Parque Municipal da Floresta Negra. Dentre as charmosas cidadezinhas dessa porção florestal, **Titisee** é uma boa escolha para conhecer. Trens para lá partem de Friburgo a cada meia hora, o trajeto dura apenas 40min e só o percurso já vale a viagem. Na beira do lago Titisee, é possível passear pela Seestrasse, rua cercada de lojinhas e de bons restaurantes. Aproveite para fazer um passeio de barco pelo lago ou caminhe tranquilamente pelos 6km da orla, contemplando a pacata beleza do local. Se você quer mais ação, pode encarar os 5km de subida até a *Hochfirst*, montanha a 1.190m acima do nível do mar, de onde se tem uma ótima vista panorâmica. Ou, no inverno, vá esquiar em *Hinterzarten*, a 4,5km de Titisee.

LINDAU

Construída sobre uma ilha do *Bodensee* (*Lake Constance*, em inglês, ou Lago Constança, em português), lago que serve como fronteira natural entre Alemanha, Áustria e Suíça, Lindau, a 145km de Friburgo, é um popular destino de férias germânico. A cidade, em cujo centro histórico se encontram casas medievais e edifícios barrocos, está conectada ao continente por meio de duas pontes, uma exclusiva para trens e outra para carros e pedestres, ao redor das quais se encontram os bairros menos turísticos e os condomínios de férias. O cartão-postal clássico da ilha é a entrada de seu porto, guardado pela imponente estátua de um leão, um dos símbolos da Baviera, e por um farol do século 19. Lindau, com 25 mil habitantes, é um bom ponto de partida para conhecer outras cidades ao redor do lago, como Meersburg, ainda na Alemanha; Konstanz, na Suíça; ou Bregenz, na Áustria.

O centro histórico como cenário do pequeno porto de Lindau

> **BAITA VIAGEM | Rota Romântica**
>
> Natureza, cultura e hospitalidade são os emblemas da Rota Romântica, o mais famoso percurso turístico da Alemanha. São 350km ao longo da Baviera, seguindo por uma rica paisagem nas proximidades do rio Main. O ponto de partida é **Würzburg**, cidade universitária localizada entre vinhedos. A partir daí, o trajeto passa por cidadezinhas típicas da região, centros urbanos de porte médio, palácios, monastérios, igrejas, lagos, montanhas, bosques e vilarejos do século 16, até chegar em **Füssen**, nos Alpes, bem mais ao sul.
>
> Dentre as importantes construções que se avistam no caminho estão a Igreja de Peregrinação Wieskirche de Pfaffenwinkel, um dos mais conceituados trabalhos de arte do período rococó, declarada Patrimônio da Humanidade pela Unesco, e os castelos de contos de fadas do rei Ludwig, em **Schwangau**, cercados por quatro lagos e localizados em frente às montanhas Ammer.
>
> A estrada pode ser percorrida de ônibus, carro ou bicicleta, sendo este último um meio bastante propício aos que estão a fim de um pouco mais de aventura. A Rota Romântica, afinal, possui uma via ciclística com ótima sinalização, e disponibiliza recursos necessários para quem faz o trajeto sobre duas rodas – ao longo da rota há diversos campings, albergues e pousadas, todos famosos pela acolhida amigável e pelas refeições saborosas. E, aos que se cansarem de pedalar, ônibus, que param em todas as cidades do caminho, contam com bagageiro para guardar até oito bicicletas. Definitivamente um belo passeio para quem deseja vivenciar o que há de melhor da cultura alemã.

A Cidade

A estação de trem, *Lindau Hbf*, fica na Alfred Nobel Platz, a oeste do centro; disponibiliza *lockers*, para quem está só de passagem. Em frente à estação se encontra o *Lindau Hafen*, o porto, de onde partem balsas para outras cidades do lago. Nessa mesma praça fica o centro de informações turísticas (⊙ seg-sáb 10h-18h, dom 10h-13h). Pela internet: 🖳 www.lindau-tourismus.de.

Atrações

O centro de Lindau pode ser conhecido numa caminhada de 1-2h. Comece na estação e passe pelo cais, de onde se vê a **Mangturm** (Torre Medieval) e a entrada do porto com as torres do novo farol (ambas do século 19), e, mais à frente, **Römerschanze**, uma pequena praia para banho. Seguindo, você chegará à **Rathaus** (Prefeitura) e à fonte **Lindavia-Brunnen**. Vale visitar a **Diebsturm**, uma pequena torre do século 14 que serviu de prisão na Idade Média; na mesma quadra fica a **Petersdrche**, a igreja mais antiga de Lindau, com aproximadamente 1000 anos; seguindo pelo calçadão Maximilianstrasse você vai encontrar a **Stephanskirche**, igreja construída no século 12, e a **Münster Unserer Lieben Frau** (Catedral de Nossa Senhora). Uma excursão a pé ou de bicicleta às margens do Bodensee é essencial; se for ao sul, considere visitar **Bregenz**, cidade já no lado austríaco, que tem um funicular (*pfänderbahn*) com uma vista para todo o lago, a 20min pedalando ou 10min de trem (€4,80).

Passeios

Se você procura por uma aventura inusitada, vale experimentar um voo de Zeppelin (ultramoderno) a partir de Friedrichshafen, cidade a 30km de Lindau, facilmente acessível de carro, trem ou barco. São vários tipos de passeio, sendo que o mais "barato" dura 30min e custa €200. No mesmo local, há o **Zeppelin Museum Friedrichshafen** (⊙ ter-dom 10h-17h; 💲 €8 | Est: €3 | Id: €7).

FÜSSEN

Cidade tranquila, pequena, na fronteira com a Áustria, Füssen é rodeada por casas em estilo medieval e por belos castelos – quem nunca ouviu falar do Castelo da Cinderela? O *Neuschwanstein*, afinal, é o mais famoso deles, sem dúvida, e o principal motivo das visitas por aqui. Com mais de 700 anos de história, essa cidadezinha de conto de fadas, com 14 mil habitantes, é uma das mais procuradas na Região dos Alpes no perídodo de férias, e oferece tudo de mais típico e acolhedor dos povoados alemães. A 100km de Lindau e 130km de Munique, Füssen é a última cidade da Rota Romântica, justamente para fechar o trajeto com chave de ouro.

A Cidade

Füssen é uma cidade bem pequena e, como tal, pode ser tranquilamente conhecida a pé. No centro, está a estação ferroviária, que recebe trens principalmente da Hauptbahnhof de Munique (2h) e de outros municípios da região. A estação de trem conta com *lockers*, disponíveis por €3. Os famosos castelos são conhecidos por fazerem parte de Füssen, principalmente pela cidade ser o ponto de chegada mais próximo, mas na verdade pertencem oficialmente a Schwangau, vilarejo vizinho aos pés das colinas nas quais se situam os castelos. Em Schwangau se encontram hotéis, agências de turismo e a central de vendas que emite os bilhetes para as atrações.

Circulando

Da parada ao lado da estação de trem de Füssen partem os ônibus para Hohenschwangau; saem a cada 1h, mais ou menos, geralmente coordenados com a chegada de trens de Munique, e o trajeto leva cerca de 40min. Para o castelo de Neuschwanstein, a partir do vilarejo, é possível ir a pé (uma subida de aproximadamente 35-45min), pegar mais um ônibus ou seguir em pitorescas carruagens, que custam €6 a ida (15min com o transporte e mais 5min de caminhada morro acima) e €3 a volta. Já para o castelo de Hohenschwangau, a caminhada é de 20min, com sinalizações ao longo do trajeto, e as carruagens cobram €4,50 a ida ao castelo e €2 a volta.

O magnífico Neuschwanstein

Atrações

A cidade de Füssen reserva museus e construções interessantes, como o **Hohes Schloss**, antiga residência de verão dos príncipes-bispos de Augsburg, que abriga agora uma galeria de arte; o **Benediktinerkloster St. Mang**, mosteiro beneditino do século 8, sede atual do **Museum der Stadt Füssen**, o museu da cidade; e a **Barockbasilika St. Mang**, basílica que se destaca em meio a várias igrejas barrocas no centro medieval, muito bem preservadas. Lembre-se que os bilhetes para ambos os castelos devem ser adquiridos em Hohenschwangau, numa central de vendas próximo à parada do ônibus.

Schloss Neuschwanstein

- www.neuschwanstein.de
- abr-set seg-dom 9h-18h | out-mar 10h-16h
- €12 (Est: €11 | Cr: grátis)

A construção do castelo de conto de fadas, desejo de Ludwig II, durou 17 anos e não foi concluída, tendo sido interrompida na ocasião da misteriosa morte do rei da Baviera. Ludwig, que viveu aqui durante alguns meses intercalados entre 1884 e 1886, foi encontrado morto, afogado em um pequeno lago nas proximidades do castelo. Era conhecido como um rei pacifista que vivia num mundo de sonhos (basta olhar a construção e você entende), gastando o dinheiro da coroa na construção de castelos e mais castelos. Era considerado insano por muitos que o rodeavam, o que lhe rendeu o apelido de "O Rei Louco". A visita interior é guiada e dura apenas 35min. É expressamente proibido fotografar durante o passeio. Atenção com o horário do bilhete: se você se atrasar, não adianta reclamar, perde o ingresso.

Marienbrücke

Ponte sobre o desfiladeiro Pollat, a 700m do castelo de Neuschwanstein (cerca de 10min de caminhada), foi construída em 1886, sob ordens de Ludwig II, que a nomeou em homenagem à sua mãe, a rainha Maria da Prússia. Não por acaso, era o local preferido do rei para admirar seu castelo – a vista daqui é deslumbrante.

Schloss Hohenschwangau

- www.hohenschwangau.de
- abr-set seg-dom 8h-17h30 | out-mar 9h-15h30
- €12 (Est, Id: €11 | Cr: grátis)

O Schloss Hohenschwangau, ou Castelo do Grande Condado do Cisne, é o mais antigo castelo da família Wittelsbach, onde o rei Ludwig II passou a juventude. Foi erguido sobre os restos da fortaleza Schwanstein, segundo registos históricos que datam do século 12. Essa fortificação medieval pertenceu a várias famílias, até ser abandonada no século 19. Maximiliano, ainda príncipe, passeava pela região e, encantado com sua beleza natural, resolveu edificar o seu castelo neogótico sobre aquelas ruínas. Posteriormente, Hohenschwangau foi a residência oficial de veraneio e de caça do então rei Maximiliano II, da sua esposa, Maria da Prússia, e dos seus dois filhos, Ludwig e Otto.

Wittelsbacher Museum

- Alpseestrasse 27
- seg-dom 10h-18h
- €9,50 (Est: €8 | Cr: grátis)
- www.hohenschwangau.de

O Museu Wittelbascher é dedicado a essa nobre família, que governou a Baviera entre 1323 e 1918, inicialmente como um ducado e posteriormente como um reino. A exposição compreende principalmente os reinados de Maximiliano II, que converteu o castelo de Hohenschwangau em residência de verão, e do seu filho, Ludwig II, idealizador do projeto do castelo Neuschwanstein. O museu é interativo e possui visitas guiadas em diversos idiomas.

Rio Salzach e, na margem oposta, o centro antigo de Salzburgo

www.austria.info/br

ÁUSTRIA

País com intenso turismo de neve e montanha, antigo centro da aristocracia europeia, polo da música erudita e berço de um grande número de figuras célebres que marcaram a história da Europa e do mundo. Assim pode ser resumida a Áustria. Ou não? Afinal, é importante mencionar que na região do Tirol encontram-se alguns dos melhores locais do continente para a prática de esqui e de outros esportes de inverno. Que a forte e rica aristocracia nacional dos séculos 17 e 18 transformou a nação num berço de grandes compositores eruditos – Strauss, Haydn, Schubert, Beethoven (alemão que adotou o país por um tempo) e, é claro, Mozart, talvez o ícone mais explorado turisticamente. E que, além dos músicos, é também terra de Sigmund Freud, da Noviça Rebelde e até de um fisiculturista que virou ator de Hollywood e governador norte-americano (e que atende pelo nome austríaco Schwarzenegger) – além de um infame ditador que foi protagonista de uma das histórias mais escabrosas do século 20. E há ainda que citar Viena e seus grandiosos palácios, a beleza do rio Danúbio e outras inúmeras paisagens alpinas e campestres do país. E estamos apenas no básico da Áustria.

Que país é esse

- **Nome:** República da Áustria | Republik Österreich | Republic of Austria
- **Área:** 83.879km²
- **População:** 8,4 milhões
- **Capital:** Viena
- **Língua:** Alemão
- **Moeda:** Euro
- **PIB:** US$ 436,34 bilhões
- **Renda per capita:** US$ 51.127
- **IDH:** 0,881 (21º lugar)
- **Forma de Governo:** República Parlamentarista

Barbadas e Roubadas

- ⊕ *Caminhar pelos imponentes prédios e jardins de Viena*
- ⊕ *Comparecer em algum concerto em Viena*
- ⊕ *Esquiar em Innsbruck (ok, é caro, mas não é sempre que se esquia na Áustria)*
- ⊕ *Assistir à Noviça Rebelde sem medo de pagar mico e passear por Salzburgo cantando como se fosse um dos filhos do Capitão Von Trapp*
- ⊖ *Deparar-se com algum xenófobo racista no país*

O suntuoso Castelo Schönbrunn

VIENA

Capital da Áustria, Viena (*Wien*, em alemão; *Vienna*, em inglês) foi, no passado, o centro do Império Austro-Húngaro. Situada às margens do não tão azul Danúbio, exibe hoje colossais palácios que mais parecem bolos de noiva, mesclando seus prédios históricos com o pós-moderno da arquitetura. Com 1,6 milhão de habitantes, essa cidade, que abrigou notáveis como Mozart, Beethoven, Brahms, Freud e até os Meninos Cantores (de Viena, claro), caracteriza-se pelo romantismo e pela musicalidade: encanta com seus charmosos cafés e com os célebres espetáculos culturais que promove. Sem muito esforço, Viena nos faz imaginar como teria sido o esplendor na época da família Habsburgo, dinastia que por mais de cinco séculos governou boa parte da Europa Central.

A Cidade

A praça *Stephansplatz*, onde se encontra a Catedral, é uma das principais referências de Viena. O centro histórico é circundado por um anel viário, a *Ringstrasse*, que percorre o caminho onde se erguiam as muralhas que delimitavam a capital austríaca até o século 19. Essa via muda de nome várias vezes, mas cada uma das denominações mantém o prefixo/sufixo *Ring* (que significa "anel") – como *Universitätsring*, *Opernring*, *Schubertring* etc. –, o que facilita a orientação. Cortando o centro, está a movimentada e comercial rua de pedestres *Kärntner Strasse* (lembrando que *strasse* em alemão significa "rua"). Código telefônico: 1.

Informações turísticas

Viena é abastecida por três centros de informações turísticas, que fornecem mapas, fazem reservas de hotéis (cobram taxa para isso) e vendem o *Vienna Card*.

Tourist Info Vienna
- Albertinaplatz
- seg-dom 9h-19h

Tourist Info Vienna Airport
- Aeroporto Wien-Schwechat
- seg-dom 7h-22h

Tourist Info Vienna Main Station
- Estação Wiener Hauptbahnhof
- seg-dom 9h-17h

Pela internet
- www.info.wien.at

Cartão da cidade O *Vienna Card* possibilita o uso livre do transporte público e dá direito a desconto em várias atrações – sai por €18,90/48h, €21,90/72h.

Tours

A pé A empresa *Vienna City Tours* (www.viennacitytours.com) organiza caminhadas guiadas pela cidade; custam entre €15 e €30. Destaque para o *City Morning Walking Tour*, que sai da Franz Josefs Kai 45 nas terças, sextas, sábados e domingos às 10h30 (em abril e outubro, somente nas sextas e sábados). Não quer pagar nada? A empresa *Big Boy Travel* (www.bigboytravel.com) oferece em seu site um mapa (que pode ser impresso ou baixado no seu celular) com um percurso pelo centro de Viena.

De ônibus Diversos passeios começam e terminam na Ópera de Viena e têm explicações em 12 idiomas (incluindo português). O da *Big Bus Tours* (eng.bigbustours.com) é estilo *hop-on/hop-off*, sai por €16 (Cr: €8) e é válido por 24h.

Chegando e saindo

De avião O aeroporto *Wien-Schwechat* é conectado ao centro de Viena, a 19km, pelo metrô S7 e pelo trem *City Airport Train* (€12 ida, €18 ida e volta), que vai à estação Wien-Mitte. Algumas linhas de ônibus expressas também ligam o aeroporto ao centro da cidade e à Westbahnhof e custam €8 (viagens de 25-35min, saídas a cada 30min entre 4h-23h30; as saídas são mais espaçadas entre 0h-4h).

De trem A principal estação da cidade é a nova, moderna e enorme *Wiener Hauptbahnhof*, que foi construída no lugar da antiga Südbahnhof, e planejada com intuito de trazer agilidade principalmente para viagens internacionais. Entre os destinos mais comuns estão Bratislava (1h10), Salzburgo (3h), Budapeste (3h), Praga (5h), Innsbruck (5h), Nurembergue (5h), Cracóvia (7h), Liubliana (7h30), Zagreb (7h-8h), Belgrado (10h) e Veneza (10h). Apesar de ter sido inaugurada em outubro de 2014, a nova estação não está concluída, por isso ainda divide as viagens com as estações *Westbahnhof*, que concentra os trens para países da Europa Ocidental, Áustria Ocidental e trens regionais; *Bahnhof Wien Meidling*, que recebe trens regio-

> **ALMANAQUE VIAJANTE**
> **O voo mais rápido do mundo**
> A companhia aérea austríaca *FlyNiki* divulgou, em janeiro de 2015, que nesse mesmo ano implementará o voo de menor duração no mundo: o trajeto entre Viena, capital da Áustria, e Bratislava, capital da Eslováquia, que deve ser vencido em apenas 10min. E não é nenhuma pegadinha de fuso horário. A distância entre as duas cidades é de 48km, caminho que o trem percorre em 1h, por um valor mais alto do que o cobrado pela viagem de avião. Vai levar mais tempo para chegar e sair dos aeroportos do que para fazer o percurso.

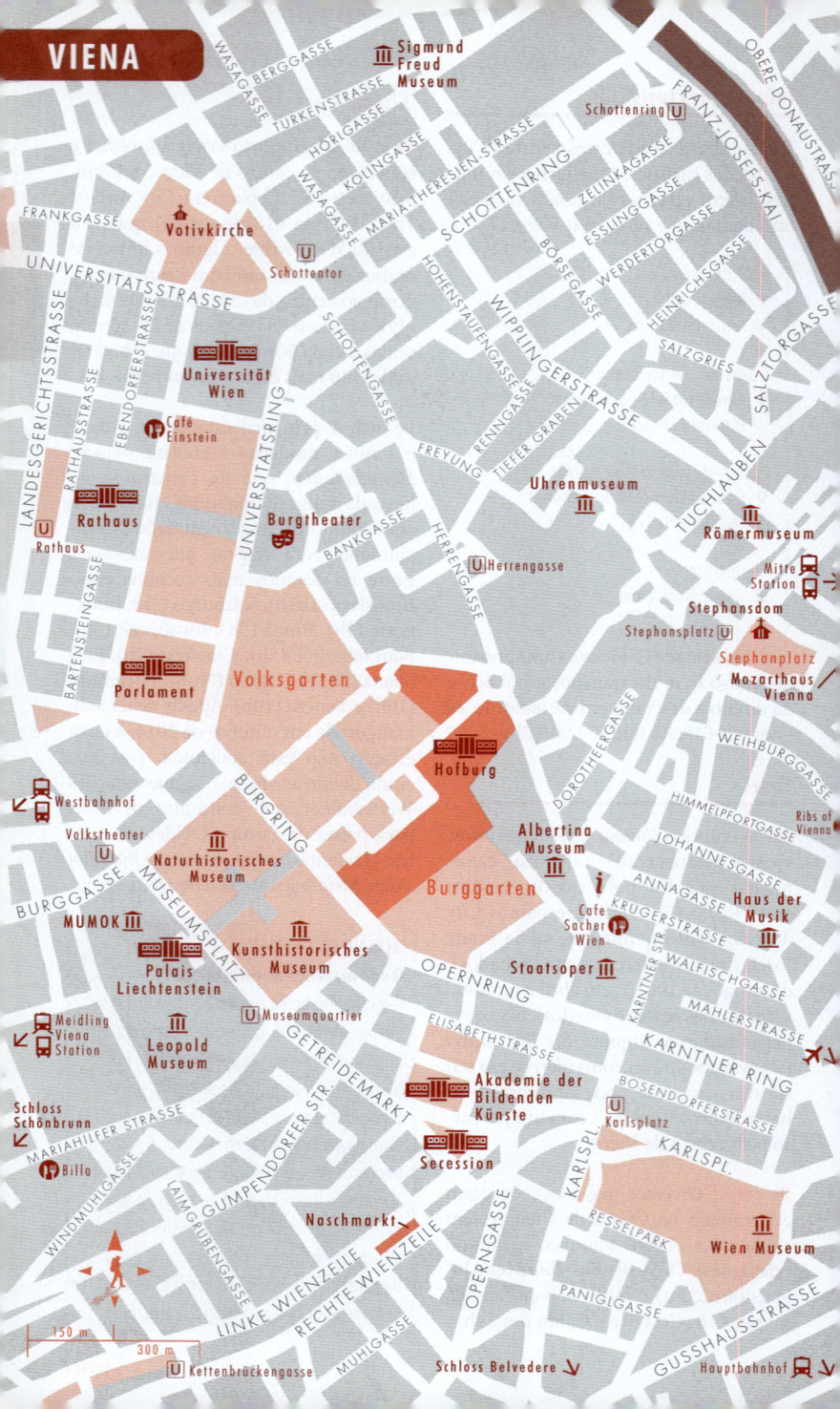

VIENA

nais e trens de longa distância de países como Itália, República Tcheca, Eslovênia, Hungria, Polônia e Croácia; e *Bahnhof Wien Mitte*, uma das mais movimentadas, com cinco linhas de trem expresso, incluindo a que vai para o aeroporto (S7), e a intersecção de duas linhas de metrô (U3 e U4). Ou seja, qualquer uma pode ser a sua – por isso, atenção na hora de se dirigir à estação.

De ônibus A rodoviária internacional está localizada no centro de Viena (metrô S e U, estação Praternstern) e é ponto de partida e chegada para cidades da Alemanha e do Leste Europeu.

De barco É possível ir a Bratislava (Eslováquia), num agradável passeio pelo rio Danúbio. Pela *Twin City Liner* (www.twincityliner.com), saídas diárias de abril a outubro às 8h30, 9h, 12h30, 16h30 e 18h; segunda a sexta custa €30, sábado e domingo, €35 – desconto nos dois últimos horários.

Circulando

Muitas atrações de Viena são fáceis de alcançar a pé. Você deve utilizar o transporte público se for ao Castelo Schönbrunn, ao Belvedere e aos albergues. O sistema inclui *S-Bahn* (metrô de superfície), *U-Bahn* (metrô), *tram* e ônibus. Uma viagem simples em qualquer meio de transporte público custa €2,30 (€2,20 nos postos de venda antecipada) e o ticket, depois de carimbado, vale por 1h. Um passe de 24h custa €7,60 e de três dias, €16,50.

São cinco eficientes linhas de metrô (*U-Bahn*), que funcionam entre 5h-0h30; nas sextas, sábados e vésperas de feriados, também operam durante toda a noite. Já o metrô de superfície (*S-Bahn*), que liga o centro de Viena aos bairros periféricos, é pouco necessário a visitantes. O *tram,* bondinho elétrico moderno, ideal para se locomover pela região central, tem 29 linhas que funcionam entre 5h-0h30, passando em intervalos de 5 a 15min. Circulam ainda 90 rotas de ônibus, que não costumam ser muito utilizadas por viajantes; no entanto, as linhas noturnas substituem o metrô nas noites de semana e ajudam bastante aos que estão indo/voltando de festas.

Por fim, táxis podem ser pegos na rua ou solicitados pelos telefones 60.160, 40.100 e 31.300. Uma alternativa aos automóveis é o *Faxi* – como são chamados os táxis de bicicleta. Mais informações em www.faxi.at.

O tram de Viena na Museumsplatz

Atrações

Viena tem museus convidativos até para quem não gosta desse tipo de entretenimento. Os principais estão concentrados no *Museumsquartier*, uma área de 60 mil m² repleta de atrativos culturais, lojas e cafés descolados. Importantes coleções de arte podem ser encontradas também em complexos de prédios e construções imperiais, que impressionam por sua arquitetura, como o *Hofburg*, o *Schloss Schönbrunn* – maior exemplo de ostentação da monarquia austríaca – ou ainda o *Belvedere*, no qual se destacam as obras de Gustav Klimt.

Palácios

Neue Burg *(New Imperial Palace)*

- Heldenplatz
- Burgring
- 525.240
- www.khm.at
- qua-dom 10h-18h
- €14 (Est, Id: €11 | Cr: grátis)

O Novo Palácio Imperial abriga três museus: o Ephesus, com antiguidades gregas; o Museu de Armas e Armaduras; e o Museu Histórico de Instrumentos Musicais.

Schloss Schönbrunn *(Schoenbrunn Palace)*

- Schönbrunner Schlossstrasse 47
- Schönbrunn (U4)
- 8111.3239
- www.schoenbrunn.at
- abr-jun/set-out 8h30-17h30 | jul-ago 8h30-18h30 | nov-mar 8h30-17h
- imperial tour €12,90 (Est: €11,90 | Cr: €9,50) | grand tour €15,90 (Est: €14,60 | Cr: €10,50)

Antiga residência de verão da família imperial, o Palácio de Schönbrunn é popularmente conhecido como o castelo de Sissi, a imperatriz. O prédio foi imortalizado por três filmes realizados nos anos 50, os quais tiveram a atriz Romy Schneider no papel-título, representando a personagem inspirada na então soberana. A grandiosidade da construção se compara à de Versalhes, na França. Pontos de interesse: a Sala dos Espelhos, onde Mozart tocou seu primeiro concerto para a realeza, aos seis anos de idade; a Sala de Napoleão, local onde o imperador se hospedou e seu único filho legítimo morreu; e a curiosa Sala dos Milhões, com várias miniaturas de pergaminhos. Os jardins e a *Gloriette* (monumento aos soldados, no topo de uma colina, nos fundos do castelo) são um espetáculo à parte.

Parlamento de Viena, em estilo neoclássico

UM OLHAR MAIS ATENTO | Ringstrasse

Essa via, que circunda todo o centro antigo e passa por mais de vinte pontos turísticos, é repleta de monumentos e prédios de estilo eclético, construídos, em sua maioria, entre 1860 e 1890. Para apreciar essas edificações em ordem, pegue a linha U2 do metrô e desça na estação Schottentor, onde se encontra a catedral neogótica **Votivkirche**. Na sequência, estão o edifício principal da **Universität Wien**, universidade fundada em 1365; a **Rathaus**, a imponente prefeitura neogótica; e, em frente a esta última, o **Burgtheater**, o Teatro Nacional Austríaco. Ao lado da Rathausplatz, se encontra o prédio neoclássico do **Österreichisches Parlament**, o Parlamento Austríaco, cuja entrada principal é embelezada pela imponente fonte da deusa grega Atena. Adiante, a Ringstrasse passa em frente às praças Heldenplatz, de onde se acessa o complexo **Hofburg**, e Maria Theresien Platz, onde se encontram o **Naturhistorisches** e o **Kunsthistorisches Museum**. Ao atravessar essa praça – parando para observar o preciosismo da estátua da imperatriz Maria Teresa –, você estará na Museumsplatz, que dá acesso ao **Museumsquartier**. Seguindo pela Ringstrasse, chega-se à renomada **Staatsoper**, a Ópera de Viena, em estilo neorrenascentista. Nas noites de verão, as óperas são exibidas num telão a céu aberto, no exterior do edifício.

Hofburg *(Imperial Palace)*

- Michaelerplatz — Herrengasse (U3)
- 533.7570 — www.hofburg-wien.at
- set-jun seg-dom 9h-17h30 | jul-ago 9h-18h
- €12,50 (Est: €11,50 | Cr: €7,50)

Sede da casa administrativa dos Habsburgos, o antigo Palácio Imperial abriga a biblioteca municipal e alguns museus: o *Silberkammer*, que mostra prataria, porcelana e joias do imperador; o *Kaiserappartments*, aposentos onde a família real vivia; e o *Sissi Museum*, que expõe objetos da imperatriz Sissi. A *Hofburg Kapelle* (www.hofmusikkapelle.gv.at) tem missas com apresentação, em alguns domingos, dos Meninos Cantores de Viena (ingressos de €9 a €35).

Schloss Belvedere *(Belvedere Palace)*

- Prinzeugenstr 27 — Südtirolerplatz (U1)
- 795.570 — www.belvedere.at
- seg-dom 10h-18h
- combo €31 (Est, Id: €26,50 | Jov: grátis)

Construído pelo príncipe Eugene com dinheiro pilhado em conquistas militares, o Palácio Belvedere é um complexo barroco composto de dois palácios, o Belvedere Inferior e o Superior, separados por um enorme jardim. O conjunto abriga três museus; o ingresso vale para visita a todos no mesmo dia e é recomendável ir cedo se deseja ver tudo. O Belvedere Superior tem uma coleção de arte moderna dos séculos 19 e 20 e apresenta obras de impressionistas franceses, como Monet e Renoir. Mas o grande destaque fica por conta dos trabalhos de Gustav Klimt (incluindo *O Beijo*), um dos mais famosos pintores austríacos. No entanto, talvez você não encontre mais todas as suas obras aqui, pois algumas delas, que haviam sido confiscadas pelos nazistas, foram recentemente devolvidas à família do pintor nos Estados Unidos. O Belvedere Inferior abriga os museus de arte barroca e medieval. Neste palácio viveu o arquiduque Franz Ferdinand (Francisco Ferdinando), que foi assassinado em Sarajevo, na Bósnia, fato que desencadeou a Primeira Guerra Mundial. Alguns salões de ambas as construções merecem atenção, não somente pela sua beleza – como é o caso da Sala de Mármore e do Gabinete de Ouro do Belvedere Inferior –, mas também por sua importância histórica. Foi no

Ópera Nacional de Viena, considerada uma das casas de ópera mais importantes do mundo

Hall de Mármore do Belvedere Superior que os Aliados (União Soviética, Estados Unidos, França e Inglaterra) assinaram, em 1955, o acordo que viria a devolver a independência à Áustria. Quem quiser economizar pode visitar apenas um dos dois palácios: o Superior (💲 €14 | Est, Id: €11,50) ou o Inferior (💲 €11 | Est, Id: €8,50), lembrando que crianças e adolescentes de até 18 anos não pagam.

Palais Liechtenstein
(Liechtenstein City Palace)

- 📍 Fürstengasse 1
- 🚇 Bauernfeldplatz (D)   📞 3195.7670
- 💻 www.palaisliechtenstein.com
- 🕐 sex 15h/17h
- 💲 jardim €20 | palácio €25 | completo €38 |

O Palácio de Liechtenstein somente pode ser visitado por meio de tours guiados, que devem ser agendados pelo site. A construção passou por quatro anos de revitalização, tudo para que o visitante se sinta em meio ao ambiente da antiga aristocracia austríaca. O prédio é repleto de monumentos e objetos artísticos de muitos expoentes do neoclassicismo. O tour completo, além do palácio, inclui o jardim.

Igrejas

Stephansdom *(St. Stephen Catedral)*

- 📍 Stephansplatz   Ⓜ Stephansplatz
- 📞 515.523.526   💻 www.stephanskirche.at
- 🕐 seg-sáb 6h-22h, dom 7h-22h
- 💲 grátis | tour guiado €5,50

Construção gótica mais impressionante do país, a Catedral de Santo Estevão, localizada no centro de Viena, é comparada, por sua imponência, às catedrais de Colônia e Estrasburgo. Costuma receber muitos turistas, e mesmo que você não seja fã de igrejas, vale a visita. Repare no curioso telhado de ladrilhos.

Museus e galerias

Naturhistorisches Museum
(Natural History Museum)

- 📍 Burgring 7   Ⓜ Volkstheater (U3)
- 📞 521.770   💻 www.nhm-wien.ac.at
- 🕐 seg/qui-dom 9h-18h30, qua 9h-21h
- 💲 €10 (Est: €5 | Id: €8 | Cr: grátis)

Museu de História Natural, em frente ao Museu de História da Arte. São cerca de 20 mil peças, entre minerais, ossadas de dinossauros, animais empalhados e coisas do gênero.

Kunsthistorisches Museum
(Art History Museum)

- Maria-Theresien-Platz M Volkstheater (U3)
- 525.240 www.khm.at
- ter-qua/sex-dom 10h-18h, qui 10h-21h
- €14 (Est, Id: €11 | Cr: grátis)

O Museu de História da Arte abriga uma enorme coleção dos Habsburgos, com pinacoteca – que inclui obras de Rubens e Van Dyck –, antiguidades egípcias, cerâmicas gregas e romanas, seção de armas e armaduras e uma grande compilação de moedas históricas. Além disso, fica em um edifício que, por si só, já merece atenção. Audioguia em quatro línguas (mas não em português), €4.

Leopold Museum

- Museumplatz 1 M Volkstheater (U3)
- 525.701.529 www.leopoldmuseum.org
- seg/qua/sex-dom 10h-18h, qui 10h-21h
- €12 (Est: €8 | Id: €9)

Conceituado museu de arte austríaca, com ênfase nos movimentos Modernista e Expressionista. O acervo dessa instituição constitui-se de peças colecionadas ao longo de 50 anos pelo mecenas Rudolf Leopold, que dá nome ao museu. A seção destinada ao Expressionismo mostra, entre outras, obras de Klimt e de Oskar Koloschka. O Leopold Museum promove também exposições temporárias (divulgadas no site).

Sigmund Freud Museum

- Berggasse 19 M Schottentor (U2)
- 319.1596 www.freud-museum.at
- seg-dom 10h-18h
- €9 (Est: €6,50 | Id: €8 | Cr: €4) | com tour guiado €10 (Est: €7,50 | Id: €9 | Cr: €5)

Casa que foi lar e local de trabalho de Freud por 47 anos, até sua fuga para a Inglaterra, em 1938, poucos meses antes de a Áustria ser anexada à Alemanha nazista. Aqui você encontra documentos e fotos da vida do famoso psicanalista. Um vídeo com imagens de sua trajetória pessoal – filmado e cedido pela filha dele – também faz parte dessa interessante exposição. Tours guiados acontecem com, no mínimo, cinco pessoas.

QUEM É ESSE CARA | Sigmund Freud

Você já deve ter ouvido muitas vezes a expressão "Freud explica". Pois saiba que, apesar de clichê, a frase é justificada. Freud realmente explica. Isso porque poucos pensadores modernos foram tão influentes e importantes quanto o psicanalista austríaco. Sigmund Freud, nascido em 1856, é o responsável pela psicanálise moderna, segundo a qual – definindo de forma resumida e simplificada – os transtornos mentais e emocionais são oriundos de problemas psicológicos que, por sua vez, têm sua origem em diversas situações traumáticas próprias do indivíduo em sociedade. Causou grande polêmica ao afirmar que a fonte dos impulsos sexuais (libido) é a base dos processos psíquicos. Tratando ainda de hipnose, inconsciente humano, impulsos irracionais, interpretação de sonhos e desejos reprimidos, Freud desenvolveu teorias que marcaram e modificaram o século 20. O pensador passou grande parte de sua vida em Viena, onde produziu muitas de suas principais obras. Em 1938, um ano antes de sua morte, mudou-se para Londres, assim como outros judeus que fugiam do nazismo.

QUEM É ESSE CARA | Mozart

Talvez o nome mais conhecido da música erudita, Wolfgang Amadeus Mozart nasceu em Salzburgo, em 1756, e foi o maior compositor do período clássico. Gênio precoce, aos três anos já demonstrava vocação para a música e aos seis havia iniciado a compor. Ao longo de sua carreira, criou um número assombroso de composições, entre óperas, sinfonias, concertos, sonatas para piano, violino e dezenas de instrumentos, muitas consideradas verdadeiras obras-primas. Entre suas composições, destacam-se as óperas *As Bodas de Fígaro*, *Don Giovanni*, *Flauta Mágica* e *Réquiem em Ré Menor*, trabalho final de sua vida. Dessa última, atente para o tema *Lacrimosa*, escrito em seu dia de morte: é de arrepiar. Sua obra, frequentemente rejeitada pela conservadora aristocracia austríaca, exerceu grande influência na música de outro prodígio – Ludwig Von Beethoven. Apesar de toda a genialidade, sua vida foi de altos e baixos: Mozart transitou entre dois extremos, o de um dos homens mais famosos de Viena e a situação de miséria, na qual morreu aos 35 anos. Interessados no compositor devem conferir ainda o ótimo (mas fantasioso) filme de Milos Forman, *Amadeus* (1984).

Mozarthaus Vienna *(Mozart's House)*

- Domgasse 5
- Stephansplatz (U1, U3)
- 512.17.91
- www.mozarthausvienna.at
- seg-dom 10h-19h
- €10 (Est, Id: €8)

Transformada em museu, a Casa de Mozart foi residência do compositor entre 1784 e 1787, sendo a única de suas habitações ainda existente em Viena. Dentre os objetos expostos, você encontra documentos autênticos do músico, assim como o seu testamento. Há ingresso combinado com um museu interativo de música, a **Haus der Musik** (Seilerstatte 30; €17).

MUMOK *(Museum of Modern Art)*

- Museumplatz 1
- Volkstheater (U3)
- 525.000
- www.mumok.at
- seg 14h-19h, ter-qua/sex-dom 10h-19h, qui 10h-21h
- €10 (Est: €7 | Id: €8 | Cr: grátis)

Localizado em um grande prédio de pedra basáltica, este museu apresenta cerca de 7 mil itens de arte moderna e contemporânea. Sua coleção inclui desde pinturas, esculturas e desenhos até vídeos, instalações e modelos arquitetônicos.

Kunst Haus Wien *(Museum Hundertwasser)*

- Untere Weissgerberstrasse 13
- Hetzgasse (1)
- 712.01491
- www.kunsthauswien.com
- seg-dom 10h-19h
- €10 (Id, Jov: €5 | Cr: grátis)

Museu que apresenta trabalhos do eclético artista austríaco Friedensreich Hundertwasser (1928-2000), responsável pelo pitoresco conjunto residencial que leva o seu nome (veja p.1134). No acervo, pinturas, colagens e projetos arquitetônicos.

Secession

- Friedrichstrasse 12
- Karlsplatz (U1, U2, U4)
- 587.53.07
- www.secession.at
- ter-dom 10h-18h
- €9 (Est, Id: €5,50)

O prédio, branco e com uma bola dourada no topo, foi construído em 1898 em estilo *art nouveau* (mas já apontando para o Modernismo), quebrando a tradição eclética "bolo de noiva" das construções da Ringstrasse. Hoje em dia é utilizado como espaço de exposições. Gustav Klimt, que fazia parte do primeiro grupo de artistas da Secessão de Viena, movimento de ruptura artística, foi o primeiro a expor no local. Sua interessante obra *Beethoven Fries* (1901-1902) está aqui e merece ser admirada. Visitas guiadas, em inglês, ocorrem aos sábados e aos domingos às 11h, por €3.

Albertina Museum

- Albertina Platz 1
- Karlsplatz (U1, U2, U4)
- 534.830
- www.albertina.at
- seg-ter/qui-dom 10h-18h, qua 10h-21h
- €11,90 (Est: €8,50 | Id: €9,90)

Este museu, situado numa casa onde os Habsburgos moraram, costuma trazer exposições de conceituados artistas do período da Renascença até os dias atuais. Vale conferir a programação.

Römermuseum *(Roman Museum)*

- Hoher Markt 3
- Schwedenplatz (U1, U4)
- 535.5606
- www.wienmuseum.at
- ter-dom 9h-18h
- €6 (Est, Id: €4 | até 19 anos: grátis)

O Museu Romano, localizado no subsolo de um shopping, apresenta as ruínas das fundações de prédios milenares.

> **A BARBADA É | Uma noite no museu**
>
> Em outubro ocorre o *Lange Nacht der Museen* (Longa Noite dos Museus), evento no qual mais de 700 instituições austríacas, entre galerias de arte e centros culturais, abrem suas portas para visitações guiadas, palestras com artistas, leituras, música, dança e até programação infantil. Todos os museus podem ser visitados das 18h até a 1h, com ingresso único de €13 (Est, Id: €11 | Cr: grátis), e, neste dia, os transportes públicos são gratuitos para aqueles que têm o ticket. Mais informações e outras cidades participantes você encontra no site: langenacht.orf.at.

MUMOK, o irreverente museu de arte

Wien Museum

- Karlsplatz 8
- Karlsplatz (U1, U2, U4)
- 505.87.47.0
- www.wienmuseum.at
- ter-dom 10h-18h
- €8 (Est, Id: €6 | até 19 anos: grátis | tour guiado: €3)

Saindo da estação do metrô, entre no parque em frente, rumo ao prédio de cúpula verde: o Museu Histórico da Cidade de Viena está à esquerda. Gratuito para menores de 19 anos e para todos no primeiro domingo do mês, tour guiado €3. Exibe objetos pessoais de Mozart, dos Habsburgos, Strauss, Schubert e outros vienenses célebres; as peças estão integradas aos contextos em que viviam.

Uhrenmuseum *(Clock Museum)*

- Schulhof 2
- Stephansplatz (U1, U3)
- 533.2265
- ter-dom 10h-18h
- €6 (Est, Id: €4 | até 19 anos: grátis)

O Museu dos Relógios expõe uma coleção de mais de mil, veja você, relógios do mundo inteiro, alguns com 600 anos de idade.

Outros

Staatsoper *(National Opera)*

- Opernring 2
- Karlsplatz (U1, U2, U4)
- 444.2250
- www.wiener-staatsoper.at
- tours horários variados | museu ter-qui 10h-18h
- €7 (Est, Cr: €3,50 | Id: €6,50)

A Ópera Nacional pode ser visitada em tours guiados, que também dão ingresso ao museu que funciona no local. Os tours ocorrem em horários variados: sempre há um às 13h ou 14h e às vezes também pela manhã e no final da tarde. No site da ópera, os horários dos tours de cada dia do mês são informados. Ao longo do percurso podem ser admiradas a Sala de Tapeçarias, com trabalhos feitos à mão em 1950, representando cenas da Flauta Mágica; a Sala de Mármore, com mosaicos ilustrando o cotidiano de quem trabalha em uma ópera; o Balcão Real, antes lugar cativo dos imperadores, hoje lugar cativo para quem tiver €1.000 para alugá-lo por 1h. Com sorte dá até para ver os preparos para os ensaios da temporada. Confira, do lado de fora, as esculturas das musas personificadas, que representam a fantasia, a comédia, o amor, a tragédia, o heroísmo. Para quem quer assistir a um espetáculo, são vendidos ingressos de diferentes preços – incluindo alguns mais acessíveis (cerca de €10) em lugares menos privilegiados. Vale a pena conferir.

Hundertwasserhaus

- Untere Weissgerberstrasse
- Hetzgasse (1)
- www.hundertwasserhaus.com

É um prédio multicolorido, reformado pelo artista Hundertwasser, que pregava o retorno do homem à natureza. Por ser habitado, não pode ser visitado, mas vale ser visto da rua para admirar a curiosa fachada. Para conhecer a obra de Hundertwasser, visite o museu *Kunst Haus Wien*, a 250m dali (veja p.1132).

Zentralfriedhof *(Central Cemetery)*

- Simmeringer Hauptstrasse 234
- Zentralfriedhof (6, 71)
- 534.690
- www.friedhoefewien.at
- nov-fev seg-dom 8h-17h | mar/out 7h-18h | abr/set 7h-19h | mai-ago 7h-20h

O Cemitério Central de Viena é o maior do país; entre as tumbas famosas, estão as de Schubert, Beethoven e Strauss. Possui também um monumento em homenagem a Mozart, embora o compositor não esteja enterrado aqui, e sim no no Cemitério de São Marcos (*Sankt Marxer Friedhof*, Landstrasse, no 3º distrito de Viena).

Igreja Luegerkirche no cemitério Zentralfriedhof

Comes & Bebes

Os restaurantes perto da catedral, no centro, são turísticos e caros. No entanto, Viena apresenta também alternativas gastronômicas mais em conta. Para lanches rápidos, há lanchonetes de kebab a cada esquina. Uma dica legal é o **Naschmarkt** (entre Linke Wienzeile e Recht Wienzeile), um mercado diário (fecha apenas aos domingos) com comidas do mundo inteiro. A cidade também é famosa por seus cafés, onde os vienenses passam o tempo saboreando quitutes. Não se esqueça dos *heuriger*, restaurantes tradicionais que oferecem o *schnitzel* (similar ao bife à milanesa) e petiscos, mas cuja finalidade principal é servir, a cada ano, a nova safra de vinhos. Interessou-se? Então saiba que os mais legais estão concentrados em Grinzinger Allee: para chegar a essa avenida, tome o metrô U2 até Schottentor e depois o *tram* 38 até o ponto final. Não deixe de provar a *käsekrainer* (uma salsicha recheada de queijo e, às vezes, enrolada em bacon), a *frittatensuppe* (sopa austríaca feita com tiras finas de massa tipo panqueca imersas em caldo de carne) e o *knödel* (uma bola de massa feita à base de pão, farinha e especiarias, tipo um nhoque, só que grande e recheado).

Café Einstein

- Rathausplatz 4
- Rathausplatz (533)
- 405.2626
- www.einstein.at
- seg-sex 7h-2h, sáb 9h-2h, dom 9h-0h
- €4-12

Frequentada pelos estudantes de Viena, próxima à universidade, esta cafeteria oferece sanduíches, pratos de massa e, é claro, *schnitzel* – o de porco, servido com salada de batata e salada verde, custa €7,90. Vale a pena conferir o cardápio do dia, muito barato aqui: €4,90 entre 11h e 15h e, se quiser mais uma sopa, fica por €6,10.

MOCHILA SEM GRANA | Billa

Supermercados são sempre uma boa opção se você estiver com a grana curta ou simplesmente com saudades de uma comida caseira e quiser se arriscar na cozinha do hostel. O **Billa** (Mariahilferstrasse 35; Stiftskirche (2A), www.billa.at, seg-sex 8h-20h, sáb 8h-18h), especialmente, tem bons preços, como já se vê na origem do nome – união das palavras *Billiger* (superlativo de *billig*, "barato", no caso, "o mais barato") e *Laden* ("loja"). Portanto, a "loja mais barata". Como você vê, supermercados, além de propiciarem certa economia, nos ensinam alemão! Outras alternativas em conta são os também supermercados *Zielpunkt* e *Hofer*.

Gasthaus Elsner

- Neumayrgasse 2
- Burggasse-Sadthalle
- 492.5596
- www.gasthaus-elsner.at
- seg-sex 10h-22h
- €6-12

Restaurante popular entre os locais, bastante apropriado para viajantes que não querem um local muito turístico. Serve pratos austríacos tradicionais, e é muito elogiado pelas porções fartas e pelos preços – um prato de *goulash*, por exemplo, custa €5,50 e um de porco assado acompanhado de *knödel* e salada vale €8,50.

Ribs of Vienna

- Weihburggasse 22
- Weihburggasse (2)
- 513.8519
- www.ribsofvienna.at
- seg-sex 12h-15h/17h-0h, sáb-dom 12h-0h
- €12-25

Se você gosta de costela de porco, este é o seu lugar: são mais de 18 variedades com diferentes cortes, temperos e molhos. Apesar da diversidade, o grande sucesso mesmo é a costela de um metro de comprimento, acompanhada de pão e dois condimentos. Uma boa pedida é o *spareribs gemischt*, três tipos de costela com dois molhos e batatas fritas, que custa €15,90. Apesar de ser um restaurante mais especializado, o cardápio é bastante variado e oferece sopas, saladas e outros tipos de carnes. O local geralmente fica lotado, mas vale a espera: é muito elogiado por viajantes.

Pürstner

- Riemergasse 10
- Stubenter (U3)
- 512.6357   www.puerstner.com
- seg-dom 10h-0h   €8-20

Tradicionalíssimo restaurante em Viena, com decoração rústica, estilo taverna. A comida é bem servida e, claro, não ficam fora do cardápio o *schnitzel* e o *apfelstrudel*, mas analise com carinho o menu, pois está cheio de pratos típicos com um toque diferenciado. O *fuhrwerkpfanne*, por exemplo, são medalhões de porco com molho de gorgonzola, acompanhados de *spinatnockerln* (também conhecido como *spinat spätzle*), massa de espinafre tradicional da Região Germânica. O restaurante serve prato do dia por €6,90, uma boa opção para almoço.

Cafe Sacher Wien

- Philharmonikerstrasse 4
- Opernring (1,2)
- 514.560   www.sacher.com
- seg-dom 8h-0h
- €8-15

Popular ponto de encontro no centro de Viena, o Café Sacher oferece a oportunidade de experimentar a atmosfera de um tradicional café vienense e degustar a legendária *Sacher Torte* (veja o box abaixo). Uma fatia dessa iguaria custa €5,30. O local serve também outros quitutes austríacos, como cafés e chás.

Die Metzgerei

- Linzer Strasse 179
- Linzer (52)
- 416.4335   www.diemetzgerei.at
- ter-sáb 11h-23h, dom 11h-16h
- €12-35

Conhecido por sua moderna cozinha vienense, o restaurante é especializado em carnes (o nome já diz tudo: *die Metzgerei*, "o açougueiro" em alemão), com pratos em torno de €13. Para os vegetarianos, oferece aspargos gratinados com mel e tomilho (€11,80). Conta ainda com prato do dia a um preço mais em conta.

DIETA NÃO!!! | Sacher Torte

Uma torta com mais de 180 anos de tradição não é pouca coisa! Criada em 1832 pelo aprendiz de cozinheiro Franz Sacher, é uma das tortas mais famosas do mundo e um dos maiores destaques da gastronomia austríaca. Reunindo sabores distintos e complementares, a Torta Sacher não leva farinha: sua massa é preparada basicamente com chocolate meio amargo e amido de milho, e então montada com uma fina camada de geleia de damascos e cobertura de chocolate amargo – talvez por isso não seja pesada ou enjoativa. A tradição é degustá-la com creme de *chantilly*, preferencialmente no Café Sacher, estabelecimento dono da receita original – guardada a sete chaves, diga-se de passagem – e detentor do direito exclusivo de usar o nome "Torta Sacher". Se o café estiver muito cheio, ou se achar muito cara a torta original, não desanime, você encontra facilmente esse quitute em outras confeitarias também, com o mesmo nome e sabor bem similar, mas sem a grife Sacher.

Tian Bistro

- Weissgerberlande 14
- Weissgerberlande (2)
- 890.9510
- www.taste-tian.com
- seg-sáb 12h-0h
- €10-25

Uma alternativa mais light em meio a massas e carnes de porco, este restaurante vegetariano, com algumas iguarias veganas, combina com leveza e originalidade os ingredientes tradicionais do país. Apesar de ser um pouco mais caro, seguindo a lógica da maioria dos bistrôs, pode ser considerado uma interessante experiência gastronômica. Oferece o cardápio do dia, com seis pratos diferentes à escolha. Fica localizado no Kunst Haus, onde se encontra o museu do artista Friedensreich Hundertwasser.

Noite

Concertos de música erudita em Viena são bem explorados: no centro, gente vestida de Mozart vende convites para espetáculos do gênero, muitos de baixa categoria, no estilo pega-ratão-turista. Uma boa apresentação é o **Konzerte im Mozarthaus** (Singerstrasse 7; €43-49 | Est: €29), concerto que acontece numa sala barroca restaurada, pertinho da Stephansdom. Interessado em algo diferente da música erudita? Pois Viena tem uma forte cena eletrônica, surgida nos anos 90, com locais que ostentam portentosos sistemas de som – como o **Flex** (Augartenbrücke 1; www.flex.at), que recebe DJs internacionalmente famosos; o **Babenberger Passage** (Burgring 1; www.club-passage.at), uma das noites mais famosas de Viena, localizada em uma antiga passagem subterrânea de pedestres; e o **Why Not** (Tiefer Graben 22; www.why-not.at), popular danceteria especializada no público gay. Já o **Porgy & Bess** (Riemergasse 11; www.porgy.at) é o bar de jazz mais famoso da cidade.

Hotéis & Albergues

De modo geral, albergues e hotéis estão concentrados nos arredores da Westbahnhof, importante estação de trem, e no centro, próximo da estação Stephansplatz e da Catedral de São Estêvão. Há muitos apartamentos para locação, o que pode ser uma boa alternativa, já que os preços de Viena não são assim tão convidativos.

Wombat's City Hostel Vienna The Naschmarkt

- Rechte Wienzeile 35
- Kettenbrückengasse (U4)
- 897.2336
- www.wombats-hostels.com
- 130 camas
- €3,90
- dorms 8p €13/19, 6p €16/23, 4p €18/26 | quartos 1p €39/48, 2p €58/76

Está nos arredores do mercado Naschmarkt e a uns 15min de caminhada das atrações centrais. Todos os quartos possuem banheiro privativo, são muito espaçosos e dispõem de *lockers*, tomada, luz de leitura e uma pequena prateleira para cada cama. Conta com cozinha compartilhada, um bar no primeiro piso (que serve bebidas e alguns petiscos) e mesa de sinuca. Sinal wi-fi disponível somente nas áreas comuns. A rede *Wombat's* tem mais dois hostels em Viena – **Wombat's City Hostel Vienna The Base**, na Grangasse 6, e **Wombat's City Hostel Vienna The Lounge**, na Mariahilferstrasse 13 –, além de outras cidades da Europa.

Hostel Ruthensteiner

- Robert-Hamerlinggasse 24
- Westbahnhof (U3, U6) ☎ 893.4202
- www.hostelruthensteiner.com
- 96 camas   €2,50-3,50
- dorms 10p €13/18, 8p €16/21 | quartos 1p €38/42, 2p €108/112 (baixa/alta temporada)

Situado em um edifício do século 19, está próximo da estação de trem Westbanhof, mas um pouco distante do centro (será preciso usar o metrô para chegar até a Stephansplatz). Dormitórios espaçosos, bem iluminados, têm luz de leitura individual e pequenas mesas. O bar do hotel serve cerveja por €2,30 durante o *happy hour* e há vários instrumentos prontos para uma sessão de música – piano, violão, ukelele e bateria. Possui sala de uso comum, churrasqueira, um jardim bacana e uma pequena cozinha. Dispõe ainda de PCs com internet, lavandaria, serviço de aluguel de bicicletas e de iPads. Veja se não há dois brasileiros na equipe do hostel, a Paola e o Victor. É um dos albergues mais populares de Viena.

A&T Holiday Hostel

- Leibnizgasse 66   Reumannplatz (U1)
- ☎ 607.0727   www.athostel.com
- 75 quartos   €4,80
- dorms 6p €16, 4p €23 | quartos 2p €58/70, 3p €63/93 (baixa/alta temporada)

Está afastado do centro e da estação de trem. Daqui até a Stephansplatz são cinco estações de metrô. Dormitórios espaçosos, todos com banheiro privativo, *lockers* e luz de leitura para cada cama. O *lobby* funciona como espaço de integração entre os hóspedes e é onde se encontram alguns PCs com acesso à internet. O bar tem mesa de sinuca e pebolim. Nas sextas-feiras e nos sábados, as diárias são €2 mais caras. Embora o prédio do hostel seja recém-construído e planejado, peca na falta de algumas estruturas, como cozinha, por exemplo.

MEININGER Vienna Central Station

- Columbusgasse 16
- Keplerplatz (U1) ☎ 881.453
- www.meininger-hotels.com
- 68 quartos   €6,90
- dorms 6p €14-22 | quartos 2p €68-76

Praticamente ao lado da estação de trem Hauptbahnhof, mas um tanto distante do centro. Funciona mais como um hotel que dispõe também de dormitórios. Pode ser um pouco impessoal, mas é eficiente. Os quartos, bem espaçosos, dispõem de TV e banheiro privado; já os dormitórios, além de banheiro, têm gavetas embaixo das camas. O lugar conta com sala de jogos, computadores com internet, cozinha e serviço de lavanderia. A rede tem outros dois albergues em Viena e em algumas cidades da Alemanha.

Westend City Hostel

- Fügergasse 3   Westbahnhof (U3, U6)
- ☎ 597.6729   www.westendhostel.at
- 29 quartos   €4
- dorms 12p €19, 10p €23, 8p €24, 6p €26, 4p €28 | quartos 1p € 60/70, 2p €70/74 (baixa/alta temporada)

Boa localização, praticamente ao lado da estação Westbahnhof, a 3km do centro, ao qual você pode chegar tanto de metrô quanto a pé. O prédio foi construído no século 19 e sobreviveu à Segunda Guerra, tornando-se albergue em 2002. Dormitórios simples, todos têm banheiro privativo, *lockers* individuais e pequena mesa de trabalho com cadeiras. Tem jardim e sala de uso compartilhado com TV e PCs (€1/15min). Wi-fi disponível somente nas áreas comuns. Se a reserva for feita pelo site do próprio hostel, o café da manhã e os lençóis estarão incluídos na diária; caso contrário, será preciso pagar por esses extras no *check-in* (lençóis €2, café €4). Não aceita cartão de crédito.

Donauwalzer Hotel

- Ottakringerstrasse 5
- Alser Strasse (U6)
- 405.7645
- www.donauwalzer.at
- 74 quartos
- incluído
- quartos 1p €43/77, 2p €68/107 (baixa/alta temporada)

Hotel 3 estrelas, gerenciado pela família Kluss e situado a quatro estações de metrô da Westbahnhof. Para chegar até o centro da cidade, é mais indicado o uso do *tram*. Quartos com isolamento acústico, TV e frigobar; alguns dispõem ainda de banheira. No verão, disponibilizam ventilador portátil. O hotel tem um pequeno pátio interno, bar 24h, sauna e serviço de massagem.

Hotel Pension Alla Lenz

- Halbgasse 3-5
- Burggasse-Stadthalle (U6)
- 523.6989
- www.allalenz.com
- 25 quartos
- incluído
- quartos 1p €60, 2p €75

Próximo à Westbahnhof e a 3km do centro. Os quartos são simples, mas têm o básico: ar-condicionado, TV, frigobar, cofre e um pequeno sofá. Nos dias de calor é possível usar a piscina coberta na área do terraço do hotel. Existe a possibilidade de fazer a reserva sem o café da manhã (€10 a menos, por pessoa). No final de semana, a diária pode custar quase o dobro, certifique-se sobre o valor exato antes de reservar.

The Rooms Bed & Breakfast

- Schlenthergasse 17
- Kagran (U1)
- 431.6830
- www.therooms.at
- 4 quartos
- incluído
- quartos 1p €75/90, 2p €95/110, €3p €105/120 (baixa/alta temporada)

Está um pouquinho fora da zona hoteleira, às margens do rio Danúbio. Para chegar até a Stephansplatz, no centro da cidade, é preciso passar por seis estações de metrô. São apenas quatro quartos, cada um decorado de uma maneira única, todos bem charmosos e aconchegantes. Dispõem de ar-condicionado e banheiro privativo, e dois deles têm banheira. A mesma rede aluga também alguns apartamentos em endereços próximos (2p €80/90, 3p €90/100, baixa/alta temporada).

Hotel Austria

- Fleischmarkt 20
- Schwedenplatz (U1, U4)
- 51.523
- www.hotelaustria-wien.at
- 46 quartos
- incluído
- quartos 1p €93/96, 2p €108/135 (baixa/alta temporada)

No centro de Viena, em uma tranquila rua sem saída, a poucos metros da estação Stephansplatz e da Catedral de São Estevão. Quartos dispõem de TV, frigobar e amenidades para preparo de chá e café. Somente os quartos mais caros possuem ar-condicionado. Tem bar, terraço e serviço de aluguel de bicicletas.

Sofitel Vienna Stephansdom

- Praterstrasse 1
- Schwedenplatz
- 906.160
- www.sofitel.com
- 182 quartos
- incluído
- quartos 1p-2p €225/270

Hotel 5 estrelas da rede Sofitel, às margens do rio Danúbio e perto o suficiente para ir caminhando até o centro de Viena. Quartos espaçosos, bem iluminados e todos decorados em branco. Dispõem de ar-condicionado, banheira, TV, mesa de trabalho, frigobar, cafeteira e cofre. Em alguns quartos, as bebidas do frigobar estão incluídas no valor da diária. Tem dois bares, um deles junto ao restaurante, que é todo envidraçado e oferece uma vista esplêndida da cidade. Estão disponíveis alguns dos serviços de spa, já inclusos no valor.

SALZBURGO

Capital da música clássica, Salzburgo (*Salzburg*, em alemão), a 300km de Viena, é berço de Mozart e da família Von Trapp (aquela da *Noviça Rebelde*), dois ícones turísticos demasiadamente explorados, mas, ainda assim, bastante interessantes. A cidade, com 145 mil habitantes, fica próxima à fronteira com a Alemanha e tem paisagens fantásticas. Por aqui, belas áreas naturais de montanhas se misturam com uma imponente fortaleza medieval, diversos monumentos e igrejas do Império Austríaco (1804-1867) e de épocas anteriores. Tudo isso em meio ao agradável ar de cidade pequena na beira dos Alpes que Salzburgo ainda mantém, assim como seus ícones e personalidades famosas.

A Cidade

Salzburgo é atravessada pelo rio Salzach. No lado leste, abriga a estação e a cidade nova, com o palácio de Mirabell; no oeste, as principais atrações históricas, espremidas contra os penhascos da montanha Mönschsberg. A *Linzer Gasse* é a rua comercial mais importante da cidade nova e a *Getreidegasse*, o seu calçadão. A cidade pode (e deve) ser visitada a pé. Alugar uma bicicleta também é uma boa, e é possível fazer isso na própria estação. Código telefônico: 662.

Informações turísticas

Existem três centros de informações: na Mozartplatz (⊙ seg-sáb 9h-18h), coração da cidade velha; na estação de trem (⊙ out-abr 9h-18h, mai/set 9h-19h, jun-ago 8h30-20h) e na rua Alpenstrasse (⊙ mar-jun seg-sáb 9h-16h | jul-ago 9h-17h | set qua-sáb 9h-16h), mais ao sul da cidade, relativamente próximo ao zoológico. Oferecem mapas, vendem o cartão da cidade e reservam hotéis. Pela internet: 🖥 www.salzburg.info.

Cartão da cidade O *Salzburg Card* oferece acesso liberado às atrações e ao transporte público, por €27/24h, €36/48h e €42/72h.

Chegando e saindo

O aeroporto, *W. A. Mozart Airport*, é o segundo maior da Áustria e costuma ser bastante utilizado por companhias *low-cost*. A 4km do centro, pode ser acessado pelas linhas de ônibus 2, 27 e 10 e, o meio mais comum, por trem. A estação fica na Südtiroler Platz 1, a leste do rio, a uns 25min de caminhada do centro histórico. Principais destinos são Munique (2h), Innsbruck (2h), Viena (3h) e Zurique (6h). Existem dois terminais de ônibus: o *Nord*, próximo à Mirabellplatz, e o *Süd*, na Erzabt-Klotz-Strasse, próximo ao centro histórico.

Rio Salzach em Salzburgo

Atrações

No verão, entre julho e agosto, acontece o festival de teatro e música *Salzburger Festspiele*, um dos mais famosos da Europa nesse gênero. Passear de *bike* pela ciclovia ao longo do rio também é um bom programa nessa época. E, no inverno, neve, muita neve – perfeito para quem pretende esquiar ou apenas contemplar a paisagem. A Cidade Velha, com a fortaleza no alto do morro, rodeada de bosques, oferece uma bela vista, e merece ser visitada em qualquer época do ano. Já os arredores de Salzburgo guardam estações de esqui, lagos, palácios e o cenário de *A Noviça Rebelde*.

Dom *(Cathedral)*

- Domplatz 1
- Mozartsteg/Rudolfskai (160, 170, 270)
- www.salzburger-dom.at
- jan-fev/out-dez seg-sáb 8h-17h, dom 13h-17h | mar-set seg-sáb 8h-19h, dom 13h-19h
- grátis

A Catedral foi construída entre 767-774, reconstruída em 1167 e bombardeada durante a Segunda Guerra Mundial. Repare nas três portas de bronze, simbolizando esperança, fé e caridade.

Festung Hohensalzburg *(Fortress Hohensalzburg)*

- Mönchsberg 34
- Rathaus (1, 2, 3, 5, 6)
- 8424.3011
- www.salzburg-burgen.at
- jan-abr/out-dez seg-dom 9h30-17h | mai-set seg-dom 9h-19h
- funicular €11,30 (Est: €10,40 | Cr: €6,50) | a pé €8 (Est: €7,10 | Cr: €4,50)

Uma das maiores atrações de Salzburgo, a Fortaleza Hohensalzburg começou a ser construída no século 11 e continuou sendo alterada até o século 17. É o único forte medieval da Europa Central que se manteve intacto até os dias de hoje. Inclui museu com sala de tortura, canhões e toda a parafernália de um castelo. Vale também pela imperdível vista da cidade. Para chegar, você pode ir a pé ou de funicular.

Petersfriedhof *(St. Peter Cemetery)*

- abr-mai seg-dom 6h30-20h | jun-ago 6h30-21h30 | set 6h30-19h | out-mar 6h30-18h
- www.stift-stpeter.at
- grátis

Entrada no caminho para o funicular que sobe à fortaleza. O Cemitério de São Pedro data do século 8 e apresenta um mural sobre a peste negra e criptas incrustadas no penhasco. Na capela central estão guardados os restos mortais do compositor Michael Haydn e da irmã de Mozart. As tumbas, além de antigas, são de importantes famílias de Salzburgo.

Mozarts Geburtshaus *(Mozart's Birthplace)*

- Getreidegasse 9
- Rathaus (1, 2, 3, 5, 6)
- 844.313
- mozarteum.at
- seg-dom 9h-17h30 (jul/ago até 19h)
- €10 (Est, Id: €8,50 | Cr: €3,50)

Museu de Mozart na casa onde ele nasceu e viveu até os 17 anos. Vídeos, fotos e documentos retratam a vida do grande compositor. O violino que ele usava quando criança também está aqui.

Mozarts Wohnhaus *(Mozart's Residence)*

- Makartplatz 8
- Makartplatz (160, 170, 912, 918)
- 8742.2740
- mozarteum.at
- seg-dom 9h-17h30 (jul/ago até 19h)
- €10 (Est, Id: €8,50 | Cr: €3,50)

Casa onde o compositor viveu entre 1773 e 1781, antes de se mudar para Viena. Expõe documentos, composições e relíquias familiares de Mozart. Para os interessados, há um ticket combinado para as duas casas de Mozart (essa e a mencionada acima) por €17 (Est, Id: €14 | Cr: €5).

Residenz

- Residenzplatz 1
- Rathaus (1, 2, 3, 5, 6)
- 8042.2690
- www.salzburg-burgen.at
- jan-jun/set-dez seg/qua-dom 10h-17h | jul-ago seg-dom 10h-17h
- €12 (Est: €10)

Museu de arte e história com 180 salas, onde estão expostas as obras de diversos pintores entre os séculos 16 e 19, com destaque para os holandeses do século 17. Aqui também se encontram alguns trabalhos de Rubens e Rembrandt, entre outros.

Schloss Mirabell *(Mirabell Palace)*

- Mirabellplatz 4
- 807.20
- Mirabellplatz (Schloss) (1, 2, 3, 5, 6)
- salão de mármore: seg/qua/qui 8h-16h, ter/sex 13h-16h | escadaria barroca: seg-dom 8h-18h
- grátis

O Palácio de Mirabell era utilizado pelo arcebispado no começo do século 17; pegou fogo, foi restaurado e expandido, e é hoje a sede de departamentos do governo. Salas abertas para visitação incluem a escada com anjinhos esculpidos (sua avó iria se encantar), que leva ao recinto com ornamentos de ouro onde rolam concertos durante o verão (€35 em média), quase todos à noite. O Mirabellgarten, que são os jardins do castelo, é dividido em áreas, dentre as quais se destaca o Jardim dos Anões.

Marionettentheater *(Marionette Theatre)*

- Schwarzstrasse 24
- Mirabellplatz (Schloss) (1, 2, 3, 5, 6)
- 872.406
- www.marionetten.at
- bilheteria seg-sáb 9h-13h (a checar no local)
- €15-40

O Teatro de Marionetes fica atrás do Mirabellgarten e apresenta óperas famosas interpretadas por esmerados fantoches. O repertório vai de Tchaikovsky a Rossini, sem, é claro, deixar de lado a estrela da cidade, Mozart. Nos dias de espetáculo, os ingressos também são vendidos 2h antes do evento (que normalmente ocorre às 14h ou 19h).

Salzburgo | **1143**

CULTURA POP | **A Noviça Rebelde**

Clássico filme dirigido por Robert Wise (cujo título original é *The Sound of Music*), de 1965, apresenta uma simpática noviça (interpretada por Julie Andrews) que vai trabalhar para a conservadora família Von Trapp, composta por um austero pai viúvo (Christopher Plummer, que, em 2012, então com 82 anos, foi o ator mais velho a ganhar um Oscar) e seus endiabrados filhos. Aos poucos, ao longo de muitas canções e belos cenários, ela conquista as crianças – atenção, *spoiler*, estamos contando a história! – e, por fim, o coração do patriarca. Posteriormente, quando a Áustria é tomada pelo nazismo, todos fogem pelos Alpes. Apesar do enredo bastante romanceado, a inspiração é verídica. O filme, rodado basicamente na Áustria, se tornou um dos maiores sucessos de todos os tempos e já virou *cult* (em Londres, há sessões nas quais a plateia "interage" com os personagens); e foi homenageado no Oscar 2015 pelos seus 50 anos (ganhando a presença de Julie Andrews e ainda Lady Gaga interpretando algumas músicas). Atualmente, passeios motorizados – chamados de *The Sound of Music Tour* – visitam algumas de suas excepcionais locações, como o **Palácio Leopoldskron** e a cidade de **St. Gilgen**. Operado por algumas agências, entre elas a *Panorama Tours* (883.2110, www.panoramatours.com), custa em média €40, com duração de cerca de 4h; tickets são vendidos nos hotéis e albergues. Se você ainda não viu o filme, assista-o ao voltar ao Brasil ou mesmo antes de visitar a Áustria (ou durante: albergues passam o filme), é uma sessão da tarde que vale a pena!

Spielzeug Museum *(Toy Museum)*

- Burgerspitalgasse 2
- Ferdinand-Hanusch-Platz (Fischkrieg) (912, 918)
- 620.808.300
- www.salzburgmuseum.at/spielzeugmuseum.html
- ter-dom 9h-17h
- €4 (Est: €2 | Id: €3,50 | Cr: €1,50)

Bonecas, trens elétricos e algum artesanato fora de lugar fazem do Museu dos Brinquedos uma atração engraçadinha, porém insossa. Nesse local funcionava um antigo asilo medieval. Vale também a visita na igreja gótica ao lado.

Passeios
Estações de Esqui

Ficam a cerca de 1h de Salzburgo: **Zell am See** é uma cidadezinha que dá acesso à geleira de Kitzsteinhorn, a 3 mil metros de altura. A melhor maneira de chegar é tomar o trem ou ônibus para Zell am See e, dali, outro ônibus até Kaprun (2 mil metros), onde começam as pistas. Um passe de esqui custa, conforme a temporada, entre €40-47, e se compra lá mesmo. Equipamentos podem ser alugados em lojas de material esportivo em Kaprun, ou então peça indicações no centro de informações de Salzburgo. **Grünau** é outra estação popular, em particular entre mochileiros, já que é um pouco mais barata. Fica a 100km de Salzburgo, e para chegar é preciso tomar o trem Salzburgo-Wells e depois Wells-Grünau. O acesso às pistas de esqui (na região de Kasberg) fica perto do albergue *Treehouse*. O passe para esquiar por um dia custa em torno de €36, e é possível alugar o equipamento no próprio albergue.

Kehlsteinhaus

Casa construída sobre os Alpes alemães, próxima à fronteira austríaca, como presente para Hitler pelos seus 50 anos, em nome do partido nazista. Conhecida como *Eagle's Nest* (Ninho da Águia), permaneceu intacta mesmo depois dos bombardeios dos Aliados. Costumava ser apenas um monumento para relembrar a história, mas, há algum tempo, foi reinaugurada como um hotel com restaurante, reacendendo uma polêmica discussão a respeito da (infeliz) possibilidade de o lugar transformar-se num ponto de peregrinação para neonazistas e saudosos do regime fascista do ditador. Chega-se de carro, de Salzburgo, a partir da estrada até Obersalzberg, atravessando a fronteira para a Alemanha. Dali, ônibus seguem até o estacionamento de Kehlstein por 6,5km, a 700m de altura. Um elevador sobe um túnel cavado na pedra até o interior da casa. O tour pela construção custa €22,50. Empresas como a *Panorama Tours* fazem o trajeto a partir de Salzburgo, de maio a outubro; o passeio leva 5h e custa aproximadamente €50.

Comes & Bebes

Salzburgo tem tipos variados de restaurantes, dos mais tradicionais aos mais descolados. Os pratos típicos são muito parecidos em todas as cidades da Áustria – em toda Região Germânica, diga-se de passagem... –, portanto, não espere nada muito diferente de *schnitzel*, *bauern gröstl* e chucrute. Destaque para as cervejarias e *biergartens*, assim como os aconchegantes cafés e as deliciosas confeitarias espalhadas pela cidade.

ALMANAQUE VIAJANTE | A casa de Hitler

Uma fachada bege e janelas brancas escondem o início de uma das histórias mais escabrosas da trajetória humana. Nesse pequeno prédio de três andares, no dia 20 de abril de 1889, nasceu Adolf Hitler. A construção fica na cidade de Braunau Am Inn, na fronteira com a Alemanha, a aproximadamente 60km de Salzburgo, e abrigava uma pequena hospedaria que teve seu espaço alugado pela família Hitler. O futuro ditador da Alemanha passou os primeiros três anos de vida no local. Hoje, na frente do prédio, um pequeno memorial de pedra que adverte e relembra: "Pela Paz, Liberdade e Democracia. Fascismo nunca mais. Milhões de mortos nos lembram disso".

Depois de abrigar a família, o prédio ainda foi biblioteca, banco e até sala de aula. Sua proprietária atual é uma aposentada, que aluga o local para o Ministério do Interior austríaco. Recentemente, uma polêmica trouxe a casa de nascimento de Hitler de volta às páginas de jornal. O atual prefeito, Johannes Waidbacher, propõe transformá-la em uma residência comum, devido à estigmatização sofrida pela cidade por um fato histórico longínquo. Assim, não haveria nenhum memorial ao Holocausto e o prédio passaria a ser habitado por moradores da cidade, como qualquer outro. No entanto, existe a preocupação com a possibilidade de alguns descerebrados fazerem do imóvel um centro neonazista. E, cá entre nós, um fato histórico desse porte dificilmente passará despercebido – seja prédio residencial ou memorial.

Triangel

- Philharmoniker Gasse
- Salzburg Ferdinand-Hanusch-Platz (912, 913, 914, 915)
- 842.229 www.triangel-salzburg.co.at
- ter-sáb 12h-0h $ €7-14

Restaurante elogiado pelo bom atendimento e pelo custo-benefício: um almoço menu do dia custa apenas €6,50 com bebida inclusa – *hollersaftwasser*, água saborizada. O Triangel tem como base alimentos sazonais e regionais, o que diferencia os pratos. Você também pode pedir menu à la carte, no qual o tradicional *walser schnitzel* custa €13,90 e uma massa com legumes, €10,50.

Augustiner Braustueberl

- Lindhofstrasse 7
- Mülln-Altstadt (3, R2, R6, RS4, RB)
- 431.246 www.augustinerbier.at
- seg-sex 15h-23h, sáb-dom 14h30-23h
- $ €8-15

Famoso biergarten, ou, na tradução literal, "jardim da cerveja", é uma ótima programação para beber a *Augustiner*, marca da maior cervejaria austríaca. Quem preferir pode ficar nos múltiplos salões com estilo rústico que o prédio do século 17 oferece. O estilo de atendimento é diferente: você pode pegar a caneca que quiser na prateleira, pagar pelo tamanho escolhido, lavá-la em uma espécie de chafariz e encher de cerveja nos grandes barris espalhados pelos salões. Para acompanhar a bebida, petiscos e lanches rápidos típicos da região são vendidos em barraquinhas ali mesmo. Clima descontraído e amigável.

Pauli Stubm

- Herrengasse 16
- Mozartsteg - Rudolfskai (270)
- 843.220 www.paul-stube.at
- seg-sáb a partir das 17h $ €10-25

Apesar de ser próximo da parte antiga da cidade, esse restaurante não faz parte das rotas turísticas, sendo mais frequentado por moradores do bairro e artistas. Um lugar descolado, com ambiente agradável e comida muito elogiada pelos viajantes, e sem preços exorbitantes: o *schnitzel* custa €11,90 e o *bauern gröstl* (cubos de batata, carne de porco e cebolas refogados na manteiga, com ovo frito e chucrute) sai por €9,80. O restaurante também tem opções mais leves e um cardápio sazonal extra, específico para determinadas estações.

Hotéis & Albergues

A rede hoteleira de Salzburgo está concentrada nos arredores da estação central, embora também haja alguns poucos hotéis no centro histórico. De qualquer forma, você provavelmente circulará a pé a maior parte do tempo. Quando muito, se o seu hotel estiver um pouco afastado, precisará percorrer pequenos trechos de ônibus. Alguns albergues e hotéis menores não funcionam o ano inteiro. E se você ficar contagiado pela atmosfera *Noviça Rebelde* por aqui, é muito provável que o seu albergue ou hotel tenha o filme em DVD disponível para ser assistido.

Yoho International Youth Hostel

- Paracelsusstrasse 9
- Salzburg Hofwirt   www.yoho.at
- 188 camas   €3,50
- $ dorms 8p €18, 6p €19, 4p €20 | quartos 1p €38, 2p €66

Está bem próximo da estação de trem e cerca de 1,5km das atrações no centro histórico. Dormitórios simples, com camas que contam com luz de leitura individual; alguns possuem banheiro privativo, mas são €2 mais caros. Organiza tours da *Noviça*

Rebelde e o filme fica disponível para ser exibido todas as noites, na sala de TV. Tem espaço de uso comum, computadores com acesso à internet (€1,50/1h) e bar (cerveja por €2 durante o *happy hour*). Permanece aberto o ano todo. No inverno você pode alugar equipamentos de esqui e, no verão, bicicletas.

JUFA Salzburg City

- Josef-Preis-Allee 18
- Salzburg Justizgebäude
- 708.3613
- www.jufa.eu
- 132 quartos   incluído
- dorms 8p €18/22 | quartos 1p €50/53, 2p €76/86 (baixa/alta temporada)

Está um pouco distante da estação de trem, mas relativamente perto da Fortaleza de Hohensalzburg e demais atrações do centro. Tem terraço, bar 24h, serve almoço e jantar, organiza tours e, claro, exibe *Noviça Rebelde* todas as noites, às 20h. Pertence à rede JUFA, com hotéis e resorts em diferentes cidades da Áustria. O estilo é semelhante ao dos albergues HI – espaços enormes e receptividade a grupos e famílias.

Hotel Hohenstauffen

- Elisabethstrasse 19
- Salzburg Hbf   872.193
- www.hotel-hohenstauffen.at
- 31 quartos   incluído
- quartos 1p €60/€97 | 2p €80/145 (baixa/alta temporada)

Hotel 3 estrelas, está próximo da estação de trem, mas para chegar até o centro é preciso costear o rio Salzach numa caminhada de 20min. Quartos de decoração clássica e não muito grandes, mas bastante charmosos, com isolamento acústico, banheira, TV. Andreas, o simpático proprietário, é carioca e pode dar boas dicas sobre a cidade.

Pension Katrin

- Nonntaler Hauptstrasse 49
- Wäschergasse   830.860
- www.pensionkatrin.at
- 10 quartos   incluído
- quartos 1p €57/69, 2p €95/119 (baixa/alta temporada)

Pequena pousada de gerência familiar localizada em uma área verde, a 10min de caminhada do centro. Quartos simples, com TV, mesa de trabalho, frigobar e cofre. Fecha em diferentes épocas do ano. Atenção, a recepção funciona somente até as 20h30. A gentileza e o atendimento da dona são bastante elogiados pelos viajantes.

Hotel Elefant

- Sigmund-Haffner-Gasse 4
- Salzburg Rathaus   843.397
- www.elefant.at
- 31 quartos   incluído
- quartos 1p €111/157, 2p €155/190 (baixa/alta temporada)

Hotel de gerência familiar, ocupa um prédio de mais de 700 anos, numa localização excelente, em pleno centro histórico. Quartos decorados de forma tradicional, com ar-condicionado, TV e frigobar. Conta ainda com bar e restaurante especializado em pratos austríacos e internacionais. O valor das diárias pode variar muito ao longo do ano.

Art Hotel Blaue Gans

- Getreidegasse 41
- Salzburg Ferdinand-Hanusch-Platz
- 842.4910
- www.hotel-blaue-gans-salzburg.at
- 35 quartos   incluído
- quartos 1p €135-209, 2p €145-209

Hotel 4 estrelas, está no centro histórico e ocupa um prédio de mais de 600 anos, decorado com diversas obras de arte. Quartos com ar-condicionado, TV e frigobar.

INNSBRUCK

Parte do charme de Innsbruck, a 165km de Salzburgo e 480km de Viena, se deve às montanhas de neve eterna que rodeiam a cidade. Como próspera localidade de 128 mil habitantes, tem uma rica história: cresceu com as minas de prata e com a primeira ponte construída sobre o rio Inn (daí vem seu nome), que facilitou o contato e o comércio com outras regiões, tornando Innsbruck um centro econômico do Tirol em meados do século 15. Nessa época, o imperador Maximiliano I se estabeleceu na cidade, proclamando-a capital do império, posição que duraria um século e meio. Na rua Maria Theresien se encontram os prédios mais bonitos e históricos, além da badalação noturna, com bares e restaurantes. Sede das Olimpíadas de Inverno de 1964 e 1976, Innsbruck é, hoje, a mais visitada cidade do Tirol.

A Cidade

Tudo é próximo e às margens do rio, incluindo a catedral e o palácio, na *Altstadt*, a Cidade Velha. Mais distante, a estação central, a Hauptbahnhof, fica a uns 10min a pé do centro. Trens partem para Salzburgo (3h30) e Viena (5h), entre outros destinos; da frente da estação saem ônibus regionais. Há um aeroporto a 15min do centro, que recebe voos de companhias alemãs, austríacas e da *EasyJet* (acesso pelo ônibus F). Innsbruck fica isolada por um "muro" de montanhas, o que garante quase sempre um clima agradável, sem vento. Código telefônico: 512.

Informações turísticas

São dois postos de informações: um na estação central e outro no começo da Maria-Theresien-Strasse (Burggraben 3; seg-dom 9h-18h). Pela internet: www.innsbruck.info.

Cartão da cidade O *Innsbruck Card* dá acesso a museus e atrações, permite o uso ilimitado do transporte público, incluindo os teleféricos para as estações de esqui (veja p.1150), e concede ainda um *walking tour*, empréstimo gratuito de bicicleta (por 3h) e desconto em passeios e lojas. Custa €33/24h, €41/48h e €47/72h.

Innsbruck, encravada no meio das montanhas

Circulando

A pé, pode-se visitar a maioria das atrações. Uma passagem de ônibus (zona central) custa €2,30, valendo por 1h, e é preciso validar o ticket. Existe um passe, de €5,10, para 24h. Como alternativa, pode-se alugar bicicletas por meio dia ou dia inteiro. Lembre-se: com uma *bike* você vai a qualquer lugar... plano. Nos Alpes, é mais fácil para os ciclistas experientes.

Atrações

A rua central é a Maria Theresien Strasse, onde se localizam o *Triumphpforte*, Arco do Triunfo que comemora o casamento de Leopoldo II, e a *Annasäule*, uma coluna em homenagem à retirada dos bávaros após a Guerra da Sucessão, além de lojas, restaurantes e boa parte do agito de Innsbruck. Na Altstadt também fica a Herzog-Friedrich-Strasse, onde está um dos prédios mais fotografados da cidade: o *Goldenes Dachl*. Este palácio de telhado dourado abriga o *Maximilianeum* (ver adiante). Logo a seguir, a *Stadtturm* (Torre da Cidade, out-mai 10h-17h | jun-set 10h-20; €3) permite uma vista do centro a 30m de altura. Próximo ao rio, ao lado da universidade, está o *Hofgarten* (entrada pela Rennweg), parque com pássaros exóticos e jardins renascentistas, fundado pelo arquiduque Frederico IV no século 15.

Maximilianeum

- Herzog-Friedrich-Strasse 15
- Innsbruck Museumstrasse (4123)
- mai-set seg-dom 10h-18h | out-abr ter-dom 10h-17h
- €4 (Cr: €2)

Museu localizado no famoso prédio histórico Goldenes Dachl, com acervo dedicado ao imperador Maximiliano I, um dos pioneiros do alpinismo.

Hofkirche *(Court Church)*

- Universitätstrasse 2
- Museumstrasse (4123, 4127)
- 5948.9510
- www.tiroler-landesmuseen.at
- seg-sáb 9h-17h, dom 12h30-17h
- €7 (Est: €5 | Cr: grátis)

A Igreja da Corte é dedicada ao imperador Maximiliano I e guarda o túmulo do seu neto, Ferdinando I, Sacro Imperador Romano-Germânico no século 16. Foi construída entre 1955-65, e dentro tem 28 estátuas gigantes dos reis e duques do Tirol. O órgão dessa igreja data de 1558 e acontece aqui, todo ano, uma competição de música. Um ingresso único combina essa igreja com o Volkskunstmuseum (ver abaixo) a €11 (Est: €8).

Tiroler Volkskunstmuseum
(Museum of Tyrolean Regional Heritage)

- Universitätstrasse 12
- Museumstrasse (4125, 4127)
- 5948.9510
- www.tiroler-landesmuseen.at
- seg/qua-dom 9h-17h
- €8 (Est: €6 | Cr: grátis)

O museu apresenta uma miscelânea sobre a região do Tirol, de badulaques de alpinismo a roupas e meiões. Saindo da estação de trem, o museu está no final da Museumstrasse, à esquerda.

Alpenzoo

- Weiherburggasse 37a
- 292.323
- www.alpenzoo.at
- nov-mar seg-dom 9h-17h | abr-out 9h-18h
- €10 (Est, Id: €8,50 | Cr: €5)

Esse zoológico alpino, construído na década de 60, é um dos mais significativos zoos da Europa, com mais de 1.500 animais. Conta também com um aquário. Para chegar, o ônibus W sai da estação *Marktplatz*, no centro, a cada meia hora.

Castelo Ambras reúne importante acervo em suas dependências

🚶 Schloss Ambras *(Ambras Castle)*

- 📍 Schlossstrasse 20
- 📞 525.244.802
- 💻 www.schlossambras-innsbruck.at
- 🕐 seg-dom 10h-17h
- 💲 abr-out €10 (Est, Id: €7) | dez-mar €7 (Est, Id: €5 | até 19 anos: grátis)

Esse castelo medieval pertenceu a Ferdinando II, isolado pela corte por se casar, em 1557, com uma plebeia, filha de um burguês. Tem salas com quadros de pintores espanhóis, retratos dos Habsburgos e um belo jardim (pelo qual vale passear) com esculturas modernas. Interessantes também são as pinturas de todos os reis e duques do Tirol e as salas das armaduras e das curiosidades. Afastado do centro, é alcançado com o ônibus Sightseer (💲 €12 | Est: €8) ou com o Postbusreise, linha 4134, que sai da estação central da cidade (💲 passagem e entrada no museu a partir de €6,90).

Basilika Wilten

- 📍 Pastorstrassen
- 📞 583.385
- 💻 basilika-wilten.at

Em estilo rococó, essa igreja, construída em 1755, é a mais importante do Tirol. Repare na pintura do teto, que, bem elaborada, passa a ilusão de ser uma cúpula.

Tiroler Landesmuseen *(Tyrolean State Museum)*

- 📍 Museumstrasse 15
- 🚌 Museumstrasse (4125, 4127)
- 📞 5948.9510
- 💻 www.tiroler-landesmuseen.at
- 🕐 ter-dom 9h-17h
- 💲 €11 (Est: €8 | Cr: grátis)

Também conhecido como Ferdinandeum, esse museu, fundado em 1823 em homenagem a Ferdinando II, contém um acervo bem eclético, com arte antiga, gótica, medieval, barroca e renascentista, representadas em esculturas, pinturas e objetos diversos.

Hofburg *(Imperial Castle)*

- 📍 Rennweg 1
- 🚌 Museumstrasse (4125, 4127)
- 📞 587.186
- 💻 www.hofburg-innsbruck.at
- 🕐 mar-ago seg-ter/qui-dom 9h-17h, qua 9h-19h | set-fev seg-dom 9h-17h
- 💲 €9 (Est, Id: €6,50 | Cr: grátis)

Palácio Imperial dos Habsburgo no Tirol. Pode-se visitar as salas com a decoração da época, com pinturas representando a rainha Maria Thereza e seus 16 filhos (entre eles a futura e decapitada rainha da França, Maria Antonieta), e entrar na Dom St. Jacob, catedral em estilo barroco do século 17.

Outros

🚶 Bergisel Ski Jump

- 📍 Bergiselweg 3
- 💻 www.bergisel.info 📞 589.259
- 🕐 jun-out seg-dom 9h-18h | nov-mai 10h-17h
- 💲 €9,50 (Cr: €4,50)

É um estádio com uma pista para salto de esqui com 134,5m de altura. O local sediou dois Jogos Olímpicos e recebeu até mesmo o papa João Paulo II, que, em sua visita ilustre, em 1988, reuniu 60 mil pessoas para vê-lo. No alto, encontra-se um restaurante com uma das mais belas vistas sobre Innsbruck. A montanha onde está localizado também tem importância histórica para os tiroleses: foi aqui que, há 200 anos, eles lutaram pela sua independência ao lado do líder Andreas Hofer. Uma estátua do herói foi erguida no parque ao lado do estádio.

Passeios

Stubaier Gletscher *(Glaciar Stubai)*

Innsbruck está rodeada de pistas de esqui, sem necessidade de longas viagens para alcançá-las. Uma delas fica no glaciar Stubai (3.200m), coberto de neve até mesmo no verão. Aqui foram realizados os Jogos Olímpicos de Inverno de 1964 e 1976. Para chegar, pegue o ônibus que sai do lado da estação e sobe as montanhas em direção a Neustift/Mutterberg, passando por pequenos vilarejos no caminho. No centro de informações turísticas da estação é vendido um pacote que inclui o ônibus (ida e volta) e a entrada para ficar lá por um dia; inclui também o aluguel de equipamentos e roupas. Outra alternativa é comprar a passagem direto com o motorista (conferir o valor no local) e pagar a entrada na própria montanha (💲 €43 | Id: €34,40 | Cr: €21,50). O ideal é partir cedo, para aproveitar o dia ao máximo. Mais informações no site www.stubaier-gletscher.com

🚶 Nordkette *(Nordpark)*

A estação de esqui mais próxima e mais facilmente acessível a partir de Innsbruck é o Parque Nordpark ou Nordkette, que merece uma visita mesmo que você não pretenda esquiar – os teleféricos que chegam até o topo da montanha nevada, no pico Hafelekarspitze, garantem vistas belíssimas. Pegue o ônibus J até o fim da linha (Nordkette). O bilhete de subida pode ser comprado até a estação a que você se destina, cada uma em um pico da montanha, e com preços diferentes. Para começar, você sobe um trecho mais curto com o funicular Hungerburgbahn (💻 www.nordkette.com; 🕐 7h15-17h15; 💲 €7,60 ida e volta).

Mapas das estações de esqui, informações sobre horários e preços e sobre o aluguel de equipamentos podem ser obtidos no centro de informações turísticas da rua Burggraben, onde você pode comprar o *Innsbruck Card*, particularmente útil para quem quer explorar essa região. O cartão permite o uso do transporte público não apenas em Innsbruck, mas também nas cidades de Igls e Hall, e inclui um trecho nos teleféricos Nordkettenbahn ou do funicular Hungerburgbahn.

Comes & Bebes

A Maria-Theresien-Strasse, a rua central, oferece algumas opções gastronômicas, além de ser o grande foco da vida noturna de Innsbruck. A noite acaba antes do que você imagina; por isso, planeje jantar cedo. Restaurantes mais tradicionais, oferecendo deliciosa comida típica, estão no centro. Vale tentar o **Ottoburg** (Herzog-Friedrich-Strasse 1; www.ottoburg.at; seg-dom 12h-15h/18h-0h; €15-30), onde você pode provar o *schnitzel*, o prato típico da Áustria, que consiste em um bife de vitela à milanesa, acompanhado de salada de batata (ou, em lugares mais informais, de batatas fritas), aqui servido também com condimento de oxicoco (*cranberry*) e suco de limão.

Se você estiver aqui no inverno, aproveite para experimentar a *frittatensuppe*, uma sopa austríaca feita com tiras finas de massa imersas em um caldo de carne, excelente para os dias frios. Um dos melhores locais para prová-la é o **Weisses Rossl** (Hofgasse 1; www.roessl.at; seg-sáb 9h-15h/17h-24h; €12-25), restaurante do hotel homônimo, com um ambiente rústico bem aconchegante. *Tiroler gröstl* é uma tipicidade tirolesa, facilmente identificada nos restaurantes, pois geralmente o prato – cubos de batata, carne de porco e cebolas refogadas na manteiga, com um ovo frito em cima – é servido na mesa montado direto em uma frigideira.

Como no resto do país, cafés e confeitarias são programas tradicionais por aqui. Não deixe de experimentar a *Sacher Torte*, no famoso **Café Sacher** (Rennweg 1; www.sacher.com; seg-dom 8h30-0h; €8-15). Se o seu albergue ou hotel não inclui café da manhã, sem problemas, há muitas padarias com pães e doces deliciosos, que com certeza são uma ótima alternativa para começar bem o dia. Para quem quer um lanche barato e rápido, vale a pena seguir, em direção sul, ao bairro universitário, às margens do rio, onde se encontram várias lanchonetes e pizzarias mais em conta.

Hotéis & Albergues

Não é exatamente barato dormir em Innsbruck. De modo geral, as acomodações estão concentradas nos arredores da estação central ou do centro histórico – sem dúvida, a melhor localização. A cidade conta com alguns albergues, mas quase todos estão relativamente distantes do centro. O **Marmota Hostel** (Tummelplatzweg 2; dorms 6p a partir de €11 | quartos 2p €43) não é exceção, está a 3km da área central. Dispõe de cozinha compartilhada, terraço e espaço para preparo de churrasco. O **Hotel Zach** (Wilhelm-Greil-Strasse 11; quartos 1p €79, 2p €100) fica mais perto, a apenas 5min de caminhada do centro histórico. Quartos simples, dispõem de TV, mesa de trabalho e cofre, e o café da manhã está incluso na diária.

Glaciar Stubai, uma das pistas de esqui mais procuradas de Innsbruck

Château de Chillon em Montreux, na Suíça francesa

www.myswitzerland.com/pt

SUÍÇA

Que imagens vêm à sua cabeça quando você ouve falar em Suíça? Alpes, chocolates, queijos, canivetes, relógios, bancos, ONU... certo? Este pequeno país encravado no centro do continente europeu faz mesmo jus a todos esses clichês. A majestosa cordilheira dos Alpes, cobrindo quase 60% do país, é o seu cenário natural. Uma vasta área de pastagem, onde você pode ver e ouvir vaquinhas ostentando sininhos, lembra a excelência suíça na produção de derivados do leite – não saia do país sem provar seus queijos e chocolates. A relojoaria é outra de suas fortes indústrias; marcas para lá de refinadas, como Rolex e Patek Philippe, são produzidas aqui. O país é sede também de organizações internacionais e está entre os mais importantes centros bancários do mundo. Culturalmente influenciado por seus vizinhos, conta com falantes nativos de alemão, de francês e de italiano. A Suíça atrai muitos praticantes de esportes, como tênis, futebol, hóquei no gelo e vôlei de praia. Para mochileiros, é um país caro. Mas vale a pena visitá-lo: é um território deslumbrante, e qualquer cidadezinha pode impressionar pela beleza da paisagem.

Que país é esse

- *Nome:* Confederação Suíça | Schweizerische Eidgenossenschaft | Swiss Confederation
- *Área:* 41.285km²
- *População:* 8,1 milhões
- *Capital:* Berna
- *Língua:* Alemão, francês, italiano e romanche
- *Moeda:* Franco Suíço
- *PIB:* US$ 685,43 bilhões
- *Renda per capita:* US$ 84.700
- *IDH:* 0,917 (3º lugar)
- *Forma de Governo:* República Confederativa

Barbadas e Roubadas

- *Conhecer a Suíça alemã de Zurique, a francesa de Genebra, a italiana de Lugano*
- *Explorar os Alpes a partir de pequenas cidades como Gryon ou Gimmelwald*
- *Contemplar o pico do Matterhorn em Zermatt*
- *Fazer piqueniques junto a lagos e cercado por montanhas*
- *Não conseguir escapar dos elevados preços*

SUÍÇA

Centro histórico de Berna

BERNA

A capital da Suíça é Berna (*Bern*, em alemão e inglês; *Berne*, em francês), mas nem parece – aliás, muitos nem sabem disso. Pois, embora capital, tem apenas 130 mil habitantes e ainda mantém o charme de uma pequena cidade provinciana. Como toda boa representante suíça, tem rio, torre com relógio, igreja medieval, fontes de água pura e um belíssimo centro coberto por arcos – listado como Patrimônio da Humanidade pela Unesco. Seu nome vem de *Bär* (urso em alemão) – segundo a lenda, um urso habitava e assustava os moradores da área antes da cidade ser fundada, em 1191. Assim, o bicho virou o símbolo de Berna. Talvez devêssemos também lembrá-la por Einstein – o físico trabalhou aqui –, e, muito importante, por ser a terra do Toblerone, o chocolate.

A Cidade

O centro histórico é cercado pelo rio Aare, que passa por Berna no formato de um U, e onde a água é tão limpa que poderia matar a sede. No meio desse U fica a parte alta da cidade; atravessando o rio (em uma de suas inúmeras pontes) você chega na parte baixa. Existem 11 fontes d'água históricas espalhadas pelas ruas do centro, que tem a Torre do Relógio como um referencial. A melhor forma de conhecer a cidade é a pé. Bicicletas também são uma boa: podem ser alugadas gratuitamente na estação de trem por 4h, mediante um depósito de CHF20 (que será devolvido depois) e a apresentação do passaporte – depois desse período, o aluguel passa a custar CHF1 por hora. Saiba mais no site www.bernrollt.ch. Caso pretenda utilizar *tram* ou ônibus, um ticket custa CHF4,40, é válido por 1h e pode ser comprado nas máquinas ao lado das paradas. Código telefônico: 31.

Informações turísticas

O principal centro de informações fica dentro da estação de trem (⏲ seg-sáb 9h-19h, dom 9h-18h). Pela internet: 🖥 www.bern.com.

Chegando e saindo

O aeroporto fica a 10km da cidade. O ônibus 334 o conecta à estação de trem, saindo a cada meia hora, em viagens de 20min, CHF6,70 (menores de 16 anos CHF3,60). A estação de trem fica a 5min de caminhada do centro histórico; dela partem trens para Interlaken (50min), Zurique (55min), Basel (1h), Lucerna (1h), Brig (1h), Lausanne (1h10) e Genebra (1h40). Ônibus para cidades próximas saem de trás da estação de trem.

Atrações

O centro da cidade é um dos exemplos de construção medieval mais bonitos da Suíça. Curiosas são as passagens que vão de uma rua a outra por dentro das quadras, como galerias. Nesta parte central se caminha sob os arcos, que foram construídos nos séculos 16 e 17. Existem diversas fontes d'água em Berna, todas potáveis, cada uma com sua própria história. Repare na interessante *Kindlifresserbrunnen* (A Fonte do Ogro), na Kornhausplatz, onde um monstro está devorando seu lanchinho: uma criança.

🚶 Zeitglockenturm *(Clock Tower)*

📍 Kramgasse   🚉 Rathaus (12, 30)
☎ 328.1212   🖥 www.zeitglockenturm.ch
⏲ tour jan-out seg-dom 14h30
💲 tour CHF15 (Est: CHF10 | Cr: CHF7,50)

Símbolo da Berna medieval, a Torre do Relógio servia, no século 13, como portão oeste da fortificação da cidade. Desde 1530, as figuras do relógio astronômico da torre se movimentam, a cada hora, com o soar do sino.

🚶 Münster

📍 Münsterplatz
🚉 Rathaus (12, 30)
☎ 312.0462   🖥 www.bernermuenster.ch
⏲ abr-out seg-sáb 10h-17h, dom 11h30-17h | nov-mar seg-sex 12h-16h, sáb 10h-17h, dom 11h30-16h
💲 grátis | torre CHF5

Construída em estilo gótico no século 15, a catedral tem belíssimos vitrais, alguns originais de 1450. Destaque para as estátuas no arco de entrada representando o Juízo Final: as figuras esculpidas à esquerda, vestidas de branco, simbolizam os justos, enquanto os ícones à direita, nus, personificam os condenados. A torre de 100m de altura é a mais alta do país, e lá de cima se tem uma vista excepcional da cidade.

Bärenpark *(Bear Park)*

🚉 Bärengraben (12)   ☎ 357.1525
🖥 www.baerenpark-bern.ch
⏲ 24h   💲 grátis

À beira do rio Aare, o Parque do Urso é uma espécie de zoológico pequeno, onde se pode ver os bichos que deram o nome à cidade ao vivo e a cores – ainda que os ursos estejam quase sempre dormindo ou hibernando. Chega-se no parque atravessando a ponte Nydeggbrücke, à direita.

Kunstmuseum *(Museum of Fine Arts)*

📍 Hodlerstrasse 8-12
🚉 Bollwerk (11, 20, 21)   ☎ 328.0944
🖥 ter 10h-21h, qua-dom 10h-17h
⏲ www.kunstmuseumbern.ch
💲 CHF7 (Est: CHF5 | Cr: grátis)

Museu de Belas Artes com uma expressiva coleção de um dos mais importantes teóricos e pintores da arte moderna, o suíço Paul Klee. Apresenta também obras do medieval ao contemporâneo, com destaque para Matisse, Picasso, Braque e Chagall.

VOCÊ QUE COLOU NA ESCOLA | Albert Einstein

Considerada uma das mentes mais geniais do século 20, eleito o homem do século pela revista *Time*, este físico, nascido em 1879 na cidade de Ulm, na Alemanha, é o responsável por boa parte de tudo aquilo que você nunca entenderá na Física. Morou na Suíça por vários anos e chegou a adquirir a cidadania do país. Em 1915, apresentou a Teoria Geral da Relatividade, aquela que diz que $E=mc^2$, dando um novo enfoque à Física moderna. Seis anos mais tarde, recebeu o Prêmio Nobel de Física. Voltou à Alemanha para lecionar na Universidade de Berlim, mas, por ser judeu, fez parte da leva de cientistas e pensadores alemães que precisou fugir do regime nazista. Foi para os Estados Unidos, onde se radicou e viveu até a sua morte, em 1955. Sua maior decepção foi a explosão da bomba atômica na Segunda Guerra Mundial, construída a partir de suas teorias.

BERNA

Heiligeistkirche *(Church of the Holy Spirit)*

- Spitalgasse 44
- Bahnhof (3, 6, 7, 8, 9)
- 370.7114
- www.heiliggeistkirche.ch
- grátis

Igreja barroca erguida entre 1726-29, é o melhor exemplo de um templo protestante na Suíça, justamente por ter sido o primeiro a ser construído com este propósito – antigamente, os templos protestantes funcionavam em igrejas cedidas pela religião católica.

Einsteinhaus *(Einstein House)*

- Kramgasse 49
- Zytglogge (6, 7, 8, 9)
- 312.0091
- www.einstein-bern.ch
- fev-dez seg-dom 10h-17h
- CHF6 (Est, Id, Cr: CHF4,50)

Foi casa e local de trabalho do mais famoso cientista do século 20, Albert Einstein, que aqui viveu antes de voltar à Alemanha e de se radicar nos Estados Unidos. No segundo andar deste prédio, entre 1903 e 1905, o físico desenvolveu a Teoria da Relatividade. Tá com problemas na faculdade ou no trabalho? Quem sabe aqui não baixa em você algum espírito de genialidade...

Bundeshäuser *(Parliament)*

- Bundesplatz
- Bundesplatz (8, 10, 12, 19, 30)
- www.parlament.ch
- tours em inglês sáb 14h
- grátis

Esse impressionante edifício é o Parlamento, a casa da Confederação Helvética, onde o poder do país se reúne. Tem em sua cúpula o emblema de cada um dos 26 cantões suíços (divisões administrativas). As sessões parlamentares podem ser assistidas de uma galeria pública, normalmente aberta para visitas gratuitas, segunda à tarde, terça e quinta pela manhã e quartas o dia inteiro. Além disso, o prédio pode ser visitado em tours guiados.

Comes & Bebes

No centro, há várias lanchonetes de kebab e padarias, especialmente próximo à estação de trem e na Bubenbergplatz. Também se encontram muitas pizzarias e supermercados, como *Migros* e *Coop*, que contam com restaurantes *self-service*, pratos *take away* ou comidas de micro-ondas – não exatamente baratos, mas ok para os padrões locais. Restaurantes de cozinha típica, com *raclette*, *fondue* e *rösti*, são fáceis de achar. Na economia, uma boa pode ser um restaurante universitário (*mensa*) ou ir no supermercado mesmo.

Sous le Pont

- Neubrückstrasse 8
- Henkerbrünnli (11,21)
- 306.6955
- www.souslepont.ch
- ter-qui 11h30-0h, sex 11h30-2h, sáb 18h-2h dom 9h-16h
- CHF5-20

Ambiente alternativo frequentado por muitos estudantes e artistas em Berna, Sous le Point, carinhosamente chamado de SLP, é um bar e restaurante escondido no *Alternativzentrums Reitschule* (Escola Alternativa de Equitação). Com cardápio diversificado, serve pratos com carne ou vegetarianos, sopas (por CHF4) e menu do dia (por CHF7), com ingredientes sazonais e regionais. Nas quartas-feiras oferece um cardápio inspirado em algum país ou região do mundo. E o mais curioso: isso tudo sem definição de um chefe ou patrão, pois o restaurante Sous le Pont é um pub que funciona coletivamente.

Tibits

- Bahnhofplatz 10
- Bahnhof (3, 6, 7, 8, 9)
- 312.9111
- www.tibits.ch
- seg-qua 7h-11h30, qui-sex 7h-0h, sáb 8h-0h, dom 9h-10h
- CHF10-25

Restaurante vegetariano por quilo (CHF3,5 a cada 100g) ou à la carte, com cardápio equilibrado e ingredientes frescos. Em alguns dias da semana o buffet é vegano, geralmente saboroso até para os mais carnívoros. Tem também opções de cafés, sucos e lanches rápidos. O Tibits é uma rede de restaurantes presente em Londres e em várias cidades da Suíça – em Berna, há uma segunda filial no centro, na rua Gurtengasse 3, longe da correria da estação de trem.

Altes Tramdepot

- Grosser Muristalden 6
- Bärengraben (12, M3, M91)
- 368.1415
- www.altestramdepot.ch
- seg-sex 10h-0h30 sáb-dom 10h-0h30
- CHF20-40

Frequentado por turistas e nativos, o restaurante fica perto do Bärenpark, o Parque do Urso. O Altes Tramdepot tem uma vista muito bonita e é também *biergarten*, onde você pode apreciar as cervejas artesanais do próprio restaurante. Tanto os pratos, para os mais variados gostos, quanto as cervejas e os vinhos são muito elogiados.

Hotéis & Albergues

Como tudo na Suíça, a acomodação também é cara, e Berna não foge à regra. Mesmo nos albergues (são apenas dois na cidade), uma diária em quarto compartilhado custa algo em torno de CHF37 (€30). Nos hotéis, inclusive em B&B e em hotéis mais simples, a estadia dificilmente custará menos do que CHF150 (€124). O lado bom é que como a cidade é pequena, tudo está perto e você não deve precisar enfrentar grandes distâncias.

Bern Backpackers

- Rathausgasse 75
- Zytglogge (6, 7, 8, 9)   311.3771
- www.bernbackpackers.ch
- 76 quartos   não oferece
- dorms 6p CHF35 | quartos 1p CHF75, 2p CHF94/131 (sem/com banheiro)

A localização não poderia ser melhor: está bem no centro histórico, praticamente em frente à Torre do Relógio. Nos dormitórios, há *lockers* individuais e uma pequena pia com espelho ao lado das camas. Alguns quartos, embora sejam privados, também usam banheiro compartilhado. Dispõe de

O rio Aare, em Berna

sala de uso comum com TV e mesa de pebolim, além de cozinha compartilhada e serviço de lavanderia. A rede wi-fi está disponível somente nas áreas comuns. Tem máquina automática de venda de lanches e bebidas e disponibiliza café e chá de graça.

Bern Youth Hostel

- Weihergasse 4
- Dalmazibrücke (3)
- 326.1112
- www.youthhostel.ch/bern
- 177 camas   incluído
- dorms 6p CHF40, 4p CHF42 | quartos 1p CHF67, 2p CHF111

Albergue HI, está cercado por um belo jardim e pertinho da margem do rio Aare. Não chega a ser tão central como o Bern Backpackers, mas não está longe da Torre do Relógio – até lá são 500m. No verão, disponibilizam um quarto com 20 camas (CHF38); todos os dormitórios possuem luz de leitura individual. Servem almoço de segunda a sexta por CHF17,50. Tem pátio, sala de uso comum com mesa de pebolim e TV, mas não disponibiliza cozinha, apenas um micro-ondas. Quem não for sócio HI paga CHF6 a mais pela diária.

Hotel Alpenblick

- Kasernenstrasse 29
- Breitenrain (9)   335.6666
- www.welcomehotels.ch/alpenblick
- 54 quartos   incluído
- quartos 1p CHF145/185, 2p CHF190/230 (baixa/alta temporada)

Para ir até o centro da cidade, pode-se usar o *tram* ou ir caminhando, cerca de 20min. Quartos bem iluminados, dispõem de isolamento acústico, TV e mesa de trabalho. O restaurante funciona de segunda a sexta e serve pratos suíços. Ao fazer a reserva pelo site do hotel, é possível escolher entre algumas cortesias, como voucher de táxi ou uma bebida. O valor da diária pode variar bastante conforme o dia da semana e a temporada.

Beauvilla Bern B&B

- Jungfraustrasse 28
- Luisenstrasse (6, 7, 8)
- 352.4706   www.beauvilla-bern.com
- 2 quartos   incluído
- quartos 1p CHF140/190, 2p CHF240/290 (baixa/alta temporada)

Aconchegante B&B localizado numa casa do começo do século 20, em uma área mais residencial de Berna, a 10min de caminhada do centro. Ambos os quartos são equipados com banheiro privativo – apesar de não estar dentro do aposento, e sim no corredor –, TV, frigobar, cofre e até base para iPod. Um dos quartos tem algumas amenidades de banheiro a mais, incluindo banheira. A gentileza dos donos, Gabriela e Marc, é bastante elogiada pelos hóspedes. Se a estadia for de mais de 3 noites, oferecem desconto na diária.

Hotel Allegro Bern

- Kornhausstrasse 3
- Kursaal (9)   339.5500
- www.kursaal-bern.ch/hotel
- 171 quartos   incluído
- quartos 1p-2p CHF215/295 (baixa/alta temporada)

Hotel 4 estrelas, está a 1km do centro histórico; para chegar até lá você pode ir a pé ou de *tram*. Todos os quartos têm design único e dispõem de ar-condicionado, TV, frigobar, cofre e mesa de trabalho, e os mais caros contam ainda com banheira e vista para os Alpes. O hotel oferece ainda cassinos, restaurantes, bares, serviço de spa e aluguel de bicicletas. Para que a diária saia um pouco mais em conta, existe a possibilidade de reservar sem o café da manhã (CHF26).

SUÍÇA ALEMÃ

ZURIQUE

A metrópole suíça é Zurique (ou *Zürich*, em alemão), com uma população de 383 mil habitantes, a 120km de Berna. É conhecida mundialmente como a cidade dos bancos e tem vida noturna agitada, quase comparável à de outras capitais europeias. Foi o berço do dadaísmo, uma corrente artística que surgiu em 1916 – mais precisamente dentro do café Voltaire – e que, com sua criativa linguagem, encontrou a adesão de artistas em toda a Europa. Zurique é ponto estratégico para troca de trens e viagens para França, Áustria, Alemanha, Itália e para os próprios Alpes suíços.

A Cidade

Zurique se estende às margens do lago Zürichsee. O centro da cidade, cortado pelo rio Limmat (um braço do lago), fica nos arredores da rua de compras *Bahnhofstrasse*, que começa perto da estação de trem e vai até o lago. O centro antigo também está perto da estação. Código telefônico: 43.

Informações turísticas

O centro disponibiliza mapas, reserva hotéis e vende o cartão da cidade.

Hauptbanhof Tourist Service
- Banhofplatz
- mai-out seg-sáb 8h-20h30, dom 8h30-18h30 | nov-abr seg-sáb 8h30-19h, dom 9h-18h

Pela internet
- www.zuerich.com

Cartão da Cidade O *Zürich Card* libera o uso do transporte público e a entrada nas principais atrações. Custa CHF 24/24h, CHF 48/72h.

Chegando e saindo

O *Flughafen Zürich-Kloten* é o aeroporto mais movimentado do país. Tem voos de/para os principais destinos da Europa e até mesmo do Oriente Médio e da Ásia. Está conectado ao centro da cidade por meio de trens (S CHF4,30-6,60), que, em cerca de 15min, chegam à estação ferroviária.

A *Hauptbahnhof*, estação central de trens – a maior e mais antiga da Suíça –, liga Zurique a Lucerna (50min), Basel (1h), Berna (1h10), Interlaken (2h), Lausanne (2h), Lugano (2h45) e Genebra (2h45). Destinos internacionais: Stuttgart (3h), Munique (4h15), Milão (4h20), Luxemburgo (5h), Viena (8h), Barcelona (11h15) e Budapeste (12h). *Lockers* estão disponíveis na estação para pequenos e grandes volumes.

A rodoviária fica a duas quadras da estação de trem, na Ausstellungsstrasse 15. Destinos internacionais populares são: Stuttgart (3h20), Estrasburgo (3h30), Milão (3h30) Munique (4h), Innsbruck (4h40) e Frankfurt (6h).

UM OLHAR MAIS ATENTO | Uma volta por Zurique

A partir da estação de trem, siga pela rua de compras **Bahnhofstrasse**, paralela ao rio, onde estão as lojas e marcas mais badaladas. Construída onde antes existia a muralha protetora da cidade, essa é a mais elegante rua de Zurique. Por aqui, você chega na beira do **Zürichsee,** lago que nomeia a cidade. Esse mesmo percurso pode ser feito com o *tram* 11. Atravesse a ponte sobre o rio Limmat, que deságua neste local, e pegue a rua Utoquai, ao lado da qual há um caminho arborizado exclusivo para pedestres, beirando o lago até o **China Garten**. Nesse percurso, você passa por vários cafés e alguns *biergärten* (local típico para beber cerveja), com grande movimento de turistas e suíços no verão.

Prédios antigos às margens do Zürichsee

Circulando

A melhor forma de explorar a cidade é a pé – somente 5min de caminhada da estação de trem e você se depara com o centro histórico. A maioria das atrações fica nessa região, mas você pode usar o transporte público para pontos mais distantes, como o Rietberg Museum. Zurique é bem atendida por linhas de bondes e ônibus, que funcionam das 5h30 à 0h. O bilhete simples, que vale para qualquer um dos meios de transporte urbano, pode ser comprado nas máquinas em cada parada por CHF2,60 para menos de 5 paradas (aperte no botão amarelo); CHF4,30 para longas distâncias (botão azul). O passe para o dia (botão verde) todo custa CHF8,60.

Bicicleta também é uma boa alternativa, ainda mais que não tem custo de locação pelas primeiras 4h. Tudo que você tem a fazer é deixar um documento com foto e CHF20 como caução. As *bikes* podem ser retiradas em vários lugares: na estação central de trens (7h30-21h30); na Usteristrasse, perto da loja Globus; na rua Tessinerplatz, perto do Hotel Ascot; Marktplatz, entre outros locais. Mais informações em: www.zuerirollt.ch.

Atrações

Zurique conta com museus interessantes, igrejas bonitas, ruas históricas e parques movimentados – que se tornam muito mais agradáveis no verão.

Lindenhof

- Fortunagasse
- Rennweg (6, 7, 11, 13, 17)

A praça foi construída sobre ruínas romanas, localizada no ponto mais alto da cidade antiga, onde os suíços vão para namorar, tocar violão, jogar xadrez e relaxar, contemplando a belíssima vista da cidade e do rio.

Grossmünster

- Grossmünsterplatz
- Helmaus (4, 15)
- 252.5949
- www.grossmuenster.ch
- mar-out seg-dom 10h-18h | nov-fev 10h-17h
- grátis | tour guiado CHF10

A igreja é um pedaço que sobrou de um mosteiro do século 12, e sua cripta é a parte mais antiga, que data da mesma época. Foi nessa catedral que, no século 16, o padre Huldrych

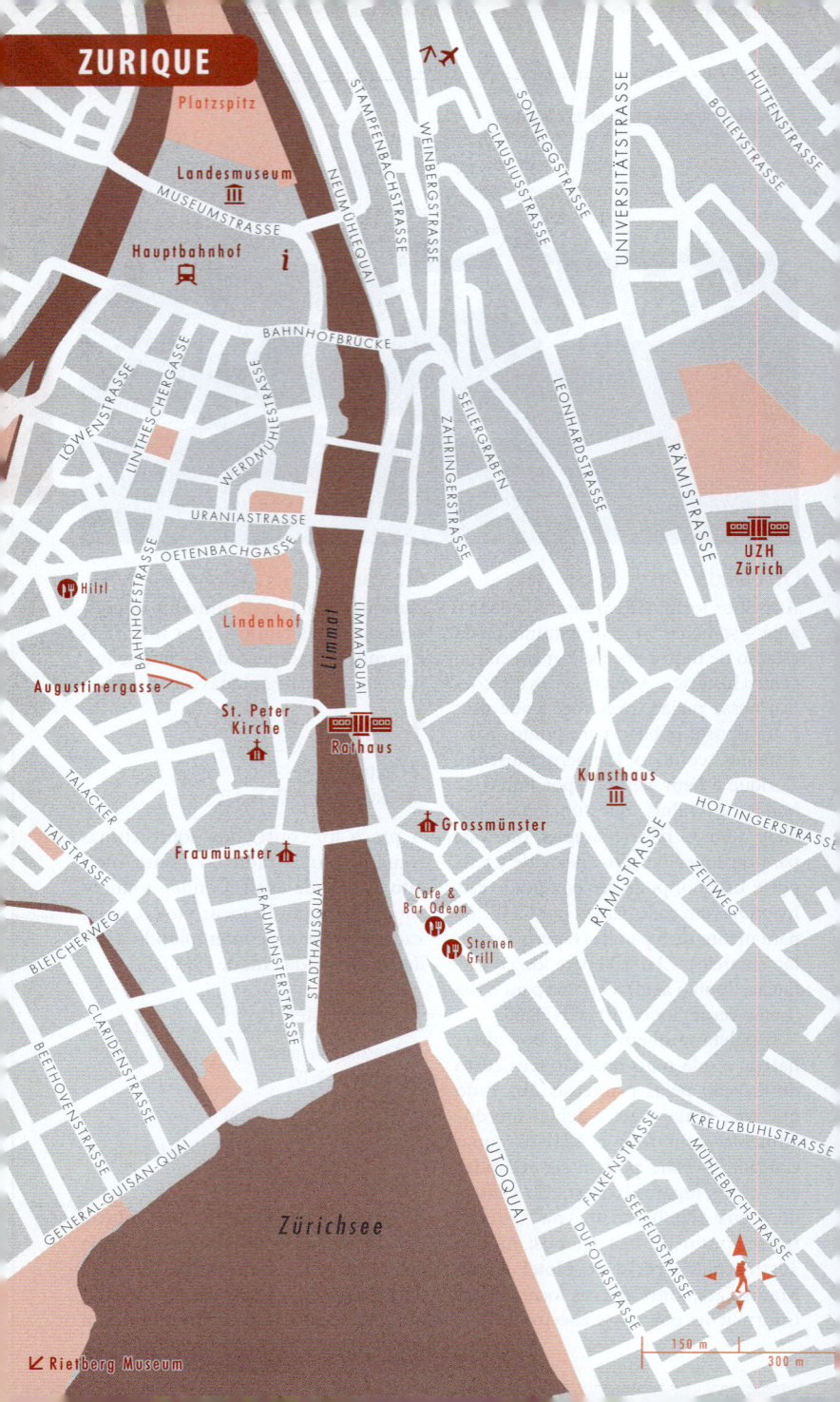

ZURIQUE

Zwingli começou, num capítulo importante da história da Suíça, a propagar suas ideias reformistas. **Karlsturm**, as torres gêmeas da igreja, são o símbolo da cidade (◉ mar-out seg-sáb 10h-17h, dom 12h30-17h30 | nov-fev seg-sáb 10h-16h30, dom 12h30-16h30; $ CHF4 | Est, Id, Cr: CHF2); subir os seus 187 degraus proporciona a melhor vista de Zurique.

Fraumünster

- ◉ Münsterhof 2
- 🚋 Helmaus (4, 15)
- ☎ 221.2063
- 💻 www.fraumuenster.ch
- ◉ abr-out seg-dom 10h-18h | nov-mar 10h-16h
- $ grátis

Essa igreja foi construída onde nantes existia um convento, no longínquo ano de 853. Admire os vitrais de Marc Chagall e Augusto Giacometti, uma das preciosidades de Zurique. Chagall realizou o trabalho em 1970, aos 80 anos.

St. Peter Kirche *(St. Peter´s Church)*

- ◉ St.-Peter-Hofstatt
- 🚋 Rathaus (4, 15)
- ☎ 221.0674
- 💻 www.st-peter-zh.ch
- ◉ seg-sex 8h-18h, sáb 10h-16h, dom 11h-17h
- $ grátis

A Igreja de São Pedro, cuja origem remonta a ao século 11, é uma das mais antigas da cidade. Diz ter o maior relógio da Europa, com 8,70m de diâmetro.

Rietberg Museum

- ◉ Gablerstrasse 15
- 🚋 Museum Rietberg (7)
- ☎ 415.3131
- 💻 www.rietberg.ch
- ◉ ter/qui-dom 10h-17h, qua 10h-20h
- $ CHF18 (Est: CHF14 | Cr: grátis)

Situado no interior do Rieterpark, uma grande área verde não muito distante do centro, o museu exibe uma reconhecida coleção de arte da Ásia, da África e das Américas. O interessante acervo está dividido entre quatro edifícios históricos e um contemporâneo.

Kunsthaus *(Art House)*

- ◉ Heimplatz 1
- 🚋 Kusthaus (3, 5, 8, 9)
- ☎ 253.8484
- 💻 www.kunsthaus.ch
- ◉ ter/sex-dom 10h-18h, qua/qui 10h-20h
- $ CHF22 (Est: CHF17 | Cr: grátis)

Inaugurado em 1910, este museu abriga a mais importante coleção de arte do país, que abrange do período medieval ao contemporâneo. O acervo tem como enfoque artistas suíços, dentre os quais se destaca Arnold Böcklin; grandes nomes das artes, como Monet, Munch e Van Gogh, também estão presentes.

Landesmuseum *(National Museum)*

- ◉ Museumstrasse 2
- 🚋 Hauptbahnhof
- ☎ 218.6511
- 💻 www.musee-suisse.ch
- ◉ ter-qua/sex-dom 10h-17h, qui 10h-19h
- $ CHF10 (Est: CHF8 | Cr: grátis)

O Museu Nacional apresenta uma coleção eclética, subdividida em 14 seções, incluindo arqueologia, fotografia e artes gráficas, numismática e filatelia, têxtil e moda, entre outros. Conta a história da Suíça por meio de obras de arte e objetos cotidianos, expondo desde trenós do século 17 até mobiliário de design contemporâneo.

Augustinergasse

- 🚋 Rennweg (6, 7, 11, 13 e 17)

Passear nesta ruela é como voltar no tempo: aqui estão as casas mais rústicas de Zurique, a maioria do século 17. Para completar, bares e cafés com mesas na calçada ajudam na ambientação.

UZH Zürich *(University of Zurich)*

- ◉ Leonhardstrasse 34
- 💻 www.uzh.ch

A universidade, na qual estudam hoje em torno de 33 mil alunos, foi fundada em 1833. Na frente do prédio principal, construído em 1914, existe um belvedere com vista da cidade e a identificação dos principais prédios avistados.

Comes & Bebes

Há opções razoáveis ao redor da estação de trem, entre lanchonetes e restaurantes. Muitos estabelecimentos servem *würst* (salsicha) com mostarda e pão. Econômica e excelente é a cantina da universidade (*mensa*), na Leonhardstrasse 34, de onde se tem uma boa vista de Zurique. Você pode escolher entre três menus diferentes ou o prato vegetariano. Sempre uma ótima alternativa aos elevados preços da Suíça são os supermercados *Migros* e *Coop*, também próximos à estação e com seus restaurantes *self-service*.

Sternen Grill

- Theatertrasse 22
- Bellevue (2, 4, 5, 8, 9, 11, 15)
- 268.2080
- www.sternengrill.ch
- seg-dom 11h30-23h
- CHF7-15

Muito popular e indicado pelos moradores locais, esse restaurante é o lugar certo para quem deseja degustar a famosa salsicha *bratwürst* (CHF 7,50) acompanhada de uma boa cerveja. Você compra a salsicha, pega um pãozinho e a mostarda de cortesia e procura um lugar para sentar – geralmente disputado por muitos clientes.

Cafe & Bar Odeon

- Limmatquai 2
- Bellevue (2, 4, 5, 8, 9, 11, 15)
- 251.1650
- www.odeon.ch
- seg 7h-1h, ter-qui 7h-2h, sex 7h-3h, sáb 8h-3h, dom 9h-1h
- CHF 6-35

Apesar de ser muito antigo (abriu em 1911), o Odeon é uma cafeteria com estilo jovial e descontraído que oferece café da manhã, almoço, menu do dia e lanches muito elogiados por viajantes. A história do Café Odeon mostra toda a turbulência política e econômica das últimas nove décadas. Inúmeros escritores, pintores, músicos, cientistas como Albert Einstein, revolucionários como Lênin e o, na época, anarquista fervoroso Benito Mussolini frequentaram esse café e beberam nesse bar.

Hiltl

- Sihlstrasse 28
- Rennweg (6, 7, 11, 13, 17)
- 227.7000
- www.hiltl.ch
- seg-qui 6h-0h, sex-sáb 6h-4h, dom 8h-4h
- CHF20-60

Hiltl é um restaurante *hype* delicioso (porém caro), especialmente para os vegetarianos e veganos, ou simplesmente para quem gosta de comida saudável e leve – porque na verdade nem se sente a falta de carne. Ao meio-dia serve buffet a quilo por CHF39, livre por CHF51, ou CHF 35 para levar (o famoso *take away*) – à noite os valores aumentam um pouco, passando, respectivamente, para CHF45 e CHF57, o *take away* mantém o preço. Vale a pena. Além do horário do almoço, os suíços costumam frequentar o restaurante para um descontraído *happy hour*, já que o lugar oferece também lanches em geral (pizzas, sanduíches, hambúrgueres). Nos dias de sol, uma boa dica é se servir e sentar nas mesas de fora, vendo o movimento da cidade.

Noite

Teatro, ópera e música clássica têm grande espaço em Zurique, que normalmente apresenta uma programação com muitos concertos, especialmente em igrejas. As ruas Niederdorfstrasse e Langstrasse, que costumavam ser a zona vermelha da cidade (área de prostituição e *sex-shops*), hoje são repletas de bares, restaurantes e festas.

Hotéis & Albergues

Em termos de albergues, Zurique não apresenta grande variedade, você terá que decidir entre apenas um HI e outro independente. Os hotéis mais modestos e com valores em conta então no entorno da estação central, no bairro de Langstrasse. Zurique tem vários hotéis que capricham na decoração, seguindo uma lógica de design fora do padrão. Se o seu orçamento permitir, invista na estadia em um desses.

Zürich Youth Hostel

- Mutschellenstrasse 114
- Morgental (7)
- 399.7800
- www.youthhostel.ch
- 290 camas   incluído
- dorms 6p CHF43, 4p CHF45,50 | quartos 1p CHF120, 2p CHF144

Albergue HI, está afastado do centro da cidade cerca de 4,5km. Nos dormitórios, as camas têm luz de leitura individual. Há uma enorme sala de uso comum com TV, mesa de sinuca e pebolim. Conta ainda com jardim interno e sala com computadores conectados à internet (CHF4,50 por hora). Além de café da manhã, o restaurante do albergue serve almoço e jantar (CHF20). Aqueles que não são associados à rede HI pagam CHF6 a mais por dia.

Langstars

- Langstrasse 120
- Kanonengasse (31, 33, 34)
- 317.9655
- www.langstars.ch
- 52 camas   incluído
- dorms 12p CHF43, 6p CHF46

Está bem próximo da estação central de Zurique, mas em uma área conhecida pela boemia. Os dormitórios são bem pequenos e dispõem de luz de leitura individual. Não há muitos banheiros, e a água quente no chuveiro dura apenas alguns minutos. O ponto forte do hostel é o bar no primeiro andar, frequentado tanto por hóspedes quanto por gente de fora. Quatro vezes por semana (qua-sáb) acontecem shows. Todos os dias, depois das 20h, o hóspede tem direito a uma bebida de graça. Alguns se queixam da limpeza e do atendimento, mas esse ainda é um dos lugares mais baratos da cidade.

Hotel St. Georges

- Weberstrasse 11
- Bahnhof Selnau (8)
- 241.1144
- www.hotel-st-georges.ch
- 44 quartos   CHF12
- quartos 1p CHF98/110, 2p CHF106/119 (baixa/alta temporada)

Está no bairro Langstrasse, próximo do rio Sihl e da estação de trem Wiedikon. Quartos decorados de modo simples, sem grandes diferenciais, têm TV e ar-condicionado. Sexta, sábado e domingo as diárias são mais baratas. Tratando-se de Zurique, é um dos melhores hotéis no quesito custo-benefício.

The Flag Zürich

- Baslerstrasse 100
- Letzipark West (89, 95)
- 400.0010
- www.theflag-zuerich.ch
- 102 quartos   CHF20
- quartos 1p CHF106/153, 2p CHF140/204 (final de semana/dia de semana)

Hotel 2 estrelas do tipo econômico, está próximo da estação de trem Altstetten, em uma área comercial de Zurique, a 10min de *tram* do centro da cidade. Os quartos foram projetados por artistas internacionais e apresentam design único. Todos dispõem de isolamento acústico, smart TV, cofre, mesa de trabalho, frigobar, alguns utensílios de louça e cafeteira. É mais um hotel de negócios do que de turismo, por isso as diárias são mais caras nos dias de semana e a recepção funciona em horário reduzido aos sábados e domingos.

25hours Hotel Zürich West

- Pfingstweidstrasse 102
- Toni-Areal (4)
- 577.2525
- www.25hours-hotels.com
- 126 quartos
- incluído
- quartos 1p CHF159/289, 2p CHF178/308 (baixa/alta temporada)

Hotel 4 estrelas, está na parte oeste de Zurique, mas a parada de *tram* é exatamente em frente. Em cores vibrantes, combina design e arte criativa. Os quartos foram projetados pelo designer suíço Alfredo Häberli, e todos contam com ar-condicionado, TV, mesa de trabalho, cofre, frigobar e base para iPod. Hóspedes têm direito ao uso gratuito de bicicletas e de Mini Cooper (isso mesmo, o carro). Dispõe ainda de sauna e academia (por um custo adicional), além de restaurante. Existe a possibilidade de fazer a reserva sem café da manhã (CHF25).

LUCERNA

Situada no centro do país, a 57km de Zurique, Lucerna (*Luzern*, em alemão), com 58 mil habitantes, tem um porte médio para os padrões suíços. Beirando a ponta do Lago Lucerna (Vierwaldstättersee em alemão, *Lake Lucerne* em inglês), a cidade tem um encantador centro medieval, com prédios seculares e ruazinhas estreitas, e ainda uma charmosa ponte coberta, a Kapellbrücke.

A Cidade

Lucerna é cortada pelo rio Reuss, que deságua no lago, e às suas margens está a região central da cidade. A estação de trem fica bem em frente à desembocadura do rio e a uma curta caminhada das pontes que levam ao centro histórico, na margem oposta.

Para quem vai apenas passar o dia, vale saber que a estação conta com *lockers*. Não é necessário transporte para visitar os principais pontos de interesse. Para ir um pouco mais longe, eficientes linhas de ônibus e *trams* circulam pela cidade. Código telefônico: 41.

Kapellbrücke, famosa ponte no lago Lucerna

Informações turísticas

O centro de informações fica na estação de trem Hauptbahnhof (⊙ nov-mar seg-sex 8h30-17h30, sáb 9h-17h, dom 9h-13h | abr seg-sex 8h30-17h30, sáb-dom 9h-17h | mai-out seg-sex 8h30-19h, sáb 9h-19h, dom 9h-17h). Fornece mapas e faz reservas em hotéis. Peça pelo livrinho gratuito *Luzern Guide*. Ao se hospedar em um hotel ou albergue, você ganha o cartão de descontos *Gästekarte*. Pela internet: 🖥 www.luzern.com.

Chegando e saindo

O aeroporto utilizado é o de Zurique. Da estação central saem trens para Zurique (50min), Berna (1h), Interlaken (2h15), Lugano (2h30) e Genebra (2h50). Barcos funcionam o ano todo, ligando Lucerna a outras cidades à beira do lago. Para algumas embarcações, os passes de trem *Eurailpass* e *Swiss Pass* são válidos.

Atrações

Todo o centro medieval é uma área exclusiva para pedestres. Caminhar por suas ruas estreitas é um dos melhores passeios em Lucerna. Não deixe também de visitar o antigo muro que cercava a cidade, ainda preservado, próximo ao centro antigo e de onde você terá a melhor vista de Lucerna.

Natur Museum *(Nature Museum)*

- 📍 Kasernenplatz 6
- ☎ 228.5411
- 🚋 Kasernenplatz (9, 12, 18)
- 🖥 www.naturmuseum.ch
- ⊙ ter-dom 10h-17h
- 💲 CHF8 (Est: CHF7 | Cr: CHF3)

Um dos melhores museus de história natural do país, mostra a formação dos Alpes na pré-história. Apresenta ainda seções de flora e fauna, em particular da região central da Suíça.

Löwendenkmal *(Lion Monument)*

- 📍 Denkmalstrasse

A noroeste do centro, a cerca de 10min de caminhada, um pequeno lago apresenta um paredão de pedra, no qual foi esculpido, em 1820, um leão ferido. A homenagem é para os guardas suíços mortos na Revolução Francesa, algumas décadas antes.

Historisches Museum *(Museum of History)*

- 📍 Pfistergasse 24
- 🚋 Kasernenplatz (9, 12 e 18)
- ☎ 228.5424
- 🖥 www.historischesmuseum.lu.ch
- ⊙ ter-dom 10h-17h
- 💲 CHF10 (Est, Id: CHF8)

Instalado em um prédio do século 16, o Museu Histórico expõe uma coleção sobre a história da cidade e do cantão (unidade administrativa) de Lucerna, por meio de pinturas religiosas, trajes, arte popular, armamentos e artesanato. O lugar é como um grande depósito, no qual cada peça dispõe de um código de barras. O visitante recebe um dispositivo com tela que escaneia o código e então apresenta as informações específicas daquele objeto.

Gletschergarten *(Glacier Garden)*

- 📍 Denkmalstrasse 4
- 🚋 Löwenplatz (1, 19, 22, 23)
- ☎ 410.4340
- 🖥 www.gletschergarten.ch
- ⊙ abr-out seg-dom 9h-18h | nov-mar 10h-17h
- 💲 CHF15 (Est, Id: CHF12 | Cr: CHF8)

O Jardim do Glaciar conta a história das geleiras que há 10 mil anos cobriam toda a Suíça. Na coleção do museu, há curiosas formações rochosas e fósseis de plantas e animais. Mas o mais divertido mesmo é o labirinto de espelhos feito especialmente para a exibição nacional suíça de 1896.

Rosengart Collection

- 📍 Pilatusstrasse 10   🚉 Bahnhof
- ☎ 220.1660   💻 www.rosengart.ch
- 🕐 abr-out seg-dom 10h-18h | nov-mar 11h-17h
- 💲 CHF18 (Est, Cr: CHF 10 | Id: CHF16)

O museu exibe pinturas de artistas dos séculos 19 e 20, entre os quais Cézanne, Monet, Matisse, Braque, Léger e Miró. Apresenta importantes obras de Picasso (período após 1938) e de Paul Klee.

Richard Wagner Museum

- 📍 Richard-Wagner-Weg 27
- 🚉 Wartegg (6, 7, 8)   ☎ 360.2370
- 💻 www.richard-wagner-museum.ch
- 🕐 ter-dom 10h-12h/14h-17h
- 💲 CHF8 (Est, Id: CHF6 | Cr: grátis)

A casa foi residência do compositor durante seis anos, até sua mudança para a cidade alemã de Bayreuth em 1872, e se tornou museu em 1933. Expõe a vida e o trabalho do controvertido músico alemão, marcado, por um lado, pelo brilhantismo e pela genialidade de suas obras, e, por outro, pela apologia ao racismo e ao antissemitismo.

Comes & Bebes

Lucerna não é uma cidade barata em termos de alimentação, mas os supermercados *Migros* e *Coop*, no centro da cidade, podem dar um alívio no bolso. Fugindo um pouco da gastronomia tradicional, uma boa dica é o **Unicum Lucerne** (📍 Ruetligasse 4; 🕐 seg-sáb 11h-14h/17h-23h), um restaurante especializado em frango, com um preço razoável por refeição (menu do dia por CHF17,90), pratos à la carte e lanches. Se você não se importa de pagar mais, o **Old Swiss House** (📍 Lowenplatz 4; 🕐 ter-dom 9h-0h30), uma autêntica casa suíça com pratos tradicionais bem servidos, costuma ser elogiado.

Hotéis & Albergues

Lucerna tem dois albergues, um da associação internacional e outro independente. O HI é o **Jugendherberge am Rotsee** (📍 Sedelstrasse 12; 💲 dorms 6p-4p CHF37.50, quartos 1p CHF77), um pouco afastado, numa zona bastante calma, perto do lago Rotsee. Para chegar, pegue o ônibus 18 em frente à estação de trem e desça na parada Jugendherberge. Já o albergue independente, **Backpackers Lucerne** (📍 Alpenquai 42; 💲 dorms 4p CHF33, quartos 2p CHF 39-42), fica próximo à estação de trem, aluga bicicletas e vende artigos de sobrevivência (escova de dentes e chocolate suíço). Para quem prefere hotéis, o **Hotel des Alpes** (📍 Furrengasse 3; 💲 quartos 1p CHF135-200, 2p CHF235-275) tem um *staff* atencioso e quartos com vista para os Alpes.

UM OLHAR MAIS ATENTO | As pontes de Lucerna

A graciosa **Kapellbrücke** (Chapel Bridge ou Ponte da Capela) foi construída no século 14 como parte da fortificação da cidade. As pinturas que podem ser vistas em seu telhado – sim, a ponte tem um telhado – ilustram cenas da história da Suíça e de Lucerna. Quase no meio da ponte está a Wasserturm (Water Tower, ou Torre da Água), construída em 1300, que mais parece um moinho, embora já tenha sido utilizada para diversas finalidades – entre elas, prisão e sala de tortura. Cerca de 600m adiante está a **Spreuerbrücke** (Spreuer Bridge), que, como a anterior, fazia parte da fortificação da cidade. Erguida em 1408, tem em sua cobertura painéis cujo tema é a "dança da morte" e em seu percurso uma pequena capela de 1568. Ao lado da ponte sobrevive ainda um antigo moinho, que servia como gerador de energia para Lucerna.

Vista panorâmica de Basel

BASEL

Situada numa tríplice fronteira com a França e a Alemanha, Basel (nome em alemão e em inglês; *Bâle*, em francês; e na tradução ao português, Basileia – mas manteremos o seu nome original) é multicultural. Considerada a capital suíça da arte, conta com uma enorme variedade de museus, galerias e atrações arquitetônicas. Distante 85km de Zurique, a cidade, com 165 mil habitantes, é um importante centro de negócios em função do seu porto, às margens do rio Reno, e também referência mundial na área de indústria farmacêutica. Sedia, ainda, o Banco de Compensações Internacionais – uma organização responsável pela supervisão bancária que reúne 55 bancos centrais de todo o mundo.

A Cidade

Basel é atravessada pelo rio Reno, que a divide em Grande Basel, a oeste, onde fica a cidade histórica e a fronteira com a França, e Pequena Basel, parte residencial na fronteira com a Alemanha, região que abriga também a maioria das empresas locais. O melhor meio de transporte em Basel são os *trams*, cujas paradas, bem explicativas, oferecem mapas com a rota. Ainda sim, vale sempre a pena andar com o seu mapa, que você consegue nos centros de informações turísticas ou na sua hospedagem. Ao fazer *check-in*, os hotéis e albergues de Basel costumam dar um cartão de transporte urbano gratuito para seus hóspedes, válido pelo período da estadia, até no máximo 30 dias. Código telefônico: 61.

Informações turísticas

Centros de informações encontram-se na Estação de Trem SBB (⊙ seg-sex 8h30-18h, sáb 9h-17h, dom 9h-15h) e outro maior e mais receptivo, o *In the Stadt-Casino*, na Barfüsserplatz (◉ Steinenberg 14; ⊙ seg-sex 9h-18h30, sáb 9h-17h, dom 10h-15h). Oferecem folhetos com sugestões para passeios temáticos a pé e disponibilizam para *download* em smartphones o guia *Swiss City Basel Guide*, que traz mapas e informações sobre os atrativos locais. Por aqui também é possível contratar tours temáticos (arquitetura, arte, história) e adquirir o cartão da cidade. Mais informações, pela internet: 🖥 www.basel.com.

Cartão da cidade O *Basel Card* concede descontos em restaurantes, aluguel de carro, tour e passeios de barco e ainda garante entrada em diversas atrações ([$] CHF20/24h, CHF27/48h, CHF35/72h).

Chegando e saindo

O aeroporto local é o *EuroAirport Basel Mulhouse Freiburg*, que fica em Mulhouse, na França, a apenas 5km de Basel, e atende os três países fronteiriços. Bastante movimentado, recebe voos da Europa, Norte da África, Canadá e Rússia; é operado conjuntamente pela França (Mulhouse), Suíça (Basel) e, há pouco tempo, Alemanha, que adicionou mais uma cidade (Friburgo) ao seu nome. Recebe também voos de algumas companhias aéreas de baixo custo, como a *EasyJet*.

São três estações de trem: SBB (suíça), SNCF (francesa) e a *Badischer Bahnhof-DB* (alemã). A principal é a SBB, que recebe trens nacionais ou vindos da Alemanha. Perto está a SNCF, servindo principalmente rotas para cidades francesas. A Badischer Bahnhof-DB, por sua vez, é a mais distante das outras estações e recebe somente trens alemães; saídas para Zurique (55min), Berna (1h), Paris (3h), Munique (5h30).

Atrações

Autodenominada capital suíça da arte, Basel tem museus e galerias com obras de todas as épocas, para todos os gostos – destaque para o *Kunstmuseum*, Museu de Belas Artes. Não deixe de conhecer também os prédios do centro histórico, como a belíssima *Münster*, catedral gótica da cidade, um cartão-postal de Basel. Caminhar pelo centro antigo é como voltar no tempo, sem ter que entrar em um museu: não há ingresso, regras ou horários para apreciar a arquitetura. A *Marktplatz*, a praça principal, é cercada por belos edifícios, em especial pela *Rathaus*, a prefeitura, que data do século 16. Nessa mesma praça, todos os dias, exceto aos domingos, acontece a tradicional feira de frutas e vegetais frescos, muito interessante para conhecer mais sobre a cultura e os costumes locais.

Kunstmuseum

- St. Alban-Graben 16
- Kunstmuseum (1,2,6,8,14,15,16)
- 206.6262
- kunstmuseumbasel.ch
- ter-dom 10h-18h
- CHF15 (Est, Id, Cr: CHF8)

O Museu de Belas Artes guarda obras de pintores renomados, como Monet, Degas, Picasso, Matisse, Rembrandt, Renoir e Rothko. As obras vão avançando no tempo conforme você sobe os andares: no térreo, as exposições são temporárias, no primeiro andar há galerias dedicadas ao período entre 1400 e 1900 e, no segundo, aos séculos 20 e 21. Só pela arquitetura do prédio, já vale a visita – mas atenção, o lugar está em reformas até meados de 2016 e uma parte do acervo foi realocada para outros museus.

Fondation Beyeler

- Baselstrasse 101
- Riehen, Weilstrasse (2,6)
- 645.9700
- www.fondationbeyeler.ch
- seg-ter/qui-dom 10h-18h, qua 10h-20h
- CHF25 (Est até 20 anos: CHF12)

Motivo de orgulho para Basel, a Fundação Beyeler possui aproximadamente 230 obras do modernismo clássico e nomes como Warhol, Lichtenstein, Van Gogh e Monet. Considerado o melhor museu de belas-artes da cidade, conta também com interessantes obras contemporâneas. Apesar de ser um pouco afastada do centro, a Fundação Beyeler faz a visita valer a pena.

Münster (Catedral)

- Rittergasse 3
- Kunstmuseum (1,2,6,8,14,15,16)
- 272.9157
- www.baslermuenster.ch
- nov-mar seg-sáb 11h-16h, dom 11h30-16h | abr-out seg-sex 10h-17h, sáb 10h-16h, dom 11h30-17h

A construção da Catedral da cidade data do final do século 12, e era originalmente romanesca, tendo sido restaurada após o terremoto do século 14 no estilo gótico, toda feita em arenito vermelho. Se quiser ver a cidade de cima, é possível subir no terraço, mas o caminho até lá pode ser complicado para quem não gosta de lugares muito fechados ou apertados.

Passeios

Vitra Design Museum

Os apaixonados por arte e arquitetura não devem perder o Museu do Design Vitra, cuja maior atração são as construções dos diferentes departamentos: cada edifício foi projetado por renomados arquitetos contemporâneos, entre os quais Frank Gehry (responsável pelo prédio principal), Zaha Hadid, Herzog & de Meuron, Tadao Ando, entre outros. O **Vitra** (Charles-Eames-Strasse 1; seg-dom 10h-18h; www.design-museum.de) fica na cidade de Weil am Rhein; para chegar, pegue o ônibus 55 da estação de trem Badischer Bahnhof (16min), ou no ponto Basel Claraplatz (20min) em direção ao Vitra. Das estações Bahnhof Basel SBB, Barfüsserplatz, Claraplatz e Kleinhüningen, você pode pegar a linha 8 de *tram* para a estação Weil am Rhein Bahnhof/Zentrum; de lá é só ir a pé (15min) pela rua Müllheimer Strasse, sempre seguindo as placas que indicam o caminho para *Vitra Campus*. A entrada custa CHF10, e se incluir tour guiado sobre a arquitetura, CHF13. Com aproximadamente 2h de duração, o tour é feito todos os dias às 11h e às 13h em alemão, e às 12h e às 14h em inglês.

Comes & Bebes

Os restaurantes em Basel não são muito baratos, mas é possível encontrar alguns cafés e cantinas italianas que servem pratos do dia ou lanches com preços acessíveis. Uma boa dica é o **Brötli-Bar** (Gerbergasse 84), que oferece um atendimento rápido e tem mais de 30 sabores de sanduíches baguete, vendidos em pedaços (CHF3,50). Já o **Artigiano Café** (Im Birsig Parkplatz) tem menu do dia, com entrada, prato principal e bebida por CHF18,50, além de massas e pizzas à la carte. Para saborear uma boa *fondue*, recomendado é o restaurante **Linde** (Rheingasse 43), que além desse prato típico tem menu do dia com sopa, por CHF17,90, e *bretzelns* (pretzels) fresquinhos.

Hotéis & Albergues

Basel tem três albergues, dois de redes conhecidas: **YMCA** (Gempenstrasse 64; dorms 8p-5p CHF26-32, quartos 2p CHF99-129, 3p CHF125-139), a 15min a pé do centro da cidade, com acomodações econômicas, banheiros compartilhados, cozinha, sala de TV e pátio; e o HI **Youth Hostel Basel** (St. Alban-Kirchrain 10; dorms 6p-4p CHF49, quartos 1p CHF105-127, 2p CHF135-170), a 15min a pé da estação de trem SBB Basel, com quartos confortáveis, espaços abertos e área para refeições. O terceiro é o **Basel Backpack** (Dornacherstrasse 192; dorms 8p CHF32, quartos 2p CHF79-129), a 10min a pé da estação SBB/SNCF. Tem bar, cozinha compartilhada, serviços de lavanderia e *lockers;* o *staff* é bem informado e animado. Se você procura algo mais confortável, boa alternativa é o **Hotel Rochat** (Petersgraben 23; quartos 1pp CHF155-200, 2p CHF 180-230), próximo ao centro histórico. Oferece wi-fi, mas o café da manhã (16CHF) não está incluído. Dispõe de quartos para até cinco pessoas – bom para quem viaja em grupo.

ALPES

INTERLAKEN

Situada entre os lagos Thun e Brienz, Interlaken, a 55km de Berna, 120km de Zurique e 150km de Basel, fica no centro da região alemã de Bernese Oberland, já no caminho de quem está subindo os Alpes. Tem vista para três famosos picos: Eiger, Mönch e Jungfrau. É uma cidade pequena, com 5,5 mil habitantes, sem grandes atrações convencionais, mas com muitas possibilidades de aventura: canoagem, paraquedismo, asa delta, *bungee jump* e até escalada no gelo.

A Cidade

Interlaken tem duas estações de trem: *Westbahnhof* e *Ostbahnhof*, de onde se vai para os Alpes. A rua mais importante é a *Höhenweg*, que liga as estações. Da Westbahnhof (West) saem trens para Basel, Berna e Friburgo, e da Ostbahnhof (Ost) para Brig, Grindelwald, Lucerna, Montreux e Zurique, além do passeio da *Jungfrau Railway*. Código telefônico: 33.

Informações turísticas Na região central, o centro de informações (Höhenweg; seg-sex 8h-12h/13h30-18h, sáb 10h-14h) oferece mapas e efetua reservas em hotéis. Os horários de funcionamento variam bastante (no verão, pode funcionar direto até 19h). Pela internet: www.interlakentourism.ch.

Atrações

Várias operadoras na cidade oferecem passeios tanto para praticar esportes, como para relaxar e curtir o visual da região. Durante o verão, você pode aproveitar as belas paisagens às margens do rio Aare – a pé ou de bicicleta – ou se aventurar no *bungee jump*, *paraglider*, *rafting* e alpinismo (www.interlaken.ch); no inverno, é a hora e a vez do esqui. Uma volta bacana para qualquer época do ano é alugar uma bicicleta (existem várias lojas especializadas na cidade) e visitar as vizinhas Bönigen (20min) e Wilderswil (10min).

Passeio imperdível na região é conhecer a montanha Jungfrau (donzela, em português), declarada Patrimônio Natural da Humanidade pela Unesco, em 2001. Essa "moça" tem 4.158m e abriga a estação de trem mais alta do continente, *Jungfraujoch*, a 3.454m, conhecida como "Topo da Europa". Para chegar lá, você precisa comprar as passagens em qualquer ponto de vendas SBB para Jungfraujoch via Lauterbrunnen ou via Grindelwald (dois trajetos diferentes, cada um com seus encantos). A dica é ir por um deles e voltar pelo outro.

Höhenweg, a principal rua de Interlaken

A viagem segue pela linha de trem *Jungfrau Railway*, a pioneira entre os percursos ferroviários de montanha, operando desde 1912. Prepare-se para tirar os francos suíços da carteira: ida e volta no trem, partindo de *Interlaken Ost* até a famosa estação, com algumas paradas para aclimatação em função da altitude, caminhadas na neve, subida no mirante Esfinge (*Sphinx*) e visita ao Palácio de Gelo (*Eis Palast*), custam CHF204,40. Sim, é caro, mas você não vai se arrepender! Além do mais, há alguns descontos que valem a pena para quem tem o *SwissCard* (25% a 50%) e o *Eurail*, e para as crianças. Mais informações em www.jungfrau.ch.

Comes & Bebes

Quem quer economizar encontra um supermercado, o **Coop** (📍 Höheweg 11). Um lugar para provar a comida típica, em um ambiente rústico e de bom astral é o **Chalet** (📍 Höheweg 7) – um nome bem adequado. Tem *fondue* e bons pratos de filé, e, para os padrões suíços, não é muito caro, vale conhecer.

Hotéis & Albergues

Entre as duas estações de trem, o bom albergue **Backpackers Villa Sonnenhof** (📍 Alpenstrasse 16; 💲 dorms 6p-4p CHF40-65, quartos 2p 115-160) tem dormitórios sem e com banheiro. Outro hostel é o **Balmer's** (📍 Hauptstrasse 23-25; dorms 10p-4p CHF35-45, quartos 2p CHF90-130), bastante popular entre mochileiros. Os que estiverem sem muitos francos suíços, podem ficar numa das redes da sala, o que é bem mais barato (CHF5). Para quem prefere hotel, o **City Swiss Quality Interlaken** (💻 Am Marktplatz; 💲 quartos 1p CHF110-180, 2p CHF180-280, 3p CHF250-280) é central e tem quartos com banheiro, TV a cabo e frigobar. Todas as acomodações citadas oferecem café da manhã.

GIMMELWALD

Cravada nos Alpes, a 1.414m de altitude, Gimmelwald é um vilarejo com meros 130 habitantes e uma paisagem de tirar o fôlego. Situado no vale Lauterbrunnen, a 20km de Interlaken, e rodeado por montanhas com picos de neve eterna, o povoado é alcançado por meio de teleférico.

A Cidade

Não há centro de informações, mas o albergue do vilarejo, **Mountain Hostel** (💻 www.mountainhostel.com; 💲 dorm 16p-6p CHF45, aberto entre 8h30 e 22h, cumpre satisfatoriamente essa função, além de ser uma boa alternativa de estadia. Ao lado, há um restaurante, também satisfatório. Não existe trânsito nem ruas, apenas caminhos que passam por entre as charmosas casas. Atividades, nada de museus ou igrejas: em meio aos Alpes, o programa é *trekking*, escalada e caminhadas. Pela internet: 💻 www.gimmelwald.com.

Chegando e saindo

Para chegar, pegue o trem de Interlaken (estação Interlaken-Ost) para Lauterbrunnen. De lá, o ônibus 141, que sai da rua atrás da estação, segue rumo a Stechelberg, onde é necessário utilizar um teleférico (*cable-car*) para chegar à Gimmelwald. Todo o trajeto leva cerca de 1h e custa CHF22,60. Um dos acessos alternativos para chegar a Gimmelwald é através do vilarejo Mürren, o que pode ser uma boa ideia, pois este povoadinho, a 1.650 de altitude, é a parada mais próxima com restaurantes e mercados. Vá de uma a outra por teleférico ou a pé, em torno 30min de caminhada.

No inverno, os telhadinhos brancos cobertos de neve dão um toque especial a Zermatt

ZERMATT

Situada a 1.620m de altitude em região alemã e com pouco mais de 5 mil habitantes, Zermatt, a 115km de Gimmelwald, fica na base do pico mais famoso da Suíça, o Matterhorn (4.478m). Não há trânsito de carros, e a cidade só não é mais encantadora devido a um turismo eventualmente excessivo. Ao redor de Zermatt você encontra várias trilhas marcadas com diferentes números, é só escolher uma delas e seguir. Muitos *trekkers* de primeira viagem não conseguem chegar até o fim porque as subidas são bastante íngremes. Importante é botar uma roupa adequada para caminhar. E, no mais, aproveite a paisagem e repare na graça dos telhados de pedra das casinhas típicas à sua volta.

Chegando e saindo

O acesso a Zermatt, no alto dos Alpes, não é dos mais fáceis: você precisa ir às cidades de Brig ou Visp, mais ao sul da Suíça, e pegar um trem local. A empresa que faz a viagem é privada, e passes de trem não são válidos; deve-se, em Brig, seu ponto de saída mais provável, comprar uma nova passagem. O trajeto leva 1h20.

Atrações

Há inúmeras trilhas marcadas para *trekking*, e a paisagem é realmente fantástica. Com mais recursos, você até pode arriscar um esqui ou *snowboard*. Relaxe e aproveite a estonteante paisagem. O escritório de informações turísticas (💻 www.zermatt.ch) fica ao lado da estação de trem. A igreja no meio da cidade vale uma visita, mas o forte mesmo são as caminhadas e passeios ao ar livre.

Passeios

Matterhorn

Emblemática e pontiaguda montanha dos Alpes, o Matterhorn é uma das principais atrações da Suíça, foi até mesmo a inspiração para o formato do chocolate Toblerone. Para subir, esquiar ou tentar o *snowboard*, adquira o passe de um dia ($ CHF84) e comece indo até o Klein Matterhorn, montanha menor situada ao lado. Sobe-se com o teleférico até uma estação a 2.900m de altitude, parada para quem não vai se aventurar nos esportes de neve. Pare no restaurante para tomar um café e aprecie a vista fenomenal. De lá, tendo esqui ou *snowboard* (mais coragem e experiência), você chega até a última plataforma, a 3.800m. É possível alugar roupas e equipamentos no subsolo da loja (ao lado de onde sai o teleférico de Zermatt). Ou apenas curta a paisagem.
💻 www.matterhornparadise.ch

o v♡ajante

GRYON

Vilarejo a 1.130m de altitude em plenos Alpes e com pouco mais de mil habitantes, Gryon, a 135km de Zermatt, apresenta paisagens deslumbrantes, típicos chalés de montanha, cabras e vaquinhas com sinetas. Enfim, o melhor do bucolismo suíço. A cidade, em região francesa, possui boas trilhas para *trekking* e só a viagem até lá já vale a pena.

Chegando e saindo
Você chega a Gryon por Bex (ao sul de Montreux), pegando o trenzinho vermelho do lado de fora da estação. São 30min de uma estontante subida – se você portar o *Eurailpass*, verifique se o passe cobre a viagem ou concede algum desconto. Esse trenzinho vai também à cidade vizinha de Villars-sur-Ollon, onde está o comércio em geral, supermercados, restaurantes e hotéis.

Atrações
Em Gryon, as principais atrações são trilhas para *trekking*, mas, caso não seja a sua praia, só uma volta pelo vilarejo já vale: observe as casas com a bandeira suíça, o curioso cemitério com lápides que reproduzem o cenário das montanhas, fazendas com vacas e seus sininhos, enfim, fuja do estresse – você está nos Alpes!

Informações turísticas O *Office du Tourisme* fica na Place de la Barboulese, horário varia, em geral seg-sáb 8h15-18h, dom 9h-18h, mais informações www.villarsgryon.ch. No albergue **Chalet Martin** (gryon.com; dorms CHF30) você também pode tirar suas dúvidas sobre passeios na região e, é claro, se hospedar – basta seguir morro acima seguindo as placas que indicam "Backpackers".

Passeio
Les Diablerets
A 45min a pé de Gryon, ou 15min de trenzinho, Villars-sur-Ollon é um dos resorts de esportes de inverno mais bem-estruturados da região. Sua posição geográfica é privilegiada: aos pés da geleira Les Diablerets, um monstruoso deserto de gelo onde se pratica esqui e *snowboard* quase o ano inteiro. Para chegar na geleira, parte-se de Bex, no vale, e toma-se um trem até Aigle (5min) e, dali, um ônibus que vai até o Col-du-Pillon, estação onde está o teleférico que sobe até o seu topo, a 3 mil metros de altitude. No verão, pode-se percorrer de carro a estrada que liga Villars ao vilarejo, também chamado Diablerets, e deste pegar o teleférico para a geleira. Há um passe de esqui para as pistas. Quem não for esquiar também pode subir as montanhas para passear. Mais informações: www.villars.ch.

Pistas de esqui e *snowboard* em Villars-sur-Ollon

SUÍÇA FRANCESA

GENEBRA

Sede de algumas das organizações internacionais mais importantes do mundo, Genebra (*Genève*, em francês, e *Genf*, em alemão, ou ainda *Geneva* em inglês, mas não confundir com a italiana Gênova, a algumas horas de distância) abriga instituições como a ONU e a Cruz Vermelha. Não é à toa que quase metade de seus residentes é de cidadãos não-suíços. Trata-se da terceira maior cidade do país, com 188 mil habitantes, de ar cosmopolita, moderna e temperada por uma rica vida cultural e uma boa variedade de museus e restaurantes internacionais. Genebra, a 130km de Gryon e 160km de Berna, ainda se beneficia pela proximidade dos Alpes e da França, tornando-se uma ótima porta de entrada para a Suíça e ponto de passagem entre os dois países.

A Cidade

A zona central de Genebra "abraça" o lago Léman (*Lac Léman*, em francês, e *Genfersee* em alemão) e é cortada pelo rio Rhône (*Ródano*), que, na periferia, junta-se ao rio Arve. Sua paisagem é dominada pelo gigante jato de água no meio do lago, destaque no verão. De um lado do Rhône fica a estação de trens e, do outro, a Cidade Velha. Museus e principais atrações estão por aqui, perto do lago. Já as organizações internacionais se encontram mais afastadas, pedindo transporte para alcançá-las. Boas referências: *Rue du Mont Blanc*, que liga a estação de trem à ponte que chega na Cidade Velha, *Rue du Rhône* e *Grand Rue*, duas movimentadas ruas na Cidade Velha. Genebra oferece transporte público gratuito para o visitante: ao fazer *check-in* em hotéis ou albergues, você ganha o bilhete turístico válido por toda a sua estadia. Código telefônico: 22.

Informações turísticas

A duas quadras da estação está o centro de informações (Rue du Mont Blanc 18; seg 10h-18h, ter-sáb 9h-18h, dom 10h-16h), que fornece mapa e reserva acomodação. Pela internet: www.geneve-tourisme.ch.

Chegando e saindo

Genebra é um ponto importante para viagens por toda a Suíça e para troca de trens com destino aos países vizinhos, especialmente à França. A estação central chama-se *Gare Cornavin*, a poucos quarteirões do lago. Dali saem trens para Lausanne (30min), Montreux (1h), Berna (1h40), Zurique (2h40), Basel (2h40), Lucerna (2h50) e Zermatt (3h30; via Visp). Destinos internacionais: Lyon (1h45), Grenoble (2h), Paris (3h30), Milão (3h50), Barcelona (8h). Quase do lado francês, a *Gare des Eaux-Vives* liga Genebra às cidades francesas de Annecy, Chamonix e Evian. Para chegar lá da Gare Cornavin, pegue o ônibus 8 ou 1, desça no *Rond Point* e tome o *tram* 12.

A estação de ônibus, *Gare Routière*, fica na Place Dorciére, a poucas quadras da Gare Cornavin, e serve toda a Europa. O *Genève Aéroport*, aeroporto de Genebra, tem estação ferroviária própria; fica a poucos minutos de trem da Gare Cornavin.

Circulando

Percorrer a cidade a pé é o ideal, mas bicicletas também são uma boa, principalmente entre final de abril e meados de outubro, quando são gratuitas (mediante um depósito e apresentação de passaporte). Retire na Place Mont-brillant 17 e devolva até as 21h. Se quiser *bikes* melhores, pague a partir de CHF18. É preciso utilizar *tram* ou ônibus para algumas atrações; o ticket custa CHF3, mas é gratuito para o turista com o *Geneva Transport Card*, que você pega no seu hotel ou albergue.

Atrações

Os pontos principais de Genebra são o lago com o jardim inglês, a catedral e o centro, onde você pode andar por ruazinhas antigas. A sede da ONU é outra grande atração que, junto com a da Cruz Vermelha, vale a pena conferir. A cidade também é repleta de museus bem-conceituados, que promovem exposições temporárias de relevância.

Lac Léman

É o lago de Genebra, que, com o seu famoso jato de água, o *Jet d'Eau* – que você não irá ver no inverno –, é o símbolo da cidade. Funciona geralmente entre março e outubro (exceto em dias de forte ventania), jorrando sete toneladas de água a 140m de altura, a uma velocidade de 200km/h. Ok, no fundo é apenas um chafariz, mas você vai ficar olhando meio abobado – e provavelmente tentar chegar mais perto. **Bains des Paquis** é uma praia junto ao lago, que oferece estrutura para se banhar e uma vista diferenciada do jato.

Jardin Anglais *(English Garden)*

O Jardim Inglês é um parque à beira do Lac Léman. Veja *l'horloge fleurie* (relógio de flores), construído em homenagem à indústria de precisão de Genebra e ornamentado com 6.500 diferentes tipos de plantas.

Île Rousseau *(Rousseau Island)*

Essa pequena ilha, acessada pela Pont des Bergues, é dedicada ao filósofo e escritor Jean-Jacques Rousseau, nascido em 1712 na cidade. Aqui, uma estátua homenageia o autor de *Emilio, ou Da Educação* e *O Contrato Social*, obras que em sua época foram queimadas em frente à prefeitura.

Patek Philippe Museum

- Rue des Vieux-Grenadiers 7
- Ecole-Médecine (1, 32)
- www.patekmuseum.com
- ter-sex 14h-18h, sáb 10h-18h
- CHF10 (Est: CHF7 | Cr: grátis)

O Museu da Patek Philippe, luxuosa marca relojoeira, é dividido em duas partes: uma coleção de modelos antigos, do século 16 ao 19, e o acervo dos relógios da marca, esses produzidos entre os séculos 19 e 20. Às 14h30 de sábado, o museu organiza visitas guiadas em inglês.

Cathédrale Saint Pierre

- Place du Bourg-de-Four 24
- Cathédrale (36)
- 319.2190
- www.saintpierre-geneve.ch
- jun-set seg-sáb 9h30-18h30, dom 12h-18h30
- out-mai seg-sáb 10h-17h30, dom 12h-17h30
- grátis | torre CHF5 (Cr: CHF2)

Cathédrale Saint Pierre

GENEBRA

- Red Crescent Museum
- Croix Rouge
- L'Office des Nations Unies
- Jardin Botanique
- Parc de l'Ariana
- Café du Soleil
- Institut et Musée Voltaire
- L'Entrecôte Couronnée
- Île Rousseau
- Jardin Anglais
- Site Archéologique
- Cathédrale Saint Pierre
- Chez ma Cousine
- Musée d'Art et d'Histoire
- Patek Philippe Museum
- Parc des Bastions
- Murs des Réformateurs
- Petit Palais

Lac Léman

Rhône

250 m — 500 m

Streets and landmarks

- CHEMIN DU PETIT-SACONNEX
- AVENUE DE FRANCE
- AVENUE DE LA PAIX
- R. K. RADJAVI
- RUE DE LAUSANNE
- CHEMIN DES GENÊTS
- R. M. BRAILLARD
- AVENUE GIUSEPPE MOTTA
- R. CHANDIEU
- RUE DE VERMONT
- R. DU VIDOLLET
- RUE DE MONTBRILLANT
- LA VOIE-CREUSE
- AV. BLANC
- RUE DE MOILLEBEAU
- R. BAULACRE
- R. FERRIER
- R. BUTINI
- R. DES ASTERS
- RUE DU GRAND-PRÉ
- R. SCHAUB
- RUE DE LAUSANNE
- R. DU PRIEURÉ
- R. DES BUIS
- QUAI WILSON
- RUE DE LA SERVETTE
- R. LIOTARD
- R. DU MÔLE
- R. DE BERNE
- R. DES PÂQUIS
- AV WENDT
- RUE DU JURA
- R. DES ALPES
- R. PHILIPPE-PLANTAMOUR
- R. LAMARTINE
- QUAI DU MONT-BLANC
- RUE DE LYON
- R. VOLTAIRE
- R. DES CHARMILLES
- R. DES DÉLICES
- R. DE SAINT-JEAN
- QUAI DES BERGUES
- PONT DU MONT-BLANC
- QUAI DU SEUJET
- QUAI DE LA POSTE
- RUE DU RHÔNE
- R. DU STAND
- RUE DU MARCHÉ
- R. DE LA ROTISSERIE
- BLVD DE SAINT-GEORGES
- BLVD GEORGES-FAVON
- R. DES DEUX-PONTS
- AV DE SAINTE-CLOTILDE
- R. DES MARAICHERS
- BOULEVARD CARL-VOGT
- BLVD D'YVOY
- AVENUE DU MALL
- R. DU C. GÉNÉRAL
- R. DE LA CROIX-ROUGE
- BLVD HELVÉTIQUE
- BLVD ÉMILE-JAQUES-DALCROZE
- R. LE-FORT
- QUAI ERNEST-ANSERMET
- QUAI DES VERNETS
- R. DE CANDOLLE
- BLVD DES PHILOSOPHES
- BLVD DES TRANCHÉES
- Arve

A Catedral de São Pedro começou a ser construída em 1160 e, após uma série de incêndios, foi restaurada. No século 16, com a Reforma Protestante e sua filosofia de austeridade, todos os objetos que a ornamentavam foram retirados, exceto os vitrais. A arquitetura original foi modificada algumas vezes e, no século 18, sua fachada gótica acabou substituída por uma neoclássica. No interior, se encontra o mausoléu do Duque de Rohan, líder dos protestantes franceses, morto em 1638. Subindo 157 degraus você chega no topo da torre, de onde se tem a melhor vista de Genebra. No subsolo está uma interessante riqueza arqueológica (ver abaixo).

Site Archéologique *(Archaeological Site)*

- Cour Saint-Pierre 6   Cathédrale (36)
- 310.2929   www.site-archeologique.ch
- seg-dom 10h-17h
- CHF 8 (Est, Id, Cr: CHF4)

A Catedral esconde em seu piso de baixo um dos sítios arqueológicos mais importantes da Suíça, com vestígios do que se acredita ser um templo de 350 d.C. As escavações no local começaram em 1976 e proporcionaram informações novas sobre o nascimento de Genebra.

L'Office des Nations Unies
(United Nations Office)

- Palais des Nations 1211   Nations (15)
- 917.1234   www.unog.ch
- set-mar seg-sex 10h-12h/14h-16h | abr-jun seg-sáb 10h-12h/14h-16h | jul-ago seg-sáb 10h-16h
- tours CHF12 (Est, Id: CHF10 | Cr: CHF7)

Escritório da Organização das Nações Unidas (ONU, ou *UN* internacionalmente). Foi a sede da Liga das Nações (antes da Segunda Guerra), e hoje é o segundo maior centro mundial das Nações Unidas, depois da sede de Nova York. O acesso é por meio de visitas guiadas.

Croix Rouge *(International Red Cross)*

- Av. de la Paix 17
- Appia (8, 28)   748.9511
- www.redcrossmuseum.ch
- abr-out ter-dom 10h-18h | nov-mar 10h-17h
- CHF15 (Id: CHF7 | Cr: grátis)

Aqui é a sede da maior organização humanitária do planeta: a Cruz Vermelha. O acervo de mais de 150 anos de história humanitária em 50 países do mundo é apresentado por meio de plataformas multimídia e documentos no **Red Crescent Museum.** A Cruz Vermelha foi criada na Convenção de Genebra de 1864 com os ideais de "assegurar proteção e assistência às vítimas de conflitos armados internacionais e não internacionais, tensões e problemas internos". Seu fundador, Henri Dunant, recebeu o Prêmio Nobel da Paz de 1901.

Petit Palais

- Terrasse St. Victor 2
- Athénée (1, 3, 5, 7, NO)   346.1433

Fica num casarão do século 19 em um bairro residencial. Coleção de arte incluindo impressionismo, surrealismo e trabalhos abstratos, com obras de Picasso, Chagall, Renoir, Cézanne e Monet. Está fechado para reformas, sem previsão para reabertura.

Musée d'Art et d'Histoire
(Museum of Art and History)

- Rue Charles-Galland 2
- Musée de'Art et d'Histoire (3, 7)
- 418.2600   institutions.ville-geneve.ch
- ter-dom 11h-18h
- grátis

Museu de Arte e História. Exposições sobre arqueologia e artes em geral, com destaque para pré-história, arte egípcia, etrusca, greco-romana, objetos da Idade Média e pinturas da Renascença italiana.

Murs des Réformateurs

- Promenade des Bastions 1
- Place de Neuve (1, 3, 5, 36, NO)

Perto da Place Neuve, está o Parc des Bastions, com um muro de 150m que começou a ser construído em 1909, na ocasião dos 400 anos do nascimento de João Calvino – um dos principais reformadores protestantes. O muro, espécie de monumento, homenageia outras grandes figuras reformistas, como Guillaume Farel (1489-1565), Théodore de Bèze (1513-1605) e John Knox (1513-1572).

Institut et Musée Voltaire
(Voltaire Museum and Institute)

- Rue des Délices 25
- Musée Voltaire (9)
- 418.9560
- www.ville-ge.ch
- seg-sáb 14h-17h
- grátis

Instalado na antiga casa do filósofo, o Instituto e Museum Voltaire reúne biblioteca, centro de pesquisa e espaço de exposição. Apresenta a vida do grande pensador iluminista e autor de *Cândido*.

Passeios de barco

Cruzeiros pelo lago Léman acontecem de maio a setembro e custam cerca de CHF20. Confira com a Compagnie Générale de Navigation (www.cgn.ch) no Quai du Mont Blanc ou no centro de informações.

Comes & Bebes

Oferta variada de lanches, kebab e sanduíches encontra-se na Cidade Velha e ao redor da estação de trem. Nessas áreas, existem também muitas pizzarias e restaurantes típicos que servem *raclette*, *fondue* e *charbonade* (carne grelhada na mesa). Uma barbada podem ser as lojas de departamentos *Manor*, na rue Cornavin 6, ou *Globus*, na Rue du Rhône 48: as duas têm comida pronta a um preço razoável, e muita gente compra ali e vai comer nas praças da cidade. Nos inúmeros restaurantes suíços e franceses de Genebra, pode-se considerar como especialidades o *longeole* (uma salsicha não defumada condimentada com cominho e erva-doce) e, claro, a *fondue*. O vinho local mais conhecido é o *Chasselas*, branco.

O Jet d'Eau, no Lac Léman

Chez Ma Cousine

- Place Bourg-de-Four 6
- Bourg-de-Four (36)
- www.chezmacousine.ch
- seg-sáb 11h-23h30, dom 11h-22h30
- CHF15-25

Se você gosta de frango, esse é o seu restaurante. A especialidade da casa é o frango assado com batatas fritas e salada, conjunto que custa em torno de CHF15, um ótimo preço, considerando os valores da cidade. Os pratos chegam rápido, são bem servidos e o atendimento é muito elogiado por viajantes. Além dessa, o restaurante tem mais duas filiais pela cidade: no bairro St Gervais, rue Lissignol 5, e no Petit-Saconnex, rue Chemin du Pt-Saconnex 2.

Café du Soleil

- Place du Petit-Saconnex 6
- Petit-Saconnex (3, NE)
- 733.3417
- www.cafedusoleil.ch
- seg-sáb 7h-0h, sáb 10h-0h, dom 10h-23h
- CHF12-35

Conhecido por ter a melhor *fondue* da cidade, o restaurante é tradicional e não tem preços muito altos. Um prato de *ravioli* de salmão com molho de ervas, por exemplo, custa CHF24,40, as omeletes, CHF10,90, e a famosa *fondue*, CHF23,40. A história do café é muito interessante, estima-se que o prédio tenha 400 anos, pois existia antes de o Templo Petit Saconnex, localizado em frente, ser construído.

L'Entrecôte Couronnée

- Rue des Pâquis 5
- Monthoux (1, 25) 732.8445
- www.geneve-ch.ch/entrecote-couronnee
- ter-sex 12h-14h/19h-22h15, sáb 19h-22h15
- CHF25-60

Restaurante com diversidade de pratos, da culinária suíça à italiana. O *entrecot couronnée* é um dos pratos mais pedidos (custa CHF34), e, apesar de o lugar não ser dos mais baratos – se é que existe algum em Genebra –, é muito popular por aqui. Se você pretende chegar por volta das 21h, é interessante reservar uma mesa.

Hotéis & Albergues

Sua estadia em Genebra provavelmente será no entorno da estação central de trem, parte da cidade onde está concentrada a rede hoteleira. Esteja preparado para pagar caro em qualquer tipo de acomodação. Se você não for adepto dos albergues, talvez essa seja a hora de começar a levar em consideração a ideia de compartilhar um dormitório. Mesmo os quartos privados em albergues são bem mais em conta do que ficar em hotel. Se encontrar alguma acomodação mais barata num local mais distante, não hesite em reservar, a cidade é pequena e o transporte público é gratuito para turistas.

City Hostel Geneva

- Rue Ferrier 2
- Môle (15) 901.1500
- www.cityhostel.ch
- 52 quartos não oferece
- dorms 4p-3p CHF33/36 | quartos 1p CHF65/73, 2p CHF79/85 (baixa/alta temporada)

Albergue independente, está bem próximo da estação central de trem e permite fácil acesso até o centro. Os dormitórios dispõem de *lockers*, luz de leitura e tomadas individuais. Em todas as acomodações há uma pequena pia, e os banheiros se encontram no corredor. Uso de computadores com acesso à internet por CHF3 a hora. Conta com cozinha compartilhada, serviço de lavanderia e venda de suvenires. Na recepção, você pode comprar alguns petiscos, além de bebidas em geral.

Auberge de Jeunesse Genève

- Rue Rothschild 30
- Butini (16)
- 738.3987
- www.yh-geneva.ch
- 334 camas | incluído
- dorms 6p CHF36 | quartos 2p CHF110

Albergue HI, próximo da estação de trem e a apenas 400m do City Hostel Geneva. Dormitórios simples, sem grandes diferenciais; os *lockers* ficam no corredor. De modo geral, o albergue conta com boa infraestrutura, tem cozinha compartilhada, espaçosa sala de uso comum, biblioteca, espaço para piquenique e restaurante – serve jantar a partir de CHF13,50, mediante solicitação prévia. Também dispõe de computadores com acesso à internet, mas pago à parte (CHF4 por hora). A rede wi-fi está disponível somente nas áreas comuns. Quem não é sócio HI paga CHF6 a mais por diária.

Starling Residence Genève

- Route des Acacias 4
- Acacias (14, 15)
- 304.0300
- www.shresidence.ch
- 90 apartamentos
- CHF15
- apartamentos 1p-2p CHF150/175/210 (classic/superior/grand)

Está um pouco distante das atrações centrais, cerca de 2,5km, mas de *tram* chega-se até lá em 10min. Todos os apartamentos são modernos e contam com cozinha compacta, ar-condicionado, TV e cofre. Hotel dispõe de academia e restaurante, e há um supermercado nas imediações. Reservando diretamente pelo site do hotel, o café da manhã fica incluído na diária. É uma boa alternativa de hospedagem, principalmente se forem levados em consideração os custos elevados da Suíça.

Float Inn B&B

- Quai Gustave-Ador 54
- Merle-d'Aubigné (2, 6)
- 797.5197
- www.floatinn.ch
- 6 quartos
- incluído
- quartos 1p-2p CHF150/250 (standard/double)

O barco ancorado no porto do Lac Léman foi adaptado para servir como um pequeno *Bed & Breakfast*. Todos os quartos têm banheiro privado e vista privilegiada do Jet d'Eau, o famoso jato d'água de Genebra. O deque funciona como terraço, e o barco conta ainda com bar e *lounge*. A gentileza de Jean-Luc, o anfitrião e dono do barco, é bastante elogiada pelos hóspedes. Certamente uma experiência única de hospedagem.

Kipling Manotel

- Rue de la Navigation 27
- Môle (15)
- 544.4040
- www.hotelkiplinggeneva.com
- 62 quartos
- CHF18
- quartos 1p-2p CHF160-330 (baixa/alta temporada)

Nos arredores da estação central de trem, está próximo do City Hostel e do Auberge de Jeunesse Genève. Quartos dispõem de ar-condicionado, banheira, TV, frigobar, cofre, mesa de trabalho e comodidades para preparo de café e chá. Pertence à rede Manotel, que tem outros cinco hotéis nas imediações – é possível fazer as refeições no restaurante do Hotel Royal e utilizar a academia do Hotel Auteuil's. As diárias mudam bastante conforme a época do ano e o dia, sendo mais baratas nas sextas e nos sábados, em função de ser um hotel para executivos, mais procurado durante a semana.

LAUSANNE

Tipicamente francesa, Lausanne, a 65km de Genebra, é a quinta maior cidade da Suíça, com 117 mil habitantes. Se encontra em uma posição privilegiada, entre os Alpes e o *Lac Léman* (Lago Léman) e cercada de vinhedos. Aqui, vale um passeio pelo lago, por sua catedral na região do castelo e pela sua pacata área urbana. Sede do Comitê Olímpico Internacional, Lausanne é uma cidade mais jovem que a maioria dos centros urbanos suíços, abrigando o maior campus universitário do país.

A Cidade

Lausanne (também chamada Lausana em algumas traduções ao português) é dividida em parte alta e parte baixa. A estação central de trens fica nessa última e, dali, a *Rue de la Petite Chêne* sobe até a parte alta, região onde está a cidade antiga, com o comércio e as atrações. Código telefônico: 21.

Informações turísticas Se localiza no saguão central da estação (seg-dom 9h-19h). Fornece mapa da cidade, dicas de passeios e de hospedagens. Na Avenue de Rhodanie 2 há um outro posto de informações (seg-sex 8h-12h/13h-17h), com serviços similares. Pela internet: www.lausanne-tourisme.ch.

Chegando e saindo

A estação central de trens, *Gare Centrale*, serve destinos como Montreux (20min), Genebra (30min), Berna (1h10), Zurique (2h10) e cidades que beiram o Lac Léman e outras nos vales, com acesso às montanhas. Aeroporto é o de Genebra, também acessível por trem.

Circulando

Tudo pode ser feito a pé, mas se você não tiver fôlego, pode utilizar os transportes públicos – ônibus e até metrô (duas linhas; é uma das menores cidades do mundo a contar com esse meio de transporte). Hospedando-se em um albergue ou hotel, você ganha um cartão para usar o transporte público de graça durante a estadia.

Atrações

Em geral, a arquitetura e os prédios históricos são as grandes atrações de Lausanne. A **Cathédrale** (Place de la Cathédrale) foi construída entre os séculos 12 e 13, consagrada como Catedral pelo papa Gregório X em 1275, se tornando sede da igreja protestante em 1536. Os 210 degraus que vão até o

Os telhados de Lausanne

alto de sua torre também levam para a melhor vista de Lausanne e do Lac Léman. A **Église St. François** (Place St. François), construída no século 13, era um antigo monastério franciscano. Tem belos vitrais e pinturas no teto – além do frequente som do órgão de tubo. O **Hôtel de Ville** (Place de la Palud), Prefeitura, data do século 17 e, com sua bela arquitetura, domina a praça onde está. O **Château Saint-Marie** (Place du Château 1), construído entre 1397 e 1426 para servir de palácio episcopal, é hoje sede das autoridades do cantão francês, ao qual pertence. Outro tipo de atração é o **Musée Olympique** (Quai d'Ouchy 1; nov-abr ter-dom 10h-18h | mai-out seg-dom 9h-18h; CHF18 | Est: CHF12 | Cr: CHF10), Museu Olímpico, que mostra de forma interativa a história dos jogos. Lausanne não é uma cidade grande, mas tem suas esperadas temporadas de espetáculos com a *Ópera de Lausanne* e a *Orquestra Suisse Romande* (ambas em novembro), além do conceituado *Ballet Béjart* (em junho e outubro ou dezembro).

Comes & Bebes

Restaurantes são bem caros aqui, por isso muitos viajantes investem em lanches, como kebabs, a partir de CHF7, e restaurantes mais baratos no centro antigo, que servem pratos variados, a partir de CHF15. O **Chez Mario** (Rue de Bourg 28) é especializado em comida italiana e serve pizzas (CHF 17), massas e lasanhas (CHF19). Apesar de ser barulhento às vezes, devido à quantidade de pessoas que frequentam o lugar, oferece bons preços e é bem localizado.

Hotéis & Albergues

Difícil encontrar hotéis baratos. O albergue HI **Auberge de Jeunesse** (Chemin du Bois-de-Vaux 36; dorms 4p CHF48, quartos 1p CHF75-100, 2p CHF115-143) fica perto do lago, numa zona bastante tranquila, fora do centro; tem 320 camas em dormitórios e quartos privativos. Outra alternativa é a **Pension ADA-Logements** (Avenue de Tivoli 60; quartos 1p CHF55, 2p CHF90), bem no centro, com quartos para uma e duas pessoas. Ambas hospedagens fornecem café da manhã.

MONTREUX

Pacata cidade com 23 mil habitantes às margens do Lac Léman, Montreux, a 30km de Lausanne, é mundialmente famosa por certo agito: seu célebre festival de jazz, conhecido como *Montreux Jazz Festival*, que acontece em julho. Nos outros meses, a maior atração é o Château de Chillon, um castelo na beira do lago.

Château de Chillon, cartão-postal de Montreux

> **ENTRE NESSA FESTA | Jazz em Montreux**
> No início de julho, Montreux sedia um dos mais badalados festivais de jazz do mundo: o *Montreux Jazz Festival*, criado em 1967. Desde a década de 70, o evento incorporou apresentações de outros estilos musicais – pop, rock, blues, soul e até música brasileira –, mas o jazz segue sendo a ênfase do festival. No palco, já foram aplaudidos grandes nomes do gênero, como Ella Fitzgerald, Bill Evans e Keith Jarrett, e gente nossa, como Gil, Caetano, Elis e Rita Lee. Se você for à cidade nesta época, planeje-se, pois os ingressos costumam a esgotar logo. Se não conseguir, nem tudo está perdido: você pode aproveitar os concertos gratuitos que rolam pela cidade, sem contar a festa geral. Para se programar, consulte o site www.montreuxjazz.com.

A Cidade

Situada à beira do Lac Léman, Montreux tem a maioria dos seus atrativos concentradas entre a estação, na área central, e o lago, onde está a porção de maior movimento. Tudo pode ser acessado a pé, com exceção, talvez, do albergue. Junto a Vevey e Villeneuve, duas cidades vizinhas que também ficam à beira do lago, Montreux forma o que os habitantes da região chamam de *Riviera Suíça*, bastante animada durante o verão. Da estação, *Gare de Montreux*, saem trens para diversas cidades do país, trens privados para as estações de esqui nos Alpes e trens panorâmicos – nesses dois últimos casos, o passe de trem (*Eurailpass*) não é válido. Código telefônico: 21.

Atrações

Em Montreux, o melhor que se tem a fazer é passear pelo lago e visitar o castelo. Veja a estátua de Freddy Mercury, que teve um estúdio na cidade, à beira do Lac Léman. Há também a possibilidade de conhecer as montanhas ao redor, com um trem que sai da estação central.

Château de Chillon

- Av. de Chillon 21
- Chillon (201)
- 966.8910
- www.chillon.ch
- abr-set seg-dom 9h-19h | out/mar 9h30-18h | nov-fev 10h-17h
- CHF12,50 (Est: CHF10,50 | Cr: CHF6)

É um castelo medieval localizado em frente ao lago, constituído por várias construções, entre elas uma capela que contém exposições de móveis, armas e antiguidades. O castelo inspirou vários artistas e escritores, como Lord Byron, que escreveu *O Prisioneiro de Chillon* em 1816.

Festivais

Todos conhecem Montreux pelo seu excepcional *Jazz Festival* (veja o box ao lado). Mas há outros eventos por aqui, ou nas proximidades. A 6km de distância, a cidade vizinha de Vevey (sede mundial da Nestlé) também promove o seu festival de música: o *Septembre Musical*, entre os meses de agosto e setembro, voltado para a música clássica.

Comes & Bebes

Não é muito barato comer por aqui. Muitos restaurantes de Montreux encontram-se ao longo do lago e no centro. Perto da estação de trem há alguns supermercados. *Manor* é uma loja de departamentos que tem um buffet acessível para os padrões suíços.

Hotéis & Albergues

O albergue HI **Jugendherberge Montreaux** fica no vilarejo Territet (Passage de L'Auberge 8; dorms 8p-6p CHF42,50); para chegar, pode-se ir a pé, pela beira do lago (35min de uma bela paisagem) ou pegar o ônibus 1. O albergue fecha por alguns períodos entre novembro e dezembro. Mais próxima do centro, a **Pension Wilhelm** (Rue du Marché 13; quartos 2p CHF90-130) tem quartos bem básicos.

SUÍÇA ITALIANA

LUGANO

A região italiana no sul da Suíça corresponde a menos de 10% do país, e Lugano, assim como Locarno, é uma das suas principais cidades. O ar italiano aqui existente vai da língua falada e escrita (apesar de muitos serem fluentes também no alemão e no francês) à gastronomia e até mesmo ao clima, que parece ser mais mediterrâneo e ensolarado. A 205km de Zurique, Lugano, com 63 mil habitantes, fica à beira do lago de mesmo nome e cercada por montes. A cidade é ótima para se passar o dia: a paisagem alpina, os lagos, as igrejas medievais e o centro antigos fazem de Lugano o lugar ideal para descobrir o pouco conhecido lado latino dos suíços.

A Cidade

A estação, além de ligar Lugano a cidades como Lucerna (2h30), Zurique (2h40) e Milão (1h), abriga um dos centros de informações turísticas (www.lugano-tourism.ch); o outro fica na Piazza Indipendenza, às margens do lago. Lugano conta com um aeroporto, o *Agno*, a 6km do centro; também é utilizado o *Malpensa*, em Milão, por sua proximidade (86km). Para se hospedar, considere o hostel **HI Ostello Lugano** (Via Cantonale 13; dorms 8p-6p CHF37), no alto do morro, e o **Montarina Hotel&Hostel** (Via Montarina 1; dorms 8p-4p CHF29, quartos 2p CHF88), atrás da estação de trem.

Atrações

A parte antiga de Lugano está espremida entre o setor norte da cidade, onde fica a estação de trem, e o lago. Para se locomover, você pode caminhar pelas ruas estreitas de paralelepípedo ou pegar o funicular que há na cidade. Para os que apreciam arquitetura, a **Cattedrale San Lorenzo**, com sua fachada renascentista de 1517, e a **Chiesa Santa Maria Degli Angioli**, igreja com afrescos de 1529, são um belo programa. Há ainda um museu de artistas suíços dos séculos 19 e 20. Mas, caso você não curta nada disso, só o astral dessa bela cidade italiana em meio aos Alpes suíços já é mais que suficiente para justificar a visita.

LOCARNO

À beira do lago Maggiore, Locarno, com quase 15 mil habitantes, fica numa região mais baixa da Suíça, a 45km de Lugano. Historicamente, tornou-se célebre por, em 1925, ter abrigado a conferência de paz que discutia a estabilidade da Europa depois da Primeira Guerra Mundial. A estação ferroviária fica na Piazza Stazione, de onde saem trens e ônibus para as cidades vizinhas e onde está o centro de informações turísticas. Para hospedagem, há um albergue HI na Via Varenna 18. A cidade promove, em agosto, o *Festival Internazionale del Film*.

Atrações

Locarno tem a paisagem dominada pelo monte onde está o santuário *Madonna Del Sasso*. Entre a cidade antiga e o lago está a *Piazza Grande*, referência geográfica da cidade. Assim como em Lugano, a paisagem alpina, o lago, as igrejas medievais e o centro são as grandes atrações de uma Suíça latina – e talvez Locarno, com casas coloridas e jeito de cidade mediterrânea, seja ainda "mais latina" que Lugano.

Lago Gänglesee em Steg, com Alpes ao fundo

www.tourismus.li/en

LIECHTENSTEIN

O sexto menor país do mundo fica encravado no meio da Europa e costuma ser esquecido mesmo por viajantes que percorrem todo o Velho Continente. Liechtenstein, esmagadinho entre Suíça e Áustria, é oficialmente um principado, comandado pela mesma família real (que deu o nome ao país) desde o século 15. E como bom estado monárquico, o que não faltam por aqui são castelos, convertidos em verdadeiros cartões-postais, tendo, invariavelmente, os Alpes como cenário. E são as montanhas o principal atrativo do seu diminuto território de 160km²: a maioria dos picos passa dos 2 mil metros de altitude, tornando-se propícios para atividades como esqui, alpinismo e *trekking*. A população, que não chega a 40 mil habitantes, tem ótima qualidade de vida – assim como alguns milionários estrangeiros, que se aproveitam do modelo econômico baseado no sigilo bancário (e há um surpreendente número de 15 bancos aqui!) para esconderem sua fortuna neste paraíso fiscal. Aos mortais que são turistas e pagam seus tributos como nós, resta conhecer esse pouco visitado país e contemplar suas belezas naturais e construções seculares.

Liechtenstein

Que país é esse

- **Nome:** Principado de Liechtenstein | Fürstentum Liechtenstein | Principality of Liechtenstein
- **Área:** 160km²
- **População:** 37 mil habitantes
- **Capital:** Vaduz
- **Língua:** Alemão
- **Moeda:** Franco Suíço
- **PIB:** US$ 60,1 bilhões
- **Renda per capita:** US$ 110.600
- **IDH:** 0,889 (18º lugar)
- **Forma de Governo:** Monarquia Parlamentarista

Barbadas e Roubadas

- ➕ Estar em um dos menores países do mundo
- ➕ Visitar o Museu Nacional de Liechtenstein
- ➕ Observar, mesmo que de longe, o Castelo de Vaduz
- ➕ Praticar esportes de inverno em Malbun
- ➖ Encontrar preços pouco convitativos – e em francos suíços
- ➖ Saber que milionários, inclusive brasileiros, escondem fortunas ilegais aqui

Informações turísticas

Vaduz
- Städtle 39
- Post (11, 12, 13, 14, 21, 24, 40, N1, N2, N3)
- 239.6363
- seg-dom 9h-17h

Schaan
- Landstrasse 94
- Schaan Laurentiusbad (11, 12, 13, 14)
- 232.1822
- seg-sex 8h-17h

Malbun
- Im Malbun 35
- Triesenberg Post (21, 22)
- 263.6577
- seg-dom 9h-17h

Pela internet
- www.tourismus.li

O Principado

O Principado de Liechtenstein se tornou um estado soberano em 1806, e atualmente é uma monarquia constitucional, representada pelo príncipe Hans Adam II. Suas principais cidades são **Vaduz**, a capital, considerada um dos paraísos fiscais mais prósperos do mundo, e **Schaan,** que tem o maior número de habitantes do país, e também a porta de entrada do principado quando se chega de trem. Importante destacar também **Malbun**, um vilarejo que movimenta o turismo com um dos pontos de esqui mais conhecidos e elogiados da região.

Chegando e saindo

Devido ao seu pequeno porte, Liechtenstein não tem aeroporto. O principado é servido pelo aeroporto de Zurique, distante 120km – de lá, pode-se pegar um trem até as cidades suíças de Sargans ou Buchs, fazer uma baldeação e seguir até Schaan (a estação ferroviária da cidade é a Schaan-Vaduz); o mesmo trem para em outras três estações em Liechtenstein (Forst Hilti, Nendeln e Schaanwald) e segue para Feldkirch, na Áustria. Essa é a única rota operada pelo sistema ferroviário do principado, administrado pela *Austrian Federal Railways*. A partir da Áustria e da Suíça, também se pode chegar de ônibus: vindo de Sargans ou de Feldkirch, utilize a linha 11; saindo de Buchs, use a linha 12 – ambas passam por Schaan e Vaduz.

Circulando

O eficiente transporte público em Liechtenstein se resume basicamente a ônibus. Existem duas modalidades de bilhetes: o de viagem única, por CHF2,80, e o de dia inteiro, cujo preço, a partir de CHF5,60, varia dependendo das regiões em que será usado. Você também pode atravessar o Principado de bicicleta: partindo da fronteira com a Áustria, chega-se em poucas horas na Suíça. As ruas de Liechtenstein são boas e seguras, e existe até uma ciclofaixa que liga Schaan a Balzers (também no principado), facilitando o trajeto. Mais informações em www.ostschweiz.e-bike-park.ch.

> **A BARBADA É | Carimbo**
>
> Se você adora colecionar carimbos no passaporte, não perca essa: o Centro de Informações Turísticas de Vaduz é conhecido por ter o tradicional carimbo de Liechtenstein. É um suvenir ($ CHF3) pra lá de original em seu passaporte.

Estação ferroviária de Schaan-Vaduz, a mais importante do principado

Igreja de St. Martin em Eschen, cidadezinha na Região de Unterland

VADUZ

A capital do principado, Vaduz, com pouco mais de 5,5 mil habitantes, é a cidade mais visitada do país, em função do maior número de atrações, entre elas o **Castelo de Vaduz**, o **Museu Nacional de Liechtenstein** e o **Museu dos Postais**. Para voltar no tempo e apreciar a Vaduz da era medieval, não deixe de conhecer **Mitteldorf**, um pequeno bairro situado ao norte do centro da cidade, com suas ruazinhas de pedra que levam até a **Rotes Haus**, prédio que começou a ser construído no século 15 e foi restaurado em 1901.

A Cidade A área de Vaduz é bem limitada – apenas 17km² – o que facilita os deslocamentos entre um ponto e outro, permitindo que seja conhecida a pé, tranquilamente. Se houver necessidade de transporte, principalmente até outras localidades do principado, é fácil se achar usando ônibus: a maioria deles faz a mesma rota, passando em todas as paradas de ônibus de Vaduz e também de outras cidades.

Outras localidades de Liechtenstein

SCHAAN

Com aproximadamente 6 mil habitantes, a maior população do país, Schaan é considerada distrito administrativo de Liechtenstein e é ponto de chegada para quem vem de trem da Áustria ou da Suíça. A cidade fica a 22min de ônibus de Vaduz e tem atrativos importantes como o **TAK Theater Liechtenstein**, centro de arte do país, com muitos espetáculos teatrais e shows musicais, e a **Galeria Domus**, que é museu e palco de apresentações.

REGIÃO DE UNTERLAND

A Região contempla as cidadezinhas de **Eschen, Gamprin, Mauren, Ruggell** e **Schellenberg**, ao norte do país, e fica, no máximo, a 1h30 da capital. Você pode chegar de transporte coletivo, perto da maioria delas passa o ônibus 13. Se estiver de carro, melhor ainda: pode visitar ruínas de castelos e desfrutar os bons restaurantes da localidade. Mais informações: www.tourismus.li

Balzers

Mais ao sul há localidades menores, aconchegantes e não tão caras e turísticas como Vaduz – Balzers é uma delas. A cidade é conhecida principalmente pelo **Burg Gutenberg**, um castelo no alto de uma colina que foi restaurado entre 1905 e 1912. A visita é grátis e promete levar o viajante a um belo passeio pela história do local. Mais informações: www.burg-gutenberg.li

Triesen

Aqui fica a **Die St.-Mamerta-Kapelle**, a igreja mais antiga de Liechtenstein, original do século 9. Outras construções cristãs da cidade datam do século 15. Perto está o **Grauspitz**, o ponto mais alto do país, a 2.599m de altitude.

Triesenberg

Os vilarejos de Malbun e Steg, no município de Triesenberg, são referência para quem busca esportes de neve. Aqui (e em algumas partes da Áustria e da Suíça) fala-se o dialeto *walser* – explicações podem ser conferidas no **Walsermuseum**, museu dedicado à história da cidade e do dialeto.

Malbun

O lugar é considerado o ponto ideal para esquiar no país. Mas prepare-se para os altos preços da **Malbun Skigebiet**, a estação de esqui. Subir até lá na temporada de inverno custa CHF47, e se você não tem experiência, talvez seja melhor passar por algumas aulas particulares para não estragar a viagem (a hora/aula sai por CHF60). No alto das montanhas e ao lado da estação fica o famoso (e caro) **Resort Ski**. Uma alternativa para quem quer conhecer o topo, mas não necessariamente esquiar, é subir com o teleférico Sareis.

Steg

No inverno, Steg tem uma pista de *ski cross-country*, uma modalidade de esqui cada vez mais popular entre os jovens na Europa, que consiste em corridas sobre um terreno coberto de neve, em que os esquiadores dependem de sua própria locomoção em vez de teleféricos ou de outras formas de assistência. O vilarejo tem paisagens incríveis. É imperdível a vista do Stausee Steg, um lago verde turquesa, com as montanhas nevadas ao fundo.

Bucólicas paisagens no interior do principado

Atrações

O principado tem um grande respeito por sua história e muito orgulho do Museu Nacional de Liechtenstein, visita obrigatória na capital, Vaduz. Mas o grande destaque fica por conta do Castelo de Vaduz, residência oficial da família dos príncipes de Liechtenstein. O país dá condições para a prática de esportes ao ar livre, conta com pistas de esqui e possibilita excepcionais *trekkings* com os Alpes de plano de fundo. Mesmo sendo uma das menores nações da Europa, atrás somente de Vaticano, San Marino e Mônaco, Liechtenstein tem várias cidadezinhas encantadoras que merecem atenção e por si só são atrações. A maioria delas não tem pontos turísticos muito visitados, mas guarda a essência do país na gastronomia, na hospitalidade e nas paisagens dignas de cartões-postais. A grande maioria das atrações, no entanto, está mesmo em Vaduz, como os locais mencionados nessas duas páginas.

Schloss Vaduz *(Vaduz Castle)*

- Fürst-Franz-Joseph-Strasse s/nº
- Städtle (11, 12, 13, 14, N1, N2, N3)
- 238.1200
- www.fuerstenhaus.li

A maior atração do país é o Castelo de Vaduz, que pode ser visto de longe. Residência oficial da família dos príncipes de Liechtenstein, construído no século 13, o castelo não é aberto à visitação, mas pode ser contemplado de mais perto depois de uma longa caminhada por uma trilha, desde o centro da cidade. Durante esse trajeto demarcado, é possível acompanhar a história desse ponto turístico por meio de quadros explicativos, e, de quebra, apreciar a bela vista da cidade. Ao chegar no ponto mais alto da montanha, ao lado do castelo, o visual encanta. Por mais estranho que pareça, não há transporte público até lá: ou você vai a pé (cerca de 50min) ou de carro por um caminho de pedra.

Liechtensteinisches Landesmuseum
(Liechtenstein National Museum)

- Städtle 43
- Post (11, 12, 13, 14, 21, 24, 40, N1, N2, N3)
- 239.6820
- www.landesmuseum.li
- ter/qui-dom 10h-17h, qua 10h-20h
- CHF8 (Est, Cr, Id: CHF5)

O Museu Nacional de Liechtenstein conta a história do principado por meio de quadros, pinturas e narração de audioguia. Há uma exposição romana que chama a atenção.

Castelo de Vaduz, residência oficial dos príncipes de Liechtenstein

Briefmarkenmuseum
(Postage Stamp Museum)

- Städtle 37
- Post (11, 12, 13, 14, 21, 24, 40, N1, N2, N3)
- 239.6846
- www.landesmuseum.li/Postmuseum
- seg-dom 10h-12h/13h-17h
- grátis

A história do serviço postal de Liechtenstein está muito bem representada aqui. Exibe um conjunto de selos de dar inveja aos colecionadores que visitam este museu.

Kunstmuseum Liechtenstein
(Museum of Fine Arts)

- Städtle 32
- Post (11, 12, 13, 14, 21, 24, 40, N1, N2, N3)
- 235.0300
- www.kunstmuseum.li
- ter-qua/sex-dom 10h-17h, qui 10h-20h
- CHF12 (Est, Id: CHF8 | Cr: grátis)

O Museu de Belas Artes foi concluído em novembro de 2000. O prédio atrai pela arquitetura, e abriga várias obras internacionais. A coleção conta principalmente com esculturas, filmes e fotografias.

Prince's Wine Cellars

- Feldstrasse 4
- Hofkellerei (11, 12, 13, 14, N1, N2, N3)
- 232.1018
- www.tourismus.li/de/Hofkellerei-Fuerst-von-Liechtenstein
- seg-sex 8h-12h/13h30-18h, sáb 9h-13h
- CHF23

A Adega do Príncipe de Liechtenstein guarda a pequena produção de vinhos do país. Está aberta à visitação apenas para grupos com mais de 10 pessoas – se você estiver sozinho, será mais complicado conhecer o local (tente se juntar a algum grupo maior). O tour guiado dura aproximadamente 2h e inclui explicação sobre vinhos, degustação da bebida, de pães e de espumantes. A paisagem é muito bonita, com as videiras e os Alpes de fundo.

Kathedrale St. Florin *(Cathedral of St. Florian)*

- St. Florinsgasse 15
- Spital (11, 12, 13, 21, 24, 40, N1, N2, N3)
- 232.3616
- www.pfarrei-vaduz.li

Catedral de São Floriano, igreja neogótica que é o centro da Arquidiocese Católica Romana de Vaduz. Bonita por fora, mas bem simples por dentro, foi construída em 1874 onde anteriormente ficavam as fundações de uma igreja medieval. *Florinus de Remüs*, um santo do século 9, é o seu padroeiro.

Rotes Haus *(Red House)*

- Äulestrasse 30
- Post (11, 12, 13, 14, 21, 24, 40, N1, N2, N3)
- 239.6363
- www.tourismus.li

Uma das construções mais tradicionais da cidade, a Casa Vermelha fica na área de Mitteldorf. Entre 1902 e 1905, a construção foi ampliada por Egon Rheinberger, um famoso pintor, escultor e arquiteto de Liechtenstein. A casa ganhou esse nome por causa da sua cor vermelho-escuro, muito utilizada na metade do século 19.

FIS Ski and Winter Sports Museum

- Fabrikstr. 5
- Schlossweg (11, 12, 13, N1, N2)
- 232.1502
- www.skimuseum.li
- seg-sex 14h-18h

Reúne mais de 100 anos da história do esqui, contada por meio de artefatos usados em competições de 1920 até hoje em dia. Interessante, principalmente para quem gosta de esquiar.

Comes & Bebes

O prato nacional é o *riebel*, ou *stopfer*, feito de farinha de milho ou semolina, manteiga e leite. Visualmente parece uma farofa ou cuzcuz, mas é uma massa parecida com o *spätzle* alemão. Até pouco tempo atrás (década de 70), era o principal alimento dos camponeses, justamente por seus ingredientes baratos. Da mesma forma que na Alemanha, é bem comum encontrar o *käsespätzle* (a massa com queijo) por aqui, mas com outro nome: *käsknöpfle*. E para beber, nada melhor do que o exclusivo vinho de Liechtenstein, produzido nas pequenas vinícolas do principado, ou o *most*, uma tradicional preparação da região, um vinho feito com outras frutas, principalmente maçã e pera.

Potenza

- Städtle 29
- Post (11, 12, 13, 14, 21, 24, 40, N1, N2, N3)
- 231.1100
- www.potenza.li
- seg-sáb 11h30-14h/18h-22h30
- CHF15-40

Uma ótima alternativa para aqueles que querem gastar pouco e para quem prefere um prato italiano mais requintado. A pizza é muito elogiada; a pequena custa em média CHF15 e serve bem uma pessoa. O restaurante tem o menu do dia, no qual você pode escolher entre dois pratos, sempre acompanhados de sopa ou salada, por CHF17. As massas e risotos custam em média CHF20, já os pratos com carne e peixe são mais caros.

Adler Vaduz 1908

- Herrengasse 2
- Städtle (11, 12, 13, 14, N1, N2, N3)
- 232.2131
- www.adler.li   seg-sex 8h30-23h50
- CHF20-40

Um dos restaurantes mais antigos do principado, foi construído em 1908 e até hoje mantém a tradição da culinária regional. Elogiado pelo bom atendimento e rapidez dos pedidos, oferece menu do dia por CHF19,50. As bebidas são mais caras, uma garrafa d'água, por exemplo, custa CHF6,60, preço que surpreende muitos viajantes na hora de pagar a conta. O ambiente tem decoração rústica e detalhes que tornam o restaurante aconchegante.

Restaurant Marée

- Mareestrasse 29
- Quäderle (11, 12, 13, 14, N1, N2, N3)
- www.sonnenhof.li/restaurant-maree
- seg-sex/dom 12h-13h30/19h-21h30, sáb 19h-21h30
- CHF35-70

Restaurante com almoço e jantar gourmet, pratos elaborados e bem avaliados nos guias gastronômicos *Michelin* e *Gault Millau*. Apesar de fazer parte de um hotel, o restaurante Marée é aberto ao público. Os viajantes que dependem de transporte público, além de percorrer um pequeno trajeto de ônibus, têm que caminhar um pouco até chegar aqui.

Käsknöpfle, massa típica da Região Germânica

Hotéis & Albergues

Um território tão pequeno e conhecido por ser lugar de passagem não poderia ter muitas alternativas de pernoite – e realmente não tem. Talvez exatamente por isso, as poucas acomodações que existem em Liechtenstein sejam bem caras. Algumas delas estão situadas em áreas verdes, típicas para se passar um tranquilo final de semana.

Schaan-Vaduz Youth Hostel

- 📍 Under Rüttigass 6 | Schaan 🚌 Mühleholz
- ☎ 232.5022 💻 www.hihostels.com
- 🛏 110 camas 🍴 incluído
- 💲 dorms 6p 35CHF | quartos 1p 66CHF, 2p 93CHF

Único albergue de Liechtenstein, pertence à rede HI e funciona de março a outubro. Está entre Schaan e Vaduz. Tem uma grande área verde, ideal para prática de esportes. Rede wi-fi está disponível somente nos ambientes comuns. Peca pela falta de algumas facilidades essenciais, como cozinha, principalmente por estar em uma área isolada a 30min de caminhada tanto do centro de Schaan quanto do de Vaduz.

Hotel Oberland

- 📍 Bergstrasse 25 | Triesenberg
- 🚌 Obergufer (21) ☎ 262.5777
- 💻 www.liechtensteinhoteloberland.li
- 🛏 20 quartos 🍴 incluído
- 💲 quartos 1p 85CHF, 2p 160CHF

Simpático hotel localizado na cidade de Triesenberg, no alto das montanhas – 940m acima do nível do mar. Quartos bem iluminados e de bom tamanho. Todos têm TV, cofre e mesa de trabalho. Alguns possuem outras amenidades e vista para o vale, o que encarece o valor da diária. O restaurante do hotel funciona para jantares. No inverno, oferece translado gratuito duas vezes por dia até a estação de esqui mais próxima.

Landhaus am Giessen

- 📍 Zollstrasse 16 | Vaduz 🚌 Spital (11, 12, 13)
- ☎ 235.0035 💻 www.giessen.li
- 🛏 22 quartos 🍴 incluído
- 💲 quartos 1p 110/130CHF, 2p 160/180CHF (baixa/alta temporada)

Charmosa pousada, fica perto do centro de Vaduz, da Catedral de São Floriano e do Museu Nacional de Liechtenstein. Quartos simples, mas bem iluminados e equipados com TV e banheiro privativo. O hotel tem piscina coberta (de graça para os hóspedes, 5CHF para o público externo) e sauna (40CHF por pessoa).

🚶 Meierhof Hotel Restaurant

- 📍 Meierhofstrasse 15 | Triesen 🚌 Meierhof (21)
- ☎ 399.0011 💻 www.meierhof.li
- 🛏 43 quartos 🍴 incluído
- 💲 quartos 1p 137CHF, 2p 187CHF

Está em Triesen, a apenas 1km do centro de Vaduz. Os quartos têm varanda com vista para os Alpes, TV, frigobar e mesa de trabalho. O restaurante, que já foi citado no guia *Michelin*, serve pratos da cozinha mediterrânea e de Liechtenstein. Há também um bar e, no verão, é possível fazer as refeições no terraço do hotel. Tem academia 24h e sauna.

Park-Hotel Sonnenhof

- 📍 Mareestrasse 29 | Vaduz 🚌 Quäderle (11, 12, 13)
- ☎ 239.0202 💻 www.sonnenhof.li
- 🛏 29 quartos 🍴 incluído
- 💲 quartos 1p 195CHF, 2p 300/480CHF (baixa/alta temporada)

Luxuoso hotel 5 estrelas em uma imensa região arborizada e com vista para os Alpes. Os quartos, cada um com a sua própria decoração, têm isolamento acústico, ar-condicionado, TV e frigobar. Os mais caros têm varanda, banheira e utensílios para preparo de café e chá. Marée, o premiado restaurante do hotel, é famoso na região. O spa oferece sauna, massagens e piscina coberta.

CULTURA GERAL

Geografia

A Região Germânica aqui considerada está localizada bem no centro da Europa, entre a França (a oeste), os Países Nórdicos (ao norte), a Itália (ao sul), o Leste Europeu (a leste) e os Bálcãs (a sudoeste). É só olhar no mapa para constatar: seu território é amplamente dominado pela grandeza da Alemanha, um dos maiores países da Europa (e, ainda assim, menor que o estado de Minas Gerais). Ao sul dessa nação estão as pequenas Áustria e Suíça e o minúsculo Liechtenstein. O relevo germânico é fortemente marcado pelos Alpes, a grande cadeia de montanhas que domina Suíça, Áustria, Liechtenstein e o sul da Alemanha – o ponto mais elevado de toda a região, o Dufourspitze (4.634m), fica nos Alpes suíços. Nessa cordilheira também nasce o Reno, o grande rio dos países germânicos, que atravessa Liechtenstein, Áustria e Alemanha e deságua no Mar do Norte, na Holanda.

Alemanha

A Alemanha faz fronteira com vários países do continente: Dinamarca (N), Polônia (L), República Tcheca (SE), Áustria e Suíça (S), Holanda, Bélgica, Luxemburgo e França (O), e é banhada pelos mares Báltico e do Norte. Seu vasto relevo se caracteriza por terras baixas ao norte, elevações no centro do país e pelas montanhas dos Alpes no sul, na fronteira austríaca. A vegetação alemã é dominada pelos campos no norte e pelas coníferas da Floresta Negra no sul – uma das grandes atrações do país.

Bosques nos arredores de Nurembergue

Áustria

A pequena Áustria, país sem acesso ao mar, destaca-se pelos Alpes no oeste e no sul – o restante do território é plano, cortado por vários rios. Faz fronteira com Alemanha e República Tcheca (N), Eslovênia e Itália (S), Hungria (L), Eslováquia (NO), Suíça e Liechtenstein (O). É também um dos países com maior cobertura de bosques na Europa – 47% do território. A exceção é o norte austríaco, dominado por pastagens.

Suíça

A Suíça faz fronteira com Alemanha (N), Itália (S), Liechtenstein e Áustria (L) e França (O). Os Alpes cobrem 58% do território do país, marcado por vales, planaltos e centenas de lagos. Cerca de 30% da Suíça é coberta por florestas, com muitos carvalhos e coníferas.

Liechtenstein

O diminuto Liechtenstein aparece espremido entre Áustria (L) e Suíça (O). Seu território é bastante montanhoso em função dos Alpes, e mais de um terço de suas terras é coberto por florestas – faias e carvalhos nas zonas mais baixas, coníferas nas partes altas.

Economia

As economias da Região Germânica têm – peculiaridades à parte – algumas características em comum: a principal delas é serem bem desenvolvidas, industrializadas e diversificadas. Em comum também tem sido o comportamento dos últimos anos – recessão entre 2008 e 2009, devido à crise financeira, seguida de uma recuperação do crescimento nos anos subsequentes. Todavia, é óbvio que não há como comparar o gigantismo da economia alemã com a pequenez de Liechtenstein.

Alemanha

A Alemanha hoje tem a 4ª maior economia do mundo (três posições à frente do Brasil) e é um grande exportador, realizando a maior parte de suas transações com os demais membros da União Europeia e com os Estados Unidos. Líder nas indústrias química, farmacêutica e automotiva, o país também produz batata, cereais, beterraba e frutas. Como toda a Europa, foi abalada pela crise mundial de 2008: no ano seguinte, a economia alemã apresentou recessão de 4,7%. A recuperação foi rápida, e a partir de 2010 o país retomou o crescimento. Ainda que a perda de fôlego seja inegável nos últimos anos, a economia alemã se mantém mais saudável que a dos países do sul da Europa. A taxa de desemprego também se encontra menor que a da maioria das nações do continente – em julho de 2014, 7,4% da população economicamente ativa estava desempregada.

Áustria

A Áustria tem sua força econômica na exportação de mercadorias e serviços, principalmente para a Alemanha, sua grande parceira comercial. Com uma agricultura bem desenvolvida que, cultivada ao longo do Danúbio, abastece 90% das necessidades nacionais, setores industriais fortes – especialmente na área de metalurgia e química – e turismo relevante, a economia austríaca é saudável. Ainda assim, não passou ilesa da crise mundial de 2008, algo explicável por sua dependência da economia alemã. A taxa de desemprego, historicamente baixa, cresceu um pouco nos últimos anos, estando por volta de 7,5% em julho de 2014.

Suíça

Próspera e estável é a economia da Suíça, ainda que apresente alguns problemas devido à fraca demanda no consumo interno. O país pouco sofreu com a crise de 2008, quando registrou uma baixa queda em 2009. A taxa de desemprego, bastante baixa, ficou em 3% em julho de 2014. Destacam-se as indústrias química, farmacêutica, alimentícia (chocolates e laticínios) e de engenharia de precisão e relógios. Relevante é a produção de agricultura orgânica: o país é um dos pioneiros no setor, especialmente na produção de cereais. Menos nobre é o setor financeiro, líder inconteste em gerir fortunas graças ao seu alto grau de sigilo bancário, que faz da Suíça um dos maiores paraísos fiscais do mundo. Pressionado internacionalmente, o país tem buscado dar maior transparência aos bancos – caminho que será longo, a julgar pelo poder que essas instituições adquiriram dentro e fora da economia e política suíças.

Liechtenstein

Estável, a economia do principado (e paraíso fiscal) é baseada na produção de cereais, vinhos e frutas. O pasto também é uma atividade econômica relevante. As indústrias são voltadas para as áreas têxtil, farmacêutica e de instrumentos de precisão.

História

Primeiros povos e Império Romano

A Região Germânica foi inicialmente ocupada por diversas tribos celtas, que habitavam os atuais territórios do sul da Alemanha, da Áustria e da Suíça (onde predominavam os helvécios); no norte, viviam os teutões. Ao redor do ano zero, Roma, então governada por seu primeiro imperador, Augusto, derrotou as tribos locais, expandiu suas fronteiras e conquistou toda a região à margem esquerda do rio Reno. Os territórios conquistados passaram a ser chamados de Província Germânica e se mantiveram sob domínio romano pelos séculos seguintes.

No ano 395 d.C., com a crise da sociedade romana e as crescentes incursões dos povos bárbaros, o imperador Teodósio criou a divisão do Império Romano do Oriente e do Ocidente, no qual estava a região da Germânia. Enquanto o oriental se manteve por mais de mil anos, o ocidental desmoronou por, entre outras razões, ser asfixiado pelas invasões bárbaras, que haviam cruzado as fronteiras do Reno. A derrocada foi em 476, quando os hérulos, uma tribo germânica, invadiram a cidade de Roma e depuseram o último imperador – esse fato é hoje visto como um dos marcos da transição da Idade Antiga para a Idade Média.

Idade Média e o Sacro Império

Com a dissolução do Império Romano do Ocidente, o comércio regional praticamente morreu e a agricultura de subsistência se tornou a principal atividade local. Os povos germânicos que dominaram a região adotaram a instituição monárquica e formaram diversos reinos, como saxões, visigodos, ostrogodos, bávaros e burgúndios. Nenhum deles durou muito tempo. A exceção foi do reino dos francos, também um povo germânico que se estabeleceu no vale do Reno a partir do século 5 e foi progressivamente se expandindo. Seu apogeu se deu com Carlos Magno, que dominou também toda a Região Germânica e, aliado à Igreja Católica, a cristianizou. Um rei forte e poderoso era o que a Igreja sempre procurara para promover a expansão do cristianismo e, por isso, no ano 800, o papa Leão III sagrou Carlos Magno com o título de Imperador do Sacro Império Romano, uma tentativa de ressuscitar o Império Romano do Ocidente.

Carlos Magno morreu em 814, e seu reino entrou em decadência, sofrendo invasões magiares, vikings e muçulmanas. Todavia, pouco mais de um século depois, em 962, Otto I unificou os povos germânicos e tornou-se imperador do Sacro Império Romano-Germânico – o I Reich. O novo império, que tentava revitalizar as tradições herdadas de Carlos Magno, ocupava a Alemanha, a Áustria, a Suíça e regiões dos países do Benelux, da França, da Itália e da República Tcheca. A partir do século 15, esse império começou a ser governado pela dinastia dos Habsburgos, que teria importante papel na história europeia.

Congresso de Viena em 1819, obra de Jean-Baptiste Isabey

De dentro do território germânico viria a Reforma Protestante de Martinho Lutero, em 1517; ironicamente, a Contrarreforma seria amplamente apoiada pelos governantes da região, os Habsburgos. De certa maneira, foi essa cisão religiosa que deu início à decadência do Sacro Império Romano-Germânico: a partir de 1618, o império entrou em conflito com diversos reinos protestantes da Europa, na Guerra dos Trinta Anos. A luta tumultuou a realidade germânica, já que diversos príncipes alemães protestantes se opuseram aos imperadores, e só foi decidida com a entrada da França no conflito. Essa nação, apesar de católica, temia que uma vitória germânica fortalecesse em muito o poder do Sacro Império.

A vitória da França e das nações protestantes teve importantes consequências. Dentre elas, a independência da Suíça, que se consolidou como Estado próprio – apesar de já ser considerada, desde 1291, Confederação Helvética. O Sacro Império Romano-Germânico começou a se esfacelar, perdendo, além do território suíço, a região da Alsácia para os franceses – essa se tornaria objeto de disputa por diversas vezes no futuro. O poder dos imperadores foi em muito reduzido, mas o Sacro Império se manteve em pé até 1806.

Confederação Germânica

No início do século 19, um furacão sacudiu a Europa: Napoleão Bonaparte, tornado imperador após a Revolução Francesa, liderou uma sucessão de guerras contra monarquias hostis ao recém-nascido liberalismo francês. Eram as Guerras Napoleônicas. Foi o impetuoso avanço das tropas francesas pela Europa, adentrando o território germânico após sucessivas vitórias militares, que levou à dissolução do Sacro Império Romano-Germânico, em 1806. Surgiram em seu lugar, de um lado, o Império Austríaco, ainda dominado pela dinastia dos Habsburgos e que abarcava também Hungria, República Tcheca, Eslováquia e parte do norte da Itália, e, de outro lado, a Confederação do Reno, um Estado satélite francês, organizado pelo próprio Napoleão, que reunia os outros territórios da região.

Com o enfraquecimento das forças de Napoleão e o consequente prognóstico da derrota francesa, foi realizado, entre 1814 e 1815, o Congresso de Viena, que buscou restaurar antigas dinastias reais e restabelecer um mapa da Europa anterior aos conflitos. Nessa ocasião, os territórios de língua alemã foram reorganizados na Confederação Germânica, composta por 38 Estados independentes que se comprometiam em defender a soberania das monarquias contra quaisquer levantes liberais. A Confederação tinha como dois grandes Estados a Prússia e o Império Austríaco, e esse último, então inegavelmente o mais poderoso, exercia o papel de liderança na região. No entanto, frente à ingerência austríaca em assuntos dos outros Estados e à grande fragmentação do território germânico, começou a surgir um movimento nacionalista interno que, em última instância, levaria à unificação alemã.

Nesse cenário, em 1834 foi firmada a *Zoolverein*, uma aliança aduaneira que promoveu a integração econômica da região e liberalizou o comércio entre os Estados germânicos – o único a não participar foi o Império Austríaco. Esse projeto foi amplamente apoiado pelos industriais locais e rendeu frutos importantes: a partir da década de 1860 começaram a surgir diversos distritos industriais, centros urbanos e estradas de ferro em todo o território da futura Alemanha. O desenvolvimento econômico fortaleceu os ideais nacionalistas da região. Em 1850, já havia sido levada a cabo uma primeira tentativa de unificação alemã, interrompida pela interferência austríaca. Eram indícios do que viria nas próximas décadas.

Bismarck e a unificação

Em 1861, Guilherme I foi coroado rei da Prússia. Uma de suas primeiras medidas foi nomear Otto Von Bismarck como primeiro-ministro. Bismarck, político conservador e herdeiro da aristocracia local, entraria para a história, com a alcunha de Chanceler de Ferro, como o grande artífice da unificação alemã. Ao combinar habilidade diplomática com força militar, teceu a engenhosa teia que sustentaria o surgimento do Império Alemão.

Em 1864, com apoio austríaco, a Prússia abriu guerra contra a Dinamarca e reconquistou territórios que haviam sido perdidos no Congresso de Viena. Dois anos mais tarde, na Guerra Austro-Prussiana, derrotou o outrora aliado na disputa pelas terras reconquistadas no conflito anterior. Como consequências da vitória da Prússia, a Confederação Germânica foi dissolvida e, em seu lugar, surgiu a Confederação Germânica do Norte, liderada pelo crescente poder prussiano. Por sua vez, o Império Austríaco, enfraquecido pela derrota, foi obrigado a atender às demandas da Hungria por maior autonomia e poder decisório; o resultado foi o surgimento do Império Austro-Húngaro, em 1867. Em dois lances, Bismarck havia fortalecido em muito o Estado prussiano e enfraquecido e isolado diplomaticamente os austríacos, até então os grandes poderosos da região. Além disso, as vitórias militares reforçaram o sentimento nacionalista por uma Alemanha unificada.

Em 1870, após desgastes políticos devido ao fortalecimento da Prússia e ao interesse francês nos Estados germânicos do sul, teve início a Guerra Franco-Prussiana. As tropas de Bismarck, mais bem armadas e preparadas, venceram com folga as forças de Napoleão III. A derrota francesa se deu com toques de humilhação. As regiões da Alsácia e Lorena foram cedidas ao vencedor, para com o qual a França também assumiu uma grande dívida em ouro. O mais grave, no entanto, talvez tenha sido a nomeação de Guilherme I como Imperador da Alemanha, realizada, em 1871, dentro do Palácio de Versalhes.

Bismarck concretizava seu grande feito: os diversos Estados germânicos foram unificados pela série de conflitos e agora formavam o Império Alemão – o II Reich. Todavia, a questão territorial e a celebração, feita no símbolo maior da realeza francesa, provocaria ódios e revanchismos que perdurariam na história do século 20.

Homenagem a Bismark, em Berlim

O caminho para a guerra

Ao serem examinadas, hoje, as últimas décadas do século 19 e os primeiros anos do século 20 mais parecem o longo e previsível desenrolar de um novelo que chegaria até a Primeira Guerra Mundial. O ascendente poder alemão e a decadência do outrora onipresente Império Britânico, somados à gradual desintegração do Império Turco-Otomano, às muitas tensões imperialistas, ao revanchismo francês e a conceitos como o pangermanismo e o pan-eslavismo – respectivamente, as vontades nacionalistas de unificar os povos germânicos sob uma só bandeira e os eslavos sob outra – criariam uma situação explosiva, que, cedo ou tarde, culminaria num conflito generalizado.

Em pouco tempo, a Alemanha ultrapassou a Grã-Bretanha e se tornou o país mais industrializado da Europa, explorando amplamente o aço e o carvão (muito presente nas regiões de Alsácia e Lorena). Em 1882, costurou a formação da Tríplice Aliança, pela qual aliava-se à Itália e ao Império Austro-Húngaro em algum eventual conflito; habilidosamente, Bismarck havia formado um bloco de países no centro da Europa que isolava a França e suas pretensões de reaver os territórios perdidos da Alsácia e da Lorena.

Entre 1884 e 1885, a Alemanha sediou a Conferência de Berlim, símbolo do irracionalismo imperialista das nações europeias, quando a África foi dividida entre as potências – os anfitriões ficariam com a atual Namíbia, onde seriam responsáveis pelo primeiro genocídio do século 20. A situação no Velho Continente, tensa mas controlada, começou a mudar em 1888: o imperador alemão Guilherme I morreu e, no mesmo ano, subiu ao trono o jovem e impetuoso Guilherme II.

O novo *kaiser* (imperador), pouco afeito ao cuidadoso jogo de xadrez levado a cabo por Bismarck, afastou o chanceler em 1890 e implementou uma nova política expansionista, semeando a mútua hostilidade entre as potências. O país aumentou a disputa por territórios na África e Ásia, buscando ampliar mercados e ter maior acesso a recursos naturais. A nova postura desencadeou um processo de competição e desconfiança mútua entre as grandes nações europeias. Outro foco de tensão era o projeto do novo imperador de fazer da Alemanha uma potência naval, visto com extrema preocupação pela Grã-Bretanha, que então se destacava pela sua dominante marinha – como consequência, foi lançada uma verdadeira corrida armamentista entre as duas nações.

O conflito no continente europeu parecia cada vez mais próximo. Em 1907, Inglaterra, França e Rússia formaram a Tríplice Entente, que aliava antigos inimigos preocupados com o crescente poder alemão – a Alemanha havia se transformado na grande força militar continental. Em 1908, uma revolução dos turcos havia causado grande instabilidade no decadente Império Turco-Otomano. O Império Austro-Húngaro, aproveitando-se da situação, anexou a Bósnia e Herzegovina (então parte dos domínios turcos), fato que quase levou ao conflito com a Rússia; os russos, utilizando-se da tese do pan-eslavismo, buscavam aumentar sua influência nos Bálcãs. A guerra só não ocorreu pela mediação alemã. A escalada entre dois blocos hostis se manteve até 28 de junho de 1914. Foi nesse dia que, em Sarajevo, o nacionalista sérvio Gavrilo Princip disparou dois tiros contra o carro aberto de Franz Ferdinand, arquiduque e herdeiro do trono austro-húngaro. Um dos tiros pegou no abdômen de sua esposa, Sofia; o outro atingiu o pescoço do arquiduque. Ambos morreram em seguida.

Primeira Guerra Mundial

Após o assassinato de Franz Ferdinand, a guerra chegou rápido à Europa e por lá ficou até 1918 (se é que foi embora, tendo em vista que apenas 21 anos depois as mesmas nações voltariam ao campo de batalha). Os quatro anos de conflito são considerados um dos eventos mais traumáticos da história europeia, comparável aos seis anos da outra guerra mundial que viria depois, ainda que a primeira tenha produzido muito menos vítimas. Em parte, o tamanho do trauma é explicável pela natureza técnica e insana dos combates: homens que foram ao campo de batalha com noções patrióticas de honra e glória viram-se em meio a trincheiras repletas de ratos, doenças, fome e todo o tipo de delírios tecnológicos da época desenvolvidos com o intuito de matar – de ataques a gás até os rudimentares tanques armados.

Graças ao sistema de alianças entre as potências, o início da guerra se deu quase como um jogo de dominó: as peças foram caindo uma após a outra até que, fatalmente, a Europa toda se viu em meio à batalha. Exatamente um mês após o assassinato, o Império Austro-Húngaro, descontente com as medidas da Sérvia para punir o criminoso, declarou guerra ao país balcânico. A Rússia, aliada dos sérvios e hostil à presença austríaca na região, reagiu rapidamente e mobilizou tropas. A Alemanha, por sua vez aliada do Império Austro-Húngaro, declarou guerra à Rússia em 1º de agosto de 1914. Dois dias mais tarde, França e Alemanha declararam guerra entre si. No dia 4 de agosto, a Grã-Bretanha declarou guerra à Alemanha. A luta se desenvolveu inicialmente com os seguintes atores: de um lado, a Tríplice Aliança (Alemanha, Império Austro-Húngaro, Itália); de outro, a Tríplice Entente (Inglaterra, França e Rússia). Pelo lado alemão, também tomaria parte o Império Turco-Otomano; já a Itália migraria para a Entente em 1915.

Os primeiros momentos de guerra foram de grande movimentação de tropas. A Alemanha, julgando que uma vitória contra a França seria mais rápida e fácil do que uma invasão à Rússia, atravessou a Bélgica e cruzou as fronteiras do antigo rival; no lado oriental, foi atacada mas repeliu rapidamente o exército russo. O Império Austro-Húngaro, por sua vez, voltou suas atenções para a Sérvia, país que invadiu em 1914 e conquistou em 1915. Na frente francesa, a invasão alemã chegou quase a Paris, mas foi incapaz de avançar até a capital; as duas forças beligerantes, então, cavaram trincheiras, dando início à segunda fase da guerra – a Guerra de Trincheiras, que durou até 1917.

Marcado como o mais mortífero do conflito, esse período viu exércitos entrincheirados frente a frente sem força suficiente para tomar as posições inimigas. A situação levou a um longo imobilismo: em dois anos, os avanços foram mínimos de parte a parte. A realidade dos soldados era de uma longa e perigosa espera, afundados em um lamaçal que dividiam com ratos, piolhos, doenças e morte. Foi também nesse período que o mundo conheceu uma nova monstruosidade: em 22 de abril de 1915, os alemães, na Bélgica, fizeram um ataque massivo de gás cloridrico contra trincheiras francesas. Após 1916, o uso desse e do muito mais mortífero gás mostarda se tornou recorrente na frente de batalha, para as diversas forças em conflito. O insalubre ambiente de guerra era agora assolado pelo horror de uma grande nuvem de gás, que fazia irromper bolhas amarelas na pele dos soldados, cegava em contato com os olhos e, se respirada, matava por asfixia.

O longo impasse começou a mudar em 1917, quando a Rússia, assolada pela Revolução Bolchevique, assinou um armistício e se retirou da guerra. Os países da Tríplice Aliança, pressentindo a possibilidade de vencer a guerra, lançaram uma nova ofensiva. A Alemanha passou a atacar embarcações que abasteciam a Inglaterra de alimentos e armas e, em função disso, submarinos alemães afundaram navios norte-americanos. Os Estados Unidos entraram na guerra e seu ascendente poder militar foi fundamental para a vitória da Entente. Os exércitos alemão e austro-húngaro, completamente esgotados, foram vencidos pelas tropas inimigas.

A derrota trouxe mudanças importantes na Alemanha e no Império Austro-Húngaro: a monarquia dos Habsburgos chegava ao fim e, dois anos mais tarde, foi proclamada a República da Áustria. O mesmo se deu no vizinho do norte: a guerra acabou com o Império Alemão e, no dia 11 de agosto de 1919, foi promulgada uma constituição republicana em Weimar, fato que daria nome ao breve e frágil período democrático que se seguiria – a República de Weimar.

Na Alemanha, a transição da monarquia para a república foi conduzida pelo Partido Social Democrata, força ascendente de esquerda moderada. Pouco antes da promulgação da nova constituição, no governo socialdemocrata de Friedrich Ebert, a Alemanha assinou o Tratado de Paz de Versalhes, que marcou oficialmente o final da guerra. Imposto pelos países vencedores, o acordo atribuiu à Alemanha toda a culpa pelo início do conflito e estabeleceu como pena a perda de diversos territórios continentais e coloniais (o país cedeu terras para França, Polônia, Bélgica, Tchecoslováquia, Lituânia e Dinamarca). O mais grave, porém, foi a imensa dívida em dinheiro e matéria-prima que a nação assumiu para com os vencedores, fato que marcaria profundamente a economia alemã dos anos seguintes. A República de Weimar já nascia sobre alicerces frágeis.

Weimar e a ascensão nazista

No dia 5 de janeiro de 1919 foi fundado, na Baviera, o Partido do Trabalhador Alemão, ao qual, em setembro, se filiaria um ainda jovem austríaco, condecorado na guerra, chamado Adolf Hitler. A agremiação seria logo dominada pelo recém-chegado e, em 1920, passaria a se chamar Partido Nacional Socialista dos Trabalhadores Alemães, mais conhecido como Partido Nazista. Seu programa político era marcado pelo antissemitismo, nacionalismo extremo e críticas ao capitalismo internacional – o que era irônico e contraditório, tendo em vista que a ascensão nazista foi financiada por banqueiros e corporações industriais, tais como Kodak, Hugo Boss, Bayer, Siemens, Coca-Cola, IBM, Volkswagen, Ford e BMW (mais detalhes no bom documentário *Fascismo Inc.*).

A popularidade inicial do partido se deu, em muito, devido à grande capacidade retórica e teatral de Hitler, ao discurso contra judeus que fazia sucesso em certas camadas da sociedade, à proximidade do partido com setores do exército (lembremos que Hitler era um militar) e à constante luta do partido – feita inclusive por meios violentos – contra organizações comunistas e de esquerda (algo bastante atrativo para elementos da alta burguesia do país). Fato é que, em pouco mais de três anos, o partido chegou a 55 mil filiados.

Uma fracassada tentativa de golpe em 1923 (veja box "Putsch da Cervejaria" p.1102) inaugurou uma nova fase na política nazista: a partir daquele momento, o partido trabalharia para chegar ao poder por vias legais, institucionalizando-se e participando de associações da sociedade civil. Hitler, preso em decorrência do malfadado golpe, utilizaria com maestria sua prisão para divulgar seu nome por toda a Alemanha: sua eloquência dramática durante o julgamento fez dele uma figura conhecida no país, e foi durante os meses de cárcere que o futuro ditador escreveu seu livro, *Mein Kampf* (Minha Luta). A obra pregava que havia uma conspiração judaica mundial, atribuía a rendição na guerra a judeus e comunistas – segundo Hitler, o exército alemão não havia sido derrotado –, fazia um violento ataque ao Tratado de Versalhes e, por fim, pregava a necessidade de um espaço vital para o desenvolvimento do país.

No entanto, apesar de toda a publicidade, a votação do partido durante a década de 20 permaneceu modesta, fato explicável pela relativa recuperação econômica que o país vivia. Mesmo afundada em dívidas e com o orgulho ferido, a Alemanha era polo de investimentos estadunidenses e parecia se reerguer lentamente. Tudo mudou com a quebra da bolsa de Nova York, em 1929, que levou a economia alemã ao colapso. Em março daquele ano, havia 2,8 milhões de desempregados na Alemanha (4,3%); no mesmo mês de 1933, esse número era de 6 milhões (9,23%), o que representava um aumento de 5% nas taxas de desemprego do país. A inflação galopava e o poder de compra da população era cada vez menor. Nesse cenário de caos, os socialdemocratas passaram a perder a força que outrora tinham, considerados por parte do povo como traidores do país graças à assinatura do Tratado de Versalhes. Ideias extremas, à esquerda e à direita, começaram a se consolidar.

A partir de 1930, o Partido Nazista reforçou sua propaganda baseada no ataque "aos inimigos do povo", pregando (e praticando) o ódio contra judeus e esquerdistas, ao mesmo tempo em que realizava ações como doação de sopas e de agasalhos aos desfavorecidos. Nas eleições de julho de 1932, a agremiação conquistou 230 das 584 cadeiras no parlamento, bem mais do que as 133 dos socialdemocratas e as 89 dos comunistas. Hitler, nesse cenário, exigiu ser nomeado chanceler, o que foi negado pelo presidente, o conservador Paul Von Hindenburg. Com a crise política, foi marcada uma nova eleição para o final do ano, na qual o Partido Nazista perdeu 34 cadeiras, mas se manteve como majoritário. Hindenburg cedeu, nomeando Hitler como chanceler no dia 30 de janeiro de 1933.

Cerca de um mês depois, aproveitando-se do incêndio do Parlamento provocado por um militante antifascista holandês (veja box "Um episódio nazista", p.1030), os nazistas conseguiram aprovar uma série de decretos – expulsando os deputados comunistas e seduzindo os conservadores com homenagens a Hindenburg – que, efetivamente, esvaziavam o poder do próprio Parlamento, passando-o para as mãos de Hitler. Logo em seguida, o já então ditador baniu todos os partidos da Alemanha, com exceção do Nazista: a democracia parlamentar de Weimar havia morrido. Em agosto de 1934, morreu também Hindenburg. Hitler fundiu as funções de presidente e chanceler – e tornou-se o *Fürher*. A humanidade conheceria um de seus momentos mais obscuros.

Königsplatz, em Munique, praça onde aconteciam os desfiles nazistas

A escalada

Os primeiros anos do nazismo no poder foram de reorganização da economia alemã. Pondo em prática dois planos quadrienais – baseados em grandes obras públicas para absorver os desempregados, no desenvolvimento da indústria bélica e na ampla exploração de minérios –, o governo nazista conseguiu uma importante recuperação econômica: o desemprego diminuiu, a inflação foi controlada e surgiram poderosas empresas na área de mineração, petróleo e borracha. Em poucos anos a indústria alemã chegou à vice-liderança nas áreas de siderurgia, química, eletricidade, mecânica e aeronáutica. O trabalho foi fortemente regulamentado e as greves foram proibidas.

No âmbito da comunicação e da cultura, o novo governo suprimiu jornais, investiu pesadamente no rádio e no cinema – aparelhando-os fortemente com a ideologia nazista – e realizou grandes processões para a queima de livros que seriam "degenerados". A mais famosa delas se deu em 10 de maio de 1933, quando montanhas de livros foram incendiadas em toda a Alemanha para promover uma "purificação da literatura nacional". Arderam obras de, entre outros, Freud, Marx, Proust, Voltaire e Thomas Mann. Boa parte da inteligência alemã, país com imensa tradição no humanismo, na filosofia, na música e na literatura, fugiu do país – exemplos que emigraram em diferentes momentos do nazismo: o físico Albert Einstein, o dramaturgo e poeta Bertolt Brecht, o romancista Thomas Mann, o psicanalista Sigmund Freud (fugiria da Áustria) e os filósofos Theodor Adorno e Hannah Arendt (essa, judia alemã que se envolveu em uma organização para proteger judeus perseguidos, chegou a ser presa pela Gestapo e depois conseguiu escapar do país). Os tristes exemplos do outro lado foram Martin Heidegger, filósofo de inegável importância, Elisabeth Schwarzkopf, cantora alemã de ópera, Herbert von Karajan, maestro austríaco, entre outros artistas e pensadores, não só permaneceram no país, como também se filiaram ao Partido Nazista.

Mal havia tomado o poder, Hitler deu início à perseguição a judeus, ciganos e outras minorias. Maiores vítimas das atrocidades, os judeus foram excluídos progressivamente da sociedade, sendo limitados a viver em guetos das grandes cidades, expulsos das universidades e forçados a entregar empresas e propriedades. Em 1935 foram promulgadas as Leis de Nurembergue, que, entre outras coisas, previam a "proteção do sangue e da honra alemães" – eufemismo para uma série de artigos baseados na segregação racial, que proibiam quaisquer relações entre judeus e alemães (judeus, afinal, não eram mais considerados alemães) e condenavam os primeiros a cidadãos de segunda classe. A Alemanha abraçava a barbárie.

Era parte do projeto nazista tornar a Alemanha autossuficiente em matérias-primas, fazendo com que a nação não dependesse mais de importações. Para que esse plano fosse posto em prática, o caminho adotado foi o expansionismo militar e, nos anos seguintes, o mundo veria uma escalada de ocupações que culminaria na Segunda Guerra. A fundamentação ideológica dessa expansão foram teses historicamente presentes na Alemanha e atualizadas por Hitler: o espaço vital e o pangermanismo. A primeira previa que o país conquistasse territórios de "nações inferiores", para que seu povo e sociedade tivessem espaço para se desenvolverem de modo satisfatório; a segunda defendia a unificação de todos os povos de origem germânica sob a nação alemã. Não por acaso, um dos lemas nazistas era *Ein volk, ein reich, ein führer* – um povo, uma nação, um líder. Foi essa segunda tese que fez da Áustria o primeiro alvo: o país foi anexado no dia 13 de março de 1938.

No entanto, a anexação – *Anschluss*, nome pelo qual o evento ficou para a história – esteve longe de ser uma mera imposição da poderosa Alemanha sobre a frágil república austríaca (versão que perdurou por algum tempo). Ainda que Hitler tenha pressionado o governo austríaco para a renúncia, é fato que a população do país viu a situação com bons olhos: um plebiscito foi feito junto aos austríacos e 99,7% aprovaram a unificação. Os números até podem ser colocados sob discussão, mas o apoio popular também se traduziu na recepção aos soldados nazistas, com festas e flores. Hitler, concretizando um sonho pessoal (o ditador era austríaco), prometia um império de mil anos. O que se viu na Áustria foi o mesmo tipo de horror que havia dominado a Alemanha.

O próximo passo veio em março de 1939, quando tropas alemãs ocuparam a Tchecoslováquia com o argumento de proteger a população de origem germânica presente nas regiões norte e oeste. Os soldados nazistas invadiram primeiramente essas porções do território para, posteriormente, dominar toda a nação. A crescente militarização e expansionismo alemães eram inegáveis – o país armava-se até os dentes, reorganizava suas forças e ocupava territórios de países vizinhos. Todavia, as grandes potências da Europa Ocidental, Inglaterra e França, adotaram uma até hoje controversa política de apaziguamento, referendando a ocupação na Tchecoslováquia e não confrontando o regime hitlerista sequer no âmbito diplomático. Algo já visto na Guerra Civil Espanhola (1936-39), quando um governo republicano eleito foi derrubado por militares golpistas amplamente apoiados pelo governo nazista de Hitler.

Parte dos historiadores relaciona a postura passiva das grandes nações europeias ao trauma da Primeira Guerra, que teria motivado os estadistas a evitarem um novo conflito a qualquer custo. No entanto, hoje é amplamente defendida a tese de que uma Alemanha poderosa seria uma espécie de cordão de isolamento contra a União Soviética (URSS) comunista. Os países ocidentais, então, teriam fechado os olhos para a escalada bélica alemã, atentos ao papel estratégico que essa poderia ter frente à URSS de Stálin – o próprio Hitler, em seu livro, defendia que a Alemanha deveria se expandir rumo ao leste soviético. No entanto, a assinatura do Pacto de Não-Agressão entre as duas potências, em agosto de 1939, tornou tudo mais confuso: estava assegurado que não haveria ataque entre URSS e Alemanha e que, no caso de uma delas se envolver em conflito, a outra manteria a neutralidade. Secretamente, o leste da Europa também foi dividido: a Polônia e a Finlândia seriam repartidas; os Estados Bálticos e a Bessarábia (território composto por parte das atuais Moldávia e da Ucrânia) ficariam para a URSS.

Atribui-se ao fato uma tentativa de ambos os países ganharem tempo para um confronto que, cedo ou tarde, viria. Não havia possibilidade de os dois Estados, expansionistas e poderosos, não entrarem em conflito futuramente. Todavia, a URSS não aguentaria uma guerra imediata: precisava reforçar suas forças e ocupar Estados menores para, quando a luta acontecesse, não ter todo seu território imediatamente tomado pela máquina de guerra alemã – o próprio premiê inglês, Winston Churchill, em suas memórias, qualifica a política soviética como altamente realista. Hitler, por seu lado, não gostaria de enfrentar a URSS sem antes haver encaminhado a vitória na frente ocidental. Menos de um mês depois, em 1º de setembro de 1939, a Alemanha invadia a Polônia, rapidamente esmagando a resistência e dominando o país. Dois dias depois, França e Grã-Bretanha declararam guerra à Alemanha. Começava a Segunda Guerra Mundial.

Segunda Guerra

Os primeiros anos de guerra foram de assustadora expansão nazista, com as forças de Hitler se voltando, primeiramente, para norte e oeste: em abril de 1940, a Alemanha invadiu a Dinamarca e a Noruega, e, cerca de um mês depois, Holanda, Bélgica e Luxemburgo. A França, então sitiada, assinou um armistício no dia 22 de junho, cedendo todo o norte do país para as tropas alemãs; o sul seria comandado por um governo fantoche localizado em Vichy, subalterno ao Estado nazista. Restava a Resistência para enfrentar os nazistas. Partindo do território francês, a força aérea alemã começou a lançar grandes bombardeios sobre a Grã-Bretanha, incluindo Londres, que foi bastante castigada – nesse momento de crise, a liderança do primeiro-ministro inglês Winston Churchill foi fundamental (veja na "História" dos Britânicos, p.877). Para completar, em setembro de 1940, Alemanha, Itália e Japão assinaram o Pacto Tripartite, que estabeleceu a união dos três países em quaisquer conflitos que se seguissem – era a criação do Eixo.

A partir de 1941, a Alemanha começou a se expandir para o sul e o leste: em abril, invadiu a Iugoslávia e, depois, a Grécia; na mesma época, enviou suas primeiras tropas para o norte da África, em auxílio às forças italianas, duramente combatidas pelo exército inglês. Nesse mesmo ano, dois fatos começariam a mudar o rumo da guerra. Em 22 de junho de 1941, Hitler, sem ainda ter derrotado seus adversários ocidentais, ordenou a invasão da URSS, iniciada pela tomada dos países bálticos e pelo cerco a Leningrado (atual São Petersburgo). O plano era marchar até Moscou e se apoderar do imenso território soviético, e, para isso, foram mobilizados cerca de 4,5 milhões de soldados alemães com o apoio de cavalos, veículos e aeronaves. E, em dezembro, a força aérea japonesa lançou um grande ataque contra a base estadunidense de Pearl Harbour, localizada no Havaí – os Estados Unidos entravam na guerra.

Em maio do ano seguinte, o conflito chegou, pela primeira vez, ao território alemão: Colônia (*Köln*) era bombardeada pela força aérea inglesa. Em julho, as tropas nazistas alcançaram Stalingrado (atual Volgogrado), uma das principais cidades industriais soviéticas e palco de uma das mais longas e violentas batalhas do conflito. Amparados por sua efetiva força aérea, os alemães chegaram a capturar 90% da cidade, completamente arruinada por mais de três meses de luta. Todavia, a chegada do rigoroso inverno russo, somada à resistência soviética – praticada em combates casa a casa, o que levou ambas as forças à completa exaustão –, acabaram mudando os rumos da batalha. Hitler, que, obcecado em tomar a cidade do ditador soviético, havia proibido qualquer retirada, viu

O emblemático momento da queima de livros na Bebelplatz, em Berlim, em 1933

seu exército sucumbir completamente. Famintas, congelando no horroroso frio do inverno e vencidas pela resistência da população de uma Stalingrado que ainda ardia, as forças alemãs se renderam no dia 2 de fevereiro de 1943. A Alemanha sofria sua primeira grande derrota – uma derrota gigantesca, que poria fim no expansionismo nazista e marcaria o início da virada do jogo.

Em maio de 1943, as tropas do Eixo foram derrotadas por forças aliadas na Tunísia, fato que encerrou a guerra no norte da África. Pouco mais de dois meses depois, ingleses, estadunidenses e canadenses atravessaram o Mediterrâneo e invadiram a Sicília: tinha início a campanha da Itália, e Hitler enviou forças para socorrer seu comparsa Mussolini. O regime nazista, todavia, de invasor passou a ser cercado pelos países aliados: do leste, avançavam os soviéticos; aviões britânicos bombardeavam cidades alemãs; tropas lutavam pelo controle da Itália para, então, poder atacar o *Reich* hitlerista vindas do sul. A situação alemã se agravou ainda mais a partir do dia 6 de junho de 1944, o Dia D, quando soldados britânicos, estadunidenses, canadenses e franceses invadiram a Normandia e deram início à retomada da França, numa das ações militares mais importantes do século 20 – era o início do fim da guerra. Em fins de agosto, Paris já havia sido reconquistada e, em setembro, os Aliados começavam a entrar na Alemanha.

Em 27 de janeiro de 1945, Auschwitz, o mais terrível campo de extermínio, foi libertado do domínio nazista pelas forças soviéticas vindas do leste, fato que marcou a retomada da Polônia. Em fevereiro, seria a vez da Hungria e, dois meses mais tarde, da Tchecoslováquia. Em abril de 1945, as tropas da URSS cercaram Berlim. A Alemanha era sufocada. No dia 30 desse mesmo mês, Adolf Hitler, enfurnado em um bunker na capital alemã em ruínas, teria disparado contra sua têmpora direita após ingerir uma cápsula de cianeto. A história oficial diz que ali morreu o homem que liderou a Alemanha em sua vertiginosa marcha rumo à insanidade (documentos americanos revelados em 2014, no entanto, contradizem essa versão: Hitler, no final da guerra, teria fugido num submarino para a Argentina). Cerca de uma semana depois do ocaso de Hitler, o país se rendia. Tinha fim o "império de mil anos" sonhado pelos nazistas. Ficavam em seu lugar muitas cicatrizes e traumas.

A maior guerra que a humanidade já viu terminou com quase 60 milhões de mortos, duas explosões nucleares no Japão (Hiroshima e Nagasaki) e

Monumento em homenagem às vítimas, Dachau

o extermínio frio e industrial de um povo – 6 milhões de judeus foram vítimas de genocídio étnico nos campos de concentração, juntamente com milhares de ciganos, homossexuais, deficientes físicos e mentais, dentre outros grupos minoritários.

E a Suíça?

A Suíça, desde sua fundação como Estado nacional, em 1648, adotou o princípio da neutralidade, não se envolvendo em conflitos de outros países nem fixando alianças militares ou mantendo relações diplomáticas e comerciais com nações em guerra. E foi esse o comportamento que o país adotou nas duas grandes guerras do século 20. Tudo muito bonito, mas, ao menos na Segunda Guerra Mundial, a história não foi bem assim.

Em 2002, uma comissão de historiadores condenou publicamente a neutralidade durante o conflito que começou em 1939, concluindo que a Suíça se utilizou do princípio de neutralidade para se esquivar da responsabilidade moral pelas vítimas do Holocausto e para justificar a continuidade dos negócios com os países do Eixo. Dentre as acusações, está a de receber grandes quantidades de ouro vindas da Alemanha (o metal era roubado dos bancos centrais de países invadidos e das propriedades expropriadas de judeus alemães), trocando o metal por moedas estrangeiras e concedendo ao regime de Hitler grandes empréstimos que ajudaram a prolongar a guerra. Assim, o sistema bancário suíço e o país enriqueceram enquanto o continente ardia em conflito.

É também fato que a Suíça recebeu muitos refugiados (os números falam em 51 mil, desses, 20 mil judeus), mas, ao mesmo tempo, negou entrada a quase 25 mil judeus com medo de desagradar à Alemanha nazista. Na época, os suíços que ajudassem refugiados impedidos de entrar poderiam ser multados, perder o emprego e até mesmo acabar presos. Em 1995, o governo suíço oficialmente pediu desculpas por sua política para refugiados durante a guerra e, em 2004, decretou anistia aos cidadãos que foram punidos na época por auxiliarem refugiados nas fronteiras. Em 1998, os bancos do país também concordaram em pagar 1,25 bilhão de dólares para colocar fim na avalanche de ações judiciais promovidas por familiares de vítimas do Holocausto. De fato, o real posicionamento suíço na guerra é bem menos nobre do que a palavra neutralidade parece supor...

Pós-Guerra

No final da Segunda Guerra, tanto Alemanha quanto Áustria estavam completamente devastadas, com indústria, agricultura, transportes e meios de comunicação em ruínas. A Alemanha se rendeu em 7 de maio de 1945. Em 17 de julho de 1945 (portanto, antes do genocídio nuclear de duas cidades que provocaria a rendição japonesa), foi realizada a Conferência de Potsdam pelos países aliados. No evento, foram estabelecidos quatro objetivos principais na Alemanha: a desnazificação, a desmilitarização, a descentralização econômica e a reeducação dos alemães para um regime democrático. Na sequência, o país foi dividido em quatro zonas de ocupação: estadunidense, inglesa, francesa e soviética – o mesmo se deu com Berlim.

A guerra foi uma oportunidade para os Estados Unidos sedimentarem sua hegemonia sobre o mundo, já que suas perdas eram infinitamente menores do que as dos países europeus, que estavam no teatro da guerra, assim como sua economia. Havia ainda uma grande preocupação em evitar o nascimento de um novo projeto fascista e, também, o avanço do comunismo soviético pelo continente. Com esse intuito foi posto em prática o Plano Marshall, um projeto de empréstimos e doações financeiras realizadas pelos EUA, totalizados em 13 bilhões de dólares (o valor atualizado é mais de 10 vezes superior), que contemplou, entre outros, Alemanha e Áustria. Os países conseguiram, por meio do plano, comprar alimentos, produtos agrícolas e industriais e combustíveis, em sua maior parte dos EUA, e assim revitalizar suas economias. Só a Alemanha recebeu 1,4 bilhão de dólares entre 1948 (ano em que o plano começou a ser executado) e 1952. A Áustria, por sua vez, como a Alemanha, foi dividida em zonas de ocupação dos aliados e, graças à ajuda internacional, reergueu-se em pouco tempo. Já no início da década de 50, o país apresentava um significativo crescimento econômico. Em 1955, a República da Áustria foi oficialmente restaurada e a nação assumiu uma posição de neutralidade no panorama da Guerra Fria.

A Divisão da Alemanha

Em 1949, o mapa-múndi conheceu duas Alemanhas: a República Federal da Alemanha (RFA, ou Alemanha Ocidental), nação capitalista cuja capital era Bonn, e a República Democrática Alemã (RDA, ou Alemanha Oriental), nação comunista cuja capital era Berlim. Com o surgimento dos dois Estados, o território alemão se tornou um dos grandes marcos da Guerra Fria. Os dois países resultariam em realidades sociais e econômicas muito distintas, representadas pelo que houve em Berlim, que também foi dividida e viu quase 3 milhões de pessoas fugirem do lado oriental (que fazia parte da ditadura soviética) para o ocidental entre 1949 e 1961. A solução oriental para a fuga foi construir um muro, obra que teve início na madrugada de 13 de agosto de 1961 e foi concluída no mesmo dia. Aos poucos, foram sendo adicionados aparatos de segurança, como cercas elétricas, arames farpados, torres de observação e, mais tarde, um segundo muro, criando a área chamada "zona da morte". Tudo fazia parte do triste Muro de Berlim, responsável por separar a cidade por quase 30 anos.

A partir da década de 1970, as duas Alemanhas se encaminharam para uma convivência pacífica e, em 1973, ambas foram admitidas na ONU. O processo de reunificação alemã seria liderado pelo democrata cristão Helmut Kohl, chanceler da RFA a partir de 1982. Em 9 de novembro de 1989, o Muro de Berlim foi derrubado e, no ano seguinte, os dois Estados se reunificaram: a Alemanha voltava a ser uma só.

East Side Gallery, um dos vestígios mais interessantes do Muro de Berlim

Contemporaneidade

Kohl se manteve no poder na Alemanha até 1998, quando perdeu o posto para o socialdemocrata Gerhard Schröder, que teve de lidar com uma séria crise de desemprego em sua gestão. Em 1999, a Alemanha voltou a ter uma única capital político-administrativa: Berlim. Schröder foi reeleito em 2002 e, apoiado pela população, posicionou a Alemanha contra a invasão estadunidense ao Iraque. Perdeu seu posto em 2005 para Angela Merkel, cujo partido, União Democrática Cristã, venceu as eleições parlamentares daquele ano. Merkel entrou para a história como a primeira (e ainda única) mulher a ser empossada chanceler na Alemanha, cargo ao qual seria reeleita em 2009 e 2013. Ainda hoje, a democrata cristã tem de lidar com as desigualdades regionais de um país que passou 30 anos dividido, mas que, após o abalo da crise mundial de 2008, reassumiu seu posto como grande força econômica do continente – não por acaso, a Alemanha costumeiramente é chamada de "locomotiva da Europa".

Na Áustria, a política vivia tempos turbulentos desde a década de 1980. Em 1986, Kurt Waldheim foi eleito presidente em meio a denúncias que apontavam sua participação na Segunda Guerra como capitão da *Sturmabteilung* – milícia paramilitar nazista. A década de 1990 foi marcada por atentados e incidentes violentos contra minorias, processo que culminou na subida de Joerg Haider ao poder em 2000, sustentado por movimentos de extrema-direita e se utilizando de um discurso perigosamente próximo ao nazista. A comunidade internacional ficou de cabelo em pé e, após ter de arcar com represálias de vários países, Haider renunciou. O governo xenófobo e racista, no entanto, durou até 2002, e foi um importante sinal da ascensão da extrema-direita na Áustria. As eleições de 2008 e 2013 foram vencidas por uma coalizão de sociais-democratas e democratas-cristão, mas houve uma preocupante ascensão do ultranacionalista e xenófobo Partido da Liberdade.

Nos últimos anos, o crescimento do racismo e da xenofobia também se tornou uma preocupação na Suíça. Em 2002, num referendo histórico, o país ingressou na ONU e, na mesma ocasião, rejeitou a entrada na União Europeia. O ingresso na ONU, acompanhado da manutenção da histórica política de neutralidade suíça, parecia sinalizar um país que avançava após as críticas recebidas por sua atuação na Segunda Guerra. Todavia, não foi assim que a história se seguiu. Em 2010, um referendo proibiu a construção de minaretes no país, considerados por parte da opinião pública como símbolo da "islamização" da Suíça. A caminhada para a xenofobia se manteve acelerada e, num novo referendo, em fevereiro de 2014, o país aprovou um projeto que fecha parcialmente as fronteiras para estrangeiros. Amplamente defendido pelo Partido do Povo Suíço, representante da ultradireita nacional, que se utilizou de cartazes que mostravam mulheres islâmicas de véu entrando na Suíça, o projeto terminou com a livre circulação de trabalhadores europeus e estabeleceu limites para a entrada de estrangeiros no país, tendo sido saudado por diversos partidos xenófobos na Europa. A ironia desta medida é que trata-se da Suíça: país com tão poucos pudores para aceitar dinheiro de procedência duvidosa para seus bancos, agindo de modo cada vez mais firme contra imigrantes.

Cultura

O beijo, quadro de Gustav Klimt

Artes plásticas

Se a Alemanha prepondera no cinema e na literatura e é ameaçada somente pela Áustria em número de gênios na música, nas artes plásticas o cenário é um pouco mais democrático na Região Germânica. Há sumidades por todos os lados.

A Alemanha mantém leve vantagem na ponta. Talvez seja porque os alemães começaram cedo a desenvolver as aptidões artísticas. No século 15, Albrecht Dürer, nascido em 1471 em Nurembergue, já dava as suas pinceladas. Na época, foi revolucionário ao investir na xilogravura. Da mesma época de Dürer é Hans Holbein, o Jovem (o Velho é o pai dele, de mesmo nome e também pintor). Nascido em 1497, foi um destacado renascentista com quem você deverá se deparar em alguns museus de arte.

Outros alemães essenciais são mais recentes, entre os séculos 19 e 20. Trata-se de Max Ernst (1891-1976), nascido na Alemanha mas naturalizado francês, expoente da pintura surrealista, e seu grande amigo Hans Arp, que também se naturalizou francês (se você ver num museu obras de um tal Jean Arp, é o mesmo) e seguiu a vertente do surrealismo, destacando-se na escultura.

Mais um que você verá assinando pinturas em galerias e museus é Paul Klee (1879-1940). Este fez o percurso contrário dos dois últimos: nascido na Suíça, naturalizou-se alemão. Klee é um dos nomes mais importantes da pintura do século 20, com fluência em estilos como expressionismo, cubismo e surrealismo. Seu trabalho buscava alcançar o ponto perfeito em que realidade e imaginação se encontrariam, e, nesse caminho, soube criar obras repletas de bom humor.

Na Suíça anterior a Klee, existiu Johann Heinrich Füssli (1741-1825), pintor de telas aterrorizantes, como Silêncio e o macabro O Pesadelo. Sua arte lembra Goya em seus momentos mais sombrios, em uma temática regida pelo amor não correspondido e pelas emoções – típico do Romantismo. Igualmente assustador é Hans Rudolf Giger (1940-2014), mas por outro motivo: ele é o criador dos monstros do filme Alien.

Na escultura, a Suíça tem Jean Tinguely (1925-1991). Um dos fundadores do Novo Realismo, criou instalações com partes de máquinas que resultavam em outras máquinas, essas, sem qualquer sentido ou utilidade – uma crítica à sociedade industrial.

Gustav Klimt (1862-1918) é o mais famoso pintor austríaco. Simbolista, atuou no *art nouveau* e foi um provocador. Dânae, uma de suas obras-primas, é uma referência. Na obra, uma mulher aparece em posição sensual (ou sexual?): são moedas ou espermatozóides chovendo entre suas pernas? Klimt foi muito amigo de outra estrela da pintura austríaca, Egon Schiele (1890-1918). Expressionista, Schiele explorou a sensualidade feminina em suas obras de traço refinado. Ficou conhecido pelas poses das mulheres que retratava – normalmente prostitutas adolescentes, motivo para polêmica na sociedade da época. Morreu cedo, vítima da gripe espanhola.

Música

Deve haver alguma coisa nas águas do Reno... Alguma substância, alguma espécie de fluido mágico musical... Ou como explicar a magnitude da influência que a Região Germânica – em especial, Áustria e Alemanha – teve sobre a música ocidental? Pode-se afirmar que, nos últimos 400 anos, daqui saiu o maior número de compositores que mudaram a forma de fazer e pensar música no Ocidente. Foi da Alemanha que veio Johann Sebastian Bach, mestre da música barroca e, para muitos, o maior compositor da história. Esse mesmo país foi berço de Ludwig van Beethoven (veja p.1071), o gênio do romantismo, autor de sinfonias monumentais e de revolucionários – e só muito posteriormente compreendidos – quartetos de cordas. De mesma nacionalidade, Johannes Brahms, outro dos grandes nomes do romantismo, foi em sua época considerado o sucessor de Beethoven (hoje é visto como um grande músico de identidade própria). A cultura alemã também deu à luz a Richard Wagner, genial por sua música e polêmico por suas ideias racistas e antissemitas, considerado o homem que reinventou a ópera durante a segunda metade do século 19.

A Áustria não fica atrás. É terra de Wolfgang Amadeus Mozart (veja p.1132), o gênio precoce e inquieto do classicismo, e de Franz Schubert, importante figura na transição do classicismo para o romantismo. Daqui também veio o genial Gustav Mahler, precursor do modernismo musical que, compondo imensas sinfonias e belas canções sinfônicas, reinventou melodias e marchas folclóricas sob a forma de uma nova e exuberante música, riquíssima e sombria.

No entanto, cabe salientar que a importância musical da região vai bem além dos famosos compositores eruditos, especialmente no caso da Alemanha, um tradicional reduto de artistas do pop, do rock, do jazz e da música eletrônica. Há famosos, como a banda Scorpions e seu hard rock farofa, o estranho metal do Rammstein, o inventivo grupo Kraftwerk – um precursor da música eletrônica – e o rock oitentista de Nina Hagen. Além disso, o país tem uma interessante cena de jazz, exemplificada pelos trabalhos do

Montreux Jazz Festival, consagrado festival suíço

pianista Pablo Held e seu trio e pela exuberante e inventiva Andromeda Mega Express Orchestra, uma orquestra de jazz composta por 18 músicos que foge do estilo tradicionalmente formal do jazz orquestrado. O rock progressivo também tem importância na Alemanha, em especial pelo trabalho de bandas que apareceram no final dos anos 1960, como Tangerine Dream, Eloy e Triumvirat; o mesmo se dá com o heavy metal, que explodiu no país nos anos 80 – exemplos são Accept, Blind Guardian, Running Wild, Helloween e Grave Digger. Atualmente, a Alemanha também é terra de uma cena indie rock forte – que o digam bandas como Tokio Hotel, De-Phazz e Tomte. Já para nós, brasileiros, no caso da Suíça, é impossível não falar no Montreux Jazz Festival (veja p.1185), tradicionalíssimo festival que tem uma relação especial com a música brasileira: por seus palcos passaram artistas como Elis Regina, Gilberto Gil, Hermeto Pascoal, Tom Jobim, Caetano Veloso, Milton Nascimento, Gal Costa, João Bosco, Chico Science e Nação Zumbi e... – sim, acredite – É o Tchan. Nunca o jazz foi tão eclético!

Literatura

A Região Germânica é berço de grandes escritores e movimentos literários, tendo um papel importante na literatura europeia moderna. Em fins do século 18, se originou na Alemanha o *Sturm um Drang* (algo como "Tempestade e Ímpeto"), um movimento literário bastante influenciado pelo pensamento de Rousseau, que propunha uma grande exaltação da natureza, do espírito humano e do individualismo romântico. Grandes nomes que o integraram foram Friedrich Schiller (basta dizer que, entre outras coisas, escreveu os versos da *Ode à Alegria*, que foram musicados por Beethoven em sua Nona Sinfonia) e Johann Wolfgang von Goethe, possivelmente o maior escritor alemão, autor de *Os Sofrimentos do Jovem Werther, Os Anos de Aprendizado de Wilhelm Meister* e *Fausto* (veja p.1086). Outro grande nome da época foi o poeta alemão Heinrich Heine, um dos textos mais representativos do romantismo no país e autor do *Livro das Canções* – Heine também proferiu a famosa (e profética) frase segundo a qual "onde os livros são queimados, seres humanos estão destinados a serem queimados também", em 1835. Na mesma Alemanha

Estátua de Fausto junto ao bar Auerbachs Keller (citado no próprio livro), em Leipzig

surgiu Bertolt Brecht, grande poeta e dramaturgo da primeira metade do século 20 que, ao entrar em contato com o Teatro Épico russo, revolucionou a dramaturgia da época.

A Alemanha também é berço de romancistas importantes. Thomas Mann talvez seja o principal deles: autor de *A Montanha Mágica*, *Morte em Veneza* e *Doutor Fausto* (outra versão da lenda adaptada por Goethe), Mann retratou como poucos a Europa das primeiras décadas de século 20, trazendo para suas obras temas como a cultura burguesa, a atividade política, as grandes descobertas da ciência, a arte e a música. Sem dúvidas, um dos autores-chave de seu tempo. Outro escritor alemão importante foi Alfred Döblin, cujo grande romance *Berlin Alexanderplatz*, de 1929, é, possivelmente, a obra definitiva a tratar dos anos anteriores à ascensão nazista – Döblin montou uma brilhante e transgressora experimentação literária que buscou recriar a capital alemã em meio à crise generalizada.

Nos final dos anos 70, não um escritor, mas uma obra chamou a atenção e virou *best-seller* mundial: *Eu, Christiane F., 13 Anos, Drogada e Prostituída* – relato dramático escrito pelos jornalistas Kai Herrmann e Horst Rieck com colaboração de Christiane Felscherinow, jovem que concedeu depoimentos sobre sua conturbada adolescência e envolvimento com drogas e prostituição.

Mais recentemente, foi Patrick Süskind quem escreveu um livro de grande sucesso: *O Perfume*, que conta a ascensão e queda de um homem sem escrúpulos na França do século 18. E os que cresceram durante os anos 80 e 90 certamente vão se lembrar dos filmes de fantasia *História Sem Fim* – adaptação da obra infanto-juvenil do alemão Michael Ende.

A Áustria também é celeiro de bons escritores. O vienense Arthur Schnitzler foi um dos principais artistas da modernidade da capital austríaca, onde passou toda a vida e da qual detalhou, em suas obras, o cotidiano do final do século 19 e início do 20. Um dos grandes romancistas do século 20, Robert Musil levou mais de 30 anos para escrever *O Homem Sem Qualidades*, romance que retrata, na Viena do decadente Império Austro-Húngaro, o vazio do homem moderno. Também austríaco, Hugo von Hofmannsthal foi poeta, dramaturgo e ensaísta que escreveu boa parte dos textos das óperas de Richard Strauss. Outro grande escritor – esse particularmente importante para o Brasil – foi Stefan Zweig, que, conhecido por incorporar elementos da psicanálise aos seus romances, alcunhou o Brasil como o "país do futuro" durante seu exílio devido à ascensão nazista (Zweig, de origem judaica, passou seus últimos anos aqui; morreu em Petrópolis/RJ, antes do fim da guerra, em 1942).

A Suíça, por sua vez, é simplesmente terra de Jean-Jacques Rousseau, grande teórico do Iluminismo e escritor fundamental para todo o pensamento político que veio depois. Também suíço, Denis de Rougemont ganhou fama por sua obra *O Amor e o Ocidente*, que traça um paralelo histórico do (adivinhe)... amor no Ocidente. Entre suíço e alemão – na verdade, nascido na Alemanha mas naturalizado suíço –, Hermann Hesse foi agraciado com o Nobel de Literatura. Autor de grandes obras como *Demian*, *Sidarta* e *Lobo da Estepe*, construiu sua literatura influenciado por correntes filosóficas (principalmente do Oriente), pela espiritualidade indiana e pela psicologia de Jung, e combateu fortemente o militarismo, o que acabou lhe dando grande fama depois da Segunda Guerra.

Cinema

Falar de cinema da Região Germânica é, inevitavelmente, falar do cinema alemão. Afinal, no país, a Sétima Arte já nasceu influenciando o que se fazia no resto do mundo. Na primeira década de 1920, o expressionismo alemão traduziu o panorama sombrio e pessimista vivido no país entre a Primeira e a Segunda Guerra Mundial, utilizando-se amplamente de um excepcional domínio técnico de fotografia e iluminação. Clássicos da época, e imperdíveis, são *O Gabinete do Dr. Caligari* (1919), de Robert Wiene, *Nosferatu* (1922), de Friedrich Murnau, e *Metrópolis* (1926), de Fritz Lang.

Enquanto durante o nazismo prevaleceu o cinema panfletário e de baixa qualidade da documentarista Leni Riefenstahl – considerada a cineasta do III Reich, falecida em 2003 aos 101 anos –, o pós-guerra trouxe o Novo Cinema Alemão, menos enfocado em questões políticas e mais voltado a conflitos intimistas, relações humanas e espaços físicos. Destaques dessa fase são os filmes autorais (e raramente sucessos de bilheteria) dos diretores Werner Herzog, como *Aguirre, a Cólera dos Deuses* (1972), Rainer Fassbinder, como *O Desespero de Veronika Voss* (1981), e Wim Wenders, como *Paris, Texas* (1984).

Após certa lacuna, o início do século 21 tem visto o retorno do cinema alemão com dinamismo e intensidade, representado pelo aparecimento de filmes criativos, ousados e sem medo de tocar em antigas feridas. Exemplos são *Corra Lola, Corra* (1999), de Tom Tykwer; *Lugar Nenhum na África* (2001), de Caroline Link; *Adeus Lênin* (2003), de Wolfgang Becker; *A Queda* (2004), de Oliver Hirschbiegel; *A Vida dos Outros* (2006), de Florian Henckel von Donnersmarck; *A Onda* (2008), de Dennis Gansel; *Hannah Arendt* (2012), de Margareth von Trotta.

Recentemente, o cinema da Áustria também tem merecido atenção, ainda que em coproduções com outros países. *Edukadores* (2004), produção austro-alemã dirigida pelo austríaco Hans Weingartner, foi indicado à Palma de Ouro em Cannes. Hoje o grande nome é Michael Haneke, diretor de *A Professora de Piano* (2001), *A Fita Branca* (2009) e a obra-prima franco-austríaca *Amour* (2012), agraciado com a Palma de Ouro em Cannes e Oscar de filme estrangeiro. O cinema suíço infelizmente não goza de muita expressividade, mas tem no currículo um Oscar: melhor filme estrangeiro, em 1991, com *Viagem da Esperança*, de Xavier Koller.

Leni Riefenstahl durante a gravação do filme *Olympia*

Geirangerfjord, um dos mais incríveis fiordes da Noruega

Sumário

Dinamarca 1237
Suécia 1260
Noruega.......................... 1281
Finlândia........................ 1318
Islândia........................... 1337

Países Nórdicos

Europa da Europa. Assim pode ser designada a região situada no norte do continente europeu, formada por Dinamarca, Suécia, Noruega, Finlândia e Islândia. Ainda que especialmente interessante, a Escandinávia – como é comumente chamada (embora a península da Escandinávia abranja apenas Noruega, Suécia e norte da Finlândia) – não está entre os lugares mais turísticos da Europa: extremamente desenvolvida, tem um custo de vida elevado, o que assusta os viajantes, principalmente os mochileiros. No entanto, esse alto grau de desenvolvimento talvez seja, afinal, um dos grandes atrativos da região; ao visitar os Países Nórdicos, você conhece o modo de viver de algumas das nações mais ricas e organizadas do mundo. Entra também no mundo da cultura viking, das aventuras marítimas e, mais recentemente, no universo da vanguarda do comportamento liberal. De bônus, a beleza única da paisagem dos fiordes da Noruega e ainda um céu como em raros locais do planeta se vê: no verão, iluminado por um sol que nunca se põe, o famoso sol da meia-noite; no inverno (quando há um excitante frio desafiador), ornamentado com arcos coloridos e faixas brilhantes, a mítica aurora boreal. Quanto a sua preocupação em relação aos preços... viajar pelos Países Nórdicos é tão legal, tão distinto, tão exuberante, que valerá todos os seus centavos investidos.

Para o Viajante

Uma boa viagem pelos Países Nórdicos pede basicamente uma viagem apenas pelos Países Nórdicos, e você pode programar fácil um mês aí, principalmente se for se estender até a Islândia. Essa ilha, porém, fica fora de uma rota rodo/ferroviária pela Escandinávia; assim, se o seu tempo for reduzido, você pode organizar um roteiro pelos países situados na península escandinava, incluindo Dinamarca e o sul da Finlândia, e outro, numa viagem "exclusiva" pela Islândia.

Todos os países oferecem seus atrativos. De forma bem resumida, podemos dizer que a **Dinamarca** tem a capital mais vibrante (e as bicicletas conferem um astral diferenciado a Copenhague); a **Suécia**, a capital mais bonita (Estocolmo costuma estar nos top 5 de muita gente); **Noruega**, o país escandinavo de paisagens mais impressionantes (os fiordes estão entre os cenários mais lindos da Europa); **Finlândia**, culturalmente o mais diferenciado entre esses quatro (graças à influência russa). Só o tempo limitado – ok, e talvez o dinheiro, já que não é barato viajar por aqui – é desculpa para não conhecer todos numa mesma viagem. Já a **Islândia** (que tem mais vulcões e geleiras do que cidades) parece até outro continente. Falando na questão financeira, passes de trem são um ótimo investimento na região, talvez um dos melhores custos-benefícios na relação passes *versus* passagens avulsas, na comparação com outros locais da Europa; cobrem inclusive rotas marítimas internacionais, como da Dinamarca à Suécia e da Suécia à Finlândia (ficam de fora, entretanto, o extremo norte da Escandinávia e a Islândia, que não são servidas por ferrovias).

Dinamarca

A maioria dos viajantes na Dinamarca se restringe a **Copenhague**, onde costuma ficar por dois ou três dias. Afinal, é um país pequeno, sem grandes diferenças culturais e de paisagens; por outro lado, o tamanho diminuto também facilita conhecer outras localidades, até mesmo em viagens de bate-volta a partir da capital. Como **Roskilde**, onde há o famoso museu viking e a catedral na qual são enterrados os monarcas – isso se você não estiver por aqui no último fim de semana de junho, quando acontece um dos mais famosos festivais de rock da Europa (veja p.1256); **Billund**, que tem como principal atração a Legoland (traduzindo, Legolândia), construída com mais de 59 milhões de peças Lego; **Blåvand**, com seus cavalos de ferro à beira-mar no que eram abrigos antibomba da Segunda Guerra; **Esbjerg**, metrópole portuária; **Ringkøbing Fjord**, com seu bonito lago; **Ribe**, a cidade mais antiga da Dinamarca; **Skagen**, o ponto mais setentrional do país. Na sequência da viagem, de Copenhague atravesse, praticamente sem perceber, o Estreito de Kattegat e aporte em Malmö, no sul da Suécia.

Legoland, Dinamarca

O que você não pode perder

- *Copenhague de bicicleta (p.1243)*
- *Estocolmo a pé (p.1262)*
- *Noruega e seus fiordes (p.1304)*
- *A cultura diferenciada da Finlândia (p.1318)*
- *Islândia e suas paisagens mágicas (p.1354)*
- *Aurora boreal ou o sol da meia-noite (p.1222, 1352)*

PAÍSES NÓRDICOS

Estocolmo, belíssima

Suécia

Embora tenha grande extensão territorial, o maior atrativo da Suécia é mesmo a capital. **Estocolmo**, formada por 14 ilhas e centenas de canais, é parada obrigatória numa viagem pelos nórdicos. Para conhecer mais do país, pode-se visitar alguma das importantes cidades portuárias: **Malmö**, que, entre antigas igrejas, castelos e construções portuárias, tem como um dos principais atrativos o edifício mais alto da região nórdica, o Turning Torso, que se destaca não apenas pelo tamanho (190m, 54 andares), mas pela estrutura contorcida da fachada; **Helsingborg**, onde fica o castelo de Sofiero, um dos palácios reais; e **Gotemburgo** (*Gothenburg*), a segunda maior cidade, que conta com vários museus e atrações interessantes. Há ainda **Uppsala**, bonita cidade universitária – aliás, com a mais antiga universidade da Escandinávia, fundada em 1477 –, que sedia um prestigiado festival de guitarra. Todas essas localidades se situam ao sul do país, porção mais urbanizada e industrializada. Em direção ao norte, encontram-se vilarejos, fazendas, muitos rios, lagos, montanhas – uma paisagem para ser apreciada e quem sabe aventurada por meio de *trekkings*. No extremo norte, dê um alô à linha imaginária do Círculo Polar Ártico e à região da Lapônia, compartilhadas com Noruega e Finlândia.

Noruega

O melhor de uma viagem pela Escandinávia muito provavelmente está aqui, no recortado território norueguês. A capital **Oslo** e a portuária **Bergen** são bastante interessantes, repletas de atrações bacanas, museus esclarecedores e construções pitorescas. Inegavelmente, porém, são os trajetos de uma localidade a outra o que mais chamam atenção, inclusive entre essas duas agradáveis cidades. Outros percursos imperdíveis, para serem feitos de trem, são as viagens entre **Myrdal-Flåm** e **Dombås-Åndalsnes**, e de ônibus ou carro, **Åndalsnes-Geiranger**. Tais rotas são tão impressionantes que os condutores dos trens e os motoristas dos ônibus costumam parar ao longo do caminho para que os passageiros possam admirar e fotografar. A palavra mágica na Noruega é *fjord*, ou fiorde – entrada de mar ou de lago entre montanhas rochosas –, e a sua contemplação, ou um passeio de barco entre eles, é um dos pontos altos de uma viagem pela Europa. Alguns desses cenários, como a ponta de um penhasco, uma pedra suspensa ou uma falésia a 600 metros de altura, oferecem paisagens absurdamente lindas (e fotos de impressionar os amigos). Alguns dos fiordes mais famosos são **Geirangerfjord**, **Hardangerfjord** e **Lysefjord**. Esse último, situado nas proximidades da cidade de **Stavanger**, tem sido bastante disputado devido a suas impressionantes montanhas e formações rochosas, como **Kjeragbolten** e **Preikestolen**. Nem sempre é fácil chegar nesses lugares, mas o esforço é amplamente recompensado. No centro do país está **Trondheim**, outra simpática cidade, e a terceira maior da Noruega; já para ir mais ao norte, deve-se considerar a dificuldade de acesso, o tempo que se leva (dias) e, é claro, o elevado custo. Mas se você se aventurar aos extremos setentrionais do território encontrará locais inóspitos, excitantes, pouco explorados turisticamente. É o caso das **Ilhas Lofoten**, arquipélago no Círculo Polar Ártico; **Finnmark,** na Lapônia norueguesa, terra do isolado povo sami, ou o **Cabo do Norte**, o ponto mais setentrional da Europa Ocidental. Para chegar nesses locais, é preciso ir de trem até **Bodø**, e depois só carro ou ônibus. Não há uma grande oferta de transporte, e se você perde um trem ou ônibus, talvez só consiga pegar o próximo no dia seguinte. Definitivamente, é para se estar aqui sem pressa, curtindo a paisagem, que pode brindar o viajante com o sol da meia-noite no verão e a aurora boreal no inverno. Mais radical que isso, só viajando a **Svalbard**: arquipélago ártico norueguês, a 560km da costa do país, é o território habitado do planeta mais próximo do Polo Norte.

Finlândia

Quem se aventurar até o norte da Noruega pode descer depois pela Suécia ou mesmo pela Finlândia – uma boa forma de ingressar nesse último. No entanto, a maioria dos viajantes ainda chega em terras finlandesas pelo sul, vindo de barco desde a Suécia (trajeto que costuma estar incluído nos passes de trem). Junto ao Golfo da Finlândia e ao Mar Báltico, a capital **Helsinque** é habitualmente o ponto de partida para explorar o país (**Turku** e **Vaasa** também recebem embarcações vindas da Suécia). O interior da Finlândia é constituído por inúmeras cidades e povoados que, em geral, não oferecem maiores atrativos em suas áreas urbanas. Destacam-se as paisagens, invariavelmente com algum lago ou laguna por perto, e, em especial, a região da **Lapônia**, no norte. Esta última é a terra do Papai Noel, mais exatamente **Rovaniemi**, limite setentrional da linha ferroviária. Além de visitar o velho Noel (isso mesmo), aqui você pode conhecer um museu que tem tudo a ver com essa região do extremo norte, o Artikum. Para mais contato com a cultura lapônica, a vila de **Kautokeino,** bem na divisa, mas já no lado norueguês, é um bom ponto para conhecer as tradições locais. Daqui, caso você não esteja vindo de outro país, as possibilidades são voltar (Rovaniemi tem aeroporto) ou ir para a Noruega, Suécia (em Kemi há conexões de trem para lá) ou, por que não, a Rússia, país que exerceu grande influência sobre a Finlândia ao longo da história.

Islândia

E, finalmente, a Islândia, a cereja do bolo. Muitos vêm para cá sem passar por nenhum dos outros países nórdicos – não raramente encontram-se boas ofertas de voos a partir de Londres (não há saídas diretas do Brasil). Diferentemente dos demais, não existe trem por aqui. Quem deseja explorar bem todo o país deve considerar alugar um carro. A Islândia facilita aos viajantes por possuir uma grande estrada de 1.328km – conhecida como a rodovia do anel, ou *Ring Road* –, que dá a volta completa na ilha. Reserve pelo menos 12 ou 15 dias para fazer essa viagem com tranquilidade. Se você acha esse projeto ousado demais (importante lembrar da eventualidade de neve ou gelo na pista), pode fazer viagens curtas – de uma tarde a 3 dias – a partir de **Reykjavík**, de ônibus ou em pequenos tours. A capital é interessante e bastante simpática, mas é fundamental desbravar outras regiões para ter uma noção melhor dessa curiosa ilha e desfrutar plenamente a privilegiada natureza do país, bem diferente daquela encontrada na Europa mais ao leste. Entre os locais situados perto de Reykjavík que podem ser visitados em poucos dias – ou ao menos num bate-volta de um dia – estão o histórico **Thingvellir National Park**, as cachoeiras de **Gullfoss**, a área geotermal do **Geyser Strokkur**, as termas de **Blue Lagoon** e, talvez o maior destaque das proximidades, as geleiras da lagoa **Jökulsárlón**. Com poucos dias a mais, você pode explorar as geleiras, caminhando sobre elas. É possível se aventurar também pelas zonas vulcânicas: dirigindo veículos especiais, pode-se circular por caminhos moldados sobre lavas centenárias, a fim de observar vulcões como o **Hekla**, o mais ativo da Islândia, que entra em erupção em média a cada dez anos, ou o **Eyjafjallajökull** (boa sorte na pronúncia), cuja erupção em 2010 parou a Europa por dias. Outro parque nacional bacana, no sudeste do país, é o **Vatnajökull National Park**, que, entre montanhas, vulcões e geleiras, guarda a **Skaftafell**, uma impressionante caverna de cristais. Conhecer a Islândia é apenas uma questão de quanto tempo (ok, e grana também) você tem para investir. Tenha certeza apenas de que o investimento valerá muito a pena.

> ### A BARBADA É | Aurora boreal e sol da meia-noite
>
> Responsável por atrair muitos turistas para a região nórdica, a aurora boreal é o tipo de experiência que você jamais esquecerá. O fenômeno, causado pelo contato dos ventos solares com o campo magnético do planeta, foi nomeado por Galileu Galilei, no século 17, com inspiração na deusa romana do amanhecer, Aurora, e em Bóreas, o vento do norte, conforme a mitologia grega. Comum na época do equinócio (março e setembro) e no período de outono e de inverno na Islândia, Noruega, Suécia, Finlândia, Groenlândia e Ilhas Faroe, o evento requer planejamento para ser contemplado e, claro, uma dose de sorte. As regiões ao norte, próximas do Círculo Polar Ártico, registram maior incidência das luzes coloridas – normalmente verdes –, mas, para observá-las, é necessário que a noite esteja escura e sem muitas nuvens. Você pode assistir ao espetáculo por conta própria, ou integrar uma das companhias que organizam verdadeiras caçadas à aurora boreal (veja na p.1352). Igualmente comum nos países escandinavos é o sol da meia-noite, que acontece durante o verão, nas regiões próximas ao Círculo Polar Ártico, quando o astro permanece visível inclusive durante a noite. A Dinamarca, distante do polo, registra o episódio somente na Groenlândia. O fenômeno acontece devido à inclinação do eixo terrestre, que, entre abril e setembro, projeta o Polo Norte na direção do sol. Habitantes locais já estão acostumados com a luminosidade constante, mas turistas costumam ficar tão deslumbrados quanto insones.

Aurora boreal

Sol da meia-noite

Informações e serviços A-Z

Aeroportos
Dinamarca
Grande parte dos voos que chegam à Dinamarca pousa no *Copenhagen Airport*, a 8km do centro da capital. Distante 40km, está o pequeno *Roskilde*, usado principalmente por táxis aéreos. Na ilha de Jutland, o *Aarhus* recebe voos de Londres, enquanto o *Billund*, aeronaves procedentes de Londres, Amsterdã, Estocolmo, Frankfurt, Oslo.

Suécia
Estocolmo tem quatro aeroportos: o *Arlanda*, internacional, é o principal do país, fica a 40km do centro; o *Bromma*, distante somente 8km, recebe voos nacionais; o *Västerås*, 85km a nordeste do centro, e o *Stockholm Skavsta*, 100km ao sul, onde operam companhias de baixo custo. Gotemburgo tem dois aeroportos: o *Göteborg Landvetter*, segundo maior da Suécia, e o *Göteborg City Airport*. As cidades de Gällivare e Uppsala também têm aeroportos.

Noruega
Oslo tem dois aeroportos, o *Gardermoen*, principal, conhecido apenas como *Oslo Airport*, e o *Rygge*, mais afastado do centro e de onde voa a *Ryanair*. Em Bergen, o aeroporto recebe voos de diversas cidades do país e do continente e é uma alternativa para quem pretende viajar pelo oeste da Noruega. Ao sul, do *Stavanger* partem voos frequentes para Oslo, Copenhague, Amsterdã e Londres, assim como do *Trondheim*, ao norte. As cidades de Tromsø e Bodø também têm aeroportos com trajetos geralmente locais.

Finlândia
O país tem três principais aeroportos internacionais: o *Helsinki-Vantaa*, na capital; *Vaasa*, na costa oeste; e *Tampere-Pirkkala*, ao sul. Também importantes, porém com um número de voos internacionais limitado, são o *Oulu*, ao norte de Helsinque, *Turku*, no sudoeste do país, e o *Rovaniemi*, no norte, aeroportos de onde se voa para a capital e para algumas cidades europeias.

Islândia
A capital tem dois aeroportos: o *Keflavik*, internacional, distante 50km do centro, e o *Reykjavík*, regional, na área central da cidade. Neste último chegam voos domésticos e vindos das Ilhas Faroe e Groenlândia. Ao norte, o *Akureyri* opera somente voos locais, assim como o *Egilsstaðir*, na costa leste.

Assistência médica
O sistema de saúde dos países nórdicos é considerado um dos melhores do mundo, embora algumas regiões no extremo norte tenham dificuldades de atrair médicos. Na Dinamarca e na Noruega, antes de consultar qualquer especialista, os pacientes precisam passar por uma triagem com um clínico geral, que depois direciona para o atendimento especializado – o que torna o processo mais lento. O atendimento odontológico está vinculado à rede pública somente para os menores de 18 anos. Depois, é particular e caro, fazendo com que muitos noruegueses viajem ao exterior para cuidar dos dentes.

Na Suécia, o sistema de saúde tem recebido críticas devido à grande burocracia. Em casos não emergenciais, as pessoas buscam a Central de Serviços de Saúde, que encaminha os pacientes para um atendimento com hora marcada e que, por ser muito concorrido, demora. A emergência também não costuma ser rápida: as filas podem durar até 6h. No país, os médicos particulares são caros e o aumento do número de idosos tem obrigado o governo a repensar a problemática da saúde.

No sistema de saúde finlandês, descentralizado e controlado pelo município, os atendimentos rotineiros são realizados em centros de saúde, por enfermeiros e clínicos gerais. Questões específicas e emergências médicas são repassadas aos hospitais. O país tem alcançado altos índices de expectativa de vida, ao mesmo tempo em que tem reduzido as taxas de mortalidade infantil. O governo tem um programa de ajuda universal às mulheres grávidas, no qual oferece um *kit* de roupas, lençóis e brinquedos.

Na Islândia a estrutura da saúde é controlada pelo governo, embora não seja totalmente gratuita: para ser atendido, é necessário pagar uma taxa, exceto quando o paciente pernoita no hospital. Por aqui, o número de médicos é alto em relação ao número de habitantes. Os brasileiros que visitam a região nórdica devem ter seguro saúde internacional com cobertura mínima de €30 mil e, em caso de emergência, devem acionar o próprio seguro ou os telefones de emergência de cada país.

Clima

O clima na Dinamarca é o mais ameno dos Países Nórdicos, com as quatro estações bem definidas. O inverno tem temperaturas frias, embora seja incomum baixar de 0ºC. No verão, o período mais chuvoso, os termômetros chegam a marcar 25ºC. Os países escandinavos têm um breve e agradável verão, e essa talvez seja a melhor época do ano para programar sua viagem, até mesmo devido à iluminação solar (cerca de 20h de sol por dia). Na Finlândia, em função da Corrente do Atlântico Norte, e na Noruega, por causa da influência da Corrente do Golfo, as temperaturas são mais quentes do que as esperadas em altas latitudes – em regiões mais ao sul, as temperaturas podem chegar até 30ºC no mês de julho. A Islândia, apesar de ser um país gelado, também tem clima ameno no sul (10ºC no verão e 0ºC no inverno). Nesses países, a primavera e o outono são frescos e o inverno é rigoroso, período no qual as temperaturas são negativas. Lembre-se que parte do território da Noruega, Suécia, Finlândia e Islândia está acima do Círculo Polar Ártico, o que intensifica o frio e a escuridão, principalmente no inverno.

Custos

Conhecer os países escandinavos requer planejamento financeiro. Por aqui, atrações, comida, hospedagem e transporte são mais caros do que no resto da Europa. Cozinhar no albergue ou comprar refeições em supermercados são alternativas para economizar. Comparadas com os vizinhos, a Dinamarca e a distante Islândia não são tão caras – embora, claro, ainda estejam longe de ser baratas. Espere gastar entre €38-45, com muita economia. A Suécia e a Finlândia têm custo mais elevado, e os gastos médios estão entre €45-50. Mais cara ainda é a Noruega, cujo mínimo pode ficar entre €55-60.

Tarde de outono em Reykjavík

DDI
- Dinamarca 45
- Suécia 46
- Noruega 47
- Finlândia 358
- Islândia 354

Dinheiro
Moeda
Na região nórdica, apenas a Finlândia usa o euro. Os demais países têm moedas próprias, chamadas, cada uma na sua língua, de "coroa". Embora os nomes de cada moeda sejam muito parecidos, esteja atento, porque cada lugar aceita somente o seu dinheiro, além de, eventualmente, o euro, sob taxas de câmbio nem sempre agradáveis. Nos cinco países – principalmente na Suécia –, a maioria dos estabelecimentos comerciais aceita cartões de crédito e débito, tornando desnecessário cambiar grandes quantias.

Dinamarca
Circula a *kroner* (coroa dinamarquesa). As notas são de 50kr, 100kr, 200kr, 500kr e 1.000kr. As moedas são de 50 øre, que equivalem a centavos, 1kr, 2kr, 5kr, 10kr e 20kr.
Valor de troca:
€1=7,45kr; R$1 = 2,20kr

Suécia
A *krona* (coroa sueca), chamada no exterior de *swedish krona* ou *crown*, é representada por *kr* ou *Skr*. As notas são de 20kr, 50kr, 100kr, 500kr e, mais rara, 1.000kr. Já as moedas são de 1kr, 2kr, 5kr e 10kr.
Valor de troca:
€1 = 9,20kr; R$1 = 2,70kr

Noruega
A *krone* (coroa norueguesa) é simbolizada no país por *kr*, no exterior por *nok* e no norte da Europa por *Nkr*. Há notas de 50kr, 100kr, 200kr, 500kr e 1.000kr e moedas de 1kr, 5kr, 10kr e 20kr.
Valor de troca:
€1 = 8,40kr; R$1 = 2,45kr

Finlândia
O euro substituiu a *markka*, antiga moeda finlandesa. Como na União Europeia, circulam notas de €5, €10, €20, €50, €100, €200 e €500. As moedas são de €2, €1, 50 *cents*, 10 *cents* e 5 *cents*. E ainda há moedas de 2 *cents* e 1 *cent*, que não são usadas porque o preço final costuma ser arredondado.
Valor de troca: €1 = R$3,80

Islândia
A *króna* (coroa islandesa) tem notas de 500kr, 1.000kr, 2.000kr, 5.000kr e 10.000kr. As moedas são de 1kr, 5kr, 10kr, 50kr e 100kr.
Valor de troca:
€1 = 148kr; R$1 = 43kr

Embaixada brasileira
Dinamarca
- Christian IX's Gade 2, 1111 Copenhague
- (45) 3920. 6478
- (45) 2967.9089 - emergências
- copenhague.itamaraty.gov.br

Suécia
- Odengatan 3 – Estocolmo
- (46) 5451.6300
- estocolmo.itamaraty.gov.br

Noruega
- Sigurd Syrs gate 2 – Oslo
- (47) 2254.0730
- www.brasil.no

Finlândia
- Itäinen Puistotie 4 – Helsinque
- (358) 9684.1500
- helsinque.itamaraty.gov.br

Islândia
Não existe embaixada brasileira na Islândia (e nem islandesa no Brasil). Questões diplomáticas devem ser resolvidas pela embaixada do Brasil na Noruega.

Feriados
Em comum a todos
1º de janeiro, Páscoa, 1º de maio, Ascensão (em maio, 40 dias depois da Páscoa), Natal.

Dinamarca
Great Prayer Day (4ª sexta depois da Páscoa), Dia da Constituição (5 de junho).

Suécia
Dia de Reis (6 de janeiro), Dia Nacional (6 de junho), *Midsummer* (Solstício de Verão 23/24 de junho).

Noruega
Dia da Constituição (17 de maio), 1ª segunda-feira após a Páscoa, Dia de Todos os Santos (1º de novembro).

Finlândia
Dia de Reis (6 de janeiro), *Midsummer* (Solstício de Verão, 23/24 de junho), Dia de Todos os Santos (1º de novembro), Dia da Independência (6 de dezembro).

Islândia
Ano-Novo (1-3 de janeiro), Dia de Reis (6 de janeiro), Dia da Independência (17 de junho), Dia de Negociação (4 de agosto).

Festivais
Dinamarca
Midsummer (jun) – o início do verão é comemorado desde a véspera, com fogueiras e procissões, em diferentes partes do país;

Roskilde Festival (jun/jul) – Roskilde abriga um dos maiores festivais europeus de música;

Copenhagen Jazz Festival (jul) – festival de jazz que acontece em Copenhague desde 1979;

Aarhus International Jazz Festival (jul) – apresentações gratuitas de jazz espalhadas por diferentes pontos de Aarhus;

Odense International Film Festival (ago) – a cidade de Odense sedia um festival de curtas-metragens produzidos em todo o mundo.

Suécia
Midsommar (jun) – em diversas cidades suecas, o início do verão é comemorado com música e fogueiras;

Sweden Rock Festival (jun) – apesar do nome, o festival que acontece em Norje, no sul do país, reúne artistas de diversos gêneros musicais;

Stockholm Jazz Festival (out) – o festival conta com importantes nomes do jazz, que fazem apresentações por diversos pontos de Estocolmo;

Uppsala Gitar Festival (out) – apresentações de guitarristas de todo o mundo em Uppsala.

Noruega
Bergen International Festival (mai/jun) – evento que reúne música, dança, literatura e artes visuais na segunda maior cidade do país;

Norwegian Wood Rock Festival (jun) – situado em Oslo, é o principal festival norueguês de rock no qual comparecem artistas internacionais;

Festspillene i Nord-Norge (jun) – festival de música e cinema em Harstad, que celebra o início do verão;

Midnight Sun Marathon (jun) – maratona noturna em Tromsø, iluminada pelo sol da meia-noite.

Finlândia
Midsummer Night (jun) – em todo o país, os finlandeses celebram o início do verão ao redor das *kokko* (fogueiras);

Turku Music Festival (ago) – o mais antigo festival de música da Finlândia é sediado na cidade de Turku;

Helsinki Festival (ago) – apresentações de música, dança e cinema, inclusive infantis, que acontecem na capital finlandesa.

Islândia
Secret Solstice Music Festival (jun) – em Reykjavík, a comemoração do solstício de verão inclui apresentações musicais ao ar livre;

Reykjavik International Film Festival (out/nov) – festival internacional de cinema sediado na capital, com premiação às melhores exibições;

Iceland Airwaves (nov) – festival de música islandesa e internacional que acontece em Reykjavík.

Fuso Horário
Islândia + 3 horas
Dinamarca, Suécia e Noruega + 4 horas
Finlândia + 5 horas
Horários em relação a Brasília. A Islândia, diferente dos demais, não possui horário de verão (quando a diferença europeia aumenta em 1 hora; já no horário de verão brasileiro, a diferença diminui 1 hora).

Gays
O cenário GLS é bastante favorável na região nórdica, onde há respeito e aceitação pela diversidade sexual. A Dinamarca foi um dos primeiros países a legalizar o casamento entre homossexuais, posteriormente seguida pela Islândia, Noruega e Suécia. Conservadora, a Finlândia ainda não oficializou esse tipo de união, embora haja um forte movimento a favor. A Noruega foi pioneira na aprovação da lei que controla a discriminação e que protege os homossexuais – dando-lhes direito legal de adotar, e, para as lésbicas, de fazer inseminação artificial. Em Copenhague, onde a noite também é animada, o www.copenhagen-gay-life.dk informa sobre eventos e festas da região, serviço oferecido também na Islândia pelo www.gayice.is e na Suécia pelo www.qx.se. Em Oslo, há muitas festas para o público gay, que é bem aceito também em locais não GLS. O Visit Oslo (www.visitoslo.com), site oficial da cidade, tem uma seção de programação gay.

Gorjetas
Não são habituais nos Países Nórdicos.

Horários
Dinamarca
Bancos funcionam seg-sex 10h-16h, quintas até 18h. O comércio abre 9h30/10h até 17h30/18h, às vezes 19h/19h30 às sextas; sábados 9h até 12h30.

Suécia
Bancos de seg-sex 10h-15h, geralmente um dia da semana até mais tarde, e comércio das 9h30-18h, sábados até 14h.

Noruega
Bancos abrem de seg-sex 9h-15h30, qui 9h-17h (mas alguns podem ter outro dia de horário espichado), e o comércio em geral funciona de seg-sex 9h-17h e sáb 10h-15h.

Finlândia
Os bancos abrem seg-sex 10h-16h30, comércio 7h/9h-20h/21h, nos sábados 9h-18h/19h. As lojas de departamento podem permanecer abertas até mais tarde e também nos domingos.

Islândia
Bancos abrem seg-sex, das 9h15-16h. Normalmente, as lojas funcionam em dias de semana entre 9h-18h e, nos sábados, 10h-13h, podendo ficar abertas até 16h. Aos domingos, grande parte do comércio está fechado, com exceção de algumas lojas de suvenires. Muitos supermercados fecham somente perto das 23h, inclusive nos domingos.

Palco flutuante em canal de Copenhague, durante o Jazz Festival

Ligação a cobrar para o Brasil

Dinamarca	808.85.525
Suécia	207.99.055
Noruega	800.19.550
Finlândia	não tem
Islândia	não tem

Segurança
Islândia, Suécia, Noruega e Dinamarca estão entre os cinco países mais seguros do mundo, segundo dados da ONG americana Social Progress Imperative. Apesar de ser uma região tranquila, não significa relax total. Esteja sempre atento, especialmente nas capitais – cuide da sua carteira nas estações de trem e de metrô e quando sair à noite.

Telefone de emergência
Dinamarca, Suécia, Finlândia e Islândia
112 para Bombeiros, Polícia e Ambulância

Noruega
110 Bombeiros, 112 Polícia, 113 Ambulância

Telefone público
Na Dinamarca e na Suécia, os telefones públicos funcionam a cartão, vendidos nos correios e em quiosques, e a moeda, por vezes até euros. Na Noruega, grande parte dos aparelhos telefônicos não aceita moedas, somente cartões pré-pagos, e, na Finlândia, chega a ser difícil encontrá-los – mesmo na capital. Na Islândia também não há muitas cabines, mas, em geral, são achadas nos correios, centrais de informações turísticas, aeroportos e estações de trens.

Visto e controle de imigração
Os Países Nórdicos não solicitam visto de entrada para turistas brasileiros, que podem permanecer na região por até três meses. Ingressar na Noruega e na Islândia significa sair da União Europeia – tudo sem maiores dificuldades. Nos cinco países, a imigração costuma ser tranquila; a Finlândia é um pouco mais rigorosa na fronteira com a Rússia.

Idioma

As línguas nórdicas têm praticamente a mesma origem indo-europeia – em decorrência da proximidade territorial e das dominações ao longo dos anos – portanto, são semelhantes entre si, ao menos dinamarquês, sueco, norueguês e islandês. As duas primeiras pertencem ao ramo oriental das línguas nórdicas; as duas últimas, ao ocidental. Pode-se dizer que o norueguês se assemelha na escrita ao dinamarquês e na fala ao sueco – os falantes desses idiomas conseguem conversar e se entender com facilidade. O islandês é considerado o idioma mais conservador das línguas escandinavas: derivou diretamente do norueguês antigo e manteve-se sem muitas alterações, o que é justificado pelo isolamento da Islândia, sem muito contato com outras línguas. Ainda assim, há pequenas semelhanças com o norueguês atual. A exceção da região é a Finlândia. Ao contrário de muitas nações do Velho Continente, o país não tem a sua língua nativa derivada do ramo indo-europeu, apresenta mais semelhanças com o estoniano e o húngaro. As similaridades com os países vizinhos se dá na região oeste, próximo à fronteira, onde é falado um dialeto sueco-finlandês.

Quem aí entende islandês?

Dinamarca

A língua dinamarquesa escrita assemelha-se ao alemão, mas na fala é bem diferente. O inglês é o segundo idioma do país e são poucas as pessoas que não são fluentes nele. O alfabeto dinamarquês tem três letras a mais que o nosso: Æ/æ, Ø/ø e Å/å. A pronúncia pode enrolar sua língua. Para Æ, você lê um "*é*", como em "pé" (na palavra Præsterkilde). O som de Ø é similar ao "*ã*" de "fã" (exemplo: København), e o Å, como um "*o*" aberto, como em "nó" (na palavra Skåne). Veja o "Dicionário" na p.1239.

Suécia

O sueco é uma língua germânica, indo-europeia. Vizinhos dinamarqueses e noruegueses conseguem entender. Brasileiros, nem tentem. Sorte (ou competência na educação dos suecos) que o inglês é quase uma segunda língua, difícil encontrar alguém com menos de 50 anos que não fale. Algumas letras estranhas fazem parte do alfabeto sueco: å, com dois sons distintos, como nas palavras "nó" e "nu"; ä, como em "fé" e ö, soando quase como o nosso "ã". Veja o "Dicionário" na p.1263.

Noruega

O norueguês é semelhante ao sueco, ou seja, absolutamente incompreensível aos brasileiros. Mas não se preocupe, por aqui todos falam inglês (inclusive você, não?). Veja o "Dicionário" na p.1285.

Finlândia

O finlandês é tão compreensível quanto o húngaro (aliás, ambos os idiomas são da mesma família). Sueco é a segunda língua do país, mas você não terá problemas com o inglês, falado fluentemente, principalmente entre os mais jovens. Veja o "Dicionário" na p.1327.

Islândia

O islandês usa o alfabeto romano, acrescido de algumas letras que, para nós, soam incompreensíveis: ð, equivalente ao som "*eth*", þ, sem som, e æ, representando o ditongo "*ai*". Há, ainda, as letras ý, com som de um "*i*" mais prolongado e ö, semelhante ao "*ea*" de "earth". Grande parte dos islandeses fala inglês. Veja o "Dicionário" na p.1356.

Viajando

Avião

Costuma ser a forma mais eficiente para chegar à região e para circular entre os países. A tradicional *Scandinavian Airlines* (SAS) (www.sas.se) conecta os nórdicos à Ásia, aos Estados Unidos e ao restante da Europa, e, mais barata, a *Norwegian* (www.norwegian.com) faz voos semelhantes. Para viagens dentro da Noruega, consulte a companhia aérea *Widerøe* (www.wideroe.no), que oferece tarifas promocionais – estudantes e menores de 25 anos podem conseguir um desconto maior. Na Islândia há a *Icelandair* (www.icelandair.com) e na Finlândia, a *Finnair* (www.finnair.com). Do Brasil, partem voos, principalmente, das empresas *Air France, British Airways, KLM e Lufthansa*, que fazem uma conexão em algum outro destino da Europa.

Estação de trem de Narvik, Noruega

Trem

Com exceção da Islândia, que não tem trens, os demais países possuem boas ferrovias. Nada é barato por aqui e, para circular pela Escandinávia, o ideal é ter um passe que inclua múltiplas viagens. A Dinamarca, encostada na Alemanha, costuma ser porta de entrada dos turistas que saem de Amsterdã, Hamburgo e Paris. Ao fazer estes percursos, você vai utilizar um *ferry*, considerando o recortado território geográfico – Copenhague está numa ilha. Como em poucos lugares, o trem entra na embarcação e se desmembra. Você pode sair, passear pelo convés, ver o mar, gastar no *free-shop* ou fazer o que quiser dentro do tempo. Mas antene-se que a viagem no *ferry* é curta: cuidado para não entrar no vagão errado se estiver com pressa. Muito usados na Suécia, os trens também ligam o país à Dinamarca, à Noruega e à Finlândia. O *X2000* é o trem rápido sueco, mais caro, e necessita de reserva obrigatória; você escapa de pagar pelo suplemento com o *InterCity*, trem com um maior número de paradas.

Na Noruega, por questões geográficas e climáticas, nem todo o território é coberto por trilhos. Lagos, fiordes e relevo bastante acidentado proporcionam paisagens inesquecíveis pelo interior norueguês, principalmente entre Oslo e Bergen, Myrdal e Flåm, e Dombås e Åndalsnes. Na Finlândia, as ferrovias são eficientes para chegar às regiões do interior, para conectar o país à Suécia e à Noruega, pelo norte, e também à Rússia.

Ônibus

Mais lentos e nem sempre baratos, os ônibus são uma alternativa para chegar às cidades onde os trilhos não alcançam. Destino de turistas que saem de Berlim, Londres, Paris e Praga, entre outras capitais, Copenhague se conecta também com Estocolmo e Oslo. Na Suécia, os ônibus são especialmente úteis para chegar ao norte, onde os trens não vão. Uma boa companhia é a *Swebus Express*. Na Noruega, existem muitas empresas, e cada uma tem uma tabela de preços complicada. Estudantes com carteirinha ou turistas com passes de trem podem ter descontos. Não se surpreenda se for necessário trocar de ônibus algumas – ou várias – vezes. Particularmente bonita, a viagem entre Åndalsnes e Geiranger dura 3h e passa no meio de um vale com rios e cachoeiras. Boas companhias são: *Fjord1* (www.fjord1.no) e *Nettbuss* (www.nettbuss.no), além da *177nordland* (www.177nordland.no), que cobre o norte do país. Partindo da Suécia e da Noruega, vai-se à Finlândia pelo norte, passando pelo Círculo Polar Ártico. O país também tem viagens rodoviárias para a Rússia. Na Islândia, os ônibus são muito usados em viagens ao interior, mas alguns trajetos são operados somente no verão.

Carro

As estradas nos Países Nórdicos, como era de se esperar, esbanjam boa consevação. Os limites de velocidade são, nas cidades, 50km/h; nas estradas, 80km/h; e nas *highways*, Dinamarca e Suécia, 110km/h, Finlândia, 100km/h, Noruega e Islândia, 90km/h. Muita atenção deve-se ter durante o inverno para neve na pista. E uma curiosidade: desde o ano 2000 se vai de Copenhague a Mälmo (Suécia) sem necessidade de entrar num *ferry*, graças à ponte-túnel Øresund, a maior ponte rodoferroviária da Europa, com 7.845m. A travessia demora 40min e também pode ser percorrida de trem e de ônibus.

Barcos

Muito usados na Dinamarca, os *ferries* conectam o país com o território sueco e o norueguês, além do Reino Unido. Os *ferries* também são importantes na Suécia; as companhias mais utilizadas são *Stena Line* (www.stenaline.se) para a Dinamarca e Alemanha, *Silja Line* (www.silja.com) e *Viking Line* (www.vikingline.fi) para a Finlândia. Outros trajetos comuns são saída para a Polônia, para os Países Bálticos e para a Grã-Bretanha. Conforme o ponto de partida ou chegada, a travessia estará incluída no seu passe ou passagem de trem. Utilizados também na Noruega, percorrem lagos e chegam em áreas onde trens e ônibus não vão. Podem ser mais baratos que os ônibus e proporcionar a emocionante sensação de navegar entre os fiordes. Em viagens ao norte, consulte a *Torg-Hatten* (www.thn.no), que oferece bons descontos a estudantes. Lembre-se que há trechos cobertos por passes de trem. As viagens para a Finlândia saem da Suécia, Alemanha e dos Países Bálticos, passam por algumas ilhas e chegam em Helsinque ou Turku.

Carona

Não é muito difundida na Escandinávia, mas também não é tão difícil de conseguir. Se for encarar, que faça com cautela; lembre-se, afinal, que carona nunca é 100% seguro.

Passageiros a bordo, próxima parada: Helsinque

Acomodação

Quem pretende conhecer os países nórdicos precisa estar ciente de que uma viagem por essa região costuma ser cara e o valor das acomodações, infelizmente, não foge à regra. Na baixa temporada, durante o inverno europeu, os preços são mais em conta, pois não são muitos os que encaram as baixas temperaturas dessa parte da Europa. Embora algumas cidades tenham hospedagens no estilo *bed & breakfast*, o forte da região continua sendo os albergues e os hotéis.

Os albergues da rede HI estão muito presentes em todos os Países Nórdicos. Em alguns casos, ficam afastados das áreas mais movimentadas das cidades, sendo bem receptivos a grandes grupos e famílias inteiras. Mas, nos principais centros urbanos, também existem bons albergues independentes, localizados na área central, alguns até em locais peculiares, como barcos ancorados. Costumam cobrar à parte por lençóis e toalhas, mas a maioria aceita que você traga os seus – portanto, compensa o peso e o volume na bagagem caso você leve esses itens, se a ideia for fazer uma viagem por vários destinos na região. Também é prática não aceitarem o uso de sacos de dormir. Antene-se ainda para o fato de que muitos albergues abrem somente no verão, mesmo nas capitais.

Além de pequenos hotéis familiares, geralmente localizados em prédios antigos, existem grandes redes hoteleiras, algumas presentes em boa parte dos Países Nórdicos. Como forma de baratear o valor da diária, certos hotéis não têm recepção, sendo o *check-in* e o *check-out* realizados em máquinas – semelhantes aos caixas automáticos dos bancos.

Gastronomia

Como não poderia deixar de ser, devido à extensa costa dos países nórdicos, os frutos do mar têm importância fundamental na cozinha escandinava. Na região, você poderá comer peixes de todos os tipos, embora bacalhau, salmão, arenque e truta sejam os mais comuns, e de todas as formas: cru, cozido no vapor, defumado, marinado, seco, frito, fermentado e até mesmo preparado com soda cáustica (*lutefisk*). Mexilhões e ostras já eram apreciados pelos vikings; camarões e lagostins estão presentes nos mercados locais de todas as cidades, muitas vezes por um preço bem camarada.

Kræmmervika Rorbuer, hostel em Ballstad, Noruega

Café String, em Estocolmo

Mas não apenas do mar vêm os alimentos dos nórdicos: as carnes de cordeiro, de veado e de rena são muito apreciadas na região. A utilização de processos de conservação dos alimentos, como defumação, salga e secagem, foi essencial para o desenvolvimento da culinária escandinava – profundamente marcada pelo frio. Os legumes mais utilizados são a batata, o repolho e o nabo, que se adaptam facilmente ao clima. A batata, oriunda das Américas, por sinal é hoje um dos componentes essenciais dos pratos escandinavos.

Uma das especialidades locais que se espalhou por todo o mundo foi o salmão defumado, temperado com sal, açúcar, endro (uma erva aromática muito presente nessa culinária) e pimenta do reino. Com temperos semelhantes, o *gravad lax* são fatias fininhas de filé de salmão cru marinado, servido como aperitivo sobre pão de centeio, o tipo de pão mais utilizado na região, e outros acompanhamentos. Também típica dos países nórdicos, a carne de rena (*poronkäristy* na Finlândia, *renskav* na Suécia e *finnbiff* na Noruega) é cortada em tiras, temperada com sal e pimenta preta, frita em gordura (tradicionalmente na própria banha da rena), acrescida a um molho cremoso e servida com purê de batata e *lingonberry* (uma frutinha vermelha adocicada, semelhante ao *cranberry*).

Durante muito tempo a culinária dos Países Nórdicos foi considerada monótona e insossa. Hoje, as capitais se destacam pela gastronomia diferenciada, fortemente influenciada por técnicas modernas e pela culinária de outros países, que, aplicadas aos ingredientes típicos, simbolizaram o renascimento dos pratos clássicos.

Os países da Escandinávia têm um regulamento bem particular para a venda de bebidas alcoólicas. A regulamentação varia de um país para o outro, mas no geral as bebidas com maior teor alcóolico são vendidas em lojas especiais de controle governamental – o que, na prática, significa preços bem elevados. No quesito destilados, a bebida típica da região é o *aquavit*, que significa "água da vida". É produzido a partir da destilação de batatas ou de cereais e costuma ter em torno de 40% de teor alcóolico.

Dinamarca

Um dos pratos que você mais vai encontrar na Dinamarca é o *smørrebrød*, um sanduíche aberto composto geralmente de peixes e carnes frias com diversos tipos de salada sobre o *rugbrød*, um pão de centeio tipicamente dinamarquês. É frequentemente consumido no horário do almoço, enquanto os pratos quentes são servidos à noite. Um dos mais tradicionais é o *flæskesteg*, carne de porco assada no forno, com batatas, couve e o molho *brun sovs* (molho castanho), também utilizado em outros assados. São também populares o *frikadeller* (almôndegas de carne de porco ou de vitela), o *hakkebøff* (carne bovina em forma circular, como um hambúrguer espesso), o *kogt hamburgerryg* (lombo de porco cozido com tomilho e salsa) e *stegt flæsk* (bacon frito, batatas e molho de salsa).

A Dinamarca incorporou a tradição germânica das salsichas. Os tipos mais comuns são *medisterpølse*, preparada com carne de porco e especiarias, e *rød pølse*, a típica salsicha vermelha comprida. A elas, comumente se acrescenta *ristede løg* (cebolas fritas crocantes), pepinos em conserva e vários molhos, sendo o mais popular o *remoulade* (maionese, mostarda, picles, anchovas e outros condimentos). São vendidas em *pølsevogn*, vagões de salsicha espalhados pelo centro urbano das maiores cidades dinamarquesas por, em geral, entre 15-25kr.

Na Dinamarca é possível comprar bebidas alcoólicas em qualquer loja ou supermercado e os preços são, muito provavelmente, os mais em conta da Escandinávia. Bons vinhos custam entre 30-50kr, destilados em torno de 70kr e cervejas entre 5-10kr. A cerveja nacional é a Carlsberg e a *pilsner* é o tipo dominante entre as cervejas locais. Skål! (Saúde!).

Smørrebrød, sanduíche aberto dinamarquês

Suécia

A culinária da Suécia varia bastante de uma região para a outra. No norte, os legumes e verduras são mais escassos e as carnes de caça, como a de rena, se fazem presente. O prato nacional são as almôndegas (*köttbullar*) servidas com batatas, cozidas ou em purê, e geleia de *lingonberry*. Esses são também os acompanhamentos do arenque frito, muitas vezes servido em vagões de comida de rua (55-65kr). Outros pratos tradicionais são a *ärtsoppa* (sopa de ervilhas amarelas) e o *Janssons frestelse* ("a tentação de Jansson", um tipo de torta salgada com anchovas, batatas, cebola e nata).

No país come-se uma grande variedade de pães (*bröd*), entre os quais destacam-se o *knäckebröd* (pão crocante, que bem parece um biscoito grandão); *tunnbröd* (pão fino, parecido com massa de panqueca); *vörtbröd* (pão de cerveja escura); *kaffebröd* (trança de pão doce) e *rågbröd* (pão de centeio). Para acompanhar, os mais diversos queijos (*öst*): *herrgård*, *grevé* e *präst* são os mais comuns.

Os suecos estão entre os maiores consumidores mundiais de café. Talvez por isso a *fika*, o *coffee break* sueco, seja tão popular. O termo não se restringe unicamente à bebida, já que muitas vezes a pausa durante a tarde para um chá e um doce (geralmente o *kanelbulle*, um bolinho de canela) também é chamada de *fika*. Muitos cafés locais oferecem refil grátis (*påtår*) ou então por um preço módico. Nos cafés também se encontra muito o *kladdkaka*, um bolo de chocolate parecido com brownie, e o *ostkaka*, semelhante a uma *cheesecake*.

Jovens entre 18 e 20 anos podem comprar apenas bebidas de baixo teor alcoólico, com até 3,5%. Acima dessa porcentagem, as bebidas são vendidas unicamente nas *Systembolaget*, lojas da rede estatal, para maiores de 20 anos.

Fårikal, carne de carneiro com repolho e batatas

Noruega

O prato nacional da Noruega é o *fårikål*, um ensopado de carne de cordeiro e repolho. O *rakfisk*, que traduzido literalmente significa peixe empapado, pode não agradar a todos: a truta salgada e fermentada por até dois meses é comida crua. Já o *lutefisk* consiste em bacalhau preparado com soda cáustica num processo que pode levar semanas, servido com diversos acompanhamentos, como toucinho, ervilhas, batatas, molho de carne ou bechamel.

No café da manhã, você certamente vai encontrar o *brunost* (queijo castanho), cuja aparência é semelhante ao doce de leite – mas só a aparência. Os queijos *gamalost*, um tanto azedo, e *jarlsberg*, mais adocicado, também são típicos da Noruega. O *lefse* é um pão com uma forma semelhante à tortilha mexicana, servido como acompanhamento de vários pratos. Semelhante e igualmente popular, o *krotekaker* é mais fino, como um pão-folha.

O *fast-food* por excelência da Noruega é o *pølse med lompe*, um cachorro-quente preparado com uma massa à base de batata, parecida com crepe, no lugar do pão (nesse caso, se chama *pølse med brød*, também muito popular). É possível encontrá-lo por todo o país, em quiosques de comida na rua ou em lojas de conveniência. Pizzas e kebab também são alternativas baratas: espere pagar entre 50-60kr (€6-7,50) por um desses lanches e um refrigerante. Economia mesmo, só com seus dotes culinários: usufrua da cozinha dos albergues.

Na Noruega, as bebidas alcoólicas são vendidas somente na rede *Vinmonopolet*. Para comprar cerveja e vinho, a idade mínima é 18 anos; já para bebidas mais fortes, com teor alcóolico superior a 22%, é preciso ter mais de 20 anos.

Finlândia

A culinária da Finlândia consiste numa boa mistura entre pratos tradicionais e a cozinha contemporânea europeia. Também é bastante influenciada pela culinária russa, com o uso abundante de peixes, sobretudo de água doce, cogumelos, pequenos frutos silvestres e produtos derivados de grãos como centeio, trigo e cevada. Nabos eram muito utilizados, mas foram gradualmente substituídos pelas batatas.

O prato típico é, como na Suécia, a almôndega (*lihapullat*) com batata e geleia de *lingonberry*. Igualmente típicas são as sopas de vegetais (*kesäkeitto*), de alce (*hirvikeitto*) e de salmão (*lohikeitto*), geralmente servidas como entrada. O *kalakukko* é tipo um assado de pão, normalmente de centeio, com pedaços de peixe no interior. O pastel da Carélia (*karjalanpiirakka*), oriundo da região homônima, é apreciado em todo o país e facilmente encontrado em qualquer padaria. O *maksalaatikko* consiste em arroz com fígado de boi, acompanhado de manteiga, bacon, ovos, caramelo, cebola e leite, e é assado no forno. O prato, típico do período natalino, é vendido pronto em vários supermercados. Ao norte, as receitas sofrem influência da culinária sami, na qual se destacam ensopados e carne de rena, salmão e truta defumados, chouriço de sangue e as frutinhas *cloudberries*.

Quando o assunto é café, os finlandeses não ficam muito atrás dos suecos: tomam de 3 a 4 xícaras por dia. Bebidas alcoólicas também são muito apreciadas por aqui – além da conhecida vodca finlandesa, vale a pena procurar pelo *sima*, um tipo de hidromel, bebida derivada da fermentação de açúcar mascavo, limão e fermento, e pelo *shati*, uma cerveja muito forte, aromatizada com bagas de zimbro. A idade mínima para consumo de bebidas alcoólicas, vendidas na rede estatal *Alko* quando o teor alcoólico for superior a 4,7%, é de 18 anos.

Islândia

Muito provavelmente, a Islândia possui a culinária mais exótica dos Países Nórdicos. O prato nacional é o *Þorramatur*, que significa "comida do Þorri", mês do antigo calendário nórdico que corresponde a janeiro e fevereiro. Esse prato nada mais é do que o conjunto de diversas especialidades islandesas: *kaestur hákarl* (tubarão podre), *súrsadir hrútspungar* (testículos de ovelha), *svid* (cabeça de ovelha), *lifrarpylsa* (salsicha de fígado e vísceras de ovelha), *blóðmör* (tipo uma morcilla), *selshreifar* (barbatana de foca), entre outros. Mas não se assuste! A culinária da Islândia tem muito mais a oferecer: crustáceos, ostras, bacalhau, salmão, hadoque e carnes de boi, de porco, de ovelha... e de cavalo e de baleia, o que desperta certa polêmica.

O *rúgbraud* é o tradicional pão de centeio islandês, que, antigamente, costumava ser cozido dentro das fontes termais. Hoje, o processo de cozimento lento é feito em banho-maria, apenas imitando as condições das fontes. *Skyr* é um queijo cremoso, semelhante a um iogurte mais pastoso. *Skúffukaka* são bolos de chocolate, cobertos com calda de chocolate e coco ralado. *Kleina* é uma massa frita em formato de nó, muito comum nas padarias da cidade. Popular por aqui é o *pylsur*, o cachorro-quente islandês. Feito com pão macio, salsicha tenra de carne de cordeiro e porco, cebola crocante e diferentes molhos à escolha – ketchup, maionese, mostarda islandesa escura ou um molho típico de laranja com picles –, é considerado um dos melhores cachorros-quentes do mundo.

Brennivín é a aguardente da Islândia, feita com polpa de batata fermentada e cominhos. Apesar da vívida coloração verde, o rótulo preto lhe concedeu o apelido *svarti daudi,* a morte negra. Bebidas alcoólicas são vendidas nas lojas *Vínbúd* para maiores de 20 anos.

Aarhus, cidade universitária

www.visitdenmark.com

DINAMARCA

Um país à frente do seu tempo: assim se pode definir a Dinamarca. Foi uma das nações pioneiras na legalização do aborto e do casamento gay. Também foi precursora no uso de bicicletas como meio de transporte. Aliás, o relevo plano e a pequena extensão do país estimulam a prática do ciclismo e fazem com que muitos viajantes se atrevam a percorrer todo o território dinamarquês sobre duas rodas. Vão encontrar, fora a capital – Copenhague –, cidades relativamente pequenas: a segunda maior do país, Aarhus, mal chega a 315 mil habitantes, e as outras quatro maiores – Odense, Aalborg, Esbjerg, Vajle – possuem entre 100 mil e 200 mil. No entorno delas, campos férteis, lagos, moinhos, castelos, fazendas. O que pode surpreender é a geografia do país, que é formado por uma grande península (Jutland) e duas ilhas (Funen e Zealand), além de outras 440 pequenas ilhas, a maioria desabitada. E há ainda a Groenlândia, as Ilhas Faroe... Mas aí já estamos longe, e há muito a explorar nesse território que faz a ponte entre a Europa continental e a Escandinávia.

Dinamarca

Que país é esse

- **Nome:** Reino da Dinamarca | Kongeriget Danmark | Kingdom of Denmark
- **Área:** 43.094km²
- **População:** 5,6 milhões
- **Capital:** Copenhague
- **Língua:** Dinamarquês
- **Moeda:** Coroa Dinamarquesa
- **PIB:** US$ 341,95 bilhões
- **Renda per capita:** US$ 60.634
- **IDH:** 0,900 (10º lugar)
- **Forma de Governo:** Monarquia Constitucional

Barbadas e Roubadas

- ⊕ *Pedalar em Copenhague, em todo o país, como em nenhum lugar do mundo*
- ⊕ *Descobrir Christiania, em Copenhague, o espírito libertário dinamarquês*
- ⊕ *Curtir Roskilde no final de junho – o festival de rock relembrando Woodstock*
- ⊕ *Contemplar o Castelo de Frederiksborg, em Hillerod, imponente com seus jardins, cenário de casamentos reais*
- ⊖ *Ter a carteira roubada. Não pense que por ser Dinamarca não pode acontecer...*
- ⊖ *Sofrer com certo tédio...*

DINAMARCA

Mapa da Dinamarca mostrando: Mar do Norte, Suécia, Alemanha, Mar Báltico, Estreito de Kattegat. Cidades: Skagen, Hirtshals, Frederikshavn, Goteburgo, Aalborg, Viborg, Randers, Holstebro, Ringkobing, Heming, Jutland, Aarhus, Helsingör, Helsingborg, Billund, Kalundborg, Copenhague, Blavand, Esbjerg, Ribe, Odense, Zealand, Roskilde, Malmo, Funen, Slagelse. Escala: 50 km / 100 km.

VOCÊ QUE COLOU NA ESCOLA
Groenlândia e Ilhas Faroe

Tórshavn, capital das Ilhas Faroe

A Dinamarca parece pequena quando comparada com os vizinhos nórdicos. Há, porém, um dado que não deve ser esquecido: a gigante Groenlândia e as Ilhas Faroe são de posse dinamarquesa. Localizadas a oeste da Noruega, entre a Escócia e a Islândia, as Ilhas Faroe são um conjunto de 18 ilhas maiores, entre outras tantas pequenas. Autônomas à Dinamarca desde 1948, não fazem parte da União Europeia e têm população próxima a 50 mil pessoas, que sobrevivem principalmente da pesca e da criação de ovelhas. A paisagem, muito preservada, revela montanhas baixas, grandes extensões de verde e costas formadas por falésias. A capital, Tórshavn, é bastante simpática, repleta de casas coloridas que mais parecem um cenário de cinema.

A também autônoma Groenlândia é ainda mais distante, encostada na América do Norte. Por vezes considerada a maior ilha do mundo, tem quase a totalidade do seu território dominada por gelo e, por isso, a maioria dos seus 57 mil habitantes vive a sudoeste da ilha principal, onde a temperatura é mais amena. Nuuk, a capital, tem pouco mais de 15 mil habitantes e clima bastante variável: mínimas de -29ºC no inverno e máximas de 24ºC no verão. Para chegar nestes territórios é preciso de planejamento. A companhia dinamarquesa *Air Greenland* voa a partir de Canadá, Dinamarca, Estados Unidos e Islândia, e a *Atlantic Airways* chega às Ilhas Faroe por Dinamarca, Inglaterra, Islândia e Noruega, nem sempre em voos diretos.

PEQUENO DICIONÁRIO VIAJANTE PORTUGUÊS-DINAMARQUÊS

FALO MAL, MAS SOU EDUCADO
Oi - *Hej*
Tchau - *Farvel*
Por Favor - *Må jeg bede / Værsgo*
Obrigado - *Tak*
Desculpe/Com licença - *Undskyld*

SOBREVIVÊNCIA
Sim - *Ja*
Não - *Nej*
Socorro! - *Hjælp!*
Onde fica...? - *Hvor er...?*
Quanto custa...? - *Hvor koster er...?*
Caro - *Dyr*
Barato - *Billig*
Toalete - *Toilettek*
Informação - *Information*

COISAS E LUGARES
Aeroporto - *Lufthavn*
Albergue - *Vandrerhjem*
Banco - *Bank*
Banheiro - *Toiletter*
Bebida - *Drik*
Bicicleta - *Cykel*
Comida - *Mad*
Estação - *Station*
Farmácia - *Apotek*
Mapa - *Landkort*
Mercado - *Marked*
Hospital - *Hospital*
Hotel - *Hotel*
Ônibus - *Bus*
Posto Policial - *Politistation*
Praça - *Plads*
Restaurante - *Restaurant*
Rua - *Gade*
Trem - *Tog*

CONTANDO
Um - *En*
Dois - *To*
Três - *Tre*
Quatro - *Fire*
Cinco - *Fem*
Seis - *Seks*
Sete - *Syv*
Oito - *Otte*
Nove - *Ni*
Dez - *Ti*

A SEMANA
Segunda - *Mandag*
Terça - *Tirsdag*
Quarta - *Onsdag*
Quinta - *Torsdag*
Sexta - *Fredag*
Sábado - *Lørdag*
Domingo - *Søndag*

Copenhague, banhada por canais

COPENHAGUE

Copenhague – capital e centro político, econômico e cultural da Dinamarca – é, com quase dois milhões de habitantes, a maior cidade da Escandinávia. Terra de uma das monarquias mais antigas do mundo, conserva vários castelos. A Pequena Sereia é o seu indefectível símbolo, e, se o Tivoli é o parque de diversões da família, Christiania é a atração alternativa, território hippie contemporâneo que chegou a ser zona livre para o uso de drogas leves. Copenhague, o paraíso do ciclismo urbano – terreno plano, 390km de ciclovias (390km!) –, não à toa é considerada uma das cidades que melhor usufrui da bicicleta: estima-se que 37% dos habitantes utilizam esse meio de transporte para ir ao trabalho. É provavelmente a capital dos Países Nórdicos que oferece a vida noturna mais intensa – quem sabe você não acha num dos inúmeros bares da cidade aquele(a) sonhado(a) dinamarquês(a)?

A Cidade

Copenhague é compacta, fácil de ser percorrida a pé ou de bicicleta, meio de transporte que se consegue em vários locais da cidade. Um dos principais pontos de referência é a rua *Strøget*, marco da carreira do prestigiado arquiteto e urbanista Jan Gehl, que sob muita polêmica fechou a via para os carros e a devolveu aos pedestres, com sucesso. Com 1,5km de comprimento, a rua que cruza o centro da capital dinamarquesa é considerada uma das maiores vias de pedestres do mundo. É a união de outras cinco ruas: *Østergade, Amagertorv, Vimmelskaftet, Nygade* e *Frederiksberggade*, a partir de onde a cidade se desenvolveu. Código telefônico: 45.

Informações turísticas

O centro de informações turísticas fica em frente ao Parque Tivoli. Oferece mapas, muitos folhetos e informações de hospedagem, além de wifi grátis e tomadas para carregar os aparelhos eletrônicos. Tem também alguns terminais onde você encontra de tudo sobre a cidade. Destaque para a seção *Green Copenhagen*, que dá dicas de restaurantes com menus saudáveis e passeios ecologicamente corretos.

Copenhagen Visitors Centre
- Vesterbrogade 4
- Vesterbro Torv (2A, 3A, 4A, 11, 13, 16, 43, 45)
- 7022.2442
- seg-sex 9h-16h, sáb 9h-14h

Pela internet
- www.visitcopenhagen.com

Cartão da cidade O *Copenhagen Card* (www.copenhagencard.com) garante a entrada em diversas atrações, concede desconto em outras tantas e permite livre acesso aos meios de transporte da cidade e arredores. Custa 359kr para 24h, 499kr para 48h, 589kr para 72h e 799kr para 120h, mas para valer a pena é importante ter seus dias bem planejados. Pode ser comprado pela internet ou no centro de informações turísticas.

Tours

A pé O *Copenhagen Free Walking Tours* (www.copenhagenfreewalkingtours.dk) e o *Sandemans New Europe* (www.newcopenhagentours.com) organizam caminhadas gratuitas pelo centro da cidade, diariamente às 11h. O ponto de encontro é na Rådhuspladsen, a praça da prefeitura.

De ônibus O *Bus City Sightseeing* (www.city-sightseeing.dk) oferece um roteiro que passa pelos principais pontos; o bilhete é válido por 24h e custa 175kr (por mais 35kr você inclui as outras duas rotas complementares e amplia a validade para 48h). A companhia também dispõe de passeio de barco.

De bicicleta O *Bike Copenhagen with Mike* (www.bikecopenhagenwithmike.dk) organiza duas modalidades de *city tour* (299kr). O primeiro percorre diariamente os principais pontos turísticos da cidade e dura cerca de 3h. O segundo, com horário mais restrito, explora por 4h a Copenhague verde. Com o mesmo custo, o *Cycling Copenhagen* (www.cycling-copenhagen.dk) também pedala pelas atrações.

De barco A *Stromma* (www.stromma.dk) oferece passeios de barco com diferentes temáticas, que duram entre 45min-1h; custam 50-95kr.

Ônibus *hop-on/hop-off*

COPENHAGUE

Chegando e saindo

De avião Antigamente conhecido como Kastrup, o *Copenhagen Airport* fica a 8km do centro da cidade, para onde oferece transporte público. Acredite: táxi, só em último caso. O metrô, localizado no terminal 3, costuma ser o meio mais rápido. Custa 36kr e tem partidas frequentes. Os ônibus 5A, 35 e 36 também vão ao centro e fazem o percurso em cerca de 55min, por 35kr. A partir da meia-noite há o *Nightbus* 96N, por 60kr. Existe um trem que vai para a estação central a cada 10min até as 20h; depois, de 20 em 20min e, a partir da meia-noite, de hora em hora; custa 36kr.

De trem A principal estação, a *Central Station*, fica em frente ao parque Tivoli, no centro. Destinos frequentes de trem são Hamburgo (4h30), Estocolmo (5h), Oslo (7h15), Amsterdã (11h) e Paris (13h).

De ônibus Os veículos internacionais param geralmente em frente à estação de trem, e destinam-se, com maior frequência, a Praga, Berlim, Estocolmo, Paris, Londres e Oslo.

Circulando

O transporte de Copenhague é composto por ônibus e trens urbanos (*S-Trains*). A Grande Copenhague é dividida em 95 zonas, mas você vai circular em no máximo duas, ou, com o aeroporto, três. Tickets custam 24kr (36kr para 3 zonas), válidos por 1h e em todos os meios de locomoção. Ou adquira um passe de 24h por 130kr. Mais informações sobre o transporte no site www.rejseplanen.dk.

A pé Copenhague é uma cidade fácil para conhecer caminhando. As principais atrações estão em uma área comum e, se você tiver sorte com o tempo, não precisará usar metrô ou ônibus. Ande pela região do Tivoli, conheça o canal Nyhavn e confira de perto o bairro Christiania – tudo a pé (ok, ou de bicicleta).

Tram Modernos, os bondes urbanos têm dez linhas e são muito eficientes para a locomoção dentro da cidade e para ligar o centro aos subúrbios. Fora do horário de pico, é permitido transportar bicicletas.

A BARBADA É | A cultura das bicicletas

Não é improvável confundir Copenhague com Amsterdã, pelo menos quando se fala das bicicletas. O primeiro exemplar do transporte já desfilava pela capital da Dinamarca em 1880, apenas nove anos após o britânico James Starley concluir sua invenção. Desde então, a cidade tem crescido sem esquecer das *bikes*: hoje são 390km de ciclovias, que começaram a ser construídas lá em 1910. Foi na década de 20 e 30 que a popularidade do transporte evoluiu, decaindo na época da Segunda Guerra Mundial, quando os automóveis dominaram as ruas. A crise do petróleo, nos anos 70, fez com que a população voltasse a se equilibrar sobre duas rodas, como segue fazendo até hoje. Não se surpreenda ao ver mulheres de salto alto e homens engravatados pedalando: estima-se que 37% dos habitantes de Copenhague usem a bicicleta diariamente e, mesmo no inverno, o número não cai muito. A novidade por aqui é a *Cykelslangen*, uma ciclovia suspensa, cheia de curvas, que tem 235m e percorre a área portuária – poupando os ciclistas das ruas movimentadas, dos grandes desvios e de subir ou descer escadarias levando a bicicleta no braço.

Descanso no *Kongens Have*, jardins ao redor do Castelo de Rosenborg

Metrô A cidade tem apenas duas linhas de metrô, M1 e M2, que têm frequência média de 4min. Há um projeto de ampliação do sistema de transporte, que prevê uma terceira linha em 2018. A M1 circula pela região oeste e sul de Copenhague, e a M2 vai do aeroporto até a ilha de Amager, passando pelo centro. Os tickets são vendidos em máquinas, dispostas nas estações. A multa (cerca de 720kr) não é nada camarada para quem for pego andando sem ticket – ou se esquecer de validá-lo.

Ônibus São mais de 400 linhas em Copenhague, que alcançam muitas áreas da cidade. Os principais terminais estão na estação central de trem e junto à prefeitura, no Københavns Rådhus. Nos ônibus não há cobrador; deve-se comprar o ticket direto com o motorista (é preciso ter o dinheiro trocado) ou em quiosques, bancas de jornais e nas próprias estações. Quando embarcar, lembre-se de validá-lo.

Táxi O custo é alto e dificilmente você vai sentir necessidade de usá-los. Hotéis costumam chamar por telefone, mas é seguro pegar os veículos que você encontrar pela rua. Se for ou estiver vindo do aeroporto, combine o preço antes de embarcar.

Barco A Dinamarca nada mais é do que um conjunto de inúmeras ilhas. Por isso, há muitos *ferries* por aqui, que partem de Copenhague para cidades próximas e até para regiões da Alemanha e Noruega.

Bicicleta Esta é uma das cidades mais seguras para se aventurar sobre duas rodas, e existem várias companhias que alugam *bikes*. Por 10kr é possível reservar, mas cuide: há multa para quem aluga e não busca; 1h costuma custar 25kr e 24h sai por 85kr. A novidade da capital é a *Bycyklen* (bycyklen.dk): são bicicletas elétricas equipadas com tablet e GPS, e podem ser alugadas por 25kr/hora. Atualmente são 250 disponíveis, e estima-se que nos próximos anos a frota passe para 1.860 unidades, em 100 diferentes pontos da cidade. Se você pretende embarcar com uma *bike* em transporte público, saiba que existem algumas regras: nos metrôs e *trams*, há vagões específicos (e bem sinalizados) para os ciclistas, que devem comprar passagem também para as magrelas e respeitar as restrições de horário: as bicicletas não são permitidas entre setembro e maio das 7h às 9h e das 15h30 às 17h30, quando há maior circulação de pessoas.

Atrações

Você pode começar uma caminhada a partir da praça da prefeitura, ao lado do Tivoli, passando pela rua de compras Strøget. Dê uma parada no canal Nyhavn e aproveite para visitar o símbolo da cidade: a realmente pequena sereia, tirada dos contos de Hans Christian Andersen. Vale se antenar: muitos museus têm entrada gratuita em um dia da semana, normalmente quarta-feira.

Nyhavn *(New Harbour)*

📍 Nyhavn   Ⓜ Kongens Nytorv st

Criado em 1671, este canal era anexo ao porto, onde moravam seus trabalhadores. Começa na praça Kongens Nytorv e propicia um clima nostálgico graças às casinhas típicas (a mais antiga, a de número 9, data de 1681). O escritor e pioneiro da literatura infantil Hans Christian Andersen viveu nas casas de número 20, 67 e 18. Hoje, o canal abriga um conjunto de restaurantes ao ar livre. Se achar caro parar nas mesinhas ao ar livre, vale improvisar um piquenique, com lanches comprados em algum mercado, e sentar no meio fio da calçada para curtir a área. É possível ainda conhecer o canal de barco, uma ótima forma para apreciar a arquitetura do lugar; os tours guiados (🖥 www.canaltours.com; 💲 80kr | Cr: 35kr) duram 1h e são em inglês. Se estiver por aqui em julho, aproveite para curtir o *Copenhagen Jazz Festival*, na Nyhavn Square, praça onde se encontra o *Mindeankeret* (*Memorial Anchor*), monumento em forma de âncora.

Københavns Rådhus *(Town Hall)*

📍 Praça Rådhuspladsen   ☎ 3366.3366
🚌 Rådhuspladsen (5A, 6A, 14)
🕐 seg-sex 9h-16h, sáb 9h30-13h
💲 grátis | 20kr torre | 10kr relógio

Construída entre 1892 e 1905 com tijolos vermelhos, a Prefeitura abriga o *Jean Olsen's World Clock*, relógio que levou 27 anos para ser acertado. Visitas guiadas (em inglês seg-sex 13h, sáb 10h) custam 50kr. Nesta praça inicia a rua Strøget, ponto de compras, bares e restaurantes, que, na verdade, é o nome do calçadão formado por várias ruas que cruzam o centro, ligando a prefeitura ao Nyhavn.

COPENHAGUE LADO B | Christiania

No terreno de um campo militar abandonado, surgiu, em 1971, uma cidade livre. O que no início era um acampamento hippie aos poucos se transformou numa pequena comunidade autossustentável, com suas próprias regras – poucas, entre elas, não jogar lixo no chão. Os moradores daqui, que hoje não chegam a mil, vivem um modelo sem hierarquia, no qual todos participam das decisões por meio de encontros comunitários. Todos pagam energia elétrica, água, aquecimento e até mesmo impostos, e a própria comunidade se responsabiliza por serviços como correio, coleta de lixo e educação. Christiania sempre foi permissiva com o uso e venda de drogas. Por esse motivo, a convivência com as autoridades dinamarquesas nem sempre foi muito pacífica. Atualmente, drogas pesadas são expressamente proibidas, mas você encontra maconha e haxixe à venda na Pusher Street, também conhecida como Green Light District. Independentemente da sua opinião sobre drogas, assunto eternamente polêmico, vale uma visita a Christiania. Não deixe de conhecer o popular e movimentado bar *Woodstock*, com suas figuras pouco ortodoxas. A cidade, afinal, faz parte da cultura dinamarquesa. Há tours guiados em inglês às 15h, diariamente, entre junho e agosto, e, no resto do ano, apenas no final de semana. O passeio dura pouco mais de 1h e custa 40kr. Mais informações no site www.christiania.org.

Tivoli

- Vesterbrogade 3 — København H
- 3315.1001 — www.tivoli.dk
- abr-set dom-qui 11h-23h, sex-sáb 11h-0h
- entrada 99kr (mais 25kr por atração) | passe livre 209kr

Também conhecido como *Tivoli Gardens*, é um dos mais antigos parques de diversões do mundo, fundado em 1843. Possui, além de belos jardins, dezenas de atrações diferentes, como teatro infantil, pantomima (teatro de mímica) e concertos de rock. Vale a pena ficar até a noite, quando as luzes são acesas – um espetáculo à parte. Há ainda dúzias de restaurantes e barracas para lanchar, mas nada barato. Embora fechado no inverno, o parque abre em períodos específicos: nas proximidades do Halloween (9/out-1/nov) e do Natal (14/nov-3/jan).

Rundetärn *(Round Tower)*

- Købmagergade 52A
- Sværtegade (11A, 81N)
- www.rundetaarn.dk — 3373.0373
- jun-ago seg-dom 10h-20h | set-mai 10h-18h
- 25kr (Cr: 5kr)

Construída como observatório astronômico em 1642 pelo rei Cristiano IV, a torre redonda fez parte de um complexo que inclui também a igreja e a biblioteca universitária, hoje desativada. Aqui há um telescópio para observar as estrelas. Do alto dos 34,8m da torre, também é possível ter uma bela vista de Copenhague.

Den Lille Havfrue *(Little Mermaid)*

- Langelinie — Østerport

Surgida dos contos de Andersen, a Pequena Sereia é uma das figuras mais conhecidas e visitadas de Copenhague, apesar de ser apenas... uma pequena sereia – em cima de uma pedra dentro da água. Doada em 1913 à cidade por Carl Jacobsen, filho do fundador da cervejaria Carlsberg, a escultura teve a cabeça roubada duas vezes e, em outra ocasião, amanheceu sem o braço. Se você estiver por aqui em 23 de agosto, não deixe de visitá-la: é seu aniversário, e os dinamarqueses costumam comemorar. A moça se encontra no porto, próximo do Kastellet Park.

Museus

Nationalmuseet *(National Museum of Denmark)*

- Ny Vestergade 10
- Nationalmuseet Indgang (11A)
- www.natmus.dk — 3313.4411
- ter-dom 10h-17h — grátis

Museu mais importante do país, com exposições permanentes sobre a Pré-História, Idade Média, Renascença dinamarquesa e a Dinamarca do século 17. Apresenta também coleções de moedas e medalhas, antiguidades egípcias e uma exibição etnográfica com bonecos representando os vários povos do mundo. O acervo é grande.

Nationalmuseet

Frihedsmuseet
(Museum of Danish Resistance)

- Churchillparken 7
- Nordre Toldbod (991, 992)
- www.natmus.dk
- 4120.6291

O Museu da Resistência Dinamarquesa está fechado desde 2013 por causa de um incêndio, e um novo edifício está sendo construído no mesmo local – com previsão de abertura entre 2017 e 2018. O acervo não teve dano e está disponível para consulta no *Brede North of Copenhagen*, mas os documentos estão em dinamarquês e, no local, não há exposição; deve-se agendar pelo e-mail henrik.lundbak@natmus.dk.

Charlottenborg
(Royal Danish Academy of Fine Arts)

- Nyhavn 2
- Kongens Nytorv
- 3374.4639
- www.kunsthalcharlottenborg.dk
- ter/qui-dom 11h-17h, qua 11h-20h
- 60kr (Est, Id: 40kr | Cr: grátis)

Em frente à praça Kongens Nytorv, o palácio barroco do século 17 abriga exposições temporárias de arte contemporânea dinamarquesa e internacional. Aqui estão duas esculturas em homenagem ao poeta Adam Oehlenschläger e ao escritor Ludvig Holberg, personalidades do século 18. Na quarta-feira, funciona até as 20h, e a entrada é gratuita após as 17h. Ao lado fica o *Royal Theater*, sede do Ballet Real Dinamarquês.

Ny Carlsberg Glyptotek
(Ny Carlsberg Glyptotek)

- Dantes Plads 7
- 3341.8141
- Glyptoteket (1A, 2A, 11A, 40, 66)
- www.glyptoteket.dk
- ter-qua/sex-dom 11h-18h, qui 11h-22h
- 95kr (Cr: grátis) | ter grátis

O museu de esculturas Ny Carlsberg, criado a partir da coleção de Carl Jacobsen, herdeiro da cervejaria Carlsberg, tem uma enorme coleção de arte antiga e moderna. Dividido em duas partes, apresenta um acervo da cultura ocidental do Mediterrâneo e de arte dinamarquesa e francesa dos séculos 19 e 20, com esculturas de Rodin e Degas e pinturas de Gauguin, Van Gogh e Cézanne.

Statens Museum For Kunst
(National Gallery of Denmark)

- Solvgade 48-50
- Statens Museum For Kunst (6A, 42, 94N, 184, 185)
- www.smk.dk
- 3374.8494
- ter/qui-dom 10h-17h, qua 10h-20h
- exibições permanentes grátis | temporárias 110kr (Cr: grátis)

A Galeria Nacional da Dinamarca possui desenhos, pinturas e esculturas do século 17 até o 21, que representam a história artística e cultural dinamarquesa. O acervo tem obras de Matisse, Picasso e Rembrandt. Jovens entre 19 e 27 anos pagam 90kr.

QUEM É ESSE CARA
Hans Christian Andersen

Famoso por escrever as histórias do *Patinho Feio*, *O Soldadinho de Chumbo* e *A Pequena Sereia*, Andersen nasceu em 1805 em Odense, distante 160km de Copenhague, onde morreu, em 1875. Filho de um cozinheiro e uma lavadeira, foi incentivado desde pequeno pelo pai a desenvolver sua imaginação, brincando com teatro de marionetes. Mudou-se para Copenhague na adolescência, onde foi aceito no Teatro Real da Dinamarca. Depois, passou a se dedicar à literatura. Escreveu romances adultos, poesias e relatos de viagens, mas tornou-se famoso pelos contos de fadas – na época, livros para crianças eram raros. Suas obras foram traduzidas para mais de 150 idiomas.

Dansk Jødisk Museum *(Danish Jewish Museum)*

- Proviantpassagen 6
- Det Kongelige Bibliotek (11A)
- 3311.2218   www.jewmus.dk
- set-mai ter-sex 13h-16h, sáb-dom 12h-17h | jun-ago ter-dom 10h-17h
- uma exposição 50kr (Est, Id 40kr | Cr: grátis) | mais exposições 75kr (Est, Id 60kr | Cr: grátis)

Inaugurado em 2004, o Museu Judaico da Dinamarca retrata, por meio de filmes, áudios, obras de arte e fotografias, a história dos judeus no país durante os últimos quatro séculos. O local foi projetado pelo arquiteto Daniel Libeskind, responsável também pelo novo edifício do *Complexo World Trade Center*, em Nova York. Fecha em feriados judaicos.

Guinness World Records Museum

- Østergade 16
- Kongens Nytorv   3332.3131
- www.ripleys.com/copenhagen
- jul-ago seg-dom 10h-22h | set-jun dom-qui 10h-18h, sex-sáb 10h-20h   85kr (Cr: 68kr)

Baseado no livro dos recordes, exibe curiosidades como a réplica do homem mais alto do mundo, com 2,72m, e o bigode mais longo do mundo. É possível comprar ingresso único mais barato também para o Ripley's Believe it or Not, mas cuide: não estão exatamente próximos um do outro. Crianças menores de quatro anos não pagam.

Ripley's Believe it or Not

- Rådhuspladsen 57   3332.3131
- Rådhuspladsen (5A, 6A, 14)
- www.ripleys.com/copenhagen
- jul-ago seg-dom 10h-22h | set-jun dom-qui 10h-18h, sex-sáb 10h-20h   85kr (Cr: 68kr)

Inspirado no lendário programa de TV "Acredite se Quiser", mostra coisas reconhecidamente bizarras, como um bezerro de duas cabeças empalhado. O museu, pequeno, nem sempre agrada.

The World of Hans Christian Andersen

- 📍 Rådhuspladsen 57   📞 3332.3131
- 🚌 Rådhuspladsen (5A, 6A, 14)
- 💻 www.ripleys.com/copenhagen
- 🕐 jul-ago seg-dom 10h-22h | set-jun dom-qui 10h-18h, sex-sáb 10h-20h
- 💲 60kr (Cr: 40kr)

Hans Christian Andersen e seus contos de fadas marcaram nossa infância. Pois esse museu, situado junto ao Ripley's Believe it or Not, abriga uma exposição audiovisual cheia de efeitos de iluminação sobre as obras do escritor. As gravações, além do dinamarquês, estão disponíveis em inglês e alemão.

Igrejas

Vor Frelsers Kirke *(Church of Our Saviour)*

- 📍 Sankt Annæ Gade 29
- 🚌 Skt Annæ Gade (9A)
- 📞 3254.6883   💻 www.vorfrelserskirke.dk
- 🕐 seg-dom 11h-15h30
- 💲 40kr (Cr: 5kr)

A igreja com torre em caracol, inaugurada em 1696, oferece uma das melhores vistas da cidade, avistando inclusive Christiania. A torre (🕐 mar-abr/out-dez seg-dom 10h30-16h | mai-set seg-sáb 9h30-19h, dom 10h30-19h), com 90m de altura e 400 degraus, pode fechar em caso de chuvas, ventos fortes ou neve.

Vor Frue Kirke *(Church of Our Lady)*

- 📍 Nørregade 8
- 🚌 Strøget 8 (11A)   📞 3315.1078
- 💻 koebenhavnsdomkirke.dk
- 🕐 seg-dom 8h-17h
- 💲 grátis

A Catedral oficial de Copenhague foi construída em 1829, pelo reconhecido arquiteto dinamarquês Frederick Christian Hansen, após a destruição do prédio anterior, em 1807. Igreja luterana de estilo neoclássico, tem esculturas de Bertel Thorvaldsen, entre elas *Cristo e os 12 Apóstolos*.

Castelos

Christiansborg Palace

- 📍 Prins Jørgens Gård 1   📞 3392.6492
- 🚌 Christiansborg (1A, 2A, 26, 40, 66)
- 💻 www.christiansborg.dk
- 🕐 nov-mar seg-dom 10h-17h | out-abr ter-dom 10h-17h
- 💲 120kr (Est: 100kr | Cr: 60kr)

Casa do Parlamento e sede do governo nacional, serve também de escritório ao primeiro-ministro. Em estilo neobarroco, já é o terceiro palácio neste local, já que os dois anteriores queimaram inteiros. Os estábulos são a única parte remanescente da construção original. As ruínas embaixo do castelo também podem ser visitadas.

UM OLHAR MAIS ATENTO | À luz de velas

Visitadas geralmente durante o dia, as igrejas podem ser bastante românticas quando observadas à noite. Em Copenhague, os templos abrem ao público e ficam iluminados à luz de velas nos seguintes horários: **Vor Frue Kirke** quintas e sextas 20h-0h e domingos 19h-23h; **Helligaandskirken** sextas 19h-1h; **Trinitatis Kirke** terças 20h-23h e **Eliaskirken** sextas 20h-23h. Mais informações no site www.natkirken.dk.

Rosenborg Slot *(Rosenborg Castle)*

- 📍 Øster Voldgade 4A
- 🚌 Nørreport (6A, 42, 94N, 150S, 173E, 184, 185)
- ☎ 3315.3286
- 💻 www.dkks.dk
- 🕐 jan-abr/nov-dez ter-dom 10h-14h | mai/set-out seg-dom 10h-16h | jun-ago seg-dom 10h-17h
- 💲 90kr (Est: 60kr | Cr: grátis) | combinado com Amalienborg Slot 130kr

Construído em 1577 como residência de campo por Christian IV, foi expandido em 1624 e transformado em um castelo renascentista. No local, encontra-se a coleção real dinamarquesa de interiores: tapeçarias, retratos e o muito bem-guardado tesouro com as joias da Coroa. O castelo fica no meio dos jardins, que são os mais antigos da Dinamarca, datados do século 17. Bom lugar para descansar ao sol ou aproveitar um piquenique.

Amalienborg Slot *(Amalienborg Palace)*

- 📍 København K 1257
- Ⓜ Kongens Nytorv
- ☎ 3312.2186
- 💻 www.dkks.dk
- 🕐 jan-abr/nov-dez ter-dom 11h-16h | mai-out seg-dom 10h-16h
- 💲 90kr (Est: 60kr | Cr: grátis) | combinado com Rosenborg Slot 130kr

Residência da família real em Copenhague desde 1794, dividida em quatro mansões em estilo rococó. Em frente há uma praça, onde você encontra a estátua de Frederik V, rei da Dinamarca e da Noruega no século 18. A troca da guarda acontece às 12h, mas, se quiser assistir, é melhor chegar mais cedo.

Arredores

Karen Blixen Museet *(Karen Blixen Museum)*

- 📍 Rungsted Strandvej 111
- 🚌 Rungstedgård (388)
- ☎ 4557.1057
- 💻 www.blixen.dk
- 🕐 mai-set ter-dom 10h-17h | out-abr qua-sex 13h-16h, sáb-dom 11h-16h
- 💲 75kr (Cr: grátis)

Localizado em Rungstedlund, cidade a 25km ao norte de Copenhague, na qual se chega com trem direto, o museu fica na casa onde nasceu a escritora Karen Blixen. Depois de passar 17 anos como fazendeira na África, voltou para cá e aqui morreu, em 1962. Seu túmulo repousa no enorme quintal; nos aposentos da casa, há uma exposição sobre sua vida e obra. A história de Blixen virou filme em 1985, "Entre Dois Amores" (*Out of Africa*), com Meryl Streep incorporando a escritora no tempo em que viveu no Quênia. Imperdível para quem curtiu o filme ou o livro.

Arken *(Museum of Modern Art)*

- 📍 Skovvej 100
- 🚌 Arken (128)
- ☎ 4354.0222
- 💻 www.arken.dk
- 🕐 ter/qui-dom 10h-17h, qua 10h-21h
- 💲 95kr (Est: 75kr | Cr: grátis)

Distante 22km do centro de Copenhague, o Museu de Arte Moderna tem um acervo de 300 obras e abriga exposições temporárias. Inaugurado em 1996 com a presença da rainha Margrethe, o local também tem cinema, teatro e café.

Compras

Copenhague, capital da moda escandinava, oferece produtos para todos os gostos, mas prepare o bolso. Considerada uma das mais longas ruas de pedestres do mundo, a Strøget sedia desde grandes marcas dinamarquesas e internacionais até pequenas lojas de suvenires. Aproveite também as vias próximas: Købmagergade, Kronprinsensgade e Pilestræde. Um pouco afastadas do centro, as ruas Istedgade, Gammel Kongevej, Elmegade, Jægersborggade e Østerbrogade também têm boas butiques. Se você procura roupas e acessórios modernos, dirija-se às proximidades da rua Larsbjørnsstræde.

Comes & Bebes

Refeições são caras em Copenhague. As opções mais econômicas são os supermercados – os da rede *Netto* ou *Fakta* são os mais baratos. Outra alternativa são os lanches rápidos, como os cachorros-quentes vendidos nos carrinhos *Pølsevogn* (15-25kr), os kebabs (35kr), as pizzas (40-60kr) e os *bagels* (40-60k); muitos desses você encontra na rua Gothersgade, próximo ao canal Nyhavn. Não deixe de experimentar o *smørrenbrød,* o sanduíche aberto tipicamente dinamarquês. Saindo das ruas principais, é possível comer a partir de 60kr, o que já é um bom preço.

La Perla

- Landemærket 27
- Kronprinsessegade (11A, 81N, 250S)
- 3333.7005
- www.laperla.dk
- seg-sáb 11h30-22h
- 85-170kr

Refúgio italiano na Copenhague dos restaurantes caros. No almoço, menu especial por 79kr incluindo uma salada e um prato de massa. À la carte é um pouco mais caro, mas as porções são fartas e o preço ainda vale a pena: antepastos por 65-85kr, massas por 89-129kr e pizzas por 89-119kr. Vale experimentar o espaguete marinara (119kr) e a pizza de gorgonzola e presunto parma (98kr).

Dalle Valle

- Fiolstraede 3-5
- Nørreport St (1, 2)
- 3393.2929
- www.cafedallevalle.dk
- seg-dom 10h-0h
- 90-180kr

Além do buffet diário no almoço, por 79kr, e no jantar, por 119kr, esse restaurante oferece uma promoção que torna seus preços quase imbatíveis: 50% de desconto nos pratos à la carte de sábado a terça-feira, entre 17h-23h. O filé com batatas e molho (vinho tinto, cogumelos ou *béarnaise*) ou o salmão grelhado sairiam, nessa promoção, por 65kr. Atenção: eles compensam o baixo preço com a venda de bebidas mais caras. A qualidade não é excepcional, mas vale o custo-benefício.

Royal Smushi Cafe

- Amagertorv 6
- Kongens Nytorv st
- 3312.1122
- www.royalsmushicafe.dk
- seg-qui 10h-18h, sex-sáb 10h-19h, dom 11h-18h
- 100-250kr

A especialidade é o *smushi*, um sanduíche aberto em tamanho de sushi (ou seja, minúsculo); alguns sabores são o de peixe com gema de ovo, cebolinhas e rabanete e o de salmão com alho-poró. Um *smushi* custa 48kr, três 135kr. No cardápio também estão sopas (85-105kr), saladas (125kr), bolos e tortas (25-45kr).

Tight

- Hyskenstræde 10
- Strøget (11A)
- 3311.0900
- www.tight-cph.dk
- seg-qui 17h-22h, sex 17h-23h, sáb 12h-23h, dom 12h-22h
- 190-330kr

Restaurante descontraído, serve pratos da cozinha internacional (sobretudo francesa e australiana). Experimente o tartar de salmão (95kr) e o *surf 'n' turf* (300g de carne, espetinho de camarão, batata gratinada e salada; 225kr). O menu de degustação com 5 pratos custa 350kr (525kr com vinho).

Oliver And The Black Circus

- Teglgårdstræde 8A
- Nørreport
- www.oliverandtheblackcircus.com
- 7456.8888
- ter-sáb 17h30-1h
- 140-600kr

O restaurante mistura ingredientes tradicionais da gastronomia nórdica com elementos da cozinha moderna. No cardápio, vários pratos pequenos, tipo uma porção de entrada, a preço fixo (115k cada). Menus com 4 pratos custam 355kr (600kr com drinques e vinho) e com 6, 480kr (850kr).

O animado pub The Bird & The Churchkey

Noite

Copenhague é daquelas cidades que têm muitas opções para a noite, tanto no centro quanto em alguns bairros mais descolados. Uma boa maneira de se aproximar do estilo dos dinamarqueses é conhecer um *wine bar*. Se você prefere cerveja, também estará bem abastecido: a cidade é rodeada por ótimas cervejarias, onde são servidos pequenos petiscos. As festas começam tarde, não antes da meia-noite, e muitos lugares iniciam como pubs e depois colocam música alta – alguns são bem rígidos com a idade mínima, que varia de acordo com o dia da semana. O jazz é bem forte na capital dinamarquesa, e casas de show charmosas não faltam por aqui.

Festas & Pubs

Billy Booze

- Kattesundet 6
- Strøget (11A)
- 3312.2526
- www.billybooze.dk
- seg-qua 18h-3h, qui 18h-5h, sex-sáb 18h-6h
- 10-80kr

Mesas redondas e sofás vermelhos são o cenário desta noite moderninha. Abre pela tardinha, mas funciona mais como festa do que como bar. No menu, muitas bebidas e nada de petiscos.

Bibendum

- Nansensgade 45
- Nørreport (M1, M2)
- 3333.0774
- www.bibendum.dk
- seg-sáb 16h-0h
- 65-150kr a taça de vinho

A simpática casa de vinhos, que funciona também como restaurante, é decorada com mesas de madeira, luzes baixas e muitas garrafas. Você é capaz de ficar horas olhando o cardápio, cheio de bebidas de diversos países.

The Bird & The Churchkey

- Gammel Strand 44
- www.thebird.dk
- Stormbroen, Nationalmuseet (1A, 2A, 26, 40, 66)
- ter-qui 16h-2h, sex-sáb 14h-4h
- 40-200kr

O pub mistura os estilos londrino e escandinavo: mesas e cadeiras de madeira, poltronas de couro e pelegos para esquentar no frio. No cardápio, cervejas e gim. Há mesinhas na rua nos dias bonitos.

Zefside

- Frederiksholms Kanal 4
- Stormbroen, Nationalmuseet (11A)
- 2846.8987
- www.zefside.dk
- qui/sáb 20h-5h, sex 16h-5h
- a partir de 70kr

Em um porão de 220m² está uma das noites mais animadas da cidade. O lugar inicia como um bar de coquetéis e, conforme vai anoitecendo, se transforma em festa, com música e dança.

Espetáculos

Jazzhouse

- 📍 Niels Hemmingsens Gade 10
- 🚇 Strøget (11A) ☎ 3315.4700
- 💻 www.jazzhouse.dk $ 60-400kr

A charmosa casa de jazz contemporâneo, decorada em tons de verde e azul, foi inaugurada em 1990 e reformada em 2012. O lugar é pequeno e as mesas são próximas do palco e do bar. É possível comprar os ingressos pela internet.

Jazz Hus Montmartre

- 📍 Store Regnegade 19A 🚇 Borgergade (11A, 81N)
- ☎ 7026.3267   💻 www.jazzhusmontmartre.dk
- 🕐 ter-dom 17h30-23h30 $ 80-400kr

Famoso nos anos 60 e 70 e reaberto em 2010, o lugar é um clássico na história do jazz. Por aqui passaram nomes como Dexter Gordon, Ben Webster e Stan Getz. Os ingressos podem ser comprados pela internet e, se você quiser jantar antes do show, reserve uma mesa.

The Royal Danish Theatre

- 📍 Kongens Nytorv 9 Ⓜ Kongens Nytorv (M1, M2)
- ☎ 3369.6933   💻 www.kglteater.dk
- 🕐 varia de acordo com a programação
- $ 40-750kr

O Teatro Real Dinamarquês foi inaugurado em 1748, com o propósito de ser uma instituição artística. Oficialmente conhecido como o teatro do rei, o lugar compreende o *Old Stage*, teatro original, de 1874, a *Opera House*, construída em 2004 e o *Royal Danish Playhouse,* construído em 2008. Aqui acontecem concertos, óperas e apresentações de balé.

Hotéis & Albergues

Existem muitos hotéis no estilo escandinavo: limpos, arejados, com banheiro e tudo mais, mas sem muitas frescuras. Na rua Istedgade (atrás da estação), há uma grande concentração de hotéis de 2 e 3 estrelas a preços competitivos. Têm por hábito disponibilizar rede wi-fi gratuita e aluguel de bicicletas. Já o café da manhã varia bastante, sendo cobrado à parte em muitos hotéis e albergues.

City Public Hostel

- 📍 Absalonsgade 8
- ☎ 3698.1166
- 🚇 Vesterbros Torv (6A, 26, 93N)
- 💻 www.citypublichostel.dk
- 👤 206 camas 🍴 não oferece
- $ dorms 66p 130kr, 22p 140kr, 12p 160kr

Alternativa para quem procura hospedagem barata, funciona entre maio e agosto e aceita pagamento somente em dinheiro. Está a pouco mais de 10min da estação central da cidade. A cozinha pode ser usada do meio-dia até a meia-noite. Oferece rede wi-fi gratuita, mas para usar os computadores do albergue é cobrada taxa. Aluga lençóis, travesseiros e toalha, 10kr cada. Tem área externa para fazer churrasco. Sim, realmente existe um dormitório para 66 pessoas.

Danhostel Copenhagen Amager

- 📍 Vejlandsallæ 200
- ☎ 3252.2908
- 🚇 Vandrerhjem (København) (250S)
- 💻 www.copenhagenyouthhostel.dk
- 👤 524 camas 🍴 60kr
- $ dorms 160kr | quartos 2p 430/530kr (sem/com banheiro)

Albergue HI. Está a 4km do centro, tendo estação de ônibus e de metrô nas proximidades. Conta com cozinha, lavanderia, cafeteria e sala de TV disponíveis. Lençóis 45kr e toalha 15kr. Vende doces e bebidas em máquinas automáticas, aluga bicicletas e dispõe de estacionamento grátis. Alguns hóspedes se queixam das paredes finas e do barulho. Atendimento nem sempre cordial, e o local (enorme, diga-se de passagem) recebe muitas famílias com crianças. *Lock-out* entre 10h e 13h, quando os hóspedes devem sair do albergue.

Generator

- Adelgade 5-7
- 7877.5400
- Borgergade (11A, 81N)
- www.generatorhostels.com
- 600 camas
- 75kr (desconto de 10kr se for solicitado na hora do check-in)
- $ dorms 8p 170-315kr, 6p 190-340kr | quartos 1p 555-1.140kr, 2p 560-1.340kr

Novo, com ambiente moderno e descontraído, esse albergue está nas imediações do Palácio Rosenborg. Todos os quartos têm banheiro e as camas possuem luz e tomada individual. Não tem cozinha, mas oferece jantar. Dispõe de lavanderia e guarda-volumes, ambos pagos separadamente. Recepção 24h, wi-fi gratuito em todas as áreas. Conta com um *lounge* onde rolam festas até de madrugada. Tem um bar no terraço, onde é possível praticar petanca (*pétanque*, em francês), uma espécie de bocha com pequenas bolas de metal e madeira. Diárias são mais caras no final de semana.

Jørgensen

- Rømersgade 11
- 3313.8186
- Nørreport
- www.hoteljoergensen.dk
- 150 camas
- 45kr
- $ dorms 10p-6p 170/200kr (dias de semana/final de semana)

Está a apenas 2min a pé da estação do metrô Nørreport, no centro de Copenhague. Funciona como hotel e albergue. Os quartos não são muito amplos e os banheiros, de uso comum, são bem básicos. Café da manhã bom, no estilo buffet. Lençóis 30kr.

Danhostel Copenhagen City

- Andersens Boulevard 50
- 3311.8588
- Otto Mønsteds Plads (5A, 250S)
- www.danhostelcopenhagencity.dk
- 1020 camas
- 74kr
- $ dorms 10p 181kr/260kr | quartos 2p 500/715kr, 3p 640/850kr (baixa/alta temporada)

Dormitório no Copenhagen Downtown Hostel

Albergue HI, está localizado no centro, bem perto da estação central de trem. Todos os quartos têm banheiro privativo e rede wi-fi. Aluguel de lençóis e toalhas 60kr, apenas toalhas 10kr. Oferece almoço ou jantar por 75kr. Conta com cozinha equipada, *playground* para crianças e aluguel de bicicletas. Os valores podem variar de acordo com a lotação do lugar. Sem carteirinha de sócio, tem adicional de 35kr por noite.

Copenhagen Downtown Hostel

- Vandkunsten 5
- 7923.2110
- København H (Central Station)
- www.copenhagendowntown.com
- 365 camas
- 65kr
- dorms 10p 250kr, 6p 290kr, 4p 300kr | quartos 2p 430kr, 3p 370kr

No centro, próximo ao Parque Tivoli. Tem quartos privados para 1 a 5 pessoas e dormitórios compartilhados de 4 a 10 pessoas, com ou sem banheiro. O diferencial aqui fica por conta do jantar grátis oferecido todas as noites, a partir das 18h30 – apesar de simples, a refeição é uma boa para viajantes a fim de guardar uma grana, mas atenção, chegue cedo. Bem variado, o café da manhã é pago e no estilo *"all you can eat"*. O bar, bastante agitado, sempre oferece atividades durante a noite. Tem cozinha, disponibiliza iPads, livros e DVDs na recepção e aluga bicicletas. A limpeza dos quartos e dos banheiros costuma ser bastante elogiada. Valor da hospedagem varia conforme a época do ano e o dia da semana.

Wake Up - Carsten Niebuhrs Gade

- Carsten Niebuhrs Gade 11
- 4480.0000
- København H (Central Station)
- www.wakeupcopenhagen.com
- 510 quartos
- 70kr
- quartos 1p 400/550kr, 2p 500/650kr

Localizado ao lado da estação central, tem instalações novas e oferece quartos equipados com TV, mesa de trabalho e ar-condicionado. Com acréscimo na tarifa, é possível se hospedar nos quartos dos andares mais altos, o que garante uma boa vista. Disponibiliza bicicletas para alugar e um bar, que vende lanches e bebidas. A rede também tem outro hotel, o *Borgergade*, com preços mais elevados.

Cab Inn City Hotel

- Mitchellsgade 14
- Polititorvet (5A)
- 3346.1616
- www.cab-inn.dk
- 352 quartos
- 60kr
- quartos 1p 485/745kr, 2p 615/875kr

Localizado no centro da cidade, possui quartos com banheiro, TV e telefone. A rede tem mais três hotéis, o *Cab Inn Copenhagen Express* (Danasvej 32, fechado no inverno), o *Cab Inn Scandinavia* (Vodroffsvej 55) e o *Cab Inn Metro* (Arne Jacobsens Allé 2), todos com preços iguais. Quartos e banheiros muito pequenos. Possui máquinas de venda automática na recepção, com bebidas, lanches e frutas.

Absalon Hotel

- Helgolandsgade 15
- 3324.2211
- København H
- www.absalon-hotel.dk
- 186 quartos
- incluído
- quartos 1p 795/1.295kr, 2p 895/1.400kr (baixa/alta temporada)

Fica no bairro Vesterbro, perto da estação central e do Tivoli. As ruas ao redor, durante a noite, podem ser um pouco perigosas. O café da manhã, bem variado, é elogiado por antigos hóspedes. Todos os quartos têm equipamento à disposição para fazer chá e café. As acomodações de fundo são menos barulhentas. Oferece aluguel de bicicletas. *Staff* atencioso.

ROSKILDE

Antiga capital da Dinamarca, distante 35km a oeste de Copenhague, Roskilde pode ser visitada em um dia. A cidade, com quase 50 mil habitantes, possui pelo menos dois bons museus e uma importante catedral; porém, é mais conhecida pelo seu evento de rock, o *Roskilde Festival*, que acontece no final de junho. Se a ideia é dormir por aqui, há hostels e hotéis, mas nem sempre centrais. Boas alternativas, tanto pela localização quanto pelo preço, são o *bed & breakfast Roskilde C* (Skomagergade 10) e o *Danhostel Roskilde* (Vindeboder 7).

Atrações

The Viking Ship Museum (Vindeboder 12; seg-dom 10h-16h; 115kr) conta sobre a descoberta e o restauro de cinco navios encontrados em 1962. A **Dom Kirke** (Domkirkestræde 10; abr-set seg-sáb 9h-17h, dom 12h30-17h | out-mar ter-sáb 10h-16h, dom 12h30-16h; 60kr), catedral localizada no centro, foi tombada como Patrimônio Mundial da Unesco e tem enterrados 39 reis e rainhas. Perto, está o **Museum of Contemporary Art** (Stændertorvet 3D; ter-dom 12h-16h; 40kr), museu dedicado à arte contemporânea, com foco em performances, novas mídias e arte sonora e social. Há também passeios de barco ao redor do Fiorde de Roskilde. Claro, se você estiver por aqui no final de junho, programe-se para conferir o **Roskilde Festival**, evento criado em 1971 que já teve a participação de Bob Marley, U2 e Metallica. Um dia é suficiente para conhecer as principais atrações. Site da cidade: www.visitroskilde.com.

ODENSE

Quem gosta da magia dos contos de fadas vai curtir Odense. A cidade onde Hans Christian Andersen nasceu fica na ilha de Funen, a oeste de Copenhague – distante 1h30 de trem. O terceiro maior município da Dinamarca tem 190 mil habitantes e abriga dois museus sobre o "filho famoso".

Atrações

O **H.C. Andersen's Childhood Home** (Munkemøllestræde 3-5; set-jun ter-dom 11h-15h | jul-ago seg-dom 10h-15h; 60kr) fica na modesta casa onde o escritor nasceu e reconstrói os ambientes tais como eram quando ali vivia; com o mesmo horário de funcionamento, o **The Hans Christian Andersen Museum** (Bangs Boder; 30kr) tem exposição sobre a sua vida e o seu trabalho. Odense também tem uma catedral, **Sankt Knuds Kirke** (Klosterbakken 2; abr-out seg-sáb 10h-17h, dom 12h-16h | nov-mar seg-dom 12h-16h), localizada em uma agradável área verde. O **Danish Railway Museum** (Dannebrogsgade 24; seg-dom 10h-16h; 60kr) é um museu sobre transporte ferroviário, localizado em uma antiga estação de trem. Já **The Funen Village** (Sejerskovvej 20; ter-dom 10h-18h; 60kr) reproduz uma vila com casas dos séculos 18 e 19. Mais informações em www.visitodense.com.

Passeios

Egeskov Slot

Ao sul da ilha de Funen, a apenas 33km de Odense, está um cenário de contos de fadas. Em estilo renascentista, o preservado **Castelo de Egeskov** (Egeskov Gade 18; mai-jun/set 10h-17h | jul 10h-19h | ago 10h-18h; 180kr | Cr: 95kr) foi erguido em 1554 e desde o final do século 18 pertence à família Bille, que em 1980 o abriu para visitação. A fortaleza tem belos jardins, um enorme espelho d'água e aposentos imponentes. Mas a principal atração fica por conta da **Titania's Palace**, inspirada em um palácio e conhecida como a maior casa de bonecas do mundo. Segundo a lenda, a casa foi encomendada por um abastado irlandês, que em 1922 a presenteou à filha. Leiloada em 1978, a miniatura foi comprada pela Legoland dinamarquesa, e lá ficou exposta até 2007, quando foi emprestada e transferida para o Castelo de Egeskov. Para chegar até aqui partindo de Odense, pegue um trem até Kværndrup e de lá o ônibus 920, que percorrerá cerca de 2,5km até chegar ao castelo.

Blåvand

A 164km de Odense, o emblemático vilarejo litorâneo de Blåvand, com cerca de 200 habitantes e 500 casas de veraneio, preserva *bunkers* dos tempos da Segunda Guerra Mundial. Construídas pelas forças alemãs na costa ocidental da Europa, do norte da Espanha até a Noruega, as fortificações tinham o objetivo de inibir as invasões por água dos Aliados. Passados 70 anos, os abrigos antibombas seguem na praia, e têm a forma de cavalos de ferro. Previsto para 2016, o Bunker Museum será um moderno complexo que retratará a ocupação da Dinamarca durante a Segunda Guerra Mundial. Construído em 1900, o **Blåvand Fyr** é um farol de 39m, de onde se pode ter uma boa vista da praia, muito frequentada por surfistas.

AARHUS

A segunda maior cidade da Dinamarca, com 315 mil habitantes – dos quais mais de 40 mil são universitários –, é dona de uma atmosfera vibrante. É também um importante centro artístico e cultural, que impressiona os visitantes. Bons museus, festivais e uma rica seleção de cafés e restaurantes são alguns atributos desse lugar, que se autodenomina "a cidade com tudo que você pode sonhar".

A Cidade

Distante 3h de trem da capital, Aarhus ainda é pouco visitada por brasileiros. A cidade, jovem e boêmia, não é muito grande: pode-se chegar a quase tudo a pé, e a companhia de um mapa básico ajuda. Se você estiver por aqui no verão, traga roupa de banho: Aarhus tem praias com mar azul e areia branquinha. O *Aarhus Card* (129kr/24h e 179kr/48h), cartão da cidade, isenta o ingresso em alguns museus e oferece desconto em outros, mas só vale a pena se você pretende visitar várias atrações. Se você tem pouco tempo por aqui e quer sentir a atmosfera local, ande pelas ruas Søndergade, Frederiksgade e Aboulevarden. O centro de informações fica na Banegårdspladsen 20; pela internet: www.visitaarhus.com.

Atrações

Aarhus tem espírito jovial, mas não se engane: esta é uma das cidades mais antigas da região. As escavações indicam que aqui existiu um povoado viking cuja história pode ser conhecida no **Viking Museum** (ter/qui-dom 10h-17h, qua 10h-21h; grátis), localizado junto à praça central e criado a partir das escavações arqueológicas feitas no próprio local. Na mesma praça fica a **Domkirke** (mai-set seg-sáb 10h30-16h | out-abr seg-sáb 10h-15h; grátis), catedral em estilo românico, com tijolos escuros e telhados verdes, considerada a maior do país, com 93m de altura. Junto à igreja estão o **Aarhus Theater**, construído no final do século 19 em estilo *art nouveau*, e o **Kvindemuseet** (ter/qui-sáb 10h-17h, qua 10h-20h, dom 10h-16h; 50kr), museu dedicado às mulheres, composto por objetos e fotos que contam as fases da vida feminina. O **ARoS Aarhus Kunstmuseum** (Aros Allé 2; ter/qui-dom 10h-17h, qua 10h-22h; 110kr) é um enorme prédio pós-moderno que abriga o Museu de Arte de Aarhus, cuja coleção tem mais de mil pinturas, 400 esculturas e instalações e 7 mil desenhos. Os destaques vão para a passarela circular panorâmica, no último dos nove andares do museu, chamada de *Your Rainbow Panorama*, de Olafur Eliasson; e *Boy*, a escultura do menino de 500kg e 5m de altura do australiano Ron Mueck. O museu ao ar livre **Den Gamle By Museum** (Viborgvej 2; jan-mar 11h-15h, abr-dez 10h-17h 110kr) reúne 75 casas autênticas de toda a Dinamarca, formando uma cidade como nos tempos antigos; aqui há também uma exposição com brinquedos dos séculos 17 a 20. Mais afastado, a 30min do centro, o **Moesgård Museum** (Moesgård Allé 20; abr-set seg-dom 10h-17h | out-mar ter-dom 10h-16h; 110kr) é um museu sobre a pré-história dinamarquesa. Também distante, a 50min de Aarhus, no município de Odder, o **Odder Museum** (Møllevej 3-5, ter-sex 13h-16h, sáb-dom 13h-17h, 30kr) recebe exposições sobre a história local e preserva um moinho, um estábulo e a casa do moleiro, usados até 1955. Também conta com uma mostra sobre caça.

Passeios

Legoland

Paixão de crianças e adultos, Legoland é destino certo das famílias nórdicas e permite até duvidar que a taxa de natalidade no país seja tão baixa. Você vai se sentir como Gulliver em Lilliput (com a vantagem de não levar flechadas). Localizado na cidade de Billund, a 246km da capital e a 100km de Aarhus, o primeiro parque temático Lego do mundo (sim, o Lego foi criado na Dinamarca) tem atrações como safári, barco pirata e montanha russa. É indicado para crianças, mas, na real, pode ser divertido para todas as idades. O parque já soma mais de 59 milhões (sim, milhões) de peças Lego – ao longo de toda a sua história, a empresa produziu mais de 320 bilhões de peças, o equivalente a uma média de 52 peças por habitante do planeta. A maior atração é *Miniland*, uma impressionante reprodução, em miniatura, de atrativos de todo o mundo. Outros destaques são *Star Wars*, *Pirate Land*, *Knight's Castle* e o cinema 4D. O parque é distante e pode ser difícil ir e voltar no mesmo dia. É possível se hospedar em um resort da própria Legoland, com quartos temáticos, ou em um dos hotéis de Billund. É recomendado fazer reserva com certa antecedência, principalmente nos meses de julho e agosto. Para chegar lá de transporte público, suba, em Copenhague ou em Aarhus, num trem para a estação de Vejle (cerca de 3h e 45min de viagem, respectivamente); desta, pegue o ônibus 143 em direção ao aeroporto de Billund e desça na parada da Legoland. No parque, ingressos custam 329kr (Id, Cr: 299kr), mas você pode conseguir descontos na internet. O Legoland abre, em geral, abr-out seg-sex 10h-18h, sáb-dom 10h-20h, mas os horários são bem irregulares e há dias em que o parque fica fechado. Mais informações, consulte o site www.legoland.dk.

Comes & Bebes

Apesar de ser uma cidade pequena, Aarhus apresenta uma boa variedade de restaurantes. Muitos oferecem preços especiais para estudantes – a maioria para os jovens locais, mas não custa tentar pedir um desconto. Evite os restaurantes na beira do canal no centro da cidade, geralmente cobram um preço desproporcional à qualidade. O restaurante *Valhalla* (Åboulevarden 35) é uma das exceções: buffet simples com bebida incluída por 99kr. Já o *Det Grønne Hjørne* (Frederiksgaade 60) oferece um buffet bem completo com comida mediterrânea e do Oriente Médio por 79kr.

Hotéis & Albergues

De modo geral, as acomodações estão concentradas no centro da cidade, perto das estações ferroviária e rodoviária. O albergue **City Sleep-In** (Havnegade 20; dorms 6p 180kr, quartos 2p 450/500kr – sem/com banheiro) fica localizado na região central, o que permite conhecer muito da cidade sem ter de pegar ônibus ou táxi. Tem cozinha, sala de TV, mesa de sinuca e quintal com churrasqueira. O café da manhã é orgânico e pode-se solicitar alimentos sem glúten. O **Cabinn Hotel Aarhus** (Kannikegade 14; quartos 1p 495kr, 2p 705kr) é bem central, também. Os quartos são pequenos, com banheiro, telefone e utensílios para preparo de café e chá. Disponibiliza computadores no *lobby* e vende bebidas e lanches na recepção.

Pode não parecer, mas é Lego!

Estocolmo e uma de suas 14 pontes

> www.visitsweden.com

SUÉCIA

A Suécia fica no centro da Escandinávia, entre a Noruega e a Finlândia, acima da Dinamarca. A paisagem da região, formada por lagos, florestas e fiordes, se assemelha à dos demais Países Nórdicos. Graças a um eficiente *welfare state* – programa de previdência e bem-estar social –, o padrão de vida dos suecos é um pouco mais elevado que o das outras populações escandinavas. Para nós, viajantes brasileiros, isso significa um país caro; para os países fronteiriços – segundo os quais os suecos manifestam uma velada superioridade –, é motivo de uma acirrada competitividade (mais ou menos como Brasil e Argentina). É fato que, numa disputa, a Suécia até pode perder na exuberância da paisagem para a Noruega, na simpatia do povo para a Finlândia e no agito para a Dinamarca; ganha de todos, porém, na beleza da capital: Estocolmo é, sem dúvida, a mais charmosa cidade da Escandinávia. E ainda há outras localidades interessantes, como Gotemburgo, com atrações e museus de respeito, e Malmö, solo do talvez mais moderno e arrojado prédio dos Nórdicos. E o norte do país, se carece de centros urbanos impactantes, é a região propícia para admirar o emblemático sol da meia-noite.

Que país é esse

- *Nome:* Reino da Suécia | Konungariket Sverige | Kingdom of Sweden
- *Área:* 449.964km²
- *População:* 9,6 milhões
- *Capital:* Estocolmo
- *Língua:* Sueco
- *Moeda:* Coroa Sueca
- *PIB:* US$ 570,59 bilhões
- *Renda per capita:* US$ 58.887
- *IDH:* 0,898 (12º lugar)
- *Forma de Governo:* Monarquia Constitucional

SUÉCIA

Barbadas e Roubadas

➕ Apreciar Estocolmo: o centro histórico, os canais, a cidade inteirinha

➕ Descobrir os diferentes museus de Gotemburgo e os prédios modernos de Malmö

➕ Admirar, por que não?, a beleza de homens e mulheres (Ingrid Bergman e Greta Garbo, afinal, eram suecas)

➕ Deixar-se impressionar pelo sol da meia-noite nas montanhas do norte

➖ Não conseguir dormir... pela claridade do sol que não se põe...

➖ Preços...

Boulevard Strandvägen, Estocolmo

ESTOCOLMO

As 14 ilhas que formam Estocolmo (*Stockholm*, em sueco e inglês) e seus canais garantem a essa cidade de cenários excepcionais o título de a mais charmosa capital escandinava – e, sem dúvida, a reputação de dona de uma das mais bonitas paisagens urbanas da Europa. Se o inverno pode conceder o apaziguador branco da neve, num frio intenso mas tolerável, o verão proporciona uma luz contínua até o fim do dia, exibindo o ensaio do sol da meia-noite que ocorre no norte do país. Com mais de 800 mil habitantes, a capital sueca engloba um imperdível centro histórico, formado por ruas estreitas e medievais, uma verdadeira atração gratuita numa cidade que não é lá das mais baratas.

A Cidade

Estocolmo é formada por diversas ilhas: *Gamla Stan*, que corresponde ao núcleo histórico, é a ilha central e a que concentra o maior número de atrativos; ao sul se encontra *Södermalm*, uma área menos turística e mais barata; e ao norte, *Norrmalm*, considerado o centro comercial da cidade. Nessa região, cortada de norte a sul pela *rua Drottningatan*, exclusiva para pedestres, você encontra a estação de trem, lojas, restaurantes e alguns museus. Entre Norrmalm e Södermalm existem, além de Gamla Stan, outras ilhotas: a oeste, *Långholmen*, com uma enorme área verde, e ao leste, *Skeppsholmen* e *Djurgården*, esta com o parque Skansen e o Museu Vasa, com o navio homônimo.

Informações turísticas

A poucas quadras da Estação Central fica o *Stockholm Visitor Centre*, o centro de informações turísticas oficial. Dentro do shopping Gallerian está o *Stockholm Info*, que, além de serviços semelhantes, ainda aluga bicicletas.

Stockholm Visitor Center
- Sergels Torg 5   5082.8508
- seg-sex 9h-18h (mai-ago até 19h), sáb 9h-16h, dom 10h-16h

Stockholm Info – Gallerian
- Kungsgatan 37   5333.7300
- www.gallerian.se
- seg-sex 10h-20h, sáb 10h-18h, dom 11h-18h

Pela internet
- www.visitstockholm.com

Cartão da cidade O *Stockholm Card* inclui transporte público, entrada em 80 atrações e passeio pelos canais da cidade. Os bilhetes têm duração entre 24h e 120h, e os preços variam de 765kr a 1.150kr (Cr: 335kr a 435kr). Está à venda nos postos de informações turísticas e pelo site www.visitstockholm.com – se optar por comprar pela internet, escolha retirá-lo em Estocolmo: o frete para o Brasil é de 75kr.

Tours

A pé O *Free Tour Stockholm* (www.freetourstockholm.com) oferece três passeios diários pela cidade: às 10h, o *City Tour* passa pela área principal, às 13h, o *Söder Tour* vai ao boêmio bairro de Södermalm, e, às 16h, o *Old Town Tour* visita a parte histórica; cada um leva em torno de 1h30.

De ônibus O *Stockholm Red Buses* (www.redsightseeing.com), ônibus no estilo *hop-on/hop-off*, inclui mais de 20 paradas nos principais pontos da cidade. O bilhete para 24h sai por 260kr (Cr: 50kr) e para 72h, 350kr (Cr: 50kr). Há ainda a *Stockholm Panorama* (www.stromma.se), que dura 1h15 e custa 280kr (Cr: 140kr).

De barco Os passeios de barco saem da plataforma Stadhusbron, ao lado da prefeitura, ou de Strömkajen e de Nybroplan, a poucas quadras dali. Há vários roteiros e horários, que levam de 50min a 3h e custam de 140kr a 250kr. Passeios combinados (ônibus + barco) saem por 390kr (2h30) ou, incluindo arredores de Estocolmo, por 450kr (3h30). O site www.stromma.se apresenta diversas modalidades de passeios.

De bicicleta A agência *Bike Sweden* (www.bikesweden.se) oferece dois passeios de bicicleta por 300kr, cada: um passa pelos pontos turísticos e o outro, pelo National City Park, importante área verde da cidade. Pelo mesmo valor, o *Stockholm Bike Tours* (www.stockholmadventures.com) também organiza tours.

PEQUENO DICIONÁRIO VIAJANTE PORTUGUÊS-SUECO

FALO MAL MAS SOU EDUCADO
Oi - *Hej*
Tchau - *Adjö*
Por Favor - *Snälla, vänligen*
Obrigado - *Tack*
Desculpe/Com licença - *Ursäkta mig*

SOBREVIVÊNCIA
Sim - *Ja*
Não - *Nej*
Socorro - *Hjälp!*
Quanto custa? - *Hur mycket kostar den?*
Onde fica...? - *Var finns...?*
Caro - *Dyr*
Barato - *Billig*
Esquerda - *Vänster*
Direita - *Höger*

COISAS E LUGARES
Aeroporto - *Flyghamn*
Água - *Vatten*
Albergue - *Vandrarhem*
Banheiro - *Badhus/toalett*
Barco - *Båten*
Cerveja - *Öl*
Comida - *Mat, maträtt*
Correio - *Postkontoret*
Estação - *Station*
Farmácia - *Apotek*
Hospital - *Sjukhem*
Mapa - *Karta*
Mercado - *Marknaden*
Ônibus - *Bussen*
Posto Policial - *Polisstation*
Praça - *Torg*
Restaurante - *Restaurang*
Rua - *Gata*
Trem - *Tåget*

CONTANDO
Um - *Ett*
Dois - *Två*
Três - *Tre*
Quatro - *Fyra*
Cinco - *Fem*
Seis - *Sex*
Sete - *Sju*
Oito - *Åtta*
Nove - *Nio*
Dez - *Tio*

A SEMANA
Segunda - *Måndag*
Terça - *Tisdag*
Quarta - *Onsdag*
Quinta - *Torsdag*
Sexta - *Fredag*
Sábado - *Lördag*
Domingo - *Söndag*

ESTOCOLMO

Chegando e saindo

De avião Estocolmo tem quatro aeroportos. *Stockholm Arlanda Airport*, o principal, fica 42km ao norte da cidade. Se chega ou sai de lá de trem, o *Arlanda Express* (www.arlandaexpress.com), que parte da *Stockholm Central Station* e faz o trajeto em 20min, por 280kr (gratuito com passe de trem); e ônibus (www.flygbussarna.se), 119kr. O *Bromma Stockholm Airport* é o mais central, a apenas 8km a oeste de Estocolmo, e opera voos locais. O *Stockholm Västerås Flygplats* fica 85km a nordeste da capital, e o *Stockholm Skavasta Airport*, que recebe os voos de baixo custo, 100km ao sul.

De trem A *Stockholm Central Station*, estação central de trem, fica no meio da cidade, conectada com todas as linhas de metrô e a 10min a pé da Gamla Stan, a Cidade Velha. Destinos frequentes são Uppsala (40min), Gotemburgo (3h-4h45), Malmö (4h20), Copenhague (5h20), Oslo (6h30-8h30) e Gällivare (15h-18h).

De ônibus O *Cityterminalen*, terminal de ônibus, fica em frente à *Stockholm Central Station*. Daqui partem 800 ônibus diários para as cidades da região e capitais próximas. Aberto das 3h30 à 0h15.

De barco Os *ferries* de/para Finlândia chegam/saem de pontos diferentes, que variam de acordo com a companhia. Na rua Stadsgårdsleden (metrô T-Slussen), na ilha de Södermal, ficam os terminais da empresa *Birka Cruises* (www.birka.se), responsável pelos *ferries* que vão à ilha de Mariehamn, e da *Viking Line* (www.vikingline.se), que viaja para Helsinque e Turku. Um ônibus do escritório da *Viking Line Cityterminalen*, próximo à estação de trem, traz você até aqui. A empresa *Silja Line* (www.tallinksilja.com) opera em dois terminais: do Värtahamnen (metrô T-Gärdet), para Helsinque e Turku, e do Frihamnen para Riga, na Letônia. Para estes dois destinos, o tempo de viagem é, respectivamente, 10h e 16h30, em confortáveis barcos com trajetos incluídos no passe de trem.

Circulando

O sistema de transporte é integrado: o ticket é o mesmo para todos os meios e um bilhete simples custa 36kr nas lojas de conveniência Pressbyran (no caixa do metrô sai por 44kr), válido por 1h. Útil pode ser o *SL Tourist Card*, que permite utilizar o transporte público de forma ilimitada; custa 115kr para 24h e 230kr para 72h.

A pé Estocolmo é um bom lugar para conhecer caminhando. Ande pela região de Gamla Stan, Östermalm, Södermalm, Djurgården e Skeppsholmen.

Tram Existem cinco rotas em Estocolmo. A preferida dos turistas é a Djurgårdslinjen (7N), bonde em estilo retrô, que vai de Norrmalmstorg a Waldemarsudde.

Metrô As três linhas de metrô (chamado de *Tunnelbana*, indicado pela letra "T") são sinalizadas pelas cores vermelha, azul e verde. As mais de 100 estações costumam ser muito bem decoradas, uma espécie de galeria de arte em cada parada.

Ônibus Os veículos vermelhos circulam pela área urbana, e os azuis vão para as regiões mais afastadas. Lembre-se de comprar o bilhete antes de embarcar.

Táxi Não existe um valor padrão para as tarifas, que podem variar bastante. Antes de embarcar, confira na janela traseira a tabela amarela, que indica o custo para 10km. Para o aeroporto, os motoristas costumam determinar um preço fixo, mas combine antecipadamente. A maioria aceita cartões de crédito.

Barco Os *ferries* conectam as ilhas de Estocolmo, mas são uma opção menos prática como meio de transporte.

Bicicleta Espalhada por mais de 100 pontos da cidade, a rede *City Bikes* (www.citybikes.se) aluga bicicletas por até 3h por meio de um cartão, com validade de três dias (165kr) ou de seis meses (300kr). Funciona entre 6h-22h. Em frente ao Swedish History Museum, no Narvavägen 17-19, o *Bike Sweden* (www.bikesweden.se) aluga por 1h (70kr), 3h (190kr) e 24h (270kr). No *Rent a Bike* (www.rentabike.se), a primeira hora sai por 80kr, mais 60kr por hora adicional – ou 24h por 280kr.

Atrações

Gamla Stan, uma ilha no meio da cidade, é a região mais atrativa de Estocolmo e pode ser percorrida a pé. Conhecida como Centro Antigo, reúne a Storkyrkan (Catedral), o Kungliga Slottet (Palácio Real) e o Nobel Museum, além de muitos bares e lojas. Outra área agradável da cidade é a ilha Djurgarden, com o Vasamuseet, Nordiska Museet e Skansen.

Storkyrkan *(Stockholm Cathedral)*

- Trångsund 1
- 8723.3000
- Riddarhustorget (3, 53)
- www.stockholmsdomkyrkoforsamling.se
- seg-dom 9h-16h
- 40kr (Id: 30kr | Cr: grátis)

Catedral em estilo gótico e barroco, converteu-se em igreja luterana no século 16, após a Reforma Protestante. Foi aqui que o príncipe Carl XVI Gustaf casou-se com a filha-de-brasileira Silvia Sommerlath, em 1976, hoje rainha da Suécia. Destaque para a famosa estátua de São Jorge e o Dragão, do século 15.

Nordiska Museet, 500 anos de cultura sueca

Kungliga Slottet *(Royal Palace)*

- Slottsbacken 1   8402.6130
- Slottsbacken (2, 43, 55, 76, 96, 191, 192, 193, 194, 195)   www.kungahuset.se
- mai-set seg-dom 10h-17h, out-abr ter-dom 10h-16h   150kr (Est, Cr: 75kr)

O Palácio Real é a residência oficial do rei da Suécia. É permitida a visitação no interior do majestoso prédio e, apesar do alto valor do ingresso, vale a pena conhecer os sofisticados aposentos, as antiguidades e os tesouros reais. Mesmo visto de fora, o palácio é bonito. Destaque para a troca da guarda, que acontece no verão, de seg-sáb, geralmente às 12h15 e dom às 13h15, e no inverno, apenas qua/sáb/dom.

Stadshuset *(City Hall)*

- Hantverkargatan 1   Stadshuset (3, 62)
- stockholm.se   tours seg-dom 10h-15h
- abr-out 100kr (Est, Id: 80kr | Cr: 40kr), nov-mar 70kr (Est, Id: 60kr | Cr: 20kr)

O prédio da Prefeitura foi construído entre 1911-1923 e fica junto ao canal, próximo à estação. Para visitar, é preciso aderir a uma visita guiada (em inglês), com saída a cada hora. Do alto da **torre** (mai/set seg-dom 9h15-15h55 | jun-ago 9h15-17h55;   50kr) se tem uma bela vista da cidade.

Katarinahissen *(Katarina Lift)*

- Stadsgården 1   T-Slussen (13, 14, 17, 18, 19)
- jun-ago seg-dom 8h-22h | set-mai 10h-18h
- 10kr

É um elevador que lembra o Elevador Lacerda, em Salvador (Bahia). Construído em 1883 e substituído em 1935, conecta as regiões de Slussen e Södermalm e oferece uma boa vista de Estocolmo. O elevador nem sempre está funcionando, mas dá para subir de graça a pé pelos degraus ao redor (velhinhas suecas fazem isso) ou contornando pelas ruas de trás. No topo há um caríssimo restaurante.

Museus

Vasa Musset *(Vasa Museum)*

- Galärvarvsvägen 14
- Stockholm Nordiska musset (7)
- 5195.4800   www.vasamuseet.se
- set-mai seg-dom 10h-17h (qua até 20h) | jun-ago seg-dom 8h30-18h
- 130kr (Est: 100kr | Cr: grátis)

O museu é o mais visitado da Escandinávia e um dos mais interessantes do país. Vasa é um navio sueco com uma trágica e curiosa história: afundou em sua viagem inaugural pouco depois de partir, no ano de 1628. Após 333 anos no fundo do mar, foi resgatado, restaurado e finalmente exposto. O museu tem vários andares e o navio, claro, é a sua principal referência, localizado no centro do prédio, de modo que toda a sua estrutura de madeira, preciosamente detalhada, pode ser observada de vários ângulos. É a única embarcação do século 17 existente com este grau de preservação. Ao longo da exposição, maquetes, desenhos e objetos dão uma ideia do mundo naquela época. Complementa a mostra um bom documentário sobre a história do barco e o seu resgate, em 1961. O filme está disponível em vários idiomas, eventualmente em português.

Nordiska Musset *(Nordic Museum)*

- Djurgårdsvägen 6-16   5195.5600
- Stockholm Nordiska musset (7)
- www.nordiskamuseet.se
- seg-dom 10h-17h (qua até 20h)
- 100kr (Cr: grátis)

O Museu Nórdico, situado num imponente prédio de 1907, apresenta exposições sobre a história e cultura suecas de 1520 até os dias atuais. No primeiro andar há exibições periódicas; no segundo, acervo sobre a história da moda, a cultura sueca em geral e uma coleção de casinhas de bonecas; e, no terceiro, móveis. Vale uma passada depois do Museu Vasa.

Skansen

- Djurgårdsslätten 49-51
- Stockholm Skansen (7)
- 8442.8000
- www.skansen.se
- nov-mar seg-dom 10h-15h | abr/out 10h-16h | mai-jun 10h-19h | jul-ago 10h-22h | set 10h-18h
- set-mar 100kr (Cr: 60kr) | abr-mai 120kr (Cr: 60kr) | jun-ago 170kr (Cr: 60kr)

Fundado em 1891 para recriar a cultura rural da Suécia, o Skansen é o primeiro museu ao ar livre do mundo e costuma agradar os visitantes. Aqui você encontra atores em trajes típicos trabalhando em casas de época e um zoológico com alguns bichos comuns da região. São 150 construções tradicionais – incluindo igreja e fazenda – com materiais trazidos de todas as partes do país, complementadas por uma programação de danças folclóricas e atividades diversas. Os principais festivais da cidade são celebrados aqui, como o *Midsummer* e o Dia Nacional da Suécia.

Moderna Museet *(Moderna Museum)*

- Exercisplan 4
- Stockholm Arkitekt/Moderna mus (65)
- 5202.3500
- www.modernamuseet.se
- ter/sex 10h-20h, qua-qui/sáb-dom 10h-18h
- 120kr (Est, Id: 100kr | Cr: grátis)

Museu de Arte Moderna, com uma boa coleção de obras suecas e internacionais do século 20, incluindo Matisse, Picasso, Paul Klee, Pollock, Roy Lichtenstein e esculturas, arte de gibis, fotos, vídeos e até trechos de filmes clássicos como *Tempos Modernos*, de Chaplin, e *Metrópolis*, de Fritz Lang. Muito bom museu. Anexo a ele está o **Arkitekturmuseet**, Museu da Arquitetura, que funciona no mesmo horário, entrada 80kr, grátis às sextas entre 16h-18h. Apresenta projetos, desenhos, maquetes e exposições temporárias.

Nationalmuseum

- Södra Blasieholmshamnen 2
- Stockholm Nationalmuseum (65)
- 5195.4410
- www.nationalmuseum.se
- mai-ago/out-jan ter-qua/sex-dom 10h-17h, qui 10h-20h | set ter-sex 11h-17h, sáb-dom 12h-16h
- 100kr (Est, Id: 80kr | Cr: grátis)

Maior instituição de arte da Suécia, o Museu Nacional de Belas Artes possui um acervo de respeito – esculturas e pinturas suecas, holandesas, francesas e de mestres como Rembrandt, Rubens, Goya, Renoir, Degas e Gauguin, entre outros grandiosos, abrangendo um vasto período da Idade Média ao século 21.

Naturhistoriska Riksmuseet
(Swedish Museum of Natural History)

- Frescativägen 40
- Naturhistoriska riksmuseet (40, 540)
- 5195.4000   www.nrm.se
- ter-sex 10h-18h, sáb-dom 11h-18h
- 100kr (Est, Id: 70kr | Cr: grátis)

O Museu de História Natural tem exibições sobre vulcões, dinossauros, vida na água e as regiões polares. Aqui também funciona o **Cosmonova** (Planetário e sala de cinema Imax, entrada 100kr), com uma das maiores telas de cinema da Europa.

Historiska Museet *(Swedish History Museum)*

- Narvavägen 13–17
- Fredrikshovsgatan (56)   5195.5600
- www.historiska.se
- jun-ago seg-dom 10h-18h | set-mai ter-dom 11h-17h (qua até 20h)
- 100kr (Est, Id: 80kr | Cr: grátis)

Museu de História da Suécia, tem acervo com aproximadamente 20 mil artefatos, do tempo da Idade da Pedra, passando por diversas fases cronológicas, incluindo a Idade Média e a era dos vikings.

Aquaria Vattenmuseum *(Aquaria Water Museum)*

- Falkensbergsgatan 2
- Stockholm Liljevalc Gröna Lund (7)
- 708.7200 www.aquaria.se
- ter-dom 10h-16h30 (jul-ago até 18h)
- 100kr (Id: 80kr, Cr: 55kr)

O pequeno complexo, agradável principalmente para crianças, reproduz ecossistemas da floresta tropical, dos oceanos e do Mar Báltico, e possui uma boa variedade de espécies de peixes. A visita pode se tornar mais interessante na hora da alimentação dos animais.

Nobel Museum

- Stortorget 2 5348.1800
- Slottsbacken (2, 43, 55, 76, 96, 191-195)
- www.nobelmuseum.se
- jun-ago seg-dom 10h-20h | set-mai ter 11h-20h, qua-dom 11h-17h
- 100kr (Est, Id: 70kr | Cr: grátis)

Conta a história do prêmio e de seu fundador, Alfred Nobel (1833-1896), inventor da dinamite. Exibe objetos e vídeos sobre os vencedores do prêmio. Oferece tours guiados em inglês ou sueco diariamente, com duração de 40min, em vários horários ao longo do dia.

Fotografiska

- Stadsgårdshamnen 22
- Ersta sjukhus (2, 53, 71, 96)
- fotografiska.eu seg-dom 9h-23h
- 120kr (Est: 90kr | Cr: grátis)

Inaugurado em 2010 no interior de um antigo complexo industrial em estilo *art nouveau*, esse centro abriga exposições de fotografia contemporânea. Possui restaurante, lojinha e uma cafeteria, de onde se tem uma bela vista para o rio.

ABBA The Museum

- Djurgårdsvägen 68 1213.2860
- Stockholm Liljevalc Gröna Lund (7)
- www.abbathemuseum.com
- sáb-ter 10h-18h, qua-sex 10h-20h
- 195kr (Cr: 7-15: 65kr, menor de 7: grátis)

A história do grupo sueco ABBA foi reconstituída nos mais de 1.000m² do museu. Fãs e não-fãs podem observar os discos de ouro, os figurinos, as reproduções de camarim; o ponto alto da visita é ouvir, cantar e participar de um show do Abba, que comparece em holograma. Ingressos são vendidos pelo site e na bilheteria (que não aceita dinheiro, somente cartão), e valem também para entrada no *Swedish Hall of Fame* e no *History of Swedish Popular Music*.

CULTURA POP | ABBA

Sucesso nas décadas de 70 e 80, o ABBA é a grande referência musical sueca. O quarteto, composto pelos casais Agnetha e Björn e Benny e Anni-Frid, usou a inicial dos nomes dos integrantes para batizar a banda — mas, curiosamente, ABBA também é uma marca sueca de peixes enlatados. O grupo pop que embalou a juventude de muita gente nasceu oficialmente em 1972, ao gravar a música *People Need Love*. O sucesso internacional foi conquistado dois anos depois, quando o conjunto venceu o Festival Eurovision ao som da canção *Waterloo*. O grupo terminou em 1982, após o divórcio dos dois casais, mas apesar do longo tempo fora de atividade, o ABBA segue em evidência, principalmente devido à música *Mamma Mia*. Lançado em 1975, o som serviu de trilha sonora do teatro musical e posteriormente filme de mesmo nome, protagonizado por Meryl Streep e Pierce Brosnan, em 2008.

Arredores

Birka

Fundada no século 8 e abandonada no século 10 por razão desconhecida, Birka foi um importante porto em sua época áurea. Considerada Patrimônio Mundial da Unesco, recebe visitantes interessados no passado histórico local. Conhecida como a primeira cidade sueca, aqui você pode experimentar a culinária viking, visitar o museu de Birka e acompanhar escavações arqueológicas. Fica a 2h de *ferry* de Estocolmo, em passeios que saem apenas no verão, com duração entre 5h50 e 8h (380kr). Mais informações: www.stromma.se

Compras

Estocolmo é uma referência em design escandinavo – inclusive, a rede *IKEA*, especialista em móveis de baixo custo, tem origem sueca (o que não significa que sejam realmente baratos aqui). A região de Östermalm tem grandes avenidas comerciais, como Kommendörsgatan, Nybrogatan e Sibyllegatan. Entre Östermalm e Norrmalm, as ruas Mäster Samuelsgatan e Biblioteksgatan são repletas de cafés e de lojas charmosas, assim como a Drottninggatan, onde o acesso de carros é controlado. O *Mood Stockholm*, na Regeringsgatan 48, é um moderno centro comercial, assim como o *Gallerian*, na Hamngatan 37.

Panton Chair, inovação em design

Comes & Bebes

Para economizar, o ideal é fazer uma refeição reforçada no almoço, quando a maioria dos estabelecimentos tem preços mais acessíveis – atente para placas com as palavras *dagens rätt/lunch*, que significam prato do dia. A rede de conveniência Pressbyran, presente nas estações de trem e de metrô, vende lanches como cachorro-quente. Os restaurantes de Gamla Stan são os mais caros (e muitos do tipo "pega-turista"); os do elegante bairro Östermalm, um pouco menos, e os mais baratos ficam no boêmio Södermalm. Nos mercados *Östermalm Saluhall* e *Hötorgshallen* – o primeiro, bem turístico, é mais caro que o segundo –, você encontra peixes, frutos do mar, queijos, frutas, fiambres e especiarias locais. Os preços não são a maior pechincha, mas vale pela experiência gastronômica.

Café String

- Nytorgsgatan 38
- 714.8514
- M Medborgarplatsen (17, 18, 19)
- cafestring.se
- seg-qui 9h-20h, sex 9h-19h, sáb 10h-19h
- $ 60-120kr

Com um ambiente aconchegante e informal, o café possui uma decoração interessante: nada realmente combina, cada cadeira e mesa são de um tipo diferente. A casa serve tortas, panquecas, lasanhas e, sobretudo, sanduíches: o de queijo, mais simples, sai por 55kr; o mais caro, de frango com pesto, custa 85kr. O almoço do dia (*brunch* nos fins de semana), sai por 85kr.

Jerntorgiths Café

- Munkbrogatan 8
- 218.320
- Räntmästartrappan (2, 43, 55, 76, 96, 191-195)
- mai-set 8h-18h, out-abr 9h-15h
- $ 50-150kr

Situado numa praça ao sul de Gamla Stan, esse pequeno e simpático café oferece sanduíches bem recheados, como o de salmão (60kr); *paninis* saborosos, como o de filé de frango, queijo de cabra, maçã, nozes e mel (85kr); saladas fartas, como a com presunto parma (100kr); e o prato mais pedido da casa, as tradicionais almôndegas suecas. Vale experimentar também o *kanelbulle*, um bolo sueco de canela, feito no local.

Bistro & Café Stockholms Gästabud

- Österlånggatan 7   219.921
- Slottsbacken (2, 43, 55, 76, 96, 191-195)
- seg-sex 11h30-23h, sáb 17h-23h
- 80-150kr

O restaurante, situado em Gamla Stan, é um estabelecimento familiar que serve culinária típica por um preço justo (pelo menos para Estocolmo). A decoração é simples e a comida, caseira e saborosa. Vale experimentar o *gravad lax* (salmão cru), o salmão defumado ou as almôndegas.

Vapiano

- Munkbrogatan 8   222.940
- Gamla Stan (13, 14, 17, 18, 19)
- se.vapiano.com
- seg-qui/dom 11h-0h, sex-sáb 11h-1h
- 100-250kr

O Vapiano é uma rede de restaurantes tipo *fast-food* de comida italiana, mas de boa qualidade. O local não tem garçons; você recebe um cartão, entra na fila, faz o pedido, a comida é preparada na hora e você paga ao sair. Entre as opções, uma boa variedade de antepastos (45-115kr), massas (80-135kr), pizzas (75-105kr) e saladas (45-105kr). Localizado no centro histórico, costuma lotar na hora do almoço, então é bom chegar cedo.

Nalen Restaurang

- Regeringsgatan 74   5052.9201
- Hötorget (17, 18, 19)   www.nalen.com
- seg-sex 11h30-23h, sáb 17h-23h
- 120-300kr

Localizado no bairro Norrmalm, um pouco distante das principais atrações, esse restaurante é especializado na culinária sueca e escandinava moderna. Os preços à la carte ficam na média de 145-185kr (com a exceção do prato com carne de rena, que sai por 275kr), mas o menu especial do almoço custa 120kr, incluindo prato principal, salada, pão e queijo. Outros exemplos de pratos são o salmão com maionese temperada com ervas e a carne de vitela com molho cremoso de alcachofra, acompanhado de batata e salada de cebola. O restaurante fica anexo a um bar e a uma sala de concertos.

Noite

The Soap Bar

- Nybrogatan 1
- Stockholm Nybroplan (52, 62, 69, 76, 91)
- 611.0021   www.soapbar.se
- seg-sex 16h-3h, sáb 12h-3h, dom 22h-3h
- 76kr

O movimento começa pela tardinha, quando o pessoal sai do trabalho e se reúne para umas cervejinhas. Mais tarde, a casa fica embalada ao som de DJs, e o melhor: de graça.

Oliver Twist

- Repslagargatan 6   www.olivertwist.se
- 640.0566   T-Slussen (13, 14, 17, 18, 19)
- seg 11h-23h, ter-sex 11h-1h, sáb 12h-1h, dom 12h-23h   68kr

O tradicional pub da cidade tem o cardápio repleto de cervejas artesanais de várias partes do mundo. Para acompanhar, o menu gastronômico inclui saladas, hambúrgueres, carnes e peixes.

Wirstroms Pub

- Stora Nygatan 13
- Riddarhustorget (3, 53)
- 0820.2874
- www.wirstromspub.se
- seg-sáb 11h-1h, dom 12h-0h
- 69kr

Em Gamla Stan, o pequeno e aconchegante bar combina programação musical diária com TVs ligadas em canais de esportes. Muitas bebidas e algumas opções de comida.

Espetáculos

Dramaten *(The Royal Dramatic Theatre)*

- Nybroplan
- Stockholm Nybroplan (52, 62, 69, 76, 91)
- 667.0680
- www.dramaten.se
- ter-sáb 12h-19h | dom 12h-16h (bilheteria)
- 100-390kr

O Teatro Nacional da Suécia, fundado em 1788, recebe espetáculos de arte dramática. Programe-se para comprar os bilhetes com antecedência.

Drottningholms Slottsteater
(Drottningholm Palace Theatre)

- Drottningholm
- Drottningholm (176, 177, 301, 302, 303, 305, 309, 311, 312, 317, 322, 323, 336, 338, 396)
- 759.0035
- www.dtm.se
- mai-ago 10h-17h | set-abr 11h-16h30 (bilheteria)
- 300-995kr

Construída em 1766, a casa de óperas localizada dentro do Palácio Drottningholm, a 12km do centro da cidade, preserva cerca de 30 cenários do século 18. Confira a programação no site. Antes do espetáculo, há visita guiada (70kr) com duração de 45min. Nos dias de apresentações, a bilheteria funciona até as 19h30.

Hotéis & Albergues

Muitos albergues e hotéis estão localizados a curta distância da estação central de Estocolmo, e mesmo aqueles que ficam um pouco mais longe costumam ter estações de metrô ou de ônibus muito próximas. Você encontra mais albergues e hotéis ao redor do Centro Antigo, em Norrmalm, e também nas pequenas ilhas que fazem parte da cidade, em Södermalm e Långholmen. Os valores, em média 275kr, podem ser um pouco altos em relação aos de outros destinos da Europa, mas, se tratando de Suécia, não está tão mal assim. Os albergues de Estocolmo vão desde os mais clássicas, como os da rede STF (Swedish Tourist Association, versão sueca parceira à HI), aos mais peculiares, como aqueles instalados numa antiga prisão, em barcos e até dentro de um avião.

Af Chapman & Skeppsholmen

- Flaggmansvägen 8
- Af Chapman/ Östasiatiska Muséet (65)
- www.svenskaturistforeningen.se
- 463.2266
- 285 camas
- 70kr
- dorms 17p 215kr (prédio), 6p-4p 325kr (barco) | quartos 2p 590kr (prédio)

Albergue HI/STF localizado na ilha Skeppsholmen, está a 10min de caminhada da estação de metrô Kungsträdgården e de muitos pontos turísticos. O albergue é um barco atracado na ilha, e o hóspede dorme dentro das cabines. Querendo mais conforto, pergunte pelas cabines dos oficiais e do capitão. As acomodações do barco são concorridas, é importante reservar. A recepção está no prédio em frente, que tem quartos em terra firme. Não-sócios HI pagam mais 50kr. Roupa de cama e toalha já estão incluídas. Tem cozinha compartilhada e wi-fi grátis.

Zinkensdamm

- Zinkens Väg 20
- Zinkendsman
- 616.8100   www.zinkensdamm.com
- 220 camas   90kr
- dorms 14p 235kr, 4p 260kr | quartos 2p 550/780kr, 4p 1.040/1.240kr (sem/com banheiro)

Albergue HI/STF situado na ilha Södermalm, está a 700m da estação do metrô Zinkendsman. Para não-membros HI é cobrada taxa de 50kr por pessoa, por noite. Oferece no café da manhã alternativas sem lactose ou glúten, basta avisar antecipadamente. Dispõe de cozinha equipada. Aluguel de lençóis 60kr, toalha 25kr, bicicletas 195kr/dia ou 50kr/hora e ainda sauna 50kr/pessoa. Junto funciona o hotel 3 estrelas Zinkensdamm.

Langholmen

- Langholmsmuren 20
- Hornstull   720.8500
- www.langholmen.com
- 26 camas   98kr
- dorms 4p 260kr | quartos 2p 540kr, 3p 720kr

Albergue HI/STF situado na ilha Långholmen, distante cerca de 4km da estação central. É um dos mais curiosos albergues da Europa por um detalhe – é uma prisão desativada. Embora esteja restaurada, dorme-se dentro das celas. Aluguel de lençóis 65kr e toalha 25kr. Possui cozinha, lavanderia, restaurante e sala de TV. Oferece internet wi-fi gratuita e aluga bicicletas. No verão, monta o café nas dependências do hostel, que vende bebidas, petiscos e sorvetes. Anexo ao albergue há um museu que explica um pouco sobre a prisão, fechada em 1975. Entrada gratuita para hóspedes, 25kr para adultos e 10kr para crianças. Próximo, encontra-se uma praia onde se pode tomar banho (no verão, é evidente). Não é a hospedagem mais em conta, mas vale pela excentricidade.

City Backpackers

- Upplandsgatan 2A
- T-Centralen   206.920
- www.citybackpackers.se
- 70 camas   40kr
- dorms 12p 230/240kr, 8p 240/260kr 6p 260kr/290kr | quartos 2p 650/740kr, 6p 1.680/1.800kr (baixa/alta temporada)

Albergue independente, está a 500m da estação central de trem e do terminal de ônibus. Tem dormitórios mistos, femininos, quartos privados e apartamentos, sendo que todos contam com armário e ar-condicionado. Aluguel de lençóis por 50kr. Dispõe de cozinha equipada e oferece macarrão à vontade, só é preciso preparar o molho. Também gratuito é o uso de computadores com acesso à internet e rede wi-fi; aluga bicicletas e skates. De bom astral, é muito elogiado por antigos hóspedes e é considerado um dos melhores albergues de Estocolmo.

Jumbo Hostel

- Jumbovägen 4
- Flygskolan
- 5936.0400   www.jumbostay.com
- 76 camas   50kr
- dorms 4p 400kr, 2p 450kr | quartos 1p 800kr, 2p 1.600kr

Está muito próximo do aeroporto de Arlanda, mas distante quase 40km do centro de Estocolmo. É outro hostel bastante inusitado – fica dentro de um avião, um Boeing 747 reformado e adaptado; funcionários se vestem como comissários de bordo. Oferece translado gratuito (ônibus 14) entre os terminais do aeroporto e o albergue. Roupa de cama e toalha estão inclusos. Cada quarto mede cerca de 6m² e todos têm TV de tela plana. Não tem cozinha, apenas um micro-ondas. Vende bebidas, petiscos, sorvetes e refeições quentes no café do hostel.

Gustaf af Klint

- Stadsgardens Kajplatser 153
- Slussen (13, 14, 17, 18, 19)
- 640.4077
- www.gustafafklint.se
- 140 camas 60kr
- cabines 2p 580kr, 4p 900kr, 6p 1.350kr

Está distante duas paradas da estação central do metrô e a apenas 5min de caminhada de Galma Stan. É um barco ancorado que funciona como albergue e hotel. Se por um lado pode ser pitoresco se hospedar num barco, por outro é capaz de incomodar: as cabines são pequenas e as paredes finas não isolam muito o barulho. Não tem cozinha. Aluguel de lençóis 60kr e toalha 20kr. É das hospedagens mais baratas, mas não a de melhor custo-benefício.

Clarion Hotel

- Ringvägen 98
- Skanstull 462.1000
- www.clarionstockholm.com
- 532 quartos incluído
- quartos 1p 880kr, 2p 1.080kr, 4p 1.490kr

Hotel da rede Clarion e Nordic Choice, localizado na ilha Södermalm, a apenas 100m da estação Skanstull do metrô. Todos os quartos têm TV de tela plana, escrivaninha, telefone e wi-fi gratuito. Café da manhã bem servido e variado e, nas dependências do hotel, há dois bares e um restaurante. Conta com academia gratuita para os hóspedes e um spa, com tarifas cobradas à parte. Atendimento da equipe é bastante elogiado.

Best Western Plus Time Hotel

- Vanadisvägen 12
- Odenplan (17, 18, 19)
- 545.4730 www.timehotel.se
- 144 quartos incluído
- quartos 1p 978kr, 2p 1.318kr

Hotel da rede Best Western, situado numa área residencial, nas imediações do Parque Vanadislunden. Está um pouco distante da região central, mas a apenas 700m da estação de metrô Odenplan. Todos os quartos têm TV de tela plana, escrivaninha, telefone, secador de cabelo e ferro para passar roupa. Uso gratuito de computadores na recepção. Oferece acesso à rede wi-fi e sauna sem custos adicionais. Café da manhã variado, muito elogiado pelos hóspedes.

Hotel Birger Jarl

- Tulegatan 8 Döbelnsgatan
- 674.1800 www.birgerjarl.se
- 271 quartos incluído
- quartos 1p 1.090kr, 2p 1.190kr

Hotel 4 estrelas, situado a 400m da estação de metrô Rådmansgatan. Quartos bem decorados, contam com TV, frigobar, cofre, secador de cabelo e equipamento para fazer chá e café. Tem uma academia no terraço do prédio e disponibiliza wi-fi gratuito em todas as dependências.

HTL Kungsgatan

- Kungsgatan 53
- T-Centralen (10, 11, 13, 14, 17, 18, 19)
- 4092.0920 www.htlhotels.com
- 274 quartos incluído
- quartos 1p 1.285-1.380kr, 2p 1.200-1470kr

Hotel de design moderno, próximo da rua de pedestre Drottninggatan e da estação de trem. Segue uma proposta de aliar tecnologia aos serviços básicos, por isso, é o próprio hóspede quem realiza *check-in* e *check-out*; até o acesso aos quartos é feito utilizando o app do hotel. Os quartos são padronizados, todos têm o mesmo pequeno tamanho (13m^2) e as mesmas amenidades – banheiro, TV, cofre e muitas tomadas e entradas USB. Nas dependências, bar e restaurante; o *lounge* funciona 24h.

UPPSALA

Centro político e religioso da região, com 200 mil habitantes e a 70km ao norte de Estocolmo, Uppsala era onde se sucediam as cerimônias de coroação dos reis suecos. Elevada à categoria de cidade em 1302, não ostenta nenhum grande atrativo; o seu charme está em sua tranquilidade e em seus habitantes – grande parte jovens e estudantes bastante acessíveis e simpáticos. Uppsala, afinal, abriga uma das mais antigas e tradicionais universidades do país, fundada no século 15. Visitar a Catedral e depois sentar para tomar um café perto do rio pode ser o melhor programa para passar um dia fora de Estocolmo – distante apenas 37min de trem.

A Cidade

Uppsala, cruzada pelo rio Fyrisån, possui um ar bastante interiorano. Tudo o que você for visitar deve ficar num raio de 500m, incluindo a estação de trem, a rodoviária (ao lado) e o centro. Claro, o transporte público é dispensável, a menos que você vá mais longe, como ao albergue Sunnersta Herrgard. Mapa da cidade com atrações, reserva de hotéis, brochuras sobre a região, revista *What's On* (em inglês) e a tradicional venda de suvenires, entre outras bugigangas turísticas, você consegue no centro de informações ([Kungsgatan 59]; seg-sex 10h-18h, sáb 10h-15h). Pela internet: www.destinationuppsala.se.

Svartbäcksgatan, rua de pedestres

Chegando e saindo

A maneira mais fácil de chegar à cidade é de trem, que parte a cada 15min da estação central de Estocolmo, em viagens de 37min. Também é possível vir a Uppsala de ônibus, que saem a cada hora, mas a viagem é um pouco mais demorada: 1h07. A estação de trem fica ao lado do terminal regional de ônibus, em uma área central do município.

Atrações

A **Uppsala domkyrka** (Domkyrkoplan; seg-dom 8h-18h; grátis) é a maior igreja da Escandinávia. Até o século 18, os monarcas suecos eram coroados aqui. Dentro está a **Treasure Chamber**, a Câmara dos Tesouros (seg-sáb 10h-16h, dom 12h30-16h; 40kr), expondo objetos utilizados pela realeza. O **Gustavianum Museum** (Akademigatan; ter-dom 10h-16h; 50kr) apresenta uma exposição da história da universidade de Uppsala e uma exibição arqueológica da Pré-História e Idade Média suecas. O prédio tem uma curiosa sala de "teatro anatômico", onde eram dadas as aulas de anatomia. O **Uppland Museum** (Fyristorg 2; ter-dom 12h-17h; grátis) fica dentro de um moinho datado de 1760, onde há exibições sobre a história da cidade, música e arte popular. Já o **Uppsala Art Museum** (Drottning Christinas väg 1; ⓒ ter-sex 12h-16h, sáb-dom 12h-16h30; ⑤ 40kr) organiza mostras de arte contemporânea sueca e internacional, e também conta com peças do século 16. Situado no parque **Slottsparken**, fica dentro do **Uppsala Slott** (Castelo de Uppsala), residência do governador do estado.

Comes & Bebes

Como cidade universitária, Uppsala tem alternativas mais em conta. Em economia radical, procure por pizzas e kebabs na rua para pedestres Kungsängsgatan. Nos arredores dessa via há vários restaurantes baratos de comida asiática, como o **Amazing Thai** (⦿ Bredgränd 14) e o **Golden China** (⦿ Kungsangsgatan 23), com preços entre 100-150kr. O restaurante **Magnussons Krog** (⦿ Drottninggatan 1) serve comida sueca típica, e as porções são fartas, custam entre 140-220kr.

Hotéis & Albergues

Há acomodações na zona central, nas proximidades da Estação Central de Uppsala. O albergue **Uppsala City Hostel** (⦿ S :t Persgatan 16; ⑤ dorms 8p-4p 220kr | quartos 1p 425kr, 2p 540kr; ▣ 55kr) está próximo das principais atrações turísticas da cidade, tem internet gratuita, cozinha equipada e serviço de lavanderia. O **Uppsala Vandrarhem** (⦿ Kvarntorget 3; ⑤ dorms 8p-4p 220kr | quartos 1p 445kr, 2p 545kr), da rede HI/STF, está localizado no prédio de um antigo shopping e tem um hotel no mesmo endereço. **Hotel Uppsala** (⦿ Kungsgatan 27; ⑤ quartos 1p 860kr, 2p 1.000kr, 3p 1.100kr), da rede Profil Hotels, conta com mesas de trabalho e utensílios para preparo de chá e café em todos os quartos e disponibiliza gratuitamente bicicletas aos hóspedes.

GOTEMBURGO

Cidade portuária com mais de 530 mil habitantes, Gotemburgo (*Göteborg* em sueco, *Gothenburg* em inglês), fundada em 1621 pelo rei Gustav II Adolf, só perde em tamanho para Estocolmo. Localizada no centro da Escandinávia, é o mais importante polo industrial da Suécia. Deve seu crescimento basicamente ao comércio marítimo, e abriga o maior porto do país. A cidade guarda o alternativo título de "capital ambiental norte-europeia". Levam isso a sério: é sua a mais moderna fábrica de reciclagem de resíduos industriais e de construção da Escandinávia. O efeito imediato está no rio Göta älv, tão limpo quanto há quase um século.

Rio Göta älv, Gotemburgo

A Cidade

A *avenida Kungsportsavenyn*, também conhecida como Avenyn, é a via mais popular da cidade: liga a orla da parte antiga de Gotemburgo até a *praça Götaplatsen*, local onde está grande parte dos atrativos, especialmente museus. Ao longo dos seus 2km de extensão você encontra as mais diversas lojas e restaurantes. Código telefônico: 031.

Informações turísticas Fica na área central, na Kungsportsplatsen 2, aberto seg-sex 9h30-17h (jun até 18h, jul/ago até 20h) e sáb-dom 10h-14h; no inverno, fecha aos domingos. Oferece mapa da cidade e a revista *Göteborg City Guide*, com informações das atrações locais. Existe também um quiosque no shopping center Nordstans, que funciona seg-sex 10h-20h, sáb até 18h e dom 12h-17h. Pela internet: 🖳 www.goteborg.com.

Chegando e saindo

Gotemburgo está a 3h de Estocolmo, de onde partem/chegam trens com bastante frequência. A *Nils Ericson Central Train Station*, a estação de trem, fica no centro, em frente ao shopping Nordstans, de onde você pode sair a pé para conhecer a área central. Há linhas de *tram* e ônibus que cobrem toda a cidade. Ticket simples válido por 1h30 (em uma zona) ou 3h (se trocar de zona) custa 25kr, e por 24h (chamado *Dagskort*) sai 80kr, mas dificilmente este será vantajoso a um viajante que provavelmente andará apenas pelo centro, onde o transporte público não costuma ser necessário.

Atrações

À beira do rio Göta älv e próximos da Estação Central estão os museus Göteborgs Stadsmuseum e Maritiman. Caminhe pela Kungsportsavenyn até o Konstmuseum. O parque de diversões Liseberg não fica longe daqui.

Maritiman

- Packhusplatsen 12
- 3110.5950
- Packhusplatsen (50, 86, 90, 91, 96, 114, 194, 197)
- www.maritiman.se
- abr sáb-dom 11h-16h | mai/set seg-dom 11h-17h | jun-ago seg-dom 11h-18h
- 100kr (Est, Id: 70kr | Cr: 50kr)

Um dos maiores museus marítimos flutuantes do mundo, permite descobrir um pouco mais sobre a vida dos marinheiros. É um conjunto de 15 barcos reformados e ancorados que pode ser visitado, entre eles um navio de guerra e um submarino.

Konstmuseum

- Götaplatsen
- Götaplatsen (16, 18, 19, 52, 158, 753)
- 368.3500
- www.konstmuseum.goteborg.se
- seg-ter/qui 11h-18h, qua 11h-20h, sex-dom 11h-17h
- 40kr (Cr: grátis)

O Museu de Arte de Gotemburgo tem obras europeias, com mestres como Rembrandt, Rubens, Picasso, Monet e mais alguns impressionistas franceses. O museu também apresenta uma exposição de fotografias.

Göteborgs Stadsmuseum

- Norra Hamngatan 12
- 368.3600
- Skeppsbron (60, 86, 90, 96, 194, 197)
- www.stadsmuseum.goteborg.se
- ter-dom 10h-17h (qua até 20h)
- 40kr (Cr: grátis)

Conta a história da cidade desde antigamente até os dias atuais. No acervo, entre inúmeros itens, está em exibição um conservado barco viking sueco datado do século 10, o Äskekärr Ship.

Universeum

- Södra vägen 50
- 335.6450
- Göteborg Korsvägen (2, 4, 5, 6, 7, 8, 10, 13)
- www.universeum.se
- seg-dom 10h-18h (jul até 20h)
- jan-jun/set-dez 175kr | jul-ago 235kr

Universeum: educativo

Ao lado do Parque Liseberg está o maior centro de ciências da Escandinávia. Passeando entre tanques e aquários gigantes, instalações, exposições e trilhas você aprende mais sobre o oceano, o espaço e a floresta tropical. Animais vivem aqui em ambientes climatizados de acordo com o seu habitat natural. Tubarões e macaquinhos garantem a atração.

Liseberg

- Örgrytevägen 5
- Göteborg Liseberg (5)
- www.liseberg.com
- seg-dom 13h-20h
- 90kr

A entrada permite apenas o ingresso no parque de diversões – depois você precisa pagar por cada atração ou brinquedo. O passe de um dia, incluindo todas as atrações, custa 415kr. A partir de 2012, a famosa roda gigante da cidade, *The Wheel of Gothenburg,* saiu de seu antigo endereço (próximo à Ópera) e passou a integrar as atrações do parque. Esteja atento, pois o horário de funcionamento das atrações varia bastante.

Volvo Museum

- Arendal Skans
- Arendal Skans (32, 184)
- 3166.4814
- www.volvomuseum.se
- seg-sex 10h-17h, sáb-dom 11h-16h45
- 60kr (Cr: 25kr)

O museu da montadora Volvo mostra um pouco de tudo: carros, ônibus e caminhões, e acompanha a evolução dos veículos. No inverno, fechado às segundas.

Rohsska Museum

- Vasagatan 37-39
- Göteborg Valand (3, 4, 5, 7, 10)
- 368.3150
- www.rohsska.se
- ter 12h-20h, qua-sex 12h-17h, sáb-dom 11h-17h
- 40kr (Cr: grátis)

O museu direciona seu acervo à moda, ao design e ao artesanato, com materiais têxteis, vidros, cerâmicas, pratas e manuscritos. Apresenta, ainda, exposições temporárias. Estudantes de Design, Arte e Arquitetura com carteira de estudante válida não pagam entrada.

Världskulturmuseerna
(The National Museums of World Culture)

- Södra Vägen 54
- Göteborg Korsvägen (2, 3, 4, 5, 6, 7, 8, 10, 13)
- 456.1179
- www.varldskulturmuseerna.se
- ter-sex 12h-17h, sáb-dom 11h-17h
- 40kr (Cr: grátis)

Situado em um moderno edifício projetado pelos arquitetos Cécile Brisac, francesa, e Edgar Gonzalez, mexicano, o Museu Nacional da Cultura Mundial revela mais de 100 mil itens no seu acervo, que retratam temas como etnografia, antiguidade e globalização. Diariamente, às 12h30, o museu organiza uma visita guiada, que dura 30min; nas quartas, fecha às 20h.

Comes & Bebes

A rua Linnégatan, entre as praças Järntorget e Linnéplatsen, tem uma grande concentração de bons restaurantes, com preços de acessíveis a moderados. No bairro Vasastan, cruzado pela via Viktoriagatan, próximo à universidade local, você encontra menus especiais por um bom preço. Na região central, o carrinho de comida **Strömmingsluckan** (◉ Magasinsgatan 17) serve o típico arenque frito com vários acompanhamentos ($ 55-70kr). Também no centro, o mercado *Feskekôrka* possui várias peixarias que oferecem pratos baratinhos com peixes e frutos do mar pra levar.

Hotéis & Albergues

As acomodações estão próximas das estações centrais de trem e de ônibus. O albergue **Slottsskogens Hostel** (◉ Vegagatan 21; $ dorms 235/250kr | quartos 2p 540/570kr) está a 4km da estação central, perto de um parque. O **Vandrarhem Stigbergsliden** (◉ Stigbergsliden 10; $ dorms 4p 165/185kr | quartos 2p 450/480kr, 3p 560/600kr), da rede HI/STF, situa-se na região central. O **Ibis Hotel Göteborg City** (◉ Gullbergs Strandgata 15 B; $ quartos 1p 634/719kr, 2p 719/889kr) fica dentro de um navio ancorado, a apenas 15min de caminhada da estação central de trem.

MALMÖ

Terceira maior cidade da Suécia, com pouco mais de 300 mil habitantes, Malmö está no extremo sul do país, a apenas 42km de Copenhague. A pequena distância entre as cidades faz com que muitos trabalhem na Dinamarca e morem na Suécia; o contrário também acontece.

Chegando e saindo

Em Malmö tudo é perto: a estação ferroviária, o centro e o porto. Trens diários conectam a cidade a Gotemburgo (3h10) e Estocolmo (4h25). Mais perto mesmo é Copenhague (apenas 35min, pela ponte-túnel Øresund), capital da Dinamarca.

Atrações

Entre seus destaques estão o **Malmöhus** (◉ Malmöhusvägen 6), pequeno castelo construído em 1530 que atrai mais pelo valor histórico do que pela beleza, e a **Sankt Petri kyrka** (◉ Göran Olsgatan 4), igreja em estilo gótico cuja construção iniciou no século 14 e que se destaca pela alta torre em formato de agulha. Também impressiona o **Turning Torso** (◉ Lilla Varvsgatan 14), moderno edifício residencial com 190m de altura e 54 andares, projetado pelo arquiteto espanhol Santiago Calatrava.

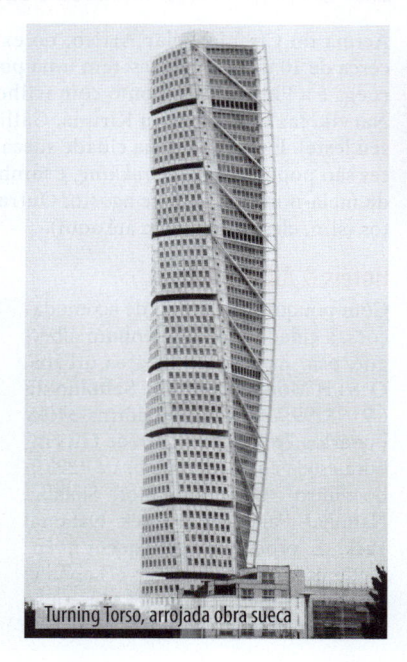

Turning Torso, arrojada obra sueca

Helsingborg

Conhecida por ligar o território sueco ao restante da Europa, Helsingborg é o ponto mais próximo entre Suécia e Dinamarca, distante 65km de Malmö, 55km de Copenhague e apenas 11km de Helsingör, uma pequena cidade dinamarquesa. Portuário, o município de 100 mil habitantes é um dos mais antigos do país e tem na indústria de construção naval a base de sua economia. Entre as principais atrações estão a torre de **Kärnan**, única parte que sobrou da antiga fortaleza medieval; a **Rådhuset** (Câmara Municipal, Drottninggatan 2), construída no final do século 19; e a **Sankta Maria kyrka** (Igreja de Santa Maria, Mariatorget; seg-sex 8h-18h, sáb-dom 9h-16h), do século 13. Nas proximidades da cidade está o **Sofiero Slott** (Castelo de Sofiero, Sofierovägen 131; abr-set 10h-18h; 100kr), castelo erguido no século 19 que serviu como palácio real e hoje é conhecido principalmente pelos jardins com mais de 500 espécies de plantas. A cada hora, entre 5h40 e 20h40, partem trens de Gotemburgo para Helsingborg, que fazem o trajeto em 1h50-2h30; entre 5h e 23h45, a cada meia hora saem trens da estação ferroviária de Malmö, que chegam em Helsingborg em 40min-1h; de Helsingör a Helsingborg saem de dois a três *ferries* por dia, entre 8h-23h30; as viagens levam 45min.

EXTREMO NORTE

Gällivare

Acima do Círculo Polar Ártico, no extremo norte do país, Gällivare, com cerca de 10 mil habitantes, tem uma posição estratégica de trens entre a Noruega e a Finlândia (o ponto com trilhos de trem mais ao norte da Noruega, Narvik, faz conexão com Kiruna, Gällivare, Boden e Luleå na rota sueca, ao seu leste). É uma pequena cidade sueca onde as montanhas nos seus arredores são populares para *trekking*, e também um bom local para admirar o sol da meia-noite em julho e agosto. Outra companhia no verão são os mosquitos (sim, eles sobrevivem até aqui).

Hotéis & Albergues

Com pouquíssima oferta de acomodações, a cidade não tem nenhum albergue, pelo menos não na área urbana. O **STF Moutain Station Saltoluokta** (98299 Gällivare; dorms 345kr | quartos 2p 1.295kr), da rede HI, embora esteja em Gällivare, fica a 120km do centro – aos pés do Stora Sjöfallet National Park e do Sarek National Park. É procurado por quem prentende esquiar ou explorar a Lapônia. Funciona somente entre fev-abr e jun-set. Existem alguns *bed & breakfast*, como o **Gällivare Bed & Breakfast** (Laestadiusvägen 18; quartos 1p 440kr, 2p 630kr), que oferece cozinha equipada, serviço de lavanderia e aluguel de bicicletas e está aberto o ano todo. Todos os quartos usam banheiro compartilhado. O **Best Western Liza Hotell** (Klockljungsvägen 2; quartos 1p 1.495kr, 2p 1.795kr), da rede Best Western, é o hotel de melhor estrutura, mas, em compensação, com preços altíssimos. Todos os quartos têm frigobar e TV. Conta com restaurante, sauna e piscina.

Fiordes marcam a geografia norueguesa

www.visitnorway.com/br

NORUEGA

A Noruega garante uma viagem inesquecível. Colonizada pelos vikings ao longo de décadas, exibe o orgulho de suas tradições. A população, que desfruta de ótima qualidade de vida, concentra-se, em grande parte, no sul, em particular em Oslo e Bergen, suas duas principais cidades. Mais de um terço do país atravessa o Círculo Polar Ártico, onde se encontra a instigante região da Lapônia. Ao viajar por seu longo e estreito território, certamente você irá constatar: a paisagem norueguesa é uma das mais belas da Europa. O litoral, completamente irregular, forma fiordes de tirar o fôlego, em cenários compostos por montanhas, quedas d'água, lagos e cidades pitorescas. Até o céu é diferenciado: o sol da meia-noite, no verão, assegura dias longos e um sol que, em especial no norte do território, nunca se põe; e a aurora boreal, mais comum no frio do inverno, sem hora nem local certo para acontecer, presenteia suas testemunhas com luzes de cinema HD. Definitivamente, nessa terra o contato com a natureza é intenso, e o turismo só não é maior em razão da distância em relação aos demais países do continente europeu e, não se pode negar, do elevado custo por aqui. Mas tenha certeza: vale cada minuto, cada centavo.

Que país é esse

- **Nome:** Reino da Noruega | Kongeriket Norge | Kingdom of Norway
- **Área:** 385.155km²
- **População:** 5,2 milhões
- **Capital:** Oslo
- **Língua:** Norueguês e os dialetos sami (oito municípios) e kven (um município)
- **Moeda:** Coroa Norueguesa
- **PIB:** US$ 500,10 bilhões
- **Renda per capita:** US$ 97.363
- **IDH:** 0,944 (1º lugar)
- **Forma de Governo:** Monarquia Constitucional

NORUEGA

Barbadas e Roubadas

- ➕ Aprender sobre a história das navegações nos museus de Oslo
- ➕ Passear pelas construções portuárias de Bergen
- ➕ Percorrer os trajetos "de tirar o fôlego" Myrdal-Flåm, Dombås-Åndalsnes e Åndalsnes-Geiranger
- ➕ Pasmar-se nos fiordes de Geirangerfjord, Lysefjord, Hardangerfjord
- ➕ Tirar uma onda em cima da pedra Kjeragbolten
- ➕ Visitar as Ilhas Lofoten e apreciar o sol da meia-noite ou a aurora boreal
- ➖ Sofrer com a escassez de transportes para viajar ao (e pelo) norte
- ➖ Preços...

Spikersuppa, a praça do Parlamento

OSLO

Mais antiga das capitais escandinavas, Oslo foi fundada há quase mil anos, em 1050. Não é sua história, porém, que costuma atrair viajantes. Capital do país, com aproximadamente 600 mil habitantes, a cidade é o ponto de partida natural para explorar a Noruega e as belas paisagens do território. Mas não vá correndo em busca dos fiordes: há muitos atrativos que justificam ao menos um par de dias em Oslo. Relativamente agitada, essa simpática capital possui bons museus, que enfocam a história sob o ponto de vista das viagens marítimas do país (e do mundo), incluindo a lendária cultura viking. São também pontos de interesse uma notável galeria de arte e um enorme parque ornado com várias estátuas, obras de Vigeland, famoso escultor norueguês. A impressionante tela *O Grito* – de Edvard Munch –, roubada do Munch Museum em 2004, foi recuperada e voltou a ser exposta em 2008. Se você estiver no inverno, visite muitos museus, são bons refúgios para escapar do frio; se no verão, aproveite os dias longos e caminhe bastante pela cidade antes de se aventurar pelo impressionante interior do país.

A Cidade

A rua principal, *Karl Johans Gate*, inicia na estação central de Oslo e termina no *Slottsparken*, importante espaço verde. Nesta área, conhecida como *Sentrum*, estão os principais museus, e vários bons restaurantes. Ao sul, a nobre área de *Aker Brygge* e *Tjuvholmen* reúne apartamentos luxuosos, lazer, shoppings e gastronomia. Aqui é o ponto de encontro, no fim do dia, para ver o sol se pôr. A vibração noturna fica ao norte, no bairro *Grünerløkka* (vulgo Lokka), jovial e astral. Situada na parte ocidental de Oslo, a península de *Bygdøy* é principalmente residencial e reúne extensa área de florestas e parques. A praia de *Huk* é o destino eleito durante o verão. Código telefônico: 2.

Informações turísticas

Localizado junto à estação central, o *Oslo Tourist Information* é o principal centro de informações turísticas da cidade. Disponibiliza mapas e informações sobre a cidade e outras localidades norueguesas; faz câmbio, reserva hotéis e ainda vende o *Oslo Pass*, cartão da cidade. Também útil aos viajantes, o escritório *Use It* é especializado em dicas para jovens e mochileiros. Publica gratuitamente a revista *Streetwise* com barbadas de Oslo e como se virar na cidade gastando pouco.

Oslo Tourist Information
- Oslo S
- 8153.0555
- Bussterminalen Grønland (18, 19)
- seg-dom 9h-18h

Use-It
- Møllergata 3
- Kirkeristen (11, 12, 13)
- www.unginfo.oslo.no
- set-jun seg-sex 11h-17h, sáb 12h-17h | jul-ago seg-sex 10h-18h, sáb 12h-17h

Pela internet
- www.visitoslo.com

Cartão da cidade O *Oslo Pass* inclui transporte público nas zonas 1 e 2 e entrada em mais de 30 atrações, além de descontos em restaurantes, visitas guiadas e aluguéis de bicicletas. A duração do bilhete pode ser de 24h, 48h ou 72h, e os preços variam de 320kr a 590kr (crianças e idosos têm 50% de desconto), mas preste atenção: só vale se você for conhecer várias atrações pagas. É possível comprar os passes pelo aplicativo *Oslo Pass – Official City Card* ou nos centros de informações turísticas, hotéis, albergues e em alguns museus.

Tours

A pé O *Oslo Free Tour* (www.facebook.com/OsloFreeTour) organiza passeios gratuitos (contribuição espontânea) com 5h de duração pelos principais pontos turísticos da cidade, mas as datas dependem da disponibilidade dos guias voluntários. Normalmente o ponto de encontro costuma ser na estátua do tigre, em frente à estação ferroviária, às 13h.

De ônibus O *CitySightseeing* (www.citysightseeing.no) funciona entre maio e setembro, em partidas diárias a cada 30min, das 10h às 16h30. Para em 18 pontos, os principais atrativos turísticos da cidade, como Oslo Opera House e Vigeland Sculpture Park. O bilhete vale por 24h e custa 275kr (Cr: 130kr); é possível comprar o ingresso único para ônibus e barco por 300kr (Cr: 175kr). O *Oslo Fjord Sightseeing* (www.boatsightseeing.com) realiza passeios diários de ônibus por 360kr, com duração de 3h, e oferece também tours temáticos de barco, a partir de 190kr.

De bicicleta O *Viking Biking* (Nedre Slottsgate 4; www.vikingbikingoslo.com) organiza passeios guiados em inglês, entre maio e setembro, às 13h, com duração de 3h, por 250kr (Est, Cr: 200kr). A empresa também promove outros tours, um deles vai ao Viking Ship Museum e à praia de Huk, ambos na península de Bygdøy; o outro combina passeio de *bike* e de barco. O *Baja Bikes* (www.bajabikes.eu/en/oslo-guided-tours) oferece tours em inglês, entre maio e setembro, com dois trajetos diferentes: pelos barcos Vikings e praias (saída às 13h, duração 4h) ou pelos pontos turísticos de Oslo (saída às 13h, duração 3h). Cada passeio custa 250kr (crianças em assento especial têm desconto de 50%; *bike* infantil, desconto de 20%).

Chegando e saindo

De avião Oslo tem dois aeroportos: *Gardermoen* (OSL), o principal, e *Rygge* (RYG). O primeiro fica a 45km do centro, tem ônibus a cada 20min, passagem 130-250kr e leva em torno de 40min de viagem. Bem mais rápido, um trem expresso (www.flytoget.no) leva 20min, por 140-260kr – verifique descontos para estudantes. O segundo, a 65km do centro, também é atendido por ônibus, em 45min-1h, 140kr.

De trem A estação central de trem *Oslo S* (abreviatura de Sentralstasjon – tente ler o norueguês que você entenderá) fica no centro e é de onde partem e chegam os principais trens de outras cidades do país e do resto da Europa, com destinos frequentes a Trondheim (6h30) e Bergen (7h).

De ônibus A estação de ônibus, conhecida como *Oslo Bussterminal*, fica logo atrás da Oslo S, na rua Schweigaardsgate 8. Daqui partem ônibus para destinos regionais e internacionais.

De barco É possível chegar a Oslo em *ferries* a partir da Alemanha e da Dinamarca. Por ser uma forma agradável de viajar, costuma ser concorrido durante o verão.

Circulando

Oslo possui um sistema eficiente de transportes integrados. As passagens são divididas por período e uso: ticket simples, válido por 1h em qualquer meio de transporte, 30kr antecipadamente, ou 50kr se comprado direto com o motorista; ticket 24h, 90kr; e 1 semana, 230kr. Por economia e facilidade, o ideal é adquirir os bilhetes com antecedência, em terminais. Lembre-se de sempre ativar o passe: a multa varia entre 750-900kr se você for pego sem passagem ou com ela inativa.

A pé Karl Johans Gate, a principal rua de pedestres da cidade, fica em frente à estação central de trem Oslo S. É possível ir a pé daqui para muitos dos pontos turísticos. Há uma variedade de restaurantes e lojas em torno desta rua.

PEQUENO DICIONÁRIO VIAJANTE PORTUGUÊS-NORUEGUÊS

Falo mal mas sou educado
- Oi - *Hei*
- Tchau - *Adjø*
- Bom dia - *God morgen*
- Boa noite - *God kveld/God natt*
- Por Favor - *Ver så snill*
- Obrigado - *Takk*
- Desculpe/Com licença - *Unnskyld*

Sobrevivência
- Sim - *Ja*
- Não - *Nei*
- Socorro - *Hjelp!*
- Quanto custa? - *Kor mykje kostar det?*
- Onde fica...? - *Kor/Hvor er...?*
- Caro - *Dyr*

Coisas e Lugares
- Aeroporto - *Lufthavn*
- Água - *Vann*
- Albergue - *Vandrerhjem*
- Banco - *Banken*
- Banheiro - *Toalett*
- Bebida - *Drikke*
- Câmbio - *Vekslingskontor*
- Comida - *Nering*
- Correio - *Postkontoret*
- Estação - *Stasjon*
- Farmácia - *Apotek*
- Hospital - *Sykehus*
- Mapa - *Kart*
- Museu - *Museum*
- Ônibus - *Bussen*
- Praça - *Plass*
- Rodoviária - *Buss-stasjon*
- Rua - *Gate*
- Trem - *Toget*

Contando
- Um - *En/ein*
- Dois - *To*
- Três - *Tre*
- Quatro - *Fire*
- Cinco - *Fem*
- Seis - *Seks*
- Sete - *Sju*
- Oito - *Åtte*
- Nove - *Ni*
- Dez - *Ti*

A Semana
- Segunda - *Måndag*
- Terça - *Tysdag*
- Quarta - *Onsdag*
- Quinta - *Torsdag*
- Sexta - *Fredag*
- Sábado - *Laurdag*
- Domingo - *Sundag*

OSLO

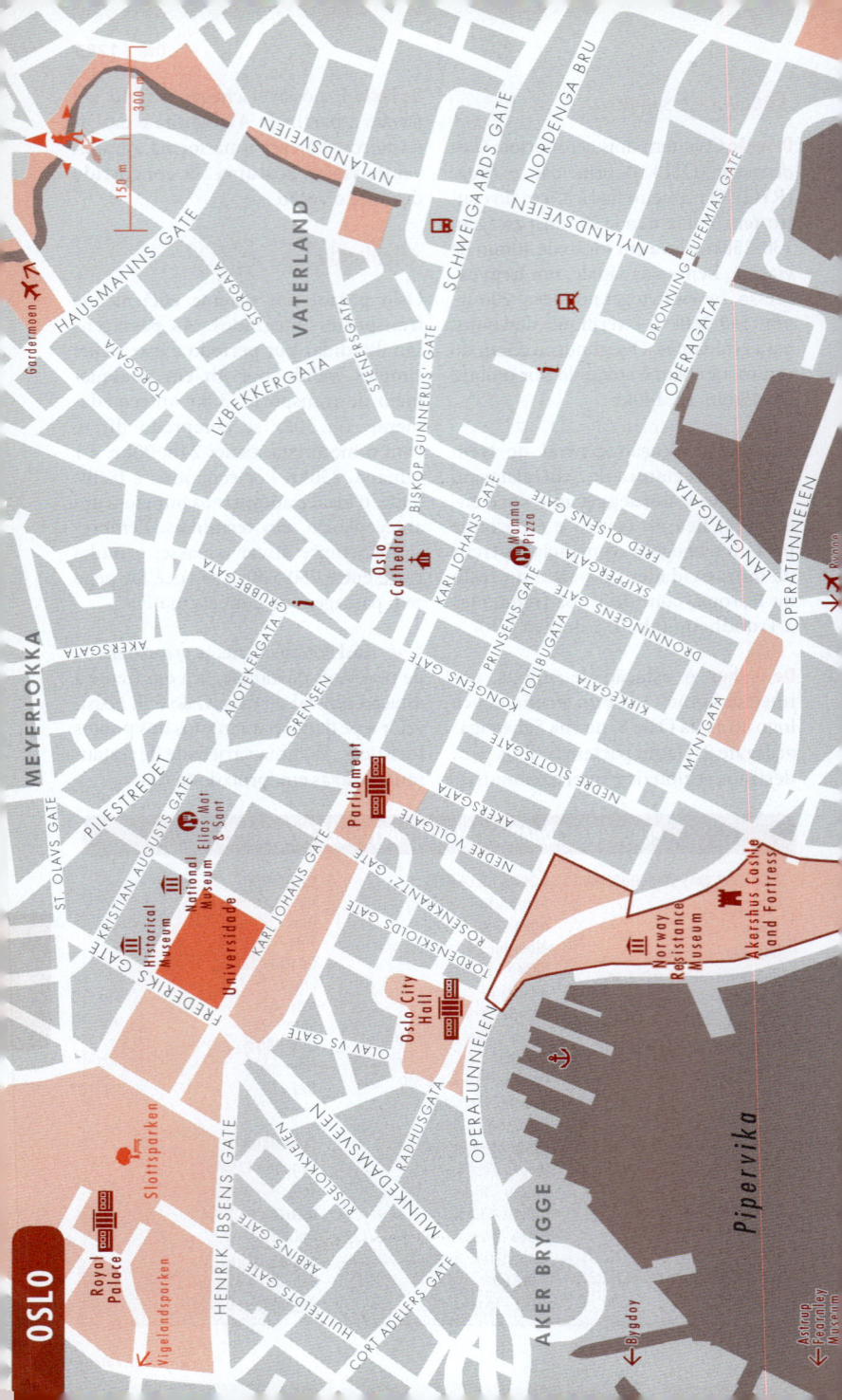

MEYERLOKKA
VATERLAND
AKER BRYGGE
Pipervika

- Royal Palace
- Slottsparken
- Vigelandsparken
- Historical Museum
- National Museum
- Elias Mat & Sant
- Universidade
- Parliament
- Oslo Cathedral
- Momma Pizza
- Oslo City Hall
- Norway Resistance Museum
- Akershus Castle and Fortress

Streets:
- ST. OLAVS GATE
- FREDERIKS GATE
- PILESTREDET
- KRISTIAN AUGUSTS GATE
- HENRIK IBSENS GATE
- ARBINS GATE
- HUITFELDTS GATE
- CORT ADELERS GATE
- RUSELOKKVEIEN
- MUNKEDAMSVEIEN
- RADHUSGATA
- OLAV Vs GATE
- OPERATUNNELEN
- TORDENSKIOLDS GATE
- ROSENKRANTZ' GATE
- NEDRE VOLLGATE
- AKERSGATA
- APOTEKERGATA
- GRUBBEGATA
- GRENSEN
- KARL JOHANS GATE
- KONGENS GATE
- PRINSENS GATE
- TOLLBUGATA
- NEDRE SLOTTSGATE
- KIRKEGATA
- MYNTGATA
- BISKOP GUNNERUS' GATE
- STENERSGATA
- LYBEKKERGATA
- STORGATA
- HAUSMANNS GATE
- NYLANDSVEIEN
- SCHWEIGAARDS GATE
- NORDENGA BRU
- DRONNINGENS GATE
- SKIPPERGATA
- FRED OLSENS GATE
- DRONNING EUFEMIAS GATE
- OPERAGATA
- LANGKAIGATA
- OPERATUNNELEN

Gardermoen ✈
Astrup
Bygdoy
Fearnley

150 m / 300 m

Tram São seis linhas, que funcionam em áreas próximas ao centro da cidade, com frequência de 10min durante a semana e 20min de noite e nos finais de semana.

Metrô Também com seis linhas, faz a ligação entre o centro de Oslo e os subúrbios. A frequência de cada linha costuma ser de 10min em dias de semana. Os tickets devem ser ativados na estação.

Ônibus Oslo tem um amplo sistema com muitos veículos, e esse meio é o ideal principalmente para trajetos distantes.

Táxi Caros e pouco necessários, costumam aceitar cartões de crédito. Geralmente os motoristas falam inglês.

Barco Os *ferries* visitam ilhas próximas, mas a passagem não está incluída no bilhete integrado.

Bicicleta Uma ótima maneira de circular por Oslo, mas para os turistas isso pode ser caro e complicado. Há mais de 100 estações de *bikes* espalhadas pela cidade, porém é preciso alugar o *smartcard*, no centro de informações, por 120kr; esse cartão eletrônico permite retirar a bicicleta dos pontos de empréstimo. Lembre-se de devolver o cartão para evitar uma multa de 50kr.

Atrações

Um passeio legal é andar pela rua de pedestres *Karl Johans Gate*, passando pela Catedral, o prédio do Parlamento, a área arborizada ladeada pela Universidade e o Teatro Nacional, até chegar no parque do *Royal Palace*. Se gostou da caminhada, pode seguir mais 3km até o *Vigelandsparken*, o parque das esculturas. Complementam um bom tour, as indicações apresentadas a seguir.

Historisk Museum *(Historical Museum)*

- Frederiks gate 2
- 2285.1900
- Tullinløkka (11, 17, 18)
- www.khm.uio.no
- jun-ago ter-dom 10h-17h | set-mai 11h-16h
- 80kr (Est, Id: 50kr | Cr: grátis)

O Museu Histórico tem três exposições: *Oldsaksamling*, com a exibição de antiguidades e de um painel da história norueguesa desde a Idade da Pedra até o período medieval, incluindo joias da Era Viking; *Etnografik Museum*, museu etnográfico com exibições de culturas não-europeias, como os ianomâmis (sim, os índios brasileiros); e *Myntkabinettet*, moedas norueguesas dos últimos mil anos. Fica ao lado do Nasjonalgalleriet.

Estação Central de Oslo

Rådhus *(Oslo City Hall)*

- Fr. Nansens Plass
- Rådhusplassen (12) 2346.1236
- ago seg-dom 9h-18h | set-dez 9h-16h
- grátis

Sede da prefeitura, o prédio de tijolos escuros tem um imponente salão interno. Aqui é entregue, todo dia 10 de dezembro, o Prêmio Nobel da Paz. Entre junho e agosto há visitas guiadas gratuitas diariamente às 10h/12h/14h. Outro imponente prédio público que igualmente oferece visitas guiadas gratuitas (aos sábados, às 10h e às 13h), é o **Stortinget**, o Parlamento norueguês, uma construção de tijolos amarelos de 1866.

Nasjonalgalleriet *(National Museum)*

- Universitetsgata 13
- Tullinløkka (11, 17, 18) 2198.2000
- www.nasjonalmuseet.no
- ter-qua/sex 10h-18h, qui 10h-19h, sáb-dom 11h-17h 50kr (Est, Id: 30kr | Cr: grátis)

O Museu Nacional de Arte, Arquitetura e Design é um dos mais interessantes da Europa e apresenta a maior coleção de arte da Noruega, incluindo *O Grito* e *Madonna*, de Edvard Munch.

Oslo Domkirke *(Oslo Cathedral)*

- Karl Johansgt. 11
- Stortorvet (11, 17, 18)
- 2362.9010
- www.oslodomkirke.no
- seg-dom 10h-16h grátis

Famosa pelas tapeçarias e pinturas no teto, essa igreja luterana do século 17 tem vitrôs do artista norueguês Emanuel Vigeland. Foi reformada diversas vezes, variando entre os estilos gótico e barroco. Os horários de funcionamento podem variar.

Vigeland Museet *(Vigeland Museum)*

- Kirkeveien
- Vigelandsparken (20, 112, 156, N12)
- 2349.3700
- www.vigeland.museum.no
- mai-ago ter-dom 10h-17h | set-abr 12h-16h
- 60kr (Est, Id, Cr: 30kr)

O museu, localizado dentro do parque Vigelandsparken, reúne mais de 200 esculturas humanas de Gustav Vigeland, escultor norueguês nascido no século 19. O parque fica aberto 24h e é agradável para piqueniques e caminhadas.

Stortinget, o Parlamento norueguês

QUEM É ESSE CARA | Edvard Munch

Nascido em 1893, Munch, um dos precursores do Expressionismo, é o maior pintor norueguês. Suas obras costumam ter uma atmosfera deprimente, de morte, miséria e doença, como a série *A Criança Doente*, que retrata sua irmã moribunda. Sua pintura mais famosa é *O Grito*, que tem quatro versões, criadas entre 1893 e 1910. Uma delas foi leiloada em 2012 por R$ 230 milhões, tornando-se a obra mais cara do mundo já vendida em leilão. Marco do movimento expressionista, a tela retrata sentimentos de angústia e desespero, e serviu de inspiração até para a cultura pop, como uma divertida gravura com Lisa Simpson e uma paródia no filme *Pânico*.

Munch Museet *(Munch Museum)*

- Tøyengata 53
- Munchmuseet (20)
- 2349.3500
- www.munchmuseet.no
- out-abr seg/qua-dom 10h-16h | mai-ago seg-dom 10h-17h
- 120kr (Est, Id: 60kr | Cr: grátis)

O Museu Munch exibe mais de 20 mil peças do pintor norueguês Edvard Munch. Daqui foram roubados, em 2004, os quadros *O Grito* (*The Scream*) e *Madonna*, encontrados dois anos depois. Hoje estão expostos na Nasjonalgalleriet, mas aqui há outra versão de *O Grito*: o artista pintou quatro. O lançamento de um novo museu dedicado ao pintor é previsto para 2018. Visitas guiadas ocorrem em julho e agosto, diariamente às 13h.

Astrup Fearnley Museet *(Astrup Fearnley Museum)*

- Strandpromenaden 2
- 2293-6060
- Bryggetorget (21, 54)
- www.afmuseet.no
- ter-qua/sex 12h-17h, qui 12h-19h, sáb-dom 11h-17h
- 100kr (Est: 60kr | Cr: grátis)

Em funcionamento desde a década de 90, o Museu de Arte Moderna ganhou espaço à beira da baía Fiorde de Oslo, em 2012, em um projeto do arquiteto italiano Renzo Piano. O moderno complexo tem dois edifícios: um para a coleção do museu e outro para algumas exposições rotativas, ambas com foco em arte contemporânea.

Naturhistorisk Museum *(Natural History Museum)*

- Sars gate 1
- Lakkegata skole (31, 301, 302, 309, 321)
- 2285.1832
- www.nhm.uio.no
- ter-dom 11h-16h
- 50kr (Est, Cr: 25kr)

O Museu de História Natural é composto por exposições de zoologia e geologia. Junto fica o **Jardim Botânico de Tøyen** (seg-dom 7h-21h; grátis). O jardim, fundado em 1814, tem uma agradável área verde, totalizando mais de 7.500 espécies de plantas.

Ski Museet *(Ski Museum)*

- Kongeveien 5
- Holmenkollen (1)
- 9167.1947
- www.holmenkollen.com
- out-abr seg-dom 10h-16h | mai/set 10h-17h | jun-ago 9h-20h
- 120kr (Cr: 60kr)

O Museu do Esqui está situado na sede das Olimpíadas de Inverno de Oslo (1952) e do Campeonato Mundial de Esqui Nórdico (1982). Inaugurado em 1923, é o mais antigo museu do mundo sobre o assunto. O acervo conta a história do esqui desde a pré-história até os dias atuais.

Região do Forte

Akershus Slott *(Akershus Castle)*

- Oslo Sentrum
- 2309.3917
- Akershusstranda (60, 60X)
- mai-ago seg-sáb 10h-16h, dom 12h-16h | set-abr sáb-dom 12h-17h
- 70kr (Est, id: 50kr | Cr: 30kr)

O complexo, que envolve castelo e forte, fica à esquerda do porto. Construído em 1299, o castelo foi transformado em fortaleza em 1592 e em palácio renascentista em 1637. As principais atrações são a capela, a sala de banquetes e as passagens subterrâneas, com o mausoléu dos monarcas. O **Akershus Festning** (seg-sex 7h-21h, sáb-dom 8h-21h; fecha às 18h na baixa temporada) é um forte onde acontece a troca da guarda, geralmente às 13h30. Dentro, você encontra a exposição em 3D *Eksistens*, com imagens da Noruega (seg-sex 7h-21h, sáb-dom 8h-21h; fecha às 18h na baixa estação; grátis).

Norges Hjemmefrontmuseet
(Norway Resistance Museum)

- Bygning 21
- 2309.3138
- Akershusstranda (60, 60X)
- www.forsvaretsmuseer.no
- set-mai seg-sex 10h-16h, sáb-dom 11h-16h | jun-ago seg-sáb 10h-17h, dom 11h-17h
- 50kr (Est, Id, Cr: 25kr)

O Museu da Resistência Norueguesa fica dentro do Forte Arkershus e retrata os anos de ocupação nazista no país (1940-1945). O acervo apresenta fotos, documentos, objetos e maquetes, organizados na ordem cronológica dos acontecimentos. Formatada de maneira criativa, a exposição passa a sensação de repressão e sofrimento que os noruegueses viveram nesses nada saudosos tempos. Ótimo museu, merece a visita.

Bygdøy

A Península de Oslo, onde se encontram os museus *Sjofartsmuseum*, *Kon-Tiki Museet* e *Frammuseet*, é um dos pontos mais visitados da cidade. Para chegar, pegue o barco que sai do porto em frente à prefeitura (mai-set) e desça na segunda parada do barco, ou então pegue o ônibus 30.

Norsk Sjofartsmuseum
(Norwegian Maritime Museum)

- Bygdoysnesveien 37
- 2308.6767
- Bygdøynes (30)
- www.marmuseum.no
- set-mai ter-sex 10h-15h, sáb-dom 10h-16h | jun-ago seg-dom 10h-17h
- 80kr (Est, Id: 40kr | Cr: 30kr)

O Museu Marítimo Norueguês exibe modelos de barcos em miniatura que ilustram os mais de 2 mil anos de história marítima e destacam a importância do mar para o desenvolvimento do país.

Kon-Tiki Museet *(Kon-Tiki Museum)*

- Bygdøynesveien 36
- 2308.6767
- Bygdøynes (30)
- www.kon-tiki.no
- nov-fev seg-dom 10h-16h | mar-mai/set-out 10h-17h | jun-ago 9h30-18h
- 90kr (Est, Id: 60kr | Cr: 40kr)

Apresenta a história das expedições, além dos barcos e apetrechos utilizados pelo navegador Thor Heyerdahl em suas viagens. Destaques para o barco Ra II, feito de papiro e utilizado para cruzar o Atlântico em 1970, e a balsa Kon-Tiki, que foi do Peru (Callao) para a Polinésia (Tuamotu), em 1947, percorrendo 8 mil quilômetros e comprovando a teoria de que o povo maia teria colonizado a Polinésia. Repare no chuveiro submerso antitubarões, embaixo do Kon-Tiki. Veja também o vídeo sobre as escavações realizadas e a reprodução de uma caverna da Ilha de Páscoa.

Frammuseet, ótimo museu

Frammuseet (Fram Museum)

- Bygdøynesveien 36
- 2328.2950
- Bygdøynes (30)
- www.frammuseum.no
- jan-abr/out-dez seg-dom 10h-16h | mai/set 10h-17h | jun-ago 9h-18h
- 100kr (Id: 70kr | Est, Cr: 40kr)

Aqui você encontra o célebre navio Fram (que dá nome ao museu), utilizado em explorações polares, com decoração, instrumentos originais e exposições sobre suas expedições. Nesta embarcação foi realizada a primeira viagem ao Polo Sul, em 1911, por Roald Amundsen, na lendária e fatídica disputa com o inglês Robert Falcon Scott para ser o primeiro conquistador do polo. Veja mais sobre essa aventura no box da p.777.

Norsk Folkemuseum
(Norwegian Museum of Cultural History)

- Museumsveien 10
- 2212.3700
- Folkemuseet (30)
- www.norskfolkemuseum.no
- mai-set 10h-18h | out-abr seg-sex 11h-15h, sáb-dom 11h-16h
- 120kr (Est, Id: 90kr | Cr: 40kr)

Fundado em 1894, o Museu Norueguês de História Cultural funciona ao ar livre. Simula construções típicas de cada região da Noruega, que foram cuidadosamente trazidas do local de origem e remontadas. É como dar uma volta pelo país em 1h. As casas, em geral, são dos séculos 17 e 18, mas a mais antiga data do século 13. Visitas guiadas em inglês são a melhor forma de conhecer este parque e ter uma ideia de como os habitantes viviam antigamente. Entre nas casas e observe a construção e a fogueira no meio, com as pessoas dormindo na mesma cama para não passar frio. Não deixe de visitar a Stave Church (igreja de madeira), característica da Noruega. Próxima à entrada do museu existe uma exposição com peças achadas dentro das residências.

Vikingskipshuset *(Viking Ship Museum)*

- Huk Aveny 35
- 2285.1900
- Vikingskipene (30)
- www.khm.uio.no
- mai-set seg-dom 9h-18h | out-abr 10h-16h
- 80kr (Est, Id: 50kr | Cr: grátis)

Ao lado do museu anterior e próximo dos museus da rua Bygdøynesveien. Aqui você pode ver três embarcações vikings achadas em escavações feitas no Oslofjord, entre 1867 e 1904. Os barcos são Gokstad, Tune e Oseberg, este último tendo servido como túmulo de uma rainha juntamente com sua escrava no ano de 850 a.C. No local, exposição de utensílios vikings.

Compras

Oslo reúne tendências de design norueguês e mundial. Próximo à Karl Johans Gate, importante via de pedestres, estão grandes centros comerciais e lojas de departamentos, nem sempre baratos. Na Akersgata, encontram-se muitas lojas de grifes, enquanto que na Grensen existe variedade de lojas de sapatos. O *Aker Brygge*, moderno centro de compras ao lado do porto, também tem comércio forte. A Bogstadveien, que vira Hegdehaugsveien, é uma boa alternativa se você procura por roupas: aqui há opções para todos os bolsos. É no Grünerløkka, um dos bairros preferidos pelos descolados, que estão as novidades projetadas por jovens designers do país. A região também tem comércio de roupas, louças e artesanatos.

Comes & Bebes

Nos arredores da Torggata, uma via para pedestres, há vários restaurantes asiáticos e de kebab, bem acessíveis. Por todos os lados, você encontra *pølse med lompe* – tipo um cachorro quente local. Mais barato que isso, só os supermercados de Oslo. O bairro de Grünerløkka (ou apenas Løkka), com vários bares e restaurantes, é popular entre os estudantes. É onde fica o **Mathallen Oslo** (Maridalsveien 17), um centro comercial gastronômico, no qual é possível encontrar tanto produtos e pratos noruegueses quanto iguarias da cozinha internacional. Os preços não são dos mais amigáveis, mas vários estandes oferecem degustação, e a atmosfera vibrante faz compensar.

Mamma Pizza

- Dronningensgate 22
- Dronningensgate (85)
- 9151.1841   www.mammapizza.no
- seg-sex 11h-21h30, sáb-dom 12h-21h30
- 100-220kr

As *vespas* (motocicletas) nas cores da bandeira da Itália já na entrada dão o tom: o lugar é tipicamente italiano. Miki, o proprietário, se entusiasma falando dos ingredientes das massas (90-100kr), pizzas (100-125kr), saladas e *focaccias* do restaurante. Os pedaços individuais têm uma média de preços de 55-65kr. Por 140kr, é possível pedir uma fatia de pizza com salada e bebida.

O centro gastronômico Mathallen Oslo

The Kasbah

- Kingos gate 1B
- Alexander Kiellands plass (21, 33, 34, 54)
- 2194.9099   www.thekasbah.no
- seg-dom 11h-1h
- 100-220kr

O Kasbah, com um ambiente acolhedor e jogos de tabuleiro para passar o tempo, é especializado nas cozinhas marroquina e libanesa. No almoço, alguns pratos são o cuscuz com sopa de legumes (98kr) e o *merguez* (salsicha de carne ovina com especiarias) com *hummus* e vegetais (129kr). O restaurante oferece várias opções vegetarianas, veganas e sem glúten.

Cafe Fedora

- Frognerveien 22
- Lille Frogner alle (112)
- 4747.3644   www.cafefedora.no
- ter-dom 10h-19h   150-300kr

Panquecas (147kr), omeletes (145kr), burritos (135kr) e saladas (115kr) – tudo no estilo americano. É possível complementar os pratos com outros acompanhamentos (35-65kr). Servem também cafés e doces (em média 40kr).

Elias Mat & Sånt

- Kristian Augusts gate 14
- Tullinløkka (118, N2, N18)
- 2220.2221   www.xn--matogsnt-f0a.no
- seg-sex 17h-23h, sáb 13h-23h
- 170-320kr

Inspirado na natureza norueguesa, esse restaurante *eco-friendly* serve desde lanches, como omeletes e panquecas, até pratos mais elaborados, como risotos e peixes – muitos preparados com ingredientes orgânicos. Todos vêm acompanhados de pão caseiro com manteiga e espinafre. Vale experimentar os pratos locais *finnbiff* (209kr), ensopado de carne de rena com purê de batata, ou o risoto de cevada com abóbora (189kr).

Hos Thea

- Gabels gate 11
- Skillebekk (13)
- 2244.6874
- www.hosthea.no
- seg-dom 17h-22h   310-600kr

Liderado pelo chef espanhol Sergio Barcilon, o restaurante traz pratos inspirados na cozinha mediterrânea, como *carpaccio* de salmão com lagostim e lombo de vitela com molho de cogumelos. O menu degustação custa 495kr para 4 pratos ou 695kr para 6 – apesar de caro, vale mais a pena do que pedir à la carte. Se você estiver bem de grana, vale experimentar. O ideal é reservar pelo site.

Noite

Se você quer entrar no clima local e curtir a noite com os noruegueses, dirija-se a Grünnerløkka, bairro que está na moda. É aqui que os jovens vêm para socializar em algum dos vários restaurantes, pubs ou festas. Muitos lugares funcionam como restaurantes durante o dia, e, perto do anoitecer, transformam-se em pubs, e depois em festas. Esteja preparado, pois, assim como tudo na Noruega, as bebidas são caras. Nas sextas e sábados de verão rola *The Oslo Crawl* (www.theoslocrawl.com), passeio que passa por diferentes bares da cidade; custa 199kr.

Festas & Pubs

Bar & Cigar

- C. J. Hambros plass 2c
- Tinghuset (11, 17, 18)
- 2220.4318   www.barogcigar.no
- ter-qui 16h-0h30, sex 15h-3h, sáb 19h-3h

Bar pequeno e acolhedor que oferece os melhores charutos do mundo, junto a cervejas exclusivas, uísque e vinho.

Bohemen Sportspub

- Arbeidergata 2
- 2241.6266
- Prof. Aschehougs plass (70, 111, 118, 344)
- www.bohemen.no
- seg-qui 14h-0h30, sex 14h-2h, sáb 13h-2h, dom 14h-23h30

O bar fica no centro da cidade e tem as paredes repletas de objetos esportivos, como camisetas, faixas e flâmulas. O lugar é agradável para tomar umas cervejas.

Blå

- Brennerivn 9C
- Møllerveien (34, 54)
- 4000.4277
- www.blaaoslo.no

Grafites coloridos na parede caracterizam esse bar, repleto de jovens. A casa promove música ao vivo com artistas de diferentes estilos: do jazz contemporâneo ao hip-hop, alguns iniciantes, outros com mais estrada. Horários e preços variam, e os ingressos antecipados podem ser comprados pela internet.

LaWo

- Universitetsg 26
- Tinghuset (11, 17, 18)
- 2335.6310
- seg-qua 11h-23h30, qui-sáb 11h-3h30

Sofás coloridos, luzes baixas e muitos quadros nas paredes. Funciona durante o dia como restaurante, café e bar e, de noite, vira uma animada festa, com um cardápio cheio de bebidas. A idade mínima é 20 anos.

Revolver

- Møllergata 32
- 2220.2232
- Hammersborggata (121, 122, 131, 132, 143, 144)
- www.revolveroslo.no
- seg-dom 18h-3h30 (sex abre às 16h)

Aqui o clima é rock'n'roll. Considerada por muitos a melhor festa de Oslo, abre pela tardinha e serve boas comidas. Depois a festa é embalada por rock e metal.

Espetáculos

Den Norske Opera & Ballet
(Norwegian National Opera and Ballet)

- Kirsten Flagstads Plass 1
- 2142.2121
- Jernbanetorget (N81)
- www.operaen.no
- seg-sex 10h-20h, sáb 11h-18h, dom 12h-18h
- 50-800kr

Inaugurada em 2008, a Ópera de Oslo impressiona por sua arquitetura arrojada. Seu exterior é composto por rampas e escadas, sendo possível caminhar por cima do prédio. O local é o centro de artes cênicas mais importante do país, famoso por ser palco de importantes espetáculos, orquestras e apresentações de balé.

Dansens Hus *(Dance House)*

- Møllerveien 2
- Møllerveien 2 (34, 54)
- 2370.9400
- www.dansenshus.com
- 120-360kr

Inaugurada em 2004, a casa reúne apresentações de dança contemporânea, conduzidas por coreógrafos geralmente noruegueses.

Oslo Spektrum

- Sonja Henies plass 2
- Jernbanetorget (1, 2, 3, 4, 5, 6)
- 8151.1211
- www.oslospektrum.no
- 270-1.555kr

Ao lado da estação central Oslo S, a casa de shows já recebeu Diana Ross, Britney Spears, Lady Gaga e Chris Brown. Dispõe de lugares para ficar sentado ou em pé, que podem ser comprados pelo site ou na bilheteria.

Telenor Arena

- Widerøeveien 1
- Fornebuparken (24, 28, 31, 31E, 36E, 707, 733)
- 9099.7700
- www.telenorarena.no
- 100-700kr

Um pouco distante do centro, a principal arena para shows, eventos e feiras tem capacidade para 23 mil pessoas. Por aqui já passaram The Rolling Stones, Justin Bieber, Rihanna, Beyoncé e Bon Jovi. Os ingressos podem ser comprados pelo site.

Hotéis & Albergues

Vários albergues funcionam somente no verão e em quase todos é preciso pagar separado pelo aluguel de lençóis e de toalhas. Boa parte das acomodações está localizada na região central de Oslo, com exceção de um ou outro albergue HI. Mesmo os hostels mais baratos podem ter preços mais elevados do que em outros lugares da Europa. Todos têm rede wi-fi gratuita, mas em alguns a conexão funciona somente nas áreas comuns.

Oslo Hostel Ronningen YMCA

- Myrerskogveien 54
- Rønningen (56)   2102.3600
- www.oslohostel.com
- 140 camas   incluído
- dorms 10p 224kr | quartos 1p 440kr, 2p 720kr, 3p 942kr, 4p 1200kr

Albergue HI, aberto entre maio e agosto, fica no topo de um morro que tem uma subida de tirar o fôlego (não só pela paisagem). Está localizado a 7,5km do centro de Oslo, cerca de 25min de *tram*. Oferece ambiente calmo, e pode ser uma boa opção para quem não curte muito agito. Todos os quartos têm pia, mas chuveiro e banheiros são no corredor (um por andar). Dispõe também de uma cozinha (simples, também uma por andar). O pátio tem espaço para jogar tênis e vôlei. Oferece internet e lavanderia, lençóis 50kr, toalhas 30kr. Lugar agradável, recomendado por viajantes.

Holtekilen

- Michelets Vei 55   6751.8040
- Kveldsroveien (129, 151, 159, 259, 262, 707)
- www.hihostels.com
- 200 camas   incluído
- dorms 230kr | quartos 1p 485kr, 2p 650kr, 3p 855kr, 4p 1.000/1150kr (sem/com banheiro), 5p 1400kr

Albergue HI, distante 8km do centro e aberto entre maio e agosto. Tem internet, cozinha, lavanderia e estacionamento disponíveis. Lençóis são alugados por 60kr e toalha 15kr. Possui um amplo jardim e está localizado em uma área calma de Oslo. Oferece almoço (85kr) e jantar (a partir de 130kr).

Anker Hostel

- Storgata 55   2299.7200
- Hausmanns gate (30, 31, 111, 112, 301, 302, 309, 321, N12)
- www.ankerhostel.no
- 146/53 quartos (verão/inverno)
- 60kr
- dorms 8p 230/250kr, 6p 240/260kr, 4p 270/290kr | quartos 1p-2p 620/640kr (semana/final de semana)

Está a cerca de 20min de caminhada do centro. Aluguel de lençóis por 50kr e toalhas por 20kr. Tem *lockers* e um bar. Conexão wi-fi disponível somente na recepção. Todos os quartos têm banheiro completo, mas somente alguns com cozinha – os utensílios precisam ser alugados. Acomodações limpas e espaçosas, *staff* educado e atencioso.

Sentrum Pensjonat

- Tollbugata 8   2233.5580
- Dronningens gate (30, 31, 32, 54, 60, 74, 81, 83, 112, N12, N30, N32, N54, N81, N83)
- www.sentrumpensjonat.no
- 145 camas   20kr
- dorms 6p-5p 249kr | quartos 2p 335kr

As grandes vantagens são a localização e o preço, mas as avaliações dos hóspedes são bem ruins. Muitos se queixam da sujeira, do barulho e daqueles que moram no local, já que esse albergue também funciona como pensão. É indicado, no máximo, para curtas estadias. Roupa de cama e toalha incluídas. *Lockers* nos dormitórios e banheiros no corredor.

Haraldsheim

- Haraldsheimveien 4 | Sinsenkrysset (17)
- 2222.2965 | www.haraldsheim.no
- 315 camas | incluído
- dorms 4p 255/280kr (sem/com banheiro) | quartos 1p 445/510kr 2p 610/690kr

Albergue HI, está a 4km do centro e próximo da estação do trem e de um ponto de ônibus, mas a área não é muito bem sinalizada, e chegar até aqui pode ser um pouco difícil. O farto café da manhã é bastante elogiado pelos hóspedes. Todos os quartos têm pia com água quente, e alguns deles são adaptados para cadeirantes. Aluguel de lençóis por 50kr e toalhas por 20kr. O consumo de álcool é proibido nas dependências do hostel.

Citybox

- Prinsensgate 6
- Jernbanetorget (N81)
- 2142.0480 | www.citybox.no
- 115 quartos | não oferece
- quartos 1p 475-600kr, 2p 670-800kr, 4p 1.155-1.450kr (baixa/alta temporada)

Fica nas imediações da Estação Central de Oslo e da rua de pedestres Karl Johans Gate. O *check-in* e o *check-out* são realizados em terminais de autoatendimento, mas o hotel tem funcionários para eventual necessidade. Dispõe de máquinas de venda automática de café e de petiscos na recepção. Os quartos com vista para a rua são barulhentos, prefira os dos fundos.

Anker Hotel

- Storgata 55 | 2299.7500
- Hausmanns gate (30, 31, 111, 112, 301, 302, 309, 321, N12) | www.anker-hotel.no
- 264 quartos | incluído
- quartos 1p 590kr, 2p 760kr, 3p 1.015kr

O hotel é da mesma rede do Anker Hostel e está localizado no mesmo endereço. O café da manhã é bem servido, os quartos são confortáveis e os banheiros são limpos (e com água bem quente para o banho). Internet wi-fi disponível em todas as dependências do hotel. *Staff* simpático e prestativo. O bar serve refeições e bebidas de segunda a sábado.

Comfort Hotel Grand Central

- Jernbanetorget 1 | 2298.2800
- Jernbanetorget (1, 2, 3, 4, 5, 6)
- www.comfortinn.com | 170 quartos
- incluído | quartos 1p 600kr, 2p 805kr

Ótima localização, ao lado da estação central e a apenas 50m da rua de pedestres Karl Johans Gate. Decoração moderna. Café da manhã variado e *staff* atencioso. Quartos espaçosos e bem limpos. Alguns quartos oferecem vista para pontos conhecidos da cidade, como a praça Jernbanetorget e a Ópera de Oslo. Academia gratuita disponível.

Thon Hotel Munch

- Munchs gate 5 | Keysers gate (33)
- 2321.9600 | www.thonhotels.no
- 180 quartos | incluído
- quartos 1p 760kr, 2p 960kr

Fica a curta distância de vários pontos importantes do centro, como a Galeria Nacional, a apenas 5min de caminhada. Café da manhã bem preparado. Não tem restaurante, mas a recepção vende cerveja, vinho e alguns lanches rápidos. Existem quartos com varanda, tente reservar um desses. Conta com piso aquecido nos banheiros de todos os quartos. Wi-fi grátis.

O visual singular de Bergen

BERGEN

Segunda maior cidade do país, com 270 mil habitantes, e situada na costa oeste, Bergen é a mais visitada depois de Oslo. Somente a paisagem do trajeto entre as duas já valeria a viagem, mas Bergen oferece ainda mais. Seu porto foi estratégico durante a Liga Hanseática, dominando o comércio no norte da Europa durante a Idade Média, e, hoje, suas alinhadas casinhas formam uma pitoresca paisagem. É também um bom ponto de partida de passeios para explorar os fiordes – mesmo que esteja chovendo, o que é bastante provável. Prepare-se para as intempéries climáticas: rodeada por sete montanhas, é uma das cidades onde mais chove no mundo, uma média de 300 dias por ano. Mas não se preocupe, mesmo que você não esteja nos outros 65 dias, a chuva não afeta a beleza de Bergen.

A Cidade

Ponto central é o porto. Saindo da estação de trem pela direita, a rua Kong Oscars Gate, à esquerda, leva até o centro. O ideal aqui é se locomover a pé (apesar da eventual chuva), tudo é perto e quase nem se percebe ônibus na zona central. Código telefônico: 5.

Informações turísticas

Em frente ao porto e a 10min da estação, o centro de informações reserva hotel, passeios e ainda faz câmbio.

Bergen Tourist Information
- Strandkaien 3
- jun-ago seg-dom 8h30-22h | mai/set seg-dom 9h-20h | out-abr seg-sáb 9h-16h

Pela internet
- www.visitbergen.com

Cartão da cidade O *Bergen Card*, à venda no centro de informações turísticas, dá direito à entrada em vários museus e ao uso do transporte público dentro dos limites urbanos. Custa 200kr/24h, 260kr/48h ou 320kr/72h e vale a pena se você pretende conhecer várias atrações no período de um ou dois dias.

Chegando e saindo

Quatro a cinco trens por dia partem de Oslo a Bergen, levando entre 6h30-7h30. A reserva é obrigatória em alguns trens. A estação fica a 10min de caminhada do centro ou do porto. De avião leva menos de 1 hora (apenas 55min), e até pode sair mais barato, porém tenha em mente que no meio aéreo se perde as estonteantes paisagens que se veem no trajeto ferroviário; voos saem a cada hora.

Atrações

O bacana é dar um passeio pela margem direita do porto, passando pela frente das casas medievais de madeira, chamadas de *Bryggen*. Remanescentes do primeiro povoamento da cidade, já foram um centro de comércio e desde 1980 fazem parte do Patrimônio Histórico nomeado pela Unesco. Hoje abrigam lojas de suvenires e de artesanato. Suba suas estreitas escadas e não tenha medo, porque balança mas não cai. Depois, siga caminho em direção à Rosenkrantz Tower, onde está a fortaleza.

Bymuseet i Bergen *(Bergen City Museum)*

- Dreggsalmenning 3
- 5530.8030   www.bymuseet.no
- mai-ago seg-dom 10h-16h | set-abr seg-sex 11h-15h, sáb 12h-15h, dom 12h-16h
- 75kr (Est: 35kr | Cr: grátis)

O Museu de Bergen mostra a importância que a cidade teve na Idade Média por meio de achados arqueológicos de escavações feitas aqui mesmo, nesse local. A fundação mais antiga data do século 12. Ainda, exposição de cerâmica e ferramentas.

Fish Market

- Torget   5555.2000
- set-mai seg-sáb 7h-16h | jun-ago seg-dom 7h-19h   grátis

Situado em frente ao porto, no centro da cidade, está o famoso mercado de peixes, frutos do mar, vegetais, flores e frutas, além de artesanato e suvenires. Para conferir parte da fauna marinha norueguesa comestível, o ideal é sentar-se em uma mesinha ao ar livre e provar as iguarias – os sanduíches com peixes frescos são as opções mais em conta.

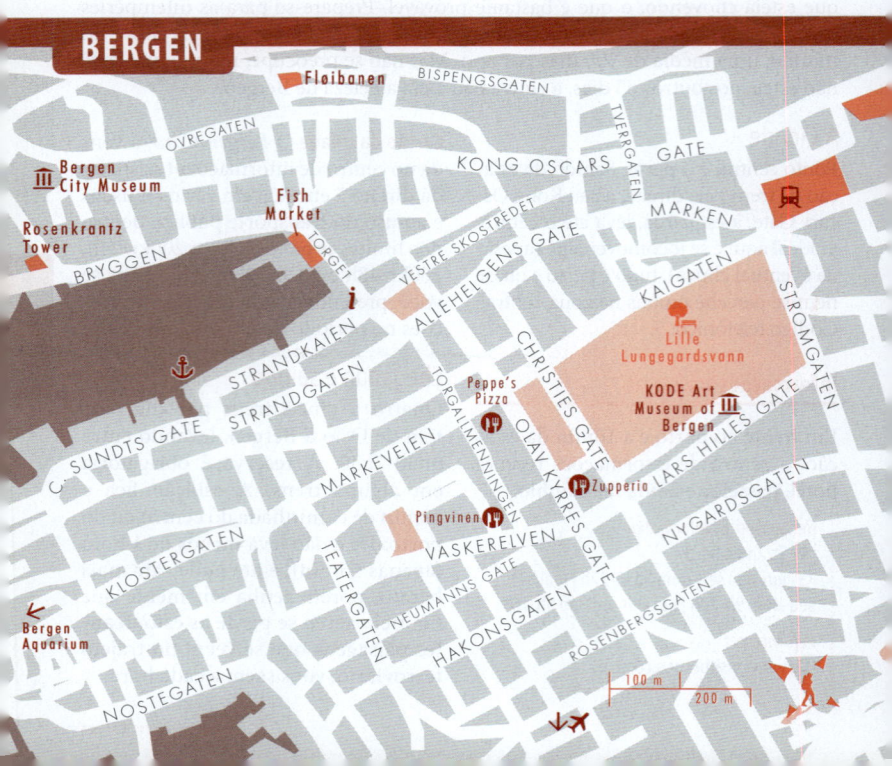

Akvariet I Bergen *(Bergen Aquarium)*

- Nordnesbakken 4
- 5555.7171   www.akvariet.no
- mai-set seg-dom 10h-18h | out-abr ter-dom 10h-16h
- 150-250kr (Cr: 100-150kr)

Uma caminhada de 20min, partindo do mercado de peixes, leva você até o aquário. Ideal para crianças, pode ser muito agradável também para os adultos – ao menos os que se divertirem com focas e pinguins em piscinas ao ar livre. Também há uma vasta variedade de peixes e invertebrados do Mar do Norte, divididos em mais de 70 tanques diferentes. O preço do ingresso varia conforme o dia da semana e a estação do ano.

KODE Art Museum of Bergen

- Rasmus Meyers Allé 3/7/9
- 5556.8000   www.kodebergen.no
- set-mai ter-sex 11h-16h, sáb-dom 11h-17h | jun-ago seg-dom 11h-17h
- 100kr (Est: 50kr | Cr: grátis)

Quatro prédios à beira do lago Lille Lungegårdsvannet formam um dos maiores museus de arte da região nórdica, antes conhecido como Bergen Art Museum. No acervo, coleções do século 15 ao 20, passando por Picasso, Miró e Munch.

Mount Ulriken

- Haukelandsbakken 40
- 5364.3643   www.ulriken643.no
- mai-set seg-dom 9h-21h | out-abr ter-dom 10h-17h
- 95-255kr

Alcançada a partir de teleféricos, a mais alta das sete montanhas que rodeiam Bergen, com 643m de altitude, tem uma bela vista panorâmica da cidade, das ilhas e dos arredores. A melhor forma de chegar aqui é com o ônibus que passa próximo ao Fish Market e para a 30m da montanha; a cada meia hora, entre 9h e 17h (apenas no verão), por 255kr, incluindo o bondinho. Só o *cable-car* sai 155kr. Uma alternativa econômica (e cansativa) é utilizá-lo apenas na subida, 95kr, e encarar a descida por conta própria, em torno de 3h. Para os mais aventureiros, tem ainda voo de *paraglider* (1.500kr), escaladas, caminhadas e tours de *bike*.

Floibanen

- Vetrlidsallmenningen 21
- 5533.6800   www.floibanen.com
- seg-sex 7h30-23h, sáb-dom 8h-23h
- ida e volta 85kr (Cr: 43kr)

Funicular que sobe até o topo do Monte Floyen (320m), levando entre 6-7min, a 150m do mercado. Se o tempo ajudar, vale o passeio para conferir a impressionante vista. Melhor ainda, pague meia passagem e desça a pé por alguma das trilhas existentes e aprecie a natureza da região. Maiores detalhes, no centro de informações ou em seu albergue ou hotel.

Passeios
Norway in a Nutshell

Excepcional passeio por algumas das mais belas paisagens da região. A saída é a partir de Bergen, tomando um trem até **Myrdal**, cidade a 867m acima do nível do mar, situada na ferrovia que liga Bergen a Oslo. Ali, troca-se para um trem menor que seguirá até **Flåm**, a apenas 2m acima do nível do mar – ou seja, uma vertiginosa descida. No percurso, avistam-se paisagens de tirar o fôlego, tanto que o maquinista para o trem no meio do caminho para que os passageiros desçam e tirem fotos – como em frente à cachoeira **Kjosfossen**, uma queda de 93m. Em Flåm, pega-se um barco para atravessar os fiordes **Aurlandsfjord** e **Naeroyfjord** (ambos integrantes do Sognefjord, o maior fiorde norueguês), até o vilarejo de **Gudvangen**, de onde se toma um ônibus para **Voss**, de volta na ferrovia

Oslo-Bergen, para, por fim, pegar o trem de retorno à origem, Bergen. O passeio, apesar de muito chá de banco (de trem, de barco e de ônibus), é uma viagem formidável, vale a passagem de 1.630kr (Cr: 830kr) (www.norwaynutshell.com) – confira a possibilidade de desconto com seu passe de trem em alguns trechos da jornada. Existem algumas variáveis desta volta, como partir ainda em Oslo e terminar em Bergen, ou uma *round trip* de Voss, eventualmente durando até mais de um dia.

Hardangerfjord

Uma das paisagens mais representativas da Noruega fica a 120km de Bergen. O segundo maior fiorde do país, Hardangerfjord, passa por 13 cidades da costa oeste e atrai visitantes de todo o mundo, que se aventuram entre cachoeiras, geleiras e montanhas e contemplam o cenário, famoso principalmente pela ponta de um penhasco projetada para o horizonte. O passeio *Hardangerfjord in a Nutshell* (www.norwaynutshell.com) sai de Bergen em direção a Eidfjord, passando por Voss e Ulvik, e faz os percursos da ida e da volta de trem, ônibus e barco. Embora cansativo, promete vistas memoráveis. Com saídas entre mai-set, o tour de 10h custa 1.290kr (Cr: 830kr).

Comes & Bebes

Bergen conta com uma grande variedade de restaurantes, e a maioria é bem cara. Para economizar, vale se distanciar das ruas principais do centro e procurar locais menos turísticos. Mais barato que isso, invista em supermercados e nos tradicionais lanches de rua. Alguns pratos locais populares são o *raspeballer* (massa de batata com bacon, salsichas, carne assada, entre outros) e o *lutefisk* (bacalhau preparado com soda cáustica, servido com bacon, batatas, molho de carne ou mostarda). Um bom programa gastronômico é conhecer o *Fisketorget*, o mercado de peixes no porto, onde também se vende frutas, vegetais e artesanato, e experimentar frutos do mar fresquinhos.

BAITA VIAGEM | Kjeragbolten

Milimetricamente encaixada entre duas montanhas, o Kjeragbolten é uma surpreendente pedra suspensa, a 984m de altura. Situada na enorme montanha de Kjerag, junto ao fiorde Lysefjorden, atrai turistas aventureiros que, para chegar aqui, encaram até 6 horas de subida. O ponto de partida da trilha que leva a Kjeragbolten está a 3h de viagem da cidade de Stavanger, 210km ao sul de Bergen. A *Tide Reiser* (www.tidereiser.com) oferece, entre junho e agosto, uma rota de ônibus de Stavanger a Øygardstøl, onde se inicia a trilha; saída às 7h30 e retorno às 19h15; custa 490kr (Cr: 390kr), reservas online. Guarde fôlego para a volta, tão cansativa quanto a ida. Lembre-se de levar água e protetor solar e de vestir sapatos adequados para caminhadas. O esforço é recompensado com uma das paisagens mais impressionantes da Noruega (veja mais na p.1304).

Zupperia

- Nordahl Bruns Gate 9
- 5555.8114
- www.zupperia.no
- ter-sáb 11h-0h, dom 12h-22h
- 70-150kr

O restaurante é especializado em sopas e saladas, com porções saborosas, baratas e bem servidas. Quem quiser experimentar um sabor local, pode escolher a *rudolfsuppe* (98kr), sopa cremosa com carne de rena, cogumelos e *berries*, ou a *eksotisk drøm* (148kr), sopa de frutos do mar com camarões, mexilhões, peixes e temperos diversos. Se a fome exigir algo mais substancial, o salmão defumado com creme azedo, aspargos e purê de batata (178kr) é uma boa escolha.

Pingvinen

- Vaskerelven 14 5560.4646
- www.pingvinen.no
- seg-dom 11h-3h 90-220kr

Restaurante com um clima bem informal, ao longo do dia serve comida típica por um preço acessível (para os padrões noruegueses). O cardápio não é dos mais extensos, mas a comida é saborosa e a porção, generosa. Experimente as almôndegas ou a torta de peixe. Como o local é, à noite, um bar bem animado, você encontra uma grande variedade de cervejas.

Peppe's Pizza

- Olav Kyrres Gate 11
- 2222.5555
- www.peppes.no
- seg-dom 12h-23h 150-350kr

Essa rede de pizzarias oferece um dos melhores custo-benefício da cidade. As pizzas saem a partir de 200kr, mas são fartas e satisfazem duas pessoas. Oferecem cardápio vegetariano. Tem outra filial no porto (Torget 2), com uma vista bacana.

Hotéis & Albergues

As acomodações ficam nas imediações da estação de trem e de ônibus ou próximas do porto. De qualquer forma, todos os pontos de interesse estão relativamente perto.

Intermission Hostel

- Kalfarveien 8
- 5530.0400   www.intermissionhostel.no
- 39 camas   30kr
- dorms 39p 190kr

Funciona apenas no verão, entre meados de junho e agosto. Está localizado bem perto da estação de trem de Bergen. Tem apenas um quarto misto com 39 camas, então pode ser barulhento e sem privacidade. No meio da tarde, o hostel fecha para limpeza e os hóspedes precisam sair. Conta apenas com três banheiros. Tem cozinha equipada e disponibiliza café e chá de graça durante o final da tarde e *waffles* nas noites de segunda e quinta-feira. É indicado somente para quem realmente precisa economizar.

Bergen Vandrehjem Montana

- Johan Blyttsvei 30
- 5520.8070
- www.montana.no
- 250 camas   incluído
- dorms 4p-5p 235/295kr | quartos 1p 520/670kr, 2p 660/850kr (baixa/alta temporada)

Albergue HI aos pés do Monte Ulrikenm, uma das sete montanhas que cercam a região. Até o centro de Bergen são 5km, em torno de 20min de ônibus (nº 12). Funciona praticamente durante o ano todo, fechando somente entre 22 de dezembro e 2 de janeiro. Aluguel de lençóis por 60kr e de toalha, 10kr. Possui espaço para refeições ao ar livre, tem duas cozinhas equipadas e a apenas 100m há uma mercearia. Até as 22h é possível

Marken, rua de pedrestes

comprar uma boa pizza na recepção por 80/40kr (inteira/meia). Rede wi-fi gratuita em todas as áreas comuns e em alguns quartos.

Bergen YMCA Hostel

- Nedre Korskirkeallmenningen 4
- 5560.6055
- www.bergenhostel.com
- 84/156 (baixa/alta temporada)   65kr
- dorms 6p 230/280kr, 4p 250/320kr, 2p 425/475kr (baixa/alta temporada)

Excelente localização, está muito próximo das principais atrações da cidade. É possível chegar a pé, tanto da estação de trem e da rodoviária quanto do porto e do centro de informações turísticas. Todos os quartos têm banheiro e frigobar. Conta com cozinha equipada e um terraço no quarto andar com uma bonita vista da cidade. Aluguel de toalha por 10kr. A recepção fecha entre 23 de dezembro e 2 de janeiro, por isso, estadias nessa época do ano precisam ser reservadas com antecedência.

Citybox Bergen

- Nygårdsgaten 31
- 5531.2500   www.citybox.no
- 55 quartos   não oferece
- quartos 1p 400/600kr, 2p 600/850kr, 4p 850/1.050kr (baixa/alta temporada)

Hotel da mesma rede do Citybox de Oslo. Está no centro da cidade, a apenas 300m da estação de trem. *Check-in* e *check-out* são feitos pelo próprio hóspede, utilizando terminais de autoatendimento; há funcionários para outras solicitações. Opção de banheiro compartilhado em que apenas dois quartos utilizam o mesmo espaço, localizado no corredor. Em estadias curtas, o quarto não é limpo, e em longas estadias a limpeza ocorre uma vez por semana. Pequenos lanches para o café da manhã podem ser comprados na recepção.

Hotel Park Bergen

- Harald Hårfagresgate 35
- 5554.4400   www.hotelpark.no
- 33 quartos   incluído
- quartos 1p 990/1.290kr, 2p 1.190/1.690kr (baixa/alta temporada)

Este pequeno hotel familiar, localizado em um antigo prédio do século 19, fica a cerca de 10min a pé do centro de Bergen, no alto de uma ladeira, o que pode dificultar o acesso. É decorado com móveis antigos e cada quarto tem uma temática única. Não possui elevadores. TV a cabo e internet wi-fi disponíveis em todos os quartos. Equipe atenciosa. Bastante elogiado por outros hóspedes.

STAVANGER

Situada a 210km de Bergen, Stavanger, com 130 mil habitantes, é ponto de partida para um dos mais belos fiordes da Noruega, o Lysefjorden. Além do turismo, a cidade se sustenta em torno da pesca e da indústria petrolífera, não à toa, é chamada de "capital norueguesa do petróleo". Esta posição econômica levou Stavanger a portar, segundo dizem, o menor índice de desemprego em toda a Europa.

A Cidade

Localizada na região de mesmo nome, Stavanger é uma cidadezinha agradável, uma das mais antigas da Noruega, fundada em 1125, contando hoje com muitos restaurantes e hospedagens. Uma das melhores maneiras de conhecer o local é passeando pelas calçadas de paralelepípedo, entre as casinhas do século 18 do seu pequeno e intimista centro histórico.

Informações turísticas Ao lado da igreja (9 Domkirkeplasse, 3; ⊙ set-mai seg-sex 9h-16h, sáb 9h-14h | jun-ago seg-dom 9h-20h), disponibiliza mapas, informações, agendamento de passeios pela região e aluguel de bicicletas. Pela internet: 🖳 www.regionstavanger.com.

Chegando e saindo

O *Stavanger Airport*, ao sul da região, recebe mais de 60 voos domésticos e internacionais; aqui chegam aviões de Bergen (40min), Oslo (50min), Trondheim (55min), Londres (1h), Amsterdã (1h30) e Frankfurt (2h). Um ônibus, com saída a cada 15min, faz o percurso entre o aeroporto e centro da cidade – para em alguns hotéis, no terminal de ônibus e na estação de trem. A viagem dura cerca de 30min.

A estação de trem é bastante próxima do centro. É possível chegar vindo diretamente de Oslo (em torno de 8h de viagem), trajeto composto de bonitas paisagens. Já de Bergen, venha de ônibus. Embora mais próximo, por incrível que pareça não há trem direto: é preciso ir a Oslo para fazer a conexão entre as duas cidades, num trajeto que leva mais de 16h. Os veículos costumam parar junto à estação ferroviária. As empresas *NorWay Bussekspress*, *Skyss*, *Kolumbus* e *Bus4You* operam vários trajetos entre Stavanger e Oslo, Bergen e Haugesund.

Região portuária de Stavanger

Atrações

Na cidade, os pontos de interesse ficam por conta do Centro Histórico e do Museu do Petróleo. A 70km de Stavanger é que se encontram as grandes atrações: os inusitados Preikestolen e Kjeragbolten, ambos no Lysefjorden.

Museu do Petróleo

- Kjeringholmen, cais do porto
- www.norskolje.museum.no
- jun-ago 10h-19h; set-mai seg-sáb 10h-16h, dom 10h-18h
- 100kr (Est, Id, Cr: 50kr)

O acervo permanente mostra como o petróleo e o gás são extraídos e como seus derivados são produzidos. O museu também informa sobre os avanços tecnológicos e as influências do petróleo sobre a sociedade norueguesa.

Passeios

Preikestolen

Conhecido pelo Pulpit Rock (em português "Rocha Púlpito"), Preikestolen é um gigantesco platô de pedra com 604m de altura, local que só pode ser alcançado por meio de trilhas. O caminho começa no pé do fiorde Lyse (Lysefjorden), onde é possível chegar de ônibus, *ferry* e carro (trajeto de 60km). O ideal é ir cedo para aproveitar a caminhada – normalmente a trilha, considerada de nível moderado, tem duração de 2h, mas com certeza você vai parar muitas vezes para tirar fotos e apreciar o visual. Aliás, prepare a câmera pois a paisagem é incrível! Contorne o platô e suba até o pico: lá, a sensação e a vista do fiorde são ainda mais impressionantes. A melhor época para conhecer o Preikestolen é entre os meses de abril e outubro – a visita não é recomendada no inverno devido às poucas horas de sol e à possibilidade da existência de gelo no local. O caminho é bem sinalizado e costuma ser bastante movimentado nos dias de verão. Leve água e algum lanche, pois só há posto de vendas no estacionamento. Essa fantástica atração (assim como Kjeragbolten, veja abaixo) também tem se popularizado entre praticantes de *base jumping*. Durante o verão, o acesso mais rápido é de *ferry*: a partir de Stavanger se vai até Tau e, de lá, deve-se seguir em um ônibus correspondente (1h30) até a Preikestolen. A venda das passagens são conjugadas (ônibus e *ferry*) e estão disponíveis a bordo do próprio *ferry* (250kr, retorno incluído) e no centro de informações de Stavanger. O retorno pode ser feito em até 2 dias – existem camping e hostel por lá. Os *ferries* saem de Stavanger entre 8h-16h40, a cada 40min; o regresso ocorre entre 9h-19h15. A propósito: Preikestolen é a foto de capa deste guia.

Kjeragbolten

Essa surpreendente pedra, encaixada em uma fenda entre dois rochedos, sobre um penhasco de quase 1.000m acima do fiorde, se tornou famosa nos últimos anos, conhecida pelos montanhistas que buscavam alternativas às movimentadas trilhas da Pulpit Rock. Mais distante de Stavanger (155km) e com maiores dificuldades de acesso do que Preikestolen, Kjeragbolten conquista pela paisagem e pelo silêncio. Leia mais sobre essa rocha no box da p.1300.

Preikestolen, espetacular

VILAREJOS DA REGIÃO

Entre Bergen e Trondheim, segunda e terceira maiores cidades do país, existem vários pequenos vilarejos, alguns deles, bases para chegar aos fiordes. Essas cidadezinhas podem valer uma breve parada, eventualmente para conhecer o ritmo interiorano da Noruega ou, por necessidade, devido a alguma baldeação de ônibus.

FLÅM

Flåm é uma pitoresca vila com cerca de 500 habitantes, mas o que mais conta é a viagem de trem saindo de Myrdal, a chamada *Flåm Railway*, ou toda a volta desde Bergen, conhecida como *Norway in a Nutshell*. Situada à beira do fiorde Aurlandsfjord, é também ponto de partida para os passeios de *ferry* pelos estreitos golfos entre as típicas montanhas norueguesas. Um pequeno posto de informações, aberto apenas no verão, está situado no local onde chegam barcos e trens, dispondo de mapas da região, horários do transporte ferroviário e hidroviário e aluguel de bicicletas. Pela internet: www.visitflam.com.

Chegando e saindo
Para chegar em Flåm você deve pegar o trem Flåmsbana (*Flåm Railway*) em Myrdal, que fica na linha Oslo-Bergen. De Myrdal para Flåm são 55min de viagem, numa descida impressionante, uma das viagens mais bonitas dentro do país. Para sair de lá, você pode voltar para Myrdal ou então ir de *ferry* pelos fiordes Aurlandsfjord e Naeroyfjord até Gudvangen, de onde se pega um ônibus até Voss, que fica, também, na linha Oslo-Bergen. Outra opção é pegar um *ferry* que vai direto a Bergen, mas somente no verão. Se você quiser aventurar-se mais na região, há barcos que vão até Sogndal, outra cidadezinha localizada no meio dos fiordes. Dali, siga de *ferry* e ônibus até Geiranger, passando por vilarejos como Skei, Stryn e Hellesylt.

Atrações
Flåm é apenas uma parada no caminho do *Norway in a Nutshell*, não acumule grandes expectativas. Visite o Naeroyfjord (www.fjordsafari.com), fiorde próximo. O belo visual, cheio de pequenas aldeias, montanhas íngremes, picos de neve e quedas d'água pode ser conferido em todas as estações do ano, em passeios que duram a partir de 1h30 (510kr). Há programas mais longos (e mais caros), que incluem paradas ao longo do caminho, como o minúsculo vilarejo de Undreda, que tem 80 habitantes e 300 cabras. Se você estiver por aqui à noite, conheça o Aegir Brewery & Pub (Flåmsbrygga), cervejaria em estilo viking que serve boas comidas.

Hotéis & Albergues
Por ser um pequeno vilarejo, não há muitas alternativas de hospedagem por aqui e, quando há, os valores são nas alturas, sem contar que a maioria dos hotéis não abre durante o inverno. O **Flåm Camping e Hostel** (Nedre Brekkevegen 12; quartos 1p 390kr, 2p 620kr, 3p 850kr), perto das estações de trem e de ônibus, está aberto de março a novembro e funciona como camping e albergue.

SOGNDAL

Tranquila cidade com pouco mais de 7 mil habitantes, situada entre Flåm e Geiranger, Sogndal, sem grandes atrativos, é mais uma parada para troca de barcos ou de ônibus que se destinam aos fiordes ou às geleiras de Jostedalsbreen e de Nigardsbreen. O centro de informações fica na Parkvegen 5, aberto mai-set; possui mapas com atrações da região e organiza passeios para *Jostedalsbreen*. Barcos para Flåm (vindo de Myrdal) e ônibus para Skei (com conexões para Stryn e Hellesylt, rumo ao Geirangerfjord) fazem parte do fluxo de viagem de Sogndal. Por aqui, tudo é próximo. Pela internet: 🖳 www.sogndal.kommune.no.

Hotéis & Albergues

Há alguns poucos hotéis e apenas um albergue. Para quem vai visitar os fiordes, Sogndal pode oferecer uma infraestrutura um pouco melhor que outros vilarejos da região. O **Sogndal Vandrerhjem** (📍 Helgheimsvegen 9; 💲 quartos 1p 410kr, 2p 620/755kr – sem/com banheiro) funciona durante o ano como escola e, entre junho e agosto, como albergue HI. Está a 15min de caminhada do terminal de ônibus.

GEIRANGER E HELLESYLT

São dois vilarejos que, de certa forma, só existem no verão (quando chegam os turistas), situados nas extremidades do Geirangerfjord, um dos conjuntos de fiordes mais extraordinários da Noruega. Ir de uma cidade a outra, de *ferry*, é um passeio legítimo, em que se percorre 16 belos quilômetros por entre altos e imponentes penhascos. Você também pode ir e voltar para a mesma cidade. Ambas dispõem de boas trilhas, mas, entre as duas, Geiranger oferece uma visão mais impactante, em especial no impressionante belvedere *Flydalsjuvet*, um dos autênticos cartões postais do país. Por outro lado, é onde você encontrará mais turistas (o verdadeiro sustento das vilas), inclusive com ônibus de excursão no verão. Não importa. O cenário é tão bonito que mereceria ainda mais gente.

Chegando e saindo

Para Geiranger, se você não está vindo por Hellesylt, deverá chegar de ônibus, linha 420, por Åndalsnes, ao norte (eventualmente, há desconto para Eurail e/ou estudante); são 3h de uma incrível viagem, costeando um íngreme e sinuoso vale. O centro de informações fica na Gamle ferjekai (🕐 mai-set seg-sáb 9h-19h). Veja as pastas com sugestões de caminhadas. Pela internet: www.visitalesund-geiranger.com.

Para Hellesylt, além de Geiranger, você pode vir de ônibus de Sogndal, com paradas em Skei e Stryn. O porto é o centro do vilarejo; os pontos de ônibus ficam ao lado do posto de gasolina. O posto de informações turísticas está no centrinho, atravessando a ponte quando se vem do porto à esquerda; abre jun-ago 10h-18h; caso fechado, contate o Grand Hotel Hellesylt (www.grandhotel-hellesylt.no), ali próximo.

Hellesylt, simpático vilarejo

Atrações

O passeio de *ferry* pelo Geirangerfjord é a grande pedida da região, passando por fiordes encostados nos morros repletos de cachoeiras, incluindo as *Seven Sisters*. De barco, de Geiranger, se vai por uma margem e se volta pela outra, o que ocorre, em geral, seis vezes por dia no verão e duas no restante do ano, levando 1h30 de viagem. Também é possível fazer um *sightseeing*, em inglês, com o mesmo tempo de viagem.

🚶 Flydalsjuvet

Belvedere natural em Geiranger, ponta de uma rocha que oferece uma vista estonteante da vila e do fiorde. Para chegar nesse cenário deslumbrante, encare uma boa caminhada subindo o morro por quase 1h, ou pegue um ônibus. Do alto, aprecie a vista dos fiordes e picos com neve eterna. Ônibus costumam sair às 9h30 e às 14h. Você também pode ir de ônibus até uma montanha chamada Dalsniba (1.476m de altura), a 25km de Geiranger, numa viagem de 2h. Para mais trilhas, *trekkings* e passeios, pegue sugestões no centro de informações.

Hotéis e Albergues

As poucas hospedagens dos vilarejos costumam funcionar somente na primavera e no verão. O **Hellesylt Vandrerhjem** ($ dorms 1p 430kr, 2p 630kr, quartos 4p 245kr, 6p 225kr), albergue HI em Hellesylt, está aberto entre junho e agosto. Os quartos têm vista para o Geirangerfjord; aluga bicicletas, lancha e caiaque.

ÅNDALSNES

A grande atração de Åndalsnes é a própria viagem até a cidade (tanto de Dombås, de trem, como de Geiranger, de ônibus). Este vilarejo, com 2.263 mil habitantes, é o fim da linha do trem que viaja a oeste rumo aos fiordes. No verão, atracam por aqui dezenas de navios em busca do principal atrativo local: a *Trollstigen Road*, uma estrada inaugurada em 1936, cheia de curvas acentuadas sobre as montanhas, que proporciona uma encantadora vista. No pico, há uma plataforma de observação de onde se vê os vales, fiordes e impressionantes cachoeiras. Parte da montanha, a Trollvegen, gigante encosta de rocha metamórfica, surpreende pelo tamanho, 1.100m. Por questões climáticas, a estrada abre em meados de maio e funciona até setembro.

Chegando e saindo

Entre dois e três trens diários fazem o trajeto de/para Oslo; leva em torno de 5h30 de uma bela viagem que também passa por Dombås. Há dois ônibus por dia que percorrem Geiranger e Åndalsnes; a viagem dura 3h e inclui a breve travessia de *ferry* entre Linge e Eidsdal. Partindo de Åndalsnes, os ônibus saem ao lado da estação de trem. Vindo de Geiranger, siga até o fim da linha e peça ao motorista para descer próximo ao albergue. E fique atento às inesquecíveis paisagens com as quais você vai deparar ao longo do trajeto.

Hotéis & Albergues

Se você optar por passar alguma noite por aqui, não terá muito poder de escolha sobre a hospedagem, já que a cidade tem pouquíssimos hotéis e apenas um hostel. O **Åndalsnes Vandrerhjem** (📍 Setnes; $ dorms 290kr | quartos 1p 500kr, 2p 710kr) é um albergue vinculado à rede HI que funciona entre maio e setembro. Está a cerca de 1,5km do centro da cidade. Bastante receptivo para receber famílias com crianças, o local tem um café da manhã elogiado e oferece jantar a partir de 150kr.

Dombås

Cercado por belas paisagens, Dombås, com 2 mil habitantes, fica no caminho entre Åndalsnes e Trondheim. É uma boa pedida para esquiar no inverno ou apenas para passar a noite. O pequeno centro reúne lojas de equipamentos de esqui, mercados e restaurantes. As casas em meio à floresta dão um charme especial à cidade. O melhor e mais provável meio para chegar até aqui é o trem – 1h40 de Åndalsnes e 2h35 de Trondheim. A estação fica a uma curta caminhada do centro.

Hotéis & Albergues

Não há muitas alternativas de hospedagem na cidade. O **Dombås Vandrerhjem** (9 Skitrekkveien; $ dorms 325kr | quartos 1p 600kr, 2p 895kr), albergue HI, situado a cerca de 15min a pé do centrinho, compartilha a recepção e a sala (onde são servidas as refeições) com o hotel **Trolltun Gjestegård** ($ quartos 1p 895kr, 2p 1.150kr). Esse ganha pontos pelos quartos que têm vista para as montanhas; sua estrutura conta ainda com sauna e locação de equipamento de esqui.

TRONDHEIM

Fundada em 997 pelo então rei Olav Tryggvason, Trondheim foi a primeira capital do país. Hoje é a terceira maior cidade da Noruega, com mais de 180 mil habitantes, dos quais quase 30 mil são estudantes. Como uma boa cidade universitária, bicicletas são o meio de transporte mais popular. E para subir uma das numerosas ladeiras existe um exclusivo *bicycle lift* – elevador de bicicletas. A paisagem à beira do rio Nidalva é bonita, mas a grande atração é a Catedral Nidarosdomen.

A Cidade

A praça central *Torvet* não é nenhuma beleza urbana, mas é um bom ponto de orientação. Circundando um obelisco, tem a sua volta o centro de informações, o shopping center da cidade (Trondheim Torg), um eficiente supermercado (Rema 1000), o mercado de flores, frutas e verduras, as tradicionais cadeias de *fast-food* americanas, lojinhas e cafés nas redondezas e é caminho para boa parte das atrações na cidade.

Construções de palafita às margens do rio Nidelva

Informações turísticas

O centro de informações turísticas fornece a revista anual da cidade *Trondheim Guide*, trazendo suas principais atrações, inclusive um mapa, disponível também em inglês e espanhol. Faz reserva de hotéis e seus simpáticos atendentes também dão informações sobre outras regiões da Noruega.

Trondheim Tourist Information
- Munkegata 19
- mai-set seg-sex 8h30-20h, sáb-dom 10h-18h | out-abr seg-sex 9h-16h, sáb 10h-14h

Pela internet
- www.trondheim.no

Tours Para conhecer os arredores de Trondheim, durante o verão há passeios diários de ônibus às 12h com duração de 2h e guiados em inglês por 240kr. De abril a outubro também acontecem passeios de barco de 1h30 de duração, com saída em Ravnkloa, passando pelo porto, pelo rio Nidelven e por fiordes, passagens 150kr.

Chegando e saindo

Para vir até aqui, há trens que saem de Oslo quatro vezes ao dia, levando entre 6h e 9h. A localização geográfica (no centro do país) faz da cidade um ponto de fluxo entre viagens ao norte e ao sul – e também ao leste, no caso, à Suécia. A estação de trem é próxima do centro, basta cruzar a ponte em frente e seguir pela rua Kongens Gate.

Circulando

Passagens de ônibus custam 37kr para uma viagem simples (válidas por 1h); necessário, talvez, para ir até o albergue. A melhor forma de explorar a cidade é de bicicleta – para alugá-las, dirija-se ao centro de informações turísticas. Curioso em Trondheim é o *Trampe CycloCable* (www.trampe.no), ou elevador de bicicletas, o primeiro e único no mundo, fruto da imaginação dos estudantes de engenharia da universidade local. Lançado em 1993, o antigo sistema ficou ativo até 2013, quando foi substituído por uma versão mais moderna, seguindo as normas de segurança internacionais. Funciona por meio de um pequeno pedal retrátil que se prende ao pé e, em contato com um trilho de bonde, empurra o ciclista ladeira acima, por 130m. Requer certo equilíbrio, mas os noruegueses fazem parecer fácil.

Atrações

Passe pela *Gamle Bybro*, a ponte antiga, construída em 1681 e um dos símbolos da cidade, de onde se pode admirar os prédios típicos de palafita à beira do rio Nidelva. Vale também conferir o *Bakklandet*, bairro de casas antigas, que conserva seu charme nas construções de madeira, cores diversas, ruas estreitas e eventuais cafés. No passado, era onde morava a classe operária.

Nidarosdomen

- Bispegata 11
- www.nidarosdomen.no
- jun-ago seg-sex 9h-18h, sáb 9h-14h, dom 13h-17h / set-mai seg-sáb 9h-14h, dom 13h-16h
- 80kr

Catedral construída entre 1035 e 1300, é considerada um santuário nacional, sendo o local onde os monarcas noruegueses eram coroados – e, atualmente, consagrados.

Kristiansten Festning

- Festningsgata 2
- mai-set seg-sáb 10h-16h, dom 12h-16h | out-abr seg-sáb 9h-14h, dom 13h-16h
- 70kr

Pequeno parque rodeado por canhões, onde o melhor, provavelmente, é a vista que oferece. Construído em 1681, o forte era utilizado para proteger Trondheim de invasões, e de fato salvou a cidade dos suecos em 1718. Durante a ocupação nazista, foi utilizado para executar noruegueses membros da resistência. Para chegar ao forte existente no local, suba pela ponte Gamle Bybro.

Stiftsgården

Munkegaten 23
seg-qui 11h-23h, sex-sáb 11h-23h30, dom 12h-22h   20kr

Residência Real, finalizada em 1778 e uma das maiores construções de madeira da Escandinávia, com 144 quartos. Construída em estilo barroco, também tem características neoclássicas e rococó. A parte interna do edifício sofreu reformas, mas ainda mantém algumas das características originais.

Comes & Bebes

A refeição mais barata da cidade você encontra no centro estudantil **Studentersamfundet** (Elgesetergate 1), um lugar com uma atmosfera vibrante e várias opções de cafés e bares. O restaurante **Carl Johan** (Olav Tryggvasonsgate 24) oferece lanches reforçados a partir de 100kr. O **Persilleriet** (Erling Skakkes gate 39) serve saladas e pratos saudáveis por 130kr no almoço diário. Os restaurantes **EGON**, em vários locais da cidade, oferecem buffet de pizza por 105kr (em compensação, todos os demais pratos do restaurante são absurdamente caros). É possível comprar frutos do mar frescos no **Ravnkloa**, o mercado de peixes, ou escolher um prato do menu, sem muita variedade.

Hotéis & Albergues

Como uma cidade bem desenvolvida, Trondheim tem muitos hotéis, inclusive de grandes redes. Há também os dormitórios dos estudantes, que estão disponíveis aos viajantes durante as férias de verão. A 1km do centro está o albergue **Trondheim Hostel** (Weidemannsvei 41; dorms 4p 365kr | quartos 1p 450kr, 2p 550kr), situado no topo de um morro, o que dificulta o acesso. Os quartos são pequenos e limpos, e na área comum há duas cozinhas equipadas, lavanderia e sala de TV. Entre junho e agosto, o **Singsaker Summerhotel** (Rogertsgate 1; dorms 10p-12p 260kr | quartos 1p 749kr, 2p 889kr) funciona como hotel e albergue. Os quartos compartilhados estão no porão do prédio. A hospedaria não tem cozinha, mas conta com academia, sauna e jardim.

A imponente Nidarosdomen

NORTE DA NORUEGA

Porto de Bodø

BODØ

Situada acima do Círculo Polar Ártico, Bodø é uma das maiores cidades do norte da Noruega, com cerca de 50 mil habitantes. Sua temperatura anual média é de 4,6°C, considerando um calor ameno, no curto verão, e um frio de rachar, no inverno. É o fim da linha do trem que vem do sul e passagem para os que se aventuram às Ilhas Lofoten ou ao extremo norte do país. Seus morros nos arredores são um bom ponto para vislumbrar o sol da meia-noite, entre junho e meados de julho. Aqui chegam muitos turistas em busca da aurora boreal.

A Cidade

A estação de trem está próxima ao centro, facilmente percorrido a pé. A estação de ônibus fica na Sandgata, entre as ruas Sjogata e Storgata. O centro de informações turísticas (Tollbugata 13; jun-ago seg-sex 9h-20h, sáb-dom 10h-18h | set-mai seg-sex 9h-15h30) fica a 10min da estação. Oferece mapa da cidade, wi-fi e aluguel de bicicletas. Pela internet: www.visitbodo.com.

Chegando e saindo

Para os mais apressados, há voos diretos de/para Oslo (1h30), diariamente. Trens saem de Trondheim para Bodø duas vezes ao dia, pela manhã e à noite. As distâncias são longas e a viagem dura, em média, 10h, mas a paisagem é tão atrativa que faz o tempo passar rápido. Interessante observar as diferenças na vegetação à medida que se avança para o norte. O trem diminui a velocidade na altura do Círculo Polar Ártico, logo percebido por um pequeno conglomerado turístico e alguns globos metálicos que identificam a linha imaginária. De Bodø em direção às Ilhas Lofoten saem *ferries* para duas localidades: Moskenes, 4 saídas diárias, 174kr; e Svolvær, 2 saídas, 433kr. Os *ferries* podem partir de lugares distintos; sempre é bom confirmar o local, assim como horários e preços (www.torghatten-nord.no). Hurtigruten (www.hurtigruten.com) é uma espécie de cruzeiro que acompanha toda a costa norueguesa; para rotas a partir de Bodø, confira o site.

Para o extremo norte: há um ônibus para Narvik por 260kr (Est: 130kr), num trajeto de 6h30, com conexão em Fauske. É possível chegar a Narvik passando pelas Ilhas Lofoten – são duas saídas diárias com o ônibus 760, a partir de Moskenes. Veja em Narvik como ir mais para o norte da Noruega.

BAITA VIAGEM | Svalbard e o Polo Norte

Svalbard: esse talvez seja o mais perto que você deve chegar do extremo norte do planeta – arquipélago situado em pleno Círculo Polar Ártico, é considerado o ponto habitado mais próximo do Polo Norte. O turismo aqui é relativamente desenvolvido, contando com uma variedade de hotéis e restaurantes. Oferece atividades como caminhadas sobre o gelo, passeios de barco entre geleiras, exploração de cavernas de gelo, safáris em veículos *snowmobile* ou em trenós puxados por cães, além da contemplação da aurora boreal ou do sol da meia-noite. Para conhecer a ilha, é indispensável contratar o serviço de um guia ou tour – nunca se sabe, afinal, quando vai aparecer um urso polar no seu caminho (dizem que pode acontecer mesmo). Enfim, programas bem diferentes do que você poderia fazer no Brasil ou mesmo na Europa continental. A maior cidade é a vila de Longyearbyen, com 1.830 habitantes (o arquipélago todo não chega a 2.700), a capital administrativa da região, situada na ilha de Spitsbergen. Aqui chegam os voos (basicamente a única forma de acesso, já que não há transporte regular de barco entre a Noruega e o arquipélago), vindos de Tromsø (1h40 de viagem) e Oslo (2h50), trajetos operados pelas empresas *Norwegian* (www.norwegian.no) e *SAS* (www.flysas.com). Para mais informações, www.visitsvalbard.com.

Atrações

Além dos atrativos naturais, como o *Saltstraumen* ou a própria aurora boreal, destacam-se dois museus da cidade. O **Nordland Museum** (◉ Prinsensgate 116; ⏲ jun-ago seg-sex 11h-18h, sáb-dom 11h-16h | set-mai seg-sex 9h-15h; 💲 30kr) é dividido em três exposições que se confundem dentro do pequeno espaço: pescadores das Ilhas Lofoten, população sami do norte e tesouros da época viking. A parte mais nova do museu é dedicada à história e ao desenvolvimento da cidade. Visita rápida. Já o **Norsk Luftfartsmuseum** (◉ Olav V gate; ⏲ jun-ago seg-dom 10-18h | set-mai seg-sex 10h-16h, sáb-dom 11h-17h; 💲 110kr), o Museu da Aviação, em formato de asa de avião, é dividido em duas partes, civil e militar. Dentro há vários aviões reais expostos, além de um simulador de voo e diversas montagens explicando o funcionamento e os princípios aerodinâmicos dessas máquinas. Para chegar, pegue o micro-ônibus (16kr) que sai da rodoviária e atravessa a cidade.

Passeios

Saltstraumen

A 10km a sudoeste de Bodø, é um dos passeios mais populares da região. Esse canal conecta os fiordes de Saltfjorden e Skjerstadfjorden e tem as correntes de marés mais fortes do mundo, formando redemoinhos às vezes assustadores. O passeio dura poucas horas; o centro de informações fornece todos os detalhes.

Hotéis & Albergues

Sem muitas alternativas, o que existe de hospedagem por aqui fica nas imediações da estação de trem. O albergue **HI Bodø Hostel** (◉ Sjøgata 57; 💲 dorms 8p 350kr, quartos 1p 745kr, 2p 890kr) está localizado justamente nos dois pisos superiores da estação ferroviária, a 1km do centro e próximo do terminal de *ferry* que leva às Ilhas Lofoten. Todos os quartos têm banheiro e TV. Na área comum, há cozinha e lavanderia. O **Rica Hotel Bodø** (◉ Sjøgata 23; 💲 quartos 1p 545kr, 2p 895kr) está a 200m da estação central, possui quartos espaçosos e confortáveis. Tem sauna, uma academia pequena e aluguel de bicicletas.

NARVIK

Narvik, 21 mil habitantes, não oferece grandes atrativos, sendo mais um ponto de partida para explorar o extremo norte da Noruega. É também ligação com a Suécia, já que sua única linha de trem faz conexão com esse país. As montanhas nos arredores são relativamente populares no verão e podem ser um bom local para apreciar o sol da meia-noite ou a aurora boreal no inverno.

Informações turísticas

O centro de informações (Stasjonsveien 1; jun-ago seg-sex 10h-19h, sáb-dom 10h-15h | set-mai seg-sex 10h-15h) fica dentro da estação de trem; fornece mapa com atrações. Há internet gratuita disponível na biblioteca (seg-dom 10h-15h) atrás da prefeitura. Pela internet: www.visitnarvik.com.

Chegando e saindo

A estação de trem funciona também como rodoviária. O ônibus 100, com saídas às 5h20, 12h50 e 15h20, segue ao norte, em direção a Tromsø, numa viagem de 4h30. Ao sul, o ônibus 720 vai para Fauske, onde faz conexão e de lá segue para Bodø. São duas saídas diárias, às 7h e às 16h10, e o trajeto leva em média 7h; passagem 330kr (Est: 165kr). No sentido contrário, os ônibus partem de Bodø no mesmo horário. De Narvik, há trens rumo a Kiruna, Gällivare, Boden e Luleå, na Suécia. Para chegar ao centro da cidade, a partir da estação, suba a rua até a ponte na Kongensgate, dobrando à esquerda rumo à praça da prefeitura.

Atrações

O **Narvik Centre** (Torgsvingen 15; narviksenteret.no; seg-sáb 10h-16h, dom 12h-16h), que abriga o Museu da Cruz Vermelha e o Memorial da Guerra, expõe a história da ocupação nazista, dividida por seus principais acontecimentos e períodos. O **Nord Museum** (Administrasjonsveien 3; www.museumnord.no/narvik) retrata o desenvolvimento da cidade, com enfoque na indústria mineradora. Narvik conta ainda com o **Fjellet** (www.narvikfjellet.no; mai-ago 10h-17h; 140kr), teleférico que leva às montanhas, a 656m de altura. Bom local para, entre caminhadas, admirar a vista da região e, se o céu ajudar, ver o sol da meia-noite no verão.

Narvik no inverno

Hotéis & Albergues

As acomodações da pequena cidade estão situadas no centro, no entorno da estação de trem. Possui alguns hotéis de grandes redes do país, como Nordic Choice e Rica Hotels, e não tem albergues, somente duas *guesthouses*. A **Spor 1** (⊙ Brugata 2a; ⓢ dorms 300kr, quartos 2p 600kr), localizada em uma antiga estação de trem, está a 10min a pé da atual estação central. Funciona como albergue, já que conta com dormitórios, que, assim como os quartos, têm banheiro compartilhado. Não há recepção, por isso é preciso telefonar antes de fazer o *check-in*. A **Breidablikk Gjestehus** (⊙ Tore Hundsgt 41; ⓢ quartos 1p 1.150kr, 2p 1.195kr) é *guesthouse*, mas funciona nos padrões de hotel. Está a 700m da estação central e oferece uma bonita vista da cidade. Todos os quartos têm banheiro e televisão.

TROMSØ

Considerada a capital do Ártico, Tromsø, com 71 mil habitantes, é a maior cidade norueguesa ao norte do Círculo Polar Ártico – são quase 400km entre a linha imaginária e a cidade. Habitada pelos sami (ou lapões) há mais de dois mil anos, foi fundada oficialmente em 1794 e experimentou uma intensa expansão no começo do século 20, quando serviu de base para muitas expedições árticas. No verão, Tromsø é iluminada pelo constante sol da meia-noite; já os dias de novembro a janeiro trazem a escuridão da noite polar – a ausência de luz, no entanto, não é absoluta, e os poucos raios solares por volta do meio-dia garantem uma iluminação singular, chamada de crepúsculo azul. A cidade é um dos principais pontos de partida para a caça à aurora boreal, visível por aqui entre os meses de setembro a março.

A Cidade

A maior parte de Tromsø, incluindo o centro da cidade, está localizado na ilha de Tromsøya, abrigada entre fiordes. A leste se tem o continente, ao qual é conectada pela moderna ponte Tromsøbrua e por um túnel submarino, e, a oeste, a grande ilha de Kvaløya.

Informações turísticas

O centro de informações (⊙ Kirkegata 2; ⊙ jan-mai/set-dez seg-sáb 10h-16h | jun-ago seg-sex 9h-19h, sáb-dom 10h-18h) oferece mapas e reserva passeios, hotéis e transporte. Pela internet: 🖥 www.visittromso.no.

Tromsø, maior cidade do norte da Noruega

> **BAITA VIAGEM | Cabo do Norte**
>
> Os aventureiros que gostam de chegar aos limites do mundo podem seguir de Tromsø para Nordkapp, o Cabo do Norte, área turística que marca o ponto mais setentrional do continente europeu (ocidental). Quem vai de carro deve pagar a entrada no local ($ 255kr | Est: 165kr | Cr: 90kr); os que seguem de ônibus pagam o valor do ingresso junto ao bilhete do último trecho do deslocamento (veja a seguir). Aliás, é bom estar preparado: a viagem de ônibus é um desafio que dura mais de 20h. A partir de Tromsø, pegue o ônibus 150 para Alta; saídas às 14h10 e às 16h, trajeto de 6h30, passagem 440kr (Est: 220kr). É necessário dormir nessa cidade, de onde sai outro veículo, linha 207, para Honningsvåg, no dia seguinte, às 6h35 (também às 14h30 e às 15h, mas nesse caso perde-se a conexão seguinte); 4h de viagem, 315kr (Est: 158kr). Em Honningsvåg, suba no último ônibus, número 330, com destino a Nordkapphuset; saída às 11h30, trajeto de 45min, passagem 590kr (Est: 295kr), incluindo o ingresso. A recompensa para todo esse esforço é a vista de um íngreme penhasco, 307m acima do mar, adentrando o Oceano Ártico. Há um complexo turístico que desenvolve atividades na região, como visitas a vilarejos, passeios de trenó, *rafting*, entre outros. Para mais informações, confira o site www.nordkapp.no.

Chegando e saindo

O aeroporto *Tromsø Lufthavn* fica na ilha de Tromsøya, a 5km do centro da cidade. Tem voos regulares de/para Alta, Bodø, Trondheim e Oslo, na Noruega; Luleå e Estocolmo, na Suécia; e Oulu, na Finlândia. As principais companhias que voam para cá são a *Scandinavian Airlines*, a *Nextjet* e a *low-cost Norwegian Air Shuttle*. Os ônibus 40 e 42 conectam o aeroporto ao centro, por 45kr. O mesmo trajeto é feito pelo expresso *Flybuss*; passagem 70kr.

Trens não chegam até aqui. A estação mais próxima é a de Narvik, de onde partem de dois a quatro ônibus diários (linha 100) para Tromsø, dependendo do período do ano. Em direção ao norte, para a cidade de Alta, há apenas um ônibus por dia, o 150, às 16h (veja box acima).

Também é possível chegar a Tromsø pelo mar, uma vez que o porto da cidade recebe os cruzeiros da empresa Hurtigruten, que percorre toda a costa norueguesa. Para mais informações, consulte o site www.hurtigruten.com.

Atrações

Os principais programas de Tromsø estão nos seus arredores: passeios com renas, corridas de trenó com huskies siberianos, observação de baleias e golfinhos, visitas às aldeias sami, trilhas com vistas panorâmicas para os fiordes e a busca pela aurora boreal. Para esses passeios, consulte o centro de informações. A cidade em si também oferece atrações interessantes: o **Polarmuseet** (◉ Søndre Tollbodgt. 11; ◉ seg-dom 11h-17h; $ 60kr | Est, Cr: 30kr), o Museu Polar, com animais empalhados e ambientes reconstruídos para demonstrar a vida e relação dos habitantes do ártico com a natureza selvagem do extremo norte; o **Polaria** (◉ Hjalmar Johansensgate 12; ◉ mai-ago 10h-19h, set-abr 10h-17h; $ 120kr | Id: 85kr | Est: 70kr | Cr: 60kr), um aquário que impressiona mais por sua arquitetura exótica, representando blocos de gelo caindo um sobre o outro, como se fosse um dominó; e a **Ishavskatedralen** (◉ Hans Nilsens vei 41; ◉ jun-ago 9h-19h, set-mai 15h-18h; $ grátis), a Catedral do Ártico, exemplo de um prédio modernista nórdico.

ILHAS LOFOTEN

Localizadas acima do Círculo Polar Ártico, as Ilhas Lofoten, lar dos vikings no passado, hoje abrigam pequenas colônias de pescadores, além de muitos turistas no verão. O grande barato das ilhas são as montanhas e geleiras cravadas no Mar Glacial Ártico. Graças à corrente quente, oriunda do Golfo do México, o clima é muito mais ameno que em locais de mesma latitude, como o Alasca e a Groenlândia. Em janeiro e fevereiro, a temperatura média é de apenas -1°C, o que é quase calor para o ponto geográfico em que as ilhas estão. O verão propicia um bom cenário para o sol da meia-noite, e no inverno, para a aurora boreal.

Os Vilarejos

A vila de **Svolvær** (na ilha de Austvågøy), com pouco mais de 4 mil habitantes, é a principal e mais turística. Mais tranquilos são outros vilarejos, como **Kabelvag** (a 5-10min de ônibus de Svolvær), **Stamsund** ou **Å** (esse é o nome mesmo).

Ballstad, vilarejo com pouco mais de 1 mil habitantes, é um importante centro de pesca das Lofoten. O local é pioneiro em transformar casas de pescadores em meios de hospedagem. Aqui está uma grande empresa de processamento de óleo de fígado de bacalhau.

Em **Svolvær**, o centro de informações turísticas (mai seg-sex 9h-16h, sáb-dom 10h-14h, jun-ago 9h-22h, sáb-dom 9h-20h | set-abr seg-sex 9h-15h30) fica na praça central. No vilarejo, você encontra locadoras de veículos.

Em **Leknes**, o centro de informações turísticas (jun-ago seg-sex 10h-18h, sáb-dom 12h-16h | set-mai seg-sex 10h-16h) fica embaixo da prefeitura, o prédio vermelho atrás do posto de gasolina e da loja de conveniências. Pela internet: www.lofoten.info.

Chegando e saindo

Para chegar até as ilhas, o melhor meio é o *ferry*, mais barato que ônibus. Na verdade, tudo depende da ilha/vilarejo a que você estiver se destinando. Para ir a Svolvær, ponto de maior trânsito, pegue um *ferry* em Bodø (a viagem dura 6h e custa 333kr). Para Kobelvag, Stamsund e Leknes, ônibus partem de Svolvær. Para sair das ilhas rumo a Narvik, pegue o ônibus expresso 760 em Svolvær. Entre os vilarejos, use ônibus (ou carona).

Svolvær, principal vilarejo das Ilhas Lofoten

Atrações

A paisagem das Ilhas Lofoten se destaca pelos seus paredões, verdadeiras muralhas que chegam a 100km de comprimento e alcançam até 1.000 metros de altura. Conhecer a região, sem pressa, vale definitivamente pelo contato com a natureza e o habitat preservado. A vegetação nas ilhas é rasteira e em algumas árvores você pode notar a marca da neve do último inverno (as folhas não crescem até onde a neve chegou). Todos os pinheiros da ilha fora m plantados, pois não são árvores nativas da região. O clima é gelado, e o que você mais enxerga são rochas e morros que podem estar em contato com o mar, formando baías ou pequenos lagos de água salgada. Em maio e junho chove menos. Caminhe pelo porto e pelas docas, junto às casinhas típicas. Converse com os pescadores – saiba que você está num grande centro de pesca de bacalhau.

Não espere por muitos museus. No povoado de Borg, o **Lofotr** (Prestegårdsveien 59; www.lofotr.no) é um museu histórico instalado dentro da maior moradia viking já descoberta, com 86m de comprimento por 9 de largura. As escavações arqueológicas, iniciadas em 1983, após um agricultor encontrar, por um acaso, cacos de cerâmica no local, permitiram a reconstrução do que seria o lar de um chefe viking. Em Svolvær há uma exposição sobre a guerra (cujo dono é um excêntrico colecionador) e várias galerias e mercados. O **Magic Ice** (jun-ago 12h-22h30, set-abr 18h-22h; 165kr | Cr: 95kr), próximo à estação de ônibus, é um bar que exibe ambientes inteiramente esculpidos em gelo. As estátuas expostas, do mesmo material, relacionam-se à cultura nórdica. Antes de entrar na sala gélida, os visitantes recebem vestes e luvas para o frio. O ingresso dá direito a um *shot* no bar.

Hotéis & Albergues

Boa parte das acomodações das ilhas fica em casas de pescadores ou em estabelecimentos semelhantes.

Lofoten Hostel Stamsund

- Gunnar Bergs vei 2, Stamsund
- 7608.9334
- dorms 160kr | casas 2p 1.150kr-1.370kr, 4p 1.750kr-2.050kr

Casas de madeira construídas sobre palafitas, que funcionam como albergue HI entre março e outubro. O proprietário, senhor Roar, só aceita reservas feitas por telefone. Se você quer chegar no fim do mundo, vai perceber que está perto.

Svinøya Rorbuer

- Gunnar Bergs vei 2, Svolvær
- 7606.9930   svinoya.no
- casa 2p 1.150kr-1.370kr, 4p 1.750kr-2.050kr

Um conjunto de casas de pescadores – tudo de frente para o mar, em Svolvær. Ao lado, um ótimo restaurante serve pescados fresquinhos. A própria hospedaria organiza diferentes passeios de pesca, safári, surf e a tradicional caça à aurora boreal.

Kræmmervika Rorbuer

- Kræmmervikveien 34, Ballstad
- 7606.0920
- www.kremmervika.no
- 250 camas   110kr
- quartos 2p 950kr, 4p 1.340kr

Funciona como uma comunidade pesqueira aliada ao turismo, em Ballstad. São 34 cabanas do século 19, boa alternativa para quem está em busca de esportes e de pesca. Todos os quartos têm banheiro e vista para os fiordes. Conta com um sala de convenções, restaurante e um pub para animar as noites. Organiza passeios esportivos de várias modalidades, desde *mountain bike* até *rafting* e mergulho.

Catedral de Helsinque, cartão-postal do país

www.visitfinland.com

FINLÂNDIA

Quando ouvimos falar em Finlândia, pensamos logo em algum lugar no fim do mundo. De fato, essa terra está fora de qualquer rota centro-europeia, e poucos a conhecem, poucos a visitam. Localizada entre a Suécia e a Rússia, incorporou alguns aspectos culturais desses dois países: mantém o idioma do vizinho do oeste como segunda língua e conserva a antiga arquitetura do que fica ao leste. Com quase um terço do território situado acima do Círculo Polar Ártico, esse país, um dos mais subpovoados da Europa – aproximadamente (e apenas) 17 pessoas por km² –, tem sua população concentrada basicamente no sul. E que população! – talvez o país possua o maior percentual de loiros e loiras do planeta (que, de quebra, poderiam ser todos modelos...). Mas os atrativos não são apenas pessoas bonitas e prédios históricos; merecem ser conferidos os lagos – mais de 180 mil (não à toa, seu nome original, Suomi, significa "terra dos mil lagos"); a capital, Helsinque, no extremo sul, e a região da Lapônia, no oposto norte, gélida no inverno e sempre dia no verão, quando ostenta o sol da meia-noite. E, para qualquer temperatura, a Finlândia é a terra das saunas.

Que país é esse

- *Nome:* República da Finlândia | Suomen Tasavalta | Republic of Finland
- *Área:* 338.424km²
- *População:* 5,4 milhões
- *Capital:* Helsinque
- *Língua:* Finlandês, sueco e o dialeto sami
- *Moeda:* Euro
- *PIB:* US$270,67 bilhões
- *Renda per capita:* US$ 49.541
- *IDH:* 0,879 (24º lugar)
- *Forma de Governo:* República Parlamentarista

FINLÂNDIA

Barbadas e Roubadas

- ⊕ Celebrar o Juhannuns, ou Midsummer, o dia mais longo do ano, no final de junho
- ⊕ Visitar as igrejas e os museus de Helsinque
- ⊕ Conhecer o Arktikum, um bom museu no Ártico
- ⊕ Desvendar a Lapônia
- ⊕ Curtir uma sauna, nada mais típico aqui
- ⊖ Criar muita expectativa em relação ao Papai Noel, em Rovaniemi, que pode não ser muito mais do que um simpático velhinho de shopping...

Área central da capital finlandesa

HELSINQUE

Helsinki (como é escrito em finlandês e inglês), com 615 mil habitantes, é a terceira maior capital dos países escandinavos. Construída e reconstruída durante a dominação russa, exibe muitos prédios inspirados em São Petersburgo, então capital da Rússia (perderia o posto para Moscou em 1918). Já em seu próprio estilo, comemorou 450 anos em 2000, quando foi escolhida uma das cidades europeias da cultura. Helsinque fica mais viva e vibrante durante os poucos meses de verão, quando a população esbanja alegria nas ruas, valorizando o clima quente – talvez mais do que os povos das outras capitais nórdicas. No inverno, vale gastar mais tempo dentro dos bons museus e das pitorescas igrejas. E em qualquer época do ano, de camiseta colorida ou de gorro e cachecol, a atmosfera moderno-provinciana torna Helsinque convidativa para longas caminhadas – com um pouco de disposição, pode-se conhecer quase tudo a pé.

A Cidade

Helsinque fica numa península recortada, junto de algumas ilhas. Todas as ruas têm o nome escrito em finlandês e em sueco, o que não deve ajudá-lo muito. As ruas *Mannerheimint* e *Pohjoisesplanadi*, próximas da estação, são as mais movimentadas e podem ser tomadas como referência e ponto de partida para a sua visita. Esta última, juntamente com a *Eteläesplanadi*, e mais uma agradável área verde entre elas, é o coração da cidade, que na sua extremidade leste desemboca no *Kauppatori*, ou *Market Square*, popular mercado de Helsinque, situado junto ao rio. Código telefônico: 09.

Informações turísticas

A cidade tem vários postos de informações turísticas. O principal fica na Pohjoisesplanadi 19, no centro, próximo ao porto. Outros estão na *Estação Central de Trem* e no *Helsinki-Vantaa Airport*, este último focado em turismo regional para passageiros em trânsito pelo aeroporto. O escritório de informações *Kompassi* é especializado em programações para jovens, contato pelo e-mail kompassi@hel.fi. Durante o verão, é comum encontrar pessoas dos centros de informações turísticas, identificadas por um colete da instituição de turismo, que prestam informações pelas praças da cidade. Nessa época, costuma haver um contêiner na fonte Havis Amanda, ao lado da *Market Square*, com mapas e folhetos. A revista da cidade *Helsinki This Week* tem programação mensal e mapa com localização dos pontos de interesse. A brochura *See Helsinki On Foot* mostra o itinerário para conhecer a cidade a pé, com mapa e explicações detalhadas das atrações. Tudo gratuito.

Tourist Information
- Pohjoisesplanadi 19
- Kauppatori (2)   3101.3300
- jun-jul seg-sex 9h-20h, sáb-dom 9h-18h | ago-mai seg-sex 9h-18h, sáb-dom 10h-16h

Pela internet
- www.visithelsinki.fi

Cartão da cidade Nos centros de informação você pode adquirir o *Helsinki City Card* (www.helsinkicard.com), passe que dá direito à entrada em muitas atrações (e descontos em outras tantas), acesso liberado ao transporte público e um tour de ônibus ou barco. Para 24h custa €44 (Cr: €25); 48h, €54 (Cr: €30); 72h, €64 (Cr: €35). Há um cartão que oferece os mesmos benefícios para toda a região metropolitana: €47/24h, €59/48h, €69/72h.

Tours

A pé O *Free Walking Tour Helsinki* (www.hassutourshelsinki.com) tem duração de 2h-3h e passa pelas principais atrações da cidade. Em inglês e sem preço fixo (aceita doações espontâneas), parte aos sábados e domingos ao meio-dia. Com uma proposta mais ousada, existe o *Helsinki Horror Walk* (www.helsinkihorrorwalk.com), uma caminhada noturna que conta lendas urbanas e histórias de terror locais. Acontece aos domingos às 18h, por €15. O ponto de encontro dos dois tours é na catedral da cidade, na Hallituskatu 7.

De ônibus Veículos da rede *City Tour* (www.citytour.fi) oferecem o passeio *hop-on/hop-off* com 14 paradas, por €25 (Cr: grátis), audioguia disponível em 10 línguas (mas não o português). Já a rede *Stromma* (www.stromma.fi) promove o passeio *Open Top Tours*, que faz 13 paradas por Helsinque (também com 10 idiomas disponíveis, mas não o nosso), e custa €27 (Cr: €13). Ambos partem da Senate Square e têm validade pelo período de 24 horas.

De barco A *City Tour* também tem passeio que inclui ônibus e barco (válido por 48h), €35. *The Beautiful Canal Rout*, oferecido pela *Stromma*, é um passeio de barco pela região de Helsinque, com duração de 1h30, por €24 (Cr: €12). Funciona apenas no verão. Os tours partem do Market Square.

De bicicleta O *Bike Tours Helsinki* (www.biketourshelsinki.com) faz saídas diárias de bicicleta às 10h, sempre com reservas até a noite anterior. A volta pela capital dura entre 3h-4h e custa €50. Todos os dias, às 15h, acontece também passeio pelas áreas verdes da cidade, com duração entre 4h-5h, por €60.

HELSINQUE

Chegando e saindo

De avião O *Helsinki Vantaa-Airport,* conhecido apenas como *Helsinki Airport,* fica a 20km do centro. Para chegar lá, pegue o ônibus 615, que sai do lado da estação central a cada 10-20min entre 6h30 e 0h30 (sáb 7h-1h e dom 6h05-0h30). A viagem leva em torno de 40min e custa €4,50. A *Finnair City Bus* também parte da estação central e faz o percurso em cerca de 30min, por €6,30. Sai a cada 20min entre 5h e meia-noite. O caminho inverso (aeroporto para cidade) funciona entre 5h45 e 1h10.

De trem São muito utilizados na Finlândia. Situada no centro, é da estação central Rautatientori que partem os trens, operados pela VR, para o interior do país e também para a Rússia.

De ônibus É comum viajar de ônibus pelo interior da Finlândia. Os veículos saem do Kamppi Center, um dos maiores terminais do mundo, onde também há metrô, lojas e escritórios. As principais companhias são *ExpressBus*, *Matkahuolto* (não faz vendas online) e *Onnibus,* que oferece passagens a preço reduzido. Destinos comuns são Tampere, Turku, Savonlinna e Kuopio.

De barco Bastante utilizáveis também são os *ferries* ligando Helsinque a Estocolmo, Tallinn (na Estônia) e a algumas cidades alemãs, saindo e chegando na praça Kauppatori, perto do centro de informações. Para a capital sueca, a viagem dura 16h e as empresas que operam são a *Silja Line* e a *Viking Line*. Os terminais de saída e chegada ficam nos dois lados da baía de Etelãsatama, geralmente a primeira companhia ancorada a oeste, mais para a área central, e a segunda ao leste, próxima ao albergue Eurohostel. Para Tallinn, há saídas diárias, por diferentes empresas: *Tallink* (2h), *Viking Line* (2h30), *Eckerö Line* (3h30) e *LindaLine* (1h30).

Circulando

O transporte público é constituído por linhas de ônibus, *trams* e metrôs, e pelo *ferry* de Suomenlinna. O ticket simples de 1h custa €2,50 se comprado nas máquinas ou €3 com o motorista, e €2,20 para os *trams*. O *Day Ticket* dá direito a viagens em qualquer um dos meios, válido de 1 a 7 dias, custando entre €8-32. E o já citado *Helsinki City Card*, além de entrada em atrações, garante o uso livre dos transportes. Atualmente, a Finlândia está testando o *Kutsuplus*, um transporte que mistura ônibus e táxi. A ideia é que as pessoas, a partir de um registro online (por €3,50), selecionem o endereço de partida e de chegada e o horário pretendido. O sistema reúne passageiros com rotas comuns e os leva próximo do destino. O quilômetro custa €0,45.

A pé Helsinque é uma boa cidade para andar a pé, já que as ruas são planas e o clima frio não torna o passeio tão cansativo. Comece a caminhada pela Etelãesplanadi, uma rua que chega até a orla, passando por belos jardins. Dali, chega-se nas catedrais Uspeskin Katedraali e Helsingin Tuomiokirkko, situadas numa região com agradáveis cafés e lojas de suvenires.

Tram Circulam principalmente pelos bairros centrais da cidade e são uma boa alternativa de locomoção. A linha 6, que vai ao Design District, é muito usada pelos turistas.

Metrô Cobre a região leste de Helsinque, mas pode ser utilizado também na parte central. Estão em construção as linhas do oeste, com percurso de cerca de 13,5km, chamadas Västmetron, que devem ligar a capital até a cidade vizinha de Espoo; a inauguração é prevista para 2016. Atualmente, são 17 estações em funcionamento, com 21km de extensão.

Ônibus Menos comum que o *tram* para circular pela cidade, é mais utilizado em trajetos por zonas mais distantes.

Táxi Devido à facilidade dos outros meios, são pouco procurados por turistas em Helsinque. Se pretende utilizá-los para o aeroporto, reserve-os na véspera e combine o preço.

Barco A cidade tem duas linhas de *ferry* operadas pela *Suomenlinnan Liikenne Oy*, que conectam Suomenlinna, fortaleza construída sobre seis ilhas, a Helsinque, em uma viagem de 30min.

Bicicleta As redes *Bicyclean Helsinki* (Luotsikatu 2 e, no verão, também na Selkämerenkatu 6; www.bicycleanhelsinki.com) e *Green Bike* (Bulevardi 32; www.greenbike.fi), alugam *bikes* por 1h (€4) ou por um dia (€19). Mas se você pensa em usá-las como meio de transporte, saiba que os preços são altos. Por algum tempo a cidade teve as *Citybikes*, bicicletas disponíveis em pontos centrais, de graça. O sistema caiu em desuso, mas há planos de trazê-lo de volta.

Atrações

Em muitas cidades da Europa, visitar igrejas pode ser uma atividade chatinha – mas não em Helsinque, onde os templos são sempre inovadores ou pitorescos. A ocupação do dia se complementa com bons museus e ruas de comércio, assim como parques no verão.

Igrejas

Tuomiokirkko *(Helsinki Cathedral)*

- Unionsgatan 29
- Hallituskatu (1, 1A, 7B)   2340.6120
- www.helsinginseurakunnat.fi
- set-mai seg-dom 9h-18h | jun-ago 9h-0h
- grátis

A Catedral Luterana de Helsinque talvez seja o grande símbolo da Finlândia. Finalizada em 1852 por Carl Engel – arquiteto alemão responsável pela reconstrução de muitos prédios em Helsinki –, em estilo neoclássico, tem o seu interior bastante limpo, sem imagens, vitrôs ou mosaicos, característicos em outras igrejas. Há um grande órgão de tubos, que, com sorte, você vai poder escutá-lo, no estilo Fantasma da Ópera.

Uspenskin katedraali *(Uspenski Cathedral)*

- Kanavakatu 1   8564.6200
- Katajanokan puisto (4, 4T)
- www.hos.fi/uspenskin-katedraali
- set-mai ter-sex 9h30-16h, sáb 10h-14h, dom 10h-15h | jun-ago ter-sex 9h30-20h, sáb 10h-15h, dom 12h-15h   grátis

Igreja russo-ortodoxa, situada em um pequeno morro, é o maior templo desta doutrina na Europa Ocidental. Chama atenção pelas cúpulas douradas e fachadas de tijolos vermelhos. O interior também é interessante, decorado com riqueza de detalhes. Talvez seja o mais belo exemplo da influência arquitetônica e cultural da Rússia em Helsinque.

Catedral de Uspenski

Temppeliaukio Kirkko
(Temppeliaukio Church)

- Lutherinkatu 3   Sammonkatu (2)
- 2340.6320   www.helsinginkirkot.fi
- set-mai seg 10h-17h qua-sáb 10h-18h, dom 11h45-18h | jun-ago seg-ter/qui-sex 10h-20h, qua 10h-18h45, dom 11h45-18h   grátis

Foi construída em 1969 com a intenção de preservar a imensa rocha existente no local, e o resultado é essa curiosa e simpática igreja erguida exatamente embaixo da pedra. O horário de funcionamento pode variar de acordo com as atividades e, em alguns dias da semana, é comum o local fechar no início da tarde.

Kampin Kappeli *(Kamppi Chapel)*

- Simonkatu 7   Simonkatu (2, 9)
- seg-sex 8h-20h, sáb-dom 10h-18h
- grátis

Inaugurada em 2012, essa igreja pós-moderna se destaca por sua fachada de madeira em formato circular. É conhecida como Capela do Silêncio, pela proposta de tranquilidade numa agitada zona da cidade, a praça Narinkkatori.

Museus

Kiasma Nykytaiteen Museo
(Museum of Contemporary Art Kiasma)

- Mannerheiminaukio 2
- Lasipalatsi (4, 4T, 7A, 10)
- 1733.6501   www.kiasma.fi
- ter/dom 10h-17h, qua-sex 10h-20h30, sáb 10h-18h   €12 (Est: €8 | Cr: grátis)

Um prédio moderno, inaugurado em 1998, abriga exposições de arte contemporânea finlandesa e internacional, em especial dos anos 60 até os dias de hoje. Espere ver instalações e arte experimentais, pinturas e esculturas pós-modernas e até a cultura dos gibis. Vale a visita. Entrada gratuita na primeira sexta do mês.

Ateneum Art Museum

- Kaivokatu 2   Mikonkatu (2)
- 6122.5510   www.ateneum.fi
- ter/sex 10h-18h, qua-qui 10h-20h, sáb-dom 10h-17h   €13 (Est: €11 | Cr: grátis)

Esse museu reúne uma coleção artística que vai da pintura rococó do século 18 aos movimentos de vanguarda do século 20. A fachada do prédio, projetada por Carl Sjöstrand, presta sua homenagem às artes: acima da entrada, estão os bustos de três importantes artistas – os renascentistas Bramante e Rafael e o escultor grego Fídias –, seguidos por cariátides (estátuas femininas que servem de suporte), representando as quatro artes clássicas: arquitetura, pintura, escultura e música.

Helsingin Kaupunginmuseo
(Helsinki City Museum)

- Sofiankatu 4   Senaatintori (1, 1A)
- 3103.6630   www.helsinkicitymuseum.fi
- seg-qua/sex 9h-17h, qui 9h-19h, sáb-dom 11h-17h   grátis

Instalado num edifício de 1913, o Museu da Cidade abriga uma exposição que retrata as histórias e os locais preferidos da população de Helsinque.

National Museum of Finland

- Mannerheimintie 34
- Kansallismuseo (40, 43, 63, 69)
- www.nba.fi/en/nationalmuseum
- 128.6469   ter-dom 11h-18h
- €9 (Est, Id: €7 | Cr: grátis)

O Museu Nacional da Finlândia retrata a trajetória do país desde os tempos pré-históricos. Em 2014, o complexo passou a abrigar o **Kulttuurien Museum** (Museu da Cultura), que ficava no Tennis Palace e que reúne exposições temporárias sobre as diferentes civilizações e culturas do planeta. Menores de 18 anos não pagam ingresso. Entrada gratuita nas sextas entre 16h-18h.

Helsinki Taidemuseo *(Helsinki Art Museum)*

- Salomonkatu 15
- M Kamppi (2) ☎ 3108.7001
- www.helsingintaidemuseo.fi
- ter-dom 11h-19h
- €10 (Est, Id: €8 | Cr: grátis)

Localizado dentro do complexo cultural Tennispalatsi (*Tennis Palace*), o Museu de Arte de Helsinque abriga somente exposições temporárias de arte moderna.

Designmuseo *(Design Museum)*

- Korkeavuorenkatu 23
- Johanneksen kirkko (10)
- ☎ 622.0540   www.designmuseum.fi
- set-mai ter 11h-20h, qua-dom 11h-18h | jun-ago seg-dom 11h-18h
- €10 (Id: €8 | Est: €5 | Cr: grátis)

O museu tem acervo com 75 mil objetos e realiza mostras sobre temas contemporâneos. A exposição permanente é sobre a história do design finlandês, desde 1870 até os dias de hoje.

Arkkitehtuurimuseo Finlands
(Museum of Finnish Architecture)

- Kasarmikatu 24   Kirurgi (10)
- ☎ 8567.5100   www.mfa.fi
- ter-dom 11h-18h (qua até 20h)
- €8 (Est: €4)

Fundado em 1956, é um dos museus voltados à arquitetura mais antigos do mundo. O edifício neoclássico do final do século 19 guarda uma grande coleção de desenhos, fotografias e maquetes, expondo sobre arquitetura finlandesa e estrangeira.

Olympiastadion *(Olympic Stadium)*

- Paavo Nurmen tie 1
- Töölön halli (2, 4, 4T, 7B, 10)
- ☎ 436.6010   www.stadion.fi
- seg-sex 8h-21h, sáb-dom 9h-18h
- €5 (Cr: €2)

Distante 2km do centro, o estádio foi construído em 1938, recebeu as Olimpíadas de 1952 e hoje é palco de espetáculos e jogos. Tem uma torre com 72m de altura, que proporciona uma bonita vista da cidade, e o **Museu dos Esportes** (seg-sex 11h-17h, sáb-dom 12h-16h; €5), que guarda medalhas e fotos da competição de 1952.

Regiões

Kauppatori *(Market Square)*

- Kauppatori (1A, 2)
- seg-sex 6h30-18h, sáb 6h30-16h
- grátis

Repleto de frutas, vegetais, peixes frescos e artesanato, o mercado fica no final das ruas Pohjoisesplanadi e Eteläesplanadi, junto ao rio. Visite perto do horário de almoço e deguste pratos da culinária local. No verão, funciona também aos domingos, das 10h-17h.

Ilha Suomenlinna A ilha abriga a fortaleza Suomenlinna, construída em 1748, considerada Patrimônio da Humanidade pela Unesco, em 1991. A obra foi ideia dos suecos (que então dominavam o país) para prevenir uma possível invasão da vizinha Rússia. Hoje vivem na ilha menos de mil pessoas, mas, no passado, o local chegou a ser a segunda maior cidade da Finlândia. Existem seis museus, situados em diferentes partes da ilha. Destaque para o **Ehrensvard Museum** (€3), a residência do primeiro comandante do forte, e o **Submarine Vesikko** (€5), com equipamentos da época da Segunda Guerra Mundial e um submarino. Para chegar, pegue o *ferry* na Market Square (€5, válido por 12h). Caso queira pernoitar, há um hostel (com diárias variando entre €25-36), consulte o site www.hostelhelsinki.fi.

Parques

Esplanadi Entre as ruas Pohjoisesplanadi e Eteläesplanadi, não é um grande parque, mas uma pequena e estratégica área verde (ou branca, quando neva) no centro da cidade.

Sibelius Situado na região oeste de Helsinque, o parque homenageia o mais famoso compositor finlandês, Jean Sibelius, na ocasião de seu 80° aniversário, em 1945; por aqui se encontra o curioso Sibelius Monument, projetado por Eila Hiltunen em recordação ao artista.

Kaivopuisto Ao sul, seguindo pela Laivasillankatu, é o mais antigo parque da cidade, tendo várias embaixadas ao seu redor. Conta com áreas de passeio, cafés, um observatório e uma bela vista do rio.

Kaisaniemi Junto à estação de trem, abriga o Jardim Botânico (*Botaniska tradgarden*) de Helsinque. No verão, é palco de concertos gratuitos e pequenos festivais.

Compras

Não é à toa que Helsinque foi eleita Capital Mundial do Design em 2012. No início do século 20, o país teve uma importante geração de arquitetos criativos, que passaram a se preocupar não somente com as construções, mas também com os objetos, unindo beleza e funcionalidade. O país absorveu tão bem o campo que hoje Helsinque tem, inclusive, um Distrito do Design (www.designdistrict.fi), bairro repleto de lojas bacanas – de roupas, decoração e acessórios –, junto a cafés e restaurantes badalados. A maior concentração de comércio está na rua Uudenmaankatu, mas vale também andar pelas transversais e paralelas próximas. Perto está o Kamppi Center (www.kamppi.fi), estação de metrô e terminal de ônibus, que também abriga um centro comercial. Famosa não só por aqui, a rede finlandesa Marimekko é referência na área de tecidos e estampas, e tem dez lojas espalhadas pela cidade.

PEQUENO DICIONÁRIO VIAJANTE PORTUGUÊS-FINLANDÊS

FALO MAL MAS SOU EDUCADO
Oi - *Hei/Terve*
Tchau - *Näkemiin*
Por Favor - *Kiitos*
Obrigado - *Kiitos*
Desculpe/Licença - *Anteeksi*

SOBREVIVÊNCIA
Sim - *Kyllä/Joo*
Não - *Ei*
Socorro - *Apua!*
Quanto custa? - *Paljonko se makasaa?*
Onde fica...? - *Missä on...?*
Caro - *Kallis*
Barato - *Halpa*
Entrada - *Sisään*
Saída - *Ulos*
Informação - *Opastus*

COISAS E LUGARES
Aeroporto - *Lentokenttä*
Água - *Vesi*
Albergue - *Retkeilymaja*
Banco - *Pankkia*
Bebida - *Juoda*
Camisinha - *Kondomi*
Correio - *Postia*
Dinheiro - *Raha*
Embaixada - *Suurlähetystö*
Estação - *Rautatieasema*
Farmácia - *Apteekkia*
Hospital - *Sjukhem*
Mapa - *Kartta*
Mercado - *Toria*
Ônibus - *Bussi*
Praça - *Tori*
Restaurante - *Ravintola*
Rua - *Katu*
Trem - *Juna*

CONTANDO
Um - *Yksi*
Dois - *Kaksi*
Três - *Kolme*
Quatro - *Neljä*
Cinco - *Viisi*
Seis - *Kuusi*
Sete - *Seitsemän*
Oito - *Kahdeksan*
Nove - *Yhdeksän*
Dez - *Kymmenen*

A SEMANA
Segunda - *Maanantai*
Terça - *Ttiistai*
Quarta - *Keskiviikko*
Quinta - *Torstai*
Sexta - *Perjantai*
Sábado - *Lauantai*
Domingo - *Sunnuntai*

Comes & Bebes

Não são muitas, mas você pode encontrar algumas barbadas em Helsinque. Os restaurantes nos arredores da estação de trem e do centro comercial Kamppi servem pizza, kebabs e comida asiática a um bom preço. Aqui, os menus especiais de almoço possibilitam uma refeição completa por menos de €10. No Distrito do Design, principalmente no cruzamento das vias Uudenmaankatu e Erottajankatu, há muitos cafés e bares descolados. No *Kauppatori*, popular mercado junto ao porto, encontram-se muitas barraquinhas de comida típica, como sopa de peixe, lula e peixes fritos e até mesmo carne de rena. Outro que vale ser conferido é o centenário Hakaniemi Market Hall (funciona desde 1914), na Hämeentie, com aproximadamente 70 bancas dispersas em 2 andares.

Barbarossa

- Yrjönkatu 29
- Simonkatu (2, 9)
- 235.4141
- seg-qui 10h30-22h, sex-sáb 10h30-5h, dom 12h-22h
- €5-10

Ótimo custo-benefício, localização próxima à estação, ambiente simples. Os destaques aqui são a comida e os preços: as pizzas, que são grandes o suficiente para cobrir o prato inteiro, e os kebabs, uma porção generosa, custam €5 cada.

Unicafe Ylioppilasaukio

- Mannerheimintie 3
- 1311.4271
- Ylioppilastalo (3, 6, 10)
- www.hyyravintolat.fi/unicafe
- seg-sex 7h30-14h30
- €6-9

Essa é a maior e a mais central cafeteria da Universidade de Helsinque e, para a sorte do viajante, é aberta para qualquer um. Buffets de pratos quentes e de salada estão disponíveis por €8. O cardápio muda toda semana e, por uns €2 a mais, você pode adicionar itens especiais, como sobremesa ou sopa. Os filés de salmão *al pesto* valem os centavos a mais. Consulte no site outras cafeterias da universidade espalhadas pela cidade.

Café Bar No 9

- Uudenmaankatu 9
- Kolmikulma (10)
- 9621.4059
- bar9.net
- seg-sex 11h-2h, sáb-dom 12h-2h
- €5-15

Esse restaurante, bastante popular entre os locais (no almoço pode ficar absurdamente cheio), serve de tudo um pouco: comida mexicana e chinesa, saladas, sopas e massas. Vale experimentar o Kill Bill (*noodles* com curry, frango/camarão, vegetais e

Hakaniemi Market Hall

amendoim; €9,70) ou o medalhão de salmão com molho de vinho branco (€16,90). A comida pode até não ser excepcional, mas as porções são fartas, o preço é razoável e o ambiente é bem descontraído.

Konstan Möljä

- Hietalahdenkatu 14
- Hietalahdenkatu (6)
- 9694.7504
- www.kolumbus.fi/konstanmolja
- seg-sex 17h-22h, sáb 16h-23h
- €18

O restaurante é ideal para experimentar todos os pratos típicos da Finlândia. Salmão defumado, arenque, pastel da Carélia (original da região de mesmo nome, parece com uma pizza de borda grossa), carne de rena assada, presunto com *lingonberry* (fruto típico da região), entre outros, compõem o buffet do Konstan. O ambiente é rústico e simples, e a comida, caseira, bem saborosa. O restaurante abre somente à noite, e o preço único, se não é dos mais econômicos, compensa pela qualidade e pela fartura que oferece.

Ravintola Kuu

- Töölönkatu 27
- Töölöntori (2, 8)
- 2709.0973
- www.ravintolakuu.info
- seg-sex 11h30-0h, sáb 14h-0h, dom 14h-22h
- €25-60

O restaurante Kuu oferece o melhor da cozinha finlandesa moderna. A farta entrada de sopa de salmão e o suculento filé de rena são as especialidades mais pedidas. Os pratos *à la carte* custam entre €19-29 e os três menus especiais, cada um com 4 pratos, entre €45-50. Existe uma opção mais em conta: no almoço, o menu sai €19/24/38, para 1, 2 ou 3 pratos.

Noite

A vida noturna em Helsinque é agitada: existem diversos bares com música ao vivo dos mais variados estilos. Muitos lugares funcionam durante o dia como restaurante e, de noite, transformam-se em animados pubs, mas as festas dificilmente vão até o sol raiar.

Festas & Pubs

Shot Bar Helsinki

- Yliopistonkatu 8   5844.7002
- Aleksanterinkatu (2, 4, 4T, 7B)
- www.shotbarhelsinki.com
- set-mai dom-qui 15h-2h sex-sáb 12h-2h | jun-ago seg-dom 12h-2h

Bar moderno na área central da cidade, oferece muitos drinques e costuma ser ponto de encontro dos jovens antes das festas da região. No verão, tem uma área externa agradável.

Siltanen

- Hämeentie 13 B   Käenkuja (6, 7A, 7B)
- www.siltanen.org
- seg-qui/dom 11h-2h, sex-sáb 11h-3h
- €5-30

No cardápio, saladas, pizzas, hambúrgueres, falafel, burritos e batatas fritas. No som, pop finlandês e jazz, com DJs marcando presença diariamente.

Navy Jerry's

- Hietaniemenkatu 2
- Kauppakorkeakoulut (2)
- 178.3868
- www.navyjerrys.fi
- seg-sáb 18h-4h, dom 20h-4h

O ambiente aconchegante, cheio de sofás e poltronas, conta com sinuca e boliche, que garantem a diversão. A música é no estilo anos 50 e 60 e, alguns dias por semana, há bandas ao vivo e DJ.

Aussie Bar

- Salomonkatu 5 M Kampin metroasema
- 633.1996   www.aussiebar.net
- seg-ter 14h-2h, qua-sáb 12h-3h, dom 12h-2h

Próximo ao Kamppi Center, o bar recria ambientes australianos e mistura bebida com muita música. Entrada para maiores de 24 anos.

MBar

- Mannerheimintie 22-24
- Lasipalatsi (4, 4T, 7A, 10)
- 6124.5420   www.mbar.fi
- seg-ter 9h-0h, qua-qui 9h-2h, sex-sáb 9h-4h, dom 12h-0h

O estilo é contemporâneo e colorido. Durante o dia serve café da manhã e almoço e, de noite, transforma-se num bar com muita música. Tem um terraço agradável para as noites de verão.

Espetáculos

Suomen Kansallisooppera
(Finnish National Opera)

- Helsinginkatu 58
- Ooppera (8)   4030.2211
- www.ooppera.fi
- €17-100

Companhia de ópera e de balé, tem um calendário com muitas apresentações. É possível comprar os ingressos pelo site www.lippu.fi.

Musiikkitalo *(The Helsinki Music Centre)*

- Mannerheimintie 13 A
- Kansallismuseo (4, 4T, 7A, 7B, 10)
- www.musiikkitalo.fi
- 10h-20h   €14-40

Inaugurado em 2011, o centro de música de Helsinque recebe concertos de diferentes estilos musicais: clássico, folk, jazz e pop. Alguns eventos são gratuitos.

Hotéis & Albergues

As acomodações de Helsinque não estão totalmente concentradas na área central – onde ficam as principais atrações –, mas não chega a ser um problema, já que a cidade está bem servida de transporte público, incluindo *trams* e ônibus. Quase todos os albergues são da rede HI e, de qualquer forma, não são muitos. Diferentemente de outros países nórdicos, lençóis e toalhas costumam estar incluídos no valor da diária. Os hotéis são os que estão melhor localizados, mas isso tem seu preço. Algumas acomodações cobram pelo acesso à rede wi-fi, fique atento porque esse custo extra pode sair bem caro.

Stadion Hostel

- Pohjoinen Stadiontie 4
- Auroran sairaala   477.8480
- www.stadionhostel.fi   159 camas
- €6,50   dorms 12p €22/24 | quartos 2p €56/70, 3p €78/94 (baixa/alta temporada)

Albergue HI localizado dentro do Estádio Olímpico de Helsinque, sede das Olimpíadas de 1952. Está a 3km do centro e das principais atrações. Lençóis e toalhas já estão inclusos. Dispõe de cozinha equipada, recepção 24h, lavanderia, máquina de venda automática de lanches e bebidas e computadores para livre uso. Acesso à rede wi-fi somente na recepção e na sala do café da manhã. Aluga bicicletas e armários. Tem estacionamento grátis.

Academica

- Hietaniemenkatu 14
- Perhonkatu   1311.4334
- www.hostelacademica.fi
- 284 camas   €6,50
- dorms 2p-4p €28 | quartos 1p €47, 2p €60, 3p €85

Albergue HI, fica nas imediações centrais de Helsinque. Está a 1km da praia Hietaniemi. Abre somente de junho a agosto. Todos os quartos têm banheiro privativo e uma pequena cozinha com geladeira. Lençóis e toalhas incluídos na diária. Uso gratuito de sauna e piscina pela manhã. Rede wi-fi disponível nas áreas comuns.

Eurohostel

- Linnankatu 9
- Vyökatu 622.0470
- www.eurohostel.eu
- 255 camas €8,80
- dorms €28 | quartos 1p €47, 2p € 32

Albergue HI, próximo do terminal marítimo Katajanokka e a cerca de 2km do centro. Os quartos individuais e duplos têm duas modalidades, uma mais mochileira e outra semelhante a hotel. Diárias incluem lençóis e toalhas. Cada andar conta com um banheiro (separado por sexo) e com uma cozinha. Serviço de lavanderia, aluguel de bicicletas e sauna gratuita durante a manhã. O restaurante serve café da manhã e jantar. Acesso à rede wi-fi é cobrado à parte, 1 dia €1, 3 dias €5, 5 dias €8. É considerado um dos melhores albergues da Finlândia.

Hostel Erottajanpuisto

- Uudenmaankatu 9
- Kolmikulma 642.169
- www.erottajanpuisto.com
- 50 camas €7
- dorms 8p-6p €30 | quartos 1p €55, 2p €68, 3p €92

Albergue HI, ocupa o terceiro andar de um prédio sem elevador. Boa localização, a pouco mais de 1km das principais atrações do centro. Lençóis inclusos na diária. Tem cozinha para os hóspedes e recepção 24h. A área comum se resume a um sofá no corredor. O pessoal que trabalha aqui costuma ser elogiado pela cordialidade.

CheapSleep Helsinki

- Sturenkatu 27 Roineentie
- 845.6188 www.cheapsleep.fi
- 118 camas não oferece
- dorms 26p €19/23, 16p €20/24, 10p €23/28 | quartos 2p €59/139 (baita/alta temporada)

Albergue independente inaugurado em 2012, está situado no bairro Vallila, a 4km do centro de Helsinque. Tem dormitórios para 10, 16, 18, 20 e 26 pessoas. Diárias mais caras no final de semana. As camas dos dormitórios e quartos têm luz de leitura e tomada individual. Cozinha equipada, grandes salas de uso comum e recepção somente a partir das 9h. Supermercado no andar de baixo do albergue.

Hotel Arthur

- Vuorikatu 19 Varsapuistikko
- 173.441 www.hotelarthur.fi
- 182 quartos incluído
- quartos 1p €70/145, 2p €90/165, 3p €125/165 (baixa/alta temporada)

Hotel 3 estrelas, localizado em um prédio antigo, está no centro de Helsinque, muito próximo da estação central. Todos os quartos têm TV, telefone e mesa de trabalho. Oferece acomodações individuais com banheiro compartilhado. Nas dependências do hotel, um restaurante serve comida típica finlandesa no almoço e no jantar. Uso de computador (€2 por 30min) e venda de bebidas e lanches na recepção. Disponibiliza sauna por €6.

Omena Hotel Lönnrotinkatu

- Lönnrotinkatu 13 Fredrikinkatu
- www.omenahotels.com
- 147 quartos €9
- quartos 1p €95, 2p €99, 4p €109.

Hotel 3 estrelas da rede Omena Hotel. Em Helsinque tem outro hotel, na rua Yrjönkatu, ambos no centro da cidade.

Não tem recepção ou qualquer tipo de atendimento pessoal, por isso oferece diárias em conta. O *check-in* é feito online e o código de acesso ao quarto é enviado via SMS e e-mail. Todos os quartos são iguais e incluem TV, mesa de trabalho, micro-ondas e chaleira.

Cumulus Kaisaniemi

- Kaisaniemenkatu 7
- Kaisaniemi
- 172.881
- www.cumulus.fi
- 123 quartos
- incluído
- quartos 1p €126, 2p €143

Hotel da rede Cumulus, 4 estrelas, localizado no centro, muito próximo de atrações e da estação central de trem. Os quartos contam com TV, rádio e mesa de trabalho e alguns têm frigobar e utensílios para preparo de café e chá. Oferece sauna para até 8 pessoas. Atendimento do *staff* é bastante elogiado.

Scandic Simonkenttä

- Simonkatu 9
- Simonkatu
- 68380
- www.scandichotels.com
- 360 quartos
- incluído
- 1p €144/153, 2p €162/170 (baixa/alta temporada)

Hotel 4 estrelas da rede Scandic, localizado no centro de Helsinque. Quartos equipados com TV, cofre, ar-condicionado, secador de cabelo e ferro de passar. Oferece sauna e academia. Aluguel de bicicletas no verão. Conta com venda de lanches e bebidas na recepção. O restaurante serve, além do café da manhã, almoço e janta.

Hotel Kämp

- Pohjoisesplanadi 29
- Aleksanterinkatu
- 576.111
- www.hotelkamp.fi
- 179 quartos
- €29
- quartos 1p €189-426, 2p €240-540 (conforme luxo do quarto)

O hotel 5 estrelas está no centro, de frente para o Parque Esplanadi. Construído em 1887, é um dos mais tradicionais da cidade. Quartos incluem TV, telefone, ar-condicionado, cortinas *blackout*, roupão e produtos de higiene pessoal. Dois restaurantes nas dependências do hotel funcionam o dia todo. Acesso à rede wi-fi ao custo de €19 por dia.

TURKU

Cidade mais antiga do país, fundada no século 13, *Turku* (em finlandês) *ou Åbo* (em sueco) vem se modernizando e investindo no turismo. Destacada como uma das Capitais Europeias da Cultura em 2011, esta simpática cidade universitária de 182 mil habitantes, hoje a quinta maior do país, costuma atrair visitantes por um ou dois dias.

A Cidade

Localizado a 200km de Helsinque, na costa sudoeste da Finlândia, Turku é um arquipélago às margens do rio Aura, que flui no centro da cidade. Partindo da capital, chega-se de trem, avião ou balsas (que garantem um bonito passeio). A estação ferroviária fica na Ratapihankatu 37, onde a cada hora chegam trens vindos de Helsinque e também de cidades como Oulu (7h30) e Kuopio (5h30). O aeroporto está a 7km da área central. O centro de informações fica na Aurakatu 4 e abre de seg-sex 8h30-18h, sáb-dom 9h-16h (10h-15h no inverno); oferece diversos materiais sobre a cidade, mapas e aluguel de bicicletas. Pela internet: ww.visitturku.fi.

Atrações

Caminhe pelas margens do rio Aura e passeie pela Market Square, a praça central. Destaques: **Turun Tuomiokirkko** (📍 Tuomiokirkonkatu 1; 🕐 seg-dom 9h-18h; 💲 grátis), a catedral, construída em 1300, é um dos monumentos mais marcantes da cidade, e lá estão os restos mortais da rainha Carin Månsdotter. Há também um museu (€2) com esculturas sacras e objetos medievais; o **Aboa Vetus & Ars Nova** (📍 Itäinen Rantakatu 4-6; 🕐 ter-dom 11h-19h; 💲 €8) é um museu dividido em duas partes: a primeira é um sítio arqueológico com ruínas medievais encontradas em escavações. Enquanto você caminha pelas ruínas, a exposição permanente conta a vida da cidade e do país no século 15, quando Turku era um ativo centro comercial, administrativo e religioso. A segunda é um acervo de arte contemporânea que tem também exposições temporárias. Mais afastado do centro e próximo ao porto, o castelo de **Turun Linna** (📍 Linnankatu 80; 🕐 ter-dom 10h-18h; 💲 €9) é o símbolo da cidade desde 1280, e conta sua trajetória num museu histórico próprio.

Turun Tuomiokirkko

Comes & Bebes

As opções mais econômicas são as kebab-pizzarias, que oferecem as especialidades turca e italiana no mesmo lugar. Para conhecer o *fast-food* típico da cidade, experimente um dos lanches do Hesburger, a maior cadeia de lanchonetes finlandesa, original de Turku. A cidade também é conhecida por seus restaurantes flutuantes, em barcos ancorados no rio Aura. O preço e a qualidade variam bastante, mas como um fica praticamente do lado do outro, vale a pena passar por ali checando os menus. O centro de turismo oferece, por €43, o cartão *Food Walk*, que dá direito a cinco pratos específicos em diferentes restaurantes da cidade, com um apelo mais gourmet, durante 3 dias.

Hotéis & Albergues

As acomodações estão concentradas perto da estação central de trem, e os valores estão de acordo com o que costuma ser cobrado na região. O **Hostel Turku** (📍 Linnankatu 39; 💲 dorms 6p €23), albergue HI, está a 15min da estação central, ao lado do rio. Oferece cozinha para os hóspedes, máquina de venda automática de lanches e bebidas e aluguel de bicicletas. O **Laivahostel Borea** (📍 Linnankatu 72; 💲 dorms 1p €47-49, 2p €36-39), albergue HI, próximo do porto, funciona em um barco ancorado no rio. Café da manhã, lençóis e toalhas já incluídos. A cozinha não tem fogão, apenas geladeira e micro-ondas. Internet wi-fi está disponível somente nas áreas comuns. O **Centro Hotel Turku** (📍 Yliopistonkatu 12 A; 💲 quartos 1p €97, 2p €109) está na região central. Quartos têm decoração individual, televisão, telefone e piso de madeira. Acesso gratuito à aula de ginástica, sauna mediante reserva e café da manhã incluso.

> **ALMANAQUE VIAJANTE | Sauna finlandesa**
>
> Saunas estão profundamente relacionada à identidade da Finlândia. Antigamente, quando não havia água quente corrente, cômodos de madeira eram utilizados para se banhar, lavar roupa e até mesmo realizar partos. Hoje, recebem essa prática de relaxamento e lazer. Estima-se que exista mais de 3 milhões de saunas (quase uma para cada dois habitantes), em residências, escritórios, academias, hotéis, albergues. Até mesmo o Parlamento tem a sua própria, onde deputados e senadores se reúnem para debates. A temperatura varia entre 80 e 160º C e faz parte do ritual o *löyly*, o vapor liberado quando a água entra em contato com pedras aquecidas – a umidade do ar aumenta a sensação de calor. Também é comum utilizar a *vihta*, um maço de brotos de bétula umedecido, para dar batidinhas suaves no corpo, estimulando a circulação e exalando um aroma refrescante. Finlandeses costumam deixar a timidez de lado e ficar numa sauna como vieram ao mundo. Para finalizar, é tradicional, depois de uma sessão na sauna, mergulhar em lagos, piscinas ou no mar, em meio a temperaturas congelantes (mas tudo bem se você quiser pular essa parte!).

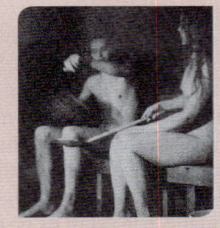

OULU

Com 193 mil habitantes, Oulu situa-se no centro da Finlândia. A 610km de Helsinque, é ponto de parada se você está indo em direção à Lapônia. Parece, mas não é o fim do mundo; tem até uma universidade. Isso, aliás, torna Oulu uma cidade jovem, vibrante e movimentada, provavelmente mais interessante para estudar ou morar do que para fazer turismo. O centro está a 5min a pé da estação central, e conta com um posto de informações (Torikatu 10, seg-sex 9h-16h, www.visitoulu.fi).

Atrações

Dê uma volta pela cidade apreciando a arquitetura com influência russa, conhecendo uma Europa sem castelos ou igrejas. Note as quadras largas e os prédios cinzas, quadrados e parecidos uns com os outros. Aproveite o astral da cidade, especialmente no verão, com os jovens à solta pelos bares de Oulu. Museus para visitar: **Tietomaa Science Centre** (Nahkatehtaankatu 6; seg-dom 10h-18h, €15). É o maior museu de ciências da Escandinávia, com exposições permanentes, temporárias e interativas. Pode fechar 2h mais cedo ou mais tarde, dependendo da temporada. **City Art Gallery** (Kasarmintie 9; ter-qui/sex-dom 10h-17h, sex 12h-19h; €6). É o museu de arte de Oulu, está próximo ao anterior. Para compras, circule pelo centro, em especial pela rua Torikatu.

Hotéis & Albergues

As poucas acomodações estão localizadas na região central, mas há algumas opções nas imediações do lago Merikoski. Situado dentro de um clube esportivo, o **Hostel Virpiniemi** (Virpiniementie 525; dorms 4p €27,50 | quartos 2p €55) fica em Haukipudas, a 23km de Oulu. Conta com cozinha, sauna e acesso gratuito à rede wi-fi. O **Nallikari Lomakylä Camping** (Leiritie 10; casas 3p €77-105, 5p €98-145), próximo à praia Nallikari e a 4km do centro, tem casas com cozinha, banheiros privados e terraço. Oferece café e sauna e aluga bicicletas e equipamento de esqui. Mais central, o **Radisson Blu Hotel** (Hallituskatu 1; quartos 1p €84, 2p €99) está a 1km da estação de trem. Quartos têm televisão e comodidades para preparo de café e chá. Disponibiliza ginásio, sauna e piscina.

ROVANIEMI

Rovaniemi, com 60 mil habitantes e a 834km ao norte de Helsinque, é onde, praticamente, passa a linha imaginária do Círculo Polar Ártico. Maior cidade da Lapônia, foi cenário do filme espanhol O*s Amantes do Círculo Polar* e é a residência oficial, digamos assim, do velho Papai Noel. Vale saber que por aqui há mais renas que pessoas. A população da Lapônia é de 183 mil habitantes, enquanto que a de renas é de 200 mil, o que indica que o cuidado no trânsito deve ser redobrado: todos os anos, cerca de 3 mil renas colidem com veículos nas estradas finlandesas.

A Cidade

Rodeada por rios, Rovaniemi tem sua área central próxima à da rua *Koskikatu*, que pode ser alcançada a pé da estação de trem (20min). O centro de informações (Lordi's Square, Maakuntakatu 29-31; jun-ago seg-sex 9h-18h, sáb-dom 9h-15h | set-mai seg-sex 9h-17h) oferece mapas da cidade, reserva de hotéis, passeios, suvenires e cartões postais (que aqui são enviados com carimbo do Papai Noel). No verão e no Natal pode haver um posto de informações na estação de trem. Pela internet: www.rovaniemi.fi.

Atrações

Sem dúvida, a atração mais popular de Rovaniemi é a **Vila do Papai Noel**, mas a cidade também tem outros pontos interessantes: o **Museu Artikum**; o **Santa Park**, um parque infantil; **Korundi House of Culture**, antiga garagem de ônibus dos correios que hoje abriga o **Rovaniemi Art Museum** e a **Lapland Chamber Orchestra**; e **The Pilke Science Centre**, centro de ciências que ensina sobre o uso sustentável das florestas do norte.

Arktikum

Pohjoisranta 4   www.arktikum.fi
jan-mai/set-nov 10h-17h, jun-ago 9h-18h, dez 9h-19h   €12

Um dos mais interessantes museus escandinavos, apresenta exposição sobre a vida, história, costumes e cultura dos povos da Sibéria, Alasca e Groenlândia e sobre a sobrevivência em ambientes tão inóspitos. Imperdível.

Arktikum, um dos melhores museus do norte da Europa

Santa Claus Village

- Highway 4
- www.santaclausvillage.info
- jan-mai 10h-17h, jul-ago 9h-18h, set-nov 10h-17h, dez-jan 9h-19h
- grátis

Não é exatamente um parque, como muita gente pensa. A entrada é gratuita, mas as diversas atividades e os suvenires que o parque oferece são pagos – e bem pagos. O Papai Noel fica sentado em sua cadeira esperando as crianças para tirar uma foto – por €35! Chama atenção um serviço de correio onde se pode "encomendar" que seu irmãozinho ou sobrinho receba uma carta remetida da Lapônia pelo próprio Noel (no Natal, é claro, pela bagatela de €7,90). É aqui que chegam as correspondências do mundo todo (e você pode ler algumas) que são endereçadas ao velho Santa. Já são mais de 15 milhões oriundas de 198 países, sendo que na época do Natal chegam a 30 mil por dia (se você quiser escrever, o endereço é: Santa Claus-Finnland).

ALMANAQUE VIAJANTE
A terra do Papai Noel

Muito fria e pouco habitada, a Lapônia finlandesa tem um ilustre morador: Papai Noel. As lendas sobre sua origem são muitas, mas a mais popular remete a São Nicolau, homem generoso, que fez jus à fama de bom velhinho colocando sacos de moedas nas chaminés das casas dos pobres. Foi na Holanda que o personagem ganhou a barba branca e as vestes vermelhas que carrega até hoje, mas a notoriedade só veio depois que a Coca-Cola criou uma campanha publicitária de Natal, na década de 1930, usando Santa Claus, que se transformou em um símbolo da festividade e, inevitavelmente, do consumo. Na versão norte-americana, o homem vive no Polo Norte, mas os finlandeses contestam, e afirmam que o verdadeiro endereço do velhinho é em Rovaniemi, onde está, inclusive, sua casa.

Há ainda a linha do Círculo Polar Ártico, que não é nada mais do que um risco marcado no chão – um carimbo do "Polo Norte" no seu passaporte custa €0,50. Não queremos estragar seu espírito natalino e seu amor ao bom velhinho, mas a Vila é apenas um conjunto de lojas de suvenires, longe sequer de ser um bom parque temático. Talvez valha como passeio ou no máximo curiosidade. Para chegar lá, pegue o ônibus 8 em frente à estação de trem ou no centro. Para aprofundar-se nas tradições natalinas, visite a **Christmas Exhibition** (8h-21h, €5), exposição que reúne três áreas temáticas: a primeira aborda o Natal Finlandês, a segunda mostra o Natal sob a visão de diferentes culturas do mundo e a terceira exibe exemplares da fábrica de brinquedos dos elfos.

Compras Da tradição de Rovaniemi fazem parte as facas e canivetes da *Marttiini Knife Factory* (Vartiokatu 32; www.marttiini.fi; seg-sex 10h-18h, sáb 10h-16h; entrada grátis). Além das facas, há uma exibição de fotos no local.

Hotéis & Albergues

Embora pequena, Rovaniemi tem acomodações em diferentes áreas. Há desde aluguéis de apartamentos até resorts. O único albergue é o **Hostel Rudolf** (Koskikatu 41-43; dorms €42-58, quartos 1p €49-73, 2p €31-54), da rede HI, que pertence ao hotel Santa Claus. O *check-in* deve ser realizado no hotel, que está a 2km do albergue. A área comum tem cozinha equipada, quartos com televisão, banheiro e telefone. Servido no hotel, o café da manhã sai por €11. O **Hotel Aakenus** (Koskikatu 47; quartos 1p €65-77, 2p €69-89) está a 500m do centro. Todos os quartos têm banheiro e televisão, alguns contam ainda com uma geladeira. Café da manhã e sauna já estão incluídos na diária.

As cataratas de Gullfoss

🖥 www.visiticeland.com

ISLÂNDIA

Essa é uma terra meio mágica: montanhas, lagos, vulcões, geleiras, gêiseres e praias de areia negra criam na região um cenário fantástico. Situada entre as placas tectônicas dos continentes europeu e americano – equidistante desses territórios –, a Islândia é beneficiada por uma geologia singular, que garante ao país paisagens espetaculares, de contrastes incríveis, como o branco do gelo com o negro das lavas vulcânicas e o azul de uma laguna. Como não ter no mínimo certa curiosidade a respeito dessa ilha longínqua, isolada da Europa continental? E há ainda o céu luminoso da aurora boreal, que, ao longo do inverno, é visto com mais facilidade aqui do que nos demais Países Nórdicos. Vivem na Islândia apenas 320 mil pessoas – população menor do que a de muita cidade do interior brasileiro – mas vivem muito bem, obrigado, com tranquilidade e segurança. E, para que isso não mude, o turismo é pouco alardeado, embora atrações não faltem (e atrações diferentes das que costumamos encontrar na Europa continental). Mas a Islândia, aos poucos, está sendo descoberta e turistas a visitam cada vez mais. Isso, claro, quando algum vulcão mais zangadinho não impede a chegada.

Islândia

Que país é esse

- *Nome:* Islândia | Ísland | Iceland
- *Área:* 103.001km²
- *População:* 320 mil
- *Capital:* Reykjavík
- *Língua:* Islandês
- *Moeda:* Coroa islandesa
- *PIB:* 17 bilhões
- *Renda per capita:* US$ 52.111
- *IDH:* 0,895 (13º lugar)
- *Forma de Governo:* República Parlamentarista

Barbadas e Roubadas

➕ *Dar a volta de carro por toda a ilha*

➕ *Deslumbrar-se com a aurora boreal*

➕ *Relaxar nas termas de Blue Lagoon*

➕ *Conhecer as geleiras de Jökulsárlón, que nem parecem estar na Europa*

➖ *Mudar planos por causa dos vulcões islandeses que soltam fumaças e afetam o tráfego aéreo do planeta*

Geleiras de Jökulsárlón

ISLÂNDIA

Hallgrímskirkja, igreja icônica

REYKJAVÍK

Embora não seja central – fica no sudoeste do território –, a capital da Islândia é o melhor ponto de partida para conhecer o país. Na real, não há muitas alternativas; Reykjavík, com 120 mil habitantes, é basicamente a única "grande cidade" islandesa, concentrando quase 40% da população e os principais serviços da nação. Ainda assim, mesmo com as características de um centro urbano, respira ares provincianos, traduzindo bem a atmosfera tranquila da Islândia. Oferece alguns passeios bem interessantes, que têm como destaque a eclética arquitetura – casas coloridas feitas de madeira, igreja com uma icônica torre, construções portuárias, prédio moderníssimo que abriga uma casa de concertos. E conta, é claro, com museus, praças, restaurantes, rua de lojinhas... Uma cidade europeia. Mas com um diferencial que você irá perceber.

A Cidade

Tudo é um pouco disperso em Reykjavík, mas, com um pouco de disposição, pode-se percorrer boa parte a pé, encarando alguns poucos e não muito íngremes aclives. Uma das ruas principais é a *Laugavegur*, que concentra hostels, restaurantes, lojas (muitos desses estabelecimentos situados em casas típicas, de madeira) e desemboca no centro histórico. Num círculo imaginário, dentro de uma razoável caminhada, a prefeitura, o porto, a casa de concertos e a principal igreja ficam ao redor. A área portuária, revitalizada, possui vários museus e agências que organizam passeio marítimos.

Informações turísticas

Em frente à praça Ingolfstorg, o centro oficial de turismo oferece mapa, informações, folhetos sobre as atrações, vida noturna, restaurantes e o jornal *The Grapevine*, em inglês, útil para saber o que está acontecendo na cidade.

Tourist Information Centre
- Adalstraeti 2
- Lækjartorg (1, 3, 6, 11, 12, 13, 14)
- 590.1550
- set-mai seg-sex 9h-18h, sáb 9h-16h, dom 9h-14h | jun-ago seg-dom 8h30-19h

Pela internet
- www.visiticeland.com

Guia O Viajante **Europa**

Agências de viagem Viajar pela Islândia, uma ilha rodeada por vulcões e repleta de atrações naturais, pede um planejamento mais consistente do que o necessário a outros países da Europa. Considere, assim, a utilização dos serviços de uma agência ou operadora de turismo para realizar a maioria dos passeios. Uma das mais populares no país é a *Grey Line – Iceland Excursion* (Hafnarstaeti 20, bem no centro; 540.1313; www.grayline.is), que organiza tours a praticamente todos os locais bacanas próximos a Reykjavík, incluindo saída para observação da aurora boreal e traslado ao aeroporto. Ao caminhar pela Laugavegur, a rua principal, você encontra algumas agências menores, que podem organizar passeios mais personalizados, com menos gente, se estendendo por mais tempo e a lugares mais distantes.

Caso queira sair do nosso país com tudo previamente esquematizado, uma rara agência brasileira especializada nesse excitante país é a *Islândia Brasil*, baseada em Gramado/RS, e que atende pelo telefone (54-3422.1107 / 11-3522.3092) e e-mail info@islandiabrasil.com.br. O seu completo site (www.islandiabrasil.com.br) já demonstra que tem conhecimento no assunto.

Islândia: ideal para percorrer de carro

Cartão da cidade O *Reykjavík Welcome Card* inclui entrada gratuita em vários museus, galerias e piscinas, e viagens ilimitadas de ônibus dentro da área urbana. Oferece, também, descontos em outras atrações e uma viagem de *ferry* para a Ilha de Viðey. Os cartões têm validade por 1, 2 ou 3 dias e custam 24h/3.300kr (Cr: 1.200kr), 48h/4.400kr (Cr: 2.300kr) e 72h/4.900kr (Cr: 3.000).

Tours

A pé O *Free Walking Tour Reykjavik* (www.freewalkingtour.is) organiza passeios pelos principais pontos turísticos, com duração de 1h a 1h20, sai do relógio verde da Laekjartorg Square, no verão (jun-ago) diariamente às 12h e no resto do ano somente aos sábados às 13h. O *I Heart Reykjavík* (www.iheartreykjavik.net) também oferece *walking tour* pela cidade de seg-dom às 10h (em alguns dias também às 13h, confira no site), em grupos de 4 a 12 pessoas, com duração de 2h, por 6.000kr (5.500kr para reservas online). O ponto de encontro é na igreja Hallgrímskirkja.

De ônibus Os veículos do *City Sightseeing* (www.city-sightseeing.com) saem a cada hora do Harpa Concert Hall & Conference Centre, próximo do porto, e fazem 10 paradas ao longo do percurso. A duração do bilhete é de 24h e sai por 3.500kr (Cr: 1.750kr). Na baixa temporada, no entanto, pode não acontecer, o ideal é conferir no site.

De barco As agências *Special Tours* (www.specialtours.is) e *Viator* (www.viator.com) oferecem saídas noturnas para observar a aurora boreal (o que nem sempre é garantido). O passeio dura entre 2h e 2h30 e custa 8.500kr (Cr: 4.250kr). As empresas têm ainda um programa de observação de baleias, com mesmo custo e tempo de duração. E há ainda a *Reykjavik By Boat* (www.reykjavikbyboat.is), que organiza passeios de 3h em barco pesqueiro, diariamente, por 4.000kr (Cr: 1.600kr).

De bicicleta O *Reykjavik Bike Tours* (www.icelandbike.com) é uma agência que promove passeios de bicicleta de 2h30 pelas principais atrações; acontece no verão diariamente às 10h e, nas outras estações do ano, apenas na sexta e no sábado (inverno 11h, outono e primavera, 10h). Custa 5.500kr. Entre junho e agosto também organiza voltas pela zona costeira da cidade, às 19h, nas segundas, terças, sábados e domingos. No verão, operam ainda mais empresas, como a *Bike Company* (www.bikecompany.is), que faz *tours* de 3h pelo centro, por 6.900kr, e de 6h-7h pelos arredores da cidade, por 17.500kr.

Chegando e saindo

De avião Não há voos diretos desde o Brasil. O melhor é partir de Londres ou outra cidade europeia (ou mesmo dos Estados Unidos), a conferir nos sites das diferentes companhias que voam para a Islândia: *Icelandair* (iceland.com); *Wow Air* (wowair.com), a companhia islandesa de baixo custo; *EasyJet* (easyjet.com), companhia britânica de baixo custo (sai do aeroporto de Luton, arredores de Londres); e, a partir de Oslo, *SAS Scandinavian Airlines* (flysas.com), tradicional empresa sueca, e *Norwegian Air Shuttle* (norwegian.com), norueguesa de baixo custo.

Os voos internacionais pousam no *Keflavík International Airport*, a cerca de 50km do centro da capital. Os veículos da *Grey Line* (www.airportexpress.is) e da *Flybus* (www.re.is/flybus) são a melhor alternativa de deslocamento até a cidade e podem deixá-lo no seu hotel, por 2.400kr e 2.500kr, respectivamente, com desconto se comprar o retorno antecipado, em torno de 4.400kr, o que pode ser feito logo na chegada, no aeroporto. Há também táxis, mas obviamente são bem mais caros – combine o preço com o motorista antes de embarcar no carro a fim de evitar surpresas. Dentro da cidade, próximo da área central, está o *Reykjavik Airport*, aeroporto doméstico, onde pousam voos regionais e procedentes das Ilhas Faroe e da Groenlândia.

De ônibus A *BSI* (www.bsi.is) é a principal rodoviária da Islândia, de onde partem ônibus para os mais variados pontos do país; note, porém, que muitos percursos são realizados somente no verão. Para locais turísticos ou atrativos naturais, o mais prático é utilizar os tours pré-organizados, veja em "Agências de viagem", na p.1340.

De barco Até pouco tempo, os cruzeiros vindos do continente chegavam somente em Seydisfjordur, na costa leste, a mais de 8h de distância da capital. Recentemente, os navios começaram a atracar também no porto de Reykjavík, a 10min de ônibus do centro. Mas é só para quem curte longas jornadas no mar.

Circulando

A pé Reykjavík é um lugar relativamente fácil para conhecer caminhando. O centro da cidade é uma área antiga e charmosa, onde se encontram muitas atrações, e também restaurantes e cafés. Ande pela Laugavegur, rua principal, cheia de lojas e bares que seguem abertos ao anoitecer. Conheça também a rua Skólavörðustígur, onde há casas antigas e pequenos comércios. O lago Tjörnin, repleto de patos e cisnes, é agradável para caminhadas, especialmente em um dia de sol.

Ônibus Conhecidos pelos habitantes locais como *Strætó*, são uma boa alternativa para se locomover pela cidade. É possível comprar ticket para viagem única (400kr), pacote com 9 tickets (3.500kr) ou cartões para 24h (1.000kr) e 72h (2.500kr). Mais detalhes em www.straeto.is.

Táxi O transporte, caro e desnecessário para circular na área urbana, pode ser chamado por telefone ou pego nas ruas, onde há pontos fixos. Motoristas, muitos falam inglês e costumam levar turistas para passeios por áreas próximas – combine a tarifa antes. Têm por hábito aceitar pagamento em cartão de crédito.

Bicicleta São ótimas para circular pela cidade, mas esteja preparado para eventuais ventos fortes e alguns morros, que podem exigir fôlego extra. As redes *Bike Company* (www.bikecompany.is), *Borgarhjól* (www.borgarhjol.is) e *Reykjavik Bike Tours* (www.icelandbike.com) alugam bicicletas comuns, para rodar pela área urbana, e *mountain bikes*, para percorrer longas distâncias. É possível locar as *bikes* por 4h, 24h ou até 7 dias, a partir de 2.600kr.

Harpa Concert Hall, o mais moderno prédio islandês

Atrações

Reykjavík tem bons museus, que valorizam principalmente a arte islandesa e a história local. Simpática, a região do porto concentra algumas das principais atrações, e a área do lago Tjörnin, onde está a prefeitura, também merece destaque. Com um pouco de disposição, tudo pode ser feito a pé, e um bom ponto de partida é o núcleo ao redor do centro de informações turísticas, a partir do qual se pode ir ao porto, ao lago ou à comercial rua Laugavegur. Para locais fora de Reykjavík, considere se integrar a algum tour pré-organizado.

Área portuária e arredores

Harpa Concert Hall

- Austurbakki 2
- Harpa (1, 3, 6, 11, 12, 13)
- 569.6700
- www.harpa.is
- seg-dom 8h-0h, bilheteria seg-sex 9h-18h, sáb-dom 10h-18h
- grátis, fora os concertos

Principal casa de espetáculos da Islândia – o próprio prédio já é um espetáculo. Desenvolvido por duas empresas de arquitetura, uma dinamarquesa e outra islandesa, a moderna construção, inaugurada em 2011, é composta por estruturas de aço revestida com painéis de vidro em formas geométricas. Internamente, o amplo espaço escalonado também chama atenção, cada piso com acesso a um andar do teatro principal, que pode comportar até 1.800 espectadores. Visita imperdível, e, se puder, assista a algum concerto por lá.

Kolaportid Flea Market

- Tryggvagötu 19
- Lækjartorg (1, 3, 6, 11, 12, 13, 14)
- 562.5030
- www.kolaportid.is
- sáb-dom 11h-17h
- grátis

Situado num antigo edifício industrial próximo ao porto, o mercado oferece de tudo um pouco, de novos a usados: roupas, perucas, óculos, livros, revistas e toda variedade de bugigangas. Possui também uma área de comidas (geralmente com algumas degustações), incluindo tipicidades islandesas, como carne de tubarão. Vale mais pela curiosidade do que pelo potencial de compra.

Reykjavik Art Museum – Hafnarhús

- Tryggvagata 17
- Lækjartorg (1, 3, 6, 11, 12, 13, 14)
- 590.1200
- www.artmuseum.is
- seg-dom 10h-17h (qui até 20h)
- 1.400kr (Est: 800kr | Cr, Id: grátis)

Três prédios distintos formam o Museu de Arte de Reykjavík. Este, o mais central, situa-se num antigo armazém no porto, sendo composto por seis galerias e um café. O seu acervo conta com obras de Erró, pintor pós-modernista islandês, embora a maior parte do que aqui se encontra sejam exposições temporárias.

Reykjavík Museum of Photography City Library

- Tryggvagata 15
- Lækjartorg (1, 3, 6, 11, 12, 13, 14)
- 411.6390
- www.borgarbokasafn.is
- seg-qui 10h-19h, sex 11h-18h, sáb-dom 13h-17h
- grátis

Ao lado do museu de arte fica a principal biblioteca de Reykjavík, que, no 6º andar, abriga uma sala convertida em galeria fotográfica (nada muito grande). A exibição consiste, basicamente, de mostras temporárias e parte do seu acervo de fotos.

Vulcano House

- Tryggvagata 11
- 555.1900
- www.volcanohouse.is
- seg-dom 10h-21h
- Cinema: 1.990kr (Est, Id: 1.700kr | Cr: 1.000)

O lugar se constitui num café, num cinema, numa exibição geológica e numa pequena lojinha. O atrativo maior costumam ser os filmes, dois documentários sobre os vulcões e as erupções (e terremotos) da Islândia, incluindo o célebre de 2010, bom para quem quer entender mais sobre esse fenômeno tão comum nessa ilha. As exibições ocorrem a cada hora entre 9h e 21h, em inglês. Já a exposição, pequenina e gratuita, apresenta pedras originadas pelas lavas vulcânicas – algumas à venda na lojinha, se alguém quiser levar como suvenir. O café eventualmente tem em sua programação algum show de música ao vivo, a conferir no local ou pelo site.

Saga Museum

- Grandagardi 2
- Grandagarður (14)
- 511.1517
- www.sagamuseum.is
- seg-dom 10h-18h
- 2.000kr (Est, Id: 1.500kr | Cr: 800kr)

A história da Islândia, as lendas e os personagens, incluindo os vikings, é claro, são retratados neste museu de bonecos de cera. Quem quiser tirar uma onda, pode bater uma foto vestindo a indumentária viking.

Víkin Maritime Museum

- Grandargarður 8
- Grandagarður (14)
- 514.9400
- www.maritimemuseum.is
- seg-dom 10h-17h
- 1.400kr (Est: 800kr | Cr: grátis)

Museu sobre a pesca islandesa e a cultura marítima que, apesar do nome, fica devendo na história viking da região, já que pouco se aprofunda no tema que dá nome a esse museu. Por um ingresso adicional de 600kr, é possível conhecer Óðinn, uma embarcação da Guarda Costeira (fechada em dezembro e janeiro).

ALMANAQUE VIAJANTE

A Casa Branca que venceu a Guerra Fria

Seria apenas uma bonita casa branca, não tivesse sido palco de uma reunião que poderia levar a uma guerra que muitos diziam ser o início do fim do mundo. Conhecida como *Höfði* e situada no norte da cidade, junto à baía, foi construída em 1909 para ser residência de um cônsul francês e teve seu apogeu em 1986. Aqui, no meio do caminho entre Rússia e Estados Unidos, no auge da Guerra Fria, foi onde se reuniram os líderes desses dois países, Mikhail Gorbachev e Ronald Reagan. Desse encontro, selou-se definitivamente a paz, encerrando as ameaças da guerra – e do apocalipse final – que pairavam sobre os anos 80.

Área do lago e arredores

City Hall

- Tjarnargata
- Ráðhúsið (1, 3, 6, 11, 12, 13, 14)
- 411.1111 www.reykjavik.is
- seg-sex 8h-19h, sáb-dom 12h-18h
- grátis

De frente para o lago Tjörnin, a moderna construção da Prefeitura de Reykjavík parece estar flutuando sobre as águas. Um dos acessos ao local é uma extensa passarela construída sobre o lago. Dentro do prédio, há um café de onde se pode contemplar a vista e um enorme mapa com o relevo da Islândia. Alguma exposição também pode estar rolando por aqui. Próximo, na área externa junto ao lago, procure pela bizarra escultura de um executivo com uma rocha na cabeça.

Alþingi *(Parliament House)*

- Austurvollur Sq.   563.0631

O Parlamento islandês é considerado o mais antigo do mundo (veja em "Passeios – Thingvellir", onde se reuniam). A construção, aqui, conhecida como *Alpingishus*, é de 1881, fechada ao público – vale mais pela curiosidade do local.

Dómkirkjan *(Dóm Church)*

- Kirkjutorg   520.9700
- seg-sex 10h-16h30   grátis

Catedral luterana, próxima ao Parlamento, embora menos impressionante do que Hallgrímskirkja, não deixa de ter seu valor, sendo até mais aconchegante do que a outra igreja mais famosa – dê uma espiada por dentro para conferir. Foi construída toda em madeira em 1796, ganhando restaurações ao longo dos séculos (a última data de 1999). Além do horário normal, abre para encontros nas quintas às 20h e missas nos domingos, 11h.

Reykjavík 871±2

- Adalstraeti 16
- 411.6370   www.reykjavik871.is
- seg-dom 10h-17h
- 1.200 Kr (Est: 600kr | Cr: grátis)

Exposição moderna e interativa sobre as eras antigas desta ilha em que você se encontra. O nome do museu tem a ver com o ano (871 d.C, com uma margem de erro de 2 anos para mais ou para menos) em que foram encontradas relíquias arqueológicas na Islândia. Entre informações oriundas de escavações, destaque para a mais "contemporânea" cultura viking.

Listasafn Íslands *(National Gallery of Iceland)*

- Fríkirkjuvegur 7
- Fríkirkjuvegur (1, 3, 6, 11, 12, 13, 14)
- 515.9600   www.listasafn.is
- ago-mai ter-dom 11h-17h | jun-jul 10h-17h
- 1.000 (Id: 500kr | Cr: grátis)

A Galeria de Arte da Islândia, fundada em 1884, na Dinamarca, tem acervo composto por obras de artistas islandeses do século 19 e 20. Conta também com algumas peças de Pablo Picasso, Edward Munch, Karel Appel e Victor Vasarely, além de exposições temporárias.

Þjóðminjasafnið *(National Museum of Iceland)*

- Sudurgata 41   Hringbraut (1, 3, 6, 14)
- 530.2200   www.thjodminjasafn.is
- set-abr ter-dom 11h-17h | mai-ago seg-dom 10h-17h
- 1.500kr (Est, Id: 750kr | Cr: grátis)

O Museu Nacional da Islândia é o grande museu islandês: o acervo principal apresenta exposição permanente sobre a história do país, com aproximadamente 2 mil objetos, que começa nos primeiros assentamentos e vem até os dias de hoje, incluindo inúmeras fotografias do século 20. Conta, também, com mostras temporárias.

Ainda na cidade

Hallgrímskirkja

- Skólavörðustígur
- Snorrabraut (14, 15, 18, 19)
- www.hallgrimskirkja.is
- seg-dom 9h-17h
- igreja: grátis | torre: 800kr (Cr: 100kr)

A Igreja Luterana de Hallgrímur, construída entre 1945-1986, é um dos símbolos de Reykjavík, avistada de vários pontos da capital. Maior templo da Islândia, foi inspirada na lava de um vulcão e vale ser conferida – embora sua ampla nave seja bastante simples internamente. Suba na torre de 73,5m (tem elevador) para uma vista panorâmica da cidade.

Reykjavik Art Museum – Kjarvalsstadir

- Flókagata 105
- Kjarvalsstadir (11, 13)
- 517.1290
- www.artmuseum.is
- seg-dom 10h-17h
- 1.400kr (Est: 800kr | Cr, Id: grátis)

O segundo museu de arte (o primeiro está no centro) tem exposição permanente de obras de Johannes S. Kjarval, um dos principais nomes da arte islandesa. Apresenta, ainda, mostras temporárias de pinturas e esculturas de renomados artistas locais e internacionais.

Reykjavik Art Museum - Asmundarsafn

- Sigtún
- Teigar (2, 14, 15, 17, 19)
- 553.2155
- www.artmuseum.is
- out-abr seg-dom 13h-17h | mai-set 10h-17h
- 1.400kr (Est: 800kr | Cr, Id: grátis)

O terceiro endereço do museu de arte é dedicado às obras do escultor islandês Asmundur Sveinsson, que morou alguns anos na Dinamarca e na Suécia. A construção branca foi projetada pelo próprio artista, inspirada na arquitetura do Mediterrâneo e do Oriente Médio.

The Iceland Phallological Museum

- Laugavegi 116
- 561.6663
- www.phallus.is
- mai-set seg-dom 10h-18h | out-abr 11h-18h
- 1.250kr

Essa nem Amsterdã tem, e talvez cidade nenhuma no mundo: um museu dedicado ao pênis. A maior parte do acervo exibe falos de diferentes espécies de animais, com destaque ao maior dito cujo do mundo, pertencente a uma baleia. Também há objetos variados, de xícara a bengala-pênis, passando por uma seção com, digamos, literatura peniana. Mas o museu não tem nada de mais, é pequeno e vale no máximo pela curiosidade. Há de se reconhecer, afinal, a criatividade de quem utiliza maçanetas do banheiro, bem, adivinhe no formato do quê...

Laugardalslaug

- Laugardalur og Háaleiti
- Laugardalslaug (14)
- 411.5100
- www.laugardalslaug.is
- seg-sex 6h30-22h, sáb-dom 8h-22h
- 650kr (Cr: 140kr)

A maior piscina de águas termais da Islândia funciona ao ar livre, inclusive no inverno. O complexo tem também piscina infantil, tobogãs e hidromassagem. Disponibiliza toalhas (550kr) e roupa de banho (800kr).

Perlan

- Öskjuhlíð
- Laugardalslaug (14)
- 562.0200
- www.perlan.is
- seg-dom 10h-23h
- grátis

Uma construção emblemática em Reykjavík convertida numa área de bares, cafés, restaurantes, jardim de inverno e algumas lojinhas. O local, situado num morro, guardava os tanques de água quente que abasteciam a cidade, estrutura adaptada para o centro de lazer que abriga hoje.

Compras

A Laugavegur é uma das principais ruas de comércio, atrativa para um passeio turístico. A Skólavörðustígur, que desemboca na igreja, também tem algumas butiques. As lojas de suvenires estão na área do lago Tjörnin, do porto, e nas ruas Laekjargata e Bankastraeti. A região de Reykjavík concentra dois shoppings: o *Kringlan*, com mais de 170 lojas, e o distante *Smaralind*, com cerca de 100.

Passeios

Blue Lagoon

Uma das atrações mais populares está localizada em Grindavik, sudoeste da Islândia, a 47km de Reykjavík. Trata-se de uma laguna-spa situada num campo de lavas, o que garante características geotérmicas diferenciadas numa água que chega à superfície a 38°C. A coloração azulada é o resultado do reflexo do sol nos elementos minerais que compõe a água – mas sua cor, de fato, é branca. No verão, pela influência das algas marítimas, a tonalidade pode puxar para o verde. A profundidade do local, em geral, fica entre 0,60 e 1,20m, chegando a no máximo 1,60m.

Os horários de abertura variam bastante ao longo do ano (⊙ jan-mai seg-sex 10h-20h | jun 9h-21h | jul 9h-23h | ago 9h-21h | set-dez 10h-20h); costuma ficar mais cheio entre 10h e 16h; se quiser escapar das filas, vá entre o fim da tarde e à noite. De qualquer forma, a laguna é grande, e dificilmente ficará lotada como um Piscinão de Ramos. Existem diferentes valores de ingresso: o mais barato, *visit pass* (€10), contempla apenas a entrada no local, sem acesso à laguna, somente vê-la; o *standard* (€35/45, inverno/verão) permite acesso à laguna e à sauna; o *comfort* (€50/60) inclui toalha, robe, uma bebida e mais alguns mimos de tratamento para a pele; o *premium* (€65/75), todos os benefícios anteriores mais chinelo, uma refeição no restaurante local, o *Lava*, e acesso rápido na fila; e o *luxury* (1p €315, 2p €330), acesso ao *lounge* e vestuários/cabines exclusivas (que comportam até duas pessoas). Adicionalmente, pode-se solicitar massagens (a partir de €60/30min) e tratamentos de pele utilizando algas e sílica, componentes naturais da laguna.

Se você não estiver de carro alugado, considere ainda o transporte desde Reykjavík (3.700kr com a operadora de turismo *Grey Line,* veja p.1340), saídas às 9h, 11h, 13h, 16h15, 18h15, retorno às 12h, 15h, 17h15, 19h, 21h. A Blue Lagoon fica na direção do aeroporto e pode ser conhecida no caminho de quem precisa pegar algum voo.

Quem desejar ficar mais tempo, pode considerar se hospedar por aqui: o spa conta com um hotel de 15 quartos, diárias a partir de €190/250.

Blue Lagoon: quente, azulada e relaxante

The Golden Circle

Talvez o passeio pré-organizado mais clássico da Islândia. O "círculo dourado" consiste numa "pequena volta" (considerando o tamanho da ilha) por alguns dos locais mais bacanas das proximidades de Reykjavík: o Parque Nacional Thingvellir, as cachoeiras de Gullfoss, os gêiseres de Strokkur (entre outras atrações menores, como a antiga igreja Skálholt e a usina Hellisheidi). Confira mais na p.1354. O tour começa às 8h ou 8h30, pegando os hóspedes nos seus hotéis, e vai até aproximadamente 17h, valor 9.500kr (50% para 12-17 anos, 0-11 grátis), guia incluído.

South Coast

Um extenso trajeto pela costa sul da Islândia, que pode ser feito num longo dia – tours começam a pegar os hóspedes às 7h30 e retornam depois das 22h. Visitam-se as cachoeiras de Seljalandsfoss e Skógafoss, avista-se o maior vulcão da Islândia, Öraefajökull, que tem o maior pico da ilha, o Hvannadalshnjúkur (a pronúncia fica por sua conta), de 2.110m, chegando, por fim, na grande atração, a geleira de Jökulsárlón. Para quem não desmembrar esse passeio em mais dias, a volta é tarde da noite, e os viajantes de sorte podem ganhar um bônus: a aurora boreal (num dia frio). Caso isso aconteça, a van ou ônibus deve parar para se apreciar a *northern light*. O passeio custa 24.900kr, desconto 50% 12-17 anos, grátis 0-11, inclui guia.

Comes & Bebes

Restaurantes costumam ser caros: considere, no mínimo, 1.400kr por uma refeição simples. Quem deseja experimentar algo local (alheio à polêmicas sobre a matança de certos animais), pode se aventurar pelo *whale steak* ou *breast of puffin*: o primeiro é nada mais nada menos que carne de baleia; o segundo, peito de uma ave nativa também conhecida como "papagaio-do-mar" – alguns restaurantes servem menus com esses pratos por 5.900kr. Para lanches ou refeições sem sofisticação, mas com economia, descubra os supermercados islandeses, como o *Bónus* – existem alguns na Laugavegur.

Bakari Sandholt

- Laugavegur 36
- Hlemmur (1-5, 11-15, 17-19)
- 551.3524   sandholt.is
- seg-dom 6h30-21h
- 300-1.000kr

Padaria muito popular no centro da cidade, serve uma grande variedade de pães, sanduíches, croissants, salgados e doces. Um ótimo lugar para tomar o café da manhã ou fazer um lanche ao longo do dia. É possível comprar no balcão ou sentar-se nas mesas ao fundo; o serviço é meio atrapalhado. Os sanduíches, bem recheados, custam entre 900 e 1.000kr

Paredões rochosos do Parque Nacional Thingvellir

ALMANAQUE VIAJANTE | Björk do quê, mesmo?

Nem parece verdade, mas os islandeses não possuem sobrenome. Em vez disso, eles utilizam o nome do pai e adicionam "son" para homens e "dóttir" para as mulheres. Por exemplo, se um menino tem um pai de nome Jón, seu sobrenome será *Jónsson*; se for menina, *Jónsdóttir*. E a bizarrice segue: como não têm sobrenomes, a lista telefônica é organizada pelo primeiro nome da pessoa e profissão.

Pelo fato de os "sobrenomes" islandeses somente dizerem às pessoas qual o nome do pai delas, os islandeses não ligam para formalidades de chamar alguém "sr. Jónsson" ou "sra. Jónsdóttir". Eles utilizam os primeiros nomes, mesmo quando falam com estranhos. É o componente perfeito para uma sociedade tão democrática quanto a Islândia o fato de poder chamar até mesmo o presidente da república pelo primeiro nome! Em torno de 10%, somente, dos islandeses possuem nomes de família (a maioria deles datando dos primórdios da época da colonização), mas esses são raramente usados. Em uma tentativa de homogeneizar o sistema, uma lei proíbe qualquer pessoa de ter um novo nome de família ou adotar o da família do cônjuge.

E mais: existe uma lista oficial de nomes que os islandeses podem dar para seus filhos. Qualquer nova adição a essa lista precisa passar pelo Comitê Islandês de Nomes antes que você possa escolher como chamar o seu filho — então, na Islândia você nunca verá um nome muito "fora dos padrões", tipo Vanderlindo ou Gansolina, como ocorre no Brasil. O curioso é que há uma superstição persistente sobre nomear o seu recém-nascido: o nome do bebê normalmente não é revelado até o batismo, que pode acontecer até vários meses após a criança nascer. Até recentemente, imigrantes estrangeiros tinham que dar a si próprios nomes islandeses antes de poderem se tornar cidadãos. Entretanto, nos dias de hoje, o Comitê não se importa mais com isso e os estrangeiros podem permanecer com seus nomes originais.

– experimente o de salmão com ovo. Difícil resistir às tortinhas que ficam se exibindo na vitrine.

Gló

- Laugavegur 20b
- 553.1111
- Laejartorg (1, 3, 6, 11, 14)
- www.glo.is
- 11h-21h
- 450-900kr

O menu é predominantemente vegetariano, sem grandes variedades. Há saladas e alguns pratos que você pode escolher, numa espécie de buffet, e outros que variam diariamente, informados num quadro negro afixado na parede. Se estiverem disponíveis, costumam ser recomendadas a lasanha de berinjela e o *wrap* de salmão. O ambiente é descolado, embora com um quê de *fast-food*.

Café Loki

- Lokastigur 28
- 466.2828
- Snorrabraut (14, 15, 19)
- www.loki.is
- seg-sáb 9h-21h, dom 11h-21h
- 500-2.000kr

Comandado pelo casal Hrönn e Throlfur, esse café é um bom lugar para experimentar a pitoresca culinária islandesa sem gastar tanto. Os pratos *Icelandic meal* (1.990-2.250kr) incluem iguarias islandesas como carne de tubarão, *rúgbrauð* (pão de centeio) com *plokkfiskur* (tipo uma salada de batata com peixe), cordeiro defumado, peixe seco, entre outros. No cardápio há também pastéis, *klenät* (especialidade islandesa, um bolinho frito de massa doce trançada), sanduíches, sopas e saladas. Do segundo andar, uma bela vista para a catedral Hallgrimskirkja.

Pizza Royal

- Hafnarstræt 18
- Ráðhúsið (1, 3, 6, 11-14)
- 551.7373
- pizzaroyal.is
- seg-qui/dom 10h-2h, sex-sáb 11h-7h
- 800-2.700 kr

A casa trabalha com quatro tamanhos de pizza e a possibilidade de acrescentar os ingredientes que se deseja (*toppings*). A pizza clássica de marguerita, por exemplo, sai por 800kr no menor tamanho ou 1.500kr no maior, tendo um acréscimo de 150kr ou 400kr por ingrediente, respectivamente. Uma pizza pequena com três *toppings* e uma Coca-Cola de 500ml sai por 1.200kr. Os preços são acessíveis e a pizza é saborosa. Como a pizzaria funciona até tarde, é uma ótima opção para quem voltar de algum tour e encontrar os restaurantes fechados. Fica próximo ao porto, e há outro endereço no final da Laugavegur, perto da Hlemmur Square.

Harry's Restaurant

- Raudararstigur 33
- Hlemmur (1-5, 11-15, 17-19)
- 588.1033
- www.harrysreykjavik.com
- 17h30-22h30
- 1.500-3.500kr

Pequeno e aconchegante, serve um menu eclético – peito de frango, porco, ovelha, hambúrguer, salmão, frutos do mar, *noodles* (preços variando de 2.900-3.400Kr, incluindo batatas, arroz e/ou vegetais como acompanhamentos), puxando mais para o tempero asiático (os donos são filipinos). O *fish and chips* (peixe com batatas fritas) aqui é famoso (3.100Kr), e a *apple pie with whipped cream* (torta de maçã com *chantilly*, 1.300Kr) é uma sobremesa divina. Local particularmente recomendado para quem estiver hospedado nas redondezas, perto do terminal de ônibus. Atendimento bastante simpático.

Fiskfelagid (*Fish Company*)

- Vesturgötu 2a
- Mýrargata (14)
- 552-5300
- www.fiskfelagid.is
- seg-sex 11h30-14h/17h30-0h, sáb-dom 17h30-0h
- 2.300-7.500kr

O restaurante utiliza ingredientes característicos da culinária islandesa com técnicas da gastronomia moderna, aliados a temperos do mundo todo. O restaurante é caro, mas há preços mais em conta, disponíveis no horário do almoço (seg-sex 11h30-14h30). São dois menus especiais: o *Around the World* (9.400kr) e o *Around Iceland* (8.400kr), cada um com pratos preparados a partir de ingredientes frescos da ilha, motivo pelo qual o cardápio muda constantemente.

Hereford

- Laugarvegur 53/b
- Hlemmur (1-5, 11-15, 17-19)
- 511.3350
- www.hereford.is
- seg-dom 17h-1h
- 6.000-12.000 kr

Bem localizado na região central, o restaurante oferece dois menus tradicionalíssimos, ambos por 6.500kr, incluindo entrada, prato principal e sobremesa. O primeiro chama-se *Whale menu* e tem como pratos sopa de lagosta com conhaque, bife de baleia (a *whale* do menu) servido com vegetais fritos, batata e molho de pimenta, e *skyr* (produto lácteo islandês, semelhante ao iogurte) servido com frutas e sorvete; já o segundo, o *puffin menu*, oferece a ave com salada e vinagre de framboesa, peito de *puffin* grelhado com vegetais fritos, batata e molho maltês, e novamente o *skyr*. Não é exatamente barato, mas é a garantia de uma experiência gastronômica autêntica na Islândia. Quem preferir, também pode pedir pratos mais convencionais à la carte.

Noite

Há quem diga que a vida noturna de Reykjavík ferve. É encarar a balada para conferir.

Festas & Pubs

B5

- 📍 Bankastræti 5
- 🚌 Lækjartorg (1, 3, 6, 11, 12, 13, 14)
- 📞 552.9600 💻 www.b5.is
- 🕐 dom-qui até 1h, sex-sáb até 4h30
- 💲 500-8.970kr

Durante o dia, serve cafés e pratos leves num ambiente iluminado, com prateleiras cheias de livros – inclusive infantis. À noite, as luzes diminuem e o lugar se transforma num bar animado, com DJs que tocam pop, hip hop, funk e soul.

MicroBar

- 📍 Austurstraeti 6
- 🚌 Lækjartorg (1, 3, 6, 11, 12, 13, 14)
- 📞 847.9084
- 💻 www.facebook.com/MicroBarIceland
- 🕐 set-mai seg-dom 16h-0h | jun-ago 14h-0h
- 💲 750-1.600kr

Localizado dentro do City Center Hotel, este é o lugar certo para os amantes de cerveja. Aqui, há mais de 140 rótulos da bebida, dos mais variados cantos do mundo.

Snaps Bistro Bar

- 📍 Thorsgata 1
- 🚌 Fríkirkjuvegur (1, 3, 6, 11, 12, 13, 14)
- 📞 511.6677 💻 www2.snaps.is
- 🕐 dom-qui 11h30-23h, sex-sáb 11h30-0h
- 💲 700-3.990kr

Ao longo do dia, o restaurante serve sopas, saladas e frutos do mar. Quando o sol se põe, transforma-se em um movimentado bar, cujo cardápio tem cervejas, vinhos e coquetéis. Chegue cedo, o lugar lota rápido.

Islenski Barinn *(Icelandic Bar)*

- 📍 Ingolfsstraeti 1a
- 🚌 Lækjartorg (1, 3, 6, 11, 12, 13, 14)
- 📞 517.6767 💻 www.islenskibarinn.is
- 🕐 dom-qui 11h30-1h, sex-sáb 11h30-3h

Popular e descontraído, o bar tem ambiente aconchegante, com paredes verde-claro, detalhes vermelhos e móveis em madeira clara. De dia, funciona como um café, servindo hambúrgueres, cachorros-quentes, sopas e peixes, que podem ser degustados com cerveja artesanal. Depois que a cozinha fecha, às 22h, a noite segue animada, ocasionalmente com apresentações de bandas.

Espetáculos

Borgarleikhús *(Reykjavik City Theatre)*

- 📍 Listabraut 3
- 🚌 Borgarleikhús (13, 14)
- 📞 568.8000 💻 www.borgarleikhus.is
- 🕐 seg-ter 10h-18h, qua-sex 10h-20h, sáb-dom 12h-20h
- 💲 varia conforme o espetáculo

Uma das mais prestigiadas instituições islandesas, o Teatro da Cidade de Reykjavík apresenta obras clássicas, textos de dramaturgos nacionais e internacionais. Localiza-se ao lado do centro comercial Kringlan, a 4km da área central.

Þjóðleikhúsið *(National Theatre of Iceland)*

- 📍 Hverfisgata 19 🚌 Þjóðleikhúsið
- 📞 585.1200 💻 www.leikhusid.is
- 🕐 seg-qua 12h-18h, qui-dom 12h-19h30
- 💲 2.500-5.000kr

O Teatro Nacional da Islândia, inaugurado em 1950, reúne três espaços de apresentações teatrais, nos quais são exibidas de dez a quinze peças por temporada. A programação é composta por espetáculos nacionais e internacionais, principalmente óperas, musicais e produções infantis.

Hotéis & Albergues

Em matéria de acomodações, Reykjavík está bem servida. A maioria dos albergues e hotéis está situada na região central, muitos até na mesma rua, a Laugavegur, ponto de referência na cidade. Encontram-se tanto albergues da rede HI quanto independentes, ambos muito elogiados pelos hóspedes. Reykjavík não tem muitos hotéis de redes, mas sim uma boa variedade de pequenos hotéis familiares, alguns deles com preços não tão exorbitantes em se tratando de uma cidade nórdica.

Reykjavik Backpackers

- Laugavegur 28
- Regnboginn
- 578.700
- www.reykjavikbackpackers.is
- 106 camas
- 1.080kr
- dorms 8p-4p 3.500/6.900kr | quartos 1p 8.000/15.000kr, 2p 9.000/17.500kr, 3p 27.900kr (baixa/alta temporada)

Albergue independente situado na principal rua comercial, próximo de importantes pontos da cidade. Tem um simpático café e um bar logo na entrada. Conta ainda com cozinha, mas disponível apenas a hóspedes dos quartos privativos e dos dorms do 4º andar. Lençóis, fronha e travesseiro já estão inclusos, aluguel de edredom 1.080kr e toalha 290kr. O albergue oferece passeios e atividades esportivas, aluguel de bicicletas e translado ao aeroporto, pagos à parte.

KEX Hostel

- Skúlagata 28
- Barónsstígur
- 561.6060
- www.kexhostel.is
- 215 camas
- 1.600kr
- dorms 16p 2.700/3.900kr, 4p 4.900/6.900kr | quartos 2p 10.500/19.700kr (baixa/alta temporada)

Albergue independente situado no centro da capital, no prédio de uma antiga fábrica de biscoito que abriga também The Living Art Museum. Os dormitórios são para 4, 6, 8, 10 ou 16 pessoas, e as diárias variam conforme

---

BAITA VIAGEM | Aurora boreal

Um dos maiores atrativos de uma viagem à Islândia vem dos céus – a aurora boreal, conhecida como *Northern Light*, ou "luzes do norte", já que só acontecem em regiões de elevada latitude. Além da posição geográfica, é preciso um pouco mais: noite clara e fria – por isso, o fenômeno só pode ser avistado no inverno, ou melhor, entre outono e primavera (de setembro a abril).

Os felizes observadores testemunham um jogo de luzes no céu, em especial impressionantes raios verdes luminosos. Quanto mais longe de centros urbanos, mais fácil de avistar – assim, é conveniente sair de Reykjavík para pontos mais ermos e distantes. Operadoras de tours programam "Caçadas às *Northern Lights*" para locais onde a aurora boreal possa ser avistada – mas atenção, tudo depende do dia. Noites nubladas sacaneiam o viajante, e as miniexcursões podem ser canceladas antes de partirem (até as 18h você é informado do eventual cancelamento). Também não é raro o passeio acontecer, mas a temperamental aurora boreal não comparecer; nesse caso, você ganha um segundo tour de graça.

É conveniente, portanto, não deixar o passeio da *Northern Light* para os últimos dias. Saídas acontecem entre 19h30-20h, levam de 3h a 5h e custam 6.400kr (50% de desconto para 12-17 anos, grátis 0-11), incluindo a presença de um guia que por vezes parece um dos personagens do filme *Ghostbusters – Os Caça-Fantasmas*. Com sorte, você pode avistar o fenômeno no retorno de algum outro passeio ou em qualquer momento à noite, pela Islândia, sem a necessidade de integrar um tour "caça-boreal". Leia mais na p.1222.

a época do ano. Aluguel de roupa de cama e toalha 1.100kr. Dispõe de duas cozinhas, pub, biblioteca, pátio externo aquecido e até salão de beleza e uma sala multifuncional decorada como um antigo ginásio de boxe, no estilo Rocky Balboa. Superdescolado, o lugar é bastante elogiado pelos hóspedes.

Loft Hostel

- Bankastræti 7   Þjóðleikhúsið
- 553.8140   www.lofthostel.is
- 94 camas   1.450kr
- $ dorms 8p 4.850/6.950kr, 6p 5.050/6.950kr | quartos 2p 16.300/25.000kr, 4p 22.000/29.600kr (baixa/alta temporada)

Albergue HI inaugurado em abril de 2013, está próximo de boa parte das atrações da cidade. As camas têm iluminação e tomada individual, e todos os quartos contam com banheiro e um pequeno armário. Lençóis já estão inclusos no valor da diária. Dispõe de cozinha equipada, recepção 24h, computadores com acesso à internet (grátis) e buffet de café da manhã. O bar local é aberto ao público e pode ser um bom lugar para fazer amizades. Definitivamente, um ótimo albergue.

Hlemmur Square

- Laugavegur 105   Hlemmur
- 415.1600   www.hlemmursquare.com
- 43 quartos   1.200kr
- $ dorms 14p 2.600/4.000kr, 4p 4.600/7.200kr | quartos 2p 26.000/41.000kr (baixa/alta temporada)

Funciona como albergue e hotel. Os dormitórios são para 4, 6, 10, 12 ou 14 pessoas, e as diárias aos finais de semana são mais caras. Conta com duas cozinhas equipadas e, no térreo, um café e um bar – este, durante o *happy hour*, das 16h às 19h, costuma oferecer dois chopes pelo preço de um. O 5º andar funciona como hotel, com amplos quartos que dispõem de camas *king size*, TV e minibar. Hóspedes do albergue e do hotel dividem as mesmas áreas comuns – recepção, restaurante e biblioteca. Bom lugar, na rua principal, mas numa área já não tão central.

4th Floor Hotel

- Laugavegur 101   Hlemmur
- 511.3033   www.4thfloorhotel.is
- 17 quartos   incluído
- $ quartos 1p 6.900/12.900kr, 2p 11.900/18.900kr, 3p 15.900/22.900kr (baixa/alta temporada)

Localizado na principal rua comercial da cidade. Os quartos têm TV, frigobar, utensílios para preparo de chá e café e mesa de trabalho. Os quartos individuais têm banheiro compartilhado. Os duplos e triplos podem ser tanto com banheiro privativo quanto compartilhado.

Hotel Orkin

- Brautarholti 29   Þjóðsk.safnið
- 568 0777   www.hotelorkin.is
- 22 quartos   incluído
- $ quartos 1p 9.700/17.00kr, 2p 11.300/22.600kr, 3p 12.800/25.700kr (baixa/alta temporada)

Disponibiliza café e chá gratuitos 24h e computadores com acesso à internet. Todos os quartos dispõem de TV e banheiro privativo. Tem duas salas de uso comum e uma sala de vídeo. *Staff* atencioso. Próximo da rua Laugavegur.

Fosshotel Lind

- Raudararstigur 18   Hlemmur
- 562.3350   www.fosshotel.is
- 78 quartos   incluído
- $ quartos 1p 13.900/23.200kr, 2p 12.300/24.900kr (baixa/alta temporada)

Hotel da rede Fosshotel, localizado no centro. Todos os quartos dispõem de TV, DVD, rádio e telefone. Cofres estão disponíveis nos quartos ou na recepção. Disponibiliza computadores com acesso à internet. Tem bar e restaurante, ambos abertos somente à noite. Atendimento do *staff* bastante elogiado.

Outras Atrações da Islândia

Thingvellir National Park
Parque de importância histórica, natural e geológica, situado no sudoeste da Islândia, não à toa intitulado Patrimônio da Humanidade pela Unesco. Um dos principais destaques do local é a falha tectônica que divide a ilha islandesa entre a placa americana e a placa euroasiática. Entre elas, paredões que abrigavam aquele que é considerado o parlamento mais antigo da história, o Alpingi, fundado no ano 930 d.C. Percorre-se o parque, cuja beleza é acentuada pelo lago Pingvallavatn, sobre passarelas e trilhas demarcadas.

Reykjanes Peninsula
No extremo sudoeste da Islândia, é onde fica o Aeroporto Internacional e a Blue Lagoon. Entre maio e setembro, essa região se torna bastante turística, especialmente seus campos de lavas, usualmente comparados à superfície lunar, que são explorados em quadriciclos. Alguns vilarejos da península, como Gardur e Grindavík/Reykjanesviti, ostentam pitorescos faróis.

Cachoeira de Seljalandsfoss

Gullfoss Waterfall
Conjunto de cachoeiras mais popular da Islândia, que na tradução significam "cachoeiras douradas". Não espere nenhum ouro por aqui, mas sim uma belíssima paisagem de águas que caem por 32m, em dois níveis diferentes, dentro de um grande cânion que chega a 70m de profundidade. Existem trilhas demarcadas pelas quais você pode caminhar, por vezes próximo da beirada, contemplando as quedas de diferentes ângulos.

Seljalandsfoss
Cachoeira de 60m, situada junto à Ring Road. O atrativo, aqui, além da imponência das águas, é dar uma pequena volta, contornando-a por trás. Perto, encontram-se outras cachoeiras, como a Skógafoss, com tamanho de queda similar, porém mais larga, em torno de 25m de largura.

Jökulsárlón
Impressionante lagoa glacial situada numa das extremidades do Vatnajökull National Park. Esse parque nacional, um dos três existentes no país, abriga a Vatnajökull, a maior geleira da Islândia, uma enorme massa de gelo que domina o sudeste da ilha. O Jökulsárlón se formou a partir do degelo do glaciar, e o diferencial desta lagoa, que é considerada uma das maravilhas naturais da Europa, são os blocos de icebergs remanescentes, entre os quais você pode passear a bordo de veículos anfíbios (mas no verão as geleiras podem ter derretido). O lugar é tão extraordinário que já foi cenário de quatro filmes de Hollywood, incluindo dois 007: *Na Mira dos Assassinos* e *Um Novo Dia para Morrer,* e ainda *Tomb Raider* e *Batman Begins*.

As estonteantes geleiras de Jökulsárlón

Haukadalur

Área geotermal famosa pelos seus gêiseres, que a todo momento "entram em erupção". Um dos mais famosos deles é o *Strokkur*, que dispara potentes jatos a cada 8min, em média. Outro é o *Geysir*, reconhecido em obras impressas lá do século 18 como o primeiro gêiser descrito como tal a apresentar o fenômeno, que denominou todos os demais (o verbo islandês *geysa* significa "jorrar").

Eyjafjallajökull

Nenhum não-islandês consegue pronunciar, mas todos sabem de "quem" se trata: o vulcão que entrou em estado de erupção e lançou cinzas que pararam o tráfego aéreo da Europa, em abril de 2010, provocando caos em dezenas de aeroportos. Pois o famoso fica bem aqui, junto a uma geleira de mesmo nome, no sul da ilha, e alguns tours se aventuram por seu campo de lava, eventualmente percorrendo o local em quadriciclos. Um pouco ao sul dali encontra-se uma pequena vila, Skógar, habitada por uma superpopulação de... 25 habitantes; a curiosidade do bucólico local se dá pelas casinhas cobertas por telhados de turfa, restos de gramíneas que ajudam a preservar o calor interno, o que é essencial no rigoroso inverno local.

Dyrhólaey

Promontório (espécie de crosta terrestre que avança para o mar) no sul da Islândia, conhecido pela paisagem do gigante arco negro formado por lavas – daí vem a origem do nome da península (que até lembra, em inglês, *door hole*, o "buraco da porta"). Mas essa pitoresca formação rochosa de penhascos não é o único atrativo: do alto de seus paredões de 120m de altura, contempla-se, ao norte, o enorme glaciar Mýrdalsjökull; ao leste, as colunas de lavas negras de Reynisdranger (que invadem o mar) e o vilarejo de Vik; a oeste, a costa marítima.

Seyðisfjörður

Quem assistiu ao filme *A vida secreta de Walter Mitty* deve se lembrar da cena em que Ben Stiller desce de skate uma bela estrada até chegar num vilarejo; pois o tal vilarejo é Seydisfjordur, nos fiordes orientais do país, e a estrada é a via que atravessa as montanhas e conecta a cidade ao anel rodoviário da Islândia. A escolha da pequena localidade (não deve ter 700 habitantes) como cenário de Hollywood não surpreende: a cidadezinha exibe uma pacata e excepcional paisagem, que, entre seus lagos e montanhas, permite a prática de *trekking*, esqui, caiaque, mergulho e *paraglider*, entre outras atividades. Mais informações pelo site: www.visitseydisfjordur.com.

Grundarfjörður

Vila de pescadores com cerca de 900 habitantes, Grundarfjorour é ponto de partida para o estonteante glaciar Snæfellsjökull, principal atração do Parque Nacional de mesmo nome. A cidadezinha conta com a bela montanha Kirkjufell como plano de fundo, e os passeios pela região exibem incríveis paisagens de cachoeiras, grutas, rochedos de basalto e campos de lava. Pela internet: www.grundarfjordur.is.

Akureyri

Com quase 18 mil habitantes, Akureyri é a maior cidade da região do fiorde Eyjafjörður – um dos mais estreitos e longos fiordes da Islândia – e a segunda maior área urbana do país. Oferece uma estrutura turística básica em relação à transportes (conta com um aeroporto internacional), hoteis e restaurantes. Os atrativos locais ficam por conta de alguns museus, galerias e o Jardim Botânico. A natureza ao redor se encarrega das exuberantes paisagens que motivam caminhadas – por trilhas que passam por vilas de pescadores, cachoeiras e vulcões –, escaladas, passeios de barco, *rafting*, mergulho, esqui e pescaria (a localidade é um importante porto de pesca). O fenômeno da aurora boreal, entre setembro e abril, é bastante comum por aqui. Pela internet: www.visitakureyri.is.

Outras atrações

O potencial turístico da Islândia é tão infinito quanto suas atrações naturais. Praias de areia negra com paredões rochosos, parques, cânions e reservas com trilhas para *trekking*, ilhas, grutas, geleiras e vulcões podem ser explorados. Você pode ainda encarar atividades como a observação de baleias, escalada nos paredões de geleiras, mergulho por entre fendas de placas tectônicas (ponto de mergulho conhecido como Silfra, dentro do Parque Nacional de Thingveller), entre várias outras possibilidades, algumas disponíveis apenas no verão (ou entre abril e setembro). Tudo é uma questão de tempo e grana disponíveis.

PEQUENO DICIONÁRIO VIAJANTE PORTUGUÊS-ISLANDÊS

FALO MAL, MAS SOU EDUCADO
- Oi - *Halló*
- Tchau - *Bless*
- Por Favor - *Vinsamlegast*
- Obrigado - *Takk*
- Desculpe/Licença - *Fyrirgefðu*

SOBREVIVÊNCIA
- Sim - *Já*
- Não - *Nei*
- Socorro - *Hjálpa*
- Quanto custa? - *Hvað kostar...?*
- Onde fica...? - *Hvar er...?*
- Caro - *Dýr*
- Barato - *Ódýr*
- Entrada - *Inngangur*
- Saída - *Útgangur*
- Informação - *Upplýsingar*

COISAS E LUGARES
- Aeroporto - *Lentokenttä*
- Água - *Vesi*
- Albergue - *Retkeilymaja*
- Banco - *Pankkia*
- Bebida - *Juoda*
- Camisinha - *Kondomi*
- Correio - *Postia*
- Dinheiro - *Raha*
- Embaixada - *Suurlähetystö*
- Estação - *Rautatieasema*
- Farmácia - *Apteekkia*
- Hospital - *Sjukhem*
- Mapa - *Kartta*
- Mercado - *Toria*
- Ônibus - *Bussi*
- Praça - *Tori*
- Restaurante - *Ravintola*
- Rua - *Katu*
- Trem - *Juna*

CONTANDO
- Um - *Einn*
- Dois - *Tveir*
- Três - *Þrír*
- Quatro - *Fjórir*
- Cinco - *Fimm*
- Seis - *Sex*
- Sete - *Sjö*
- Oito - *Átta*
- Nove - *Níu*
- Dez - *Tíu*

A SEMANA
- Segunda - *Mánudagur*
- Terça - *Þriðjudagur*
- Quarta - *Miðvikudagur*
- Quinta - *Fimmtudagur*
- Sexta - *Föstudagur*
- Sábado - *Laugardagur*
- Domingo - *Sunnudagur*

Cultura geral

Geografia

Os países nórdicos estão localizados no extremo norte da Europa, têm clima bastante frio e são rodeados por água: estes são alguns dos fatores que explicam a baixa densidade demográfica da região.

Dinamarca

Mais ao sul, faz fronteira apenas com a Alemanha (S) e quase encosta na Suécia (o Mar Báltico os separa). O relevo do país apresenta poucos rios e baixas elevações – não à toa, seu ponto mais alto, Ejer Bavnehoj, tem apenas 173m de altitude. Além-mar, também são territórios dinamarqueses as Ilhas Faroe e a gelada Groenlândia, maior ilha do mundo. A Dinamarca é repleta de grandes florestas temperadas de pinheiros, carvalhos e salgueiros.

Suécia

De território extenso para os padrões europeus, apresenta relevo basicamente plano, com algumas poucas cadeias de montanhas no oeste, próximas à Noruega. Esse é um dos países com que faz fronteira; o outro é a Finlândia (NE). A Suécia é repleta de florestas de coníferas, especialmente nas regiões central e sul; no norte, a tundra domina.

Noruega

O país mais a oeste da área continental dos nórdicos divide a Península Escandinava com a Suécia e faz fronteira também com a Finlândia e a Rússia. É em território norueguês que fica o ponto mais alto de toda a região nórdica – o Galdhopiggen, no centro-sul, com 2.469m. De relevo bastante recortado, a Noruega é repleta de belos lagos, fiordes, baías, golfos, geleiras e montanhas. A vegetação dominante do país é a tundra ártica, o que é compreensível, tendo em vista o frio e o pouco sol da região.

Finlândia

Com a Suécia ao leste, também faz fronteira com Rússia (O) e Noruega (N). Dotado de terras baixas e planas, o país tem milhares de lagos, pequenas elevações e grandes florestas coníferas – trata-se da nação da Europa com maior percentual de florestas em seu território (86%).

Islândia

É uma grande ilha vulcânica no Atlântico Norte cujo nome, não por acaso, significa "terra do gelo". O território islandês é bastante frio, com a exceção do litoral oeste, graças à corrente marítima que vem do distante golfo do México. O país atrai por suas belas paisagens, já que é repleto de geleiras, fiordes, gêiseres e – acredite – mais de 200 vulcões (lembre-se que no clássico livro de Júlio Verne, *Viagem ao Centro da Terra*, os aventureiros ingressam na crosta terrestre através um vulcão na Islândia).

Gêiseres na Islândia

Economia

A economia dos Países Nórdicos se caracteriza, ainda hoje, pelo modelo de bem-estar social escandinavo. Bastante igualitário, este sistema é baseado em uma alta tributação, num amplo sistema estatal de proteção social e no pleno emprego – o plano é que todos trabalhem e contribuam para a economia nacional. Os países nórdicos estão entre os que mais cobram imposto de renda no mundo. Para se ter uma ideia, a faixa da população economicamente mais alta no Brasil paga 27,5% de IR. Nos nórdicos: Suécia, 56,6%; Dinamarca, 55,4%; Finlândia, 49,2%; Islândia, 43%; e Noruega, 42%. Tudo isso é devolvido em serviços, com sistemas públicos de saúde e educação bem estruturados, seguros-desemprego, auxílios-maternidade, dentre outros – do berço ao túmulo, o cidadão tem suas condições de vida protegidas. Espera-se, assim, que o sistema de tributação progressiva (mais ricos pagam mais) e o papel do Estado como protetor sejam redutores das desigualdades sociais.

Dinamarca

Desenvolvida, a economia dinamarquesa baseia-se em uma agricultura de alta tecnologia que cobre cerca de 65% da área do país e, paradoxalmente, graças à sua excelência técnica, emprega cerca de 3,4% da população ativa – o que não parece ser um problema, uma vez que a taxa de desemprego estava em 4% em julho de 2014.

Suécia

A economia sueca baseia-se em produtos agrícolas (exporta batata, beterraba e trigo), no minério e nas tecnologias da informação – o país é líder no desenvolvimento de avanços nesse setor. Também conta com indústrias química, mecânica e siderúrgica bem desenvolvidas.

Noruega

Provavelmente o exemplo de maior sucesso desse modelo seja a Noruega, que tem a economia mais robusta da região e a liderança mundial no Índice de Desenvolvimento Humano (0,944 em 2014) – segundo dados da ONU, nenhuma sociedade humana alcançou esse nível na história. Também possui o menor percentual de desemprego dos nórdicos (3,3% em julho de 2014). O êxito se deve, em grande parte, à descoberta de imensas reservas de petróleo no Mar do Norte na década de 1960: hoje, a Noruega é o 3º maior exportador de petróleo do mundo.

Finlândia

País cuja economia é baseada na indústria de celulose (compreensível, tendo em vista que possui florestas em dois terços de seu território); indústria naval (é um dos grandes fabricantes de plataformas de petróleo) e de tecnologias de telecomunicações – a *Nokia* é finlandesa. Tudo isso, todavia, não foi o suficiente para que o país passasse incólume pela crise: a Finlândia tem a maior taxa de desemprego da região, 10,7% em julho de 2014) .

Islândia

O país viveu historicamente da pesca, que ainda hoje representa 70% das exportações do país e é responsável por 11% do PIB. Entre altos e baixos, o ano de 2008 foi crítico, quando o país foi quase à bancarrota e viu seu sistema bancário ruir. No entanto, a corajosa e criativa solução islandesa (veja box p.1363) fez com que o crescimento voltasse, sem que o país apresentasse as preocupantes taxas de desemprego de outra nações europeias que sofreram com a crise (encontra-se hoje na casa de 4,6%).

História

Há muitos fatores em comum na História dos Países Nórdicos. O principal deles, ou pelo menos o mais lembrado, são os vikings, membros da antiga civilização que, entre os séculos 8 e 11, dominou o norte da Europa. Engana-se quem associa-os somente a guerreiros com grandes machados e elmos com chifres – ok, talvez não se engane tanto: de fato houve guerreiros com grandes machados e capacetes (sem chifres, já que não há registros desse tipo de elmo na cultura nórdica antiga). No entanto, a sociedade viking baseava-se prioritariamente na agricultura, na pesca, no artesanato e no comércio marítimo – e no saque e na pirataria. Essas últimas atividades tornaram os homens do norte conhecidos: a partir do século 8, os vikings invadiram diversas regiões da Europa, saqueando cidades e conquistando terras – seus alvos favoritos eram a Irlanda e regiões do Reino Unido.

A Era Viking

Mapas das invasões vikings mostram que os guerreiros saídos da Noruega e da Dinamarca chegaram até a Itália, passando por Inglaterra, França e Espanha; de outro lado, grupos vindos da Suécia atacaram a Rússia e os países do Báltico. O sucesso das incursões se deveu, em muito, à admirável capacidade de navegação dos vikings. A bordo de seus *drakkars* – longos veleiros cuja proa era em forma de dragão –, os guerreiros nórdicos eram capazes de navegar tanto em oceanos quanto em rios, graças ao baixo calado de suas embarcações. Foi assim que os invasores aterrorizaram a atual Inglaterra, adentraram pelo rio Sena, navegaram o mar Mediterrâneo e o mar Negro e, segundo constam diversos indícios, chegaram à América do Norte.

No âmbito familiar, a sociedade viking tinha fortes traços patriarcais: o homem era responsável pela guerra e pelas principais atividades econômicas. A mulher voltava-se somente às tarefas domésticas. Esse povo do norte tinha ainda uma elaborada religião, presente em manifestações culturais contemporâneas (alguém lembra do herói de quadrinhos *Thor*?). Historiadores entendem que os vikings foram capazes de formar e consolidar sua civilização devido ao fato de os romanos, na Antiguidade, não terem estendido seu domínio até a Escandinávia.

O fim da era viking vem junto com a cristianização da região, dada no século 11: em oposição ao paganismo nórdico, uma religião de traços bastante rurais que começou a decair devido às próprias mudanças da sociedade local, o cristianismo avançou a partir de missões vindas das frentes britânica e alemã. Além disso, o batismo de reis, interessados em manter boas relações com a Igreja Católica, também fez com que o povo do norte fosse cristianizado. A sociedade nórdica mudava bruscamente.

Nos séculos 9 e 10, surgiram os reinos da Dinamarca, Suécia (que então englobava a Finlândia) e Noruega. Na mesma época, a Islândia começou a ser colonizada por famílias vindas da costa oeste norueguesa. O cenário dos países nórdicos, que era dominado somente por chefes tribais, tornou-se então mais complexo: os líderes locais ainda existiam e eram figuras-chaves em suas tribos, mas estavam subordinados aos reis, que centralizavam o poder. Com o abandono das características mais campesinas das sociedades locais, que transformavam-se em reinos fortes e estruturados, a cultura nórdica começou a mudar: os reis converteram a si e a seus povos ao Cristianismo, e as antigas religiões vikings começaram a perder força.

> **VOCÊ QUE COLOU NA ESCOLA**
> **Vikings ou Normandos?**
> Normandos: os Homens do Norte. É assim que os britânicos chamavam os invasores vikings nos séculos 9 e 10 que, vindos da Escandinávia, atacaram e pilharam o país e, posteriormente, ergueram fortificações e cidades nos territórios alvos, assumindo a condição de aristocracia local. Foi por isso que a região no noroeste da França, colonizada por esses vikings, tornou-se a Normandia. Partindo dela, Guilherme I, descendente desse povo, invadiu a Inglaterra e tornou-se o primeiro rei normando inglês.

União de Kalmar

Em 1397, os reinos nórdicos se aliaram em torno da União de Kalmar, um projeto de aliança entre as coroas da Dinamarca, Suécia e Noruega regido pela rainha Margrethe da Dinamarca. A Coroa dinamarquesa na época também exercia domínio sobre a Islândia. A união entre os reinos se deu prioritariamente para fazer frente à Liga Hanseática (aliança de cidades mercantis, a maior parte delas alemã) pelo controle do comércio no Mar Báltico e no Mar do Norte – até então, as regiões eram monopolizadas pelas cidades da Liga. No entanto, a contínua hostilidade entre os membros da União de Kalmar ocasionou diversas tensões e conflitos – em especial entre a aristocracia sueca e a monarquia dinamarquesa –, que culminariam na dissolução definitiva da união em 1523. Historiadores apontam que a ruptura se deveu não somente pelos conflitos de interesses entre os reinos, mas também pelo alto custo promovido para exercer o controle do Báltico.

O cenário pós-União de Kalmar foi de uma rivalidade que durou bastante tempo: de um lado, Noruega e Dinamarca; de outro, Suécia e Finlândia. De fato, os dois primeiros países se organizaram num reino único, que durou quase três séculos (de 1535 até 1814). O Reino da Dinamarca e Noruega, todavia, não era uma união harmônica entre os dois países; representava, sim, a força da monarquia dinamarquesa, que passou a estender seus domínios também sobre a Islândia. A Noruega passou a ler e escrever em língua dinamarquesa e o povo norueguês pagava impostos ao rei da Dinamarca.

De outro lado, a Suécia configurou-se como uma potência europeia a partir do século 17. Com sua breve participação na Guerra dos Trinta Anos – uma série de conflitos políticos e religiosos que envolveram diversas nações do continente –, o país tornou-se um dos líderes do protestantismo na Europa, posição que traduziu-se em uma postura agressiva e expansionista.

Dentro desse cenário, a rivalidade entre os vizinhos, gerada principalmente pela ambição de controle hegemônico do comércio do Mar Báltico, transformou-se em guerra – mais especificamente, seis conflitos ocorreram entre os séculos 16 e 18. O último, de 1700 a 1721, ficou conhecido como a Grande Guerra do Norte.

Grande Guerra do Norte

O expansionismo sueco e as seguidas tentativas de domínio militar e comercial do Báltico culminaram em um conflito que opôs a Suécia (que na época dominava também a Finlândia) a Saxônia, a Polônia, a Rússia e o Reino da Dinamarca e Noruega. Iniciada em 1700, a Grande Guerra do Norte transcorreu em seus primeiros anos com vitórias suecas, que levariam – como Napoleão e Hitler fizeram mais tarde – à tentativa de invasão dos domínios russos em 1707. O rigoroso inverno, grande e histórico aliado militar da Rússia, fez com que cerca de dois terços das tropas suecas morressem de fome ou frio, tornando a retirada obrigatória.

Ainda confiante na vitória, a Suécia novamente tentaria invadir a Rússia, dessa vez partindo do território ucraniano. Foi no atual centro-leste da Ucrânia que ocorreu a Batalha de Poltava (1709), vencida por tropas russas e considerada o momento da virada do conflito. A partir de então, a Suécia foi obrigada a fazer uma guerra defensiva. A derrota viria só em 1721, quando uma Suécia arrasada cedeu diversos territórios – incluindo a Finlândia, que, a partir desse momento, tornou-se um reino autônomo – e viu o fim de seu sonho expansionista de domínio da região báltica. Sonho esse que ficou para o Império Russo, grande vencedor da guerra.

Como saldo da derrota, o Parlamento sueco mostrou força, aproveitando o momento de crise para aprovar uma nova constituição que aboliu o absolutismo real, o que ocasionou anos de ganhos em liberdades civis no país. Já a Dinamarca manteve a soberania sobre a Noruega até 1814, quando a separação chegou graças à pressão política norueguesa. Nessa dissolução, a Dinamarca manteria o domínio sobre a Islândia; à Noruega, restou cair em outra união forçada: devido a tensões entre os países do norte, a nação foi obrigada a unir-se à Suécia. Pelo menos dessa vez, os termos foram menos rígidos: a constituição norueguesa, daquele mesmo ano, foi mantida, assim como a autonomia referente à política interna do país; já a política externa ficou em mãos suecas.

Da industrialização à neutralidade

As trajetórias dos Países Nórdicos durante os últimos dois séculos têm diversos aspectos em comum entre si. O século 19 assistiu ao crescimento das cidades e a um acelerado processo de industrialização, formando classes trabalhadoras bem organizadas que lograram se constituir como forças políticas. Ao mesmo tempo, as difíceis condições de vida – seja da população rural (ainda maioria, mesmo com o desenvolvimento urbano), seja nas fábricas do capitalismo primitivo que se estruturava no norte da Europa – levaram a um grande movimento de emigração dos países escandinavos: estima-se que, entre a metade final do século 19 e a segunda década do século 20, cerca de 1 milhão e meio de suecos tenham ido para a América do Norte, caminho também feito por 800.000 norugueses e 15 mil islandeses (número bem menor, mas que, então, chegou a representar 20% da população do país).

O início do século 20 trouxe com ele a independência dos Países Nórdicos que ainda não haviam alcançado esse status. Em 1905, a Noruega rompeu a união com a Suécia, fato que quase desencadeou uma guerra entre os dois países. A Finlândia, que em 1809 havia sido anexada pelo Império Russo, conquistou sua autonomia em 1917, aproveitando-se da instabilidade interna causada pela Revolução Russa. A Islândia chegou à independência no ano seguinte, quando libertou-se da Dinamarca, com o compromisso de não organizar forças armadas nacionais.

As duas grandes guerras mundiais foram acompanhadas com neutralidade por parte dos Países Nórdicos. Na Primeira Guerra, Suécia, Noruega e Dinamarca fizeram um acordo para declararem-se neutras (lembrando que Finlândia e Islândia ainda não eram Estados autônomos até então). Na Segunda, o mesmo se deu, mas as coisas não saíram tão bem: a Noruega e a Dinamarca foram ocupadas pela Alemanha nazista. A Islândia, que também manteve-se neutra, foi ocupada por tropas britânicas. A única nação que se posicionou favorável a um dos lados foi a Finlândia: o país foi atacado e derrotado pela União Soviética e, até o fim do conflito, apoiou o Eixo, aliança militar entre Alemanha, Japão e Itália. Já a Suécia, exerceu um papel dúbio: manteve a neutralidade, mas, ao mesmo tempo, se recusou a interromper o fornecimento de matérias-primas para a Alemanha (o que lhe rendeu um bloqueio comercial dos países aliados). A estratégia, no fim das contas, permitiu à nação chegar ao fim da guerra com relativa estabilidade social e econômica.

Nazistas em Oslo, em 1940

O Modelo Nórdico e a Crise

Entre as guerras, o norte europeu foi mais uma das regiões a sofrer em decorrência da crise de 29. Como resposta, os países começaram a elaborar um modelo socioeconômico que se tornaria característico dos nórdicos, aumentando os impostos das parcelas mais ricas da sociedade para investir em aumentos reais do salário mínimo, ajuda social aos desempregados e obras públicas. No período pós-guerra, o estado de bem estar social escandinavo se consolidou, tendo como base o universalismo e o pleno emprego, e atingiu seu auge entre as décadas de 1950 e 70 (mais detalhes em "Economia" p.1357).

A partir de meados dos anos 1980, a Escandinávia viu um grave período de recessão que gerou algumas mudanças importantes nas sociedades locais. Como resposta à desaceleração, os países do norte adotaram medidas de liberalização econômica, com desregulamentação financeira e flexibilização do mercado de trabalho – a lógica era integrar o modelo nórdico clássico à economia globalizada. Todavia, se é verdade que o crescimento retornou momentaneamente, também houve implicações importantes à sociedade. Em 1992, na Suécia, por exemplo, os dois maiores sindicatos acusaram o governo de utilizar deliberadamente o desemprego para travar a inflação; dados de dois anos mais tarde indicam que 10,4% da população do país estava desempregada, índice mais alto da história sueca.

Esse período de recessão marcou o momento em que a política nórdica deixou de ser dominada pelos partidos sociais-democratas, que haviam se estabelecido como as grandes forças desde o fim da Segunda Guerra. A década de 90 assistiu à emergência de partidos de centro-direita, que têm alternado o poder com os

> **ALMANAQUE VIAJANTE | A criativa solução islandesa**
>
> Depois de 2008, quando o sonho neoliberal do ex-primeiro-ministro Davíd Oddsson ruiu espetacularmente (veja em Economia), levando a Islândia quase à falência, o país teve a coragem de fazer o que nenhum outro fez: deixou os bancos quebrarem. Os três maiores bancos do país – *Glitnir*, *Landsbankinn* e *Kaupthing* – decretaram bancarrota e, eis a novidade: o Estado islandês (após manifestações gigantescas que tomaram as cidades do país, verdade seja dita) recusou-se a resgatá-los. A Islândia rejeitou o acordo com o FMI e as suas medidas de austeridade – a solução adotada em todo o resto da Europa – e, desde 2011, retomou o crescimento de sua economia. Mais do que isso, uma nova constituição foi elaborada com a participação dos cidadãos islandeses, que sugeriram itens e opinaram sobre mudanças por meio de redes sociais – a tecnologia sendo utilizada em prol da cidadania. Por certo, muito ainda há para ser feito na economia e na sociedade islandesas, mas a ousadia do país criou uma solução inovadora para tempos difíceis.

sociais-democratas – esses próprios também mudaram com o tempo, acolhendo ideias próximas do liberalismo econômico ao qual historicamente se opuseram.

Desafios Contemporâneos

Apesar da recessão econômica dos anos 1980 e 90, o alto padrão de vida e a estabilidade democrática dos países nórdicos fizeram-nos destinos comuns para a imigração, tendo essas nações recebido milhares de pessoas vindas de zonas de conflito. O maior destaque nesse quesito foi a Suécia, considerada porto seguro para refugiados por, desde a década de 70, ter abrigado gente vinda do Chile, do Irã, dos Bálcãs, da Somália e do Iraque – após 2003, o país recebeu mais iraquianos do que todos os grandes países europeus juntos.

Infelizmente, o choque cultural, somado às mudanças sociais provocadas pela nova configuração da política nórdica em resposta à recessão econômica, tem gerado um aumento da xenofobia e um crescimento de partidos de extrema-direita anti-imigração. Na Finlândia, por exemplo, o Partido dos Verdadeiros Finlandeses, nacionalista e de direita, foi o terceiro mais votado das eleições de 2011 (cerca de 19%); da mesma forma, na Dinamarca, o Partido Popular Dinamarquês, muito conservador, tem crescido bastante e, nas eleições europeias de 2014, foi o que recebeu mais votos, em torno de 23%; na Noruega, o Partido do Progresso, extrema direita, no qual militava Aders Behring Breivik, autor do massacre de Oslo em 2011, tem ganho cada vez mais espaço político e, pela primeira vez, hoje faz parte do governo, tendo sete dos 18 ministérios; na Suécia, de acordo com pesquisa de um jornal local, cerca de 10% da população apoia o partido anti-imigração Democratas Suecos. Talvez a exceção ainda seja a Islândia, que deu importantes passos democráticos desde a crise de 2008 (veja box acima).

Fato é que, nesses primeiros anos do século 21, os países escandinavos enfrentam novos desafios. Ainda apresentando um alto padrão de vida e uma economia bem desenvolvida, devem agora lidar com a emergência de movimentos que – se felizmente não representam a maior parte de suas populações – constituíram-se como forças políticas importantes que ameaçam a tradição democrática e acolhedora da região nórdica.

Cultura

Literatura

Autores nórdicos contemporâneos têm feito bastante sucesso com obras que misturam mistério ao drama policial. Dentre esses, o mais célebre é o sueco Stieg Larsson, falecido em 2004 e autor da trilogia *Millenium*. Também importante é Henning Mankel, escritor e ativista de mesma nacionalidade, que criou o inspetor Kurt Wallander, protagonista de uma longa série de novelas policiais cujo maior sucesso é *Assassinos sem Rosto*. A jornalista norueguesa Åsne Seierstad ganhou notoriedade nos anos 2000 após a publicação de dois livros-reportagem, *O Livreiro de Cabul* e *101 Dias em Bagdá*. Da Islândia – país com maior número de romances escritos por habitante no mundo, veja você – veio Arnaldur Indridason, também digno de nota na literatura policial por seus livros *O Silêncio do Túmulo* e *Vozes*.

De estilo completamente oposto, a sueca Astrid Lindgren foi uma das grandes escritoras da literatura infantil e imortalizou sua personagem *Píppi Meialonga*, depois transposta para o cinema. No mesmo gênero, o dinamarquês Hans Christian Andersen (veja box p.1248) escreveu boa parte das histórias que você gostava de ouvir quando criança: *O Patinho Feio, Soldadinho de Chumbo, A Roupa Nova do Rei, A Pequena Sereia*...

Voltando para a literatura "adulta", o norueguês Knut Hamsun foi um dos escritores mais prestigiados da região da virada para o século 20. Sua obra-prima, *Fome*, narra a história de um jovem e pobre escritor que, quase morrendo de fome, vaga pelas ruas da cidade. Esse autor foi agraciado com o prêmio Nobel após publicar *Os Frutos da Terra*. Outro Nobel da região foi Halldór Laxness, islandês autor de *Gente Independente*, que conta a história de um pobre fazendeiro e pastor de ovelhas.

Por fim, os países nórdicos são pródigos em grandes epopeias, como a finlandesa *Kalevala*, compilada por Elias Lönnrot no século 19. Referência histórica importante também são as *Sagas de Islandeses*, escritas durante a Idade Média e que narram a colonização do país – aliás, vale saber, a própria palavra "saga" é de origem islandesa.

Stieg Larsson

Hans Christian Andersen

QUEM É ESSE CARA | Jean Sibelius

Grande compositor erudito do norte da Europa, o finlandês Jean Sibelius nasceu em Hämeenlinna em 1865. Ligada ao romantismo nacionalista, a música de Sibelius teve papel relevante na formação da identidade nacional finlandesa, por dialogar profundamente com as tradições locais – algo importante então, devido à presença opressora do Império Russo, que dominou a região por mais de um século. Nesse cenário, o compositor reelaborou antigas canções populares (algo similar ao que Heitor Villa-Lobos fez no Brasil), musicou trechos da epopeia finlandesa *Kalevala* e escreveu o importante poema sinfônico *Finlandia* – quase um segundo hino do país. Também foi autor de sete sinfonias – caso você se interesse, dê uma atenção para as belíssimas *Quinta* e *Sétima*. Sibelius morreu aos 91 anos, em 1957, celebrado pela qualidade de sua música soturna e misteriosa e pelo papel que exerceu na história da Finlândia. Em Helsinque, o Parque Sibelius leva o nome do compositor e guarda um monumento em sua homenagem.

Música

Os Países Nórdicos têm tradição na música erudita, ainda que não comparável à das grandes nações da Europa e do central leste. Dentro desse quadro, a Finlândia é o destaque: terra de grandes maestros, o país estabeleceu a música como disciplina obrigatória no currículo escolar desde a década de 1950 e é repleto de conservatórios (gratuitos) para a população. Além disso, o finlandês Jean Sibelius (veja box acima) é indubitavelmente o grande compositor dos países nórdicos. Outro músico escandinavo importante foi o sueco Hugo Alfvén (1872-1960), cuja obra mais conhecida é a *Primeira Rapsódia Sueca*.

O pop também tem vez por aqui. O grupo mais famoso, você deve conhecer, é o ABBA, que, vindo da Suécia, já vendeu mais de 250 milhões de discos no mundo. Esse país também é terra das bandas The Cardigans, Roxette e, mais recentemente, Peter, Björn and John e The Hives. Da Noruega veio o A-ha, símbolo da década de 80. Mais inusitada, a Islândia é terra de Björk – artista bastante original, ainda que um pouco fora de cena atualmente – e Sigur Rós, excepcional banda cuja música inclassificável tem intrigado ouvintes desde o final dos anos 90. Mais sobre a interessante cena musical islandesa em www.icelandmusic.is.

Por fim, os países nórdicos têm uma cena fortíssima de hard rock e heavy metal. A Suécia é terra do virtuoso guitarrista Yngwie Malmsteen. Da Finlândia vieram os conhecidos HIM e Nightwish. Na Dinamarca, o maior nome é King Diamond. Já a Noruega é conhecida pelo som extremo, com bandas como Dimmu Borgir e Immortal – não recomendado para ouvidos sensíveis.

Cinema

Os Países Nórdicos têm uma cena cinematográfica bastante singular, com movimentos estéticos, diretores, atores e atrizes importantes. O marco obrigatório é Ingmar Bergman (1918-2007), diretor sueco que realizou obras-primas como *O Sétimo Selo*, *Morangos Silvestres*, *Gritos e Sussurros* e *Persona*. Do mesmo país veio Lasse Hallstrom (*Minha Vida de Cachorro*), que seguir carreira em Hollywood (onde fez *Gilbert Grape*).

Bastante inovador, o movimento cinematográfico dinamarquês *Dogma 95* pregava uma série de regras – ironicamente conhecidas como voto de castidade –, dentre as quais a não utilização de luz e som artificiais e de efeitos especiais e a obrigatoriedade da realização do filme em tempo real. Os autores do manifesto que deu início ao movimento foram Thomas Vinterberg – diretor de *Festa de Família* – e Lars Von Trier, que fez somente um filme seguindo as regras do movimento: *Os Idiotas*. Von Trier é hoje "o cara" do cinema dinamarquês e um dos grandes diretores da atualidade, tendo filmado *Dançando no Escuro*, com Björk; *Dogville*, com Nicole Kidman; *Melancolia*, com Kirsten Dunst; e *Ninfomaníaca*, com Charlotte Gainsbourg. O diretor é dono de um estilo cru e de poucas concessões, e trata-se inegavelmente de uma figura controversa – já foi banido do Festival de Cannes, em 2011, por declarações bastante infelizes, para dizer pouco, acerca de Hitler. O diretor afirmou que entendia o ditador nazista (depois se retratou e dois anos mais tarde voltou a ser admitido no festival).

Cabe também mencionar a vasta tradição de grandes atrizes e atores nórdicos, como Ingrid Bergman (imortalizada em *Casablanca*), Greta Garbo, Bibi Anderson, Lena Olin, Stellan Skarsgård e Max von Sydow (que, além de jogar xadrez com a morte em *O Sétimo Selo*, também exorcizou o diabo em *O Exorcista*) – todos suecos. Já a norueguesa Liv Ullmann, possivelmente a grande musa do cinema de Ingmar Bergman, atuou em diversos filmes do diretor e é mais uma das estrelas vindas do frio.

Ingmar Bergman

Lars von Trier

Ingrid Bergman

GLOSSÁRIO

Este não é um dicionário oficial; são palavras e expressões utilizadas no Guia, muitas de uso frequente durante uma viagem, vinculadas a um hotel, albergue, atração, ou apenas de uso corrente entre viajantes. Outros termos não presentes aqui você pode encontrar no dicionário do país em questão.

Altstadt, *ale*, bairro antigo, cidade velha.
Ameia, *hist*, parapeito ou parte superior das muralhas de fortalezas e castelos.
B&B, *ing*, bed & breakfast, pensão; acomodação tipicamente inglesa, mais simples e caseira que um hotel, oferecendo serviços básicos de cama (bed) e café da manhã (breakfast).
Baby sitter, *ing*, babá.
Backpacker, *ing*, viajante mochileiro.
Barbada, *gir*, *port*, uma boa dica.
Biga, *hist*, originário dos romanos, carro de duas ou quatro rodas, puxado por dois cavalos.
Bike, *ing*, bicicleta.
Bikestorage, *ing*, local para guardar bicicletas.
Brazuca, *gir*, referente ao brasileiro que vive no exterior.
Budget, *ing*, orçamento (limitado).
Bug, *ing*, inseto, pulga.
Café colonial, *reg*, fartura de pães, doces e salgados típicos das colônias alemã e italiana do Rio Grande do Sul.
Cantão, *geo*, unidade político-territorial utilizada em alguns países europeus, como a Suíça.
Cash, *ing*, dinheiro vivo (para pagamento).
Cleaner, *ing*, faxineiro(a), limpador(a).
Chambermaid, *ing*, arrumadeira, camareira.
Charter, *ing*, relativo a voo charter, voo fretado.
Château, *fra*, castelo.
Check-in, *ing*, registrar-se num hotel ou albergue; apresentar-se à companhia aérea no aeroporto.
Chiesa, *ita*, igreja.
Colunata, *hist*, conjunto de colunas que serve de apoio a um teto plano, formando uma galeria.
Couchette, *ing*, cama de um trem.
Curfew, *ing*, toque de recolher; hora em que o albergue fecha à noite.
Day trip, *ing*, viagens de um dia.
Délicatesses, *fra*, pequenas lojas com delícias gastronômicas.
Depósito, *port*, caução; dinheiro ou valor que se deixa como garantia, a ser devolvido.
Diária, *port*, preço cobrado por dia ou pernoite nas hospedagens.
Dorm, *abr*, dormitório; quarto com várias camas ou beliches.
Double, *ing*, quarto duplo, com uma cama de casal ou duas de solteiro.
Fiorde, *geo*, paisagem típica da Noruega, golfo estreito e profundo situado entre montanhas e penhascos que acabam na água.
Full-time, *ing*, horário integral.

Funicular, *port*, veículo que sobe montanhas, normalmente puxado por cabos de aço.
Gare, *fra*, estação de trem.
GLS, *abr*, gays, lésbicas e simpatizantes, relativo à cultura gay.
Hauptbahnhof, *ale*, estação central de trem.
Homeless, *ing*, sem moradia, que vive na rua.
Hop-on/Hop-off, *ing*, relativo aos ônibus turísticos que fazem várias paradas ao longo de um trajeto, permitindo que o usuário desça e pegue posteriormente outro ônibus.
Hostel, *ing*, albergue (da juventude).
Hostelling, *ing*, sistema de albergues.
Istmo, *geo*, estreita faixa de terra que liga duas áreas de terra maiores.
Jam session, *ing*, apresentação musical improvisada, em geral sem amplificadores.
Job, *ing*, trabalho.
Kitchenete, *ing/port*, quitinete; pequeno apartamento de sala e cozinha.
Laundry, *ing*, lavanderia.
Left luggage, *ing*, porta-bagagem; local para deixar as malas e mochilas.
Lock-out, *ing*, hora em que um albergue fecha durante o dia.
Locker, *ing*, armário com chave, típico para guardar malas e mochilas.
Luggage room, *ing*, sala ou quarto para guardar bagagem.
Minarete, *hist*, *relig*, torre alta e fina nas mesquitas, de onde se conclamam os muçulmanos às orações.
Motorino, *ita*, espécie de lambreta.
Mudéjar, *hist*, relativo ao povo árabe que viveu na península Ibérica.
Nave, *relig*, espaço na igreja da entrada ao santuário.
Overbooking, *ing*, excesso de reservas, superando a capacidade de um hotel ou de um voo.
Part-time, *ing*, meio expediente, horário parcial.
Patissêrie, *fra*, doceria, confeitaria.
Pogroms, *hist*, ataques organizados a comunidades judaicas.
Pub crawl, *ing*, atividade que consiste em ir a diferentes bares e pubs, numa mesma noite, e tomar pelo menos uma bebida em cada.
Quarto duplo, *port*, quarto para duas pessoas, com uma cama de casal ou duas de solteiro.
Resort, *ing*, estação de veraneio, geralmente com algum luxo ou conforto.
Retábulo, *relig*, estrutura ornamental em pedra ou talha de madeira que se localiza na parte posterior de um altar.

Roubada, *gir*, dar-se mal, algo que não é legal.
Safe box, *ing*, pequeno cofre para guardar dinheiro, joias e documentos.
Scooter, *ing*, espécie de lambreta.
Shabat, *relig*, dia de descanso semanal do judaísmo, do fim da tarde de sexta ao início da noite de sábado.
Shuttle, *ing*, ônibus que faz geralmente o trajeto estação de trem/aeroporto-centro da cidade.
Sightseeing, *ing*, tour; passeio, geralmente de ônibus, onde se veem várias atrações num único dia.
Single, *ing*, quarto para uma pessoa.
Sleeping bag, *ing*, saco de dormir.
Staff, *ing*, empregados, funcionários.
Standard, *ing*, padrão.
Station, *ing*, estação.
Take-away, *ing*, para levar.

Ticket, *ing*, passagem, bilhete.
Timetable, *ing*, livro ou painel com horários, utilizado para checar chegadas e saídas de trens e transportes em geral.
Torá, *relig*, do hebraico *torah*, livro que contém as escrituras religiosas judaicas.
Trekking, *ing*, caminhada junto à natureza, normalmente feita em trilhas estabelecidas.
Tourist information, *ing*, centro de informações turísticas.
Voucher, *ing*, comprovante de pagamento de serviços já contratados, como cursos, hotéis ou passeios.
Walking tour, *ing*, caminhada feita com guia, passando por pontos de interesse turístico.
Waiter/ess, *ing*, garçom, garçonete.
Wi-fi, wireless, *ing*, *info*, sistema de internet sem fio.
Yom Kipur, *relig*, Dia do Perdão, a data mais importante do judaísmo, feriado nas instituições judaicas. *Abr*, abre-

viatura	*Geo*, geografia	*Ing*, inglês	*Reg*, expressão regional (BR)
Ale, alemão	*Gir*, gíria em português	*Ita*, italiano	*Relig*, religião
Fra, francês	*Hist*, história	*Port*, português	

AGRADECIMENTOS

A Editora O Viajante agradece aos fotógrafos, arquivos históricos, centros de imagens e estabelecimentos que nos cederam as imagens autorizadas utilizadas neste livro:

696 Bernardo Etges | 697 I Zizo Asnis | 697 II Filippo Diotalevi | 698 I Zizo Asnis | 698 II Zizo Asnis | 698 III Zizo Asnis | 698 IV Zizo Asnis | 700 I Zizo Asnis | 700 II John Seb Barber | 702 I Zizo Asnis | 702 II Bernardo Etges | 703 Zizo Asnis | 704 I Zizo Asnis | 704 II Zizo Asnis | 704 III Zizo Asnis | 706 I Zizo Asnis | 706 II Zizo Asnis | 706 III Zizo Asnis | 706 IV Zizo Asnis | 707 Zizo Asnis | 708 Zizo Asnis | 711 Zizo Asnis | 712 Zizo Asnis | 715 William Murphy | 717 Foreign and Commonwealth Office | 718 Zizo Asnis | 722 Zizo Asnis | 724 I Zizo Asnis | 724 II Zizo Asnis | 725 Zizo Asnis | 726 Zizo Asnis | 728 Zizo Asnis | 729 Zizo Asnis | 732 Zizo Asnis | 733 Yale Center for British Art | 734 Zizo Asnis | 735 Zizo Asnis | 736 Zizo Asnis | 738/739 Zizo Asnis | 740 Zizo Asnis | 743 Zizo Asnis | 744 Zizo Asnis | 744/745 Zizo Asnis | 746 Zizo Asnis | 747 Arquivo Histórico | 748 Zizo Asnis | 749 Divulgação | 750/751 Zizo Asnis | 752 Zizo Asnis | 753 Zizo Asnis | 754 Zizo Asnis | 759 Zizo Asnis | 762 Divulgação | 766 Zizo Asnis | 767 Zizo Asnis | 770/771 Zizo Asnis | 773 Zizo Asnis | 775 Zizo Asnis | 776 Punting Cambridge | 777 Herbert Ponting/Alexander Turnbull National Library, New Zealand | 780 Beverley Goodwin | 782 Openroads.com | 783 size4riggerboots | 784 Nigel Wilson | 787 Berit Watkin | 788 John Donger | 792 Zizo Asnis | 794 Essygie | 795 Martin de Lusenet | 797 I Rusaila Bazlamit | 797 II Jamie McCaffrey | 799 John Seb Barber | 800 Daniel | 802/803 Stu smith | 804 Hector Garcia | 806 Yakinodi | 808 Divulgação | 811 Matthew Colvin de Valle | 812/813 Marian Craig | 814 Glen Wallace | 816 Robert Kenneth Wilson/Daily Mail | 817 Daniel Stockman | 818 Danny Nicholson | 819 Dave Haygarth | 820 Gordonplant | 821 Dan Kamminga | 822 Mario Sánchez Prada | 825 Chris Sampson | 826 Chris Sampson | 829 Martin. | 832 Zizo Asnis | 834 Zizo Asnis | 835 Zizo Asnis | 838 Arquivo Histórico | 841 Zizo Asnis | 843 Zizo Asnis | 845 Giuseppe Milo | 847 Zizo Asnis | 848 Matthew Hutchinson | 849 Aapo Haapanen | 852 Zizo Asnis | 854 Alex Ehrenzweig/Beinecke Rare Book & Manuscript, Yale Library | 855 Zizo Asnis | 856 Zizo Asnis | 858 Zizo Asnis | 859 Giuseppe Milo | 860 Barnacles Budget Accommodation | 861 Zizo Asnis | 862 LenDog64 | 863 Zizo Asnis | 867 Eoin Gardiner | 869 PapaPiper (Travelling) | 870 Giuseppe Calsamiglia | 873 Tobias Abel | 877 Linda Martin | 878 Arquivo Histórico | 879 Hans Holbein/Castle Howard, Yorkshire | 882 I Mario Testino/Clarence House Press Office | 882 II Catherine, Duchess of Cambridge/Kensington Royal | 883 I Ulster Museum, Belfast | 883 II Arquivo Histórico | 884 Giuseppe Milo | 885 Divulgação | 886 I F. Antolín Hernández | 886 II Divulgação | 888 John Athayde | 889 I George Charles Beresford | 889 II BBC | 890 Zizo Asnis | 891 Zizo Asnis | 892 Bruce Krasting | 893 First National Pictures/Warner Bros | 894 I Divulgação | 894 II Divulgação | 895 Zizo Asnis | 896 Zizo Asnis | 901 Zizo Asnis | 902 Zizo Asnis | 903 Zizo Asnis | 904 Zizo Asnis | 905 Zizo Asnis | 907 Zizo Asnis | 911 Zizo Asnis | 912 Zizo Asnis | 913 Tom Godber | 914 Zizo Asnis | 915 Zizo Asnis | 916 Anne Frank Museum | 918 Vincent Van Gogh/Art Institute of Chicago | 919 Zizo Asnis | 920 Zizo Asnis | 922 Zizo Asnis | 924 Zizo Asnis

| 925 Zizo Asnis | 927 Zizo Asnis | 928/929 Epiphonication | 932 Zizo Asnis | 933 Zizo Asnis | 934 Zizo Asnis | 935 Zizo Asnis | 937 Bertknot | 938 Wikifrits | 939 I Ira Smirnova | 939 II Matthew Black | 940 Zizo Asnis | 943 Zizo Asnis | 944 bertknot | 948 Zizo Asnis | 949 Bert Kaufmann | 951 Zizo Asnis | 953 Zizo Asnis | 954 Zizo Asnis | 955 Zizo Asnis | 957 Zizo Asnis | 958 Zizo Asnis | 960 Amateur Photography by Michel | 962 Zizo Asnis | 965 Zizo Asnis | 966 Zizo Asnis | 968 Zizo Asnis | 970 Zizo Asnis | 971 Candyschwartz | 972 Zizo Asnis | 974 Alan Stanton | 975 Harshil Shah | 976/977 Playing Futures: Applied Nomadology | 979 Zoetnet | 981 LHOON | 982 Zizo Asnis | 983 Zizo Asnis | 984 Zizo Asnis | 985 Zizo Asnis | 987 Zizo Asnis | 988/989 Zizo Asnis | 991 Harshil Shah | 992 Sjaak Kempe | 993 I Zizo Asnis | 993 II Zizo Asnis | 994 Zizo Asnis | 995 Zizo Asnis | 998 I Rembrandt van Rijn/ National Gallery of Art | 998 II Rene Magritte/LACMA | 999 I Van Gogh/Van Gogh Museum | 999 II Divulgação | 999 III Arquivo Histórico | 1000 I Divulgação | 1000 II Divulgação | 1001 Zizo Asnis | 1002 Zizo Asnis | 1003 Zizo Asnis | 1006 Zizo Asnis | 1008/1009 Zizo Asnis | 1010 Zizo Asnis | 1012/1013 Zizo Asnis | 1014 Zizo Asnis | 1016 Zizo Asnis | 1017 Zizo Asnis | 1019 Jade Knorre | 1021 Sludge G | 1024 Zizo Asnis | 1026/1027 Zizo Asnis | 1031 Sarah Rose | 1032 Zizo Asnis | 1034 Jade Knorre | 1035 Guido Radig | 1037 Bernt Rostad | 1038/1039 Paul Sableman | 1041 Thierry ehrmann | 1043 La Citta Vita | 1045 Divulgação | 1048/1049 Divulgação | 1050/1051 Divulgação | 1052 Tony Webster | 1054 Frank Schwichtenberg | 1059 Allie_Caulfield | 1061 O de Andrade | 1062 Trombone65 (PhotoArt Laatzen) | 1063 RedFord 1611 | 1064 Oliver Wald | 1066 Lori Branham | 1067 O de Andrade | 1068 RuckSackKruemel | 1069 Shankar s. | 1071 Joseph Karl Stieler/Beethoven-Haus Bonn | 1073 HerrVorragend Christian | 1074 Zizo Asnis | 1075 Zizo Asnis | 1077 Heribert Pohl | 1078 Zizo Asnis | 1081 Heribert Pohl | 1082 C MB 166 | 1084 Bernt Rostad | 1085 Kiefer. | 1089 Jade Knorre | 1091 Zizo Asnis | 1093 Zizo Asnis | 1095 Arquivo Governo Alemão - Friedrich Gahlbeck | 1099 Arquivo Governo Alemão | 1100 Zizo Asnis | 1101 Henning Schlottmann | 1102 Arquivo Governo Alemão | 1103 Bbb-Commons | 1104 Zizo Asnis | 1107 Tscherno | 1108 Zizo Asnis | 1110 Zizo Asnis | 1112 DALIBRI | 1114 Jade Knorre | 1115 Jade Knorre | 1116 Die.tine | 1117 Wai Meng Lee | 1118 Clemens v. Vogelsang | 1119 Mat's Eye | 1120 Marco Assini | 1122 Zizo Asnis | 1124 Poom! | 1127 Lukas 3z | 1128 Gryffindor | 1130 T-mizo | 1131 Arquivo Museu Sigmund Freud | 1132 Barbara Kraft | 1133 Jeremy Thompson | 1134 Weisserstier | 1136 Paul Barker Hemings | 1140 Zizo Asnis | 1143 Divulgação | 1144 Mattes | 1147 Valanzola.t | 1149 Alkuin | 1150/1151 Ristok | 1152 Kosala Bandara | 1154 Gonzalo Malpartida | 1156 Oren Jack Turner | 1158 Edwin 11 | 1161 Kamil Porembiński | 1166 Flamouroux | 1168 Ikiwaner | 1169 Patrik Tschudin | 1172 Zizo Asnis | 1174 Kosala Bandara | 1175 Rivieraski | 1177 Franck Arciuolo | 1180 Guilhem Vellut | 1183 Christian Mehlführer | 1184 Timo | 1187 Clemens v. Vogelsang | 1189 Mauritsvink | 1190 Clemens v. Vogelsang | 1191 Artur Staszewski | 1192 The Ewan | 1194 _hannes | 1196 Zizo Asnis | 1198/1199 Jean-Baptiste Isabey/Palácio do Itamaraty | 1200 Bernt Rostad | 1204 Andrew Nash | 1207 Arquivo Governo Alemão | 1208 Zizo Asnis | 1210 Zizo Asnis | 1212 Österreichische Galerie Belvedere | 1213 Simon Jacquier | 1214 Jwyg | 1216 Arquivo Histórico | 1217 Tristan Taussac | 1218 Guilherme Goss De Paula | 1220 Jim Trodel | 1222 I Andi Gentsch | 1222 II Aah-Yeah | 1224 Zizo Asnis | 1227 Zizo Asnis | 1228/1229 Helgi Halldórsson | 1230 Guilherme Goss De Paula | 1231 Guilherme Goss De Paula | 1232 Guilherme Goss De Paula | 1233 Café String/ Divulgação | 1234 Guilherme Goss De Paula | 1235 Guilherme Goss De Paula | 1237 Guilherme Goss De Paula | 1239 Stig Nygaard | 1240 Guilherme Goss De Paula | 1241 Frkstyle | 1243 News Oresund | 1244 Guilherme Goss De Paula | 1245 Guilherme Goss De Paula | 1246/1247 Guilherme Goss De Paula | 1248 I Guilherme Goss De Paula | 1248 II Divulgação | 1248 III Divulgação | 1249 Guilherme Goss De Paula | 1252 The Bird & The Churchkey/Divulgação | 1254 Copenhagen Downtown Hostel/Divulgação | 1256 Are Sjøberg | 1259 Guilherme Goss De Paula | 1260 Zizo Asnis | 1262 Guilherme Goss De Paula | 1266 Guilherme Goss De Paula | 1269 Beeld en Geluid | 1270 Holger.Ellgaard | 1275 Guilherme Goss De Paula | 1276 Nosha | 1278 Guilherme Goss De Paula | 1279 Guilherme Goss De Paula | 1281 Markus Trienke | 1283 Ignaz Wiradi | 1287 Guilherme Goss De Paula | 1288 Guilherme Goss De Paula | 1289 Arquivo Histórico | 1291 Xiquinhosilva | 1292 Cathrine Lindblom Gunasekara | 1297 Andrés Nieto Porras | 1300 Bernardo Etges | 1302 Guilherme Goss De Paula | 1303 Guillaume Baviere | 1304 Bernardo Etges | 1306 Guilherme Goss De Paula | 1308 David Völgyes | 1310 Eirik Refsdal | 1311 Chris Price | 1312 Rob Oo | 1313 Harald Groven | 1314 Ashfay | 1315 Maria Artigas | 1316 Zizo Asnis | 1318 Zizo Asnis | 1320 Zizo Asnis | 1324 Zizo Asnis | 1326/1327 Zizo Asnis | 1328 Guilherme Goss De Paula | 1333 Guilherme Goss De Paula | 1334 Dinesh.wijekoon | 1335 Guilherme Goss De Paula | 1336 Guilherme Goss De Paula | 1337 Zizo Asnis | 1338 Zizo Asnis | 1339 Zizo Asnis | 1340 Zizo Asnis | 1342/1343 Zizo Asnis | 1344 Helgi Halldórsson | 1347 Zizo Asnis | 1348 Zizo Asnis | 1349 Vectorportal | 1352 Chris | 1355 Zizo Asnis | 1356 Zizo Asnis | 1357 Guilherme Goss De Paula | 1358 Zizo Asnis | 1358 Jorn_pettersen | 1360 Frank Douwes | 1362 Arquivo Governo Alemão | 1363 Thomas Quine | 1364 I Divulgação | 1364 II Arquivo Histórico | 1365 I Arquivo Histórico Finlândia | 1365 II Dennis Jarvis | 1366 I Arquivo Histórico | 1366 II Ninfomaníaca, divulgação | 1366 III MGM Photographer

Todos os esforços foram feitos para determinar os detentores dos direitos autorais, e nos desculpamos se, eventualmente, houver algum erro acidental. Neste caso, por favor, nos informe para que possamos efetuar as devidas correções na próxima edição desta publicação.

O tipo de Licença Creative Commons e o link de acesso às devidas imagens podem ser encontrados no site www.oviajante.com/creditosguiaeuropa10ed.

ÍNDICE GERAL

A
Aahrus (DK) 1258
Achensee (AT) 1004
ALEMANHA 1017
Amsterdã (NL) 907
Åndalsnes (NO) 1307
Antuérpia (BE) 974
Aran Islands (IE) 869
ÁUSTRIA 1122

B
Balzers (LI) 1191
Basel (CH) 1169
Bath (UK) 788
Belfast (UK) 834
BÉLGICA 951
Bergen (NO) 1297
Berlim (DE) 1019
Berna (CH) 1154
Birka (SE) 1270
Birmingham (UK) 708
Blåvand (DK) 1257
Blue Lagoon (IS) 1347
Bodø (NO) 1311
Brecon Beacons (UK) 710
Bremen (DE) 1059
Brighton (UK) 787
Bristol (UK) 791
Bruges (BE) 966
Bruxelas (BE) 954
Burren (IE) 870

C
Camp. Conc. Neuengamme (DE).1056
Camp. Conc. Sachsenhausen (DE)1041
C. Conc. Dachau (DE) 1100
Cambridge (UK) 773
Canterbury (UK) 708
Cardiff (UK) 822
Carrick-a-rede Island (UK) 841
Castell Coch (UK) 829
Castelo de Moritzburg (DE) 1079
Castelo de Neuschwanstein (DE).1101
Castelo de Windsor (UK) 754
Castelo Solitude (DE) 1115
Cliffs of Moher (IE) 869
Colônia (DE) 1064
Connemara (IE) 870
Copenhague (DK) 1240
Cork (IE) 710
Cornwall (UK) 792

D
Derry (UK) 710
Delft (NL) 948
Diablerets (CH) 1004
DINAMARCA 1237
Dombås (NO) 1308

Dresden (DE) 1074
Dublin (IE) 847
Düsseldorf (DE) 1072
Dyrhólaey (IS) 1355

E
Echternach (LU) 991
Edimburgo (UK) 797
Egeskov Slot (DK) 1257
Eilean Donan (UK) 819
Eindhoven (NL) 896
Esch-sur-Sûre (LU) 992
ESCÓCIA 795
Estocolmo (SE) 1262
Eyjafjallajökull (IS) 1355

F
FINLÂNDIA 1318
Finnmark (NO) 1221
Flåm (NO) 1305
Floresta Negra (DE) 1118
Fort William (UK) 816
Frankfurt (DE) 1085
Friburgo (DE) 1117
Füssen (DE) 1120

G
Gap of Dunloe (IE) 874
Gällivare (SE) 1280
Galway (IE) 867
Geiranger (NO) 1306
Geirangerfjord (NO) 1220
Genebra (CH) 1176
Gent (BE) 979
Giant's Causeway (UK) 840
Gimmelwald (CH) 1173
Glaciar Stubai (AT) 1150
Glasgow (UK) 809
Glendalough (IE) 860
Golden Circle (IS) 1348
Gotemburgo (SE) 1276
Greenwich (UK) 753
Grünau (AT) 1144
Gryon (CH) 1175
Gullfoss (IS) 1354

H
Haia (NL) 943
Hamburgo (DE) 1052
Hampton Court Palace (UK) 754
Hannover (DE) 1062
Hardangerfjord (NO) 1300
Haukadalur (IS) 1355
Heidelberg (DE) 1089
Hekla (IS) 1222
Hellesylt (NO) 1306
Helsingborg (SE) 1280
Helsinque (FI) 1320

Highlands (UK) 814
HOLANDA 905
Howth (IE) 859

I
Ilhas Lofoten (NO) 1316
INGLATERRA 726
Innsbruck (AT) 1147
Interlaken (CH) 1172
Inverness (UK) 814
IRLANDA 845
IRLANDA DO NORTE 832
ISLÂNDIA 1337
Isle of Skye (UK) 818

J
Jökulsárlón (IS) 1354

K
Kautokeino (NO) 1221
Kehlsteinhaus (AT) 1144
Keukenhof (NL) 924
Killarney (IE) 873
Kjeragbolten (NO) 1300

L
Lausanne (CH) 1183
Legoland (DK) 1259
Leipzig (DE) 1081
LIECHTENSTEIN 1187
Liège (BE) 896
Lindau (DE) 1118
Liverpool (UK) 780
Locarno (CH) 1186
Londres (UK) 728
Lucerna (CH) 1166
Lugano (CH) 1186
LUXEMBURGO 982
Luxemburgo (LU) 984
Lysefjord (NO) 1220

M
Malahide (IE) 860
Malbun (LI) 1191
Malmö (SE) 1279
Manchester (UK) 708
Maastricht (NL) 949
Matterhorn (CH) 1174
Meissen (DE) 1078
Montreux (CH) 1184
Munique (DE) 1091

N
Narvik (NO) 1313
Ness (UK) 815
Newquay (UK) 792
Nordpark (AT) 1150
NORUEGA 1281
Norway in a Nutshell (NO) ... 1299
Nurembergue (DE) 1108

O
Odense (DK) 1257
Oslo (NO) 1283
Oulu (FI).........................1334
Oxford (UK)......................766

P
PAÍS DE GALES.................... 820
Palácio de Ludwigsburg (DE)..1115
Parque Nac. Pembrokeshire (UK).710
Parque Nac. Thingvellir (IS) ...1354
Parque Nac. Vatnajökull (IS) ...1222
Península de Dingle (IE).... 875
Potsdam (DE).....................1040
Preikestolen (NO)................1304

R
Regensburg (DE).................1107
Região de Unterland (LI).......1190
Reykjanes Peninsula (IS) 1354
Reykjavík (IS) 1339
Ring of Kerry (IE) 873
Roskilde (DK).....................1256
Rota dos Contos de Fadas (DE)..1061
Rota Romântica (DE)............1119
Roterdã (NL) 935
Rovaniemi (FI)....................1335

S
Saint Ives (UK) 794
Salzburgo (AT) 1140
Schaan (LI)........................1190
Seljalandsfoss (IS)..............1354
Skaftafell (IS)....................1222
Snowdonia (UK)................. 710
Sogndal (NO).....................1305
South Coast (IS)................1348
Stavanger (NO) 1303
Steg (LI)...........................1191
Stonehenge (UK)............... 754
Stratford-upon-Avon (UK) 755
Stuttgart (DE)....................1114
SUÉCIA...........................1260
SUÍÇA 1152
Suíça-Saxônica (DE)............1078
Svalbard (NO) 1312

T
Triesen (LI).......................1191
Triesenberg (LI).................1191
Tromsø (NO)......................1314
Trondheim (NO) 1308
Tübingen (DE)....................1115
Turku (FI) 1332

U
U Boot Bunker Valentin (DE)........1060
Uppsala (SE) 1275

V
Vaduz (LI) 1190
Valkenburg aan de Geul (NL)... 950
Vianden (LU) 992
Viena (AT).................... 1124
Villars-sur-Ollon (CH) 1175

W
Wicklow (IE)..................... 860
Würzburg (DE) 1002

Z
Zaanse Schans....................924
Zell am See (AT)................1143
Zermatt (CH) 1174
Zurique (CH) 1160

Alemanha (DE)	Irlanda (IE)
Áustria (AT)	Irlanda do Norte (UK)
Bélgica (BE)	Islândia (IS)
Dinamarca (DK)	Liechtenstein (LI)
Escócia (UK)	Noruega (NO)
Finlândia (FI)	País de Gales (UK)
Holanda (NL)	Suécia (SE)
Inglaterra (UK)	Suíça (CH)

ÍNDICE DOS MAPAS

Reino Unido e Irlanda 709
Inglaterra 727
   Londres.........................730
   Oxford.........................768
   Cambridge.........................774
Escócia.........................796
   Edimburgo.........................798
País de Gales.........................821
   Cardiff.........................823
Irlanda do Norte.........................833
   Belfast.........................836
Irlanda.........................846
   Dublin.........................850

Benelux.........................897
Holanda.........................906
   Amsterdã.........................908
   Roterdã.........................936
Bélgica 952
   Bruxelas.........................956
   Bruges.........................967
Luxemburgo.........................983
   Luxemburgo.........................986

Germânicos.........................1003
Alemanha.........................1018
   Berlim.........................1022
   Colônia.........................1065
   Munique.........................1092
Áustria.........................1123
   Viena.........................1126
   Salzburgo.........................1142
Suíça.........................1153
   Berna.........................1156
   Zurique.........................1162
   Genebra.........................1178
Liechtenstein.........................1188

Países Nórdicos.........................1219
Dinamarca.........................1238
   Copenhague.........................1242
Suécia.........................1261
   Estocolmo.........................1264
Noruega.........................1282
   Oslo.........................1286
   Bergen.........................1298
Finlândia.........................1319
   Helsinque.........................1322
Islândia.........................1338
   Reykjavík.........................1341

UMA HISTÓRIA VIAJANTE

Londres, 1989

No primeiro dia de 1989, o jovem Zizo Asnis, que recém havia trancado a faculdade, parte para um longo mochilão na Europa, sem muito o que fazer além de viver. No velho continente, foi um início complicado: tinha pouco dinheiro e menos ainda informação.

Após uma passagem por Espanha e França, aportou na Inglaterra. Em Londres, descolou emprego como lavador de pratos num restaurante francês (lavou os pratos de Paul McCartney, oh!) e aprendeu a se virar. Juntou dinheiro e foi viajar pelo continente europeu – no emblemático ano em que caía a Cortina de Ferro.

De volta ao Brasil, passou a dar dicas de viagem para amigos e amigos de amigos e constatou que seu mochilão foi a melhor coisa que fizera. Aprendeu sobre o mundo o que nenhuma escola ou universidade poderia ensinar. E começou a se perguntar: "porque mais pessoas não viajam?", "porque não há nenhum livro ou guia de viagens em português que incentive a botar o pé na estrada e dê dicas sobre aquele fabuloso continente?".

Em 1994, retornou a Londres, por mais dois anos. Estudou e foi trabalhar, desta vez, como cozinheiro e garçom (serviu um banquete para o Príncipe Charles, oh!). E se aventurou mais por outros países da Europa e também pela Ásia, utilizando – e estudando – guias de viagem.

A partir daí, Zizo começou a planejar um guia de viagem voltado a brasileiros. Em 1999, com a internet conquistando usuários, a oportunidade surgiu pela web: www.oviajante.com – O Viajante, o primeiro site no país a promover a interatividade entre viajantes. Nesse mesmo ano, monta uma equipe e vai desbravar a Europa com o objetivo de coletar informações. Em junho de 2000, a realização: lança o Guia Criativo para O Viajante Independente na Europa, o primeiro guia de viagens em português feito por e para brasileiros.

Quinze anos depois, com a editora O Viajante/Trilhos e Montanhas, o Guia O Viajante Europa chega a sua 10ª edição, comemorativa, com 50 países e 3 volumes. Faz a companhia a outras publicações da editora: O Viajante na América do Sul, Argentina, Chile, Uruguai, Londres, Rio Grande do Sul e Santa Catarina, guias estes conhecidos como a "bíblia do viajante brasileiro".

Zizo Asnis hoje segue como editor-chefe de O Viajante, colabora com jornais e revistas, ministra o Curso Travel-Writer (oviajante.uol.com.br/curso-travel-writer) e planeja seus novos projetos, entre eles, guias para celular: os aplicativos O Viajante. E claro, não abdica da melhor parte: viajar.

Londres, 2015

Os Guias O Viajante são realizados com total independência

Nenhuma empresa ou estabelecimento que eventualmente nos apoiou na viagem ou teve os seus serviços pesquisados foi favorecida com críticas ou opiniões, seja por qualquer tipo de troca ou favor. Todas as dicas e informações apresentadas em nossos guias baseiam-se unicamente no trabalho da equipe de O Viajante, amparado na ética, na responsabilidade e no bom senso.

Atualização das informações

Vale lembrar: preços aumentam, restaurantes fecham, bons hotéis e albergues podem virar verdadeiras espeluncas. Enfim, tudo o que pesquisamos é passível de mudanças. Mais dicas sobre a Europa você encontra no site O Viajante – www.oviajante.com.

Nos ajude a manter o Guia O Viajante atualizado

Esperamos que não, mas se você encontrar algum erro, alguma dica que já esteja obsoleta ou alguma omissão importante, por favor, nos informe por email (guiaeuropa@oviajante.com) para nos ajudar a manter as novas edições sempre atualizadas. Na edição seguinte, citaremos o seu nome na página de agradecimentos do livro.

Participe de O Viajante
Tem interesse em assistir a uma de nossas palestras ou fazer o Curso Travel-Writer? Ou mesmo, quem sabe, ser um travel-writer de O Viajante ou participar de um dos nossos projetos? Deixe a gente saber! Cadastre-se em nosso site, curta nossa página do Facebook e acompanhe as nossas novidades!

Mala ou mochila? Pouco importa!
Guias O Viajante na bagagem!

Acesse o site O Viajante e curta nossa página no Facebook!

www.oviajante.com
www.facebook.com/oviajante

NOTAS DE BORDO